제5판

민법총칙

윤 형 열 저

법 영 사

제 5 판 머리말

이 책의 제4판이 2013년에 발행되어 발행된 지 벌써 7년이 지났다. 제4판은 민법의 행위능력에서 민법의 일부개정이 있어 경황이 없이 발간된 것으로 많은 오탈자가 있었고 이를 시정하는 절차가 제대로 없었다. 또한 그 동안 법령의 명칭이나 판례가 많이 나오고 또 변경되어 이 책의 법명 등이 의미 없는 것으로 되었다. 그런데 제5판이 나오게 되어 매우 기쁘게 생각한다.

제5판의 특징은 부피를 줄이는데 있었다. 특히 민법총칙에서 강의에 쓰인 모든 사례를 꼭 필요한 경우를 제외하고는 이 책의 내용에는 포함시키지 않았다. 그리하여 책의 부피를 줄여 보려고 하였으나 많은 부분에서 손을 볼 수 없어 양이 그리 줄지 못하였다. 또한 제4판의 오탈자를 줄이는데 노력을 기울였다.

필자는 2020년 8월 31일까지 배재대학교 교수로 근무한다. 그 후로는 현재 대구경북과학기술원에 강의전담교수로 기초학부의 학생들을 가르칠 예정이다. 이 책의 제5판은 이러한 의미에서 필자인 나에게는 교수로서의 의미 있는 저술이 될 것이다.

제5판의 출판을 위하여 여러 분의 노력이 있었다. 우리나라의 출판계가 아주 어려운 사정에 있다. 이처럼 어려운 경제적 난관 속에서도 제5판의 출판을 결정해 주신 법영사의 [illegible] 사장님께 깊은 사의를 표한다. 그리고 독자들에게 읽기 편하게 하기 위하여 편집에 노력해 주신 정정희 실장님에게도 깊은 감사를 드린다

2020년 8월

윤 형 열

제 4 판 머리말

이 책의 제4판은 개정판으로서 2013. 7. 1.부터 시행되는 민법의 일부개정(2011.3. 7. 법10429호; 2011.5.19. 법10645호)의 내용을 반영하기 위한 목적으로 출간되었다. 이 민법의 일부개정의 주된 내용은 자연인의 행위능력과 관련하여 기존의 행위무능력제도를 행위제한능력제도로 변경하는 것과 미성년자 친권의 자동부활제도를 친권자지정제도로 바꾸는 것이었다. 이번 제4판은 이러한 민법의 개정 내용을 반영하였다. 또한 그동안 대법원의 주요 판례가 나왔는데, 이를 반영하였다.

이 책의 제4판을 준비하면서, 저자로서는 우리나라의 학설과 판례의 발전에 무한한 감동을 받는다. 이 모든 학술적 업적을 이 책에 담고자 하는 욕망이 컸으나, 여러 가지 사정으로 말미암아 이번 제4판에서는 그 일부만 반영하고 학설과 실무계의 발전된 학술적 업적을 제대로 소개하지 못한 아쉬움이 남는다. 저자로서는 더욱 더 연구에 매진하여 다음 판에는 보다 충실한 내용으로 독자들을 찾아 뵐 것을 약속드린다.

이번 제4판의 출판을 위해서 여러 분의 노력이 있었다. 특히 배재대학교 강사 이성희 박사는 바쁜 시간에도 불구하고 이 책의 교정과 색인 작업을 훌륭히 해 주었다. 그리고 오래전부터 우리나라의 출판계가 아주 어려운 사정에 있다. 이처럼 어려운 경제적 난관 속에서도 이 책 제4판의 출판을 결심해 주신 법영사 고준영 사장님께 심심한 사의를 표한다. 또한 독자들에게 읽기 편하게 해 주시려고 편집에 힘써 주신 정정희 실장님께도 깊은 감사를 드린다.

2013년 8월 20일
윤 형 열

제 3 판 머리말

이 책의 제3판은 제2판을 개정하고 증보하는 데에 그 목적을 두고 있다. 이 책의 제2판(2006년)이 출간된 이후에 민법을 비롯하여 특별법이 개정되었고, 또 민법총칙의 중요한 내용과 관련하여 대법원 판례의 변경이 있었다. 이번 제3판에서는 변경된 입법과 판례의 내용을 반영하였다. 그리고 이 기회를 빌어 다소 미진했던 판례의 내용을 보충하였다. 또한 이 책의 내용 중에서 다소 설명이 불충분한 내용에 관하여는 필자가 논문의 발표 등을 통해서 얻은 연구결과를 소개함으로써 보충하였다. 이와 더불어 이 책에 잔존해 있던 오자와 탈자를 교정하였고, 서술에서 매끄럽지 못한 부분을 수정하였다. 책의 보완을 위해서 필자는 상당한 노력을 하였으나, 아직 내용면에서는 많이 부족한 것으로 생각된다. 앞으로 계속해서 독자들의 비판과 조언을 받아들여 이 책의 내용이 보다 더 충실해 질 수 있도록 노력할 것이다.

이 책의 특징으로서 중요사례의 해설이 소개되고 있다. 이는 민법총칙의 내용을 이론적으로 이해한 후에 그 제도가 사실관계에 어떻게 적용되는지를 시도 해 본 실증적 고찰이라고 볼 수 있다. 이러한 목적에 따라 사례에 내재되어 있는 청구권의 근거를 중심으로 하여 적용예를 제시해 보았다. 또한 사례에서는 민법총칙 이외에 민법의 채권, 물권 그리고 친족상속에 관한 내용을 적용할 수 밖에 없었다. 이러한 점에서 처음으로 민법을 공부하는 새내기에게는 사례부분의 이해가 어려울 수 있으므로, 민법에 관한 전반적 지식이 습득된 후에 정독하여 주길 바란다.

이 책의 제3판을 내면서 감사의 말씀을 드리고자 한다. 우선 배재대학교 법과대학에서 동료교수로서 민법을 강의하고 있는 고세일 교수께 깊이 감사를 드린다. 바쁜 일정 중에도 고 교수께서는 이 책의 원고를 정독해 주었으며, 이 책의 내용과 관련하여 많은 조언과 충고를 필자에게 해 주었다. 또한 이 책이 나오기까지 교정에 전심전력해 준 배재대학교 강사 송승은 박사에게도 감사를 드린다. 끝으로 출판업계가 많은 어려움을 겪고 있는 이 시절에 흔쾌히 이 책의 제3판을 출판하여 주신 법영사 고준영 사장님께 진심으로 감사를 드린다. 그리고 편집을 맡아 책의 모습을 아름답게 해 주신 정정희 편집팀장께도 감사를 드린다.

2009년 2월 12일

윤 형 열

제2판 머리말

본 민법총칙의 제2판에서는 우선 책의 부피를 줄이는 작업을 하였다. 중복 서술을 삭제하고 편집도 새롭게 하여 약 50여 면에 이르는 부분을 줄일 수 있었다. 그리고 초판에서 오자와 탈자가 다수 있었던 것을 이번에 면밀한 교정을 통해서 수정하였다. 특히 초판이후 공고된 대법원의 판결과 새로 개정된 법률을 이 책의 내용에 반영하였다. 앞으로 더욱 더 노력하여 내용의 충실은 기하되 책의 부피를 줄이는 작업을 계속할 예정이다.

이 책의 특징으로서 중요사례의 해설이 소개되고 있다. 이는 민법총칙의 내용을 이론적으로 이해한 후에 그 제도가 사실관계에 어떻게 적용되는지를 시도 해 본 실증적 고찰이라고 볼 수 있다. 따라서 특정 시험의 2차 모범답안을 작성한 것은 아니다. 또한 사례를 푸는 형식에 있어서도 사건내용에 내재된 청구권의 근거를 중심으로 하여 분석하였을 뿐 답안작성의 요령을 제시한 것도 아니다. 따라서 이 책을 읽는 독자는 본 사례의 해설을 논술형 모범답안작성으로 절대로 간주해서는 안된다. 또한 사례에서는 민법총칙 이외에 민법의 채권, 물권 그리고 친족상속에 관한 내용을 적용할 수 밖에 없었다. 따라서 처음으로 민법을 공부하는 새내기에게는 사례부분, 이 책에서 오른쪽 면이 까맣게 되어 있으면 그냥 넘기고 다음 본문을 읽어주기를 바란다. 따라서 사례의 내용은 민법에 관한 전반적 지식이 습득된 후에 정독하여 주길 바란다.

제2판을 내면서 우선 이 책을 쓸 수 있도록 저자에게 민법을 가르쳐준 스승님들과 우리 민법학의 이론을 발전시켜 주신 학자 및 법조인들에게 감사의 뜻을 전한다. 그리고 이 책이 나오기까지 교정에 전심전력해 준 배재대학교 강사 송승은 박사와 성균관대학교에서 민법전공의 박사과정을 수료 중인 이성희 두 분께 감사를 드린다. 끝으로 양은 많고 내용은 부실한 졸고를 민법총칙의 책으로 출판하여 주신 법영사 고준영 사장님께 진심으로 감사를 드리고, 편집을 맡아 해 주신 정정희 편집팀장께도 감사를 드린다.

2006년　2월　12일
윤　형　열

머 리 말

1. 이 책의 특성

본서에서는 사례의 해설이 포함되어 있다. 이러한 사례풀이는 민법총칙의 내용을 이론적으로 공부한 후에, 그 내용이 사례에 어떻게 적용되는지를 제시하기 위한 실증적 고찰이라고 볼 수 있다. 따라서 특정 시험의 2차 모범답안을 작성한 것도 아니고, 형식에 있어서도 청구권의 근거를 중심으로 하여 관련사항을 분석하였을 뿐 답안작성의 요령을 제시한 것도 아니다. 따라서 독자는 본 사례의 해설을 논술형 모범답안작성으로 간주해서는 안된다. 그런데 사례의 해결을 제시하고 정리하기 위해서는 민법총칙 이외의 채권법, 물권법, 친족상속법의 내용을 적용할 수밖에 없었다. 따라서 처음으로 민법을 공부하는 새내기에게는 사례부분, 이 책을 폈을 때 오른쪽 면의 가장자리가 까맣게 사례표시되어 있으면 그냥 넘기고 다음 본문을 읽어주기를 바란다. 따라서 사례의 내용은 민법에 관한 전반적 지식이 습득된 후에 정독하여 주길 바란다.

2. 이 책의 기본입장

본서에서는 기존의 교과서의 내용을 기초로 하여 정리하였다. 기본적으로 권리의 주체·객체·권리변동의 순으로 체계를 잡았다. 특히 의사표시에서는 의사의 표시, 의사표시의 도달, 의사표시의 내용결정으로서의 해석의 순으로 정리하였으며, 이는 의사의 '표시'가 있고 이 표시가 상대방에게 도달되어야 효력을 발생하고 그리고 효력을 발생하는 의사표시의 내용을 결정하는 절차로서의 해석이라는 순서에 입각하였기 때문이다. 또한 '침묵에 의한 의사표시'에서는 실효에 대응되는 발효의 이론을 소개하였다. 그리고 의사표시의 해석에서는 상대방 있는 의사표시에 대한 규범적 해석의 수정을 시도해 보았다. 법률행위의 독자성·유인성에 있어서는 우리의 판례와는 달리 독자성과 무인성을 기본입장으로 정리하였다. 그리고 법률행위의 해석을 의사표시의 해석과 계약의 보충적 해석으로 구분하여, 전자에 대하여는 법률사실의 확정이라는 관점에서 해석원리를 파악하고, 후자의 경우에는 계약내용으로서의 규율을 확정하고 보충하는 해석을 함에 따라 양 해석의 기본원리의 차이를 강조하였다. 특히 착오의 서술에서는 다소 많은 분량의 내용을 소개하였는데, 이는 저술의 배분과 균형을 잃은 것으로서 단점으로 지적되어야 할 점이나, 착오에 관한 이론이 다양하고 그 방대한 내용을 일일이 소개하다 보니 분량에 있어서는 적절치 못한 배분이 있었다.

3. 감사의 말씀

이 민법총칙을 쓰면서 제일 먼저 필자에게 민법을 가르쳐 주신 (고) 김현태 교수님, 이근식 교수님, 김주수 교수님께 학은의 감사를 드린다. 개인적으로 이 책을 저술할 수 있도록 계기를 만들어 주시고 지도와 격려를 아끼지 않으신 연세대 김상용 교수님께도 감사를 드린다. 그리고 이 책이 나오기까지 교정과 색인작업에 전심전력해 준 배재대학교 강사인 송승은 군과 필자의 배재대학교 학부와 석사과정의 제자로서 현재 성균관대학교 박사과정을 이수중인 이성희 두 분께도 감사를 드린다. 끝으로 양은 많으나 내용은 부실한 졸고를 민법총칙의 책으로 출판하여 주신 법영사 고준영 사장님께 진심으로 감사를 드리고, 편집을 맡아 수고해 주신 정정희 선생님께도 감사를 드린다.

2005년 2월 12일

윤 형 열

차 례

제 1 장 민법 일반

제 2 장 권리의 주체

제3장 권리의 객체

제4장 권리의 변동

◇ 참고문헌 ◇

고상용, 민법총칙[전정판] (법문사, 1999)

곽윤직·김재형, 민법총칙[민법강의 I] 제8판 (박영사, 2012)

권순한, 민법요해 I(fides, 2012)

김기선, 한국민법총칙[제3전정판] (법문사, 1991)

김대정, 민법총칙(fides, 2012)

김상용, 민법총칙[전정판 증보] (화산미디어, 2000)

김용한, 민법총칙[재전정판] (박영사, 1997)

김주수·김상용, 민법총칙[제7판] (삼영사, 2013)

김준호, 민법강의[신정4판] (법문사, 2004)

김증한·김학동, 민법총칙 제9판 (박영사, 1995)

김형배·김규완·김명숙, 민법학강의 제10판 (신조사, 2011)

백태승, 민법총칙 (법문사, 2000)

송덕수, 민법총칙 (박영사, 2012)

양형우, 민법의 세계 제10판 (피앤씨미디어, 2018)

이영준, 민법총칙 (박영사, 2007)

이은영, 민법총칙 제3판 (박영사, 2004)

장경학, 민법총칙 제3판 (법문사, 1990)

지원림, 민법강의 제3판 (홍문사, 2004)

편집대표 곽윤직, 민법주해 [Ⅰ] (박영사, 1997)

편집대표 곽윤직, 민법주해 [Ⅱ] (박영사, 1997)

편집대표 곽윤직, 민법주해 [Ⅲ] (박영사, 1997)

Brox, Hans, Allgemeiner Teil des BGB, 23. Auflage (Carlm Heymanns Verlag K G · Köln · Berlin · Bonn · München, 1999)

Flume, Werner, Allgemeiner Teil des Bürgerlichen Rechts Zweiter Band Das Rechtsgeschäft, 3. Auflage (Springer Verlag Berlin Heidelberg New York, 1779)

Larenz, Karl, Allgemeiner Teil des deutschen Bürgerlichen Rechts, 3. Auflage (C.H.Becksche Verlagsbuchhandlung München, 1980)

Medicus, Dieter, Allgemeiner Teil des BGB, 6. Auflage (C.F.Müller Verlag Heidelberg, 1994)

Münchener Kommentar Bürgerliches Gesetzbuch Allgemeiner Teil Band 1 §§ 1ß141 AGB Gesetz, 4. Auflage (Verlag C.H.Beck München 2001)

제 1 장

민법 일반

Ⅰ. 민법이란?

민법은 형식적 의미에서는 민법전(1958. 2. 22. 법률 제471호)을 말하나, 실제적 의미에서는 「사법 중의 일반법」을 총칭한다. 그러므로 「사법」이라는 개념과 「일반법」이라는 개념을 통하여 민법을 개략적으로 이해할 수 있다.

1. 「사법(私法)」으로서의 민법

(1) 공·사법 2분론

전통적으로 법은 공법과 사법으로 분류된다. 법은 우리의 생활관계를 규율하는데, 이 때 법의 적용을 받는 사람이 한편으로는 국가와의 관계 속에서 국민으로서 생활하고 다른 한편으로는 인간으로서 생활을 하기 때문에, 이를 바탕으로 사람의 생활영역은 「국민으로서의 생활」과 「인간으로서의 생활」로 나누어진다. 법은 전자를 규율하는 것을 「공법」이라 하고 후자를 규율하는 것을 「사법」이라고 한다.

(2) 법의 3분론

복지국가의 실현을 지향하는 현대사회에서는 전통적인 공·사법 2분론은 더 이상 법분류의 방법으로 유지되기 어려운 한계에 이르렀다. 왜냐하면 노동법(예: 근로기준법 등), 경제법(예: 독점규제 및 공정거래에 관한 법률 등), 사회보장법(예: 국민연금법 등)과 같은 「사회와 관련 있는 법률」이 입법되면서, 사회법이라는 새로운 영역이 발생하게 되었기 때문이다. 이러한 사회법은 전적으로 국가를 상대로 한 공법도 아니고 또한 단순히 개인과 개인사이의 관계를 규율하는 사법도 아닌 사회 집단을 주체로 하는 법으로서 제3의 독자적인 법영역을 형성하고 있다. 이러한 사회법의 등장은 법의 적용원리의 한계를 극복하기 위하여 법을 「공법·사법·사회법」으로 3분화하는 체계가 성립하게 되었다.

그러나 법의 3분론은 다음과 같은 그 체계상의 난점을 내포하고 있다. 우선 사회법이 사회와 관련된 법 모두를 포섭하기 어렵다는 점이다. 이를 테면, 사회법에는 사법적 요소가 강한 법률(예: 노동법 등)과 공법적 요소가 강한 법률(예: 경제법 등)이 있는데, 이처럼 규율목적이 서로 다른 법률들을 사회법이란 상위개념 하에 모두 포섭하기 어렵다. 또한 3분설이 등장한 이유가 이질적인 법률을 동일한 법적용의 원리 속에서 포함시킬 수 없다는 난점을 해결하기 위한 것이라면, 사회법에 소속된 각개의 법률들도 그 규율원리에 맞도록 다시 체계적인 세분화가 계속되어야만 할 것이다. 이러한 점에서 사회법

자체가 완성개념이 아니라는 모순을 가지게 된다. 또한 공법과 사법 그리고 사회법을 구별해야 할 실제적인 이유는 분쟁에 대한 재판의 관할을 결정하기 위한 것이다. 그런데 우리나라의 현행 사법체계(司法體系)에는 사회법의 사건을 전담하는 노동법원이나 사회법원이 설치되어 있지 않고, 또 사회법과 관련된 사건은 민사법원의 재판권에 소속되어 처리된다. 이처럼 재판적과 관련하여서도, 사회법은 공법·사법과 더불어 독자적인 법영역으로 인정할 실익을 갖지 못한다.

이와 같이 사회법의 독자적인 영역이 인정되지 않으므로 법의 분류는 기존의 통설인 공·사법 2분론을 따를 수밖에 없다.

(3) 공법·사법의 구별 기준

법을 공법과 사법으로 구분할 때, 이를 구별하는 기준에 관한 학설은 다음과 같다.

가. 이익설(목적설) 이익설은 각개의 법이 추구하는 목적을 그 기준으로 공법과 사법을 구분한다. 이에 의하면, 공법은 공익의 보호를 목적으로 하고 사법은 사익의 보호를 목적으로 한다. 그러나 법은 사익과 공익의 보호 모두를 추구하여야 하므로, 보호받는 이익을 중심으로 구별하려는 시도는 논리적인 어려움을 갖는다. 또한 사익의 추구도 궁극적으로는 사회 내에서 거래질서가 확립되는 공적인 이익에 기여하기 때문에 이익설에 의하면 법은 모두 공법이 된다.

나. 성질설(효력설) 성질설은 법이 규율하는 관계가 평등관계인가 불평등관계인가를 표준으로 하여 공·사법을 구별한다. 사람의 생활을 국민과 사인으로서 2분화할 때, 국민에 대하여 국가는 막강한 공권력의 주체로서 우월적 지위를 가짐에 따라 상하의 불평등관계가 형성되는 반면에, 사인들 사이에는 그 어느 일방도 상대방과의 관계에서 월등한 지위를 갖지 않고 서로 자유로이 평등한 관계가 형성된다. 이처럼 형성되는 법률관계의 내용에 따라, 상하질서의 원리(수직관계, 불평등관계)에 의한 법률관계에는 공법이 적용되고, 그 반대로 자유·평등의 원리(수평관계, 평등관계)에 의한 법률관계에는 사법이 적용된다고 한다. 하지만 이처럼 법률관계의 내용에 의존하는 성질설은 다음과 같은 점에서 공사법 구분의 기준으로 되기 어렵다. 이를 테면, 국가와 국가사이에는 서로 평등한 관계에 있으므로, 이를 규율하는 국제법은 그 주체가 서로 평등한 관계에 있으므로 사법에 해당되어야 할 것이나 공법임에 틀림없다. 또한 친족법은 사법인데도 불구하고, 부모와 자식 간의 관계는 불평등관계이므로, 성질설의 관점에서 보면 공법이라고 하여야 하는 모순을 낳는다. 이러한 점에서 성질설은 공사법 구별의 기준이 되기 어렵다.

다. 주체설 주체설은 법이 규율하는 생활관계의 주체를 기준으로 하여 공·사법을 구분하려고 한다. 이에 의하면, 공법은 공권력의 주체로서 국가나 공공단체 상호간의 관계 또는 이들과 개인 간의 관계를 규율하고, 사법은 개인 상호간의 관계 또는 사인으로서의 국가(또는 공공단체)와 개인 간의 관계를 규율하는 것이다.

그런데 현대의 국가의 기능은 다양해지고 이에 따라 국가가 법률관계에 관여하는 형태도 다양한 모습으로 나타난다. 이 점에서 주체설은 공법과 사법의 구별을 나원식으로 설명하는데 한계가 있다. 이를 테면, 국가가 사경제 영역에서 하나의 주체로서 활동하는 경우에 주체설에 의하면 공법관계가 형성된다고 보아야 하는 문제가 발생한다. 따라서 주체설은 국가로서의 활동 중에서 사법의 적용을 받아야 하는 예외를 설정함으로써 그 한계를 극복하려 한다.

(4) 결 론

공·사법을 구별하는 데에 완전한 기준을 제시하는 학설은 현재까지 존재하지 않는다. 그러므로 절충적인 입장에서, 우선 일차적으로는 주체를 중심으로 파악하여 공·사법의 관계를 구별하고(주체설), 다만 일방 주체가 국가의 지위에서 공권력의 주체로서 행위를 하지 않은 경우에는 그 내용에 따라 사법관계(私法關係)로 보고자 한다(성질설).[1] 그리하여 일단 주체를 중심으로 당사자 일방이 국가인 경우에는 공법관계이고, 국가기관이지만 공권력의 주체가 아니고 사경제의 주체로 행위하는 경우에는 국가의 우월적 지위에서가 아니라 사인과 대등적 지위에서 이루어지는 관계이므로 사법의 적용을 받고 이에 따른 분쟁은 민사소송의 절차에 의할 것이다.[2] 이러한 관점에서 개괄적으로 법을 살펴보면, 공법으로는 헌법, 형법, 행정법, 국제법 그리고 사법으로는 민법, 상법 등이 있다.

2. 사법의 「일반법」으로서의 민법

민법은 사인들의 생활관계를 규율하는 가장 기본적인 법률로서 사법에 속하며 그

---

1) 대판 1977.11.22. 선고 76누21; 양형우, 5면.

2) 이영준 교수는 공·사법의 구별의 기준으로서 이유강제(Begründungszwang)의 원칙 적용 여부를 그 기준으로 삼는다. 즉 공법관계는 기속적인 결정을 내용으로 하고, 사법관계는 자유로운 결정을 그 내용으로 하므로, 공법관계에 대하여는 이유강제의 원칙이 적용되는 데 반하여, 사법관계에 대해서는 그 적용이 없다고 한다. 예컨대, 관청이 토지의 개발을 제한하는 행정처분을 함에 있어서는 그 이유를 밝혀야 하지만, 사인이 이웃의 토지에 개발을 제한하기 위한 계약을 체결하는 데 있어서는 왜 토지의 개발을 제한하기 위하여 점용권을 설정하는지에 대하여 그 이유를 밝힐 필요가 없다는 것이다(4-5면).

중에서도 일반법에 속한다. 일반법과 특별법은 법률이 그 입법당시부터 처음부터 구분되어 결정되는 절대적인 법개념이 아니고, 어느 법률의 적용을 통하여 그 분쟁을 효율적으로 규율할 수 있는지를 판단하기 위한 선택적 결정을 위한 상대적 개념이다. 이러한 법적용의 원리를 「특별법적용우선의 원칙」이라고 한다. 이는 특별법이 일반법보다 당해 사건에 보다 구체적이고 전문적인 규율내용을 포함하고 있으므로 당사자들의 분쟁을 보다 전문적이고 효율적으로 해결할 수 있다는 구체적 타당성 때문에 특별법이 우선하여 적용되는 것이다. 이처럼 특별법과 일반법은 상대적 개념임에도 불구하고, 민법에 대해서는 사법 중에서 일반법으로서의 지위를 절대적으로 인정하는 이유는 사법의 영역에서 민법보다 더 일반적인 법은 존재하지 않기 때문이다. 이러한 특징으로 인하여 민법은 사법의 최근간을 이루는 「일반법」의 지위를 누리고 있다. 그러므로 만일 사법관계의 당사자가 상인이라는 직업을 가지고 상거래를 하였다면, 이 상거래는 사인 누구에게나 해당되는 일반적인 법생활이 아니라, 상업 활동을 특징으로 하는 상인으로서의 행위인 것이다. 이 경우 상인의 관계에 대해서는 민법이 적용되기보다는, 이러한 상사거래에 보다 전문화되고 특성화된 상법이 적용되는 것이 보다 적절한 결과를 가져다준다. 상인과의 거래에서는 상거래의 특징을 고려하여 입법된 상법이 상인을 고려하지 않은 민법보다 상사(商事)에 전문화된 특별법의 위치에 있다.

Ⅱ. 우리나라 민법의 기본원리

1. 사유재산권 존중의 원칙

근대 민법은 개인의 자유를 보장하는 것을 최고의 이념으로 삼는다. 재산은 인격이 존립하는데 필요한 물질적 기초이기 때문에 개인 인격의 자유로운 전개를 위한 재산적 기초는 보호되어야만 한다. 이러한 의미에서 사유재산권은 존중되어야만 한다. 개인에게 재산권이 보장되지 않는다면, 근대민법이 추구하는 개인주의에 따른 자유는 그 의미를 잃게 될 것이다. 우리 민법도 사유재산권 존중의 원칙을 기초이념으로 삼고 있다.

2. 사적 자치의 원칙

우리 개인에게 헌법상 보장된 「인간으로서의 존엄과 가치」(헌법 제10조)의 실현은 민법에서 사적 자치의 원칙으로 나타난다. 이는 사적인 당사자 간의 생활관계는 국가가 개입하여 거래의 공적인 이익을 실현하는 것이 아니라, 사인 스스로에게 자치권을 주어 그들의 의사에 따라 자신의 이익극대화를 위해 법률관계를 자유롭게 형성할 수 있는 것을 말한다. 따라서 사적 자치의 원칙은 민법의 주체로서 사인이 법률관계를 형성함에 있어 이 국가의 간섭으로부터 해방되어 자유롭게 자신이 원하는 바에 따라 스스로 결정하여 법률관계를 형성할 수 있는 자유의 보장을 그 내용으로 한다. 이는 근대 민법의 이념인 개인주의와 자유주의에 따른 것이다.

3. 과실책임의 원칙

개인의 자유는 책임의 한계를 명시하여 정해 줄 때 비로소 보장될 수 있다. 누군가의 행위가 타인에게 손해를 발생시켰을 때 이에 대하여 무조건 배상책임을 지게 된다면, 개인의 자유는 최소한도 보장받을 수 없다. 따라서 인간의 능력을 고려한 비난할 만한 사유가 존재하는 경우에 한하여 책임을 져야만 할 것이다. 이를 귀책사유라 하고, 고의와 과실이 그 구성요소이다. 이 중 고의는 타인에게 손해발생을 의도한 것이므로 이로부터 발생한 바람직하지 않은 결과(손해발생)에 대해서는 가해자에게 책임을 성립시키게 된다. 고의에 대한 강한 비난성 때문에 책임성립에는 문제가 없다. 그러나 과실에 대한 비난은 고의에서와는 다르다. 과실은 정당한 행위를 목적으로 행위를 하다가 실수로 타인에게 손해를 가한 경우이다. 그렇지만 이 때에도 행위자로서 기울여야 할 주의를 다하지 않았다는 점에 비난의 요소가 있다. 행위자가 주어진 상황 하에서 적절히 주의를 기울여 행위하였더라면 손해가 발생하지 않았을 것인데 기울여야 할 주의를 다하지 않음으로써 타인에게 손해를 발생시켰다면, 이러한 부주의한 행위에 대하여는 비난할 만하고 따라서 책임이 성립하게 된다. 이처럼 최소한 과실이 인정될 때 한해서 행위자에게 책임을 성립시키게 된다. 그러므로 설령 손해가 발생하였더라도 행위자에게 고의나 과실이 없으면 책임도 없다. 과실책임의 원칙은 근대민법의 한 이념인 자유주의의 내용으로서 우리 민법의 기본원리를 구성하고 있다.

4. 신의성실의 원칙

민법의 권리와 의무의 이행은 신의와 성실에 좇아서 하여야만 한다(제2조). 여기서 「성실」은 '자기 위주가 아닌 타인의 정당한 법익을 배려할 것'을 명하는 것이고, 「신의」는 '상대방이 성실하게 행위할 것에 대한 신뢰'를 의미한다. 따라서 신의성실의 원칙은 권리행사와 의무이행이 타인의 정당한 법익을 배려하는 상태 하에서 이루어져야 한다는 성실성을 권리주체에게 명하는 것과 동시에, 이러한 성실성에 대한 상대방의 정당한 신뢰는 법으로 보호되어야 한다는 것을 의미한다. 그러므로 신의성실의 원칙은 자기의 권리와 타인의 권리를 함께 보장하는 사회적 형평의 원리이다.

Ⅲ. 법원(法源)

1. 의 의

법원은 법의 연원(淵源)을 의미하는 것으로서, 법의 적용순위를 말한다. 우리 민법은 법원에 관하여 "민사에 관하여 법률에 규정이 없으면 관습법에 의하고 관습법이 없으면 조리에 의한다"고 규정하고 있다(제1조). 따라서 우리 민법은 민사에 관한 적용법규로서 법률인 성문법 이외의 불문법도 인정하고 있고, 다만 불문법은 성문법에 규정이 없는 때에 보충적으로 적용된다. 이를 「성문법주의」라고 한다. 불문법으로는 관습법과 조리가 있으며, 관습법이 조리에 우선하여 적용된다.

2. 적용 순위

(1) 법 률

민사에 관하여 가장 중요한 적용 법률은 민법이다. 민법 이외에 민사특별법으로는 부동산등기법, 가족관계의 등록 등에 관한 법률, 주택임대차보호법, 약관의 규제에 관한 법률 등이 있다. 이외에 법률에 의해 위임된 사항 내지는 법률의 내용을 집행하기 위한 대통령·국무총리·행정각부의 장이 내리는 명령(시행령·시행규칙)과 대법원이 사무처리에 관하여 정한 규칙(예: 부동산등기규칙, 가사소송규칙 등)도 법원이 된다. 그리고 헌법재판소 결정도 법률과 동일한 효력을 가지므로 그 내용이 실질적으로 민사에 관한 것일 때에는 법원이 된다(헌법재판소법 제47조, 제75조). 또한 지방자치단체의 조례(헌법 제117조 제1항), 국가 간의 조약(헌법 제6조 제1항)과 국제법규도 민사에 관한한 민법의 법원이 될 수 있다.

(2) 관습법

관습법은 입법의 절차를 거치지 않은 불문법을 말한다. 관습법은 사회구성원 사이에 일정한 행위가 장기간 반복하여 행하여지는 관행 또는 관습이 존재하고, 이러한 관행에 대하여 사회구성원에 의하여 법규범이라고 인식될 수 있을 정도로 법적 확신이 성립되어 있는 경우에 인정된다. 일반적으로 관습법의 존재는 법원의 판결을 통하여 확인된다.[3)]

---

3) 헌법 제111조 제1항 제1호 및 헌법재판소법 제41조 제1항에서 규정하는 위헌심사의 대상이 되는

(3) 조 리

조리란 사물의 도리 또는 사물의 본성 이치를 의미한다. 조리가 법원이 되는 이유는 성문법체계 하에서는 입법의 불비가 불가피하고, 법관은 법률이나 관습법이 없다는 이유로 재판을 거부할 수 없기 때문이다. 조리는 불문법으로서 관습법을 보충하는 것으로서 적용된다.[4]

Ⅳ. 우리나라 민법의 체계

민법은 사인의 가장 일반적인 생활관계를 규율하는 법이다. 민법은 주체의 직업적 특성이나 남녀를 구별하지 않고 사람의 가장 일반적인 생활관계를 규율한다. 그리하여 민법의 규율대상으로 되는 사인의 일반적인 생활관계는 「사람은 타인과 결혼하여 자식을 낳고 자기의 가족을 부양하기 위하여 제3자와 경제적 활동을 하는 것」이라고 볼 수 있다. 이처럼 민법은 사인의 가장 일반적인 생활관계로서 '가족생활'과 '경제활동'을 규율한다. 이에 대한 분석의 관점은 이를 규율하는 민법의 입법체계와 연결되어 있다.

민법전의 체계는 우선 주체로서 '사람'을 법적으로 설명하고 그 사람이 다른 사람과 만나 혼인을 하고 자식을 낳아 가족공동체를 형성하고, 이러한 가족생활을 영위하기 위하여 타인과 경제활동을 하는 순차적 내용으로 구성될 수 있다. 이러한 민법의 체계는 사람에 관한 인법(人法), 그 사람이 구성하는 가족에 관한 가족법 그리고 타인과 경제활동을 규율하는 재산법의 입법적 순서를 갖는다. 이처럼 사람의 생활관계를 사람에서 가족으로 그리고 가정의 울타리 밖의 외부활동영역으로 확대하면서 규율하는 체계에서는, 민법 내의 규율영역(가족법과 재산법)에 따른 해석원리의 대립이나 충돌이 생길 염려가 없어 민법의 전체를 총괄하는 민법의 「총칙」은 필요하지 않다.

그런데 우리의 생활관계는 '일정한 법률관계를 놓고 대립하게 되는 상대방이 누구인가'에 따라서 완전히 서로 다른 내용의 법생활을 한다. 즉 상대방이 부모나 형제 그리고 자식 등과 같이 동일한 혈연을 기초로 하는 가족인 경우에는 이들과 형성되는 생활

법률은 국회의 의결을 거친 이른바 형식적 의미의 법률을 의미하고, 또한 민사에 관한 관습법은 법원에 의하여 발견되고 성문의 법률에 반하지 아니하는 경우에 한하여 보충적인 법원이 되는 것에 불과하여(민법 제1조) 관습법이 헌법에 위반되는 경우 법원이 그 관습법의 효력을 부인할 수 있으므로, 결국 관습법은 헌법재판소의 위헌법률심판의 대상이 아니라 할 것이다(대결 2009.5.28, 2010카기134).

4) 대판 2000.6.9, 98다35037.

관계는 「자기의 희생 속에 타인(예컨대 부모나 형제자매 등)에게의 이익 부여」를 그 내용으로 삼게 되나, 혈연관계가 없는 제3자를 상대방으로 하는 경제활동에서는 「타인의 희생 속에 자신의 이익을 확보」하려는 이윤극대화가 그 중심내용으로 된다. 이처럼 우리의 생활관계가 상대방이 가족인가 아니면 임의의 제3자인가에 따라서 완전히 다르게 형성되므로, 이 양자의 생활관계를 동일한 입법과 해석원리에 입각하여 규율할 수는 없다는 점이 고려되어져야만 한다. 이에 의하면, 경제활동과 가족생활은 서로 다른 기본원칙에 따라 입법되어야 하므로 민법이 가족법과 재산법으로 분화되는 입법의 형식을 갖게 된다.

그러나 이처럼 민법을 재산법과 가족법의 두 영역을 서로 연관성을 부여하지 않고 준별하여 별개로 입법하게 되면, 민법은 하나의 법전으로 편찬되지 않고 가족법과 재산법이 각기 따로 2개의 서로 다른 법률로 입법되게 된다. 하지만 이러한 입법체계는 한 사인의 생활을 구분 없이 총괄하여 규율하여야 하는 민법의 기본이념에 적합한 입법의 편찬으로는 볼 수 없다. 그러므로 내용적으로는 가족법과 재산법이 단절되어 편찬되지만, 한 사인의 일체의 법생활을 모두 포섭하는 1개의 법률로서 통일적으로 규율해야 하는 민법의 입법목적을 달성하기 위해서는, 하나의 민법전으로 구성하여 편찬할 필요가 있다. 그리하여 민법에 재산법과 가족법을 서로 다른 기본원리 위에 입법하지만 이를 하나의 법전으로 묶을 수 있는 체계가 필요한 데, 이것이 바로 민법 전반에 걸쳐 그 효력을 미치는 일반칙으로서 민법총칙을 편찬하는 것이다. 따라서 민법 전체를 총괄할 수 있는 민법총칙을 민법의 최고의 상위에 편재시키고, 그 하위에 민법의 각칙으로서 가족법과 재산법을 소속시키게 된다. 이처럼 민법의 총칙을 민법의 일반칙으로서 상위에 존치시킴으로써 하나의 민법전이 완성되고, 상위의 민법총칙은 각 재산편과 가족편을 총괄하는 공통적 입법내용을 갖는다.

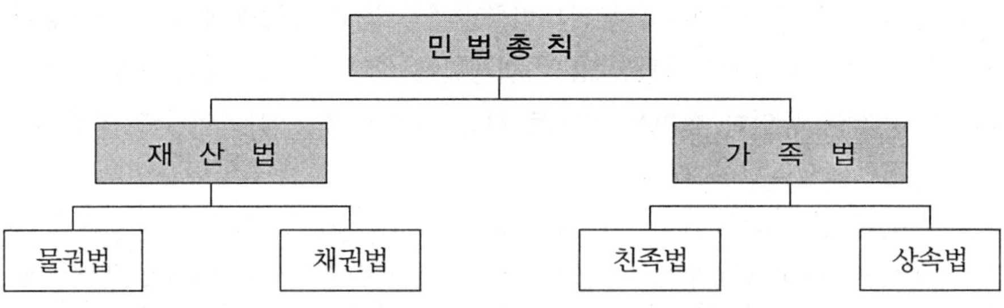

V. 민사관계의 일반적 구성

민법총칙은 가족편과 재산편을 포괄할 수 있는 일반치으로서 양편제이 공통분모를 입법을 통해서 제시하여야 한다. 우리의 생활이 가족생활이든 경제적인 활동이든 간에, 우리가 일상에서 생활하게 되는 법률관계는 공통적으로 다음의 명제로서 요약될 수 있다. 즉 「누가·무엇을·어떻게」라는 요소가 법률관계의 일반을 구성하는 요소로 정리될 수 있다. 여기서 '누가'의 부분을 주체라 하고, '무엇을'이라는 부분을 객체라고 하며, '어떻게'는 법률관계를 변동시키는 행위로서 그 내용에 따른 권리·의무의 변동을 의미한다. 즉 「권리의 주체·권리의 객체·권리의 변동」이 민법총칙의 규율내용인 것이다. 특히 권리의 변동과 관련하여, 그 개별내용을 총괄하는 법률행위라는 추상적 개념을 사용한다. 즉 권리변동의 수단으로서 법률행위는 개인과 개인 사이의 사법상의 법률관계의 내용인 권리·의무의 변동을 가져오는 행위이다. 따라서 민법총칙은 크게 「권리의 주체·권리의 객체 그리고 법률행위를 중심으로 한 권리변동」에 대하여 규정하고 있다.

제 2 장

권리의 주체

제1절 총 설

Ⅰ. 권리의 주체

이 세상에 있는 모든 존재는 '사람'과 '물건'으로 나눌 수 있고, 이 중에서 사람만이 인간으로서의 존엄과 가치를 가지므로 법이 실현해야 할 법목적에 있고, 그 밖에 인간이외의 다른 존재는 법목적 밖에 있다. 그러므로 법목적에 있는 인간만이 권리·의무에 대한 주인(주체)이 되고, 그 외의 다른 존재들은 물건으로서 법목적 실현의 수단에 불과하여 물건은 인간의 권리·의무를 실현할 수단으로서 활용되는 객체가 된다. 이처럼 자연인만이 권리(와 의무)를 보유할 수 있는 자격을 가지며, 권리능력을 가지는 주체로 된다.

그런데 사람에는 「자연인」 이외에도 「법인」이 있다. 물론 법인에게도 권리의 주체성이 인정되지만 그것은 자연인의 경우처럼 인간의 존엄과 가치와 같은 생래적인 본질에서 비롯된 것이 아니라, 단지 자연인 사이의 거래관계에 편리함을 추구하기 위한 사회적 필요에 부응하기 위하여 인정되는 것이다. 이 점에서 자연인의 권리주체성은 법인의 그것과 본질적으로 다르다.

Ⅱ. 권리의 주체에 관한 민법의 규정

권리의 주체에 관하여 민법은 "인(人)"(민법 제1편 제2장)이란 개념 하에 「자연인」과 「법인」에 관하여 규정하고 있다. 민법은 자연인에 관하여는 「능력」과 「주소」를 중심으로 규정하고 있고, 법인에 관하여는 법인의 설립에서 해산에 이르기까지 법인의 일대기를 중심으로 규정하고 있다.

제 2 절 자연인

제 1 관 자연인의 능력

권리의 주체로서 자연인은 일단 「권리를 보유할 수 있는 자격을 갖추어야 하고, 보유한 권리의 행사에 대한 판단을 할 수 있어야 하며, 그 판단에 따른 결단 하에 행사할 수 있는 자격」이 있어야 한다. 여기에서 권리를 보유할 수 있는 자격을 '권리능력', 실제로 권리행사에 앞서 판단할 수 있는 자격을 '의사능력', 구체적으로 권리를 행사할 수 있는 자격을 '행위능력'이라고 한다. 이처럼 권리의 주체로서 자연인은 권리능력·의사능력·행위능력 모두를 갖추어야만 한다.

제 1 항 권리능력

Ⅰ. 권리능력의 의의

권리능력은 추상적으로 권리의 주체로서 권리를 보유할 수 있는 자격을 말한다. 이는 구체적으로 권리나 의무의 변동과 관련한 「의사능력」이나 「행위능력」의 전제가 된다. 민법은 자연인에게 '생존하고 있는 동안'에 한하여 권리와 의무의 주체가 됨을 인정한다(제3조). 이에 따라 모든 자연인은 '생존하는 동안'인 「출생한 때로부터 사망할 때까지」 권리능력을 보유하게 된다. 민법상 권리능력에 관한 규정은 강행규정이다. 따라서 당사자가 임의로 권리능력을 제한하거나 포기하는 특약은 인정되지 않는다.

Ⅱ. 권리능력의 시기(始期)

1. 권리능력의 발생

자연인의 권리능력의 존속기간인 '생존기간'은 출생으로부터 시작된다(제3조). 이에 따라 자연인의 권리능력의 발생시기는 출생한 때로부터이다.

우리 민법은 자연인의 권리능력의 취득시기와 관련하여, 누구라도 인정할 수 있는 객관적 시점을 자연인의 출생시기로 파악하려고 한다. 이러한 목적에서, 태아가 산모의 모체로부터 완전히 분리되는 전부노출설(통설)[1]을 기준으로 하여 출생의 기준으로 삼고 있다.

[출생의 시기] ————————————————

가. 진통설

진통설은 '산모가 분만하기 위하여 진통을 일으킨 때'를 출생으로 본다. 사람은 태어나기 위해서는 분만진통이 개시되게 되는데, 이러한 분만진통의 개시는 곧 모체 안에 있는 태아가 모체의 일부에서 독립한 개체로서 분리를 시작하는 것을 의미한다. 이에 따라 진통설은 진통이후의 태아는 모체로부터 분리되어 독립한 존재로 볼 수 있으므로, 권리주체의 독립한 자격을 인정할 수 있다고 한다. 그러나 진통설은 사람의 출생시기를 지나치게 앞당겨서 인정한다는 비판과 함께, 진통의 개시라는 객관적으로 판단하기 어려운 시기를 판단의 기준으로 삼고 있다는 문제를 내재하고 있다. 형법에서는 진통설이 통설이다.

나. 일부노출설

일부노출설은 '태아의 신체 일부가 모체로부터 노출된 때'에 출생한 것으로 본다. 이는 태아의 신체가 모체로부터 일부라도 노출되었다면 독립한 개체로 인정될 수 있으므로 태아가 일부노출된 때로부터 태아에게 권리능력을 인정하자는 견해이다. 그러나 태아가 머리부터 나오는 순산의 경우가 아니라, 팔이나 다리부터 나오는 난산의 경우에는 태아의 신체 일부가 모체로부터 노출되었다 하더라도 다시 태아가 모체 안으로 들어가 머리부터 출산하게 되는 경우가 있다. 이러한 경우에는 출생의 시점을 어느 시점으로 정할지가 모호하게 된다. 이를테면 태아가 모체로부터 일부 노출시 권리능력을 인정하였다가 다시 모체 안으로 들어가는 경우에 일단 인정된 권리능력을 다시 부정하여야 하는 모순이 발생할 수 있다. 결국 일부노출설은 객관적인 권리능력을 인

---

1) 고상용, 74면; 곽윤직·김재형, 96면; 김기선, 86면; 김용한, 91면; 김주수·김상용, 84면; 김증한·김학동, 99면; 김형배·김규완·김명숙, 94면; 양삼승, 민법주해[Ⅰ], 246면; 이영준, 846면; 이은영, 129면; 장경학, 175면.

정하는 시기의 기준으로 삼기에는 불인정하다.

다. 전부노출설

전부노출설은 태아가 모체로부터 분리되어 전부노출한 때에 출생한 것으로 본다. 즉 산모로부터 태아가 완전히 분리되는 1차 분만이 완성된 시점에 권리능력이 인정된다. 이에 관하여 민법은 명시의 규정을 두고 있지 않으나, 전부노출의 기준이 출생의 시점을 객관적으로 확정할 수 있다는 점에서 전부노출의 시점을 사람의 출생시기로 파악한다.

라. 독립호흡설

독립호흡설은 태아가 모체로부터 완전히 분리된 후 스스로 독립적 호흡을 하기 시작한 때를 출생으로 본다. 그러나 갓 태어난 아이가 독립으로 호흡하는 시기는 주관적으로 다양하기 때문에 독립호흡시기를 객관적으로 파악할 수 없다. 또한 쌍생아를 분만하였을 때 호흡시기를 기준으로 출생시기를 정하게 되면, 사실상 모체로부터 분리한 시기와 호흡한 시기가 다를 수 있으므로 형제의 순위가 뒤바뀔 수 있는 모순이 생긴다.

2. 태아의 권리능력

(1) 태아보호의 필요성

가. 의 의 태아는 「수태시로부터 출생하기까지의 자연인」을 말한다. 그런데 권리능력은 출생시(완전노출시)에 비로소 취득하게 되므로, 아직 출생하지 않은 태아는 권리능력을 갖지 못한다(제3조). 그렇지만 태아는 인간으로서의 존엄과 가치를 가지는 미래의 자연인인 점을 감안할 때, 아직 출생하지 못하였다는 이유로 상속이나 손해배상 등에 관하여 권리능력을 갖지 못한다고 하면 정당하지 못하다. 따라서 민법은 태아에게 일정한 권리범위에서 권리능력을 인정해 줌으로써 태아를 보호하고 있다.

나. 태아보호의 입법례 태아의 보호를 위한 입법주의에는 「일반적 보호주의」와 「개별적 보호주의」가 있다. 일반적 보호주의는 태아에게 법적 이익이 문제되는 모든 경우에 출생한 것으로 보는 입법이다. 이에 대하여 개별적 보호주의는 태아의 권리능력이 문제되는 법률관계를 열거하여 이에 한정해서만 출생한 것으로 보는 입법이다.

이러한 입법례 중에서 '일반적 보호주의'는 태아에게 전반적으로 권리능력을 인정해 주기 때문에 태아의 보호에 철저하다는 장점이 있다. 그러나 일반적 보호주의 하에서는 태아에게 인정하여 줄 권리가 변동됨에 따라 이에 관한 판단을 둘러싸고 해석상 다툼의 여지가 있을 수 있으므로 법적 안정성을 해하게 된다. 이에 대하여 '개별적 보호주의'는 구체적으로 법에서 나열된 권리에 한정하여 태아에게 권리능력이 인정되기 때문에 법적 안정성이 유지될 수 있는 장점이 있으나, 태아에게 인정되는 권리에 대한 범위가 확정되기 때문에 태아의 보호에 충분하지 못하다는 단점이 있다. 스위스 민법은 태아에 대하여 일반적 보호주의를 채택하고 있으나, 우리 민법은 독일·일본의 민법과 더불어 개별적 보호주의를 채택하고 있다. 그 구체적 내용은 다음과 같다.

(2) 태아에게 인정되는 권리의 내용

가. 불법행위로 인한 손해배상청구권　민법은 태아에게 불법행위로 인한 손해배상청구권에 대해서 권리능력이 있는 것으로 의제하고 있다(제762조). 이는 태아가 타인의 불법행위로 인하여 '직접적'으로 손해를 입은 경우에 그 손해배상청구권에 관하여 권리능력이 인정된다는 것이다. 일반적으로 손해는「재산적 손해」와「정신적 고통에 따른 손해」가 있으므로, 피해자인 태아도 재산적 손해에 대한 배상청구권(제750조)과 정신적 고통에 따른 위자료 청구권(제752조, 제750조)을 보유할 수 있다.2) 그런데 위자료청구권에 관한 태아의 권리능력의 인정과 관련하여서는 논란이 있다. 예를 들어, 태아의 부(父)가 타인의 불법행위로 사망한 경우에 위자료청구권을 인정하기 위하여는 그 전제로서 정신적 고통이 존재하여야 하는데, 어머니 배 속에 있는 태아로서는 생부의 사망사실 자체를 인지할 수 없어 태아가 실제로 생부의 사망에 따른 정신적 고통을 당했다고 볼 수 없기 때문이다. 이에 대하여 판례는 정신적 고통은 피해자의 실질적인 감수성을 가지고 판단할 것이 아니라고 한다.3) 그리하여 비록 태아는 생부의 사망 당시에 정신적 고통에 대한 감수성을 가지고 있지 않다 하더라도, 장래 감수할 것이 합리적으로 기대될 수 있는 경우에는 '태아 자신이 태어난 상태로서 부의 사망을 알았다면 입었을 정신적 고통'을 근거로 위자료청구권을 인정할 수 있다고 한다.

한편, 태아는 부(父)에게 생명침해의 불법행위를 한 가해자에 대하여 부의 손해배상청구권을 행사하게 되는데, 이는 태아의 손해배상청구권에 대한 권리능력의 인정에 기한 것이 아니라(제762조 참조), 일단 피해자인 부에게 발생된 손해배상청구권을 상속을 통하여 태아에게 승계된 것이다(제1000조 제3항, 제1항). 그러므로 태아에게 손해배상청구권에 대한 권리능력을 인정하는 것(제762조)은 태아가 불법행위의 직접적인 피해자의 지위에서 비롯된 것에 한해서이다.

---

2) 대법원은 임신 중의 모(母)가 교통사고를 당하여 그 충격으로 태아가 조산되고, 그것 때문에 제대로 성장하지 못하고 사망한 사안에서, "위 불법행위는 산모에 대한 불법행위인 동시에 한편으로는 태아 자신에 대한 불법행위이며, 따라서 그 아이는 그 생명침해로 인한 재산상 손해를 청구할 수 있다"고 판시하였다(대판 1968.3.5, 67다2869).

3) 대판 1962.3.15, 4292민상903; 대판 1993.4.27, 93다4663.

나. 상 속 태아는 상속과 관련하여 이미 출생한 것으로 의제된다(제1000조 제3항). 그러므로 태아는 피상속인의 직계비속으로서 권리능력이 인정되므로 제1순위의 상속권자로 된다. 태아에게 상속권이 인정되는 이상, 태아는 「대습상속권」(제1001조)도 가지며, 「유류분」도 갖는다(제1112조).

다. 유 증 유증은 유언으로 재산을 타인에게 무상으로 주는 단독행위이다. 이러한 유증에 관해서는 상속에서의 태아의 권리능력에 관한 규정(제1000조 제3항)이 준용됨에 따라(제1064조). 태아는 유증에 따른 수증능력이 인정된다.

라. 인 지 인지는 '혼인 외의 자(子)'에 대해 생부 또는 생모가 자기의 자로서 승인하여 법률상 친자관계를 생기게 하는 단독행위를 말한다(제855조 제1항). 이에 따라 태아의 생부로서는 포태 중에 있는 태아를 자신의 자식으로서 인지할 수 있다(제858조). 이처럼 태아는 부(父)로부터 인지를 받을 수 있는 '피인지권'이 있다(제858조). 그러나 모체 안에 있는 태아는 친생자의 여부가 확정되지 않은 상태이므로 적극적으로 생부에 대하여 인지청구를 할 수 없는 것으로 보아야 한다. 이에 따라 태아는 자신의 부양에 필요로 하는 비용을 부에게 청구할 수 없다.

마. 사인증여 유증에 대하여 태아에게 권리능력이 인정된 이상, 사인증여에 대해서도 태아에게 권리능력이 인정될 수 있는지에 관하여 학설의 대립이 있다. 사인증여와 유증은 대가를 받지 않는 무상행위로서, 증여자의 사망을 원인으로 그의 유산에서 수증자가 재산을 증여받는다는 점에서 서로 유사한 점이 있다.

1) 긍정설 사인증여에서도 태아에게 권리능력을 인정하는 견해로 민법의 규정체계를 논거로 삼는다.[4] 민법은 사인증여에 대하여는 따로 규정을 두지 않고, 유증에 관한 규정을 준용하고 있다(제562조). 그러므로 유증에서 인정되는 태아의 권리능력에 관한 규정(제1064조)도 당연히 사인증여에 준용되어야 할 것이고, 이로써 사인증여에 대해서도 태아에게 권리능력이 인정되어야 한다고 본다.

2) 부정설 위의 긍정설에 대립하는 부정설은 사인증여가 본질적으로 증여'계약'임을 논거로 삼고 있다.[5] 사인증여는 그 본질이 계약인 만큼, 사인증여가 성립하기

---

4) 고상용, 84면; 김대정, 182면; 김용한, 95면; 김증한·김학동, 101면; 이은영, 133면; 장경학, 178면.

5) 김주수·김상용, 87면; 양형우, 57면; 이영준, 849면; 제562조는 사인증여에 관하여는 유증에 관한 규정을 준용하도록 규정하고 있지만, 유증의 방식에 관한 민법 제1065조 내지 제1072조는 그것이 단독행위임을 전제로 하는 것이어서 계약인 사인증여에는 적용되지 아니한다(대판 2001.9.14, 2000다66430·66447).

위해서는 증여자와 수증자 사이에 의사표시의 합치를 요건으로 하나. 그러나 모체 안에 있는 태아로서는 증여자의 청약에 대하여 승낙할 수 없으므로, 태아를 상대방으로 하는 사인증여의 '계약'을 체결할 수 없는 것이다. 또한 자신이 사망한 후에 유산을 태아에게 증여하고 싶은 사람은 유증으로 그 목적을 달성할 수 있으므로 사인증여에 관하여 권리능력을 인정하지 않더라도 태아에게 불리할 것이 없다. 이러한 이유에서 민법에서 명문으로 규정하고 있지 않은 사인증여에까지 태아의 권리능력을 확대하여 인정하려는 해석은 우리 민법이 채택하고 있는 개별적 보호주의에 반하게 된다.6)

판례도 태아 측의 적극적 행위가 요구되는 쌍방행위에 대해서는 권리능력을 인정할 수 없다고 보아, 계약체결을 요건으로 하는 사인증여에 대하여는 부정적인 입장을 취하고 있다.7) 사인증여의 본질이 계약이라는 점에서 부정설이 타당하다고 생각한다.

3. 태아의 법률상의 지위

태아에게 권리능력을 인정하여 보호하려는 취지는 태아가 살아서 출생하여 이 세상을 살아나가야 할 자연인이라는 점에 있다. 태아가 사산(死産)되어 앞으로 이 세상을 살지 않는다면, 죽은 태아에게 손해배상청구권이나 상속권이 주어지는 것은 아무런 의미가 없다. 그러므로 태아의 권리능력은 태아가 살아서 태어나는 것을 조건으로 할 수 밖에 없다.8) 그렇지만 태아가 이미 "출생한 것으로 본다"(제762조, 제1000조 제3항 참조)의 의미가 무엇인지에 관해서는 견해의 대립이 있다.

(1) 학설의 소개

가. 정지조건설 정지조건설9)은 태아인 동안에는 권리능력이 없고, 살아서 태어났을 때 비로소 권리능력 취득의 효과가 문제의 시점(상속의 개시, 불법행위시)까지

6) 김주수·김상용, 87면.

7) 증여는 증여자와 수증자 간의 계약으로서 수증자의 승낙을 요건으로 한다. 따라서 태아에 대한 증여에 있어서도 태아의 수증행위가 필요한 것인데, 개별적으로 태아의 권리능력이 인정되는 경우에도 그 권리능력은 태아인 동안에는 없고 살아서 출생하면 문제된 사건의 시기까지 소급하여 그때에 출생한 것과 같이 법률상 간주되었던 것이므로(정지조건설), 태아인 동안에는 법정대리인이 있을 수 없다. 따라서 법정대리인에 의한 수증행위도 불가능한 것이다. 그러므로 증여와 관련된 태아의 권리능력에 있어서 증여와 같은 쌍방행위가 아닌 손해배상청구권의 취득이나 상속 또는 유증의 경우를 유추하여 태아의 수증능력을 인정할 수 없다(대판 1982.2.9, 81다534).

8) 판례는 태아가 특정한 권리에 있어서 이미 태어난 것으로 본다는 것은 살아서 출생한 때에 태아가 출생한 것과 같이 법률상 보아 주어야 한다고 해석함이 상당하므로 그가 모체와 같이 사망하여 출생의 기회를 못 가진 이상 배상청구권을 논할 여지가 없다고 한다(대판 1976.9.14, 76다1365).

9) 김상용, 145면; 김주수·김상용, 90면; 백태승, 128면; 양형우, 58면; 이영준, 850면.

소급해서 생긴다는 견해이다. 따라서 이를 「인격소급설」이라고도 한다. 이 견해에 의하면, 태아로 있는 동안에는 권리능력이 인정되지 않기 때문에 태아에게는 법정대리인이 있을 수 없고, 태아 시절에 이미 개시된 상속에 대해서는 출생 후에 비로소 상속회복을 청구할 수밖에 없다고 한다.

나. 해제조건설 해제조건설[10)]은 불법행위나 상속의 개시 등 문제의 사실이 생긴 때로부터 태아는 권리능력을 취득하지만, 사산인 경우에는 소급하여 권리능력을 잃는다고 보는 견해이다. 요컨대 태아의 사산을 해제조건으로 하여 문제의 사건발생시에 권리능력을 인정하려는 견해로서, 「제한적 인격설」이라고도 한다. 이에 의하면, 태아인 동안에도 출생한 것으로 보는 범위 내에서는 (제한적인) 권리능력이 있으므로, 태아인 동안에 법정대리인이 존재할 수 있다.

(2) 학설의 검토

가. 정지조건설에 대하여

1) 장 점 정지조건설에 의하면, 태아로 있는 동안에는 권리능력을 취득하지 못하고 이에 따라 권리의 취득도 없으므로, 태아가 사산되거나 쌍생아로 출산되는 경우에도－해제조건설을 따를 때 발생할 수 있는－태아의 권리를 양수받은 상대방과 제3자에게 불측의 손해를 주는 일이 없다. 이러한 점에서 정지조건설에 의할 때 거래의 안전이 유지된다. 그리고 해제조건설에 따라 모(母)의 법정대리권을 인정하면, 태아와 모는 특히 상속을 둘러싸고 이해가 상반되는 관계에 있으므로 태아를 위한 특별대리인의 선임이 요구된다. 그렇지만 정지조건설에 의하게 되면 이러한 복잡한 절차가 요구되지 않는다.

2) 단 점 정지조건설의 본질적인 문제점은 태아가 취득할 권리의 발생시점인 불법행위시나 상속의 개시 시점에 권리능력을 갖추고 있지 않다고 보면 태아로서는 권리를 취득할 기회를 가질 수 없다는 점이다.[11)] 따라서 문제발생시점에 태아에게 권리능력이 인정되어야만 권리를 취득할 수 있는데, 정지조건설은 이러한 권리능력의 본질을 설명할 수 없는 난점을 가진다.

---

10) 곽윤직·김재형, 99면; 김용한, 97면; 김증한·김학동, 103면; 양삼승, 민법주해[Ⅰ], 252면; 이은영, 136면; 장경학, 181면.

11) 이은영, 136면.

나. 해제조건설에 대하여

1) 장 점 민법이 태아를 일정한 권리취득과 관련하여 「출생한 것으로 본다」는 의제규정을 둔 이유는 출생 전에는 태아가 권리능력을 취득하지 못함으로 인하여 불법행위·상속 등을 원인으로 한 권리의 취득을 못하는 난점을 해결하기 위한 것이다. 자연인은 비로소 출생하여야 권리능력을 취득하지만(제3조), 민법이 이에 대한 예외를 설정하면서까지 태아에게 권리능력을 인정하려는 것은 태아보호에 그 목적이 있다. 이러한 태아보호에 관한 입법취지를 충실히 따르기 위해서는 문제발생시부터 태아에게는 권리능력이 인정되어야 한다.[12] 또한 태아의 재산관리와 관련하여, 해제조건설은 태아에게 「친생자에 관한 법정대리의 규정」을 유추적용함으로써 해결될 수 있다고 본다. 즉 태아에게는 모(母)가 법정대리인이 되며, 태아가 출생하기 전까지 취득한 그의 권리는 그의 법정대리인인 모에 의하여 관리될 수 있고, 다만 모의 재산관리권한은 '재산의 관리나 기타 권리보전수단'에로 한정하여 인정되어야 한다고 한다. 이렇게 법리를 구성하면, 태아에게 권리능력을 인정하더라도 법적인 문제가 발생되지 않는다고 본다. 추가적으로, 오늘날의 출생율은 사산율보다 압도적으로 높기 때문에 해제조건설을 취한다고 해서 상대방 또는 제3자에게 불측의 손해를 줄 가능성은 상대적으로 대단히 낮다고 본다.

2) 단 점 해제조건설의 근본적인 문제점은 현행 민법이 태아가 취득할 권리를 관리해 줄 태아의 재산관리제도를 갖고 있지 않다는 점이다. 특이 이해상반관계에 있는 태아의 모가 법정대리권을 갖는다는 것은 무리한 해석이라는 점이다(독일민법 제1912조, 제1913조, 제1960조 참조). 또한 해제조건설은 모의 법정대리권의 범위를 권리보존행위에 한정하여야 한다고 하지만, 이에 대하여는 실정법상 무엇을 기준으로 하여 이와 같은 제한을 가할 수 있는가를 설명할 수 없다. 무엇보다도 태아와 모가 함께 상속인으로서 재산상속의 분할협의와 같이 모와 태아가 서로 이익상반의 관계에 있는 경우에는(제921조) 태아를 위하여 특별대리인을 선임해야 하는 복잡한 문제가 발생한다.[13] 또한 태아는 반드시 부의 자라고 볼 수 없으므로 친생자가 아닌 태아가 상속능력을 가지게 되어 상속재산을 나누었을 때에는 진정상속인이 상속회복청구를 하여야 하는 문제도 고려되어야만 한다. 확률은 낮더라도 경우에 따라서는 태아가 사산될 수도 있으므로, 해제조건설을 따를 때 사산에 따른 제3자의 보호와 거래의 안전이 문제될 수 있다.

---

12) 이은영, 136면.

13) 김주수·김상용, 89면.

(3) 판례의 태도

판례는 "태아가 권리를 취득하더라도 현행법상 이를 대행할 기관이 없으니 태아로 있는 동안은 권리능력을 취득할 수 없고 살아서 출생한 때에 출생시기가 문제의 시기까지 소급하여 그때에 태아가 출생한 것 같이 법률상 보아준다고 해석함이 상당하다"고 하여 정지조건설을 취하고 있다.[14]

(4) 결 론

해제조건설이 태아의 권리능력을 인정하여 태아의 이익보호를 우선하는 것으로서 민법의 입법취지에 맞는 해석이라고 볼 수 있고, 논리적인 관점에서 볼 때, 태아가 불법행위시나 상속시에 권리취득을 하기 위해서는 그 시점에 권리능력이 인정되어야 하므로 해제조건설의 해석이 일면 타당하다. 그러나 태아의 재산을 관리할 법정대리인제도가 우리 민법에 입법되어 있지 않아 태아에게 권리능력을 인정하여도 그 실익이 없다고 보아야 하며, 또한 해제조건설에 의할 경우 실제로 태아의 법정대리인이 태아를 대리하여 그의 권리를 처분할 수 있다는 점을 고려할 때 이는 태아에게 사실상 불이익을 가져올 염려도 있다. 그리고 해제조건설은 예를 들어 태아가 부(父)의 자(子)가 아닌 경우나 태아가 사산된 경우 등에 있어 법률관계를 복잡하게 만드는 문제를 내포하고 있으므로 법적 안정성을 해칠 우려도 있다. 이러한 점을 감안할 때, 정지조건설을 취하는 것이 보다 타당할 것이다. 입법론으로는 가정법원의 감독 하에 태아를 위한 '상속재산관리인제도'를 민법에 도입하여 해결하자는 의견이 제안되고 있다.[15]

Ⅲ. 권리능력의 범위

1. 권리능력의 평등

원칙적으로 모든 자연인은 생존한 동안 성별·연령·직업·계급 등과 관계없이 평등하게 권리능력을 갖는다(헌법 제11조).

14) 대판 1976.9.14, 76다1365.

15) 곽윤직·김재형, 100면; 김주수·김상용, 90면; 양삼승, 민법주해[Ⅰ], 253면; 이영준, 851면.

2. 외국인의 권리능력

(1) 평등주의

외국인은 대한민국의 국적을 가지지 않은 자연인이며, 이에는 외국의 국적을 가진 자와 무국적자가 속한다. 오늘날 현대법에서는 국적에 관계없이 외국인에 대해서도 내국인과 평등한 권리능력을 인정하는 것이 원칙이다. 우리 헌법 제6조 제2항도 외국인의 지위에 대하여 국제법과 조약에 따라서 보장한다고 규정함으로써, 외국인의 권리능력을 내국인과 평등하게 인정하고 있다.

(2) 외국인의 권리능력의 제한

1) 외국인 권리능력의 부정　　외국인은 한국항공기의 소유권을 취득할 수 없다(항공안전법 제10조). 또한 외국인은 도선사가 될 수 없다(도선법 제6조).

2) 상호주의에 의한 외국인 권리능력의 제한　　우리나라는 외국인의 권리능력을 인정함에는 상호주의의 원칙에 따르고 있다. 외국이 우리나라 국민에게 인정하는 권리능력의 범위를 그 외국인의 권리능력을 우리나라에서도 동일 범위로 인정하는 것이 상호주의이다. 이러한 상호주의에 따라, 국토교통부장관은 대한민국 국민, 법인 또는 단체나 정부에 대하여 자국 안의 토지의 취득 또는 양도를 금지하거나 제한하는 국가의 개인·법인·단체 또는 정부에 대하여 대통령령이 정하는 바에 따라 대한민국 내의 토지의 취득 또는 양도를 금지하거나 제한할 수 있다(부동산 거래신고 등에 관한 법률 제7조).

Ⅳ. 권리능력의 종기

1. 사 망

(1) 유일한 권리능력의 소멸사유

자연인은 사망으로 권리능력을 상실한다(제3조). 과거에는 자유인이 그 신분을 잃고 노예로 전락하는 인격소멸이 존재하였으나, 오늘날 어느 국가도 이러한 인격소멸제도는 인정되지 않고 있다. 따라서 오직 사망만이 유일한 권리능력의 소멸사유이다.

(2) 사망의 시점

사람의 사망은 법적으로 상속(제997조 이하)·유언의 효력발생(제1073조 이하)·잔존배우자의 재혼

(제810조)·보험금청구(상법 제727조, 제730조)·연금청구(국민연금법·공무원연금법·군인연금법 등) 등과 관련하여 매우 중요하다. 그런데 사람이 자연사를 하는 경우에 우선 호흡이 정지되고 이에 따라 뇌가 기능을 하지 못하게 되며 심장이 멎게 되는 절차로 사망에 이르게 된다. 이러한 사망의 진행과정에서 어느 시점을 기준으로 사망으로 판단하여 권리능력을 종지시킬 것인지에 관하여는 심장박동정지설과 뇌사설이 대립하고 있다. 심장박동정지설은 심장의 기능이 회복불능한 상태로 정지된 때를 사망의 시기로 보는 반면에, 뇌사설에 의할 경우 뇌의 기능이 회복불능한 상태로 정지된 때를 사망의 시기로 본다. 특히 오늘날에는 의학의 발달과 더불어 심장을 비롯한 장기이식이 가능하기 위해서는 사망의 시기를 뇌사의 시점으로 보아야 한다는 뇌사설이 적극 주장되고 있다. 그러나 뇌사설은 사망의 기준이 되는 「뇌의 기능이 영구적으로 정지된 때」를 판단하기 어렵다는 난점을 가지고 있다. 또한 우리가 갖는 사망에 대한 법감정은 어떤 사람이 뇌사상태에 있지만 심장이 박동하고 있는 상태가 지속된다면, 이로써 사망하였다고 판정하는 것을 허용하지 않는다. 이러한 점을 고려할 때, 사망의 시점은 심장의 박동이 정지된 때로 보는 것이 정당하다.

한편, 장기이식의 문제와 관련하여 「장기 등 이식에 관한 법률」이 제정되어 뇌사를 기준으로 장기의 적출 및 이식을 할 수 있게 되었다(동법 제8조 이하 참조).

(3) 사망의 증명

사람의 사망은 절차적으로 신고인이 이를 신고하여 가족관계등록부에 기재하게 된다(가족관계의 등록 등에 관한 법률 제20조 이하).[16]

2. 사망이 불확실한 경우

통상적으로 사람이 사망한 경우에 사망신고의 의무자는 사망의 사실을 안 날로부터 1개월 이내에 의사의 사망진단서 또는 시체검안서를 첨부하여 사망신고를 하여야 한다(가족관계의 등록 등에 관한 법률 제84조 이하). 이처럼 사망에 따른 효과가 발생하기 위해서는 사망 사실 자체가 구체적으로 입증되어야 하지만, 정황에 따라서는 사망의 사실과 시기를 증명하기 쉽지 않은 경우도 있다. 이처럼 사망의 개연성은 높으나 사망사실 및 그 시점을 증명하기 어려운 사정을 구제하기 위한 제도로 인정사망·동시사망의 추정·실종선고가 있다. 이는 사

---

16) 실존인물은 그러한 연령의 사람이 생존한다는 것이 매우 이례적이라고 보여 지는 고령에 해당되지 않는 이상 특별한 사정이 없는 한 생존하고 있는 것으로 추정함이 상당함으로, 그가 사망하였다는 점을 상대방이 적극적으로 증명하여야 한다(대판 2002.4.26, 2002다5873).

망이 개연성이 높은 정황 등의 간접사실에 의존하여 사망의 효과가 발생되는 것이다.[17]

(1) 재난 등으로 인한 사망(인정사망)

사람의 사망을 가족등록부에 기재하려면 의사의 사망진단서 또는 시체검안서를 첨부하여야 한다(가족관계의 등록 등에 관한 법률 제84조). 그런데 수해, 화재 기타의 사변 등으로 시체가 발견되지 않는 경우에는 사망한 것이 거의 확실함에도 사망의 증명을 할 수 없어 가족관계등록부에 사망의 등재를 할 수 없게 된다. 이러한 경우에 실종선고의 제도를 활용할 수 있으나, 실종선고는 재판의 절차를 거쳐야 하므로 사망이 거의 확실시되는 위난의 경우에는 이를 활용하기가 적절하지 않다. 그러므로 사망의 개연성이 높은 데도 불구하고 시체를 발견할 수 없는 경우에 가족관계등록부에 사망의 기재를 할 수 있는 인정사망의 제도가 인정되고 있다(동법 제87조[재난 등으로 인한 사망]). 이는 민법상의 제도가 아니라, 절차적 특례로서 「가족관계의 등록 등에 관한 법률」에 의하여 사망의 사실을 조사한 관공서의 사망통보에 기초하여 가족관계등록부에 사망의 기재를 할 수 있게 하고 있다(동법 제87조). 이 사망등재의 효과는 추정적 효력만을 갖는 것이므로, 반증에 의하여 그 효력을 상실하게 된다.

(2) 동시사망의 추정

가. 동시사망주의 다수가 동일한 위난으로 사망한 경우와 관련하여 일반적으로 다음의 사례가 제시된다. 예를 들어, 갑(甲)은 을(乙)과 결혼하여 미혼의 자(子) 병(丙)을 슬하에 두고 있고, 갑의 부(父)인 정(丁)이 생존해 있다. 어느 날 갑과 병이 비행기로 여행을 하다가 추락하여 모두 사망하였다면, 甲의 재산은 어떻게 처리되어야만 할 것인가가 문제된다. 이러한 경우에 을·정간의 상속관계는 갑·병의 사망의 선후에 따라 달라지게 된다. ① 만일 갑이 병보다 먼저 사망하였다면, 우선 을과 병이 공동상속하고(제1000조 제1항 제1호, 제1003조 제1항), 다시 을은 병의 사망으로 병이 상속한 재산을 상속하게 된다(제1000조 제1항 제2호). ② 만일 병이 갑보다 먼저 사망하였다면, 미혼의 병은 자식이나 재산이 없으므로 갑과 을은 상속할 재산이 없고 다시 甲이 사망하였으므로 갑의 부(父) 정과 을이 공동상속하

---

17) 대법원은 생명의 침해는 사망사실이 "확정적"으로 밝혀져야 하며 행방불명되어 생환하지 못하였다는 사실만으로서는 생명을 해하였다고 할 수는 없다고 판시하였다(대판 1985. 4.23, 84다카2123 판결). 이 판례의 취지는 사람의 사망과 같은 인격적 권리의 상실에 관한 사실인정은 신중하게 할 것이고 단순히 행방불명되어 생환하지 못하였다는 사실만으로 가볍게 인정해서는 안 된다는 데에 그 의미가 있는 것이지, 사망 개연성이 극히 높고 생환가능성이 거의 없는 것으로 여겨지는 경우까지도 "사망사실이 확정적으로 밝혀진 바 없고 행방불명되어 생환하지 못하였다는 사실 만으로서는 생명을 해하였다고 할 수는 없다"라는 명제 하에 일률적으로 사망인정을 하지 못한다는 의미는 아니라고 판단하였다(대판 1989.1.31, 87다카2954).

게 된다(제1000조 제1항 제2호, 제1003조 제1항). 이처럼 수인이 동일 위난으로 사망한 경우에 상속과 관련하여 그 수인의 사망자들 사이에 사망 시기의 선후가 문제된다.

이에 관한 입법예로 생존추정주의와 동시사망추정주의가 있다. 이 중 우리 민법은 동시사망추정주의를 취함으로써(제30조), 다수인이 동일한 위난으로 사망하였는데 그 사망 시기가 불분명한 경우에 함께 사망한 사람들 사이에는 상속·대습상속이나 유증이 발생하지 않게 된다(제1089조). 그러므로 위의 사례에서 갑과 병은 동시에 사망한 것으로 추정되므로, 갑과 병 사이에는 아무런 상속이 일어나지 않는다. 따라서 갑과 병의 동시사망에 대해서 반증이 없는 한, 갑의 재산은 을·정이 공동으로 상속하게 된다. 다만 제30조[동시사망]는 수인이 동일한 위난으로 동시에 사망한 것으로 추정되는 것에 불과한 것이므로 반증을 들어 추정효를 깨뜨릴 수 있다.[18] 이 경우의 반증은 사망시기를 입증할 필요는 없고, 어느 한 일방의 사망이 다른 일방의 사망보다 후인 것을 입증하면 된다.[19]

나. 동시사망과 대습상속 항공기 추락사고로 인하여 피상속인(피고의 장인)은 물론 피상속인의 처, 아들 부부, 딸(피고의 처) 그리고 손자녀, 외손자녀 모두 사망하고 유족으로 딸의 남편인 사위(피고) 그리고 피상속인의 형제자매(원고)만이 남게 되었다. 이에 피상속인의 사위가 피상속인의 형제자매보다 상속에서 우선하여, 단독으로 대습상속을 하는가가 문제된다. 이에 대해서 피상속인의 형제자매는 제1001조[대습상속] 및 제1003조[배우자의 상속순위]에 의하면 '상속인이 될 자가 상속개시 전에 사망한 경우'에 한하여 상속인이 될 자의 직계비속 및 배우자가 사망한 자의 순위에 갈음하여 상속인이 되는 것이므로, 피상속인과 상속인이 될 자가 동시에 사망한 경우는 이에 포함될 수 없다고 주장하였다. 즉 피상속인의 형제자매 측은 동시사망으로 간주되는 경우에는 대습상속이 개시되지 않는다고 주장하였다. 그러나 대법원은 이러한 피상속인의 형제자매의 주장을 인용하지 않았다. 즉 판례는 동시사망이 추정되는 경우에도 대습상속이 가능하고, 사위도 상속인의 배우자로서 대습상속을 할 지위에 있다고 판단하여 그가 피상속인의 유산을 단독 상속하는 것으로 판단하였다.[20]

---

18) 제30조의 추정은 법률상 추정으로서 이를 번복하기 위하여는 동일한 위난으로 사망하였다는 전제사실에 대하여 법원의 확신을 흔들리게 하는 반증을 제출하거나 또는 각자 다른 시각에 사망하였다는 점에 대하여 법원에 확신을 줄 수 있는 본증을 제출하여야 한다(대판 1998.8.21, 98다8974).

19) 김주수·김상용, 94면.

20) 원래 대습상속제도는 대습자의 상속에 대한 기대를 보호함으로써 공평을 꾀하고 생존자의 생계를 보장하여 주려는 데 그 목적이 있다. 그리고 상속인이 될 직계비속이나 형제자매(피대습자)의 직계비속 또는 배우자(대습자)는 피대습자가 상속개시 전에 사망한 경우에는 대습상속을 한다. 그러므로 딸이 피상속인(딸의 부)보다 먼저 사망한 경우에는 딸의 배우자가 대습상속을 한다. 반대로 피

다. 다수의 사람이 서로 다른 위난으로 사망한 경우 2인 이상이 동일하지 않은 위난으로 사망하였으나 그들의 사망시기의 전후를 확정할 수 없는 경우에도 동사자(同死者) 사이에 사망의 선후를 알 수 없으므로 상속 등과 관련하여 동시사망의 경우와 동일한 문제가 발생한다. 예컨대, 甲은 산에서 위난을 맞아 사망하고 甲의 자식인 乙은 바다에서 조난을 당해 사망하였다면, 이때에도 누가 먼저 사망하였는가에 따른 상속과 관련하여 동일한 문제가 발생한다.

1) 긍정설 긍정설은 수인이 각각 다른 위난으로 사망하여 그들의 사망시기를 확정할 수 없을 때에도 제30조의 유추적용을 인정한다.[21] 스위스민법 제32조 제2항 및 독일실종법 제11조의 규정이 동시사망을 인정하고 있다.

2) 부정설 부정설은 제30조는 "동일한 위난으로 사망한 경우"만을 규정하고 있으므로, 수인이 각각 다른 위난으로 사망한 경우에는 본조를 유추적용할 수 없다고 본다.[22] 부정설은 동시사망의 추정제도는 상속관계에 지대한 영향을 미치는 것이므로, 이에 관하여는 엄격히 해석하여야 하고, 따라서 동일하지 않은 위난으로 수인이 사망한 경우에는 그 입증을 통해 그 사망의 선후를 명확히 확정하여야 하고 동시사망의 추정이 일어나서는 안된다고 본다. 이러한 관점에서 동일하지 않은 위난으로 수인이 사망한 경우에는 동시사망의 추정에 관한 규정이 적용되지 않는다고 보는 것이 타당하다.

(3) 실종선고

오랫동안 생사불명의 상태가 계속되고 사망의 개연성이 높은 경우에는 상속인·생존배우자·기타의 이해관계인을 위하여 그 자의 법률관계를 확정지을 필요가 있다. 그래서 법은 상기간에 걸쳐 생사가 불분명한 자에 대하여 사망의 효과를 발생시키는 선고제도(실종선고)를 두었다(제27조, 제29조). 그렇지만 실종선고에 의하여 사망으로 보는 것은 실종자의

대습자가 상속개시 후에 사망한 경우에는 피대습자를 거쳐 피상속인의 재산을 본위상속한다. 즉 딸이 피상속인보다 나중에 사망한 경우에는 딸이 피상속인을 상속하고 그 딸이 상속한 재산을 딸의 사망으로 인하여 배우자가 단독상속하게 된다. 결국 딸의 배우자(피고)는 두 경우 모두 상속을 하게 된다. 그런데 만일 피대습자가 피상속인의 사망, 즉 상속개시와 동시에 사망한 것으로 추정되는 경우에만 그 직계비속 또는 배우자가 본위상속과 대습상속의 어느 쪽도 하지 못하게 된다면 현저히 불공평하고 불합리한 결과로 된다. 이에 따라, 제1001조의 '상속인이 될 직계비속이 상속개시 전에 사망한 경우' 중에는 '상속인이 될 직계비속이 상속개시와 동시에 사망한 것으로 추정되는 경우'도 포함하는 것으로 해석하여야 한다(대판 2001.3.9, 99다13157).

21) 고상용, 93-94면; 곽윤직·김재형, 105면; 김상용, 153면; 김주수·김상용, 94면; 김형배·김규완·김명숙, 120면; 양형우, 61면; 한상호, 민법주해[I], 422면.

22) 김대정, 284면; 김증한·김학동, 106면; 이은영, 147면; 이영준, 856면.

주소를 중심으로 하는 사법상의 법률관계를 정리하기 위한 것이며, 실종자의 권리능력을 소멸시키려고 하는 데에 목적이 있는 것이 아니다. 그러므로 민법은 실종선고에 관하여는 주소와 관련하여 규정하고 있다(후술).

제 2 항 의사능력

Ⅰ. 의사능력의 의의

1. 의사능력과 사적 자치

민법은 사인들의 생활관계에 대하여 사적 자치를 기본원칙으로 하고 있어, 사인은 자신의 사적인 규율관계를 자유로이 형성할 수 있는 자치권을 가진다. 그런데 사인의 자치권은 당사자가 스스로 판단할 수 있는 능력을 전제로 한다. 만일 어떤 사람이 어떤 사정으로 인하여 스스로 자신의 의사를 결정할 수 없는 상태에서 자신의 의사를 외부로 표시하였다면, 이로써 그는 자신의 의사를 외부로 표출한 외관을 형성하였지만, 이는 자신의 판단에 기초한 의사가 표시된 것이 아니므로 그에 따른 효과를 그 당사자에게 귀속시킬 수 없다. 이처럼 의사능력은 "자신의 행위의 의미나 결과를 정상적인 인식력과 예기력을 바탕으로 합리적으로 판단할 수 있는 정신적 능력 내지는 지능"을 말하고,[1] 이 의사능력이 없는 경우 그 행위는 무효로 된다.

2. 의사능력의 인정기준

의사능력은 사적 자치의 근간이 되는 법률행위의 필수요건이지만, 우리 민법은 의사능력의 판단기준에 관하여 명시적인 기준을 제시하고 있지 않다. 그리하여 의사능력은 획일적인 기준을 정하여 결정할 수는 없고 당해 거래와 관련하여 구체적으로 판단하게 된다. 예컨대, 과자나 옷을 살 때와 부동산을 매수할 때 요구되는 판단능력의 정도가 각기 다르다.[2] 또한 의사능력은 단순히 행위의 일상적인 의미뿐만 아니라 법률행위의 의미 및 법률적인 효과에 까지 이해할 수 있는 정신능력을 말하므로[3] 복잡한 법률행위

---

1) 대판 2002.10.11, 2001다10113; 대판 2006.9.22, 2004다51627; 대판 2009.1.15, 2008다58367.

2) 예를 들어, 7세 된 아이가 아이스크림을 사는 계약에서는 그 거래를 하는 데에 필요한 주의를 기울일 수 있는 능력의 정도를 갖추었다고 본다. 그러나 7세 된 아이가 상속받은 부동산을 판다고 하면, 이러한 부동산거래에 대해서는 7세의 아이는 이로부터 발생할 법적 효과에 대하여 적절한 판단을 할 수 없다고 보아야 한다(고상용, 121면).

범주와 그 요구되는 의사능력은 그 각각의 수준에 따른 차이 요구된다. 이를 테면, 어떤 사람이 자기 소유의 부동산을 담보로 근저당권을 설정해 주고 금융기관으로부터 대출을 받는 경우에 요구되는 당사자의 의사능력은 만약 대출금을 변제하지 못할 때에는 근저당권의 실행으로 인하여 그 소유권을 상실할 수 있는 법률적인 의미나 효과를 이해할 수 있는 정신능력의 수준인 것이다.4) 다만 의사무능력의 상태는 예외적인 것이므로, 의사무능력을 이유로 무효를 주장하는 자가 그에 대한 입증책임을 진다.5)

Ⅱ. 의사무능력자가 한 법률행위의 효력

의사무능력자가 한 법률행위의 효력은 무효이다. 민법은 명문으로 규정하고 있지 않으나, 사적 자치의 기본원칙상 의사능력이 없는 상태에서 한 의사표시는 표의자의 자기결정으로 볼 수 없으므로 그 (의사)표시의 효력은 무효이다.6) 다만, 그 무효를 누구나 주장할 수 있는지 아니면 의사무능력자만 주장할 수 있는지에 관하여 견해의 대립이 있다.

1. 학설의 소개

(1) 일면적 무효설

일면적 무효설은 의사무능력 제도는 의사무능력자의 보호에 그 규율 목적이 있는 만큼 무효의 주장 여부는 의사무능력자에게 일임되어 있는 것으로 본다. 이에 의하면, 만일 의사무능력 상태에서 한 행위를 절대무효로 하여 누구든지 무효를 주장할 수 있다면, 의사무능력 상태에서 이루어진 법률행위에 대하여 의사무능력자가 그 법률효과의 발생을 원하여 유효로 하려는 경우에도 상대방은 의사무능력에 의한 무효를 주장할 수 있게 되는데, 이는 제한능력자제도의 취지에 반하게 된다고 한다. 그러므로 의사무능력자를 보호하기 위한 제도적 취지에 따라 상대방은 무효를 주장할 수 없고 의사무능력자만이 이를 주장할 수 있다고 해석한다.7) 이와 같이 의사무능력에 의한 무효는 의사무능

---

3) 대판 2009.1.15, 2008다58367.

4) 대판 2002.10.11, 2001다10113(대법원은 구체적으로 금전소비대차계약과 이에 따른 근저당권설정계약과 관련하여, 어릴 때부터 지능이 낮아 정규교육을 받지 못한 채 가족의 도움으로 살아왔고, 신체감정 결과 지능지수 73으로 사회연령이 6세 수준으로서 이름을 정확하게 쓰지 못하고 간단한 셈도 불가능한 경우에 당사자는 위의 계약체결에 관한 의사능력이 없는 것으로 판단하고 있다).

5) 고상용, 122면.

6) 이영준, 745면.

7) 김주수·김상용, 99면; 장경학, 190면.

력자 측에서만 주장할 수 있는 일면적 무효라고 보는 것이다.

(2) 절대적 무효설

절대적 무효설[8]은 일면적 무효설에 대하여 무효를 의사무능력자인 표의자만이 일방적으로 주장할 수 있게 하는 것은 무효를 취소와 동일하게 취급하는 결과로 되어, 무효와 취소의 양자를 준별하는 민법체계에 반한다고 비판한다. 따라서 의사무능력자가 한 법률행위는 의사무능력의 당사자는 물론 그 상대방도 무효를 주장할 수 있다고 본다.

(3) 학설의 검토

무효의 법률행위를 상대적으로 인정하여 의사무능력자만이 무효를 주장할 수 있게 하는 것은 누구든지 무효를 주장할 수 있어야 하는 무효의 본질에 반한다. 또한 의사무능력에 따른 법률효과를 의사무능력자에게 이익이 되는가 여부에 따라 무효를 주장할 수 있도록 하는 것도 거래의 안전을 해할 것으로 예상된다. 그리고 의사무능력자는 의사무능력상태에서 행한 법률행위의 효력을 원하는데 상대방 측에서 적극적으로 무효를 주장하는 경우란 거의 예상하기 어려우므로, 실제로 의사무능력자에게 불리한 경우란 거의 발생하지 않을 것으로 보인다. 상대방이 무효를 주장하는 것을 인정하더라도, 이를 통하여 법률행위의 효력이 발생하지 않는 것으로 될 뿐 의사무능력자에게 심각한 불이익이 발생할 염려는 없어 보인다. 따라서 민법의 무효와 취소의 체계에 맞는 절대적 무효설이 타당하다고 본다.

2. 의사무능력자가 한 법률행위의 무효의 주장

의사무능력자가 사실상의 후견인(예: 부모 등 가족)의 보조를 받아 스스로 법률행위를 한 경우에 사후에 이를 무효임을 주장할 수 있는가에 관하여 대법원은 그 무효 주장이 거래관계에 있는 당사자의 신뢰를 배신하고 정의의 관념에 반하지 않는 한 무효를 주장할 수 있다고 본다. 즉 의사무능력자가 자신이 행한 법률행위의 무효를 주장하는 것이 신의칙에 반하여 허용되지 않는다고 할 수 없다는 것이다.[9] 그리하여 의사무능력자가 타인이 은행과 금전소비대차계약을 체결한 차용금채무를 담보하기 위하여 물상보증인으로서 자기 소유의 부동산에 근저당권을 설정하여 준 후 위 근저당권에 기한 임의경매절차가 진행되어 배당이 실시된 경우에, 의사무능력자의 법정대리인 등은 위 배당

8) 김상용, 151면; 김용한, 100면; 김증한·김학동, 110면; 이영준, 858면.

9) 대판 2006.9.22, 2004다51627.

절차에서 위 근저당권의 피담보채권의 부존재를 주장하여 채권자의 배당액에 대하여 이의하고 나아가 채권자를 상대로 배당이의 소송을 제기하는 것이 가능하다. 다만, 의사무능력자가 이 배당절차에 따라 배당금을 수령한 후, 경락인을 상대로 다시 근저당권의 무효를 주장하면서 그 경매절차의 무효와 소유권이전등기의 말소를 구하는 것은 금반언의 원칙 또는 신의칙 위반하는 것으로서 허용되지 않는다고 본다.10)

Ⅲ. 무효에 따른 법률관계

1. 부당이득의 반환관계

의사무능력 상태에서 행하여진 법률행위는 무효이다. 이에 따라 의사무능력자는 그 법률행위에 기초한 급부를 이행할 의무를 면하고 급부한 것이 있다면 상대방에 대하여 부당이득으로서 그 반환을 청구할 수 있다. 이에 대응하여 상대방도 의사무능력자에 대해서 급부로 이행한 것의 반환을 청구할 수 있다. 그런데 민법은 의사무능력자의 반환범위에 대하여 아무런 규정을 두고 있지 않다. 이러한 법률흠결에 대하여, 판례는 제한능력을 이유로 법률행위를 취소하는 경우 그 반환범위를 현존이익에 한정하고 있는 규정(제141조 단서)을 유추적용하고 있다.11) 따라서 의사무능력으로 인하여 법률행위가 무효로 된 경우에 이에 기초하여 이행된 급부는 부당이득의 법리에 따라 반환되어져야만 하고, 이에 있어 그 특칙인 제141조 단서가 유추적용됨에 따라 의사무능력자는 현존이익만을 반환하면 된다. 예를 들어 의사무능력자가 금융기관으로부터 금원을 대출받아 이를 제3자에게 대여하였다면, 의사무능력자에게 현재 대여금 자체는 존재하지 않는다고 하더라도 그가 제3자에 대해서 가지는 대여금채권 또는 부당이득반환채권은 현존하고 있는 이익으로서 이 권리들을 금융기관에게 양도해 주어야 한다.12)

2. 현존이익의 입증에 관하여

의사무능력자가 한 법률행위가 무효로 되어 상대방과 부당이득반환의 관계로 진입하게 되면, 의사무능력자는 현존이익의 반환의무를 부담하게 된다(제141조 단서 유추적용). 여기서 현존이익의 존재에 관한 입증에 책임을 누가 부담할 것인가가 문제된다. 의사무능력자에

10) 대판 2006.9.22, 2004다51627.
11) 대판 2009.1.15, 2008다58367.
12) 대판 2009.1.15, 2008다58367.

게 받은 이익이 소멸되었음을 주장·입증할 것을 요구할 수도 있고, 반대로 상대방에게 의사무능력자 측에 현존이익이 남아 있음을 주장·입증할 것을 요구할 수도 있지만, 의사무능력자의 보호가 우선이라는 관점에서 상대방이 현존이익에 관한 입증책임을 진다고 보아야 한다.[13)] 다만 부당이득의 반환대상이 '금전상의 이득'인 때에는 이를 취득한 자가 그 금전을 소비하였는지의 여부를 불문하고 현존하는 것으로 추정된다.[14)] 따라서 의사무능력자가 상대방으로부터 급부로 받은 금원을 소비하였더라도 자신에게 현존이익이 존재하지 않음을 입증하여야만 한다.[15)]

Ⅳ. 의사무능력자의 소송능력

소송능력은 유효하게 소송행위를 하고 상대방 또는 법원으로부터 소송행위를 받을 수 있는 능력을 말한다. 소송능력의 범위는 대체로 민법상의 행위능력과 일치한다. 이를테면, 행위능력제한자는 법정대리인에 의해서만 소송행위를 하여야 하는데(민사소송법 第55條), 피성년후견의 심판을 받지 않은 사실상 의사능력을 상실한 상태에 있는 사람은 피성년후견자와 마찬가지로 소송능력이 없다고 보아 민사소송법 제62조의 '법정대리인이 없는 경우'에 해당되어 특별대리인의 선임을 법원에 신청하여 그 특별대리인으로 하여금 소송행위를 하게 할 수 있다.[16)]

또한 의사능력의 유무에 관하여는 형식적, 획일적 기준이 없으므로 당해 소송행위와 관련하여 그 소송행위를 할 수 있는 의사능력의 유무를 개별적으로 판정하여야 하고, 동일인이라고 하더라도 그가 한 행위의 내용, 종류에 대하여 의사능력의 유무에 관한 판단이 달라질 수 있다.[17)] 판례는 의사무능력자가 소송대리인을 통하여 소를 제기하는 소송행위에 대하여 원고 자신의 권리를 위하여 변호사에게 소송에 관한 대리권을 수여한다는 점에서 자신의 이익을 위한 것이므로 소제기에 관하여는 소송능력이 흠결된 것이라고는 볼 수 없다고 한다.[18)]

13) 조한상, "의사능력의 흠결과 법률행위의 무효"(대법원 판례해설 42호, 법원도서관), 152면.
14) 대판 1996.12.10, 96다32881.
15) 대판 2009.1.15, 2008다58367.
16) 대판 1993.7.27, 93다8986.
17) 조한상, "의사능력의 흠결과 법률행위의 무효", 152면.
18) 대판 2002.10.11, 2001다10113; 조한상, "의사능력의 흠결과 법률행위의 무효", 154면.

제 3 항 책임능력

의사능력이 법률행위에 관한 개념인데 대하여, 책임능력은 불법행위에 관한 개념이다. 즉 「책임능력」이란 불법행위의 책임을 변식할 수 있는 정신능력을 말한다. 민법상 불법행위로 인해 책임을 지기 위해서는 귀책사유인 고의·과실이 있어야 하는데(제750조), 이러한 고의와 과실은 자기의 행위의 결과를 변식할 수 있는 판단능력(결과발생을 회피할 수 있는 능력)을 전제로 하여서만 비난할 수 있다. 그러므로 자신의 불법행위에 대하여 어떠한 불법성도 인식하지 못하는 유년자(幼年者)나 정신병자에게는 불법의식이 결여되어 있어 이들에게는 적법한 행위를 기대할 수 없으므로 책임을 통하여 비난할 수 없다. 따라서 책임무능력자가 타인에게 불법행위를 하였다면, 이에 대하여 손해배상책임을 묻기보다는(제753조, 제754조), 이러한 책임무능력자를 감독할 지위에 있는 자가 책임을 지는 것이 타당하다(제755조). 민법상 책임능력제도는 책임능력의 유무의 기준을 획일적으로 정하지 않고, 미성년자에게는 '책임변식지능이 없는 경우'(제753조)를, 미성년이 아닌 사람(성년자)에게는 '심신상실의 상태'(제754조)를 기준으로 하여 책임무능력의 상태를 판단하고 있다.

제 4 항 행위능력

Ⅰ. 행위능력의 의의

행위능력이란 「독자적으로 유효한 법률행위를 할 수 있는 능력」을 말한다. 의사능력의 유무는 구체적인 경우에 따라 상대적으로 정하여지는 반면에, 행위능력은 「연령·법원의 심판」인 객관적 기준에 의하여 판단된다.

Ⅱ. 미성년자

1. 의 의

(1) 성년기

사람은 만19세로 성년이 되며, 만19세에 달하지 않은 자를 미성년자라고 한다(제4조).

연령은 출산일을 산입하여 역(曆)에 따라 계산한다(제158조, 제157조). 연령의 산정은 가족관계등록부의 기재사항을 가지고 판단하지만, 이 가족관계등록부의 내용은 사실상의 추정에 불과하므로 반증에 의하여 번복될 수 있다.

(2) 혼인에 의한 성년의제

가. 성년의제의 의의 성년의제는 혼인한 미성년자에게 성년자와 같은 능력을 인정해 주는 제도이다(제826조의2). 이것은 우리 민법이 「혼인이 성년을 만든다」는 원칙을 도입한 것이다. 우리 민법은 혼인적령을 만18세로 보고 있으므로(제807조), 만18세에 달한 미성년자는 혼인할 수 있다. 이렇게 혼인적령에 달한 미성년자가 혼인한 경우 그의 법률행위에 대해서는 법정대리인의 친권 또는 후견에 복종하게 된다. 그러나 이는 부부로서의 혼인생활의 자주성과 독립성이 침해를 받는 결과를 야기한다. 그러므로 미성년자라도 혼인하였다면 부부로서 자주적인 혼인생활을 할 수 있어야 하고, 이를 위해서는 친권 또는 후견을 벗어나 독자적으로 유효한 행위를 할 수 있어야 한다. 이러한 취지를 살려, 민법은 혼인한 미성년자는 독립하여 행위능력을 가지는 것으로 의제하고 있다. 다만 성년의제는 미성년자의 법률혼(제812조 제1항 참조)에 국한되고 사실혼에는 그 적용이 없다.

나. 성년의제의 적용범위 - 사법상(私法上) 행위능력의 취득 혼인을 한 미성년자가 성년자와 동일한 행위능력을 갖게 하는 성년의제의 제도는 사법상의 법률관계에 한하여 효력이 있다. 그리하여 혼인한 미성년자는 더 이상 친권이나 후견에 복종하지 않고(제923조 제1항, 제957조), 자기의 자(子)에 대하여 친권을 행사할 수 있고, 유언의 증인(제1072조)이나 유언집행자(제1098조)가 될 수 있고 또, 민사소송과 관하여 소송능력도 있다고 할 것이다(민사소송법 제51조). 그렇지만 민법은 입양과 관련하여 "성년이 된 사람은 입양할 수 있다"고 규정하고 있으므로(제866조), 이 규정의 취지에 비추어 볼 때 혼인한 미성년자는 혼인에 의하여 성년으로 의제된 것에 불과하므로 입양을 할 수 있는 능력은 없다고 해석하여야 한다.[1] 한편, 성년의제는 사법관계에만 효력을 미치고 공법관계에 대하여는 적용되지 않으므로, 근로기준법(제67조) 등의 공법이 적용되는 경우에는 혼인하였더라도 여전히 미성년자이다.

다. 미성년자로의 복귀 유무 혼인한 미성년자에게 아직 성년기에 달하지 않은 상태에서 혼인의 해소(이혼이나 사망)나 취소가 있게 되면 성년으로 의제된 효력도 아울러 소멸되는 것인가가 문제된다. 학설은 긍정설과 부정설로 나뉘어 있다. 긍정설에

---

1) 김주수·김상용, 111면.

의하면, 성년의제는 혼인생활독립의 요청에서 생긴 것인데, 이혼 등으로 혼인이 해소되어 그 성년의제의 목적이 소멸된 이상 다시 미성년자로 복귀해야 한다고 해석한다.[2] 이에 대하여 부정설은 성년으로 미성년이었던 자가 혼인의 해소로 무능력자로 다시 복귀하게 되면 일단 취득한 행위능력을 잃게 되는 결과, 무능력자보호제도의 부활로 인한 거래의 안전 문제, 혼인 중에 출생한 자의 친권 문제 등과 관련하여 혼란이 생기게 되므로 미성년자로 복귀하지 않는 것으로 해석한다(다수설). 후자의 견해가 타당하다. 이에 따라, 성년의제 후 만19세 미만에서 혼인이 해소된 때에도 성년의제의 효과는 계속 존속한다고 해석할 것이다.

2. 미성년자의 행위능력

(1) 원 칙

미성년자는 미성숙한 단계에 있어 불완전한 판단을 할 우려가 있으므로, 미성년자가 어떤 법률행위를 할 경우에는 그 법률행위에 관하여 법정대리인의 심사숙고가 필요하다. 이러한 의미에서 미성년자는 법률행위를 함에 있어 법정대리인의 동의를 얻어야 한다(제5조).[4] 만일 미성년자가 법정대리인의 동의를 얻지 않고 법률행위를 하였다면, 행위당사자로서의 미성년자나 그의 법정대리인은 이를 취소할 수 있다(제5조 제2항, 제140조).

가. 법률행위 법률행위에는 '재산법상의 법률행위'와 '가족법상의 법률행위'가 있는데, 이 중에서 민법총칙의 적용을 받는 미성년자의 법률행위는 '재산법상의 법률행위'를 말한다. 「가족법상의 법률행위」(약혼, 혼인, 인지, 입양 등)에 대해서는 가족법이 특별규정으로서 우선 적용되고(제801조, 제807조, 제808조 제1항, 제855조 등), 민법총칙의 적용은 제한된다.

나. 법정대리인 미성년자의 법정대리인은 친권자(제909조)와 후견인(제928조)이다. 이들은 미성년자의 수권(授權)에 의하지 않고 법률에 의하여 대리권이 부여되므로(제920조, 제949조) 법정대리인이라고 부른다. 법정대리인은 법률의 규정에 의하여 동의권·취소권·대리권을 갖는다.

---

2) 곽동헌, "성년의제에 관한 고찰", 민사법학 제6호(1986), 41면.

3) 김기선, 49면; 김대정, 214면; 김상용, 157면; 김주수·김상용, 111면; 김증한·김학동, 117면; 김형배·김규완·김명숙, 1798면; 이영준, 868면; 장경학, 204면.

4) 이 규정은 강행규정이다(대판 2007.11.16, 2005다71659·71666·71673).

(2) 예 외

미성년자의 보호가 문제로 되지 않는 법률행위에 대해서는 미성년자는 법정대리인의 동의 없이 단독으로 유효하게 법률행위를 할 수 있다.

가. 단순히 권리만을 얻거나 또는 의무만을 면하는 행위(제5조 제1항 단서) 미성년자가 오로지 권리만을 얻거나 오로지 의무만을 면하는 행위는 법적으로 미성년자에게 아무런 불이익도 발생하지 않고 일방적으로 유리하기만 하므로, 미성년자의 보호가 요구되지 않아 미성년자가 단독으로 할 수 있다. 여기에서 '유리하다'는 것은 법적인 관점에서 법률적인 결과만을 가지고 판단한다. 그러므로 미성년자에게 그 법률행위로부터 상당한 경제적인 이익이 발생하더라도 법률효과 면에서 의무가 발생하는 경우에는 단독으로 할 수 있는 행위에 해당되지 않는다. 그러므로 부담 없는 증여의 수증이라든지, 조건 없는 채무의 면제 등은 미성년자가 단독으로 할 수 있다. 그렇지만 부담부 증여계약의 체결행위, 상속을 승인하는 행위, 임대된 상태의 건물을 증여받는 행위 등은 단순히 법률적으로 권리만을 얻는 것이 아니라, 이로부터 증여행위의 전제로 된 부담, 상속채무의 승계, 임차인에 대한 보증금반환채무라는 의무도 함께 부담하게 되므로 미성년자가 단독으로 할 수 없다. 또한 무상임치, 사용대차, 이자 없는 소비대차의 계약에 대해서도 대차관계의 종료시에 법률의 규정에 의해 일정한 의무(예: 목적물의 반환의무 등)를 지게 되므로, 이 또한 미성년자가 단독으로 하지 못한다(제598조, 제609조, 제693조 등). 「변제의 수령」과 관련하여, 이를 미성년자가 단독으로 할 수 있는지에 대하여, 다수설은 변제의 수령은 이를 통해서 이익을 얻는 동시에 채권을 상실하는 효과가 발생하므로 권리만을 얻는 행위(제5조 제1항 단서)로 보지 않는다.[5] 따라서 미성년자가 단독으로 유효하게 변제의 수령을 할 수 없고, 법정대리인의 동의가 없으면 이를 취소할 수 있다.

나. 법정대리인이 범위를 정하여 처분을 허락한 재산의 처분행위(제6조)

1) "범위를 정하여"의 의미 법정대리인이 범위를 정하여 처분을 허락한 재산은 미성년자가 임의로 처분할 수 있다. 대표적인 예가 부모가 미성년자에게 주는 용돈이다. 이에는 다음의 두 가지 사항이 고려되어야 한다.

① **포괄적 처분의 불허** 법정대리인이 하는 처분의 허락은 미성년자 재산의 일정한 범위를 정하여 하여야 한다. 법정대리인이 미성년자에게 포괄적으로 그의 전재

---

5) 고상용, 129면; 곽윤직·김재형, 113면; 김상용, 160면; 김증한·김학동, 118면; 김형배·김규완·김명숙, 101면; 이영준, 869면; 장경학, 205면.

산에 대하여 처분을 허락하여 주는 것은 미성년자의 재산권 행사에 관련하여 법정대리인의 보호를 받지 못하고 방치되는 결과로 되기 때문에 허용되지 않는다.

② 처분될 '재산에 대한 범위'를 정할 것 처분의 허락은 '범위를 정하여' 하여야 한다. 이때 범위는 오로지 처분할 수 있는 「재산의 범위」를 말한다.[6] 그러므로 법정대리인이 '사용목적'을 정하여 범위를 한정하는 것은 처분할 재산의 허락범위 내에 속하지 않는다. 왜냐하면 재산의 사용목적이란 법정대리인과 미성년자 사이에서만 이루어지는 지극히 주관적인 것이어서 미성년자와 거래한 제3자로서는 이를 알 수 없기 때문에, 미성년자 측에서 내부로 정한 사용목적의 위반을 들어 취소하게 되면 거래의 안전을 크게 해치게 될 것이기 때문이다. 따라서 미성년자가 행한 재산의 처분행위가 사용목적의 범위를 넘었다 하더라도 처분이 허락된 재산의 범위 내에 속하는 경우에는 그 처분행위를 취소할 수 없다.

2) 동의로서의 허락 법정대리인이 미성년자에게 재산을 임의로 처분할 수 있도록 사전에 '허락'하는 것은 동의와 다르지 않다. 그러므로 일단 미성년자에게 처분을 허락하였다면, 이로써 법정대리인은 미성년자의 재산과 관련하여 보호를 다한 것이므로 재산처분행위 자체에 대하여 다시 동의를 하는 것은 의미가 없다. 그리고 미성년자에게 재산의 처분을 허락한 이상, 그 재산의 처분을 통하여 취득한 재산을 다시 처분하는 것에 대하여는 다시 허락을 받을 필요가 없다. 그렇지만 처분이 허락된 재산의 처분행위를 통하여 이와는 별개의 다른 재산을 발생시킨 경우에는 그 처분에 관하여 법정대리인의 동의를 얻어야 하는가가 문제로 된다. 즉 미성년자에게 새로이 발생된 재산이 처분이 허락된 재산과 동일성을 인정할 수 있는 변형물에 불과한 것이라면 법정대리인의 동의는 필요 없어 보인다. 그렇지만 미성년자가 처분의 허락을 받은 재산으로써 형성한 재산이 새로이 법정대리인의 심사숙고가 요구될 정도로 독립한 재산으로 형성되었다면, 이러한 재산은 처음의 허락의 범위에 속하지 않은 것으로 보아 그 처분에는 다시 허락을 요한다고 할 것이다. 이러한 의미에서, 처분이 허락된 용돈을 저축하여 형성된 상당한 액수의 예금은 미성년자에게 처분이 허락된 재산의 변형물이 아니라 별개로 새롭게 형성된 독립재산으로 보아야 할 것이므로 그 처분에 대하여는 다시 법정대리인의 허락이나 동의를 얻어야 할 것이다.

---

6) 처분의 허락은 묵시적으로도 가능하다. 따라서 묵시적 동의 또는 처분허락을 받은 재산의 범위 내라면 특별한 사정이 없는 한 신용카드를 이용하여 재화의 용역을 신용구매한 후 사후에 결재하려는 경우와 곧바로 현금 구매하는 경우를 달리 볼 필요는 없다(대판 2007.11.16, 2005다71659·71666·71673).

3) 허락의 취소 법정대리인은 미성년자에게 처분을 허락한 재산에 관하여 그 처분행위를 하기 전까지 그 허락을 다시 취소할 수 있다(제7조). 여기서 재산처분의 허락은 '법정대리인의 미성년자에 대한 법률행위의 동의'(제5조)와 같은 의미이므로 재산처분의 허락의 취소는 법률행위의 동의에 대한 취소와 같다. 다만 여기에서 취소는 소급하지 아니하고 장래에 향해서만 무효의 효과를 발생시키므로 그 본질은 '철회'이다.

다. 미성년자에게 허락된 영업에 관한 행위(제8조)

1) 「영업」의 의미 여기에서 「영업」은 널리 '영리를 목적으로 하는 독립적·계속적 사업'을 말한다. 그리하여 미성년자가 이익추구의 주체가 아니고 사업주에 고용되어 종속적으로 노동을 제공하는 근로자로서 임금 등의 수익을 얻는 것은 독립적이 아니므로 이에 포함되지 않는다.

2) 영업 허락의 방법 법정대리인은 '영업의 종류를 특정하여' 허락하여야 한다. 이때의 특정은 '영업의 종류에 해당하는 단위를 정하는 것'을 말한다. 예컨대, 문구점이나 옷가게 등으로 영업단위를 결정할 수 있어야 한다. 한편, 하나의 단위가 되는 영업의 일부만을 한정한 허락은 허용되지 않는다. 또한 영업의 허락은 묵시적으로도 가능하다. 예컨대, 친권자가 명시적으로 허락하지는 않았지만, 미성년자의 영업소에서 금전출납을 대행하면서 그 영업을 도와주고 있다면, 이는 묵시적으로 미성년자에게 그 영업을 허락하였다고 볼 것이다. 그리고 허락이 있었다는 입증책임은 법률행위의 유효를 주장하는 자(상대방)에게 있다.[7] 또한 영업이 상업인 때에는 상업등기를 하여야 제3자에게 대항할 수 있다(상법 제6조, 제37조).[8] 이처럼 미성년자가 상업등기를 하는 경우에 제3자는 법정대리인의 허락 유무를 확인할 수 있으나, 기타의 경우에는 공시의 방법이 없어서 제3자는 예측할 수 없는 손해를 입을 염려가 있다.

3) 성년자와 동일한 행위능력의 취득 영업의 허락을 받은 미성년자는 그 영업에 관하여는 성년자와 동일한 행위능력이 있다(제8조 제1항). 이로써 미성년자가 법정대리인으로부터 한번 특정 영업에 관해 허락을 받으면 그 영업에 관련된 모든 행위에 대해서는 완전한 행위능력을 갖게 되므로 이와 관련하여 법정대리인의 대리권도 소멸한다. 이

---

7) 곽윤직·김재형, 114면; 김상용, 162면; 김대정, 200면; 김용한, 110면; 김주수·김상용, 115면; 김형배·김규완·김명숙, 102면; 이영준, 870면; 대판 1970.2.24, 69다1568.

8) 상법 제6조(미성년자의 영업과 등기) 미성년자가 법정대리인의 허락을 얻어 영업을 하는 때에는 등기를 하여야 한다.
상법 제37조(등기의 효력) ① 등기할 사항은 이를 등기하지 아니하면 선의의 제3자에게 대항하지 못한다.

점에서 법정대리인이 동의하거나 재산의 처분에 관해 허락을 한 경우(제5조 단서, 제6조)와 다르다. 또한 허락된 영업에 관련된 소송행위에 대하여도 미성년자가 소송능력을 갖는다(민사소송법 제51조).

4) 영업허락의 취소와 제한 법정대리인이 미성년자에게 영업을 허락하였는데, 미성년자가 그 영업을 감당하기 어려운 사정이 있을 때에는 법정대리인이 그 영업허락을 취소 또는 제한할 수 있다(제8조 제2항). 여기서 취소는 장래에 향하여 허락이 없었던 것으로 하는 철회를 의미한다. 또한 영업의 허락은 하나의 단위가 되는 영업의 일부를 제한하는 방식으로는 가능하지 못하므로, 영업의 제한도 영업의 단위로 행하여진다. 따라서 영업의 제한은 법정대리인이 미성년자에게 다수의 영업을 허락하였는데 그 중 일부 영업에 대한 허락을 철회하는 것을 말한다. 이러한 영업허락의 취소나 제한은 선의의 제3자에 대하여 대항하지 못한다(동조항 단서).

5) 미성년후견감독인의 동의 법정대리인이 '미성년후견인'인 경우 그가 미성년자에게 영업의 허락을 하거나 그 취소와 제한을 하는 경우에 미성년후견감독인이 선임되어 있는 경우에는 그의 동의를 받아야 한다(제950조 제1항). 미성년후견감독인이 미성년자(피후견인)의 이익이 침해될 우려가 있음에도 동의를 하지 아니하는 경우에는 가정법원은 미성년후견인의 청구에 의하여 미성년후견감독인의 동의를 갈음하는 허가를 할 수 있다(동조 제2항).

라. 대리행위 미성년자는 대리행위를 유효하게 독자적으로 할 수 있다(제117조). 대리행위란 그에 따른 효과가 대리인에게 발생하는 것이 아니라 대리권을 준 본인에게 직접 발생하는 것이므로 권리와 의무의 발생에 있어 중립적인 행위이다. 따라서 미성년자가 타인을 위한 대리행위를 하더라도 이로 인하여 권리를 얻거나 의무를 부담하지 않으므로, 대리행위와 관련하여 미성년자의 보호가 문제되지 않는다. 그러므로 미성년자가 타인의 대리인으로서 법률행위를 하는 데는 행위능력이 제한되지 않고, 대리행위는 언제나 단독으로 유효하게 할 수 있다.

마. 유언행위 유언능력은 만17세를 기준으로 한다(제1061조). 따라서 미성년자라도 만17세에 달한 자는 독자적으로 유언행위를 할 수 있다. 이 점에서 미성년자의 행위능력의 일반조항인 제5조는 유언에 관해서는 적용되지 않는다.

바. 회사의 무한책임사원의 자격에서 한 행위 법정대리인의 허락을 얻어 회사의 무한책임사원이 된 미성년자는 그 사원의 자격으로 한 법률행위에 관하여 행

위능력자로 본다(상법 제7조).

사. 근로계약의 체결·임금의 청구

1) 근로계약의 체결 근로계약의 체결에 대하여 친권자 또는 후견인은 미성년자의 근로계약을 대리할 수 없다. 왜냐하면 미성년자라도 근로를 할 것인지의 여부는 스스로가 결정하여야 하기 때문이다. 그런데 근로계약의 체결과 관련하여, '법정대리인의 동의 없이도 미성년자가 단독으로 근로계약을 체결할 수 있는지'에 대하여는 견해의 대립이 있다.

① **동의불필요설** 동의불요설은 법정대리인의 동의를 얻을 필요 없이 미성년자가 근로계약을 스스로 체결할 수 있다고 본다.[9] 이 견해는 미성년자는 일반적으로 재산을 갖고 있지 않을 것이므로, 미성년자가 스스로 재산을 획득하기 위하여 법률행위를 하는 경우에는 미성년자 보호제도의 실익이 없다고 본다. 따라서 미성년자가 법정대리인의 개입 없이 단독으로 근로계약을 체결할 수 있어야 한다는 것이다.

② **동의필요설** 동의필요설은 미성년자는 근로계약의 체결에 앞서 법정대리인의 동의를 얻어야 한다고 본다.[10] 다만 근로계약 자체는 법정대리인이 대리하여 체결해 줄 수 없고, 미성년자 스스로 체결하여야 한다는 것이다. 즉 근로기준법상 미성년자의 단독 근로계약체결의 규정(제67조 제1항)은 법정대리인이 근로계약체결만을 대리할 수 없다는 취지로 이해하여야 하므로, 근로하고자 하는 미성년자는 우선 법정대리인으로부터 동의를 얻고 다만 근로계약은 미성년자 스스로가 체결하여야 한다고 한다. 이 견해는 근로계약의 체결 규정(동법 제67조)과 임금청구 규정(동법 제68조)과는 달리 "독자적으로"를 명시하고 있지 않아서 법정대리인의 개입을 가능하게 하고 있는 것으로 보인다. 이러한 점에서, 미성년자가 근로계약을 체결하고자 할 때에는 법정대리인의 동의를 얻은 후 근로계약의 체결만은 단독으로 실행할 수 있다고 해석한다(동의필요설).[11]

2) 임금의 청구 임금의 청구는 언제나 미성년자가 단독으로 할 수 있다(근로기준법 제68조). 또한 사용자는 임금을 통화로 직접 근로자에게 전액 지급하여야 한다(동법 제43조 제1항 본문). 따라서 법정대리인은 미성년자의 임금청구에 대하여는 대리하지 못하므로 임금청구소송에서 미성년자는 소송능력을 갖는다.[12]

---

9) 장경학, 209면; 이영준, 871면; 김용한, 111면; 김증한·김학동, 121면.

10) 고상용, 131면; 곽윤직·김재형, 119면; 김상용, 163면; 김주수·김상용, 116면; 김형배·김규완·김명숙, 102면; 양형우, 70면; 이은영, 173면.

11) 김상용, 167면.

(3) 미성년자 규정의 적용 방법

미성년자의 행위능력은 원칙과 예외로 규정되어 있다. 원칙은 미성년자가 법률행위를 할 때 '법정대리인의 동의'를 얻어야 하고, 예외는 '법정대리인의 동의 없이도 유효한 법률행위를 할 수 있는 경우'이다. 이 중에서 우선하여 판단되어야 할 것은 미성년자가 행한 법률행위가 미성년자의 행위능력의 예외에 해당되는가의 여부이다. 미성년자가 한 법률행위가 '권리만을 얻거나 의무만을 면하는 행위'로 대표되는 예외에 해당하는 법률행위라면 법정대리인의 동의 절차 없이 유효의 효력이 발생한다. 만일 이에 해당되지 않는 경우에는 미성년자 단독으로 유효한 법률행위를 할 수 없는 것이므로 원칙으로 돌아가 법정대리인의 동의가 있었는지의 여부를 살펴야 한다. 만일 미성년자가 법정대리인의 동의의 절차를 거치지 않았다면, 그 법률행위에 대하여는 미성년자나 그의 법정대리인이 취소할 수 있다(제5조 제2항, 제140조).

3. 법정대리인

(1) 법정대리인이 되는 자

미성년자의 법정대리인은 제1차로는 「친권자」이고, 제2차로는 「후견인」이다.

가. 친권자

1) 부모가 혼인 중인 경우 – 부모공동친권행사주의　　친권자는 미성년자의 부모이고(제909조 제1항), 미성년자는 친권에 복종하여야 한다. 미성년자에 대한 친권은 부모가 공동으로 행사하여야 하고(동조 제2항), 혼인 중인 부모는 쌍방이 공동으로 미성년자의 법률행위에 대하여 동의·허락하고 또는 이를 대리하는 것이 원칙이다. 다만 부모의 의견이 일치하지 않는 경우에는 당사자의 청구에 의하여 가정법원이 당해 불일치사항에 한하여 친권을 행사할 자를 정한다(동조 제2항 단서). 그리고 부모의 일방이 친권을 행사할 수 없는 때는 다른 일방이 이를 행사한다(동조 제3항). 또한 부모 중 일방이 공동명의로 자를 대리하거나 자의 법률행위에 동의한 때에는 다른 일방의 의사에 반하는 때에도 그 효력이 있다(제920조의2 본문). 이는 선의의 상대방을 보호하여 거래의 안전을 도모하기 위한 것이므로, 부모의 공동명의로 되어 있지만 공동친권행사가 아님을 알고 있는 악의의 상대방에 대해서는 무권대리로 되어 원칙적으로 그 동의는 무효로 된다(동조 단서).

---

12) 대판 1981.8.25, 80다3149.

2) 양부모의 경우 입양에는 친양자 입양과 일반 입양으로 나누어진다. 이 중 친양자 입양의 경우에 친양자는 입양 부부의 혼인 중의 출생자로 간주되므로(제908조의3 제1항), 친양자의 입양이 확정된 때 친양자는 그의 친부모와의 관계가 종료되고(동조 제2항) 그의 양부모가 친권자가 된다. 또한 일반 입양의 경우에도 친부모로서는 미성년자의 양육을 포기한 것이므로, 미성년자를 실제로 양육하는 양부모가 생물학적 친부모에 앞서 친권자가 된다(제909조 제1항).

3) 부모의 혼인관계가 없는 경우

① 부모의 협의가 가능한 경우 '혼인 외의 자(子)가 인지된 경우'와 '부모가 협의 이혼하는 경우'에는 부모의 협의를 통하여 친권을 행사할 사람을 정하고, 협의할 수 없거나 협의가 이루어지지 않는 경우에는 가정법원은 직권으로 또는 당사자의 청구에 따라 친권자를 1인으로 정하여야 한다(제909조 제4항). 다만 부모의 협의가 자의 복리에 반하는 경우에는 가정법원은 보정을 명하거나 직권으로 친권자를 정한다(동조항 단서).

② 재판에 의한 경우 재판을 통하여 혼인관계가 종료되는 '혼인의 취소', '재판상 이혼'과, 혼인 외의 자에 의한 '인지청구의 소'가 제기되는 경우에 친권행사할 사람을 정하는 것은 재판의 절차에서 이루어진다. 이때에는 가정법원은 직권으로 부모 중의 일방을 단독친권자로 정한다(제909조 제5항). 한편, 가정법원은 자(子)의 복리를 위하여 필요하다고 인정되는 경우에는 자의 4촌 이내의 친족의 청구에 의하여 정하여진 친권자를 다른 일방으로 변경할 수도 있다(동조 제6항).

4) 친권자의 지정 등

① 단독친권자가 사망한 경우 '부모가 이혼한 경우, 부모 혼인이 취소된 경우, 혼인 외의 자가 인지된 경우 또는 그에 의한 인지청구의 소가 제기된 경우'(제909조의 제4항부터 제6항까지)에는 부모의 혼인관계가 없는 경우로서 미성년자를 위해서 부나 모가 단독친권자로 된다. 그런데 단독친권자로 정해진 사람이 사망한 경우에 민법은 일방 친권자의 사망으로 인하여 자동으로 생존친의 친권이 부활하는 제도를 폐지하였다. 그러므로 일정한 청구권자(생존하는 부 또는 모, 미성년자 본인, 미성년자의 친족)는 사망사실을 안 날로부터 1개월, 사망한 날로부터 6개월 내에 가정법원에 생존하는 부 또는 모를 친권자로 지정할 것을 청구하여 가정법원의 결정에 따라 그 부나 모는 미성년자의 친권자로 지정될 수 있다(제909조의2 제1항).[13] 한편 가정법원으로서는 생존친을 친권자로 지정하는 것이 미성년자

---

13) 청구권자의 범위를 부모뿐만 아니라 친족, 미성년자 본인 등으로 확대한 취지는 생존친이 단독 친권자의 사망 사실을 알지 못하여 청구하지 못하는 경우를 대비하기 위함이고, 또한 예를 들어 이혼

의 복리를 위하여 적당하지 않거나 변경된 때에는 위의 청구를 기각하고 직권으로 미성년후견인을 선임할 수도 있다(동조 제4항 후문). 미성년후견인이 선임된 경우라도 가정법원은 미성년자의 복리를 위하여 필요하다고 인정하면 일정한 청구권자(생존하는 부 또는 모, 친생부모 일방 또는 쌍방, 미성년자)의 청구에 의하여 후견을 종료하고, 생존하는 부 또는 모, 친생부모 일방 또는 쌍방을 친권자로 지정할 수 있다(동조 제6항).

② **입양된 미성년자의 입양취소·파양, 양부모 사망의 경우** '미성년자의 입양이 취소된 경우'나 '미성년자의 입양이 파양된 경우' 또는 '양부모 모두가 사망한 경우'에 '친생부모 일방 또는 쌍방, 미성년자, 미성년자의 친족'이 가정법원에 그 사실을 안 날로부터 1개월, 입양취소·파양·양부모의 사망한 날로부터 6개월 내에 친생부모 일방 또는 쌍방을 친권자로 지정할 것을 청구하여(제909조의2 제2항), 가정법원으로부터 친권자 지정을 받아야 한다.

그리고 미성년자가 친양자로 입양되었는데 양부모가 사망한 경우는 위의 친권자 지정에 해당되지 않는다. 왜냐하면 친양자로 입양되면 이로써 미성년자와 친생부모 사이에는 친권이 상실되므로(제908조의3 제2항 본문), 친양자로 입양한 부모가 모두 사망하면 부모가 사망한 경우로 되어 친생부모를 친권자로 지정하는 것이 불가능하므로, 이 경우 2차적인 미성년후견이 개시되어야 한다(제909조의2 제2항 단서).

③ **친권자 지정의 청구가 없는 경우 등** 가정법원이 친권자 지정을 하기 위해서는 일정한 청구권자(친생부모, 미성년자, 미성년자의 친족)의 청구가 있어야 하는데, 친권자 지정 청구기간 내에 그 지정의 청구가 없어서 미성년후견인을 선임해야 할 경우에는 가정법원은 '직권으로' 또는 '미성년자, 미성년자의 친족, 이해관계인(예: 미성년 자녀를 실제 보호하는 아동보호시설의 장 등), 검사 또는 지방자치단체의 장'의 청구에 의하여 미성년후견인을 선임할 수 있다(제909조의2 제3항 전문). 이 때 가정법원으로서는 가능한 경우에 생존친, 친생부모에게 의견을 진술할 기회를 부여하여 미성년자의 후견인을 선임하는 결정을 하는 데에 부모의 의사를 고려하여야 한다.

④ **후견임무대행자의 선임** 친권자 지정의 청구는 청구권자가 일정한 경우(예: 단독친권자가 사망, 입양취소 또는 파양, 양부모 모두 사망한 경우)에 일정한 기간(예: 사망이나 입양취소 또는 파양 사실을 안 날로부터 1개월, 사망·입양취소 또는 파양한 날로부터 6개월)내에 하여야 한다(제909조 제1항, 제2항). 또한 미성년자에게 법정후견제도가 폐지됨에 따라 가정법

가정에서 자녀가 조부모에 의해 양육되는 경우 실제 양육을 담당하면서 미성년자녀의 상황을 잘 아는 친족이 친권자 지정 청구 또는 미성년후견인 선임 청구를 할 수 있도록 하기 위함이다(법무부, "친권제도 개선관련 민법 조문별 해설 자료", 18면).

원은 미성년후견인을 선임하기까지 미성년자는 후견을 받지 못하게 되어 그 보호로부터 방치되게 된다. 이를 대비하여 가정법원은 친권자 지정이나 미성년후견인 선임을 위해서 절차를 진행하는 동안에 후견의 임무를 대행할 사람을 선임할 수 있다(제909조의2 제5항). 이 사람을 후견임무대행자라고 한다.

나. 미성년후견인

1) 미성년후견인의 수와 자격 친권자가 없거나 또는 친권자는 존재하지만 그가 자(子)의 대리권과 재산관리권을 행사할 수 없을 때에는 2차적으로 후견인이 법정대리인이 된다(제928조). 미성년후견인의 수는 한명으로 하고(제930조 제1항), 법인이 아닌 자연인만 되는 것으로 본다(동조 제3항 참조).14) 왜냐하면 미성년후견의 경우 미성년자의 원만한 인격형성을 위하여 신상감호권한의 행사 등에서 인적인 접촉이 요구되는데 법인은 이러한 임무를 수행하기에 부적절하기 때문이다.

2) 미성년후견인의 순위

① 지정미성년후견인 미성년자에게 친권을 행사하는 부모는 유언으로 미성년후견인을 지정할 수 있고, 이에 의하여 지정을 받은 자가 미성년후견인이 된다(제931조 제1항 본문). 다만 법률행위의 대리권과 재산관리권이 없는 친권자는 후견인을 지정할 수 없다(동조항 단서). 그리고 가정법원은 미성년자의 후견인이 지정된 경우라도 미성년자의 복리를 위하여 필요하면 '생존하는 부 또는 모, 미성년자'의 청구에 의하여 후견을 종료하고 생존하는 부 또는 모를 친권자로 지정할 수 있다(동조 제2항).

② 선임미성년후견인 친권자의 유언에 의한 미성년후견인의 지정이 없는 때에는 가정법원은 '직권으로' 또는 청구권자(미성년자, 친족, 이해관계인, 검사, 지방자치단체의 장)의 청구에 의하여 미성년후견인을 선임한다. 또한 이는 어떠한 사정으로 미성년후견인이 없게 된 경우에도 같다(제932조 제1항).

그리고 가정법원은 친권상실 또는 일부제한의 선고나 대리권 및 재산관리권 상실의 선고에 따라 미성년후견인을 선임할 필요가 있는 경우에는 직권으로 미성년후견인을 선임한다(동조 제2항). 그리고 친권자가 대리권 및 재산관리권을 사퇴한 경우에는 지체 없이 가정법원에 미성년후견인의 선임을 청구하여야 하고(동조 제3항), 이에 따라 가정법원은 미성년후견인을 선임한다.

3) 후견인의 결격사유 미성년자, 피성년후견인, 파산선고를 받은 자, 자격

14) 김형석, "민법 개정안에 따른 성년후견법제", 가족법연구 제24권 제2호(통권 제38호, 2010년), 131면.

정기 이상의 형을 선고받고 그 형기 중에 있는 자 그리고 피후견인을 상대로 소송을 하였거나 하고 있는 자 또는 그 배우자와 직계혈족 등은 미성년자의 후견인이 되지 못한다(제937조 참조).

4) **미성년후견인의 사임** 미성년후견인은 정당한 사유가 있는 경우에 가정법원의 허가를 받아 사임할 수 있으며(제939조), 가정법원은 미성년자의 복리를 위하여 피성년후견인을 변경할 필요가 있다고 인정하면 직권 또는 일정한 자의 청구에 의하여 미성년후견인을 변경할 수 있다(제940조).

5) 미성년후견인의 임무

① **재산조사와 재산목록작성** 미성년후견인은 선임된 후 지체 없이 미성년자의 재산을 조사하여 2개월 내에 그 목록을 작성하여야 한다. 다만, 정당한 사유가 있는 경우에는 법원의 허가를 받아 그 기간을 연장할 수 있다(제941조 제1항). 그리고 미성년후견감독인이 선임되어 있는 경우 동조 제1항에 따른 재산조사와 목록작성은 그의 참여가 없으면 효력이 없다(동조 제2항). 그리고 미성년후견인은 재산조사와 목록작성을 완료하기까지는 긴급 필요한 경우가 아니면 그 재산에 관한 권한을 행사하지 못한다. 그러나 이로써 선의의 제3자에게 대항하지 못한다(제943조).

② **미성년후견인의 채권·채무의 제시** 미성년후견인과 미성년자인 피후견인 사이에 채권·채무의 관계가 있고 미성년후견감독인이 선임되어 있는 경우에는 미성년후견인은 재산목록의 작성을 완료하기 전에 그 내용을 미성년후견감독인에게 제시하여야 한다(제942조 제1항). 미성년후견인이 미성년자에 대한 채권이 있음을 알고도 제1항에 따른 제시를 게을리한 경우에는 그 채권을 포기한 것으로 본다(동조 제2항).

③ **미성년자가 취득한 포괄적 재산의 조사 등** 후견인의 재산조사와 목록작성(제941조), 후견인의 채권·채무의 제시(제942조) 그리고 후견인의 목록작성 전의 권한(제943조)의 규정은 후견인의 취임 후에 피후견인이 포괄적 재산을 취득한 경우에 준용하므로(제944조), 미성년자가 상속 등의 포괄적 재산을 취득한 경우에 위의 규정은 준용된다.

④ **선관주의 의무(위임 규정의 준용)** 위임에 관한 제681조의 규정이 후견인에게 준용되므로(제956조). 미성년후견인은 선량한 관리자의 주의를 다하여 후견업무를 수행하여야 한다.

(2) 법정대리인의 권한

가. 미성년자의 신상에 관한 권리

1) 친권자의 권한 친권자는 미성년자에 대한 일반적인 보호·교양할 권리와 의무가 있고(제913조), 이를 위하여 미성년자에 대한 징계권도 있다(제915조). 또한 미성년자는 친권자가 지정한 장소에 거주하여야 한다(제914조).

2) 미성년후견인의 권한 미성년후견인도 위의 미성년자의 신상과 관련하여 친권자와 동일한 권리와 의무가 있다(제945조 본문). 다만, ㉠ 친권자가 정한 교육방법, 양육방법 또는 거소를 변경하는 경우, ㉡ 미성년자를 감화기관이나 교정기관에 위탁하는 경우, ㉢ 친권자가 허락한 영업을 취소하거나 제한하는 경우에 대해서 미성년후견감독인이 선임되어 있으면 그의 동의를 얻어야 한다(동조 단서). 또한 친권의 대행과 관련하여, 친권자나 미성년후견인은 그 친권에 따르는 미성년자에 갈음하여 그 자녀에 대한 친권을 행사한다(제910조, 제948조 제1항).

나. 미성년자의 재산상 법률행위에 관한 권한 친권자와 미성년후견인은 법정대리인으로서 미성년자의 재산상 법률행위에 관하여 동의권·대리권·취소권을 갖는다(제5조 제1항 본문, 제2항, 제920조, 제949조).

1) 동의권

① **동의의 의의** 미성년자는 법정대리인의 동의나 허락을 얻어서 단독으로 유효한 법률행위를 할 수 있으므로, 법정대리인은 「동의권」을 갖는다. 일정범위의 재산의 처분과 영업에 대한 허락도 그 본질은 「동의」이다. 동의는 미성년자의 법률행위가 있기 전이나 동시에 하는 것이 원칙이나, 사후에도 동의를 할 수 있으며 이를 「추인」이라고 한다. 이때 추인은 묵시적인 방법으로도 가능하다.[15] 「동의」는 형식을 요하지 않으며 동의권자의 단독행위로서, 미성년자나 그와 거래할 상대방에게 하여야 하므로 '상대방 있는 단독행위'이다. 사전적 동의는 미성년자나 거래의 상대방에 대하여 할 수 있으나, 사후적 동의로서 추인은 반드시 거래의 상대방에 대해서만 하여야 한다(제142조).

미성년자가 법률행위의 효력을 부인하는 경우에 법정대리인의 동의가 있었음에 대한 입증책임은 그 법률행위의 유효를 주장하는 사람에게 있다.[16] 그러나 부동산의 이전등기와 관련하여, 미성년자 명의의 매매계약서 등 기타 소요문서에 의하여 등기가 경료

---

15) 대판 2007.11.16, 2005다71659·71666·71673.

16) 대판 1970.2.24, 69다1568.

된 경우에는 법정대리인의 동의를 얻어 그 등기가 적법하게 경료된 것으로 추정되는 것으로 본다.17) 그러므로 미성년자가 법정대리인의 동의가 없었음을 입증하여 이를 취소할 수 있는 것이다.

② **동의의 취소** 법정대리인은 자신이 미성년자에게 준 동의를 그 미성년자가 '법률행위를 하기 전'까지 취소할 수 있다(제7조). 이는 법정대리인이 미성년자에게 법률행위에 대한 동의를 해 주었으나 미성년자가 정당하게 법률행위를 하지 못할 우려가 예상되는 경우에 미성년자 보호를 위하여 주었던 동의를 회수하는 것이다. 이 취소는 소급효가 없으므로 그 법적 성질은 「철회」로 보아야 한다.18) 이 취소(철회)는 동의나 허락을 받은 '미성년자'나 그 '상대방'에 대하여 하여야 한다. 그런데 법정대리인이 취소(철회)를 '미성년자'에게만 한 경우에는 이를 모르는 선의의 제3자에게는 그 취소(철회)를 가지고 대항할 수 없다고 해석하여야 한다(제8조 제2항 단서의 유추적용).19)

③ **동의권과 대리권** 법정대리인이 미성년자의 법률행위에 대하여 동의를 하였더라도 대리권이 소멸되는 것은 아니므로, 동의를 한 행위에 대해서도 법정대리인이 스스로 대리행위를 할 수 있다. 다만, 영업행위에 대한 허락을 한 경우 미성년자는 성년자와 동일한 행위능력을 갖게 되므로 법정대리인은 더 이상 대리권을 행사할 수 없다(제8조 제1항).

2) 대리권

① **대리권의 의의** 법정대리인은 미성년자의 재산을 관리하고 재산상의 법률행위를 대리할 수 있다(제920조, 제949조 제1항). 친권자가 미성년자에 관한 법률행위를 대리하거나 재산관리권을 행사하는 경우에는 '자기재산과 동일한 주의의무'를 부담하나(제922조), 미성년후견인인 경우에는 '선량한 관리자의 주의의무'를 다 하여야 한다(제956조). 또한 친권자는 미성년자의 재산으로부터 발생한 과실을 수취할 수 있으나(제923조 제2항 참조), 미성년후견인은 과실수취권은 없고 그 대신 보수청구권을 갖는다(제955조).

② **미성년후견인의 대리권에 대한 재산관리권에로의 한정** 미성년자의 친권자가 법률행위의 대리권과 재산관리권에 한정하여 친권을 행사할 수 없는 경우에 선임된 미성년후견인의 임무는 그 친권이 제한된 미성년자의 재산에 관한 행위에 한정된다(제946조).

---

17) 대판 1969.2.4, 68다2147.

18) 고상용, 131면; 곽윤직·김재형, 116면; 김대정, 201면; 김상용, 163면; 김주수·김상용, 116면; 김증한·김학동, 122면; 김형배·김규완·김명숙, 102면; 양삼승, 민법주해[I], 286면; 장경학, 210면.

19) 고상용, 132면; 김용한, 109면; 김주수·김상용, 116면; 백태승, 157면; 양삼승, 민법주해[I], 287면.

3) 취소권

① **취소권의 의의** 법정대리인은 미성년자가 단독으로 할 수 있는 법률행위가 아님에도 불구하고 법정대리인의 동의를 얻지 않았거나 대리에 의하지 않고 한 법률행위를 취소할 수 있다(제5조 제2항, 제140조 이하).

② **취소권자의 행사** 취소권의 행사는 미성년자에게 전혀 불이익이 발생하지 않으므로 미성년자가 단독으로 할 수 있다. 또한 법정대리인인 친권자도 취소권을 공동으로 행사할 필요가 없고(제920조의2 본문 참고) 부모 각자가 단독으로 행사할 수 있는 것으로 해석된다.

③ **취소의 효과** 법정대리인이 미성년자가 한 법률행위를 취소하면 그 법률행위는 처음부터 소급하여 무효로 되므로, 미성년자는 그 법률행위를 통하여 취득한 재산을 부당이득으로 상환하여야 한다(제741조 참조). 이때 미성년자로서는 「현존하는 이익이 있는 한도 내」에서 상환하면 된다(제141조 단서). 이러한 의미에서 제141조 단서는 부당이득반환의 규정인 제748조의 특칙이다. 다만 판례는 미성년자가 반환해야 할 부당이득이 금전적 이득인 경우 현존하는 것으로 추정한다.[20]

(3) 법정대리인의 권한의 제한

가. 친권의 상실

1) 친권상실의 선고

① **의 의** 부 또는 모가 친권을 남용하여 자녀의 목리를 현저히 해하거나 해칠 우려가 있는 경우에 가정법원은 친권의 상실을 선고할 수 있다.

② **요 건**

i) 친권의 남용 친권의 남용은 부 또는 모가 친권을 부당하게 행사하는 것을

---

20) 미성년자가 법정대리인의 동의를 받지 않고 신용카드회사와 체결한 신용카드이용계약을 취소한 경우에 취소된 것은 카드이용계약이고 카드를 이용한 가맹점과의 신용구매계약은 여전히 유효하므로, 미성년자가 신용카드회사가 가맹점에서 신용구매대금을 대신 지급함으로써 가맹점에 대하여 면하게 된 대금지급채무 상당액의 이득인 금전적 이득이라고 본다. 즉 대법원은 "신용카드 발행인의 가맹점에 대한 신용카드 이용대금의 지급으로써 신용카드 회원은 자신의 가맹점에 대한 매매대금 지급채무를 법률상 원인없이 면제받는 이익을 얻었다"고 판시함으로써 카드회원이 얻은 이익을 "카드업자가 가맹점에게 지급한 신용구매대금 자체"가 아닌 "카드회원의 가맹점에 대한 신용구매대금 지급채무의 소멸"로 보았다. 이에 따라 미성년자가 취득한 이익은 '금전상의 이득'으로서 특별한 사정이 없는 한 현존하는 것으로 추정된다. 따라서 미성년자 측은 신용카드발행인에 대하여 매매대금에 상당하는 금액을 현존이익으로 반환하여야 한다(대판 2007.11.16. 2005다71659·71666·71673: 판례평석 송경근, 대법원판례해설 71호(2007 하반기) 법원도서관(2007.11.16.) 11면 이하).

의미한다. 예를 들면, 부 또는 모가 미성년 자녀의 이익을 해하면서 자기나 제3자의 이익을 꾀함으로써 자녀를 학대하는 것 등이다.

ii) 자녀의 복리를 현저히 해하거나 해할 우려가 있어야 한다. 친권이 상실되기 위해서는 "현저히" 자녀의 복리를 해하거나 해할 우려가 있어야 한다.21) 만일 현저하지 않다면 친권의 일부제한으로 족하다(제924조의2).

③ **효 과** 가정법원의 선고로써 친권을 상실하게 된다. 그러면 친권을 상실한 친권자로서는 더 이상 친권을 행사할 수 없고, 가정법원은 친권자지정절차에 의하여 친권자를 지정한다(927조의2 제1항 참조; 제909조의 제1항 및 제3항부터 제5항까지 준용).

한편, 친권이 상실된 부모는 미성년 자녀에 대한 입양에 대한 동의를 할 수 없다(제870조 제1항 제2호).

친권상실의 선고가 확정되면 가정법원의 법원사무관 등은 지체 없이 가족관계등록부에 등록할 것을 촉탁하여야 한다(가사소송법 제9조, 가사소송규칙 제5조 제1항 제1호).

2) 친권의 일시 정지의 선고 친권의 일시 정지의 선고는 친권의 상실과 그 요건이 같다. 다만 일시 정지를 할 수 있는 것으로서 그 기간이 정하여져 있는 것이 특질이다.

친권의 일시 정지는 2년을 넘을 수 없으며, 만일 연장이 필요하다면 2년의 범위 내에서 그 기간을 한 차례만 연장할 수 있다(제924조 제2항, 제3항).

3) 친권의 일부 제한의 선고 친권자는 미성년자 자녀의 신상에 관하여 결정할 수 있는 권한(미성년자의 보호·교양권, 거소지정권 등)이 있다. 그런데 친권자가 이를 행사하는 것이 곤란하거나 부적당한 사유가 있어 자녀의 복리를 해치거나 해할 우려가 있는 경우에는 가정법원으로서는 친권의 일부 제한을 선고할 수 있다(제924조의2). 여기에서는 자녀의 복리를 해치거나 해할 우려가 '현저한 상태'를 요구하지 않는 것이 그 특질이다.

또한 친권의 일부를 제한당한 친권자로서는 더 이상 친권의 일부를 행사할 수 없고, 가정법원은 친권자지정절차에 의하여 친권자를 지정한다(제927조의2 제1항 참조; 제909조의 제1항 및 제3항부터 제5항까지 준용).

4) 대리권, 재산관리권 상실의 선고 친권자가 미성년 자녀의 재산을 부적당하게 관리하여 그 재산을 위태롭게 한 때에는 가정법원은 그 법률행위의 대리권과 재산관리권의 상실을 선고할 수 있다(제925조). 즉 가정법원은 자녀의 재산을 위태롭게 한 친권자의 친권 자체를 상실시키는 것이 아니라 그 해당 법률행위의 대리권이나 재산관리권만을 상실시키는 것이다. 예컨대 친권자가 자녀의 재산을 낭비하는 경우 등을

21) 윤진수, "친족상속법 강의"(박영사, 2016), 235면.

들 수 있다.

이에 대하여 학설은 친권상실의 사유와의 구별을 위하여, 양자의 사유는 동일하고 다만 부당성의 정도에서 큰 것이 친권상실사유이고 작은 것이 대리권과 재산관리권상실 사유라고 한다.[22)]

또한 친권 중에 대리권과 재산관리권을 상실한 친권자로서는 더 이상 이 권리를 행사할 수 없고, 가정법원은 친권자지정절차에 의하여 친권자를 지정한다(제927조의2 제1항 참조; 제909조의 제1항 및 제3항부터 제5항까지 준용).

5) 대리권·재산관리권의 사퇴 친권자가 정당한 사유가 있는 때에는 법원의 허가를 얻어 스스로 그 법률행위의 대리권과 재산관리권을 사퇴할 수 있다(제927조 제1항).

6) 실권의 회복 친권상실이나 대리권과 재산관리권상실의 선고가 있더라도 그 사유가 없어지면 가정법원은 실권의 회복을 청구할 수 있다(제926조).

친권자가 대리권·재산관리권의 사퇴한 경우에도 사퇴한 정당한 사유가 소멸한 때에는 친권자가 법원의 허가를 얻어 사퇴한 권리를 회복할 수 있다(제927조 제2항).

7) 부모의 권리와 의무 친권의 상실, 일시 정지, 일부 제한 또는 대리권과 재산관리권의 상실이 선고된 경우에도 부모의 자녀에 대한 그 밖의 권리와 의무는 변경되지 아니한다(제925조의3). 그러므로 친권의 상실 등이 된 친권자에게 그 구체적인 사유와 다른 권리는 행사할 수 있으며 또한 양육비 등의 지급의무는 유지된다.

8) 보충성의 원칙 친권의 상실, 일시 정지, 일부 제한 또는 대리권과 재산관리권의 상실의 선고는 그 밖의 다른 조치에 의하여 자녀의 복리를 충분히 보호할 수 없는 경우에만 할 수 있다(제925조의2 제1항). 예컨대 친권자의 재산관리권을 제한하는 것으로 충분한 경우에 가정법원은 친권의 상실에 대한 선고는 할 수 없다.

또한 친권자의 동의가 필요한 행위에 대하여 친권자가 정당한 이유 없이 동의하지 않는 경우에 동의에 갈음하는 재판(제922조의2)을 통하여 자녀의 복리 보호가 충분하다면 위의 선고는 가능하지 않다(동조 제2항).

9) 청구권자

① 친권의 상실 및 일시 정지의 선고 친권의 상실 및 일시 정지의 선고에는 자녀, 자녀의 친족, 검사 또는 지방자치단체의 장의 청구가 있어야 한다(제924조 제1항).

친권의 일시 정지를 연장하고자 할 때에는 위의 청구권자 외에 미성년후견인과 미

---

22) 윤진수, 236, 237면.

성년후견감독인이 추가된다(동조항 제3항).

② **친권의 일부 제한의 선고** 친권의 일부 제한의 선고를 위해서는 친권의 상실 및 일시 정지의 선고의 청구권자와 동일하다(제924조의2).

③ **대리권, 재산관리권 상실의 선고** 대리권, 재산관리권 상실의 선고에는 자녀의 친족, 검사 또는 지방자치단체의 장의 청구가 있어야 한다(제925조).

④ **실권 회복의 선고** 본인, 자녀, 자녀의 친족, 검사 또는 지방자치단체의 장의 청구가 있어야 한다(제924조 제1항). 한편, 친권자가 대리권, 관리권을 사퇴한 경우에는 본인이 청구하게 된다(제927조).

나. 친권의 공동행사 친권자인 부모는 동의권과 대리권을 행사함에 있어서 원칙적으로 공동으로 행사하여야 한다(제909조 제1항). 그러므로 부모의 일방이 단독명의로 친권을 행사한 때에는 무권대리가 되어 다른 일방의 추인 없이는 효력이 생기지 않는다(제130조). 다만, 부모의 일방이 공동명의로 단독 친권을 행사한 때에는 비록 그것이 다른 일방의 의사에 반한다 하더라도 상대방이 선의인 한 그 친권행사는 유효한 것으로 된다(제920조의2).

다. 제3자가 무상수여한 재산에 대한 법정대리권의 제한 제3자가 미성년자에게 무상으로 증여한 재산에 관하여 법정대리인의 관리를 배제하는 의사를 표시한 때에는 법정대리인의 재산관리권이 배제된다(제918조, 제956조 참조). 그리고 부모가 공동으로 친권을 행사하는 경우에 부 또는 모 중 어느 한쪽에 대해서만 관리권을 배제할 수도 있다. 이 규정은 미성년후견인에게도 준용되므로(제956조), 제3자가 무상으로 미성년자에게 재산을 수여하면서 미성년후견인에게 관리권을 제한하는 경우에도 같다.

이처럼 법정대리인에게 재산관리권이 배제된 경우에 재산을 무상수여하는 제3자가 그 재산관리인을 지정하지 아니하였다면 법원은 재산의 수여를 받은 미성년자 또는 친족(제777조)의 청구에 의하여 재산관리인을 선임한다(제918조 제2항). 또한 제3자의 재산관리인의 지정이 있더라도 그 재산관리인의 권한이 소멸하였거나 그 개임이 필요한 경우에 그 제3자가 다시 재산관리인을 지정하지 않은 경우에도 위와 같다(동조 제3항).

또한 미성년자에게 무상수여된 재산의 관리인(제918조 제2항, 제3항)은 관리할 재산의 목록을 작성하여야 하고, 법원은 그 재산관리를 위하여 필요한 처분을 재산관리인에게 명할 수 있고, 재산관리인으로서는 재산의 관리의 범위 내에서 권한을 갖고(제118조 참조) 이를 넘는 처분을 할 때에는 법원의 허가를 얻어야 하며, 또한 상당한 담보제공의 의무를 진다. 그리고 재산관리인은 상당액의 보수를 미성년자의 재산으로 청구할 수 있다(제918조 제4항에서 제24조 제1항, 제2항, 제4항, 제25조 전단 및 제26조 제1항, 제2항의 준용).

라. 미성년자의 동의를 요하는 것에 의한 제한 법정대리인이 '미성년자의 행위를 목적으로 하는 채무'를 부담하는 내용의 법률행위의 체결을 대리하는 경우에는 미성년자 본인의 동의를 얻어야 한다(제920조 단서, 제949조 제2항). 이에는 특별법인 근로기준법이 우선 적용되므로(동법 제67조), 근로계약에 해당되지 않는 미성년자의 고용에 대한 계약에 한하여 미성년자의 동의를 얻어 법정대리인이 고용계약을 대리할 수 있다(제920조, 제949조 제2항).

마. 이해상반행위

1) 이해상반관계의 의의 법정대리인과 미성년자의 이익이 서로 상반하는 행위에 관하여서는 법정대리인의 대리권이 제한되고, 가정법원이 선임한 특별대리인이 미성년자를 대리하여야 한다(제921조 제1항). 여기에서 이익이 서로 상반하는 행위인가의 여부는 객관적으로 판단한다.[23] 따라서 친권자에게는 이익이 되지만 특정한 자(子)를 위하여는 불이익이 되는 경우라도 이해상반행위로서 인정된다.[24] 예를 들면, ㉠ 친권자가 자기의 채무에 관하여 미성년자인 자(子)를 대리하여 병존적 인수계약을 한 행위로서, 이를 테면 아들인 자와 공동명의로 어음을 발행한 경우 이에 관한 특별한 대리권이 수여되지 않은 이상 위 어음 중 아들 명의 부분은 적법한 대리권에 의한 것이 아닌 것으로서 그 아들에 대하여는 효력이 없다고 한다.[25] ㉡ 상속재산분할협의에서 친권자가 성년인 자(子)와 미성년인 자 사이에 이해가 상반하는 행위를 할 경우에는 법원은 미성년자인 자만을 위하여 특별대리인을 선임하여야 하고, 동일한 친권에 복종하는 다수의 미성년자 사이에 미성년자 일방을 위하여서는 이익이 되고 다른 미성년자를 위하여서는 불이익이 되는 행위를 하는 경우에는 이해가 상반되는 자(子)에 대하여 특별대리인을 선임하여야 한다(동조 제2항).[26] 반대로, 공동친권자 중 1인만이 이해상반하는 때에는 그 이해상반되는 1인의 친권자를 대신할 특별대리인을 선임하여야 하며, 이 때 선임된 특별대리인은 타방의 친권자와 함께 공동대리인이 된다.[27]

---

23) 이해상반행위에서 객관적으로 친권자와 그 자(子) 사이 이해의 대립만이 관건이고, 친권자의 의도나 그 행위의 결과가 실제로 이해의 대립이 생겼는지의 여부를 묻지 않는다(대판 1996.11.22, 96다10270).

24) 대판 1971.7.27, 71다1113.

25) 대판 1971.2.23, 70다2916.

26) 대판 1976.3.9, 75다2340; 대판 1993.3.9, 92다18481; 대판 1993.4.13, 92다54524; 대판 2001.6.29, 2001다28299.

그렇지만 미성년자인 자에게 이익만을 주는 행위는 당연히 이해상반행위가 아니다. 이를 테면, 법정대리인인 친권자가 부동산을 매수하여 이를 그 자에게 증여하는 행위는 당연히 이해상반행위가 아니다.[28] 여기에서 이해상반의 여부는 친권자와 미성년자와의 사이만을 판단하므로, 친권자인 모(母)가 자기 오빠의 제3자에 대한 채무의 담보로 미성년자인 자의 부동산에 근저당권을 설정한 행위에 대하여 미성년자에게는 불이익만을 주는 것이라고 하더라도, 법정대리인인 친권자와 그 자 사이에는 서로 이해가 상반된다고 보지 않는다.[29] 또한 이해상반행위의 당사자 중 친권자의 친권에 복종하지 아니하는 자와 친권에 복종하는 미성년자인 자 사이에 이해가 상반되는 경우에는 친권자는 미성년자인 자를 위한 법정대리인으로서 그 고유의 권리를 행사할 수 있을 것이므로 그러한 친권자의 법률행위는 이해상반행위(제921조)에 해당한다고 할 수 없다.[30]

한편 친권과 관련하여 이해상반의 여부는 친권자와 미성년자에게 한정되어 판단되므로, 제3자를 위한 친권의 행사에 대해서는 이해상반행위에 해당되지 않는다 하더라도 '친권의 남용' 여부가 문제된다.

2) 이행상반행위 위반의 효과 이해상반행위를 특별대리인에 의하지 않고 친권자가 대리한 경우에는 무권대리행위로 된다(제135조 참조). 이에 따라 본인의 추인이 있거나 상대방으로부터 표현대리라는 주장·입증이 없는 한, 미성년자인 본인에 대하여 아무런 효과도 미치지 않는다.[31] 미성년후견인의 경우에도 특별대리인을 선임하여야 하지만, 미성년후견감독인이 선임되어 있는 경우에는 그가 미성년자를 대리한다(제940조의6 제3항).

바. 미성년후견감독인의 동의에 의한 제한 미성년자에게 후견감독인이 선임되어 있는 경우, 미성년후견인이 미성년자의 신상 등에 관한 권리를 행사할 때에는(제945조 단서) 미성년후견감독인의 동의를 얻어야 한다. 그리고 미성년자에게 영업에 관한 행위 등 중대한 의미를 가지는 행위에 대하여 미성년후견인이 동의나 대리를 함에는 미성년후견감독인의 동의를 얻어야 한다(제950조 제1항). 만일 미성년후견인이 그의 동의 없이 하였을 때에는 미성년자 또는 미성년후견감독인이 그 행위를 취소할 수 있다(동조 제3항).

---

27) 김상용, 167면; 김주수·김상용, 120면.

28) 이러한 경우에는 자기계약(또는 쌍방대리)이 성립될 수 있으나(제124조), 미성년자에게 이익만이 있는 경우에는 자기계약이나 쌍방대리라도 유효하다고 해석하여야 할 것이고, 따라서 친권자에 의하여 적법하게 대리되었다면 미성년자 자신의 의사표시 문제는 제기될 수도 없다고 한다(대판 1981.10.13, 81다649).

29) 대판 1991.11.26, 91다32466.

30) 대판 1989.9.12, 88다카28044.

31) 대판 1964.8.31, 63다547; 대판 1994.9.9, 94다6680.

그리고 미성년후견인이 미성년자에 대한 제3자의 권리를 양수하는 경우에 미성년후견감독인이 있으면 그의 동의를 받아야 하고, 그의 동의가 없는 경우에는 미성년자 또는 미성년후견감독인이 이를 취소할 수 있다(제951조 제2항).

(4) 미성년후견인에 대한 보수 수여, 비용 상환, 담보제공

미성년후견인은 미성년자의 재산에서 상당한 보수를 청구할 수 있고, 후견사무처리 비용을 청구할 수 있다(제955조, 제955조의2).

(5) 미성년후견의 종료

가. 후견사무의 종료와 관리의 계산 미성년후견인의 임무가 종료된 때에는 미성년후견인 또는 그 상속인은 1개월 내에 미성년자의 재산에 관한 계산을 하여야 한다. 다만, 정당한 사유가 있는 경우에는 법원의 허가를 받아 그 기간을 연장할 수 있다(제957조 제1항). 제1항의 계산은 미성년후견감독인이 있는 경우에는 그가 참여하지 아니하면 효력이 없다(동조 제2항).

나. 이자의 부가와 금전소비에 대한 책임

① 미성년후견인이 미성년자에게 지급할 금액이나 미성년자가 미성년후견인에게 지급할 금액에는 계산종료의 날부터 이자를 부가하여야 한다(제958조 제1항).

② 미성년후견인이 자기를 위하여 미성년자의 금전을 소비한 때에는 그 소비한 날로부터 이자를 부가하고 미성년자에게 손해가 있으면 이를 배상하여야 한다(동조 제2항).

다. 미성년후견종료에 관하여 위임규정의 준용 위임계약관계의 종료에 관한 제691조, 제692조의 규정은 미성년후견의 종료에 이를 준용한다(제959조).

4. 미성년후견감독인

(1) 의 의

친족회가 폐지되고 후견인의 감독기관으로 성년후견감독인 제도가 도입됨에 따라, 미성년후견감독인이 미성년후견인의 사무를 감독한다(제940조의4 이하, 제940조의2, 제940조의3 참조). 그런데 미성년후견감독인은 필수기관이 아니라 임의기관이므로, 가정법원이 미성년후견인을 선임하는 경우에 미성년후견감독인의 필요 여부를 판단하여 재량적으로 결정하여 선임할 수 있다.[32]

---

32) 그 이유로는, 미성년후견감독인이 선임되는 경우에는 보수 등의 비용이 부담되고, 또 전문화된 직

문제는 미성년후견인이 미성년자의 영업행위 등 중대한 법률행위에 동의하거나 대리하는 경우에 미성년후견감독인의 동의를 받도록 되어 있는데(제950조), 미성년후견감독인이 선임되지 않은 경우에 미성년자의 보호에 공백이 생길 우려가 있다는 점이다.[33] 이에 대해서 미성년후견감독인이 선임되지 않는 경우에도 가정법원의 감독권한은 여전히 존속하므로(제954조), 관계인은 가정법원에 직권에 의한 감독을 촉구함으로써 성년후견인을 견제할 수 있을 것이라는 견해[34]가 있다.

(2) 미성년후견감독인의 선임

가. 지정미성년후견감독인 미성년후견인을 지정할 수 있는 사람은 유언으로 미성년후견감독인을 지정할 수 있다(제940조의2).

나. 선임미성년후견감독인 가정법원은 제940조의2에 따라 지정된 미성년후견감독인이 없는 경우에 필요하다고 인정하면 직권으로 또는 청구권자(미성년자, 친족, 미성년후견인, 검사, 지방자치단체의 장)의 청구에 의하여 미성년후견감독인을 선임할 수 있다(제940조의3 제1항). 또한 미성년후견감독인이 사망, 결격, 그 밖의 사유로 없게 된 경우에도 위와 같다(동조 제2항). 미성년후견감독인의 사임, 변경에 관하여도 미성년후견인에서와 같다(제940조의7에 의해 제939조, 제940조 준용).

(3) 미성년후견감독인의 결격사유

후견인의 결격사유(제937조)에 해당하는 사람뿐만 아니라(제940조의7), 후견인의 가족(제779조)도 미성년후견감독인으로 될 수 없다(제940조의5). 만일 후견인의 가족이 후견감독인이 될 수 있다면, 그 후견감독인은 가족 간의 정의(情誼)로 인하여 적절하게 후견인에 대한 감독의 임무를 수행할 수 없을 예상되기 때문이다.

(4) 미성년후견감독인의 동의권

1) 미성년자의 신상 등에 관한 미성년후견인의 권리행사의 제한 미성년후견인이 ㉠ 친권자가 정한 교육방법, 양육방법 또는 거소를 변경하는 경우, ㉡ 미성년자를 감화기관이나 교정기관에 위탁하는 경우, ㉢ 친권자가 허락한 영업을 취소하거나 제

업후견인에 의한 미성년후견이 정착되는 경우에는 가정법원의 보조적 감독으로 충분한 보호를 기할 수 있음을 들고 있다(김형석, "민법개정안에 따른 성년후견법제", 133면).

33) 박인환, "새로운 성년후견제 도입을 위한 민법개정안의 검토"(가족법연구 제24권 제1호(통권 제37호), 가족법학회, 2010년), 56면.

34) 김형석, "민법개정안에 따른 성년후견법제", 133면.

한하는 경우에 미성년후견감독인이 있으면 그의 동의를 얻어야 한다(제945조 단서).

2) 미성년자에게 중대한 의미를 가지는 행위 법정대리인이 미성년후견인인 경우에 그가 미성년자에게 중대한 의미를 가지는 행위(㉠ 영업에 관한 행위, ㉡ 금전을 빌리는 행위, ㉢ 의무만을 부담하는 행위, ㉣ 부동산 또는 중요한 재산에 관한 권리의 득실변경을 목적으로 하는 행위, ㉤ 소송행위 ㉥ 상속의 승인, 한정승인 또는 포기 및 상속재산의 분할에 관한 협의)에 관하여 동의나 대리를 하려면 미성년후견감독인의 동의를 얻어야 한다(제950조 제1항). 만일 후견감독인의 동의가 필요한 법률행위를 미성년후견인이 그의 동의 없이 하였을 때에는 미성년자 또는 미성년후견감독인이 그 행위를 취소할 수 있다(동조 제3항).

한편, 미성년후견감독인의 동의가 필요한 행위에 대하여 그가 미성년자의 이익이 침해될 우려가 있음에도 동의를 하지 않는 경우에는 가정법원은 미성년후견인의 청구에 의하여 미성년후견감독인의 동의를 갈음하는 허가를 할 수 있다(동법 제2항).

3) 미성년후견인의 미성년자의 재산 등의 양수 미성년후견인이 미성년자에 대한 제3자의 권리를 양수하는 경우에 미성년후견감독인이 있으면 그의 동의를 받아야 하고, 그의 동의가 없는 경우에는 미성년자 또는 미성년후견감독인이 이를 취소할 수 있다(제951조 제2항).

4) 상대방의 추인 여부 최고 미성년자의 상대방은 미성년후견감독인의 동의를 요하는 사항(제950조, 제951조)에 대하여 미성년후견인이 그의 동의도 받지 않고 한 행위에 대하여 추인 여부를 미성년후견감독인에게 최고할 수 있다(제952조, 제15조).

(5) 미성년후견감독인의 후견사무의 감독

미성년후견감독인은 미성년후견인의 사무를 감독하며, 미성년후견인이 없는 경우 지체 없이 가정법원에 미성년후견인의 선임을 청구하여야 한다(제940조의6 제1항). 미성년후견감독인은 미성년자의 신상이나 재산에 대하여 급박한 사정이 있는 경우 그의 보호를 위하여 필요한 행위 또는 처분을 할 수 있다(동조 제2항). 그리고 미성년후견인과 미성년자 사이의 이해상반행위에 대하여 미성년후견감독인이 대리한다(동조 제3항).

미성년후견감독인은 언제든지 미성년후견인에게 그의 임무 수행에 관한 보고와 재산목록의 제출을 요구할 수 있고 미성년자의 재산상황을 조사할 수 있다(제953조).

(6) 위임 및 후견인 규정의 준용

미성년후견감독인에 대하여는 위임에 관한 규정이 준용된다(제940조의7).

(7) 미성년후견감독인의 보수 및 비용상환의 청구

미성년후견감독인도 감독사무에 따른 보수와 비용의 상환을 미성년자에 대하여 청구할 수 있다(제940조의7).

5. 가정법원의 후견사무에 관한 처분

가정법원은 직권으로 또는 피후견인, 후견감독인, 제777조에 따른 친족, 그 밖의 이해관계인, 검사, 지방자치단체의 장의 청구에 의하여 피후견인의 재산상황을 조사하고, 후견인에게 재산관리 등 후견임무 수행에 관하여 필요한 처분을 명할 수 있다(제954조).

Ⅲ. 성년후견제도

1. 성년후견제도의 의의

성년후견제도는 「질병 등의 사유로 인한 정신적 제약으로 사무를 처리할 능력이 지속적으로 결여된 사람」에 대하여 가정법원이 성년후견개시의 심판을 함으로써 보호를 해 주는 제도이다(제9조).

2. 성년후견의 개시

(1) 실체적 요건

성년후견은 질병 등의 사유로 인한 정신적 제약으로 자신의 사무를 처리할 능력이 지속적으로 결여된 사람을 위해서 개시된다(제9조 제1항). 성년후견의 대상은 상당한 정신적 제약으로 항시적으로 자신의 사무를 스스로 처리할 수 없어 보호가 요망되는 사람이다. 이는 정신적 능력과 관계된 것으로서, 신체적 장애는 성년후견 개시의 요건으로 되지 않는다.35)

(2) 절차적 요건

가. 청구권자의 청구 성년후견의 개시를 위해서는 '본인, 배우자, 4촌 이내의 친족, 미성년후견인, 미성년후견감독인, 한정후견인, 한정후견감독인, 특정후견인, 특

---

35) 김형석, "민법개정안에 따른 성년후견법제", 118면; 박인환, "새로운 성년후견제 도입을 위한 민법개정안의 검토", 44면; 윤진수·현소해, "2013 개정민법해설"(법무부), 26면.

정후견감독인, 임의후견인, 임의후견감독인, 검사 또는 지방자치단체의 장'의 청구가 있어야 하고(제9조 제1항, 제959조의20 제1항), 가정법원이 직권으로 절차를 개시하지는 못한다.

여기에서 청구권자로서 '본인'은 사무처리능력이 지속적으로 결여되어 있는 사람일 것이므로 청구할 당시에는 일시적으로라도 의사능력은 갖추고 있어야 한다.[36] '한정후견인, 한정후견감독인'은 피한정후견인의 능력의 범위를 그 정신적 능력에 맞게 하향 조정하기 위하여 성년후견의 심판을 청구할 수 있다. '특정후견인, 특정후견감독인'은 일시적이고 특정한 후견(후원)에서 지속적인 성년후견을 개시하기 위하여 청구권자로 된다. 또한 미성년자는 자신의 사무를 처리할 능력이 지속적으로 결여되어 있어도 성년에 이르기까지 친권자나 후견인의 포괄적인 법정대리권으로 충분히 보호될 수 있어 원칙적으로 성년후견의 심판이 필요 없다. 그러나 미성년자의 정신능력이 실질적으로 성년후견의 보호를 받아야 할 상태에 있는데 성년기 이후에나 성년후견개시의 심판을 청구할 수 있다고 하면 성년후견개시의 결정이 있기까지 그 보호의 공백이 생기게 되므로, 이러한 보호의 공백을 메꾸기 위하여 미성년의 상태에서도 성년후견심판을 청구할 실익이 있다. 이러한 의미에서 '미성년후견인과 미성년후견감독인'도 성년후견의 청구권자로 인정된다. 그리고 후견계약이 등기되어 있는 경우라도 본인의 이익을 위해 필요한 경우라면 '임의후견인 또는 임의후견감독인'의 청구에 의하여 가정법원이 성년후견을 개시할 수 있어야 하므로, 이들도 청구권자가 된다(제959조의20 제1항).[37] 또한 배우자나 4촌 이내의 친족 등이 없는 요보호자를 위하여 공익의 대표자로서 '검사' 그리고 실질적으로 사회복지 현장에서 전문성을 가지고 보호를 베풀어 줄 수 있는 '지방자치단체의 장'이 심판청구권자로서 인정된다.

나. 가정법원의 심판

1) 정신감정의 절차 성년후견개시심판을 할 수 있는 법원은 피후견인이 될 자의 주소지를 관할하는 가정법원이다(가사소송법 제44조 제1호의2). 가정법원은 성년후견 개시에 관하여 심판을 할 경우에는(제9조 제1항), 성년후견의 대상으로 된 사람이 '정신적 제약'으로 사무를 처리할 능력을 결여하고 있는지에 관하여 판단하여야 한다. 이를 위하여 의사에게 정신상태에 관하여 감정을 시켜야 한다(가사소송법 제45조의2 제1항). 그러나 감정절차는 상당한 시간과 비용을 필요로 하므로, 피성년후견인이 될 사람의 정신상태를 판단할 만한 다른 객관적인 자료가 있는 때에는 감정절차를 면제할 수 있다(동조항 단서). 그리고 성견후견개시심판에서의 피성

36) 윤진수·현소해, "2013 개정민법해설"(법무부), 27면.
37) 윤진수·현소해, "2013 개정민법해설"(법무부), 29면.

년후견인이 될 사람의 진술을 들어야 한다(동법 제45조의3 제1항 제1호). 한편, 가정법원은 의사의 감정 비용을 감당할 만한 자력이 없는 사람을 위한 절차구조(節次救助)를 할 수 있다(동법 제37조의2).

2) 성년후견심판청구의 경우에 사무처리능력이 부족한 경우 　성년후견 능의 심판청구는 가사소송법상 라류 가사비송사건에 해당한다(가사소송법 제45조의3). 그런데 가사비송사건의 경우에 가정법원으로서는 청구취지에 구속되지 않으므로, 가정법원은 심리의 결과 사무처리능력이 지속적으로 결여된 정도에는 이르지 않지만 일정한 정도 부족하여 후견의 필요성이 있다고 인정될 경우, 성년후견의 청구를 기각하기 보다는 한정후견개시심판을 하여야 할 것이다.[38] 이렇게 당사자의 청구가 없었음에도 성년후견개시심판 청구에 대하여 가정법원이 직권으로 한정후견개시 심판을 내릴 수 있는 것은 성년후견은 '강화된 한정후견'으로서의 성격을 가지고 있으므로, 성년후견개시심판의 청구에는 한정후견개시심판의 청구가 포함되는 것으로 볼 수 있기 때문이다.[39]

3) 본인의 의사 존중 　가정법원은 성년후견 개시의 심판을 할 때에 본인의 의사를 고려하여야 한다(제9조 제2항). 이로써 피성년후견인이 될 사람의 자기결정권은 후견제도의 유형 선택, 후견범위의 선택 및 후견인의 선택(제936조 제4항) 등의 영역에서 관철되어야 한다.[40] 이를 위하여 절차적으로 가사소송법은 성년후견개시 심판 당시 피성년후견인이 될 사람의 진술을 듣도록 하였다(가사소송법 제45조의3 제1항 제1호). 물론 그가 의식불명 그 밖의 사유로 자신의 의사를 표명할 수 없는 경우에는 그의 진술 없이 심판이 가능하다(동조항 단서). 그리고 가정법원이 피성년후견인이 될 사람의 진술을 들을 때에는 그의 의사가 제3자에 의해 왜곡될 가능성을 사전에 봉쇄하는 의미에서 반드시 그를 직접 심문하여야 하며, 서면 등으로 이를 갈음할 수 없다(동조 제2항).[41] 다만 심문으로 인해 그의 건강을 해칠 우려가 있거나, 그에게 의사를 밝힐 수 없는 사정이 있는 때에는 심문하지 않는다(동조항 단서).

4) 심판 사이의 관계 　가정법원이 피한정후견인 또는 피특정후견인에 대하여 성년후견개시의 심판을 할 때에는 종전의 한정후견 또는 특정후견의 종료 심판을 한다(제14조의3 제1항).

다. 공 시 　가정법원이 성년후견개시의 심판을 확정하면 지체 없이 그 내용

38) 윤진수·현소해, "2013 개정민법해설"(법무부), 30면.

39) 윤진수·현소해, "2013 개정민법해설"(법무부), 31면.

40) 박인환, "새로운 성년후견제 도입을 위한 민법개정안의 검토", 38면; 윤진수·현소해, "2013 개정민법해설"(법무부), 32면.

41) 윤진수·현소해, "2013 개정민법해설"(법무부), 33면.

을 후견등기부에 등기하여 공시한다(후견등기에 관한 법률 제2조 제1호). 후견등기는 인적편성주의에 의한다(동법 제11조 참조).

3. 피성년후견인의 행위능력

(1) 원 칙

피성년후견인의 법률행위는 원칙적으로 취소할 수 있다(제10조 제1항). 피성년후견인은 독자적인 행위능력을 갖지 않으므로, 그의 법률행위에 대하여 성년후견인의 동의권은 인정되지 않고 오로지 성년후견인의 대리를 통하여 자신의 법률행위를 할 수 있다(「포괄적인 법정대리권」).42) 또한 성년후견인이 피성년후견인의 소송행위를 대리할 수도 있다(민사소송법 제55조 및 민법 제950조 참조).

피성년후견인이 한 법률행위에 대한 취소권자는 '피성년후견인'과 '성년후견인'이다(제140조). 피성년후견인이 취소권을 행사할 때에는 성년후견인의 동의를 받을 필요는 없다. 그러나 피성년후견인이 추인을 하는 경우에는 성년후견이 종료되어 능력을 회복한 이후에만 가능하다(제144조 제1항). 그 때까지는 성년후견인이 추인권을 갖는다(동조 제2항).

(2) 예 외

피성년후견인은 다음의 경우에 대하여는 독자적으로 유효하게 행위할 수 있다.

가. 가정법원에 의한 취소할 수 없는 법률행위의 범위 결정 가정법원은 성년후견 개시의 심판을 하면서 피성년후견인의 잔존능력을 존중하여 그의 정신능력에 따라 취소할 수 없는 법률행위의 범위를 정할 수 있다(제10조 제2항). 이러한 범위 내에서는 피성년후견인은 독자적으로 유효한 법률행위를 할 수 있다. 이러한 결정은 반드시 성년후견개시심판과 동시에 해야 하는 것은 아니며, 그 후에 별도로 하는 것도 가능하다(가사소송법 제2조 제1항 제2호 가목 1)의2 참조).

가정법원이 취소할 수 없는 피성년후견인의 법률행위의 범위를 정함에 따라(제10조 제2항), 이에 상응하여 성년후견인의 법정대리권의 범위도 축소된다. 그렇지만 피성년후견인의 정신능력 상태가 변화됨에 따라 법정대리인의 권한 범위가 적절하지 않게 되었다면, 가정법원은 일정한 청구권자(본인, 배우자, 4촌 이내의 친족, 성년후견인, 성년후견감독인, 검사 또는 지방자치단체의 장)의 청구에 의하여 그 범위를 변경할 수 있다(제938조 제4항).

---

42) 윤진수·현소해, "2013 개정민법해설"(법무부), 90면.

나. 일상생활에 필수적인 물품의 거래 피성년후견인이 일용품의 구입 등 일상생활에 필요하고 그 대가가 과도하지 아니한 법률행위를 독자적으로 할 수 있고, 이러한 법률행위는 성년후견인이 취소할 수 없다(제10조 제4항). 그런데 '성년후견인이 취소할 수 없다'는 것은 피성년후견인이 독자적으로 이에 관한 법률행위를 유효하게 할 수 있다는 것이지, 이로써 성년후견인의 대리권이 제한받는 것은 아니다. 그러므로 성년후견인은 피성년후견인의 일상생활에 필수적인 물품을 구입하는 법률행위(제10조 제4항)에 대해서도 대리할 수 있다.43)

다. 대리행위 대리인은 행위능력자임을 요하지 아니하므로(제117조), 피성년후견인은 성년후견인의 동의를 받지 않고 타인을 위한 대리행위를 독자적으로 할 수 있다.

4. 성년후견인

(1) 성년후견인의 선임

가정법원이 성년후견심판에 따라 개시의 결정을 하는 경우에는 그 심판을 받은 사람의 성년후견인을 두어야 한다(제929조). 이 성년후견인은 가정법원이 직권으로 선임하므로(제936조 제1항), 법정대리인의 성질을 갖는다(제938조 제1항). 이때 가정법원은 피성년후견인의 복리를 위하여 피성년후견인의 의사를 존중함은 물론, 그 밖에 피성년후견인의 건강, 생활관계, 재산상황, 성년후견인이 될 사람의 직업과 경험, 피성년후견인과의 이해관계의 유무 등의 사정을 고려해야 한다(제936조 제4항). 그리고 성년후견인이 어떠한 사유로 없게 된 경우에도 가정법원은 직권으로 또는 일정한 청구권자(피성년후견인, 친족, 이해관계인, 검사, 지방자치단체의 장)의 청구에 의하여 성년후견인을 선임하여야 한다(동조 제2항).

(2) 성년후견인의 수와 자격 등

가. 성년후견인의 수

1) 다수의 성년후견인의 선임 가능 성년후견인의 임무는 피성년후견인의 재산과 신상의 사무를 모두 관리하는 것이어서, 민법은 이에 맞게 다수의 성년후견인을 선임할 수 있도록 하고 있다(제930조 제2항). 피성년후견인은 성년자로서 혼인을 하였거나 자식을 둔 경우가 많을 것이기 때문에 그리고 재산을 소유할 것이 예상되므로, 각각의 분야에 따라 다수의 성년후견인을 선임할 수 있도록 한 것이다. 그리고 성년후견인이 이미 선임된 경우에도 피성년후견인의 복리를 위하여 필요하다고 인정하는 경우에는 가정법

---

43) 윤진수·현소해, "2013 개정민법해설"(법무부), 90면 각주 99.

원은 직권으로 또는 일정한 청구권자(피성년후견인, 친족, 이해관계인, 검사, 지방자치단체의 장)의 청구에 의하여 성년후견인을 추가로 선임할 수 있다(제936조 제3항).

2) 다수의 성년후견인의 업무분장 가정법원은 다수의 성년후견인을 선임하는 경우에는 직권으로 그들이 공동으로 혹은 사무를 분장하여 그 권한을 행사하도록 명백히 정할 수 있다(제949조의 2 제1항). 또 가정법원은 이러한 결정을 변경·취소할 수 있다(동조 제2항). 만일 가정법원이 업무분장에 관한 심판을 하지 않아 권한분배가 불문명한 경우에는 대리의 기본원칙에 따라 각자가 대리권한을 행사하는 것으로 해석할 수밖에 없다(제119조 참조). 또한 성년후견인들이 공동으로 권한을 행사해야 하는 경우 어느 성년후견인이 피성년후견인의 이익이 침해될 우려가 있음에도 법률행위의 대리 등 필요한 권한행사에 협력하지 않는 때에는 가정법원은 피성년후견인, 성년후견인, 성년후견감독인 또는 이해관계인의 청구에 의하여 그의 의사표시에 갈음하는 재판을 할 수 있다(제949조의 2 제3항).

나. 성견후견인의 자격 성년후견인은 자연인뿐만 아니라 법인도 될 수 있다(제930조 제3항, 제936조 제4항 후단).

다. 성년후견인의 결격·사임·변경 성년후견인의 결격사유와 사임 그리고 변경은 미성년후견인에서와 같다(제937조, 제939조, 940조).

(3) 성년후견인의 임무

가. 피성년후견인의 복리배려의무와 의사존중의무 성년후견인은 재산관리와 신상보호의 임무 수행과 관련하여 피성년후견인의 복리를 우선으로 고려하고 그의 복리에 반하지 않는 한 그의 의사를 존중하여야 한다(제947조). 만일 성년후견인이 이러한 복리배려의무와 의사존중의무를 위반하여 임무를 수행하는 경우에는 후견인변경의 사유가 될 수 있다(제940조).

나. 성년후견인의 임무 성년후견인에 대하여 ㉠ 재산관리를 위한 재산조사 및 목록 작성(제941조, 제943조), ㉡ 성년후견인의 채권·채무의 제시(제942조), ㉢ 피성년후견인이 취득한 포괄적 재산의 조사(제944조)의 임무가 있음은 미성년후견인에서와 같다.

(4) 성년후견인의 법정대리권

가. 재산 및 재산상 법률행위에 관한 법정대리권의 범위 성년후견인은 피성년후견인의 법정대리인이 되고(제938조 제1항), 이에 따라 피성년후견인의 재산을 관리하고 그 재산에 관한 법률행위에 대하여 피성년후견인을 대리한다(제949조). 이때 가정법원은 피

성년후견인이 재산에 관한 법정대리권의 범위를 정할 수 있다(제938조 제2항). 이에 따른 성년후견인의 법정대리권의 범위가 적절하지 아니하게 된 경우에 일정한 청구권자(본인, 배우자, 4촌 이내의 친족, 성년후견인, 성년후견감독인, 검사 또는 지방자치단체의 장)의 청구에 의하여 가정법원은 그 범위를 변경할 수 있다(제938조 제4항).

나. 피성년후견인의 신상보호에 관한 대리권

1) 원칙 피성년후견인의 격리, 의학적 치료, 주거 및 거주의 이전 등 그의 신상에 관한 사항으로서 일신전속적 결정에 속하는 사항이다.44) 그러므로 피성년후견인이 단독으로 결정한다(제947조의2).

한편, 피성년후견인의 신상에 관한 사항과 신분에 관한 사항은 구별되어야 한다. 왜냐하면 피성년후견인의 신분과 관련하여서는 가족법의 특별규정의 적용을 받기 때문이다. 예를 들어, 피성년후견인이 약혼(제802조), 혼인(제808조), 협의이혼(제835조)을 할 경우 부모 또는 성년후견인의 동의를 얻어서 할 수 있으며, 인지(제856조), 입양(제873조), 협의파양(제902조)의 경우에는 성년후견인의 동의를 얻어 할 수 있다. 한편, 피성년후견인의 친생부인의 경우 성년후견감독인의 동의를 받아 친생부인의 소를 제기할 수 있고, 만일 성년후견감독인이 선임되어 있지 않거나 동의를 받을 수 없는 경우에는 가정법원에 동의를 갈음하는 허가를 청구할 수 있다(제848조 제1항). 피성년후견인도 의사능력이 회복된 때에는 성년후견인의 동의 없이도 독자적으로 유언을 할 수 있고(제1063조 제1항), 이 때 의사가 심신회복 상태를 유언서에 부기하고 서명날인하여야 한다(동조 제2항).

2) 보충적인 권한 행사 성년후견인은 피성년후견인이 자신의 신상에 관하여 스스로 결정을 내릴 수 없는 상태에 한하여 보충적으로 결정할 권한이 있다.

3) 가정법원의 감독 피성년후견인의 신상에 관한 사항에 대하여 성년후견인이 보충적으로 결정을 하는 때에도 그 내용에 따라 가정법원은 허가를 받아야 한다. 이를 통하여 가정법원은 성년후견인이 대신결정하거나 대리하는 행위를 감독할 수 있다.

① **피성년후견인의 격리행위에 관하여** 성년후견인이 피성년후견인을 치료 등의 목적으로 정신병원이나 그 밖의 다른 장소에 격리하려는 경우에는 가정법원의 허가를 받아야 한다(제947조의2 제2항). 이 경우 시급을 요하는 것이 아니므로 성년후견인으로서는

---

44) 일신전속에 사항에 관한 결정을 피성년후견인이 독자적으로 내렸다 하더라도, 그 구체적인 법률행위의 체결은 성년후견인이 대리할 수 있다. 예를 들어, 피성년후견인이 거주 장소 등을 스스로 결정하면, 이에 대한 주택임대차계약의 체결은 성년후견인이 대리할 수 있다(김형석, “민법 개정안에 따른 성년후견법제”, 137면).

반드시 사전에 가정법원의 허가를 받아야 한다.

② **피성년후견인의 의학적 침습에 대한 동의에 관하여** 피성년후견인의 신체를 침해하는 의료행위에 대하여 피성년후견인이 스스로 결정할 수 없는 경우에는 성년후견인이 대신 동의할 수 있다(제947조의2 제3항). 이때 '피성년후견인이 의료행위의 직접적인 결과로 사망하거나 상당한 장애를 입을 위험이 있을 때'에는 성년후견인은 동의를 함에 있어 가정법원의 허가를 받아야 한다(제947조의2 제4항 본문). 그러나 가정법원의 허가절차로 의료행위가 지체되어 피성년후견인의 생명의 위험 또는 심신상의 중대한 장애를 초래할 수는 있는 때에는 사후에 허가를 청구할 수 있다(동조항 단서).

③ **피성년후견인의 거주와 관련하여** 피성년후견인의 주거는 그의 신상에 중대한 영향을 미치는 것이므로 성년후견인이 피성년후견인이 거주하고 있는 '건물 또는 대지에 대하여 매도, 임대, 전세권 설정, 저당권 설정, 임대차의 해지, 전세권의 소멸, 그 밖에 이에 준하는 행위'를 대리하는 경우에는 이에 대해서 사전에 가정법원의 허가를 얻어야 한다(제947조의2 제5항).45)

다. 성년후견인의 법정대리권의 제한

1) 피성년후견인의 행위를 목적으로 하는 채무를 부담하는 법률행위의 대리

성년후견인이 '피성년후견인의 행위를 목적으로 하는 채무'를 부담하는 법률행위를 대리하는 경우에는 본인의 동의를 얻어야 한다(제949조 제2항에 의한 제920조 단서 준용).

2) 이해상반행위 성년후견인과 피성년후견인의 이익이 서로 대립하는 이해상반행위의 경우에는 특별대리인을 선임하여 대리하도록 하여야 한다(제949조의3 본문에 의한 제921조의 준용). 다만 성년후견감독인이 선임되어 있는 경우에는 그가 피성년후견인을 대리한다(제940조의6 제3항, 제949조의3 단서). 이 경우 특별대리인을 선임할 필요는 없다.

3) 피성년후견인에게 중대한 의미를 가지는 법률행위 피성년후견인의 영업에 관한 행위 등 중대한 의미를 가지는 법률행위에 대하여 성년후견인이 동의나 대리하는 경우에 성년후견감독인이 선임되어 있는 경우에는 그의 동의를 얻어야 한다(제950조 제1항).

45) 이에 대하여 박인환 교수는 예를 들어 피성년후견인이 이사를 하는 경우에도 가정법원의 허가를 얻어야 하는 것은 가정법원의 지나친 개입으로 관련당사자들 사이에 다툼이 있는 경우에 한하여 가정법원이 보충적으로 개입하도록 하여야 한다고 제한적 해석의 견해를 피력하고 있다("새로운 성년후견제 도입을 위한 민법개정안의 검토", 56면).

(5) 성년후견인에 대한 보수 수여, 비용 상환

성년후견인도 피성년후견인의 재산에서 상당한 보수를 청구할 수 있고, 후견사무처리비용을 청구할 수 있다(제955조, 제955조의2).

5. 성년후견감독인

(1) 성년후견감독인의 선임·사임·변경·결격사유

가정법원은 필요하다고 인정하면 '직권으로' 또는 '피성년후견인, 친족, 성년후견인, 검사, 지방자치단체의 장'의 청구에 의하여 성년후견감독인을 선임할 수 있다(제940조의4 제1항). 또한 성년후견감독인이 사망, 결격 그 밖의 사유로 없게 된 경우에는 직권으로 또는 위의 청구권자의 청구에 의하여 성년후견감독인을 선임한다(동조 제2항). 성년후견감독인의 선임에 대해서는 성년후견인에 관한 규정이 준용된다(제940조의7에 의한 제930조 제2항, 제3항, 제936조 제3항, 제4항, 제937조 준용). 그 밖에 성년후견감독인의 사임·변경(제940조의7에 의한 제939조, 제940조 준용)과 결격사유도 미성년후견감독인에서와 같다(제940의7에 의한 제937조 준용 및 제940조의5).

(2) 성년후견감독인의 직무

가. 후견사무의 감독 및 성년후견인 선임 청구 성년후견감독인은 성년후견인의 후견사무를 감독하며(제940조의6 제1항), 성년후견인에게 그의 임무수행에 관한 보고와 재산목록의 제출을 요구할 수 있고 피성년후견인의 재산상황을 조사할 수 있다(제953조).

한편, 성년후견감독인은 성년후견인이 없는 경우 지체 없이 가정법원에 성년후견인의 선임을 청구해야 한다(제940조의6 제1항).

나. 위임 규정의 준용 성년후견감독인에 대해서는 위임에 관한 규정(제681조, 제691조, 제692조)이 준용된다(제940조의7). 따라서 성년후견감독인은 성년후견인을 감독함에 있어 선량한 관리자의 주의를 다 하여야 하고, 성년후견감독사무의 종료시에 긴급사무처리의무가 있으며, 성년후견감독사무의 종료의 사유는 이를 상대방에게 통지하거나 상대방이 이를 안 때가 아니면 이로써 상대방에게 대항하지 못한다.

다. 피성년후견인에게 급박한 사정이 있는 경우 성년후견감독인은 피성년후견인의 신상이나 재산에 대하여 급박한 사정이 있는 경우 그의 보호를 위하여 필요한 행위 또는 처분을 할 있다(제940조의6 제2항). 이에 대하여 성년후견감독인은 피성년후견인의 위험한 의료행위나 주거와 관련하여 가정법원의 허가를 얻어야 한다(제940조의7에 의하여 제947조의2 제3항 내지 제5항 준용).

라. 이해상반행위에 관한 대리 성년후견인과 피성년후견인 사이에 이해상반행위를 할 때에는 원칙적으로 법원에 특별대리인의 선임을 청구하여야 하고(제949조의3에 의하여 제921조의 준용), 만일 선임되어 있는 경우에는 성년후견감독인이 피성년후견인을 대리한다(제940조의6 제3항).

마. 성년후견인의 재산조사와 목록작성에의 참여 등 성년후견인이 피성년후견인의 재산조사와 목록작성할 때에 성년후견감독인은 참여하여야 한다(제941조 제2항). 성년후견인과 피성년후견인 사이에 채권·채무의 관계가 있는 경우에는 성년후견인은 재산목록의 작성을 완료하기 전에 그 내용을 성년후견감독인에게 제시하여야 한다(제942조 제1항).

성년후견감독인은 성년후견인이 피성년후견인의 동의가 필요한 중대한 법률행위를 대리함에 대하여 동의할 수 있고, 또 동의 없이 한 행위를 취소할 수 있다(제950조 제3항).

그리고 성년후견인이 피성년후견인에 대한 제3자의 권리를 양수하는 경우에는 성년후견감독인의 동의를 받아야 한다(제951조 제2항). 성년후견사무가 종료되어 성년후견인이 피성년후견인의 재산에 관한 계산을 하여야 하는 경우에 성년후견감독인이 참여하여야 한다(제957조 제2항).

(3) 성년후견감독인의 보수 등의 청구

성년후견감독인은 감독사무에 따른 보수와 비용의 상환을 피성년후견인에 대하여 청구할 수 있다(제940조의7에 의한 제955조[후견인에 대한 보수] 및 제955조의2[지출금액의 예정과 사무비용]의 준용).

6. 가정법원의 감독

가정법원은 성년후견인이 임무수행이 피성년후견인의 복리에 부합하지 않는다고 판단하는 때에는 피성년후견인의 재산상황을 조사하고, 성년후견인에게 재산관리 등 후견임무수행에 관하여 필요한 처분을 명할 수 있다(제954조). 이는 가정법원이 '직권으로' 또는 '피후견인, 후견감독인, 제777조에 따른 친족, 그 밖의 이해관계인, 검사, 지방자치단체의 장'의 청구에 의한다(동조).

7. 성년후견종료의 심판

(1) 성년후견종료사유의 존재

성년후견이 종료되기 위해서는 성년후견개시의 원인이 소멸하여야 한다(동조). 성년후견개시의 원인은 피성년후견인의 사무처리능력의 '지속적 결여'이므로, 피성년후견인의 사무처리능력이 개선되어 완전한 능력을 갖추거나 부족한 단계로 상승된 경우에 더 이상 성년후견개시의 원인은 존속하지 않는다. 특히 후자의 경우에는 성년후견을 종료하고 한정후견개시심판이 내려져야 할 것이다. 이 때 가정법원은 청구권자의 청구에 따라 한정후견인의 개시 결정을 내리는 경우에 성년후견종료의 심판을 하여야 한다(제14조의3 제2항). 이 때에는 별도의 성년후견종료심판 청구가 없는 경우라도 가정법원이 직권으로 종료심판을 하여야 할 것이다.46)

(2) 청구권자의 청구

성년후견종료에 관하여 '본인, 배우자, 4촌 이내의 친족, 성년후견인, 성년후견감독인, 검사 또는 지방자치단체의 장'의 청구가 있어야 한다(제11조).

(3) 가정법원의 종료심판

가정법원은 성년후견의 원인이 소멸하였다고 판단되면 후견종료의 심판을 하여 성년후견을 종료시킨다(제11조). 이 때 가정법원은 피성년후견인이 의식불명 그 밖의 사유로 자신의 의사를 표명할 수 없는 경우를 제외하고는, 피성년후견인 본인과 성년후견인의 진술을 들어야 한다(가사소송법 제45조의3 제1항 제2호). 피성년후견인의 진술을 듣기 위해서 가정법원은 직접 심문하여야 한다(동조 제2항).

성년후견종료심판은 소급효를 갖지 않는다.47)

(4) 후견의 종료에 따른 사무처리

가. 후견사무의 종료와 관리의 계산 성년후견인의 임무가 종료된 때에는 성년후견인 또는 그 상속인은 1개월 내에 피성년후견인의 재산에 관한 계산을 하여야 한다. 다만, 정당한 사유가 있는 경우에는 법원의 허가를 받아 그 기간을 연장할 수 있다(제957조 제1항). 제1항의 계산은 성년후견감독인이 있는 경우에는 그가 참여하지 아니하면 효력이 없다(동조 제2항).

나. 이자의 부가와 금전소비에 대한 책임

① 성년후견인이 피성년후견인에게 지급할 금액이나 피성년후견인이 성년후견인에게 지급할 금액에는 계산종료의 날부터 이자를 부가하여야 한다(제958조 제1항).

② 성년후견인이 자기를 위하여 피성년후견인의 금전을 소비한 때에는 그 소비한 날로부터 이자를 부가하고 피성년후견인에게 손해가 있으면 이를 배상하여야 한다(동조 제2항).

---

46) 윤진수·현소해, "2013 개정민법해설"(법무부), 37면.

47) 윤진수·현소해, "2013 개정민법해설"(법무부), 38면.

다. 후견종료에 관하여 위임규정의 준용 위임계약관계의 종료에 관한 제691조, 제692조의 규정은 성년후견의 종료에 이를 준용한다(제959조).

Ⅳ. 한정후견제도

1. 한정후견제도의 의의

한정후견제도는 「질병 등의 사유로 인한 정신적 제약으로 사무를 처리할 능력이 부족한 사람」에 대하여 가정법원이 한정후견개시의 심판을 해 줌으로써 보호를 해 주는 제도이다(제12조 제1항).

2. 한정후견의 개시

(1) 실체적 요건

피한정후견인은 '질병 등의 정신적 제약으로 사무를 처리할 능력이 부족한 상태'에 있어야 한다(제12조 제1항). 여기서 '사무처리 능력의 부족'이란 사무처리능력이 결여된 상태는 아니지만 정상적인 정신능력에는 이르지 못한 모든 경우를 말한다. 정신적 제약으로 사무를 처리할 능력이 지속적으로 결여된 사람도 한정후견 개시심판을 청구할 수 있는가에 관하여 이를 긍정하는 견해[48]는 동의유보결정의 범위(제13조 제1항)를 포괄적으로 정하면 충분히 보호할 수 있으므로 한정후견의 심판을 금지할 필요가 없다고 한다.

(2) 절차적 요건

가. 청구권자의 청구 한정후견의 개시를 위해서는 일정한 청구권자(본인, 배우자, 4촌 이내의 친족, 미성년후견인, 미성년후견감독인, 성년후견인, 성년후견감독인, 특정후견인, 특정후견감독인, 임의후견인, 임의후견감독인, 검사 또는 지방자치단체의 장)의 청구가 있어야 한다(제12조 제1항, 제959조의20 제1항). 이 청구를 요건으로 하는 것은 가정법원이 직권으로 한정후견심판절차를 개시할 수 없다는 것을 의미한다. 이 점은 성년후견에서와 같다.

나. 가정법원의 심판 한정후견심판에서 가정법원이 본인의 의사를 존중하며(제12조 제2항), 피한정후견인이 될 사람의 정신감정을 시키고(가사소송법 제45조의2 제1항; 절차의 구조에 관하여는 제37조의2) 그 자의 진술을 들어야 하는 것(동법 제45조의3 제1항 제1호) 등은 성년후견심판에서와 같다.

---

48) 윤진수·현소해, "2013 개정민법해설"(법무부), 39면.

한정후견개시심판의 청구가 있었으나, 심리 결과 성년후견개시 요건이 갖추어진 것으로 밝혀진 경우, 특히 한정후견의 개시만으로는 본인을 위해 충분한 보호를 제공할 수 없을 것으로 판단되는 경우에 가정법원은 한정후견개시심판의 청구에도 불구하고 성년후견개시심판을 할 수 있는가에 대하여 비송사건에서 법원은 당사자의 청구취지에 구속되지 않는다는 점 등을 들어 이를 긍정하는 견해49)가 있다.

다. 공　시　　한정후견개시 심판이 확정된 경우 이에 대한 공시로서 한정후견등기를 하여야 한다(후견등기에 관한 법률 제2조 제1호, 제11조 참조).

3. 피한정후견인의 행위능력

(1) 원　칙

피한정후견인은 원칙적으로 행위능력을 갖는다. 다만 가정법원은 한정후견의 심판에서 한정후견인의 동의를 받아야 하는 법률행위의 범위를 정할 수 있다(제13조 제1항). 이처럼 피한정후견인의 행위능력은 가정법원이 한정후견인의 동의를 받도록 유보한 법률행위에 대해서만 제한된다. 이로써 피한정후견인으로서는 한정후견인의 동의를 받도록 유보된 법률행위에 대해서는 이를 위반한 경우에는 그 법률행위는 취소할 수 있다(동조 제4항 본문). 취소권자는 피한정후견인과 한정후견인이다(제140조).

가정법원은 한정후견인의 동의를 받아야만 할 수 있는 행위의 범위를 변경할 수 있다(제13조 제2항). 그런데 한정후견인의 동의를 필요로 하는 행위에 대하여 한정후견인이 동의를 하지 않음으로써 피한정후견인의 이익이 침해될 염려가 있는 경우에 가정법원은 피한정후견인의 청구에 의하여 한정후견인의 동의를 갈음하는 허가를 할 수 있다(동조 제3항).

(2) 예　외

가. 일상생활에 필수적인 물품의 거래　　일용품의 구입 등 일상생활에 필요하고 그 대가가 과도하지 않은 거래에 대해서는 피한정후견인은 한정후견인의 동의를 필요로 하지 않고 독자적으로 할 수 있으며, 이에 대해서는 취소할 수 없다(제13조 제4항 단서).

나. 대리행위　　제한능력자도 대리인이 될 수 있으므로(제117조), 동의가 한정후견인에게 유보된 행위에 관하여도 피한정후견인은 한정후견인의 동의 없이 타인의 대리인으로 행위할 수 있다.

---

49) 윤진수·현소해, "2013 개정민법해설"(법무부), 41면.

4. 한정후견인

(1) 한정후견인의 선임

가정법원의 한정후견개시의 심판이 있는 경우에는 그 심판을 받은 사람의 한정후견인을 두어야 한다(제959조의2). 이때 한정후견인은 가정법원이 직권으로 선임한다(제959조의3 제1항). 그리고 가정법원이 한정후견인을 선임하는 내용은 성년후견에서와 같다(동조 제2항에 의하여 제936조 제3항 준용).

(2) 한정후견인의 수와 자격 등

한정후견인의 자격 등에 대해서도 성년후견인에서와 같다(제959조의3 제2항). 즉 한정후견인이 복수로 선임될 수 있고, 법인도 될 수 있다(제959조의3 제2항에 의하여 제930조 제2항, 제3항의 준용). 이 때 복수의 한정후견인이 선임되는 경우 그 업무분장에 관한 사항도 성년후견에서와 같다(제959조의6에 의하여 제949조의2 준용). 그리고 한정후견인의 결격사유, 사임, 변경의 사항은 모두 성년후견에서와 같다(제959조의3 제2항에 의하여 제937조, 제939조, 제940조의 준용).

(3) 한정후견인의 의무와 권한

가. 피한정후견인의 복리배려의무와 의사존중의무 한정후견인은 피한정후견인의 재산관리 및 신상보호에 권한을 행사함에 있어 피한정후견인의 복리와 의사를 존중하여야 하고(제959조의6에 의하여 제947조 준용), 후견업무를 수행함에 있어 선관주의의무를 다 하여야 한다(제959조의6에 의하여 제681조 준용).

나. 한정후견인의 재산 및 재산상 법률행위에 대한 권한

1) 동의권 피한정후견인은 원칙적으로 행위능력을 보유하므로, 가정법원이 한정후견인에게 동의유보를 한 법률행위에 대하여만 한정후견인은 동의권을 가진다(제13조).

2) 대리권 한정후견인은 가정법원의 대리권을 부여하는 심판을 통해서만 피한정후견인을 대리할 수 있다(제959조의4 제1항). 또한 가정법원이 정한 대리권의 범위가 적절하지 아니하게 된 경우에 일정한 청구권자(본인, 배우자, 4촌 이내의 친족, 한정후견인, 한정후견감독인, 검사 또는 지방자치단체의 장)의 청구에 의하여 그 범위를 변경할 수 있다(제959조의4 제2항에 의하여 제938조 제4항의 준용).

3) 동의권과 대리권과의 관계 가정법원은 한정후견인의 대리권의 범위에 관하여 독자적으로 심판을 할 수 있게 됨에 따라(제959조의4 제1항), 한정후견인의 동의유보의 범위와 법정대리권의 범위가 일치해야 하는지가 문제된다. 일부 견해는 두 제도는 기본적

으로 '판단의 조력'과 '실행의 조력'이라는 면에서 구별되고 이에 따라 요구되는 정도도 다르기 때문에 양자가 반드시 일치할 필요가 없다고 해석한다.50) 그렇지만 그 범위와 관련하여서는, 한정후견인의 대리권은 피한정후견인의 제한된 능력을 보충하는 범위 내로 한정되어야 하므로, 동의유보결정의 범위를 초과하여 법정대리권을 부여하는 것은 허용되지 않는다고 보아야 한다.51) 따라서 한정후견인의 대리권은 동의유보결정과 동일하거나 이보다 협소한 범위에서 수여될 수 있다고 본다.

그런데 가정법원이 특정한 법률행위에 동의 유보를 명하면서도 한정후견인에게 취소와 관련된 원상회복관계를 대리할 법정대리권을 부여하지 않은 경우에 한정후견인은 피한정후견인이 동의 없이 한 법률행위를 취소할 수는 있지만 이미 피한정후견인이 급부한 것을 원상회복으로서 상대방에게 반환청구할 법정대리권은 없는 것인지가 문제된다. 이에 관하여는 가정법원이 이를 간과하였더라도 동의유보를 정한 취지에 비추어 원상회복에 관한 법정대리권은 당연히 포함되어 있는 것으로 해석하는 견해52)와 사후적 대리권수여에 의해 해결해야 한다고 하는 견해53)가 있다.

4) 취소권 가정법원이 동의의 유보를 받도록 정한 법률행위를 피한정후견인이 한정후견인의 동의 없이 행한 경우에 한정후견인과 피한정후견인(본인)은 이를 취소할 수 있다(제13조 제4항 본문, 제140조). 그런데 가정법원은 한정후견인의 대리권수여의 심판을 따로이 할 수 있으므로 민법은 한정후견인에게 가정법원의 동의유보결정에 의해 피한정후견인에 대한 동의권만을 부여하는 것을 원칙으로 하되(제13조 제1항), 필요에 따라 가정법원이 한정후견인에게 대리권을 수여할 수 있도록 하고 있다(제959조의 4 제1항). 그 결과 한정후견인의 동의권과 대리권이 일치하지 않을 수 있고, 또 한정후견인에게 동의권만 있고 대리권이 없는 경우도 발생할 수 있다. 그리하여 피한정후견인이 한정후견인의 동의가 유보된 법률행위를 그의 동의도 받지 않고 행한 경우에 한정후견인이 그 법률행위에 대하여 취소권을 행사할 수 있는지가 문제된다. 한정후견인의 대리권이 동의유보결정의 범위 내에서만 인정된다는 견해54)에 따르면 취소권의 근거가 되는 대리권은 동의권의 범위 내에서

---

50) 김형석 교수는 예를 들어, 노령으로 인하여 정신적 제약 외에 신체적 거동이 불편하다는 사정은 동의유보를 명할 때에는 고려될 여지가 없겠지만, 한정후견인의 법정대리권의 범위를 판단할 때에는 고려될 수도 있을 것이라고 한다("민법개정안에 따른 성년후견법제", 146면). 그러나 사무처리의 편의를 위해서 한정후견인에게 대리권을 수여할 수 있는 점에 관하여는 임의대리권의 수여로 해결할 문제이지, 법정대리권의 수여로 대비할 것은 아니라고 하는 견해가 있다(윤진수·현소해, "2013 개정민법해설"(법무부), 132면).

51) 윤진수·현소해, "2013 개정민법해설"(법무부), 132면.

52) 김형석, "민법개정안에 따른 성년후견법제", 146면 각주 39.

53) 박인환, "새로운 성년후견제 도입을 위한 민법개정안의 검토", 58-59면.

만 성립하고 있으므로 동의권만 있고 대리권이 없는 경우는 발생하지 않게 된다.

다. 피한정후견인의 소송능력 민사소송법에서 행위능력과 소송능력을 일치시키려는 결과, 원칙적으로 피한정후견인의 소송능력을 인정한다. 문제는 가정법원이 한정후견심판에서 피한정후견인이 한정후견인의 동의를 얻어야 유효한 법률행위를 할 수 있는 범위를 정할 수 있는 만큼(제13조 참조), 이 범위 내에서는 피한정후견인의 행위능력이 제한된다는 것이다. 이에 따라 피한정후견인의 소송능력도 제한된다.

그러나 민사소송법은 피한정후견인은 한정후견인의 동의가 필요한 행위에 관하여는 대리권 있는 한정후견인에 의해서만 소송행위를 할 수 있다고 규정함으로써 모든 한정후견인이 아닌 당해 사항에 대한 대리권 있는 한정후견인만이 소송행위를 할 수 있게 하고 있다(민사소송법 제55조 제2항).55)

라. 피한정후견인의 신상보호에 관한 권한 피한정후견인의 신상보호와 관련하여서는 기본적으로 성년후견에서와 같다(제959조의6에 의하여 제947조의2 준용).

5. 한정후견감독인

가정법원은 한정후견개시의 심판을 하면서 필요하다고 인정하면 직권으로 또는 일정한 청구권자(피한정후견인, 친족, 한정후견인, 검사, 지방자치단체의 장)의 청구에 의하여 한정후견감독인을 선임할 수 있다(제959조의5 제1항). 그 밖의 한정후견감독인의 권한, 보수 등에 관하여는 성년후견인에서와 같다(제959조의5 제2항에 의하여 제930조 제2항, 제3항, 제936조 제3항, 제4항, 제937조, 제940조의3 제2항, 제955조, 제996조의2 준용).

6. 가정법원의 처분

가정법원은 피한정후견인의 재산상황을 조사하고, 한정후견인에게 후견임무 수행에 관하여 필요한 처분을 명할 수 있다(제959조의6에 의하여 제954조 준용).

7. 한정후견의 종료

(1) 한정후견개시 사유의 소멸

한정후견을 개시하여야 할 사유가 소멸한 때에는 가정법원은 한정후견종료의 심판을 한다(제14조). 이에는 피한정후견인의 사무처리능력에 따라 완전히 회복된 때에는 한정

54) 윤진수·현소해, "2013 개정민법해설"(법무부), 132면.

55) 정선주, "2017 개정 민사소송법 해설서"(법무부), 47면: 이시윤, 신민사소송법(박영사) 제10판, 174면.

후견을 종료하여야 하고, 사무처리능력이 더 악화되어 지속적으로 결여된 경우에는 한정후견을 종료하고, 이와 별도로 청구권자 청구에 의하여 성년후견개시심판을 하여야 한다([illegible]조).

(2) 한정후견종료 심판의 청구권자

한정후견종료의 심판을 청구할 수 있는 사람은 '본인, 배우자, 4촌 이내의 친족, 한정후견인, 한정후견감독인, 검사 또는 지방자치단체의 장'이고, 이들의 청구에 따라 가정법원이 심판을 함으로써 종료한다(제14조). 또한 심판 사이의 관계와 관련하여, 피한정후견인에 대하여 성년후견개시심판(제9조)이 있는 때에는 직권으로 종전의 한정후견에 대해 종료 심판을 하여야 한다(제14조의3 제1항).

(3) 한정후견인의 임무의 종료 등

한정후견인의 임무가 종료한 경우에 관하여는 제691조, 제692조, 제957조, 제958조를 준용한다(제959조의7).

V. 특정후견제도

1. 특정후견제도의 의의

특정후견제도는 「질병 등의 사유로 인한 정신적 제약으로 '일시적 후원' 또는 '특정한 사무에 관한 후원'이 필요한 사람」에 대하여 가정법원이 특정후견의 심판을 함으로써 보호해 주는 제도이다(제14조의2 제1항).56) 예를 들어, 평소 생활하는 데에는 지장이 없지만, 은행과 관련된 업무나 상속재산분할의 협의처럼 난해한 업무에 관하여는 자신의 정신적 제약으로 적절한 사무처리를 할 수가 없어 이에 대해서만 보호가 필요한 사람을 위하여 그 특정한 사무의 처리에 관한 후원을 받을 수 있도록 가정법원의 심판을 통하여 보호해 주는 제도이다(제14조의2 제1항). 이 점에서 특정후견은 피후견인의 사무의 전부 또는 일부에 대하여 지속적이고 포괄적인 보호를 해 주는 성년후견 및 한정후견과 구별된다. 다만, 특정후견은 성년후견·한정후견과 그 개시 원인을 달리하지는 않으므로, 성년후견이나

56) 특정후견은 다른 성년후견 유형과는 달리 피후견인 본인의 행위능력 제한과 무관한 제도로서, 일회적 일시적 보호필요성에 대응하여 보호가 필요한 사무의 범위를 특정하거나 그 기간을 정하여 후견을 개시한다는 점에서 무엇보다도 필요최소개입의 원칙에 충실한 제도라고 평가할 수 있다(박인환, "새로운 성년후견제도에 있어서 특정후견 도입의 의의와 과제", 민사법의 이론과 실무, 제17권 제1호, 민사법의 이론과 실무학회(2013.12.), 4면).

한정후견의 요건을 충족하는 요보호인도 지속적인 후견을 원하지 않고 일시적이고 특정한 사무와 관련하여 후견을 받기를 원하는 경우 특정후견을 청구하여 후원을 받을 수 있다.[57]

2. 특정후견의 개시

(1) 실질적 요건

특정후견은 '질병, 장애, 노령, 그 밖의 사유로 인한 정신적 제약으로 일시적 후원 또는 특정한 사무에 관한 후원이 필요한 사람'에 대하여 개시한다(제14조의2 제1항). 다만 특정후견은 본인의 의사에 반하여 할 수 없으므로, 본인이 특정한 사무와 관련하여 일시적으로 가정법원의 후원을 받을 것을 원하고 있어야 한다(제14조의2 제2항).

(2) 절차적 요건

가. 청구권자의 청구 성년후견과 마찬가지로 가정법원이 직권으로 심판절차를 개시할 수 없으므로 일정한 청구권자의 청구가 있어야 한다. 특정후견의 심판을 청구할 수 있는 자는 '본인, 배우자, 4촌 이내의 친족, 미성년후견인, 미성년후견감독인, 임의후견인, 임의후견감독인, 검사 또는 지방자치단체의 장'이다(제14조의2 제1항, 제959조의20 제1항). 여기에서 미성년후견인 또는 미성년후견감독인의 청구에 의한 특정후견 심판의 효력은 미성년후견의 포괄적 성격에 비추어 볼 때 본인이 성년이 되는 것을 조건으로 발생하게 될 것이다.[58] 한편 성년후견인, 성년후견감독인, 한정후견인 또는 한정후견감독인은 특정후견의 심판을 청구할 수 없다. 왜냐하면 피성년후견인과 피한정후견인은 지속적이고 포괄적인 후견을 통하여 보호를 받고 있어 특정후견제도에 따른 별도의 후원이 필요하지 않기 때문이다.[59]

만일 피성년후견인 또는 피한정후견인이 단독으로 유효하게 법률행위를 할 수 있는 범위 내에서(제10조 제2항, 제13조 제1항) 제3자에 의한 후원이 필요할 경우, 가정법원은 특정후견심판을 하기 보다는, 피성년후견인의 취소할 수 없는 법률행위의 범위 또는 피한정후견인인의 한정후견인으로부터 동의를 받아야 하는 법률행위의 범위를 변경함으로써 필요한 보호를 제공하여야 한다(제10조 제3항, 제13조 제2항).[60] 피성년후견인 또는 피한정후견인에 대한 보호가 특

57) 윤진수·현소해, "2013 개정민법해설"(법무부), 48면.
58) 윤진수·현소해, "2013 개정민법해설"(법무부), 49면.
59) 윤진수·현소해, "2013 개정민법해설"(법무부), 48면.
60) 윤진수·현소해, "2013 개정민법해설"(법무부), 49면.

정후견으로 족한 경우에는 일정한 자의 청구에 의해 이미 개시된 성년후견 또는 한정후견을 종료한 후 새롭게 특정후견 심판을 하여야 할 것이다.[61)]

나. 심판절차

1) **정신감정의 절차** 가정법원은 특정후견 개시의 심판을 할 경우에는 의사나 그 밖에 전문지식이 있는 사람의 의견을 들어야 한다(가사소송법 제45조의2 제2항).

2) **본인의 의사 존중** 가정법원은 특정후견의 심판을 본인의 의사에 반해서 할 수 없다(제14조의2 제2항). 특정후견의 심판을 할 때에는 반드시 피특정후견인이 될 사람의 진술을 들어야 하며(가사소송법 제45조의3 제1항 제1호),[62)] 그 진술은 반드시 피특정후견인을 심문하는 방식으로 행해져야 한다(동조 제2항). 다만, 그 사람이 자신의 의사를 밝힐 수 없거나 출석을 거부하는 등 심문할 수 없는 특별한 사정이 있는 때에는 그러하지 아니하다(동조항 단서).

3) **특정후견의 개시와 공시** 특정후견은 지속적이 아닌 특정적 보호제도이므로 개시와 종료를 별도로 심판할 필요는 없다. 즉 특정후견으로 처리되어야 할 사무의 성질에 의하여 그 존속기간이 정해진다. 그러한 의미에서 가정법원은 특정후견의 심판을 할 때에는 특정후견의 기간 또는 사무의 범위를 정해야 한다(제14조의2 제3항). 이에 관하여는 특정후견등기를 하여야 한다(후견등기에 관한 법률 제1조, 제25조 제7호).

다. 다른 심판과의 관계

심판의 결과, 특정후견만으로는 피후견인을 위한 적절한 보호를 제공할 수 없는 경우, 가정법원은 특정후견 심판의 청구에도 불구하고 성년후견 또는 한정후견 개시심판을 할 수 있는지가 문제된다. 민법이 후견개시에 관하여 직권주의를 포기하고 신청주의를 채택한 이상, 당사자가 특정후견을 원하고 있음에도 불구하고 가정법원이 임의로 성년후견 또는 한정후견 개시심판을 하는 것은 허용될 수 없다.[63)] 다만 당사자에게 성년후견 또는 한정후견 제도에 의한 보호가 더 긴요한 것으로 판단될 경우, 가정법원은 일단 특정후견심판을 하여 일시적으로 필요한 보호를 제공한 후, 일정한 자(특정후견인, 특정후견감독인, 검사 또는 지방자치단체의 장)에 의한 청구를 기다려 새롭게 성년후견 또는

---

61) 윤진수·현소해, "2013 개정민법해설"(법무부), 49면.

62) 그런데 피특정후견인의 의식불명 등으로 인해 본인의 의사를 전혀 확인할 수 없는 경우에는, 가사소송법 제45조의3 제1항 단서가 피성년후견인이 의식불명 그 밖의 사유로 자신의 의사를 표명할 수 없는 경우에 관한 예외규정을 피특정후견인에게까지 확대하고 있지 않아서, 피특정후견인의 진술을 확보할 수 없으므로, 특정후견의 심판이 불가능해 지는 문제가 발생한다(윤진수·현소해, "2013 개정민법해설"(법무부), 52면).

63) 윤진수·현소해, "2013 개정민법해설"(법무부), 50면.

한정후견 개시심판을 하면서 특정후견을 종료하여야 할 것이다(제14조의3).[64] 또한 성년후견 또는 한정후견이 개시되어 있는 사람은 이미 지속적이고 포괄적인 보호를 받고 있으므로 특정후견이 필요하지 않을 것이다. 그리하여 이들에게는 특정후견에 관한 심판을 할 수 없다.

한편, 임의후견이 개시되어 있는 사람에 대하여는 특정후견 심판을 하는 것이 가능하다. 왜냐하면 임의후견인의 권한은 후견계약에 의해 확정되어 있어 더 이상 변경이 불가능하여 만일 어떠한 사정으로 임의후견계약에 의해 적절한 보호가 제공되지 않는 경우 특정후견을 개시함으로써 일시적 사무 또는 특정 사무에 대한 후원이 가능하도록 할 필요가 있기 때문이다. 반면, 특정후견 심판이 있는 경우에 후견계약이 종료되지 아니하므로, 이 경우 예외적으로 법정후견인 특정후견과 임의후견이 공존하게 된다.[65]

3. 피특정후견인의 행위능력

(1) 완전한 행위능력의 보유

특정후견은 피특정후견인에 대한 후원만을 내용으로 하므로, 피특정후견인의 행위능력을 제한하지 않는다. 따라서 피특정후견인은 완전한 행위능력을 보유하므로 제한능력자에 속하지 않는다.

(2) 특정후견사무로 정해진 범위

피특정후견인은 완전한 행위능력을 보유하므로, 가정법원이 피특정후견인의 특정한 법률행위를 후원하기 위하여 특정후견인을 선임하여 법정대리권을 부여한 경우에도, 당해 법률행위와 관련된 피특정후견인의 행위능력은 제한되지 않는다. 그러므로 특정후견이 개시되어도 피특정후견인이 당해 법률행위를 직접 체결할 수도 있고, 그 결과 피특정후견인과 특정후견인이 각각 법률행위를 성립시키는 사안도 나타날 수 있다. 그러한 경우 두 법률행위의 관계는 민법의 일반원리(채권관계의 상대성, 물권법상 우선주의, 의사능력 등)에 따라 해결될 수밖에 없다.

---

64) 윤진수·현소해, “2013 개정민법해설”(법무부), 51면.

65) 윤진수·현소해, “2013 개정민법해설”(법무부), 49면.

4. 특정후견에 따른 보호조치

(1) 가정법원의 처분

가정법원은 특정후견의 심판에 의하여 피특정후견인의 후원을 위하여 필요한 처분을 명할 수 있다(제959 7.의10). 즉 가정법원은 피특정후견인의 재산 또는 신상과 관련된 사무를 처리하기 위하여 관계인에게 특정행위를 명하거나 부작위를 명하는 등의 방법으로 사무처리에 필요한 처분을 할 수 있다.

(2) 특정후견인의 선임

가정법원은 특정후견에 의한 처분의 일환으로 피특정후견인을 후원하거나 대리하기 위하여 특정후견인을 선임할 수 있다(제959조의 9 제1항). 특정후견인은 복수로 선임될 수 있고 또한 법인이 선임될 수도 있다(제959조의9 제2항에 의하여 제930조 제2항, 제3항을 준용). 특정후견인이 복수로 선임될 경우 그 권한 행사와 업무분장에 대한 내용도 함께 정할 수 있다(제959조의12에 의하여 제949조의2 준용).

(3) 특정후견인의 임무와 권한

가. 특정후견인의 임무 특정후견인은 특정된 피특정후견인의 사무를 후원한다. 이때 선임된 특정후견인은 피특정후견인의 복리를 배려하고 그의 의사를 존중할 의무가 있다(제959조의12에 의하여 제947조 준용).

또한 가정법원은 직권으로 또는 일정한 청구권자(피후견인, 후견감독인, 제777조에 따른 친족, 그 밖의 이해관계인, 검사, 지방자치단체의 장)의 청구에 의하여 피후견인의 재산상황을 조사하고, 후견인에게 재산관리 등 후견임무 수행에 관하여 필요한 처분을 명할 수 있는데(제959조의12에 의하여 제954조 준용), 특정후견인은 이를 수행할 의무를 부담한다.

나. 특정후견인의 대리권의 범위 피특정후견인의 후원을 위하여 필요하다고 인정하면 가정법원은 기간이나 범위를 정하여 특정후견인에게 대리권을 부여할 수 있다(제959조의 11 제1항). 이 경우 특정후견인은 그 한도에서 피특정후견인의 법정대리인이 되며, 이에 따른 법정대리권에는 피특정후견인의 재산에 관한 법률행위를 포함함은 물론, 필요에 따라서는 신상에 관한 결정을 할 권한도 포함될 수 있을 것이다.[66]

다. 특정후견인의 대리권의 제한 가정법원은 특정후견인의 대리권 행사에 가정법원이나 특정후견감독인의 동의를 받도록 명할 수 있다(제959조의 11 제2항). 그 밖의 권한에

---

66) 김형석, "민법 개정안에 따른 성년후견법제", 151면.

관하여는 다른 후견인들과 같나(제959조의12에 의하여 제681조, 제920조 단서, 제947조, 제949조의2, 제953조부터 제955조까지, 제955조의2 준용). 여기에서 후견감독인의 동의를 요하는 행위 등에 관한 규정인 제950조 내지 제952조의 규정은 준용되지 않는다. 특정후견의 경우에는 대리권의 기간과 범위가 제한되어 수여되므로, 성년후견이나 한정후견에서와 같이 그 남용을 제한할 필요가 없기 때문이다.[67] 다만 피특정후견인과 이해가 상반되는 행위에 대하여는 특정후견감독인이 피특정후견인을 대리함에 따라(제959조의10에 의하여 제940조의6 제3항 준용), 특정후견인은 대리권이 없다.

5. 특정후견의 종료

특정후견의 종료와 관련하여 특별히 가정법원의 심판을 요하지 않는다. 왜냐하면 특정후견은 가정법원의 심판에 의하여 후견사무와 그 기간이 특정되므로 이 기간의 경과 또는 사무처리의 종결에 의하여 자연히 종료되기 때문이다. 특정후견의 종료와 관련하여서는 위임과 후견의 종료에 관한 민법의 규정이 적용된다(제959조의13에 의하여 제691조, 제692조, 제957조, 제958조 준용). 다만, 특정후견이 아직 효력을 갖고 있는 상태에서 성년후견 또는 한정후견 개시심판이 내려지는 경우에는 가정법원은 직권으로 특정후견에 관한 종료의 심판을 하여야 한다(제14조의3, 제959조의20 제2항).[68]

<성년후견제도(법정후견제도)>

	성년후견	한정후견	특정후견
의의	정신적 제약으로 사무처리 능력의 결여	정신적 제약으로 사무처리 능력의 부족	정신적 제약으로 인함. ① 일시적 후원 ② 특정사무의 처리 후원
후견 개시	(1) 실체적 요건 (2) 절차적 요건 가. 청구권자의 청구 나. 가정법원의 심판 - 정신감정의 절차 ① 정신과 의사의 감정 ② 충분한 자료가 있는 경우 면제 - 본인의 의사존중 다. 공시 후견등기부에 성년후견등기(「후견등기에 관한 법률」)	(1) 실체적 요건 (2) 절차적 요건 가. 청구권자의 청구 나. 가정법원의 심판 - 정신감정의 절차 (성년후견에서와 같음) - 본인의 의사존중 다. 공시 후견등기부에 한정후견 등기(「후견등기에 관한 법률」)	(1) 실체적 요건 (2) 절차적 요건 가. 청구권자의 청구 나. 가정법원의 심판 - 정신감정의 절차 정신상태를 대체할 자료가 있는 경우에는 서면제출 허용 - 본인의 의사존중 다. 공시 후견등기부에 특정후견등기(「후견등기에 관한 법률」)

67) 김형석, "민법 개정안에 따른 성년후견법제", 152면.

68) 윤진수·현소해, "2013 개정민법해설"(법무부), 53면.

행위능력	(1) 원칙 취소권 행사 (2) 예외 ① 가정법원에 이한 취소할 수 없는 법률행위의 범위 결정 ② 일상생활에 필수적인 물품의 거래 ③ 대리행위	(1) 원칙 행위능력 있음 (2) 예외 ① 가정법원에 의한 동의유보의 법률행위의 범위 결정 ② 일상생활에 필수적인 물품의 거래 ③ 대리행위	후견을 내용으로 하는 제도로서 피특정후견인의 행위능력 제한과는 상관없음 피특정후견인은 행위능력 있음
후견	* 성년후견인 (1) 자격의 제한 (2) 수: 법인, 다수 (3) 권한 ① 동의권 ② 대리권 - 신상보호와 관련하여 원칙: 본인의 일신전속적 결정 보충: 성년후견인의 결정 가정법원의 허가 요구 ③ 취소권	* 한정후견인 (1) 자격의 제한 (2) 수: 법인, 다수 (3) 권한 - 동의권과 대리권 '판단의 조력'과 '실행의 조력'으로 구분 가능하고 그 범위를 달리함: 따로이 대리권에 관한 심판 가능	* 보호조치 가. 가정법원은 사무처리에 필요한 처분을 명함 나. 특정후견인의 선임 가능: 특정후견사무로 정하여진 범위에서 후견함 - 복수, 법인 선임 가능
감독	* 성년후견감독인 ① 임의기관 ② 부동산 등의 중요한 법률행위에 대하여 동의권 ③ 이해상반행위의 대리	* 한정후견감독인 성년후견에서와 같음	* 특정후견감독인 성년후견에서와 같음
종료	종료의 심판	종료의 심판	* 종료의 심판 불요 특정후견의 개시를 명할 때 후견사무의 확정과 후원기간을 정함

Ⅵ. 후견계약

1. 임의후견제도로서의 후견계약

(1) 후견계약의 의의

후견계약은 「질병 등의 사유로 인한 정신적 제약으로 사무를 처리할 능력이 부족한 상황에 있거나 부족할 상황에 대비하여 자신의 재산관리 및 신상보호에 관한 사무의 전부 또는 일부를 타인에게 위탁하고 이를 위한 대리권 수여를 내용으로 하는 계약」을 말한다(제959조의14 제1항). 이 후견계약은 사적 자치에 기초한 것으로서 원칙적으로 법이 개입할 여지가 없으나, 그 후견계약의 내용이 피후견인의 재산과 신상에 관한 것이라는 점에서 그 계약내용을 완전히 계약자유의 원칙에만 맡겨 둘 수만은 없어 법은 일정한 한도에서 후견사무의 개입 및 감독을 한다. 이를 테면, 후견계약은 가정법원이 임의후견감독인을 선임하여야 비로소 그 효력이 발생하는 것으로 하고 있다(제959조의14 제3항).

후견계약은 민법상의 위임계약(제680조)으로서 원칙적으로 무상·편무계약이지만, 보수가 약정되는 경우에는 유상·쌍무계약으로 체결될 수 있다(제686조 참조). 후견계약에 의하여 행해지는 후견을 「임의후견」이라고 한다.

(2) 후견계약의 우선성

가. 임의후견계약이 체결되어 있는 경우

임의후견은 본인의 자발적인 후견계약의 체결에 기초하고 있으므로 법정후견제도에 우선하여 그 효력을 발생한다. 그러므로 임의후견계약이 체결되어 등기되어 있는 경우 원칙적으로 법정후견(성년후견·한정후견·특정후견)은 개시하지 않는다. 다만 본인의 이익을 위하여 특별히 필요할 때에만 가정법원은 법정후견의 심판을 할 수 있다(제959조의20 제1항 제1문). 이 경우 후견계약은 본인이 특정후견을 제외한 성년후견이나 한정후견의 개시 심판을 받은 때 종료된다(동조항 제2문). 이를 「임의후견에 대한 법정후견의 보충성」이라 한다.

나. 법정후견이 개시되어 있는 경우

민법은 법정후견제도와 임의후견제도의 병존을 원칙적으로 허용하지 않는다. 법정후견이 개시되고 있다면 요보호자의 임의후견을 통하여 보호받아야 할 사항은 법정후견에 의하여 충분히 보호받을 수 있기 때문이다. 그러므로 임의후견계약의 본인이 피성년후견인, 피한정후견인 또는 피특정후견인인 경우에 가정법원은 임의후견계약의 효력을 발생하는 것이 본인에게 유리하다고 판단되는 경우에 임의후견감독인을 선임하면서 종전의 법정후견(성년후견, 한정후견, 특정후견) 종료의 심판을 하여 임의후견의 효력발생과 함께 법정후견을 종료시킨다(제959조의20 제2항 본문). 이에 반해서, 가정법원이 기존의 법정후견의 존속이 본인의 이익을 위하여 필요하다고 판단되는 경우에는 가정법원은 임의후견감독인의 선임을 하지 않음으로써 후견계약의 효력을 발생시키지 않고 기존의 성년후견, 한정후견 및 특정후견을 계속하게 할 수 있다(동조항 단서).

2. 후견계약의 체결 및 효력발생

(1) 임의후견계약체결의 방식

후견계약은 「공정증서」에 의해 체결해야 하는 요식행위이다(제959조의14 제2항). 이는 본인과 임의후견인에게 계약을 체결할 때에 심사숙고의 기회를 확보해 주고 계약의 내용을 명확하게 하기 위한 것이다. 또한 후견계약의 체결은 본인의 일신전속적 행위로까지 보기 어려우므로 대리에 의한 후견계약의 체결을 인정해야 한다. 그리고 본인은 후견계약에 의하여 다수의 임의후견인을 선임하여 자신의 후견사무를 처리하게 할 수 있다. 그들 사이의 관계는 일반적인 대리의 법리에 따라 본인이 공동대리를 정하지 않은 한 각자대리가 원칙이라고 할 것이다(제119조 참조).

(2) 후견계약의 성립과 유효

가. 본인이 법정후견을 받지 않고 있는 경우 이 경우 후견계약을 체결하기 위해서 본인은 의사능력을 가지고 있어야 한다. 본인은 계약체결 당시에 후견계약이 가지는 의미와 결과에 대하여 이해할 수 있는 정신적 능력을 가지고 있어야 하므로, 그렇지 않은 경우에는 그 후견계약은 무효로 될 것이다. 그런데 임의후견인의 사무가 시작한 이후에 계약체결 당시 본인에게 의사능력이 없다는 사실이 입증되는 경우에는 임의후견인의 대리행위가 무권대리로 되어 거래의 안전이 침해될 가능성이 있다. 그러므로 이를 방지하기 위하여 공정증서에 의한 후견계약체결 과정에서 공증인의 적절한 확인과 개입이 요청된다(공증인법 제25조 제3호 참조).[69)]

나. 본인이 법정후견을 받고 있는 경우

1) 본인이 피성년후견인의 경우 피성년후견인이 후견계약을 체결하는 경우

---

69) 김형석, “민법 개정안에 따른 성년후견법제”, 153면.

에 원칙적으로 그의 법률행위는 취소할 수 있으므로, 피성년후견인이 의사능력을 회복한 상태에서 후견계약을 체결하였더라도 이를 취소할 수 있다고 해석된다. 이 경우 피성년후견인은 대리에 의존하여 후견계약을 체결할 수밖에 없을 것이다.

2) 본인이 피한정후견인의 경우 피한정후견인은 원칙적으로 행위능력이 있으므로 후견계약을 체결할 수 있고, 이에 따라 후견계약이 체결되면 한정후견은 종료되고 자신의 재산과 신상에 관한 후견은 임의후견을 통해서 이행될 수 있다(제959조의20 제2항 참조). 다만 가정법원의 심판에 의하여 후견계약이 동의유보의 대상인 때에는 한정후견인의 동의를 받지 않으면 이를 취소할 수 있다고 해석할 것이다.

(3) 후견계약의 효력발생

후견계약의 효력발생 시기는 당사자들이 후견계약에서 정한 바에 따르는 것이 원칙이지만, 과연 본인이 계약에서 합의한 정신적 상태에 도달하여 후견계약이 효력을 발생하는지 여부를 판단하는 것은 쉽지 않다. 이는 특히 질병, 장애, 노령 등으로 정신적 상태가 점진적으로 악화하는 경우에 그러하다. 그 결과 언제 임의후견이 시작하는지 여부에 대해서 법적 불안정성이 존재하고, 또한 원만한 정신 상태에 있는 본인에 대하여 임의후견의 이름으로 여러 제약이 부가될 가능성도 있다. 따라서 후견계약의 효력발생 시점을 유권적으로 확정할 필요가 있다. 이러한 점을 고려하여 민법은 "후견계약은 가정법원이 임의후견감독인을 선임한 때로부터 효력이 발생한다"고 규정하고 있다(제959조의14 제3항). 이러한 관점에서 임의후견감독인의 선임은 후견계약에 대하여 법률이 부과하는 일종의 '법정조건'이라고 할 수 있다.[70]

(4) 후견계약의 공시

후견계약의 등기는 후견계약의 성립요건은 아니나, 임의후견감독인이 선임되기 전에 그 공시를 위하여 등기되어야 한다(후견등기에 관한 법률 제1조, 제26조).

(5) 임의후견의 내용

임의후견은 계약관계이므로, 이로써 본인의 행위능력이 제한되지 않는다. 또한 임의후견의 내용은 후견계약에 따라 당사자들이 정한 바에 의한다. 즉 임의후견인은 본인이 수여한 대리권 등에 기초하여 후견사무를 처리한다.

가. 재산관리 사무의 경우 임의후견인은 본인의 재산관리 사무를 이행함에

70) 김형석, "민법 개정안에 따른 성년후견법제", 155면.

있어서 위임계약상의 선량한 관리자의 주의의무를 부담하며(제681조), 특히 본인의 의사를 최대한 존중하여야 한다(제959조의14 제4항).

나. 신상보호 사무의 경우 본인은 후견계약에서 신상보호의 영역을 정하여 자신이 신상에 관하여 중요한 결정을 할 수 없을 때를 대비하여 임의후견인이 자신을 갈음하여 결정할 수 있다는 취지의 수권을 할 수 있다. 물론 자신의 신상에 관한 결정은 일신전속적인 것으로서, 본인이 스스로 결정할 수 없는 경우에 한하여 임의후견인이 그 결정권을 대리 행사할 수 있는 것이다.

문제는 임의후견인에 의한 보충적 신상결정의 경우에도 가정법원의 감독을 규정하고 있는 제947조의2[피성년후견인의 신상결정 등]가 적용될 것인지 여부이다. 이에 대해서는 본인이 다른 제약을 가하지 않은 이상 본인의 의사를 존중하여야 하므로 가정법원의 감독을 부정하여야 한다는 견해와 성년후견과 이익상황이 동일하므로 제947조의2를 유추적용해야 한다는 견해71)가 대립하고 있다. 민법이 후견계약을 당사자의 사적 자치에만 맡기고 있지 않고 가정법원의 개입과 감독을 인정하는 취지를 감안할 때, 후자의 견해가 타당하다.

(6) 후견계약의 철회

아직 후견계약이 효력을 발생하기 이전에 당사자들이 이미 체결한 후견계약에 구속되지 않겠다는 의사를 가지게 되는 경우 후견계약을 철회할 수 있다.72) 다만 이러한 철회는 신중하게 이루어져야 하고 또 그 내용을 명확히 할 필요가 있으므로, 임의후견감독인의 선임 전에는 본인 또는 임의후견인은 공증인의 인증을 받은 서면으로 후견계약을 종료시킬 수 있다(제959조의18 제1항).

3. 임의후견인의 자격

임의후견인은 일반적인 후견인의 결격사유(제937조)가 없어야 하고, 그 밖에 현저한 비행을 저지르지 않을 사람이어야 하고 또 후견계약에서 정한 임무에 적합한 사람이어야 한다. 만일 선임될 임의후견인이 이에 적합하지 아니한 경우에는 가정법원은 임의후견감독인을 선임하지 않음으로써(제959조의17 제1항, 제959조의14 제3항) 후견계약의 효력발생을 저지할 수 있다.

---

71) 김형석, "민법 개정안에 따른 성년후견법제", 157면.

72) 민법 제7조, 제16조, 제134조, 제1108조, 제1110조 및 대판 2008.9.25. 2007다17109 참조. 박인환 교수는 이를 임의해지로 이해한다(67면).

4. 후견계약의 해지

(1) 정당한 사유로 인한 해지

후견계약이 효력을 발생한 이후에는 본인 또는 임의후견인은 정당한 사유가 있는 때에 한하여 가정법원의 허가를 얻어 후견계약을 종료할 수 있다(제959조의18 제2항).[73] 여기에서 '정당한 사유'는 후견계약의 당사자 어느 일방에 대하여 후견계약의 존속 및 그에 따른 후견사무의 계속을 더 이상 기대하기 어렵게 하는 중대한 사정을 말한다(예: 임의후견인이 개인적 사정으로 더 이상 후견사무를 지속할 수 없거나, 본인이 해외로 이주하는 경우 등). 이 경우 정당한 사유가 있는 당사자(본인·임의후견인)는 가정법원의 허가를 얻어 후견계약을 종료, 즉 해지할 수 있다.

(2) 임의후견인의 비행 등을 이유로 하는 해지

임의후견감독인을 선임한 이후에 임의후견인이 현저한 비행을 하거나 그 밖에 임무에 적합하지 아니한 사유가 있게 된 경우에는 가정법원은 '임의후견감독인, 본인, 친족, 검사 또는 지방자치단체의 장'의 청구에 의하여 임의후견인을 해임할 수 있다(제959조의17 제2항). 예를 들어 임의후견인이 본인의 재산을 횡령하거나 본인을 학대하는 경우 등이 이에 해당한다. 법문은 임의후견인의 해임이라고 표현하고 있으나, 이는 임의후견이 해지되어 종료하는 것으로 해석해야 한다.[74]

위와 같이 후견계약은 두 가지의 사유로 인하여 해지되는 결과를 가져 온다. 즉 '임의후견인의 비행이나 기타 임무에 적합하지 아니한 사유가 있는 때'(제959조의17 제2항) 그리고 '후견계약을 해지할 정당한 사유가 있는 때'이다(제959조의18 제2항). 여기서 비행 기타 부적합한 사유가 있는 때는 본인의 보호의 관점에서 심각하고 중대한 위험이 있는 경우에 해당하므로, 이로 인한 해지사유(제959조의17 제2항)는 일반적인 해지의 정당한 사유(제959조의18 제2항)에 대하여 특별규정으로 보아야 할 것이다.[75] 따라서 임의후견인의 비행 등의 사유가 있는 때에는 제959조의17 제2항에 의하여 가정법원이 임의후견인을 해임함으로써 후견계약을 해지하고, 그 외의 사유로 인하여 후견계약을 해지하여야 할 필요가 있는 경우에는 가정법원

---

73) 박인환 교수는 정당한 사유를 엄격하게 해석하는 것은 재고의 여지가 있고, 후견계약의 성질에 비추어 다른 주관적 사유에 의하여 당사자 사이에 충돌이나 갈등이 격화되어 상호 신뢰를 상실한 경우는 본인의 복리에 중대한 불이익이 없는 한 가정법원의 적절한 판단을 통해 해지를 인정할 수 있다고 한다(67면).

74) 김형석, "민법 개정안에 따른 성년후견법제", 161면.

75) 김형석, "민법 개정안에 따른 성년후견법제", 161면.

에 허가를 얻어 후견계약을 종료할 수 있는 것으로 제한된다(제959조의18 제2항).

(3) 해지의 효과

후견계약이 해지되면, 본인과 임의후견인의 권리와 의무는 장래를 향하여 소멸한다. 임의후견의 종료에 따른 피후견인의 재산에 관한 계산을 해야 할 것인지에 대해서는 규정이 없는데, 제957조를 유추적용하여야 할 것이다.

또한 후견계약이 적법하게 해지되는 경우, 후견계약에 기초하여 본인이 임의후견인에게 수여한 대리권은 소멸한다(제128조 제1문). 그런데 대리권이 소멸하는 경우 대리권 소멸 후의 표현대리(제129조)가 성립할 수 있다. 이러한 경우 보호가 필요한 본인으로서는 후견계약을 해지하였음에도 불구하고 임의후견인의 대리행위의 효과를 귀속받게 되는 불이익을 받을 위험이 있게 된다. 이 문제를 해결하기 위하여 민법은 "임의후견인의 대리권 소멸은 등기부에 등록하지 않으면 선의의 제3자에게 대항할 수 없다"(제959조의19)고 규정하고 있다. 이러한 의미에서 제959조의19는 그 취지상 제129조의 특칙으로 보아, 후견등기가 되어 있는 한 대리권 소멸로 인한 표현대리의 성립은 인정되지 않는다고 본다.

5. 임의후견감독인

(1) 임의후견감독인의 선임

가정법원은 후견계약이 등기부에 등록되어 있고 본인이 사무를 처리할 능력이 부족한 상황에 있다고 인정할 때에 청구권자(본인, 배우자, 4촌 이내의 친족, 임의후견인, 검사 또는 지방자치단체의 장)의 청구에 의하여 임의후견감독인을 선임한다(제959조의15 제1항). 이때 본인이 아닌 자의 청구에 의하여 가정법원이 임의후견감독인을 선임할 때에는 본인이 동의할 수 있는 상태에 있는 한 미리 본인의 동의를 받아야 한다(동조 제2항). 그리고 가정법원이 임의후견감독인을 선임한 때로부터 후견계약은 효력을 발생한다(제959조의14 제3항).

임의후견감독인의 결격사유와 관련하여, 일반적인 결격사유 외에(제940조의7에 의하여 제937조 준용), 임의후견인의 가족은 임의후견감독인이 될 수 없음은 성년후견에서와 같다(제959조의15 제5항에 의하여 제940조의5 준용).

가정법원은 임의후견감독인이 없게 된 경우에는 직권으로 또는 일정한 청구권자(본인, 친족, 임의후견인, 검사 또는 지방자치단체의 장)의 청구에 의하여 임의후견감독인을 선임하고(제959조의15 제3항), 선임된 이후에도 필요하다고 인정할 때에는 직권으로 또는 위 청구권자의 청구에 의하여 추가로 임의후견감독인을 선임할 수 있다(동조 제4항).

(2) 임의후견감독인의 임무

임의후견감독인은 임의후견인의 사무를 감독하며 그 사무에 관하여 가정법원에 정기적으로 보고하여야 한다(제959조의16 제1항). 그는 감독을 위하여 임의후견인에게 임무수행에 관한 보고와 재산목록의 제출을 요구할 수 있고, 본인의 재산상황을 조사할 수 있다(제959조의16 제3항에 의하여 제953조 준용). 이와 관련하여 가정법원은 필요하다고 인정할 때에는 임의후견감독인에 대하여 감독사무에 대한 보고를 요구할 수 있고, 임의후견인의 사무 또는 본인의 재산상황에 대한 조사를 명하거나 그 밖에 임의후견감독인의 직무에 관하여 필요한 처분을 명할 수 있다(동조 제2항). 그 밖에 임의후견감독인은 성년후견인감독인과 마찬가지로 긴박한 경우 필요한 처분을 할 수 있고, 이해상반행위의 경우 본인을 대리한다(제959조의16 제3항에 의하여 제940조의6 제2항, 제3항 준용).

Ⅶ. 제한능력자와 거래한 상대방의 보호

1. 의 의

제한능력자의 보호는 권리의 주체와 관련하여 민법의 기본원리이므로 이로 인하여 선의의 제3자 보호가 되지 않는 것을 원칙으로 한다. 즉 제한능력자가 법정내리인의 조력을 받지 않고 한 법률행위는 취소할 수 있는데, 이때 상대방의 선의 여부는 고려되지 않는다. 이로써 거래의 안전이 보호되지 않으므로, 상대방으로서는 자신과 거래하는 사람이 제한능력자인지 여부, 체결하고자 하는 법률행위가 법정대리권의 범위에 속하는지 여부 등에 관하여 조사함으로써 그 위험을 회피하는 수밖에 없다. 물론 제한능력에 관하여 후견등기부에 의해서 공시되지만, 후견과 관련된 등기사항증명서의 발급을 청구할 수 있는 사람은 일정한 범위 내에 있는 사람으로 한정된다(피후견인, 후견인, 후견감독인, 피후견인의 배우자 또는 4촌 이내의 친족 등; (후견등기에 관한 법률 제15조)). 따라서 거래의 상대방은 제한능력자 측에게 관련 등기사항증명서를 발급받아 올 것을 요청함으로써 거래의 안전을 도모하는 수밖에 없다.[76)]

이와 같이 제한능력자가 한 법률행위의 효력 발생 여부는 오로지 제한능력자 측의 취소권의 행사 여부에 의하여 결정된다. 그리고 취소권의 행사는 기존에 성립하고 있는 법률행위를 소급하여 무효로 만들고(제141조), 제한능력자는 부당이득의 반환범위에서도 현

76) 윤진수·현소해, "2013 개정민법해설"(법무부), 57면.

존이익만 상환하면 된다(제141조).

한편, 민법은 취소권의 단기소멸(제146조)과 법정추인(제145조)의 제도를 두고 있으므로, 이를 통해서 제한능력자와 거래한 상대방이 보호될 수 있다. 그러나 실제로 법정추인이 별로 활용되지 않고, 취소권의 소멸기간인 3년 내지 10년인데, 이 또한 거래실정에 비추어 볼 때 장기간 상대방으로 하여금 불안정한 상태에 놓이게 된다. 이처럼 상대방은 제한능력자의 불완전한 정신능력을 악용한 불법의 행위를 한 것도 아니고, 단지 제한능력자와 거래했다는 이유만으로 불안정한 지위에 놓이게 되어 상대방 보호에 미흡하다. 그리하여 민법은 이러한 상대방을 보호하기 위하여 그에게 최고권(제15조)과 철회권·거절권(제16조)을 부여하는 한편, 속임수를 쓴 제한능력자에게는 취소권을 배제하여 더 이상 이를 행사할 수 없게 하고 있다(제17조).

2. 상대방의 확답을 촉구할 권리(최고권)

(1) 의의 및 성질

최고권은 상대방이 제한능력자 측에게 취소할 수 있는 법률행위에 대한 취소나 추인의 여부에 대한 확답을 촉구하는 권리로서, 이에 대하여 제한능력자 측에서 아무런 확답이 없더라도 법률의 규정에 의하여 취소 또는 추인의 효과가 발생한다(제15조). 이러한 의미에서 최고권은 준법률행위의 일종인 「의사의 통지」이며, 그 법적 성질은 형성권이다.

(2) 최고의 방법

상대방은 다음의 요건을 갖추어서 최고권을 행사하여야 한다(제15조 제1항).

① 취소할 수 있는 행위를 지시하여야 한다.

② 1개월 이상의 유예기간을 정하여야 한다.

③ 추인 여부의 확답을 요구하여야 한다.

최고권은 상대방의 최고를 수령할 능력이 있고(제112조 참조), 제한능력자가 한 법률행위에 관하여 취소나 추인을 할 수 있는 상대방에게 통지되어야 한다(제140조, 제143조 참조). 그러므로 최고권이 제한능력자가 능력자로 된 후에 행하여지는 경우에는 능력자로 된 행위당사자가 최고의 상대방이 된다(제15조 제1항). 그런데 능력자로 되기 전이라면 그의 법정대리인이 최고의 상대방이 되어야 하므로(동조 제2항), 제한능력자에게 한 최고는 무효이다.

(3) 최고의 효과

- 최고의 효과
  - 확답이 있을 때 : 확답의 내용대로 취소·추인의 효과 발생
  - 확답이 없을 때
    - 제한능력자가 능력자로 된 경우 – 추인의 효과(제15조 제1항)
    - 제한능력자가 계속 무능력상태인 경우
      - 특별한 절차의 불필요 – 추인의 효과(동조 제2항)
      - 특별한 절차의 필요 – 취소의 효과(동조 제3항)

가. 확답이 있는 경우 최고를 받은 자가 유예기간 내에 추인 또는 취소의 확답을 하면, 그 확답의 내용대로 추인 또는 취소의 효과가 생긴다.

나. 확답이 없는 경우

1) 제한능력자가 능력자로 된 때 제한능력자가 능력자로 된 후 유예기간 내에 그 확답을 발하지 않으면, 제한능력자 측에서 그 행위를 추인한 것으로 본다(제15조 제1항).

2) 제한능력자가 능력자로 되지 않은 때

① 특별한 절차가 필요 없는 경우 제한능력자가 아직 능력자가 되지 않아 그의 법정대리인이 최고를 받았으나, 법정대리인이 취소·추인을 하는 데에 특별한 절차가 필요 없는 경우에 법정대리인이 그 유예기간 내에 확답을 발하지 않은 때에는 그 행위를 추인한 것으로 본다(제15조 제2항).

② 특별한 절차가 필요한 경우 제한능력자가 아직 능력자가 되지 않아 법정대리인이 최고를 받았으나, 법정대리인이 단독으로 추인하지 못하고 특별한 절차를 밟아서 하여야 하는 경우가 있다. 여기서 특별한 절차란 후견감독인의 동의를 말한다(제950조 제1항). 이 때 법정대리인이 유예기간 내에 그 특별절차를 밟은 확답을 발하지 않으면 그 행위를 취소한 것으로 본다(제15조 제3항).

(4) 발신주의

민법은 일반적으로 상대방 있는 의사표시에 대해서는 그 의사표시가 상대방에게 도달한 때로부터 그 효력이 생기는 「도달주의」를 원칙으로 한다(제111조). 그러나 상대방의 최고에 따른 추인이나 취소의 의사표시는 최고기간 내에 '발송'하는 것을 기준으로 삼아 추인 또는 취소의 효력이 발생하므로 「발신주의」를 예외적으로 채택하고 있다. 따라

서 능력자로 된 자나 법정대리인이 그 최고기간이 '지난 후에' 취소의 통지를 발송하거나(제15조 제1항, 제2항) 후견인이 후견감독인의 동의를 얻어 추인의 통지를 발송하더라도 취소나 추인의 효력이 생기지 않는다(동조 제3항).

3. 상대방의 철회권과 거절권

제한능력자와 한 법률행위의 효력 여하는 완전히 제한능력자 측의 취소·추인에 의존하여 확정된다. 그런데 이를 확정짓기 위한 최고제도는 1개월 이상의 유예기간을 두어 행사하여야 하기 때문에 상대방은 그 유예기간 동안 불안정한 지위에 놓이게 된다. 따라서 민법은 상대방에게 제한능력자와 체결한 법률행위의 효력발생을 즉시 부인하여 그 법률행위의 효력으로부터 벗어날 수 있는 권리를 부여해 주고 있는데, 철회권과 거절권이 그것이다.

(1) 철회권

철회권은 「계약」에 관한 것이다. 제한능력자와 체결한 계약은 제한능력자 측의 추인이 있기 전까지 상대방은 자신이 한 의사표시를 철회할 수 있다(제16조 제1항). 그런데 이 철회권을 행사할 수 있는 상대방은 계약 당시에 제한능력자임을 몰랐어야만 하는 선의이어야만 한다(동조항 단서). 왜냐하면 철회의 대상인 계약은 쌍방적 행위로서 상대방이 의사표시를 철회하면 이로써 제한능력자도 계약으로부터 취득한 반대급부청구권을 상실하는 결과를 가져오기 때문이다. 그리하여 계약당시에 제한능력자임을 알고 있는 악의의 상대방은 계약 당시부터 제한능력자 측으로부터의 취소가능성을 예상하였을 것이므로 제한능력자 측의 취소권 행사로부터 보호받을 필요가 없어 철회할 수 없다.

(2) 거절권

거절권은 제한능력자의 「단독행위」에 관한 것으로서, 제한능력자 측의 추인이 있기 전까지 상대방은 제한능력자의 단독행위를 거절하여 이를 무효로 할 수 있다(제16조 제2항). 여기에서의 단독행위는 '상대방 있는 단독행위'로서(예: 상계, 채무면제 등), 피성년후견인 또는 피한정후견인의 행위능력이 제한되는 범위 내의 행위이어야 한다. 또한 거절권은 상대방이 의사표시를 수령할 당시에 제한능력자임을 알고 있었더라도 행사할 수 있다. 왜냐하면 제한능력자가 한 단독행위의 효과가 상대방에 의하여 거절되더라도 제한능력자에게는 불리한 것이 없기 때문이다. 따라서 상대방의 선의·악의를 구별할 필요 없이 거절권의 행사를 인정하여야 한다.

철회·거절의 의사표시를 수령할 사람은 「제한능력자의 법정대리인 또는 제한능력자 본인」이다(제16조 제3항).

4. 취소권의 배제

(1) 의의 및 규정취지

민법은 제한능력자가 속임수를 사용하여 상대방으로 하여금 '능력자로 믿게 하거나' 또는 미성년자나 피한정후견인이 '법정대리인의 동의가 있는 것으로 믿게 한 경우'에는 제한능력자로서의 보호의 가치를 상실한 것으로 보아 취소권을 행사할 수 없도록 하고 있다(제17조). 물론 이 경우에 제한능력자의 상대방은 사기를 이유로 하여 의사표시를 취소하거나(제110조) 불법행위를 이유로 하여 손해배상청구를 할 수도 있지만(제750조), 이러한 것들은 모두 제한능력자의 상대방을 보호하는 데 충분하지 않다.[77] 따라서 민법은 속임수를 쓴 제한능력자에게는 취소권을 배제하여 상대방을 보호해 주고 있다.

(2) 요 건

가. 속임수의 사용 제한능력자가 속임수를 썼어야 한다(제17조 제1항·제2항). 여기서 속임수는 적극적이어야 한다. 판례도 제한능력자의 보호를 포기할 정도의 비난요소로서의 속임수이어야 하므로 적극적인 것이어야만 한다고 본다.[78] 그러므로 단순히 미성년자가 자신이 미성년자임을 밝히지 않거나 또는 피성년후견인 또는 피한정후견인이 후견개시와 관련된 등기사항증명서를 거래 상대방에게 자발적으로 제공하지 않은 정도로는 이에 해당하지 아니한다. 그러므로 미성년자가 주민등록증이나 가족관계등록부를 위조한다든지 또는 피성년후견인이나 피한정후견인이 등기사항증명서 등을 위조한 경우가 속임수에 해당할 것이다.[79]

나. 오신의 발생 '제한능력자'가 자신을 능력자로 믿게 하였거나(제17조 제1항), 또는 '미성년자나 피한정후견인'이 당해 법률행위에 대하여 법정대리인의 동의가 있었던 것으로 믿게 하였어야 한다(동조 제2항). 이처럼 능력자로 믿게 한 경우에는 "제한능력자" 모두가 대상으로 되는데(동조 제1항), 왜냐하면 피성년후견인은 법정대리인의 동의를 얻었더라도 그가 한 법률행위는 취소할 수 있기 때문이다(제10조 제1항). 한편, 법정대리인의 동의가 있는 것으

---

77) 김상용, 177면; 김주수·김상용, 161면; 이영준, 880면.

78) 대판 1995.3.31, 4287민상77.

79) 윤진수·현소해, "2013 개정민법해설"(법무부), 60면.

고 믿게 한 경우에는 "미성년자나 피한정후견인"이 그 대상으로 된다(제17조 제2항).

다. 오신에 기한 법률행위 제한능력자와 거래한 상대방은 능력자라고 믿었거나 또는 법정대리인의 동의·허락이 있었다고 오신하여 제한능력자와 법률행위를 하였어야 한다.

라. 연쇄적 인과관계 제한능력자에게 취소권을 박탈하기 위해서는 상대방이 제한능력자의 속임수에 의하여 능력자라고 믿거나 또는 법정대리인의 동의·허락이 있었다고 믿고, 이에 기하여 제한능력자와 법률행위를 하였어야 한다. 따라서 '제한능력자의 속임수'와 '상대방의 오신' 그리고 '오신에 기한 법률행위'간에는 연속적으로 인과관계가 성립하여야 한다.

입증책임과 관련하여 상대방이 제한능력자의 기망의 유무에 관하여 입증책임을 부담하고,[80] 상대방의 오신의 유무에 관하여는 제한능력자 측에서 상대방의 오신의 부존재에 대한 입증책임이 있다.[81]

(3) 효 과

제한능력자의 사술로 인하여 취소권은 배제되므로, 제한능력자나 그 법정대리인은 더 이상 제한능력을 이유로 법률행위를 취소하지 못한다(제17조 제1항·제2항).

제 2 관 주소(住所)

Ⅰ. 주소의 의의

1. 주소에 관한 입법예

사람은 일정한 장소에 정착하여 계속적으로 거주하며 살기 때문에, 그 사람에 대한 일정한 법률관계는 그 장소를 기준으로 결정되어야 한다. 여기서 어느 곳을 그 사람에 대한 법률적으로 의미 있는 장소로 결정할 것인지를 정하는 제도가 주소이다. 이에 관하여 민법은 주소를 사람의 「생활의 근거되는 곳」으로 정의하고(제18조 제1항), 이어서 「주소는

---

80) 판례는 상대방(피고)가 미성년자(원고)가 사술을 썼다고 주장하는 경우에는 그 주장자인 상대방이 그에 대한 입증책임을 부담하여야 한다고 판시한다(대판 1971.12.14, 71다2045).

81) 고상용, 154면.

동시에 두 곳 이상 있을 수 있다」(동조 제2항)고 규정하고 있다.

(1) 실질주의와 형식주의

주소를 정하는 기준으로서는 일정한 형식적 기준에 따라서 획일적으로 정하는 형식주의와 생활의 실질적 관계에 기하여 결정하는 실질주의가 있다. 우리 민법이 주소를 결정함에 있어 일정한 형식기준에 의하지 않고 「생활의 근거되는 곳」을 주소로 인정하는 것은 실질주의에 입각하고 있는 것이다.[1)]

(2) 객관주의와 의사주의

주소를 결정함에 있어 정주(定住)의 「사실」만을 요건으로 하는 객관주의와 정주에 대한 「의사」를 필요로 하는 의사주의가 있다. 의사주의를 취하는 경우에는 의사무능력자를 위하여 이른바 법정주소에 관한 규정을 입법해 두지 않으면 안된다. 그러나 민법은 의사무능력자를 위한 법정주소에 관하여 아무런 규정을 두고 있지 아니하므로 객관주의를 취한 것으로 볼 수 있다.[2)]

(3) 단일주의와 복수주의

주소의 개수에 관하여는 단일주의와 복수주의가 있으나 민법은 '주소는 동시에 두 곳 이상 있을 수 있다'고 규정함으로써 복수주의를 채택하고 있다(제18조 제2항). 즉 우리 생활의 다양성을 인정하고 생활의 편의에 따라 여러 개의 주소를 동시에 가질 수 있도록 하고 있다.

2. 주소와 구별되는 개념

(1) 등록기준지

등록기준지는 가족관계등록부에 기록하는 사항 중 하나로, 가족관계 사항에 관한 행정업무를 담당하는 데 기준이 되는 지역이다. 「가족관계의 등록 등에 관한 법률」은 가족관계에 관한 각종 신고를 처리하는 기준으로 "등록기준지"를 도입하였다. 신고지가 등록기준지가 되므로(동법 제10조 제1항), 가족이 동일한 등록기준지를 가질 필요가 없다. 또한 개인은 등록기준지를 자유롭게 변경할 수도 있다(동조 제2항, 동법 규칙 제4조 제2항). 등록기준지는 본적이 폐지되면서 도입되었다.

---

1) 김상용, 180면; 김형배·김규완·김명숙, 108면; 이영준, 882면.

2) 김용한, 126면; 김형배·김규완·김명숙, 108면.

(2) 주민등록지

주민등록지는 30일 이상 거주할 목적으로 특정한 장소에 주소 또는 거소를 갖는 자가 주민등록법에 의하여 등록하는 장소를 말한다(주민등록법 제10조). 이처럼 주민등록지는 공법상의 개념이고 민법상의 개념이 아닌 점에서 주민등록지가 주소와 반드시 일치하지는 않으나, 반증이 없는 한 주민등록지는 주소로 추정된다.[3)]

(3) 사무소·영업소

사무소는 사람이 사무를 집행하는 장소를 말한다. 민법은 법인과 관련하여 사무소라는 용어를 쓴다(제40조, 제49조 제51조 등 참조). 법인의 주소는 그 주된 사무소의 소재지에 있는 것으로 한다(제36조).

영업소는 영업을 하는 장소를 말한다. 이는 상법상의 용어이다. 상업등기는 영업소의 소재지를 관할하는 법원에 하여야 하고(상법 제34조), 이를 본점 또는 지점이라고도 한다(동법 제10조).

(4) 거 소

거소는 사람이 상당한 기간 계속하여 거주하는 장소로서, 사람과 장소의 밀접한 정도가 주소에 이르지 못한 것을 말한다. 의사주의 하에서는 「정주의 의사」 유무에 의하여 주소와 거소를 구분하나, 객관주의는 사람과 장소와의 밀접도에 의하여 구별한다. 사람은 주소 외에 따로 거소도 가질 수 있으나 경우에 따라서는 주소 없이 거소만 갖는 경우도 있다. 이때에는 거소가 주소로 간주된다. 거소가 주소로 간주되는 경우로는 ① 주소가 없는 경우 또는 주소는 있지만 이를 알 수 없는 경우(제19조)와 ② 외국에는 주소가 있지만 국내에는 주소가 없는 경우에는 거소를 주소로 본다(제20조).

(5) 현재지

현재지는 거소보다도 더 장소와의 밀접도가 낮은 개념이다. 예컨대, 여행 중 투숙한 호텔이 현재지가 된다. 민법은 현재지에 대하여 따로이 규정하지 않고 있으며 현재지는 거소를 판단하는 데 하나의 자료가 될 뿐이다. 거소가 현재지를 포함하는 경우도 있다(제19조, 제20조). 이와는 달리, 민사소송에서는 거소도 알 수 없는 경우에 마지막 주소에 따라 '보통재판적'을 정한다(민사소송법 제3조).

---

3) 주소를 결정함에 있어 주민등록이 중요한 자료가 되기는 하지만 그것만으로 주소가 결정되는 것은 아니다(대판 1990.8.14, 89누8064).

(6) 가주소

가주소는 당사자가 어떤 거래와 관련하여 일정한 장소를 선정하여 주소의 법률효과를 부여하는 장소를 말한다(제21조). 당사자는 어떤 거래에 관하여 일정한 장소를 선정하여 가주소로 삼을 수 있으며, 이때에는 그 거래관계에 한해서 그 가주소를 주소로 본다. 가주소는 거래의 편의를 위하여 인정되는 것으로서 생활의 근거되는 곳과는 아무런 관계가 없으므로 원래 주소는 아니지만, 경우에 따라서는 주소로 취급된다. 이를테면, 대전에 주소를 둔 상인이 거래를 위하여 서울에 와서 묵고 있는 어떤 호텔의 방을 가주소로 정하였다면, 그 거래에 한해서는 그 호텔 방이 주소로 간주된다. 그런데 가주소는 당사자의 의사에 의해 설정되는 것이므로, 제한능력자는 단독으로 가주소를 설정할 수 없다.[4)]

3. 주소의 효과

민법이나 기타의 법률은 사람과 장소간의 관계가 문제로 될 경우 일단 주소를 기준으로 삼는다. 주소는 부재자의 판단기준(제22조)·실종자의 판단기준(제27조)·변제의 장소의 기준(제467조)·상속의 개시의 기준(제998조)·어음행위의 장소(어음법 제2조 제2호, 제4조, 제21조, 제76조 제2호, 수표법 제8조)·재판관할의 표준(민사소송법 제2조, 제3조) 등이 된다.

4. 주소에 관한 민법의 규율내용

주소와 관련하여 사람(자연인)은 자신이 생활의 근거지로 설정한 장소에서 생활을 잘하고 있는 경우에는 민법이 개입할 여지가 없다. 그러나 예외적으로 어떤 사람이 주소를 떠나 장기간 돌아오지 않은 경우에는 그를 둘러 싼 재산관계와 신분관계를 중심으로 법적인 문제가 발생하게 된다. 이에 관하여 제1단계에서는 그 사람이 아직 생존하는 것으로 추정해서 그의 잔류재산을 관리하면서 주소로 귀래하기를 기다려 준다. 이를 「부재자제도」라 한다. 그러나 부재자의 생사가 불분명하여 더 이상 귀래할 가망성이 없는 경우에는 제2단계로서 일정한 절차를 밟아서 사망의 효과를 발생시키고 이로써 주소를 중심으로 그의 법률관계를 정리하고 다만 추후에 살아서 돌아온 경우에는 이전의 법률관계를 부활·환원시켜 주고 있다. 이는 「실종선고제도」이다.

---

4) 한상호, 민법주해[I], 339면; 김준호, 101면.

Ⅱ. 부재자제도

1. 부재자 제도의 의의

부재자제도는 사람이 주소를 떠나서 돌아오지 않는 경우에 그 사람이 단순히 종래의 거소나 주소로 용이하게 돌아올 가망이 없다는 점보다는, 이로 인하여 그 사람이 주소에 남겨 놓은 잔류재산에 대해서 관리할 필요성이 생긴다는 점에서 그 제도적 의미를 갖는다. 그러므로 어떤 사람이 외국에 체류하여 장기간 주소를 떠나 있는 경우라도 국내에 그의 재산을 관리하는 사람이 있어 그의 재산관리가 필요하지 않은 경우에는 민법상의 부재자에 해당되지 않는다.[5]

한편, 부재자의 잔류재산을 관리하여 보전할 필요성은 공적·사적 이익에도 부합한다. 왜냐하면 어떤 사람의 재산의 멸실은 공적으로는 곧 국가재산의 멸실인 것이므로 부재자 재산의 감소를 막는 것은 공익에 합치된다. 또한 사적으로도 부재자의 재산은 부재자의 채권자의 채권의 만족을 기할 수 있는 책임재산임은 물론 잔존가족에 대한 상속재산에 속하기도 하므로 그 사람의 재산의 유지는 이해관련 당사자들의 사익과도 매우 중요한 관련성을 맺고 있다. 따라서 민법은 사람이 주소를 떠나 쉽사리 귀래하지 못할 경우에 그의 생존을 추정하여 그의 재산을 관리하는 방법으로 「부재자제도」를 규정하고 있다.

부재자는 반드시 생사불명이어야 하는 것은 아니며, 생사불명인 자도 실종선고나 인정사망을 받을 때까지는 역시 부재자이다. 또한 부재자는 그 성질상 자연인에 한하며,[6] 법인은 실존하는 존재가 아니므로 부재자가 될 수 없다.[7]

2. 부재자의 재산관리

부재자제도는 부재자의 재산관리에 그 목적이 있으므로, 그 재산관리의 필요성은 부재자가 주소나 거소를 떠나 있는 동안에 그의 재산이 존재하는 형태에 따라 다를 수 있다. 이는 다음 세 가지의 경우가 있을 수 있고, 부재자의 재산이 관리되는 정도에 따

---

5) 대판 1960.4.21, 4292민상252.

6) 대판 1965.2.29, 64민상9.

7) 합자회사를 부재자라 하여 이 회사의 재산관리인 선임을 신청한 사안에 관하여 대법원은 법인에 대하여는 부재자에 관한 규정을 적용할 수 없다고 판시하였다(대결 1953.5.21, 4286민재항7; 대결 1965.2.9, 64스9).

라 법원은 이에 필요한 조치를 취해 주고 있다.

(1) 부재자에게 법정대리인이 있는 경우

부재자에게 법정대리인이 있는 경우에는 그 법정대리인이 법률의 규정에 좇아 부재자의 재산을 관리하므로 국가가 재산관리를 위한 어떠한 조치를 취해야 할 필요가 없다. 만일 이 경우에 부재자의 법정대리인이 사망하는 경우에는 친족편의 규정에 근거하여 가정법원에 의해 후임의 법정대리인이 선임되어 재산관리가 계속될 수 있으므로 원칙적으로 가정법원이 개입할 여지가 없다.

(2) 부재자가 재산관리인을 선임한 경우

가. 원 칙 부재자가 주소를 떠나기 전에 자기의 재산관리를 위하여 스스로 재산관리인을 선임한 경우에는 그에 의하여 부재자의 재산관리가 적절히 되고 있으므로 부재자제도는 적용되지 않는다. 여기에는 위임에 관한 규정이 적용되므로, 부재자가 선임한 재산관리인은 부재자의 수임인 또한 임의대리인이 되고, 그의 권한이나 관리의 방법 등은 모두 부재자와 재산관리인 사이에 체결된 계약내용(위임계약, 제680조 이하)에 의하여 정하여진다. 이로써 수임인 또는 임의대리인으로 선임된 재산관리인은 부재자의 재산관리에 필요한 권한을 위임받고 있으므로 재산관리에 따른 법원의 개입이 요구되지 않는다. 그리하여 그 재산관리인이 부재자의 재산을 처분하는 것도 그의 관리권한에 의한 것이므로 이에 관하여 법원의 허가를 필요로 하지 않는다.[8] 또한 그 권한에 관하여 관리계약에서 구체적으로 정한 바가 없으면 제118조의 적용이 있으므로, 그 재산관리인은 원칙적으로 부재자 재산의 「관리행위」만 하게 된다.

나. 예외적으로 특별한 조치가 필요한 경우 부재자가 재산관리인을 선임한 경우에도 예외적으로 법원이 다시 재산관리를 위한 조치를 해 주어야 할 필요가 있는 경우가 있다.

1) 재산관리인의 권한이 본인의 부재중에 소멸한 때 본인의 부재중에 재산관리인의 권한이 소멸한 경우에는 재산관리인의 선임이 없는 경우로 되었으므로, 이해관계인 또는 검사의 청구에 의하여 법원은 '필요한 처분'을 명하여야 한다(제22조 제1항 후단).

2) 부재자의 생사가 불분명하게 된 경우 부재자의 생사가 불분명하게 된 경우에는 법원은 재산관리인, 이해관계인 또는 검사의 청구에 의하여 재산관리인을 개

8) 대판 1973.7.24, 72다2136.

임할 수 있다(제23조). 개임할 수 있으므로, 가정법원은 부재자가 선임한 기존의 재산관리인이 부재자의 재산을 관리함에 적당하다고 인정되면 그를 유임시킬 수 있고, 그렇지 않은 경우에 새로운 재산관리인으로 개임할 수도 있다(가사소송규칙 제41조, 제42조). 부재자가 선임한 재산관리인이 계속해서 동일인으로 유임된 경우에 재산관리인 자체는 변경이 없으나, 그의 신분적 상태는 제23조[관리인의 개임]에 의한 것이므로 임의대리인에서 「법정대리인」으로 바뀌게 된다.[9] 이처럼 유임 또는 개임된 재산관리인은 법정대리인으로서 그의 권한은 기본적인 부재자의 재산을 관리행위를 하는 데에 국한되고, 이를 넘는 처분행위를 할 경우에는 가정법원의 허가를 받아야 한다(제25조). 만일 가정법원의 허가도 받지 않고 부재자의 재산을 처분하였다면, 그 행위는 무효로 된다.[10] 이러한 재산관리인은 법정대리인의 지위에서 이해관계인·검사의 청구에 의하여 재산목록의 작성을 하여야 하고, 또 법원으로부터 관리에 필요한 처분을 명하는 경우 이에 따라야 한다(제24조 제3항; 가사소송규칙 제44조, 제47조 제48조). 그리고 경우에 따라서는 상당한 담보를 제공할 의무를 부담하고, 또한 부재자의 재산으로 보수를 청구할 수도 있다(제26조 제3항).

(3) 부재자가 재산관리인을 두지 않은 경우

가. 필요한 처분 부재자가 재산관리인을 두지 않았고 또 법정대리인도 없는 경우에 가정법원은 부재자의 재산관리에 관하여 필요한 처분을 명하여야 한다(제22조 제1항 전단).

1) 청구권자의 청구 이해관계인이나 검사의 청구가 있어야 한다. 여기에서 이해관계인은 부재자의 재산의 보전에 관하여 법률상의 이해관계 있는 자(예: 추정상속인, 배우자, 부양청구권을 갖는 친족, 채권자 및 채무자, 수증자, 보증인 등)를 말한다. 따라서 법률상의 이해관계를 갖지 않는 자는 아무리 친한 친족이라 할지라도 이해관계인이 아니다. 한편 부재자제도는 공익과 관련이 있으므로 검사도 청구권자에 포함된다(제23조).

2) 처분기관 부재자재산의 관리에 관한 처분은 부재자의 최후 주소지 또는 재산소재지의 가정법원의 전속관할에 속한다(가사소송법 제2조 제1항 제2호 가목 2), 제44조 제1항 제2호).

3) 필요한 처분의 내용 「재산관리에 필요한 처분」에는 잔류재산의 봉인이나 경매 등도 있으나, 그 중에서 가장 빈번하게 행하여지는 것은 '재산관리인의 선임'이

---

9) 대결 1965.3.16, 64스11; 부재자로부터 재산관리를 위임받은 사람이 그의 실종에 따라 가정법원에 의하여 재산관리인으로 유임된 경우에 재산관리인의 개임이 있는 것으로 보아(제23조) 법정대리인으로서 재산처분행위의 권한 초과 행위에 대하여 법원의 허가를 받아야 한다(대판 1977.3.22, 76다1437).

10) 대판 1977.3.22, 76다1437.

나. 재산관리인의 신임에 관하여는 민법(제23조 내지 제26조) 및 가사소송규칙(제41조 내지 제46조)이 적용된다.

나. 재산관리인의 지위

1) 성 질　　선임된 재산관리인은 부재자 본인의 의사와 관계없이 선임되므로 일종의 법정대리인이다.11) 그러므로 재산관리인은 언제라도 사임할 수 있고, 또 법원은 적절치 않은 경우에 개임할 수 있다(가사소송규칙 제42조). 그러나 법원은 부재자의 재산관리인의 개임을 함부로 할 수 없다.12)

부재자가 선임한 재산관리인을 개임하는 심판에 대하여는 그 재산관리인은 즉시항고로 이를 다툴 수 있다(동규칙 제51조). 그러나 법원이 선임한 재산관리인에 대하여 이해관계인은 즉시항고를 할 수 없으므로 특별항고만으로 불복하게 된다.13)

2) 기본권한으로서의 관리행위　　가정법원에 의하여 선임된 재산관리인은 법정대리인의 지위를 가지므로 부재자의 재산에 관하여 제118조[대리권의 범위]가 정하는 보통의 관리행위만을 할 수 있다(제25조 참조). 이에 따라 재산관리인은 부재자 재산의 보존행위는 제한 없이 할 수 있고(제118조 제1호),14) 부재자 재산에 대한 이용이나 개량행위는 관리의 대상으로 된 물건이나 권리의 성질을 변하지 아니하는 범위 내에서 할 수 있다(제118조 제2호).15)

3) 관리행위 이상의 처분행위를 하는 경우　　관리행위 이상의 처분행위를 할

---

11) 부재자는 반드시 재산관리인을 통하여서만 법률행위를 하여야 하는 것은 아니다. 즉 재산관리인의 선임에도 불구하고 본인은 권리능력·행위능력에 아무런 제한을 받는 것이 아니므로 독립하여 법률행위를 유효하게 할 수 있다(이영준, 825면). 그러므로 부재자의 재산관리인이 있다 하더라도 그 재산관리인만이 재판상 행위를 할 수 있는 것은 아니고 본인도 재판상 행위를 할 수 있으므로 본인이 직접 소송대리를 위임한 것은 적법하다(대판 1960.4.21, 4292민상252). 그러나 송달 등 소송행위는 재산관리인만이 또는 재산관리인에 대하여서만 할 수 있다(대판 1968.12.24, 68다2021).

12) 판례는 "이미 선임된 재산관리인에 대하여 그 부적성을 나타내 주는 사유가 있다는 등 재산관리인을 바꾸어야 할 상황에 있다고 볼 만한 특별한 사정이 엿보이지 않음에도 불구하고 별다른 조사과정도 없이 쉽사리 그 재산관리인을 개임한 것은 재량권을 매우 벗어난 것으로 위법하다"라는 판단을 하고 있다(대판 1986.8.26, 86프1).

13) 대결 1973.11.30. 73스4; 대결 1970.9.25. 69스7; 대결 1966.7.15. 65스3.

14) 판례가 보존행위로서 인정한 경우는 다음과 같다.
① 부재자재산에 대한 차임청구나 불법행위로 인한 손해배상청구(대판 1957.10.14, 4290민재항104)
② 부재자재산의 보존을 위한 소송행위의 추완신청(대판 1960.9.8, 4292민상885)
③ 부재자의 재산의 보존에 이익이 되는 화해(대판 1962.11.1, 62다582)
④ 부재자의 부동산소유권이전등기말소등기 절차의 이행청구나 인도청구(대판 1964.7.23, 64다108) 등

15) 이용 또는 개량행위로서 재산관리인이 단독으로 할 수 있는 경우로서는 '부재자를 위한 소송비용을 조달하려고 돈을 차용하고 그 돈을 임대보증금으로 하여 임야를 골프장으로 임대하는 행위'(대판 1980.11.11, 79다2164) 등을 들 수 있다.

필요가 있을 때에는 가정법원의 허가를 얻어야 한다(제25조 제1문). 가정법원의 허가를 얻어야 하는 행위로는 예를 들어 부동산의 매각행위,[16] 부동산의 증여행위,[17] 담보제공행위,[18] 소송행위[19] 등이다. 가정법원의 허가 없이 한 처분행위는 무효이다. 가정법원의 허가와 관련된 내용은 다음과 같다.

① **가정법원의 「허가」의 의미** 재산관리인이 부재자의 재산에 대한 처분행위를 하기 위해서 얻어야 하는 가정법원의 허가는 원칙적으로 장래의 처분행위를 하기 전에 사전적으로 내려져야 한다. 그렇지만 법원의 사후허가는 법원이 부재자 재산관리인의 권한초과행위에 대하여 후견적·감독적 입장에서 하는 비쟁송적인 것으로서 이미 행한 처분행위를 추인하는 것으로도 할 수 있다.[20] 예를 들어, 법정대리인인 재산관리인이 법원의 허가 없이 부재자 소유의 부동산을 매각한 경우에 사후에 법원의 허가를 얻어 이전등기절차를 경료하였다면, 가정법원의 추인에 의하여 유효한 처분행위로 된다.[21]

* 허가신청행위에 대한 법적 성질[22]
㉠ 부재자 재산관리인의 권한초과행위에 대한 허가신청절차는 일종의 소송행위로서 공법상의 권리이다.
㉡ 부재자 재산관리인의 권한초과행위의 허가신청은 소의 제기 또는 그에 준하는 신청과는 달리 그 의사표시의 진술만 있으면 채무자의 적극적인 협력이나 계속적인 행위가 없더라도 그 목적을 달성할 수 있다.
㉢ 부재자의 재산관리인이 허가신청절차를 이행하기로 약정한 경우 상대방은 위 약정에 기하여 그 절차의 이행을 소구할 수 있다. 비쟁송적인 것으로서 상대방의 존재를 전제로 하지 않는 '라류 가사비송사건'에 속한다(가사소송법 제2조 제1항 제2호 가목 2) 참조).
㉣ 이는 의사표시의 진술을 명하는 판결이므로, 민법 제389조 제2항에 의하여 의사표시에 갈음할 재판을 청구할 수 있고, 현행 민사집행법 제263조 제1항에 의하여 판결이 확정된 때에 허가신청이 있는 것으로 간주된다.

16) 대판 1970.1.27, 69다1820.

17) 대판 1996.4.26, 94다39130·39147.

18) 대결 1976.12.21, 75마551.

19) 부재자 재산관리인이 법원의 허가를 얻지 않고 한 재판상 화해(대판 1968.4.30, 67다2117) 또는 인낙(대판 1968.12.3, 68다1981)은 재심사유로 된다.

20) 대판 1982.12.14, 80다1872·1873.

21) 대판 1956.6.14, 4289민상43.

22) 남영찬, "부재자 재산관리인의 권한초과행위에 대한 허가신청절차의 이행약정을 소구할 수 있는지 여부"(대법원 2000.12.26. 선고 99다19278 판결: 공2001상, 358), 대법원판례해설 제35호, 대법원 법원행정처(2001.6.), 15면 이하.

또한 재산관리인이 법원의 허가 범위 내에서 처분행위를 하였다면, 그 행하여진 처분행위가 법원의 허가가 내려진 처분행위와 다른 성질의 것이라도 다시 허가를 얻어야 할 필요는 없다. 예를 들어, 재산의 매각에 관해 허가를 얻은 경우, 그 허가 범위 안에 포함되는 재산의 담보제공행위에 대해서는 다시 허가를 얻어야 하는 것은 아니다.[23)]

한편, 허가의 취소는 소급효가 없다. 따라서 재산관리인이 법원의 허가를 얻어 처분행위를 한 후 그 허가결정이 법원에 의해서 취소되었더라도 그 취소는 소급효가 없으므로 재산관리인이 이미 한 처분행위는 그대로 유효하다.[24)]

② 재산관리인의 재산처분행위에 대한 선량한 관리자의 주의의무 판례는 재산관리인에 대하여 위임관계에 따른 선량한 관리자의 주의의무를 요구한다. 그리하여 재산관리인이 가정법원의 허가를 얻어 부재자 소유의 재산을 처분하는 경우에 그 처분행위는 선량한 관리자의 주의를 다하여 부재자에게 이익이 되도록 행사되어야 한다.[25)] 만일 재산관리인이 법원의 허가를 얻어 처분한 경우라도 선량한 관리자의 주의를 다하지 못한 경우에는 권한을 넘은 행위로서 무효가 된다.

③ 제126조의 표현대리의 성립 여부 부재자 재산관리인이 본래의 관리권한을 넘는 행위를 하였거나 법원이 허가한 처분권의 범위를 넘는 행위를 한 경우 제126조의 표현대리가 성립될 수 있는지가 문제된다. 통설과 판례는 표현대리를 규정한 제126조가 법정대리에도 적용되므로, 제3자가 행위 당시에 권한이 있다고 믿은 것에 잘못이 없다면 그 믿은 것에 정당한 이유가 있어 표현대리가 성립할 수 있다고 한다(제126조).[26)] 그러나 판례는 부재자와 전혀 이해관계가 없는 제3자의 은행대출을 담보하기 위하여 부재자 재산을 담보로 제공한 행위(예: 근저당권설정)는 제126조의 표현대리가 성립되지 않고 무권대리(제135조)가 되어 부재자에 대하여 무효라고 보았다.[27)]

4) 위임관계에 따른 권리와 의무

① 의 무 재산관리인은 법원에 의하여 선임된 법정대리인으로서 부재자와

---

23) 대판 1957.3.23, 4289민상677.

24) 대판 1960.2.4, 4291민상636.

25) 대결 1976.12.21, 75마551; 김준호, 111면; 양형우, 84면.

26) 판례(대결 1976.12.21, 75마551)는 상대방의 믿은 것에 대한 선의·무과실을 요건으로 하고 있으나, 제126조의 법문에 입각하여 '정당한 이유' 있는 것으로 해석된다.

27) 부재자 재산관리인이 법원의 매각처분허가를 얻었다 하더라도 위와 같이 부재자와 아무런 관계가 없는 남의 채무의 담보만을 위하여 부재자 재산에 근저당권을 설정하는 행위는 보통 있을 수 없는 드문 처사라 할 것이니 통상의 경우 객관적으로 그 행위가 부재자를 위한 처분행위로서 당연하다고는 경험칙상 쉽사리 볼 수 없는 처사라 할 것이다(대판 1976.12.21, 75마551).

재산관리에 관하여 위임계약을 맺은 것은 아니지만, 이들 사이의 관계는 타인의 사무를 처리하는 것으로서 위임의 규정이 준용된다. 따라서 재산관리인은 부재자의 이익을 위하여 수임인과 동일한 지위에 서게 된다.

i) 선량한 관리자의 주의　　재산관리인은 선량한 관리자의 주의로써 직무를 처리하여야 하고(제681조), 부재자가 사망한 경우에도 일정기간 그 직무를 수행하여야 한다(제691조).

ii) 재산목록의 작성　　재산관리인은 반드시 관리할 재산목록을 작성하여야 한다(제24조 제1항).

iii) 법원이 명하는 처분의 수행　　부재자의 재산을 보존하기 위하여 법원이 명하는 필요한 처분(예: 재산의 봉인·공탁·변제·보존등기·부패하기 쉬운 물건의 매각 등)을 수행하여야 한다(제24조 제2항, 가사소송규칙 제44조 제1항).

iv) 담보제공의 의무　　재산관리인은 관리가 종료된 경우에는 부재자의 재산을 부재자에게 반환하여야 하는 의무를 지고, 또 재산을 관리함에 있어 선량한 관리자의 주의를 다하지 않은 경우에는 손해배상책임을 지게 된다. 이러한 의무와 책임을 확보하기 위하여 법원은 재산관리인에게 상당한 담보를 제공할 것을 명할 수 있다(제26조 제1항 가사소송규칙 제45조, 제46조). 이에 따라 재산관리인은 담보제공의 의무를 진다. 이때 담보를 제공하는 것은 법원에 대해 하는 것이 아니라 부재자에 대해 하는 것이므로, 담보권자는 부재자가 된다.28)

② 권　리

i) 필요비 등의 상환청구권　　재산관리인은 재산의 관리를 위하여 지출한 필요비와 그 이자의 상환, 과실 없이 받은 손해의 배상 등을 청구할 수 있다(제24조 제4항, 제688조). 이 경우 재산관리비용의 청구는 가정법원에 대하여서가 아니라 통상법원에 청구하여야 한다.

ii) 보수청구권　　위임에서는 수임인이 보수청구권을 갖지 못하지만(제686조 제1항), 부재자의 재산관리인은 부재자의 재산으로써 보수를 받을 수 있다(제26조). 가정법원은 재산관리인에게 상당한 보수를 부재자의 재산에서 지급할 수 있다.29)

판례에 의하면, 재산관리인의 보수청구는 가정법원에, 관리비용은 통상법원에 청구해야 되는데, 이는 소송경제상으로 문제가 있으므로 관리비용도 가정법원에 청구할 수 있도록 통일하여야 할 것이라는 견해가 있다.30)

---

28) 김준호, 111면.

29) 대결 1971.2.26, 71스3.

30) 김상용, 188면.

3. 재산관리의 종료

(1) 재산관리의 종료사유

① 부재자가 재산관리인을 정한 때(제22조 제2항), ② 부재자 스스로 자신의 재산을 관리할 수 있게 된 때, ③ 부재자가 사망하거나 실종선고가 내려짐에 따라(가사소송규칙 제50조) 사망의 효과에 따른 상속이 개시되는 경우에는 국가에 의한 재산관리는 더 이상 필요 없게 된다.

(2) 처분명령의 취소

위의 재산관리의 종료사유가 있는 경우에 국가에 의한 재산관리의 필요가 없게 되었지만 이러한 사유발생으로 당연히 법원의 재산관리처분이 그 효력을 상실하는 것은 아니다. 그러므로 법원이 선임한 부재자의 재산관리인은 그 부재자의 사망이 확인된 후라 할지라도 위 선임결정이 취소되지 않는 한 그 관리인으로서의 권한이 소멸되는 것은 아니다.[31]

본인, 재산관리인, 이해관계인 또는 검사가 법원에 대하여 부재자재산관리를 위해서 내려진 처분명령을 취소하여 줄 것을 청구하여야 한다. 이에 따라 법원이 그 명한 처분명령을 취소하면 비로소 그 처분은 장래에 향하여 효력을 잃게 된다(제22조 제2항).

(3) 취소의 효과

처분명령을 취소하면 국가에 의한 재산관리는 종료한다. 그러나 이 취소의 효력은 소급하지 않고 장래에 향하여 생기며,[32] '재산관리인의 선임결정 후 그 취소 전'에 재산관리인이 한 권한 내의 행위는 그대로 유효하다. 예컨대, 부재자재산관리인으로서 권한초과행위의 허가를 받고 그 선임결정이 취소되기 전에 이 권한에 의하여 이루어진 행위는 부재자의 사망이 확인된 후 또는 부재자에 대한 실종선고기간이 만료된 뒤에 이루어졌다 하더라도 유효하고, 그 권한행사의 효과는 부재자의 재산상속인에게도 미치게 된다.[33] 또한 재산관리인 선임의 결정이 취소되기 전에 재산관리인의 처분행위에 기하여 경료된 등기는 법원의 처분허가 등 모든 절차를 거쳐 적법하게 경료된 것으로 추정된다.[34]

---

31) 대판 1971.03.23, 71다189.

32) 대판 1970.1.27, 69다719.

33) 대판 1981.7.28, 80다2668; 대판 1975.6.10, 73다2023; 대판 1973.3.13, 72다1405; 대판 1970.7.28, 70다741; 대판 1970.1.27, 69다719; 대판 1966.11.22, 66다1586(선임결정이 불복신청에 의하여 취소된 경우); 대판 1981.7.28, 80다2668; 고상용, 169면; 김상용, 189면; 이영준, 891면.

34) 대판 1991.11.26, 91다11810.

Ⅲ. 실종선고

1. 실종선고의 의의

실종선고는 「일정한 기간 생사불명의 상태가 계속되고 있는 부재자에 대하여 가정법원의 선고에 의하여 주소지를 중심으로 사망한 것으로 보는 제도」이다. 즉 실종선고는 더 이상 부재자가 생환하여 돌아오는 것을 포기하고 그의 재산을 정리하기 위한 절차이다. 그리하여 부재자가 주소·거소를 떠나 생사가 불분명하게 된 경우에 가정법원이 실종선고를 내림으로써 그 부재자는 사망한 것으로 의제되고, 이에 따라 부재자의 재산은 상속인에게 상속되어 정리된다. 또한 신분관계도 부재자와의 혼인이 해소됨에 따라 그의 잔존배우자는 재혼할 수 있게 된다.

2. 실종선고의 요건

가정법원이 실종선고를 함에는 실질적 요건과 형식적 요건을 모두 갖추어야 한다(제27조; 가사소송법 제2조 제1항 제2호 가목3); 가사소송규칙 제53조 이하). 이 요건을 갖추면 법원은 반드시 실종선고를 하여야 한다(제27조 제1항).

(1) 실질적 요건

가. 부재자의 생사가 분명하지 아니 할 것 부재자의 생존이나 사망의 증명을 할 수 없어야 한다.[35] 생사불분명은 모든 사람에 대한 관계에서 불분명하여야 하는 것은 아니며 실종선고의 청구권자와 법원에 대한 관계에서 불분명하면 된다.

나. 생사불명이 일정한 기간 계속될 것 생사불분명이 일정기간 동안 계속되어야 하는데, 이 기간을 실종기간이라고 한다. 실종기간은 「보통실종」과 「특별실종」에 따라 다르다.

1) **보통실종**(제27조 제1항) 보통실종기간은 5년이다. 실종기간의 기산점은 생존을 증명할 수 있는 최종시이며 일반적으로 '최후소식시'를 기산점으로 삼는다.

2) **특별실종**(제27조 제2항) 특별실종기간은 1년이다. ① 전쟁실종에는 전쟁이 종지한 때, ② 선박실종에는 선박이 침몰한 때, ③ 항공기실종은 항공기가 추락한 때, ④ 위난

---

35) 가족관계등록부상 이미 사망한 것으로 기재되어 있는 자에 대해서는 등록부상 사망기재의 추정력 때문에 실종선고를 할 수 없다(대결 1997.11.27, 97스4 참조).

실종은 사망원인이 되는 위난(예: 지진·홍수·공장폭발·지하철 참사 등)이 종료한 때가 각각의 실종기간의 기산점으로 된다.

한편, 위난실종을 청구하여도 보통실종의 요건을 갖춘 경우에는 보통실종을 선고할 수 있으나, 보통실종을 청구한 경우에는 그보다 요건이 엄격한 위난실종을 선고할 수 없다고 할 것이다.36)

> *** 참고: 행방불명의 경우 사망사실의 인정 여부**
>
> 불법행위에 대한 책임에서는 수소법원의 자유심증에 따라 사망의 개연성이 극히 높고 생환가능성이 거의 없는 것으로 여겨지는 경우에는 사망을 인정할 수 있다고 보았다.37) 그런데 실종선고에서 특별실종의 경우(제27조 제2항)에서는 행방불명되었다는 사실만으로는 '사망의 원인이 될 위난'이라고 볼 수 없다는 판례가 있다. 즉 대법원은 사망의 원인이 될 위난이란 화재·홍수·지진 화산 폭발 등과 같이 일반적·객관적으로 사람의 생명에 명백한 위험을 야기하여 사망의 결과를 발생시킬 가능성이 현저히 높은 외부적 사태 또는 상황을 가리킨다고 하고, 잠수장비를 착용한 채 바다에 입수하였다가 부상당하지 아니한 채 행방불명된 경우에 그 잠수한 사람을 사망한 것으로 인정하지 않았다.38)

(2) 형식적 요건

가. 청구권자의 청구 이해관계인이나 검사의 청구가 있어야 한다(제27조 제1항·제2항). 실종선고를 청구할 수 있는 이해관계인은 부재자의 재산관리에서 보다 엄격하게 판단된다. 판례는 실종선고 청구에서의 '이해관계인'을 「부재자의 법률상 사망으로 인하여 직접적으로 신분상 또는 경제상의 권리를 취득하거나 의무를 면하게 되는 사람」만을 뜻하는 것으로 한정적으로 해석한다.39)

그러므로 유증의 경우, 비밀증서에 의하는 유언의 경우에는 사망이후 유언증서가 개봉됨으로써 비로소 수증자인 사실을 알게 되는 것이므로 수증자가 이해관계인이 될 수 없으나, 공개되어 유언의 내용을 알 수 있는 경우에는 수증자가 그 유증의 사실을 이미 알고 있어 이해관계인이라고 할 수 있다.40) 또한 배우자·제1순위 법정상속인·부재

36) 이영준, 893면; 한상호, 민법주해[I], 392면.

37) 대판 1989.1.31, 87다카2954.

38) 대결 2011.1.31, 2010스165.

39) 대판 1980.9.8, 80스27; 대판 1986.10.10, 86스20.

40) 김대원, "부재와 실종에 관한 판례분석", 실무연구[X](2005, 서울가정법원 법관가사재판실무연구회), 304면.

가의 사망으로 권리를 취득하거나 의무를 면하는 자(예: 보험금수익자·[illegible]세무서 등)와 또한 친권자, 후견인, 부모, 위임받은 재산관리인, 법원이 선임한 부재자 재산관리인은 부재자의 재산상·신분상의 관계를 처리해야 할 책무를 가지는 자[41]로서 실종선고를 청구할 수 있는 이해관계인에 해당하는 것으로 해석한다.

그러나 부재자의 제1순위의 상속인이 있는 경우에 후순위의 상속인(예; 부재자의 형제자매 등)은 실종선고를 청구할 수 있는 이해관계인이 될 수 없다.[42] 또한 부재자의 채권자나 채무자는 부재자의 재산관리인을 상대로 채권을 행사하거나 채무를 변제하면 되므로 이해관계인에 포함되지 않는 것으로 본다.

나. 절차상의 요건 실종선고의 절차는 부재자의 주소지의 가정법원의 전속관할에 속한다(가사소송법 제2조 제1항 제2호 가목 3), 제44조 제1항 제1호). 실종선고의 청구를 받은 가정법원은 6개월 이상의 공고를 하여 부재자 및 부재자의 생사를 알고 있는 자에 대하여 신고하도록 촉구하는 '공시최고'를 하여야 한다(가사소송규칙 제53조).[43] 가정법원은 이 공시최고기간이 지나도록 신고가 없는 때에 비로소 실종선고를 하여야 한다.

3. 실종선고의 효과

(1) 사망의 의제

실종선고가 확정되면 실종선고를 받은 자는「실종기간이 만료한 때」에 사망한 것으로 본다(제28조). 이러한 실종선고의 효과는 사망이 추정되는 것이 아니라 사망한 것으로「간주」된다.[44] 이는 실종선고가 내려지면 실종자는 사망한 것으로 간주되어 의제되므로 실종선고 자체가 취소되지 않는 한 본인이 생존하고 있는 등의 반증이 있더라도 사망의 효과는 그대로 존속한다.[45] 그러므로 실종선고의 효과를 뒤집으려면 실종선고가 내려졌던 절차와 동일한 방법으로 실종선고를 취소하는 선고를 하여야 한다.[46] 이 점이 사망

---

41) 김대원, "부재와 실종에 관한 판례분석", 304면.

42) 대결 1992.4.14, 92스4·5·6.; 대결 1986.10.10, 86스20; 대결 1961.12.19, 4294민항649.

43) 공시최고에는 청구인과 부재자의 인적사항, 부재자는 공시최고기일까지 그 신고를 하지 않으면 실종의 선고를 받는다는 점, 부재자의 생사를 아는 자는 공시최고기일까지 신고할 것을 기재하여야 하고, 그 공고는 가정법원의 게시판에 게시하고 관보에 게재하여야 하며, 공시최고의 기일은 공고종료일로부터 6개월 이후로 정하여야 한다(가사소송규칙 제54조, 제55조).

44) 추정주의의 입법례로는 독일실종법 제9조, 스위스민법 제38조 등을 들 수 있다.

45) 대판 1995.2.17, 94다52751; 실종선고의 효력이 생기기 전까지는 생존하였던 것으로 보아야 한다(대판 1977.3.22, 77다81, 82).

46) 실종선고를 받은 자는 실종기간이 만료한 때에 사망한 것으로 간주되는 것이므로, 실종선고로 인

의 추정효를 발생시키는 인정사망과 다르다.

실종선고는 선고청구인 뿐만 아니라 모든 사람에 대하여 대세적 효력을 갖는다. 실종선고가 있게 되면 그 선고를 청구한 자가 재판확정일로부터 1개월 이내에 재판서의 등본 및 확정증명서를 첨부하여 이를 신고하여야 한다(가족관계의 등록 등에 관한 법률 제92조).

(2) 사망의제의 시기

실종선고의 효과에 따른 사망의 발생시기에 관한 입법주의로는 다음과 같다.

가. 최후소식시주의(스위스민법 제38조 제2항, 독일실종법 제9조) 이는 최후소식시나 위난의 발생시에 사망의 효과가 발생하는 것으로 보는 입법주의이다. 그렇지만 최후의 소식이 있었거나 위난의 발생한 시점에 실종자는 생존하고 있었으므로 이 시기에 사망의 효과가 발생한다는 것은 사실에 반하는 결과로 되어, 특히 보통실종의 경우에 적용하기 곤란하다. 그리고 이 기준에 의하게 되면, 사망의 의제효가 실종선고가 내려진 때로부터 최후의 소식시까지 너무 멀리 소급하게 됨에 따라 실종자의 재산에 대하여 거래한 제3자의 범위가 지나치게 넓어지는 법적인 난점이 있다.

나. 선고시주의 이 선고시주의는 실종선고가 내려진 시점에 사망으로 의제하는 입법주의이다. 이는 사망의 효과가 소급하지는 않으나, 사망의 의제시점이 당사자가 청구하는 시기나 또 재판절차의 늦고 빠름에 의하여 인위적으로 달라지게 됨에 따라 객관적으로 그 예측이 불가능한 불합리가 있다. 또한 특별실종의 경우에 위난시가 아닌 선고시에 실종자가 사망하였다고 의제하는 것은 그 실정에 맞지 않는다는 비판이 있다.

다. 실종기간만료시주의 실종기간만료시주의는 실종선고가 내려지면 최후의 소식시(생존시)를 기산점으로 삼아 실종기간이 만료하는 시점에 실종자가 사망한 것으로 보는 입법주의이다. 이는 실종선고 신청시기에 따라 사망시기가 변동할 우려가 없고 또한 사망의 효과가 소급하는 시기도 길지 않다는 장점을 가지고 있다. 우리 민법은 「실종기간만료시주의」를 채택하였다(제28조; 참고 독일실종법 제9조).

(3) 실종기간만료시주의와 관련하여 발생되는 문제점

가. 문제점의 내용 실종선고가 내려지면 최후의 소식시를 기산점으로 하여

하여 실종기간 만료시를 기준으로 하여 상속이 개시된 이상, 이후 실종선고가 취소되어야 할 사유가 생겼다고 하더라도 실제로 실종선고가 취소되지 않는 한, 임의로 실종기간이 만료하여 사망한 때로 간주되는 시점과는 달리 사망시점을 정하여 이미 개시된 상속을 부정하고 이와 다른 상속관계를 인정할 수는 없다(대판 1994.9.27, 94다21542).

실종기간만료시에 부재자가 사망한 것으로 의제된다. 이로써 부재자의 사망시기가 선고시로부터 실종기간만료시까지 소급하게 됨에 따라 「실종기간만료시와 선고시 사이」에 발생한 법률관계는 그 이후에 실종선고가 내려짐에 의해 영향을 받게 된다. 즉 실종선고가 내려지면 실종기간 만료시점을 기준으로 부재자의 사망효과가 발생하게 되므로 이 시점을 기준으로 부재자의 재산은 상속이 개시된다. 따라서 실종기간 만료시 이후에 재산관리인이 부재자의 재산을 처분한 것은 무권리자의 재산을 처분한 것이 된다. 이때 처분된 재산이 동산인 경우에는 선의취득이 인정되어 양수인은 선의의 제3자로서 보호를 받는다(제249조). 그러나 부동산인 경우에는 등기에 공신력이 인정되지 않으므로 양수인이 선의라 하더라도 불측의 손해를 입게 된다. 이를테면, 부재자의 재산관리인이 법원의 허가를 얻어 부재자의 부동산에 관한 처분행위를 하고 이로부터 부재자 명의로 등기된 것을 믿고 양수인이 그 부동산을 취득하였다 하더라도 그 부동산 거래가 실종기간만료시와 선고시 사이에 행하여졌다면 그 양수인으로서는 그 부동산의 소유권을 취득할 수 없게 된다. 따라서 양수인으로서는 취득한 부동산을 부재자의 상속인에게 이를 반환하지 않으면 안된다. 이 결과는 실종선고를 믿고 거래한 선의의 상대방에게 부당하게 불측의 손해를 주는 것으로서 그 보호가 문제로 된다.

나. 거래상대방의 보호 학설과 판례는 재산관리인의 부재자의 부동산 처분행위에 따른 선의의 양수인을 보호하기 위하여 다음의 법리구성을 하고 있다. 이를 '법원이 선임한 부재자의 재산관리인이 처분행위를 한 경우'와 '부재자가 선임한 재산관리인이 처분행위를 한 경우'로 나누어 살펴보면 다음과 같다.

1) 재산관리인이 법정대리인인 경우 법원이 재산관리인을 선임한 경우에 그 법정대리인으로서의 재산관리인은 적법 절차에 따라 선임된 것이므로 그 선임결정이 취소되기까지는 그 재산관리인은 부재자 재산의 관리 권한을 보유하는 것으로 본다(제22조 제2항). 그러므로 실종기간 만료 후에 처분행위를 한 경우라도 그 효과에 부재자의 상속인이 복종하여야 한다고 본다.47) 따라서 실종기간 만료시와 선고시 사이에 재산관리인과 거래한 제3자는 유효하게 부동산의 소유권을 취득한다.

2) 재산관리인이 임의대리인인 경우 부재자가 선임한 재산관리인의 경우 실종기간의 만료시에 부재자 본인이 사망한 것으로 되어 재산관리를 위한 위임관계는 종료된다(제690조). 따라서 임의대리인으로서의 재산관리인이 부재자의 부동산을 처분한 경우에는 재산관리권이 소멸된 이후에 처분행위를 한 것으로 되어 재산관리인으로부터 부

47) 대판 1970.1.27, 69다719; 대판 1975.6.10, 73다2023; 대판 1981.7.28, 80다2668.

동산을 취득한 상대방은 무권리자로부터의 취득으로 된다. 이러한 경우 상대방을 보호하는 방안으로 다음의 견해들이 주장되고 있다.

① **대리권 소멸 후의 표현대리를 적용하자는 견해** 부재자(위임인)의 사망의 시기가 실종기간만료시점으로 의제되어 이때에 위임관계가 종료되었으므로 그 이후에 이루어진 부동산의 처분행위는 권한이 소멸된 임의대리인(수임인)에 의한 것으로 보자는 것이다. 이로써 대리권 소멸 후의 표현대리(제129조)를 유추적용하여 부동산의 양수인을 보호하여야 한다는 것이다.[48)]

② **긴급사무관리를 적용하자는 견해**[49)] 부재자가 선임한 재산관리인의 관리권한은 실종선고에 따라 실종기간만료시에 종료되었으나 이때에는 위임종료에 따른 급박한 사정이 발생한 것으로 보아 위임종료시에 따른 긴급사무처리에 관한 규정(제691조)이 적용된다는 것이다. 따라서 재산관리인은 부재자의 상속인을 위한 대리인으로서 재산관리권을 갖는 것으로 되고 이에 따라 실종기간 만료 후에 재산관리인과 거래한 양수인이라도 부재자의 부동산을 유효하게 취득할 수 있다.

③ **학설의 검토** 일단 법학방법론상 유추적용을 위하여는 법목적의 동일성이 있어야 한다. 그런데 '권한소멸 후의 표현대리'와 '실종기간만료시 사망의 의제효에 따른 재산관리권의 소멸에 따른 처분'은 그 현상과 입법목적에 있어 서로 동일하지 않다. 권한소멸 후의 표현대리는 대리인의 대리권한이 소멸한 후에도 대리행위를 계속한 경우에 선의의 상대방을 보호하기 위한 제도이다. 그러나 실종기간만료시를 기준으로 부재자 사망의 의제효가 발생됨에 따라 재산관리권이 소멸한 경우에는 부동산을 처분할 당시 아직 실종선고가 내려지기 전이므로 재산관리인은 법원의 허가를 얻어 부재자의 재산을 처분할 정당한 권한을 갖고 있었다. 이 점에서 처분행위 당시에 대리인의 대리권한이 소멸되어 있는 '권한소멸 후의 표현대리'와 본질적으로 다르다. 이러한 사실관계를 고려할 때, 권한소멸 후의 표현대리와는 그 입법목적이 동일하다고 볼 수 없어 '실종기간만료시 사망의 의제효에 따른 재산관리권의 소멸에 따른 처분의 유효'를 구성하는 법리에 이를 유추적용하는 것은 타당하지 않다. 따라서 양수인의 보호는 위임종료시 수임인의 긴급사무처리권한을 근거로 재산관리인에게 부동산 처분행위에 대한 권한을 인정함으로써 양수인을 보호하는 것으로 해석하여야 할 것이다.

---

48) 김용한, 138면; 장경학, 253면.

49) 한상호, 민법주해[I], 404면; 김준호, 111면.

(4) 사망으로 의제되는 범위

가. 종래의 주소를 중심으로 하는 법률관계

1) 의 의 실종선고는 실종자의 권리능력을 종국적으로 소멸시키는 제도가 아니다. 실종선고는 실종선고를 받은 자의 종래의 주소를 중심으로 한 법률관계에 대해서만 사망의 효과가 생길 뿐이고 그의 권리능력은 종료되지 않는다. 그리하여 실종선고를 받은 자가 생존하여 있으면서 새로운 주소에서 법률관계를 형성한 것에 대하여는 영향을 미치지 않는다. 또한 실종선고는 사법상의 법률관계만을 종료시키는 것이므로 공법상의 법률관계, 예컨대 선거권·피선거권의 유무나 범죄의 성립 등에 관하여는 아무런 영향을 미치지 않는다.

2) 2중의 실종선고를 받은 경우 실종선고를 받은 자가 신주소지에서 여러 가지 법률관계를 형성하고 그 주소지에서 다시 실종된 경우에는 그 법률관계에 있어 2중 실종선고의 문제가 발생하나 판례의 입장은 종전의 실종선고가 취소되지 않는 한 나중의 실종선고는 그 효력이 없다고 보고 있다.[50]

나. 실종선고와 소송행위

1) 소송중단 사망한 사람에 대해서 판결이 내려질 수는 없으므로, 소송제기 후에 실종선고가 확정된 경우에는 실종선고가 확정된 때에 소송절차가 중단된다.[51] 이에 따라 상속인 등에 의한 적법한 소송수계가 있게 된다.[52]

2) 실종자를 피고로 하는 판결의 효력 판례는 실종선고의 효력이 발생하기 전에는 어느 누구에게도 사망의 효과가 발생되지 않는 것으로 본다. 그러므로 실종기간이 만료된 실종자라 하여도 그에게 실종선고가 내려지지 않는 한 소송상 당사자능력을 상실하는 것은 아니므로, 실종선고 확정 전에는 실종기간이 만료된 실종자를 상대로 하여 제기된 소도 적법하고, 실종자를 당사자로 하여 선고된 판결도 유효하며, 그 판결이 확정되면 기판력도 발생한다. 이처럼 판결이 유효하게 확정되면, 비록 실종자를 당사자로 한 판결이 확정된 후에 실종선고가 확정되어 그 사망간주의 시점이 소 제기 전으로 소급하는 경우에도 판결 자체가 소급하여 당사자능력이 없는 사망한 사람을 상대로 한 판결로서 무효가 된다고 볼 수 없다.[53]

---

50) 대판 1986.6.24, 86므9; 대판 1995.12.22, 95다12736; 김대원, "부재와 실종에 관한 판례분석", 308면.

51) 대판 1977.3.22, 77다81·82.

52) 대판 1987.3.24, 85다카1151.

53) 대판 1992.7.14, 92다2455.

다만 판례는 실종자에 대하여 공시송달의 방법으로 소송서류가 송달된 끝에 실종자를 피고로 하는 판결이 확정된 경우에는 실종자의 상속인으로서는 실종선고확정 후에 실종자의 소송수계인으로서 확정판결에 대하여 소송행위의 추완에 의한 상소를 하는 것이 가능하다고 판시하였다.[54)]

4. 실종선고의 취소

「실종선고의 취소」는 실종선고에 의하여 사망으로 의제되는 효과를 번복하기 위한 가정법원의 심판절차를 말한다. 그런데 실종선고는 실종자의 사망을 추정하는 것이 아니라 '간주'하여 의제의 효과가 발생하게 되므로(제28조), 기존의 실종선고에 따른 사망의 효과를 번복하기 위해서는 반드시 법원의 '실종선고의 취소 선고'가 있어야 한다.

(1) 실종선고 취소의 요건

가. 실질적 요건

① 실종자가 생존하고 있는 사실(제29조 제1항 본문)

② 실종기간이 만료된 때와 다른 시기에 사망한 사실(제29조 제1항 본문)

③ 실종기간의 기산점 이후에 어떤 시점에 생존하고 있었던 사실

③에 관하여는 명문의 규정이 없으나, 사망으로 의제되는 시기가 달라짐에 따라 상속순위나 상속분의 변경이 생길 수 있어 이 경우에도 선고를 취소하여야 한다.

나. 형식적 요건 본인·이해관계인 또는 검사의 청구가 있어야 한다(제29조 제1항 본문). 이때의 이해관계인은 잘못된 심판을 시정하는 것이므로 실종선고청구의 경우처럼 좁게 해석할 필요는 없다. 위 청구를 하는데 기간의 제한도 없다.

(2) 실종선고 취소의 절차

실종선고 취소의 절차는 가사소송법 및 가사소송규칙의 규정에 의한다. 취소절차에서는 공시최고는 요건이 아니며, 위 취소의 요건을 갖춘 경우에는 법원은 반드시 취소를 하여야 한다(제29조 제1항 본문). 법원이 실종선고의 취소를 한 경우에는 그 취소를 청구한 자가 재판확정일로부터 1개월 이내에 재판서의 등본 및 확정증명서를 첨부하여 이를 신고하여야 한다(가족관계의 등록 등에 관한 법률 제92조 제3항).

---

54) 윤진수, "실종자를 피고로 하는 판결확정 후 실종선고가 확정된 경우 판결의 효력", 대법원 판례해설 18호(92년 하반기), 법원행정처, 219면 이하 참조.

(3) 실종선고 취소의 효과

- 제29조
  - 제1항
    - 본문(원칙) : 실종선고의 소급적 무효
    - 단서(예외) : 소급적 무효로부터 선의자 보호
      - 쌍방선의설
      - 상대적 효력설
      - 절대적 효력설
  - 제2항
    - 전단 : 직접·재산·선의 – 반환범위(현존이익)
    - 후단 : 직접·재산·악의 – 반환범위(받은 이익, 이자 및 손해배상)

가. 원칙 – 실종선고의 소급적 무효 실종선고를 취소하면 처음부터 실종선고가 없었던 것으로 되므로 실종선고로 생긴 법률관계는 소급하여 무효로 된다. 취소사유에 따른 구체적인 내용은 다음과 같다.

1) 실종자의 생존을 이유로 취소된 때에는 그의 종전의 가족관계 및 재산관계는 실종선고 전의 상태로 회복된다.

2) 선고에 의한 사망이 의제되는 시점과 다른 시기에 사망한 경우에는 그 실제 사망일을 표준으로 하여 다시 사망에 기한 법률관계가 확정된다.

3) 실종기간 기산점 이후의 생존을 원인으로 하는 경우에는 선고 전의 상태로 회복된다. 다만 이해관계인은 새로운 실종기간의 만료시를 기준으로 하여 실종선고를 다시 청구할 수 있다.

나. 예 외 실종선고에 기초하여 생긴 법률관계를 그 취소에 의해 일률적으로 소급하여 무효로 하면 실종선고를 신뢰하여 행위한 선의의 자(배우자·상속인 기타 이해관계인)에게 불측의 손해를 주게 된다. 그래서 실종선고 취소에 따른 원상회복의 원칙에 대하여 민법은 다음의 두 가지 예외를 인정하고 있다.

1) 실종선고를 직접원인으로 재산을 취득한 자의 반환범위(제29조 제2항) 「실종선고를 '직접원인'으로 하여 재산을 취득한 자」는 예컨대, 상속인·수증자·생명보험수익자 등이 이에 속한다(제29조 제1항 단서). 이러한 실종선고를 '직접원인'으로 하여 재산을 취득한 자에 대하여는 실종선고가 취소됨에 따라 그가 취득한 재산을 반환해야 할 의무가 발생한다. 그 반환의무는 부당이득에서의 반환범위에서와 같다(제748조 참조). 그리하여 그가 선의이면 현존이익의 한도에서 반환하면 된다(제29조 제2항). 그러나 직접 재산을 취득한 자가 「악의」인 경우에는 이익의 현존 여부를 묻지 않고 그 받은 당시의 이익 전부와 반환할 때까지의 법

정이자를 가산하여 반환하여야 하고 그밖에 손해가 있으면 그 손해도 아울러 배상하여야 한다(제29조 제2항).

2) 직접 취득자로부터 재산을 전득한 선의자의 보호 부재자의 재산의 직접취득자(예: 상속인)로부터 재산을 전득한 제3자의 법률행위에 관하여 실종선고의 취소효는 '실종선고 후 그 취소 전'에 선의로 한 행위의 효력에는 영향을 미치지 아니한다(제29조 제1항 단서). 따라서 선의로 상속인이 상속재산을 처분한 경우에 실종선고가 취소되어도 유효한 것이다. 그리고 법률행위가 「실종선고 후 그 취소 전에」 행하여 졌어야 하므로 '실종기간만료 후 선고 전'에 행한 경우에는 본조가 적용되지 않는다. 여기서 선의는 실종선고가 사실에 반함을 알지 못한 것을 의미한다. 또한 민법은 선의이면 족하고 무과실을 요구하지 아니하므로 과실이 있었는가는 묻지 아니한다. 선의는 행위시를 기준으로 판단한다.

① 재산행위

i) 단독행위인 경우 원칙적으로 단독행위에 관하여는 행위자를 기준으로 선의여부를 판단할 수 밖에 없다. 그리하여 다수설은 실종선고의 취소 전에 채무의 면제·계약의 해제·법률행위의 취소 등의 재산에 대한 단독행위가 있는 경우에는 단독행위자가 선의로 행한 때에는 실종선고의 취소가 있더라도 그 법률행위는 유효하다고 본다. 그런데 다수설의 선의판단에 의하면, 상대방 있는 단독행위의 경우에 행위자만이 선의이면 비록 상대방이 악의라 하더라도 그 행위는 유효한 것으로 된다.[55] 예컨대, 상속인이 상속한 채권에 관해 채무자에 대하여 면제의 의사표시(제506조)를 한 때에는 상속인이 선의인 한 채무자가 악의이더라도 그 면제는 유효하며 채무자는 채무를 면하게 된다. 그러나 이러한 다수의 견해에 대해서는 단독행위이지만 이에 대한 상대방이 악의인 경우까지 상대방을 보호하는 것은 문제가 있다고 본다. 그리하여 소수의 견해는 상대방이 악의인 경우에 그에 의한 수익이 있으면 악의의 수익자로서 책임이 있다고 보아야 할 것이라고 한다.[56] 물론 형식적 논리상, 단독행위의 상대방은 의사표시의 상대방이 아니므로 행위자만이 선의이면 상대방이 악의라 하더라도 그 행위는 유효하다고 할 수 있을 것이다. 그렇지만 악의의 수익자가 보호받는 결과는 정당하다 할 수 없으므로 소수설에 따라 악의의 상대방은 보호받지 못하는 것으로 해석하는 것이 타당하다.[57]

그리고 실종선고에 의한 가족법상의 단독행위(예: 상속의 한정승인 또는 포기 등)는 행

---

55) 고상용, 114면; 곽윤직·김재형, 144면; 김용한, 143면; 장경학, 260면; 한상호, 민법주해[Ⅰ], 412면.

56) 김상용, 197면; 백태승, 185면.

57) 김상용, 197면.

위지기 선의로 하였더라도 실종선고가 취소됨에 따라 상속 그 자체가 개시되지 않은 것으로 되기 때문에 소급적으로 무효가 된다.[58)]

ii) 계약의 경우 계약에 관하여는 쌍방의 계약당사자가 존재하므로 '양 당사자의 선의를 요하는지'에 관하여 학설상의 대립이 있다.

ⓐ 쌍방선의설[59)] 쌍방선의설은 계약인 경우에는 양 당사자 모두가 선의이어야 한다고 해석한다. 제29조[실종선고의 취소]의 "선의"에 관한 문리해석상, 악의자가 1인이라도 있으면 선의로 인정될 수 없으므로 양당사자 모두의 선의를 요한다는 것이다. 따라서 본 학설에 의하면, 쌍방의 당사자 모두 선의일 때에만 보호되며, 다른 일방이 악의인 경우에는 받은 이익을 실종선고의 취소선고를 받은 자에게 반환하여야 한다.

ⓑ 상대적 효력설[60)] 상대적 효력설은 계약인 경우에 재산상의 행위와 가족법상의 신분행위를 구분하여 달리 처리하고자 한다. 이 견해에 의하면 가족법상의 신분행위에서는 거래의 안전이 문제되지 않으므로 양 당사자 모두가 선의이어야 보호를 받을 수 있다고 한다. 그렇지만 재산상의 행위는 거래가 빈번하게 이루어지는 특징을 갖고 있으므로 거래의 안전을 고려해야 한다고 본다. 그러므로 재산상의 행위에 대해서는 모든 당사자의 법률관계를 획일적으로 결정하지 말고, 선의자에 대해서는 권리처분의 유효성을 인정하고 악의자에 대하여는 무효로 하는 것이 타당하다고 한다. 따라서 재산행위에 대해서는 각 당사자의 선의·악의에 따라 개별적·상대적으로 그 효력을 결정하게 된다.

ⓒ 절대적 효력설[61)] 절대적 효력설은 실종선고가 고도의 신뢰성을 가지는 사망의제의 효과를 발생시키는 제도이므로 이를 신뢰한 당사자를 보호하여야 한다고 본다. 즉 직접 원인의 취득자로부터 계약한 당사자 일방이 선의라면 그 이후의 양도행위는 유효한 것으로 해석한다. 이에 의하면, 일단 선의의 전득자가 재산을 취득한 이상 이로써 그는 완전한 소유권을 승계하였으므로 그 이후에는 전득자가 악의이더라도 그는 소유자로부터 양수한 자이므로 소유권을 유효하게 취득하는 것으로 본다.

ⓓ 학설에 따른 차이 '쌍방선의설'은 관련당사자 전원이 모두 선의일 때에만 선의자로서 보호를 받고, 그 중에서 1인이라도 악의자일 경우에는 취득한 재산상의 이득을 실종선고를 취소받은 자에게 반환하여야 한다고 한다. 예컨대, 실종선고로 인하여

58) 백태승, 185-186면.

59) 곽윤직·김재형, 145면; 김기선, 122-123면; 김상용, 199면; 김증한·김학동, 152면; 이영준, 897면 이하; 한상호, 민법주해[Ⅰ], 413면.

60) 김용한, 143면; 김대정, 279면.

61) 고상용, 114면.

실종자(甲)의 재산을 상속인(乙)이 상속하고 그 상속재산을 을이 병에게 매각하고 병이 다시 정에게 매각하여 전전유통된 후에 실종선고가 취소된 경우에 관계당사자 을·병·정 모두가 선의일 때에만 그 행위는 유효한 것으로 된다.

'상대적 효력설'은 재산행위와 신분행위를 구별하고, 재산행위에 대하여는 거래 안전을 중시하여 각 관련당사자별로 개별적·상대적으로 판단하므로, 을·병·정을 개별적으로 판단하여 선의인 자는 보호를 받고 악의인 자는 취득한 물건 또는 이득을 실종선고를 취소받은 자에게 반환하여야 한다고 한다.

'절대적 효력설'은 당사자 일방만의 선의로 그 이후의 전득자는 유효하게 소유권을 취득하는 것으로 해석한다. 그러므로 전득자(丙)이 선의이고 그로부터 양수받은 정이 악의인 경우에도 정은 소유권을 취득한다. 즉 선의로 한 행위는 직접수익자와 그 상대방 사이의 행위에 국한하고, 직접수익자(乙)로부터 재산을 취득한 전득자(丙)가 선의이면 을·병 쌍방이 선의인 경우는 물론 병만이 선의인 경우에도 을·병간의 양도행위는 제29조 제1항 단서가 적용되어 병은 확정적으로 소유권을 취득하므로 정이 악의라 하더라도 유효하게 권리를 취득한다고 한다. 그러나 악의자 정이 선의자 병을 도구로 사용하여 중간에 개입시켰을 경우에는 예외로 한다.[62)]

학설 대립의 실익은 실종자 본인의 보호와 거래안전의 보호 중 어디에 보다 높은 가치를 둘 것인가에 대한 판단에 있다. 다수설인 쌍방선의설은 "선의"의 규정상의 문언에 충실하고 실종자 본인의 보호에 충실할 수 있으나, 수시로 전전 유통되는 재산을 대상으로 한 법률행위에 대하여 관련당사자 모두의 선의를 요구함으로써 거래의 안전을 유지하기 어려운 난점이 있다. 이러한 점에서 재산행위와 신분행위를 구별하고 재산행위에 대하여는 거래의 안전을 보호하기 위하여 상대적으로 그 효력을 인정하고 거래안전과는 상관없는 신분행위에 대하여는 관련당사자 모두의 선의를 요구하는 상대적 효력설이 타당한 것으로 보인다. 그리고 절대적 효력설은 승계취득의 법리에 따라 양수인이 선의이어서 소유권을 확정적으로 취득한 이상, 그 후의 전득자는 비록 악의이더라도 소유권을 취득하는 것으로 보는 것이 타당하다고 하지만, 「선의로 한 행위」를 '상속인과 그로부터 재산을 취득한 그의 상대방과의 행위'에만 국한할 수 있는지가 의문이며, 또한 악의로 상속부동산을 전득한 자를 과연 보호할 가치가 있는지에 대하여도 의문이 제기될 수 있으므로,[63)] 이에 따르기 어렵다.

② **신분적 행위** 신분과 관련된 가족법상의 행위로서 문제가 되는 것은 잔존

62) 고상용, 114면; 양형우, 91면.

63) 김상용, 199면.

배우자의 재혼이다. 부재자의 배우자부시는 실종선고가 내려짐에 따라 실종선고자와의 혼인관계가 해소되어 재혼을 하였는데, 그 후에 실종선고가 다시 취소되어 신분관계가 실종선고전으로 회복된다면 배우자의 재혼이 그 효력과 관련하여 문제로 된다. 이에 관하여, 가족법상의 행위에는 거래의 안전이 문제되지 않으므로 양당사자 모두가 선의이어야만 보호를 받는다는 점에 이설이 없다. 따라서 재혼의 양당사자가 선의이면 실종선고가 취소되더라도 이로써 후혼의 효력은 영향을 받지 않게 되어 후혼이 유효하고 실종자와의 전혼은 부활하지 않는다. 그러나 재혼당사자의 일방 또는 쌍방이 악의인 경우에는 선의로 한 행위는 성립되지 않으므로 전혼은 부활하게 된다. 따라서 전혼이 부활하게 됨에 따라 후혼은 중혼이 되어, 후혼은 취소할 수 있게 된다(제810조, 제816조, 제818조 전단). 그러면 실종선고의 취소선고를 받은 자는 다시 옛배우자와 혼인생활을 하여야 하는가가 문제인데, 이에 대해서 그는 배우자와 협의상의 이혼을 하든가 아니면 협의이혼이 이루어지지 않는 경우에는 배우자의 부정행위(제840조 제1호)를 이유로 재판상 이혼을 청구할 수 있다.[64)]

3) 반환청구권의 법적 성질

실종선고를 받은 자가 실종선고가 취소됨에 따라 실종선고에 의하여 직접 재산을 취득한 표현상속인이나 그의 전득자에 대하여 재산회복청구권을 취득하게 되는 경우에 학설은 이러한 실종선고를 받은 자의 재산회복청구권을 일종의 상속회복청구권으로 보려는 견해[65)]가 있다. 이 견해에 의하면, 실종선고 취소를 받은 자는 상속회복청구권의 제척기간(제999조) 내에 반환청구를 하여야 하는 것으로 된다. 그러나 이에 대한 반대의 견해[66)]는 상속회복청구는 유효한 상속개시를 전제로 하는데, 실종선고가 취소되는 경우에는 상속의 개시가 부정되는 것이므로 상속회복에 관한 규정이 적용될 여지가 없다고 해석한다. 후자의 견해가 다당한 것으로 생각된다. 따라서 실종선고 취소에 따른 재산의 반환청구권은 부당이득반환청구권으로서 10년의 소멸시효에 걸리는 것으로 본다(제162조 제1항).

그리고 재산취득자에게 취득시효(제245조, 제248조)·선의취득(제249조)·매장물 발견(제254조)·부합(제256조·제261조) 등의 권리취득원인이 있는 경우에는 실종선고가 취소되더라도 이에 의하여 아무런 영향을 받지 않는다.

---

64) 김상용, 199면; 김용한, 144면; 이에 대한 김형배·김규완·김명숙의 견해에 의하면, 재산행위에 대해서는 절대적 효력설을 그리고 신분행위에 대해서는 상대적 효력설을 적용해야 한다고 주장하고 있다(118면).

65) 김주수·김상용, 182면; 백태승, 188면; 이영준, 899면; 한상호, 민법주해[Ⅰ], 411면.

66) 김상용, 200면.

제 3 절 법인(法人)

제 1 관 법인 일반

Ⅰ. 의 의

권리의 주체로서 사람에는 자연인과 법인이 있다. 여기서 법인은 「자연인 이외의 법인격(권리능력)이 인정된 것」을 말한다.

1. 법인제도의 의미

법인에게 권리능력을 인정하여, 법인이 권리주체가 되게 하는 것은 우리 인간의 필요에 기인한 것이다. 자연인은 인간으로서의 존엄과 가치를 가지는 의미에서 권리의 주체이지만, 법인은 인간 거래의 편의를 위하여 인위적으로 법인격을 인정하여 권리의 주체로 활동하게 한 것이다. 이를 테면, 자연인(제3조)은 한정된 능력을 갖고 있으므로 우리 사회에는 개인의 능력만으로는 달성하기 어려운 일들이 산재해 있는데, 이러한 사업의 목적을 달성하기 위해서는 다수의 사람들이 모여서 함께 협력하면 이를 통하여 개인이 달성하기 어려운 목적도 실현할 수 있다. 이는 사단설립의 이유가 된다. 또한 한 개인의 자력은 한계가 있어 지속적으로 사업을 진행하기 어려우나, 여러 사람의 재산이 모이게 되면 그 모여진 재산의 집합체는 우리 사회에서 개인의 소규모의 재산으로 달성하기 어려운 목적도 달성해 낼 수 있다. 이는 재단설립의 이유가 된다. 이러한 이유로 사람들은 단체를 형성하거나 재산의 집합체를 구성하게 된다. 그런데 이러한 사람의 단체나 재산의 집합체에게 법인격을 인정해 주지 않으면 대단히 불편하고 또한 복잡한 법률문제가 발생하게 된다. 만일 다수의 사람이 모여 있는 단체 그 자체가 권리의 주체로 될 수 없다면, 단체의 구성원 모두가 그 주체가 되어 법률행위를 하여야 한다. 그러나 단체를 구성하는 자연인은 단체의 구성원으로 고정되어 있는 것이 아니라 항상 가입이나 탈퇴를 통하여 자주 바뀌게 되는데 이럴 경우에 법률관계의 주체가 계속해서 바뀌어야 하는 문제가 생기게 된다. 또한 일정한 목적 하에 집적된 재산에 대하여 법인격을 인정하지 않는다면, 그 재산의 집합체가 추구하려는 목적을 영구히 추진해 나가기 어렵다. 이러한 문제를 해결하기 위한 사회적 필요에서 사람의 단체나 재산의 집합체에 이를 구성하는 자연인이나 재산의 소유자와는 별개의 독립된 권리능력을 인정하여 줌으로써, 그 단체와 재산의 집합체가 추구하는 목적 수행과 관련하여 생기는 법률관계를 간편하게 처리할 수 있는 법기술이 필요한데, 이것이 법인제도이다. 그리하여 자연인으로 구성된 단체에 대하여 구성원과 독립된 권리능력을 부여하여 독자적인 법인격을 인정한 것이 사단법인이며, 또한 재산의 집합체에 대하여 출연자와는 독립된 재산단위성을 인정하여 독자적인 법인격을 인정한 것이 재단법인이다.

2. 법인의 본질에 관한 이론

법인의 본질을 밝히기 위한 법인이론이 오래전부터 전개되어 왔다. '법인을 법률상 독립한 권리주체로 인정하여야만 하는 당위성이 무엇인가'를 규명하려는 학설이 법인의 본질론인 것이다. 처음에는 법인의 존재를 인정하지 않으면서 법인을 자연인에 의제하여 취급하려는 「법인의제설」이 주장되었고, 그 후 법인의 존재를 부정하지만 법인격 부여의 근거를 법인의 구체적인 구성요소에서 찾으려는 「법인부인설」 그리고 법인을 권리주체로서 실질을 가지는 사회적 실체로 인정하려는 근래의 「법인실재설」로 전개되어 왔다. 그렇지만 법인이론은 그 학설의 주장에 대한 실익과 관련하여 오늘날 그 의미를 대부분 잃게 되었다. 왜냐하면 법인과 관련하여 실질적으로 문제가 되는 법인의 능력이나 책임 등에 관하여는 이를 규율하는 실정법적 규정이 마련되어 잘 정비되어 있으므로 이에 대한 적용과 해석을 통하여 큰 문제없이 해결되고 있기 때문이다.

Ⅱ. 법인의 종류

- 법인
  - 공법인(공공목적)
  - 사법인(사적이익)
    - 영리법인－상법상의 회사(민사회사－어업, 농업 등 상행위 이외의 영리를 목적으로 함(제39조); 상법 제169조에 의하여 해결)
    - 비영리법인
      - 사단법인
      - 재단법인

1. 공법인과 사법인

공법인은 특정의 공공목적을 수행하기 위하여 공법에 의하여 인정된 법인이다. 이에 반해 사법인은 사적 목적을 위하여 사법에 의하여 설립된 법인이다. 공법인(예: 국가·지방자치단체·지방공공단체 등)은 공법의 적용을 받으며, 사법인(예: 민법상의 법인과 상법상의 회사 등)은 사법의 적용을 받는다. 양 법인의 차이는 다음과 같다.

① 쟁송에서 공법인에 관한 쟁송은 행정소송, 사법인에 관한 쟁송은 민사소송으로 한다.

② 구성원으로부터의 각종의 부담을 징수하는 절차에 있어서 공법인은 국세징수법상의 강제징수절차에 의하고, 사법인은 민사집행법상의 강제집행절차에 의한다.

③ 법인의 불법행위책임에서 공법인은 국가배상법상의 배상책임을 지고, 사법인은 민법상의 불법행위책임을 진다.

④ 구성원의 범죄에 관하여 공법인의 경우에는 직무에 관한 죄가 성립하고, 사법인의 경우에는 일반범죄가 성립한다.

⑤ 문서위조에 관하여 공법인의 경우에는 공문서 위조죄가 되고, 사법인의 경우에는 사문서 위조죄가 된다.

2. 영리법인과 비영리법인

사법인은 그 목적이 영리의 추구에 있느냐 그렇지 않느냐에 따라서 영리법인과 비영리법인으로 나눌 수 있다.

(1) 영리법인

영리법인은 단체 구성원의 이익을 추구하는 법인을 말한다. 이러한 영리를 목적으로 하는 법인은 사단법인에만 해당된다. 사단법인은 이에 소속된 구성원들이 자신들의 이익을 추구하는 영리법인으로 운영될 수 있으나, 재단법인은 집적된 재산을 본질로 하고 사원을 가지고 있지 않으므로 구성원의 이익을 추구하는 영리법인으로 운영될 수 없다. 영리법인의 대표적인 것은 상법상의 「회사」이며, 교통·통신·보도·출판 등의 공공사업을 목적으로 하는 법인이라 하더라도 사원의 이익을 목적으로 하는 법인은 영리법인이다. 한편 상법상 회사에는 상행위뿐만 아니라 그밖에 영리를 목적으로 하여 설립한 사단도 포함되므로(상법 제169조) 영리를 추구하는 이상 모두 상법사의 회사법의 적용을 받는다. 사단법인 중에서 영리법인은 설립등기를 함으로써 성립하는 데 비해, 민법상의 법인은 주무관청의 허가를 얻어 설립등기를 함으로써 성립한다(제32조, 제33조).

(2) 비영리법인

비영리법인은 학술, 종교, 자선, 기예, 사교 기타 영리아닌 사업을 목적으로 하는 사단법인 또는 재단법인을 말한다(제32조). 비영리법인은 영리아닌 사업을 목적으로 하므로 영리도 함께 목적으로 하는 법인은 비영리법인이 아니라 영리법인이다.[1)]

3. 사단법인과 재단법인

사단법인은 일정한 목적 하에 모여진 사람의 단체로서 법률상 권리·의무의 귀속주체일 수 있는 단체를 말하고, 재단법인은 일정한 목적을 위하여 제공된 재산에 대하여 법인격을 부여한 것이다. 양자는 다음의 점에서 차이가 난다. ㉠ 사단법인은 사람의 단체이기 때문에 그 구성원인 사원이 그 중추적인 존재이지만, 재단법인의 실체는 재산의 집합체로서 재단법인에는 사원이 존재하지 않는다(제40조, 제43조). ㉡ 사단법인은 사원총회에 의하여 사회적·경제적 형편에 대응하여 자주적으로 그 의사를 결정하여 활동할 수 있으므로 자율적 법인이다. 이에 반해서 재단법인은 법인설립자의 의사에 따라 활동해야 하므로 타율적 법인이다. 물론 재단법인에도 그 관리·활동을 위해서는 자연인이 필요하지만, 이러한 자연인들은 오로지 법인설립자의 의사에 따라 정하여진 목적에 따라 법인을 위하여 행위하는 기관일 뿐이다. ㉢ 사단법인에는 비영리법인과 영리법인이 있으나, 재단법인은 언제나 비영리법인이다(제32조, 제39조). 이러한 본질적 차이에서 사단법인과 재단법인은 설립행위, 정관의 변경, 기관의 종류, 해산사유 등에서 차이를 보인다.

제 2 관 사단법인

I. 사단법인의 설립

사단법인이 설립되기 위해서는 1) 목적의 비영리성, 2) 설립행위(정관 작성), 3) 주무관청의 허가, 4) 설립등기의 4가지 요건을 갖추어야 한다.

---

1) 곽윤직·김재형, 153면.

1. 목적의 비영리성

사단법인은 비영리를 목적으로 하므로 「학술·종교·자선·기예·사교 기타의 영리 아닌 사업」을 목적으로 하여야 한다(제32조). 영리 아닌 사업이란 개개의 구성원의 이익을 목적으로 하지 않는 사업을 말하며 반드시 적극적으로 공익을 목적으로 할 필요는 없다. 그리하여 사단법인도 비영리의 주된 목적을 해하지 않는 범위 내에서 부수적으로 영리행위를 하는 것은 허용된다. 그렇지만 사단법인은 비영리의 목적을 추구하여야 하므로, 부수적으로 한 영리행위를 통하여 얻은 수익은 언제나 사업목적의 수행에 충당되어야 하며 어떠한 형식으로든지 구성원에게 분배되어서는 안된다.[1] 한편 공익법인에 대해서는 「공익법인의 설립·운영에 관한 법률」이 민법에 우선하여 적용된다. 그리고 학술·종교·자선·기예·사교 등의 목적을 위하여 설립된 법인은 민법에 우선하여 「사회복지사업법」과 「사립학교법」 등의 특별법의 우선 적용을 받는 경우가 많다.

2. 설립행위 – 정관의 작성

(1) 사단법인 설립행위의 의의 및 성질

사단법인을 설립하려면 2인 이상의 설립자가 법인의 기본규칙을 정하여 이를 서면에 기재하고 기명·날인하여야 한다(제40조). 이 서면을 「정관」이라고 한다. 이처럼 사단법인 설립행위인 정관 작성행위의 법적 성질에 대하여 학설의 대립이 있다. 일단 사단법인은 반드시 2인 이상이 단체형성에 참여해야 설립할 수 있으므로 사단법인의 설립행위가 단독행위가 아니라는 점에 관하여는 이설이 없다. 그 외에 설립행위의 본질에 관하여는 견해의 대립이 있다.

가. 계약설 계약설은 사단법인의 설립행위를 수인의 의사표시의 합치에 의하여 성립하는 계약으로 본다. 다만 이 계약은 공동으로 단체를 창립하고 표의자는 스스로 그 단체의 구성원으로 되는 것을 내용으로 하므로, 사단법인 설립행위의 법적 성질은 단체적인 면이 있는 계약이라는 것이다.[2] 특히 이 학설 중에는 법률행위에서 합동행위의 개념을 부정함에 따라 그 논리적 귀결로서 사단법인의 설립행위는 계약일 수밖

---

1) 곽윤직·김재형, 164면.

2) 장경학(306면)·이은영(258면) 교수는 설립행위를 단체법적 효과 발생을 목적으로 하는 특수한 계약으로 본다; 곽윤직·김재형 167면; 김대정, 344면; 이영준, 935면. 이에 비하여 김증한·김학동(175면) 교수는 공동으로 조직체를 창설하고 표의자 스스로 그 조직체의 구성원으로 되는 것을 내용으로 하는 계약으로 본다.

에 없다고 하는 견해[3])도 있다.

나. 합동행위설　　합동행위설은 사단법인의 설립행위를 2인 이상의 설립자가 법인설립이라고 하는 공동의 목적을 위하여 합동하여 하는 행위로 파악한다.[4]) 이에 의하면, 사단법인의 설립행위를 통하여 당사자들 상호간에 권리와 의무로써 대립하지 않으므로 설립행위를 계약으로 보기 어렵다는 것이다. 그리하여 사단법인의 설립에 참여한 다수의 설립자들은 단체구성이라는 공동의 목적 하에서 서로 협력하는 관계에 놓이게 되므로, 이러한 특징을 반영하기 위해서는 계약 이외에 합동행위를 인정할 필요가 있다고 한다.

다. 학설의 검토　　사단법인 설립행위의 성질을 합동행위로 볼 것인지 아니면 단체적 성격을 가진 계약으로 볼 것인지에 관한 구별의 실익은 다음과 같다.

1) 제124조의 적용문제　　사단법인의 설립행위를 합동행위라고 본다면, 이는 '상대방 없는 법률행위'이므로, 사단법인 설립행위에는 자기대리·쌍방대리를 금지하는 규정인 제124조는 적용되지 않는다고 한다.[5]) 이에 따라 설립자 중의 한 사람이 다른 설립자를 위하여 설립행위를 대리하는 것은 무방하다. 이에 대하여 사단법인의 설립행위를 단체적 계약으로 보는 견해(계약설)는 사단법인 설립행위는 '상대방 있는 법률행위'이므로 제124조가 적용되고, 따라서 본인의 허락이 없는 한 그것은 금지된다는 것이다.[6])

2) 의사표시의 흠결 문제　　합동행위설은 설립행위를 구성하는 의사표시는 '상대방 없는 의사표시'이므로 상대방 있는 법률행위(계약)를 전제로 한 의사표시에 관한 규정(제107조 내지 제110조)은 적용될 수 없다고 본다.[7]) 이에 대하여 설립행위를 계약으로 보는 견해는 당연히 의사표시에 관한 규정(제107조 내지 제110조)이 적용되어 그 설립행위를 형성하는 흠있는 의사표시는 취소 또는 무효로 된다고 본다.

3) 제한능력자의 문제　　설립자 중의 일부가 제한능력자인 경우에 합동행위설

---

3) 이영준 교수는 계약은 사적 자치의 원칙을 가장 합리적으로 실현할 수 있는 제도이므로, 계약 이외에 합동행위의 개념을 인정할 필요가 없다고 한다 즉 합동행위의 인정은 법률행위에 「단체관계」의 면을 부당하게 끌어들이는 결과로 될 뿐 아무런 실익이 없다고 한다(810면).

4) 김상용, 220면; 고상용, 190면; 김용한, 158면; 백태승, 223면.

5) 이영준 교수는 제108조와 제124조의 적용여부의 문제는 합동행위의 관념을 인정하지 않더라도, 무효·취소제도 또는 자기계약·쌍방대리금지의 제도 자체의 목적으로부터 도출될 수 있다고 한다(181면).

6) 김준호, 134면.

7) 김주수·김상용 교수의 견해는 설립행위를 합동행위로 보면서도 허위표시의 실질적 이유를 들어 합동행위를 가장하는 경우에는 제108조 제1항을 유추적용하여 무효라고 보아야 한다고 한다(206면).

은 그 사람만의 문제로 그치고 다른 사람의 의사표시에까지 영향을 주지 않는 것으로 해석한다. 따라서 제한능력자의 설립의 의사표시만 취소될 뿐 나머지 설립행위자로 사단법인의 설립 목적을 달성할 수 있다. 이에 대하여 계약설은 제한능력자의 설립행위를 취소할 수 있지만, 단체가 사회적으로 활동을 개시한 이후에는 제한능력자인 표의자만이 장래에 탈퇴의 형식으로 그 의사표시의 구속으로부터 벗어날 수 있을 뿐이라고 해석한다.[8]

마. 사 견 사단법인 설립행위의 법적 성질에 관하여는 법률행위를 계약과 단독행위로만 2분화시킬 것인지 아니면 합동행위의 개념을 포함하여 3분화시킬 것인지에 따라 입장이 나뉜다. 법률행위를 2원적으로 보는 견해에 의하면, 2인 이상이 반드시 단체를 구성하여야 하므로 단독행위는 될 수 없고 계약일 수밖에 없다. 그렇지만 3원설에 의하면, 다수의 구성원이 행한 단체구성의 의사표시는 합동행위라고 볼 수 있다. 생각건대, 공동의 목적을 지향하여 단체구성의 의사를 표시하는 사단법인의 설립행위의 특징이 합동행위의 개념을 통하여 계약보다 더 정확히 이해될 수 있으므로 합동행위로 봄이 타당하다.

(2) 사단법인 정관의 기재사항

정관의 기재사항에는 필요적 기재사항과 임의적 기재사항이 있다.

가. 필요적 기재사항 필요적 기재사항은 '정관에 반드시 기재하여야만 정관으로서의 효력이 발생하는 사항'을 말한다(제40조 제1호 내지 제7호).

1) 목 적 민법의 사단법인은 영리를 추구하는 사업을 목적으로 할 수 없다.

2) 명 칭 사단법인에 명칭을 부여하는 것에는 특별한 제한은 없고, 사단법인이라는 명칭을 반드시 기재하여야 하는 것도 아니다. 이와는 달리, 상법상 회사는 합명회사·합자회사·주식회사·유한책임회사·유한회사의 명칭을 사용하여야 한다(상법 제170조).

3) 사무소의 소재지 사단법인의 사무소가 수 개 있을 때에는 이를 모두 기재하고 '주된 사무소'를 정하여야 한다.

4) 자산에 관한 규정 사단법인 소유의 자산에 대한 종류·운용방법·회비 기타 출자의무 등에 관하여 정하여야 한다.

5) 이사의 임면에 관한 규정 사단법인은 이사의 임면은 사원총회의 결의에

---

8) 김준호, 134면.

의하는 것이 일반적이지만 반드시 이에 의하지 않는 것으로 정하여도 무방하다. 또한 정관에서 사원이 아닌 자를 이사로 임명하도록 규정하여도 무방하다.[9]

6) 사원자격의 득실에 관한 규정　　사단법인의 구성원인 사원의 자격과 그 입사·퇴사·제명 등에 관한 것을 정하여야 한다.

7) 존립시기나 해산사유를 정한 때에는 그 시기 또는 사유　　사단법인의 존립시기나 해산사유를 정할 것인가의 여부는 설립자들의 임의에 맡겨져 있다. 다만, 그러한 시기나 사유를 정하였을 때에는 이는 정관의 필요적 기재사항으로 반드시 정관에 기재하여야 한다. 그러므로 설립행위에서 존립시기나 해산사유를 정하지 않았을 때에는 이에 관한 규정이 정관에 없더라도 정관이 무효로 되지 않는다.

나. 임의적 기재사항　　임의적 기재사항은 필요적 기재사항에는 해당되지 않는 정관의 사항을 말한다. 임의적 기재사항이라도 일단 정관에 기재되면 필요적 기재사항과 동일한 정관으로서의 효력을 가진다. 그러므로 임의적 기재사항을 변경할 경우에는 필요적 기재사항과 동일한 정관변경의 절차에 의하여야 한다. 민법의 규정 중에서 '정관에 기재하지 않으면 그 효력이 없다거나' 또는 '정관에서 특별히 정하고 있는 경우에는 그 정관에 따른다'는 정관의 규정이 임의적 기재사항인 것이다(제41조·제42조·제58조·제59조·제62조·제66조·제68조·제70조 제2항·제71조·제72조·제73조 제3항·제75조 제1항·제78조·제80조·제82조 등).

〈판례〉 대판 2000.11.24, 99다12437 : 정관의 해석

사단법인의 정관은 이를 작성한 사원뿐만 아니라 그 후에 가입한 사원이나 사단법인의 기관 등도 구속하는 점에 비추어 보면 그 법적 성질은 계약이 아니라 사지법규로 보는 것이 타당하므로, 이는 어디까지나 객관적인 기준에 따라 그 규범적인 의미 내용을 확정하는 법규해석의 방법으로 해석되어야 하는 것이지, 작성자의 주관이나 해석 당시의 사원의 다수결에 의한 방법으로 자의적으로 해석될 수는 없다 할 것이어서, 어느 시점의 사단법인의 사원들이 정관의 규범적인 의미 내용과 다른 해석을 사원총회의 결의라는 방법으로 표명하였다 하더라도 그 결의에 의한 해석은 그 사단법인의 구성원인 사원들이나 법원을 구속하는 효력이 없다.

---

9) 주식회사의 경우에는 제한이 있다(상법 제382조).

3. 주무관청의 허가

민법은 사단법인의 설립에 관하여 주무관청의 허가를 요하는 허가주의를 채택하고 있다.[10] 즉 사단법인으로서 법인격을 취득하기 위해서는 주무관청의 허가를 얻어야 한다(제32조). 법인의 목적과 관련된 주무관청이 두 개 이상의 행정관청인 경우에는 이들 모두의 허가를 받아야 한다. 이때의 설립허가에 관하여 민법상 아무런 허가요건을 구체적으로 규정하고 있지 않으므로 이는 주무관청의 재량행위로 본다.[11] 따라서 불허가처분에 대해서는 재량권을 일탈하거나 남용한 경우가 아닌 한 행정소송의 대상이 되지 않는다.[12]

4. 설립등기(제33조)

가. 성립요건으로서의 설립등기 자연인에 비해 법인의 존재나 내용은 일반 제3자가 알 수 없어 이를 공시할 필요가 있고, 또 법인의 설립과 같이 다수의 이해관계인이 관여하는 경우에 개별적으로 그 선의·악의 또는 대항력의 유무를 판단한다는 것은 원활한 거래에 장애가 된다. 이러한 문제를 해결하기 위하여 제33조는 「법인은 그 주된 사무소의 소재지에서 설립등기를 함으로써 성립한다」고 규정하고 있다. 어느 사항이 등기되는지에 관해서는 제49조[법인의 등기사항]가 이를 정한다. 법인 등기와 관련하여 법인의 설립등기는 법인격을 취득하기 위한 '성립요건'이고, 그 밖의 법인과 관련된 등기는 제3자에게 대항하기 위한 요건이다(제54조 제1항).

---

10) 허가주의는 법인의 설립을 허가할 것인가의 여부가 허가요건에 관한 사상이 법률에 정하여져 있지 않는 한, 주무관청의 자유재량에 맡겨진 것을 말한다. 비영리라는 이름 아래 법인이 난립하거나 부당한 행위가 자행되는 것을 방지하려는 데 그 목적이 있다. 하교법인(사립학교법)·증권거래소(증권거래법) 등이 이에 속한다. 이외에 법인격 부여에 관한 입법례로 ① 법인설립에 관하여 아무런 제한을 두지 않고, 거래사회에서 자주적으로 활동하는 단체나 재단이 사실상 설립되면 법인격을 인정하는 자유설립주의, ② 법인설립에 관한 요건을 미리 정해놓고, 그 요건을 갖추기만 하면 허가나 인가와 상관없이 법인격을 인정하는 준칙주의(예: 상법상 회사 등), ③ 법인 설립에 관하여 주무관청의 심사를 필요로 하지만 법률이 정하는 일정한 요건을 갖춘 경우 주무관청이 반드시 인가하도록 하는 인가주의(예 상공회의소 등), ④ 법인을 설립할 때마다 특별법의 제정을 필요로 하는 특허주의(예: 한국은행 등), ⑤ 국가가 공익적인 필요에 의하여 법인의 설립을 강제하는 강제주의(예: 변호사회 등)가 있다.

11) 비영리법인의 설립허가를 할 것인지 여부는 주무관청의 정책적 판단에 따른 재량에 맡겨져 있다(대판 1996.9.10, 95누18437).

12) 대판 1979.12.26, 97누248.

나. 설립등기의 절차 설립 중의 아직 권리능력 없는 사단은 법인의 주된 사무소의 소재지에서 설립등기를 함으로써 법인으로서 성립한다(제33조).13) 설립등기의 절차는 「비송사건절차법」 제60조 이하에 의한다. 설립등기는 반드시 법인의 주된 사무소의 소재지에서 등기하여야 하고, 종된 사무소의 소재지에서 한 등기는 그 효력이 없다.

Ⅱ. 사단법인의 설립 절차

사단법인의 설립과정을 보면 다음과 같다. 우선 제1단계로 발기인들이 모여 법인설립의 준비를 함에 따라 발기인(설립자) 상호간에 법인 설립을 목적으로 하는 법률관계가 성립하고, 제2단계에서는 실제지 설립행위인 정관을 작성함으로써 법인으로서의 실체를 갖추게 되며, 제3단계에서는 법인격 취득의 형식인 주무관청의 허가 및 설립등기를 갖춤에 따라 법인이 성립한다. 제1단계를 「설립자(발기인)조합」, 제2단계를 「설립 중의 법인」라 하고, 제3단계는 권리능력을 취득한 「사단법인」이라 한다.

1. 발기인조합

법인설립을 의욕하는 자를 발기인이라고 한다. 이러한 발기인들은 법인설립에 필요한 준비행위를 하게 된다(예: 정관의 원안작성·필요한 서류의 작성·사무소 임차 등). 이러한 발기인들이 구성하고 있는 단체의 법적 성질은 조합이고, 이에 관하여는 조합의 규정이 적용된다. 따라서 발기인조합이 행한 법인설립의 준비행위는 법인설립 전에 이루어진 것으로서 법인설립 중의 행위와는 구별되므로, 그에 따른 법률관계는 발기인조합이 스스로 책임질 뿐 당연히 설립 중의 법인에게 이전되지 않는다. 그러므로 발기인 조합 또는 발기인 개인의 명의로 이루어진 권리·의무가 설립 중의 법인에게 승계되기 위해서는 권리의 양수 및 의무의 인수 등의 특별한 이전행위가 있어야만 한다.14)

2. 설립 중의 법인

발기인조합이 법인 설립의 목적을 위한 조합계약에 기초하여 설립된 조합이므로

---

13) 법인의 사무소 소재지를 관할하는 지방법원, 그 지원 또는 등기소가 관할등기소가 되고(비송사건절차법 제60조), 법인을 대표하는 자가 신청서에 정관·이사의 자격을 증명하는 서면·주무관청의 허가서·재산목록을 첨부하여 신청하여야 한다(동법 제63조). 그리고 민법은 주된 사무소의 소재지를 그 법인의 주소로 하고 있다(제36조).

14) 대판 1990.12.26, 90누2536; 대판 1994.1.28, 93다50215.

그 계약의 이행행위로서 법인 설립에 필요한 준비행위를 완료하게 된다. 그러면 설립자들은 창립총회를 개최하여 준비된 정관안을 심의하여 확정시킨 후 이에 기명날인하면 정관작성이 완료되고, 이로써 법인의 최초의 구성원이 확정됨에 따라 법인의 실질을 갖추게 된다. 그렇지만 이 단계에서는 법인의 실질을 갖추었으나 아직 법인격을 취득하지 못한 상태이므로 법인격 취득의 형식적 절차가 남아 있다. 이 단계를 「설립 중의 법인」이라고 한다. 이는 법인의 실질을 갖추고 법인격 취득이 되지 않은 상태이므로 그 본질은 「권리능력 없는 사단」이다. 그리고 설립 중의 법인은 법인설립의 목적의 범위 내에서만 행위할 수 있다. 그런데 설립 중의 법인은 장차 성립할 법인의 전신이므로 법인격이 없다는 점 외에는 양자는 실질적으로 동일하다.

3. 설립등기이후의 법인

설립 중의 법인은 후에 주된 사무소의 소재지를 관할하는 법원등기소에 설립등기를 함으로써 법인으로 성립된다(제33조). 설립 중의 법인과 설립등기를 마침으로써 성립한 법인은 법인격 취득 여부에서만 차이가 있을 뿐 그 외에는 동일성을 잃지 않는다. 그러므로 설립중의 법인의 행위는 별도의 절차 없이 성립 후의 법인의 행위로 된다. 따라서 설립 중의 법인이 취득한 재산(물권·채권)은 별도의 효력요건이나 대항요건을 요하지 아니하고 당연히 사단법인의 재산으로 된다고 할 것이다.

한편, 판례는 설립 중의 법인이 한 행위에 대해 설립 후의 법인이 책임을 지는 것은 「법인의 설립 자체를 위한 행위」에 한하여 법인이 책임을 승계하는 것으로 보고 있다.[15)]

Ⅲ. 권리능력없는 사단

1. 권리능력 없는 사단의 의의

「권리능력 없는 사단」은 사단으로서의 실체를 가지지만 법인격(권리능력)을 취득하지 않아 아직 법률상 권리·의무의 귀속주체가 될 수 있는 지위를 취득하지 못한 단체를 말한다. 권리능력 없는 사단이 생기는 이유는 첫째, 민법이 사단법인의 설립에 관하여 허가주의를 취하고 있기 때문에 주무관청으로부터 허가를 얻지 못하는 경우가 발생하

---

15) 그리하여 설립자들이 쓴 비용 중에서 '설립 자체를 위한 비용'으로 쓴 경우에 한하여 설립법인이 책임을 지는 것으로 보았다(대판 1965.4.13, 64다1940). 이 경우 그 비용은 이를 집행한 설립자 개인이 책임을 지게 된다.

고, 둘째, 단체의 구성원들이 주무관청으로부터의 간섭받기를 원하지 않고 비영리의 목적을 자율적으로 추구하기 위하여 사단법인이 될 절차를 밟지 않기 때문이다.

2. 조합과 권리능력 없는 사단과의 차이

권리능력 없는 사단은 사람의 단체라는 점에서는 조합과 비슷하다. 그러나 조합은 구성원들 사이의 계약에 의해서 성립되므로 단체적 성격 보다는 그 구성원의 개인적 색채가 강하다. 조합과 권리능력 없는 사단과의 구체적인 차이는 다음과 같다.

① 조합은 특정한 개인을 당사자로 하는 계약에 의하여 규율된다(제703조 이하). 이에 반하여 사단은 구성원에 대하여 일반적 효력을 갖는 정관에 의하여 규율된다.

② 조합은 단체성이 약하여 단체의 구성원이 전면에 나타난다. 이에 반하여 사단은 단체성이 강하여 그 구성원은 개성을 상실하고 단체가 전면에 나타난다.

③ 조합은 구성원 전원이 권리의 주체이며, 다만 편의를 위하여 구성원 각자가 특정 조합원에게 대리권을 부여하여 행위하게 된다. 따라서 그 법률효과도 조합원 전원에게 발생한다. 그러나 사단은 단체로서 기관에 의하여 행동하고 그 법률효과도 직접 사단에 대하여 발생하며 구성원 개인에게 그 효과가 미치지는 않는다. 다만 구성원은 총회를 통하여 단체의 운영에 참여한다.

④ 조합의 재산은 조합원 전원이 합유하며 조합의 채무는 조합원 전원이 공동으로 부담한다. 이에 반해서 사단은 구성원과는 별개의 독립한 단체이고 재산관계는 구성원 모두의 총유에 속한다. 또한 사단의 채무에 대하여도 구성원은 이를 이행할 책임을 지지 않는다.

⑤ 계약을 기초로 형성된 조합 그 자체는 민사소송법상의 소송당사자능력을 갖지 못한다. 이에 반해서 사단은 독자적으로 소송의 당사자능력도 갖는다(민사소송법 제51조).

3. 권리능력 없는 사단의 모습

(1) 종 중

가. 종중의 성립요건 종중이란 공동선조의 후손들에 의하여 선조의 분묘수호 및 후손 상호간의 친목도모를 목적으로 형성되는 자연발생적인 친족단체로서 그 선조의 사망과 동시에 그 자손에 의하여 성립된다.[16] 이러한 종중은 자연발생적인 것이므로 공동선조의 후손이면 누구나 가입절차 없이 구성원이 되고, 종중의 성립을 위한 특

16) 대판 1994.11.11, 94다17772.

별한 조직행위는 필요 없다.[17] 그러므로 공동선조의 후손들 중 특정 지역 거주자나 특정 범위 내의 자들만으로 구성된 종중이란 있을 수 없다. 그리고 종중은 공동선조의 분묘수호·제사·종원 상호간의 친목을 목적으로 하므로, 이를 위한 종중원들 간의 종중재산의 관리방법·목적재산의 설정·임원의 선임 기타 목적수행의 방법 등을 정한「종약」이 있어야 한다. 이 종약은 반드시 성문의 종약으로 있어야 하는 것은 아니고 종중에서 대대로 내려온 관습이나 불문의 종약으로 있더라도 상관없다. 또한 종중의 대표자가 계속하여 선임되어 있는 등의 조직을 갖추어야 할 필요도 없다.[18]

나. 종원의 자격 과거에는 성년의 남자 만에 대하여 종중의 구성원인 종원의 자격을 인정하였으나,[19] 오늘날 남녀평등의 이념에서 여성에게도 종원의 자격을 인정하고 있다.[20] 따라서 공동선조의 후손 중 성년이기만 하면 남자 여자를 불문하고 종원이 된다. 그리고 종중이 성립된 후에 정관 등 종중규약을 작성하면서 일부 종원의 자격을 임의로 제한하거나 확장한 종중규약은 종중의 본질에 반하여 무효이다.[21] 종원은 자기의 의사와 관계없이 종중의 구성원이 되고, 또한 종중에서 탈퇴할 수도 없다.[22] 또한 종중도 종원을 축출할 수 없다. 일부 종원에 대하여 그 자격을 박탈하는 것을 내용으로 하는 규약은 종중의 본질에 반하는 것으로서 무효이다.[23] 다만 타가에 출계한 자는 친가의 생부를 공동선조로 하여 자연발생적으로 형성되는 종중의 구성원이 될 수 없다.[24]

다. 종중의 기관

1) 의결기관 종중의 최고의결기구는 종중총회이다.

---

17) 대판 2002.6.28, 2001다5296.

18) 대판 1995.11.14, 95다16103; 대판 2002.4.12, 2000다16800.

19) 대판 1985.10.22, 83다카2396·2397.

20) 종중은 성문법이 아닌 관습법에 의하여 규율되어 왔다. 그러나 종중의 종원을 남자로만 인정하는 관습은 현재 남녀평등의 사상에 비추어 볼 때 더 이상 유지될 수 없다. 관습법이 없으면 조리에 의하게 되는데(제1조), 오늘날의 사물의 이치로서의 조리는 공동선조의 성과 본을 같이 하는 후손은 성별의 차이 없이 성년이 되면 당연히 그 구성원이 된다고 보는 것이므로, 이처럼 조리에 의할 때 종원에 성년의 여성을 포함시켜야 한다(대판(전원합의체) 2005.7.21, 2002다1178); 여성의 종중원 자격과 종중총회에서의 의결권을 제한하는 내용으로 종중규약을 개정하고, 종중 소유 부동산에 관한 수용보상금을 남성 종중원들에게만 대여하기로 한 종중 임시총회 결의는 무효이다(대판 2007.9.6, 2007다34982).

21) 대판 1997.11.14, 96다25715.

22) 대판 1998.2.27, 97도1993.

23) 대판 1978.9.26, 78다1435; 대판 1991.11.8, 91다25383.

24) 대판 1999.8.24, 99다14228.

2) 대표자 '권리능력 없는 사단'으로서 종중이 대외적으로 제3자와 거래를 하거나, 소송당사자가 되기 위해서는 반드시 그 대표자가 있어야 한다(민사소송법 제52조). 종중 대표자는 종중의 규약이나 관례가 있으면 그에 따라 선임하고 그것이 없다면 종장 또는 문장이 그 종원 중 성년 이상의 사람을 소집하여 선출한다. 그런데 평소에 종중에 종장이나 문장이 선임되어 있지 아니하고 선임에 관한 규약이나 관례가 없으면 현존하는 연고항존자(年高行尊者)가 종장이나 문장이 되어 국내에 거주하고 소재가 분명한 종원에게 통지하여 종중총회를 소집하고 그 회의에서 종중 대표자를 선임하는 것이 일반 관습이다.[25] 또한 공동 선조의 자손인 성년 여자도 종중원이라고 할 것이므로,[26] 연고항존자가 여성인 경우 대표자 선임을 위한 종중총회 소집권한을 갖는다.

3) 종중총회의 소집 ① 종중총회의 소집권한 없는 자에 의하여 소집된 총회는 무효이다. 그러므로 대표자를 선임하기 위한 종중총회는 소집권한이 있는 사람에 의하여 소집되어야 한다. 「종중총회의 소집권자」는 위의 절차에 따라서 대표자 선임에 관한 규약이나 관례가 있으면 이에 따르고, 종장 또는 문장이 선임되어 있으면 그가 되거나,[27] 종중에 평소 종장이나 문장이 선임되어 있지 아니하면 현존하는 연고항존자가 종장이나 문장이 되어 총회의 소집권한을 갖는다.[28] 이때 종중총회의 소집권을 가지는 연고항존자를 확정할 때 여성을 제외할 이유가 없고,[29] 여성이 연고항존자인 경우 그녀가 소집권한을 갖는다.[30] ② 「종중총회의 소집통지」는 종중의 규약이나 관례에 의하고, 이것이 없는 한 통지 가능한 모든 종원에게 적당한 방법으로 통지를 함으로써 각자가 회의의 토의와 의결에 참여할 수 있는 기회를 주어야 한다.[31] 만일 일부 종원에게 이러한

---

25) 대판 1997.2.28, 95다44986; 대판 2010.12.9, 2009다26596.

26) 대판 2005.7.21, 2002다1178.

27) 대판 1990.11.13, 90다카11971.

28) 대판 1993.3.9, 92다42439.

29) 대판 2010.12.9, 2009다26596.

30) 소집권한 있는 자가 직접 소집하지 않고 그의 동의 하에 소집권한 없는 자로 하여금 소집하게 한 것이라면, 절차에 하자가 없어 그러한 총회소집은 유효하다. 그렇지만 단순히 소집권한 없는 자에 의하여 소집된 종중 총회에 소집권자가 참석하여 이의를 제기하지 않았다는 이유만으로 그 종중총회가 소집권자의 동의에 의하여 소집된 것이라거나 그 총회의 소집절차상의 하자가 치유되어 적법한 것으로 되지는 않는다(대판 1994.1.11, 92다40402). 또한 종원들이 종중재산의 관리 또는 처분 등에 관하여 대표자를 선정할 필요가 있어 적법한 소집권자에게 종중총회의 소집을 요구하였으나 소집권자가 정당한 이유 없이 이를 소집하지 아니할 때에는 차석 연고항존자 또는 발기인이 총회를 소집할 수 있다(대판 1993.8.24, 92다54180; 대판 1994.5.10, 93다51454).

31) 대판 2006.10.27, 2006다23695; 여자도 종중원이 되므로 종중총회의 개최를 위하여 그 당시 남자 종중원들에게만 소집통지를 하고 여자 종중원들에게 소집통지를 하지 않았다면, 그 종중총회에서의

소집통지를 결여한 채 개최된 종중 총회의 결의는 그 효력이 없고,[32] 그 결의가 통지 가능한 종원 중 과반수의 찬성을 얻은 것이라고 하더라도 그 총회의 결의는 무효이다. 이 경우에 소집통지를 받지 아니한 종원이 다른 방법에 의하여 총회개최를 위한 소집을 알게 된 경우에는 통지의 효과가 발생된 것으로 보아 소집절차의 흠은 없어지고 그 종원이 종중 총회에 참석하지 않더라도 그 종중 총회의 결의를 무효라고 할 수 없다.[33]

4) 종중총회의 결의　종중총회의 결의의 방법은 종중규약이나 종중관례에 따르되 이러한 특별한 규정이 없으면 총회를 소집하여 '출석자의 과반수'로 결정한다.[34] 여기에서 결의를 위한 정족수는 출석자의 과반수를 의미하여 종중원의 과반수가 출석하여야 하는 것은 아니다.[35] 이때 출석종원은 당초 총회에 참석한 모든 종원을 의미하는 것이 아니라 결의 당시 회의장에 남아 있던 종원만을 의미하고 회의 도중 스스로 회의장에서 퇴장한 종원들은 이에 포함되지 않는다.[36]

라. 종중의 재산관계　선조의 제사를 위한 재산을 종중재산이라고 한다. 여기에는 선조의 분묘가 있는 임야인 묘산(墓山) 또는 종산(宗山)과 제사비용에 충당하기 위한 토지인 위토(位土) 내지는 제전(祭田)이 있다. 이러한 종중의 재산은 종중원 모두의 총유 내지 준총유에 속하고(제275조 이하), 그 중 부동산에 대해서는 대표자가 선임되어 있는 경우 종중의 명의로 등기할 수 있다(부동산등기법 제26조). 그럼에도 종중이 보유한 부동산은 일반적으로 특정의 종원에게 명의신탁되어 있다. 「부동산 실권리자명의 등기에 관한 법률」은 조세포탈, 강제집행의 면탈 또는 법령상의 제한의 회피를 목적으로 하지 않는 한에서 종중의 명의신탁을 유효한 것으로 인정하고 있다(동법 제8조 제2호).

종중에서 문장이나 연고항존자라고 하더라도 그것만으로 당연히 종중재산에 대한 대표권을 갖는 것은 아니다.[37] 종중재산은 종중원의 총유에 속하므로 총유재산의 관리

결의는 무효로 된다(대판 2010.2.11, 2009다83650).

32) 다만 종중의 규약이나 관례에 의하여 종중원이 매년 1회씩 일정한 일시에 일정한 장소에서 정기적으로 회합하여 종중의 대소사를 처리하기로 미리 정해져 있는 경우에는 따로 소집통지나 의결사항을 통지하지 아니하였다고 하여 그 종중총회를 무효라고 할 수 없다(대판 2014.2.13, 2012다98843).

33) 대판 2006.10.27, 2006다23695; 대판 1995.6.9, 94다42389 참조.

34) 대판 1987.2.24, 86다215·86다카1071; 대판 1994.11.22, 93다40089.

35) 대판 1994.11.11, 94다17772.

36) 대판 2001.7.27, 2000다56037.

37) 대판 1997.7.27, 99다9523; 대판 1978.5.23, 78다570, 대판 1983.12.13, 83다카1463 참조; 「부동산등기법」 제41조의2, 「법인아닌 사단·재단 및 외국인의 부동산등기용 등록번호부여절차에 관한 규정」에 의한 등록을 함에 있어서 특정인을 대표자로 표시하였다고 하더라도 그것만으로 대표자로

및 처분에 관하여 반드시 종중규약에 정하는 바가 있으면 이에 따라야 한다.[38] 그러므로 종중 대표자에 의한 종중 재산의 처분이라고 하더라도 그러한 절차를 거치지 아니한 채 행한 처분행위는 무효이고, 이러한 법리는 종중이 타인에게 속하는 권리를 처분하는 경우에도 적용된다.[39] 또한 종중재산은 분배될 수 있는데, 이에 관하여 정관 기타 규약에 달리 정함이 없는 한 종중총회의 분배결의를 통하여 종원에게 분배될 수 있다.[40] 그렇지만 종중총회의 결의가 무효인 경우, 종원은 그 결의의 무효확인 등을 소구하여 승소판결을 받은 후 새로운 종중총회에서 공정한 내용으로 다시 결의하도록 함으로써 그 권리를 구제받을 수 있을 뿐이고 새로운 종중총회의 결의도 거치지 아니한 채 종전 총회결의가 무효라는 사정만으로 곧바로 종중을 상대로 하여 스스로 공정하다고 주장하는 분배금의 지급을 구할 수는 없다.[41]

(2) 교 회

가. 교인들의 교회탈퇴 교인들이 집단적으로 교회를 탈퇴한 경우, 권리능력 없는 사단인 교회가 2개로 분열되고 분열되기 전 교회의 재산이 각 교회의 구성원들에게 각각 총유적으로 귀속되는 형태의 '교회의 분열'은 인정되지 않는다.[42] 교인들이 교회를 탈퇴하여 그 교회 교인으로서의 지위를 상실한 경우 종전 교회 재산은 그 교회에 소속된 잔존 교인들의 총유로 귀속된다.

나. 소속교단에서의 탈퇴 내지 교단의 변경 교단에 소속되어 있던 지교회의 교인들의 일부가 소속 교단을 탈퇴하여 다른 교단에 가입한 경우 그것은 새로이 권리능력 없는 사단의 요건을 갖추어 설립된 신설 교회라 할 것이므로 그 교회 소속 교인들은 더 이상 종전 교회의 재산에 대한 권리를 보유할 수 없다. 그러나 교회의 소속 교단 탈퇴 내지 소속 교단 변경을 위한 결의요건을 갖추어 탈퇴하거나 변경한 경우에는 의결권을 가진 교인 2/3 이상의 찬성에 의한 결의를 갖추었다면 종전 교회 재산은 탈퇴한 교회 소속 교인들의 총유로 귀속된다.[43]

표시된 자가 적법한 대표자라고 볼 수 없다(대판 1994.11.11, 94다14094 참조).

38) 대판 1994.9.30, 93다27703; 1992.19.13, 92다27034; 대판 1992.4.24, 91다18965.

39) 대판 1996.8.20, 96다18656.

40) 이때 종중총회에서 분배결의가 있는 경우 그 분배대상자라고 주장하는 종원은 종중에 대하여 직접 분배금의 청구를 할 수 있다(대판 1994.4.26, 93다32446).

41) 대판 2010.9.9, 2007다42310·42327.

42) 대판(전원합의체) 2006.4.20, 2004다37775.

43) 대판(전원합의체) 2006.4.20, 2004다37775.

(3) 동·리의 자연부락

일정한 동·리의 주민이 공식적인 행정구역과는 별도로, 예를 들어 마을의 제사인 향제를 거행하고 임야를 고유재산으로 소유하면서 관례에 따라 부락회의를 개최하여 대표자를 선출하고 의사결정을 하는 등 그 목적사업을 수행하는 독자적인 사회조직체를 구성하는 경우가 있다. 이러한 주민공동체는 자연부락으로서 권리능력 없는 사단이 된다.[44] 이때 주민공동의 목적을 위하여 구성된 재산은 그 마을 주민의 총유에 속한다.[45] 따라서 주민은 총유로 된 재산을 사용·수익하고, 그 지역을 떠나 거주하지 않게 되면 개인의 지분을 인정하지 않는 총유의 본질상 그 지위를 잃게 된다.

(4) 사 찰

가. 전통사찰 사찰은 절의 재산 및 승려를 포괄하는 의미로서, 신도들이 사찰의 운영이나 재산의 관리·처분에 관여하는 정도에 의하여 재단 또는 사단으로 구분된다.[46] 이에 대하여는 대체로 권리능력 없는 사단으로 평가된다.[47] 이 중 민중문화의 유산으로서 역사적 의미를 가진 사찰은 전통사찰로 인정되어(전통사찰의 보전 및 지원에 관한 법률 제4조 참조) 국가로부터 보전 및 지원을 받는다.

나. 개인사찰 「전통사찰의 보존 및 지원에 관한 법률」의 적용을 받지 않는 '개인사찰'의 경우에는 신도들의 시주를 주된 재원으로 하여 사찰건물을 건립하였다 하더라도, 시주한 신도가 그 사찰건물의 소유권을 보유한다는 등의 특별한 사정이 없는 한 그 사찰건물은 창건주의 소유로 귀속된다.[48]

(5) 집합건물의 관리단

건물에 대하여 구분소유관계가 성립되면, 구분소유자 전원을 구성원으로 하여 건물과 그 대지 및 부속시설의 관리단이 성립된다(집합건물의 소유 및 관리에 관한 법률 제23조 제1항). 이 관리단은 어떠한 조직행위를 거쳐야 비로소 성립하는 단체가 아니라, 구분소유관계가 성립하는 건물이 있는 경우에는 당연히 그 구분소유자 전원을 구성원으로 하여 성립되는 단체이다. 관리단에는 대표기구로서 관리인이 있고, 규약과 집회가 있다. 이로써 집합건물의 관리단의

---

44) 대판 1980.1.15, 78다2364; 대판 1991.7.26, 90다카25765.

45) 대판 1990.6.26, 90다카8692; 대판 1995.9.29, 95다32051.

46) 대판 1997.12.9, 94다41249.

47) 대판 1982.2.23, 81누42; 대판 1997.12.9, 94다41249.

48) 대판 2005.6.24, 2003다54971.

법적 성격은 권리능력 없는 사단으로 평가된다.49)

(6) 연합조합

특정 지역에 주택건립을 위한 다수의 조합들이 결성되는 경우가 있다. 그런데 '내 집 갖기'의 목적을 효율적으로 달성하기 위해서 소규모의 조합들이 난립하여 있기 보다는 그 소속 조합원 전체를 구성원으로 하는 단일의 연합주택조합을 결성하게 된다. 이렇게 다수의 조합이 결합하여 하나의 조합을 결성한 연합조합은 소속 조합과는 별개의 독립된 권리능력 없는 사단이다. 이를 테면, 주택건립과 관련하여 결성된 연합주택조합은 그 소속 주택조합의 단순한 업무집행기관이 아니라, 독립한 권리능력 없는 사단으로 설립되는 것이다. 이로써 연합주택조합은 일반적으로 조합아파트나 상가분양계약에 관한 당사자 본인으로서의 지위를 가지고, 동시에 소유권보존등기의 명의자가 될 소속 주택조합의 대리인으로서의 지위도 함께 가진다.50)

(7) 채권단

부도난 회사의 채권자들이 채권의 회수를 위하여 소수의 대표채권자를 선임하여 채권회수에 관한 일체의 권한을 위임한 채권단은 정관의 작성 등 단체로서의 실체를 갖추기 위한 조직행위가 없었다면 권리능력 없는 사단으로 볼 수 없다.51) 따라서 민사소송법 제52조의 당사자능력을 인정할 수 없다.

4. 권리능력 없는 사단의 성립요건

(1) 사단으로서의 실체 형성

권리능력이 없는 사단으로 인정되기 위해서는 반드시 사단으로서의 실체를 갖추고 있어야 한다. 법인의 실질을 갖추기 위해서는 '대표자'와 '총회'가 있어야 하고, 권리능

---

49) 대판 1991.4.23, 91다4478.

50) 연합주택조합은 법인의 실체를 갖추고 있고, 한 정관에 해당하는 연합주택조합의 운영을 위한 규약이 존재하고 있다. 그러나 연합주택조합을 구성하는 선정자 조합들과 재건축조합은 연합주택조합에게 아파트의 건축과 조합원분 아파트의 배정, 비조합원 분 아파트의 분양, 상가점포의 분양 등 일체의 업무를 담당하도록 하였으나, 주택건설촉진법상 인가받은 조합은 선정자 조합들 및 재건축조합이었으므로 연합주택조합은 사업계획승인이나 건축허가 등을 신청함에 있어서 그 명의자는 선정자 조합들과 재건축조합으로 할 수밖에 없다. 따라서 준공된 아파트나 상가에 대한 소유권보존등기도 건축허가명의자인 선정자 조합들과 재건축조합 명의로 경료될 수밖에 없고 이에 대하여는 대리의 관계를 갖는다(대판 2003.5.13, 2000다50688 참조).

51) 대판 1999.4.23, 99다4504.

력 없는 사단의 명칭, 대표의 방법, 총회의 운영, 재산의 관리 기타 사단의 중요한 사항이 정관이나 규칙으로 규정되어 있어야 한다. 그러므로 종중과 같이 특별한 조직행위 없이도 자연적으로 성립하는 예외적인 사단이 아닌 한, 권리능력 없는 사단이 성립하려면 사단으로서의 실체를 갖추는 조직행위가 있어야 한다. 만일 어떤 단체가 외형상 목적, 명칭, 사무소 및 대표자를 정하고 있더라도 사단의 실체를 인정할 만한 조직, 그 재정적 기초, 총회의 운영, 재산의 관리 기타 단체로서의 활동을 하지 않는다면 이를 권리능력 없는 사단으로 볼 수 없다.[52] 예를 들어, 어떤 단체가 스스로 자연부락에 거주하는 계원들을 구성원으로 하고 그 규약을 정하고는 있으나, 고유재산도 없고 또 회의를 열고서도 회의록도 만들지 않고 있으며, 대표자 선임이나 교체과정도 이렇다 할 절차를 갖추지 못하였을 뿐만 아니라 그 사업내용도 회원의 직계존속의 장례에 있어서 금품의 증여, 용구의 이용 등에 불과하였다면, 이는 단순한 친목모임에 불과할 뿐 권리능력 없는 사단이라 할 수 없다.[53]

(2) 사단법인의 규정을 유추적용

권리능력이 없는 사단은 사단법인과 법인격을 취득하였는가의 차이만 있을 뿐 실질에서는 동일하므로 본질상 계약을 기초로 한 조합으로 보기 어렵다. 그리하여 권리능력 없는 사단에 대해서는 법인격 취득을 전제로 하는 규정을 제외하고는 사단법인에 관한 민법의 규정이 유추적용된다. 그리하여 미리 법원의 재가를 받는 것과 법인의 등기에 관한 규정은 법인격의 취득을 전제로 하므로 권리능력 없는 사단에는 적용되지 않는다. 그렇지만 임시이사의 선임에 관한 규정(제63조)은 법인격을 전제로 하는 조항이 아니므로 유추적용될 수 있다. 즉 권리능력 없는 사단에도 이사가 없거나 결원이 생길 수 있으며, 통상의 절차에 따른 새로운 이사의 선임이 극히 곤란하고 종전 이사의 긴급처리권도 인정되지 아니하는 경우에는 권리능력 없는 사단이나 타인에게 손해가 생길 염려가 있으므로, 제63조는 권리능력 없는 사단에 유추적용될 수 있다.[54]

---

52) 대판 1997.9.12, 97다20908.

53) 대판 2003.10.9, 2003다9353.

54) 대법원은 "민법 제63조에서 선임이사 선임의 요건으로 정하고 있는 '이사가 없거나 결원이 있는 경우'라 함은 이사가 전혀 없거나 정관에서 정한 인원수에 부족이 있는 경우를 말하고, '이로 인하여 손해가 생길 염려가 있는 때'라 함은 통상의 이사선임절차에 따라 이사가 선임되기를 기다릴 때에 법인이나 제3자에게 손해가 생길 우려가 있는 것을 의미하므로, 법인 아닌 사단도 그 요건이 충족되는 한 제63조에 따른 임시이사의 선임을 청구할 수 있다"고 판시하고 있다. 여기에서 임시이사의 선임을 신청할 수 있는 '이해관계인'은 임사이사가 선임되는 것에 관하여 법률상의 이해관계가 있는 자를 말하며, 그 법인의 다른 이사, 사원 및 채권자 등이 이에 속한다(대결(전원합의체)

(3) 설립행위

권리능력 없는 사단의 설립행위의 절차 등 그 본질적 내용은 사단법인의 설립행위에서와 같다.

(4) 내부조직

가. 내부관계 권리능력 없는 사단의 내부관계에 관하여는 우선 그 사단의 정관이 적용되고, 정관의 규정이 없는 경우에는 민법의 사단법인의 규정이 유추적용된다.[55] 따라서 사단과 사원은 직접적인 법률관계에 서지 않고, 구성원으로서의 사원과 단체로서의 사단의 관계에 기초하여 간접적으로 관계를 맺고 있다. 따라서 사원은 자기의 권리를 사단의 대표자인 기관에 대하여 주장할 수 있다.

나. 외부관계 권리능력 없는 사단은 대표자를 통해서 대외활동을 한다. 그런데 경우에 따라서는 정관에서 권리능력 없는 사단의 대표자의 대표권을 제한하는 경우가 있다. 예를 들어, 정관에서 권리능력 없는 사단의 대표자가 일정한 대외적 거래행위를 할 경우에는 사원총회의 결의를 거치도록 하는 규정이 있을 수 있다. 그렇지만 만일 대표자가 이러한 규정을 무시하고 사원총회의 결의를 거치지 않고 대외적으로 거래행위를 한 경우에 그 거래행위를 당연히 무효로 볼 수는 없다.[56] 왜냐하면 권리능력 없는 사단의 경우에는 대표자의 대표권제한에 관하여 등기할 방법이 없어 제60조[이사의 대표권에 대한 제한의 대항요건]의 규정을 준용할 수 없기 때문이다. 따라서 대표권 행사에 관하여 사원총회의 결의를 거쳐야 하도록 규정한 정관사항은 권리능력 없는 사단의 내부적 의사결정에 불과한 것으로서 그 거래 상대방이 그와 같은 대표권제한의 사실을 알았거나 알 수 있었을 경우에 한해서 무효로 된다. 이때 거래의 상대방이 대표권제한의 사실을 알았거나 알 수 있었다는 사실에 관하여는 이를 주장하는 권리능력 없는 사단측이 주장·입증하여야 한다.[57]

2009.11.19, 2008마699).

55) 김형배·김규완·김명숙, 127면; 이영준, 928면.

56) 대판 2003.7.22, 2002다64780.

57) 대판 2003.7.22, 2002다64780.

5. 권리의 귀속·공시 및 의무에 대한 책임

(1) 재산권의 귀속

가. 부동산의 소유형태 권리능력 없는 사단의 재산에 대하여 민법은 「법인 아닌 사단의 사원이 집합체로서 물건을 소유할 때에는 총유로 한다」고 규정하고 있다(제275조 제1항). 그런데 권리능력 없는 사단이 부동산을 보유하는 경우, 부동산의 등기와 관련하여 「부동산등기법」은 대표자나 관리인이 있는 권리능력 없는 사단을 등기권리자 또는 등기의무자로 인정하고, 권리능력 없는 사단이라도 그 대표자 또는 관리인이 신청하여 권리능력 없는 사단의 명의로 등기할 수 있도록 규정하고 있다(동법 제26조).[58] 따라서 부동산에 대하여는 권리능력 없는 사단이 직접 그 사단의 명의로 등기함으로써 실질적으로 부동산을 소유할 수 있다. 따라서 권리능력 없는 사단에 대한 총유에 관한 규정(제275조 제1항)은 부동산을 제외한 동산에 관해서 적용된다. 그리고 소유권이외의 재산권에 관해서도 총유에 관한 규정(제275조 내지 제277조 참조)이 준용되므로, 채권·채무를 비롯하여 여러 가지 재산권도 권리능력 없는 사단이 「준총유」하게 된다(제278조). 총유의 본질상 권리능력 없는 사단의 사원은 사단의 재산에 대하여 지분권이나 지분에 따른 분할청구권을 갖지 않는다.

나. 총유물의 관리 및 처분 권리능력 없는 사단이 보유한 재산의 관리 및 처분은 우선 정관이나 기타 규약에 의하고, 그 외는 사원총회의 결의에 의한다(제275조, 제276조 제1항). 그런데 판례는 제275조, 제276조 제1항에서 말하는 「총유물의 관리 및 처분」을 물적 요소를 강조하여 총유물 자체에 관한 이용·개량행위나 법률적·사실적 처분행위로 한정하여 해석하고 있다. 그리하여 권리능력 없는 사단이 타인 간의 금전채무를 보증하는 행위는 총유물 그 자체의 관리·처분이 따르지 아니하는 단순한 채무부담행위에 불과한 것으로 보아, 권리능력 없는 사단의 대표자가 타인의 채무보증계약을 체결하면서 정관의 내용이나 사원총회의 결의를 거치지 않았더라도 그 보증계약이 무효로 되지 않는다고 보았다. 다만 이와 같은 경우에 사원총회를 거치도록 정관이 규정하고 있다면, 이 정관의 내용은 조합장의 대표권을 제한하는 규정에 해당하므로, 거래 상대방이 그와 같은 대표권 제한 및 그 위반 사실을 알았거나 과실로 인하여 알지 못한 때에는 그 보증계약이 무효로 되지만, 그렇지 않은 경우에는 유효라고 한다.[59]

---

58) 대법원은 권리능력 없는 사단에 대하여 소송상 당사자능력과 등기능력이 있음을 인정하고 있다(대판 1970.2.10, 69다2013).

59) 대판(전원합의체) 2007.4.19, 2004다60072·60089; 이 판결에서 반대의견은 "보증채무부담행위는

나. 총유물의 보존행위 권리능력 없는 사단은 총유재산의 보존행위에 관련하여 사원총회의 결의를 거쳐서 보존행위를 하여야 한다.[60] 민법이 총유물의 보존행위에 관하여 공유나 합유의 경우에서처럼 그 구성원 각자가 보존행위를 할 수 있다는 제265조 단서 또는 제272조 단서와 같은 규정을 두고 있지 아니한데, 이는 권리능력 없는 사단의 소유형태인 총유가 공유나 합유에 비하여 단체성이 강하고 구성원 개인들의 총유재산에 대한 지분권이 인정되지 아니하는 데에서 나온 귀결인 것이다. 그러므로 총유물의 보존에 관하여는 사원총회의 결의를 거쳐서 하여야 한다(제276조 제1항).[61]

이에 따라 총유재산에 대한 보존행위를 위한 사원총회의 결의는 민법 또는 정관에 다른 규정이 없으면 '사원 과반수의 출석과 출석사원의 의결권의 과반수로써' 한다(제75조 제1항).[62] 또한 총유재산에 관한 소송은 보존행위로서 소를 제기하는 경우에도 권리능력 없는 사단이 그 명의로 사원총회의 결의를 거쳐 하거나 또는 그 구성원 전원이 당사자가 되어 '필수적 공동소송의 형태'로 할 수 있을 뿐, 그 사단의 구성원은 설령 그가 사단의 대표자라거나 사원총회의 결의를 거쳤다 하더라도 그 소송의 당사자가 될 수 없다.[63]

(2) 권리능력 없는 사단의 채무와 책임

권리능력 없는 사단의 채무는 그 구성원에게 총유적으로 귀속하므로, 총사원의 준총유가 된다. 그러므로 이러한 채무는 권리능력 없는 사단의 재산인 총유재산에 의하여만 책임지고, 사원은 회비 기타 부담금 외에 개인재산으로 이에 대한 책임을 지지 아니한다. 권리능력 없는 사단도 그 대표자가 정하여져 있으면 소송상 당사자능력을 가지므로(민사소송법 제52조), 제3자는 권리능력 없는 사단에 대한 집행권원을 가지고 사단재산에 대하여만 강제집행을 할 수 있을 뿐 사원의 재산에 대하여는 강제집행을 할 수 없다.

그 채무변제를 위한 책임재산과 별도로 생각할 수 없는데, 왜냐하면 그 채무의 변제기가 도래하고 주채무자가 채무를 이행하지 않으면 권리능력 없는 사단은 자신이 보유하고 있는 현금이나 총유물을 처분하여 그 채무를 만족시켜야 하므로, 장래의 총유물의 처분행위와 같은 것으로 보아 총유물의 관리·처분에 관한 법리가 적용되어야 한다"고 하였고, 별개의견은 반대의견에 기본적으로 견해를 같이하면서, 다만 사원총회에서 이에 대한 사항을 포함한 광범위한 결의가 있었다고 보아 그 효력을 인정하고 있다.

60) 대판 1994.10.25, 94다28437 참조.

61) 총유는 공유나 합유에 비하여 단체성이 강하고 구성원 개인들에게 총유재산에 대한 지분권이 인정되지 않으므로, 총유재산의 보존행위와 관련하여 제265조 단서 또는 제272조 단서와 같은 규정을 갖고 있지 않다(대판(전원합의체) 2005.9.15, 2004다44971).

62) 대판 2007.12.27, 2007다17062.

63) 대판(전원합의체) 2005.9.15, 2004다44971.

(3) 권리능력 없는 사단의 불법행위책임

권리능력 없는 사단의 불법행위책임에 대하여 법인의 불법행위능력에 관한 규정(제35조)이 유추적용된다고 본다. 따라서 권리능력 없는 사단의 대표자의 행위가 대표자 개인의 사리(私利)를 도모하기 위한 것이었거나 혹은 법령의 규정에 위배된 것이었다 하더라도 외관상 객관적으로 직무에 관한 행위라고 인정할 수 있는 것이라면 제35조 제1항의「직무에 관한 행위」에 해당한다. 다만 그 경우에도 대표자의 행위가 직무에 관한 행위에 해당하지 아니함을 피해자 자신이 알았거나 또는 중대한 과실로 인하여 알지 못한 경우에는 권리능력 없는 사단에게 손해배상책임을 물을 수 없다.[64] 여기서 '중대한 과실'은 거래의 상대방이 조금만 주의를 기울였더라면 대표자의 행위가 그 직무권한 내에서 적법하게 행하여진 것이 아니라는 사정을 알 수 있었음에도 불구하고 막연히 이를 직무권한 내의 행위라고 믿음으로써 일반인에게 요구되는 주의의무를 현저히 위반하는 것으로 거의 고의에 가까운 정도의 주의를 결여하고 공평의 관점에서 볼 때 상대방을 보호할 필요가 없다고 봄이 상당하다고 인정되는 상태를 말한다.[65]

〈판례〉 권리능력 없는 사단의 불법행위

특정 지역의 무주택자들이 아파트를 건축할 목적으로 자신들을 조합원으로 하는 주택조합을 설립하였는데, 조합원의 탈퇴로 인하여 임의분양분이 발생하여 이를 분양하면서 주택조합의 대표자가 조합 내의 어떠한 절차도 거치지 않고 임의분양분을 넘어서 조합원외의 사람들과 아파트의 분양계약을 체결하여 이들에게 손해를 끼친 경우에, ① 주택조합은 권리능력 없는 사단의 본질을 가진다. 권리능력 없는 사단에 대하여는 사단법인의 규정이 유추적용된다. 이로써 법인의 불법행위능력을 규정하고 있는 제35조도 주택조합에 유추적용된다. ② 임의분양분의 아파트는 주택조합의 총유물로서 이에 대한 관리 및 처분에 관하여는 조합의 정관이나 규약에 따라야 하고, 이러한 정관이나 규약이 없으면 조합원 총회의 결의에 의하여야 하는데(제276조), 그러한 절차를 거치지 아니한 채 한 행위는 무효이다. 이를 규정하고 있는 제276조는 강행규정으로서 비록 대표자에 의한 재산의 처분이라도 하더라도 또한 아파트의 수분양자는 대표자가 임의분양분에 관하여 분양계약을 체결할 수 있는 권한이 없음을 알지 못하였다고 하더라도, 그 분양계약은 무효이다.[66] 즉 단순한 대표권의 제한 문제가 아니다. ③ 분양계약이 무효로 됨에 따라 수분양자는 손해를 입게 되었고, 이에 따라 주택조합에

64) 대판 2003.7.25, 2002다27088.

65) 대판 2008.1.18, 2005다34711.

66) 대판 2003.7.25, 2002다27088.

대하여 불법행위를 이유로 손해배상을 청구하게 되는데(제750조), 이에 대하여 권리능력 없는 사단에 대하여 사단법인에 관한 규정이 유추적용됨에 따라 주택조합은 대표자의 불법행위에 대하여 함께 책임을 지게 된다. 그런데 대표자가 총유의 규정(제276조)을 위반한 분양행위가 외형상 대표자의 직무에 관한 것으로 인정되어 법인의 불법행위책임(제35조)이 인정된다(외형이론). ④ 그런데 수분양자가 분양대금을 납부하면서 주택조합이 그 많은 분양분을 보유하고 있는지에 대해서는 의심하고 있음에도 분양계약을 체결하였다면, 이에 대하여는 확인해 보지 않은 수분양자의 과실이 인정된다. 다만 중과실이 아닌 경우에는 주택조합은 면책되지 않고 다만 손해배상 산정에서 과실상계의 법리에 의하게 된다. 문제는 법인에 대한 손해배상책임원인이 대표기관의 고의적인 불법행위인 경우에도 과실상계의 법리가 적용되는 것인지의 여부인데, 이에 대해서는 대법원은 이를 인정하고 있다.[67]

---

(4) 법률행위와 소송

대표기관은 사단을 위하여 사단의 대표자로서 법률행위를 할 수 있으며, 대표기관이 사단을 위하여 정관으로 정한 목적의 범위 내에서 한 법률행위의 효과는 사단에 귀속한다(제34조). 권리능력이 없는 사단도 그 대표자가 있으면 소송상의 당사자능력을 가진다(민사소송법 제52조).

(5) 법인격을 취득한 경우

권리능력 없는 사단이 법인격을 취득한 경우에는 사단법인으로 된다. 이때에는 권리능력 없는 사단과 법인격을 취득한 사단법인 사이에 전후 동일성을 잃지 않으므로, 권리능력 없는 사단이 취득한 권리·의무는 당연히 법인인 사단법인에 귀속한다. 「설립 중의 법인」도 본질은 권리능력 없는 사단이므로, 설립 중의 사단에 속한 권리·의무는 당연히 법인에게 귀속된다.

---

67) 대판 1987.11.24, 86다카1834; 참고로 일반적인 불법행위에서는 '피해자의 부주의를 이용하여 고의로 불법행위를 저지른 자가 바로 그 피해자의 부주의를 이유로 자신의 책임을 감하여 달라고 주장하는 것은 허용될 수 없다(대판 2000.1.21, 99다50538)는 것이 판례의 태도이다

제 3 관 재단법인

Ⅰ. 재단법인의 설립

1. 목적의 비영리성

재단법인은 성질상 영리법인이 될 수 없다.

2. 설립행위

(1) 의 의

재단법인은 재산의 집합체에 대하여 법인격이 부여된 것이므로, 재단법인을 설립하려는 자는 일정한 재산을 출연하고 정관을 작성하여야 한다(제43조). 그러므로 재단법인의 설립을 위해서는 정관의 작성에 앞서 반드시 그 본질이 되는 재산의 출연이 선행되어야 한다.

(2) 법적 성질

재단법인의 설립행위는 설립자가 일정한 재산을 출연하고 서면으로 정관을 작성하여야 하는 요식행위이다. 재단법인은 사단법인과는 달라서 1인이 설립하더라도 문제될 것이 없으므로 단독행위이고, 이를 수령할 상대방도 없으므로 「상대방 없는 단독행위」이다.[1]

(3) 재산의 출연

재단법인은 재산을 기초로 존재하므로, 재산의 출연은 재단법인 설립행위의 본체적 요소이다. 따라서 재단법인의 설립은 설립자의 재산출연 행위로부터 시작된다. 재단법인의 설립자는 「생전처분」과 「유언」을 통하여 재산을 출연하는데, 이러한 재산의 출연은 대가를 받지 않는 무상행위인 것이므로, 민법은 증여와 유증에 관한 규정을 준용한다.

가. 생전처분으로 설립하는 경우 생전처분으로 재단법인을 설립하는 경우에 서면에 의하지 아니한 증여와 해제(제555조)·증여자의 재산상태변경과 증여의 해제(제557조)·

---

1) 곽윤직·김재형, 172면; 김상용, 223면; 대판 1999.7.9, 98다9045.

증여자의 담보책임(제559조)에 관한 규정이 준용된다. 특히 제555조[서면에 의하지 않은 증여와 해제]의 준용과 관련하여, 이 규정을 반대해석하면, 설립자가 재단법인 설립을 위하여 재산출연을 서면으로 약정한 경우에 출연의 의사표시를 해제할 수 없을 것이다. 그런데 의사표시와 관련하여 출연자에게 출연행위에 착오가 있었음을 이유로 서면에 의한 경우라도 취소할 수 있다면(제109조 제1항 본문), 이는 제555조의 취지와 서로 상반되게 된다. 이와 관련하여 판례는 양 규정의 입법취지가 서로 다르다고 보아 그 경합을 인정하고 있다. 즉 제555조에 의한 해제는 민법총칙상의 취소와는 요건과 효과가 서로 다르므로, 서면에 의한 출연이더라도 민법총칙 규정에 따라서 출연자로서는 착오에 기한 의사표시를 이유로 출연의 의사표시를 취소할 수 있다고 한다.2)

나. 유언으로 설립하는 경우 유언으로 재단법인을 설립하는 경우에는 유언의 방식(제1060조, 제1065조 내지 제1072조), 유언의 효력(제1073조, 제1079조 내지 제1085조, 제1087조, 제1090조)에 관한 규정 등이 준용된다. 따라서 유언이 그 방식의 규정(제1065조)을 지키지 아니하면, 유언에 의한 재단법인의 설립 의사는 무효로 된다.

(4) 출연재산의 귀속시기

가. 민법의 규정 민법에 의하면, 생전처분으로 재단법인을 설립하는 경우에는 출연재산은 「재단법인이 성립된 때」(재단법인의 설립등기를 한 때(제33조))로부터 법인의 재산이 되고(제48조 제1항), 유언으로 재단법인을 설립하는 경우에는 「유언의 효력이 발생한 때」(유언자가 사망한 때(제1073조))에 소급하여 법인에 귀속한 것으로 본다(제48조 제2항). 특히 유언으로 재단법인을 설립하는 경우에는 출연재산이 상속재산으로서 상속인에게 귀속되는 절차를 거치지 않고 곧바로 재단에 귀속되는 것으로 민법은 규정하고 있다. 그 이유는 재단법인 설립의 촉진에 있다. 만일 재단법인의 설립을 위하여 출연된 재산이 일단 설립자의 상속인에게 귀속되었다가 그 후에 재단법인을 설립하여 재단법인에게 이전되어야 한다면, 이를 원치 않는 상속인이나 유언집행자가 법인설립을 지연시킬 염려가 있으므로, 이를 방지하고 재단법인의 설립을 촉진하기 위하여 민법은 유언의 효력이 발생한 때 출연재산은 곧 바로 재단법인에게 귀속되는 것으로 규정한 것이다(제48조 제2항). 이로써 재단법인의 설립을 위하여 출연된 재산은 상속재산에서 제외된다.

나. 본조와 형식주의와의 관계 민법은 물권의 권리변동에 대하여 형식주의를 취하고 있으므로, 설립자가 출연한 재산의 권리가 변동되기 위해서는 필요로 한 공

---

2) 대판 1999.7.9, 98다9045.

시를 갖추어야만 한다.

1) **출연재산이 물건인 경우** 출연재산이 부동산인 경우에는 재단법인 앞으로 등기(제186조)를 갖추어야 소유권이 이전된다. 그리고 동산인 경우에는 인도(제188조)가 있어야 소유권이 이전된다.

2) **출연재산이 채권인 경우** 출연재산이 채권인 경우에는 채권의 종류에 따라서 그 귀속시기가 달라진다. 채권에는 지명채권·지시채권·무기명채권이 있는데, 이 중에서 지명채권에는 채권증서가 발행되지 않는다. 지명채권에서는 채권증서가 발행되더라도 채권양도를 증명하는 서류에 불과하다. 이에 반해서, 지시채권·무기명채권에는 유통을 목적으로 하므로 이를 위한 증권(證券)이 발행된다.

그리하여 지명채권은 증서를 통한 공시가 없으므로 채권이전의 합의만으로 양도되어, 제48조[출연재산의 귀속시기]가 정하는 시기에 법인에게 귀속한다. 그러나 지시채권은 지시를 위한 증권이 발행되므로(제508조) '배서와 교부'의 형식을 갖추었을 때 그리고 무기명채권은 증권의 '교부'가 있어야 재단법인에게 채권이 양도되는 효과가 발생한다(제523조).

그리고 출연자가 현재 재산적 가치가 없는 채권(미수금채권)을 재단법인의 목적재산으로 출연한 경우에 비록 당사자가 그 채권에 대한 평가액을 설사 '영'으로 계산하고 있다 하더라도 당사자의 평가액 여하에 따라 출연의 효과가 좌우되는 것은 아니므로 그 채권은 재단법인에 귀속된다.[3] 이로써 평가액이 '영'인 채권은 재단법인에 귀속될 재산적 가치가 없다는 것 뿐이지 상속인들에게 상속재산으로 환원되지는 않으므로, 상속인들이 재단법인 설립을 위하여 출연된 재산인 채권을 처분한 행위는 무권한자의 처분행위로서 무효로 된다.

다. 출연재산의 귀속 재단법인의 설립을 위하여 출연된 재산이 재단법인에게 귀속되기 위해서는 권리이전의 형식(등기·인도·배서교부·교부)을 갖추어야 한다. 그런데 재단법인은 「설립자의 재산의 출연행위 → 정관의 작성 → 재단법인의 설립등기 → 출연재산의 재단법인에로의 재산권이전」의 순으로 설립되게 된다. 이러한 절차에 의하면, 재단법인은 성립(법인설립등기)한 후에도 출연재산이 설립자의 재산으로 존속함으로써 출연재산에 관한 재산권을 이전받는 형식을 갖출 때까지는 재단법인은 전혀 '재산이 없는 상태'로 존재하게 된다. 이는 재단법인의 본질에 반하는 결과를 초래한다.[4] 이는

---

3) 대판 1984.9.11, 83누578.

4) 민법 제48조는 구민법 제42조의 내용으로서 구민법은 의사주의를 취하였다. 그런데 현행 민법이 물권변동에 관하여 형식주의를 취하면서도 본조를 이에 맞추어 개정하지 않음으로써 물권변동의 규정과 본조가 충돌을 일으키게 되었다.

주로 부동산이 출연재산으로 된 경우에 문제되는 것으로서 그 해결을 위하여 학설은 견해의 대립을 보이고 있다.

1) 소위 물권적 효과설 물권적 효과설[5]은 제48조를 재단법인의 재산적 기초를 충실히 하기 위한 특별한 규정으로 이해한다. 따라서 다수설은 부동산의 물권변동과 관련하여 등기를 요하는 제186조가 아니라 등기 없이 물권의 취득이 가능한 제187조가 적용되어야 한다고 본다. 이에 의하면, 물권적 효과설은 제48조를 제187조의 「기타의 법률」의 한 규정으로 보아, 출연재산으로서의 부동산의 물권변동의 효력은 등기의 공시절차를 거치지 않고 재단법인의 설립등기시 또는 설립자의 사망시에 당연히 발생한다고 해석한다. 따라서 물권적 효과설은 출연재산에 대한 권리변동의 형식을 갖추지 않더라도 출연재산의 권리는 재단법인에게 속하는 것으로 이해한다. 이로써 재단법인은 설립 후 출연재산을 보유하게 되어 그 본질을 유지할 수 있게 된다.

2) 소위 채권적 효과설 채권적 효과설[6]은 부동산의 물권 이전을 위한 형식주의를 철저히 따르고 있다. 채권적 효과설은 재단법인의 설립이 설립자의 의사에 기한 법률행위에 의한 것이지 법률의 규정에 의한 것이 아니라고 본다. 그리하여 부동산의 경우에 제186조[부동산 물권변동의 효력]가 적용되어야 하는 것으로 본다. 특히 다수설이 제187조를 적용하는 것에 관하여, 소수설은 동조의 "판결"이 「형성판결」만을 의미하듯이,[7] 제187조에서 명시하고 있는 「법률의 규정」이란 부동산 물권 변동에 효력을 미치는 법률의 규정만을 의미하는 것이므로, 동조에서 명시한 "기타의 법률"은 물권변동에 관한 형성적 효력을 발생시키는 법률만을 의미하는 것으로 보아야 한다는 것이다. 또한 제48조는 출연재산이 '귀속시기'만을 정하고 있으므로, 이 규정을 제187조에서 말하는 물권변동의 형성적 효력을 갖는 법률에 포함시키는 물권적 효과설의 해석은 제187조의 입법취지와 맞지 않는다는 비판을 한다. 이에 따라 채권적 효과설은 권리이전에 아무런 형식을 필요로 하지 않는 재산권(예: 지명채권)은 법인의 성립시 또는 설립자의 사망시에 당연히 법인에 귀속되지만, 등기 등의 형식을 요하는 재산권은 형식을 갖추어야만 비로소 법인에게 이전된다고 한다. 그리하여 부동산의 경우 그 공시절차인 등기라는 형식을 갖추어야 비로소 출연재산이 재단법인에 속하게 되고, 다만 출연재산의 귀속시기가 제

5) 고상용, 198면; 곽윤직·김재형, 171면; 김상용, 226면; 김용한, 165면; 김주수·김상용, 211면; 장경학, 312면.

6) 김대정, 367면; 김증한·김학동, 180면; 김형배·김규완·김명숙, 136-137면; 양형우, 98면; 이영준, 941면; 이은영, 267면.

7) 이영준, 941면.

48조에 의하여 재단법인 설립시 또는 유언의 효력발생시로 소급된다고 본다. 그러면 재산의 이전에 관한 형식을 갖추기까지 설립된 재단법인의 상태는 재단법인이 설립자를 상대로 '출연재산에 대한 소유권이전청구권'을 가짐으로써 이 채권의 보유를 통하여 재단법인은 재산을 갖는 것으로 되어 재산 없는 상태는 존재하지 않는다고 한다. 이에 의하면, 설립자의 재산 출연행위는 물권을 직접 재단법인에게 이전할 것을 내용으로 하는 물권행위가 아니라, 출연재산의 물권을 법인에게 이전할 채무를 부담하는 채권행위로 본다.

3) 학설의 비교·검토 제48조 제1항에서 "출연재산은 … 법인의 재산이 된다" 또 제2항에서 "법인에 귀속한 것으로 본다"고 명시하고 있으므로, 이 규정들이 소수설의 주장대로 단순히 설립자에게 출연재산의 소유권이전청구권을 발생시키는 것으로 보기에는 적절하지 않다. 오히려 동규정은 출연재산의 귀속시기만을 규정하고 있다고 볼 것이 아니라 재산의 귀속을 명시함에 따라 물권 변동에 따른 효과까지도 함께 규정하고 있는 것으로 보아야 할 것이다. 즉 제48조의 내용을 재단법인 설립을 위하여 출연된 재산의 귀속시기 뿐만 아니라 그 귀속의 효과까지도 규정하고 있다고 해석할 수 있을 것이다. 이렇게 본다면, 제48조는 형성적 효력을 갖는 규정으로서 제187조의 기타의 법률에 포함시킬 수 있게 된다. 이로써 재단법인의 설립을 위하여 출연된 재산은 공시절차 없이 제187조에 따라 제48조에 의하여 재단법인설립시 또는 유언효력발생시에 재단법인의 재산으로 귀속된다고 보아야 할 것이다.

4) 판례의 태도 판례는 처음에는 물권적 효과설과 같은 견해를 취하였으나,[8] 후에 판례를 변경하였다. 변경된 판례는 제48조를 재산출연자와 법인과의 관계에서의 출연재산의 귀속에 관한 규정으로만 본다. 그리하여 그 기능은 출연재산의 귀속에 관하여 출연자와 법인과의 관계를 상대적으로 결정하는 것에 기준이 되는 것에 불과한 것으로 본다. 이로써 출연자와 법인 간에는 등기 없이도 제48조에서 규정한 때에 법인에 귀속되지만, 법인이 그것을 가지고 제3자에게 대항하기 위해서는 제186조의 원칙에 돌아가 그 등기를 필요로 한다는 것이다.[9] 요컨대, 유언으로 재단법인을 설립하는 경우에, 제3자에 대한 관계에서는 출연재산이 부동산인 경우 그 부동산이 법인에게 귀속되기 위해서 법인의 설립 외에도 소유권이전등기를 필요로 하는 것이므로, 재단법인이 그와 같은 등기를 마치지 아니하였다면 유언자의 상속인으로부터 그 부동산을 취득하여 이전등기를 마친 제3자에게 대항할 수 없다고 한다.[10] 대법원은 이처럼 제48조의 기능을 상대적으로

8) 대판 1973.3.28, 72다2344·2345.

9) 대판(전원합의체) 1979.12.11, 78다481·482.

이해하는 것이 일반적으로 출연자의 의사에 합치되는 동시에 거래의 안전에 기여하는 결과가 된다고 본다. 그리하여 이렇게 해석할 때, 법인으로 하여금 성립 후 제3자에 대한 관계에서 출연재산의 관리와 확보에 필요한 조치를 신속히 취하도록 유도할 수 있고, 이로써 법인에게 재산충실의 결과를 가져오게 함으로써 거래의 안전도 함께 보호될 수 있다고 한다.11) 그러나 이러한 대법원의 다수의 견해에 대하여, 소수의견은 물권변동에 있어서 제186조의 형식주의에 따르거나 예외적으로 제187조의 의사주의를 따를 수밖에 없는 현행법제 하에서, 다수의견과 같이 대내적으로는 의사주의이고, 대외적으로는 형식주의라는 구성을 할 수 없다는 것과 원래 소유권이란 소유자에게 절대적으로 귀속되어야만 된다는 점을 감안할 때 소유권의 본질에 반하는 해석이라고 비판한다.12)

(5) 정관의 작성

설립자는 법인의 근본규칙을 정하여 이를 서면에 기재하고 기명·날인하여야 한다(제43조). 정관의 기재사항은 사단법인의 정관과 마찬가지로 필요적 기재사항과 임의적 기재사항이 있다. 정관의 필요적 기재사항은 사단법인의 경우와 동일하나 이 중에서 '사원자격의 득실에 관한 규정'과 '법인의 존립시기나 해산사유'는 필요적 기재사항이 아니다(제43조). 전자는 재단법인에서는 사원이 없기 때문이고, 후자는 설립자의 의사를 고려하여 재단법인의 영속성을 기하기 위해서이다.

(6) 정관의 보충

원칙적으로 정관의 필요적 기재사항(5가지)중 하나라도 빠지면 원칙적으로 그 정관은 효력이 없다(제43조). 그런데 재단법인의 설립자가 정관의 필요적 기재사항 중에서 설립자가 "명칭·사무소 소재지·이사 임면의 방법"에 대하여 유언에서 정하지 않고서 사망한 경우에, 민법은 이해관계인이나 검사의 청구에 의하여 법원이 이들 사항을 정하여 정관을 보충하게 함으로써 재단법인을 성립시킬 수 있도록 하고 있다(제44조). 이는 재단법인 설립의 촉진 및 활성화라는 사회정책적 고려를 반영한 것이다.

---

10) 대판 1993.9.14, 93다8054.

11) 유언으로 재단법인을 설립하는 경우에도 재단법인이 등기를 마치지 아니하였다면 유언자의 상속인으로부터 부동산을 취득하여 이전등기를 마친 선의의 제3자에 대하여 대항할 수 없다(대판 1993.9.14, 93다8054); 이영준, 941면.

12) 대판(전원합의체) 1979.12.11, 78다481·482의 소수의견.

3. 주무관청의 허가와 설립등기

비영리사단법인에서와 같다.

Ⅱ. 설립 중의 재단법인

설립중의 재단법인은 재단법인으로서의 실체를 갖추고 있으나, 아직 법인격 취득의 형식을 갖추지 못한 상태를 말한다. 따라서 그 본질은 '권리능력 없는 재단'인 것이다. 따라서 설립중의 재단법인이 법인격 취득의 형식을 갖추기만 하면 재단법인으로 성립되므로, 설립중의 재단법인에서 발생된 권리의무는 그대로 재단법인에 승계된다. 판례는 "재단법인의 발기인은 법인설립허가를 받기 위한 준비행위로 재산의 증여를 받을 수 있고, 그 등기의 명의신탁을 할 수 있으며, 이러한 법률행위의 효과는 그 법인이 법인격을 취득함과 동시에 당연히 이를 계승한다"고 한다.[13)]

Ⅲ. 권리능력없는 재단

(1) 권리능력없는 재단의 의의

권리능력 없는 재단은 목적재산을 중심으로 재단법인의 실질은 갖추고 있으나 아직 법인설립등기를 하지 아니하여 법인격을 취득하지 못한 재단을 말한다. 예컨대, 유치원·한정승인을 한 상속재산(제1028조 이하), 상속인 없는 상속재산(제1053조) 그리고 기타 특별법에 의한 특수재단(공장 및 광업재단 저당법 제2조 제2호의 공장재단과 제3호의 광업재단 등)이 권리능력 없는 재단으로 존재한다.

(2) 권리능력없는 재단의 설립행위

권리능력 없는 재단의 설립은 출연재산의 소유자 혼자서도 할 수 있으므로, 설립행위는 단독행위이다. 이에는 증여·유증의 규정이 준용된다(제47조).

(3) 권리능력없는 재단의 법률관계

가. 내부관계 재단법인에 관한 규정 중 법인격을 전제로 하는 것을 제외하고 권리능력 없는 재단의 내부관계에 관하여는 재단법인의 규정을 유추적용한다.

---

13) 대판 1973.2.28, 72다2344, 2345.

나. 재산권의 귀속·공시 권리능력 없는 재단도 등기능력(부동산등기법 제26조, 부동산등기규칙 제48조)·당사자능력(민사소송법 제52조)을 가지며 명예권·명칭권과 같은 인격권도 향유한다.

부동산등기법에는 권리능력 없는 재단에 속하는 '부동산'에 관하여는 대표자 또는 관리인이 그 재단의 명의로 등기신청을 할 수 있고 또 그 재단의 이름으로 등기할 수 있도록 등기절차가 마련되어 있다(부동산등기법 제26조 등).[14] 따라서 실질적으로는 부동산에 관한 권리는 권리능력 없는 재단의 소유로 된다. 그런데 부동산이외의 재산권의 권리능력 없는 재단의 귀속에 관하여는 아무런 규정이 없다. 권리능력 없는 재단은 법인격이 부여되어 있지 않으므로 부동산 이외의 재산권에 대하여 특별한 공시방법이 없는 이상 재단의 단독소유로 할 수 없고, 재단에는 구성원이 없으므로 구성원에 의한 공동소유관계(총유관계)를 인정할 수도 없다. 따라서 권리능력 없는 재단에 속한 부동산 이외의 재산의 소유관계에 관하여 학설의 대립이 있다.

1) **단독소유설** 단독소유설은 권리능력 없는 재단도 하나의 독립된 실체이므로 부동산 기타의 재산권도 역시 권리능력 없는 재단의 단독소유에 속하는 것으로 본다. 그리고 의무 역시 권리능력 없는 재단에 속하며 그 책임은 그 재단의 목적재산에 한정하여야 한다고 한다.[15] 판례도 사찰의 재산을 기초로 불교단체등록을 한 사찰을 권리능력 없는 재단으로 보고, 그 사찰의 재산은 신도와 승려의 총유에 속하는 것이 아니라 권리능력 없는 사찰 자체에 속한다고 하여 단독소유설의 입장을 취하고 있다.[16]

2) **신탁관계설** 신탁관계설은 부동산 이외의 재산권의 귀속관계를 신탁법상의 신탁관계로 본다. 이에 의하면, 권리능력 없는 재단에 대하여 법인격이 인정되고 있지 않은 이상, 부동산물권을 제외한 재산에 대하여는 대표자 개인의 명의로 보유할 수 밖에 없다고 한다. 따라서 설립자를 위탁자, 대표자를 수탁자, 장래의 탄생할 재단법인을 수익자로 하여 이익신탁이 성립하고 있다고 본다.[17] 이 견해에 따르면 재단법인의 설립이 불허가로 확정된 경우에는 출연된 재산은 설정자(신탁의 위탁자에 해당) 또는 그 상속인에게 복귀할 수 있게 된다.

3) **학설의 검토** 권리능력은 없지만 그 재단에 재산이 귀속한 이상 신탁의 법리를 도입할 필요가 없다는 학설도 있으나, 법인격 취득에 실패하여 권리능력 없는

---

14) 대판 1970.2.10, 69다2013.

15) 이영준, 808면.

16) 대판 1994.12.13, 93다43545; 양형우, 137면.

17) 김주수·김상용, 201면.

재단의 출연재산이 원래 설립자에게 복귀하는데 신탁의 법리를 적용하면 그 해결이 쉬우므로 신탁법의 유추적용이 타당한 견해로 보인다.

(4) 법률행위와 소송

법률행위는 대표자인 관리자의 개인명의로 한다. 민사소송법상의 당사자능력이 인정되는 것도 권리능력이 없는 사단에서와 같다(민사소송법 제52조).

제 4 관 법인의 능력

Ⅰ. 법인의 능력의 특질

법인도 자연인과 더불어 권리의 주체로서 능력을 갖는다. 그러나 법인은 자연인과는 달리 법률관계의 편의를 위하여 권리의 주체로서 인정받는 것이므로, 자연인과는 그 능력을 인정받는 근거가 다르다. 그리고 법인은 실재하는 존재가 아니므로 판단능력을 전제로 한 의사능력은 법인에게는 고려되지 않는다. 이 점에서 법인에 관하여는 권리능력·행위능력·불법행위능력이 고려된다.[1] 그 내용은 다음과 같다.

① 법인의 권리능력은 '법인은 어떠한 범위의 권리·의무를 향유할 수 있는가'를 결정짓는 문제로 된다. 따라서 법인의 권리능력은 그 설립목적에 따라 법인격의 인정범위가 결정된다.

② 법인의 행위능력에서는 실체를 가지지 않은 '법인이 어떠한 방법으로 법인을 위하여 행위할 것인가'가 문제로 된다.

③ 법인의 불법행위능력은 '법인은 누구의 불법행위에 대하여 어떠한 관련성 속에서 배상책임을 부담하는가'의 문제로 된다. 법인의 기관의 행위로 타인에게 손해를 가했을 경우에 법인은 어떠한 요건 하에서 불법행위의 책임을 질 것인가를 확정짓기 위하여 불법행위능력을 검증하게 된다.

법인의 능력에 관한 규정은 강행규정이다. 이 규정은 민법상의 비영리법인뿐 아니라 모든 법인에 관하여도 원칙적으로 적용된다. 다만 회사의 불법행위능력에 관하여는 상법(제210조)에서 따로 특별규정을 두고 있다.

---

1) 이영준, 933면.

Ⅱ. 법인의 권리능력

1. 의 의

법인은 자연인만을 전제로 한 권리에 대하여는 향유할 수 없으므로, 이러한 권리에 관한 권리능력을 향유할 수도 없다. 그리고 법인은 해당 법률에 의하여도 권리능력을 제한받게 되며, '정관에 명시하고 있는 목적'의 범위에서 권리능력을 인정받게 된다(제34조).

2. 법인의 권리능력을 제한하는 내용

(1) 성질에 의한 제한

법인은 성·연령 또는 친족관계와 같은 자연인의 성질을 전제로 하는 권리·의무에 대해서는 주체로 될 수 없다. 예컨대, 생명권·친권·정조권·육체적 자유권 등은 법인으로서는 누릴 수 없는 권리이다. 그러나 일반의 재산권·명예권2)·성명권·신용권은 법인이라도 향유할 수 있다. 또 법인은 파산관재인·청산인·유언집행인 등이 될 수 있고, 미성년자를 제외한 제한능력자의 후견인도 될 수 있다.

또한 민법은 상속인을 자연인에 한정하고 있으므로(제1000조 내지 제1004조), 법인은 상속권을 가질 수 없다. 그렇지만 법인은 유증은 받을 수가 있으므로, 포괄유증을 통해서 상속과 동

2) "공자가 죽어야 나라가 산다"는 책의 제목이 비록 공자·유교문화에 대하여 비판적인 문구를 사용하였다 하더라도 이는 표현의 자유로서 보호받아야 하므로, 이로써 유교문화 발전을 목적으로 하는 재단법인 성균관의 명예를 훼손하였다고 볼 수 없다. 따라서 불법행위가 성립하지 않는다(대판 2004. 11.12, 2002다46423); 판례는 "학교설립자가 종중인 경우, 종중이 종중의 대표자 갑으로 하여금 학교법인의 설립에 관한 권한을 위임하여 학교법인을 설립하였는데, 그 대표자 갑이 학교법인의 설립자인 것으로 외부에 표시함으로써 학교법인을 실질적으로 설립한 주체가 종중이라거나 갑이 종중의 대표자로서 설립행위를 하였다는 점을 명백하게 밝히지 않은 채 단지 그 설립자가 갑이라고 기재한다고 하여 이로 인하여－그 표시가능성에 관하여 용인하였음에도－새삼스럽게 종중의 사회적 명예나 신용이 침해된다고 보기는 어렵다"고 보았다. 그리하여 종중은 그 인격권에 대한 방해의 제거나 예방을 위하여 법인의 설립자가 갑이라는 기재를 하지 아니할 것에 대한 청구(침해금지청구권)를 기각하였다(대판 1997.10.24, 96다17851). 이 사건에서 대법원은 명예에 관한 권리는 일종의 인격권인데, 법인의 명예가 훼손된 경우 그 법인은 가해자에 대하여 불법행위로 인한 손해배상과 함께 명예 회복에 적당한 처분을 청구할 수 있을 뿐만 아니라 그 성질상 일단 침해된 후에는 금전배상이나 명예 회복에 필요한 처분 등의 구제수단만으로는 그 피해의 완전한 회복이 어렵고 손해 전보의 실효성을 기대하기 어려우므로, 인격권의 침해에 대하여는 사전 예방적 구제수단으로 침해행위의 정지·방지 등의 금지청구권이 인정될 수 있다고 한다. 그런데 본 사안에서는 법인이 대표자로 하여금 설립자 명의 사용을 허용한 이상, 법인의 명예에 대한 침해행위가 없다고 보아 향후 대표자가 설립자 표기를 하지 못하도록 하는 금지청구의 대상이 아니라도 보았다.

일한 효과를 누릴 수 있다.

(2) 법률에 의한 제한

법인의 권리능력은 법률에 의하여 부여되는 것이므로 「법률」에 의하여서 제한될 수 있다. 그러므로 「명령」에 의하여서는 제한하지 못한다. 현행법상 법인의 권리능력을 일반적으로 제한하는 법률은 없으며, 개별적인 제한이 있을 뿐이다. 그 예는 다음과 같다.

① 청산법인은 「청산의 목적 범위 내」에서만 권리능력이 인정된다(제81조).

② 파산법인도 「파산의 목적 범위 내」에서만 권리능력이 인정된다(채무자 회생 및 파산에 관한 법률 제328조).

③ 회사는 다른 회사의 무한책임사원이 되지 못한다(상법 제173조).

(3) 목적에 의한 제한

민법은 법인에 대하여 「정관으로 정한 목적의 범위 내」에서 권리능력을 인정한다(제34조). 여기서 「목적 범위 내」의 의미에 관하여는 '목적에 위반하지 않는 범위 내'인 것으로 광의로 해석한다.[3] 판례[4]도 정관에 정한 목적의 범위 내의 의미를 '정관에 열거한 목적 자체에 국한되지 않고 그 목적을 수행하는 데에 있어 직접·간접으로 필요한 행위가 포함'된다고 함으로써 광의로 해석하고 있다.[5]

Ⅲ. 법인의 행위능력

(1) 행위능력의 범위

법인의 특징상 법인의 권리능력이 곧 법인의 행위능력의 범위를 결정한다. 그러므로 법인의 권리능력을 규정하고 있는 제34조[법인의 권리능력]로부터 법인의 행위능력의 범위가 도출된다. 법인은 「정관으로 정한 목적의 범위 내」에서 권리능력을 가지고, 그의 권리능력의 범위 내에서만 행위할 수 있다.[6] 그러므로 이 범위를 이탈한 대표기관의 행위는 법인의 권리능력 및 행위능력 밖의 것으로서 법인의 행위가 아니므로 법인에 대하여 효력이 없다.

---

3) 곽윤직·김재형, 174면; 김기선, 148면; 김상용, 230면; 김증한·김학동, 189면; 장경학, 319면.

4) 대판 1987.9.8, 86다카1349; 대판 1988.1.19, 86다카1384.

5) 목적수행에 필요한지 여부는 행위의 객관적 성질에 따라 판단할 것이고 행위자의 주관적·구체적 의사에 따라 판단할 것은 아니다(대판 2005.5.27, 2005다480).

6) 이영준, 945-946면.

(2) 행위자

법인은 실재하는 것이 아니라 관념적 존재이기 때문에 자연인과 같이 그 스스로는 법률행위를 할 수 없고 현실적으로는 대표기관에 자연인을 선임하고 그를 통하여 행위를 한다. 그러므로 법인의 권리능력의 범위 내에서 대표기관이 행한 행위가 법인의 행위로 인정된다.

원칙적으로 '법인의 행위능력의 범위'와 '대표기관의 대표권의 범위'는 일치한다. 따라서 대표기관의 대표권은 원칙적으로 법인의 행위능력에 속하는 일체의 사무에 미친다(제59조). 그러나 대표기관의 대표권이 제한되어 있는 경우에 대표기관이 이를 위반하여 대표권의 범위를 넘는 행위를 한 경우 예외적으로 법인의 행위에 속할 수 있다. 요컨대, 대표기관이 법인의 행위능력을 넘는 행위는 법인의 행위로 될 수 없지만, 대표기관이 대표권을 넘는 행위를 한 경우에는 제60조[이사의 대표권에 대한 제한의 대항요건] 또는 표현대리의 규정(제126조)에 의해 법인의 행위로 될 수 있다. 그러므로 '대표기관의 행위능력을 넘는 행위'와 '대표기관의 대표권을 넘는 행위'는 구별되어야 한다.

비영리법인에서 대표기관은 이사(제57조), 임시이사(제63조), 특별대리인(제64조), 직무대행자(제60조의2), 법인이 해산한 경우에는 청산인(제82조)이다.

(3) 행위의 방식

대표기관이 행하는 행위는 법인을 「대표」한다. 즉 자연인이 머리, 손이나 발 등의 기관을 써서 행위를 하면 그 행위는 곧 자연인 자신의 행위로 되듯이, 대표기관의 행위는 법인을 대표하고 이에 따라 법인 자체의 행위로 된다. 그런데 대표기관의 대표에 관하여 우리 민법은 특별히 따로 규정하고 있지 않고 대리에 관한 규정을 이에 준용한다(제59조 제2항). 이에 따라 대표기관이 법인을 대표할 때에는 대리행위에서의 현명주의의 원칙에 따라 '법인을 위한 것임'을 표시하여야만 한다(제114조 참조). 그리고 법인의 대표행위에 대하여는 대리에 관한 규정이 준용되는 결과, 무권대리·표현대리에 관한 규정도 준용된다.[7]

---

7) 김상용, 231면.

Ⅳ. 법인의 불법행위능력

1. 법인의 불법행위에 대한 민법상의 규율

법인은 「정관으로 정한 목적의 범위 내」에서만 권리능력을 가지며(제34조), 그의 권리능력의 범위에서만 행위를 할 수 있다. 그리고 이 범위를 이탈한 대표기관의 행위는 법인의 권리능력 밖의 것으로서, 당연히 법인의 행위로 되지 않는다. 그렇지만 이것은 법인의 정상적인 적법행위의 효력 발생과 관련하여 판단되는 권리능력과 행위능력에 관한 범위로서, 불법행위로 인한 책임능력의 범위와는 관계가 없다. 즉 대표기관이 법인을 대표하여 행위를 하다가 타인에게 불법행위를 가한 경우에 이 불법행위가 법인의 권리능력과 행위능력 범위 밖이라고 하여 법인이 이에 대한 책임을 회피할 수 있는 것은 아니다. 법인의 대표기관이 타인에게 불법행위를 하여 손해를 입힌 경우에는 법인은 책임질 범위 내에서 책임져야만 한다. 이에 대해서 민법은 대표기관이 그 직무에 관하여 행위를 하다가 제3자에게 손해를 가한 경우에 법인이 그 불법행위를 한 대표기관과 더불어 그 손해를 배상할 책임을 지도록 하고 있다(제35조).

2. 법인의 불법행위책임

(1) 제35조의 적용범위

가. 일반 불법행위와의 관계 법인의 불법행위책임(제35조)은 일단 대표기관의 불법행위(제750조)를 전제로 한다. 따라서 제750조[불법행위의 내용]는 대표기관의 불법행위에 대한 책임을 성립시키고, 제35조[법인의 불법행위능력]에서는 불법행위에 대한 책임 주체를 직접 가해행위를 한 대표기관뿐만 아니라 그 대표기관이 소속되어 있는 법인에까지 확대시키고 있다. 따라서 불법행위를 규정하는 제750조는 책임 성립의 근거규정인 것이고, 이를 근거로 법인의 불법행위를 규정하는 제35조는 직무에 관한 것을 매개로 하여 책임 주체의 범위를 법인에 까지 확대시키는 기능을 한다.

나. 사용자의 배상책임과의 관계 법인의 대표기관은 내부적으로는 법인의 피용자의 지위에 있기 때문에, 대표기관의 불법행위가 성립하는 경우에 법인이 사용자의 지위에서 피용자가 행한 불법행위에 대한 손해배상책임(제756조)을 지는가가 문제된다. 이는 제35조 제1항과 제756조[사용자의 배상책임]의 경합을 인정할 수 있는지 여부에

관한 것이다. 그런데 법인의 불법행위책임(제35조 제1항)은 그 대표기관의 행위로서 그 행위가 법인 자신의 것으로 되는 데 비하여, 사용자배상책임(제756조)은 대표기관이 법인에 속한 기관으로서가 아니라 독립주체인 피용자로서 제3자에 대하여 가한 손해에 대하여 이를 고용한 법인이 사용자의 지위에서 책임을 지는 것이다. 그런데 전자의 경우에는 법인이 자신의 구성부분인 기관의 불법행위에 대하여 스스로 책임지는 것이므로 면책가능성이 인정될 수 없다. 이에 반하여, 후사의 경우에는 법인이 사용자로서 피용자의 불법행위에 대하여 책임을 지는 것이므로 피용자의 선임·감독에 관하여 과실이 없으면 사용자로서는 책임을 지지 않는 면책의 가능성을 누리게 된다(제756조 제1항 단서).[8] 따라서 법인에게 대표기관의 불법행위에 대한 책임이 성립하는 경우(제35조 제1항)에 법인으로서는 면책의 가능성도 가지지 못한 채 책임을 지게 되므로 또 다시 사용자책임을 법인에게 부가적으로 인정해야 할 실익은 없다. 그리고 만일 법인의 불법행위능력(제35조)에 의하여 법인에게 면책의 가능성도 없는 엄격한 책임을 성립시키고, 이와 동시에 사용자배상책임(제756조)를 적용하여 면책의 가능성(동조 제1항 단서)이 인정되는 것도 상호 모순되는 결과를 가져온다. 따라서 법인에 대하여 그의 대표기관의 불법행위에 따른 법인의 불법행위책임이 성립되는 경우에는(제35조) 부가적으로 법인의 사용자로서의 배상책임(제756조)은 적용되지 않는다고 해석할 것이다.

(2) 법인 불법행위책임의 성립요건

가. 대표기관의 행위일 것

1) 대표기관 법인이 불법행위책임을 지는 것은 대표기관의 행위에 의한 것이어야 한다(제35조). 법인의 대표기관에는 이사·임시이사(제63조)·특별대리인(제64조)·직무대행자(제52조의2, 제60조의2)·청산인(제82조, 제83조)이 있다. 그러므로 이사라도 대표권이 없는 경우에는 그들은 법인의 기관일지언정 대표기관은 아니므로 그들의 행위는 법인의 불법행위를 성립시키지 않는다.[9] 한편 판례는 대표자의 모든 권한을 포괄적으로 위임을 받은 사람을 제35조 제1항의 "법인의 대표자"의 범위에 포함시키고 있다.[10] 즉 법인의 불법행위를 성립시키는 법인의 대표자는 명칭이나 직위 여하, 또는 대표자로 등기되었는지의 여부를 불문하고 당해 법인을 실질적으로 운영하면서 법인을 사실상 대표하여 법인의 사무를 집행하는 사람을 포함한다는 것이다. 그리하여 법인의 등기부상 대표자는 월급을 받을 뿐 법인의

---

8) 제35조에 의한 법인 자체의 불법행위책임은 비록 배상책임이 있다는 점에서는 같다 하더라도 제756조 소정의 사용자배상책임과는 그 성질이 다르다(대판 1978.3.14, 78다132).

9) 대판 2005.12.3.1, 2003다30159.

10) 대판 2011.4.28, 2008다15438.

사무집행에 관여하지 아니하고 (소위 바지사장), 실질적으로 법인을 운영하면서 사실상 법인을 대표하는 지위에 있는 사람이 있는 경우, 후자의 불법행위에 대하여도 제35조 제1항에 의하여 법인은 불법행위책임을 진다는 것이다.[11]

법인의 기관으로서 사원총회와 감사는 법인의 직무와 관련하여 외부로 타인과 행위하지 않으므로 이로 인하여 타인에게 불법행위를 가할 여지가 없으므로, 사원총회와 감사의 행위에 관하여는 법인의 불법행위가 성립하지 않는다.[12]

2) 임의대리인 법인의 이사가 특정 전문분야에 관한 직무행위를 수행하기 위해서 대리인을 선임하여 법인의 행위를 대행하게 하는 경우가 있다. 이를 임의대리인이라고 한다. 이러한 임의대리인이 법인의 업무를 수행하던 중 타인에게 손해를 가한 경우에 법인은 이에 대하여 책임을 져야하는가가 문제된다.

① 다수설 다수의 견해는 임의대리인은 특정 사항에 대하여 이사에 의하여 선임되고 대리권이 부여되어 법인을 위하여 활동하는 대리인(제62조)으로서 대표기관이 아니므로 법인의 불법행위능력에 관한 규정(제35조)의 적용은 없고, 법인은 임의대리인의 불법행위에 대하여 사용자로서의 책임을 지게 될 뿐이라고 본다(제756조).[13] 즉 다수설은 법인의 불법행위책임은 지는 것은 법인의 과실 여부와 관계없이 책임을 지는 것이므로, 이러한 무과실책임은 대외활동을 하는 기관 중에서 그 기관의 행위가 법인인 자신의 것으로 간주될 수 있을 정도로 밀접한 관계인 (대표)기관의 불법행위에 대해서만 그 정당성을 갖는다고 본다. 또한 민법은 대표에 관하여 대리의 규정을 준용하는 방식을 채택하고 있지만(제59조 제2항), 대리와 대표는 본질이 서로 다르므로 대리에 관한 규정이 그대로 유추적용될 수 없는 것으로 본다. 즉 대리인과 본인은 각각 행위의 주체와 효과가 독립된 별개의 주체로서 대리인의 행위는 대리권의 존부에 따라 본인에게 효과가 발생하는 절차가 요구되나, 대표기관은 법인의 한 구성부분으로서 그 행위는 특별한 절차 없이 곧바로 소속된 법인의 행위로 귀속되는 것이다. 이러한 대표와 대리의 본질적 차이로 인하여, 법인을 대표하는 기관인가의 여부가 법인의 책임성립을 판단하는 기준이 되어야

---

11) 김선일, “민법 제35조 제1항에서 정한 ‘법인의 대표자’에 당해 법인을 실질적으로 운영하면서 법인을 사실상 대표하여 법인의 사무를 집행하는 사람도 포함되는지 여부(2011.4.28. 선고 2008다15438 판결)”, 대법원판례해설 제87호(2011 상반기), 11면 이하.

12) 민법 제35조에서 말하는 ‘이사 기타 대표자’는 법인의 대표기관을 의미하는 것이고 대표권이 없는 이사는 법인의 기관이기는 하지만 대표기관은 아니기 때문에 그들의 행위로 인하여 법인의 불법행위가 성립하지 않는다(대판 2005.12.23, 2003다30159).

13) 고상용, 216면; 곽윤직·김재형, 180면; 김기선, 151면; 김상용, 232면; 김용한, 177면; 김주수·김상용, 222면; 김형배·김규완·김명숙, 140면; 장경학, 325면; 홍일표, 민법주해[Ⅰ], 596면.

한 것으로 본다.

이러한 논거에 따라, 다수설은 임의대리인이 법인을 위한 대리행위 중에 타인에게 가한 손해에 대하여는 법인의 불법행위능력에 관한 규정인 제35조가 유추적용되지 않는다고 본다.

② **소수설** 소수설은 대표와 대리의 본질적 차이를 인정하지 않는 전제 하에 책임매개자를 법인의 대표기관에 한정시키는 것은 문제가 있다고 한다. 즉 대표는 본질상 대리에서 기원한 것이므로 대표기관이 아니라도 이사의 임의대리인으로서 법인을 대리하여 활동하였다면, 그러한 자에 의해서 제3자에게 가한 손해는 법인의 불법행위능력에 관한 규정인 제35조가 유추적용될 수 있다고 본다. 그리하여 임의대리인의 불법행위에 대하여 법인의 불법행위책임이 인정되어야만 한다고 한다.[14] 소수설은 법인의 기관인 이상, 임의대리인은 물론 비록 대표권이 없는 기관(대표권 없는 이사·사원총회·감사)이라도 그의 불법행위에 대해서는 법인의 책임을 인정하여야 한다고 해석한다.[15]

③ **사 견** 소수설의 주장에 따라, 만일 대표기관이외에도 대표성이 없는 자 모두의 불법행위를 법인의 불법행위능력(제35조)에 포함시키게 되면, 법인으로서는 법인을 위하여 대외적으로 행위하는 자가 누구인가의 여부와 상관없이 모든 행위자의 불법행위에 대해서 책임을 지게 된다. 이는 대표와 임의대리에 대한 적절한 구분에 따른 형평성 있는 책임구성이 아니라고 생각된다. 따라서 임의대리인에 의한 불법행위에 대하여는 일단 대리의 법리에 충실해야 하며, 원칙적으로 본인의 지위에 있는 법인에게는 불법행위책임이 성립되지 않는다고 해석하여야 할 것이다. 또한 법인의 불법행위능력을 규정하고 있는 제35조 제1항이 '이사 기타 대표자'라고 명시함에 따라 법인은 대표기관의 불법행위에 대해서만 책임을 지는 것으로 보아야 한다. 그리하여 임의대리인의 불법행위에 대해서 법인은 그를 고용한 사용자로서 배상책임만을 지고(제756조 제1항 본문), 이로써 법인은 동조항 단서에 따라 사용자로서 면책의 가능성을 주장할 수 있다고 해야 한다.

나. 대표기관의 '직무에 관한 행위'의 의미 대표기관이 「직무에 관하여」 타인에게 손해를 가하여야 한다(제35조 제1항). 대표기관이 직무에 관하여 한 행위만이 법인의 행위가 되므로 이러한 행위에 대하여만 법인의 불법행위책임이 발생하는 것이다. 여기서 「직무에 관하여」에 관하여는 '외형이론'에 입각하여 '행위의 외형상 법인대표기관의

14) 이영준 교수는 법인은 제35조와 병행하여 사용자책임(제756조) 내지 제535조의 계약체결상의 과실책임을 진다고 한다(948면); 이은영, 286면.

15) 이영준, 948면.

직무수행행위라고 볼 수 있는 행위' 및 '직무행위와 사회통념상 견련성을 가지는 행위'를 포함한다.16)

1) 직무행위 자체 이사의 직무행위 그 자체의 범위 내에서 이사가 타인에게 불법행위를 한 경우에 법인은 당연히 이에 대하여 책임을 진다(제35조 제1항).

2) 외형상 직무행위 이사의 직무행위는 법인과의 내부적 관계에 의하여 결정되므로, 이를 외부에서는 알 수가 없다. 그러므로 이에 의하여 불법행위성립 여부를 결정한다면 피해자에게는 부당한 결과를 가져오게 된다. 그러므로 대표기관이 순수하게 법인으로부터 위임받은 내용에 따른 권한에 근거하여 행한 직무행위 만에 한정하여 법인의 불법행위책임을 인정할 수는 없다.17) 따라서 행위의 외형상 법인의 대표기관의 직무행위라고 인정할 수 있는 것은 제35조 제1항의 '직무에 관한 것'에 해당된다.

판례는 다음의 경우를 외형상 직무행위로 인정하였다. ① 토지구획정리조합의 대표자가 구획정리사업의 시공회사의 원활한 자금운용 등을 위해 시공회사의 채무를 연대보증하였으나, 토지구획정리사업법에서 규정한 조합원총회 등의 결의를 거치지 않아 무효로 되었더라도 그 연대보증행위는 직무행위에 해당된다.18) ② 학교법인의 설립자로서 이사 겸 학교장인 자가 자기 개인의 사업자금으로 사용할 목적으로 학교법인의 명의로 금원을 차용하면서 그 차용을 위하여 학교법인의 이사회 결의까지 있었다면 그 차용금의 사용목적이 무엇이던 간에 위 학교장의 차용행위는 학교법인의 사무집행 행위라 하지 않을 수 없다.19)

3) 직무행위와 상당한 견련관계에 있는 행위 직무행위와 상당한 견련관계에 있는 행위도 직무에 관한 행위에 해당된다. 판례도 "행위의 외형상 대표자의 직무행위라고 인정될 수 있는 것이라면 설사 그것이 대표자 개인의 사리(私利)를 도모하기 위한 것이었거나 혹은 법령의 규정에 위배된 것이었다 하더라도 직무에 관한 행위에 해당한다"고 판시하고 있다.20) 또한 판례는 ① 상호신용금고의 대표이사가 정상적인 거래를 하지 아니하고 장부와 거래원장에 등재하지 아니한 채 금고의 표준채무증서가 아닌 자신의 개인명의의 약속어음을 교부하고 정상적인 예탁금보다 높은 이자를 주기로 하는 등 정상적인 절차를 따르지 아니함으로써 예탁자에게 손해를 가한 경우,21) ② 노동조합

16) 대판 1969.8.26, 68다2320; 대판 2003.7.25, 2002다27088.
17) 김상용, 233면; 김형배·김규완·김명숙, 140면.
18) 대판 2004.2.27, 2003다15280.
19) 대판 1975.8.19, 75다666; 대판 1987.4.28, 86다카2534.
20) 대판 2004.2.27, 2003다15280.

의 간부들이 불법쟁의행위를 계획 지시 지도하는 등으로 주도함으로써 사용자에게 손해를 가한 경우,[22] ③ 종중의 대표자가 종중 소유의 부동산을 개인소유라 하여 매도하고 매매대금을 수령한 후 종중총회 결의사항을 위조하여 등기이전하여 준 후 종중이 소송으로 위 부동산을 되찾아감으로써 매수인에게 손해를 가한 경우,[23] ④ 사립학교법에서는 학교법인이 의무부담행위(금전차용 등)를 하거나 학교재산을 처분함에는 이사회의 결의와 감독청의 허가를 요하는데(제28조), 이 효력규정[24]을 위반하여 그 법률행위가 무효로 됨으로써 상대방이 피해를 입게 된 경우에 직무행위와의 관련성을 인정하였다.[25]

반면 판례는 농업협동조합 지소장이 그 개인적인 사업자금조달을 위하여 개인으로부터 자금을 차입하여 타인에게 손해를 가하는 것은 위 조합의 목적범위 내에서 타인에게 불법행위를 가한 경우라고 볼 수 없다[26]고 하여 직무행위와의 관련성은 부인하였다.

다. 대표기관의 대표권의 유월적 행사

1) 의 의 대표기관이 대표권을 정당하게 행사하지 않더라도, 그 행위가 대표기관의 직무행위와 견련관계 속에 있는 경우에는 법인의 불법행위책임이 인정된다. 이러한 경우는 대표기관의 행위가 법률에 정하여진 절차를 위반하여 그 행위의 효력이 무효로 됨에 따라 거래 상대방이 손해를 입은 경우와 대표기관의 행위가 권한 내에서 행사되었으나 그 내용이 대표권행사의 남용으로 되어 무효로 됨에 따라 거래 상대방이 손해를 입은 경우로 나눌 수 있다.[27] 전자는 대표기관이 대표권의 범위를 유월하여 행사한 경우이고, 후자는 대표기관이 대표권의 범위 내에서 선량한 관리자의 주의 의무에 반하여 행사한 경우이다(소위 대리권의 남용 참조). 본 절의 법인의 불법행위능력에 관련하여 전자만 설명한다.

---

21) 대판 1990.11.13, 89다카26878.

22) 대판 1994.3.25, 93다32828.

23) 대판 1994.4.12, 92다49300.

24) 대판 1974.5.28, 74다244.

25) 학교법인의 피용자가 업무집행에 관하여 이사회의 결의와 감독청의 허가 없이 타인에게서 금원을 차용하거나 의무부담행위를 함으로써 타인에게 손해를 가한 경우에 학교법인은 사용자로서 손해배상책임을 질 수 있다(대판 2016.6.9, 2014다64752).

26) 대판 1964.12.29, 64다1321; 이 판례에 대해서는 농업개량조합 및 학교법인과 관련하여 이와 유사한 사안에서 조합 및 학교법인의 책임을 긍정한 판례와 균형이 맞지 않는다는 비판이 있다(이영준, 950면).

27) 권순한, 228면.

2) 대표기관이 대표권을 유월한 경우

① **강행법규 또는 대표권의 제한을 위반** 대표기관이 대표행위를 하는 데에 일정한 절차를 거칠 것을 법률에 규정하였는데 그 규정이 강행규정이어서 이를 위반하여 한 행위가 무효로 되는 경우[28]와 정관에 의하여 대표권제한을 하였는데 이를 위반하여 한 행위가 무효로 되는 경우에 이로 인하여 상대방이 손해를 입었다면 법인의 책임이 문제된다. 이 경우 판례는 법인의 대표기관의 직무와의 견련성을 인정하였다.[29]

② **법인의 책임구성에 관한 학설** 대표기관의 대표행위가 법률이나 정관을 위반하여 무효로 되는 경우에 이로 인해 피해를 입은 상대방은 법인에게 불법행위책임을 물을 것인가 아니면 그 행위는 법인에 대하여 무효로 하고 무권대리로서 표현대리(제126조)의 규정에 따른 책임을 물을 수 있는지가 문제이다. 이에 대한 학설의 내용은 다음과 같다.

i) 불법행위설[30] 피해를 입은 상대방은 법인에 대해서 제35조에 기한 불법행위책임을 물을 수 있다고 본다. 이 견해는 법률에 의한 대표권 제한을 법률행위의 효력요건을 규정한 것으로 보고 그 규정을 위반한 행위는 무효이므로, 상대방은 법인에게 계약책임을 물을 수 없으며, 따라서 계약책임을 묻는 것을 내용으로 하는 표현대리는 적용할 수 없다고 본다. 즉 대표권의 대표권 제한을 위반한 행위는 직무와 관련된 불법행위를 한 것으로서 제35조를 적용하여 오로지 법인의 불법행위책임만을 물어야 한다는 것이다.[31] 한편, 판례는 대표권 유월의 경우 우선 '대표기관이 강행법규(내지는 효력규정)를 위반한 행위가 직무에 관한 것인가'에 관하여 외형이론에 따라 판단한다.[32] 그리고 외형상 직무상의 행위로 판정되어 법인의 책임이 성립되는 경우에 표현대리의 적용을 부정하고,[33] 불법행위책임(제35조)만을 인정하고 있다.[34]

---

28) 예를 들어, 「공익법인의 설립·운영에 관한 법률」 제11조 제3항에서 공익법인의 기본재산의 처분에 관해서는 주무관청의 허가를 받아야 하는데, 이는 강행규정이므로 허가 없이 기본재산을 처분하는 것은 무효이다(대판 2005.9.28, 2004다50044).

29) 대판 1974.5.28, 73다2014.

30) 이영준, 948면.

31) 김상용, 235면.

32) 법인이 그 대표자의 불법행위로 인하여 손해배상의무를 지는 것은 그 대표자의 직무에 관한 행위로 인하여 손해가 발생한 것임을 요한다 할 것이나, 그 직무에 관한 것이라는 의미는 행위의 외형상 법인의 대표자의 직무행위라고 인정할 수 있는 것이라면 설사 그것이 대표자 개인의 사리를 도모하기 위한 것이었거나 혹은 법령의 규정에 위배된 것이었다 하더라도 위의 직무에 관한 행위에 해당한다고 보아야 한다(대판 2004.2.27, 2003다15280).

33) 학교법인을 대표하는 이사장이라 하더라도 이사회의 심의·결정을 거쳐야 하는 이와 같은 재산의

ii) 표현대리설[35]　　법인의 대표기관의 권한을 법률로 제한한 것은 일종의 대표권제한으로 파악하여 이를 위반한 행위를 목적범위 이외의 대표기관의 행위로서 직무권한 밖의 월권행위로 보아 먼저 표현대리책임을 묻고(제126조), 그 적용요건이 부정되는 때에는 불법행위책임을 고려하여야 한다는 견해이다. 이 학설은 법인의 대표에 관하여는 대리에 관한 규정이 준용되므로(제59조 제2항), 법인의 대표기관이 월권적 대표행위를 한 경우 법인의 불법행위책임보다도 표현대리의 성립 여부를 먼저 따져 보아야 한다고 주장한다.

iii) 소위 선택적 적용설[36]　　이 학설에 의하면, 양자의 책임요건이 다르므로[37] 양 책임의 경합을 인정하고 어느 책임을 물을 것인가에 대하여 상대방이 자유로이 선택할 수 있어야 한다고 한다. 따라서 피해자인 상대방은 자신의 선택에 따라서 법인에게 제35조[법인의 불법행위능력]에 의한 손해배상책임이나 제126조[권한을 넘은 표현대리]에 의한 이행책임을 선택적으로 추궁할 수 있다고 본다. 이렇게 함으로써 상대방을 두텁게 보호할 수 있다고 한다.

iv) 사견　　대표기관이 대표권한 밖의 행위를 한 경우에 표현대리책임이 성립하게 되면, 불법행위로 인한 손해배상책임보다도 더 엄격한 이행책임을 법인에게 인정하는 결과로 되어 책임의 내용상 균형이 맞지 않게 된다.[38] 이러한 점에서 대표권 제한을 위반한 경우에 권한을 넘은 표현대리(제126조)에 따른 법리 구성은 타당하지 않다. 이와 같은 이유로 선택적 적용설도 정당하다고 볼 수 없다. 그러므로 대표권 유월적 행사로 인해 법인이 책임을 지는 경우에는 불법행위책임인 제35조[법인의 불법행위능력]만 적용되는 것으로 보아야 한다(불법행위책임설).[39]

처분 등에 관하여 법률상 그 권한이 제한되어 이사회의 심의·결정 없이는 이를 대리하여 결정할 권한이 없는 것이라 할 것이므로 이사장이 한 학교법인의 기본재산처분행위에 관하여는 제126조의 표현대리에 관한 규정이 준용되지 아니한다(대판 1983.12.27, 83다548)

34) 대판 1969.8.26, 68다2320.

35) 고상용, 224면; 곽윤직·김재형, 181면; 장경학, 327면.

36) 김주수·김상용, 224면.

37) 법인의 불법행위책임(제35조)과 제126조의 표현대리 책임을 비교해 보면 다음과 같다. ㉠ 불법행위책임은 손해배상책임(금전배상)을 그 내용으로 하나, 표현대리에는 본래의 급부의 이행책임을 묻는 것을 내용으로 한다. ㉡ 불법행위책임에서는 손해배상에 과실상계가 적용되나, 표현대리에서는 본래의 급부 전체를 청구할 수 있고 과실상계를 적용하지 않는다. ㉢ 불법행위책임에서는 법인 외에 이사 개인에게도 책임을 물을 수 있으나, 표현대리는 본인에 해당하는 법인에게 책임을 묻는 것을 내용으로 한다. ㉣ 불법행위 손해배상청구권은 소멸시효가 3년 또는 10년이나(제766조), 표현대리에서는 일반적인 이행청구권을 내용으로 하므로 원칙적으로 10년의 소멸시효가 적용된다.

38) 이영준, 947면.

39) 김상용, 235면.

라. 상대방의 사정에 따른 법인의 면책

1) 상대방이 악의나 중과실이 있을 것 대표기관의 행위가 강행법규나 정관에 위배되어 무효인 경우에 그로 인해 상대방이 손해를 입은 경우에는 법인의 불법행위가 성립된다. 그런데 판례는 상대방이 그러한 행위가 허용되지 않는다는 사실을 알았던 경우(악의)와 중대한 과실로 알지 못한 경우(중과실 있는 선의)에는 법인에 대하여 불법행위의 책임을 물을 수 없다고 본다.[40] 상대방이 악의인 경우 법인은 면책되는 것이다. 예컨대, 농지개량조합의 조합장이 신용금고에서 금원을 차용한 경우에 신용금고로서는 농지개량조합의 채무부담에 대한 법률상 제한을 능히 알 수 있었으리라는 사실이 인정됨에 따라 조합의 책임이 인정되지 않는다.[41] 또한 상대방에게 중대한 과실이 있는 경우에도 법인은 면책되는데, 중대한 과실이라 함은 '거래의 상대방이 조금만 주의를 기울였더라면 대표자의 행위가 그 직무권한 내에서 적법하게 행하여진 것이 아니라는 사정을 알 수 있었음에도 만연히 이를 직무권한 내의 행위라고 믿음으로써 일반인에게 요구되는 주의의무에 현저히 위반하는 것으로 거의 고의에 가까운 정도의 주의를 결여하고, 공평의 관점에서 상대방을 구태여 보호할 필요가 없다고 봄이 상당하다고 인정되는 상태'를 말한다.[42] 이로써 상대방이 악의이거나 중과실이 있는 경우에는 법인에게 불법행위책임을 물을 수 없고, 선의와 경과실에 한하여 법인에 대하여 불법행위에 따른 책임을 물을 수 있다.

2) 과실상계 법인 대표자의 행위가 직무에 관한 행위에 해당하지 아니함을 피해자가 선의이거나 경과실로 알지 못한 경우에 법인은 이에 대하여 불법행위책임을 진다. 그런데 피해자에게 경과실이 있는 경우에 법인의 불법행위책임에 따른 손해배상의 범위를 산정함에 있어 과실상계의 법리를 적용한다(제763조, 제396조). 이러한 과실상계는 심지어 법인 대표자의 고의에 의한 불법행위에 대해서도 공평의 원리에 따라 인정된다.[43]

40) 대판 2003.7.25, 2002다27088.

41) 대법원은 "농지개량조합의 조합장이 동 조합 지출역(支出役)과 공모하여 개인적 목적으로 신용금고로부터 금원을 차용하고 아무런 내부적 절차나 도지사의 승인을 거침이 없이 동 지출역 명의로 된 당좌수표 1매를 발행하게 하여 위 차용금에 대한 담보로 신용금고에 교부한 경우에 신용대출 등을 사업목적으로 하는 신용금고로서는 위와 같은 농지개량조합의 채무부담에 관한 법률상 제한을 능히 알 수 있다고 보여지고, 개인이 신용금고로부터 차용하는 금원에 대하여 농지개량조합이 그 지급담보수표를 발행한다는 것은 극히 이례에 속하는 일이므로 특단의 사정이 없는 한 신용금고는 위 수표발행이 적법하게 된 것이 아님을 알았거나 또는 알지 못하였다고 하여도 중대한 과실이 있다"고 한다(대판 1983.6.28, 83다카217).

42) 대판 2004.3.26, 2003다34045.

43) 법인에 대한 손해배상책임원인이 대표기관의 고의적인 불법행위라고 하더라도, 피해자에게 그 불

마. 대표기관이 법인의 목적 범위를 넘어서 대표권 행사를 한 경우　대표기관이 직무와 전혀 관계없는 법률행위를 한 경우에는 기관 개인의 책임만이 인정된다. 그 외에도 어떠하더라도 대표기관의 대표행위가 직무와 관련 없는 경우에는 법인의 불법행위책임이 성립하지 않는다(제35조 제2항). 다만 상대방을 보호하기 위하여 제35조 제2항에 의하여 책임질 주체의 범위만이 확대될 뿐이다.

바. 불법행위책임에 관한 일반적 요건　법인의 불법행위에 대한 책임(제35조 제1항)은 불법행위의 성립(제750조)을 전제로 하므로 불법행위에 관한 일반요건이 충족되어야 한다. 불법행위의 성립요건으로는 다음과 같다.

① 대표기관의 고의 또는 과실이 있을 것
② 가해행위가 위법한 것일 것
③ 피해자가 손해를 입었을 것[44]
④ 가해행위와 손해 간에 인과관계가 있을 것

통설은 법인의 불법행위의 성립을 위하여는 위와 같은 구성요건 외에도 대표기관이 책임능력을 가지고 있어야 할 것이 요구된다고 주장한다.[45] 그러나 이에 관하여는 제117조[대리인의 행위능력]의 규정을 유추적용하여 대표기관의 책임능력은 요건이 아니라고 해석하는 견해[46]가 있다. 이 학설에 의하면, 대표기관의 책임능력의 결여로 불법행위책임이 성립하지 않게 되면, 이를 위하여 법인으로서는 불법행위책임을 면하기 위하여 책임무능력자를 대표기관에 임명할 것이 예상되기 때문이라고 한다.[47] 그러나 후자의 해석에 대하여는 형식논리에 치우친 것으로 타당하지 않다는 견해[48]도 있다. 이 견해에 의하면, 실제로 책임무능력자를 법인의 대표기관으로 선임하는 일은 거의 없은

법행위 내지 손해발생에 과실이 있다면 법원은 과실상계의 법리에 좇아 손해배상의 책임 및 그 금액을 정함에 있어 이를 참작하여야 한다(대판 1987.11.24, 86다카1834). 참고로, 일반적인 불법행위에서는 '피해자의 부주의를 이용하여 고의로 불법행위를 저지른 자가 바로 그 피해자의 부주의를 이유로 자신의 책임을 감하여 달라고 주장하는 것은 허용될 수 없다(대판 2000.1.21, 99다50538)는 것이 판례의 태도이다.

44) 재개발조합의 대표기관의 직무상 불법행위로 조합에게 과다한 채무를 부담하게 함으로써 재개발조합이 손해를 입고 결과적으로 조합원의 경제적 이익이 침해되는 손해와 같은 간접적인 손해는 민법 제35조에서 말하는 손해의 개념에 포함되지 아니한다(대판 1999.07.27, 99다19384).

45) 고상용, 225면; 곽윤직·김재형, 182면; 김상용, 235면; 김용한, 179면; 김주수·김상용, 225면; 김형배·김규완·김명숙, 143면; 장경학, 327면.

46) 김대정, 435면; 이영준, 951면; 이은영, 289면.

47) 이영준, 951면.

48) 김상용, 235면; 대판 2009.11.26, 2009다57033.

것이고, 또한 행위제한능력자라 하더라도 책임능력이 인정될 수는 있으며, 특히 상법에서는 행위제한능력자라 하더라도 회사의 무한책임사원이 되면 그 사원자격에 기한 행위에 관하여는 행위능력자로 되므로(상법 제7조). 법인의 불법행위의 성립에 대표기관의 책임무능력을 이유로 면책될 가능성은 거의 없다고 한다.

3. 법인의 불법행위에 대한 효과

(1) 법인의 손해배상책임

가. 원 칙 민법상 불법행위(제750조)의 요건이 충족되면, 법인은 피해자에게 그 손해를 배상하여야 한다(제35조 제1항 전단). 이 경우 전술한 바와 같이 대표기관이 직무에 관하여 타인에게 행한 불법행위는 법인 자신의 불법행위이므로, 법인은 피해자에게 불법행위책임(제35조 제1항 전단)만을 지고 사용자로서 배상책임(제756조)은 지지 않는다.[49]

나. 예 외 법인의 불법행위책임과 관련하여 대표자의 행위가 직무와 관련된 행위인가의 여부에 대하여 피해자의 고의·중과실이 없어야 한다. 즉 불법행위를 일으킨 법인의 대표자의 행위가 직무에 관한 행위에 해당하지 않는 사실을 피해자 자신이 알았거나 또는 중대한 과실로 알지 못한 경우에는 법인에게 손해배상책임을 물을 수 없다.[50]

(2) 기관 개인의 책임

가. 법인의 불법행위가 성립하는 경우 법인에게 불법행위에 대한 책임이 인정되는 경우에도 대표기관 개인의 손해배상책임을 면하지 못한다(제35조 제1항 후단). 따라서 불법행위를 한 기관 개인은 법인과 함께 피해자에 대하여 배상책임을 진다. 이로써 피해자는 법인 또는 대표기관에 대하여 '선택적으로' 손해배상을 청구할 수 있다. 즉 법인과 기관 개인 사이에는 피해자에 대한 손해배상에 대하여 「부진정연대채무」관계가 성립된다.[51]

법인이 피해자에게 배상한 경우에는 법인은 기관 개인에 대하여 「구상권」을 행사할 수 있다(제65조). 왜냐하면 법인과 기관과의 내부관계에서는 기관은 법인에 대하여 「선량한 관리자의 주의」(제61조)로 직무를 수행하여야만 하는데, 기관이 타인에게 불법행위를

---

49) 김상용, 236면.

50) 대판 2003.7.25, 2002다27088.

51) 김주수·김상용, 226면; 김형배·김규완·김명숙, 143면.

가하였다는 결과는 신탁한 피고사의 주의의무를 위반한 것이기 때문이다.

나. 법인의 불법행위가 성립하지 않는 경우 법인이 대표기관의 불법행위에 대하여 책임을 지지 않는 경우에는 그 대표기관만이 불법행위(제750조)에 대하여 책임을 진다. 이때 민법은 피해자를 두텁게 보호하기 위하여 그 사항의 의결에 찬성한 사원과 이사, 그리고 그것을 집행한 이사, 기타 대표기관이 언제나 「연대하여」 배상책임을 져야만 하는 것으로 규정하고 있다(제35조 제2항). 이 규정은 공동불법행위(제760조)의 성립을 따질 필요 없이 연대책임을 인정하여 피해자를 보호한다는 점에서 실익이 있다.[52)]

이 경우에서 대표기관의 불법행위가 다른 사원들이 이에 가담하여 공동으로 행하여졌다면 피해자에 대하여 그 사원도 대표기관과 연대하여 손해배상책임을 진다. 그렇지만 어떤 사원이 사원총회나 이사회에서 그 사항의 의결에 찬성하였다는 이유만으로 제3자의 채권을 침해한다거나 대표자의 행위에 가공 또는 방조한 자로서 제3자에 대하여 불법행위책임을 공동으로 부담하여야 하는 것은 아니다. 그리하여 의결에 참여한 사원 등이 대표자와 공동으로 불법행위를 저질렀거나 이에 가담하였다고 볼 수 있기 위한 판단기준이 제시되어야 한다. 이에 관하여 판례는 그 의결에 참여한 법인의 기관이 당해 사항에 관하여 의사결정권한이 있는지 여부 및 대표자의 집행을 견제할 위치에 있는지 여부, 그 사원이 의결과정에서 대표자의 불법적인 집행행위를 적극적으로 요구하거나 유도하였는지 여부 및 그 의결이 대표자의 업무 집행에 구체적으로 미친 영향력의 정도, 침해되는 권리의 내용, 의결내용, 의결행위의 태양을 비롯한 위법성의 정도를 종합적으로 평가하여 법인 내부행위를 벗어나 피해자에 대한 관계에서 사회상규에 반하는 위법한 행위라고 인정될 수 있는 정도에 이르러야 한다고 본다.[53)]

(3) 손해배상의 범위

법인의 손해배상책임이 성립하면 법인은 피해자에 대하여 전보배상을 해 주어야 한다(제763조 제393조). 그렇지만 법인에 대한 손해배상책임원인이 대표기관의 고의적인 불법행위라고 하더라도 피해자에게 그 불법행위 내지 손해발생에 과실이 있다면, 그 손해배상의 범위를 정함에 있어 과실상계의 법리(제396조)에 따라야 한다.[54)]

---

52) 이영준, 952면.

53) 대판 2009.1.30, 2006다37465.

54) 대판 1987.12.8, 86다카1170.

제 5 관 법인의 기관

I. 개 관

(1) 기관의 의의

자연인은 손이나 팔 등의 신체의 기관을 이용하여 활동을 한다. 그런데 법인은 자연인과 같은 자연적인 생명체가 아니므로 독립한 주체로서 활동하기 위해서는 법인의 의사를 결정하고, 그 의사에 기하여 외부에 대하여 행동하며, 내부의 사무를 처리할 수 있는 일정한 조직을 필요로 한다. 이 조직을 구성하고 있는 것이 법인의 기관이다. 이러한 법인의 기관은 법인의 외부에서 법인과 대립하는 별개의 인격이 아니라 법인의 구성부분이다. 이러한 기관의 지위에 있는 자연인이 활동함으로써 법인은 독자적으로 우리 사회에서 활동할 수 있다.

(2) 기관의 종류

법인의 기관에는 법인의 종류에 따라 다소 다르나 의사결정기관, 업무집행기관 및 감독기관의 3종류가 있다. 그리고 법인의 기관에는 반드시 두어야 하는 「필수기관」과 둘 수도 있고 두지 않아도 좋은 「임의기관」이 있다. 필수기관으로는 우선 의사결정기관으로서의 「사원총회」가 있다. 이는 사단법인에만 인정되는 기관으로서, 사원이 없는 재단법인에는 사원총회가 있을 수 없다. 업무집행기관으로서 「이사」는 사단법인이나 재단법인 모두에 필수적으로 두어야 하는 기관이다. 이사는 대내적으로 법인의 사무를 집행하며, 대외적으로 법인을 대표한다. 그리고 감사는 이사의 감독기관으로서 사단법인과 재단법인 모두에게 해당하는 기관이지만 그 성질은 임의기관이다. 감사를 임의기관으로 한 이유는 민법이 규율대상으로 삼고 있는 비영리법인의 경우에 법인·기관·구성원간의 이해대립이 심하지 않고, 또 행정관청이 법인 업무 전반에 관하여 감독을 하고 있으므로, 법인 스스로에 독자적인 감독의 역할이 절실하지 않기 때문이다. 그렇지만 공익법인이나 상법상의 주식회사에서 감사는 필수기관이다(공익법인의 설립·운영에 관한 법률 제5조 제1항; 상법 제312조, 제409조).

한편 주식회사에서는 이사회가 법정기관으로 되어 있지만(상법 제390조 이하), 민법은 이에 관하여 규정하고 있지 않으므로 민사법인이 이사회를 반드시 두어야 하는 것은 아니다.

Ⅱ. 사원총회

1. 사원총회의 의의

사단법인에는 의사결정기관으로서 사원총회가 있다. 사원총회는 사단법인의 사원으로 구성되는 최고의사결정기관으로 반드시 두어야 하는 필수기관이므로 정관에 의하여도 이를 폐지하지 못한다. 사단법인은 사원으로 구성된 단체에 법인격이 부여된 법인이므로 사단법인의 대내적·대외적 활동은 사원의 의사에 따라 결정하게 된다. 이에 반해 재단법인에는 사원이 없으므로 사원총회가 있을 수 없고, 법인의 최고의사는 설립자의 설립행위를 반영하고 있는 정관에 의해 정하여진다.

2. 사원총회의 권한

사원총회는 정관으로 이사 기타 임원에게 위임한 사항을 제외한 법인의 모든 사무에 대해 이를 결정할 권한을 가진다(제68조). 특히 '정관의 변경'(제42조) 및 '임의해산'(제77조 제2항)은 사원총회의 법정전권사항으로서 정관에 의하여도 다른 기관의 권한으로 이관하지 못한다.

사원총회는 최고의 기관이지만, 그 권한에도 일정한 한계가 있다. 사원의 고유권은 사단에 대한 사원자격에 의하여 갖는 권리로서 그 사원의 동의 없이는 (정관의 규정 또는) 총회의 결의에 의해서도 박탈하지 못한다.[1] 소수사원권(제70조 제2항)과 사원의 의결권(제73조)을 사원의 고유권으로 본다.[2]

3. 사원총회의 종류

사원총회에는 「통상총회」와 「임시총회」가 있다.

(1) 통상총회

사단법인의 이사는 적어도 「1년에 1회 이상」 통상총회를 소집하여야 한다(제69조). 그 소집시기는 정관에 정하는 것이 보통이지만 정관에 정함이 없으면 총회의 결의로 정할 수 있고, 총회의 결의도 없으면 이사가 결정할 수 있다.[3]

---

1) 사원에 대한 제명처분은 사원인 지위를 박탈하는 것이므로, 법인의 이익을 위하여 불가피한 경우에 최종적인 수단으로서만 인정된다(대판 1994.5.10, 93다21750; 대판 2004.11.12, 2003다69942).

2) 고상용, 239면; 최기원, 민법주해[Ⅰ], 708면.

3) 김상용, 246면; 최기원, 민법주해[Ⅰ], 708면.

(2) 임시총회

임시총회는 필요에 따라 임시로 소집되는 사원총회이다. 임시총회의 소집요건으로 '필요하다고 인정한 때'란 법인의 목적에 비추어 법인의 이익을 위하여 필요한 때를 말하고, 사원의 이익을 위하여 필요한 경우가 아니다.[4] 민법상 임시총회의 소집권자는 이사·소수사원·감사이다.

가. 이사에 의한 소집 이사가 필요하다고 인정하는 때에는 임시총회를 소집할 수 있다(제70조 제1항). 이는 이사의 권한이라기보다 의무로 이해하여야 한다.

나. 소수사원에 의한 소집

1) 소수사원의 소집청구 「소수사원권」의 행사로서 총사원의 5분의 1 이상에 해당하는 사원은 회의의 목적사항을 제시하여 이사에게 임시총회의 소집을 청구할 수 있다(제70조 제2항 전단). 5분의 1이라는 정족수는 사원이 총회소집의 권한을 남용하여 법인의 이익을 해할 우려가 있기 때문에 요구되는 요건이다.[5] 따라서 소수사원에 한하여 총회소집의 청구권이 인정되고 사원 각자에게는 인정되지 않는다. '총사원의 5분의 1 이상'이라는 정수는 정관으로 증감할 수 있으나(제70조 제2항 후단), 완전히 박탈하지는 못한다.

2) 소수사원에 의한 총회소집 소수사원으로부터 임시총회 소집의 청구가 있은 후 이사는 2주간 내에 임시총회를 소집하여야 한다. 그러나 이사가 이 기간 내에 총회의 소집절차를 밟지 아니한 때에는 총회소집을 청구한 사원은 법원의 허가를 얻어 임시총회를 소집할 수 있다(제70조 제3항).

다. 감사에 의한 소집 감사가 재산상황 또는 업무집행에 관하여 부정·불비한 점을 발견하여 이를 총회에 보고할 필요하다고 인정하는 때에는 감사는 임시총회를 소집할 수 있다(제67조 제4호).

4. 사원총회의 소집절차

(1) 소집권자

사원총회는 소집권자(이사·소수사원·감사)에 의하여 소집되어야 하며, 그 권한이 없는 자가 소집하여 한 결의는 무효이다.[6]

---

4) 최기원, 민법주해[I], 710면.

5) 최기원, 민법주해[I], 714면.

(2) 소집통지

총회의 소집은 정관에 특별한 규정이 없으면 1주일 전에 그 회의의 목적사항을 기재한 통지를 발하여야 한다(제71조). 이 때 '서면통지'가 원칙이다.[7] 그리고 그 통지에는 '발신주의'가 적용된다. 이 1주간의 기간은 정관으로도 단축할 수 없다. 그러나 정관에 의하여 적절한 기간으로 연장하는 것은 가능하다.[8]

사원총회 소집의 통지방법은 정관에 정하여진 방법에 의하고, 정관에 아무런 규정이 없는 경우에는 개별통지나 신문광고에의 게재 등 전사원에게 알릴 수 있는 적절한 방법을 이사가 선택하여야 한다. 그리고 관례에 따른 총회소집절차도 유효하다.[9] 소집통지의 대상은 의결권이 없는 사원도 포함되므로 소집통지는 이들에 대해서도 하여야 한다고 해석되나,[10] 왜냐하면 의결권이 없는 사원은 의결사항에 대하여 의결권을 행사할 수 없더라도, 사원으로서 총회의 결의에 이해관계는 가지고 있으므로 총회의 참석권은 갖는다고 보아야 하기 때문이다.

만일 총회의 소집이 필요하거나 가능하였던 기초사정에 변경이 생겼을 경우에 소집권자로서는 소집된 총회의 개최를 연기하거나 소집을 철회·취소할 수 있다. 이 경우 소집권자는 총회의 소집과 동일한 방식으로 그 철회·취소를 총회 구성원들에게 통지하여야 할 필요는 없고, 총회 구성원들에게 소집의 철회·취소결정이 있었음이 알려질 수 있는 적절한 조치를 취하는 것으로 족하다. 이로써 그 총회 소집의 철회·취소의 효력이 발생한다.[11] 그러므로 총회 소집이 적절히 철회·취소된 경우에 이를 무시하고 총회를 강행하여 의결하였다면, 그 의결은 무효이다.

(3) 소집절차의 하자

사원총회의 소집절차가 정관 또는 법률에 위반하여 하자가 있는 경우에 그 효과에 관하여 민법에는 아무런 규정을 두고 있지 않다(상법은 주주총회의 결의취소의 소(상법 제376조),

---

6) 대판 2007.9.6, 2007다34982; 대판 2007.3.29, 2006다74723; 물론 소집권한 없는 자에 의한 총회에 소집권자가 참석하여 총회 소집이나 대표자 선임에 관하여 이의를 하지 않은 것만으로는 총회가 소집권자의 동의에 의하여 소집된 것이라거나 그 총회의 소집절차상의 하자가 치유되어 적법하게 될 수 없다(대판 1994.1.11, 92다40402).

7) 김준호, 162면.

8) 김상용, 246면; 김용한, 190면.

9) 김상용, 247면.

10) 최기원, 민법주해[I], 720면.

11) 대판 2007.4.12, 2006다77593.

결의무효 및 결의부존재확인의 소(상법 제380조)에 관하여 규정하고 있다). 이것은 입법적 불비로서 해석에 의하여 해결할 수밖에 없다. 생각건대, 소집절차는 적법하여야 하므로 소집절차가 법률 또는 정관에 위반한 때에는 그 사원총회의 결의는 원칙적으로 무효라고 볼 것이다.[12] 다만 소집절차상의 하자가 경미할 경우에는 이를 통하여 소집된 사원총회가 있은 후 상당한 기간이 지나면 그 절차규정에 의하여 보호된 이익을 포기하였다고 할 수 있으므로, 그 하자가 치유되어 사원총회의 결의를 무효로 주장할 수 없다고 하여야 할 것이다.[13]

5. 총회의 결의

(1) 총회의 성립

총회의 결의는 총회의 성립을 전제로 한다. 그리고 총회가 성립하기 위해서는 소집절차가 적법하여야 하고, 또한 총회성립에 필요한 '의사정족수'를 충족하여야 한다. 그런데 이 의사정족수에 관하여 민법은 아무런 규정을 두고 있지 않다. 다수설[14]은 의사정족수에 관하여 정관에 특별히 정한 바가 없으면 2인 이상의 사원의 출석으로 족하다고 본다. 이에 대해 소수설은 제75조[총회의 결의방법] 제1항을 근거로 총회가 성립하기 위해서는 총사원의 과반수의 출석이 있어야 한다고 본다.[15] 그러나 총회의 '의결정족수'와 '의사정족수'는 구별되어야 하며, 제75조 제1항은 의결정족수를 규정한 조항으로 보아야 할 것이다.[16] 그러므로 의사정족수는 총회를 성립시키는 정족수로서 사원 2인 이상으로 족하다고 본다. 이를테면, 2인 이상의 사원이 모여서 총회는 성립시킬 수 있지만, 의결정족수의 부족으로 어떠한 의제사항에 대하여도 의결할 수는 없다.

(2) 결의사항

총회의 결의사항은 그 총회를 소집할 때 미리 통지한 사항에 한한다(제72조 본문). 그러나

---

12) 대판 1980.2.12, 79다1664.

13) 고상용, 241면; 김상용, 247면; 판례는 "사단법인의 신임회장을 조속히 선임하여 실추된 명예를 회복하고 업무의 공백을 메워야 할 형편에 있어 정관 소정의 기한 내에 전화로 안건을 명시하여 총회소집통보를 하였으며, 또한 총회구성원들 모두가 총회결의 등에 관하여 아무런 이의를 제기하지 아니하였다면, 총회소집통지를 서면에 의하지 아니하고 전화로 하였다는 경미한 하자만으로는 총회의 결의를 무효라고 할 수 없다"고 한다(대판 1987.5.12, 86다카2705).

14) 곽윤직·김재형, 193면; 고상용, 239-240면; 김상용, 248면; 김용한, 191면; 김형배, 70면.

15) 김대정, 457면; 김증한·김학동, 212면.

16) 곽윤직·김재형, 193면; 김상용, 248면.

정관에 다른 규정이 있는 때에는 미리 통지하지 않은 사항에 관해서도 결의할 수 있다(제72조 단서). 그러나 총회가 권한 외의 사항을 결의하거나 선량한 풍속 기타 사회질서(강행법규)에 위반하는 사항을 결의한 때에는 그 결의는 무효이다. 그리고 정관의 규범적인 의미 내용과 다른 해석을 사원총회가 결의하는 방식으로 할 수 없다.17)

(3) 결의권

각 사원은 원칙적으로 평등한 결의권을 가진다(제73조 제1항). 이러한 결의권 평등의 원칙은 정관으로 변경할 수 있다(동조 제3항). 그러나 결의권은 사원의 고유권이기 때문에 정관에 의해서도 사원의 결의권을 박탈할 수는 없다. 다만, 법인과 어느 사원과 관계가 있는 사항에 관하여 결의하는 경우에는 그 사원은 결의권을 갖지 못한다(제74조). 여기서 "관계가 있는 사항"이란 어느 사원이 사원인 지위와 관계없이 개인적으로 갖는 이해관계에 관한 사항을 말한다.18) 그러나 사원인 지위와 관계되는 사항(예: 법인의 운영과 관련된 사항)을 결의하는 때에는 결의권을 갖는다. 결의권은 정관에 다른 정함이 없는 한 서면이나 대리인에 의하여 행사할 수 있다(제73조 제2항, 제3항).

(4) 결의의 성립

정관 또는 민법에 다른 규정(제42조 제1항 본문, 제78조)이 없으면, 총회 결의의 성립에 필요한 의결정족수는 사원의 과반수의 출석과 출석사원의 결의권의 과반수이다(제75조 제1항). 그리고 서면 또는 대리인에 의하여 결의권을 행사하는 사원은 출석한 것으로 된다(제75조 제2항, 제73조 제2항).

(5) 의사록의 작성

총회의 의사(議事)에 관하여는 의사록을 작성하여야 한다(제76조 제1항). 총회의 의사록에는 의사의 경과, 요령 및 결과를 기재하고 의장 및 출석한 이사가 기명날인하여야 한다(동조 제2항). 이사는 의사록을 주된 사무소에 비치하여야 한다(동조 제3항).

6. 사원권

(1) 의 의

사원은 사단법인의 구성원으로서 사단법인의 존립의 기초를 이루며, 최고의사결정기관인 사원총회를 구성한다. 그러나 사원은 사단법인의 기관은 아니지만 구성원으로서

17) 대판 2000.11.24, 99다12437.

18) 김준호, 168면.

사단법인에 대하여 권리와 의무를 갖는다. 이처럼 사원의 사단법인을 상대로 갖는 지위를 사원권이라고 한다. 즉 사원권은 사원의 사단에 대한 법적 지위 내지는 사단과의 포괄적인 법률관계로부터 나오는 권리·의무를 포괄하는 하나의 단일한 권리로서, 이 단일한 권리로부터 구체적인 자익권·공익권 등의 권능이 유출하는 것으로 파악된다.[19]

(2) 내 용

사원권의 내용에 관해서 학자들은 공익권과 자익권으로 분류하고 있으나, 공익권·자익권 이외에 특별권을 부가하는 견해[20]도 있다.

가. 공익권 공익권은 사단법인의 관리·운영에 참여할 수 있는 권리로서, 결의권·소수사원권·감독권 등이 이에 속한다. 비영리사단법인에서는 이 공익권이 핵심을 이룬다.

나. 자익권 자익권이란 사단법인에 대하여 또는 사원 자신의 이익의 향수를 내용으로 하는 권리로서 영리법인에서는 이익배당청구권·잔여재산분배청구권, 비영리법인에서는 법인의 설비이용권 등이 이에 속한다. 영리법인에서는 이 자익권의 권능이 강하다.

다. 특별권 특별권을 인정하는 견해에 의하면, 정관에 의하여 특정한 사원에게 부여된 특별한 권리로서 공로이익분배청구권이 이에 속하며, 이러한 특별권은 사원총회의 결의에 의해서도 박탈할 수 없다.[21]

라. 사원의 의무 한편 사원은 사단법인에 대하여 회비납부의무, 출자의무(영리법인의 경우) 등 일정한 의무를 부담한다.[22] 이러한 일반적 의무 외에도 사원은 특별회비 납부의무와 같은 특별의무를 부담할 수 있는데, 이는 본인의 동의 없이는 정관에 의해서도 부과할 수 없다.[23]

(3) 사원권의 이전성

가. 비영리법인의 사원권 비영리법인의 사원권은 자익권보다 공익권이 강

---

19) 김상용, 249면.
20) 이영준, 970면.
21) 이영준, 971면; 김상용, 250면.
22) 김용한, 193면.
23) 백태승, 260면; 이영준, 971면.

하므로 양도·상속할 수 없다(제56조). 그러나 본조가 강행규정은 아니므로 정관으로 양도·상속할 수 있는 것으로 정할 수는 있다.[24]

나. 영리법인의 사원권의 양도·상속의 불가 영리법인의 사원권은 주로 자익권의 성격을 가지므로 양도·상속할 수 있다(상법 제335조). 그러나 합명회사에서의 사원권은 원칙적으로 양도가 금지된다(상법 제197조).

Ⅲ. 이 사

1. 의 의

(1) 필요기관

이사는 대외적으로는 법인을 대표하고(대표기관), 대내적으로는 법인의 업무를 집행하는(업무집행기관) 상설의 필수기관이다. 사단법인과 재단법인은 반드시 이사를 두어야 한다(제57조).

(2) 이사의 수·임기

이사의 수 및 임기에는 특별한 제한이 없으며(제58조 제2항), 정관에 의하여 정할 수 있다(제40조, 제43조). 그렇지만 반드시 정관에서 정하여야만 하는 것은 아니다.

(3) 이사의 자격

이사가 될 수 있는 자는 비영리법인의 경우에 자연인에 한한다. 따라서 법인은 이사가 될 수 없다.[25]

자연인이라도 자격상실 내지 자격정지의 형을 받은 자는 이사가 될 수 없다(형법 제43조, 제44조). 제한능력자는 법인의 업무를 집행하고 법인을 대표할 수 없으므로 이사가 될 수 없으나, 미성년자는 법정대리인의 동의를 얻어 무한책임사원이 될 수 있으므로 이사가 될 수 있다.[26] 또한 파산은 위임의 종료사유가 되기 때문에(제690조) 파산선고를 받은 자는 이사가 될 수 없다.

---

24) 대판 1992.4.14, 91다26850; 대판 1997.9.26, 95다6205.

25) 최기원, 민법주해[Ⅰ], 657면.

26) 최기원, 민법주해[Ⅰ], 656면.

2. 임 면

이사의 임면방법에 관한 사항은 정관의 필요적 기재사항이므로(제40조 제5호, 제43조) 정관에 의하여 정하여진다. 사단법인의 경우에는 이사의 선임에 관한 정관의 규정에 따라 사원총회에서 이사를 선임하는 것이 일반적이다.

(1) 선 임

법인은 이사를 정관이나 이에 근거한 사원총회에 의하여 선임한다. 이에 관하여 통설은 이사선임행위를 법인과 이사 간의 위임유사의 무명계약으로 본다.[27] 그런데 이사의 선임행위는 묵시적으로 행하여진 것으로 인정하여야 할 때도 있다. 이를 테면, 법인 대표자의 임기만료 후에 대표자의 개임이 없는 경우에 법인의 대표자의 유임이나 중임을 금지하는 정관의 규정이 없는 한 그 대표자를 묵시적으로 다시 선임하였다고 해석할 것이다.[28]

(2) 퇴임·해임

이사의 해임 및 퇴임에 관해서도 정관에 의하여 정하여야 한다. 그러나 정관에서 이를 정하지 않은 경우에는 법인과 이사의 관계는 위임의 관계로서 민법상 위임에 관한 규정이 유추적용된다(제127조, 제689조, 제690조).

가. 이사의 퇴임 이사의 퇴임에는 제690조에 의한 위임의 종료사유 이외에 임기가 만료되어 이사의 직을 상실하는 경우와 자발적으로 사임하는 경우를 들 수 있다.

1) 임기만료 이사의 임기는 정관으로 정한다. 이사의 임기가 만료되면 그 이사는 퇴임한다. 그런데 기존의 이사가 정관에 따라 임기만료와 동시에 재임된 경우에는 이사의 임기가 연장되는 것이 아니라 새로이 시작되는 것이므로[29] 퇴임등기를 하고 선임등기를 하여야 한다(제52조).

또한 법인과 이사 사이에는 위임의 규정이 적용됨에 따라, 이사가 임기만료된 경우

---

27) 곽윤직·김재형, 185면; 김상용, 238면; 김주수, 241면; 김증한·김학동, 201면; 김용한, 182면; 백태승, 248면; 이은영, 271면: 위임계약으로 보는 견해는 이영준, 953면; 법인과 이사의 법률관계는 신뢰를 기초로 한 위임 유사의 관계이다(대결 2014.1.17, 2013마1801; 대판 2013.11.28, 2011다41741).

28) 대판 1970.9.17, 70다1256; 대판 1972.4.11, 72누86.

29) 최기원, 민법주해[Ⅰ], 661면.

에 후임이사가 선임될 때까지는 계속해서 종전업무를 수행할 의무와 권한이 있다(제691조).[30] 즉 위임종료시 긴급사무처리권한(제691조)에 기초하여, 임기만료된 법인의 이사나 사임한 이사라도 그 업무를 수행함에 부적당하다고 인정할 만한 특별한 사정이 없는 한 후임 이사가 선임될 때까지 이사의 직무를 계속 수행할 수 있다.[31] 이 경우 임기만료된 이사의 업무수행권은 급박한 사정을 해소하기 위하여 퇴임이사로 하여금 업무를 수행하게 할 필요가 있는지를 개별적·구체적으로 가려 인정할 수 있는 것이지 퇴임이사라는 사정만으로 당연히 또 포괄적으로 부여되는 지위는 아니다. 판례도 임기만료된 이사에게 이사로서의 포괄적 지위를 인정할 수 없고,[32] 긴급사무처리의 권리·의무가 당연히 인정되는 것은 아니라고 본다.[33] 그리하여 임기만료된 이사(대표자)의 직무수행권은 ㉠ 후임이사가 선임되지 않았거나 선임이 무효인 경우에, ㉡ 법인의 정상적인 활동을 위해 불가피하며, ㉢ 신임이사로 하여금 종전업무를 수행케 하는 것이 부적당하다고 인정할 만한 특별한 사정이 없는 때에 한하여, ㉣ 후임이사가 선임될 때까지, 법인이 정상적인 활동을 중단하게 되는 사태를 피하기 위하여 보충적으로만 인정된다.[34] 그러므로 아직 임기가 만료되지 않은 다른 이사들로서 정상적인 법인의 활동이 계속될 수 있는 경우에는, 구태여 구이사(舊理事)로 하여금 이사로서의 직무를 계속 행사케 할 필요가 없으므로, 임기만료된 이사는 당연히 퇴임하는 것으로 본다.[35] 그리하여 후임이사가 유효하게 선임되었는데 그 선임의 효력을 둘러싸고 다툼이 있는 경우에 그 다툼이 해결되기 전까지 임기가 만료된 구이사가 아니라 새로이 선임된 후임이사에게 직무수행권한이 있다.[36]

2) 사 임 이사의 사임과 관련하여, 정관에 정함이 있으면 그에 따른다. 그

---

30) 대판 1963.4.18, 63다15; 대판 1982.3.9, 81다614.

31) 대판 2007.6.15, 2007다6291.

32) 대판 2003.7.8, 2002다74817; 임기만료된 이사에 대하여 유추적용되는 제691조는 퇴임이사가 퇴임 후에 이미 수행한 업무가 ① 급박한 사정의 존재와, ② 업무 수행에 부적절하다고 볼 만한 특별한 사정의 부재라는 요건을 충족하고 있는지 사후에 개별적·구체적으로 가려 예외적으로 그 효력을 인정케 하는 근거가 되는 것이지, 장래를 향하여 포괄적으로 이사로서의 업무수행권을 보장하는 근거가 되는 것은 아니다(심준보, "비법인사단의 종임한 대표자가 민법 제691조에 따라 부담하는 긴급처리의무와 같은 사람에 대한 직무수행금지청구소송의 관계", 대법원판례해설 제46호, 183면).

33) 판례는 임기 만료된 재단법인 이사장이 별다른 급박한 사정도 없는 데 임기만료 전의 현임 이사를 해임하고 그 후임자를 선임하기 위한 이사 및 평의원 연석회의를 스스로 소집하고 이를 제안하는 일은 임기만료된 이사로 하여금 종전업무를 수행케 하는 것이 부적당한 경우로 본다(대판 1982.3.9, 81다614).

34) 대판 2003.3.14, 2001다7599; 대판 2003.7.8, 2002다74817.

35) 대판 1983.9.27, 83다카938.

36) 대판 2006.4.27, 2005도8875.

러나 정관에 정해 놓지 않은 경우에는 법인과 이사는 위임관계이므로 민법상 위임의 규정에 따라 이사는 언제든지 사임할 수 있다(제689조 제1항). 사임할 이사는 법인에 대한 일방적인 사임의 의사표시에 의하여 법률관계를 종료시킬 수 있고, 그 의사표시가 수령권한 있는 기관에 도달됨으로써 효력을 발생하는 것이며, 이사회의 결의나 관할관청의 승인이 요구되지 않는다.[37] 그러나 이와 달리 위임에서 인정되는 '상호해지의 자유'(제689조 제1항)를 법인의 계속성에 비추어 무조건 적용될 수 없는 것으로 보는 견해가 있다. 이 견해는 이사의 직을 유지하기 어려운 '부득이한 사유'가 있을 때에만 사임할 수 있다고 해석한다.[38] 그리고 사임의 의사표시는 일단 효력을 발생한 이후에는 임의로 이를 철회할 수 없다.[39]

나. 이사의 해임 이사의 해임은 해임권자가 일방적으로 이사를 해임함으로써 이사의 지위를 상실케 하는 것이다. 해임사유는 정관에 정하는 것이 대부분이나, 규정이 없는 경우에는 이사가 법인의 신임을 상실했다든가, 이사를 그대로 두는 것이 법인의 목적달성을 어렵게 할 염려가 있는 경우에 해임이 가능하다고 해석한다.[40] 따라서 이러한 사정이 존재하지 않음에도 이사를 마음대로 해임한 때에는 해임권의 남용으로 보아야 한다. 이사는 이사의 선임기관이 선임절차에 따라 선임하였으므로, 이사를 해임할 수 있는 권한자도 이사의 선임기관뿐이다.[41]

(3) 이사에 관한 등기

이사의 '성명과 주소'는 등기사항이다(제49조 제2항 제8호). 그리고 이사의 주민등록번호도 등기하여야 한다(법인 등의 등기사항에 관한 특례법 제2조). 이를 등기하지 않으면 이사의 선임·해임·퇴임을 가지고 제3자에게 대항할 수 없다(제54조 제1항). 이와 같이 법인 이사의 등기사항에 대한 변경등기는 효력발생요건이 아니고 제3자에 대한 대항요건이다.[42)]

37) 대판 1992.7.24, 92다749; 대판 2003.1.10, 2001다1171.

38) 김상용, 238면.

39) 대판 1993.9.14, 93다28799.

40) 최기원, 민법주해[Ⅰ], 664면.

41) 최기원, 민법주해[Ⅰ], 664면.

42) 홍일표, 민법주해[Ⅰ], 648면; 대판 2000.1.28, 98다26187.

3. 직무권한

(1) 법인의 대표

가. 대표권

1) 의 의 이사는 대외적으로 법인을 대표하므로 대표권을 갖는다. 이사가 다수인이 있는 경우에는 각자가 법인을 대외적으로 대표한다(제59조 제1항 본문). 즉 이사의 법인대표는 단독대표를 원칙으로 한다(제119조 참조). 다만 정관으로 정한 경우나 사단법인의 총회의 결의가 있는 경우에는 이사의 대표권은 이에 의하여 결정된다.[43] 그리고 각 이사는 수동대표권(受動代表權)도 갖는다.

2) 대표권 행사의 방식 법인을 대표하는 방식에 관하여는 대리에 관한 규정이 준용된다(제59조 제2항). 물론 대표와 대리는 본질적으로 다르다. 즉 대리에서는 본인과 대리인의 두 인격체가 독립하여 존재하고 대리인의 행위가 독립하여 성립하며 그 행위의 효과가 대리권을 근거로 하여 본인에게 발생되는 것이지만, 대표에서는 대표기관은 법인의 한 조직으로서 법인의 구성부분을 이루기 때문에 대표기관의 행위는 곧 바로 법인 자신의 것으로 된다. 즉 대표기관과 법인의 관계는 각자가 따로 존재하는 것이 아니라 법인에만 존재하는 것이다. 그러나 법인의 대표에서도 자연인인 기관의 행위를 통해 법인에게 그 효과가 발생되는 점에서는 대리와 실질적으로 같은 면이 있기 때문에 우리 민법은 대표에 관하여 대리의 규정을 준용한다. 그러므로 이사가 법인을 대표함에는 대리에서와 같이 '법인을 위한 것'임을 표시하여야 한다(제115조). 또한 표현대리·무권대리에 관한 규정 및 기타 모든 대리에 관한 규정이 법인의 대표에 준용된다.

나. 대표권의 범위 이사는 법인의 대표기관으로서 법인의 업무집행을 위하여 재판상·재판외의 행위를 할 수 있다. 이사의 대표권의 범위에 관하여 민법은 아무런 규정을 두고 있지 않으나, 법인은 정관의 목적 범위 내에서 권리능력을 갖고(제34조), 이 권리능력의 범위는 곧 행위능력의 범위로 되므로, 이사의 대표권의 범위도 법인의 목적 범위 내라고 해석하여야 한다.[44]

다. 대표권의 제한 이사의 대표권의 제한은 두 가지의 의미를 갖는다. 하나는 '대표권의 유무와 그 행사방법'을 제한하는 것이고, 다른 하나는 '대표권의 범위'를

---

43) 최기원, 민법주해[I], 673면.

44) 최기원, 민법주해[I], 674면.

제한하는 것이다. 그런데 후자의 대표권 범위의 제한은 대표권은 있으나 대표권의 행사를 일정한 업무와 일정한 액수를 한도로 하여서만 대표할 수 있도록 하는 것으로서, 이는 거래의 안전을 해 칠 우려가 크다. 따라서 대표권 범위의 제한은 대외적으로 제3자에 대해서는 효력이 없다고 보아야 한다. 그러므로 이사의 대표권 범위의 제한을 규정하고 있는 제41조[이사의 대표권에 대한 제한]와 제59조[이사의 대표권]의 규정은 특정업무에 대하여 1인 이사에게만 대표권을 부여하는 등의 이사의 대표권의 유무에 관한 것과 이사의 단독대표의 원칙을 깨고 공동으로만 대표하도록 대표권의 행사방법의 제한에 관하여만 적용된다.[45)]

1) 이사의 대표권 제한의 규정 체계 민법은 이사의 대표권은 정관에 기재하여야만 효력이 있고(제41조), 이사의 각자 대표권한은 정관의 취지에 위반할 수 없고 특히 사단법인은 총회의 의결에 의하여야 하는 것으로(제59조 제1항) 규정하고 있다. 그리고 이러한 대표권의 제한은 등기하지 아니하면 제3자에게 대항하지 못한다(제60조). 이러한 규정의 체계상 사단법인과 재단법인의 경우에 대표권의 제한은 정관으로 제한할 수 있고, 사단법인의 경우에는 최고의결기구로서 사원총회가 있으므로 총회의 의결로써도 제한할 수 있다. 이처럼 이사의 대표권 유무와 대표권 행사방법에 의한 제한에 대해서는 등기하여야 하고, 등기하지 않으면 제3자에 대하여 대항하지 못한다(제49조 제2항 제9호, 제60조).

2) 정관에 의한 제한 이사의 대표권은 그 대표권의 유무와 그 행사방법과 관련하여 정관에 의하여 제한할 수 있다. 그러므로 다수의 이사 중에 대표권이 있는 이사를 특정하였거나, 이사의 대표권의 행사를 다른 이사들과 함께 공동으로만 행사할 수 있도록 제한하였다면, 이는 정관에 기재하여야만 그 효력이 있다(제41조). 또한 이를 등기하지 않으면 제3자에게 대항할 수 없다(제60조).

그런데 여기서 '대항할 수 없는 제3자의 범위'와 관련하여 그 제3자가 선의이어야만 하는가, 아니면 악의자도 보호받는 제3자의 범위에 포함될 수 있는 것인가에 관하여는 학설이 대립하고 있다.

① 무제한설 무제한설은 대항할 수 없는 제3자에는 선의자는 물론 악의자도 포함되며, 따라서 악의자에게도 대항하기 위해서는 이사의 대표권에 대한 제한은 반드시 등기하여야만 한다고 한다.[46)] 이 견해는 이사의 대표권의 제한을 등기사항으로 규정

45) 양창수, "법인 이사의 대표권 제한에 관한 약간의 문제", 민법연구 제1권(박영사, 1993), 130면; 최기원, 민법주해[Ⅰ], 678면 이하.

46) 김대정, 448면; 김용한, 184면; 김증한·김학동, 204면; 김준호, 153면.

하고 있는 이사(제49조 제2항 제6호) 그 등기를 강제하기 위함이고, 제60조의 규정상 단순히 "제3자"라고만 명시하고 있으므로 선의·악의를 불문하여야만 하며, 제54조 제1항과의 균형상 등기와 관련된 법률관계를 간명하게 하기 위하여는 선의 악의를 구분함이 없어야 한다는 점을 논거로 한다.47)

② **제한설**　　제한설은 이사의 대표권제한은 등기되어 있지 않더라도 악의의 제3자에게는 대항할 수 있다고 해석한다.48) 그 근거는 만일 악의의 제3자까지도 보호한다면 현저하게 정의관념에 반하는 결과를 가져온다는 데에 있다.

③ **판　례**　　판례는 등기하지 않으면 악의의 제3자에게도 대항할 수 없다고 판시하고 있다(무제한설의 입장).49) 또한 판례는 그 등기의 유무에 관한 입증책임은 대표권의 제한을 주장하는 측에게 있다고 한다.50)

3) 사원총회의 의결에 의한 제한　　사단법인의 경우 이사가 사단법인을 대표하는 데에는 사원총회의 결의에 의하여야 하므로(제59조 제1항 단서), 의결기관인 사원총회의 결의에 의하여 이사의 대표권을 제한할 수도 있다. 이는 이사의 대표권 범위에 관한 것으로서, 이사에게 대표권은 있으나 그 대표권의 행사의 범위가 일정한 절차나 액수 등으로 제한되는 것을 말한다. 이러한 대표권 범위의 제한은 등기능력이 없으므로 등기할 수도 없다.51) 그리하여 이사의 대표권의 범위를 제한하는 것은 거래의 안전을 위하여 오로지 대내적인 제한으로서만 그 효력을 갖고 제3자에게는 효력을 미치지 않는다.52) 즉 사원총회의 의결로 대표이사로 하여금 일정한 행위에 대해서는 총회 또는 이사회의 동의를 얻어 대표권을 행사하도록 제한 또는 금지한 경우에, 그럼에도 불구하고 그 이사가 이를 위반하여 대표권을 행사한 경우에 그 대표권 행사의 효력은 대외적으로는 선의의 제3자에게 대항할 수 없고,53) 다만 이를 위반한 이사가 법인에 대하여 내부적으로 책임을 진다.

4) 이익상반의 경우　　① 법인의 이사라고 하여 자기가 소속되어 있는 법인과 거래를 전혀 할 수 없는 것은 아니다. 원래 이사는 법인에 대하여 선량한 관리자의 주

---

47) 최기원, 민법주해[Ⅰ], 684면.
48) 김상용, 240면; 김주수·김상용, 231면; 백태승, 250면; 최기원, 민법주해[Ⅰ], 686면.
49) 대판 1992.2.14, 91다24564; 곽윤직·김재형, 187면.
50) 대판 1987.11.24, 86다카2484; 대판 1992.2.14, 91다24564.
51) 최기원, 민법주해[Ⅰ], 673면.
52) 최기원, 민법주해[Ⅰ], 680면.
53) 최기원, 민법주해[Ⅰ], 678면.

의로써 그의 직무를 수행하여야만 하므로(제681조 유추적용), 이사가 법인과 거래를 하더라도 법인에게 불이익하게 계약을 체결하여 자신의 이익을 도모할 수는 없다.54) 그렇지만 이사와 법인이 서로 이익상반의 관계에 있는 경우에는 그 이사의 대표권의 행사는 법인의 이익을 희생시킬 현실적 우려가 있으므로, 법인의 이익보호를 위하여 민법은 법인의 이익과 이사 개인의 이익이 서로 상반되는 관계에 있는 이사에게는 대표권을 박탈하고 있다. 이 경우에는 이해관계인 또는 검사의 청구에 의하여 법원에서 선임한 특별대리인으로 하여금 법인을 대표하도록 하고 있다(제64조; 비송사건절차법 제33조 제1항). 이러한 대표권의 제한은 법인과 이사 간에 이익이 상반되는 경우를 전제로 하므로, 이사가 자기의 재산을 법인에게 증여하는 것과 같이 전혀 이익이 상반되지 않는 행위에 대해서는 이사가 유효하게 법인을 대표할 수 있다.

② 이사가 다수인인 경우에, 그 중의 일부 이사가 법인과 이익이 상반되는 경우에 다른 이사가 법인을 대표할 수 있는 경우에는 다른 이사가 법인을 대표하고 특별대리인을 선임할 필요가 없다. 이러한 점에서, 다수의 견해는 이익상반행위로 말미암아 법인을 대표할 다른 이사도 없는 경우에만 법원은 특별대리인을 선임하여 법인을 대표하도록 하여야 한다고 본다.55) 그러나 이에 반대하는 소수의 견해는 다른 이사가 있는 경우에도 이 다른 이사는 이익상반하는 이사들과 상호간의 인적인 친밀관계를 갖고 있을 것이 예상되고, 이로 인하여 다른 이사로 하여금 법인을 대표케 하는 것이 법인의 이익을 해할 염려가 있기 때문에, 이 다른 이사가 법인을 대표할 수 없도록 해야 하고 이해관계인 검사의 청구에 의하여 법원은 특별대리인을 선임하여야 한다고 주장한다.56)

특별대리인은 법인의 대표기관이다. 그러나 당해 이익상반사항에 한해서만 법인을 대표할 수 있을 뿐이므로 그 행위가 종료되면 그 지위를 당연히 상실하므로, 특별대리인의 지위는 법인의 임시적 기관이라고 할 것이다.57)

③ **이사의 특별대리인 선임 규정의 위반** 이사가 제64조에 위반하여 회사를 대표한 경우에는 무권대리행위(제130조 이하)가 된다(제59조 제2항). 따라서 법인의 추인이 없는 한 법인에 대해 그 효력이 없다(제130조). 또한 이를 위반한 이사는 무권대리인으로서 상대방에 대하여 제135조의 책임을 진다.

---

54) 법인과 이사의 이익이 상반하는 사항은 법인과 이사가 직접 거래의 상대방이 되는 경우뿐 아니라, 이사의 개인적 이익과 법인의 이익이 충돌하고 이사에게 선량한 관리자로서의 의무 이행을 기대할 수 없는 사항은 모두 포함한다(대판 2013.11.28, 2010다91831).

55) 곽윤직, 188면; 김용한, 185면; 이영준, 964면; 장경학, 333면.

56) 고상용, 233면; 최기원, 민법주해[Ⅰ], 696면.

57) 최기원, 민법주해[Ⅰ], 696면.

5) 이사의 대리인선임의 제한

① **의 의** 　이사는 원칙적으로 자신이 대표권을 행사하여야 한다. 그러나 이사가 법인의 모든 사무를 스스로 집행한다는 것은 현실적으로 어렵기 때문에, 이사는 정관이나 총회의 결의로 금지하지 않은 사항에 한하여 타인으로 하여금 대리하게 할 수 있다(제62조). 이와 같은 이사의 대리인선임권은 오로지 정관 또는 총회의 결의로 금지하지 아니한 '특정한 행위'(예: 특정한 소송사건에 관한 소송행위 또는 특정재산에 대한 관리행위 등)에 한해서만 허용된다.

② **대리인의 선임** 　대리인의 선임권자는 대표권이 있는 이사이다. 그러므로 정관의 규정으로 특정한 이사만이 대표권을 갖는 경우에는 기타 대표권이 없는 이사는 대리인을 선임할 수 없다.58) 대리인의 선임은 대표권이 있는 이사가 자신의 이름으로 선임하는데, 이사가 선임한 임의대리인은 법인의 대리인으로 된다. 이러한 이사의 대리인선임권한은 정관 또는 총회의 결의로 금지하거나 제한할 수 있는데, 왜냐하면 경우에 따라서는 이사 자신이 직접 대표권을 행사하여야 할 사항이 존재할 수 있기 때문이다.59)

③ **대리인의 지위** 　이사에 의해서 선임된 대리인은 법인의 기관은 아니고 법인의 대리인이다. 이사의 대리인 선임은 법인이 아닌 대표이사의 이름으로 하는 것이지만, 대표이사의 대리인이 아니라 법인의 대리인으로서, 그의 대리행위는 법인의 이름으로 하며, 그 효과는 법인에게 발생한다. 포괄적 대리권의 수여는 인정되지 않는다.60) 본조는 복대리(제120조 이하)에 대한 특례로서의 성격을 가진다.61) 또한 이사는 이러한 대리인의 선임·감독에 관하여 책임을 진다(제121조 제1항 참조).

이사에 의하여 선임된 대리인은 법인의 기관은 아니므로 그가 대리행위를 하는 과정에서 제3자에게 불법행위를 한 경우에 법인의 불법행위(제35조)는 성립하지 않고 단지 사용자로서의 배상책임(제756조)만이 문제된다.

(2) 법인의 업무집행

가. 범위 및 집행방법 　이사는 법인의 모든 대내적 업무를 집행할 권한이 있다(제58조 제1항). 이사는 대내적 업무집행에 있어서도 정관의 규정 및 총회의 결의에 따라야 한다. 그리고 이사가 다수인인 경우에는 정관에 다른 규정이 없으면 법인의 업무집행은

---

58) 최기원, 민법주해[Ⅰ], 688면.
59) 최기원, 민법주해[Ⅰ], 688면.
60) 대판 1989.5.9, 87다카2407.
61) 최기원, 민법주해[Ⅰ], 687면.

이사의 과반수로써 결정한다(제58조 제2항).

나. 내 용 이사가 집행하여야 할 주요한 사무의 내용은 다음과 같다.

1) 재산목록의 작성 재산목록은 법인에 속한 적극·소극의 총재산의 명세서이다. 이사는 법인의 성립시와 매년 연초의 3개월 이내에 재산목록을 작성하여 사무소에 비치하여야 한다(제55조 제1항 전단). 그리고 사업년도를 정한 법인은 법인이 성립한 때 및 사업년도말에 재산목록을 작성하여야 한다(동조항 후단). 이처럼 민법은 사업년도를 설정한 법인이 매년도의 재산목록을 그 연도말에 작성하여야 하는 것으로 규정하고 있으나, 이러한 규정의 의미는 연도말의 재산상태를 명료하게 하려는 데에 있으므로 차년도 초의 3개월 이내에 작성하면 된다고 해석하여야 할 것이다.[62]

이렇게 작성한 재산목록은 열람할 수 있도록 사무소에 비치하여야 한다(제55조 제1항).

이와 같이 이사로 하여금 재산목록을 작성케 하는 것은 법인의 재산상태를 밝힘으로써 법인의 자산상태를 일반 제3자에게 알리는 동시에, 이사 개인의 재산과의 혼동을 방지하고 또 법인의 업무감독상의 편의를 위한 것이라는 데 그 취지가 있다.[63] 이사가 이러한 재산목록의 작성 또는 비치의 의무를 해태하거나 부정기재를 한 때에는 과태료의 처분을 받는다(제97조 제2호).

2) 사원명부의 작성 사단법인의 이사는 사원명부를 작성하여 사무소에 비치하고, 법인의 설립시와 사원의 변경이 있을 때에는 그때마다 이를 정정하여야 한다(제55조 제2항). 이는 사단법인이 어떤 사원들로 구성되어 있는가를 제3자에게 명시하여 열람할 수 있게 하기 위함이다. 이사가 이 의무를 해태하거나 부정기재를 한 때에는 역시 과태료의 처분을 받는다(제97조 제2호).

3) 사원총회의 소집 사단법인의 이사는 매년 1회 이상 통상총회를 소집하여야 하고(제69조), 필요하다고 인정하는 때에는 임시총회를 소집할 수 있다(제70조 제1항). 이러한 통상총회의 소집과 임시총회의 소집은 이사의 의무이고, 이러한 의무는 사원에 대해서가 아니라 법인에 대하여 진다.[64] 또한 총사원의 5분의 1 이상의 소수사원도 소집이 필요하다고 판단되는 때에는 이사에 대하여 임시총회를 소집하여 줄 것을 청구할 수 있다(제70조 제2항).

---

62) 곽윤직·김재형, 189면; 김상용, 242면; 김증한·김학동, 206면; 최기원, 민법주해[Ⅰ], 650면.

63) 김상용, 242면; 김용한, 186면; 최기원, 민법주해[Ⅰ], 650면.

64) 최기원 교수는 제70조 제1항의 규정상 이사가 "필요하다고 인정하는 때"에는 임시총회를 소집할 수 있으므로 소집권한을 규정한 것으로 해석될 수도 있으나, '필요하다고 인정한 때에는 임시총회를 소집하여야 할 의무'를 이사에게 부담지운 것으로 해석한다(민법주해[Ⅰ], 709, 696면).

4) 총회의사록의 작성 　　사원총회의 의사에 관하여는 이사가 의사록을 작성하여야 하며(제76조 제1항), 의사록에는 의사의 경과 요령(要領) 및 결과를 기재하고, 의장 및 출석한 이사가 기명날인하여야 한다(동조 제2항). 이사는 의사록을 주된 사무소에 비치하여야 한다(동조 제3항). 이사가 의사록의 작성·비치에 관한 의무를 해태한 때에는 과태료의 처분을 받는다(제97조 제5호).

5) 파산신청 　　법인이 채무를 완제하지 못하게 된 때에는 이사는 지체 없이 파산을 신청하여야 한다(제79조). 이사가 파산신청을 해태한 때에는 과태료의 처분을 받는다(제97조 제6호).

6) 청산인이 되는 것 　　법인이 해산되면 파산의 경우를 제외하고는 일반적으로 이사가 청산인이 된다(제82조).

7) 등 기 　　이사는 각종의 법인등기를 하여야 한다. 이사는 법인의 설립, 변경, 사무소의 신설·이전, 해산의 등기와 같은 각종의 법인의 등기를 하여야 한다. 이를 해태한 때에는 역시 과태료의 처분을 받는다(제97조 제1호).

(3) 이사의 주의의무

이사는 대외적으로는 법인을 대표하고, 대내적으로는 업무를 집행한다. 그런데 법인과 이사의 관계는 위임관계로서, 이사는 직무를 집행함에 있어 선량한 관리자의 주의로써 충실하게 수행할 의무를 진다(제61조).[65] 그리고 대표이사가 대표이사로서의 업무 일체를 다른 이사 등에게 위임하고 대표이사로서의 직무를 전혀 집행하지 않았다면, 그 자체가 이사의 직무상 충실 및 선량한 관리자의 주의의무를 위반하는 것에 해당된다.[66] 이처럼 이사가 선관주의의무에 위반하여 법인에게 손해를 준 때에는 법인에 대하여 채무불이행으로 인한 손해배상책임을 지게 되고, 이 경우에 이사가 다수 있는 때에는 모두 연대하여 손해배상을 하여야 한다(제65조).

65) 선량한 관리자의 주의라 함은 보통의 주의력을 가진 행위자가 구체적인 상황에서 통상 가져야 할 주의의 정도를 말하는 것이므로, 관할관청의 지휘감독을 받는 법인의 임원들은 감독관청의 법률해석을 신뢰하여 그 명령에 따를 수밖에 없을 것이고, 설사 감독관청의 법률해석이 틀린 것이라 하더라도 그 명령을 거부하거나 적법한 행위로 바꾸어 시행한다는 것은 보통의 주의력을 가진 법인의 임원에게는 기대하기 어려운 일이라고 할 것이므로, 위 임원들이 법률해석을 잘못한 감독관청의 명령을 따른 데에 선량한 관리자의 주의의무를 위반한 잘못이 있다고 보기 어렵다(대판 1985.3.26, 84다카1923).

66) 대판 2003.4.11, 2002다70044.

4. 이사회

민법에서 법인의 이사회는 필요기관이 아니고 임의기관이다(주식회사의 이사회는 필요기관이다; 상법 제390조 이하). 따라서 민법상의 법인은 반드시 이사회를 구성하여야 하는 것은 아니지만, 실제로 대부분의 법인의 정관은 이사들로 하여금 이사회를 구성하도록 규정하고 있고, 또 법인의 업무집행에 관하여는 이사회의 결의에 의하도록 정하고 있다. 이사가 수인있는 경우에 정관에 다른 규정이 없으면 법인의 사무집행은 이사의 과반수로써 결정한다(제58조 제2항). 이러한 이사들의 의결기관이 이사회이다. 그러나 민법은 이사회에 관한 규정을 두고 있지 않아, 그 소집·결의방법·결의의 하자·결의사항 등에 대하여는 정관에 맡기고 있다. 그러나 정관에 특별한 규정이 없으면 이사회의 소집, 결의 및 의사록의 작성은 사원총회에 관한 규정(제71조 내지 제76조)을 유추적용할 수 있다.[67]

5. 임시이사

(1) 선임의 요건

이사는 법인의 필요적 상설기관인데, 일시적으로 이사가 없게 되거나 결원으로 인하여 정관에서 정하고 있는 정원의 결원이 생기게 되면 법인은 업무를 추진할 수 없다. 이러한 결원된 이사를 보충하는 기관이 임시이사이다. 임시이사를 선임하기 위한 요건은 '이사가 전혀 없거나 정관에서 정한 이사의 정원에 결원이 생겨, 이로 인하여 법인에 손해가 생길 염려가 있는 경우'이다(제63조). 여기서 이사의 결원이 있는 경우는 정관에서 규정하고 있는 수의 이사의 정원에 부족이 있는 경우를 말한다.[68]

임시이사의 선임은 손해가 생길 염려가 있어[69] 긴급한 조치가 필요한 경우에 한해 인정된다. 그러므로 이사 전원 또는 그 일부가 임기만료로 인하여 결원이 된 경우에는 구이사(舊理事)가 위임종료시의 긴급처리의 권리·의무에 관한 제691조[위임종료시의 긴급처리]의 유추적용에 의해 후임이사 선임시까지 이사의 직무를 수행할 수 있다고 보기 때문에,[70] 이러한 경우에는 임시이사의 선임이 필요 없다. 또한 대표권이 있는 이사가 해임·퇴임 등의 사유로 없게 된 때에는 다른 이사 중에서 새로이 대표이사를 선임하면

67) 김상용, 243면; 김용한, 187면.

68) 대판 1975.3.31, 74마562.

69) 통상의 이사선임절차에 따라 이사가 선임되기를 기다릴 때에 법인이나 제3자에게 손해가 생길 우려가 있는 것을 의미한다(대결(전원합의체) 2009.11.19, 2008마699).

70) 대판 1982.3.9, 81다614.

되는 것이므로 임시이사의 선임은 필요 없다.71) 결국 후임 이사를 선임하지 않은 채 임기만료로 퇴임한 이사가 있어 이로써 정관상 필요한 정원을 충족시키지 못하는 경우에 한하여 임시이사의 선임을 필요로 하는 이사의 결원이 있다고 본다.

(2) 임시이사의 선임 절차

법원은 이해관계인이나 검사의 청구에 의하여 임시이사를 선임하여야 한다(제63조). 여기에서 이해관계인은 임시이사가 선임되는 것에 관하여 법률상의 이해관계를 가지는 자를 말하며, 퇴임한 이사처럼 그 당시 이사직에 있었던 본인·법인의 다른 이사·사원·채권자 등을 포함한다.72)

임시이사의 선임은 일반 민사소송절차에 의하는 것이 아니라, 비송사건절차에 의한다. 그러므로 법원의 결정에 따른 임시이사선임에 대한 불복은 비송사건절차법에 의한 항고(동법 제20조)에 의해서만 가능하다.73)

(3) 임시이사의 권한

임시이사는 정식의 이사가 선임될 때까지의 일시적인 기관이다. 그러나 임시이사는 통상의 이사와 동일한 권한을 갖는 법인의 기관이다.74) 만일 법원이 임시이사를 선임하면서 그의 권한을 특정한 행위로 제한한 때에는 그 행위에 국한하여 권한이 있을 뿐이다.75) 정식이사가 선임되면 임시이사의 권한은 정관에 의하여 소멸한다고 해석된다.76) 임시이사도 사임할 수 있고 이때에는 법원의 승인을 필요로 하지 않는다.77)

6. 특별대리인

법인과 이사의 이익이 상반되는 사항에 한하여 이사는 대표권이 없기 때문에 이해관계인 또는 검사의 청구에 의하여 특별대리인을 선임하여야 한다(제64조). 법원은 수인의 이사 중에서 일부의 이사와 법인의 이익이 상반되는 경우에 법원은 이해관계인이나 검

71) 김준호, 162면.

72) 대결(전원합의체) 2009.11.19, 2008마699; 고상용, 235면; 판례는 "그 법인의 정당한 최후의 이사였다가 퇴임한 자이거나, 그 이사선임신청 당시에 그 법인의 등기부상의 이사로서 동법인의 업무처리를 담당해 온 자도 이해관계인에 해당된다"고 본다(대판 1976.12.10, 76마394).

73) 대판 1976.10.26, 76다1771.

74) 대판 1963.3.21, 62다800.

75) 최기원, 민법주해[Ⅰ], 693면.

76) 곽윤직·김재형, 190면; 김상용, 245면.

77) 최기원, 민법주해[Ⅰ], 693면.

사의 청구에 의하여 특별대리인을 선임하여야 한다(제64조). 그 선임절차는 임시이사의 경우와 같다(비송사건절차법 제33조 제1항).

특별대리인도 당해 사항에 한하여 법인을 대표하므로, 법인의 대표기관이다. 그러므로 특별대리인은 법인의 기관이라는 점에서 이사가 선임한 대리인(제62조)과 다르고, 법인의 기관이지만 일시적인 기관이라는 점에서 임시이사와 동일하다.

7. 직무대행자

이사의 선임행위에 흠이 있어 법원이 그 이사에게 직무집행을 정지시킨 경우에 이해관계인의 신청에 의하여 법원이 그 직무를 대행할 자를 가처분으로 선임하게 되는데(민사집행법 제300조 제2항), 그가 직무대행자이다. 직무대행자는 단지 피대행자의 직무를 대행할 수 있는 임시의 지위에 놓여 있음에 불과하므로,[78] 법인의 통상업무에 속하는 사무만을 행할 수 있다(제60조의2 제1항 본문).[79] 그러나 법원의 가처분명령에 다른 정함이 있거나(제60조의2 제1항 본문의 반대해석) 법원의 허가가 있는 경우에는 직무대행자는 통상사무 외의 행위도 할 수 있다(제60조의2 제1항 단서). 직무대행자가 이러한 권한을 위반한 행위를 한 경우에 법인은 선의의 제3자에 대하여 책임을 진다(동조 제2항).

Ⅳ. 감 사

1. 감사의 임면

사단법인 및 재단법인은 이사에 대한 감독기관으로서 감사를 둘 수 있다. 민법은 정관 또는 총회의 결의로써 1인 또는 수인의 감사를 둘 수 있도록 규정하고 있다(제66조). 그러나 감사는 법인의 필수기관이 아니고 임의기관이다. 왜냐하면 민법상의 법인은 영리를 목적으로 하지 않고 또 주무관청의 검사·감독(제37조)을 받기 때문에 감사를 필수기관으로 반드시 둘 필요는 없기 때문이다. 그렇지만 비영리법인이라도 그 목적달성을 위하여 영리행위를 하는 경우가 있을 수 있으므로 그에 대한 자체적인 감독기관이 필요하게 되고 이러한 의미에서 감사를 둘 수 있게 한 것이다.[80]

감사의 자격·선임방법·선임행위의 성격·해임·퇴임 등은 이사의 경우와 동일한 것

---

78) 대판 2006.1.26, 2003다36225; 대판 2006.10.27, 2004다63408.

79) 대판 2006.1.26, 2003다36225.

80) 최기원, 민법주해[Ⅰ]. 698면.

으로 이해된다. 또한 감사의 성명, 주소는 등기사항이 아니다. 왜냐하면 감사는 이사와 달리 외부에 대하여 법인을 대표하는 기관이 아니기 때문에 제3자의 이해에 영향을 끼칠 염려가 없기 때문이다.81)

2. 감사의 직무권한

(1) 의 의

감사는 법인의 내부에서 이사의 업무집행을 감독한다. 따라서 외부에 대한 대표권은 없다. 한편 감사가 다수인으로 있는 경우에는 각자 단독으로 직무를 행하고, 그 직무의 성격상 공동으로 집행할 필요는 없다.82) 따라서 감사가 수인 있는 경우에도 이사의 경우(제65조)와는 달리 연대하여 손해배상책임을 지지는 않는다. 감사도 선임행위의 성질상 그의 직무수행에 있어서는 선량한 관리자의 주의의무를 다하여야 하며, 이 의무에 위반하면 채무불이행으로서 법인에 대하여 손해배상책임을 져야 한다(제390조).

(2) 감사 직무의 내용

민법이 감사의 직무로서 규정하고 있는 사항은 다음과 같다(제67조).

가. 법인의 재산상황에 대한 감사(동조 제1호) 감사는 법인의 재산상황을 감사하여야 한다. 감사는 이를 위해 법인의 회계장부·서류 등을 열람할 수 있고, 법인의 재산상황에 대하여 검사를 할 수도 있으며, 필요한 경우에는 이사에게 그 보고를 요구할 수 있다. 이러한 재산상황의 검사·감사권은 결산기뿐만 아니라 필요한 경우에는 언제든지 행사할 수 있다.

나. 이사의 업무집행의 상황에 대한 감사(동조 제2호) 감사는 이사의 업무집행, 즉 대내적인 사무집행과 대외적인 대표행위에 대해 감사를 하여야 한다. 이 경우 업무집행에 대한 형식적인 적법성뿐만 아니라 실질적으로 이사의 업무집행이 법인의 목적에 합당한지도 아울러 감사하여야 한다.

다. 보 고(동조 제3호) 법인의 재산상황 또는 업무집행에 관하여 감사한 결과, 부정·불비한 것이 있음을 발견한 때에는 감사는 이를 총회에 보고하거나 또는 주무관청에 보고하여야 한다.

---

81) 김상용, 245면; 김용한, 188면.

82) 곽윤직·김재형, 191면.

라. 총회소집(동조 제4호) 감사는 위의 감사결과를 보고하기 위하여 필요한 때에는 사원총회를 소집할 수 있다(임시총회).

민법이 규정하고 있는 감사의 직무사항은 예시적인 것이며, 감사가 이사에 대한 감독기관으로서 감사의 직무상 필요한 때에는 그 밖의 행위도 할 수 있다고 해석한다.83)

제 6 관 법인의 주소

Ⅰ. 법인 주소의 의의

법인도 자연인과 마찬가지로 사회활동을 하는 이상 주소를 가져야 한다. 민법은 법인의 주된 사무소의 소재지를 법인의 주소로 하고 있다(제36조). 「주된 사무소」라 함은 수개의 사무소 중에서 법인관리의 최고수뇌부가 소재하는 장소를 말한다. 정관에 주된 사무소로 기재되어 있는 사무소와 사실상의 주사무소가 일치하지 않는 경우에는 후자로 주된 사무소가 이전되었다고 보아야 할 것이다.1)

Ⅱ. 법인 주소의 효과

법인은 설립등기를 주사무소의 소재지에서 함으로써 성립한다(제33조, 제49조 제1항). 주된 사무소의 소재지는 정관의 필요적 기재사항이며 또 필요적 등기사항이다(제40조 제3호, 제43조, 제49조 제2항 제3호). 사무소를 이전한 경우에는 이를 등기하여야만 제3자에게 대항할 수 있다(제54조 제1항).

제 7 관 정관의 변경

Ⅰ. 의 의

정관의 변경은 법인의 동일성을 유지하면서 그 조직을 변경하는 것을 말한다. 그런데 정관 변경은 사단법인과 재단법인에 따라 다르다. 사단법인은 사원의 자주적인 의사

---

83) 곽윤직·김재형, 191면; 김상용, 245면.

1) 김상용, 250면; 김용한, 194면; 백태승, 261면; 이영준, 972면; 홍일표, 민법주해[Ⅰ], 605면.

결정에 따라 자율적으로 운영되는 법인인 만큼 사원총회의 결의에 의하여 정관을 변경하더라도 사단법인의 동일성이 상실되지 않는다. 사단법인의 정관은 이를 작성한 사원뿐만 아니라 그 후에 가입한 사원이나 사단법인의 기관 등도 구속하는 점에 비추어 볼 때, 그 법적 성질은 계약이 아닌 자치법규로 본다. 그리하여 사단법인 정관의 의미가 분명하지 않은 경우에 그 해석은 법규해석의 방법으로 하여야 하지, 사원총회에서 다수결에 의한 방법으로 정관을 해석할 수 없다. 그러므로 의사결정기관인 사원총회에서 다수결에 의한 방법으로 정관을 해석한 경우에 그 효력은 다른 사원이나 법원을 구속하지 못한다.[1] 이에 대해서 재단법인은 설립자의 의사에 따라 타율적으로 운영되므로, 설립자가 정한 정관의 규정대로 목적재산이 운영되어야만 하고 따라서 정관은 원칙적으로 변경하지 못하고 예외적인 경우(제45조·제46조)에 한하여 정관의 변경이 가능하다.

Ⅱ. 사단법인의 정관변경

1. 요 건

사단법인의 정관을 변경하기 위해서는 「사원총회의 결의」와 「주무관청의 허가」를 얻어야 한다(제42조).

(1) 사원총회의 결의

정관의 변경은 총사원의 3분의 2 이상의 동의가 있어야 한다(제42조 제1항 본문). 그러나 이 정족수에 관하여 정관에 다른 규정이 있는 때에는 그 규정에 의한다(동조항 단서). 사단법인에서의 정관변경은 사원총회의 「전권사항」이다. 따라서 정관에 사원총회이외에 이사회의 결의를 통하여 정관변경을 가능하도록 규정하고 있다 하더라도, 이러한 내용의 정관 규정은 무효이다.

(2) 주무관청의 허가

정관의 변경은 주무관청의 허가를 얻지 않으면 그 효력이 없다(제42조 제2항). 이때 주무관청의 허가는 그 법적 성질이 '인가'로서 그 인가처분의 무효·취소를 다툴 수 있다.[2] 그리고 정관의 변경사항이 등기사항인 경우에는(제49조 제2항) 그 변경을 등기하여야 제3자에게 대항할 수 있다(제54조).

---

1) 대판 2000.11.24, 99다12437.

2) 대판(전원합의체), 1996.5.16, 95누4810.

2. 정관변경의 한계

사단법인의 정관변경에 관하여 두 가지가 문제된다.

(1) 정관변경의 금지조항의 효력

정관에서 정관의 변경을 할 수 없다고 규정하고 있는 경우에도, 그 정관을 변경할 수 있는가가 문제된다. 사단법인은 자주적인 단체의 본질을 갖고 있으므로, 정관변경을 금지한 규정을 가지고 있는 사단법인은 절차를 통해서 정관변경금지의 정관을 다시 변경할 수 있다고 할 것이다. 이 경우에는 정관변경을 위하여 총사원의 3분의 2가 아니라 총사원의 전체의 동의를 요한다는 것이 통설[3]이다.

(2) 목적의 변경

법인의 목적도 정관의 변경절차에 따라 변경할 수 있다.[4] 다만 비영리의 목적을 영리의 목적으로 변경하지는 못한다. 이렇듯 비영리성에서 영리성으로 법인의 본질이 변경되는 경우는 비영리법인으로서의 사단법인의 본질에 반하는 정관의 변경이므로 무효이고, 이러한 경우에는 정관을 변경할 것이 아니라 차라리 법인을 해산하여야 할 것이다

문제는 기존에 성립된 사단법인이 그 목적을 정관의 변경절차를 통해서(제42조 제1항) 변경할 수 있다고 볼 때, 목적 변경에 찬성하지 않는 소수사원은 불이익을 입게 된다. 따라서 이러한 목적변경의 정관변경을 위해서는 소수사원의 보호를 위하여 총사원의 동의를 얻을 것을 요구하는 소수의 견해도 있으나, 통설은 목적변경에 찬성하지 않는 소수사원은 자유로이 퇴사할 수 있으므로 총사원의 3분의 2이상의 동의를 얻어(제42조 제1항) 목적 변경을 허용하더라도 이를 반대하는 사원에게 불이익이 없다고 본다.[5]

---

3) 곽윤직·김재형, 197면; 김기선, 168면; 김상용, 252면; 김용한, 196면; 김주수·김상용, 242면; 백태승, 263면; 홍일표, 민법주해[Ⅰ], 622면.

4) 곽윤직·김재형, 197면; 김상용, 253면.

5) 홍일표, 민법주해[Ⅰ], 622면.

Ⅲ. 재단법인의 정관변경

1. 요 건

재단법인은 그 목적과 조직이 설립시에 설립자에 의하여 확정되어 있는 타율적 법인이므로, 그 정관은 변경하지 못하는 것이 원칙이다. 다만 예외적으로 다음과 같은 3가지 경우에는 재단법인의 정관을 변경할 수 있다. 이때에도 그 정관의 변경은 주무관청의 허가를 얻어야 그 효력을 발생한다(제45조 제3항).

(1) 정관규정에 의한 변경

설립자가 정관에 그 변경방법을 규정해 놓은 때에는 그 방법에 따라 변경할 수 있다(제45조 제1항). 이는 실질적으로 정관의 변경이 아니라 '정관의 실행'인 것이다.[6] 이러한 정관의 변경은 주무관청의 허가를 얻어야 효력이 생긴다(제45조 제3항). 그리고 변경된 사항이 등기사항이면 등기하여야 비로소 제3자에게 대항할 수 있다(제54조 제1항, 제49조 제2항).

(2) 명칭·사무소 소재지의 변경

원칙적으로 정관에서 그 변경방법을 정해 놓지 않은 경우에는 정관을 변경할 수 없다. 그러나 재단법인의 동질성을 파괴하지 않는 것으로서 법인의 명칭 또는 사무소의 소재지는 법인의 목적달성 또는 재산보전을 위하여 필요한 때에 한하여 변경할 수 있다(제45조 제2항). 이 경우에도 주무관청의 허가를 얻어야 하며, 이에 대한 변경등기는 제3자에 대한 대항요건이다.

(3) 목적달성이 불가능한 경우 목적 등의 변경

재단법인의 목적을 달성할 수 없는 때에는 해산할 수밖에 없다(제77조). 그렇지만 재단법인을 존속시키는 것이 설립자의 의사에도 맞고 사회경제적으로 유익하기 때문에, 재단법인은 설립자나 이사가 주무관청의 허가를 얻어 설립의 취지를 참작하여 그 목적 기타 정관의 규정을 변경할 수 있다(제46조). 재단법인이 목적을 달성할 수 없게 되어 정관을 변경할 때 주무관청으로부터 사전 허가를 신청하면, 주무관청으로서는 그 법인의 설립취지를 참작하여 허가하여야 한다. 여기서 설립의 취지를 참작한다는 것은 법인의 동일성을 유지하기 위하여 필요한 것이고, 반드시 변경 전의 목적과 유사하여야 한다는 것

---

6) 김대정, 464면; 김상용, 253면; 김용한, 196면.

을 의미하는 것은 아니라 할 것이다.7) 그리고 주무관청으로 하여금 이러한 취지가 참작되었는지를 심사토록 하기 위해서 그 허가는 반드시 '사전에' 얻은 다음에(제46조) 정관변경을 하여야 한다.8) 변경을 할 수 있는 자는 설립자나 이사이다. 재단법인에는 사원이 없으므로 사원총회의 결의로 할 수 없으므로, 민법은 설립자나 재단법인의 관리책임자인 이사가 할 수 있도록 규정하고 있다(제46조). 그리고 목적 등의 변경은 변경등기를 하여야 제3자에게 대항할 수 있다(제54조). 여기에서 재단법인의 정관변경 허가의 법적 성질은 주무관청의 자유재량에 속하는 허가가 아니라 '인가'라고 본다.9)

2. 기본재산의 처분 및 증감

재단법인의 실체는 기본재산이다. 이러한 재단법인 설립의 목적에 바쳐진 재산에 대하여 법인격이 부여되고, 이 기본재산은 법인의 목적달성에 기본적 수단으로 된다. 그러므로 기본재산은 재단법인의 실체인 동시에 정관의 필요적 기재사항이다(제43조). 따라서 재단법인의 기본재산의 처분행위는 그 정관의 변경에 해당하고10) 주무장관의 허가가 있어야 유효하다고 할 것이다. 따라서 주무관청의 허가가 없으면 그 처분행위는 물권계약으로 무효일 뿐만 아니라 채권계약으로서도 무효이다.11) 그리고 이 점은 경매절차에 의한 매각의 경우에도 같다.12)

또한 재단법인의 기본재산의 감소는 물론 증가도 기본재산의 처분으로 본다. 즉 재단법인의 기본재산을 처분하거나 또는 추가로 기본재산에 편입시키는 것은 모두 정관의

7) 김상용, 253면; 김용한, 197면.

8) 김준호, 172면.

9) 재단법인의 정관변경 "허가"는 법률상의 표현이 허가로 되어 있기는 하나, 그 성질에 있어 법률행위의 효력을 보충해 주는 것이지 일반적 금지를 해제하는 것이 아니므로, 그 법적 성격은 인가라고 보아야 할 것이다(대판(전원합의체) 1996.5.16, 95누4810).

10) 대판 1966.11.29, 66다1668.

11) 이 경우에 채권계약과 물권계약을 갈라 물권계약으로서의 효력만 부인하고 채권계약으로서는 유효한 것이라 인정한다면 특단의 사정이 없는 한 주무부장관의 허가 없는 기본재산의 처분을 금하는 법의 취지가 몰각되는 결과를 빚을 염려가 있으므로 소위 채권계약으로서도 그 효력이 유지될 수 없는 것이라 할 것이다(대판 1974.6.11, 73다1975).

12) 재단법인의 정관변경에 대한 주무관청의 허가는, 경매개시요건은 아니고, 경락인의 소유권취득에 관한 요건이다(대결 1986.1.17, 85마720). 그러므로 경매법원으로서는 그 허가를 얻어 제출할 것을 특별매각조건으로 경매절차를 진행하고, 매각허가결정 시까지 이를 제출하지 못하면 매각불허가결정을 하면 된다(대결 2014.10.17, 2014마1613; 대판 2018.7.20, 2017마1565); 사회복지사업법 제23조 제3항 제1호의 규정에 의하면 사회복지법인이 기본재산을 매도하기 위하여는 보건복지부장관의 허가를 받아야 하고, 이는 경매절차에 의한 매각의 경우에도 마찬가지라 할 것이다(대결 1977.9.13, 77다1476; 대결 2003.9.26, 2002마4353; 대결 2007.6.18, 2005마1193).

변경사항이므로, 기본재산을 감소시키는 경우는 물론 이를 증가시키는 경우에도 주무관청의 허가를 얻어야 한다.13)

한편 주무관청의 허가는 보통 사전에 받을 것이지만, 사후에 받아도 무방하다고 할 것이다.14) 이 경우에는 허가가 있기 전까지는 계약이나 경매가 효력이 생기지 않고 있다가 허가를 받으면 유효하게 된다.15)

제 8 관 법인의 소멸

I. 법인소멸의 의의

법인의 소멸은 자연인의 사망과 마찬가지로, 「법인이 그 권리능력을 상실하는 것」을 말한다. 다만 자연인의 사망시에는 상속이 개시되지만, 법인의 경우에는 상속제도가 없으므로 법인의 소멸은 재산관계를 정리하기 위하여 해산·청산절차를 밟게 된다. 우선 「해산」에 의하여 법인은 본래의 활동을 정지하고 청산종결시까지 제한된 범위 내에서 권리능력을 가진다. 그리고 나서 재산을 정리하는 「청산」의 단계로 들어간다. 이때의 법인을 청산법인이라 하고, 이 청산법인은 종전의 해산전 법인과 별개의 인격자는 아니며 동일성을 가진다.1) 법인이 소멸하는 시점은 청산등기시가 아니라 '청산이 사실상 종료한 때'이다.

---

13) 재단법인의 기본재산에 관한 사항은 정관의 기재사항으로서 기본재산의 변경은 정관의 변경을 초래하기 때문에 주무부장관의 허가를 받아야 하고 따라서 이미 기본재산으로 되어 있는 재산을 처분하는 행위는 물론 새로이 기본재산으로 편입하는 행위도 주무부장관의 허가가 있어야만 유효하다고 할 것이므로 어떤 재산이 재단법인의 기본재산에 편입되었다고 인정하기 위하여서는 그 편입에 관한 주무부장관의 허가가 있었음이 먼저 입증되어야 한다(대판 1982.9.28, 82다카499; 대판 1991.5.28, 90다8558).

14) 송덕수, 651면.

15) 구 사립학교법(1990.4.7. 법률 제4226호로 개정되기 전의 것) 제28조 제1항의 취지는 학교법인의 기본재산에 관한 거래계약 자체를 규제하려는 것이 아니라 사립학교를 설치·운영하는 학교법인의 재정적 기초가 되는 기본재산을 유지·보전하기 위하여 감독청의 허가 없이 그 기본재산에 관하여 타인 앞으로 권리이전되거나 담보권·임차권이 설정되는 것을 규제하려는 것이라고 할 것이므로, 반드시 기본재산의 매매 등 계약 성립 전에 감독청의 허가를 받아야만 하는 것은 아니고, 매매 등 계약 성립 후에라도 감독청의 허가를 받으면 그 매매 등 계약이 유효하게 된다(대판 1998.7.24, 96다27988).

1) 김상용, 254면; 김용한, 198면.

Ⅱ. 법인의 해산

해산은 「법인이 본래의 목적달성을 위한 적극적 활동을 정지하고 청산절차에 들어가는 것」을 말한다. 해산사유는 다음과 같다.

1. 사단법인·재단법인에 공통된 해산사유(제77조 제1항)

(1) 존립기간의 만료 기타 정관에 정한 해산사유의 발생

법인이 성립시에 법인으로서 존립할 일정기간을 정하였거나, 일정한 사정의 발생을 법인의 해산사유로 정하여 설립되었다면, 이러한 존립기간의 만료나 해산사유의 발생으로 법인을 더 이상 존속시킬 수 없고 해산하여야 한다. 법인의 존속과 관련된 존립기간이나 해산사유는 사단법인에서는 정관의 필요적 기재사항이나(제40조 제7호), 재단법인에서는 임의적 기재사항이다(제43조 참조). 그러나 법인의 존립시기나 해산사유는 반드시 성립시에 정해야 하는 것은 아니다. 또한 이러한 사유를 정관에 정하여 놓았더라도 법인의 존속을 원하는 경우에는 정관변경의 절차를 거쳐 법인을 존속시킬 수도 있지만 법인은 해산을 하는 것이다. 이러한 의미에서 존립기간의 만료 및 정관에 정한 해산사유의 발생은 법인의 당연한 해산사유는 아니다.

(2) 법인의 목적달성 또는 달성불능

법인이 정관에서 정한 목적을 달성할 수 없는 경우나 이미 달성한 경우에는 법인으로서 더 이상 존속할 의미가 없으므로 해산할 수밖에 없다. 법인목적의 달성불능이냐, 달성하였는가의 여부는 사회관념에 의하여 결정할 것이다.[2)]

그러나 사단법인은 목적달성이 불능하게 되었더라도 정관을 변경하면 법인은 해산할 필요 없이 존속할 수 있다(제42조).[3)] 사단법인은 자율적 법인이므로 불능으로 된 목적을 총사원의 3분의 2이상의 동의를 얻어서(제42조 제1항) 가능한 다른 목적으로 변경하여 존속할 수 있다. 그럼에도 불구하고 사단법인은 정관변경을 통한 존속의 절차를 밟지 않고 해산하는 것이다. 그리고 재단법인의 경우도 법인의 목적을 달성할 수 없는 때에는 설립자나 이사가 주무관청의 허가를 얻어 설립의 취지를 참작하여 법인의 목적을 변경하여

---

2) 곽윤직·김재형, 201면; 김대정, 477면; 김상용, 255면; 홍일식, 민법주해[Ⅰ], 373면.

3) 고상용, 251면; 김상용, 255면; 김용한 198면; 이영준, 976면.

법인을 존속시킬 수 있는데(제46조), 이러한 취지를 규정하고 있는 제46조가 강행규정은 아니므로, 법인이 목적의 변경을 원하지 않고 해산할 수도 있다. 이러한 경우를 대비하여 민법은 목적달성의 불능을 해산사유로 정한 것이다. 이러한 점에서 목적달성과 목적달성의 불능이라는 해산사유는 법인의 당연한 해산사유로 보기 어렵다.4)

(3) 파 산

가. 법인의 파산원인 법인의 파산원인은 채무초과이다. 채무초과는 소극재산이 적극재산을 넘는 상태로서 법인의 파산원인은 '채무초과'로 족하며, 자연인의 경우와 같이 '지급불능'을 요하지 않는다(채무자회생및파산에관한법률 제305조, 제306조 제1항 참조). 법인에서 파산요건을 자연인과 달리 채무초과로 한 것은 채무초과의 법인이 존속함으로써 제3자에게 손해를 끼칠 우려가 있게 됨에 따라 이를 방지하기 위함이다.5) 결국 법인은 채무를 완제하지 못하게 된 때(채무초과)에는 이사는 지체 없이 파산신청을 하여야 한다(제79조). 파산신청권자는 이사(제79조, 채무자회생및파산에관한법률 제295조 제1항) 및 채권자(채무자회생및파산에관한법률 제294조 제1항)이다. 이사는 파산원인이 채무초과인 경우에 파산신청의무를 부담하고(이 점에서 채권자 등의 다른 파산신청자와 다름), 이를 해태하면 과태료의 처분을 받는다(제97조 제6호).

나. 「채무자 회생 및 파산에 관한 법률」에 따른 파산절차 법인에 대하여 파산선고의 결정이 있으면 그 선고한 때에 법인은 즉시 해산되고, 이때부터는 민법의 규정에 따른 청산절차가 행하여지는 것이 아니라 「채무자 회생 및 파산에 관한 법률」에 따라서 파산절차가 행하여진다. 다만 파산절차가 종료된 이후에 적극재산이 남은 때에는 민법의 규정에 의한 청산절차를 밟아야 한다.6)

(4) 설립허가의 취소

법인의 설립허가를 내 준 주무관청은 법인이 ① 목적 이외의 사업을 하거나, ② 설립허가의 조건에 위배하거나, ③ 기타 공익을 해하는 행위를 한 경우에 법인의 설립허가를 취소할 수 있다(제38조). 그렇지만 이러한 3가지의 취소사유 이외에 법인의 설립 후에 그 목적달성이 불가능하게 되었다는 것만으로는 설립허가를 취소할 수 없다.7) 이 설립허가의 취소는 장래에 향해서만 효력을 발생하고 소급효가 없다. 설립허가의 취소와 동

---

4) 김준호, 174면.

5) 곽윤직·김재형, 201면.

6) 대판1989.11.24, 89다카2483.

7) 김준호, 174면; 홍일표, 민법주해[Ⅰ], 607면; 대판 1982.10.26, 81누363.

시에 법인은 해산되고 청산절차에 들어간다. 그러나 법인이 설립허가취소에 불복하여 행정소송을 제기하여 법원으로부터 설립허가의 취소처분에 대하여 취소판결을 받게 되면, 취소처분의 효과는 소급적으로 소멸하고, 그 사이에 이루어진 청산목적을 넘는 행위도 모두 유효로 된다.[8)]

2. 사단법인에만 특유한 해산사유(제77조 제2항)

(1) 사원이 없게 된 때

사단법인의 사원이 1명도 없게 된 경우에는 법인은 당연히 해산한다. 사원이 2인 이상이어야 한다는 것은 사단법인의 성립요건이고 존속요건은 아니기 때문에, 사원이 1인만 있는 경우에도 해산사유가 되지 않는다.[9)]

(2) 사원총회의 결의에 의한 해산

가. 총회결의에 의한 임의해산 사단법인은 총회의 결의에 의해 해산하며, 이를 임의해산이라고 한다. 이것은 사원총회의 전권사항이므로, 만일 정관에서 총회의 이러한 권한을 박탈하거나, 사원총회 이외의 다른 기관이 해산결의를 할 수 있도록 규정하였더라도 그 정관은 무효이다.[10)] 해산결의는 정관에 다른 규정이 없는 한 총사원의 4분의 3 이상의 동의가 있어야 한다(제78조). 그러나 이 정족수는 정관에 다르게 규정할 수 있다.[11)]

나. 기한부 또는 조건부 해산결의 다수의 견해는 기한부 또는 조건부 해산결의는 제3자를 해할 염려가 있으므로 허용되지 않는다고 한다.[12)] 해산사유는 제3자의 이해와 밀접히 관련되어 있고 이를 정관에 기재하고 등기를 하는 점(제40조 제7호, 제49조 제2항 제5호)에 비추어 볼 때, 사원총회의 해산결의도 단순하여야 하고 조건부·기한부의 해산결의를 할 수 없는 것으로 해석한다. 그러나 조건부나 기한부의 해산결의도 해산사유로서 그 효력을 부정할 이유는 없다고 보는 견해[13)]도 있다. 즉 총회의 해산결의는 사단법인의 설립 당시부터 정해 놓은 해산사유와는 달리 정관으로 등기할 사항이 아니므로 위의 규정에

---

8) 홍일표, 민법주해[Ⅰ], 607면.
9) 김상용, 256면; 김용한, 199면.
10) 김상용, 256면.
11) 곽윤직·김재형, 202면.
12) 김상용, 256면; 이영준, 976면; 지원림, 126면.
13) 최기원, 민법주해[Ⅰ], 741면.

제한되지 않는다는 것이다. 따라서 이에 의하면 조건부나 기한부의 해산결의도 그 자체로서 유효한 해산사유가 된다

나. 해산결의의 철회 사단법인은 해산결의에 의하여 그 목적이 청산의 목적으로 바뀐다. 이에 따라 사단법인의 권리능력도 청산의 목적범위 내로 한정된다. 따라서 사단법인은 권리능력을 상실하는 것이 아니고, 해산결의는 사원총회의 임의적인 결의에 의한 것이므로, 다시 사원총회의 결의로서 이를 철회할 수 있는 것으로 해석된다.14)

Ⅲ. 법인의 청산

1 의 의

청산은 「해산한 법인이 남은 사무를 처리하고 재산관계를 정리하여 법인을 완전히 소멸시키는 절차」로서, 해산한 법인은 청산의 절차를 통하여 재산을 정리하고 이로써 법인은 완전히 소멸하게 된다. 청산절차는 두 가지로서, 파산의 경우에는 「채무자 회생 및 파산에 관한 법률」에 따라 청산이 이루어지고, 그 밖의 경우에는 민법상 규정된 절차에 따라 청산된다.

(1) 파산을 원인으로 한 청산

법인이 파산으로 해산한 경우(제77조 제1항, 제79조)에는 청산은 「채무자 회생 및 파산에 관한 법률」이 정하는 절차에 의한다.

(2) 파산 이외의 원인에 의한 해산

파산 이외의 원인으로 해산한 경우에는 '민법이 규정하는 절차'에 의한다. 청산절차에 관한 규정은 제3자의 이해관계에 중대한 영향을 미치지 때문에 강행규정으로 보아야 하고, 따라서 정관에 이와 다른 내용의 규정을 두더라도 이러한 정관은 효력이 없다(제80조 제1항, 제81조, 제87조 등).15)

2. 청산법인의 능력

해산한 법인은 청산법인으로 바뀌게 된다. 청산법인은 청산의 목적범위 내에서만

---

14) 김준호, 175면; 최기원, 민법주해[Ⅰ], 741면.

15) 대판 1995.2.10, 94다13473; 2000.12.8, 98두5279.

권리를 가지고 의무를 부담한다(제81조). 즉 법인으로서 원래 가지고 있었던 권리능력 내지 행위능력은 청산의 목적범위 내로 감축되는 것이다.16) 그렇다고 해서 청산의 목적범위를 청산목적과 직접 관련 있는 것으로 엄격하게 한정할 것이 아니라, 광의로 넓게 해석하여야 한다.17) 그러나 청산이라는 목적을 변경하거나 해산 전의 본래의 적극적인 사업을 수행할 수는 없다.18) 따라서 청산법인의 목적범위 외의 행위는 무효이다.19) 그 밖의 경우에는 해산 전의 법인과 그 동일성이 유지된다.

3. 청산법인의 기관

청산법인은 해산 전의 법인과 동일성이 그대로 유지되므로, 해산 전의 기관으로서 「사원총회」·「청산인」·「감사」가 그대로 존속한다. 이사는 청산인이 된다.

(1) 청산인

가. 청산인의 지위 법인이 해산하면 이사는 지위를 상실하고 그에 갈음하여 청산인이 청산법인의 집행기관이 된다. 따라서 청산인은 청산법인의 능력 범위 내에서 대외적으로 청산법인을 대표하고 대내적으로는 내부의 청산사무를 집행한다(제87조 제2항). 마치 본래의 이사와 같은 지위에 선다. 따라서 본래의 이사의 사무집행의 방법(제58조 제2항)·대표권(제59조)·대표권제한의 대항력(제60조)·주의의무(제61조)·대리인선임(제62조)·특별대리인의 선임(제64조)·임무해태(제65조)·임시총회의 소집(제70조) 등에 관한 규정은 모두 청산인에게 준용된다(제96조).

나. 청산인의 선임·해임

1) 청산인의 선임

① **법정청산** 파산의 경우에는 「채무자 회생 및 파산에 관한 법률」에 따라 법원에 의해 선임된 파산관재인이 파산재단을 대표한다(채무자 회생 및 파산에 관한 법률 제356조). 그리하여 파산법인은 파산재단에 관한 사무의 집행을 위하여 청산인을 필요로 하지 않는다.

② **법원에 의한 청산인의 선임** 파산 이외의 사유로 법인이 해산한 때에 원

---

16) 비법인사단에 해산사유가 발생하였다고 하더라도 곧바로 당사자능력이 소멸하는 것이 아니라 청산사무가 완료될 때까지 청산의 목적범위 내에서 권리·의무의 주체가 되고, 이 경우 청산 중의 비법인사단은 해산 전의 비법인사단과 동일한 사단이고 다만 그 목적이 청산 범위 내로 축소된 데 지나지 않는다(대판 2007.11.16, 2006다41297).

17) 김대정, 480면; 김상용, 257면.

18) 김상용, 257면; 김용한, 200면.

19) 대판 1980.4.8, 79다2036.

되었으므로 해산 당시의 이사가 그대로 청산인이 된다(제82조 본문). 그러나 정관에서 다른 자를 정관 또는 총회의결의로 정한 것이 있으면 이것이 우선하여 적용된다(동조 단서). 이는 해산 전의 이사로 하여금 청산사무를 완료할 수 있도록 하는 것이 효과적이라는 취지에서 둔 규정이다. 그러나 청산인이 될 자가 없거나 또는 청산인의 결원으로 인하여 손해가 생길 염려가 있는 때에는, 법원은 직권 또는 이해관계인이나 검사의 청구에 의하여 청산인을 선임한다(제83조).

2) 법원에 의한 청산인의 해임 중요한 사유가 있는 때에는 법원이 직권 또는 이해관계인이나 검사의 청구에 의하여 청산인을 해임할 수 있다(제84조). 여기서 「중요한 사유」는 청산인이 청산인으로서의 의무를 현저하게 위반하는 등 청산인으로서 계속 그 직무수행을 하게 해서는 안 될 사유를 말한다. 이는 제3자에게 미치는 영향이 크기 때문에 법원의 감독권을 강화한 것이다.[20] 이해관계인이나 검사의 청구에 의하여 법원이 청산인을 직권으로 해임한 경우에는 청산인은 불복의 신청을 할 수 없다(비송사건절차법 제37조, 제119조). 즉 청산인을 해임할 중요한 사유의 판단은 법원의 재량에 속하는 것이다.[21]

(2) 기타의 기관

청산법인은 해산 전의 법인과 동일성이 그대로 유지되므로, 그 밖의 기관인 사원총회와 감사는 그대로 계속하여 청산법인의 기관으로 존속된다. 그러므로 감사는 계속해서 청산인의 직무를 감독하고, 사원총회 역시 청산법인의 최고의사결정기관의 기능을 수행한다.[22]

4. 청산사무

(1) 청산인의 직무권한

청산인은 청산에 필요한 모든 재판상·재판 외의 모든 사항을 처리할 수 있다. 민법은 청산인의 직무를 "현존사무의 종결·채권의 추심 및 채무의 변제·잔여재산의 인도"(제87조 제1항)로 규정하고 있다. 이는 청산의 직무에 관련된 중요한 사항을 열거한 것이고 이에 한정되는 것은 아니다.

---

20) 이영준, 978면.

21) 최기원, 민법주해[I], 759면.

22) 곽윤직·김재형, 203면.

(2) 청산사무의 내용

가. 해산의 등기와 신고

1) **해산등기** 청산인은 파산의 경우를 제외하고는 취임 후 3주간 내에 해산의 등기(해산의 사유 및 연월일)와 청산인의 등기(청산인의 성명·주소 그리고 청산인의 대표권을 제한한 때에는 그 제한)를 주된 사무소와 분사무소의 소재지에서 하여야 한다(제85조 제1항). 한편 청산 중에 해산등기의 내용에 변경이 생기면 3주간 내에 변경등기를 하여야 한다(동조 제2항, 제52조). 청산인이 위의 등기를 해태하거나 주무관청에 대하여 사실 아닌 신고를 하거나 또는 사실을 은폐하면 과태료의 제재를 받는다(제97조 제1호·제4호).

파산에 의한 청산의 경우에 등기는 법원이 직권으로 등기소에 촉탁하고(채무자 회생 및 파산에 관한 법률 제23조), 또한 법원이 직권으로 주무관청에 통지한다(동법 제314조 제1항). 따라서 파산의 경우 청산인은 등기신청과 신고를 할 필요가 없다.[23]

2) **해산신고** 청산인은 파산의 경우를 제외하고는 그 취임 후 3주간 내에 해산등기와 청산인등기에 관한 사항을 주무관청에 신고하여야 한다(제86조 제1항). 그리고 청산 중에 청산인이 바뀐 경우, 즉 새로 취임한 청산인은 그 성명과 주소를 주무관청에 신고하여야 한다(동조 제2항).

나. 현존사무의 종결 현존사무의 종결은 해산 전부터 계속 중인 업무를 완결시키는 것을 말한다(제87조 제1항 제1호). 그러므로 해산하는 법인은 새로운 사무를 개시하지 못한다. 다만 현존사업의 종결을 위하여 필요한 법률행위는 비록 그것이 새로운 것일지라도 해산법인은 이를 할 수 있다.[24] 이는 청산인의 직무로서(동조 제2항) 청산인에게 주어진 권한의 내용으로 이해할 수 있다.

다. 채권의 추심 해산하는 법인의 청산절차는 채권자들에 대한 채무의 변제와 잔여재산의 확정을 중요한 목적으로 한다. 이를 위하여 법인이 가지고 있는 적극재산인 채권을 법인의 재산으로 실현시켜야 한다. 즉 법인의 채권적 재산을 물권적 재산으로 전환시켜야 한다.[25] 이에는 단순히 채권의 추심(제87조 제1항 제2호)뿐만 아니라, 대물변제의 수령이나 상당한 대가를 받고 하는 채권양도, 화해계약의 체결 등도 이에 포함된다. 그리고 변제기가 도래하지 않은 채권·조건부 채권과 같이 즉시 추심하기가 곤란한 채권은

---

23) 김용한, 200면.

24) 최기원, 민법주해[I], 763면.

25) 최기원, 민법주해[I], 763면.

양도로써 처분하든가 또는 적당한 방법으로 환가처분을 하여(비송사건절차법) 법인의 적극 재산으로 귀속시킨다. 그리고 추심이 불가능하거나 사실상 곤란한 채권은 이를 포기하여 법인의 재산에서 제외시킬 수도 있다.26)

라. 채무의 변제 법인이 갚아야 할 채무의 변제(제87조 제1항 2호)는 청산사무 중 가장 중요한 것이므로, 민법은 청산절차의 신속한 종결과 채권자(제3자)의 보호를 위하여 다음과 같이 특별규정을 두고 있다.

1) 채권신고의 공고·최고 법인은 장부 등을 통해서도 알 수 없는 채권자에 대하여는 채권신고를 '공고'하여야만 하고(제88조), 알고 있는 채권자에 대하여는 개별적으로 채권신고를 '최고'하여야 한다(제89조).

① 채권신고의 공고 법인은 일반적으로 자신이 채권자가 누구인지, 그 액수는 얼마인지를 장부를 통해서 대부분 알고 있다. 그러나 법인도 명확하게 알 수 없는 채권자가 있을 수 있고, 또한 법인이 해산한다는 사실을 널리 채권자에게 알림으로써 신속하게 채권자들이 변제를 받을 수 있게 하여 청산사무의 신속한 종결을 꾀할 수 있게 하기 위하여, 법인은 해산하는 경우에 채권자들에게 채권을 신고하도록 공고하여야 한다. 청산인은 취임한 날로부터 2개월 내에 3회 이상 채권자들에게 자신의 채권을 신고할 것을 공고하여야 한다. 그 공고의 내용은 일반채권자에 대하여 일정한 기간 내에 그의 채권을 신고할 것을 독촉하는 것이다. 이 신고기간은 공고 후 2개월 이상으로 하고(제88조 제1항), 그 법적 성질은 제척기간으로 본다.27)

이 공고에는 채권자가 기간 내에 신고하지 않으면 청산으로부터 제외된다는 제외공고를 포함하여야 하며(동조 제2항),28) 이 공고는 '법인의 등기사항의 공고'와 동일한 방법으로 하여야 한다(동조 세3항). 그러므로 원칙적으로 신문에 공고를 하여야 한다(비송사건절차법 제65조의2). 청산인이 이러한 공고를 해태하거나 부정공고를 하는 경우에는 과태료의 제재를 받는다(제97조 제7호).

② 채권신고의 최고 채권신고의 최고는 청산인이 알고 있는 채권자에 대하여 개별적으로 하는 채권신고를 위한 독촉제도이다.29) 법인이 일반채권자에게 널리 채권신고할 것을 공고하였더라도, 법인이 알고 있는 채권자에 대하여는 다시 개별적으로 채권

---

26) 최기원, 민법주해[I], 763면.
27) 김상용, 260면; 김용한, 202면.
28) 최기원, 민법주해[I], 766면.
29) 최기원, 민법주해[I], 768면.

신고를 최고하여야 한다. 그리하여 청산인은 법인의 장부 기타 자료에 의하여 법인에 대해 채권을 가지고 있는 것으로 확인되어 '알고 있는 채권자'에게는 개별적으로 채권신고를 최고하여야 한다(제89조 제1문). 여기에서 알고 있는 채권자에는 청산법인에 대하여 채권이 있음을 주장하는 자도 포함된다고 해석한다.[30] 물론 채권이 있음을 주장하는 자는 채권자로 확정된 자는 아니므로 채권의 존재가 부정될 가능성도 있다. 그러나 채권의 존재가 부정될 가능성이 있다고 하여 채권이 확정적으로 존재하지 않는다고는 확정지을 수 없으므로 이에 포함시키야 하는 것이다. 이처럼 알고 있는 채권자에는 스스로 채권 있음을 주장하는 자도 포함되기 때문에, 이 중에는 청산인이 채권의 존재를 인정하지 않는 채권자도 있을 수 있다. 따라서 청산인이 채권신고의 최고를 하였더라도 이로써 채무승인의 효과는 생기지 않는다.[31] 그러므로 채권의 소멸시효도 중단되지 않는다.

또한 알고 있는 채권자에 대한 채권신고의 최고에는 채권을 청산으로부터 제외시키는 효력이 인정되지 않으므로,[32] 청산인이 최고하였는데 이를 수령한 (청산인이 알고 있는) 채권자가 자신의 채권을 신고하지 않았다고 하여 그의 채권을 청산에서 제외시키지 못한다(동조 제2문).

2) 채권에 대한 변제

① **변제 금지** 채권에는 채권자평등의 원칙이 적용되므로 청산법인에 대한 모든 채권자가 공평한 변제를 받게 하기 위해서, 청산인은 채권신고기간 내(제88조 제1항)에는 특정 채권자에 대하여 변제하지 못한다(제90조 본문). 그런데 채권신고기간 내에 채권의 신고를 받은 결과 법인의 재산액보다 신고된 채권액이 능가하여 채무초과로 판명되면 청산절차는 종료되고 파산절차가 시작되어야 한다. 그리고 채권신고기간 내에는 특정 채권자에게 변제가 금지되는 결과, 채권의 변제기가 도래한 후에도 채권신고기간이 경과할 때까지는 그 채권은 변제를 받을 수 없다. 이 경우에 채권변제의 유예가 일어나는 것은 아니므로, 청산법인은 변제기 도래 후부터는 지연손해배상을 하여야 한다(동조 단서).

② **채권변제의 특례** 청산채무의 신속한 종결을 위하여 청산중의 법인은 변제기에 이르지 않은 채권에 대하여도 기한의 이익을 포기하고 이를 변제할 수 있다(제91조 제1항). 한편 조건부 채권·존속기간이 불확정한 채권·기타 가액이 불확정한 채권에 관하여는 법원이 선임한 감정인의 평가에 의하여 변제하여야 한다(동조 제2항).

---

30) 최기원, 민법주해[Ⅰ], 769면.
31) 최기원, 민법주해[Ⅰ], 770면.
32) 최기원, 민법주해[Ⅰ], 770면.

③ 청산으로부터 제외된 채권의 경우　　채권신고의 최고를 받은 자가 채권신고기간 내에 신고하지 않으면 청산에서 제외된다(제88조 제2항). 따라서 신고하지 않은 채권은 다음의 절차에 의하여 변제받을 수 있다.

i) 청산인이 알고 있는 채권자의 구제　　청산인이 알고 있는 채권자가 채권신고기간 내에 채권의 신고를 하지 않더라도 청산에서 제외하지 못하며 반드시 변제하여야 한다(제89조 단서). 만일 알고 있는 채권자가 변제를 수령하지 않으면, 청산인은 이를 공탁하여야 한다(제487조 이하 참조). 만일에 청산인이 알고 있는 채권자의 채권에 대해서 변제하지 않은 채 잔류재산을 귀속채권자에게 인도한 경우에도 청산사무는 종결된 것으로 되지 않으며, 청산법인의 권리능력도 그 범위로 존속하게 된다.[33] 따라서 귀속권리자에게 청산법인은 부당이득반환을 청구하게 되고, 청산법인이 귀속권리자에게 부당이득반환청구권을 행사하지 않는 경우에는 채권자는 청산법인을 대위할 수 있다(제405조).

ii) 기타의 채권자에 대한 변제　　채권신고기간 내에 신고하지 않았고, 청산인이 알고 있지 않은 채권자는 청산법인이 채무를 완제한 후, 귀속권리자에게 인도하지 않은 재산이 있는 경우에 한해서 이에 대해서만 변제를 청구할 수 있다(제92조, 제1039조).

마. 잔여재산의 인도　　해산한 법인이 청산절차를 밟은 후에도 잔여재산이 있는 경우에는 다음의 순서에 의하여 일정한 자에게 귀속되거나 처분된다(제87조 제1항 제3호). 이때 잔여재산의 귀속권은 청산절차가 종료된 후의 잔여재산의 양도를 법인에 대하여 청구할 수 있는 채권적 청구권이므로, 잔여재산의 인도는 단순히 점유의 이전을 의미하는 것이 아니고, 물권변동의 형식을 갖추어 물권변동의 효과가 발생되는 상태를 말한다. 예를 들어, 부동산인 경우에는 등기, 동산인 경우에는 인도, 지시채권인 경우에는 배서와 교부 그리고 무기명채권은 증서의 교부를 하여야 한다.[34]

1) 정관에 의한 귀속권리자의 지정　　1차적으로 잔여재산의 귀속자는 정관에서 지정한 자이다(제80조 제1항). 그 지정은 직접적으로 정관에서 지정하여도 좋고, 정관에서 잔여재산의 처분을 간접적으로 사원총회나 이사회의 결의에 의하도록 하는 내용으로서 귀속권리자 지정방법을 정해 놓더라도 무방하다.[35] 그리고 잔여재산의 귀속을 규정하고 있는 제80조는 제3자의 이해관계에 중대한 영향을 미치기 때문에 강행규정이고 이에 위반한 잔여재산의 처분행위는 '청산법인의 목적 범위 외의 행위'로서 무효이다.[36] 따라서

---

33) 최기원, 민법주해[1], 775면.

34) 최기원, 민법주해[1], 764, 749면.

35) 대판 1995.2.10, 94다13473.

잔여재산 인도에 관하여는 이사회 또는 청산인회의 의결로써 정관의 규정과 달리 처분할 수도 없다.[37] 또한 판례는 해산한 법인이 해산시 잔여재산이 지정한 자에게 귀속한다는 정관규정에 따라 구체적으로 확정된 잔여재산 이전의무의 이행으로서 잔여재산인 토지를 그 귀속권리자에게 이전하는 것은 채무의 이행에 불과하므로 그 귀속권리자의 대표자를 겸하고 있던 해산한 법인의 대표청산인에 의하여 잔여재산 토지에 관한 소유권이전등기가 그 귀속권리자에게 경료되었다고 하더라도 이는 쌍방대리금지 원칙에 반하지 않는다고 한다.[38]

정관에 의한 귀속권리자의 지정은 반드시 처음의 원시정관에서 정하여야 하는 것은 아니고, 설립 이후에 정관변경에 의해서도 가능하다. 따라서 해산 전에는 일방적인 정관변경을 통해서 지정된 귀속권리자를 변경할 수 있지만, 해산 후에 그러한 정관변경을 하는 경우에는 이미 지정된 귀속권리자의 잔여재산청구권을 침해하는 것이 되므로 그의 동의가 있어야 하는 것으로 본다.[39]

2) 청산법인 목적과 유사한 목적을 위한 재산의 처분 정관으로 지정한 자가 없거나 또는 지정방법을 정관이 규정하고 있지 않은 때에는 이사 또는 청산인이 주무관청의 허가를 얻어서 법인의 목적과 유사한 목적을 위하여 처분할 수 있다(제80조 제2항 본문). 즉 해산 전에는 이사가, 해산 후에는 청산인이 처분할 수 있다. 이 경우 사단법인에 있어서는 사원총회의 결의가 있어야 한다(동조항 단서).

3) 국고귀속 위의 어느 방법으로도 처분할 수 없는 경우에는 그 잔여재산은 국고에 귀속된다(제80조 제3항, 제1058조).[40] 이처럼 비영리법인의 본질상, 잔여재산이 구성원에게 분

---

36) 대판 1980.4.8, 79다2036.

37) 민법 제58조, 제59조, 제87조 및 제96조 등에 의하면 이사 또는 청산인은 법인의 사무에 관하여 정관에 규정한 취지에 위반할 수 없으므로, 정관에 법인 재산의 처분에 관하여 이사회 또는 청산인회의 심의의결을 거치도록 규정되어 있는 경우에도, 해산한 법인이 잔여재산의 귀속자에 관한 민법 및 정관의 규정에 따라 구체적으로 확정된 잔여재산 이전의무의 이행으로서 그 귀속권리자에게 잔여재산을 이전하는 것은, 위 이사회 또는 청산인회의 심의의결을 요하는 재산의 처분에 해당한다고 볼 수 없다(대판 2000.12.8, 98두5279).

38) 대판 2000.12.8, 98두5279.

39) 조인호, "민법상 청산법인의 잔여재산귀속과 대표권 제한" 대법원판례해설 제35호(2000 하반기)(대법원 법원행정처, 2001. 6), 832면; 최기원, 민법주해[1], 747면.

40) 판례는 제80조 제1항과 제2항의 규정내용을 대비하여 보면, 잔여재산의 귀속권리자를 직접 지정하지 아니하고 사원총회나 이사회의 결의에 따라 이를 정하도록 하는 내용의 정관규정도 유효하며, 나아가 이사 전원의 의결에 의하여 잔여재산을 처분하도록 한 정관규정은 성질상 등기하여야만 제3자에게 대항할 수 있는 청산인의 대표권에 관한 제한이라고 볼 수 없다고 한다(대판 1995.2.10, 94다13473).

배될 수 없다(상법 제538조 참조).

바. 청산중의 파산신청

1) 파산신청과 공고 법인이 파산 이외의 사유로 해산하여 청산절차를 진행하던 중 법인의 재산으로는 법인의 채무를 완제하기에 부족한 것이 분명하게 되면, 청산인은 지체 없이 파산선고를 신청하고 이를 공고하여야 한다(제93조 제1항). 이 공고에는 법원의 등기사항의 공고방법(제88조 제3항)을 준용한다(제93조 제3항). 즉 그 공고는 원칙적으로 신문에 1회 이상 하여야 한다(비송사건절차법 제65조의2). 청산인이 파산신청을 해태하거나(제97조 제6호), 공고를 해태하거나 또는 부정공고를 하면 과태료의 처분을 받는다(동조 제7호).

2) 파산원인 법인의 파산원인은 채무초과이다(제93조 제1항). 파산선고의 신청은 청산인과 채권자가 할 수 있다. 청산인은 채무초과의 경우에 파산선고의 신청을 하여야 할 의무를 부담한다. 따라서 청산인이 이를 위반하면 과태료에 처해지고(제97조 제6호) 손해배상책임도 지게 된다. 법원도 직권으로 파산선고를 할 수 있다.[41] 채권자는 파산선고의 신청을 한 때는 그 채권의 존재와 파산원인인 사실을 소명하여야 한다.[42]

3) 파산관재인과 청산인과의 관계 법인에게 파산선고가 내려지면 이로써 파산관재인이 「채무자 회생 및 파산에 관한 법률」의 규정에 따라 파산절차를 진행하게 되므로, 청산인은 파산관재인에게 사무를 인계하여야 한다(제93조 제2항). 청산 중에 채무초과상태가 발생하여 파산선고가 있으면 파산재단의 권리의무에 관해서는 파산관재인이 직무권한을 가지게 된다. 그렇지만 파산선고가 내려진 후에도 법인으로서는 파산재단에 속하지 않은 재산 등의 처분권한 등을 계속 갖고 있으므로 파산사무 이외의 사무에 관하여는 여전히 청산인이 그 권한을 가진다.[43] 따라서 청산인의 임무가 종료하는 것은 파산재단에 관한 권리의무에 속하는 사항에 한하고(제93조 제2항), 이에 관해서는 청산인이 파산관재인에게 그 사무를 인계함으로써 청산인의 임무가 종료된다. 그리고 파산 이외의 사항에 대해서는 계속해서 청산인이 청산법인을 대표한다고 보아야 한다.[44]

사. 청산종결의 등기와 신고 청산이 종결된 때에는 청산인은 3주간 내에 이를 등기하고 주무관청에 신고하여야 한다(제94조). 그러나 법인이 소멸하는 것은 청산종

---

41) 최기원, 민법주해[I], 777면.

42) 최기원, 민법주해[I], 777면.

43) 최기원, 민법주해[I], 778면.

44) 고상용, 257면; 곽윤직·김재형, 206면; 김대정, 485면; 김상용, 261면; 김용한, 204면; 김주수·김상용, 252면; 김증한·김학동, 2125면; 백태승, 273면; 이영준, 980면; 장경학, 352면.

결등기가 된 때가 아니라 「청산사무가 사실상 종결된 때」이다.45) 그러므로 청산종결의 등기가 종료된 이후에도 청산사무가 남아 있는 경우에는 법인의 권리능력은 소멸하지 않고 청산법인으로 존속하게 된다. 그런데 이에 대하여, 종결등기가 되면 그 청산법인에게는 법형식상으로 법인격이 없게 되므로 법인격 없는 청산사단·청산재단이라고 하는 것이 옳다고 하는 견해가 있다.46) 청산종결등기는 법인의 소멸을 위한 성립요건이 아니라 대항요건에 불과하다(제54조 제1항).

제 9 관 법인의 등기

Ⅰ. 법인등기의 의의

(1) 의의

법인의 조직·재산상태는 자연인에 비하여 알기 어려운 경우가 많으므로 법인과 거래하는 제3자를 보호하기 위하여 법인의 조직이나 구성을 공부(公簿)에 기재하고 공시할 필요가 있다. 이것이 법인등기제도이다.1)

법인등기 중 설립등기는 법인의 성립요건이나(제33조) 나머지 다른 등기는 모두 제3자에 대한 대항요건이다(제54조 제1항).

(2) 법인등기의 절차에 관한 규정

민법상의 법인에 관한 등기의 절차는 비송사건절차법(제60조 이하)에 규정되어 있다. 법인의 사무소 소재지를 관할하는 지방법원, 그 지원 또는 등기소를 관할등기소로 한다

45) 예를 들어, 재단법인이 소유하고 있는 토지를 타인(甲)에게 처분하였는데, 그 양수인(甲) 앞으로 그 소유권이전등기가 되지는 않았다. 그 후 재단법인은 해산등기를 하고 그 토지를 제3자(乙)게 매도하고 소유권이전등기를 해 주었다. 그리고 나서 그 재단법인은 청산종결등기를 하였다. 이 경우 甲은 재단법인을 상대로 소유권이전등기를 청구할 수 있다. 왜냐하면 해산한 법인은 청산의 목적범위 내에서만 권리능력을 가지는데(제81조), 청산 중에 있던 재단법인이 그 대지를 乙에게 매도한 것은 청산목적의 범위를 넘은 것으로서 무효이기 때문이다. 한편 법인이 소멸하는 것은 청산종결등기를 한 때가 아니라 청산사무가 종료된 때이므로, 재단법인은 甲에게 해산 전에 처분한 토지에 대해 소유권이전등기를 해 줄 사무가 남아 있으므로 그 사무를 종결할 때까지는 청산법인으로서 존속한다(대판 1980.4.8, 79다2036; 대판 2003.2.11, 99다66427·73371)

46) 고상용, 250면.

1) 이영준, 981면.

(동법 제60조 제1항).

민법은 이사·감사·청산인이 등기신청을 게을리 한 때에는 과태료에 처함으로써 그 신청을 간접적으로 강제한다(제49조 제1항, 제50조, 제51조, 제52조, 제97조 제1호). 법원은 등기한 사항을 지체 없이 공고하여야 한다(제54조 제2항).

Ⅱ. 등기의 종류

1. 설립등기

법인이 설립의 허가를 받은 경우에는 주무관청의 허가서가 도착한 날로부터 3주 이내에 주된 사무소의 소재지에서 설립등기를 하여야 한다(제49조 제1항, 제50조). 등기신청인으로서 당사자는 등기를 받는 법인을 말하는 것이 아니라 등기사항의 관련자를 뜻하고,2) 법인을 대표할 자가 등기를 신청하여야 한다(비송사건절차법 제63조 제1항).

설립등기는 법인의 성립요건이다(제33조). 따라서 설립등기를 하지 않은 경우에는 정관작성이나 주무관청의 허가가 있어도 법인으로서 법인격을 취득하지 않는다. 등기사항은 ① 목적, ② 명칭, ③ 사무소, ④ 설립허가의 연월일, ⑤ 존립시기나 해산사유를 정한 때에는 그 시기 또는 사유, ⑥ 자산의 총액, ⑦ 출자의 방법을 정한 때에는 그 방법, ⑧ 이사의 성명과 주소, ⑨ 이사의 대표권을 제한한 때에는 그 제한 등이다(제49조 제2항). 이러한 등기사항 중 ①·②·③·⑤·⑥은 정관의 필요적 기재사항이다(제40조). 등기한 사항에 대하여는 법원이 지체 없이 공고하여야 한다(제54조 제2항).

2. 그 밖의 등기

(1) 법인설립등기 이외의 등기

법인설립등기 이외의 법인의 등기는, 분사무소설치 및 사무소이전등기(제50조)·사무소이전의 등기(제51조)·변경등기(제52조)·해산등기(제85조)·청산종결등기(제94조)가 있다.3)

설립등기가 법인격을 취득하기 위한 성립요건인 데 비해, 위 등기는 제3자에 대한 대항요건이다(제54조 제1항). 따라서 분사무소설치·사무소이전·등기사항의 변경·해산·청산은 이를 등기하여야만 그 사실을 제3자에게 대항할 수 있다. 등기하지 않으면 악의의 제3자

---

2) 홍일표, 민법주해[Ⅰ], 641면.

3) 설립등기 이외의 법인등기는 대항요건이므로, 이사 변경의 법인등기가 경료되었다고 하여 등기된 대로의 실체적 효력을 갖는 것은 아니다(대판 2000.1.28, 98다26187).

에게도 그 사실을 주장할 수 없다고 할 것이다. 한편 등기한 사항은 법원은 지체 없이 공고하여야 한다(동조 제2항).

(2) 그 밖의 등기사항

가. 분사무소설치의 등기 법인의 사무소는 주사무소와 분사무소로 구분된다. 법인이 분사무소를 설치한 때에는 주사무소 소재지에서는 3주간 내에 분사무소를 설치한 것을 등기하고, 그 분사무소는 자신의 소재지에서는 동기간 내에 위의 설립등기사항(제49조 제2항)을 등기해야 하며, 다른 기존 분사무소는 각 소재지에서 동기간 내에 그 분사무소를 설치한 것을 등기해야 한다(제50조 제1항). 그러나 주사무소 또는 기존 분사무소 소재지를 관할하는 등기소의 관할구역 내에 분사무소를 설치한 때에는 3주간 내에 분사무소설치만을 등기하면 된다(동조 제2항).

위의 3주간의 기간은 등기사항이 관청의 허가를 요하는 것이면 그 허가서가 도착한 날로부터 기산한다(제53조).

분사무소설치등기는 제3자에 대한 대항요건이다. 따라서 분사무소설치에 관한 등기가 행하여지기 전에는 제3자에게 분사무소의 설치로써 대항하지 못한다(제54조 제1항).

여기서 「제3자」란 법인에 관여하는 기관이나 사원이외의 자를 말한다.[4] 「대항할 수 없다」는 것은 법인측에서 그 설치를 타인에게 인정시킬 수 없다는 의미이므로, 타인측에서는 분사무소의 설치를 부인할 수도 있고 또는 설치를 인정함으로써 어떤 주장을 할 수 있다.[5]

나. 사무소이전의 등기 법인이 주사무소와 분사무소를 이전하는 때에는, 구소재지에서는 3주간 내에 이전등기를 하고, 신소재지에서는 동기간 내에 법인설립등기사항(제49조 제2항)을 등기해야 한다(제51조 제1항). 동일한 등기소의 관할 내에서 사무소를 이전한 때에는 그 이전한 것을 등기하면 된다(동조 제2항). 사무소의 이전은 대개 등기변경사항이므로 주무장관의 허가를 얻어야 한다. 이때 등기기간은 주무장관의 허가서가 도착한 날로부터 기산하고(제53조), 사무소이전의 등기 역시 제3자에 대한 대항요건이다(제54조 제1항 참조).

다. 변경등기 변경등기는 등기한 사항에 관하여 변경이 생긴 경우에 변경 후의 사실에 부합하게 하기 위한 등기이다.[6] 처음부터 사실과 불일치한 사항을 바로 잡

---

4) 김상용, 263면; 이영준, 982면.

5) 김용한, 168면; 홍일표, 민법주해[I], 646면.

6) 홍일표, 민법주해[I], 648면.

기 위해 경정등기와 구별된다. 제49조 제2항에 해당하는 법인등기의 등기사항에 대하여 변경이 있는 때에는 3주간 내에 변경등기를 하여야 하는데(제52조), 3주간의 등기기간의 계산은 등기사항이 관청의 허가를 요하는 것이면 허가서가 도착한 날로부터 기산하고(제53조) 그 밖의 경우에는 변경이 있는 날로부터 기산한다. 변경등기의 효력도 등기하여야 제3자에게 대항할 수 있다(제54조 제1항).

법인의 이사가 본조의 변경등기를 게을리 한 때에는 과태료 처분을 받는다(제97조 제1호).

라. 해산등기 법인이 해산한 때에는 청산인은 파산의 경우를 제외하고 그 취임 후 3주간 내에 해산사유와 연월일, 청산인의 성명·주소, 청산인의 대표권을 제한한 때에는 그 제한 등을 주사무소와 분사무소의 소재지에서 등기하여야 한다(제85조 제1항). 동 조항은 해산의 등기와 청산인에 관한 등기를 함께 규정하고 있다. 해산등기 이후에 등기사항에 변경이 생긴 경우에도 3주간 내에 변경등기를 하여야 한다(동조 제2항, 제52조). 해산등기의 신청자는 청산인이다. 해산등기의 효력도 제3자에 대한 대항요건이다(제53조, 제54조 제2항).7)

법인이 파산한 경우에는 별도로 「채무자 회생 및 파산에 관한 법률」이 파산등기에 관하여 규정한다(동법 제23조 제1항 제1호) 이 경우에는 법원이 직권으로 주된 사무소 및 분사무소 소재지의 등기소에 파산등기를 촉탁하여야 한다. 그러므로 파산의 경우 본조에 의한 해산 및 청산인의 등기를 할 필요가 없다.

제 10 관 법인의 감독

Ⅰ. 법인의 감독

비영리법인은 그 성립에서 소멸에 이르기까지 국가의 검사·감독을 받는다. 법인감독의 국가기관은 법원과 주무관청이다. 법인의 해산 및 청산에 관해서는 법원이 검사, 감독한다(제95조). 그 밖에 법인의 설립과 운영과 관련된 사안은 주무관청이 검사, 감독한다(제32조, 제37조, 제38조, 제42조 제2항, 제45조 제3항, 제46조, 제86조, 제94조).

7) 법인이 해산하였어도 해산등기를 하기 전에는 이를 제3자에게 대항하지 못한다(대판 1984.9.25, 84다카493).

1. 사무감독

비영리법인에 대하여는 영리법인에 있어서와 달리 광범위한 행정감독을 인정하고 있다. 왜냐하면 비영리법인의 경우에는 그 사무가 공공의 이익과 깊은 관련을 맺고 있기 때문이다. 민법상 행정감독의 구체적인 내용은 다음과 같다.

① 비영리법인을 설립하려면 반드시 주무관청의 허가를 받아야 하며(제32조), 그 허가에 조건을 붙일 수도 있다(제38조 참조). 한편 허가 여부는 주무관청의 자유재량에 속하는 것으로서, 허가를 하여 주지 않는다고 하여 이를 행정소송의 방법으로 다툴 수 없다.

② 주무관청은 법인의 사무에 관하여 검사·감독을 한다(제37조). 비영리법인의 사무에 대한 주무관청의 검사 및 감독권은 대단한 의미를 갖는데, 왜냐하면 비영리법인에서는 법인의 업무와 관련하여 충분한 감독기능이 이루어지지 않을 수 있기 때문이다. 즉 법인에는 법인의 사무를 감독할 수 있는 기관으로서 사원총회와 감사가 있지만, 사원총회는 실제로 법인의 업무를 감사하기가 어렵고 감사 또한 필요기관이 아니므로, 주무관청이 법인의 업무 전반에 관하여 검사·감독하여야 한다.[1] 또한 감사는 주무관청에 대하여 보고의무를 진다(제67조 제3호).

③ 법인이 목적 이외의 사업을 하거나, 설립허가의 조건에 위반하거나 기타 공익을 해하는 행위를 한 때에는 주무관청은 그 허가를 취소할 수 있다(제38조).

④ 정관을 변경하려면 주무관청의 허가를 얻어야 한다(제42조 제2항, 제45조 제3항, 제46조).

⑤ 법인을 해산할 때 청산인은 주무관청에 해산신고·청산인취임신고·청산종결신고를 하여야 한다(제86조, 제94조).

⑥ 정관으로 잔여재산 귀속자를 지정하지 아니하거나 또는 지정하는 방법을 정하지 아니한 때에 잔여재산을 처분하려면 주무관청의 허가를 얻어야 한다(제80조 제2항).

2. 해산과 청산의 감독

법인의 해산 및 청산에 관하여는 법원이 검사·감독한다(제95조). 해산 및 청산은 법인의 목적과는 관계없을 뿐 아니라 제3자의 이해관계와 밀접한 관련이 있기 때문이다. 또한 해산 및 청산사무가 이해관계인의 이익을 공평하게 보호하여야 하는 목적을 달성하기 위해서는 이에 관하여 주무관청보다는 법원으로 하여금 검사·감독하도록 하는 것이

---

1) 홍일표, 민법주해[Ⅰ], 605면.

보다 신속한 것이다.[2]

Ⅱ. 법인에 대한 벌칙

1. 의 의

법인의 업무활동의 감독의 실효를 거두기 위하여 민법은 주무관청으로 하여금 설립허가의 취소, 청산인의 해임 외에도 과태료제도를 두고 있다. 과태료는 형벌이 아니고, 사법법규의 준수를 강제하는 것을 목적으로 하는 강제권이고 민법상 질서유지목적의 질서벌이나.[3] 민법은 과태료로서 500만 원 이하의 액수를 정하고 있다(제97조). 과태료는 형벌이 아니므로 형사소송절차에 의하지 않고, 과태료선고절차는 비송사건절차법(제247조 이하)에 의한다. 과태료에 처할 자의 주소지의 관할 지방법원(동법 제247조)은 과태료부과와 관련하여 당사자의 진술과 검사의 의견을 듣고 결정의 형식으로 재판한다(동법 제248조 제1항, 제2항).

2. 벌칙사항

법인의 이사, 감사 또는 청산인은 다음의 경우에는 500만 원 이하의 과태료에 처한다(제97조).

① 법인에 대한 등기를 해태한 때

② 재산목록 또는 사원명부의 작성비치에 관한 의무(제55조)에 위반하거나 또는 부정기재를 한 때

③ 주무관청 또는 법원의 검사·감독을 방해한 때(제37조, 제95조 참조)

④ 주무관청 또는 총회에 대하여 사실 아닌 신고를 하거나 사실을 은폐한 때

⑤ 총회의사록의 작성비치의무(제76조)에 위반하거나 또는 청산인이 채권신고기간 내에 변제를 한 때(제90조 참조)

⑥ 파산선고의 신청을 해태한 때(제79조, 제93조 참조)

⑦ 청산인 채권신고의 공고(제88조)나 또는 파산선고신청의 공고(제93조 제1항)를 해태하거나 부정공고를 한 때

2) 최기원, 민법주해[Ⅰ], 781면.

3) 최기원, 민법주해[Ⅰ], 783면.

제 3 장

권리의 객체

I. 총 설

권리는 「일정한 사회적 이익을 향수할 수 있는 법률상의 힘」이다. 이 일정한 사회적 이익이 권리의 내용 또는 목적이 되는 것이다. 그런데 이러한 권리의 내용 또는 목적이 실현되기 위하여서는 일정한 대상을 필요로 하는데, 이를 「권리의 객체」라고 한다. 즉 권리의 객체는 「권리행사의 대상」인 것이다. 따라서 권리행사의 대상은 각 권리의 내용에 따라서 달라지게 된다. 즉 ㉠ 물권은 일정한 물건을 직접 지배하는 권리이므로, 일정한 '물건'이 그 물권의 객체이다. ㉡ 채권은 채권자가 채무자에게 행위(급부)를 청구하는 권리이므로 '채무자의 급부행위'가 채권의 객체이다. ㉢ 형성권은 일방적 의사표시에 의해서 법률관계를 변경하여 확정하는 권리이므로 '법률관계'가 형성권의 객체로 된다. ㉣ 지적재산권은 저작·발명 등의 무형의 '정신적 산물'을 지적재산권의 객체로 삼는다. ㉤ 인격권은 '권리주체의 인격적 이익'을 인격권의 객체로 삼고 있다. ㉥ 친족권에서는 '친족법상의 지위'가 친족권의 객체이다. ㉦ 상속권에서는 '상속재산'이 상속권의 객체이다. ㉧ 항변권은 항변의 대상이 되는 '상대방의 청구권'을 항변권의 객체로 삼는다.

이처럼 다양한 권리의 객체에 관하여 이를 총괄하는 통칙적 규정을 입법하는 것은 불가능하기 때문에, 그 중 「물건」에 관하여만 권리의 객체로서 민법총칙에서 규정한다. 입법론적으로는 물건에 관한 규정은 민법의 총칙 보다는 물권편에 규정하는 것이 바람직할 수 있는데, 왜냐하면 물건은 이에 대한 지배권으로서의 물권의 변동(제186조 이하)과 깊이 관계되어 있기 때문이다. 그러나 물건은 물권의 객체이기도 하고, 채권·형성권 기타의 권리에도 간접적으로 관계되는 것이기 때문에, 권리객체의 가장 대표적인 것이라고 볼 수 있다. 이러한 점에서 물건은 민법 전반에 걸쳐 영향을 미치게 되므로, 우리 민법은 물건을 총칙편에서 규정하고, 물건에 대한 지배권으로서의 물권의 변동에 관하여는 물권편에서 규율한다.[1)]

II. 물 건

1. 의 의

물건은 "유체물 및 전기 기타 관리할 수 있는 자연력"을 말한다(제98조).

1) 김병재, 민법주해[Ⅱ], 4면 참고.

(1) 유체물 또는 관리가능한 자연력

물건은 「유체물 또는 관리가능한 자연력」이다. 그런데 물건에는 유체물과 무체물이 있다. 여기에서 유체물은 공간의 일부를 차지하고, 사람의 오감에 의하여 지각할 수 있는 형체를 가지는 물질을 말하고, 무체물은 그러한 형체가 없는 것을 말한다(예: 전기·열·광·음향·향기·에너지 등). 우선 민법은 유체물은 모두 물건으로 한다. 그리고 무체물은 그 중에서 「관리할 수 있는 자연력」만이 물건으로 된다. 여기서 관리할 수 있다는 것은 '배타적 지배'가 가능하다는 것을 의미한다. 또한 배타적 지배의 가능성은 유체물에도 요구되는 요건이다. 따라서 민법상의 물건은 「법률상의 배타적 지배가 가능한 유체물과 무체물 가운데 자연력」이라고 할 수 있다.[2)]

(2) 관리가능성

유체물이든 무체물이든 물건이 되기 위해서는 관리가능한 것이어야 한다. 관리가 가능하다는 것은 '배타적 지배가 가능하다'라는 뜻이다.[3)] 배타적으로 지배할 수 있는 물건이라야 사용·수익·처분할 수 있기 때문이다. 따라서 해·달·별·바다·공기 등은 관리가 불가능하기 때문에 물건이 아니다. 그러나 배타적 지배가능성은 상대적인 것으로서 시대의 발달에 따라 달라지게 된다. 예를 들어, 배타성이 없는 바다는 인위적으로 일정한 범위를 구획하여 지배할 수 있는 것으로 되면 다시 어업권의 객체로 된다.[4)] 이와 마찬가지로, 공기 중의 질소는 물건이 아니나 질소탱크에 모아 놓으면 물건으로 된다.[5)]

(3) 외계의 일부

가. 사람에 속한 것이 아니어야 한다. 근대법에서는 인격을 가지는 사람을 절대시하였으므로, 사람 및 신체의 일부에 대한 배타적 지배를 인정하지 않는다. 따라서 물건은 사람 또는 사람의 일부분이 아니어야 하고, 이러한 의미에서 외계의 일부이어야 한다. 그리고 인체에 부착된 의치·의안·의수·의족·가발 등도 신체에 고착하고 있는 한 물건이 아니다. 그러나 모발·치아·혈액 등은 인체로부터 분리되면 물건으로 된다.[6)] 그러므로 인체의 일부를 분리시키는 채권계약 또는 절단된 물건의 처분행위는 사

---

2) 김용한, 215면; 물건의 정의에 관한 제98조의 해석상 권리는 물건에 포함될 수 없다(김병재, 민법주해[Ⅱ], 29면).

3) 곽윤직·김재형, 212면; 김병재, 민법주해[Ⅱ], 29면; 김상용, 278면.

4) 김용한, 215면.

5) 이영준, 987면.

6) 김상용, 279면.

회질서에 반하지 않는 한 유효하다.[7] 그러므로 수혈이나 심장이식수술도 허용되고, 뒤지 분리된 혈액이나 심장이 다시 사람의 체내로 이식되면 물건성을 상실하여 인체의 일부로 되지 않는다.

나. 시체·유골은 물건인가. 통설은 시체를 물건으로 인정한다. 문제는 시체가 소유권의 객체로 될 수 있는가의 여부이다.

1) **특수소유권설**(다수설) 다수의 견해는 시체에 대한 소유권의 성립을 인정하고, 다만 시체의 소유권은 통상의 소유권처럼 사용·수익·처분할 수 있는 것이 아니라, 오로지 매장·제사·공양 등의 목적에 한정하여 행사될 수 있는 특수한 소유권으로 본다. 그리고 이 학설에 의하면, 시체의 소유권은 금양토지(禁養土地), 묘토, 족보와 제구(祭具)의 소유권을 규정한 제1008조의3의 규정을 고려하여 '제사를 주재하는 자'에게 속한다고 본다(제1008조의3 참조).[8] 이 학설에 의하면 망자의 시체는 제사를 주재하는 자의 소유에 속하게 되고 신의성실에 반하지 않는 한 망자의 시체에 대한 처분도 가능해 진다.

2) **관습법상의 관리권설**(소수설) 소수의 견해는 시체·유골의 물건성을 부인하면서 시체·유골에 대한 권리는 매장·제사하는 권리에 지나지 않으며 양도·포기할 수도 없는 것이므로 소유권이라 할 수 없고, 관습법상의 관리권에 지나지 않는다고 본다.[9] 이 학설은 관습법상의 관리권으로 보기 때문에 관리만 가능할 뿐 처분할 수는 없다고 본다.

3) **학설의 검토** 시체를 물건으로 보는 이상 특수소유권설을 취하여도 무방할 것이다. 물론 시체의 물건성을 인정하여 시체를 「특수한 소유권」의 대상으로 인정하더라도 이를 처분할 수는 없고,[10] 시체의 처분행위는 무효라고 할 것이다. 이러한 관점에서, 망인이 생전에 자신의 유해를 일정한 용도에 처분할 것을 표시한 경우에 그 처분행위의 효력이 시체의 소유권자에게는 법률상 구속력이 없다고 보아야 하나,[11] 다만 그것이 선량한 풍속 기타 사회질서에 반하지 않는 한 망인의 유지에 따라 처분하는 것은 유효하다 할 것이다(예: 의과대학에 제공). 이 경우 시체의 소유권을 인정하면 그 처분에 대한 관계를 명료하게 할 수 있을 것이다.

---

7) 김병재, 민법주해[Ⅱ], 30면.

8) 곽윤직·김재형, 214면; 김병재, 민법주해[Ⅱ], 32면; 김주수·김상용, 260면; 이은영, 301면; 한편 이영준 교수는 시체의 물건성을 부인하고 특수소유권도 인정하지 않는다(988면).

9) 김대정, 541면; 백태승, 281면.

10) 이영준, 988면.

11) 김병재, 민법주해[Ⅱ], 32면.

4) 제사를 주제하는 자 판례는 공동상속인이 상속하는 경우에 제사주재자는 우선적으로 공동상속인들 사이의 협의에 의해 정해져야 하고, 협의가 이루어지지 않는 경우에는 특별한 사정이 있지 않는 한 망인(피상속인)의 장남(장남이 이미 사망한 경우에는 장손자)이 제사주재자가 되고, 공동상속인들 중 아들이 없는 경우에는 망인의 장녀가 제사주재자가 된다고 한다.[12)]

참고로, 시체에 관하여는 「경범죄처벌법」(제3조 제1항 제5호)과 형법(제159조 내지 제161조 참조) 그리고 「장사 등에 관한 법률」이 적용된다.

(4) 독립성

물건은 배타적 지배와의 관계상 독립성을 가지고 있어야 한다. 물건의 독립성 유무는 사회통념 또는 거래관념에 따라서 결정하여야 할 것이다.[13)] 예컨대, 집합건물에 대하여 구분소유를 인정하는 것도 사회관념에 의한 것이다.

'어떠한 것을 하나의 물건으로 볼 것인가'는 채권관계에서는 계약자유의 원칙상 문제될 것이 없으나, 물권관계에서는 물권의 객체가 되므로 대단히 중요한 문제이다. 물권의 객체는 하나의 물건으로 생각되는 독립물이어야 하며, 물건의 일부나 구성부분 또는 물건의 집단은 원칙적으로 물권의 객체가 되지 못한다. 왜냐하면 물권은 물건을 직접 지배하는 권리로서, 하나의 물건에 대하여 하나의 물권만 인정되기 때문이다. 이를 「일물일권주의」라 한다.

일물일권주의의 근거로서는 ㉠ 물건의 일부나 집단 위에 하나의 물권을 인정하여야 할 사회적 필요나 실익이 없다는 것과, ㉡ 물건의 일부나 집단 위에 물권을 인정하려면 그 전제로 공시가 수반되어야 하는데 이들 경우에는 그러한 공시가 곤란하다는 점을 들 수 있다. 그런데 반대로, 물건의 일부나 집단에 대해 하나의 물권을 인정하여야 할 필요도 있고, 또 이에 대한 공시가 가능한 경우에는 물건의 일부나 집단에 대해서 독립한 하나의 물건으로 인정하여야 할 것이다. 예를 들어, 도면 표시 등이 등기의 개발에 따라 공시가 가능하게 되어 토지의 일부에 대한 지상권 설정(부동산등기법 제69조 제6호), 승역지의 일부에 대한 지역권 설정(동법 제70조 제5호), 부동산의 일부에 대한 전세권 설정(동법 제72조 제1항 제6호), 임차권 등기 등의 설정(동법 제74조 제6호) 등이 인정되고, 명인방법의 개발에 의해 물건의 일부가 공시됨으로써 독립한 물건으로 인정될 수 있다(수목의 집단, 미분리의 과실 등). 그밖에 특별법(예:

12) 대판(전원합의체) 2008.11.20, 2007다27670.

13) 가령 시설부지에 정착된 레일(대결 1972.7.27, 72마7410, 논의 논둑(대판 1964.6.23, 64다120)은 독립한 물건이 아니다.

공장 및 광업재단저당법)에 의해 공시되는 물건의 집단에 대해서도 독립한 물권으로 인정되게 된다. 이에 대해서는 하나의 물권이 성립한다.

2. 단일물·합성물·집합물

(1) 단일물

가. 의 의 단일물은 물건의 형체에 따른 분류로서 단일한 일체를 이루고 각 구성부분이 개성을 잃고 있는 물건을 말한다(예: 책 1권, 한 마리의 닭 등). 단일물은 원칙적으로 1개의 물건으로서 권리의 객체가 된다.

나. 단일물과 그 구성부분 일물일권주의의 원칙상, 1개의 물건에 대하여 하나의 물권이 성립하고, 여기에서 1개의 물건은 단일물을 말한다. 우리 민법은 단일물주의를 채택하고 있으므로,[14] 물건의 구성부분은 권리의 객체로 될 수 없다. 예를 들어, 건물의 지붕, 논의 논둑, 시설부지에 정착된 레일 등은 물건의 일부로서 독립된 권리의 객체로 될 수 없다.[15] 물건의 구성부분인가 또는 독립된 물건인가의 구별은 사회관념 또는 거래관념에 의하여 정하여 진다.

(2) 합성물

합성물은 여러 개의 물건이 각 개성을 잃지 않고, 그들이 결합하여 단일한 형체를 이루고 있는 물건을 말한다(예: 건물·보석반지·자동차 등). 이러한 합성물은 단일물과 마찬가지로 법률상 하나의 물건으로서 다루어진다. 즉 합성물은 단일물과 동일하게 법률상 1개의 물건이다. 소유자가 다른 물건이 결합하여 합성물이 되면 부합으로 인하여 소유권의 변동을 일으킨다(제256조, 제257조).

(3) 집합물

집합물은 단일물 또는 합성물인 다수의 물건이 결합하여 경제적으로 단일한 가치를 가지고 거래상으로도 일체로서 다루어지는 것을 말한다(예: 공장의 시설이나 기계의 전부·도서관·목장 등). 원래 집합물은 하나의 물건이 아닌 복수의 물건이다. 일물일권주의의 원칙상 이러한 집합물 위에는 하나의 물권이 성립할 수 없는 것이나, 이러한 집합물을 법률상 하나의 물건으로 다루어야 할 사회적 요청이 강하고, 또한 적당한 공시방법

---

14) 김병재, 민법주해[Ⅱ], 15면.

15) 이영준, 989면.

을 갖출 수 있으면 집합물 위에 하나의 물권이 성립될 수 있다. 예컨대, 「공장 및 광업재단저당법」 등의 특별법에 의하여 기계설비에 대하여 공시방법이 인정되면 법률상 하나의 물건으로 취급된다. 그러나 특별법이 없는 경우에는 복수물로 취급되며 이 경우 물권법상 각개의 물건의 소유권이 개별적으로 이전되어야 한다. 다만 판례는 집합물이 '장소·종류·수량 등의 지정'에 의해 다른 일반재산과 구별·특정되는 한도에서는 그 집합물 전부를 하나의 물건으로 인정하기도 한다.16) 예를 들어, 돈사에서 대량으로 사육되는 돼지 전체를 양도담보의 목적물로 삼은 경우에 그 돼지는 번식, 사망, 판매, 구입 등의 요인에 의하여 증감 변동하기 마련이므로 양도담보권의 효력은 현재의 집합물 위에 미치게 된다.17)

Ⅲ. 물건의 분류

물건을 분류하는 것에는 '강학상의 분류'와 '민법상의 분류'가 있다.

1. 강학상의 분류

물건에는 사법상의 「거래의 객체가 될 수 있는가」의 여부에 따라 융통물과 불융통물로 나뉜다.

(1) 융통물

융통물은 사법상 거래의 객체가 될 수 있는 물건을 말한다. 융통물의 분류는 채권법상의 채권의 목적과 관련이 있다.

① **가분물·불가분물** 가분물은 물건의 성질 또는 가치를 현저하게 손상하지 않고도 분할할 수 있는 물건을 말하고(예: 금전·토지·곡물 등), 불가분물은 그렇지 못한 물건을 말한다(예: 소·말·건물 등). 가분물과 불가분물은 일반적으로 물건의 객관적 성질에 의해 구별하나, 가분물은 당사자의 거래목적에 따라서 주관적으로 불가분물로서 다루어지는 경우도 있다(제409조). 이 구별의 실익은 공유물의 분할(제269조), 다수당사자의 채권관계(제408조 이하 참조)에 있다.

② **대체물·부대체물** 대체물과 부대체물의 구분은 일반거래의 관념에 따른 것으로서 물건의 객관적 성질에 의한다. 대체물은 거래상 개성이 중요시되지 않고 단순히

---

16) 대판 1990.12.26, 88다카20224.

17) 대판 2004.11.12, 2004다22858.

종류·품질·수량에 의하여 정하여지며, 동종·동질·동량의 물건으로 바꾸어도 급부의 동일성이 바뀌지 않는 물건이다(예: 금전·술·곡물 등). 부대체물은 이러한 대체성이 없는 물건이다(예: 그림·골동품 등). 대체물은 소비대차(제598조 이하)·소비임치(제702조 이하)·제작물 공급계약 등의 목적으로 될 수 있는데 대하여, 부대체물은 그렇지 않다.

③ **특정물·불특정물** 특정물과 불특정물의 구분은 당사자의 의사에 기해 주관적으로 한다. 특정물은 특정의 거래에서 당사자가 급부의 목적물을 「그 물건」으로 지정하여 다른 물건으로 바꾸지 못하게 한 물건이고, 불특정물은 다른 물건으로 바꿀 수 있게 한 물건을 말한다. 대체물·불대체물은 객관적인 구별인데 대하여 특정물·불특정물의 구별은 당사자의 의사에 기한 주관적인 구별이므로, 물건의 구별이라기보다는 거래방법의 구별인 것이다. 따라서 특정물과 불대체물, 불특정물과 대체물은 대체로 일치하나 언제나 그러한 것은 아니다. 예컨대, 금전을 골동품으로 거래할 때에는 특정물이 되고, 개성을 갖는 소나 말, 골동품도 대량으로 거래할 때에는 불특정물로 된다. 이 구별은 채권의 목적물의 보관의무(제374조)·채무변제의 장소(제467조)·매도인의 담보책임(제570조 이하) 등에서 의미가 있다.

④ **소비물·비소비물** 소비물은 물건의 성질상 1회 사용하면 다시 동일 용도에 사용할 수 없는 물건을 말한다(예: 술·곡물 등). 비소비물은 물건의 용도에 따라 반복해서 사용·수익할 수 있는 물건을 말한다(예: 토지·건물 등). 그 구별은 소비대차(제598조)·사용대차(제609조)·임대차(제618조)·소비임치(제702조)에서 그 의미가 있다. 소비물만이 소비대차의 목적물이 될 수 있다(제598조 이하). 한편 사용대차·임대차의 목적물이 되는 것은 비소비물이다(제609조 이하·제618조 이하). 금전은 반복하여 사용할 수 있으나, 한번 사용하면 그 주체에 변경이 생기고 전사용자가 다시 사용할 수 없기 때문에, 역시 소비물로 다루어진다. 따라서 금전은 소비대차의 목적물로 되고 사용대차나 임대차의 목적물로 되지 않는다(제598조 참조).

(2) 불융통물

불융통물은 사법상 거래의 객체가 될 수 없는 물건을 말한다. 불융통물에는 공용물·공공용물·금제물이 있다.

① 「공용물」은 국가·공공단체의 소유로서 공적 목적에 사용되는 물건이 공용물이다(국유재산법 제5조, 제7조 참조). 관공서의 건물이나 국공립학교의 건물 등이 이에 속한다.

공용물의 성립·폐지는 사실상 공용목적을 위하여 사용하거나 사용을 폐지하는 것에 의하고 별도의 공용지정·공용폐지의 특별한 의사표시를 요하지 않는다.[18]

② 「공공용물」은 공중의 일반적 사용에 제공되는 물건으로서 도로·하천·공원·항만

등을 말한다. 공용물처럼 반드시 국가·공공단체의 소유에 속하여야 하는 것은 아니다. 따라서 사인의 소유에 속하는 공공용물도 있다. 예컨대, 도로부지는 사인의 소유에 속할 수 있으나(私有公物), 그 부지부분에 대하여는 소유권을 행사할 수 없고, 소유권의 이전이나 저당권의 설정만이 가능하다(도로법 제4조).

하천·항만 등과 같은 자연공공용물은 자연적 상태에 의하여 당연히 성립하고 소멸한다. 그러나 도로·공원 등과 같은 인공공공용물은 행정주체의 공공의 목적을 위한 사용에 제공하는 의사표시가 있어야 한다. 따라서 인공공공용물은 행정주체의 공용개설행위에 의하여 성립하고 공공폐지행위에 의하여 소멸한다.[19]

참고로, 국유재산에는 「행정재산과 일반재산」이 있는데, 공용물과 공공용물은 기업용재산과 더불어 행정재산을 구성한다(국유재산법 제6조). 국유재산 중 일반재산을 제외한 행정재산은 공용폐기가 있기까지는 사법상의 거래가 허용되지 않는다(동법 제27조). 공용물·공공용물은 행정목적에 제공되는 물건이므로 양도행위나 담보권설정 등 사권의 대상으로 되지 않으며 또 하더라도 무효이다.[20] 또한 시효취득의 대상으로도 되지 않는다(동법 제7조 제2항). 국유공물의 설치·하자로 인한 손해에 대해서는 민법 제758조[공작물책임]가 적용되는 것이 아니라 국가배상법 제5조에 의해 국가 또는 지방자치단체가 배상책임을 진다.[21]

③ 「금제물」은 법령의 규정에 의하여 거래가 금지되는 물건을 말한다. 금제물에는 거래뿐만 아니라 소유 또는 소지가 금지되는 것과 거래가 금지 또는 제한되는 것이 있다. 전자에 속하는 것에는 아편·위조통화·음란한 문서(형법 제198조, 제207조 이하, 제243조, 제244조) 등이 있고, 후자에 속하는 것에는 국보·국유문화재(문화재보호법 제66조) 등이 있다.

2. 민법상의 분류

민법총칙은 물건을 「부동산·동산」(제99조)·「주물·종물」(제100조)·「원물·과실」(제101조~제102조)로 분류하여 규정하고 있다.

(1) 부동산과 동산

물건 중에서 토지 및 그 정착물은 부동산이고(제99조 제1항), 부동산 이외의 물건은 모두 동산이다(동조 제2항).

---

18) 김병재, 민법주해[Ⅱ], 7면.
19) 김병재, 민법주해[Ⅱ]. 7면.
20) 김병재, 민법주해[Ⅱ], 8면.
21) 김준호, 197면.

부동산과 동산의 구별이유와 실익은 다음과 같다.

㉠ 부동산과 동산은 공시의 방법을 달리한다. 부동산은 부동적이므로 등기에 의하여 공시할 수 있으나, 동산은 동적이므로 점유에 의하여 공시하게 된다(제186조, 제188조, 제329조, 제356조). 선박·자동차·항공기·중기는 동산이지만 등기(등록)로 공시하고 있다.

㉡ 공시에 대한 공신의 원칙과 관련하여, 동산거래에서는 그 공시인 점유에 공신력이 인정되어 무권리자로부터 권리를 취득할 수 있게 한 데 반하여(선의취득(제249조)), 부동산거래에서는 그 공시인 등기에 공신력을 인정하지 아니하여 부동산의 진정한 소유자가 우선하여 보호받고 있다.

㉢ 취득시효에서 동산이냐 부동산이냐에 따라 그 요건을 달리한다(제245조·제246조).

㉣ 우리 민법상 용익물권(지상권·지역권·전세권)은 부동산에 관하여서만 인정되고 동산에는 인정되지 않는다.

㉤ 담보물권에서도 저당권은 부동산에만 인정되고, 질권은 동산에만 인정된다.

㉥ 무주물선점은 동산에만 인정되며(제252조), 부동산이 무주물인 경우에는 국유가 된다(제252조).

㉦ 부합(제256조, 제257조)은 동산이냐 부동산이냐에 따라 법률효과를 달리한다(제256조, 제257조).

㉧ 그밖에 부동산에 한하여 재판관할에 관한 특별규정이 있다(민사소송법 제20조).

㉨ 강제집행의 절차와 방법이 부동산과 동산에 따라 각각 다르다(민사집행법 제78조 이하, 제188조 이하).

(2) 부동산

민법은 토지와 그의 정착물을 부동산으로 하고 있다(제99조 제1항). 따라서 「토지」와 「토지 외 정착물」이 부동산이 된다. 서양의 입법은 "지상물은 토지에 따른다"라는 로마법의 원칙을 채택하여, 토지만을 부동산으로 하고 건물 기타 토지의 정착물은 토지의 일부(구성부분)로 보고 독립된 부동산으로 다루지 않는다(독일민법 제94조, 스위스민법 제655조, 제667조, 프랑스민법 제517조 이하).22) 그러나 우리나라와 일본은 위 원칙을 따르지 않고, '건물 기타 토지의 일정한 정착물'을 토지와는 독립된 부동산으로 다룬다(제279조, 제304조, 제366조, 제622조 등 참조). 부동산등기법 제14조는 '토지등기부' 이외에 '건물등기부'를 따로 두고 있다.

가. 토 지

1) 거래의 대상으로서의 토지　　토지는 연속하고 있어 물리적으로는 성질상 구분성을 갖지 못하나, 배타적 지배를 위한 물권의 객체로 삼기 위해 편의상 토지에 인

---

22) 곽윤직·김재형, 221면.

위적으로 선(지표)을 그어 경계를 나누어서 구획(區劃)하고, 그 구획된 토지는 지적공부(토지대장·임야대장)에 등록된다(공간정보의 구축 및 관리 등에 관한 법률 제2조 제19호). 이렇게 등록된 각 구역은 독립성이 인정되며, 「지번」으로 표시되고 그 개수는 「필」로써 계산된다(동법 제2조 제22호). 1필의 토지를 수필로 분할하거나 또는 수필의 토지를 1필로 합병하려면, 분필 또는 합필의 절차를 밟아야 한다. 이에 관하여는 「공간정보의 구축 및 관리 등에 관한 법률」과 「부동산등기법」이 규정하고 있다. 따라서 1필의 토지를 현실적으로 수 개로 구획하여 사용하더라도 분필절차를 밟지 않은 이상 그 개수에는 변함이 없다. 또한 1필의 토지의 일부는 분필절차 전에는 양도, 제한물권의 설정, 시효취득의 대상이 되지 않는다고 할 것이다. 그러나 용익물권의 설정에 관하여는 예외가 있다(부동산등기법 제37조, 제42조).

2) 토지소유권의 범위 토지는 인위적으로 구획된 일정범위의 지면과 이 지면의 상·하(즉 공중과 지하)를 말하는 것이다(제212조). 토지의 소유권은 정당한 이익이 있는 범위 내에서 토지의 상하에 미친다(제212조). 이러한 입법의 배경은 토지의 완전한 이용을 위하여는 지표뿐만 아니라 지상의 공간이나 지하에도 소유권의 효력이 미치게 하기 위한 것이다. 또한 토지의 "정당한 이익 있는 범위 내"에서만 그 효력이 미친다. 그러므로 소유자의 이익을 침해하지 않는 한도에서는 타인도 그 토지의 상공과 지하를 이용할 수 있고, 토지소유자라 하여 이를 금할 수 없다. 또한 토지의 상·하에 공작물을 소유하기 위한 구분지상권이 있다(제289조의2).

3) 토지소유권에 속하는 것들

① 지표상의 자연석 토지의 구성물(암석·토사·지하수 등)은 토지의 일부분이며, 토지와 별개의 것이 아니다. 그러므로 지표상의 자연석은 토지소유권의 범위에 속한다. 그런데 임야 내의 자연석을 조각하여 석불을 만든 경우에 판례는 그 석불은 임야에 속하는 구성부분이 아니라 임야와는 독립한 소유권의 대상이 된다고 한다.[23)]

② 광 물 지하의 토사·암석 등은 모두 토지소유권의 범위에 속한다. 그런데 지하에 매장된 것 중에는 광업권의 객체가 되는 광물이 있다. 이 미채굴의 광물을 채굴하고 취득할 권리는 광업법상 국가가 광업권자에게 이를 부여할 권능을 가진다(광업법 제2조). 여기서 그 광물의 성질에 대하여 견해가 나뉜다. 우선 국가가 허가권을 가지는 이상 그 본권으로서 소유권의 존재가 전제되어야 한다는 점에서 '국유에 속하는 독립한 부동산'으로 보는 견해가 있다.[24)] 이에 의하면, 광업법 제3조가 열거하는 미채굴의 광물은 국

23) 대판 1970.9.22, 70다1494.

24) 곽윤직·김재형, 221-222면; 김병재, 민법주해[Ⅱ], 42면; 김상용, 288면; 김용한, 223면; 장경학,

유에 속하고, 따라서 국가로부터 광업권을 취득하여야 채굴할 수 있다. 이에 대하여 토지의 일부로서 토지소유권자의 소유이나, 이는 국가의 배타적인 채굴취득허가권의 객체이므로 광업권이 적용되는 한도 내에서 토지소유권의 행사가 제한된다고 보는 견해가 있다.[25] 양설의 실질적 차이는 없으나, 광물은 기본적으로 토지의 일부로 보아야 하고, 또 국가가 허가권을 가지고 있다고 하여 그 소유권을 가져야 하는 것이 반드시 그 전제로 되어야 하는 것은 아니기 때문에 후자의 견해가 타당하다.

③ **지하수** 　　지하수는 토지의 구성부분을 이룬다. 다만 지하수는 지하에서 서로 연결되어있기 때문에, 다른 토지소유자의 소유권의 범위에 들어가기도 한다. 그래서 민법은 지하수의 사용을 보호하기 위해 상린관계의 측면에서 그에 관해 두 개의 규정을 두고 있다(제235조, 제236조).

④ **온천수** 　　온천수도 지하수의 일종이지만 공용수 또는 생활용수는 아니므로, 이를 규정하고 있는 제235조 내지 제236조는 지하수의 사용에 관하여는 그 적용이 없다.[26] 한편 온천을 적절히 보호하고 효과적인 이용·개발을 위하여 「온천법」이 제정되어 있지만, 근본적으로는 온천수는 그것이 용출되는 토지의 구성부분으로서 독립한 물건의 객체는 아니며 토지소유권의 범위에 속한다.

⑤ **동 굴** 　　지하에 형성되어 있는 동굴은 그 수직선 내에 속하는 부분에 대하여 그 토지의 소유권의 범위에 속한다.[27]

4) 토지와 관련된 문제점

① 바다에 관하여는 어업권(수산업법 제8조 이하)·공유수면매립권(공유수면 관리 및 매립에 관한 법률 제4조 이하 참조) 등의 이용권이 성립할 수는 있어도 사적 소유권의 성립은 부정된다고 해석하여야 한다. 바다와 토지의 분계는 만조수위선을 기준으로 한다(동법 제2조 제1호 가목).

② 도로에 관하여는 개인의 사적 소유권이 인정되며(저당권의 설정도 가능함), 다만 그 소유권의 행사가 크게 제한된다(도로법 제4조 참조).

③ **포락(浦落)** 　　바다 또는 하천에 인접한 토지가 태풍·해일·홍수 등에 의한 제방의 유실·하천의 범람·지표의 유실 또는 지반의 침하 등으로 침수되어 바다의 일부가 되거나 또는 하천의 바닥이 되어 버리는 일이 있다. 이것을 토지의 「포락」이라 한다

371면.

25) 고상용, 285면; 김대정, 553면; 김증한·김학동, 240면; 김주수·김상용, 267면; 양형우, 146면.

26) 대판 1970.5.26, 69다1239.

27) 대판 1972.8.29, 72다1243.

(공유수면 관리 및 매립에 관한 법률 제2조 제2호). 포락된 토지가 원상으로 되돌아오지 않으면 그 토지에 대한 소유권은 영구적으로 소멸한다. 그러나 때로는 그것이 다시 성토화하거나 토지화하는 경우도 있는데, 이 경우 그 토지가 원소유자에게 귀속하는지가 문제된다. 판례는 포락을 두 경우로 나누어, 과다한 비용을 들이지 않고서 원상복구가 가능하고 또 그 원상복구를 할 경제적 가치가 있는 경우에는 원소유자에게 귀속하지만, 그렇지 않은 경우 즉 토지로서의 효용을 상실한 경우에는 종전 소유권을 소멸한다고 한다.[28] 따라서 대법원은 해변에 있는 토지가 1972년 이전부터 바닷물에 잠겨 있었고, 그 상태로 계속 방치되어 오다가 1988년경 하구둑 건설을 위하여 방파제를 축조하면서 성토된 것이라면, 과다한 비용을 들이지 않고는 그 복구가 어렵게 된 것으로서 1972년 이전의 포락으로 그 토지에 대한 소유권은 소멸된 것으로 본다.[29]

나. 토지의 정착물

1) 의 의 토지의 정착물은 토지에 고정적으로 부착되어 용이하게 이동될 수 없는 물건이다. 토지의 정착물로는 건물·수목·교량·돌담·도로의 포장 등을 들 수 있고, 부착의 정도가 희박하여 분리·이동이 용이한 판자집, 가식(假植)의 수목, 공중전화박스, 토지나 건물에 충분히 정착되어 있지 않은 기계 등은 정착물이 아니라 동산이다.

토지의 정착물은 토지에 부착되어 있는 만큼, 그 기반이 되고 있는 토지에의 부합(제256조)이 문제로 된다.[30] 이와 관련하여 별개의 부동산으로 취급될 수 있는지에 관하여 독립정착물, 반독립정착물, 종속정착물의 유형으로 나뉜다.[31]

2) 독립정착물 독립정착물은 토지와는 언제나 독립된 부동산으로 다루어지는 토지의 정착물이다.

① 건 물 민법은 건물을 토지로부터 완전히 독립한 별개의 부동산으로 규정한다. 이로써 건물은 정착하고 있는 토지와는 별개의 부동산이므로, 이에 따라 부동산등기법도 토지등기부 외에 건물등기부를 따로 두고 있다(부동산등기법 제14조). 그러므로 토지와 그 지상에 건물이 있는 경우에 토지나 건물만을 따로 처분할 수 있고, 또 함께 처분하더라도 건물이 토지의 처분에 따라가는 것은 아니므로 각각 별개로 그 등기를 하여야 물권변동의 효력이 발생한다.

---

28) 대판 1972.9.26, 71다2488; 김준호, 193면.

29) 대판 1995.8.25, 95다18659.

30) 김병재, 민법주해[Ⅱ], 46면.

31) 김병재, 민법주해[Ⅱ], 47면; 김용한, 229면; 김주수·김상용, 269면; 김준호, 201면; 장경학, 373면.

⑪ 독립된 부동산으로서의 건물의 요건 　건축 중의 축조물에 대하여 '어느 단계에 이르러야 건물로 볼 수 있을 것인가'가 문제된다. 왜냐하면 축조물의 양도와 관련하여, 현재의 축조 상태에서 건물로 인정되는 경우에는 등기를 하여야 그 양도의 효력이 발생하기 때문이다(제186조). 판례는 독립된 부동산으로서의 건물이라고 하기 위하여는 최소한의 '기둥과 지붕 그리고 주벽'이 이루어져야 한다고 본다.32) 만일 건축 중 건물이 기둥과 지붕 그리고 주벽을 갖추지 못하여 독립건물의 단계에 달하지 못하면 이는 토지에 부합되어 토지의 일부가 된다.33) 한편, 건축 중에 있는 축조물이 양도될 당시에 아직 완공되지는 않았지만 건물의 요건을 갖춘 경우에는 원래의 건축주가 완공된 건물 전체를 원시취득하고, 양도 당시 독립건물단계에 이르지 못한 경우에는 이를 양수하여 완공한 양수인이 그 건물을 원시취득한다.34) 그리하여 독립건물단계에 이르렀으나 아직 미완성의 상태에 있는 건물이 타인에게 양도된 후 공사가 속행되어 건물이 완공된 경우에 건축물의 양도양수당시에 그 건축물이 건물로서의 요건을 갖춘 경우에 독립한 부동산으로 되어 양도인으로서는 일단 건물의 소유권을 원시취득하였고(제187조), 그 양도 후의 건축행위에 의하여 새로 건축물에 부착된 부분은 부합의 법리(제256조 본문)에 따르게 되므로 완공된 건물 전체가 양도인(최초의 건축주)의 소유로 된다.35) 다만 이러한 첨부에 관한 규정

32) 대판 2001.1.16, 2000다51872; 대판 2002.4.26, 2000다16350; 2003.5.30, 2002다21592, 21608.

33) "지상 20층의 건물을 축조하기 위하여 자하 7층 깊이의 지하굴착공사로 인한 콘크리트구조물은 토지의 구성부분으로서 토지의 일부로 간주"된다(대결 1994.4.22, 93마719); "건물의 신축공사를 도급받은 수급인이 사회통념상 독립한 건물이라고 볼 수 없는 정착물을 토지에 설치한 상태에서 공사가 중단된 경우에 위 정착물은 토지의 부합물에 불과"하다(대결 2008.5.30, 2007마98).

34) 대판 1984.9.25, 83다카1858; 대판 2002.3.12, 2000다24184; 대판 2002.4.26, 2000다16350; 대판 2007.4. 26, 2004다19156.

35) 이러한 대법원의 판결에 대한 비판적 견해는 만일 제256조에 따라 부동산의 부합의 법리를 적용할 때, 미완성 건물의 양수인은 제256조 단서의 "권원"을 가진 자라고 보아야 하므로, 부합되지 않는 것으로 보아야 할 것이라고 한다. 또한 독립건물로 볼 수 있는 단계이지만 전체공정의 10-20% 정도 완성된 수준에서 이를 양수받은 양수인이 90-80%의 공정을 완성하여 완공한 경우 완공건물의 원시취득자는 양도인이 되는데, 이는 정당한 결과가 아니라고 비판한다. 나아가 판례에 의하면 건축 중 건물은 기둥, 벽체 그리고 지붕이 완성되기 직전까지 토지에 부합하여 토지 소유자의 소유로 되어 있었는데, 건축주가 독립건물단계에 이르게 되는 마지막 기와 한 장을 올려놓는 순간 건축물이 토지에서 분리되어 독립건물이 됨과 동시에 그 건축물의 소유권이 토지소유자에게서 분리되어 건축주에게로 이전된다고 하는데, 이 또한 논리적 근거가 박약하다고 한다. 그리하여 이 비판적 견해는 건축 초기구조물이 토지에 부합한 일부라고 볼 것이 아니라, 토지에 부합하지 않는다고 보아야 할 것이라고 한다. 그리고 이에 기초하여 완공된 건물은 당연히 토지와는 독립된 정착물로 완성되는 것이라고 한다. 또한 건축 중의 건물이 양도된 후 양수인에 의하여 완공된 경우에 가공(제259조 제2항)의 법리에 따라 기여를 많이 한 건축행위자의 소유에 속하여야 할 것이라고 한다(김창희, "건축 중 건물을 양수하여 완공한 경우 원시취득자", 14면 이하).

은 임의법규이므로, 소유자를 정하는 것에 관하여 당사자의 합의가 있다면 이에 의하여야 할 것이다.[36]

③ **건축허가와 건물 소유권의 취득** 건물의 소유권은 자기 비용과 노력으로 신축한 자가 원시취득한다. 건축허가서는 허가된 건물에 관한 실체적 권리의 득실변경의 공시방법이 아니며, 추정력도 없으므로 건축허가서에 건축주로 기재된 자가 건물의 소유권을 취득하는 것은 아니다.[37] 그러므로 자기의 비용과 노력으로 건물을 신축한 자는 비록 그 건축허가가 타인의 명의로 된 경우에도 그 소유권을 원시취득한다.[38] 예를 들어, 건축업자가 타인의 대지를 매수하여 그 대금을 지급하지 아니한 채 그 위에 자기의 노력과 재료를 들여 건물을 건축하면서 건축허가 명의를 대지소유자로 한 경우에 특별한 사정이 없는 한 건축허가명의인 앞으로 소유권보존등기를 할 수 밖에 없다(부동산등기법 제65조 제1호). 이러한 경우 대지소유자의 명의로 건물의 소유권보존등기를 경료한 목적이 대지대금 채무를 담보하기 위한 경우가 일반적이라 할 것이고,[39] 이 경우 완성된 건물의 소유권은 일단 이를 건축한 건축업자(채무자)가 원시적으로 취득한 후 대지소유자(채권자) 명의로 소유권보존등기를 마침으로써 담보 목적의 범위 내에서 대지소유자에게 그 소유권이 이전된다고 보아야 한다.[40]

④ **건물의 구분소유** 1동의 건물의 일부는 독립하여 소유권의 객체로 될 수 있다. 이것이 「구분소유」(제215조)이다. 그러한 건물의 구분소유관계를 합리적으로 규율할 목적으로 「집합건물의 소유 및 관리에 관한 법률」이 제정되어 있다. 구분소유는 연립주택·아파트에서 특히 문제로 된다. 1동의 건물 중 구조상 구분된 수 개의 부분이 독립한 건물로서 사용될 수 있을 때」에 그 각 부분(전용부분)은 소유권(구분소유권)의 목적이 되는 것으로 하고 있다(동법 제1조 참조). 건물 1개의 동을 수직면 또는 수평면에 의하여 구분하여, 구분된 각 부분, 즉 구분건물은 동법에 의하여 통상의 1동 1개의 건물과 똑같게 다루어진다. 다만 구분소유권의 목적이 되는 것은 전유부분과 공유부분(예: 복도, 계단 등)이다.

---

36) 홍광식, "건축 중 건물에 대한 제3자의 공사와 소유권귀속", 판례연구(제8집), 부동산판례연구회(1998), 303면; 이에 대해서는 특약에 의하여 부동산과 그에 부합된 물건의 소유권이 함께 부합된 물건의 소유자에게 귀속될 수 있다면 법률행위로 인한 물권변동임에도 불구하고 등기하지 아니하고도 그 효력이 발생하는 것으로 되어 제186조, 제187조에 반하게 되어 허용될 수 없다고 비판한다(김창희, "건축 중 건물을 양수하여 완공한 경우 원시취득자", 법조 통권634호(2009.7, 법조협회), 20면).

37) 대판 1997.3.28, 96다10638 참조.

38) 대판 1985.7.9, 84다카2452 참조.

39) 대판 1997.4.11, 97다1976 참조

40) 대판 2002.4.26, 2000다16350.

그리고 1동의 건물의 일부(구분건물)를 구분소유하는 때도 대지 전체를 이용하는 것이 필연적이기 때문에, 구분소유자는 누구나 모두 대지 전체를 이용할 권리(토지소유권의 공유나 또는 지상권·전세권 등의 준공유)를 가지고 있는데, 이를 「대지사용권」이라고 한다(동법 제2조 제6호). 그리고 구분소유권과 대지사용권의 일체화를 꾀하여 양자의 분리 처분을 금하고, 대지사용권은 전유부분의 처분에 따르는 것으로 하고 있다(동법 제20조 참조).41) 1필의 토지의 일부양도의 경우와 마찬가지로, 1동의 건물로 등기되어 있는 것의 일부는 구분 또는 분할의 등기절차를 밟기 전에는 처분하지 못한다. 다만 1동의 건물의 일부에 대하여도 전세권은 설정할 수 있다(부동산등기법 제72조).

2) 반독립정착물 반독립정착물은 토지의 일부로서 토지와 함께 처분될 수도 있지만, 일정한 공시를 갖추는 것을 전제로 토지와는 독립하여 나누어질 수 있는 정착물이다.

① 입 목 수목은 토지로부터 분리되면 동산이나 분리되지 않은 상태에서는 토지의 일부이다. 그러나 생육하고 있는 수목들을 그 지반과 분리해서 거래할 필요가 있다. 그리하여 수목의 집단에 대하여 「입목에 관한 법률」에 의한 소유권보존등기를 한 경우에, 그 수목의 집단은 '입목'으로 되어 그 지반으로부터 독립한 부동산으로 된다(동법 제3조 1항).42) 이로써 입목이 생립하고 있는 토지에 대한 소유권이나 지상권의 처분은 입목에는 어떤 영향도 미치지 않는다(동법 제3조 3항). 또한 입목의 소유자는 토지와 분리하여 입목을 양도하거나 또는 저당권의 목적으로 할 수 있다(동법 제2조, 제3조). 이러한 입목으로 되기 위하여는 등기를 갖추어야 하나, 그 등기는 그 수목의 집단이 반드시 1필의 토지위에 생육하고 있어야 할 수 있는 것은 아니며, 토지 일부에서 자라는 수목의 집단이라도 등기할 수 있다(동법 제15조).

② 입목에 해당하지 않는 수목의 집단 모든 수목의 집단이 「입목에 관한 법률」에 의한 입목이 되는 것은 아니며, 소유자가 「입목에 관한 법률」에 따른 등기절차를 밟

41) 구분건물의 대지사용권은 전유부분 및 공용부분과 분리처분이 가능한 규약이나 공정증서가 없는 때에는 전유부분과 종속적 일체불가분성이 인정되어 전유부분에 대한 경매개시결정과 압류의 효력이 당연히 종물 내지 종된 권리인 대지사용권에도 미치며, 그와 같은 내용의 규약이나 공정증서가 있는 때에는 종속적 일체불가분성이 배제되어 전유부분에 대한 경매개시결정과 압류의 효력이 대지사용권에는 미치지 아니한다(대결 1997.6.10, 97마814).

42) 경매의 대상이 된 토지 위에 생립하고 있는 채무자 소유의 미등기 수목은 토지의 구성부분으로서 토지의 일부로 간주되어 특별한 사정이 없는 한 토지와 함께 경매되는 것이므로 그 수목의 가액을 포함하여 경매 대상 토지를 평가하여 이를 최저경매가격으로 공고하여야 하고, 다만 입목에 관한 법률에 따라 등기된 입목이나 명인방법을 갖춘 수목의 경우에는 독립하여 거래의 객체가 되므로 토지의 평가에 포함되지 아니한다(대결 1998.10,28, 98마1817).

지 않으면 입목은 아닌 것이다. 이러한 입목 아닌 수목의 집단은 본래 그것이 자라고 있는 토지의 정착물로서 토지의 일부임을 원칙으로 하나, '명인방법'이라는 관습법의 공시방법을 갖춘 때에는 독립한 부동산으로 된다.[43] 여기에서 명인방법은 수목의 집단에 대하여 그 소유권이 누구에게 귀속하고 있다는 것을 제3자 누구라도 명인할 수 있도록 공시하는 방법인 것으로서, 예컨대 수피를 깍아서 소유자의 성명을 묵서(墨書)하는 등의 방법이 그것이다. 주의할 것은 명인방법은 특정되어 있는 목적물에 관하여 행하져야 하며, 특정되지 않은 목적물에 대한 명인방법은 그 효력이 없다. 예컨대 어떤 임야에 있는 임목(林木) 중 연령 20년 이상·흉고(胸高) 직경 10.3cm이상의 '소나무' 500m를 매매하여 명인방법을 갖추어도 그것은 효력을 발생하지 않는다.[44] 한편 명인방법을 갖춘 수목의 집단은 독립성이 인정된다 하더라도 등기하는 것은 아니므로 오로지 소유권의 객체가 될 뿐이고(따라서 양도담보는 허용된다), 저당권의 객체로 되지 않는다. 그러나 일단 수목이 토지로부터 분리되면 동산에 지나지 않게 된다.

③ **미분리의 과실** 미분리의 과실(예: 과수의 열매, 뽕나무의 잎·입도(立稻) 등)은 수목의 일부이지만, 「명인방법」을 갖추면 이를 토지와는 독립한 물건으로서 거래의 목적으로 된다. 미분리 과실에 대한 명인방법으로는 논밭의 주위에 새끼를 둘러치고 소유자의 성명을 표시한 목찰(木札)을 세우는 방법 등이 속한다. 학설에는 명인방법을 갖춘 미분리의 과실이 부동산이라고 하는 견해[45]와 동산이라는 견해[46]가 있으나, 분리되기 전에는 토지에 정착하고 있는 과목의 구성부분이므로 부동산이라고 할 것이다.

④ **농작물** 토지에서 경작·재배되는 각종의 농작물은 토지의 일부이다. 다만 정당한 권원(예: 임차권, 지상권 등)에 의거하여 타인의 토지에서 경작·재배하면 그 농작물은 토지에 「부합」하지 않고 토지로부터 독립한 별개의 부동산으로 취급된다(제256조 단서). 그러나 아무런 권원 없이 타인의 토지에서 경작·재배한 경우에 그 농작물은 토지에 부합하고, 그 결과 독립된 부동산으로 다루어지지 않는 것으로 보아야 하나(제256조 본문), 판례는 농작물의 경우에는 예외를 두어 정당한 권원 없이 재배하였다 하더라도 명인방법을 갖출 필요도 없이 그 농작물의 소유권은 언제나 그 경작자에게 있다고 한다.[47] 따라서 판

---

43) 대결 1998.10.28, 98마1817.

44) 대판 1972.12.12, 72다1351.

45) 김대정, 556면; 김병재, 민법주해[Ⅱ], 58면; 김상용, 292면; 김형배·김규완·김명숙, 424면; 백태승, 295면; 이영준, 989면.

46) 곽윤직·김재형, 226면.

47) 대판 1963.2.21, 62다913; 대판 1979.8.28, 79다784.

례에 의하면, 농작물은 토지와는 독립된 부동산으로 다루게 된다. 이러한 판례의 입장에 대해서는 부합(제256조 본문)에 의해 그 농작물이 토지소유자에게 귀속하는 것으로 보아야 한다는 비판적 견해48)가 있지만, 농작물의 무단경작의 경우는 토지소유자가 스스로 토지를 이용하지 않는 경우에 생기는 것이고, 또 농작물은 파종으로부터 수확까지 불과 몇 개월 밖에 소요되지 않아 그 소유권을 인정하더라도 토지소유자에게 중대한 불이익을 주는 것은 아니라는 점에서 판례의 입장을 지지하는 견해49)가 타당하다. 이에 따라 농작물은 언제나 토지와는 독립된 부동산으로 다루어지게 된다.

3) **종속정착물** 종속정착물은 토지와는 독립된 부동산으로 다루어지지 않는 토지의 정착물로서 토지의 구성부분으로 취급된다. 이는 토지의 구성부분이기 때문에 권원 여부에 관계없이 토지에 부합된다. 이렇게 토지의 구성부분으로 취급되어 항상 토지와 일체로 처분되어지는 종속정착물의 예로 교량·돌담·도로의 포장 등을 들 수 있다.

(3) 동 산

가. 의 의 부동산 이외의 물건은 모두 동산이다(제99조 제2항). 정착물이 아닌 토지의 부착물건(예: 가식의 수목), 전기 기타 관리할 수 있는 자연력은 동산이나, 일정 톤수 이상의 선박·자동차·항공기·일정한 중기 등은 법률상 부동산과 마찬가지로 취급된다. 무기명채권(예: 상품권, 승차권, 입장권 등)은 증권에 특정의 채권자를 지정하지 않고 증권의 정당한 소지인에게 변제해야 할 증권적 채권으로서 구민법은 이를 동산으로 간주하였으나(구민법 제86조 제3항), 현행민법은 동산이 아니라 권리인 채권으로 다룬다(제523조 내지 제525조).

나. 금 전 금전은 동산이나, 일정액의 가치이므로 동산에 적용되는 규정 중에는 금전에 적용되지 않는 것이 많다. 무엇보다도 당해 금전에 대한 물권적 청구권이 인정되지 않는다(제213조, 제214조, 제201조 내지 제206조 참조). 금전의 대차에 관한 계약은 언제나 소비대차계약이고, 타인의 점유에 들어간 금전에 대하여는 부당이득에 의한 반환청구 또는 불법행위로 인한 손해배상청구로서 동액의 채권적 반환청구권이 인정될 뿐이다.50) 금전을 점유하게 되면, 그 점유자는 언제나 그 소유권을 취득하게 된다. 또한 금전에 대해서는 간접점유가 인정되지 않는다.51)

---

48) 곽윤직·김재형, 227면.

49) 김증한·김학동, 244면; 김상용, 292면.

50) 고상용, 291면; 곽윤직·김재형, 228면.

51) 백태승, 298면.

3. 주물과 종물

(1) 주물·종물의 의의

각각 독립한 두 개의 물건 사이에 하나의 물건이 다른 물건의 경제적 가치를 높여 효용을 돕는 관계에 있는 경우가 있다. 예컨대, 배와 노, 시계와 시계줄, 안채와 사랑채, 가옥과 덧문은 주물·종물의 관계에 있다. 여기서 경제적 효용의 증진을 받는 물건을 「주물」이라 하고, 그 경제적 효용을 높여주는 보조적인 물건을 「종물」이라고 한다. 이러한 경우에 그 물건과 보조적인 물건은 경제적 효용을 높이기 위하여 종물은 주물의 처분에 따르는 것으로 한다(제100조 제2항). 다만 당사자의 특약으로 주물만을 처분하기로 한 경우에는 이에 따르고, 그 사실의 입증은 주장하는 자가 부담한다.

(2) 종물의 요건(제100조 제1항)

가. 주물의 상용(常用)에 이바지 할 것 종물은 사회관념상 계속해서 주물의 경제적 효용을 높이는 작용을 하여야 한다. 그러나 주물의 소유자의 상용에 공여되고 있더라도, 주물 그 자체의 효용과 직접적인 관계가 없는 물건은 종물이 아니다.[52] 예컨대 식기·침구·난로·텔레비전·책상 등은 가옥의 종물이 아니다.

그리고 주물과 종물 사이에 경제적 효용에서 주종의 관계가 인정되려면, 주물과 종물은 '장소적으로 밀접한 관계'에 있어야 한다. 제100조 제1항이 "부속하게 한 때"라는 것은 이를 의미한다고도 할 수 있다. 다만 주물과 종물이 일시적으로 분리하여도 종물성을 잃지 않는다. 여기서 「밀접」의 정도는 물건의 일부 또는 합성물을 이루는 정도에는 미치지 못하나 집합물을 이루는 물건 상호간의 관계에 준할 정도이어야 한다.[53]

나. 독립한 물건이어야 한다. 종물은 독립한 물건이어야 한다. 만일 상용에 이바지 하는 물건이 독립한 물건이 아닌 경우에는 부합의 절차에 따라(제256조, 제257조) 하나로 된 합성물의 소유권에 복종하게 된다. 이처럼 종물은 주물의 구성부분은 아니며, 다만 주물의 경제적 효용을 돕기 위하여 경제적으로 부속되어 있는 물건인 것이다. 따라서 종물은 법률상 독립한 물건이면 되고, 또한 동산과 부동산 모두가 종물로 될 수 있다. 예컨대 ㉠ 횟집의 수족관[54], ㉡ 주유소의 주유기[55], ㉢ 전화교환설비[56] 등은 종물이다.

---

52) 대판 1994.6.10, 94다11606; 대판 1997.10.10, 97다3750; 대판 2000.11.2, 2000마3530; 대판 2007.12.13, 2007도7247.

53) 이영준, 999면.

54) 대판 1993.2.12, 92도3234(횟집으로 사용할 점포 건물에 거의 붙여서 횟감용 생선을 보관하기 위

한편 판례는 '지하에 매설된 석유조'는 건물의 일부로서 이를 독립한 물건으로서 종물이라기 보다는 건물의 구성부분으로 보고 있다.[57] 그리고 주유소의 지하에 매설된 '유류저장탱크'는 이를 토지로부터 분리하는 데 과다한 비용이 들고 이를 분리하여 발굴할 경우 그 경제적 가치가 현저히 감소할 것이 분명하므로 토지에 부합되었다고 본다.[58] 이와는 달리, 건물에 준한 설비를 갖춘 지상의 '저유조'는 독립된 건물로 간주된다.[59]

다. 주물·종물 모두 '동일한 소유자'에게 속하여야 한다. 주물·종물이 동일 소유자의 것이어야 한다.[60] 이를 요구하는 이유는 다른 소유자에게 속하는 물건 사이에서 주물·종물의 관계를 인정하면, 종물이 주물과 운명을 같이하게 되는 결과, 주물의 처분으로 종물의 소유자가 이유 없이 자신의 종물에 대한 권리를 잃게 될 염려가 있기 때문이다. 다만 주물과 종물에 대해 선의취득(제249조)의 요건을 갖추어 소유권을 취득하는 것은 별개이다. 이에 대해 학설은 대체로 종물소유자의 권리를 해하지 않는 범위에서는 물건 상호간의 경제적 효용을 중시하여 제100조 제1항의 취지를 확장해서 다른 소유자에게 속하는 물건사이에도 주물·종물의 관계를 인정하는 것이 타당하다고 한다.[61] 그러나 판례는 종물은 물건의 소유자가 그 물건의 상용에 공하기 위하여 자기 소유인 다른 물건을 이에 부속하게 한 것을 말하므로(제100조 제1항) 주물과 다른 사람의 소유에 속하는 물건은 종물이 될 수 없다고 본다.[62]

하여 신축한 '수족관 건물'은 위 점포 건물의 상용에 공하기 위한 종물이라고 보아야 할 것이다).

55) 대판 1995.6.29, 94다6345; 대판 2000.10.28, 2000마5527(주유소의 '주유기'는 독립한 물건이기는 하나 그것은 계속해서 주유소 건물 자체의 경제적 효용을 돕는 작용을 하고 있으므로, 그 주유기는 주유소의 종물에 해당한다).

56) 대판 1993.8.13, 92다43142(백화점 건물의 지하 2층에 설치된 전화교환설비는 독립한 물건이기는 하지만, 백화점의 효용과 기능을 다하기에 필요불가결한 시설로서, 위 백화점 건물의 상용에 제공된 종물이다).

57) 대판 1993.12.10, 93다42399.

58) 대결 1995.6.29, 94다6345.

59) 대판 1990.7.27, 90다카6160.

60) 대판 2008.5.8, 2007다36933, 36940.

61) 고상용, 293면; 곽윤직·김재형, 230면; 김병재, 민법주해[Ⅱ], 69면; 김상용, 295면; 김용한, 230면; 김형배·김규완·김명숙, 420면; 이영준, 1000면; 이은영, 305면.

62) 부동산의 상용에 공하여진 물건일지라도 그 물건이 부동산의 소유자가 아닌 다른 사람의 소유인 때에는 이를 종물이라고 할 수 없으므로 부동산에 대한 저당권의 효력에 미칠 수 없어 부동산의 낙찰자가 당연히 그 소유권을 취득하는 것은 아니며, 나아가 부동산의 낙찰자가 그 물건을 선의취득하였다고 할 수 있으려면 그 물건이 경매의 목적물로 되었고 낙찰자가 선의이며 과실 없이 그 물건을 점유하는 등으로 선의취득의 요건을 구비하여야 한다(대판 2008.5.8, 2007다36933, 36940).

(3) 종물의 효과

가. 종물은 주물의 처분에 따른다(제100조 제2항)

1) 처 분 종물은 주물의 처분에 따라 그 법률적 운명을 같이 한다(제100조 제2항). 예컨대, 주물에 대한 소유권의 양도가 있으면 종물도 함께 양도된다. 이때의 "처분"이란 소유권의 양도나 물권의 설정과 같은 물권적 처분뿐만 아니라, 매매·임대차와 같은 채권적 처분도 포함한다. 특히 주물 위에 저당권이 설정된 경우에 그 저당권의 효력은 종물에도 미친다(제358조).

이때 주물의 저당권의 효력은 저당권설정 당시의 종물은 물론 설정 후의 종물에 대해서도 미친다. 나아가 처분행위 이외에 법률의 규정에 의해 권리변동이 있는 경우에도 위 원칙이 적용된다.63)

2) 공시방법의 문제 법률행위에 의한 물권의 변동과 관련하여 주물에 대해 공시방법(등기 또는 인도)을 갖춘 경우에는 종물에 대해 따로 공시방법을 갖추지 않더라도 제100조 제2항에 의해 당연히 종물에 대한 물권변동의 효력이 생기는지의 여부가 문제이다. 제100조 제2항은 물건의 경제적 효용이라는 관점에서 종물을 주물의 처분에 따르게 하자는 데 그 취지가 있는 것이고, 따라서 물권변동에서 요구되는 공시방법은 이와는 별개인 것으로 해석된다.64) 판례도 지상권이 딸린 건물을 매도한 경우에 그 매매의 대상에는 제100조 제2항의 유추적용에 의하여 건물 이외에 지상권도 포함되지만, 매수인이 지상권을 취득하기 위해서는 건물에 대한 소유권이전등기 외에 지상권에 대해 이전등기를 하여야 하는 것으로 해석한다.65) 또한 점유를 요건으로 하는 권리(예: 점유취득시효에 의한 소유권의 취득(제245조 이하)·유치권(제320조)·질권(제329조))에 대해서는 그 권리의 성질상 주물 이외에 종물에 대해서도 점유가 요구되며, 주물만을 점유하고 종물에 대해서는 점유를 하지 않은 이상 위와 같은 권리가 인정되지 않는 것으로 본다.

나. 임의규정

제100조 제2항은 강행규정은 아니므로 당사자는 반대의 특약을 할 수 있다고 할 것이다.66) 따라서 주물·종물 모두 독립한 물건이므로, 당사자가 양

---

63) 건물에 대한 저당권이 실행되어 경락인이 그 건물의 소유권을 취득하였다면 경락 후 건물을 철거한다는 등의 특별한 사정이 없으면, 경락인은 건물 소유를 위한 지상권도 민법 제187조의 규정에 따라 등기 없이 당연히 취득하게 되고, 한편 이 경우에 경락인이 건물을 제3자에게 양도한 때에는 특별한 사정이 없는 한 민법 제100조 제2항이 유추적용되어 건물과 함께 종된 권리인 지상권도 양도하기로 한 것으로 보아야 한다(대판 1996.4.26, 95다52864).

64) 김준호, 207면.

65) 대판(전원합의체) 1985.4.9, 84다카1131·1132.

자의 별도의 유보나 달리하려는 의사를 표시한 때에는 제100조 제2항은 적용되지 않는다. 그러면 종물만의 처분도 가능한 것이다. 다만 저당권의 경우에는 이러한 취지를 등기하여야 제3자에게 대항할 수 있다(제358조, 부동산등기법 제75조 제2항 제3호).

(4) 종물이론의 준용 내지는 확대

주물·종물의 이론은 원래 물건 상호간의 관계에 적용되는 것이나 주된 권리·종된 권리 상호간에도 유추적용된다고 할 것이나(통설).[67] 판례도 마찬가지로 제100조 제2항의종물과 주물의 관계에 관한 법리가 권리 상호간에도 적용된다고 본다.[68] 이에 대한 사례는 다음과 같다. ㉠ 원본채권이 양도되면 이자채권도 원본채권에 따라 양도되고, 다만 이미 변제기에 도달한 이자채권은 원본채권의 양도 당시 그 이자채권도 양도한다는 의사표시가 없는 한 당연히 양도되지는 않는다.[69] ㉡ 건물이 양도되면 그 건물을 위한 대지의 임차권 내지 지상권도 함께 양도되는 것으로 해석한다.[70] ㉢ 건물의 소유권을 양수한 자는 그 당시 그 건물의 소유를 위한 법정지상권도 취득한다.[71] ㉣ 구분건물의 전유부분에 대한 소유권보존등기만 경료되고 대지지분에 대한 등기가 경료되기 전에 전유부분만에 대해 내려진 가압류결정의 효력은, 대지사용권의 분리처분이 가능하도록 규약으로 정하였다는 등의 특별한 사정이 없는 한, 종물 내지 종된 권리인 그 대지권에까지 미친다.[72]

4. 원물과 과실(果實)

(1) 원물·과실의 의의

물건으로부터 생기는 경제적 수익을 「과실」이라고 하고, 과실을 생기게 하는 물건을 「원물」이라고 한다. 민법은 과실의 종류로 「천연과실」과 「법정과실」의 두 가지를 인

---

66) 곽윤직·김재형, 230면; 김병재, 민법주해[Ⅱ], 71면; 김상용, 295면; 김주수, 286면; 김형배, 293면; 이영준, 1000면.

67) 고상용, 296면; 곽윤직, 230면; 김대정, 566면; 김병재, 민법주해[Ⅱ], 72면; 김상용, 295면; 김용한, 230-231면; 김주수·김상용, 276면; 김형배·김규완·김명숙, 421면; 백태승, 300면; 이영준, 1000면.

68) 대판 2006.10.26, 2006다29020; 대판 2014.6.12, 2012다92159·92166; 종물은 주물의 처분에 수반된다는 민법 제100조 제2항은 임의규정이므로, 당사자는 주물을 처분할 때에 특약으로 종물을 제외할 수 있고 종물만을 별도로 처분할 수도 있다(대판 2012.1.26, 2009다76546).

69) 대판 1989.3.28, 88다카2803.

70) 대판 1996.4.26, 95다52864; 대판 1993.4.13, 92다24950.

71) 대판 1993.12.10, 93다42399.

72) 대판 2006.10.26, 2006다29020.

정하고(제101조), 이울러 과실이 생길 때까지 사이에 수익권자의 변동이 생긴 경우에 그 과실의 분배에 관하여 규정하고 있다(제102조). 천연과실이든 법정과실이든 물건이어야 하고, 또 과실은 물건인 원물로부터 생기는 이익이어야만 한다. 즉 「물건의 과실」만 인정하고 「권리의 과실」(예: 주식의 배당금, 특허권의 사용료 등)은 과실로 인정하지 않는다.

(2) 천연과실

가. 의 의 물건의 용법에 의하여 수취하는 산출물이 천연과실이다(제101조 제1항). 천연과실은 원물로부터 분리하기 전에는 원물의 구성부분이며, 분리와 더불어 독립한 물건이 된다. 천연과실의 관념은 원물로부터 분리하는 때에 누구의 권리에 속하느냐를 결정하는 데에 그 실익이 있다.

1) 물건의 용법에 의하여 「물건의 용법에 의하여」란 원물의 경제적 용도에 따라 수취되는 것을 말한다. 이 점에서 원칙적으로 승마용 말의 새끼·일소(役牛)의 우유·감상용 화분의 열매 등은 각각 그 물건의 용도와는 무관한 것이므로 과실이 아니다. 그렇지만 천연과실의 개념은 과실을 분리할 때에 그것을 누구의 소유로 할 것인가를 정하는 데 의미가 있는 것이므로, 위 경우에도 천연과실의 분배에 관한 민법의 규정(제102조 제1항)이 유추적용된다고 해석된다.[73)]

2) 산출물 「산출물」은 유기적으로 생산되는 물건(과수의 열매, 우유, 가축의 새끼 등)에 한하지 않으며, 인공적·무기적으로 수취되는 물건(석재·토사·광물 등)도 원물이 곧 소모되지 않고 경제적 견지에서 원물의 수익이라고 인정될 수 있는 한, 이를 모두 포함한다.

나. 천연과실의 귀속 천연과실은 그 원물로부터 분리하여 독립한 물건이 된 때에, 그 천연과실을 수취할 권리자에게 속한다(제102조 제1항). 이 때 과실의 수취권자는 '수익의 권능'을 가져야 한다. 따라서 원물의 소유자가 수취권자인 것이다(제211조 참조). 그러나 예외적으로 선의의 점유자(제210조)·지상권자(제279조)·전세권자(제303조)·유치권자(제323조)·질권자(제343조)·저당권자(제359조)·매도인(제587조)·사용차주(제609조)·임차인(제618조)·친권자(제923조)·수유자(제1079조) 등도 수취권을 갖는다.

본 규정도 강행규정이 아니다. 따라서 당사자의 합의로 천연과실의 수취권자를 정하는 것은 무방하다.

---

73) 김용한, 232면.

다. 미분리의 천연과실 과수에 붙어있는 천연과실은 그 자체가 독립한 물건은 아니지만, 그 과수로부터 분리하는 경우에 이를 수취할 권리자에게 귀속된다(제102조 제1항). 그러나 미분리의 과실에 대하여 명인방법을 갖추는 때에는 독립성이 인정되어 그 처분행위가 있을 때에는 별개의 소유권의 객체로 된다. 이 경우 제102조 제1항의 적용은 없다.

(3) 법정과실

가. 의 의 법정과실은 물건의 사용대가로 받는 금전 기타의 물건이다(제101조 제2항). 그러므로 물건의 매매대금과 같이 물건의 사용대가가 아니라 소유권이전의 대가인 것은 법정과실이 아니다. 물건의 사용대가는 타인에게 물건을 사용하게 하고 사용 후에 원물 자체 또는 동종·동질·동량의 것을 반환하여야 할 법률관계가 있는 경우에 인정된다. 예컨대, 건물의 임대차에서의 차임·토지사용의 대가인 지료 등이 이에 속한다. 또한 원본과 과실은 모두 물건이어야 하므로, 노동의 대가·권리사용의 대가는 과실이 아니다. 또한 원물사용의 대가를 받을 수 있는 권리도 과실은 아니다. 이자와 관련하여, 소수의 학설은 금전대차에서의 이자는 물건의 수익이 아니라 '원본채권'의 수익이므로 법정과실이 아니라고 하고 다만 그 귀속에 대하여는 법정과실에 관한 규정(제102조 제2항)이 유추적용되어야 한다고 본다.74) 그러나 이자를 발생케 하는 원인으로서는 이자채권(제379조)이 존재하는 것이지만, 금전도 물건이고 그 사용의 대가로서 받는 이자로서의 금전도 역시 물건인 점에서 보면 이자도 금전사용의 대가인 법정과실에 해당한다고 보아야 한다.75)

나. 법정과실의 귀속 법정과실은 수취할 권리의 존속기간 일수에 따른 비율로 취득한다(제102조 제2항). 법정과실의 계산이 주·월·년으로 정해진 경우에도 그 권리의 존속기간의 '일수(日數)' 비율로 분배된다. 예컨대, 임대가옥이 매매되어 소유자가 바뀐 경우 소비대차의 채권자가 변경되었을 경우에는 차임·이자는 가옥의 소유권·원본채권이 이전된 날을 기준으로 일수계산으로 분배된다. 제102조 제2항은 권리의 귀속을 정한 것이 아니라 당사자 사이의 내부관계를 정한 것에 불과하므로 임의규정이다.

(4) 사용이익

사용이익은 물건을 현실적으로 사용하여 얻는 이익을 말한다. 예컨대, 타인의 토지

---

74) 이영준, 1002면.

75) 김준호, 211면; 판례는 "국립공원의 입장료는 토지의 사용대가라는 민법상 과실이 아니라 원칙적으로 국가가 부담하여야 할 국립공원의 유지·관리비용이지만 그 일부를 수익자 부담의 원칙에 따라 국립공원 입장객에게 부담시키고자 하는 것이어서 토지의 소유권이나 그에 기한 과실수취권과는 아무런 관련이 없다"고 판시하였다(2001.12.28. 선고 2000다27749).

를 무단으로 점유하여 이를 사용하거나, 임차기간이 만료한 후에도 계속 건물을 사용하는 경우 등이 이에 속한다. 이것은 당사자 사이에 사용대가를 지급하여야 할 법률관계가 존재하지 않는 경우에 특히 그 의미를 가진다. 사용이익인 원물 그 자체의 이용에 의한 이익(예: 가옥에 거주하는 것과 같이 원물 자체의 사용에 의한 이익)은 엄격한 의미에서 법정과실은 아니지만 그 실질이 과실과 다르지 않으므로, 사용이익의 반환의무에 관하여는 과실에 관한 규정(제102조 및 제210조 이하)이 유추적용된다고 할 것이다.[76] 따라서 건물을 사용함으로써 얻는 이득은 그 건물의 과실에 준하는 것이므로, 선의의 점유자는 비록 법률상 원인 없이 타인의 건물을 점유·사용하고 이로 말미암아 그에게 손해를 입혔다 하더라도 그 점유·사용으로 인한 이득을 반환할 의무는 없다.[77]

---

76) 김병재, 민법주해[Ⅱ], 80면; 김상용, 298면; 김용한, 234면; 김주수·김상용, 279면; 김형배·김규완·김명숙, 422면; 백태승, 303면; 이영준, 1002면.

77) 대판 1996.1.26, 95다44290.

제 4 장

권리의 변동

제 1 절 법률관계

제 1 관 개 관

I. 법률관계의 의의

우리의 생활관계는 법의 적용을 받지만 사회규범(도덕·종교·관습 등)에 의해서도 규율된다. 그리하여 생활관계는 도덕률에 의존하여 규율되는 「인간관계」와 법의 적용을 받는 「법률관계」가 있다. 그 외에 법규범이 제한적으로 적용되는 「호혜관계」도 있다.

(1) 인간관계

인간관계란 인간의 종교·애정·우의·예의 등을 내용으로 하는 생활관계를 말한다. 이처럼 인간관계는 순수한 인간 본연의 지위에서 형성된 생활관계로서 지극히 당사자의 사적인 것을 내용으로 한다. 그런데 이처럼 순수한 인간적 본성을 내용으로 하는 인간관계에 대하여 엄중한 법의 적용을 하게 되면 오히려 그 문제 해결에 적절치 못한 결과를 가져올 수 있다. 예를 들어, 열애 중에 있는 청춘남녀가 애정관계에서 선물을 주기로 약정하였는데 그 약속을 지키지 않는 경우에 증여계약에 관한 법률이 적용된다면 그 애정관계는 더 이상 지속되지 못할 것이다. 그러므로 이러한 인간관계에 대해서는 법에 의한 강제적 해결보다는, 오히려 도덕률에 의한 해결이 보다 합리적인 결과를 도출해 낼 수 있을 것이다. 이처럼 법의 적용이 자제되어야 할 생활관계가 존재하는 데 이를 인간관계라 한다. 이러한 인간관계와 법률관계는 「법의 적용을 통하여 보호를 해 줄 가치 있는 이익」, 즉 법익이 존재하고 있는가에 따라 구분된다. 법률관계에는 법익이 있는 반면에, 인간관계에는 그러한 법익이 존재하지 않는다.

(2) 호혜관계

가. 의 의 호혜관계는 당사자 일방의 호의(好意)에 의하여 어떤 이익을 주고 받는 생활관계를 말한다. 여기에서 호혜를 베푸는 사람은 호의적 의사를 가지고 호혜를

약속한 상대방에게 대가도 받지 않고 무상으로 약속된 급부를 이행해 준다. 이처럼 호혜관계는 남을 배려해 주려는 의도에서 상대방과 약속한 급부가 이행되는 관계이다. 호혜관계의 설정에서는 당사자들은 어떠한 법적 구속있는 관계를 전제로 하지 않는다. 즉 당사자들에게 법적 구속 의사가 존재하지 않기 때문에 법적 구속력 있는 채권·채무가 발생되지 않는다. 그렇지만 만일 호혜자가 약속한 호혜의 급부를 이행하던 중에 호혜를 받는 사람(수혜자)에게 피해를 준 경우에, 단지 그 손해가 대가도 받지 않고 호혜를 베푸는 과정에서 비롯되었다는 이유만으로 호혜자에게 이에 대한 책임이 면제되지는 않는다. 그러므로 손해배상의 관계는 호혜관계에서도 법적 구속력 있는 관계로 성립하게 된다. 즉 호혜관계에서의 특징은 1차적인 호의에 기초하여 약정된 급부청구권은 성립되지 않고 급부 이행의 여부는 순수하게 호혜자의 임의에 맡겨 두지만, 만일 호혜자가 호혜의 급부를 베풀다가 수혜자에게 손해를 발생시켰다면 이에 대한 2차적인 손해배상책임에 관하여는 강제적인 법의 적용을 받게 된다. 그렇지만 호혜의 이행은 법적 구속력있는 계약과는 달리, 이웃 간의 정의(情誼)와 같은 호의에서 비롯되고 있고 또 그 대가를 주고받는 것도 아니므로, 그 손해배상의 책임 내용은 감경 내지는 면책되어야만 한다.

나. 책임의 면책·감경 일반적으로 민법에 의하여 규율되는 법률관계는 당사자들의 첨예화된 이해관계의 대립상태를 전제로 한다. 이에 반하여, 호혜관계에서는 당사자들의 호의에서 비롯된 이타성과 무상성이 그들 관계의 내용으로 되고 있다. 이처럼 대비되는 특성을 고려할 때, 손해의 완전배상을 목적으로 하는 민법상의 책임원리가 호혜관계에 그대로 적용될 수는 없다. 호혜관계에 책임법상 완전배상을 목적으로 한 엄격한 책임원리를 그대로 적용하는 것은 그 「호의성」에 비추어 가혹한 결과로 될 것이다. 예컨대 이웃 간의 정의(情誼)로 서로 아이를 돌보아 주기로 약속하여 그 아이를 돌보아 주던 중 부주의로 아이를 다치게 한 경우에 아이를 돌보아 주던 호혜자에게 전손해의 배상을 부과한다면(제393조 참조), 이웃 간의 호혜를 베푸는 관계는 우리 사회에서 사라지게 될 것이다. 그러므로 호혜자에게 손해배상의 책임을 감경해 줄 필요가 있다. 이는 무임동승을 허용한 호의동승의 경우에도 마찬가지이다. 일반적으로 호혜관계에서 책임경감의 법리구성은 다음과 같다.

1) 과실상계의 법리를 적용하자는 견해 민사책임은 크게 계약책임과 불법행위책임으로 구분된다. 그런데 호혜관계는 법적 구속력 있는 계약관계에 속하지 않기 때문에, 이에 대해서는 불법행위에 의한 책임 성립이 고려된다. 다수의 학설과 판례는 대체로 호혜관계로부터 발생된 손해에 대하여 불법행위의 책임을 인정하고, 이로부터 불법

행위법상의 과실상계(제763조, 제396조)의 법리를 적용하여 호혜자의 책임을 경감시켜 주고 있다.1)

그러나 호혜관계로부터 발생한 손해에 대한 책임구성을 불법행위법에 의존하여 해결하는 것은 타당하지 않다고 생각한다. 왜냐하면 불법행위책임은 일반의 제3자들 간에 불측의 사고에 의한 손해배상을 그 내용으로 하는 것인데, 호혜관계의 당사자들(호혜자와 수혜자)은 서로 일정한 호혜급부에 대하여 약정을 체결한 특정된 당사자들로서, 그들 사이에는 특정된 급부의 실현을 추구하는 계약과 유사한 관계가 성립하고 있기 때문이다. 비록 법적 구속력 있는 급부청구권은 성립되어 있지 않고, 호혜의 급부는 무상이라 할지라도, 호혜관계의 당사자들은 합의한 급부를 이행하는 관계에서 서로 대립하고 있다. 따라서 책임구성의 내용상 이들의 관계를 불법행위법에 의하여 규율하는 것은 타당하지 않다.2)

또한 불법행위의 책임구성에서, 호혜자에게 책임을 경감시켜 주기 위하여 과실상계의 법리를 적용하는 것도 타당하지 않다. 왜냐하면 과실상계는 가해자·피해자 쌍방의 과실이 존재하는 것을 전제로 하는데, 호혜를 받는 수혜자는 호혜자의 과실로 야기된 손해발생에 어떠한 방식으로든 개입하지 않았기 때문이다. 이와 같이, 호혜관계로부터의 책임을 불법행위로 구성하여 과실상계의 법리를 적용하는 것은 타당하지 않다.3)

2) 면책·감경의 묵시적 합의의 의제 호혜자의 책임을 경감시켜 주기 위하여, 호혜자와 수혜자 사이에 「면책·감경의 묵시적 합의」가 있었다고 보는 견해가 있다. 이 견해는 그 논거로서 우리의 경험칙을 들고 있다. 이에 의하면, 일반적으로 수혜자로서는 호혜자가 아무 대가도 받지 않고 자신의 일을 처리해 준 것에 대하여 감사하게 생각하여 호혜자에게 발생한 책임을 면제·감경시켜 줄 의사가 있고, 또 호혜자도 이에 동의하였을 것이 통상적인 관례이므로, 이로부터 면책·감경의 묵시적 합의가 경험칙상 인정될 수 있다는 것이다.

그러나 이 주장은 호혜자의 면책·책임경감에 관한 묵시적 합의를 승인해 줄만한 경험칙이 우리의 법생활에 성립하고 있음을 전제로 한 것인데, 이는 묵시적인 합의에 관한 의사표시의 해석 문제로 귀결된다. 그런데 우리 생활의 실제에서, 수혜자는 호혜자의 호혜행위로부터 무상으로 이익만을 받는 지위에 있지만, 이로부터 수혜자가 호혜자에게 책임을 면제 내지는 경감시켜 줄 의사가 있음을 추정할 수 있을 정도의 개연성이

1) 곽윤직·김재형, 247면; 김상용, 309면; 김형배·김규완·김명숙, 28면; 이영준, 41면; 대판 1997.11.14, 97다35344 등.

2) 윤형열, "호혜관계의 계약적 구성", 연세법학연구 제9집 제2권(연세법학회, 2003. 2), 203면.

3) 윤형열, "호혜관계의 계약적 구성", 203면.

존재하지 않는다.[4] 우리의 경험칙은 일반적으로 수혜자로서는 호혜를 받는 혜택에 대한 감사와 자신이 입은 손해에 대한 배상청구는 별개의 것으로서 구분지으려 하고, 호혜자에 대한 책임의 경감에 관한 의사를 갖지 않는다고 보는 것이 더 설득력있다. 또한, 오히려 경험칙에 의할 때 면책의 묵시적 합의는 일반적으로 수긍하기 어려운 의제(擬制)에 불과한 것으로 보인다. 다만 예외적으로, 예컨대 호의동승에서 동승자가 호혜자가 운전할 수 없을 정도로 만취한 상태라는 사실을 알면서도 그가 운전하는 자동차에 호의동승한 경우에 동승자는 호혜자의 면책을 수인하였다고 볼 수도 있을 것이다. 이 경우 수혜자는 만취한 운전자가 운행하는 자동차라는 것을 인식하였고, 그럼에도 교통사고발생의 개연성이 대단히 높은 위험한 상태를 인지하면서도 과감히 동승하였다면, 스스로 위험을 부담하려는 의사가 있는 것으로 볼 수 있다. 이 경우에 '자기 위험으로 한 행위'(Handeln auf eigene Gefahr)의 법리를 적용하여 면책·감경의 묵시적 합의를 인정할 여지는 있다.

3) 계약책임의 구성 　호혜관계에 대한 불법행위의 책임구성에 반대하여 계약책임의 구성을 긍정하는 견해가 있다. 즉 호혜관계가 당사자의 약정에 의하여 성립되는 것에 초점을 맞추어, 호혜자와 수혜자는 서로 합의함으로써 무상을 내용으로 하는 계약을 체결하였고, 이 호혜계약은 민법상의 계약전형에는 속하지 않는 무명계약을 체결하였다고 본다. 그리하여 당사자가 합의한 호혜의 내용에 따라 구체적으로 증여·무상임치 등과 유사한 무상의 계약이 체결되었다고 보는 것이다. 다만 호혜관계는 법적 구속력이 없는 관계이므로, 이에 대하여 전면적으로 민법상 계약규정이 직접 적용되는 것이 아니라, 호혜자의 책임문제에 관하여만 무상계약에 관한 법리를 유추적용하여 책임을 경감시켜주어야 한다고 본다(제559조, 제612조, 제559조, 제695조 등 참고). 그러나 법학방법론상 유추적용의 전제로서 그 적용과 적용을 받는 제도가 서로 동일한 법목적을 추구하여야만 하는데, 민법상 무상계약은 급부에 관한 법적 구속력있는 채권·채무를 발생시킨다는 점에서 이에 관한 규정을 법적 구속력이 없는 호혜관계에 유추적용하는 것은 방법론상 타당하지 않다. 또한 민법의 무상계약은 계약의 체결과 이에 따른 계약의 이행이라는 시간적 흐름 속에서 법적 구속력 있는 급부가 이행되는 현상으로 파악해야 하는데, 호혜관계는 대부분 즉흥적으로 이루어지는 현실거래(예: 삼촌이 조카에게 가지고 있던 만년필을 선물하는 경우(현실증여), 운동선수들이 식당에서 식사한 후 식당주인에게 운동기구를 잠깐 맡겨 두는 경우(현실무상임치 등)가 주종을 이루는 점에서도 차이가 나므로 민법의 무상계약 규정을 유

4) 윤형열, "호혜관계의 계약적 구성", 201면.

추적용할 여지가 거의 없다.[5] 또한 무상계약의 대표적인 전형으로서 「무상의 위임계약」에 관한 규율내용을 유추적용하는 방법도 고려될 수 있다.[6] 그러나 위임관계의 수임인은 위임인에 대하여 선량한 관리자의 주의를 다 하여야 하고(제681조), 이를 위반하면 경과실에 대하여도 전손해의 배상책임을 져야 한다. 이처럼 경과실에 대하여 전보배상을 원칙으로 삼는 위임계약의 내용을 호혜자의 책임 내용에 유추적용한다면, 이를 통해서는 호혜자에 대한 책임 경감의 효과를 얻을 수 없다. 결국 법적 구속력 없는 호혜관계를 법적 구속력 있는 계약관계로 구성하여 계약법적 책임경감을 시도하는 것은 그 1차적 급부청구권의 법적 구속력의 존부에 따른 본질적 차이로 인하여 책임경감의 정당한 근거를 제시할 수 없게 된다.

4) 채무관계에 기초한 부수의무의 위반 　우선 호혜관계를 논하기 앞서, 채무와 구별되는 채무관계의 성립을 인정하여야 한다. 「채무」는 계약을 근거로 한 급부의무를 의미하지만, 「채무관계」란 특정 당사자들이 계약체결 등의 일정한 목적을 가지고 사회적 접촉을 증가시켜 나가는 특별한 구속관계를 법적 의미 있는 관계로 파악한 것이다. 계약이 성립된 관계에서는 채권자는 급부에 대한 채무의 이행을 채무자에게 청구할 수 있지만, 계약이 체결되기 전의 단계에서는 채무 자체가 성립되어 있지 않으므로 채무관계의 당사자들은 채무를 부담하지도 않고 또 상대방에게 채무의 이행을 청구할 수 있는 법적 관계에 있지 않다. 그렇지만 이들 당사자는 임의의 제3자는 아니며 특정된 당사자로서 신의성실의 원칙으로부터 발생하는 부수의무(내지는 보호의무)는 지켜야만 한다. 예를 들어, 계약체결을 준비하는 과정에서 아직 계약은 체결되지 않았지만 계약체결을 준비하는 특정 당사자들은 증가된 사회적 접촉에 따라 서로가 상대방에 대하여 법익을 침해하지 않고 현상대로 유지시켜 주어야 할 의무(부수의무)를 질뿐이다. 이처럼 채무관계에서는 계약이 아직 체결되어 있지 않으므로, 관련당사자들은 주된 급부에 대한 이행청구를 할 수 없고, 오로지 신의성실의 원칙을 기초로 한 부수의무에 관한 이행을 요구할 수 있다. 이러한 부수의무의 내용은 서로 상대방의 정당한 법익을 유지해 주기 위하여 주의의무를 다 할 것을 요구하는 것으로서, 이에 기초가 되는 채무관계란 상대방의 정당한 이익을 보호·유지하기 위한 조치를 취해 줄 것을 신의칙상 요구할 수 있는 관계인 것이다. 이렇게 채무관계에 있는 특정 당사자들은 상대방의 정당한 법익의 유지를 내용으로 하는 부수의무를 준수하여야 한다. 아직 계약이 체결되지 않아 급부와 관련된 채무는 성립하고 있지 않지만, 단지 특별구속관계로부터 성립된 부수의무를 이행

5) 윤형열, "호혜관계의 계약적 구성", 210면 이하.

6) 이영준, 41면.

하여야 할 채무관계는 성립하여 있다.

호혜관계의 당사자는 호혜급부에 관하여 약속 내지는 합의를 한 사람들로서 법적 구속력이 없는 호혜급부를 중심으로 대립되어 있는 '특정 당사자의 관계'를 형성하고 있다. 다만 이들 사이에는 급부에 대한 급부청구권과 이에 따른 채무가 법적 구속력 있는 상태로 성립되지 않을 뿐이다. 따라서 주된 급부의무로서의 채무는 존재하고 있지 않지만 신의칙에 따라 타인의 법익을 침해하지 말고 유지 내지는 보호해 주어야 할 부수의무는 성립하게 된다. 이에 따라 호혜에 대한 합의 이후에 호혜급부가 수행되는 과정에서 발생된 손해는 부수의무를 위반한 것으로서 그 책임의 근거는 「적극적 채권침해」이다. 다만 적극적 채권침해는 원칙적으로 경과실에 대하여도 성립되는 것이나, 호혜관계에서 발생한 적극적 채권침해는 그 호혜성으로 인하여 책임의 근거가 되는 과실의 판단을 선량한 관리자의 주의를 기준으로 삼을 것이 아니라 '자기 일에 대하여 베풀어야 할 주의'로 그 요구되는 주의의 정도를 경감하여 설정하여야 한다(제695조 등 참고). 즉 호혜자는 호혜의 급부를 이행하면서 자기 일에 대하여 베풀어야 할 주의를 기울여서 하면 충분하고, 그에게 선량한 관리자로서의 주의까지 요구할 수는 없다. 예를 들어, 이웃의 아이를 돌보아 주기로 한 경우에는 자기 아이들과 같이 집안에서 잘 놀게 해 주면 되는 것이고, 어린이집에서와 같은 선량한 관리자의 주의까지 기울여야 할 필요는 없는 것이다. 이러한 점에서 호혜관계에서의 책임은 부수의무를 위반한 것이나, 여기에서 요구되는 주의의 정도는 「자기 자신의 일에 대하여 베풀어야 할 주의」를 기준으로 하향 조정되어야 한다. 이로써 호혜자의 책임은 감경되는 것이다. 결국 호혜관계에서의 손해배상책임의 본질은 부수의무의 위반에 있는 것이며, 다만 호혜자에게 요구되어야 할 주의의 정도는 '자기 일에 대하여 베풀어야 할 주의'를 기준으로 하여 요구하고, 이를 위반하였을 때 책임지는 것으로 해석하여야 할 것이다.

(3) 신사약정

신사약정은 당사자가 어떤 계약을 체결하면서 그 계약에 대한 법적 구속을 배제하기로 약정하는 것을 말한다(특히 카르텔분야). 이러한 특약이 있는 경우에는 상대방이 그 약정에 기한 의무를 이행하지 않는다 하더라도 그 급부를 청구하거나 그 불이행에 기한 손해배상을 청구할 수 없게 된다. 그러나 일단 당사자 쌍방이 그 의무를 이행한 경우에는 완전한 채무의 이행으로서, 그 약정이 법적 구속을 받지 않는다는 것을 이유로 하여 이행한 것을 부당이득으로 반환 청구할 수는 없다. 따라서 신사약정은 오로지 그 약정 내용을 신사답게 지켜주고, 위반시 신사답게 법적 구속에 따른 책임을 묻지 않는다는 약정일 뿐 체결된 계약에 법적 구속력을 제외하는 것은 아니다. 따라서 신사협정이 있다 하더라도 상대방은 이행된 급부를 정당하게 보유할 수 있다. 즉 신사약정에 의한 계약관계는 채무불이행에 따른 책임 추궁이 배제되어 있는 것일 뿐 법적 구속력 있는 법률관계이고, 단순한 인간관계나 호혜관계가 아니다.[7)]

(4) 법률관계

법률관계는 법의 지배를 받는 법적 구속력 있는 관계이다. 우리의 생활관계에서 인간관계와 호혜관계를 제외한 모든 생활관계는 법적으로 구속력 있는 법률관계이다. 이에 따라 우리의 대부분의 생활은 법의 지배를 받는 법률관계이고, 이러한 법률관계의 내용은 권리·의무로 구성된다.

Ⅱ. 법률관계의 체계

1. 권리본위의 사상

우리의 생활관계 중에서 법의 지배를 받는 법률관계는 권리와 의무로 구성되어 있다. 우리가 추구하고자 하는 어떤 욕망이라도 이를 실현하기 위해서는 권리 취득에 의한 행사와 이에 따른 의무의 이행이 뒤따라야 한다. 이처럼 권리와 의무는 법률관계를 구성하는 구성요소이다. 또한 권리는 의무와 서로 표리관계에 있기 때문에, 어느 한 쪽을 파악할 때 나머지 반대의 면도 아울러 파악된다. 민법은 의무보다는 권리를 중심으로 법률관계를 파악한다. 따라서 민법의 지배를 받는 법률관계는 '의무자가 무엇을 해야만 하는가'를 중심으로 구성되기 보다는 '권리자가 무엇을 정당하게 요구할 수 있는가'가 우선 파악되고 이에 따라 논리 필연적으로 상대방의 의무내용도 함께 설정된다. 즉 권리의 정당한 행사의 내용이 확정되고 이에 따라 당위(當爲, Sollen)로서 의무자의 의무내용이 결정된다. 그리하여 의무이행을 청구할 수 있는 「권리」가 권리·의무의 전체를 포함하고 있는 법률관계의 중심내용이 된다.

2. 권리와 구분되는 개념

(1) 권 한

권한은 '일정한 사람에 대하여 그를 위하여 일정한 법률효과를 발생케 하는 행위를

7) 이영준, 42면.

할 수 있는 법률상의 자격'을 말한다. 대리인의 대리권·법인의 이사의 대표권·사단법인 사원의 결의권·선택채권의 선택권 등은 그 예이다.

(2) 권 능

권능은 '권리의 내용을 이루는 각개의 법률상의 힘'을 말한다. 예컨대, 소유권은 권리이지만 그 내용인 사용권·수익권·처분권 등은 권능이다. 권능은 권리를 근거로 이로부터 발생되는 구체적인 하부적 법적 능력인 것이다.

(3) 권리반사적 효과

법률이 특정인 또는 일반인에게 어떤 행위를 명하는 경우에, 이로써 다른 사람이 어떤 이익을 누리게 되는 수가 있다. 이때에 그 이익적 지위를 권리반사 또는 반사권이라고 부른다. 즉 반사적 이익이란 법률규범의 내용에 따른 반사적인 효과로서 이를 누리게 되는 이익이다. 예컨대 각종의 교통법규에 의하여 사람들이 안전하게 왕래할 수 있는 것은 법률에 의한 반사적 이익에 지나지 않으며, 누구도 그러한 이익 향수에 대한 법적인 힘이 주어지는 것은 아니므로 권리는 아니다. 따라서 반사적 이익의 실현을 위하여 법원에 소구할 수 없다.[8]

Ⅲ. 권리의 종류

권리의 종류를 나열하는 것은 다양한 기준에 의하여 제시될 수 있다. 그러나 여기서는 권리에 관한 효력을 기준으로 구분하고, 그 외의 권리개념은 각 권리와 관련된 내용을 서술할 때 설명한다. 권리는 지배권·청구권·형성권·항변권·기대권으로 나눌 수 있다.

1. 지배권

지배권은 타인의 행위를 개입시키지 않고 일정한 객체에 대하여 직접 지배력을 발휘할 수 있는 권리를 말한다.

(1) 재산권(비전속권)

물권(물건을 직접 지배하여 수익하는 배타적 권리)·준물권(광업권, 어업권 등)·지적재산권(지적창조물에 대한 권리)이 이에 속한다.

---

8) 대판 1998.3.10, 97누4289; 대판 2008.4.10, 2008두402.

(2) 비재산권(일신전속권)

인격권(생명·신체·정조·성명·초상 등에 관한 권리)·사원권·가족권(친족권과 상속권) 등이 이에 속한다.9)

2. 청구권

청구권은 「특정인이 다른 특정인에 대하여 일정한 행위를 요구할 수 있는 권리」로서 대인권이며 상대권이다. 청구권은 물권·채권·무체재산권·친족권·상속권 등과 같은 실질적인 기초적 권리는 아니나, 이들 권리의 내용 또는 효력으로서 이들 권리에 포함되어 있거나 또는 이들 권리로부터 발생되는 것이다. 결국 청구권은 다음과 같이 어떤 기초적 권리를 근거로 하여 이로부터 발생하게 된다.

(1) 채권에서의 청구권 발생

채권에서 청구권이 발생한다. 채권은 그 주된 내용으로서 채무자에 대하여 특정의 급부를 청구할 수 있는 권리인 급부청구권을 발생시키며, 채권이 발생하면 언제나 급부청구권은 존재한다. 그렇지만 채권은 급부청구권 외에도 급부를 수령하고 이를 보유할 수 있을 뿐만 아니라, 채권자로서 책임재산의 보전을 위하여 채무자의 재산활동에 관여할 수 있는 권한도 가지고 있다(예: 채권자대위권, 채권자취소권). 또한 이행기가 도래하지 않은 채권은 아직 급부에 대한 청구권이 발생하고 있지 않으므로, 채권은 존재하되 청구권이 성립하지 않은 상태도 있을 수 있다. 이처럼 채권과 청구권은 동일체는 아니다. 그러나 청구권은 채권의 본질적 구성요소이다

(2) 물권에서의 청구권 발생

물권에서도 청구권은 발생한다. 물권의 내용이 완전히 실현되고 있는 동안에는 아무런 청구권도 생기지 않는다. 그러나 물권내용의 실현이 제3자에 의하여 방해받고 있거나 방해받을 염려가 있는 경우에는 그 제3자에 대하여 방해의 제거나 예방을 청구할 수 있는 권리로서 물권적 청구권이 생긴다. 이 물권적 청구권은 물권의 완전한 직접 지배상태가 좌절되는 경우에 이를 회복하기 위하여 물권의 효력으로부터 발생되는 청구권이다.10)

---

9) 명예는 생명, 신체와 함께 매우 중요한 보호법익이고 인격권으로서의 명예권은 물권의 경우와 마찬가지로 배타성을 가지는 권리라고 할 것이다(대판 2013.3.28, 2010다60950).

10) 지배권의 효력으로서 1차적 효력과 2차적 효력이 있다. 전자는 객체에 대한 직접적 지배력을 말하

(3) 신분관계에서의 청구권 발생

친족법에서는 친권·후견권과 같은 신분상의 지배권에 기하여 그 지배권이 방해되는 경우에 그 방해자에 대하여 지배의 회복·방해제거를 요구하는 청구권이 생긴다(예: 유아인도청구권 등). 그밖에 친족관계에 기하여 생기는 청구권으로는 부양청구권(제974조)·부부의 동거청구권(제826조) 등이 있다.[11] 상속법상의 청구권으로는 상속권에 기하여 상속회복을 구하는 상속회복청구권이 있다(제999조). 이러한 청구권은 그 기초가 되는 권리(채권·물권·신분권)와 불가분적으로 결합하고 있으므로, 기초가 되는 권리와 분리해서 청구권만을 양도하지는 못한다.

3. 형성권

형성권은 권리관계를 일방적으로 변경시킬 수 있는 권리로서, 권리자의 일방적인 의사표시가 있으면 이에 대한 법률의 규정에 의하여 법률관계의 발생·변경·소멸을 일어나게 하는 권리를 말한다. 권리자가 일방적으로 법률관계를 변동시킬 수 있는 가능성을 가진다는 의미에서 가능권이라고도 한다. 이 형성권에는 「권리자의 의사표시만으로 효과를 발생하는 것」과 「법원의 판결에 의하여 비로소 효과를 발생하는 것」이 있다.

(1) 일방적인 의사표시만으로 행하여지는 형성권

의사표시로 행하여지는 형성권에는 법률행위의 동의권(제5조, 제10조)·취소권(제140조 이하)·추인권(제143조 이하)·계약의 해제권·해지권(제543조)·상계권(제492조)·매매의 일방예약완결권(제564조)·약혼해제권(제805조)·상속포기권(제1041조) 등이 있다.

(2) 법원의 판결에 의한 형성권

법원에 제소하는 방식을 통하여 행사해야 하는 형성권에는 채권자취소권(제406조)·친생

고, 후자는 제3자가 권리자의 지배를 침해해서는 안 된다는 배타적 효력, 즉 권리불가침의 효력을 의미한다. 이러한 권리불가침의 효력은 다시 1차적으로 객체에 대한 직접적 지배에 따른 우선적 효력이 발생하고, 이를 실효 있게 확보하기 위하여 2차적으로 지배가 방해를 받는 경우에는 방해상태에 대한 배제를 청구할 수 있는 효력이 발생한다. 2차적 효력으로서 물건에 대해서는 물권적 청구권이 발생한다(이영준, 물권법(박영사, 2001), 4면).

11) 이혼위자료청구권은 원칙적으로 일신전속적 권리로서 양도나 상속 등 승계가 되지 아니하나 이는 행사상의 일신전속권이고 귀속상의 일신전속권은 아니라 할 것이다(대판 1993.5.27, 92므143); 재판상의 이혼청구권은 부부의 일신전속의 권리이므로 이혼소송 계속중 배우자의 일방이 사망한 때에는 상속인이 그 절차를 수계할 수 없다(대판 1994.10.28, 94므246·253).

부인권(제846조)·재판상 이혼권(제840조)·입양취소권(제884조)·재판상 파양권(제905조) 등이 있다. 이처럼 법원의 재판에 의해서만 형성권에 따른 법률관계를 형성시키는 효력을 발생시키게 하는 이유는 그 형성권행사로 발생하는 효과가 제3자에게도 영향을 미치기 때문이다. 이 경우에 제기하는 소는 「형성의 소」이다.

4. 항변권

청구권의 행사에 대하여 그 작용을 저지할 수 있는 효력을 가지는 권리를 항변권이라고 한다.

(1) 연기적 항변권

연기적 항변권은 청구권자의 정당한 권리행사를 일시적으로 저지할 수 있는 항변권을 말한다. 예를 들면, 동시이행의 항변권(제536조), 보증인의 최고·검색의 항변권(제437조) 등이 이에 속한다.

(2) 영구적 항변권

영구적 항변권은 청구권자의 정당한 권리행사를 결정적으로 영원히 저지할 수 있는 항변권을 말한다. 예를 들면, 상속인의 한정승인의 항변권(제1028조) 등이 이에 속한다.

5. 기대권

일반적으로 권리란 완성된 권리로서, 권리의 성립요건이 모두 실현되어 완전한 권리로 성립하고 있는 권리를 말한다. 그러나 권리발생요건 중에서 일부분만이 발생하고 있을 뿐이지만 남은 요건이 실현되면 장차 권리를 취득할 수 있다는 현재의 기대상태를 법이 권리로서 인정해 주고 있는 경우도 있다. 이를 기대권이라고 한다. 예를 들면, 조건부 법률행위에서 생기는 조건부 권리(제148조, 제149조)·기한부 권리(제154조)·상속개시전의 추정상속인의 지위·(동산의 할부매매에서) 물권적 기대권 등이 이에 속한다.

제 2 관 신의성실의 원칙

I. 의 의

1. 신의와 성실의 개념

민법은 사권의 변동에 있어 신의성실의 원칙을 근본원칙으로 삼고 있다(제2조 제1항). 이에 따라 권리자는 신의와 성실에 좇아 권리를 행사하여야 하며, 의무자도 자신의 의무를 신의와 성실에 좇아 이행하여야만 한다. 여기서 「성실」이라 함은 '자기 위주가 아닌 타인의 정당한 법익을 배려할 것'을 명하는 것이고, 「신의」라 함은 '상대방이 성실하게 행위할 것에 대한 신뢰'를 의미한다.1) 따라서 신의성실의 원칙은 권리행사와 의무이행이 타인의 정당한 법익을 배려하는 상태 하에서 이루어져야 한다는 권리자의 성실성을 명하고 있다. 그리고 이와 동시에, 거래의 상대방이 권리행사와 의무이행에서 성실할 것이라는 신뢰를 정당한 것으로 법이 보호한다는 것을 의미한다. 그러므로 신의성실의 원칙은 「법률관계에 참여한 모든 권리자와 의무자는 상대방의 정당한 이익을 고려하여 행위할 의무를 부담한다」는 근본원리로서 상대방 법익에 대한 「고려의 명제」를 선언하고 있다.2) 그러므로 권리의 행사와 의무의 이행은 상대방의 정당한 이익을 고려하여 실현되어야만 하며, 이러한 고려를 베풀어 줄 것에 대한 정당한 신뢰는 법에 의하여 보호받는다. 대법원도 신의성실의 원칙을 "법률관계의 당사자가 상대방의 이익을 배려하여 형평에 어긋나거나 신뢰를 저버리는 내용 또는 방법으로 권리를 행사하거나 의무를 이행하여서는 아니된다는 추상적 규범"이라고 정의하고, "신의성실의 원칙에 위배된다는 이유로 권리행사를 부정하기 위해서는 상대방에게 신의를 공여하였거나 객관적으로 보아 상대방이 신의를 갖는 것이 정당한 상태에 있어야 하고 이러한 상대방의 신의에 반하여 권리를 행사하는 것이 정의 관념에 비추어 용인될 수 없는 정도의 상태에 이르러야 한다"고 판시하고 있다.3)

신의성실의 원칙은 민법의 기초를 이루는 기본원칙으로서, 법률행위의 해석4)과 민

---

1) 이은영, 75면.

2) 이영준, 62면.

3) 대판 2006.5.26, 2003다18401; 대판 2017.2.15, 2014다19776, 19783.

4) 이영준, 289면 이하; 민법에 규정된 수급인의 담보책임기간을 단축하기로 도급인과 수급인이 약정

법 체계의 입법적 보충을 담당한다.[5] 특히 권리변동과 관련하여 신의성실의 원칙은 민법의 입법적 한계를 보충하는 기능을 하며, 이는 입법의 불비로 야기될 권리의 발생·변경·소멸의 효과를 정당화하는 근거가 된다.

2. 운 용

신의성실의 원칙은 신의와 성실이라는 추상적인 개념을 요건으로 하고 있다. 이러한 일반조항은 구성요건이 구체화되어 있지 않으므로, 그 운영에 있어서 철저한 방법론이 요구된다.

(1) 민사에 관하여 직접 적용의 배제

신의성실의 원칙은 그 요건의 추상성으로 인하여 법적 안정성을 파괴할 우려가 있다. 그러므로 신의성실의 원칙은 민법의 기초가 되는 근본원칙으로서, 법으로서의 내용은 있지만 그 적용은 없어야 한다. 만일 신의성실의 원칙이 개별적인 민사에 관하여 직접 적용되어 구체적인 법률효과를 발생시키게 되면, 신의·성실이라는 추상적 기준에 따른 자의적인 판단에 의하여 법적 안정성을 해칠 우려가 있게 된다. 또한 신의성실의 원칙은 그 내용이 포괄적이어서 만일 민사에 직접 적용된다면, 개별사안에 구체적으로 적용되어야 할 민법의 규정들이 사문화될 위험이 있다. 그러므로 신의성실의 원칙은 민법의 내적 체계의 기본원칙으로서 민법의 기본이념이 되어야 하고, 개별적 민사에 관하여는 직접 적용되어서는 안 된다.

민법 제2조의 신의성실의 원칙은 민법이 추구하는 법질서로서의 이상을 실현할 정당성의 근거가 되지만, 직접 적용을 통하여 급부청구권이나 손해배상청구권 등과 같은 구체적인 법률효과를 도출해 낼 수 있는 직접적인 청구권 발생이 근거규정으로는 기능할 수 없다.

(2) 규범적 내용의 구체화

만일 신의성실의 원칙이 직접 적용의 규범으로 운용되면, 그 추상적 내용으로 인해 자의적 해석이 가능해지고, 그에 따른 유동적 운용으로 규범적용의 예측가능성이 없어지고 법적 안정성을 기할 수 없게 된다. 이를 방지하기 위하여 신의성실의 원칙은 그

한 경우, 수급인이 하자를 알고 고지하지 아니한 부분에 대하여는 약정의 효력이 미치지 않는다고 해석하는 것이 신의성실의 원칙에 부합한다(대판 1999.9.21, 99다19032).

5) 김기선, 64면; 김상용, 115면; 김주수·김상용, 69면; 김준호, 49면; 김증한·김학동, 68면; 이은영, 77면.

내용을 구현할 법제도가 구체적인 내용을 가지고 유형화되어야 한다. 신의성실의 원칙은 직접 적용을 통한 구체적인 법률효과는 발생시키지 않지만 모든 법률관계에 효력을 미치는 근본원리로서 작용하기 때문에, 입법상의 흠결을 보충하는 데에 그 정당성의 규준이 된다. 이때 신의성실의 원칙의 규범적 내용을 실현할 하위의 법제도(예: 계약체결상의 과실책임, 적극적 채권침해, 실효의 원리 등)는 구체적 사례군을 형성하여 유형화되어야만 한다. 왜냐하면 이를 통해서 신의성실의 원칙의 적용례가 사전 예측이 가능하게 됨에 따라, 법적 안정성을 유지할 수 있기 때문이다.

Ⅱ. 신의성실 원칙의 구현

신의성실의 원칙은 입법의 흠결을 보충하기 위하여 구체적으로 권리를 부가(附加)시키는 권리창설적 기능과, 권리의 내용을 사정에 맞게 변경시키는 권리변경적 기능과, 정당하지 않은 권리의 행사에 대하여 그 효력을 소멸시키는 권리소멸적 기능을 한다.[6]

1. 권리창설적 효과

(1) 부수의무에 기한 권리발생

가. 민사책임의 2원주의의 한계 우리 민법의 책임체계는 계약책임과 불법행위책임으로 대별되는 2원주의에 입각하고 있다. 이에 따라 계약체결의 당사자들은 계약책임을 지고, 계약체결을 하지 않은 임의의 제3자들은 불법행위에 대한 책임을 진다. 그런데 계약은 사전에 아무런 체결을 위한 준비행위 없이 돌발적으로 청약과 승낙으로 합치되어 체결되는 것이 아니다. 일단 계약을 원하는 당사자들이 계약체결을 위한 협상행위를 개시하여 진행시키고, 이를 통하여 합의점에 도달했을 때 비로소 법적 구속력 있는 청약과 승낙의 의사표시를 하여 이를 합치시킴으로써 법적 의미있는 계약을 체결하게 된다. 이처럼 계약자들은 계약체결을 준비하기 위하여 서로 만나서 사회적 접촉을 개시하고 이를 증가시키는 행위를 하게 되는데, 이에 대하여 민법은 명시적으로 규정하고 있지 않다. 민법은 계약의 성립만을 기준으로 계약당사자의 지위를 파악하고 이에 따라 계약법을 적용하므로, 계약체결을 준비하는 특정당사자들에게는 아직 법적 구속력 있는 계약관계가 성립되어 있지 않은 상태이므로 이에 대하여는 계약법이 적용되지 않는다. 그러면 계약체결 전 계약체결을 준비하는 특정 당사자들 사이에는 책임과 관련하

6) 이영준, 73면.

이 불법행위법이 적용되게 된다. 그러나 이는 적절한 책임원리에 입각한 책임구성이 아니다. 즉 계약체결상의 특정당사자들은 계약체결이라는 목적을 가지고 사회적 접촉을 증가시키는 특별히 밀착된 관계에 있음에도, 이러한 계약에 관한 당사자 사이의 특정적 요소가 무시된 채 임의의 제3자들 사이에 맹목적이고 우연한 접촉(예: 사고 등)을 내용으로 하는 불법행위법에 의한 규율에 복종하여야 한다는 것은 적절한 책임 구성이 아니다. 그것은 구체적으로 '보호법익의 범위·입증책임·소멸시효 그리고 자신이 고용한 피용자에 대한 사용자로서의 책임 등'에서 각각 법률효과의 차이가 나게 된다. 이처럼 계약체결 준비단계에서는 아직 계약은 체결되지 않았지만, 계약체결의 목적을 추구하는 특정 당사자들 사이의 목적적 관계의 특징을 고려한 적절한 법적 관계를 인정할 필요가 있다. 민법은 이에 대하여 명시적인 규정을 입법하고 있지 않으므로, 이에 대하여는 입법의 불비로서 입법의 규율 흠결에 대한 보충이 필요하다.

나. 채무(급부의무)없는 채무관계 계약체결의 준비상태에서는 계약이 체결되지 않았으므로 급부의 이행의무를 내용으로 하는 채무는 발생되지 않더라도, 특정당사자들 사이에 목적적 접촉에 의한 특별구속관계가 성립하고 있다. 그런데 만일 이러한 특별구속관계에 불법행위법이 적용된다면, 특별구속의 당사자들에게 최소한의 행위의무로서 '상대방을 해치지 말라'는 정도로 상대방 법익침해금지에 따른 소극적인 의무만이 발생하게 된다. 즉 불법행위책임은 임의의 제3자의 관계를 규율대상으로 삼고 있으므로 오로지 타인의 법익을 침해하지 말아야 하는 일반적이고 최소한의 소극적 의무만을 요구할 수 있을 뿐이고, 상대방에 대해서 특별한 법익을 구체적 사정에 맞게 확보시켜 주고 또 유지시켜야 하는 작위 등을 내용으로 한 적극적인 행위의무를 요구할 수 없다. 그렇지만 우리 사회에서 계약을 중심으로 한 거래가 활발히 이루어 질 수 있기 위해서는 계약을 준비하는 당사자들은 성실한 법주체로서 자신과 거래할 상대방이 법익을 침해하지 않고 유지하기 위한 적극적인 의무를 철저히 이행하여야만 하고, 또 이러한 상대방의 성실한 행위의무에 대하여 신뢰할 수 있어야 한다. 그래야만 사람들은 이러한 성실한 행위의무를 신뢰하여 계약체결을 위한 목적적 접촉을 계속 증가시켜 나감으로써 궁극에는 법적 구속력 있는 계약의 체결에 이를 수 있다. 신의성실의 원칙은 계약체결을 위하여 사회적 접촉을 증가시킴에 따라 서로에게 자신의 법익이 개방된 상태에서 상대방의 법익을 침해하지 말고 현상대로 유지해 주기 위하여 필요한 적극적인 행위의무를 당사자들에게 요구하고 있다. 그리고 이러한 의무를 발생시키기 위한 근거로서 「채무(급부의무)없는 채무관계」를 인정하고 있다.[7] 그리고 이 채무 없는 채무관계의 성립으로부터 부수의무가 발생되고 이를 위반하면 계약법에 따른 책임구성에 복종하게 된다.

신의성실의 원칙은 민법이 채택하고 있는 계약책임 아니면 불법행위책임이라는 책임의 이원주의에서 발생하는 입법의 한계를 부수의무의 성립을 통해서 보충하고 있다.

다. 부수의무의 특징 신의성실의 원칙에 의하여 특정된 당사자들 사이에서는 부수의무가 성립하므로,[8] 서로의 상대방에게는 부수의무의 내용을 요구할 수 있는 상응된 권리가 발생한다. 그러나 이러한 관계에는 권리발생이 주된 것이 아니라, 오히려 의무로서 요구될 수 있는 것이 무엇인가가 관건이 된다. 즉 일반적인 법률관계에서는 권리의 내용이 확정되면 이에 따라 이행하여야 할 의무의 내용이 결정되지만, 반대로 부수의무의 내용은 손해발생의 결과를 파악한 후 이에 대한 배상책임을 구성하기 위하여 '어떠한 내용의 부수의무가 위반되었는가'를 결정하게 된다. 이를테면, 계약교섭의 과정에서 상대방에게 설명을 하지 않아 상대방이 손해를 입었다면, 이 경우 설명을 청구할 수 있는 권리가 선행되어 설명의무를 발생시키는 것이 아니라, 반대로 어떤 손해가 발생하였을 때 그 손해가 피해자에게 제대로 설명해 주었다면 발생하지 않았을 것이라는 인과관계가 성립되는 경우 이를 통해서 사후적으로 설명의무가 성립되고 이에 대응되는 설명청구권이 인정되는 것이다. 따라서 부수의무는 일반적인 급부의무와는 달리, 「결과적응적 의무」(die an die Ergebnis orientierte Pflicht)이고, 사전적으로 청구의 대상인 의무로 발생하는 것이 아니라 사후적으로 발생된 손해를 배상하기 위한 의무위반의 근거로서 성립된다. 이러한 의미에서 신의성실의 원칙은 부수의무와 관련하여 권리창설적 기능을 한다.[9]

---

7) 윤형열, "채권법상 부수의무의 체계적 지위", 민사법학 제13·14호(한국민사법학회, 1996), 171면.

8) 윤형열, "채권법상 부수의무의 체계적 지위", 174면.

9) 부수의무와 제1차적인 급부의무와의 차이는 다음과 같다. ① 유책주의의 원칙: 급부의무와 부수의무 모두 민사상의 책임의 기본원칙인 유책주의에 입각하고 있다. 따라서 귀책사유가 존재하지 않는 한, 책임이 성립되지 않는다. 이 점에서는 양자 모두 동일하다. ② 의무의 당사자: 급부의무는 계약상 특정된 급부를 이행하는 것에 집중되어 있으며, 이에 대한 채무의 이행은 원칙적으로 채무자만이 부담한다. 그렇지만 부수의무는 특별구속관계의 당사자 모두가 부담한다. ③ 의무발생의 근거: 급부의무는 사적 자치에 기한 계약을 근거로 하므로 계약의 전형에 따라 청구할 수 있는 급부내용이 사전에 특정되어 있다. 그러나 부수의무는 발생된 손해의 방지를 위해서 취해졌어야만 될 내용의 의무가 신의성실의 원칙을 근거로 사후적으로 인정한다. ④ 사전적 소구가능성: 급부의무는 처음부터 청구할 수 있는 내용이 특정되어 있으므로 불이행시에 급부에 대한 사전적 소구가 가능하다. 즉 장래의 이행에 대한 소구가능성이 있다. 그러나 부수의무는 손해가 발생된 후 그 결과에 따라 손해예방의 관점에 입각하여 그 구체적인 의무내용이 결정되므로 부수의무를 사전적으로 소의 대상으로 삼아 청구한다는 것은 있을 수 없다(이영준, 74면).

(2) 부수의무의 위반에 따른 유형화

신의성실의 원칙은 직접적인 효력규정이 아니라, 추상적인 일반규정으로서 이에 속할 수 있는 사건을 유형화하여 사례군에 배속시키고 그에 따라 구체적인 법적 제노를 창출한다.

가. 계약체결상의 과실책임　계약이 체결되기 전 단계에서 계약체결을 준비하는 특정당사자들은 신의칙에 따라 상대방의 정당한 법익을 침해하지 않도록 해 줄 부수의무가 있다.10) 이를 위반하면 계약체결상의 과실에 대한 책임으로서 계약법에 따른 손해배상의 책임을 진다.

나. 적극적 채권침해　계약이 체결된 후에도 계약체결의 당사자들은 계약당사자로 바뀌면서 사회적 접촉의 강화현상이 유지된다. 이에 따라 계약체결 전에 존재하던 '급부의무 없는 채무관계'는 계속해서 계약체결 후에도 존속하게 되며, 계약체결 후에는 계약을 근거로 발생된 급부의무 외에도 이와 더불어 신의칙상 인정되는 채무관계로부터 나오는 부수의무가 성립한다. 그런데 채무자의 적극적인 채무의 이행행위가 있었지만 이 과정에서 부수의무를 위반함으로써 채권자의 기존의 법익을 침해하였다면, 이러한 채권자에게 발생한 확대된 손해에 대하여 채무자에게 계약법에 따른 손해배상의 책임이 구성된다. 이를 적극적 채권침해라 한다.

다. 계약의 제3자 보호효　계약이 체결된 후에 계약체결의 당사자들은 특별구속의 관계인 채무관계로부터 발생되는 부수의무를 위반하지 않아야 한다. 그런데 이러한 부수의무는 그 효력이 미치는 인적 범위에서 계약당사자에게만 해당되는 것이 아니라, 계약당사자에 준한 위치에 있는 제3자에게도 그 효력이 미친다. 예를 들면, 한 가족이 함께 생활할 목적으로 아파트나 가옥에 대하여 임대차계약을 체결할 때, 보통 아버지가 가장(家長)으로서 계약당사자가 되어 임차인으로서 계약을 체결한다. 이때 임대차계약의 효력은 계약당사자인 임대인과 임차인 사이에만 발생하므로, 임대인의 채무로서 목적물을 사용목적에 적절한 상태를 유지시켜 주어야 할 의무(제623조)는 임차인인 가장에게만 지향되어 있다. 즉 임차권은 채권으로서 상대권의 본질을 갖고 있으므로, 특정채권자인 임차인만이 임대차에 관련된 채권을 임대인에 대해서 행사할 수 있다. 이러한 채권의 특성상, 만일 임대인이 임대차관계로부터 발생되는 의무를 이행하지 않아 가장

---

10) 이영준, "계약체결상의 과실책임에 관한 연구", 「법사상과 민사법」 – 춘제 현승종박사화갑 기념 – (국민서관; 1979), 291면 이하.

(임차인)이 아닌 그와 함께 거주하는 가족 중의 어느 누구가 피해를 입었다면, 그 피해자는 임대인에 대하여 계약당사자의 지위에 있지 않으므로 임의의 제3자로 된다. 그러면 이에 대해서는 불법행위에 따른 책임을 물을 수밖에 없다. 하지만 이는 내용상 적절한 책임의 구성이 아니다. 이 경우에 피해를 입은 가족구성원은 법적으로는 제3자이지만, 실질적으로는 임대인에 대해서 임차인과 동등한 지위를 누리고 있는 준임차인의 지위에 있는 자이다. 이에 따라 신의성실의 원칙은 계약이 실행되는 과정에서 채무자에 대하여 「채권자에 준한 지위에 있는 제3자」를 채권자에게 베풀어야 할 내용의 동일한 주의로써 대해 줄 것을 부수의무로서 부과하고 있다. 신의성실의 원칙은 계약상의 채무의 이행과정에서 채무자로 하여금 채권자에 준한 지위에 있는 제3자에 대하여 그의 법익상태를 침해하지 않고 유지시켜 줄 부수의무를 성립시킴으로써, 만일 이를 위반하여 채권자에 준한 지위에 있는 제3자에게 손해를 입혔다면 제3자는 직접 채무자에 대하여 계약법에 따른 손해배상의 책임을 물을 수 있게 된다. 이를 '계약의 제3자 보호효'라고 한다. 이처럼 신의성실의 원칙은 채권이 상대권으로서 그 효력이 계약당사자에게만 한정되는 모순을 일정 범위의 제3자에게까지 확대시킴으로써 계약의 상대적 효력이 미치는 인적 범위를 넓혀주고 있다.

라. 계약이행완료상의 과실책임 부수의무의 기초가 되는 채무 없는 채무관계는 사회적 접촉의 긴밀도를 기초로 하고 있다. 그러므로 계약의 급부이행이 완료되어 채권의 만족을 통하여 종료된다 하더라도, 계약당사자들의 특별구속관계의 긴밀도는 순식간에 소멸되는 것이 아니라, 정도를 가지고 약화되며 시간적 흐름에 따라 소멸하게 된다. 즉 사회적 접촉을 기초로 한 특별구속의 관계는 채무이행에 따른 계약의 소멸 이후에도 즉각 소멸되지 않고 계약이행의 장소적·시간적 이탈을 통해서 긴밀도의 정도가 감소하는 상태로 소멸하고, 점차 시간적·공간적 흐름을 가지고 완전히 멀어짐에 따라 궁극적으로 임의의 제3자의 관계로 바뀌게 된다. 따라서 계약이행완료 후에 과실에 의하여 상대방에게 손해를 가한 경우에는 계약체결상의 과실책임과 동일한 법리로, 신의성실의 원칙에 의하여 인정되는 부수의무의 위반에 따른 계약법적 책임을 지게 된다.

(3) 부수의무의 종류

부수의무는 특별구속관계인 채무관계에서 신의성실의 원칙에 의하여 성립되는 의무이고, 그 요구되는 내용은 개방적이므로 채무관계에 처한 당사자들의 관계에서 구체적으로 결정되므로 개별성과 다양성의 특징을 갖는다. 그러므로 부수의무를 일일이 한정하여 열거할 수는 없고 그 구체적 사정에 따라 배려의무·설명의무·협동의무·보호의무11)·부작위의무·고지의무 등으로 예시될 수 있다.

(판례) 고지의무(대판 2007.6.1, 2005다5812·5829·5836)

부동산 거래에 있어 거래 상대방이 일정한 사정에 관한 고지를 받았더라면 그 거래를 하지 않았을 것임이 경험칙상 명백한 경우에는 신의성실의 원칙상 사전에 상대방에게 그와 같은 사정을 고지할 의무가 있다. 일단 고지의무의 대상이 되는 사실이라고 판단되는 경우 이미 알고 있는 자에 대하여는 고지할 의무가 별도로 인정될 여지가 없지만, 상대방에게 스스로 확인할 의무가 인정되거나 거래관행상 상대방이 당연히 알고 있을 것으로 예상되는 예외적인 경우가 아닌 한, 실제 그 대상이 되는 사실을 알지 못하였던 상대방에 대하여는 비록 알 수 있었음에도 알지 못한 과실이 있다 하더라도 그 점을 들어 추후 책임을 일부 제한할 여지가 있음은 별론으로 하고 고지할 의무 자체를 면하게 된다고 할 수는 없다.12)

2. 권리변경적 효과

(1) 사정변경의 원칙에 관한 의미

신의성실의 원칙에 의한 권리변경적 효과는 두개의 대립되는 원칙에서 그 조화를

11) 우리나라의 판례는 사용자에게 근로관계에 따른 부수의무로서의 보호의무를 인정함에 있어 사용자의 사고발생에 관한 예측가능성을 요구하고 있다. 판례에 의하면, 사용자는 근로계약에 수반되는 신의칙상 부수적 의무로서 피용자가 노무를 제공하는 과정에서 생명, 신체, 건강을 해치는 일이 없도록 인적·물적 환경을 정비하는 등 필요한 조치를 강구하여야 할 보호의무를 위반함으로써 피용자가 손해를 입은 경우 이를 배상할 책임이 있으나(대판 2005.5.16, 99다47129; 대판 1999.2.23, 97다12802 판결 등 참조), 보호의무 위반을 이유로 사용자에게 손해배상책임을 인정하기 위하여는 특별한 사정이 없는 한 그 사고가 피용자의 업무와 관련성을 가지고 있을 뿐만 아니라 또한 그 사고가 통상 발생할 수 있다고 하는 것이 예측되거나 예측할 수 있는 경우라야 할 것이고, 그 예측가능성은 사고가 발생한 때와 장소, 사고가 발생한 경위 기타 여러 사정을 고려하여 판단하여야 한다(대판 2001.7.27, 99다56734)고 한다. 이에 따라 차량을 이용한 배달업무를 하는 피용자가 퇴근 후에 회사의 차량을 음주운전하여 차량이 전복되고 이로 인하여 차량에 화재가 발생하여 사망한 사건에서 사고와 피용자의 업무 사이에는 관련성이 없어 사용자의 보호의무 불이행을 이유로 손해배상책임을 인정하지 않았다(대판 2006.9.28, 2004다44506).

12) 판례는 선분양 후건립의 방식으로 아파트를 분양함에 있어 분양자는 아파트단지 인근에 공동묘지가 조성되어 있다는 사실을 수분양자에게 고지할 의무를 신의칙에 근거하여 부담하고 있는 것으로 보았다. 그리고 위와 동일한 법리에서, 판례는 아파트 분양자는 아파트 단지 인근에 쓰레기 매립장이 건설예정인 사실을 분양계약자에게 고지할 신의칙상 의무를 부담한다고 보았다. 나아가 고지의무 위반은 부작위에 기한 기망행위에 해당하므로 분양계약자들(원고)로서는 기망을 이유로 분양계약을 취소하고 분양대금의 반환을 구할 수도 있고, 분양계약의 취소를 원하지 않을 경우 그로 인한 손해배상만을 청구할 수도 있다고 보았다(대판 2006.10.12, 2004다48515).

찾고 있다. 「계약은 원래 체결된 대로 준수되어야 한다」(pacta sund servanda)는 원칙과 「당사자들이 실제로 원하는 법적 효과가 실현되어야 한다」는 사적 자치의 원칙이 그것이다. 원래 계약은 체결된 대로 이행되어야 하나, 그 기초가 된 사정이 변하였음에도 불구하고 계약을 본래 체결된 그 모습대로 이행시키게 되면 사적 자치의 내용을 침해할 우려가 있게 된다. 이 경우에 이를 구제하기 위하여 신의성실의 원칙이 개입하게 된다. 예를 들면, 회사의 이사로 임명되는 것을 전제로 회사 채무에 대한 보증계약을 체결한 보증인은 이사직을 퇴임함으로써 보증행위의 전제로 된 사정이 소멸하였거나 변경되었으므로, 이를 무시한 채 보증계약의 효력을 원래대로 관철시키는 것은 내용상 당사자들이 원하지 않는 법적 효과를 강요하는 것으로 사적 자치의 실현을 내용적으로 침해할 우려가 있다. 따라서 법률행위의 내용에 중요한 요소로 작용하는 동기사실이 변경되거나 소멸된 경우에 이러한 사정변경을 계약당사자 모두가 전혀 예측할 수 없었던 경우에는 이를 전제로 한 당사자들의 사적 자치는 부존재한 것으로 보아야 한다. 이에 대해서는 계약내용의 보충이 필요하다. 그런데 그 보충적 해석을 통해서도 계약당사자 모두를 만족키지 못하는 경우에는 계약의 내용이 계약에 기초가 되었던 사정의 변경됨에 따라 이에 맞게 수정되어야만 한다. 이에 따라 신의성실의 원칙은 법률행위의 기초가 된 사정이 변경된 경우에 이에 맞게 권리의 내용을 변경할 수 있는 가능성을 부여해 주는데, 이는 사정 변경에 따른 권리변경적 효력인 것이다.

(2) 사정변경과 보충적 해석

사정변경의 원칙은 계약의 기초가 되는 사정이 변경됨에 따라 계약의 내용을 이에 적응시키는 것이다. 이때 계약의 기초가 되는 사정이란 「만약 계약당사자가 계약체결 당시에 사정변경을 알았더라면 계약을 체결하지 않았거나 또는 적어도 그와 같은 내용으로는 계약을 체결하지 않았을」[13] 정도의 의미로서, 계약체결에 기초가 되고 있는 사정을 말한다. 그러므로 사정변경의 원칙에서 파악되어야 할 사정은 이를 고려하지 않고서 체결된 계약내용을 그대로 실현시켰을 때 그로 인해 사적 자치의 내용적 실현을 침해하는 결과로 될 정도의 동기사실을 말한다. 이 동기사실은 계약당사자 일방만이 관련되는 것이 아니라, 계약당사자들 모두가 계약체결 당시에는 예상할 수도 없었던 계약의 기초되는 사정이므로 이러한 의미에서 '쌍방적 동기의 착오'인 것이다.

일반적으로 계약당사자들은 미래의 사정변경에 대하여 계약체결시에 예상할 수 없었을 것이므로, 이에 대처할 규율내용을 계약에 포함시키지 않았을 것이다. 그런데 아무

13) 백태승, "화폐가치변동과 계약법", 민사법학 제9·10호(한국민사법학회, 1993), 229면.

도 예상치 않았던 사정변경이 발생한 경우, 이에 대처할 규율내용을 당사자들이 계약에 포함시켜서 규율화하지 않았다면 이로 인하여 계약의 흠결이 존재하게 된다. 그러므로 사정변경이 발생한 경우에는 우선적으로 계약의 보충적 해석을 통하여 계약의 흠결을 보충하여 계약당사자들의 사적 자치를 실현시켜야 한다(독일민법 제157조 참조).

그러나 계약의 보충적 해석은 사적 자치와 관련하여 한계를 갖는데, 객관적으로 제3자의 관점에서 보아 정당한 계약내용이라 하더라도 무조건 이를 계약당사자에게 강요하여서는 안 된다. 계약의 보충적 해석이 해석론으로서 그 정당성을 유지하기 위해서는 보충되는 내용이 사적 자치를 내용적으로 실현하기 위한 것이어야 한다. 따라서 객관적인 관점에서는 계약정의에 적합한 내용이라 하더라도, 이를 통하여 계약당사자 어느 일방의 이익상태를 그 일방에게만 불리한 내용으로써 강요할 수는 없다. 그리하여 법률행위의 기초가 되는 사정이 변경된 경우에 우선 양 계약당사자의 이익상태를 다 만족시켜 줄 수 있는 내용으로써 계약의 보충적 해석이 이루어져야 한다. 그렇지만 양당사자의 이익균형을 맞출 수 있는 계약의 보충이 허용되지 않는 경우에는 어쩔 수 없이 계약의 기초된 사정이 변화된 상태에 맞게 기존의 계약내용을 적응시켜 이행토록 하여야 한다. 이에 한하여 사정변경의 원칙은 사적 자치의 내용적 실현이 될 수 있다.14) 이에 따라 사정변경의 원칙이 적용되면 기존의 계약내용의 효력은 상실되고 이에 대응하여 변경된 사정에 맞게 변화된 계약내용으로 대체된다.

(3) 사정변경의 원칙의 성립요건

사정변경의 원칙은 사적 자치의 내용적 실현이라는 장점도 있으나, 다른 측면에서는 본래의 계약대로 그 실현이 이루어지는 것이 아니므로 거래의 안전을 해할 우려도 있다. 따라서 방법론상 사정변경의 원칙은 민법상 해석의 방법을 다하여 그 적절한 해결을 시도한 후, 이러한 시도로도 해결되지 않을 때 최후로 그 적용이 검토되어야 한다. 사정변경의 원칙을 인정하기 위한 전제요건으로는 다음과 같다.15)

① 법률행위 성립당시 그 기초가 되었던 사정이 변경하였을 것

② 사정의 변경이 당사자에 의하여 예견할 수 없었거나 또는 예견할 수 없을 정도로 현저한 것일 것

③ 사정의 변경이 당사자의 귀책사유로 인한 것이 아닐 것

---

14) 백태승, "화폐가치변동과 계약법", 229면.

15) 김상용, 118면; 백태승, "화폐가치변동과 계약법", 233면 참고; 대판 2007.3.29, 2004다31302; 대판(전원합의체) 2013.9.26, 2012다13637.

④ 당초의 계약내용 대로의 구속력을 인정한다면 신의칙 내지 공평에 반하는 결과가 될 것

(4) 학설과 판례

가. 학 설

1) 긍정설 우리 민법에도 해석상 사정변경의 원칙과 관련하여 이를 긍정하는 학설은 다시 두 가지로 나뉜다.

① **계약해소설** 계약해소설은 사정변경의 원칙에 따른 효과로서 계약을 사정에 맞게 적응시키려고 하기 보다는 계약의 효력을 부정하는 효과에 중점을 두는 견해이다. 본 학설은 계약체결 당시에 예상하지 않았고 또 예상할 수 없었던 사정이 발생한 경우에 당사자를 그대로 그 계약에 구속받게 하는 것이 가혹하고 온당하지 않다고 인정되는 때에는 계약을 해제 또는 해지할 수 있다고 본다.[16] 다만 사정변경에 의한 계약해소시 손해배상의무는 부정된다.

② **계약유지설** 계약유지설은 계약관계를 존속시키면서, 사정변경으로 인하여 손해를 입게 된 당사자가 상대방으로부터 그 이행을 청구당한 경우에 즉시로 이행을 거부할 수는 없지만 상대방에 대하여 자기가 부담하는 반대급부의 내용을 정도에 맞게 변경할 것을 청구할 수 있다고 본다. 본 학설은 1차적으로 계약내용의 변경을 요구하고, 계약내용의 변경이 허용되지 않는 경우에는 계약의 해제권을 행사할 수 있다고 본다.[17]

2) 부정설 부정설은 사정변경의 원칙을 인정하지 않고 '계약은 지켜져야만 한다'는 기본입장에 충실하려고 한다.[18] 따라서 사정변경의 원칙을 도입하여 계약구속력을 부인하는 것은 신의성실의 원칙을 남용하는 것이라고 한다. 그 이유로서 신의성실의 원칙은 기존의 권리를 행사하는 기준이 되는 것이지 신의성실의 원칙에 의하여 없던 권리가 생기는 것은 아니라는 점을 든다.[19] 특별히 전혀 예견하지 못한 사회적·경제적 격변에 의하여 기존의 계약관계의 극심한 불균형이 발생한 경우에는 이에 대한 특단의 조치로서 특별법의 제정을 통하여 해결하면 족할 것이라고 한다.

---

16) 곽윤직, 채권각론(박영사, 2004), 93면; 김기선, 68면; 이은영 교수는 사정변경의 원칙은 전시(戰時) 또는 이에 준하는 비상사태가 발생한 경우에만 인정하며 그 효과도 해제권 행사가 아닌 계약구속력이 자동 소멸하는 것으로 본다(97면).

17) 백태승, "화폐가치변동과 계약법", 231-232면.

18) 김욱곤, 주석 채권각칙(1)(한국사법행정학회, 1999), 262면.

19) 강영호, "사정변경(이사의 퇴직)과 보증채무의 제한", 대법원판례해설 제28호(법원도서관, 1997), 82면.

3) 학설의 검토 다수의 견해는 사정변경의 원칙을 신의성실의 파생원리 중 하나로서 인정하고 있다.[20] 그런데 사정변경의 원칙은 계약의 효력을 소멸시키고자 하는데 본래의 목적이 있다고는 볼 수 없다. 계약당사자들도 계약 자체를 부정하고자 하는 것이 아니라, 계약의 기초가 되었던 사정이 변경하여 양 급부의 등가관계를 현저하게 파괴하므로 계약내용을 그대로 실현시킬 수 없고, 이러한 등가관계의 불균형을 시정하여 사정에 맞게 계약의 실현을 원하고 있다고 볼 수 있다. 그러므로 사정변경의 원칙에는 1차적으로 계약의 내용을 변경된 사정에 맞게 실현시키기 위하여 화해를 통한 조정이 우선 시도되어야 한다. 그러나 당사자의 이해관계의 대립으로 화해가 성립되지 않는 경우에는 사적 자치의 최소한의 내용적 실현을 위하여 2차적으로 일방당사자에게 계약해제권을 부여하여야 할 것이다.[21]

나. 판 례 판례는 사정변경의 원칙은 사적 자치의 내용적 실현이라는 장점도 인정하고 있으나, 그 구성요건의 추상성으로 인하여 거래의 안전을 해할 수도 있다는 점을 중시하고 있다.[22] 예를 들면, 물가는 항상 변동하는 것이 일반적인데, 이를 이유로 계약 내용의 변경을 청구하거나 계약관계를 해소시키는 것은 거래의 안전을 위협하게 될 것이다. 이러한 점에서 우리나라의 판례는 법적 안정성을 위하여 원칙적으로 사정변경의 원칙을 인정하고 있지 않다.[23] 특히 판례는 물가변동에 따른 매매가격의 가치하락에 대하여는 일체 사정변경의 원칙을 인정하지 않는다.[24] 이처럼 화폐가치 하락에 따른 사정변경을 인정함에 있어 대법원 판례가 취하고 있는 소극적인 태도에 대하여, 학설은 민법에 물가변동을 고려한 명문의 규정(제286조[지상권의 지료증감청구권], 제312조의2[전세금의 증액청구권], 제557조[재산상태의 악화로 인한 증여의 해제], 제628조[임대차의 차임증감청구권] 등)이 있는데, 이와 균형이 맞지 않는 해석이라고 비판한다.[25]

---

20) 고상용, 50면; 곽윤직, 63면; 김기선, 68면; 김용한, 69면; 김주수·김상용, 70면; 김증한·김학동, 71면; 김형배·김규완·김명숙, 45-46면; 양창수, 민법주해[Ⅰ], 152면; 장경학 149면.

21) 김형배, "행위기초론 – 구체적 사안에 대한 적용과 관련하여 –", 법학논집 제27집(고려대학교 법학연구소, 1992), 6-7면; 백태승, 102면.

22) 대판 1991.2.26, 90다19664.

23) 법률행위 성립 후, 그 성립 당시 환경이 된 사정에 당사자 쌍방이 예견하지 못하고 또 예견할 수 없었던 변경이 발생한 결과, 이 급부가 신의칙의 형평의 원칙상 현저히 부당하게 되었더라도, 당사자가 신의형평이 요구하는 바에 따라 그 급부의 내용을 적당히 변경할 것을 상대방에게 제의할 수 있고 상대방이 이를 거절하는 때에는 그 계약을 해제할 수 있도록 허용하는 소위 사정변경의 원칙은 민법의 해석상 용납되지 않는다(대판 1955.4.14, 4286민상231).

24) 물가가 202배 폭등한 사례에서도 대법원은 사정변경의 원칙을 인정하지 않는다(대판 1991.2.26, 90다19664).

그런데 판례는 한국기업과 외국기업이 물품공급계약을 체결한 사안에서, 사정변경을 이유로 계약의 해지를 인정하였다.[26] 그러나 본 판결은 외국기업과 우리나라 기업 사이의 국제계약에 관한 것으로서, 대법원이 이에 적용할 준거법을 독일법으로 정함에 따라 독일민법의 해석이론인 행위기초론을 내용으로 한 사정변경의 원칙을 적용한 판결로서, 순수하게 우리 민법만을 해석한 판결이 아니다. 그러므로 이 판결을 기초로 우리나라 대법원의 판례가 사정변경의 원칙을 인정하는 것으로 판단하는 것은 무리가 있다고 생각된다.

그러나 이와 달리, 판례는 '계속적인 계약관계'에서, 특히 계속적 보증과 관련하여 신의성실의 원칙에 의한 계약해지를 인정하고 있다.[27] 즉 회사의 이사라는 지위 때문에 부득이하게 회사의 채무에 대해 연대보증인이 된 경우에 퇴사하여 이사의 지위를 떠난 경우에는 보증계약 성립 당시의 사정에 현저한 변경이 생긴 경우에 해당된다고 보아 사정변경을 이유로 보증계약을 해지할 수 있다고 하였다.[28] 그러나 이러한 해지권은 주채무 내지 구상금채무가 확정된 경우에는 더 이상 사정변경을 이유로 보증계약을 해지할 수 없다고 본다.[29]

3. 권리소멸적 효력

신의성실의 원칙에 의하여 권리행사가 저지되는 것으로는 「권리남용금지의 원칙」, 「모순된 행위 금지의 원칙」 그리고 「실효의 원칙」이 있다.

(1) 권리남용금지의 원칙

가. 의 의 권리남용금지의 원칙은 권리의 행사가 신의성실의 원칙에 위배되어 정당한 권리행사로 볼 수 없는 경우에는 그러한 권리행사는 허용되지 않는다는 원칙이다. 권리남용은 '권리의 행사는 신의에 좇아 성실히 행사하여야 한다'(제2조 제1항)는 신의성실의 원칙에 반한 것으로서,[30] 민법이 그러한 남용된 권리행사의 실현을 조력하여 줄 수 없다. 이처럼 '권리가 남용되어서는 안 된다'는 제2조 제2항의 규정은 입법된 형태로만 보아서는 독립된 조항으로 되어 있으나, 본조 제2항은 신의성실의 원칙의 한 하부원

25) 백태승, "화폐가치변동과 계약법", 236면 이하.

26) 대판 1991.12.10, 90다9728.

27) 대판 1990.10.8, 91다14147; 대판 2018.3.27, 2015다12130.

28) 대판 1992.5.26, 92다2332.

29) 대판 2002.5.31, 2002다1673.

30) 이영준, 84면.

리로서 보조 제1장에 하부적으로 소속된 규정이다.[31] 원칙적으로 권리의 남용을 인정하기 위하여는 「주관적 요건·객관적 요건」이 충족되어야만 한다.[32]

1) **주관적 요건** 권리행사가 권리남용이 되기 위한 주관적 요건으로는 권리자의 권리행사의 목적이 주관적으로 오로지 상대방에게 고통을 주고 손해를 입히려는 데 있고, 이로써 행사하는 사람에게는 아무런 이익이 없어야 한다.[33] 그러나 다수설은 이와 같은 주관적 가해의사를 그 권리남용의 성립요건으로 요구하지 않고, 객관적으로 권리자에게 권리행사에 따른 정당한 이익이 결여되어 있는 경우라면 권리남용으로 인정하여야 한다고 한다.[34]

2) **객관적 요건** 권리남용의 객관적 요건으로는 그 권리행사가 그 본래의 사회적 목적 내지 승인을 벗어남으로써 사회질서에 위반되어야 한다. 그런데 이러한 사회질서의 위반에 대한 한 기준으로서 이익형량의 법리가 적용되고 있다. 즉 권리자가 권리를 행사하여 얻는 이익보다 상대방의 이익 상실이 현저히 큰 경우에 권리남용이 인정되는 것이다.

나. 권리남용에 관한 판례 판례는 권리남용을 인정하기 위해서 객관적 요건과 주관적 요건 모두를 구성요건으로 요구하는 경우,[35] 주관적 요건만을 설시하는 경우,[36] 그리고 객관적 요건의 충족으로 충분함으로 주관적 요건은 반드시 필요하지 않다[37]고 판시하는 경우도 있다. 또한 판례는 권리남용이 인정되기 위한 주관적 요건을

---

31) 김증한·김학동, 81면; 이은영, 88면: 기본적으로 대인관계에서는 신의성실의 원칙, 대사회관계에서는 권리남용이론이 각각 적용되어, 양자는 그 적용되는 국면을 달리한다는 견해도 있다(고상용, 66면, 김주수·김상용, 75면; 장경학, 160면).

32) 대판 1991.6.14, 90다10346·10353.

33) 장경학, 153면; 지원림, 47면.

34) 곽윤직·김재형, 85면; 김상용, 85면; 김주수·김상용, 73면; 김증한·김학동, 82면; 김형배·김규완·김명숙, 55면; 윤용섭, 민법주해[Ⅰ], 193면; 이영준, 87면; 이은영, 89면.

35) 권리의 행사가 주관적으로 오직 상대방에게 고통을 주고 손해를 입히려는 데 있을 뿐 이를 행사하는 사람에게는 아무런 이익이 없고, 객관적으로 사회질서에 위반된다고 볼 수 있으면, 그 권리의 행사는 권리남용으로서 허용되지 아니한다(대판 2005.3.25, 2003다5498); 대판 2003.2.14, 2002다62319·62326.

36) 대판 1980.5.27, 80다484.

37) 상표권 행사의 목적이 오직 상대방에게 고통을 주고 손해를 입히려는데 있을 뿐 이를 행사하는 사람에게는 아무런 이익이 없어야 한다는 주관적 요건을 반드시 필요로 하는 것은 아니다(대판 2007.1.25, 2005다67223); 대법원은 상계 제도의 목적이나 기능을 일탈하여 법적으로 보호받을 만한 가치가 없는 상계권의 행사는 권리남용으로서 허용되지 않고, 여기에는 일반적인 권리남용에 요구되는 주관적 요건을 필요로 하지 않는다(대판 2003.4.11, 2002다59481).

적극적으로 심사하지 않고 객관적 요건의 성립이 있으면 주관적 요건은 충족된 것으로 추정해 주고 있다. 즉 권리행사가 상대방에게 고통이나 손해를 주기 위한 것이라는 주관적 요건은 권리자의 정당한 이익을 결여한 권리행사라는 객관적 사정에 의하여 추인된다고 본다.[38] 위의 주관적 요건만 판단한 판례(대판 1980.5.27, 80다484)가 상고의 대상이 주관적 요건에 한정되었기에 이에 대한 판단만을 한 것이라고 본다면, 전반적인 판례의 태도는 권리자의 상대방에 대한 해악의 목적이라는 주관적 요건을 완화하고, 행사되는 권리가 그 제도적 목적이나 기능을 일탈하였는지에 따른 객관적 요건에 주목하는 것으로 보인다.

그리고 객관적 요건과 관련하여, 판례는 사회질서의 위반이라는 권리남용을 판단하는 데에 기준이 되는 이익형량의 법리를 필요적 심사요건으로 보지 않는다. 따라서 권리의 행사에 의하여 권리행사자가 얻는 이익에 대비하여 볼 때 이로써 상대방이 잃을 손해가 현저히 크다 하여도 그러한 이익형량만으로는 이를 권리남용으로 인정하지 않는다.[39]

그리고 판례는 인륜에 반하는 행위,[40] 불법행위에 적극 가담하는 행위[41] 등에 대해서도 권리남용을 함께 언급하고 있으나, 이에 대해서는 법률행위의 목적이 선량한 풍속 기타 사회질서에 위반하는 경우(제103조)로서 판단되어야 할 것이다.

다. 권리남용의 효과 권리의 행사가 신의성실의 원칙에 비추어 보아 남용으로 인정되면 권리자가 자신의 권리행사를 통하여 달성하고자 원했던 효과가 발생되지

---

38) 대판 2003.11.27, 2003다40422.

39) 대판 2003.2.14, 2002다62319·62326.; 대판 2010.02.25, 2009다58173은 권리 행사가 권리의 남용에 해당한다고 할 수 있으려면, 주관적으로 그 권리 행사의 목적이 오직 상대방에게 고통을 주고 손해를 입히려는 데 있을 뿐 행사하는 사람에게 아무런 이익이 없는 경우이어야 하고, 객관적으로는 그 권리 행사가 사회질서에 위반된다고 볼 수 있어야 한다. 이와 같은 경우에 해당하지 않는 한 비록 그 권리의 행사에 의하여 권리행사자가 얻는 이익보다 상대방이 잃을 손해가 현저히 크다고 하여도 그러한 사정만으로는 이를 권리남용이라 할 수 없다고 전제한 후, 경매를 통하여 토지를 취득한 자가 그 지상 건물의 철거와 토지의 인도를 구하는 사안에서, 건물의 철거로 인한 권리행사자의 이익보다 건물 소유자의 손해가 현저히 크고 사회경제적으로도 큰 손실이 될 것으로 보이기는 하나, 건물소유자가 위 건물에 대한 권리를 인수할 당시 그 철거가능성을 알았다고 보이는 점, 토지에 대한 투자가치가 있어 건물 철거 등의 청구가 권리행사자에게 아무런 이익이 없다거나 오직 상대방에게 손해를 입히려는 것이라고 보기 어려운 점 등에 비추어, 권리남용에 해당하지 않는다고 판단하였다.

40) 주택소유자인 딸이 부(父)를 모시고 사는 남동생을 상대로 주택의 명도를 구하고 부를 상대로 퇴거를 구하는 청구는 인륜에 반하는 행위로서 권리남용에 해당된다(대판 1998.6.12, 96다52670).

41) 대판 2001.5.8, 2000다43284·43291·43307.

않는다. 즉 지배권이 남용되면 지배의 상태를 제거하여야 하고, 청구권이 남용되면 채무의 효력이 생기지 않으며, 형성권이 남용되면 권리행사에 따른 법률관계가 형성되지 않는다. 항변권도 남용되면 상대방의 권리행사를 저지하는 효력이 생기지 않는다.

이렇게 권리가 남용되면, 그 권리행사에 따른 효과가 발생하지 않으므로 권리남용에 의하여 이행한 급부는 부당이득으로 반환되어야만 한다(제741조). 그러나 확정판결에 기한 강제집행이 권리남용에 해당되는 경우에는 이 확정판결에 대한 재심의 소가 받아들여져 확정판결이 취소되지 않는 한, 위 확정판결에 기한 강제집행으로 취득한 채권을 부당이득으로 반환을 구할 수는 없다고 본다. 왜냐하면 그렇게 되면 확정판결의 기판력에 저촉되기 때문이다.42)

또한 법령에 위반되어 무효임을 알고서도 그 법률행위를 행한 자가 강행법규위반을 이유로 무효를 주장한다 하여, 그 주장이 신의칙에 반하거나 권리남용에 해당하지 않는다고 한다.43) 왜냐하면 만일 신의성실의 원칙이 악의자의 강행법규위반의 무효를 권리남용으로서 허용하지 않는다면, 강행법규를 위반한 계약의 성립이나 효력을 부정하는 입법취지가 몰각될 위험이 있기 때문이다.

권리남용은 위법한 것이므로 불법행위를 구성한다(제750조). 따라서 권리남용으로 인하여 타인에게 손해를 준 경우에는 권리남용자는 손해배상의 책임을 진다. 그리고 권리가 남용되는 경우에 법률의 규정에 의하여 권리를 박탈당하는 수도 있다(예: 친권의 박탈(제924조)).44)

---

42) 대판 2001.11.13, 99다32905.

43) 대판 2003.4.22, 2003다2390; 대판 2003.8.22, 2003다19961; 대판 2004.1.27, 2003다14812; 대판 2004.6.11, 2003다1601; 대판 2011.03.10, 2007다17482은 강행법규를 위반한 자가 스스로 강행법규에 위배된 약정의 무효를 주장하는 것이 신의칙에 위반되는 권리의 행사라는 이유로 그 주장을 배척한다면, 이는 오히려 강행법규에 의하여 배제하려는 결과를 실현시키는 셈이 되어 입법 취지를 완전히 몰각하게 되므로 달리 특별한 사정이 없는 한 위와 같은 주장은 신의칙에 반하는 것이라고 할 수 없고, 한편 신의성실의 원칙에 위배된다는 이유로 권리의 행사를 부정하기 위해서는 상대방에게 신의를 공여하였다거나 객관적으로 보아 상대방이 신의를 가짐이 정당한 상태에 있어야 하며, 이러한 상대방의 신의에 반하여 권리를 행사하는 것이 정의관념에 비추어 용인될 수 없는 정도의 상태에 이르러야 한다고 판시하고 있다.

44) 김기선, 74면; 김상용, 125면; 김용한, 74면; 김주수·김상용, 75면; 김준호, 60면; 김증한·김학동, 82면; 김형배·김규완·김명숙, 58면; 이영준, 97면; 이은영, 89면; 참고로, 판례는 8세 4개월의 미성년자인 자(子)의 유일한 재산을 친권자인 모가 자에게 아무런 대가도 주지 않고 타인에게 증여한 행위는 법정대리인으로서 친권을 남용한 것으로서 무효이지만, 이로써 친권자의 친권이 상실되지는 않는다고 판단한다(대판 1997.1.24, 96다43928).

(2) 모순된 행위의 금지

가. 모순된 행위의 금지의 의의 신의성실의 원칙은 정당한 신뢰를 보호하는 목적을 가지고 있다. 따라서 자신의 권리행사가 타인의 정당한 신뢰를 침해하는 경우에는 신의성실의 원칙에 따라 그 행위는 효력을 발생할 수 없다. 이에 대한 원칙으로서 '선행행위에 모순되는 후행행위의 금지'(das Verbot von venire contra factum proprium)를 들 수 있으며, 그 모순된 행위로부터는 법적 효력을 발생시킬 수 없다.

일반적으로 우리는 자신의 선행행위에 대한 모순된 후행행위를 할 수도 있다. 표의자가 자신이 발송한 의사표시의 무효를 주장한다든지, 채무자가 자신이 인정한 채무에 대하여 다시금 채권자에게 그 존부에 대하여 다툴 수 있는 것이다. 그렇지만 기존의 법률관계에 대하여 다투거나 이의를 제기하는 나중의 행태(작위·부작위)가 타인의 정당한 신뢰를 침해해서는 안되며, 이러한 경우에 한하여 신의성실의 원칙은 신뢰보호를 위하여 그러한 모순된 나중의 권리행사를 금지하는 것이다.[45] 예를 들어, 어떤 사람이 채권자로 하여금 장기간 자신을 채무자로 신뢰하게 한 후에 채권자에 의하여 소가 제기되자 자신은 채무자가 아니고 이로써 피고적격이 없음을 내세워 다툰다든지, 상대방으로부터 법적 원인 없이 이행된 급부를 보유하면서 반대로 자신이 상대방에게 제공한 급부에 대해서는 그 반환을 청구하는 행위를 한다든지, 계약의 내용을 특정한 의미로 해석한 자가 계약상대방이 그 해석에 따른 계약내용을 기초로 하여 일정한 조치를 취하자 곧 바로 계약내용의 해석근거를 달리 제시하면서 종전의 해석한 내용과 다른 계약내용을 주장하는 경우 등이 이에 속한다.

나. 모순된 행위의 금지의 특색 모순된 행위의 금지와 후술하는 '실효의 원칙'은 신의성실의 원칙을 기반으로 한 타인의 신뢰보호라는 법목적의 관점에서는 본질적으로 동일하다. 다만 전자의 경우에는 선행된 행태가 적극적인 작위를 전제로 하는 반면에, 후자의 경우에는 선행된 행태가 소극적인 부작위를 전제로 하는 점에서 차이가 있을 뿐이다.[46] 이러한 점에서 모순된 행위의 금지에서는 권리자가 앞에서 행한 행태가 적극적인 작위로서 이로써 타인에게 일정한 신뢰를 부여시키고 나중에 이와 상충되는 행태를 함으로써 그 타인이 가지게 된 신뢰를 침해하여 이로 인하여 불이익을 받게 되는 결과가 신의성실의 원칙에 따라 허용되지 않는 것이다.

---

45) Larenz/Wolf, Allg. Teil, § 16 Rdnr. 44, 45 S. 329, 330.

46) Larenz/Wolf, Allg. Teil, § 16 Rdnr. 46 S. 330.

다. 모순된 행위의 요건

1) 권리자의 일정한 작위에 따른 권리의 행사 권리자가 자신의 권리주장과 관련하여 일정한 법적 의미 있는 적극적인 행위를 하였어야만 한다. 이때의 선행행위는 유효한 것이어야 한다.[47)]

2) 상대방의 신뢰에 기인한 투자 상대방으로서는 권리자의 행위에 신뢰를 가졌어야 하고, 이에 기초하여 일정한 대비나 조치를 하였어야 한다. 이를 특히 신뢰의 투자(Vertrauensinvestition)라 한다.[48)]

3) 선행행위에 모순된 행위 권리자가 선행하여 행한 행위에 모순되는 행위를 나중에 실행하였어야 한다. 우리 법질서 하에서 선행행위와 모순되는 행위를 하는 것이 일반적으로 금지되는 것은 아니므로, 선행하여 행하여진 행위와 모순된 행위가 상대방의 정당한 신뢰를 해치는 결과를 가져오는 것이어야 한다.

4) 귀책사유의 불요 모순된 행위의 금지의 제도는 신의성실의 원칙에서 비롯된 것으로서 당사자의 주관적 사정인 귀책사유를 요소로 하지 않는다.

라. 모순된 행위의 금지의 효과 신의성실의 원칙에 따라 선행행위와 모순된 행위는 금지되며 그 효력은 무효이다.

마. 판　례 판례는 “법률관계의 한쪽 당사자가 상대방에게 신의를 공여하였거나 객관적으로 보아 상대방이 신의를 가짐이 정당한 상태에 있어야 하고, 이러한 상대방의 신의에 반하여 권리를 행사하는 것이 정의관념에 비추어 용인될 수 없는 정도의 상태에”[49)] 이른 경우에는 신의성실의 원칙 위배를 이유로 그 일방의 권리행사를 부정할 수 있다고 본다. 이에 대한 구체적인 사례는 의무부담자가 반대의 권리주장을 하는 경우와 금반언의 원칙을 들 수 있다.

1) 의무부담자의 의무와 상충되는 권리의 주장 판례는 법정지상권을 가진 건물소유자로부터 건물을 양수하면서 법정지상권까지 양도받기로 한 자는 채권자대위의

---

47) 상속의 포기는 상속이 개시된 후 일정한 기간 내에만 가능하고 가정법원에 신고하는 등 일정한 절차와 방식을 따라야만 그 효력이 있으므로, 공동상속인 중 1인의 상속인이 상속을 포기하기로 약정하였다고 하더라도 이러한 절차와 방식에 따라 상속포기를 하지 아니한 이상, 상속개시 후에 자신의 상속권을 주장하는 것은 정당한 권리행사로서 권리남용에 해당하거나 또는 신의칙에 반하는 권리의 행사라고 할 수 없다(대판 1998.7.24, 98다9021).

48) Medicus, Allg. Teil, Rdnr. 139.

49) 대판 2002.3.15, 2001다67126.

법리에 따라 전건물소유자 및 대지소유자에 대하여 차례로 지상권의 설정등기 및 이전등기절차이행을 구할 수 있다. 그런데 대지소유자가 이러한 법정지상권을 취득할 지위에 있는 자에 대하여 아직 지상권의 등기를 이전받지 않았다고 하여 대지소유권에 기한 방해배제의 청구로서 건물철거를 구함은 지상권의 부담을 용인하고 그 설정등기절차를 이행할 의무 있는 자가 오히려 자신의 권리자를 상대로 청구하는 것이어서 신의성실의 원칙상 허용될 수 없다고 본다.[50] 다음의 사례들도 의무자의 의무에 상충되는 권리행사로서 신의성실의 원칙에 반하는 것으로 허용되지 않는 것으로 본다.

① 건물의 소유지분권을 매도한 사람은 그 매매의 이행으로서 매수인에 대하여 그 매도 부분에 관한 점유이전의 의무를 지는데 이 매도인이 점유·사용 중인 매수인에 대하여 그 매매 부분을 명도하라고 청구하는 행위[51]

② 토지와 건물을 소유한 매도인이 토지를 매도하는 것을 전제로 그 토지 위에 있는 지상건물의 철거를 위하여 지상건물의 소유권이전등기를 매수인에게 경료하여 주고, 그 후 매도인의 사정으로 토지의 소유권이전을 지체하다가 결국 토지 소유권이전의 등기를 해 주면서 매수인에게 건물소유로 인한 토지의 점유·사용에 관한 지료상당의 부당이득의 반환을 청구하는 행위[52]

③ 채무자가 시효완성 전에 스스로 채권자의 권리행사나 시효중단을 불가능 또는 현저히 곤란하게 한 결과, 채권자가 그러한 조치를 할 수 없었던 경우에 채무자가 소멸시효의 완성을 주장하는 행위[53]

④ 무상으로 통해해 온 주위토지통행권자에 대하여 통행료를 청구하는 행위[54]

⑤ 채권자가 채권을 확보하기 위하여 제3자의 부동산을 채무자에게 명의신탁하도록 한 다음 동 부동산에 대하여 강제집행을 하는 따위의 행위[55]등

2) 금반언의 원칙 판례는 선행된 주장이나 약정에 반하여 권리나 법적 지위를 주장하는 것도 신의성실의 원칙에 반하여 허용될 수 없는 것으로 본다. 예를 들어, 자신의 친딸로 하여금 그 소유의 대지상에 건물을 신축하도록 승낙한 자가 위 건물이 친딸의 채권자에 의한 강제경매신청에 따라 경락되자 경락인에 대하여 그 철거를 구하는 행위,[56] 보증신용장의 개설의뢰인이 개설은행의 수익자에 대한 보증신용장 유효기간

50) 대판(전원합의체) 84다카1131·1132.

51) 대판 1999.1.15, 98다43953.

52) 대판 2002.3.15, 2001다67126.

53) 대판 2003.7.25, 2001다60392; 대판 1999.12.7, 98다42929, 대판 2003.3.28, 2002두11028 참조.

54) 대판 1992.2.11, 9다40399.

55) 대판 1981.7.7, 80다2064.

경과 후의 대금지급에 대하여 사전에 묵시적 양해를 하였음에도, 그 후에 유효기간 경과 후의 대금지급행위를 문제삼는 행위,57) 유치원의 존속을 위한 조치를 취하지 않고 또 낙찰허가결정 후 스스로 유치원의 폐원신청을 하여 유치원이 폐원되게 한 유치원 경영자가 그 후 '학교교육에 직접 사용되는 학교법인의 재산 중 교지와 체육장 등은 매도하거나 담보에 제공할 수 없다'는 사립학교법 제28조 제2항을 내세워 유치원의 원지원사(園地園舍)에 대한 낙찰허가결정이 무효라고 주장하는 행위,58) 피상속인의 처가 가출하여 재혼을 하고 피상속인의 처로 기재된 호적까지 말소하여 전부(前夫)인 피상속인과의 신분관계의 단절을 기한 자가 그 전부(피상속인)가 사망하자 그 처로서 상속인임을 주장하는 청구59) 등은 신의성실의 원칙에 반하는 것으로서 허용될 수 없다.

(3) 실효의 원칙

가. 실효의 원칙의 의의 실효의 원칙은 권리자가 권리를 장기간 행사하지 않음으로써 상대방인 의무자로서는 권리자가 앞으로도 그 권리를 행사하지 않을 것이라는 확신을 갖게 되어 권리자의 권리불행사에 대응하는 조치를 취하였는데, 후에 권리자가 권리를 행사하게 되면, 이러한 '지체된 권리행사'60)에 대하여 의무자는 권리가 실효되었음의 항변을 주장할 수 있는 것을 말한다. 이처럼 지체된 권리행사는 불성실한 것으로서 신의성실의 원칙에 반하므로 의무자는 권리자의 불성실한 나중의 권리행사에 대하여 권리의 실효로써 항번할 수 있다.

실효의 원칙은 위에서 설명한 「모순된 행위의 금지 원칙」을 근거로 하고 있다.61) 즉 「후의 권리행사」가 「전의 권리불행사」에 반하는 것으로서, 선후가 서로 모순되므로 신의성실의 원칙에 비추어 볼 때 후의 권리행사는 정당하지 못한 것으로서 그 효력을 발할 수 없게 된다. 다만 실효는 장기간 행사되지 않은 권리의 무주장인 부작위을 전제로 한다.

나. 실효의 요건 실효의 원칙은 「권리자가 그의 권리를 장기간 행사하지 않았다」고 하는 시간적 요소에 초점을 맞춘 제도가 아니고,62) 자기가 한 선행행위에 모순

---

56) 대판 1991.6.11, 91다9299.

57) 대판 2004.9.24, 2001다69771.

58) 대판 2002.9.27, 2002다29152.

59) 대판 1993.9.28, 93다26007.

60) 김학동, "실효(Verwirkung)의 원칙(I)", 판례월보(1983. 5), 12면.

61) 김학동, "실효(Verwirkung)의 원칙(I)", 12면.

62) 실효의 원칙을 선후의 모순된 행위의 금지의 원칙에서 찾는 견해는 권리행사의 실효가 인정되기

되는 후행행위를 함으로써 신의성실의 원칙에 따라 후행의 모순행위가 효력을 상실하게 되는 제도이다.[63] 권리의 불행사의 시간적 경과는 단지 의무자로 하여금 권리자의 권리 불행사의 예단을 강화하는 요소일 뿐, 실효의 원칙이 그 시간적 장단에 의존하지 않는다. 그러므로 권리자가 상당한 기간 권리를 행사하지 아니함으로써. 의무자로서는 권리자가 더 이상 권리를 행사하지 않을 것으로 예상하였는데, 이러한 의무자의 정당한 예상에 반하여 권리자가 권리를 행사하게 되면 이러한 권리행사는 신의성실의 원칙에 반하게 된다.[64] 이에 대한 구성요건은 다음과 같다.

1) 권리자의 권리불행사에 대한 신뢰의 야기　권리자가 권리를 행사하여 권리목적을 실현할 수 있음에도 불구하고, 상당한 기간 권리를 행사하지 않음으로써 의무자로서는 권리자가 더 이상 권리행사를 하지 않을 것이라고 예상할 수 있어야 한다.[65]

2) 의무자의 권리불행사에 따른 후속적 조치　의무자로서는 권리자가 자기의 권리를 행사하지 않는다는 신뢰가 형성됨에 따라, 이러한 예상에 맞추어 일정한 대응행위를 하여야 한다.[66] 즉 의무자로서는 권리자가 상당한 기간 권리를 행사하지 않는 것으로부터 권리포기와 같은 예상을 하였어야 하며, 이러한 권리포기의 예상을 기초로 하여 이에 적응하는 대응된 행위를 하였어야 한다.[67]

3) 모순된 권리자의 권리행사　선행행위로서 권리자가 더 이상 권리행사가 없을 것이라는 확신을 야기하였고, 이에 따라 의무자가 권리자의 권리포기를 기초로 어떤 대책을 세움으로써 자신의 재산상태나 법적 상태에 일정한 조치를 취했어야 한다. 그런 후 권리자가 새삼스럽게 권리를 행사하는 후행행위는 선행행위의 모순된 것으로서 성실한 권리의 행사라고 볼 수 없다.

4) 귀책사유의 불요　실효의 제도는 신의성실의 원칙에서 비롯된 것으로서 당사자의 주관적 사정인 귀책사유를 요소로 하지 않는다.[68]

위해서는 권리불행사의 시간적 경과를 요건으로 요구하지 않는다. 그러므로 현재의 행위라도 선후의 행위가 서로 모순되면 그 효력을 잃게 된다(김학동, "실효(Verwirkung)의 원칙(Ⅰ)", 17면 참고). 그러므로 시간적 경과의 장기성은 후의 권리행사가 선행된 권리불행사에 서로 모순되는 점을 강화시켜 줄뿐이다. 이 점에서 실효의 원칙은 소멸시효나 제척기간과는 그 제도적 목적이 다르다(장경학, 151면; 이영준, 790면; 이은영, 93면; 김학동, "실효(Verwirkung)의 원칙(Ⅰ)", 12면).

63) 이영준, 790면.

64) 곽윤직·김재형, 79면; 김주수·김상용, 524면; 김증한·김학동, 72면; 이영준, 791면; 이은영, 94면.

65) 김학동, "실효(Verwirkung)의 원칙(Ⅱ)", 판례월보(1983. 6), 11면; 이영준, 793면.

66) 김학동, "실효(Verwirkung)의 원칙(Ⅱ)", 11면; 이영준, 793면.

67) 김학동, "실효(Verwirkung)의 원칙(Ⅱ)", 11면.

다. 실효의 효과

1) 소수설　　　소수설은 실효를 권리의 소멸원인으로 이해한다.[69] 이에 의하면, 실효에 따른 효과는 대상이 된 권리가 소멸된다고 본다. 예컨대 해고무효를 다투는 사건에서의 해고무효에 따른 복직청구권 및 임금청구권, 매매계약의 해제청구소송에서의 해제청구권 등에 대하여 실효가 인정되면 권리는 소멸하므로, 권리자로서는 권리행사가 저지되는 것이 아니라 이러한 권리를 더 이상 주장할 수 없게 된다. 이러한 실효에 따른 반사적 효과로서 의무자는 의무를 면하게 된다.

2) 다수설　　　다수설은 실효가 인정되면 대상으로 된 권리가 소멸하는 것이 아니라 권리행사가 허용되지 않는 것으로 보아 의무자에게 실효의 항변권이 주어지는 것으로 본다.[70] 즉 권리의 행사가 실효의 구성요건을 충족시키는 경우 권리남용으로 되어 허용되지 않을 뿐 권리 자체는 존속하는 것으로 본다. 따라서 권리의 행사가 신의칙에 비추어 허용되지 않음으로써 의무자로서는 그 권리행사를 저지할 수 있는 항변권을 행사할 수 있을 뿐이다.[71] 그러므로 의무자가 실효된 권리에 대응되는 의무를 이행하는 것은 유효하다.

3) 학설의 검토　　　다수의 견해가 타당하다. 실효는 권리의 행사가 신의와 성실에 좇아 행사되어야 한다는 신의성실의 원칙의 하부적 효과로서 성실하지 못한 권리행사는 권리의 남용으로서 의무자가 그 행사를 저지할 수 있을 뿐이어야 한다. 만일 사정이 바뀌어 권리행사가 다시 정당한 것으로 허용될 경우를 예상한다면, 실효는 권리를 소멸시키는 효과를 발생시킬 것이 아니라, 행사를 일시적으로 저지할 수 있는 항변권 부여의 제도로 보아야 한다.[72]

실효는 사법관계는 물론 공법관계에 대하여도 적용이 있다.[73] 그리고 항소권과 같은 소송법상의 권리에 대하여도 실효의 원칙은 적용될 수 있다.[74]

---

68) 윤철홍, "판례에 나타난 실효의 원칙", 「민법의 과제와 현대법의 조명」 – 경암 홍천용박사 화갑 기념 – (21세기국제경영연구원; 1997), 43면.

69) 이은영, 95면; 윤철홍, "판례에 나타난 실효의 원칙", 44면.

70) 고상용, 47면; 곽윤직, 63면; 김용한, 69면; 김주수·김상용, 524면; 김준호, 51면; 김증한·김학동, 74면; 김형배, 252면.

71) 김학동, "실효(Verwirkung)의 원칙(Ⅱ)", 14면.

72) 김학동, "실효(Verwirkung)의 원칙(Ⅱ)", 15면.

73) 대판 1988.4.27, 87누915.

74) 대판 1996.7.30, 94다51840.

라. 실효의 적용사례

1) 상표권 등의 실효　　등록상표권자가 등록상표를 장기간 사용하고 있지 않는 동안에 다른 사람이 이 상표권을 침해하여 사용하는 경우에, 상표사용의 중지나 손해배상 등을 청구하지 않고 방치한 다음 추후에 상표권에 기한 권리를 행사하는 것은, 신의성실의 원칙에 비추어 볼 때 성실하지 못한 지체된 권리행사로서 유통취득자는 상표권자에 대하여 실효를 주장할 수 있다.[75)]

판례는 유사한 상호를 상법 제23조 제1항을 위반하여 부당하게 사용한 자에 대하여 먼저 등기한 상호인이 설립등기를 마친 후 7년이 지나서야 유사상호등기의 말소 및 상호사용의 금지를 구한 경우에 신의칙상 실효되었다고 볼 수 없다고 한다.[76)]

또한 저작권 및 특허권에도 실효가 적용되나 극히 예외적으로만 인정된다. 왜냐하면 저작자와 특허발명자의 정신적 노작(勞作)을 침해자가 거래계에 운용시켰다고 하더라도 이로써 무단사용자의 점유상태라는 것이 인정될 수 없기 때문이다.[77)]

2) 징계해고무효확인청구　　사용자가 징계절차를 위반하여 징계하여 해고하였는데, 해고된 근로자가 퇴직금을 수령하면서 아무런 이의의 유보나 조건을 제시함이 없이 상당한 기간이 경과하였다면, 사용자로서는 더 이상 해고된 근로자가 복직할 권리를 행사하지 않을 것이라고 예상하게 될 것이다. 그런데 이러한 예상을 깨고, 그 후 새삼스럽게 근로자가 해고무효확인청구를 하는 것은 실효에 해당한다.[78)] 이는 앞뒤의 행위가 서로 모순된 것으로서 신의성실의 원칙상 정당한 권리의 행사가 아니므로 그 효력을 인정할 수 없는 것이다.

만일 사용자가 징계해고에 대하여 근로자가 불복할 것을 예상할 수 있다면, 해고무효의 확인을 구하는 권리행사는 선행행위에 모순된 것이 아니다. 따라서 퇴직금의 일부를 받으면서 징계해고에 대하여 불복할 의사를 분명히 한 경우,[79)] 퇴직금을 수령한 후

---

75) 김학동, “실효(Verwirkung)의 원칙(Ⅱ)”, 16면; 장경학, 150면.

76) 대판 2004.3.26, 2001다72081.

77) 김학동, “실효(Verwirkung)의 원칙(Ⅱ)”, 19면.

78) 권리자가 실제로 권리를 행사할 수 있는 기회가 있어서 그 권리행사의 기대가능성이 있었음에도 불구하고 상당한 기간이 경과하도록 권리를 행사하지 아니하여 의무자인 상대방으로서도 이제는 권리자가 권리를 행사하지 아니할 것으로 신뢰할 만한 정당한 기대를 가지게 된 다음에 새삼스럽게 그 권리를 행사하는 것이 법질서 전체를 지배하는 신의성실의 원칙에 위반하는 것으로 인정되는 결과가 될 때에는 이른바 실효의 원칙에 따라 그 권리의 행사가 허용되지 않는다(대판 1992.1.21, 91다30118).

79) 대판 1993.2.12, 92누10654.

10년 동안 다투어 온 경우,[80] 다른 소제전기를 받은 경우,[81] 보상금청구권마저 소멸할 우려가 있다고 우려하여 보상금을 수령한 경우[82]에는 실효되지 않는다.

실효와 관련하여 권리불행사 기간의 장기성이 문제된다. 물론 실효는 모순행위의 금지를 그 본질로 하므로, 실효를 인정하기 위하여 반드시 권리 불행사의 기간이 장기간이어야 하는 것은 아니다. 그러나 대부분의 경우에 권리불행사 기간의 장기성은 나중에 근로자가 해고무효를 다투는 것에 대한 모순성을 강화시켜주는 요소로 작용한다. 예컨대, 의원면직처분으로 면직된 자가 면직된 때로부터 12년 이상이 경과된 후에 새삼스럽게 그 처분의 무효를 이유로 고용관계가 있다고 주장하는 소를 제기하는 것은 선행행위에 모순되는 것으로서 고용주는 이러한 권리주장에 대하여 실효에 따른 항변을 주장할 수 있는 것이다.

그렇지만 권리불행사의 장기성이 실효판단의 본질적 요소는 아니므로, 판례도 실효와 관련하여 권리불행사 기간의 장단에 절대적으로 의존하지 않는다. 예컨대, 징계면직된 후 회사로부터 퇴직금을 수령하고 징계면직처분에 대해 전혀 다투지 않고 다른 생업에 종사하여 오다가 징계면직일로부터 2년 10개월이 지난 때에 제기한 해고무효확인의 소는 실효되었다고 보았다.[83] 그러나 징계처분으로 의원면직되고 퇴직금까지 수령하였는데, 면직된 다른 직원이 제기한 소송에서 대법원의 승소판결이 있은 지 1년이 지난 때에 절차상의 무효를 이유로 사원지위확인을 청구한 사건에서 청구를 인정하고 권리의 실효를 부정하였다.[84] 그런데 이와는 달리, 다른 직원의 승소판결이 있은 지 2년 4개월 후에 동일한 청구를 한 사안에서는 권리의 실효를 긍정하였다.[85] 결국 실효의 법리에서는 권리불행사의 장기성이 중요한 것이 아니라, 선행된 행위에 모순되는가가 실효판단이 궁극적인 이유가 되기 때문에, 유사한 사안이라도 실효의 인정 여부는 달라질 수 있다.

---

80) 대판 1993.8.24, 92다55480.

81) 대판 1993.9.24, 93다21736.

82) 대판 1992.6.9, 91다43640.

83) 대판 1996.11.26, 95다49004.

84) 대법원은 다음의 이유를 들어 실효의 요건이 충족되지 않았다고 본다. ① 직원이 퇴직금을 수령하였다고 하여 그 징계처분이 절차상 무효라는 것을 알면서 이를 승인한 것으로 볼 수는 없다. ② 비슷한 처지에 있는 다른 직원의 소송결과가 있은 지 1년 만에 본건 청구를 한 점에서 장기간에 걸쳐 권리를 행사하지 않은 것은 아니다. ③ 고용주의 입장에서도 그 동안 징계처분의 효력을 다투는 소송이 잇따라 제기되어 온 점에 비추어 위 직원이 더 이상 권리행사를 하지 않을 것이라고 신뢰할 만한 정당한 사유가 있다고 볼 수 없다(대판 1990.8.28, 90다카9619).

85) 대판 1992.1.21, 91다30118.

3) 소유권의 실효 소유권은 재산권의 가장 기본이 되는 권리이므로, 소유권에 관하여는 원칙적으로 실효의 이론이 적용되지 않는다.[86)]

4) 형성권의 실효 형성권에 대하여 실효의 원칙이 적용된다. 실효의 원칙은 형성권과 밀접한 의미를 가진다. 왜냐하면 민법이 형성권 행사에 대한 제척기간에 관한 명시적 규정을 두고 있지 않은 경우가 많으며, 이러한 경우 형성권의 제척기간은 장기간에 해당될 수 있기 때문이다(제162조 제2항).[87)] 그러므로 형성권의 상대방은 형성권자가 자신의 권리를 상당한 기간 동안 행사하지 않음으로써 그 형성권이 더 이상 행사되지 않을 것이라고 신뢰할 만한 정당한 사유를 갖게 되었다면, 그 후 새삼스럽게 형성권자가 형성권을 행사하는 것은 실효의 원칙에 따라 허용되지 않는 것으로 보아야 한다.[88)]

5) 신분권의 실효 신분과 관련된 권리에 대해서는 진정한 권리관계가 중요하다고 보고 그 행사 여부에 따른 실효를 인정하는 것에 대하여 신중을 기하여야 한다. 판례도 혼인취소청구권을 12년 동안 행사하지 않다가 그 이후에 행사하여도 실효되지 않는다고 한다.[89)] 또한 인지청구권은 본인의 일신전속적인 신분관계상의 권리로서 포기할 수도 없으며 포기하였더라도 그 효력이 발생할 수 없는 것이고, 이와 같이 인지청구권의 포기가 허용되지 않는 이상 거기에 실효의 법리가 적용될 여지도 없다.[90)]

제 3 관 권리의 변동

Ⅰ. 법률관계의 변동

법률관계는 법률에 의하여 규율되는 생활관계를 말한다. 이처럼 법률관계는 어떤 사람이 다른 사람에 대하여 권리를 가지고 있다는 모습으로 나타나게 되고, 이는 곧 다

86) 대판 2002.1.8, 2001다60019; 대판 1995.8.25, 94다27069.

87) Flume, Allg. Teil, § 10, 3 c).

88) 해제권자가 1년 4개월가량 전에 발생한 해제권을 장기간 행사하지 않고 잔존채무의 이행을 최고하였고, 이에 대해 상대방은 매매계약상의 매매대금을 거의 전부 지급하였다. 이러한 상대방으로서는 그 해제권이 더 이상 행사되지 아니할 것으로 신뢰한 데에 정당한 사유가 있다고 인정된다. 따라서 해제권을 행사할 수 있는 자가 계약의 유효를 전제로 채무의 거의 전부를 이행받은 후 새삼스럽게 그 해제권을 행사한다는 것은 모순된 것으로 실효의 원칙에 따라서 허용되지 않는다(대판 1994.11.25, 94다12234).

89) 대판 1993.8.24, 92므907.

90) 대판 2001.11.27, 2001므1353.

른 사람은 어떤 사람에 대하여 그에 대응되는 의무를 부담하게 되는 것을 의미한다. 따라서 법률관계는 권리의 변동의 법적인 규명이 이루어짐에 따라 자연스럽게 의무의 부담은 결정되게 된다. 그러므로 법률관계는 의무를 포함하여 권리본위로 고찰하게 되고, 권리의 변동은 권리의 발생·변경·소멸로 나타나게 된다. 이러한 결과로서의 권리변동이 「법률효과」이고, 이러한 법률효과를 발생하게 하는 원인이 「법률요건」이며, 이 법률요건을 구성하는 사실을 「법률사실」이라 한다.

Ⅱ. 권리변동(법률효과)

권리의 변동은 권리의 발생·변경·소멸을 말한다.

1. 권리의 발생

권리의 발생은 권리의 취득이다.

(1) 원시취득(=절대적 발생)

원시취득은 「어떤 권리가 타인의 권리에 기함이 없이 새롭게 특정인에게 발생하는 것」을 말한다. 예컨대, 가옥을 신축한 자는 그 가옥에 대한 기존의 권리를 승계하는 것이 아니라, 그 가옥의 소유권을 최초로 발생시켜 취득하는 것이므로 원시적으로 그 가옥의 소유권을 취득한다. 이외에도 무주물선점(제252조)·습득(제253조)·선의취득(제249조 이하)이 이에 속하며, 인격권·신분권 등의 취득도 원시취득에 속한다.

일반적으로 원시취득은 취득자가 자기의 노력과 재료를 들여 건물 등을 처음으로 이 세상에 완성시킨 것에 기인한다. 그러나 도급계약에서 수급인이 자기의 노력과 재료를 들여 건물을 완성하더라도, 도급인과 수급인 사이에 도급인 명의로 건축허가를 받아 소유권보존등기를 하기로 하는 등 완성된 건물의 소유권을 도급인에게 귀속시키기로 합의한 경우에는 그 건물의 소유권은 도급인에게 원시적으로 귀속된다.[1]

(2) 승계취득(=상대적 발생)

승계취득은 「어떤 권리가 타인의 권리에 기하여 특정인에게 승계적으로 발생하는 것」을 말한다. 승계취득에는 이전적 승계와 설정적 승계가 있다.

가. 이전적 승계 이전적 승계는 「구권리자의 권리가 그 동일성을 유지하면

---

1) 대판 2003.12.18, 98다43601.

서 신권리자에게 이전되는 경우」이다. 따라서 권리의 주체만이 바뀐다. 이전적 승계에는 다시 포괄승계와 특정승계가 있다.

1) **포괄승계** 포괄승계는 「하나의 취득원인에 의하여 다수의 권리가 일괄적으로 취득되는 경우」이다. 예컨대, 피상속인이 사망하면 상속에 의하여 피상속인의 모든 법적 지위가 상속인에게 이전된다. 상속이외에도 포괄유증이나 회사의 합병은 포괄승계의 원인이 된다.

2) **특정승계** 특정승계는 「개개의 권리가 개개의 취득원인에 의하여 이전·취득되는 경우」이다. 대표적인 예로, 매매를 통하여 매매목적물의 소유권이 이전되어 매도인의 권리가 매수인에게 이전되는 것을 들 수 있다.

나. 설정적 승계 설정적 승계는 「구권리자는 자신의 권리를 그대로 보유하면서 그 권리의 내용의 일부에 어떤 권리를 설정하여 신권리자에게 취득시키는 경우」이다. 권리자가 자신의 권리를 잃지 않으면서, 그 권리내용의 일부를 근거로 새롭게 권리를 발생시키는 것을 말한다. 예컨대, 소유권자가 토지나 건물에 지상권·저당권 등의 제한물권이나 임차권을 설정하는 것이다.

2. 권리의 소멸

권리가 권리주체로부터 이탈하는 것을 말한다.

(1) 절대적(객관적) 소멸

권리의 절대적 소멸은 이 세상에서 권리자체가 소멸하는 것이다. 이를테면, 목적물이 멸실하게 되면 이에 근거한 권리도 소멸한다. 소멸시효의 완성·권리의 포기·변제에 의한 권리소멸 등이 이에 속한다.

(2) 상대적(주관적) 소멸

권리의 상대적 소멸은 권리 자체는 소멸하지 않고 권리의 주체만이 변경되는 경우이다. 예컨대, 매매로 인하여 매도인이 매매목적물의 권리를 상실하는 경우를 들 수 있다.

3. 권리의 변경

권리의 주체·내용·작용이 변하는 것을 말한다.

(1) 주체의 변경

주체의 변경을 다른 면에서 보면 권리의 이전적 승계(예: 매매, 상속 등)이다.

(2) 내용의 변경

내용의 변경에는 질적 변경·양적 변경이 있다.

가. 권리의 질적 변경 권리의 내용이 다른 내용으로 대체되어 변경되는 것을 말한다. 예를 들면, 이행불능이 발생하면, 이에 따라 기존의 채무에 대한 청구권이 손해배상채권으로 변하게 된다. 물상대위(제342조, 제370조)·대물변제(제466조)가 이에 속한다.

나. 권리의 양적 변경 권리가 그 양적 의미에서 변경되는 것을 말한다. 첨부(제256조 이하)에 의하여 권리의 내상이 양적으로 증가하는 것을 예로 들 수 있다. 또한 소유권의 객체에 제한물권(지상권·전세권·저당권 등)이 설정되어 소유권의 내용이 감소하거나, 또는 이미 설정되어 있는 제한물권이 소멸하여 소유권의 내용이 증가하는 것도 권리의 양적 변경에 속한다.

(3) 작용의 변경

작용의 변경은 권리의 효력상의 변화가 발생하는 것을 말한다. 예컨대, 부동산임차권을 등기하게 되면 대항력을 취득하게 되는 것을 말한다(제621조 제2항).

< 권리변동의 도표 >

- 사권의 변동
  - 취득
    - 원시취득 (절대적 발생) – 선의취득·무주물선점·습득, 인격권·신분권의 취득 등
    - 승계취득 (상대적 발생)
      - 이전적 승계
        - 특정승계 – 매매 등
        - 포괄승계 – 상속·포괄유증·회사의 합병 등
      - 설정적 승계 — 지상권·저당권 등의 설정
  - 상실
    - 절대적 소멸 – 목적물 멸실에 의한 소유권의 소멸 등
    - 상대적 소멸 – 권리주체의 변경과 동일
  - 변경
    - 주체의 변경 — 이전적 승계와 동일
    - 내용의 변경
      - 양적 변경 – 첨부 등
      - 질적 변경 – 물상대위·대물변제 등
    - 작용의 변경 — 대항요건의 취득 등

Ⅲ. 권리변동의 원인

법률관계에 대한 법적 구성은 추상적으로 이루어지므로, 「만약 누가 어떠하다면, 이에 따라 일정한 결과가 발생한다」는 가정절(If-Clausel)의 형식을 취한다. 모든 구체적인 민사사건에 대하여 적용되기 위하여 만약의 가정적인 현상을 추상적으로 묘사하고 그리고 그 묘사된 요소가 일정한 개념을 구성하면, 구성해 내는 개념으로부터 일정한 법적 규율을 발생케 하는 형식을 취한다. 즉 민사사건의 구체적 현상들을 법률요건으로 정립하고, 법률요건을 구성하는 구성사실을 법률사실로서 추상화하여, 법률사실들이 법률요건의 구성에 충족되는 경우에는 이에 따른 규율효과로서 법률효과를 발생하게 된다.

1. 법률요건

(1) 법률요건의 의의 및 양태

법률효과를 발생하게 하는 원인이 법률요건이다. 이 법률요건은 법률행위·불법행위·부당이득·사무관리 등으로 나타난다.

가. 법률행위 사인들의 일상의 거래는 법률행위에 의하여 이루어진다. 예컨대, 갑(甲)이 자신이 갖고 있는 컴퓨터를 을(乙)에게 일정한 금액으로 팔고 이에 대해서 을이 그 가격으로 갑의 컴퓨터를 사려할 때, 갑이 청약을 하고 을은 이에 대하여 승낙을 하면 갑과 을은 갑의 컴퓨터에 대하여 매매계약을 체결한 것이다. 이러한 경우에 갑은 을에게 매매대금청구권을 취득하고, 을은 갑에게 컴퓨터의 소유권을 이전해 줄 것을 청구할 수 있다.

여기서 매도인 갑이 대금지불청구권을, 매수인 을이 매매목적물의 소유권이전청구권을 취득하는 것이 법률효과이며, 이러한 법률효과가 발생되기 위한 법률요건이 매매계약인 것이다. 그리고 매매의 경우와 같이, 당사자의 의사표시에 기초하여 사적 자치에 의하여 형성된 법률요건이 법률행위이다.

나. 불법행위 우리는 법이 허용하는 정당한 행위를 하여야 한다. 이에 반하여 타인에게 손해를 가하는 위법행위를 불법행위라 한다. 만일 어떤 사람이 정당한 행위를 할 자유에 반하여 타인에게 고의나 과실로 위법하게 손해를 입힌 경우에는 이에 대한 손해배상책임을 진다(제750조). 이와 같이 불법행위는 가해자로 하여금 피해자에게 입힌 손해에 대하여 배상책임을 지게 된다는 효과를 발생시키는 원인을 구성하게 된다.

즉 손해배상청구권이라는 법률효과가 발생하기 위해서는 그 전제로서 불법행위가 성립되어야 하므로 불법행위는 손해배상청구권의 법률요건이 된다.

다. 부당이득 우리의 모든 이익은 정당한 것이어야 한다. 즉 법이 그 취득을 정당한 것으로 인정해 주어야 우리의 수익은 정당한 것으로 존중받게 된다. 그러나 그 수익에 대한 법률상 원인이 부존재하면, 취득한 이익은 정당하지 못한 것으로 원상회복의 의미로서 반환하여야 한다. 예를 들어, 갑이 계약의 이행으로서 을에게 토지의 소유권을 이전하였는데, 그 계약이 무효·취소가 되어 효력을 잃게 되면 을이 취득한 토지의 소유권은 이를 정당화하는 법률상 원인인 계약이 효력을 잃게 됨으로써 부당이득으로 된다. 이에 따라 이득자 을은 손실자 갑에게 토지의 소유권을 반환하여야 한다. 즉 부당이득법에 의하여 갑은 을에게 토지소유권의 이전을 부당이득으로 반환청구할 수 있다(제741조). 이처럼 부당이득이라는 법률요건은 부당이득반환청구권이라는 법률효과를 발생시킨다.

라. 사무관리 사무관리는 법적인 의무 없이 타인의 사무를 대신 처리하는 것을 말한다. 그런데 사무관리란 타인의 사무를 법적인 의무를 부담하지 않은 상태에서 처리해 주는 것으로서 이는 우리 사회에서 매우 바람직한 현상이다. 예를 들어, 시장에서 갑은 떡장사를, 을은 순대장사를 하고 있다. 그런데 갑이 급한 용무로 을에게 떡 관리를 부탁함이 없이 자리를 비운 사이에 을은 자신의 포장지 등을 사용하여 갑의 떡을 대신 팔아 주었다. 이 경우 타인의 사무를 위임 등의 계약관계에 기인하여 관리한 것은 아니므로, 원칙적으로 사무관리에 따른 보수청구권은 발생되지 않는다. 그렇지만 사무관리자에게 발생한 비용은 상환해 주어야 하므로, 을은 타인 갑의 사무를 관리하면서 사용한 포장지 등의 비용을 갑에게 청구할 수 있어야 한다. 이처럼 사무관리는 법률효과로서 비용상환청구권을 발생시키는 법률요건이다(제734조).

(2) 민법의 체계와 법률요건

법률요건은 법률행위·불법행위·부당이득·사무관리 등이 있으나, 이 중 불법행위·부당이득·사무관리는 그 법률효과가 손해배상청구권·부당이득반환청구권·비용상환청구권의 발생을 내용으로 한다. 이처럼 불법행위·부당이득·사무관리의 법률요건들은 오로지 청구권의 발생을 내용으로 하므로, 이에 관하여는 민법 제3편 채권법에서 다루게 된다. 또한 이러한 청구권들은 그 발생의 근거를 법률의 규정에서 찾게 된다. 사무관리에 대하여 제734조가 없다면 비용상환청구권은 발생할 수 없고, 부당이득에 대하여 제741조가 없다면 부당이득상환청구권은 발생할 수 없고 또한 불법행위에 대하여 제750조가 없다면 손해배상청구권은 발생할 수 없다. 그리하여 이들은 법률효과가 오로지 청구권을 내용으로 하는 채권의 발생을 목적으로 한다는 점과 그 법률효과의 발생근거가 법규범에 기인한다는 점에서 불법행위·부당이득·사무관리의 법률요건은 '법률에 의한 채권관계'로서 채권각론에 규정되어 있다.

그런데 법률행위는 법률의 규정에 의한 법률요건이 아니라 사적 자치에 그 근거를 두고 있다. 우리 일상에서 벌어지고 있는 생활관계는 대부분이 사적 자치에 근거를 둔 자유로운 약속 내지는 계약을 통하여 이루어지며, 이처럼 우리 사인들의 생활관계는 일반적으로 당사자의 자치적인 규율설정행위에 의하여 성립하고 또 실현된다. 이를 내용으로 하는 법률행위가 사인들의 생활을 총괄하는 재산관계·가족관계 전체를 총괄하는 법률요건이 된다. 이처럼 법률행위는 재산행위와 신분행위를 포함하는 사인의 법률관계의 일반을 구성하는 법률요건으로서, 이에 관하여는 민법의 일반칙인 민법총칙이 규율하고 있다.

2. 법률사실

(1) 의 의

법률요건을 구성하는 사실이 법률사실이다.

(2) 분 류

법률사실은 '사람의 정신작용에 기한 사실'과 '사람의 정신작용에 기하지 않은 사실'로 나뉘어진다.

가. 사람의 의식이나 정신작용에 기한 법률사실(용태) 사람의 정신작용에 기한 법률사실로서 용태(容態)는 그 정신작용이 외부로 표출되는가의 여부에 따라 '외부적 용태'와 '내부적 용태'가 있다.

1) 외부적 용태 외부적 용태는 의사가 외부에 표현되는 용태이다. 따라서 외부적 용태는 「행위」이다. 이 행위에는 사람의 의식이 뒷받침된 작위·부작위를 포함하며, 법률효과의 발생을 목적으로 하지 않은 외부로 나타난 행위는 외부적 용태가 아니다. 예를 들어, 산책이나 단순히 호의에서 비롯된 권유나 충고 등의 행위는 이로써 구속력 있는 법적 효과가 발생되지 않으므로, 법률사실로서의 가치가 인정되지 않고 따라서 법률상 행위가 아니다.

외부적 용태는 의식에 기초하여 외부로 나타난 행위로서, 법적 평가의 옳고 그름에 따라 「적법행위」와 「위법행위」가 있다.

① 적법행위　　적법행위는 법률이 가치 있는 것으로 평가하여 허용하는 행위이다. 적법행위에는 다시 법률행위와 준법률행위가 있다.

i) 법률행위　　법률행위는 의사표시를 요소로 하는 법률요건이고, 의사표시는 일정한 법률효과의 발생을 목적으로 하는 의사를 주된 요소로 하는 법률사실이다. 법률행위는 하나의 의사표시로 성립하는 「단독행위」와, 두 개 이상의 의사표시로 성립하는 「계약」으로 나누어진다. 그리고 학설에 따라서는 「합동행위」를 추가시키는 견해도 있다. 어느 것이나 당사자가 의욕한 대로 법률효과가 발생하고, 이러한 점에서 사적 자치를 실현하는 수단이 된다.

ii) 준법률행위　　준법률행위는 법률행위를 제외한 인간의 행위 또는 행위의 결과로서 법률의 규정에 의하여 일정한 법률효과를 발생하게 하는 것이다. 법률행위는 당사자가 원하는 대로 법률효과가 발생되는 반면에, 준법률행위는 당사자의 의사의 표시를 전제로 하지만 행위자가 어떤 법률효과의 발생을 원하였느냐의 여부를 묻지 않고서 법률이 직접 개입하여 일정한 법률효과를 발생시킨다. 준법률행위는 다시 의식의 표현인 표현행위와 비표현행위로 나누어지고, 표현행위에는 '의사의 통지·관념의 통지·감정의 표시'가 있고, 비표현행위는 사실행위로서 이에는 '순수사실행위·혼합사실행위'가 있다.

a) 표현행위

㉠ 의사의 통지　　「의사의 통지」란 자기의 의사를 타인에게 통지하는 행위를 말한다. 예를 들면, 제한능력자의 상대방이 하는 추인 여부 확답의 최고(제15조 제1항)·청산인이 하는 채권신고의 최고(제88조)·무권대리행위의 상대방이 하는 추인 여부 확답의 최고(제131조)·채무의 이행을 청구하는 최고(제174조)·선택채권에서 선택의 최고(제381조)·제3자를 위한 계약에서 채무자가 하는 계약이익 향수 여부 확답의 최고(제540조)·해제권 행사 여부의 최고(제552조) 등을 들 수 있다.

㉡ 관념의 통지　　「관념의 통지」란 법률관계의 당사자 일방이 상대방에 대하여 과거 또는 현재의 사실을 알리는 것을 말한다. 예를 들어 사원총회소집의 통지(제71조)·채무의 승인(제168조 제3호)·채권양도의 통지 또는 승낙(제450조)·공탁의 통지(제488조)·청약자가 하는 승낙연착의 통지(제528조 제2항) 등이 관념의 통지에 속한다.

㉢ 감정의 표시　　「감정의 표시」란 표시된 의식내용이 용서와 같은 감정인 경우이다. 법률이 용서와 같은 사람의 내적 감정을 법률요건으로 삼는 경우란 매우 드물다. 예외적으로 「용서의 의사」를 표시하는 경우(제556조 제2항)나 「사후용서」(제841조) 등은 감정이 표시된 경우로서 준법률행위에 해당한다.

b) 비표현행위(사실행위) 법은 당사자의 의사를 고려하지 않고 일정한 행위의 결과에 대하여 법률효과를 발생시키는 경우가 있는데, 이를 사실행위라고 한다. 사실행위에서는 어떤 행위에 의하여 표시되는 당사자의 의식의 내용이 무엇이냐를 묻지 않고, 단지 행위가 행하여져 있다는 것 또는 그 행위에 의하여 생긴 결과만이 법률에 의하여 법률상의 의미가 있다. 이러한 사실행위는 인간의 일정한 행위의 결과에 초점을 맞추는 경우와 일정한 행위의 결과와 더불어 행위자의 의사를 함께 요건으로 삼는 경우로 나눌 수 있다.[2)]

㉠ 순수사실행위 사실행위 중에서 외부적 결과의 발생만 있으면 행위자의 목적적 의욕과는 관계없이 법률에 의하여 원인행위자에게 일정한 효과가 발생되는 경우를 순수사실행위라고 한다. 예를 들어, 매장물의 발견(제254조)·가공(제259조)·특허법상의 발명 등이 이에 속한다.

㉡ 혼합사실행위 혼합사실행위란 일정한 사실과 그 사실 외에 어떤 의식과정이 따를 것을 요구하는 경우를 말한다. 예를 들면, 점유의 취득(제192조 제1항)·무주물선점(제252조)·유실물습득(제253조)·사무관리(제734조) 등의 경우에는 점유취득·선점·습득·타인사무의 관리행위 등의 사실 외에도 행위자의 사실상의 지배의사 내지 사실상의 소유의 의사 또는 본인을 위한 의사가 법률효과발생을 위하여 요구된다. 이 점이 순수사실행위와 다르다. 점유의 상실(제192조 제2항)과 질물반환에 의한 질권의 소멸도 이러한 사실상의 지배의사의 포기를 요건으로 한다는 점에서 같은 유형에 속한다. 그러나 '소유권의 포기'는 사실행위가 아니고 법률행위이다. 소유권의 포기는 소유권의 소멸을 목적으로 하는 포기의사가 어떤 방법이든 표시되는 것을 요건으로 하는 의사표시라고 해석하여야 할 것이기 때문이다.

iii) 준법률행위에 대한 법률행위 규정의 유추적용 문제 준법률행위에 관하여 법률행위의 규정을 유추적용할 수 있는가가 문제된다. 준법률행위에도 의사적 요소가 포함되어 있으므로 그 본질에 반하지 않는 한 의사표시를 규율하는 규정이 유추적용될 수 있다. 그러므로 사건이나 내부적 의사, 내부적 관념 그리고 순수사실행위에는 의사적 요소가 존재하지 않으므로 의사표시에 관한 규정을 유추적용할 수 없으나, 의사의 통지·관념의 통지 및 감정의 표시인 준법률행위에 관하여는 행위능력·의사의 교부·도달 및 해석의 규정은 적용된다고 보아야 한다.[3)]

---

2) 이영준 교수는 사실행위의 개념에 '사실적 의사가 어느 정도 독립성을 갖고 있는 행위'를 포함시키고 있다. 그리고 사실적 의사가 어느 정도 독립성을 갖고 있는 행위는 의사적 요소가 어느 정도 독립되어 있다고 하는 점에서 혼합사실행위와 다르다고 한다. 예컨대, 사무관리에서 본인을 위하여 하는 의사(제734조), 동거의사를 가지고 부부가 동거하는 것(제826조) 등에 있어서는 의사적 요소가 혼합사실행위보다 강하다고 한다(170면).

② **위법행위** 위법행위는 법률이 반가치적인 것으로 평가하여 허용하지 않는 행위이다. 위법행위가 있으면 법은 행위자에게 불이익한 효과를 발생하게 한다. 민법상의 위법행위에는 채무불이행(제390조)과 불법행위(제750조)가 있다.

2) **내부적 용태** 내부적 용태는 원래 법적 의미를 갖지 않는다. 다만 법은 예외적으로 일정한 경우 이에 대하여 일정한 법률효과를 부여하는 것이다. 이러한 내부적 용태에는 내부적 의사·내부적 관념이 있다.

① **내부적 의사** 내부적 의사의 예로는 소유의 의사(제197조), 제3자의 변제에서 채무자의 허용 또는 불허용의 의사(제469조), 사무관리에서 본인의 의사(제734조) 등이 있다.

② **내부적 관념** 내부적 관념의 예로는 선의·악의(제107조 제2항, 제108조 제2항, 제109조 제2항, 제110조 제3항), 정당한 대리인이라고 하는 신뢰(제126조) 등이 있다.

나. 사람의 정신작용에 기하지 않은 법률사실(사건) 사건은 사람의 내부적 관념 및 내부적 의사를 기초로 하지 않는 법률사실을 말한다. 이러한 사건에는 사람의 출생·사망·실종, 시간의 경과, 물건의 자연적 발생·소멸과 같이 사람의 정신작용과 전혀 관계없는 사실뿐 아니라 물건의 파괴, 과실의 분리, 부합, 혼화와 같이 사람의 정신작용과 관계있는 것도 해당한다.

< 법률사실 >

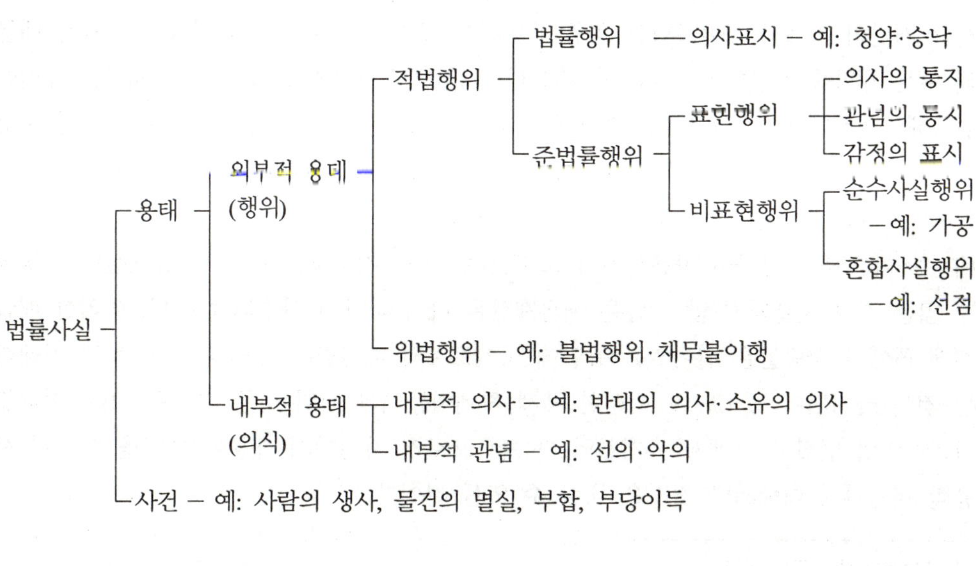

3) 김증한·김학동, 258면; 이영준, 171면; 장경학, 144면.

제 2 절 법률행위

제 1 관 법률행위 일반

Ⅰ. 법률행위의 개념

1. 민법의 기본원리로서의 사적 자치

사인의 법률관계는 사적 자치의 원칙에 근거를 두고 있다. 사적 자치의 원칙은 사인에게 자신의 의사에 따라 법률관계를 스스로 형성할 수 있는 힘을 부여한다. 이로써 사적 자치의 원칙은 사인간의 법률관계 형성에서 자기결정을 존중하는 원리로 작용하고 있다. 이러한 사적 자치의 원칙은 법질서에 앞서 선험적으로 존재하고 있는 것으로서 법질서 전체 속에서 헌법을 통해서 실현되이야만 될 가치로서 인정받고 있다.[1)]

사적 자치에 대립되는 사회체제는 분배적 체제이다. 이러한 분배적 사회체제 하에서는 개인의 경제적 자유보다는 공공적 배분이 우선하기 때문에 사인들은 국가가 배급해 주는 재화를 수령하는 지위만을 갖는다. 그러므로 이러한 사회질서 하에서는 개인이 취득해야 할 의·식·주의 생계수단이 국가의 배급이라는 행정행위를 통해서 취득될 수밖에 없다.[2)] 이러한 분배적 체제 하에서의 경제질서는 국가의 경제계획과 이에 따른 배분정책에 의하여 실현되게 된다. 따라서 배급사회에서 사인은 국가가 행정행위를 통하여 배분한 재화를 수령하여 사용하거나 소비할 수 있을 뿐이고, 개인의 사유재산이 인정되지 않는 결과 처분되지 않고 남은 배급재산은 다시 국가에 환수되게 된다. 이러한 배급체제 하에서 사람들은 살아있는 동안에 국가로부터 배급받은 재산을 사용할 뿐 거래하는 것이 금지되어 있으므로, 이러한 체제 하에서는 법률행위란 존재할 수 없다. 이러한 사회주의의 법질서 하에서는 개인의 자유는 오로지 자신에게 배분된 재산을 어떻게 사용할 것인가에 대해서만 결정을 내릴 수 있을 뿐이다.

---

1) Flume, Allg. Teil, § 1, 1.

2) Medicus, Allg. Teil, Rdnr. 172.

이러한 국가적 배급경제를 지향하는 법질서는 국가 특히 행정부가 사회 구성인의 생계에 관한 모든 것을 해결해 주는 행정행위를 하여야 한다. 그러므로 이러한 법질서 하에서 인간이 주어진 개인의 자유로운 창의적 활동은 제한받게 되고, 분배에 따른 국가의 행정비용은 엄청나게 들게 된다. 현대국가는 이러한 엄청난 행정적 비용을 줄이고, 개인의 존엄을 인정하고 인격의 발전을 보장하기 위하여 사회체제를 자유주의적·개인주의적 기조 위에 세우고 있다. 오늘날의 사회는 개인의 자유를 최대한으로 보장하고, 개인에 대한 국가적 후견을 배제하는 것을 그 출발점으로 삼고 있다. 그런데 개인 상호간의 법률관계가 원칙적으로 개인 스스로가 원하는 것에 따라 결정되고 자유로이 형성되려면 개인의 행위자유를 법적으로 인정해 주어야 한다. 우리 헌법도 제10조에서 「모든 국민은 인간으로서의 존엄과 가치를 가지며, 행복을 추구할 권리를 가진다」고 규정함으로써 모든 사람에게 일반적인 행위의 자유를 인정하고 있다. 이를 바탕으로 사적 자치의 기본원칙은 사적인 법률관계에 대하여 사인의 자기결정에 의한 권리형성에 대한 가능성을 인정해 주고 있다.

2. 사적 자치와 법질서

사적 자치의 원칙에 따라 사인이 자치적으로 형성한 법률관계의 실현에서 법질서는 긴밀하게 관련을 맺고 있다. 즉 사인의 자치적인 법률관계형성은 자유로운 행위이지만, 그 자치적 법률관계의 형성내용은 규범적 측면에서 법질서에 의해서 승인될 수 있는 것이어야만 한다. 이처럼 법의 가치질서에 합당한 것으로 판단된 자치적 규율에 대해서 법률은 그 당사자들 사이에 구속력 있는 것으로 승인하고 또한 그 법률관계가 정상적으로 실현될 수 있도록 조력을 한다.

3. 법률행위의 의의

사적 자치의 원칙 하에서 당사자(사인)가 의욕한 법률효과가 발생될 수 있도록 하는 근거가 되는 법률요건이 법률행위이다. 그리하여 법률행위가 성립하면 당사자가 의욕한 바에 따라 법률효과가 발생하게 되므로 법률행위는 당사자의 의사표시를 구성요소로 하고, 그 법률효과는 의사표시의 내용대로 발생한다. 결국 법률행위는 「의사표시를 주된 요소로 하는 법률요건」인 것이다.

4. 법률행위 자유의 원칙

법률행위는 당사자의 사적 자치를 실현할 수 있는 법적 수단으로서 이를 통하여 당사자는 자기결정에 따라 자유롭게 법률관계를 형성하여 실현할 수 있다. 이로부터 법률행위 자유의 원칙이 도출된다. 법률행위의 자유는 개인의 거래를 사적 자치에 맡기는 것이 사회 전체적으로 보아서 정당한 상황이라는 판단을 전제로 한다. 그러므로 이러한 전제가 설정되어 있지 않아, 사회적으로 일정한 재화가 특정인에게 독점되거나, 재화의 절대적 부족으로 인하여 수요와 공급의 차가 극심한 경우 등에서는 사인간의 거래라 할지라도 법률행위의 자유를 제한하여야 한다.[3] 오히려 사회의 재화분배가 극도로 불균형한 상태에서는 법률행위의 자유를 제한하여야 사인의 사적 자치를 최소한 보장받을 수 있다. 이러한 예외적인 상황이 아닌 한, 법률행위의 자유는 보장되어야 한다. 법률행위의 자유는 법률행위 체결 여부에 관한 자유, 법률행위 상대방선택의 자유, 법률행위 내용결정의 자유 그리고 법률행위 방식의 자유로 구체화된다.

Ⅱ. 법률행위의 요건

1. 법률행위의 체결·성립·유효

법률행위에는 「행위」의 측면과 「규율」의 측면이 있다. 그러므로 법률행위는 행위로서 체결되고, 행위로서 체결된 법률행위가 효력발생을 위한 요건을 갖추고 있으면 성립하며, 성립한 법률행위가 아무런 흠 없이 그 효력을 관철시켜 실현시킬 수 있으면 유효한 것이다. 그런데 법률행위의 성립을 위해서는 당사자들 사이의 사적 자치의 규율로서의 의미를 갖추고 있어야 하고, 이를 위해서는 최소한의 구성요소로서 「당사자·목적·의사표시」가 존재하여야 한다. 그리고 이러한 법률행위가 그 효력을 관철시킬 수 있기 위해서는 법률행위가 유효하여야 하는데, 이에는 법률행위의 구성요소인 당사자·목적·

---

3) 계약체결의 자유는 전기·수도·가스의 공급이나 공공교통기관의 이용과 같은 이른바 생존배려의 급부관계처럼 공급자에게 체결의무가 강제되는 경우에 제한된다. 또한 상대방선택의 자유가 제한되는 경우에는 차별금지의 원칙에 따라 독점유사의 지위를 갖는 자는 특정인과의 체약을 거절해서는 않된다는 것이 신의성실의 원칙(제2조)에 의하여 정당화될 수 있어야 한다. 계약내용결정의 자유는 고객에게 일방적으로 불리한 부당한 약관의 무효(제103조)나 근로자에게 지나치게 불리한 계약의 무효(근로기준법 제15조 참조) 등의 경우에 제한된다. 끝으로 방식의 자유는 공적 감독을 위하여 국가의 허가 또는 증명 등 넓은 의미의 방식을 요하는 계약에서 제한되고 있다.

의사표시에 어떠한 흠도 내재되어 있지 않아야 한다. 전자가 법률행위의 성립요건이고, 후자가 법률행위의 유효요건(효력요건)이다.

2. 성립요건

법률행위의 존재를 인정하기 위한 최소한의 외형적·형식적 요건을 말한다. 다만 성립요건과 효력요건에 관하여는 개개의 법률행위에서 고찰하게 된다. 성립요건은 일반적 성립요건과 특별성립요건으로 나누어진다.

(1) 일반적 성립요건

모든 법률행위에 일반적으로 규율로서 최소한 갖추어야 할 요건이다.

ㄱ. 당사자 법률행위의 당사자가 존재하여야 하고, 객관적으로 특정될 수 있어야 한다.

1) **타인의 명의로 거래한 경우** 계약을 체결하는 행위자가 타인의 이름으로 법률행위를 한 경우에 행위자 또는 명의인 가운데 누구를 계약의 당사자로 볼 것인가가 문제된다. 우선 행위자와 상대방의 의사가 일치하는 경우에는 그 일치한 의사대로 행위자 또는 명의인을 계약의 당사자로 확정한다. 그러나 행위자와 상대방의 의사가 일치하지 않는 경우에는 그 계약의 성질·내용·목적·체결경위 등 그 계약체결 전후의 구체적인 제반사정을 토대로 상대방이 합리적인 사람이라면 행위자가 명의자 중 누구를 계약당사자로 정할 것인가에 의하여 당사자를 결정한다. 예를 들면 자동차를 구입하기 위하여 차량할부구입계약 및 보증보험계약을 체결하는 데에 타인의 승낙을 얻어 그 타인의 명의로 계약한 경우에 계약당사자는 실질적으로 그 할부대금을 지불하는 당사자가 아니라 명의자이다.[4]

2) **금융실명제에 따른 예금계약상의 예금주** 금융기관에 예금거래를 하는 자는 원칙적으로 직접 주민등록증과 인감을 지참하고 금융기관에 나가 자기의 이름으로 예금을 하여야 한다(금융실명거래 및 비밀보장에 관한 법률 제3조 제1항). 실질적인 예금을 하려는 자가 타인의 주민등록증과 인감을 가지고 가서 타인의 이름으로 예금하고 예탁금계좌를 개설한 경우에는 예탁금의 예금주는 예금계약상의 명의인인 타인이다.[5] 다만 판례는 명의인이 아닌 출연자에게 예금채권을 귀속시키기로 하는 명시적 또는 묵시적 약정이 있는 경우에 한하여 그

---

4) 대판 1998.3.13, 97다22089.

5) 대판 1998.1.23, 97다35658; 대판 1996.4.23, 95다55986 참조.

출연자를 예금주로 보고 있다.

나. 목　적　　법률행위의 목적은 법률행위의 내용을 이룬다. 법률행위가 규율로서 가치를 갖기 위해서는 그 내용이 식별될 수 있어야 한다.

다. 의사표시　　사적 자치를 실현하는 법률행위는 의사표시를 주된 요소로 한다. 따라서 법률행위를 구성하는 당사자의 자기결정인 의사를 표시하고 있는 것으로 인정될 수 있는 행위가 존재하여야 한다.

(2) 특별성립요건

특별성립요건이란 개개의 법률행위에 관하여 법이 그 성립에 필요한 요건을 규정한 것이다. 예컨대 유언처럼 일정한 방식을 준수하여 법률행위를 하여야 하는 경우도 있고(제33조, 제1060조, 어음법 제1조), 또 목적으로 된 물건이 이전되어야 하는 요물성(제330조, 제460조)이 요구되는 경우도 있다. 이러한 방식이나 점유의 이전이 없으면 처음부터 유언이나 질권의 설정 자체가 존재하는 것이 아니므로 이는 특별히 법률에 의하여 요구되는 성립요건인 것이다.

3. 효력요건(유효요건)

법률행위의 효력요건(유효요건)이란 「규율로서의 법률행위」가 법률상 효력을 발생하는데 필요한 요건을 말한다. 즉 성립한 법률행위가 그 효력을 관철하는데 아무런 장애가 존재하지 않아야 하며, 효력발생을 제한하는 장애요소는 무효·취소의 사유가 된다. 효력요건은 다시 일반적 효력요건과 특별효력요건으로 나누어진다.

(1) 일반적 효력요건

일반적 효력요건은 모든 법률행위에 공통적으로 요구되는 유효요건이다.

가. 당사자　　당사자는 권리의 주체로서 권리능력·의사능력·행위능력을 갖추고 있어야 한다(제3조, 제5조, 제10조, 제13조). 권리능력을 갖추고 있지 않거나 의사능력을 갖추고 있지 않으면 무효이며, 행위능력을 갖추고 있지 않은 경우에는 취소할 수 있다.

나. 법률행위의 목적　　법률행위의 목적이 확정성·가능성·적법성·사회적 타당성을 갖추어야 유효하게 효력을 발생할 수 있다(제103조, 제104조).

법률행위의 목적이 확정될 수 없다면 그 법률행위는 규율로서 의미가 없으므로 무효이고, 법률행위의 목적이 처음부터 가능하지 않거나, 또는 선량한 풍속 기타 사회질서에 위반되는 것이라면 이 또한 실현될 수 없으므로 무효이다.

다. 의사표시에 관하여 의사표시가 사적 자치를 실현하는 기능을 다하기 위해서는 자유로이 의사표시가 행하여져야 하고, 또 의사와 표시가 일치하여야 그 효력을 발생하는데 아무런 문제가 없다. 민법은 의사와 표시가 일치하지 않는 경우에 그 의사표시의 효력을 무효로 하거나 취소할 수 있도록 하고 있다(제107조 내지 제110조).

(2) 특별효력요건

특별효력요건이란 법률행위가 효력을 발생하기 위하여 특별히 요구되는 요건을 말한다. 특별효력요건에는 법률의 규정에 의한 것과 특약에 의한 것이 있다. 예컨대, 대리행위에서의 대리권의 존재(제114조 내지 제136조), 조건부·기한부 법률행위에서의 조건의 성취·기한의 도래(제147조 내지 제154조) 등은 특약에 의한 것이고, 재단법인의 기본재산의 처분을 위한 주무관청의 허가, 사립학교의 기본재산의 처분을 위한 감독청의 허가(사립학교법 제28조),[6] 외국인의 국내토지 소유권 취득에 대한 주무관청의 신고(부동산 거래신고 등에 관한 법률 제8조) 등은 법률의 규정에 의한 것이다.[7]

제 2 관 법률행위의 목적

I. 법률행위 목적의 개념

법률행위의 목적(또는 내용)은 법률행위를 하는 자가 그 법률행위에 의하여 발생시키려고 하는 법률효과를 말한다. 그러므로 사적 자치의 실현은 당사자들이 추구하는 법률행위의 목적의 달성이며, 이러한 법률행위 목적의 내용은 법률행위를 구성하고 있는 의사표시에 의하여 정하여진다.

이러한 법률행위가 그 법률효과를 완벽하게 발생시키기 위해서는 법률행위의 목적이 확정될 수 있는 것(확정), 실현될 수 있는 것(가능) 그리고 법질서가 허용하는 것(적

---

6) 학교법인이 사립학교법 제47조 제1항에 의한 해산명령을 받아 해산되고 고등교육법 제62조 제1항에 의한 학교폐쇄 처분을 받아 사실상 학교법인으로서 실체를 상실하고 기능을 수행할 수 없게 된 경우에도 사립학교법 제28조 제1항이 여전히 적용되어 그 기본재산을 처분하고자 할 때에는 관할청의 허가를 받아야 한다고 해석함이 상당하다(대판 2010.4.8, 2009다93329).

7) 농지법상 농지취득자격증명은 농지를 취득하는 자가 그 소유권에 관한 등기를 신청할 때에 첨부하여야 할 서류로서, 농지를 취득하는 자에게 농지취득의 자격이 있다는 것을 증명하는 것일 뿐 농지취득의 원인이 되는 법률행위의 효력을 발생시키는 요건은 아니라고 할 것이다(대판 2006.1.27, 2005다59871).

법·사회적 타당)이어야 한다. 법률행위의 목적이 확정할 수 없거나 그 실현이 가능하지 않다면 법질서는 그 법률행위의 효과를 물리적으로 실현시켜 줄 수 없고, 법률행위가 적법하지 않으면 가치적으로 이를 실현시킬 수 없다.

Ⅱ. 법률행위 목적의 확정

법률행위의 목적은 확정할 수 있는 것이어야 한다. 그런데 법률행위 목적의 확정 여부를 판단하는 시점은 법률행위가 성립할 당시가 아니라, 법률행위의 내용을 실현할 당시인 「이행기」 또는 「강제집행시」이다. 예컨대, 신차를 구입하는 경우에 계약체결인 성립 당시에는 차종과 대수만을 정하고, 구체적으로 어느 차량인지에 대하여는 결정하지 않는다. 그리고 추후에 구체적으로 어느 차량으로 이행할 것인지를 특정하여 그 차량으로 이행기에 이행할 수 있다. 이처럼 법률행위의 목적이 법률행위의 체결당시에 확정되어 있을 필요는 없는 것이며, 이행기에 도달하기 전까지만 확정되어 이행기에 그 특정된 내용이 이행되면 족한 것이다.[8] 그렇지만 만일 이행기(또는 강제집행시)에 이르기까지 법률행위의 목적을 확정할 수 없다면, 그 법률행위는 어떠한 내용으로 실현될 것인가를 결정할 수 없으므로 무효이다. 결국 법률행위 목적의 확정 여부를 판단하는 시점은 이행기 또는 강제집행시이다.

Ⅲ. 법률행위 목적의 가능

1. 법률행위 목적의 실현가능성에 대한 심사

(1) 의 의

법률행위는 목적이 실현가능한 것을 지향하고 있어야 한다. 법률행위의 목적이 불능이어서 실현 불가능하다면, 그 법률행위는 목적을 달성할 수 없으므로 이로부터 법률효과가 발생될 수 없다.

(2) 가능·불능의 판단기준

법률행위의 목적이 가능한가의 여부는 일단 자연과학적으로 인간능력을 통하여 실현 가능한 것이어야 한다. 그러나 법은 가치실현에 그 목적을 두고 있으므로 가능·불능

8) 대판 2006.6.25, 2006다18174; 대판 2009.3.16, 2008다1842.

의 판단은 오로지 자연과학적인 기준에만 의존하지 않고, 또 다시 가치관념에 의하여 판단하게 된다. 따라서 법률행위의 목적이 일단 자연과학적 기준에 의하여 사실적으로 가능하다고 하더라도 사회관념 내지 거래관념에 비추어 볼 때 불가능하다는 판단이 되면, 그 목적은 규범적인 관점에서 불능으로 된다.

2. 우리 민법에서의 불능의 체계

(1) 원시적·후발적 불능

가. 원시적 불능 우리 민법은 「법률행위 성립 당시에 그 목적이 불능인 법률행위는 무효」로 한다(제535조). 따라서 불능의 판단시기는 법률행위의 성립 당시를 기준으로 하며, 이처럼 성립 당시에 이미 불능인 것을 원시적 불능이라 한다.

나. 후발적 불능 법률행위의 성립 당시에는 가능했던 목적이 법률행위의 성립 후에 이행기에 불능으로 된 경우를 후발적 불능이라고 한다.

(2) 불능에 대한 민법의 규정

우리 민법은 법률행위의 목적의 가능 여부를 법률행위의 성립 당시를 기준으로 원시적 불능과 후발적 불능을 준별하는 체계를 취하고 있다. 이에 따라 법률행위의 목적이 원시적 불능인 경우에는 법률행위는 불성립으로서 무효이고, 다만 제535조의 계약체결상의 과실책임이 발생할 수 있다.[9] 이에 대하여 후발적 불능인 경우에는 법률행위는 유효이고, 다만 불능이 발생한 사유에 대하여 채무자에게 귀책사유가 존재하는 경우 채무불이행에 따른 손해배상의 책임이 성립한다(제390조). 그러나 채무자에게 귀책사유가 없는 경우에는 쌍무계약에서의 위험부담의 원리(제537조) 또는 사정변경의 원칙에 의하여 해결한다.

Ⅳ. 법률행위 목적의 적법성

1. 개 관

법률행위의 내용이 실현되기 위해서는 그 목적이 「적법」하여야 한다. 민법이 당사자의 자유를 바탕으로 한 사적 자치를 근본원칙으로 삼고 있다 하더라도, 사인들의 사

9) 그러나 예컨대, 부동산매매계약에서 실제면적이 계약면적에 미달한 경우 매매계약은 유효하므로, 그 미달부분의 원시적 불능을 이유로 제535조가 규정하는 계약체결상의 과실에 따른 책임의 이행을 구할 수 없다(대판 2002.4.9, 99다47396).

적 자치는 법의 가치질서가 허용하는 한도 내에서 가능한 것이다. 여기에서 민법의 가치질서는 '선량한 풍속 기타 사회질서'를 의미한다(제103조). 그런데 법령은 강행법규와 임의법규로 구성되어 있고, 제105조는 "법령 중의 선량한 풍속 기타 사회질서에 관계없는 규정"을 임의법규로 정의내리고 있으므로, 법령 중에서 임의법규를 제외한 선량한 풍속 기타 사회질서와 관계있는 규정은 강행법규이다. 그러므로 민법상 「적법하다」는 의미에서의 "법"은 강행법규를 말한다.

민법상 적법·부적법의 문제는 행위적 측면에서가 아니라 규율적 측면에서 법률행위의 효력과 관련이 있다. 어떤 법률행위가 적법하지 않은 경우에는 그 법률행위의 효력은 무효로 되며, 이에 따라 당사자들이 법률행위를 통해서 달성하고자 했던 목적은 실현될 수 없고 또한 법이 그 목적 실현을 위하여 조력해 주지도 않는다. 그러므로 법률행위의 당사자들은 법의 가치질서인 선량한 풍속 기타 사회질서의 범위 내에서만 법의 조력을 받아 자신들이 의욕했던 법률행위의 목적을 실현시킬 수 있다. 이러한 점에서 「선량한 풍속 기타 사회질서」는 사적 자치의 한계를 결정하는 기준이 된다.

2. 강행법규

(1) 의 의

가. 개 념 법령은 강행법규와 임의법규로 구별된다. 이 중 강행법규는 「법령 중의 선량한 풍속 기타 사회질서에 관계있는 규정」(제105조 참조)으로서 사적 자치의 한계를 설정해 준다. 따라서 강행법규는 당사자의 의사에 의해 그 적용이 배제될 수 없고, 어떤 법률행위가 강행법규를 위반하였다면 그 법률행위의 효력은 무효로 된다(제103조). 이에 반해서 임의법규는 「법령 중의 선량한 풍속 기타 사회질서에 관계없는 규정」(제105조)으로서 사적 자치를 보충하는 역할을 한다. 즉 당사자들이 자치적으로 결정한 규율내용에 보충이 필요한 경우에는 임의법규가 적용되어 그 법률행위의 내용을 보충하여 줌으로써, 그들의 사적 자치의 실현을 도와준다. 이러한 관점에서 당사자들은 임의법규의 적용을 배제할 수 있고 그 효력을 제한할 수도 있다.

나. 민법상의 강행규정 강행규정은 일반적으로 경제적으로 약한 계약당사자를 보호하거나, 실체적 정의에 반하는 법률행위의 효과를 부정하거나 그리고 가족제도의 질서를 보호하기 위하여 적용된다.

1) 총칙편 중 권리능력·행위능력·법인제도·소멸시효제도 등에 관한 규정은 강행규정이다.

2) 물권편은 물권법정주의에 기초를 두고 있으므로 대부분이 강행규정이다.
3) 채권편은 일반적으로 사적 자치에 의하여 운용되므로, 임의규정 위주로 되어 있다. 그러나 채권편 중에서도 경제적 약자를 보호할 필요성이 있거나 또는 거래의 안전을 위한 규정은 강행규정이다.
4) 친족편은 가족관계의 질서를 유지하기 위한 것으로서 대부분의 강행규정이다.
5) 상속편은 상속의 기본체제를 유지하기 위한 것으로서 강행규정이다.

(2) 강행법규와 단속법규의 관계

가. 의 의 강행법규는 법률행위의 내용이 선량한 풍속 기타 사회질서에 위반되는 경우에 그 법률행위의 효력을 무효로 선언하고 그 실현에 조력해 주지 않음으로써, 법률행위의 내용을 통제하는 기능을 한다.

그런데 법률행위를 무효로 만드는 법규의 적용과 관련하여 강행법규 외에도 「단속법규」가 있다. 원래 단속법규란 행정권의 실현을 위한 법규로서 공법상의 법규이다. 즉 국가는 개인의 자유를 실효성 있게 확보해 주기 위하여, 일단 모든 사람의 자유의 행사를 전반적으로 금지한다. 그리고 만일 어떤 사람이 국가가 제시하는 일정한 요건을 충족하여 자유권 행사의 자격을 취득하게 되면, 국가로부터 금지를 풀고 허가를 얻어(예: 운전면허, 의사면허 등) 그 자유권의 행사를 인정받게 된다. 그런데 만일 어떤 사람이 이러한 허가 취득의 절차를 거침이 없이 국가가 금지한 것을 위반하는 행위(예: 무면허 운전, 무면허 의료행위 등)를 한 경우에는 단속을 통하여 행정상의 제재나 불이익을 받게 되고, 이로써 국민은 더 이상 국가가 금지한 행위를 하지 않게 된다. 이처럼 단속법규는 그 적용을 통해서 국가가 금지한 효과의 실현을 기하게 된다. 그런데 이러한 단속법규 중에는 법규를 위반한 당사자에게 행정적 규제를 가함은 물론 그가 행한 법률행위에 대하여 그 사법상의 효력까지도 무효로 하는 경우가 있다. 이러한 점에서 단속법규와 강행법규와의 관계에 관한 규명이 요구된다.

나. 학설의 소개

1) 다수설 다수설[10]은 강행법규에 단속법규(금지규정)가 포함되어 있다고 본다. 이에 의하면, 강행법규에는 효력규정과 단속규정이 있으며, 그 중에서 효력규정은 그에 위반하는 행위의 사법상의 효과를 무효로 하지만, 단속법규는 국가가 일정한 행위를 단속할 목적으로 그것을 금지하거나 제한(그 행위를 하려면 관청의 허가가 있어야 하는

---

10) 김용한, 254면; 김주수·김상용, 315면; 김증한·김학동, 307면; 박영식, 민법주해[Ⅱ], 260면; 이은영, 389면; 장경학, 436-437면.

경우 등)하는 데 한정되므로 그에 위반하여도 벌칙의 적용이 있을 뿐이고 행위 자체의 사법상의 효과에는 영향이 없다고 한다. 결국 다수설에 의하면, 어떤 법규의 위반행위로 인하여 이에 대하여 제재를 받는 것과 함께 사법상의 효력까지도 무효로 된다면, 이 규정은 강행법규인 동시에 효력규정인 것이다.

그러나 강행법규는 사법이고 단속법규는 공법이므로, 양자는 엄격한 법체계적 차이가 있음에도 다수설은 이러한 차이를 인정하지 않는다. 즉 다수설은 행정적인 목적을 가진 공법이라도 사법상의 법률관계를 규율하게 되면, 이 공법은 이미 실질적인 민법에 해당하므로 동일한 평면에서 다 같이 파악될 수 있다고 본다.[11] 즉 사법상의 효력을 규율하는 법규라면 공법적 목적을 가진 단속법규라도 다 같이 사적 자치의 한계를 결정하는 기능을 하는 것이므로 강행법규와 실질적 차이가 없다고 본다. 판례도 다수의 견해와 같은 입장을 취하고 있다.[12]

2) 소수설　　소수설[13]은 강행법규와 단속법규를 준별한다. 즉 강행법규는 선량한 풍속 기타 사회질서에 반하여 행하여진 법률행위를 무효로 함으로써 사적 자치의 한계를 설정해 준다. 이에 반하여, 「단속법규」는 국가가 공공의 이익을 위하여 개인의 자유의 행사를 금지하고, 적법한 절차 없이 이를 위반하는 행위에 대하여 형벌권이나 행정권의 행사를 통한 일정한 불이익을 가하는 것을 목적으로 하는 공법상의 금지규정으로 본다. 이처럼 소수설은 강행법규와 단속법규를 공 · 사법을 구별하는 법체계에 따라 준별하고, 단속법규를 다시 이를 위반한 법률행위를 무효로 하는 「효력규정」과 위반하는 행위에 대하여 단지 처벌 등 불이익을 가하고 그 위반한 법률행위의 효력에는 영향을 미치지 않는 「단순한 단속법규」로 구분한다. 이처럼 소수설에 의하면, 단속법규는 강행법규와는 별개의 공법적 영역에 속하고, 그 효력에 따라 효력규정과 단순한 단속법규로 구분되게 된다.

3) 사　견　　강행법규와 단속법규의 체계를 중심으로 한 학설상의 논란은 우리 민법에서 강행법규를 규정하는 제103조가 선량한 풍속뿐만 아니라 사회질서까지도 포함하여 법률행위를 무효로 하는 내용을 입법한 데에 기인한다. 본래 선량한 풍속은 사적 이익과 관련 있는데 반하여, 사회질서는 공적 이익과 관련이 있는 질서법규이므로, 그 개념에는 당연히 차이가 있을 수밖에 없다. 그럼에도 우리 민법 제103조는 이 양자를 함께 포섭하여 규정함으로써 강행법규가 단속법규를 포함한 것으로 볼 수 있는

11) 송덕수, 신민법강의, 125면.

12) 대판 2003.4.22, 2003다2390, 2406; 대판 2005.9.28, 2004다50044.

13) 고상용, 331면; 김기선, 228면; 김상용, 375면; 이영준, 215면.

근거를 내재하고 있다.

그러나 강행법규와 단속법규는 사법과 공법이라는 법체계의 본질적 차이를 갖는다. 이러한 점에서 강행법규가 행정상의 목적을 달성하기 위한 금지를 내용으로 하는 단속법규를 포함하는 것으로 보는 다수의 견해는 법체계적인 분류와는 다소 어긋난다고 볼 수 있다. 그러므로 제103조에서의 「사회질서」는 '선량한 풍속에 대비될 수 있는 공서(公序)'[14]로만 한정하여 해석하여야 한다. 결국 사적 자치의 내용인 법률행위의 목적을 통제하는 공서는 본질상 사법이어야 하고 다만 그 내용이 공익과 관련되어 있는 것이다.[15]

다. 「단순한 단속법규」와 「효력규정」의 구분 단속법규 중에서 단순한 단속법규와 효력규정을 구분하는 기준에는 다음의 견해가 있다.

1) 법질서 자기모순의 금지에 따른 기준 이 견해는 단순한 단속법규인가 효력규정인가의 구분을 단속법규를 위반한 법률행위의 효력을 인정할 경우에 법질서가 자기모순에 빠지는 결과를 야기하는가의 여부에 의하여 결정하여야 한다고 본다. 이에 의하면, 단속법규가 본래의 모습대로 특정한 행위를 금지하고 이에 위반한 행위에 대하여 제재를 가함으로써 그 목적을 달성하는 경우에는 「단순한 단속법규」이지만, 그 단속법규의 위반행위에 대하여 제재만 가하고 당사자가 기도한대로 사법상의 법률효과를 인정하게 되면 법질서가 스스로 자기모순에 빠지게 되는 경우에는 사법상의 효력까지도 무효로 하여야만 한다는 것이다. 이처럼 법규 자체가 모순에 빠지지 않기 위해서는 사법상의 효력까지도 무효로 하여야 할 경우에 적용되는 단속법규를 「효력규정」이라고 본다.[16]

2) 다양한 기준에 따른 구분 일부 견해는 단순한 단속법규와 효력규정을 구분하는 일반적 원칙은 없다고 본다.[17] 판례도 단순한 단속법규와 효력규정의 구분에 관하여 일정한 기준을 정하지 않고, 이익형량,[18] 법적 안정성[19] 등을 들기도 한다. 그 외에 학설로는 단속법규가 행위를 금지·제한의 강도와 거래안전을 함께 고려하여 판단

14) 김재형, "법률에 위반한 법률행위", 「인권과정의」(2003. 11), 150면.

15) 비교법적으로 볼 때, 독일민법이 제134조에서 '법률에 의한 금지'(Gesetzliches Verbot)를 규정하고, 제138조에서 '선량한 풍속위반의 법률행위'(Sittenwidriges Rechtsgeschäft)를 각각 구분하여 입법하고 있는 규율의 체계는 참고할 입법의 내용으로 보인다.

16) 이영준, 217면.

17) 박영식, 민법주해[Ⅱ], 261면.

18) 대판(전원합의체) 1985.11.26, 85다카122; 김재형, "법률에 위반한 법률행위", 154면.

19) 대판 1996.8.23, 94다38199.

하여야 한다는 견해도 있다.[20] 이러한 견해는 실질적으로 단속법규가 적용되어 그 법률행위가 무효·유효로 됨으로써 발생되는 사회경제적 영향을 고려하여, 그 법규의 입법취지가 법률행위의 실현을 금지하는 경우에는 효력규정이고, 단순히 그러한 행위를 금지하는 것에 그친 경우에는 단순한 단속법규로 보려고 한다.

3) 사 견 단속법규 중에서 법질서 자기모순의 금지를 기준으로 삼아 단순한 단속법규인가 효력규정인가를 구분짓는 견해에 대해서는 단속법규에 의한 금지의 실효성과 관련하여 의구심이 생긴다. 왜나하면 법률행위의 내용이 단순한 단속법규를 위반하고 있는 경우에 그 법률행위의 효력이 유효로 인정되어 이를 위반한 당사자가 자신이 의욕했던 사법상의 법률효과를 실현시킬 수 있게 된다면, 이는 결과적으로 금지를 위반하고도 유효로 존속하는 것이므로, 이 또한 법질서의 자기모순에 빠지는 현상이기 때문이다. 이러한 관점에서 볼 때, 법질서의 자기모순의 여부를 기준으로 삼아 단속법규를 단순한 단속법규와 효력규정으로 구분하기는 어렵다고 생각된다.

생각건대, 단속법규에서 효력규정과 단순한 단속법규와의 구분은 단속법규에서 정하고 있는 금지를 위반한 정도에 따라 달라지는 것이 아니라, 적용되는 단속법규의 입법취지에 달려 있다고 보아야 할 것이다. 단속법규의 규율목적이 금지를 위반한 행위에 대하여 제재를 가하는 것에 그치는 경우에는 제재를 통하여 규율목적을 달성할 수 있고 이는 사법상의 효력에 영향을 미치지 않는 「단순한 단속법규」에 속한다. 그러나 단속법규를 위반한 행위에 사법상의 효력까지도 무효로 하여야 비로소 금지를 규정하고 있는 입법의 목적을 달성할 수 있는 경우에는 그 적용된 단속법규는 효력규정으로 보아야 한다. 결국 단순한 단속법규인가 효력규정인가의 구분은 적용될 단속법규의 해석문제로서 법률의 해석에 달려 있다.[21] 판례도 법규의 위반이 사회질서의 유지와 관련되어 있어 그 위반행위에 대한 형사처벌만으로는 법규의 실효를 거둘 수 없는 경우에는 사법상의 효력까지도 무효로 하고 이와 관련된 법규는 효력규정이라고 본다.

라. 단속법규의 태양

1) 「단순한 단속법규」의 위반

① 단순한 단속법규의 예 단순한 단속법규는 일종의 질서규정으로서 이를 위반하면 각종의 행정법규·경찰법규에 의하여 처벌 및 제재를 받지만 그 법률행위의 효력까지 무효로 만들지 않는다.[22] 예를 들어 「부동산등기특별조치법」 제2조 제2항, 제3항

20) 고상용, "단속법규위반과 사법상의 효력", 판례월보(1986.1.), 37면; 김대정, 64면.

21) Brox, Allg. Teil, Rdnr. 274.

및 제8조 제1항에서 중간생략등기를 신청하는 것을 금지하고 이에 위반한 사람을 처벌하는 규정을 두고 있으나, 이 규정이 중간생략등기의 합의의 사법적 효력에는 영향을 미치지 않으므로 단순한 단속법규에 속한다.[23)]

② **민법 제103조에 의한 무효** 단순한 단속법규에 위반하는 행위이더라도 이를 당사자가 서로 「통정」하여 한 경우에는 선량한 풍속 기타 사회질서에 반하므로 이러한 법률행위는 무효로 된다.

2) 「효력규정」의 위반

① **무효의 원칙적 의미** 법률행위가 효력규정인 단속법규를 위반하였다면, 행정법규·경찰법규 등에 의하여 처벌되는 외에도 그 효력까지도 무효로 된다. 이때의 무효는 원칙적으로 채무부담행위로서의 채권행위만이 무효로 된다. 왜냐하면 원인행위에 따른 처분행위로서의 물권행위는 본질상 가치판단에 있어 중립적이므로 비난받을 것이 아니기 때문이다. 따라서 무인론에 의하면, 원인행위의 무효에도 불구하고 물권행위는 원칙적으로 유효한 것으로 된다.[24)] 따라서 계약당사자는 매매계약의 무효를 주장하여 상대방에게 부당이득의 반환을 청구할 수 있다. 그렇지만 유인론에 의하면, 물권적 합의에 의한 물권의 양도도 원인행위의 무효에 따라 그 영향을 받아 무효로 된다. 이 경우 계약당사자들은 물권적 반환청구권의 행사에 의하여 원상회복이 이루어지게 된다.

② **처분행위까지 무효인 경우** 효력규정의 위반이 채무부담행위로서 채권행위뿐만 아니라 그로 인한 처분으로서 물권의 변동까지도 제한하여야 하는 경우에는 처분행위까지도 무효로 된다. 이는 무인론에 의하더라도 마찬가지이다. 예를 들어, 전쟁 등과 같은 위난발생시에 법률에 의하여 양곡의 유통을 배급에만 의하도록 한 경우에 이에 위반하여 양곡을 거래한 경우는 배급표 없이 양곡을 매매한 행위뿐만 아니라 양곡의 소유권 취득까지도 무효이다. 따라서 양도인이 그 양곡에 대하여는 소유권을 계속해서 보유한다.[25)] 이와 마찬가지로 공무원에게 뇌물을 준 경우에 뇌물공여계약도 무효이지만

---

22) 단순한 단속법규의 예는 허가 없이 음식물을 판매하는 행위(식품위생법 제37조 제1항, 제94조 제1항 제3호)·공무원이 영리목적의 업무에 종사한 법률행위(국가공무원법 제64조)·허가 없이 총포·도검·화약류를 판매하는 행위(총포·도검·화약류 등의 안전관리에 관한 법률 제6조, 제70조) 등을 들 수 있다.

23) 주택건설촉진법상 국민주택에 관하여는 분양한 때로부터 일정한 기간 동안 전매행위가 금지되어 있기는 하나 이는 매수인이 국민주택사업주체인 분양자에게 전매사실로써 대항할 수 없다는 것이지 전매당사자 사이의 전매계약의 사법상 효력까지 무효로 한다는 취지는 아니다(대판 1993.1.26, 92다39112).

24) Brox, Allg. Teil, Rdnr. 280.

25) Brox, Allg. Teil, Rdnr. 281.

그 뇌물수수 자체도 무효이므로 그 공무원은 뇌물의 소유권을 취득할 수 없다.

③ **제3자와의 관계** 효력규정에 위반한 법률행위가 무효인데 이로부터 제3자가 취득한 물건이나 권리의 효력까지도 무효로 되는가가 문제이다. 이를 테면, 어업권·증권업권의 명의를 대여하는 계약은 무효이고, 이에 의하여 명의를 빌린 자가 채취한 물건 또는 취득한 권리의 이전까지도 무효이다. 그런데 양수인이 이러한 물건이나 권리를 제3자에게 매각하거나 이전하는 법률행위도 따라서 무효로 되는가가 문제로 된다. 이에 대해 다수설은 거래의 안전을 위하여 유효라고 한다.[26] 이에 반대하는 소수의 견해는 효력규정을 위반한 무효의 법률행위를 절대적 무효라고 보고 이에 기초하여 행하여진 법률행위도 무효라고 해석한다.[27] 왜냐하면 무효인 법률행위에 터잡아 이루어진 법률행위를 유효라고 한다면 효력규정을 위반한 무효의 법률행위를 통해서 취득한 권리를 제3자에게 양도함으로써 유효의 결과를 이끌게 될 것이기 때문이다. 다만 소수설은 동산의 경우에 한하여 제249조의 선의취득을 통하여 거래의 안전은 보호될 수 있다고 본다.

④ **소위 덕대계약** 광업권의 임대차인 「덕대계약」은 입법을 통해서 해결되었다. 광업권자가 광물채굴에 관한 권리를 타인에게 주고 그 타인은 광업권 사용의 대가를 지급하는 광업권의 임대차계약은 광업법에 「조광권」을 신설하였으므로(광업법 제11조 제2항), 이로써 덕대계약은 더 이상 무효가 아니다.

(3) 강행법규의 위반

강행법규를 위반한 법률행위는 무효이다.[28] 이러한 강행법규의 위반에는 직접적 위반과 간접적 위반이 있다. 강행법규 위반 여부는 행위 당시인 법률행위시가 기준이 되어 위반 여부를 판단하게 된다. 따라서 법률행위 당시에 강행법규의 위반으로 되면, 그 후에 법이 개정되더라도 다시 유효로 되지 않는다.[29]

가. 강행법규의 직접적 위반

1) 무 효 강행법규를 직접적으로 위반하면 무효이다.

2) 일부위반·일부무효 법률행위가 강행법규를 위반하면 무효이다. 이때, 법

---

26) 김용한, 256면; 김주수·김상용, 319면; 장경학, 438면.

27) 이영준, 219-220면.

28) 그 무효는 절대적이고 확정적이며, 따라서 당사자의 추인에 의해 유효한 것으로 할 수 없다(대판 2015.10.15, 2014다204178).

29) 박영식, 민법주해[Ⅱ], 266면.

률행위 일부의 내용이 강행법규를 위반한 경우 일부무효의 법리에 따라 원칙적으로는 그 법률행위의 전부가 무효이어야 하나(제137조 본문), 다만 강행법규를 위반한 내용이 없더라도 당사자들로서는 나머지 부분만으로 법률행위를 하였을 것이 인정되는 경우에는 나머지 부분은 유효로 된다(동조 단서).

나. 강행법규의 간접적 위반 강행법규에 간접적으로 위반되는 탈법행위는 「형식적·직접적으로는 강행법규를 위반하지는 않았으나 강행법규가 금지하고 있는 것을 회피수단에 의하여 실질적으로 실현하는 행위」를 말한다.[30)]

1) 탈법행위에 관한 사례

① **연금수급권 담보금지규정에 대한 「탈법행위」** 공무원 또는 군인의 연금을 받을 권리는 대통령령으로 정하는 금융기관에만 담보로 공여할 수 있으나, 그 밖의 방법으로 연금수급권을 담보로 제공하는 것은 금지되어 있다(공무원연금법 제39조 제1항 단서). 그런데 연금수급권자가 이와 같은 연금수급권의 담보금지규정에 직접 위반하는 것을 피하기 위하여 1차적으로 채권자에게 연금증서를 교부하고 대리권을 수여하여 연금의 추심을 위임하고, 2차적으로 추심한 연금을 변제에 충당하기로 약정하면서 원금과 이자의 완제가 있을 때까지 추심위임을 해제하지 않겠다는 특약을 하면, 연금수급권을 대통령령으로 정하는 금융기관 이외의 기관에 담보로 제공하는 것과 동일한 효과를 달성할 수 있게 된다.

② **동산양도담보에 대한 탈법행위** 민법의 물권법정주의에 의하면(제185조), 동산에 대해서는 질권 만을 설정할 수 있을 뿐 저당권을 설정하지는 못한다. 그러므로 동산을 담보로 제공하려는 기업주는 질권에 의존할 수밖에 없다. 그런데 동산 위에 질권을 설정하려면 목적물을 질권자에게 인도하여야 하여야 하고(점유개정금지의 원칙, 제332조), 또 질권의 실행을 위해서는 적법한 절차에 의하여 집행하여야 한다(유질계약금지의 원칙, 제339조). 그러면 동산인 기업설비만을 담보물로 가지고 있는 기업주는 운전자금을 마련하기 위하여 금융을 함에 있어 기업설비에 대해 질권을 설정해야만 하고, 이를 위해서는 대부업자에게 기업설비의 점유를 이전해 주어야만 한다. 이는 기업주로부터 기업설비의 점유·사용을 박탈하는 것으로서, 담보를 통한 운전자금을 위한 금융은 그에게 아무런 의미가 없게 된다. 또한 운전자금을 빌려 준 대부업자에게도 활용능력을 갖추지 못한 자신이 기업설비를 점유한다는 것은 아무런 의미가 없다. 따라서 기업설비라는 동산을 가진 기업주에게 질권설정에 의한 운전자금의 융통은 대부업자나 기업주 모두에게 바람직한 결과를 가져오지는 못한

30) 곽윤직·김재형, 271면; 김주수·김상용, 319면; 김증한·김학동, 307면; 이은영, 405면.

다. 여기에서 기업주는 기업설비를 보유하면서 금융을 얻는 방법이 필요한데, 이를 가능하게 하는 것이 소유권이전의 형식을 빌려서 담보의 목적을 달성하는 것이다. 이것이 양도담보이다. 그리하여 기업주는 기업설비와 같은 특정동산의 소유권을 매매를 통해서 대부업자(채권자)에게 양도하여 대부업자는 기업설비의 소유권을 취득한다. 그리고 기업주는 다시 대부업자로부터 임대차 등의 계약을 통해서 이를 빌려서 계속 사용하는 방법이 양도담보로서 행하여지고 있다. 이는 실질적으로 동산에 대한 담보를 목적으로 한 법률행위로서 질권설정을 그 내용으로 하고 있다. 그렇지만 이러한 담보설정행위는 일단 담보의 목적으로 된 동산을 설정자로 하여금 계속 점유하게 할 수 없다는 질물의 점유개정의 금지 규정(제332조)을 위반하고 있고, 질권의 실행이 경매 이외의 방법으로 행하여져서는 안되는데 채무의 변제기 전에 질물의 소유권을 이미 질권자에게 취득시킴으로써, 이러한 유질계약을 금지한 민법규정(제339조)을 위반하고 있다.

2) 탈법행위의 개념에 대한 인정 여부

위의 사례와 같은 탈법행위에 대한 개념과 그 효력을 인정할 것인지에 관하여 학설은 대립하고 있다.

① **탈법행위 인정설** 탈법행위의 개념을 인정하는 견해는 강행법규위반을 모두 무효로 할 수 없다고 한다. 즉 강행법규 위반을 직접적 위반과 간접적 위반으로 나누고, 직접적인 위반의 경우에는 강행법규의 적용을 받으나, 간접적인 위반의 경우에는 탈법행위가 성립되어 그 행위의 목적을 살펴 강행법규의 위반 여부를 판단하여야 한다고 한다. 이 견해에 의하면, 강행법규가 그 위반행위에 의하여 생기는 효과를 절대로 인정하지 않거나 금지하려는 것 일 때에는 다른 회피수단에 의하여 동일한 결과나 효과를 생기게 하는 것도 인정될 수 없으므로 그러한 회피수단은 무효가 된다. 그러나 강행법규의 취지가 다만 「특정의 수단·형식에 의하여」 어떤 결과나 효과를 생기지 않게 하려는 것일 때, 바꾸어 말하면 그 결과나 효과를 발생케 하는 특정의 행위 자체를 금지하는 데에 있는 경우에는 금지된 것과는 다른 수단으로 동일한 효과나 결과를 일어나게 하더라도 탈법행위로서 무효라고 할 것은 아니며, 그 회피수단은 유효하게 된다.[31]

이에 따르면 위 연금수급권 담보금지규정 탈법행위 사례에서 연금수급권자와 사금융업자 사이에 체결된 '연금추심의 위임·완제시까지 위임불해제의 특약'은 비록 개별적으로는 적법하지만, 우회적으로 연금수급권의 허용되지 않는 담보제공의 실효를 거둠으로써 연금수급권 담보제공금지를 간접적으로 위반하였다고 본다. 이로써 탈법행위가 성

31) 고상용, 338면; 곽윤직·김재형, 272면; 김상용, 381면; 김용한, 256면; 김주수·김상용, 320면; 김증한·김학동, 308면; 박영식, 민법주해[Ⅱ], 271면; 이은영, 406면.

립하고, 이 탈법행위는 강행법규를 통하여 금지하고 있는 효과를 실제로 발생시켰으므로 무효라고 한다.32)

이에 반해서 동산의 양도담보는 점유개정금지의 원칙(제332조)과 유질계약을 금지(제339조)하는 강행규정을 회피하여 간접적으로 위반하였으므로 탈법행위를 인정하고, 다만 이러한 강행법규가 동산질권의 실효성과 금전채무자를 보호하기 위한 목적을 실현하기 위한 수단을 규정한 것이므로, 이처럼 수단을 위반한 탈법행위는 무효로 되지 않는다고 본다. 즉 동산의 양도담보는 효력발생을 금지하는 것이 아니라 수단과 절차를 금지하는 강행법규의 위반에 해당되기 때문에 유효라고 한다.33)

② **탈법행위 부정설** 탈법행위 개념을 부정하는 견해는 법률행위가 강행법규를 직접적이든 간접적이든 위반하였다면 모두 무효라고 본다.34) 그러므로 위반이 절차나 수단이 관건이 되는 것이 아니라, 위반한 법규의 내용이 강행법규의 성질을 갖는가의 여부에 따라서 무효 여부를 판단하여야 할 것이라고 본다. 부정설은 강행법규의 합목적적 해석을 통하여 강행법규를 직접 적용하여 그 효력을 무효로 할 수 있으므로 탈법행위의 개념을 인정할 필요가 없다고 한다.

이에 따라 "공무원의 퇴직, 장해 또는 사망에 대하여 적절한 급여를 지급하고 후생복지를 지원함으로써, 공무원 또는 그 유족의 생활안정과 복지향상에 이바지함"을 목적으로 하는 공무원연금법은,35) 연금을 받을 권리는 대통령령으로 정하는 금융기관에만 담보로 공여할 수 있도록 규정하고 있는데(동법 제39조 제1항 단서), 위 연금수급권 담보금지규정 탈법행위 사례에서 연금수급권자와 사금융업자는 '연금추심의 위임·완제시까지 위임불해제의 특약'으로 공무원연금법의 입법취지를 위반하였으므로 무효라고 본다. 이러한 추심위임계약은 탈법행위의 개념을 거칠 필요도 없이 당연히 강행법규 위반으로서 무효인 것이다.36) 다만 동산의 양도담보는 이를 요구하는 사회적 요청과 우리민법의 담보제도의 불비를 보충하는 사회적 기능을 고려할 때 탈법행위 여부를 고려할 필요 없이 유효라고 본다.37)

32) 고상용, 338면; 곽윤직·김재형, 271면; 김기선, 231면; 김용한, 256면; 김주수·김상용, 319면; 김증한·김학동, 308면; 장경학, 441면.

33) 고상용, 339면; 곽윤직, 214면; 김기선, 231면; 김상용, 381면; 김용한, 256면; 김주수·김상용, 320면; 김증한·김학동, 308-309면; 이은영, 406면.

34) 이영준, 223면.

35) 동법 제1조 참조.

36) 이영준, 225면.

37) 이영준, 225면.

3) 사 견 긍정설과 부정설 모두 결과에 있어 동산의 양도담보행위는 유효한 것으로 보고, 공무원연금수급권의 담보제공은 무효로 보는 점은 일치되어 있다. 그런데 탈법행위를 인정하지 않는 부정설은 법률행위가 강행법규의 위반이 직접적이든 간접적이든 무조건 무효인데, 다시 그 효력을 인정할 필요가 있는 경우에 그 위반행위에 대한 사회적 요구와 법제도적 불비의 보충가능성을 그 정당성으로 내 세우고 있다. 이러한 논지는 강행법규를 위반한 법률행위의 효력 판단의 문제라기보다는 입법론에 기인한 판단에 더 가깝다고 생각된다. 또한 강행법규의 간접적 위반은 그 자체만으로는 강행법규의 목적 위반이 가시화되어 있지 않고 적법행위의 우회적 구성을 통해서 일어나는 것인 점을 고려할 때, 이를 무조건 무효로 할 것이 아니라 탈법행위의 개념을 도입하여 위반행위에 대한 강행법규의 입법취지를 판단의 기준으로 삼아 그 유효 여부를 판단하는 것이 방법론적으로 타당하다. 이러한 점에서 탈법행위의 개념을 인정하고 이에 기초하여 그 효력 발생 여부를 강행법규의 입법취지에 따라 고찰할 때 비로소 강행법규의 위반으로서 연금수급권 담보제공은 무효이고 동산 양도담보는 유효로 되는지를 설명할 수 있다고 본다.[38)]

3. 사회적 상당성

(1) 사회적 상당성의 의의

민법은 "선량한 풍속 기타 사회질서에 위반한 사항을 내용으로 하는 법률행위는 무효로 한다"고 규정하고 있다(제103조). 그런데 선량한 풍속 기타 사회질서를 내용으로 하는 법규는 강행법규인데, 성문법체계의 한계로 인하여 선량한 풍속 기타 사회질서에 위반하는 행위에 대응할 강행법규의 입법이 완비되지 않는 경우가 생길 수 있다. 그렇지만 내용상 선량한 풍속 기타 사회질서에 위반되는 법률행위에 적용될 강행법규가 없다고 하여 그 효력이 유효인 것으로 인정될 수는 없다. 만일 이러한 법률행위가 그 효력이 유효로 된다면, 실질적으로 선량한 풍속 기타 사회질서에 반하는 법률행위가 우리

38) 참고로, 판례는 국유재산에 관한 사무에 종사하는 직원은 국유재산을 취득하지 못하도록 규정하고 있는 국유재산법 제20조의 위반과 관련하여 다음과 같은 판시를 하고 있다. 즉 국유재산에 관한 사무에 종사하는 직원이 강행법규인 국유재산법 제20조의 적용을 회피하기 위하여 타인의 명의로 국유재산을 취득하는 행위를 강행법규를 잠탈하기 위한 탈법행위로서 무효라고 판단하였다(대판 2017.12.22, 2015다205086). 그러나 반대로 민간인이 담당공무원과 공모하여 부정한 방법으로 국유재산을 매수한 경우에는 그 매수행위에 담당 공무원의 부정이 개입되었다고 하더라도 그 공무원이 직접 또는 매수인 명의로 그 부동산을 취득한 것은 아니므로, 그 매수행위가 동법의 동조의 적용을 잠탈할 탈법행위가 아니고 따라서 무효가 아니라고 보았다(대판 1999.9.7, 99다14877 참조).

사회에서 실현되고 이를 위하여 법이 관여해 줄 수밖에 없는 부당한 결과가 발생하게 된다. 따라서 법률행위의 해석에 대하여는 선량한 풍속 기타 사회질서를 내용으로 하는 가치판단이 필요하다. 이를 「사회적 상당성」이라 하고, 이처럼 사회적 상당성의 기준을 법률행위에 적용함으로써 상행법규의 미비를 보충하여 선량한 풍속 기타 사회질서를 위반하는 법률행위의 효력을 무효화함으로써 우리의 가치질서를 지킬 수 있다.

(2) 사회적 상당성에 반하는 법률행위의 모습

가. 정의관념에 반하는 행위

1) 법률행위 자체가 범죄행위에 해당하는 경우 정의관념에 반하는 법률행위에 반드시 형법상의 범죄행위만이 포함되는 것은 아니다. 그러나 일반적으로 범죄를 내용으로 하는 행위는 정의관념에 반하는 경우가 많다.[39] 본래 민사상 계약위반행위 자체는 선량한 풍속 기타 사회질서에 위반하는 것은 아니지만, 이러한 행위가 배임죄나 횡령죄를 구성하는 경우에는 일반적으로 선량한 풍속 기타 사회질서에 반하여 무효로 된다.

2) 부동산의 2중매매 2중매매는 매도인이 1차로 매매계약을 체결하고, 다시 2차적으로 다른 사람과 매매계약을 체결하는 것을 말한다. 한편, 매매계약상 발생되는 목적물의 소유권이전청구권은 채권이므로 배타적인 효력을 갖지 않으므로 동일물에 대하여 다수의 매매계약을 여러 차례에 걸쳐서 맺더라도 그 자체로 위법한 것은 아니다. 이로써 발생한 다수의 채권자는 모두 평등한 대우를 받는다(채권자평등의 원칙). 그러나 매도인이 2중양도행위를 통하여 1차의 계약을 위반한 행위가 배임행위에 해당하고 제2매수인이 이에 '적극가담'하였다면, 그 2중양도행위는 적극적 가담에 따른 비난가능성으로 인하여 사회질서에 위반되는 것으로 무효가 된다.[40] 여기에서 판례는 반드시 제2매수인이 적극가담하였을 것을 요구하고 있으므로 제2매수인이 2중양도행위라는 사실을 안 것만으로는(악의) 무효로 되지 않는다(제103조).[41] 판례는 반사회적 2중매매에 관하여 다

---

39) 범죄수익은닉의 규제 및 처벌 등에 관한 법률은 형법 등을 보충하여 중대범죄를 억제하기 위한 형사법 질서의 중요한 일부를 이루고 있다. 이 법에 따라 직접 처벌되는 행위를 내용으로 하는 계약은 그 자체로 반사회성이 현저하여 민법 제746조에서 말하는 불법의 원인에 해당하는 것으로 볼 수 있다(대판 2017.10.31, 2017도11931).

40) 대판 1970.10.23, 70다2038; 대판 1975.11.25, 75다1311; 대판 1977.1.11, 76다2083; 대판 1978.1.24, 77다1804; 대판 1980.6.10, 80다569; 대판 1981.12.22, 81다카197.

41) 대판 1994.3.11, 93다55289; 부동산의 실질적 매수인이 따로 있는 사실을 알면서도 그 부동산의 명의상의 매수인에 대한 개인적인 채권확보를 위하여 동인으로부터 위 부동산을 양수받은 경우에는 그 경우에 비추어 적극 가담한 것으로 인정하였다(대판 1991.11.22, 91다28740).

음과 같이 정하고 있다.

① 요 건

i) 유효한 2중매매가 존재 할 것 　공서양속에 반하는 2중양도가 되기 위해서는, 유효한 2중매매가 완성되어 있어야 한다. 그러므로 매도인의 부동산에 관한 소유권 전체가 매수인에게 이전되어야 한다. 따라서 매도인이 소유권의 지분을 일부 보유하고 있는 경우에는 양도가 완성되지 않았으므로 2중매매 자체가 성립되지 않는다.[42]

ii) 제2매수인의 적극적인 가담행위가 있을 것 　2중매매가 무효가 되기 위하여는 제2매수인이 이미 매도인이 제1매수인과 매매계약을 체결하였다는 사실을 아는 것만으로는 사회질서에 위반한 것으로 되지 않는다.[43] 비난할만한 2중양도가 인정되기 위해서는 제2매수인이 매도인에게 자기에게 2중매도를 하도록 요청하여 매매계약을 체결할 정도로 적극성을 띠어야 한다.[44] 이로써 제2의 매매는 범죄행위를 구성하여 정의관념에 반하여 무효가 된다.[45]

② 효 과 　2중매매가 정의관념에 반하여 무효로 되는 경우 제2매수인은 매도인의 배임행위에 적극 가담한 자이므로 매도인에 대하여 채무불이행을 이유로 하는 손해배상을 청구할 수 없다.[46]

이 경우에 무효는 제2매수인과 매도인 사이에서만 무효의 효과가 발생하는 상대적 무효가 아니라 제1매수인과 제2매수인 간에도 무효인 '절대적 무효'이다. 그러므로 제3자가 제2매수인으로부터 그 제2매수인이 정당한 소유자라고 믿고 2중으로 양도된 부동

---

42) 甲이 乙에게 부동산 중 일부 지분을 매도하고 그에 해당하는 대금을 모두 수령한 후, 또 丙에게 그 부동산을 몇 차례에 걸쳐 지분으로 나누어 모두 증여를 통하여 양도한 경우에, 甲으로서는 乙에게 부동산 중 일부 지분에 관한 소유권이전등기의무만을 부담한다고 할 것이어서 그에 상당하는 지분을 스스로 보유하고 있는 한 그 지분을 제외한 나머지 지분을 처분하더라도 乙에 대한 관계에서 이중매매가 될 수 없고, 따라서 배임행위가 될 수도 없다(대판 2002.11.23, 2002다11496).

43) 대판 2009.9.10, 2009다23283.

44) 대판 1994.3.11, 93다55289; 대판 2013.6.27, 2011다5813.

45) 대판 1975.11.25, 75다1311; 乙의 선대(先代) 甲으로부터 부동산을 매수한 丙이 乙의 소재를 알지 못하여 소유권이전등기를 마치지 못하고 있음을 알고 있던 丁이 乙의 소재를 丙에게 알리지 말라고 하여 이를 비밀에 붙여 부동산이 甲의 상속인 乙 앞으로 상속에 의한 소유권이전등기가 경료되어 있음을 기화로 乙에게 위 부동산이 丙에게 매도된 일이 없는 것처럼 오신케 하여 이를 자기에게 2중으로 매도시킨 사안에서 丁과 乙 사이의 부동산에 대한 매매계약은 사회정의관념에 위반되는 반사회적 법률행위로서 무효이다(대판 1969.11.25, 66다1565 참조); 제2의 매수인으로부터 토지가 계속하여 양도된 경우 최후의 매수인에 관하여 이를 부정하는 판례로는 대판 1989.11.28, 89다카14295·14301을 들 수 있다.

46) 대판 1992.6.9, 91다29842.

사을 취득하였더라도 부동산의 소유권을 취득할 수 없다.47)

③ **대리에서의 위법성의 판단기준** 대리의 경우 대리행위의 하자 유무는 대리인을 표준으로 판단하여야 하므로(제116조), 배임행위에 적극 가담 여부는 대리인을 기준으로 한다. 이 때 본인이 대리인의 배임행위를 몰랐다 하더라도 2중의 매수행위가 반사회질서에 반한다는 판단이 부정되지 않는다.48) 이로써 본인은 자신이 반사회성을 야기한 것이 아니라는 항변도 할 수 없다.

나. 약정에 의하여 정의관념에 반하는 경우 법률행위의 내용 자체는 정의관념에 반하지 않으나 이를 약정하는 것 또는 약정의 대상으로 삼는 것에 의하여 정의관념에 반하는 경우가 있다. 판례는 법률행위의 내용 자체는 반사회질서적인 것이 아니라고 하여도 법률적으로 이를 강제하거나 법률행위에 반사회질서적인 조건 또는 금전적인 대가가 결부됨으로써 반사회적 성질을 띠게 되는 경우도 그 법률행위는 무효로 된다고 본다(제103조).49)

1) **약정을 통하여 법적 구속의 대상으로 삼게 되는 것 자체가 정의관념에 반하는 경우** 일반적으로 자유로이 결정되어야 할 사항에 관하여 사적인 약정을 함으로써 법적 구속의 대상으로 삼게 되면 이로써 정의관념에 반할 수 있다. 예컨대, 종교나 국적을 바꾸기로 또는 바꾸지 않기로 하는 약정을 들 수 있다. 판례는 증권회사가 고객에 대하여 증권거래와 관련하여 발생한 손실을 전보해 주기로 하는 약속이나 그 손실보전행위는 반사회질서에 해당하는 행위로서 무효라고 보았다.50)

2) **약정 자체는 정당하지만, 약정에 일정한 이익·불이익이 결부되면 정의관념에 반하게 되는 경우** 어떤 사항을 약정에 의하여 법적 구속의 대상으로 하는 것 자체는 정의관념에 반하지 않지만, 이 법적 구속이 이익 또는 불이익과 결합됨으로써 그 법률행위가 정의관념에 반하는 경우도 있다. 판례는 소송에서 사실대로 증언하여 줄 것을 조건으로 하여 어떤 급부를 약정하는 경우에 그 급부가 증인이 법원에 출석함으로써 입게 되는 손해를 전보해 주는 정도에 그치는 경우에는 유효할 수 있으나,51) 그 급

---

47) 대판 1996.10.25, 96다29151.

48) 대판 1998.2.27, 97다45532.

49) 대판 2000.2.11, 99다56833.

50) 증권거래와 관련하여 손실보전약정은 위험관리에 의하여 경제활동을 촉진하는 증권시장의 본질을 훼손하고 안이한 투자판단을 초래하여 가격형성의 공정을 왜곡하는 행위로서, 증권투자에 있어서의 자기책임의 원칙에 반한다(대판 2001.4.24, 99다30718).

51) 대판 1994.3.11, 93다40522.

부가 통상적으로 용인될 수 있는 여비, 일실손해 등을 초과하는 것일 때에는 그 급부약정은 무효인 것으로 본다.[52] 특히 재혼하지 않는다는 조건 하에 사인증여를 하는 것도 무효이다. 재혼하지 않는다고 약정하는 것은 선량한 풍속에 반하지 않으나, 그 약정이 일정한 이익과 결합되기 때문에 선량한 풍속에 반하게 된다.

다. 인륜에 반하는 행위

1) 부자·부부간의 법률행위　　친자 사이나 부부 사이의 인륜을 해하는 행위는 선량한 풍속에 반하므로 무효이다. 자(子)가 부모와, 또는 처(妻)가 부(夫)와 동거하지 않겠다고 하는 계약 등은 무효이다.

부부 간의 인륜을 해하는 행위의 전형적인 것은 첩계약이다. 첩계약은 처의 동의의 유무를 묻지 않고서 언제나 무효이다.[53] 처 있는 남자가 다른 여자와 맺은 혼인예약도 무효이다.[54] 또한 혼인예약 중 동거를 거부하는 경우에 금원을 지급하기로 하는 계약도 무효이다.[55] 그러나 불륜관계를 단절하면서 그 첩의 생활비를 지급하거나 자녀의 양육비를 지급하는 계약은 유효하다고 할 것이다.[56] 그리고 자녀를 출산하여 줄 것을 약정하는 대리모(씨받이) 계약도 인륜에 반하여 무효이다.[57]

2) 독신약관 등　　성생활관계는 당사자 약정에 의하여 법적 구속력을 가질 수 있는 성질의 것이 아닐 뿐 아니라 금전과 대가관계를 설정할 수도 없다.[58] 이른바 독신약관(예: 간호사를 채용하면서 근무기간 중 혼인하지 않을 것을 요구하는 약관), 특정인과 결혼하기로 하는 약정, 이혼소송을 제기하지 않기로 하는 약정, 혼인 외의 성관계를 유지하기 위한 증여 및 유증은 선량한 풍속 기타 사회질서위반으로서 무효이다. 그렇지만 부정행위를 용서받는 대가로 손해를 배상함과 아울러 가정에 충실하겠다는 서약의 취지에서 부가 처에게 부동산을 양도하되 부부관계가 유지되는 동안에는 처가 임의로 처

---

52) 대판 1999.4.13, 98다52483.

53) 대판 1960.9.29, 4293민상302; 대판 1967.10.6, 67다1134; 형사사건에서 성공보수약정은 수사·재판의 결과를 금전적인 대가와 결부시킴으로써, 기본적 인권의 옹호와 사회정의의 실현을 사명으로 하는 변호사 직무의 공공성을 저해하고, 의뢰인과 일반 국민의 사법제도에 대한 신뢰를 현저히 떨어뜨릴 위험이 있으므로, 선량한 풍속 기타 사회질서에 위배되는 것으로 평가할 수 있다(대판(전원합의체) 2015.7.23, 2015다200111).

54) 처가 사망한 후에 혼인신고를 하기로 약정하였음이 인정되는 때에는 이 약정 당시에 정당하고 유효한 혼인예약이 맺어진 것으로 보아야 한다(대판 1955.10.13, 4288민상245).

55) 대판 1963.11.7, 63다587.

56) 대판 1980.6.24, 80다458.

57) 대구지판 1991.9.17, 91가합8269.

58) 이영준, 246면.

부할 수 있다는 제한을 붙인 약정은 선량한 풍속 기타 사회질서에 위반된다고 보지 않는다.59)

3) 자유의 극심한 제한　　개인의 신분상의 또는 신체상의 자유를 심하게 제한하는 행위도 선량한 풍속에 반하므로 무효이다. 예컨대 인신매매, 매춘행위, 윤락행위 및 그것을 유인·강요하는 행위60)가 그것이다. 또한 어떠한 일이 있더라도 이혼하지 않겠다는 각서를 배우자의 일방이 타방에게 교부한 것은 신분행위의 의사결정을 구속하는 것으로서 무효이다.61)

라. 과도한 법적 의무를 과하는 행위　　거래 일방이 상대방에 대하여 과도한 법적 의무를 과하는 법률행위는 선량한 풍속 기타 사회질서에 반하여 무효이다.62) 다만 과도한 의무를 부과함으로써 신체적·신분적 자유를 심히 제한하는 경우는 이미 인륜에 반하여 선량한 풍속을 위반한 것으로 무효이므로, 여기에서는 경제적 자유를 심히 제한하는 행위만을 대상으로 삼는다.63)

1) 경제적 자유의 박탈　　경제적 활동의 자유를 과도하게 제한하는 계약은 사회질서에 반하는 것으로서(제103조) 무효이다. 경제적 자유의 박탈은 법률행위 중에서도 채권채무의 발생행위에서 발생하는데, 특히 채권자가 계약을 통해서 채무자를 과도하게 구속하는 경우에는 선량한 풍속 기타 사회질서에 반하여 무효이다. 이러한 계약을 소위 「속박계약」(Knebelungsvertrag)이라고 하는데, 이러한 현상은 경쟁에 관한 합의, 담보거래에서의 이율의 합의 그리고 공급계약에서의 공급기간의 장기성에서 주로 나타난다. 예를 들어, 동업자들이 제조판매의 조건에 관하여 가맹자의 영업과 거래자유를 제한하는 협정 – 이른바 카르텔 – 이 적당한 거래범위를 넘어서 개인의 경제활동을 현저하게 제한하는 경우에는 무효이다.64) 또한 과도하게 장기간 경업하지 않기로 하는 경업금지의 약

---

59) 대판 1992.10.27, 92므204; 이 판결에 대하여 이영준 교수는 이러한 제한에 의하여 처의 의사에 반하는 부부관계의 유지가 간접적으로 강제될 수 있기 때문에 선량한 풍속 기타 사회질서에 위반된다고 본다(이영준, 247면).

60) 대판 2004.9.3, 2004다27488·27495; 대판 2009.09.10, 2009다37251은 "민법 제103조에서 정하는 '반사회질서의 법률행위'는 법률행위의 목적인 권리의무의 내용이 선량한 풍속 기타 사회질서에 위반되는 경우뿐만 아니라, 그 내용 자체는 반사회질서적인 것이 아니라고 하여도 법적으로 이를 강제하거나 법률행위에 사회질서의 근간에 반하는 조건 또는 금전적인 대가가 결부됨으로써 그 법률행위가 반사회질서적 성질을 띠게 되는 경우 및 표시되거나 상대방에게 알려진 법률행위의 동기가 반사회질서적인 경우를 포함한다"고 판시하고 있다.

61) 대판 1969.8.19, 69므18.

62) 대판 1993.3.23, 92다46905(과도하게 무거운 위약벌의 경우).

63) 이영준, 248면.

정도 무효이며, 따라서 고용주와 피용자 사이에 퇴직 후 일정한 영업을 하지 않기로 하는 계약은 영업의 종류, 장소 등과 관련하여 합리적으로 제한된 경우라면 유효하나 그 범위를 넘어 영업의 자유를 현저히 해하는 경우에는 무효이다.[65] 또한 맥주공장이 술집에 맥주를 공급하면서, 그 술집은 30년간 오로지 자기네 맥주만을 공급받기로 한 계약,[66] 자판기설치계약을 체결하면서 만약 홀을 확장한다면 다시 그 자판기회사의 기계만을 설치하기로 한 계약,[67] 출판사가 저자와 출판계약을 맺으면서, 그 저자의 장래 집필하는 저술의 출판권을 모두 자기 출판사에 양도하기로 하는 계약[68] 역시 무효라 할 것이다. 판례는 위약벌의 약정은 채무의 이행을 확보하기 위해 정해진 것으로 손해배상 예정과는 다르므로 이에 관한 규정(제398조 제2항)을 유추적용할 수 없어 법원이 이를 적절히 감액할 수 있는 없고, 다만 그 의무의 강제에 의해 얻어지는 채권자의 이익에 비해 약정된 벌이 과도하게 무거울 때는 그 일부 또는 전부가 공서양속에 반하여 무효로 된다고 보았다.[69]

2) 당사자 일방의 독점적·우월적 지위의 악용 일방 당사자의 권력적 지위 또는 독점적 지위를 악용하여 상대방에게 과도한 반대급부 또는 기타의 부당한 부담을 과하는 법률행위도 사회질서에 반하여 무효이다.[70] 그런데 이처럼 일방이 독점적으로 우월한 지위에서 상대방에게 과도한 대가를 요구하거나 과도한 부담을 부과한다면, 대

64) 민일영, 민법주해[Ⅱ], 238면.

65) 김주수·김상용, 324면; 대판 2010.03.11, 2009다82244(사용자와 근로자 사이에 경업금지약정이 존재한다고 하더라도, 그와 같은 약정이 헌법상 보장된 근로자의 직업선택의 자유와 근로권 등을 과도하게 제한하거나 자유로운 경쟁을 지나치게 제한하는 경우에는 민법 제103조에 정한 선량한 풍속 기타 사회질서에 반하는 법률행위로서 무효라고 보아야 하며, 이와 같은 경업금지약정의 유효성에 관한 판단은 보호할 가치 있는 사용자의 이익, 근로자의 퇴직 전 지위, 경업 제한의 기간·지역 및 대상 직종, 근로자에 대한 대가의 제공 유무, 근로자의 퇴직 경위, 공공의 이익 및 기타 사정 등을 종합적으로 고려하여야 하고, 여기에서 말하는 '보호할 가치 있는 사용자의 이익'이라 함은 부정경쟁방지 및 영업비밀보호에 관한 법률 제2조 제2호에 정한 '영업비밀'뿐만 아니라 그 정도에 이르지 아니하였더라도 당해 사용자만이 가지고 있는 지식 또는 정보로서 근로자와 이를 제3자에게 누설하지 않기로 약정한 것이거나 고객관계나 영업상의 신용의 유지도 이에 해당한다.)

66) BGHZ 74, 293, 298; Brox, Allg. Teil, Rdnr. 292.

67) BGH NJW 1983, 159; Brox, Allg. Teil, Rdnr. 292.

68) 이영준, 248면; BGHZ 22, 347.

69) 대판 1996.4.26, 94다34432.

70) 거래관계에서 공정한 거래를 할 수 있게 하기 위해 「독점규제 및 공정거래에 관한 법률」은 상대적으로 우월한 지위 또는 적어도 상대방의 거래활동에 상당한 영향을 미칠 수 있는 지위에 있는 사업자에 대하여 그 지위를 남용하여 상대방에게 거래상 불이익을 주는 행위를 금지시키고 있다(동법 제23조 제1항 제4호, 제3항).

부보의 경우 상대방은 궁박한 상태에 빠져 있는 경우라 할 것이다. 그러므로 사실상 독점의 지위를 악용하여 이미 급부와 반대급부 사이의 균형을 잃은 거래로서 불공정한 법률행위에 해당될 수 있다.71) 그러나 불공정한 법률행위에 관한 제104조가 적용되기 위해서는 상대방으로서는 타방의 우월적 지위에 복종할 수밖에 없는 상태를 타방이 악용하였다는 주관적 요건을 입증하여야만 하는데, 실제로 이를 입증하기란 대단히 어렵다. 이러한 측면에서 독점적 지위에 따른 부당한 거래에 대하여 제103조의 내용통제는 특히 제104조의 불공정한 법률행위의 통제에 대한 보충적 기능을 한다. 즉 당사자 일방이 그의 독점적 지위 내지 우월적 지위를 악용하여 부당한 이득을 얻고 상대방에게는 과도한 반대급부 또는 기타의 부당한 부담을 과하는 법률행위에 대하여 제103조는 이미 이를 반사회적인 것으로서 무효로 만들기 때문에,72) 이로써 제104조에서 요구하는 폭리자의 주관적 요건의 입증곤란을 극복할 수 있다. 이러한 의미에서 제103조의 사회적 상당성은 제104조를 보충하고 있다고 볼 수 있다. 한편, 일정한 혜택을 조건으로 하여 근로자에게 근로관계의 해지권을 박탈하는 약정도 경우에 따라서는 과도한 법적 의무를 과하는 행위로서 무효로 된다고 할 것이다. 다만 판례는 회사에 의하여 해외에 파견된 근로자가 귀국일로부터 3년간 회사에 근무하여야 한다는 사규(社規)나 약정은 반사회적 법률행위(제103조)에는 해당하지 않아 무효가 아니고 다만 경비반환채무의 면제기간으로 본다.73)

마. 생존의 기초가 되는 재산의 처분행위　생존에 필수불결한 재산의 처분행위는 처분자의 생존권을 박탈하게 되므로 사회질서에 반하여 무효이다. 예를 들어, 판례는 사찰의 존립에 필수불가결한 재산을 증여하는 행위는 사회질서에 위반된 법률행위로서 무효라고 한다.74)

바. 사행행위　사행행위는 사회질서에 반하여 무효이다. 전형적인 예가 도박계약이다. 따라서 도박자금을 대여하는 계약,75) 도박으로 부담한 채무의 변제로서 토지를 양도하는 계약, 도박에서 진 노름빚을 변제하기로 한 계약 등은 모두 무효이다. 그러나 승마투표권(한국마사회법 제2조, 제6조)·복권(복권및복권기금법 제2조, 제4조 제1항) 등과 같이 특별법에서 허가하고 있는 경우에는 반사회성이 조각된다.

71) Flume, Allg. Teil, § 18 2b ee.
72) 대판 1996.4.26, 94다34432.
73) 대판 1982.6.22, 82다카90.
74) 대판 1970.3.31, 69다2293; 대판 1991.8.27, 90다19848.
75) 대판 1973.5.22, 72다2249.

(3) 「동기」의 선량한 풍속 기타 사회질서의 위반

가. 문제의 제기 법률행위의 목적이나 동기가 「선량한 풍속 기타 사회질서」에 반하는 경우에 그 법률행위의 효력을 무효로 할 수 있는가가 문제로 된다. 왜냐하면 법률행위의 목적이나 동기는 외부에서 알 수 없기 때문에, 이러한 법률행위의 목적이나 동기가 불순함을 이유로 선량한 풍속 기타 사회질서에 반한다고 하여 그 법률행위 전체를 무효로 하게 되면 거래의 상대방은 불측의 손해를 입을 염려가 있기 때문이다. 예를 들어, 어떤 사람이 매춘업을 하기 위하여 가옥을 임차하는 경우에 그 임대차계약은 매춘업을 목적을 한 계약이라는 점에서 그 효력을 무효로 하여야 하나, 다른 한편으로는 매춘업을 할 목적이라는 불법의 동기를 모르는 임대인으로서는 임대차계약이 무효로 됨에 따라 손해를 입게 될 수 있다. 이러한 관점에서 볼 때, 법률행위의 목적이나 동기는 법률행위의 효력발생에 고려되지 않는 것이 원칙이나, 예외적으로 그 목적이나 동기가 불법인 때에는 그 법률행위 전체를 무효로 하여야 할 경우도 있다.

나. 학 설 법률행위의 동기가 선량한 풍속 기타 사회질서에 반하는지의 여부에 관하여는 학설의 대립이 있다.

1) 표시설 표시설에 의하면, 동기는 「표시된 때에 한하여」 법률행위의 내용을 이루므로, 선량한 풍속 기타 사회질서에 반하는 동기가 표시된 경우에 한하여 그 법률행위는 무효로 된다고 한다.[76] 즉 목적이나 동기는 표의자의 주관적인 내심적 사실로서 외부로 나타나지 않기 때문에, 표시되지 않은 동기가 사회질서에 반한다고 해서 법률행위가 언제나 무효라면 그것은 거래의 안전을 해치게 될 것이라고 본다.[77]

2) 주체설 주체설은 목적이나 동기가 표시된 때는 물론, 표시되지 않았다 하더라도 반사회질서적이라는 것을 「상대방이 알았거나 알 수 있었을 때」에는 그 법률행위는 무효로 된다고 한다.[78] 이에 의하면, 동기에 불법이 있다고 해도 표시되지 않았다는 이유로 그러한 법률행위를 언제나 유효하다고 한다면, 민법이 반사회질서적인 법률행위를 금하는 취지를 크게 손상시킬 것이라고 본다.

3) 소위 상관관계설 동기의 위법성의 정도, 상대방의 관여 내지 인식의 정도와의 상관관계에서 동기의 불법을 결정하자는 견해[79]가 있다.

---

76) 곽윤직·김재형, 280면; 민일영, 민법주해[Ⅱ], 223면; 지원림, 155면; 대판 2000.2.11, 99다56833; 대판 2005.7.28, 2005다23858; 대판 2009.9.10, 2009다37251.

77) 곽윤직·김재형, 280면.

78) 김상용, 408면; 김용한, 267면; 김준호, 246면; 김증한·김학동, 312면; 장경학, 450면.

4) 학설의 검토　　먼저 당사자 쌍방 모두에 동기의 불법이 있는 경우에는 그 동기가 표시되지 않았다 하더라도 무효로 된다. 이로써 양 당사자들 모두가 공동으로 추구하는 목적이나 동기가 선량한 풍속 기타 사회질서에 반하는 경우에는 이때의 목적이나 동기는 법률행위 내용으로 되므로 법률행위 전체가 불법으로 되어 무효로 된다.[80)]

그러면 일방의 당사자가 불법 내용의 동기를 가지고 법률행위를 한 경우가 문제인데, 이에 관하여 표시설은 동기의 불법을 동기의 착오와 동일하게 취급하려고 한다. 이에 의하면, 동기의 불법이 표시된 경우에 그 법률행위가 무효로 되는데, 실제 거래에서 불법의 동기가 표시되는 경우는 거의 없을 것이므로 이 기준을 통해서는 동기의 불법을 실제로 통제할 수 없게 될 것이다.[81)] 그리하여 목적이나 동기가 표시된 경우는 물론 표시되지 않았다 하더라도 통상의 주의를 하였더라면 상대방이 동기의 불법을 알 수 있었던 경우에는 법률행위는 무효가 된다고 해석하는 것이 타당할 것이다(주체설).

(4) 「선량한 풍속 기타 사회질서」 위반의 법률행위의 효과

가. 무 효

1) 이행 전의 관계　　선량한 풍속 기타 사회질서에 반하는 법률행위는 무효이므로(제103조), 이로부터 어떠한 권리도 발생할 수 없다. 그러므로 선량한 풍속 기타 사회질서에 해당하는 법률행위를 한 당사자는 서로 상대방에 대하여 급부의 이행을 청구할 수 없다.

2) 이행 후의 관계　　법률행위가 선량한 풍속 기타 사회질서에 반하여 무효임에도 불구하고 이에 기하여 이행이 되었다면, 이 경우 무인론의 관점에서는 물권의 이전을 내용으로 한 처분행위는 원칙적으로 가치에 있어 중립적인 행위로서 유효하고, 다만 그 원인이 되고 있는 채권행위가 무효인 것이므로, 양도인은 수령한 급여를 상대방

---

79) 김주수·김상용, 326면; 이은영, 370면.

80) 판례는 매도에 대한 양도소득세의 부과를 회피할 목적으로 매수인이 주택건설을 목적으로 하는 주식회사를 건립하여 여기에 출자하는 형식을 취하면 양도소득세가 부과되지 않을 것이라고 말하면서 그러한 형식에 의한 매매를 제의하여 매도인이 이를 믿고 매매계약을 체결한 것은 사회질서에 반하지 않는다고 한다(대판 1981.11.10, 80다2475). 그러나 이 경우는 동일한 동기에 의하여 계약을 하였고 이러한 동기는 사회질서에 반하는 것이 명백하다. 다만 이러한 매매에 대하여도 양도소득세가 부과되므로 선량한 풍속 기타 사회질서위반의 객관적 요건이 존재치 아니하는 것이다. 즉 이 경우 선량한 풍속 기타 사회질서위반의 주관적 요건은 존재하나 객관적 요건이 존재치 아니하므로 위 매매계약은 무효로 되지 않는다고 할 것이다. 위 판례의 결론은 이러한 이론구성에 의하여 이해하는 것이 타당하다(이영준, 255면).

81) 이영준, 254면.

에 대하여 부당이득으로서 그 반환을 청구하여야 한다(제741조). 그런데 이 경우 처분행위에 따른 급여는 불법원인에 따른 급여가 되어 그 반환을 구할 수 없게 된다(제746조).[82] 단지 불법의 원인이 수익자에게만 있는 경우에는 급여자는 다시 반환청구를 할 수 있다(동조 단서). 이에 대해서 물권행위 유인론에 의하면, 양도인은 양수인에 대하여 물권적 청구권을 행사하여 물권을 회복할 수 있다(제213조, 제214조). 그러나 이 물권적 청구권의 행사도 불법원인급여의 반환불가의 규정(제746조)으로 제한되어 행사가 불가하게 된다.[83]

그리고 이러한 반사회적 법률행위는 '확정적 무효'이므로, 그 어느 누구도 무효인 채권계약을 추인하여 유효로 할 수도 없다(제139조). 또한 이 무효는 절대적 무효이므로, 이 법률행위의 당사자로부터 소유권을 이전받은 제3자도 보호받지 못하는데, 만일 부동산을 이전받은 제3자는 무권리자로부터 소유권을 취득한 것이 되므로 그 앞으로 경료된 등기도 원인무효로서 말소되어야 한다.[84]

나. 부동산 이중양도에서의 제1매수인의 무효의 주장

1) 채권자대위 부동산의 매도인(甲)과 1차적으로 매매계약을 체결한 제1매수인(乙)이 목적 부동산의 소유권이전등기를 하고 있지 않은 상태에서 매도인(甲)의 배임행위 등을 적극 유도하여 2차적으로 매매계약을 체결한 제2매수인(丙)이 자기 명의로 목적 부동산의 소유권이전등기까지 경료한 경우에 제2매매계약은 반사회질서에 해당하여 무효이다. 이 때 부동산의 제2매매계약의 무효를 주장할 정당한 이익 있는 제1매수인(乙)과 매도인의 배임행위에 적극 가담한 제2매수인(丙) 사이에는 어떠한 계약적 관계가 성립되어 있지 않으므로, 제1매수인(乙)은 제2매수인(丙)에 대하여 직접 소유권이전등기의 말소를 청구할 수는 없다.[85] 그러나 제1매수인(乙)은 제1매매계약에 기하여 매도인(甲)에 대하여 목적부동산의 소유권이전을 청구할 수 있는 채권자이므로, 채권자 대위권

---

82) 윤락행위 및 그것을 유인·강요하는 행위는 선량한 풍속 기타 사회질서에 반하므로, 윤락행위를 할 사람을 고용하면서 성매매의 유인·권유·강요의 수단으로 이용되는 선불금 등 명목으로 제공한 금품이나 그 밖의 재산상 이익 등은 불법원인급여에 해당하여 그 반환을 청구할 수 없고, 나아가 성매매의 직접적 대가로서 제공한 경제적 이익뿐만 아니라 성매매를 전제하고 지급하였거나 성매매와 관련성이 있는 경제적 이익이면 모두 불법원인급여에 해당하여 반환을 청구할 수 없다고 보아야 한다(대판 2013.06.14, 2011다65174 등).

83) 대판(전원합의체) 1979.11.13, 79다483.

84) 대판 1979.7.24, 79다942.

85) 판례는 이 경우 제1매수인의 등기청구권이 매도인과 제2매수인의 반사회적 행위로 침해당하였다면 제1매수인은 매도인을 대위하여 제2매수인 명의의 등기의 말소등기절차이행을 청구하거나 손해배상청구를 할 수 있을 뿐이고 직접 말소등기를 청구할 수 없다는 것은 우리나라의 형식주의하의 등기청구권의 성질로부터 도출되는 이론이라고 판시한다(대판 1983.4.26, 83다카57).

이 행사되어서 채권자의 지위에서 자신의 채무자인 매도인(甲)을 대위하여(제404조) 제2매수인(丙) 명의의 소유권이전등기의 말소를 청구할 수 있다.86)

2) 피대위권리

① **물권적 청구권의 행사 가능성** 과거의 대법원 판례87)는 급여원인에 불법이 있더라도 급여자는 부당이득반환채권이 아니라면 물권적 청구권을 원인으로 그 급여한 물건의 반환을 구할 수 있다고 하였다. 그러나 위 판례는 결과적으로 불법원인으로 급여된 것의 반환을 허용하게 되어 이를 금지한 제746조의 규정의 목적과 배치된다. 그리하여 대법원은 "불법원인급여를 한 사람은 그 원인행위가 법률상 무효라 하여 상대방에게 부당이득반환청구를 할 수 없음은 물론 급여한 물건의 소유권이 여전히 자기에게 있다고 하여 소유권에 기한 반환청구도 할 수 없다"고 판시하고 함으로써,88) 매도인이 제2매수인에 대하여 부당이득반환청구권은 물론 소유권에 기한 물권적 청구권으로서 소유권반환청구도 행사할 수 없게 된다. 이로써 제1매수인은 매도인을 대위하여 물권적 청구권도 대위 행사할 수 없게 되는 결과에 이르게 된다.89)

② **부당이득반환청구권의 행사 여부** 채권자인 제1매수인이 매도인을 대위하여 행사할 피대위채권으로서 부당이득반환청구권이 고려된다. 그런데 배임행위를 한 매도인과 이에 적극 가담한 제2매수인은 사회질서에 반하는 행위를 하였으므로(제103조) 이들 사이에 이루어진 부동산소유권이전은 불법원인의 급여에 해당된다(제746조).

이처럼 매도인의 배임행위로 인하여 제2매수인에게 한 소유권이전은 불법원인급여에 해당됨에 따라, 부당이득을 이유로 하는 매도인의 소유권이전등기말소청구권은 발생하지 않게 된다(제746조 본문). 결국 매도인은 부당이득을 이유로 한 소유권이전등기의 말소를 구할 수 없게 된다. 결국 채권자대위권의 피대위채권이 성립하지 않음으로써 제1매수인은 매도인의 소유권이전등기말소청구권을 대위 행사할 수 없게 된다.

---

86) 대판 1980.5.27, 80다565.

87) 대판 1977.6.28, 77다728.

88) 민법 제746조는 단지 부당이득제도만을 제한하는 것이 아니라 동법 제103조와 함께 사법의 기본이념으로서 결국 사회적 타당성이 없는 행위를 한 사람은 스스로 불법한 행위를 주장하여 복구를 그 형식여하에 불구하고 소구할 수 없다는 이상을 표현한 것이다. 따라서 "급부를 한 사람은 그 원인행위가 법률상 무효라 하여 상대방에게 부당이득을 원인으로 한 반환청구를 할 수 없음은 물론, 그 원인행위가 무효이기 때문에 급부한 물건의 소유권은 여전히 자기에게 있다고 하여 소유권에 기한 반환청구도 할 수 없는 것이고, 그리하여 그 반사적 효과로서 급부한 물건의 소유권은 급여를 받은 상대방에게 귀속하게 되는 것이다"(대판(전원합의체) 1979.11.13, 79다483).

89) 이영준, 261면.

③ **불법원인급여의 법리에 따른 부당한 결과** 불법원인급여에 따른 반환불가의 결과는 불법원인의 수익자가 불법원인으로 취득한 급부를 보유할 수 있게 함으로써 궁극적으로는 불법원인의 급여에 의한 행위가 유효한 것으로 확정되는 모순된 결과를 야기하고 있다. 즉 정당한 권리자로서의 제1매수인이 매도인을 대위하여 제2매수인에 대하여 그 소유권이전등기의 말소를 구할 수 없게 되어, 결국 선량한 풍속 기타 사회질서에 위반되는 법률행위의 효력이 유효인 것으로 확정되는 부당한 결과에 이르게 된다.90) 그리하여 오늘날 판례는 제1매수인이 제2매수인 앞으로 경료된 소유권이전등기의 무효를 주장할 수 있다고 한다.91)

3) **피대위채권 성립에 관한 이론구성** 학설과 판례는 제1매수인이 제2매수인 앞으로의 소유권이전등기의 무효를 주장할 수 있음을 인정하고 있는데, 이에 관한 논리적 구성은 다음과 같다.

① **불법비교설** 불법원인의 수익자가 유효하게 궁극적으로 급부를 취득하는 부당한 결과를 회피하기 위하여 「불법원인」의 범위를 탄력성 있게 판단하여야 한다는 견해가 있다.92) 이에 의하면, '제103조의 반사회질서'와 '제746조의 불법'이 동일하지 않다고 본다. 그리하여 계약 전에의 반사회성의 강약, 당사자의 각자에 존재하는 비난성의 대소, 당사자의 형평관계, 거래안전 등을 종합적으로 판단하여, 제103조에 해당하는 불법이라도 제746조의 불법에 해당되지 않는 경우도 있을 수 있다고 본다. 그러므로 부당이득의 반환관계에서 불법원인에 의한 급여가 이루어진 경우에는 불법원인의 급여자와 수익자 사이의 불법성의 경중을 비교하여 중한 불법원인의 수익자가 경한 불법원인의 급여자에게 반환하여야 한다고 한다. 이 경우 제746조 본문이 적용될 것이 아니라 제746조의 단서가 유추적용되어야 한다고 해석한다. 결국 아직 이행되지 않는 급부에 대한 적극적 이행청구는 인정되지 않지만, 이미 이행한 급여에 대해서는 불법성의 경중에 따라 부당이득반환청구는 인정된다고 해석한다.93)

---

90) 장경학, 452면.

91) 당초의 매도인이 사망하고 상속이 이루어진 후에 공동상속인 중 1인으로서 다른 공동상속인들의 대리인임을 자칭하는 자와 제2매수인 사이에 부동산 전부에 관하여 제2매매계약이 체결되었는데, 제2매수인이 그 공동상속인의 배임행위에 적극 가담한 결과 그 제2매매계약이 반사회적 법률행위로서 무효인 경우에, 위 제2매매계약에 직접 관여한 공동상속인의 상속분에 관하여 뿐만 아니라 부동산 전부에 관하여 매매계약 및 그에 기한 소유권이전등기가 무효인 것으로 보아야 한다(대판 2002.4.26, 2001다8097).

92) 장경학, 453면; 김대정, 685면.

93) 장경학, 453면; 같은 취지로는 고상용, 355-356면.

② **제746조의 적용제한설** 이 학설은 제103조의 반사회질서와 제746조의 불법은 동일한 것으로 인정하면서, 제746조의 적용을 제한함으로써 불법원인급여의 정당한 해결을 기할 수 있다고 본다.94) 즉 불법원인급여의 반환을 제한하는 규정(제746조)은 불법을 저지른 급여자가 수익자에 대하여 반환청구를 비난하여 허용하지 않는 취지의 규정으로서 불법원인의 급여자와 수익자 사이에만 적용되고, 정당한 권리자(예: 제1매수인)에게 권리가 회복되는 절차로서 부당이득반환청구권이 행사되는 경우는 동조의 적용범위에 속하지 않는다고 본다. 그러므로 진정한 권리자(예: 제1매수인)가 권리를 회복하기 위한 경우에는 제746조가 적용되지 않고 부당이득반환의 원칙으로 돌아가(제741조), 매도인은 제2매수인에 대하여 부당이득반환으로서 2중양도된 부동산의 소유권이전등기말소청구권을 행사할 수 있고, 제1매수인은 매도인을 대위하여 제2매수인에 대하여 그 등기의 말소 내지는 소유권이전등기를 청구할 수 있다고 본다.

③ **불법행위의 책임구성** 이 학설은 불법행위의 책임구성을 하려는 견해로서, 제2매수인은 매도인의 배임행위에 적극 가담하여 소유권이전등기를 받음으로써 제1매수인의 소유권이전등기청구권을 침해하는 불법행위가 성립된다는 논리이다.95) 이러한 법리 구성의 장점은 채권자대위권의 대상이 되는 피대위채권인 부당이득반환청구권이 불법원인의 급여로서 행사될 수 없음으로써 정당한 권리자의 회복이 불가능한 경우에 제1매수인이 매도인을 대위하지 않고 직접 제2매수인에 대하여 그 명의등기의 말소를 청구할 수 있는 가능성을 열어 주고 있는 데에 있다. 이에 의하면, 제1매수인은 제2매수인에 의하여 자신의 소유권이전등기청구권이 침해됨에 따라 채권침해에 따른 불법행위가 성립되고 이에 따라 손해배상을 청구할 수 있다고 본다(제750조). 이때 그 손해배상의 내용은 금전에 의하여서가 아니라 「원상회복」에 의하여서 할 수도 있는 것으로 보아, 제1매수인은 곧 바로 제2매수인에게 그의 명의의 소유권이전등기말소를 청구할 수 있다는 것이다.96) 이로써 즉 채권침해에 대한 손해배상의 내용은 제1매수인이 매도인에 대하여 소유권이전등기청구권을 행사할 수 있는 상태로 회복시키는 것이다. 이에 따라 제1매수인은 제2매수인에게 목적부동산의 이전등기를 매도인에게 다시 경료할 것을 청구하든지 아니면 직접 말소등기를 청구할 수 있다고 본다. 이에 의하면, 제1매수인은 채권자대위를 거치지 않고 직접 제2매수인에 대하여 권리회복을 청구할 수 있게 된다.

---

94) 이영준, 266-268면.

95) 윤진수, “제3자의 채권침해와 부동산의 이중양도”, 사법논집 제16집(1985.12,) 156면.

96) 윤진수, “제3자의 채권침해와 부동산의 이중양도”, 사법논집 제16집(1985.12,) 156면.

4) 학설의 검토

① **불법비교설에 관하여** 불법비교설은 제103조와 제746조의 '불법'의 성립 여부를 달리 보고 있다. 즉 제103조에는 해당되더라도 제746조에는 해당되지 않는 불법이 존재한다고 본다. 그러나 이에 대해서는 제103조와 제746조는 선량한 풍속 기타 사회질서에 위반된 행위가 실현되는 것을 저지하려는 공동의 규율목적을 갖고 있는 만큼 제103조에 해당하는 불법이 제746조의 불법에 해당되지 않는 경우는 존재할 수 없다는 주장이 있다.97) 이 견해에 의하면, 제103조의 규율 대상은 선량한 풍속 기타 사회질서의 위반행위가 실행되기 전에 위반행위를 하지 말 것을 경고하는 것이고, 제746조의 규율 대상은 선량한 풍속 기타 사회질서에 위반된 행위가 실행된 후 원상회복을 불가능하게 함으로써 위반행위를 못하도록 경고하는 것으로서, 위의 두 규정에서의 불법의 개념을 달리 파악할 수 없다고 본다. 그리고 불법원인의 급여자나 이를 통한 수익자 모두 불법의 선량한 풍속 기타 사회질서에 위반된 행위를 한 자로서 이들 사이에 불법성의 경중을 비교한다는 것도 매우 불안정한 기준이 될 것이다. 이러한 점에서 불법비교설은 적용상의 난점이 예상된다.

② **불법행위설에 관하여** 불법행위설은 직접 제1매수인이 대위의 절차를 거치지 않고 직접 제2매수인에게 원상회복을 내용으로 하는 손해배상청구권을 행사할 수 있다는 점에서 방법론적 공정성을 인정할 수 있다. 그러나 이에 대해서는 제394조가 불법행위로 인한 손해배상에서 금전배상의 원칙을 명시하고 있으므로, 어떠한 예외로 인하여 금전배상이 아닌 원상회복을 청구할 수 있는지가 의문이다.

5) **판례의 태도** 판례는 불법비교설의 입장에 서 있다. 대법원은 반사회적 부동산 이중매매에 관하여 제1매수인은 소유자가 아니므로 자신이 직접 제2매수인에 대해 등기의 말소를 청구할 수는 없고, 제1매수인은 매도인에 대한 자기의 소유권이전청구권을 보전하기 위하여 매도인을 대위하여 제2매수인에 대해 등기의 말소를 청구할 수 있을 뿐이라고 한다.98) 이때 피대위채권은 불법비교설에 따라 매도인보다는 제2매수인의 비난가능성이 더 크므로 제746조 단서를 유추적용해야 한다고 한다.

(5) 불공정한 법률행위

가. 불공정한 법률행위의 의의 불공정한 법률행위는 「상대방의 비정상적인 상태에 편승하여 상대방으로부터 자기의 급부에 비하여 현저하게 균형을 잃은 반대

97) 이영준, 265면.

98) 대판 1983.4.26, 83다카57.

급부를 얻는 행위」를 말한다(제104조). 이를 「폭리행위」라고도 한다.

제103조[반사회질서의 법률행위]와 제104조[불공정한 법률행위]의 규정은 형식상 두 개의 조문으로 입법되어 있으나, 제104조는 내용상 선량한 풍속 기타 사회질서에 위반하는 것이므로 제103조의 위반에 해당된다. 그러므로 불공정한 법률행위는 '선량한 풍속 기타 사회질서에 위반하는 법률행위'의 구체적인 한 모습인 것이므로, 제104조는 독립된 규정이라기보다는 제103조의 하부규정으로 보아야 한다.[99)]

나. 불공정한 법률행위의 요건 대부분의 학설은 일반적으로 객관적 요건에서 급부와 반대급부 사이의 불균형을 파악하고, 주관적 요건에서 궁박·경솔·무경험을 검증하는 입장을 취하고 있다.[100)] 그러나 이러한 다수의 견해에 의하게 되면, 폭리자에게 비난할 사유로서 상대방의 불리한 입장을 악용하고자 하는 의도를 간과하게 되어, 본조의 규율목적에 해당되는 폭리자에 대한 비난요소가 몰각될 우려가 있다. 이러한 점에서, 궁박·경솔·무경험을 급부의 현저한 차이와 함께 객관적 요건에 포함시키고, 주관적 요건에서는 폭리자에 대하여 상대방의 불리한 상태의 악용(Ausbeuten) 여부를 파악하는 것이 타당하다.[101)]

1) 급부와 반대급부 사이의 현저한 불균형 일단 폭리가 성립하려면 객관적으로 급부와 반대급부 사이에 뚜렷한 불균형이 있어야 한다. 그러므로 쌍무계약이 아닌 증여계약과 같이 아무런 대가관계 없이 당사자 일방이 상대방에게 일방적인 급부를 하는 법률행위는 그 공정성 여부를 논의할 수 있는 성질의 법률행위가 아니므로,[102)] 불공정한 법률행위의 범주에 포함되지 아니한다.

불공정한 법률행위에서는 급부와 반대급부의 현저한 차이로 인하여 정상적인 거래가 이루어졌다고 볼 수 없어야 한다. 그렇지만 불균형을 판단함에 있어 '일방적인 불리함'(laesio enormis)의 이론에 따른 획일적인 기준에 의하는 것은 타당하지 않다. 왜냐하면

---

99) 곽윤직·김재형, 282면; 김용한, 263-264면; 김주수·김상용, 331면; 김형배·김규완·김명숙, 181면; 민일영, 민법주해[Ⅱ], 243면; 이은영, 408면; 장경학, 454면; 이와는 달리 제103조는 제104조와는 취지를 달리하는 규정이라고 보는 견해도 있다(김증한·김학동, 319면).

100) 고상용, 361-364면; 곽윤직·김재형, 282면; 김상용, 404면; 김주수·김상용, 331-332면; 장경학, 455-456면.

101) 독일민법 제138조 제2항은 폭리자의 "악용"(Ausbeuten)을 명시함으로써 주관적 요건을 명시하고 있다. 그러나 이처럼 폭리자의 악용이라는 주관적 요건을 구분하는 견해에 대하여, 우리 민법 제104조는 단지 궁박 등으로 "인하여" 법률행위를 하였을 것만을 요구하므로, 주관적 요건은 필요치 않으며 악용을 요건으로 인정하게 되면 입증의 어려움 때문에 피해자가 구제받기 어렵다는 견해가 있다(김증한·김학동, 321-322면).

102) 대판 2000.2.11, 99다56833.

채권자 측의 상환위험을 함께 고려해야하기 때문이다.

불공정한 법률행위에서 요구되는 급부와 반대급부의 불균형은 여러 거래에서 발생할 수 있으나, 대부분의 경우는 경제적 요소와 관련이 있는 거래에서 발생한다. 특히 신용을 내용으로 한 금전소비대차에서 고리의 이자를 받는 것이 문제로 된다. 그런데 이자제한법은 이자의 최고한도를 넘는 초과부분의 이자에 대해서는 무효로 하고 있다(동법 제2조 제1항, 제3항). 이때 이자에는 차주에게 부과되는 어떠한 명칭의 부담금(예: 신용대출비용, 신청료, 중개료 등)도 포함된다(동법 제4조). 이처럼 이자제한법이 적용되는 결과, 금전을 비롯한 소비대차계약에 대해서 불공정한 법률행위(제104조)가 성립될 여지는 거의 없다.

2) 객관적 요건   당사자의 궁박이나 경솔 또는 무경험이 있어야 한다. 궁박·경솔 또는 무경험의 존재자체는 객관적 요건이다.[103)]

① **궁 박**   궁박은 「급박한 곤궁」을 의미하는 것으로서 경제적인, 정치적인 그리고 물리적인 궁박상태는 물론이고 명예의 침해와 같은 정신적인 것도 포함한다.[104)] 판례는 구속된 남편을 구제하기 위하여 채무자인 회사에 대한 물품의 외상대금채권을 포기한 것은 불공정한 법률행위에 해당되어 무효라고 한다.[105)]

② **무경험**   단순히 특정거래에 있어서의 거래경험 및 지식의 결여를 의미하는 것이 아니라, 거래 일반에 관한 경험 및 지식의 결여를 의미한다고 해석한다.[106)]

③ **경 솔**   경솔은 「의사를 결정할 때에 그 행위의 결과에 관하여 보통인이 베푸는 고려를 하지 않는 심적 상태」라고 한다. 원래 행위자의 부주의로 인한 경솔한 행위의 결과는 행위자 스스로가 감수하도록 하여야 한다. 그러므로 민법이 경솔로 인하여 불공정한 법률행위를 무효로 규정하고 있는 취지는 일반적인 판단능력의 부족에 있다. 이로써 민법상 제한능력자제도가 가지고 있는 객관적 기준(연령·판결)의 제한적 한계를 보충할 수 있다.[107)] 그러므로 「경솔」은 개별적인 법률행위에서 행위자의 개인적인 주의부족을 의미하는 것이 아니라, 행위자가 선천적인 정신능력 또는 주위사정으로 인하여 적절한 고려를 베풀 수 없는 상태에 있는 것을 의미한다고 해석할 것이다.[108)] 즉

---

103) Medicus, Allg. Teil, Rdnr. 710; Brox는 거래상대방의 열악한 환경을 의도적으로 이용하여 과도한 이익을 챙기려는 것이 악용의 의미라고 한다(Allg. Teil, Rdnr. 297).

104) 대판 1974.2.26, 73다673; 대판 1996.6.14, 94다46374.

105) 대판 1975.5.13, 75다92; 대판 1999.5.28, 98다58825.

106) 곽윤직·김재형, 284면; 김상용, 420면; 김주수·김상용, 332면; 김증한·김학동, 321면; 김형배·김규완·김명숙, 182면; 이영준, 274면; 이은영, 414면; 장경학, 456면; 대판 2002.10.22, 2002다38927.

107) 이영준, 275면; 이와 관련하여, 독일민법 제138조 제1항은 경솔 대신에 '판단능력의 부족'과 '의사의 약화'를 명시하고 있다.

경솔은 행위자에게 일반적으로 이성적인 동인(動因)에 의하여 법률행위를 추진하여, 양급부의 경제적 효과를 평가할 수 있는 능력이 결여되어 있는 상태를 말한다.[109] 그런데 대법원은 이러한 견해와는 달리 경솔을 단순히 주의를 게을리 한 것으로 본다. 예를 들어, 토지의 단가가 2,100원인 것을 잘못 기재하여 그 10배인 21,000원으로 오기하여 그 오기를 발견치 못하고 계약을 체결한 것을 경솔에 기인한 것으로 본다.[110]

경솔·궁박·무경험 이 모두가 합쳐져서 불공정한 법률행위의 성립요건이 되는 것은 아니며, 그 중 어느 하나의 사유로 급부와 반대급부가 현저하게 균형을 잃고 있다면, 이로써 불공정한 법률행위를 성립시킬 수 있다.[111]

④ **입증책임** 궁박·경솔·무경험 등의 입증책임은 이를 주장하는 자에게 있다.[112] 학설은 급부와 반대급부 사이에 현저한 불균형이 존재한다 하더라도, 이로써 궁박·경솔·무경험이 추정되는 것은 아니라고 본다.[113] 그러나 급부 사이에 현저한 불균형이 존재한다면, 이로부터 정상적인 거래상황이 아니라는 추정이 가능하게 되므로, 일방당사자의 궁박·경솔·무경험에 의한 것으로 추정된다고 보아야 할 것이다.[114] 따라서 입증책임은 급부와 반대급부 사이의 현저한 불균형이 궁박·경솔·무경험에서 비롯된 것이 아님을 주장하는 자에게 있다고 해석하여야 할 것이다.

3) 주관적 요건

① 주관적 요건으로서 폭리자가 상대방의 궁박이나 경솔 또는 무경험을 이용하려는 인식이 있어야 한다.[115] 불공정한 법률행위를 무효로 만드는 정당성은 폭리자에 대한 비난가능성에 있고, 결국 폭리자에게 상대방의 궁박이나 경솔 또는 무경험을 알고서 이를 이용하려는 의도가 있었음이 폭리자를 비난할 만한 주관적 요소인 것이다.[116] 판례는 이를 악의로 보고 있다.[117]

---

108) 김증한·김학동, 321면; 이영준, 275면.

109) Brox, Allg. Teil, Rdnr. 297.

110) 대판 1977.5.10, 76다2953.

111) 대판 1993.10.12, 93다19924.

112) 대판 1970.11.24, 70다2065; 대판 1991.5.28, 90다19770.

113) 이영준, 276면; 대판 1969.7.24, 69다594.

114) Medicus, Allg. Teil, Rdnr. 710; BGH NJW 1994. 1275.

115) 고상용, 363면; 김상용, 404면; 김주수·김상용, 332-333면; 김준호, 259면; 김형배·김규완·김명숙, 182면; 민일영, 민법주해[Ⅱ], 228면; 이영준, 276면; 장경학, 456면; 지원림, 164면: 주관적 요건이 필요치 않다는 견해도 있다(김기선, 346면; 김증한·김학동, 321면; 이은영, 415면).

116) Brox, Allg. Teil, Rdnr. 297; Medicus, Allg. Teil, Rdnr. 710.

117) 판례는 상대방이 약자적 지위에 있는 자의 궁박·경솔·무경험의 사정을 알면서 이를 이용하려

② 폭리자에게는 상대방의 비정상적인 상황을 의식적으로 악용하여 과도한 이익을 얻으려고 하는 비난가능성이 있어야 하므로 고의를 요건으로 한다. 따라서 과실로 인한 불공정한 법률행위는 성립될 수 없다.118) 또한 이러한 사정에 대한 미필적 고의에 의해서도 불공정한 법률행위는 성립될 수 있다.

③ 주관적 요건은 상대방의 열악한 상태를 이용하려는 것으로서 반드시 폭리를 취하려는 자에 의하여 법률행위가 체결될 필요는 없으며, 법률행위의 체결 원인이 폭리를 당한 자로부터 비롯된 경우에도 성립될 수 있다.119) 예를 들어, 폭리를 당하는 자가 급박한 나머지 과도하게 높은 차임을 주고라도 임대차계약의 체결을 요구하는 경우에도 폭리행위자에게 이를 악용하려는 의도가 있다면 주관적 요건은 충족되게 된다.

④ 만일 폭리를 취하는 일방에게 이러한 주관적 요건이 없다면, 현저하게 공정을 잃은 법률행위는 제103조의 '사회질서'의 위반에 따른 무효가 고려될 수 있다.120)

4) 불공정한 법률행위의 요건에 관한 판단의 기준

① 대리인에 의하여 법률행위를 한 경우에 궁박·경솔·무경험의 존부에 관하여는 대리행위에 대한 하자의 법리(제116조)에 따라 「경솔·무경험은 대리인을, 궁박상태는 본인을 표준으로 하여」 판단한다.121) 그러나 이에 대하여 대리인이 '본인의 지시에 좇아 법률행위를 한 때'에는 제116조 제2항을 유추적용하여 본인은 대리인의 경솔·무경험을 주장하지 못한다고 해석할 것이다.122)

② 궁박·경솔 또는 무경험을 판단하는 기준시점은 법률행위시이다. 그리고 현저한 불균형의 존부도 역시 법률행위시를 기준으로 하여 판단해야 한다.123)

5) 주장·입증책임 불공정한 법률행위를 구성하는 주관적 요건은 그 법률행위의 무효를 주장하는 자(폭리를 당한 자)가 입증하여야 한다.124)

는 의사, 즉 폭리행위의 악의가 있어야 한다고 본다(대판 1994.11.8, 94다31969; 대판 1997.7.25, 97다15371; 대판 2002.9.4, 2000다54406·54413; 대판 2002.10.22, 2002다38927; 대판 2008.3.14, 2007다11996)).

118) Medicus, Allg. Teil, Rdnr. 710.

119) Brox, Allg. Teil, Rdnr. 297.

120) Medicus, Allg. Teil, Rdnr. 711.

121) 김증한·김학동, 325면; 이영준, 277-278면; 이은영, 416면; 대판 2002.10.22, 200다38927.

122) 김상용, 404면; 이영준, 278면.

123) 대판 2013.9.26, 2010다42075; 대판 2015.1.15, 2014다216072; 곽윤직·김재형, 258면; 김상용, 403면; 김형배·김규완·김명숙, 184면; 이영준, 278면; 이은영, 416면; 장경학, 456면: 행위시뿐만 아니라 이행기에도 불균형이 있어야 한다는 견해도 있다(김주수·김상용, 331면).

124) 매도인 측에서 매매계약이 불공정한 법률행위로서 무효라고 하려면 객관적으로 매매가격이 실제

나. 불공정한 법률행위의 효과

1) 무 효 불공정한 법률행위의 효력은 무효이다(제104조). 이때 무효는 확정적 무효로서 추인에 의하여 유효로 될 수 없다.125) 그리고 무효의 효력은 원칙적으로 채권행위만에 대하여 미치므로, 급부청구권은 행사될 수 없다. 따라서 아직 급부가 이행되지 않았다면, 폭리행위자와 그 상대방도 급부의 이행을 청구하지 못한다. 아울러 그 불공정한 법률행위로 인하여 불이익을 입은 당사자로 하여금 불공정성을 소송 등 사법적 구제수단을 통하여 주장하지 못하도록 하는 부제소합의(不提訴合意)도 원칙적으로 무효이다.126)

2) 급부가 이행된 경우 불공정한 법률행위에 기하여 급부가 이행된 경우에는 채무부담행위가 무효로 되므로 급부한 것은 법률상의 원인을 잃게 되어 부당이득의 법리에 따라 반환되어야 한다(제741조). 이때 부당이득반환청구권을 배제하는 효력을 가진 불법원인급여의 규정(제746조)이 부당이득반환청구권을 인정하는 관계에 배치되는 것은 아니다. 결국, 처분행위가 유효하고 이에 따라 원상회복관계가 부당이득의 법리에 의하여 실현되어야 하는 한, 부당이득반환청구권의 행사는 거래하는 상대방의 열악한 상태를 악용하려는 자에게 위험이 부담되는 내용으로 제한되어야 한다. 이는 법질서를 위반한 자는 법질서에 의하여 보호받을 수 없다는 근본적 가치질서에 의한 결단인 것이다.127) 따라서 부당이득반환청구권의 행사와 관련하여, 폭리자의 법률행위와 폭리를 당한 상대방의 법률행위는 각각 분리하여 그 부당이득반환청구권의 행사를 개별적으로 판단하여야 한다.128)

① **폭리자가 상대방에 대하여** 상대방이 궁박·경솔·무경험을 이용하여 폭리를 얻은 불법원인이 폭리자측에만 있는 경우에 폭리자는 상대방에 대하여 급부한 것에 대한 반환청구권을 행사할 수 없다(제746조 본문). 따라서 폭리자는 상대방에 대하여 이행한 것

가격에 비하여 현저하게 헐값이고 주관적으로 매도인이 궁박, 경솔, 무경험 등의 상태에 있었으며, 매수인 측에서 위와 같은 사실을 인식하고 있었다는 점을 주장·입증하여야 한다(대판 1991.5.28, 90다19770).

125) 대판 1994.6.24, 94다10900.

126) 매매계약과 같은 쌍무계약이 급부와 반대급부와의 불균형으로 말미암아 민법 제104조에서 정하는 '불공정한 법률행위'에 해당하여 무효라고 한다면, 그 계약으로 인하여 불이익을 입는 당사자로 하여금 위와 같은 불공정성을 소송 등 사법적 구제수단을 통하여 주장하지 못하도록 하는 부제소합의 역시 다른 특별한 사정이 없는 한 무효라고 할 것이다(대판 2011.04.28, 2010다106702).

127) Medicus, Allg. Teil, Rdnr. 713.

128) 이영준, 279면.

의 반환을 청구할 수 없다.

② **상대방이 폭리자에 대하여** 불법원인이 수익자에게만 있는 경우에는 급부한 자는 급부반환청구권을 행사할 수 있다(제746조 단서). 폭리자의 상대방은 불법원인으로 폭리를 취하지 않았고 폭리자만이 상대방의 비정상적인 상태를 이용하여 폭리를 취하였으므로, 폭리자에게만 불법원인이 있다. 따라서 상대방은 폭리자에 대하여 급부한 것의 반환을 청구할 수 있다. 만일 부당하게 고액의 차임의 지급을 내용으로 하는 임대차계약이 체결되어 이에 따른 이행이 이루어진 경우에, 폭리를 취한 불법원인은 임대인에게만 있으므로 임대인은 즉각 임차인으로부터 받은 보증금 등을 포함한 급부를 상대방에게 반환하여야 하고, 임차인은 임대인으로 부터 인도받은 목적물을 계약기간 동안 유효하게 보유하여 사용할 수 있다. 계약기간이 경과한 후에는 임차인은 수령한 급부를 반환하여야 하고, 차임은 적정 금액으로 지급하여야 한다.[129)]

그리고 불공정한 법률행위는 폭리자의 고의에 의하여 성립하므로, 불법행위가 성립될 수 있다(제750조). 이로써 상대방은 자신이 입은 손해를 폭리자에게 배상청구 할 수 있다.[130)]

129) Brox, Allg. Teil, Rdnr. 298; Medicus, Allg. Teil, Rdnr. 713

130) Brox, Allg. Teil, Rdnr. 298.

제 3 절 의사표시

제 1 관 의사표시의 성립

I. 의사표시의 의의

법률행위는 사적 자치를 실현하는 수단으로서의 법률요건이므로, 법률행위는 당사자의 자치적 결정의 표시인 의사표시를 주된 요소로 하고 있다. 이로써 법률행위는 이를 구성하는 의사표시에 의하여 표의자의 자기 결정의 내용을 나타내고 있다. 그런데 사람의 자기결정의 외부에로의 표명이 모두 다 의사표시가 되는 것은 아니다. 단순히 “나는 지금 잠을 자고 싶다” 등의 순수한 사실에 대한 의욕은 비록 이것이 외부에 표시되더라도, 이를 기초로 표의자로 하여금 권리와 의무로 대립되는 법적 구속력 있는 관계로 발전시켜 주지 못한다. 왜냐하면 단순히 개인적 원망(願望)이나 희망을 표시한 것은 법적 구속력 있는 의사표시가 아니므로, 이것이 상대방에게 알려지더라도 이로써 본인이나 타인은 어떠한 법적인 영향도 받지 않는다. 예컨대 “나는 잠을 자고 싶다”고 했다가 다시 마음이 바뀌어 “나는 자는 것 대신에 지금 밥을 먹고 싶다”고 바뀐 의사를 외부에 표시하더라도, 이로써 우리의 권리세계에 어떠한 법적 의미있는 변화도 주지 못한다. 그러므로 법적으로 의미 있는 의사표시로 되기 위해서는 권리·의무로 대립될 수 있는 법률관계의 형성을 목적으로 하는 의사가 외부로 표시된 것이어야 한다. 즉 의사표시는 표의자의 「법률효과의 발생에 향하여진 의사의 외부에로의 표백(表白)」이어야 한다.[1] 이처럼 권리변동이라는 법률효과의 발생을 지향한 의사의 표시가 표의자가 의욕한 법적 효과를 발생시키는 근거가 된다.

---

1) Palandt/Heinrichs, BGB, Einf. vor § 116, Rdnr. 1.

Ⅱ. 의사표시의 구성요건

1. 표시 – 의사표시의 외적 구성요건

의사표시는 당사자인 표의자의 「의사」의 「표시」로 표현된다. 즉 의사표시는 표의자의 주관적 요소로서 '의사'와 이러한 의사를 외부에로 나타내는 객관적 요소로서 '표시'로 구성되어 있다. 여기에서 의사는 「의사표시의 내적 구성요건」이며, 이를 외부로 표시하는 것은 「의사표시의 외적 구성요건」이다.

(1) 「표시」의 개념

의사표시는 「일정한 법률효과의 발생을 목적으로 하는 의사를 외부로 표시하는 것」이므로, 의사표시에서 「표시」란 의사를 외부로 전달하는 의미 있는 모든 수단과 방법을 말한다.

우리가 의사표시를 심사할 때에는 일단 '의사'의 존재 여부에 앞서서 '표시'의 존재 여부를 먼저 검증해 보아야 한다. 왜냐하면 외적 구성요건으로서의 표시가 없다면, 이는 표의자의 자기 결정이 그의 내부적 심리상태로만 존재하고 객관적으로 외부에서 누구라도 이를 인식할 수 없는 상대인 것으로서, 이는 법적으로 아무런 의미가 없기 때문이다. 예컨대, 중국식 레스토랑에서 표의자의 내심에 "제비집수프요리를 먹고 싶은" 화려한 의사가 확고하게 형성되어 있더라도, 이를 거래할 상대방인 중국집 주인에게 표시하지 않으면, 제비집수프의 냄새는 맡을 수 있을지 몰라도 이에 대한 식사는 절대로 실현될 수 없다. 그러므로 하나의 의사표시가 성립되기 위해서는 법적 구속력 있는 어떠한 표시가 있었음이 인정될 수 있는 표의자의 외부적 행태(작위·부작위)가 존재하여야만 한다. 즉 '의사전달의 사회적 수단'[2]으로서의 표시는 표의자의 의사가 외부에로 표명되어 제3자도 인식할 수 있을 정도의 전달능력을 가지고 있어야 하고, 표시의 존재 여부에 대해서는 '객관적 관찰자의 지위에서 행하여지는 가치평가'에 의하여 결정된다.[3] 이로써 단순한 개인적 원망에 불과한 외부적 표현도 그것이 표시되는 주위사정에 따라서는 법적 구속력 있는 의사표시로 될 수 있다. 예컨대, 평소에는 단순한 개인적인 소망으로 법적 의미 없는 것으로 취급될 수 있는 "소변을 보고 싶다"라는 표명이 유료화장실 앞에서 이를 지키는 관리인에게 표현하면, 법적으로 의미 있는 화장실 사용에 대한 임대차의

2) Musielak, Grundkurs BGB, Rdnr. 36; Palandt/Heinrichs. BGB, Einf vor § 116, Rdnr. 1.
3) Musielak, BGB, Rdnr. 36.

청약으로 평가되어, 이는 구속력 있는 의사표시가 된다. 이러한 표시는 객관적으로 평가된다.

(2) 명시적 의사표시와 묵시적 의사표시

일반적으로 명시적 의사표시란 그 표시가 주는 의미가 다양하게 해석될 수 없는 일의적(一義的) 의사표시를 말하고, 묵시적 의사표시란 표시가 객관적으로 두 가지 이상의 의미로 해석되는 다의적 의사표시를 말한다고 한다.

명시적·묵시적인 의사표시를 구별하는 견해는 불명확한 법률행위일수록 더 자세한 표시를 할 것을 요한다는 의미에서 그 구별의 타당성을 주장한다.4)

그러나 의사표시를 명시적인 것과 묵시적인 것으로 구분하는 것은 방법론상 아무런 실익이 없다.5) 왜냐하면 표시를 전달하는 수단의 명시성과 묵시성은 표시에 따른 실질효과의 명백성에 대한 차이일 뿐, 명시적인 표시나 묵시적인 표시나 모두 법적인 효과와 규율가치의 측면에서는 아무런 차이가 나지 않기 때문이다. 또한 의사표시가 명시적인가 묵시적인가는 해당 의사표시를 해석해 봐야 비로소 알 수 있는 것이므로, 어떤 의사의 표시수단이 외형상 일견하여 명백한 것처럼 보이더라도 그 의사표시의 해석이 완료되기 전에는 단순히 그 표시가 명시적이라고 결론지을 수 없다. 또한 반대로 다양한 의미를 내포한 것으로 보이는 표시수단이더라도 이와 관련된 외부 정황에 의하여 그 표시하고자 하는 내용이 단 한가지의 의미를 명확히 전달하는 경우에는 명시성을 띨 수도 있다. 특히 의사표시의 해석에서 「오표시의 무효력(falsa demonstratio non nocet)」의 원칙이 적용되는 경우에는 비록 표시는 객관적으로 아무런 의심을 할 수 없을 정도로 명확하더라도, 당사자들은 이를 통하여 표시의 객관적인 의미와는 전혀 다른 의미의 내용을 의노하여 표시한 것이다. 예컨대, 「“서재”에 있는 포도주」라는 표시에서 “서재”란 책이 있는 응접실을 가리키는 것으로서 그 의미가 확고하여 의심할 여지가 없는 일의적 의미를 가지는 명시적인 표시인 것으로 보인다. 그러나 관련 당사자들이 서로 합의하여 이 서재를 집의 지하에 있는 “술창고”로 이해하기로 합의하였다면, 이 경우 당사자들은 “서재”는 책이 있는 응접실이 아니라 지하의 “술창고”를 의미하게 된다. 이러한 점에 비추어 볼 때, 어떤 (의사)표시가 명시적·묵시적인가는 그 의사표시가 해석된 뒤에 자연히 도출되는 결과에 불과하고 처음부터 이를 구분할 필요는 없다.

한편 신의성실의 원칙은 모든 표의자에게 자신의 의사가 객관적으로 명확하게 전

4) 이영준, 134면.

5) 곽윤직·김재형, 250면; 김증한·김학동, 262면; 송덕수, 민법주해[Ⅱ], 143-144면.

달될 수 있도록 명료한 표시행위를 할 것을 의무로서 요구하고 있다. 그러므로 표시를 불분명하게 한 표의자는 자신이 한 불분명한 표시로부터 발생되는 오해에 따른 위험을 스스로 감내하여야만 한다. 예컨대, 미국에서 체결되는 매매계약에서 매매대금을 단순히 "달러" 표시인 $로써 표시하는 경우에 홍콩$임을 표시하려면 이를 명시하여 상대방으로 하여금 미국$라는 인식을 갖지 못하도록 하여야 한다. 이처럼 표의자에게 표시의 명확성을 적절히 요구함으로써 불분명한 의사표시의 문제를 해결할 수 있으므로, 이를 위하여 의사표시의 명시성과 묵시성을 구별하려는 것은 방법론상 그 실익이 없다.

(3) 「침묵」에 의한 의사표시[6)]

가. 문제의 제기 우리는 자신의 의사를 표시하기 위하여 언어나 문자 등을 사용하기도 하지만, 고개를 끄덕인다든지 손을 드는 행위를 통해서도 자신의 의사를 표시할 수 있으며, 경우에 따라서는 일체의 적극적인 행위를 자제하고 가만히 있는 부작위를 통해서도 자신의 의사를 표시할 수 있다. 이처럼 의사표시는 반드시 적극적인 수단을 통해서만 행하여질 필요는 없고, 소극적인 부작위를 통해서도 가능하며, 다만 그 표시가 표의자의 의사를 전달할 수 있는 객관적인 수단이기만 하면 완전한 (의사의) 표시인 것이다. 이러한 점에서 아무 말도 하지 않는 침묵도 이로부터 침묵한 자의 의사를 충분히 추단해 낼 수 있다면, 언어나 문자 못지않은 명확한 표시가 될 수 있다.

그렇지만 누군가 외부에 아무런 표시도 하지 않고 침묵하고 있는 데, 이때 그러한 침묵이 객관적으로 어떠한 의사를 표시한 것으로 간주되어 이로부터 침묵자에게 일정한 법률효과의 발생이 강요될 수 있다면, 우리에게는 침묵할 자유마저도 없게 되고 이로써 개인의 자유는 최소한도 보장받을 수 없게 된다. 그렇지만 이와는 달리, 어떤 사람이 대리권도 없이 본인을 위하여 대리행위를 하는 데, 대리되고 있는 본인이 이러한 무권대리인의 대리행위를 알고도 이에 대한 아무런 방지조치를 취하지 않고 침묵으로 일관한다면, 이러한 경우 본인의 침묵은 무권대리인에 대하여 사후적으로 대리권을 수여하는 것으로 볼 수 있거나 또는 무권대리행위에 대해 추인의 표시를 한 것으로 볼 수 있다. 이처럼 침묵은 그 침묵이 행하여지는 주변 환경에 따라 의사표시로 인정되거나 인정되지 않을 수도 있다. 이러한 점에서 「어떠한 요건 하에서 침묵은 침묵자의 의사표시를 성립시키고 있는 것인가」에 대해서 고찰해 보아야 한다.

나. 침묵에 의한 표시의 특징 전통적인 법언에 의하면, 침묵은 원칙적으로

---

6) 윤형열, "침묵에 의한 의사표시", 비교사법 제11권 제4호(상)(통권 제27호) (한국비교사법학회, 2004, 12), 131면 이하.

의사표시가 아니라고 한다(Qui tacet, consentire non videtur: 침묵한 자는 동의하고 있는 것이 아니다). 그러나 예외적으로 언급해야만 될 특별한 정황이 있는 경우에는(ubi loqui potuit ac debuit: 언급을 할 수 있는 상태 하에서 적극적으로 언급을 해야만 하는 곳에서는) 침묵이라도 추단적인 의사표시가 될 수 있다.[7] 따라서 침묵에 대해서는 일반적인 의사표시와는 달리 침묵을 의사표시로서 평가할 수 있도록 만드는 일정한 정황이 요구된다. 여기에는 두 가지의 침묵을 생각해 볼 수 있는데, '침묵자가 표시의사를 가지고 의도적으로 침묵하고 있는 경우'와 '침묵자가 표시의사를 가지지 않은 상태로 단순히 묵비하고 있는 경우'를 들 수 있다.

다. 표시의사가 뒷받침된 침묵 표의자가 표시의사를 가지고 침묵하는 경우에는 이때의 침묵은 '침묵에 의한 의사표시'라고 개념을 별도로 정립할 필요가 없을 정도로 아주 정상적인 의사표시이다.[8] 예를 들어, 당사자들이 사전에 서로 상대방이 보낸 의사표시에 대하여 침묵하는 것을 동의의 표시로 인정하기로 합의하고 있거나, 침묵이 거래 관행을 통하여 동의를 나타내는 것으로 이미 당사자들에게 승인되어 있다면, 이때의 침묵은 동의를 적극적으로 표시하고 있다. 결국 표시의사를 가지고 침묵하는 것은 침묵하는 자에게 '침묵이 일정한 표시로 이해될 수 있다'는 표시에 대한 인식이 뒷받침된 것으로서 침묵은 부작위를 통한 정상적인 의사표시인 것이다. 예컨대, 금전채무자가 금전소비대차계약기간이 만료되기 바로 전에 아무런 사전 협의 없이 만기 이후 장래에 지급될 이자를 미리 지급하였는데, 채권자가 아무런 이의 없이 이를 수령하였다면 당사자들은 침묵을 통하여 금전소비대차의 연장을 위한 의사표시를 하였음을 인정할 수 있다. 또한 누군가가 신문가판대에서 일체의 말 한마디 없이 신문 하나를 뽑아 들고 동시에 신문대금을 가판대 주인의 손에 쥐어주는 행위를 하였다면, 그들은 그 신문의 매매계약에 대한 청약과 승낙을 완벽하게 한 것이다. 그 밖에 슈퍼마켓에서 진열된 물건을 뽑아 들어 계산대에 가져가는 행위, 자신의 승용차를 유료주차장에 아무 말 없이 주차하는 행위[9] 등은 모두 자신에게 제공된 물건이나 노무를 받아들이는 행위로서 이에 관련당사자들은 현실행위를 통하여 자신의 법률행위적 의사를 완벽하게 표시하고 있다. 이 경우 법률행위를 하는 당사자 일방이나 쌍방은 어느 한마디의 말도 하지 않고 침묵으로 일관하였음에도 불구하고 의사표시는 존재하고 이에 따라 법률행위는 체결되어 당사자들은 이

7) Flume, Allg. Teil, § 5 2; Larenz, Allg. Teil, § 19 IV a; Soergel/Hefermehl, Vorbem. vor § 116, Rdnr. 10.

8) 김상용, 331면; 김형배·김규완·김명숙, 69면; 이영준, 137면; 이은영, 457면; 지원림, 176면.

9) BGHZ 21,319.

에 따른 법적 구속을 받게 된다. 이때의 침묵은 부작위를 통한 '무엇을 적극적으로 언급하고 있는' 표시의 수단으로서, 이에 의하여 정상적인 의사표시를 성립시킨다.[10]

라. 표시의사 없는 침묵

1) 원 칙 　침묵자가 표시의사 없이 단순히 묵비하는 것은 원칙적으로 의사표시로 될 수 없다. 이러한 경우 침묵은 동의의 표시로도 또는 거절의 표시로도 간주되어서는 안된다.[11] 결국 표시의사가 결여되어 있는 침묵은 침묵자가 '자신의 침묵이 (의사의) 표시로서 이해되고 있다'는 점에 대한 인식이 없으므로 표시행위로서 성립될 수 없다.[12]

2) 예 외 　예외적으로 '누군가 적극적으로 말할 수 있었거나 또는 말하여야만 하는 곳에서 침묵으로 일관하였다면, 그 침묵은 상대방의 의사표시에 대하여 동의한 것'(qui tacet, consentire videtur, ubi loqui potuit ac debuit)으로 된다. 이는 침묵이 주변 정황에 의해 객관적으로 의사의 표시행태로 인정되는 경우이다. 그러므로 침묵자로서 이러한 의제상태를 부정하고자 의욕한다면 자신의 침묵이 의사표시가 아님을 적극적으로 항변하여야만 한다. 이는 예외적으로 주변환경이 침묵을 단순한 묵비가 아닌 어떤 의미있는 의사의 표명으로 추단해 주고 있는 경우에, 신의성실의 원칙은 침묵자에게 동의의 의사표시로 의제되는 효과를 부정하는 의사를 적극적으로 표명할 것을 요구한다. 그럼에도 불구하고 적극적인 항변을 하지 않고 단순히 침묵으로 일관하였다면, 이때의 침묵은 의사표시로 의제되어 상대방의 어떤 제안에 동의를 해 준 것으로 추단된다. 그러나 이러한 결과는 더 이상 순수한 의사표시를 내용으로 하는 법률행위론의 영역에서는 정당화될 수 없다.[13] 왜냐하면 이러한 경우에는 표시의사가 뒷받침된 침묵에서와는 달리, 침묵자의 의사와는 관계없이 침묵이 의사표시로 의제되고 이로써 침묵자에게 그 효과를 귀속시키고 있기 때문이다. 문제는 '무엇이 침묵을 의사표시로 의제시킬 수 있는 정당성의 근거가 될 수 있는가'에 있다. 학설은 이에 대해서 다음과 같이 주장한다.

① **의무위반설** 　의무위반설은 침묵이 의사표시로서 의제되는 근거를 의무위반에서 찾는다. 침묵이 의사표시로 의제되는 이유는 침묵자에게 「항변의무」(die Verpflichtung zum Widerspruch)가 부과되어 있는데 침묵자가 이 의무를 위반하여 항변을 적극적으로 하지 않았기 때문에 침묵이 의사표시로 된다는 것이다. 즉 "신의성실의 원칙은 침묵을

10) Flume, Allg. Teil, § 5 2.
11) Flume, Allg. Teil, § 5 2b.
12) Flume, Allg. Teil, § 5 2e; 이영준, 138면.
13) 송덕수, 민법주해[Ⅲ], 150면.

둘러싸고 있는 주위의 정황이 그 침묵이 어떠한 내용의 의사를 표시하고 있는 것으로 객관적으로 이해될 수 있는 경우를 전제로, 이 경우 침묵자에게 자신의 침묵이 의사표시가 아님을 적극적으로 항변할 것을 의무로서 요구하고 있다. 이러한 항변의무의 위반에 따라 침묵자로서는 자신의 침묵 표시에 대한 객관적인 규범적 해석에 따른 결과에 복종하여야만 하는 것이다. 이러한 항변의무를 법률이나 신의성실의 원칙이 발생시키고 있다"고 주장한다. 이 견해에 의할 때, 특히 침묵에 대한 항변의무의 발생을 법률에서 규정하고 있는 경우는 다음과 같다.

i) 제한능력자 측에 대한 최고(제15조) 제한능력자와 거래한 상대방이 취소할 수 있는 행위에 대하여 추인할 것인지의 여부에 대하여 확답을 촉구하는 경우에 무능력자 측에서 아무런 확답을 발하지 않더라도 각각의 경우에 따라서 추인·취소의 의사표시를 한 것으로 간주된다.

ii) 유증의무자의 최고권 유증의무자나 이해관계인이 유증을 받을 수익자 또는 상속인에 대하여 일정한 기간을 정하여 승인 또는 포기의 확답을 최고한 경우에 그 기간 내에 확답을 발하지 않고 침묵하였다면, 유증을 승인한 것으로 본다(제1077조 제2항).[14)]

iii) 무권대리의 상대방의 최고권 무권대리인이 한 대리행위에 대하여 상대방이 추인 여부를 본인에게 최고하였는데 이에 대하여 아무런 확답을 주지 않고 침묵한 경우에는 추인을 거절한 것으로 본다(제131조).

iv) 채무인수의 동의 채무자와 제3자(인수인)간의 계약으로 채무가 인수되는 경우에 채권자의 동의가 필요한데(제454조), 이때 채무자 또는 제3자가 채권자에 대하여 승낙 여부에 관하여 최고하였을 때, 채권자가 아무런 확답 없이 침묵하였다면, 채무인수에 대하여 거절한 것으로 보게 된다(제455조 제2항).

v) 제3자의 수익의 의사표시에 대한 최고 제3자를 위한 계약에서 채무자가 제3자에게 수익의 의사표시에 대하여 최고하였을 때, 제3자가 침묵하고 아무런 확답을 주지 않았다면, 수익에 대한 거절의 표시를 한 것으로 본다(제540조).

vi) 임대차 계약의 묵시적 갱신 묵시의 갱신으로는 임대차기간이 만료한 후에도 임차인이 임차물의 사용·수익을 계속하는 경우에, 임대인이 상당한 기간 내에 이의를 하지 않고 침묵한 경우에는 기존의 임대차와 동일한 조건으로 다시 임대차한 것으로

14) 일정한 기간이 다 경과할 때까지 침묵하는 것이 승낙으로서 간주되는 근거는 법원칙상 유리한 결과는 거절하지 않는 한 침묵자에게 귀속시킬 수 있다는 점에 있다. 이러한 법리에 따른 입법의 타당성은 '증여나 유증은 오로지 예외적인 경우에만 거절된다'는 경험칙에 근거를 두고 있다(독일민법 제516조 제2항 제2문 참조; Kramer, Jura 1984, 235).

본다(제639조 제1항). 전세권에 관한 제312조 제4항, 임대차보호법 제6조, 상가건물임대차보호법 제10조 제4항에 의한 계약의 경신도 같은 취지로 이해된다.

vii) 상인의 낙부통지의무(諾否通知義務) 상시 거래관계에 있는 상인 간에는 일방의 계약 청약에 대하여 이를 받은 상대방은 지체 없이 낙부의 통지를 발송하여야 하고, 이를 하지 않고 침묵한 때에는 승낙을 표시한 것으로 본다(상법 제53조, 제638조의2 제2항).[15]

viii) 신의성실에 의한 침묵표시 예컨대, 철로생산계약 사건[16]에서 계약초기에는 궤도 1Km당 1천만원으로 철로를 생산하여 5년 뒤 공급하기로 합의하였다. 그런 후 계약체결 뒤에 철강석 등 원자재 가격이 급등하여 제철가격의 현저한 상승이 있었고 이에 따라 철로제작회사는 계약의 내용대로 이행할 수 없고 가격을 원래 계약의 가격보다 3배 상승된 궤도 1Km당 3천만원으로 변경하여 수차례 청약하였다. 이에 대하여 철도부설공사는 계약은 원래 체결된 내용대로 준수되어야 한다는 입장에서 아무런 대답을 철로제작회사에게 주지 않았다. 5년 뒤 철로제작회사는 궤도 1Km당 3천만원에 생산하여 납품하고자 한다. 본 사안에서 독일연방대법원은 철도부설공사는 철로제작회사에게 원래의 가격의 3배인 궤도 1Km당 3천만원을 지불할 것을 명하였다. 독일연방대법원은 철로제작자의 계속된 문의를 받은 철도부설공사는 이 계약내용 변경에 따른 청약에 대하여 반대하고자 하는 경우 「신의성실의 원칙에 따라 항변하여야 할 의무」가 성립되어 있는데－특히 단순히 적극적인 거절을 함으로써 변경된 계약의 효력발생을 저지할 수 있음에도－, 이 항변의 의무를 위반하여 아무런 답변을 주지 않은 침묵은 새로운 청약에 대하여 동의한 것으로 평가될 수 있다고 보았다.[17] 결국 거절의 적극적 항변의무를 위반하여 수령한 청약에 답변을 하지 않은 침묵은 신의칙에 따라 동의의 의사표시가 있는 것으로 간주된다.

이처럼 의무위반설은 신의칙 등의 법규범에 의하여 침묵자에게 적극적으로 의사표시를 할 의무를 부담지웠는데 침묵자가 이러한 법규범을 위반하여 침묵하였을 경우 이에 따라 침묵자는 법률규정의 내용에 따른 의사표시를 한 것으로 간주되는 것으로 본다.

② **의무위반설에 관한 비판** 의무위반설은 적극적으로 의사를 외부로 표명할 작위에 대한 의무의 성립을 전제로 한다.[18] 그러나 침묵에 대하여 적극적인 명시의무로서 항변의무를 부과한다면, 단순히 침묵하는 소극적 자유마저도 누릴 수 없게 만들 수

---

15) 백태승, 315면.
16) BGHZ 1, 355
17) BGHZ 1, 355.
18) Fabricius, Jus 1966, 58.

있기 때문에 이는 개인의 자유를 심각하게 침해할 수 있어 궁극에는 사적 자치의 원칙을 유지할 수 없게 만들 수 있다는 우려가 제기되고 있다. 그리고 의무위반설의 가장 큰 논리적 난제는 침묵이 항변의무를 위반하면 청약에 대한 동의의 의사표시가 의제되어 계약 성립에 따른 '이행의무'를 침묵자에게 발생시킨다는 점이다. 이는 원칙적으로 의무위반에 따른 책임은 일종의 채무불이행으로서 손해배상에 지향되어야 함에도, 침묵이 승낙으로서 평가됨에 따라 계약체결의 효과를 발생하여 침묵자로서는 법률행위의 내용에 따른 이행책임을 부담하게 되는데 이는 민법의 손해배상체계와 합치되지 않는다.

③ **소위 발효(發效)의 원리(Erwirkungsprinzip)** 명시적인 의사의 외부적 표명이 없이 침묵하는 경우에 의사표시가 있는 것으로 간주되는 정당성은 침묵자의 의무위반에서 찾을 것이 아니라, 침묵이 주는 추단성에 대한 상대방 내지는 제3자의 정당한 기대와 신뢰를 보호하는 데에 있다고 할 것이다.[19] 발효의 원리는 신의성실의 원칙의 하부원리인 '선행행위에 모순된 후행행위의 법리'에 기인하고 있다. 다만 '실효의 원리'는 후행행위를 무효의 결과로 이끄는 반면에, 발효의 원리는 선행행위에 모순된 후행행위가 무효로 됨에 따라 선행행위에 따른 법적 효과가 발효되는 효력을 발생시킨다. 즉 침묵이 어떠한 표시로 간주되고, 나중에 그 침묵에 대하여 의사표시가 아니라는 주장이 그 선행된 침묵에 모순된 행태로서 나타날 때, 그 모순된 행위의 무효에 따라 나중의 무표시의 주장은 무효로 되고 선행된 침묵이 그 효력을 발생하게 된다. 즉 '선행행위와 모순된 행위

---

19) 사례: 남편(보험계약자)은 자기가 먼저 사망한 후 처(원고)가 궁핍하지 않은 생활할 수 있도록 생명보험계약을 체결하려고 한다. 그리하여 남편은 자신의 처를 수익자로 하여 피고인 보험회사(보험자)와 생명보험계약을 체결하고자 하는 내용을 보험회사에게 발송하였고 이때 제1회의 보험료를 지급하였다. 이에 대하여 보험회사는 6주의 승낙기간을 정하여 계약서를 작성하여 보험회사로 보낼 것을 요구하였다. 남편은 6주의 승낙기간이 경과한 후 4일만에 그 계약서를 발송하였다. 그동안 남편은 매월 지급하기로 한 2회 이후의 보험료는 지급하지 않아 보험회사로서는 남편에게 보험료납부에 대한 최고를 하고 있는 상태이다. 이러한 상태에서 남편이 사망하자 처는 보험회사에 대하여 보험금의 지급을 청구하였으나 보험회사는 이에 대하여 거절하였다(BGH NJW 1951, 313). 이 사례에서 독일연방대법원은 원고(남편의 처)의 청구를 인용하였다. 보험회사의 청약기간이 도과한 승낙이므로 보험계약 자체가 체결되어 있지 않다는 항변에 대하여 독일연방대법원은 늦어진 승낙은 청약자에게는 새로운 청약으로 볼 수 있는데(제530조), 원고의 남편이 한 연착된 승낙에 대하여 피고 보험회사는 침묵함으로써 새로운 청약에 승낙한 것으로 보았기 때문이다. 이는 의무위반설에 입각한 논리이다. 그러나 발효의 원리에 따를 때, 보험회사(피고)가 원고의 승낙이 승낙기간을 도과한 것이어서 보험계약 자체가 체결되지 않았다고 주장하기 위해서는, 2회 이후의 보험료 독촉을 하지 말았어야만 했다. 즉 승낙이 승낙기간의 도과로 인하여 보험계약이 효력을 상실한 사실에 대하여는 침묵하면서, 계속해서 보험료의 지급을 최고하는 것은 서로 모순되게 된다. 이로써 침묵자는 신의성실의 원칙에 따라 자신의 침묵이 동의나 승낙의 의사표시가 아님을 주장될 수 없다(Willhelm Canaris, "Schweigen im Rechtsverkehr als Verpflichtungsgrund", Festschrift Walter Wilburg zum 70. Geburtstag(Leykam: Graz, 1975), S. 78).

금지'의 원칙에 기초하여, 선행된 침묵이 주는 의미와 모순되는 후행의 침묵이 무표시임을 주장하는 부정의 항변은 허용되지 않는 것이다. 이처럼 나중에 행하여진 의사표시 부존재에 대한 항변이 신의칙에 반하여 무효로 됨에 따라 선행된 침묵은 의사표시로서 간주되어 계약을 체결시키고 이에 따라 계약에 따른 이행청구권이 발생된다.[20]

이는 '선행행위에 모순된 후행행위의 무효'의 원칙은 실효의 이론에서는 권리주장을 제한하는 효력으로 작용하는데 반해서, 여기에서는 선행된 행위에 모순된 침묵이 동의의 의사표시로 간주됨에 따라 권리를 발생시키는 효력, 즉 발효의 효과가 발생하게 된다. 이처럼 선행행위에 모순된 후행행위가 무효로 됨에 따라 법률행위의 효력이 발생되어 권리취득을 효과를 발생시키는 것을 「발효의 원리」라 한다. 이는 신의성실에 기초한 법리로서, 사적 자치를 기초로 하는 법률행위론에서는 성립될 수 없는 법리의 구성이다.

마. 침묵에 의한 의사표시의 취소가능성

1) 표시의사가 뒷받침된 침묵에 대한 취소　　표시의사가 뒷받침된 침묵에서는 일반적인 의사표시에 관한 규정이 적용된다. 따라서 침묵자는 자신의 침묵에 따른 효과가 자신의 의도와 다를 경우에 취소할 수 있다(제109조 제1항). 그러나 침묵한 자로서는 침묵은 단순히 침묵상태에서 의사표시로 되는 것은 아니고 침묵과 관련된 정황에 의하여 비로소 의사표시로 되기 때문에, 표의자로서는 침묵을 의사표시로 인정하도록 하는 정황을 부정하고 의사표시가 아님을 입증하기란 매우 어렵다. 또한 이러한 결과가 부당하지도 않은데, 왜냐하면 침묵자가 표시의사를 가지고 침묵한 경우에 침묵자에게는 일반적으로 의도된 고의가 있는 것이기 때문이다. 이러한 맥락에서 취소가 인정되는 경우에도 제535조의 계약체결상 과실책임에 따른 신뢰이익에 대한 배상책임도 엄격하게 적용되어야 한다. 대체로 그 효과는 최대한 계약체결에 따른 이행이익에 대한 책임이 그 내용으로 되어야 할 것이다.

2) 표시의사가 뒷받침되지 않은 침묵에 대한 취소　　표시의사가 뒷받침되지 않은 침묵은 의사표시가 아니므로 의사표시에 관한 규정이 적용되지 않는다. 따라서 침묵자는 침묵에 따른 법률효과를 취소할 수 없다.[21] 즉 표시의사가 뒷받침되지 않은 침묵이 의사표시로 효력이 발생되는 것은 법률의 규정이나 신의칙에 의하여 의사표시로 의제된 결과이기 때문에, 이에는 표의자에게 의사와 표시의 불일치가 발생하지 않았으

20) Canaris, "Schweigen im Rechtsverkehr als Verpflichtungsgrund", S. 97.
21) 송덕수, 민법주해[Ⅲ], 151면.

므로 이제는 침묵에 대하여 취소할 수 없다. 다만 침묵에 대하여 계약발생의 효과를 규정하는 법규들이 임의규정인 경우, 당사자들의 합의에 따라 이러한 임의규정을 개폐함으로써 당사자들은 자신의 침묵이 동의 등의 표시로 간주되는 것을 방지할 수 있을 것이다.

(4) 추단적 의사표시

가. 의 의 추단적 의사표시는 행위자가 어떠한 '행위'를 통하여 자신의 의사를 표시하는 것을 말한다. 예컨대, 택시에 대한 승차에 대한 청약을 할 때 소리를 질러 택시를 세우는 수도 있지만, 단순히 손을 들어 택시운전자에게 승차의 의사를 표시할 수도 있다. 이때에 손을 드는 행위는 택시계약(도급 내지는 운송계약)의 체결을 위한 청약의 의사표시를 한 것이다. 손을 든다는 행위로부터 택시계약의 청약을 추단해 낼 수 있다. 이로부터 일정한 법률효과가 발생한다는 인식을 한다면 이는 의사표시를 하고 있는 것이다. 이에 대한 민법의 규정으로서는 임대차의 묵시적 갱신(제639조)과 취소할 수 있는 법률행위의 법정추인(제145조)을 들 수 있다.[22)]

나. 이의의 보류 이의를 보류함으로써(제145조 단서 참조) 추단적 행위에 의하여 의사표시가 성립하는 것을 막을 수는 있다. 다만 추단된 의사표시에 대한 이의의 보류는 이와 관련된 후속 행위와 서로 모순되지 않아야 한다. 왜냐하면 신의성실의 원칙은 선행행위와 모순되는 후행행위의 효력을 인정하고 있지 않기 때문이다. 선행행위에 모순된 이의의 제기행위는 무효이다. 따라서 유료주차장에 주차하면서 주차료를 물지 않겠다고 주장하는 것은 선행된 행위에 모순되는 이의의 보류로서 주차계약이 성립하는 데 아무런 지장을 주지 못한다.[23)]

다. 의사실현에 의한 의사표시 우리 민법은 의사실현에 의한 계약의 성립을 인정하고 있다(제532조). 이는 당사자 사이에 사전에 의사표시나 관습에 의하여 승낙의 통지를 필요로 하지 않아도 계약이 체결되도록 하는 정황이 형성되어 있어, 승낙의 의사표시가 없더라도 승낙이 있는 것으로 의제된다. 의사실현에서는 승낙의 의사표시는 승낙의 의사를 실현하는 행위에 의하여 대체되는 것이다. 이를 테면, 민법교수가 출판사와 약정하여 새로운 민법교과서가 출간되면 출판사가 민법교수에게 보내주기로 하고, 민법교수는 필요 없으면 배달된 책을 반환하기로 하였다. 이 경우 그 교수가 집으로 배

---

22) 추단적 의사표시는 묵시적 의사표시·침묵에 의한 의사표시와 유사하나 실행행위 내지 이행행위에 의사표시가 내포되어 있다고 하는 점에서 이들과 구별된다(이영준, 139면).

23) 이영준, 142면.

달된 민법교과서를 보고 자기 책꽂이에 꽂아 놓은 행위를 하였다면, 이로써 승낙의 의사표시를 한 것으로 된다. 즉 승낙의 의사를 뒷받침할 사실을 실현시키는 행위를 함으로써 승낙의 의사표시를 한 것으로 된다. 이는 의사의 뒷받침이 있는 행위가 있을 뿐이지 의사의 표시가 있는 것은 아니다. 의사실현은 승낙에 해당된다.

2. 의사－의사표시의 내적 구성요건

(1) 행위의사

의사표시는 표의자가 자신의 의사를 외부로 나타내는 '표시행위'이므로, 우선 행위로서의 표시가 성립되어야 한다. 행위는 「의사에 의하여 뒷받침되고 있는 용태」이어야 하므로, 표의자는 자신이 행한 작위·부작위가 외부에 대하여 자신의 의사를 인식시켜 줄 수 있는 행위로서의 의미를 가진다는 의식을 갖고 있어야 한다. 그러므로 행위의사는 의사표시가 인간의 단순한 기계적인 반사행위에 의하지 아니 한다는 것을 의미한다.

결국 행위의사란 표의자 자신의 의지에 따른 표시적 징표를 외부로 나타내려는 의사적 계기(Willensmoment)를 말하며, 이는 표의자의 외부적 표현행위에 대한 의식적 지배·조절의 상태를 말하는 것이다.[24] 이러한 행위의사는 '추상적'인 의사적 계기로서 의사표시의 구체적인 내용과는 관계가 없다. 그렇지만 의사표시는 표시행위를 통해서 이루어지므로, 그 표시는 이에 대한 표의자의 의식이 뒷받침되어야 비로소 표의자의 것으로 귀속될 수 있다. 이러한 점에서, 행위의사는 반드시 요구되는 의사적 계기이다. 그렇지만 행위의사는 의사표시의 분석에서 적극적으로 심사될 필요는 없고, 예외적으로 표의자가 외부에 대하여 행한 (표시)행위가 혹시 표의자로서는 의식적 조절을 할 수 없는 상태에서 행하여진 것인지의 여부에 관하여 판단할 뿐이다. 즉 행위의사의 부존재는 의사표시를 부정하기 위한 소극적 실효요소인 것이다.[25] 따라서 외형상 표시로서 의미있게 보이는 표시행위가 있는 경우에, 표의자는 그 표시를 할 당시에 마취나 수면 또는 외부의 절대적 강제력(vis absoluta)과 같이 아무런 의식이나 의사도 가질 수 없는 상황이었음을 입증하여 그 행위의사를 부정함으로써 그에게 귀속될 표시'행위'가 존재하지 않는다고 주장할 수 있다.

(2) 표시의사

의사표시는 표의자가 한 행위가 법적으로 의미 있는 표시임을 나타내야만 한다. 그

24) Palandt/Heinrichs. BGB, Einf vor § 116, Rdnr. 1.

25) Flume, Allg. Teil, § 4.

러므로 표의자는 심리적으로 '자신이 행한 행위가 다른 사람으로 하여금 법적으로 상당히 의미있는 것으로서 받아들여 질 수 있음'에 대한 인식을 가지고 있어야만 하고,[26] 이를 표시의사라 한다. 이 표시의사는 의사표시의 내용을 구성하지는 않는 추상적인 의사적 계기이다. 예를 들면, 어떤 사람이 매우 바쁜 나머지 비서가 가져다 놓은 서류철을 읽어보지도 않고 서명하였는데 그 속에 체결을 원하지도 않았던 어떤 계약의 청약서가 포함되어 있었을 경우에는 표의자로서는 서명행위를 하여도 이로써 '외부에 대하여 법적으로 의미있는 표시를 하였다'고 생각하지 않았으므로 표시의사가 존재하지 않는다. 그렇지만 표의자가 서명 등의 행위를 하면서 최소한 자신의 행위가 막연하게나마 어떤 법률관계를 형성하는데 관련 있는 상당한 표시일 것이라고 생각하였다면, 이로써 표의자에게는 「표시에 대한 의식」이 뒷받침된 심적 상태가 형성되어 있으므로 완벽한 의사표시를 성립시킨다.

(3) 내심적 효과의사

내심적 효과의사는 「표시를 통한 특정된 법률효과의 실현에 향하여진 의사」를 말한다. 의사표시는 법률행위를 구성하는 효력요소로서 일정한 법률효과의 발생을 지향하는 표의자의 의사를 표명하고 있어야 하므로, 구체적인 권리의무의 발생을 내용으로 한 진술적 가치[27]를 가지고 있어야 한다. 따라서 내심적 효과의사는 특정된 법률효과를 발생시킬 수 있을 정도로 그 내용이 구체적이어야 한다.[28] 그래야만 의사표시는 표의자가 의욕한 법률관계의 내용의 효력요소로서 기능할 수 있다. 그러므로 내심적 효과의사는 표의자가 의욕한 법률효과의 구체적 내용을 가진다는 점에서 단순히 행위의 조절력을 나타내고 있는 행위의사나, 단순히 법률효과의 발생을 추상적으로 의식하고 있는 표시의사와는 구별된다.

(4) 의사표시의 본질적 요소

의사표시의 주관적 구성요건인 표의자의 「의사」가 외부의 표시로 이어지기 위해서는 표의자로서는 단계별로 「내심적 효과의사 → 표시의사 → 행위의사」에 따른 심리적 절차에 따르게 된다. 그런데 이처럼 의사를 3단계로 구분하는 미시적 분석방법은 「과연 어떠한 의사적 계기가 의사표시의 본질에 속하는 것인가」를 파악하려는 데에 그 목적을 두고 있다. 즉 의사표시가 불완전하여 외부로 나타난 표시에 대응하는 의사적 요소가

---

26) 윤형열, "의사표시의 해석", 사회과학연구 제8집(배재대학교 사회과학연구소: 1993. 5), 55면.

27) Larenz, Allg. Teil, § 19 Ⅰ.

28) Flume, Allg. Teil, § 4.

완전히 뒷받침하고 있지 않는 경우에 최소한 어떠한 의사적 요소만 있으면 전체로서의 의사표시는 성립한 것으로 인정하여야 할 것인지를 판단하여야 한다. 결국 의사표시의 본질론은 의사표시를 미시적으로 분석함으로써 의사표시를 성립시키기 위한 「최소한의 구성요건」[29]을 파악하고, 이를 통하여 결함있는 의사표시에 최소한의 어떠한 의사적 요소가 있을 때에 전체로서의 의사표시가 존재한다고 인정할 것인가를 판단하게 된다.

가. 행위의사에 관하여 행위의사는 표의자의 표시행위를 조절하는 의식을 말한다. 그러므로 행위의사가 없으면 외부로 어떠한 의사의 표시가 있는 것처럼 외관을 형성한다 할지라도 표시 자체가 존재하지 않으므로 의사표시는 성립되지 않는다. 행위의사는 의사표시의 성립에서 반드시 필요한 구성요건이라는 점에 대하여는 학설상 다툼이 없다.[30]

나. 표시의사에 관하여 표시의사와 관련하여, 학설은 표시의사를 의사표시의 성립에 필수불가결한 요소로 보는 견해[31]와 그 반대의 견해[32]가 서로 대립하고 있다. 전자의 견해는 표시의사는 의사표시의 구성요소이므로 그 부존재는 의사표시 전체를 불성립으로 만들고 이에 따라 무효로 된다고 한다. 그러나 이 견해는 표시의사의 결여와 관련하여서는 의사표시의 해석의 문제로 본다. 즉 표시의사가 결여되어 그 표시효과가 무효로 되었다 할지라도 규범적 해석을 통하여 표시의사가 존재하는 것으로 해석되어 의사표시가 일단 효력을 발생한다고 한다. 다만 의사표시 자체를 무효로 만드는 것이 아니라, 행위자에게는 표시의사가 없는데 있는 것으로 되었으므로 이를 이유로 취소할 수 있는가의 문제만 남는다고 본다.[33] 이에 대해서, 후자의 견해는 의사표시의 내적 구성요건을 내심적 효과의사와 행위의사로만 인정하기 때문에 표시의사는 의사를 구성하지 않는 요소이고, 그 결여는 의사표시를 성립시키는 데 아무런 영향을 미치지 않으므로 표시의사 없이도 의사표시는 성립하는 것으로 본다. 즉 표시가 있고 이에 대한 행위의사만 있으면 표시의사의 존재여부를 고려함이 없이 의사표시는 일단 성립하는 것으로 된다. 예를 들어, 포도주경매가 벌어지고 있는 상황에서 어떤 사람이 친구에게 인사를 보내기 위해서 손을 든 경우에 그 경매장의 관행에 의하면 손을 드는 행위는 곧 경매를 신청하기 위한 의사표시로서 인정되는지가 문제로 된다. 이 경우에 표의자로서는 자신의 행위조절력에 의하여 손을 들었

29) Flume, Allg. Teil, § 4 3.

30) Flume, Allg. Teil, § 4 3.

31) 김상용, 326면; 김형배·김규완·김명숙, 68면; 이영준, 125면.

32) 곽윤직·김재형, 251면; 김주수·김상용, 337면; 김증한·김학동, 266-267면; 이은영, 453면.

33) 송덕수, 민법주해[Ⅲ], 138면; 이영준, 125면.

으므로 행위의사를 가지고 있었다. 그러나 행위자는 자신의 거수행위가 이러한 법적인 효과로 관련 지워질 수 있는 표시로 된다는 것을 전혀 인식하고 있지 않았으므로 표시의사는 없다. 이러한 경우에 전자의 견해에 의하면 거수자로서는 착오로 취소할 수 있는 반면에, 후자의 견해에 의하면 거수자로서는 취소할 수 없게 된다.

다. 내심적 효과의사에 관하여 내심적 효과의사와 관련하여서는, 법률행위에 대한 효과의사가 표시가 나타내는 내용과 일치하지 않더라도 일단 의사표시는 성립할 수 있다. 이 점에 대해서는 이설이 없다.34) 그러나 내심적 효과의사의 부존재에 따라서 그 효력을 무효로 할 것인가 취소할 수 있는 것으로 할 것인가에 대하여는 뒤에서 살펴 볼 법률행위론과 관련하여 학설의 대립이 있다.

3. 의사와 표시의 불일치의 문제

의사표시에서 효과의사와 표시의 관계는 서로가 합치되는 것이 일반적이나 의사와 표시가 일치하지 않는 불일치가 발생하는 경우에 민법은 사적 자치의 실현을 위하여 그 의사표시의 효력발생을 제한하고 있다.35)

(1) 의사주의

의사주의는 의사표시를 구성하는 의사와 표시를 준별하고, 이 중에서 의사를 의사표시의 본질적 요소로 본다. 의사표시에서 사적 자치의 내용을 이루고 있는 것은 의사이며, 표시는 의사를 외부에 전달하는 수단에 불과한 것이기 때문이다.36) 그러므로 의사주의에 의하면, 의사표시에서 의사만이 유일한 효력요소이고 이를 전달하는 수단에 불과한 표시는 고려할 요소가 아니다. 그리하여 의사주의에 의하게 되면, 의사와 표시의 불일치가 발생한 경우에 표시는 있으되 이에 상응하는 의사는 존재하지 않으므로, 의사표시는 전체로서 무효로 된다.37)

(2) 표시주의

표시주의는 입법현실과 대비하여 의사주의가 착오로 인한 의사표시를 무효로 이끄는 점에 대해서 비판한다. 현행법상 착오에 의한 의사표시는 취소할 수 있을 지라도 일

---

34) Flume, Allg. Teil, § 4 3; 곽윤직·김재형, 251면; 김기선, 246면; 김상용, 325면; 김주수·김상용, 338면; 송덕수, 민법주해[Ⅲ], 138면; 이영준, 110면; 장경학, 409면.

35) Flume, Allg. Teil, § 4 4; 이영준, 125면.

36) 이영준, 146면.

37) Flume, Allg. Teil, § 4 6; Palandt/Heinrichs, BGB, Einf vor § 116, Rdnr. 2.

단은 표시된 대로 효력을 발생하기 때문이다. 따라서 표시주의에 의하면, 비록 표시에 대응하는 효과의사(진의)가 존재하지 않는 경우에도 표시로부터 추단되는 효과의사가 존재하여 표시된 대로의 법률효과를 발생시킨다.[38] 즉 표시주의는 의사표시에 효력을 부여함에 있어 「표시를 수령하는 상대방이 표의자의 행위를 신의와 성실에 좇아 어떻게 판단할 것인가」[39]를 고려하여 결정해야 한다고 주장한다. 그러므로 표의자가 일단 자신의 의사인 것으로 외부에 표출시켰다면 이로써 이를 받는 상대방이 그 표시를 선의로 믿었거나 또 믿을만한 정당한 이유를 가지는 경우에는, 표의자의 의식적인 표시가 외부로 표출되어 존재하면 표시된 대로 의사표시가 성립한다.[40] 표시주의는 표의자에게 이에 대응하는 내심상의 효과의사가 결여되어 있다는 항변을 신의칙상 허용하지 않음으로써, 상대방의 의사표시에 대한 신뢰이익을 우선적으로 보호한다.

그렇지만 표시주의도 의사와 표시의 관계에 관한 의자주의의 기본 생각을 따르면서, 의사주의와 마찬가지로 의사가 의사표시의 결정적인 효력요소임을 부정하지는 않는다. 즉 표시주의도 의사와 표시 중 의사를 유일한 효력요소로 보는 점에서는 의사주의와 동일한 이론체계를 구성하고 있다. 다만 표시주의는 표의자의 의사를 확대하여 이해한다. 즉 의사주의는 효과의사를 표의자의 진의만으로 한정하지만, 표시주의는 「표의자가 표시를 통해서 마치 자기가 원했던 것과 같은 의사」[41]라는 가정적인 의사도 표의자의 의사의 개념 속에 포함시키고 있다. 그러므로 표시주의에서 표의자의 의사란 표의자의 내심에 실제로 형성된 진의와 외부로 나타난 표시로부터 추단되는 표시상의 효과의사 모두를 포함하게 된다. 결론적으로 표시주의도 의사표시의 효력발생의 근거를 의사에서 찾되, 다만 그 의사의 개념에 표의자의 진의는 물론 표시로부터 추단되는 의사도 함께 포함시켜 「확대된 의사」를 인정한다. 이러한 논리적 체계 속에 표시주의는 표의자의 '내심적 효과의사'와 '표시상의 효과의사' 모두를 표의자의 효과의사로 포함시킴으로써 의사를 효력요소로 삼는 기본원칙을 유지할 수 있다.[42] 이로써 표의자의 진의와 다른 (의사)표시에서는 진의는 부존재하지만 표시로부터 추단되는 효과의사는 존재하는 것이므로 표시상의 효과의사에 의해서 그 (의사)표시는 효력을 발생하게 된다. 그러나 표시주의에 의할 때, 표의자로서는 표시상의 효과의사에 따른 효력에 구속되는 결과, 표의

38) 곽윤직·김재형, 297면; 김용한, 279면.

39) Palandt/Heinrichs, BGB, Einf vor § 116, Rdnr. 2.

40) Flume. Allg. Teil, § 4 6; 표시주의에 있어서 표시가 의사표시의 유일한 효력요소이며, 따라서 착오의 경우라도 표시가 있으므로, 그 효력은 표시로부터 강제적으로 도출된다는 주장도 있다.

41) Flume, Allg. Teil, § 4 6.

42) Flume, Allg. Teil, § 4 6.

시로서는 실제로 원하지 않는 법률효과에 구속되게 된다. 이는 사적 자치의 원칙에 반하는 결과이므로, 표시주의는 일정한 경우에 한하여 표의자로 하여금 취소를 통하여 원하지 않는 법률효과로부터 해방될 수 있어야 한다. 표시주의에 의하면, 내심의 효과의사(진의)와 표시가 일치하지 않는 경우에도 일단 의사표시는 표시상의 효과의사를 기초로 하여 효력을 발생하며, 다만 표의자로서는 취소를 통하여 표의자가 원하지 않는 법률효과의 구속으로부터 해방될 수 있다. 이로써 표의자의 사적 사치가 실현된다.

(3) 효력주의

효력주의는 의사표시를 「효력의 표시」(Geltungserklärung)라고 한다.[43] 이 견해는, "본래 의사표시는 내용적으로 법률관계의 설정·변경·소멸에 향하여져 있으므로 그 본질은 효력발생을 목표로 하는 것이며, 의사표시에 의하여 당사자들 사이의 내부관계의 권리설정(Rechtssetzung inter partes)이 이루어진다.[44] 이처럼 의사표시에 의하여 형성되는 당사자들의 내적 규율관계가 법률행위의 내용"이라고 한다. 이러한 관점에서 효력주의는 의사표시가 관련당사자들의 법률적 욕구를 반영한 효력의 표시로서, 그 사적 자치의 효력을 발생시키는 것에 중점을 둔다.

특히 효력주의는 의사표시의 효력발생을 '법률의 제정 및 효력발생'과 대비하여 이해하고 있다. 이를테면 입법화된 법률이 공포절차를 거쳐야만 비로소 누구에게나 효력을 발생하는 추상적인 규범으로 되듯이, 어떠한 법률관계의 내용을 규범화하려는 근거로서 의사표시에서도 그 의사가 외부에 대하여 고지(Kundgebung)의 절차를 거쳐야만 법적으로 효력을 갖는 의사표시로 된다. 그러므로 의사는 표시되기 전에는 아무런 의미가 없으며, 표시를 통해서만 비로소 그 존재의 의미를 취득하는 것이다. 이러한 효력주의는 기존에 의사표시 중 의사를 정신적 사실로서 이해하고 표시를 이러한 정신적 현상을 외부로 전달하는 수단인 통지로만 파악하여, 「의사」를 의사표시의 목적으로 보고 「표시」를 수단으로 파악하는 분리주의적 견해(의사주의, 표시주의)에 반대한다. 오히려 의사표시가 효력을 발생하기 위해서는 의사와 표시 모두가 의사표시의 본질을 구성하는 효력요소이며, 이로써 의사와 표시는 결합하여 의사표시의 단일체를 형성하고 있는 것으로 본다.[45] 왜냐하면 의사도 표시가 되어야만 비로소 규범력을 갖게 되므로, 이러한 의미에서 표시는 단순한 「수단」이 아니라 의사와 동일한 가치를 가지는 「의사표시의 본체」이

43) 김증한·김학동, 262, 265면.

44) Larenz, Allg. Teil, § 19 Ⅰ; Flume, Allg. Teil, § 4 7 und § 5 7; Soergel/Hefermehl, BGB, § 116, Rdnr. 7; Palandt/Heinrichs, BGB, Einf vor § 116, Rdnr. 3.

45) Flume, Allg. Teil, § 4 6.

기 때문이다. 효력주의에 의하면, 의사와 표시는 모두 의사표시의 본질적 구성요소로서 동등한 가치를 가지며, 의사표시 내에서 의사와 표시를 가치적으로 구분하여 차별화하는 것은 허용되지 않는다. 의사표시는 「일정한 의사의 내용이 효력을 가져야만 한다는 것을 표현」하는 것으로서, 표시는 내적 의사의 단순한 전달수단으로서의 통지가 아니라 「의사의 완성」[46]인 것이다.

이러한 효력주의에서 의사와 표시가 서로 일치하지 않는 경우에는 의사가 적절하게 반영되지 못한 외관(der falsche Schein des Willens)이 존재하지만, 이 또한 표의자의 효력발생에 대한 의지적 작용에 의하여 뒷받침되고 있으므로, 의사표시는 성립하는 것으로 된다. 이에 따라 일단 의사표시에 의한 효력은 발생하게 된다. 그렇지만 이러한 경우에 표의자로서는 왜곡된 의사표시에 의한 규율의 형성과 그 효력발생을 원하는 것은 아니므로, 추후에 이와 다른 별개의 효력부여행위를 통하여 자신이 원하는 새로운 효력을 다시 발생시킬 수 있다. 즉 기존의 의사표시에 의하여 발생된 효력이 다시 그 효력을 제한하는 내용의 효력부여행위인 취소를 통하여 상실시킬 수 있다. 이로써 의사와 다른 표시를 한 표의자는 자신이 의도하지 않은 법률효과로부터 해방될 수 있다. 다시 말해서, 효력주의에 의하면, 의사표시는 법률효과를 발생시키는 효력을 갖지만, 원치 않는 법률효과를 소멸시키는 효력도 가질 수 있다. 이러한 점에서 착오의 경우에 이를 의사 없는 표시로서 무효라고 하는 의사주의와 다르고, 취소를 인정하는 점에서 표시주의와 결론을 같이 한다. 그러나 표시주의는 법률이 취소를 허용하는 규정을 가지는 경우에만 취소할 수 있으나, 효력주의는 의사표시의 효력의 근거를 표의자가 표시한 것에 대한 의지적 효력부여에서 그 근거를 찾고 있으므로 의지적으로 다시 효력을 부정하는 행위도 사적 자치에서 허용하는 한 취소를 통해서 실행할 수 있다고 본다.[47]

(4) 의사표시에 대한 이론과 우리 민법의 태도

우리 민법은 비정상적인 의사표시로서 「진의 아닌 의사표시」(제107조)·「통정한 허위의 의사표시」(제108조)·「착오로 인한 의사표시」(제109조) 그리고 「사기·강박에 의한 의사표시」(제110조)를 입법하고 있다. 이에 의하면, 진의 아닌 의사표시는 일단 표시된 대로 유효이고 (제107조 제1항 본문), 상대방이 알았거나 알 수 있었을 경우에 무효이다(동조항 단서).

표의자의 진의가 아닌 표시라도 상대방의 신뢰를 보호하기 위하여 표시된 대로 유효로 하고, 다만 상대방이 표시가 진의가 아님에서 비롯된 것임을 알 수 있었을 경우에

46) Flume, Allg. Teil, § 4 7; 이영준, 148면.

47) Flume, Allg. Teil, § 4 7.

상대방이 진의아님을 알았을 때에 비로소 의사표시 자체가 무효로 된다. 이러한 입법은 표시주의에 따른 것이다. 그리고 표의자가 상대방과 통정하여 허위로 한 의사표시는 무효로 한다(제108조 제1항). 이는 표의자와 상대방이 외관상 표시에 따른 법적 효과의 발생을 저지하려는 의사에 따른 것으로서 의사주의에 따른 것이다. 또한 착오에 의한 의사표시(제109조 제1항 본문)나 사기·강박에 의한 의사표시(제110조 제1항)는 일단 유효하고 사기·강박을 당한 표의자에게 취소할 수 해 줌으로써 이는 표시주의에 따른 규정이다. 의사주의처럼 의사만을 유일한 의사표시의 효력요소로 볼 때, 착오에 의한 의사표시와 사기나 강박에 의한 의사표시의 취소가능성에 대한 우리 민법의 내용을 설명할 수 없다.

효력주의는 진의 아닌 의사표시의 원칙적 유효를 설명하기에 적절하나, 진의가 아닌 표시임을 상대방이 안 경우에 무효의 효과발생과 통정의 허위표시도 무효로 되는 것을 설명하기 어렵다. 특히 민법은 착오와 사기·강박에 의한 의사표시를 취소할 수 있게 규정하고 있는데, 효력주의의 관점에서는 명문의 규정에 관계없이 효력제한을 내용으로 하는 효과를 발생시키는 행위를 다시 할 수 있으므로 취소에 관한 민법상의 입법을 설명하기 어렵다.

지금까지 살펴본 바에 의하면, 의사와 표시가 일치하지 않는 병리적인 의사표시에 대한 우리 민법은 특정된 의사표시의 이념에 기초하기보다는 사적 자치의 원칙하에 의사표시에 대한 상대방의 신뢰를 보호하는 절충적 입장을 취하고 있다.[48] 그러므로 상대방의 신뢰 보호가 문제로 되지 않거나 보호적 가치가 경한 경우에는 표의자의 의사에 따라서 효력이 발생하도록 하고 있고(제107조 제1항 본문·제108조 제1항), 또한 사적 자치의 실현을 위하여 표의자로 하여금 왜곡된 표시로부터 발생하는 효력으로부터 해방되어야 할 경우에는 취소권을 부여해 주고 있다(제109조 제1항, 제110조 제1항). 그리고 의사표시의 무효와 취소는 의사표시의 유효를 믿은 선의의 제3자에게 대항하지 못하도록 함으로써(제107조 제2항, 제108조 제2항, 제109조 제2항, 제110조 제3항), 의사표시에 대한 정당한 신뢰를 보호해 주고 있다. 결국 사적 자치의 원칙과 신뢰보호주의 이 양자의 상호보완적 형태가 우리 민법의 의사표시에 대한 입법태도라고 볼 수 있다.[49]

---

48) 곽윤직·김재형, 297면; 김기선, 252면; 김주수·김상용, 353면; 김증한·김학동, 265면; 김형배·김규완·김명숙, 187면; 송덕수, 민법주해 [Ⅲ], 138면; 이은영, 447면; 장경학, 459면.

49) 이영준 교수는 현행민법이 무효 또는 취소의 효과를 선의의 제3자에게 대항하지 못하도록 한 상기 규율들은 무효권자로부터 권리를 양수한 자를 보호하기 위한 입법적 배려에서 비롯된 것이지 표시주의이론의 근거로 될 수 있는 것이 아니라고 한다(151면). 그러나 물론 우리 민법이 동산 거래에 있어서 선의취득(제249조)을 인정하고 있으나, 부동산 거래에 있어서는 등기에 공신력을 부여하고 있지 않음을 감안할 때 민법상 무권리자로 부터의 권리취득이 일반적으로 인정될 수 있는 원칙이 아니며, 그렇다면 왜 이러한 무권리자로 부터 권리를 양수한 자를 보호해야 하는가에 대한 질문에 대해서는 그들은 선의이고 따라서 그들이 표시에 대하여 준 신뢰를 보호하기 위하여라고 하

이러한 입법태도는 신뢰책임과 법률행위론을 서로 배척하는 상반적 관계에 두는 것이 아니라, 신뢰의 보호가 법률행위론을 보충하는 기능을 하여 법률행위론의 필수적 구성 부분을 이루고 있는 것이다.[50)]

이러한 신뢰보호주의에 입각하여 우리 민법의 태도를 보는 관점에 대하여 독일민법 제122조[취소자의 손해배상의무]와 같은 규정이 없다는 이유로 이를 비판하는 견해[51)]도 있다. 그러나 우리 민법상 이에 대응할 수 있는 제535조의 규정[계약체결상의 과실]을 의사표시의 무효나 취소의 경우에도 유추적용할 수 있으므로 우리 민법이 신뢰보호의 원칙을 포기하고 있다고는 볼 수 없다.

제 2 관　의사표시의 효력발생

Ⅰ. 의사표시의 효력발생시기

1. 의　의

일단 의사표시가 성립하면, 이 의사표시는 효력을 발생하여야 한다. 이와 관련하여 제111조 제1항은 "상대방 있는 의사표시는 그 통지가 상대방에 도달한 때로부터 그 효력이 생긴다"고 규정하고 있다. 민법이 그 효력발생과 관련하여 규정하고 있는 의사표시는 그 대상이 이를 수령할 상대방이 있는 의사표시로서, 이러한 의사표시는 객관적으로 상대방의 지배영역에의 도달한 때에 효력이 발생하게 된다.

2. 상대방 있는 의사표시의 상대방에게의 전달 단계

상대방 있는 의사표시는 네 가지의 과정을 거쳐 효력을 발생하게 된다. 일단 표의자가 자신이 결심한 의사를 외부로 표시하는 외형을 갖춘 상태를 「표백(表白)」이라 하고, 표의자가 완성된 의사표시를 상대방에게 보내는 것을 「발송」이라 하고, 발송된 의사표시가 상대방의 지배권에 진입한 것을 「도달」이라고 하며, 도달된 의사표시가 상대방에 의하여 지득된 때를 「요지(了知)」라 한다. 이러한 의사표시의 4단계 중 의사표시의

는 실질적인 이유를 제시할 수밖에 없을 것이다(윤형렬, "의사표시의 해석", 63면).

50) Palandt/Heinrichs, BGB, Einf vor § 116, Rdnr. 3.

51) 이영준, 148면.

효력발생시기에 관하여 민법은 상대방에게의 도달을 기준으로 하고 있다. 왜냐하면 의사표시의 '표백'은 표의자의 개인적 사정에 너무 치우쳐 있고, 요지는 상대방의 인지 여부를 기준으로 하여 상대방의 개인적 사정에 의존하기 때문에, 이 두 시점은 의사표시의 효력발생을 결정하는 객관적 기준으로는 적절하지 않기 때문이다. 이로써 우리 민법은 원칙적으로 상대방 있는 의사표시는 상대방에게 도달한 때에 효력을 발생하는 것으로 규정하고 있다(제111조 제1항). 다만 예외적으로 상대방 있는 의사표시이지만 객관적·획일적으로 의사표시의 효력을 발생하게 할 필요가 있거나(제15조, 제71조, 제131조, 상법 제52조, 제53조 등), 상대방으로서는 의사표시의 내용을 인지할 필요 없이 의사표시의 존재만으로 그 효과를 발생시켜야 할 경우(제531조)에는 발신주의를 택하고 있다.

3. 민법 제111조 제1항의 입법내용

(1) 상대방 있는 유체적 의사표시의 효력발생

상대방 있는 의사표시는 그 통지가 상대방에 도달한 때로부터 그 효력이 생긴다(제111조 제1항). 이를 분석하면 다음과 같다.

가. 상대방 있는 의사표시 의사표시는 상대방 있는 의사표시와 상대방 없는 의사표시로 나뉜다. 이 중에서 민법이 규율대상으로 삼고 있는 것은 '상대방 있는 의사표시'이다. 이는 상대방의 수령을 요하는 의사표시로서 '계약 또는 상대방 있는 단독행위'를 구성한다. 이러한 상대방 있는 의사표시만이 그 의사표시의 효력이 상대방과의 관계 속에서 발생하게 되므로, 이에 따라 「그 통지가 상대방에 도달한 때로부터」 그 효력이 생겨야 한다. 따라서 '상대방 없는 의사표시'는 본조항의 적용을 받지 않는다. '상대방 없는 의사표시'는 의사표시의 상대방이 없으므로 상대방에게 도달되는 것이 문제로 되지 않고 의사표시의 완성으로써 그 효력이 발생한다. 예컨대, 자필증서에 의한 유언은 유언자가 그 전문과 연월일·주소·성명을 자서하고, 날인하면 성립하는 것이며(제1066조), 이처럼 유언이 성립하더라도 유언자의 뜻에 따라 유언자가 사망한 때로부터 그 효력이 발생하는 것이다(제1073조).

나. 유체적 의사표시 의사표시는 서면에 의하여 할 수 있고, 구두(口頭)로도 할 수 있다. 서면에 의한 것은 형태가 있으므로 이를 '유체적 의사표시'라 하고, 구두에 의한 것은 형태가 없으므로 이를 '무체적 의사표시'라 한다.

의사표시의 형태 중 서면에 의한 의사표시만이 통지(발송)와 도달의 시점이 구분되고, 구두로 행하여지는 무체적 의사표시에서는 의사표시의 발송과 도달이 각기의 시점에서 차이가 나지 않는다. 그러므로 의사표시의 효력발생과 관련하여 도달의 시점을 기준으로 삼아야 할 실익을 가진 의사표시는 서면에 의하는 유체적 의사표시뿐이다. 따라서 표의자가 통지한 의사표시가 상대방에게 도달되어야 효력을 발생하는 것은 서면에 의한 유체적 의사표시를 전제로 하고 있다.

다. 격지자 사이의 의사표시 본 조항은 표의자와 상대방의 관계가 격지자인 경우를 전제로 하고 있다.[1] 격지자 사이의 의사표시는 「대화자 사이의 의사표시」에 반대되는 개념으로서, 의사표시의 도달과 통지가 시간적 간격을 갖는 의사표시를 의미한다. 격지자들 사이에는 표의자의 발송(통지)과 상대방에게로의 도달의 시간적 차이가 발생하고 이에 따라 상대방에게 도달한 때에 효력을 발생하는 것이다. 이때의 격지자 관계는 시간적 격차를 의미하며, 거리적 격차는 이에 해당되지 않는다. 아무리 먼 장소적 차이가 나는 거리에 있더라도 통지와 도달이 동시적으로 일어나는 전화통화 등의 수단에 의한 의사표시에서는 격지자의 개념은 아무런 의미가 없기 때문이다. 따라서 동조항은 「격지자 사이의 의사표시」를 전제로 삼고 있다.

라. 도달주의의 원칙 격지자들 사이에서 상대방에게 행한 유체적 의사표시의 효력은 그 의사표시가 상대방에게 도달한 때로부터 발생하는 것을 원칙으로 한다.

(2) 도달은 성립요건인가 효력요건인가

상대방 있는 의사표시에서 표의자의 의사가 상대방에게 전달되어야 비로소 그 의사표시는 법적으로 상당한 의미를 갖게 된다. 이때의 도달과 관련된 법적 의미에 관하여 학설은 견해를 달리하고 있다.

가. 효력요건설 민법은 상대방 있는 의사표시가 상대방에게 도달한 때로부터 "효력이 발생한다"고 규정하고 있으므로(제111조 제1항), 효력요건설은 상대방 있는 의사표시는 그 도달을 그 의사표시의 효력발생의 요건이라고 본다.[2]

나. 성립요건설 성립요건설은 도달을 상대방 있는 의사표시의 성립요건으로 파악한다.[3] 즉 상대방 있는 의사표시가 상대방에게 도달되지 않으면 상대방에 대한 관계에서 아무런 의미도 없으므로, 상대방에게 도달하지 않으면 의사표시로서 존재하는

---

1) 이영준, 470면.

2) 곽윤직·김재형, 322면; 김증한·김학동, 372면.

3) 김형배·김규완·김명숙, 188면; 이영준, 468면; 이은영, 554면.

것이라고 볼 수 없다고 한다

다. 학설의 검토 상대방 있는 의사표시는 상대방에게 도달되어야 비로소 의미 있는 것이므로, 상대방에게의 도달이 의사표시의 성립요건으로 볼 수도 있다. 그러나 예외적으로 상대방 있는 의사표시가 「상대방에 대하여 발송됨」으로써 의사표시로서 법적 구속력을 갖는 경우도 있으므로, 상대방에게의 도달을 상대방 있는 의사표시의 필수불가결한 성립요건으로 보기는 어렵다. 또한 상대방 있는 의사표시에 대한 수령의 필요성을 규정하고 있는 제111조는 임의규정으로서 당사자들은 합의를 통하여 이와 달리 의사표시의 효력발생시기를 정할 수도 있다. 이러한 점에서 볼 때, 의사표시의 도달은 의사표시의 개념을 구성하는 필수적 표지에는 속할 수 없고 단지 효력요건에 불과한 것으로 해석된다.[4] 이때 의사표시의 발송은 표의자의 몫으로서 그 입증을 부담하여야 하고, 상대방으로서는 도달되지 않았음을 입증하여 의사표시의 효력 불발생을 항변할 수 있다.

(3) 통지(발송) 후 도달 전 상태에서의 의사표시의 효력

통지를 발한 후 도달 전의 의사표시는 아직 효력을 발생하지는 않지만 도달로써 효력을 발생하게 될 실질적 효력을 갖고 있다. 그러므로 의사표시의 통지를 발한 후 도달하기 전까지는 표의자로서는 그 의사표시를 마음대로 철회할 수 있다. 그러나 일단 발송된 의사표시에 대하여는 표의자나 상대방은 의사표시의 내용과 도달을 방해하는 행위를 하여서는 아니 된다. 그러므로 의사표시의 통지를 발한 후 도달 전의 단계에 관하여는 '조건부 권리의 침해금지의 법리'(제148조 이하)가 유추적용된다고 본다.[5]

4. 의사표시의 도달

(1) 의사표시 도달의 의의

민법이 의사표시의 효력발생시기를 상대방에게 도달된 시점을 기준으로 삼은 것은 의사표시의 도달시점이 객관적으로 확정가능하고 표의자가 통상 예상할 수 있는 시점으로 하여 법률관계를 명료하게 할 수 있기 때문이다. 여기서 의사표시의 도달을 인정하기 위해서는 단순히 발송된 의사표시가 '상대방의 지배권에 진입하는 것'으로 족한 것인지, 아니면 나아가 '상대방이 도달된 의사표시를 요지할 수 있는 상태'까지도 이루어져야만 하는 것인지가 문제로 된다.

---

4) Fritz Fabricius, "Stillschweigen als Willenserklärung", JuS 1966, 10.

5) 이영준, 472면.

(2) 도달의 요건

가. 다수설 다수설은 도달을 「상대방의 지배권 내에 들어가 사회통념상 일반적으로 요지할 수 있는 상태가 생기는 것」으로 파악한다.[6] 이에 의하면, 의사표시가 도달되기 위해서는 「상대방 영역의 진입」과 「요지할 수 있는 상태」 모두가 충족되어야 한다.

나. 소수설 소수설은 도달 자체는 순수히 객관적으로 「상대방의 영역 내에 진입」한 여부 만으로 판단하고 상대방이 의사표시의 내용을 알 수 있는 상태인지 여부는 「기한 내에 도착하였는가의 문제」로 고찰하는 것이 필요하다고 한다.[7] 예컨대, 사서함으로 의사표시를 통지하는 경우에 만약 기한의 마지막날 서신이 상대방의 사서함에 투입되었으나 거래통념상 상대방이 이 서신을 사서함으로부터 회수하는 데 하루가 걸린다고 할 때 다수설에 의하면 위 의사표시는 아직 상대방에 도달하지 않은 것으로 되어 부당한 결과가 발생하게 된다는 것이다. 이를테면, 서신의 투입 후 회수 전에 발생한 불능은 원시적 불능으로서 취급하여야 하고, 또 표의자는 투입 후 회수 전에 그 의사표시를 철회할 수 있는 것으로 보게 되어 부당하다는 것이다.

다. 학설의 검토 도달과 관련한 학설의 대립에 대하여, 다수설과 소수설의 견해는 실제로 차이가 없다고 보는 견해도 있다.[8] 그런데 제112조 본문에 의하면, 의사표시가 제한능력자에게 행하여진 경우에는 제한능력자에게 도달되었더라도 그 효력이 발생하지 않는다고 규정하고 있다. 그런데 만일 의사표시의 도달의 효력이 발생하기 위하여 상대방의 요지가능성까지 요구된다면, 제한능력자의 영역에 진입하는 것만으로는 아무런 효력이 없고, 오로지 법정대리인의 요지가능성(동조 단서)의 시점이 의사표시의 효력발생의 시기가 될 것이므로 본조는 규정으로서 의미가 없게 될 것이다. 따라서 제112조와 균형 있는 해석상, 상대방 있는 의사표시는 상대방의 영역에 진입한 때에 비로소 효력이 발생한다고 해석하여야 한다. 결국 그 의사표시를 수령할 상대방이 제한능력자인 경우, 제한능력자 보호를 위해서 본조는 그 효력발생을 제한하는 것이다.

---

6) 곽윤직·김재형, 321면; 김기선, 249면; 김주수·김상용, 377면; 김준호, 301면; 김증한·김학동, 373면; 김형배·김규완·김명숙, 189면; 장경학, 511면; 송덕수, 306면; 지원림, 214면; 동지, 대판 1983.8.23, 82다카439; 대판 1997.11.25, 97다31281.

7) 이영준, 476면; 이은영, 557면.

8) 의사표시의 도달을 의사표시가 상대방의 지배영역 내에 들어가 상대방이 그 내용을 구체적으로 요지하는 것을 요하지 않고 '요지할 수 있는 상태에 이른 것'이라고 본다면, 학설상 견해의 차이는 없게 된다(김상용, 496면).

(3) 의사표시의 불도달에 따른 위험의 부담

의사표시는 상대방에게 도달한 때에 그 효력이 생기므로 의사표시의 불착 또는 연착은 모두 표의자의 불이익에 돌아가게 된다.

(4) 의사표시의 철회

도달주의를 취한 결과, 발신 후 도달 전에는 그 의사표시를 철회할 수 있다. 나만 철회는 늦어도 발신한 의사표시와 동시에 도달하여야 한다고 할 것이다.[9] 소수설에 의하면, 상대방에의 진입만이 도달의 요건이므로 의사표시가 상대방의 영역에 진입한 때로부터는 더 이상 철회를 할 수 없는 것으로 된다.[10]

(5) 발신 후의 사정변경

의사표시는 도달로써 효력을 발생한다. 그러나 표의자로서는 의사표시를 통지함으로써 의사표시에 일정한 효력을 부여하여 성립시켰으므로 통지(발신) 후 표의자가 사망하거나 행위능력을 상실하더라도 도달의 효력에 아무런 영향을 미치지 않는다(제111조 제2항).

다만 이러한 내용을 규정하고 있는 제111조 제2항은 임의규정이다.

5. 기타 도달과 관련된 문제

(1) 이른바 「숨겨진 의사표시」의 도달시기

「숨겨진 의사표시」는 표의자가 의도하여 자신의 의사표시를 상대방이 모르게 하는 표시를 말한다. 「숨겨진 의사표시」는 상대방이 사실상 안 때에 비로소 의사표시가 상대방에 도달한다고 할 것이다.[11] 예를 들어, 매도인이 소유권을 유보한다고 하는 의사표시를 잘 알아볼 수 없도록 상품송부서의 귀퉁이에 조그맣게 기재한 경우에는 소유권유보의 의사표시는 상품송부서와 동시에 상대방에게 도달된 것이라고는 할 수 없고 매수인이 그 상품을 수령함과 동시에 소유권은 유보 없이 완전히 매수인에게 이전된다.[12]

---

9) 곽윤직·김재형, 322면; 김기선, 249면; 김주수·김상용, 379면; 김준호, 302면; 김증한·김학동, 376면; 박영식, 민법주해[Ⅱ], 607면; 장경학, 514면.

10) 이영준, 414면; 이은영, 560면.

11) 김증한·김학동, 375면; 이영준, 477면.

12) 이영준, 477면.

(2) 주소 이외의 장소에서의 도달

의사표시가 반드시 상대방의 주소나 지정된 장소에 도달되어야만 도달의 효력이 생기는 것은 아니다. 주소 이외의 장소에 도달되어도 상대방이 사실상 수령한 경우에는 도달된 것이다.13)

도달의 경로는 표의자의 예상과 달라도 무방하지만, 표의자의 의사에 기하여 상대방을 향하여 발신되었어야 한다. 그리고 상대방이 종래의 주소를 떠났으면 도달이 되지 않으나 전주소의 거주자를 통하여 수령하였으면 도달이 된다.

(3) 의사표시를 수령할 상대방 이외의 자에게 수교(手交)한 경우

의사표시가 상대방의 주소나 지정된 장소에서 그의 동거친족이나 가족 또는 피용자에게 수교된 경우, 그 자가 상대방을 위하여 그것을 수령한다는 사실을 이해할 수 있는 사실상의 정신능력이 있는 한 도달되었다고 할 수 있다. 따라서 부(夫)와 동거하는 사실상의 처가 부의 주소로 배달된 우편물을 수령한 경우, 상대방이 유숙하고 있는 여관이나 호텔의 관리인 등에게 우편물이 수교된 경우에도 도달로서 인정된다고 할 것이다. 판례는 동거인으로서 송달을 받을 수 있는 자는 동일장소에 거주하는 것만으로는 부족하고, 상대방과 동일세대에 거주하고 생활을 같이 하는 자이어야 한다고 본다.14)

(4) 컴퓨터에 의한 의사표시의 도달

컴퓨터에 의한 의사표시는 '컴퓨터망으로 연결되어 이루어지는 경우'와 '전자사서함을 이용하는 방식'으로 나누어진다. 전자의 경우에는 발신과 도달이 직접 이루어지므로 대화자 간의 의사표시로 보아야 한다. 그러나 후자의 경우에는 전자사서함에 표의자의 전자적 의사표시가 저장된 사실을 상대방 혹은 상대방 컴퓨터가 인식하고 그 의사표시를 자신의 컴퓨터로 전송하도록 명하는 순간에 도달이 이루어졌다고 할 것이다.15)

(5) 전달자에 의한 도달

가. 수령사자 전달자가 의사표시의 수령권한이 있는 경우에는 전달자에게 의사표시를 교부함과 동시에 상대방의 영역 내로 진입하므로 이때에 의사표시의 도달이 있다고 할 것이다. 여기에서 '수령권한이 있다'는 것은 상대방에 의하여 수령사자로 선

---

13) 김상용, 497면.

14) 대판 1978.2.28, 77다2029.

15) 오병철, 『전자거래법』(법원사, 2000), 213면.

위임되었다거나 또는 거래 통념상 당해 의사표시의 수령사자라고 인정할 수 있는 경우를 말한다.[16] 일반적으로 가사에 종사하는 사람은 거래에 관한 의사표시의 수령자로 될 수 없음에 반하여, 영업행위를 하는 자는 일상거래의 통상의 의사표시에 관하여 수령사자로 될 수 있다.

나. 대리인 전달자가 상대방의 대리인인 경우에는 대리의 이론에 따라 의사표시는 상대방에게 한 것과 동일한 효력이 있다. 전달자가 대리권을 갖고 있지 않은 경우에는 무권대리인에 대한 의사표시의 도달 문제로 된다.

다. 수령권한 없는 자에 대한 의사표시의 효력 수령권한이 없는 전달자에게 의사표시를 한 경우에는 '전달자가 상대방에게 의사표시를 전달한 때'에 도달된 것으로 볼 것이다.[17] 판례는 아파트 경비원이 집배원으로부터 우편물을 수령한 후 이를 우편함에 넣어 둔 사실만으로 그 우편물을 수취하였다고 볼 수 없다고 한다.[18] 왜냐하면 아파트의 우편함에 우편물을 넣어 두었더라도 그 우편물이 분실되는 경우가 흔히 있고, 우편함을 청소를 담당하는 사람이 치워 버리기도 하기 때문에 그 우편물이 수취인의 수중에 들어가지 않을 가능성이 적지 않기 때문이다.

Ⅱ. 무체적(無體的) 의사표시의 효력발생

1. 요지주의

민법은 구두로 행하여지는 무체적 의사표시에 관하여는 아무런 규정을 두고 있지 않다. 그러나 대화자 사이에 구두로 하는 무체적 의사표시는 상대방이 요지한 시점에 효력발생의 기준이 되므로, 요지주의에 의한다. 따라서 구두의 의사표시는 상대방이 표의자의 음향에 따라 정확하게 이해한 때에 한하여 이해한대로 효력이 발생한다.[19] 따라서 표의자의 음향에 따라 상대방이 요지하지 못함으로써 발생하는 불이익은 표의자가 부담하게 된다.[20]

---

16) 이영준, 478면.
17) 김증한·김학동, 375면; 이영준, 479면.
18) 대판 2006.3.24, 2005다66411.
19) 이영준, 412면.
20) 이영준, 480면.

2. 수령사자 또는 표시기관에 의한 무체적 의사표시의 도달

(1) 수령사자에 의한 무체적 의사표시의 수령

수령사자는 의사표시를 수령하는 상대방의 수령도구로 보면 된다. 따라서 수령사자가 구두로 전하는 무체적 의사표시를 정확하게 요지한 때에는 수령사자가 상대방에게 잘못 전달한 경우에도 의사표시는 수령사자가 이해한대로 효력을 발생한다. 따라서 이 경우 잘못된 전달로 인한 불이익은 상대방이 부담하게 된다. 수령사자가 구두로 전하는 무체적 의사표시를 부정확하게 요지한 때에는 의사표시는 상대방에게 도달하지 않은 것으로 된다.

(2) 표시사자에 의하여 무체적 의사표시를 전달하는 경우

표의자가 자기의 표시사자에 의하여 무체적 의사표시를 상대방에게 전달하는 경우에는 가령 잘못 전달되었다 하더라도 전달된 대로 효력을 발생한다. 즉 표시사자가 부정확하게 전달함으로 인한 불이익은 모두 표의자가 부담한다.

Ⅲ. 의사표시의 공시송달

1. 의의 및 요건

상대방 있는 의사표시는 도달에 의하여 효력을 발생하므로, 표의자가 상대방을 알 수 없거나 또는 그의 주소를 알 수 없을 경우에는 의사표시의 효력을 발생케 할 수 없다. 이때, 표의자가 과실 없이 의사표시의 상대방을 알지 못하는 경우나 의사표시의 상대방의 소재를 알지 못하는 경우에는 민사소송법 제195조 소정의 공시송달의 방법에 의하여 의사표시를 도달하게 할 수 있다.

(1) 상대방을 알지 못하거나 또는 상대방의 소재를 알지 못한 경우

상대방을 알지 못하거나 또는 상대방의 소재를 알지 못하여야 한다. 예컨대, 상대방이 사망하여 상속인이 누구인지를 알지 못하거나, 백지위임장을 준 경우에 수임인이 누구인지를 알지 못하는 것은 전자의 예이고, 상대방이 행방불명인 경우가 후자의 예이다.

(2) 표의자의 무과실

상대방 또는 그의 소재를 알지 못하는 데 대하여 표의자에게 과실이 없어야 한다.

즉 보통 일반인이 주의(선량한 관리자의 주의)를 기울였음에도 불구하고 알지 못하여야 한다. 과실의 유무의 입증책임은 표의자에게 있다는 견해가 있으나,21) 그 의사표시의 도달의 효력을 다투는 자, 즉 상대방에게 입증책임이 있다고 해석하는 것이 타당할 것이다.22)

2. 절 차

공시송달은 법원 서기관 또는 서기가 송달할 서류를 보관하고, 그 사유를 법원 게시판에 게시함으로써 한다. 법원은 공시송달의 사유를 관보나 신문지상에 공고할 것을 명할 수 있다(민사소송법 제195조).23)

3. 효 과

공시송달에 의한 의사표시는 게시한 날로부터 2주일이 경과한 때에 상대방에게 달한 것으로 간주된다(민사소송법 제196조). 그러나 표의자가 상대방 또는 그의 주소를 알지 못하는 데 과실이 없어야만 도달의 효력이 생기고, 과실이 있거나 악의인 때에는 도달의 효력은 생기지 않는다. 그리고 과실의 유무 등의 입증책임은 상대방이 부담한다고 새겨야 한다.24)

Ⅳ. 의사표시의 수령능력

1. 개 념

상대방 있는 의사표시가 상대방에게 도달함으로써 효력을 발생하게 되므로, 이로써 의사표시의 내용에 표의자나 상대방은 구속되게 된다. 그런데 제한능력자에게 의사표시

---

21) 김증한·김학동, 378면; 김형배·김규완·김명숙, 192면.

22) 고상용, 471면; 곽윤직·김재형, 323면; 김용한, 315면; 김주수·김상용, 381면; 김준호, 304면; 박영식, 민법주해[Ⅱ], 138면; 장경학, 516면.

23) 제113조는 공시송달절차의 관할과 공시비용의 예납에 관하여 아무런 규정도 두고 있지 않다. 이에 관하여는 구민법의 제97조의2와 같이 해석하는 것이 타당하다. 따라서 ① 관할에 관하여는, 상대방을 알지 못하는 경우에는 표의자의 주소지를, 그리고 상대방의 주소를 알 수 없는 경우에는 상대방의 최후의 주소지를 각각 관할하는 지방법원(단독판사)의 관할에 속하며(구민법 제97조의2의 제4항 참조), ② 법원은 표의자로 하여금 공시에 관한 비용을 예납케 하여야 한다(구민법 제97조의 2의 제5항 참조).

24) 곽윤직·김재형, 324면; 김주수·김상용, 381면; 장경학, 516면.

가 도달된 경우에 곧바로 그 효력을 발생하면 제한능력자로서는 적절한 대응능력을 갖추고 있지 못하기 때문에 보호받지 못하게 된다. 이처럼 행위능력을 '타인의 의사표시의 내용을 이해할 수 있는 능력'의 관점에서 판단하는 것이 의사표시의 수령능력인 것이다. 이로써 의사표시를 받은 상대방이 제한능력자인 경우에는 표의자는 그 의사표시로서 대항하지 못한다고 규정하고 있다(제112조 본문).

2. 이른바 「수령제한능력자」에 대한 의사표시의 효력

(1) 행위제한능력자에 대한 의사표시의 효력

의사표시의 상대방이 제한능력자이면 표의자는 그 제한능력자에 대하여 그 의사표시의 도달을 주장하지 못한다(제112조 본문). 그러나 제한능력자의 법정대리인이 의사표시의 도달을 안 후에는 표의자는 그 의사표시의 도달을 주장할 수 있다(동조 단서). 다만 미성년자나 행위제한능력자에게 일정한 행위능력이 인정되는 경우에는 당연히 그에 대한 의사표시의 도달을 긍정하여야 할 것이다.

(2) 의사무능력자에 대한 의사표시의 효력

의사표시를 수령하는 상대방이 판단능력이 없는 상태라면 의사표시는 효력을 발생할 수 없다. 이 경우에는 법정대리인이 의사표시가 의사무능력자에게 도달하였음을 안 때에 비로소 효력이 발생한다.

3. 제112조의 적용범위

제112조는 상대방이 없는 의사표시에 관하여는 적용되지 않는다. 또한 본조는 통상 도달을 전제로 하는 규정이므로 발신에 의하여 효력을 발생하는 의사표시나 또는 공시송달에 의한 의사표시에 관하여는 적용되지 않는다.

제 3 관 의사표시의 해석

민법은 사인의 사적 자치를 기본원칙으로 존중해 주고 있다. 그러므로 당사자들이 법률행위를 통해서 무엇을 추구하여 달성하기를 원하는지가 밝혀져야 법은 비로소 당사자의 사적 자치의 실현을 위하여 조력하여 줄 수 있다. 그리하여 법률행위의 내용을 확정짓는 절차가 곧 법률행위를 해석하는 것이다. 그런데 법률행위의 내용을 구성하는 것은 의사표시이므로 의사표시의 내용이 곧 법률행위의 내용을 결정하는 기준이 되며, 따라서 법률행위 내용의 확정은 우선 의사표시의 내용을 확정짓는 것에서 출발하게 된다. 상대방 있는 의사표시가 도달되어 효력을 발생하게 되면(제111조 제1항), 그 의사표시가 법적으로 어떤 의미가 있는 것인지 그 의사표시의 내용을 확정하여야 한다. 이를 의사표시의 해석이라고 한다.

그리고 법률행위의 해석에는 법률행위의 내용을 보충하는 해석도 있다. 이 보충적 해석은 법률효과의 부족을 메꾸는 것으로서 법률행위 중에서 주로 계약에 대해서 적용된다. 결국 법률행위의 해석은 「의사표시의 해석」과 「계약의 보충적 해석」으로 나누어진다.

Ⅰ. 의사표시의 해석

1. 의사표시의 해석의 전제조건

(1) 의사표시 해석의 대상

의사표시를 해석하려면 그 전제로서 의사표시가 존재하여야 한다. 그런데 해석의 대상으로서 「의사표시 자체가 존재하고 있는가」에 대하여도 의사의 「표시」를 해석하여야만 의사표시 자체의 성립 여부를 판단할 수 있다.[1] 이때 해석의 대상은 단순히 「표시된 것」만으로 한정되지 않고, 행위적 관점에서 보아 표시와 관련된 행위의 전체이다. 그러므로 당사자가 법적 구속력 있는 의사표시를 하기에 앞서서 협상과정에서 행하여진 여러 가지 의견의 개진 등은 표시와 직접적으로 관련된 행위로서 해석의 대상으로 될 수 있다. 예컨대, 계약이 체결되어 가는 과정에서 당사자 사이에 합의된 협상의 내용이

1) Erman/Brox, BGB, § 133, Rdnr. 11.

라든지 또는 특수 사정의 발생시에 이를 대비하기 위한 개별적 약속 등도 해석의 절차에 포함된다. 다만 특정한 거래에서만 인정될 수 있는 특이한 사항은 해석의 대상에 포함시킬 때 신중하여야 한다.

이에 반하여 「해석의 수단」은 표시행위를 구성하는 것은 아니므로 해석의 대상으로 되지 않는다. 그것은 의사표시의 주변을 형성하고 있는 정황으로서 의사의 표시로 된 것에 대한 의미를 확정할 수 있도록 도와주는 사실을 말한다.[2] 예를 들면, 계약체결을 준비하는 과정에서 관련 당사자들이 사용한 용어의 독특한 의미에 관한 약정이나 과거부터 거래의 축적을 통하여 형성된 관행 등은 해석의 수단에 속하는 것이다.

결국 해석의 대상은 표시와 관련하여 해석될 요소이므로 법적인 평가[3]의 대상인데 반해서, 해석의 수단은 해석과 관련된 정황을 확정하는 것으로서 사실의 확정에 속하고 해석할 대상의 범주에는 속하지 않는다.

(2) 의사표시 해석의 필요성

과거의 법격언에 의하면, 의사표시의 해석은 「해석될 의사표시가 반드시 해석을 필요로 하는 것이어야 한다」는 전제를 필요로 했다. 이는 「의문의 여지없이 명백한 표시는 해석을 필요로 하지 않는다」는 원칙에 의한 것으로, 표시 자체의 의미가 명확하여 아무도 그 표시를 이해하는 데 의문을 제기하지 않는다면 표시의 내용적 의미를 확정짓는 절차로서 해석도 필요 없이 곧 바로 그 내용을 결정지을 수 있다는 것이다. 이에 의할 때, (의사)표시가 그 자체로써 명백한 의미를 나타내고 있다면 더 이상 해석은 필요없게 된다. 그렇지만 의사표시의 내용을 결정할 때에 해석의 대상으로 삼게 되는 것은 그 표시 자체는 물론 그 표시를 둘러싸고 있는 정황도 함께 고려되어야 하므로, 표시 자체가 명백한가의 여부에 관한 결정도 의사표시에 대한 해석이 완료된 후에야 내릴 수 있다. 그러므로 문제된 의사표시가 다의적인 것인지 또는 해석을 필요로 하지 않을 정도로 명백한 것인지는 의사표시를 해석하지 않고는 판단내릴 수 없는 것이며, 의사표시가 해석된 이후에나 내릴 수 있는 판정인 것이다. 따라서 모든 의사표시는 외관상 명백하든 불분명하든 해석을 필요로 한다.[4]

---

2) Larenz, Allg. Teil, § 19 Ⅱ b.

3) MüKo/Mayer-Maly, BGB, § 133, Rdnr. 57: 해석은 법적인 가치평가이므로 최종의 궁극적인 의사표시의 해석자로서의 판사는 직권으로 해석을 관철시켜야만 하며 단순히 당사자의 자료제출(Vorbringung)에만 의존할 수 없다(Palandt/Heinrichs, BGB, § 133, Rdnr. 5).

4) Palandt/Heinrchs, BGB, § 133, Rdnr. 6.

(3) 의사표시의 해석능력

의사표시는 해석능력을 가지고 있어야 한다. 의사표시의 내용에 서로 모순되는 요소가 함께 내포되어서 일관된 해석의 결과를 도출해 내는 것이 불가능할 경우에는 그 의사표시는 해석능력을 상실하게 된다. 예컨대, 시간당 임금을 3만원으로 하고 하루 8시간 일하는 것으로 하여 일당 20만원이라고 표시를 한 경우에 단위시간당 임금, 하루에 일하는 시간 그리고 이에 대한 합산액이 내용상 서로 모순되고 또 어디에 오류가 있는지를 확정지을 수 없어 이를 교정할 수 없다면, 이러한 의사표시는 내용의 일관성이 결여되어 있어 이에 대한 해석의 절차를 진행시킬 수가 없다. 이처럼 치유될 수 없는 내부적 모순을 포함하고 있는 의사표시는 해석능력을 갖고 있지 못하다.[5] 이처럼 의사표시는 그 자체의 모순으로 인하여 해석능력을 상실하여 성립조차 하지 못하는 것이다.

2. 의사표시 해석의 목표

(1) 의사표시의 주관성

사적 자치의 원칙을 실현하기 위해서는 주관적으로 '표의자의 실제적 의사'에 따른 내용으로 당사자들의 관계가 형성되어야 한다. 이러한 의미에서, 의사표시는 표의자가 의사를 결정을 내리는 행위로서 그 발생을 의욕한 효과의사를 실현시키기 위한 기능을 담당하여야 한다.[6] 이를 위해서는, 의사표시는 우선 표의자의 주관적인 실제적 의사를 추구하는 해석을 하여야만 한다. 의사표시 해석의 우선적 과제는 표의자의 효과의사에 따라 표의자가 실제로 의욕한 대로의 법률효과가 발생하도록 하는 데에 있다.

(2) 의사표시의 객관성

의사표시는 표의자의 내심적 의사를 외부로 표시하는 것이다. 그렇지만 표의자가 특정 상대방과의 관계 속에서 법률행위를 의욕하는 경우, 의사표시는 객관적인 관점에서 표의자의 의사의 전달행위로서의 의미를 갖는다. 그러므로 의사표시를 해석할 때에는 의사표시를 받는 상대방이 표시의 객관적 의미를 신뢰하여 법률행위를 한다는 점이 함께 고려되어져야만 한다. 즉 의사표시가 주는 객관적 의미에 대한 상대방이 가질 수 있는 신뢰가 정당한 것으로서 보호받아야 한다.[7]

---

5) Palandt/Heinichs, BGB, § 133, Rdnr. 6.

6) Medicus, Allg. Teil, Rdnr. 319.

7) "법률행위의 해석은 당사자가 그 표시행위에 부여한 객관적인 의미를 명백하게 확정하는 것으로서,

결국 의사표시의 해석은 「표의자의 효과의사의 실현」과 「상대방의 신뢰보호」의 두 가지 목표를 함께 추구하게 된다.

Ⅱ. 의사표시 해석의 방법

1. 자연적 해석

표의자가 의사를 표시할 때, 의사와 표시는 서로 일치하는 것이 자연스러운 모습이다. 그러므로 표의자의 실제적인 의사를 추구하여 의사표시의 내용을 결정하는 해석이 가장 자연스러운 것이며, 이를 「의사표시의 자연적 해석」이라 한다. 이처럼 자연적 해석은 표의자의 실제적 의사가 의사표시 해석에서 결정적인 기준이 되므로, 표의자의 주관적 의사와 이를 외부로 표시한 것에 대한 객관적 의미가 서로 일치하지 않는 경우에 표시가 주는 객관적 의미에 구애받지 않고 표의자의 실제적인 의사를 그 해석의 기준으로 삼게 된다. 따라서 자연적 해석은 의사표시를 수령한 상대방의 신뢰보다는 표의자의 내심적 효과의사를 보호하게 한다.[8] 즉 자연적 해석의 방법은 「표의자의 효과의사가 상대방의 신뢰에 앞서서 우선적으로 보호받아야 할 정당한 이유가 있는 경우」에 한하여 선택된다. 따라서 ① 의사표시 그 자체에서 표의자의 효과의사 이외에 이와 다른 내용의 표시에 따른 상대방의 신뢰가 존재하지 않거나(상대방 없는 의사표시의 경우), ② 표시로부터 객관적으로 이해한 상대방의 신뢰가 정당하지 못한 것으로 평가되어 보호받을 가치가 없는 경우에는 자연적 해석에 따라 표의자의 실제적 의사에 의하여 그 내용이 결정된다.

(1) 상대방 없는 단독행위의 경우

의사표시에서 오로지 표의자의 효과의사에 따른 이익만이 존재하는 경우가 있다. 「상대방 없는 단독행위」를 구성하는 의사표시는 표의자의 의사표시만이 있을 뿐 이를

사용된 문언에만 구애받는 것은 아니지만, 어디까지나 당사자의 내심의 의사가 어떤지에 관계없이 그 문언의 내용에 의하여 당사자가 그 표시행위에 부여한 객관적 의미를 합리적으로 해석하여야 한다. 만일 당사자가 표시한 문언에 의하여 그 객관적인 의미가 명확하게 드러나지 않는 경우에는 그 문언의 형식과 내용 그 법률행위가 이루어진 동기 및 경위, 당사자가 그 법률행위에 의하여 달성하려는 목적과 진정한 의사, 거래의 관행 등을 종합적으로 고려하여 사회정의와 형평의 이념에 맞도록 논리와 경험의 법칙, 그리고 사회일반의 상식과 거래의 통념에 따라 합리적으로 해석하여야 한다"(대판 2001.3.23, 2000다40858).

8) Erman/Brox, BGB, § 133, Rdnr. 18.

수령할 상대방이 존재하지 않으므로, 의사표시로부터 상대방 신뢰의 보호가 문제되지 않는다. 따라서 상대방 없는 의사표시에 대하여는 표의자의 실제적 의사를 추구하는 자연적 해석을 하게 된다. 상대방 없는 의사표시의 대표적인 예로 유증을 들 수 있다. 물론 유언의 효력과 관련하여 실제적인 이해관계를 갖는 수증자가 존재하지만, 유증에서 수증자의 지위는 단순히 수익자 일뿐 유언의 상대방은 아니므로 수증자의 신뢰는 문제되지 않는다. 그러므로 유언에 대하여는 자연적 해석에 의하여, 표의자(유언자)가 어떠한 용어를 구사하였든 간에 그 언어적 표현의 객관적 의미에 구애됨이 없이 그 표시의 배후에 존재하는 표의자의 실제적 의사가 추구된다.[9] 예를 들어, 어떤 사람이 "내 서재에 있는 포도주를 내 친구 김갑돌에게 유증하겠다"고 하는 유언을 남기고 사망한 경우에, 비록 "서재"란 '책이 구비되어 있는 응접실'로 이해하는 것이 용어상 의심할 여지가 없다고 하여 유증의 대상을 서재에 유언자가 마시다 남겨둔 포도주 반병으로 한정할 수 없다. 한편 유언자와 오랫동안 사귀어 온 친구들의 증언이나 증거를 수집하여 종합해 본 결과, 유언자가 평소에 "서재"를 "지하실에 있는 포도주 저장고"의 의미로 사용해 온 사실이 판명된 경우에는 유언장에 적혀진 "서재"란 '책이 있는 응접실'이 아니라 '지하실의 포도주 저장고'인 것이다.[10] 이처럼 상대방 없는 단독행위는 상대방의 신뢰를 존재하지 않으므로 자연적 해석의 방식으로 결정된다.

(2) 상대방 있는 의사표시의 경우

우리의 대부분의 생활관계는 혼자하는 단독행위에 의하기보다는 타인과 함께 하는 상대방 있는 법률행위에 의하여 이루어진다. 따라서 사적 자치에 의한 법률행위도 상대방과의 쌍방적 관계를 형성하는 계약이 대부분이다. 그런데 상대방과 이루어지는 법률관계에는 표의자의 효과의사에 따른 이익 외에도 표시를 받는 상대방의 신뢰도 보호가치 있는 이익으로서 함께 보호를 받아야 한다. 만일 상대방의 신뢰가 보호되어야 하는

---

9) 유언장에 기재된 내용이 객관적으로 명백한 「언어에 의한 표현」이라 할 지라도 그 유언을 해석의 대상으로 삼아 해석할 필요가 있는 것이며, 표시행위를 둘러싸고 있는 정황을 고려하여 그 유언자의 표현이 일반적인 언어습관과 다른 의미로서 사용되어, 이와 다른 의미의 표의자의 실제적인 의미가 명백한 경우에는 객관적인 단어적 의미와 다른 내용으로 해석할 것이다(BGHZ 80, 249; BGHZ 86, 47).

10) Brox, Allg. Teil, Rdnr. 129; 이영준 교수는 당사자가 "「서재」라고 하는 표시수단에 대하여 「지하실 포도주저장고」라고 하는 의미를 부여하기로 묵시적으로 약정하였다"는 점에서 falsa demonstratio의 해석원리를 적용하고 있다(293면). 그러나 이는 단독행위인 유증과 관련하여 상대방없는 의사표시가 행하여진 경우로서, 표의자가 표시한 「서재」는 이미 표의자의 실제적 의사를 확정하는 단계에서 「지하실 포도주저장고」를 의미하는 것으로 해석되므로, falsa demonstratio의 법리에 따르기 전에 표의자의 의사표시는 「지하실 포도주저장고」인 것으로 해석·확정된다.

(상대방 있는) 의사표시에서도 자연적 해석을 하여 표의자의 실제적 의사만을 추구하게 된다면, 의사표시는 사적 자치를 실현하기 위한 수단으로서 그 기능을 다할 수 없게 된다. 예를 들어, 손님이 "자장면" 1그릇을 주문하여 중국음식점 주인이 자장면 1그릇을 갖다 주었는데, 표의자가 자기의 내심은 "짬뽕"을 의욕한 것이었다고 실제적 의사를 주장할 수 있다면, 이 결과는 아무도 상대방의 의사표시를 믿고 거래할 수 없게 만들 것이다. 이로써 사적 자치를 실현하는 수단으로서의 의사표시가 그 기능을 다 할 수 있기 위해서는, 표시를 받는 상대방이 갖는 의사표시의 객관적 의미에 대한 신뢰는 보호받아야만 된다. 따라서 상대방 있는 의사표시에서는 상대방이 이해한 표시의 객관적 내용과 표의자가 의도한 효과의사가 서로 일치하지 않는 경우, 상대방의 의사표시의 내용에 대한 오해는 표의자의 불명료한 표시행위에서 기인된 것이므로 그 오해에 대한 위험은 표의자가 부담하게 된다. 이로써 상대방이 있는 의사표시의 해석에서는 원칙적으로 그 상대방의 표시된 객관적인 내용에 대한 신뢰가 보호받아야만 한다.

그러나 상대방 있는 의사표시에서도 예외적으로 상대방의 신뢰가 정당하지 않아 그 보호를 받지 못하는 경우로서 '의사표시로부터 상대방의 신뢰가 형성되지 않는 경우'와 '상대방의 신뢰가 표의자의 실제적 의사보다 보호가치가 적은 경우'가 있다. 이러한 경우에는 사적 자치의 원칙으로 돌아가 표의자의 효과의사를 보호하는 자연적 해석을 한다.

가. 소위 「오표시의 무효력」(falsa demonstratio)의 원칙 오표시의 무효력의 원칙은 '당사자가 서로 합의하여 잘못된 표시를 한 경우에는 그 오표시는 의사표시의 해석에 아무런 악영향을 미치지 않는다'는 것이다.[11] 당사자들이 어떤 표시가 객관적(일반적)으로 이해되는 것과 다른 의미를 가리키는 것에 합의하고 있다면, 그 의사표시의 해석에서는 그들의 합의에 따른 효과가 발생되게 된다. 이때 '왜 표의자가 진의와 객관적으로 다르게 이해되는 표시를 하게 되었는가'에 대하여는 묻지 아니한다. 예컨대, "콘돔 3박스"를 매매하고자 하는 당사자들이 "콘돔"을 그대로 공개적으로 표시하면, 이를 듣는 주위의 다른 사람들로부터 민망한 시선을 받게 될 것이 두려워 사전에 콘돔을 "풍선"으로 표기하기로 약사와 합의할 수도 있다. 이 때 당사자들은 외부적으로 "고무풍선 3박스"를 거래하는 것으로 표시할 수 있으나, 이행될 급부는 표시된 "풍선 3박스"가 아니라 배후에 숨어있는 "콘돔 3박스"로 결정된다. 이처럼 표시를 받는 상대방이 표의자의 실제적인 의사를 이미 인지하고 있는 경우에 상대방은 표의자가 한 의사표

11) Medicus, Allg. Teil, § 133, Rdnr. 327.

시를 표시가 주는 객관적 의미로 이해하지도 않은 것이며 신뢰하지도 않는다. 따라서 이 경우 표시를 받는 상대방의 신뢰가 침해될 염려가 없는 것이므로, 의사표시를 해석할 때에 표의자의 실제적 의사를 기준으로 그 내용을 결정하게 된다.[12] 결국 오표시 무해의 원칙은 신뢰보호가 필요 없는 경우에까지 표시가 주는 객관적 의미를 관련당사자들에게 강요하지는 않으므로, 당사자들이 실제로 의욕하여 실현하고자 한 법률효과가 발생한다. 그러므로 표의사가 내심으로 가지고 있는 실제적인 의사가 입증되고 그 상대방도 이에 대응된 표시를 표의자와 동일한 의미로서 이해하였다면, 외부로 표시된 것은 잘못된 오표시된 것에 불과한 것으로서 의사표시의 해석에 있어 표의자의 실제적인 의사가 우선하는 것이다.[13] 이로써 오표시의 무효력의 원칙이 인정되는 경우에는 상대방 있는 의사표시라도 자연적 해석을 하게 된다.

※ Haakjöringsköd사건(RGZ 99, 147)

Jessica증기선에 선적되어 있는 214상자의 Haakjöringsköd(상어고기를 의미)를 대상으로 매수인과 매도인은 고래고기(Haakjöringskad)에 대하여 매매계약을 체결하였다. 매매계약의 체결 당시에 양당사자들은 일치하여 Haakjöringsköd가 고래고기인 Haakjöringskad를 의미하는 것으로 생각하였으나 실제로 Haakjöringsköd는 노르웨이 말로 상어고기를 의미하는 것이었다. Jessica증기선이 도착하여 매도인은 선적된 214 상자의 (그 당시 독일에서는 유통이 금지된) Haakjöringsköd, 즉 상어고기를 이행하였고, 매수인은 계약의 내용대로 거래상 유통이 가능한 고래고기를 요구하기에 이르렀다. 이에 대하여 독일제국법원은 고래고기를 객관적으로 잘못 의미하고 있는 표시, 즉 상어고기를 나타내는 Haakjöringköd란 표시에 관계없이, 계약당사자가 서로 합의하여 이해한 고래고기(Haakjöringskad)를 매매의 대상으로 하여 계약이 체결된 것으로 판시하였다.

우리나라의 판례도 A가 국가소유인 갑토지를 불하받는 과정에서 서로 간의 착오로 인접한 국가 소유의 을토지로 잘못 표기하여 매매계약이 체결된 사안에서, 계약의 해석에서는 형식적인 문구에만 얽매여서는 아니 되고 쌍방당사자의 진정한 의사가 무엇인가를 탐구하여야 하는 것이라고 전제한 후, '부동산의 매매계약에서 쌍방당사자가 모두 특정의 갑토지를 계약의 목적물로 삼았으나 그 목적물의 지번 등에 관하여 착오를 일으켜 계약서에 그 목적물을 갑토지가 아닌 을토지로 표시하였다 하여도, 위 갑토지에 관

12) MüKo/Mayer-Maly, BGB § 133, Rdnr. 14.

13) Medicus, Allg. Teil, Rdnr. 327; BGH NJW 1984, 721; Schubert, JR 1984, 194.

하여 이를 매매의 목적물로 한다는 쌍방당사자의 의사합치가 있는 이상, 위 매매계약은 갑토지에 관하여 성립한 것으로 보아야 하는 것'으로 판시하고 있다.[14)]

나. 주의의무의 해태로 인한 오해 상대방있는 의사표시에서는 상대방의 신뢰가 보호받게 되므로, 표의자의 의사와 상대방의 이해가 그 내용에 있어 서로 동일하지 않은 경우에 상대방의 이해가능성이 우선하는 것이 원칙이다. 그러나 만일 의사표시를 수령한 상대방이 적절한 주의를 기울였더라면 충분히 표의자의 실제적 의사를 알 수 있었음에도 이러한 주의를 기울이지 않아 표의자의 실제적 의사를 오해하였다면, 이때 상대방은 의사표시의 수령자로서 요구되는 주의의무를 다 하지 않은 것이다. 이처럼 주의의무를 해태함으로써 의사표시의 의미를 표의자의 의도와는 달리 이해한 상대방의 신뢰는 정당한 것으로서 보호가치를 부여받을 수 없다.

신의성실의 원칙은 의사를 표시하는 표의자와 이를 수령하는 상대방 모두에게 각자 상대방의 입장을 고려해야 할 의무를 부과하고 있다.[15)] 만일 표의자가 한 의사표시가 다양한 의미로 이해될 가능성을 내포하고 있어 그 표시에 대한 상대방으로서는 의사표시의 내용을 임의대로 자의적으로 이해하여 신뢰해서는 안되며 표의자에게 문의하여 그가 한 의사표시의 내용에 관하여 확인 할 것이 의무로서 요구된다.[16)] 그런데 상대방이 의사표시의 수령자로서 요구되는 주의를 다 하지 않은 결과 표의자의 실제적 의사와 다른 내용으로 이해하였다면, 의무위반에 따라 얻게 된 신뢰는 표의자의 실제적 의사에 앞서서 우월적 보호를 받지 못한다. 이에 따라 표의자의 실제적 의사와 상대방의 표시에 대한 신뢰 사이에 불일치로 인한 불이익은 주의의무를 다하지 않은 상대방이 부담하게 된다. 이로써 그 의사표시는 표의자의 실제적 의사에 따라 해석하게 된다. 예를 들어, 어떤 사람이 전화로 호텔에 방을 예약하면서 "침대 세 개와 함께 방 두개"(2 Zimmer mit 3 Betten)[17)]로 표시한 경우에 "세 개의 침대가 갖추어진 방을 각기 2개"를 주문하는 것은 숙박거래에서 통상적인 것이 아니므로 이때의 표시는 다양한 의미를 내포하고 있는 것으로 의심해 보아야 할 것이다. 그러므로 호텔 측은 고객인 표의자에게 어떠한 의

---

14) 대판 1993.10.26, 93다2629·2636; 대판 1996.8.30, 96다19581; 일반적으로 계약을 해석할 때에는 형식적인 문구에만 얽매여서는 안 되고 쌍방당사자의 진정한 의사가 무엇인가를 탐구하여야 한다. 계약 내용이 명확하지 않은 경우 계약서의 문언이 계약 해석의 출발점이지만, 당사자들 사이에 계약서의 문언과 다른 내용으로 의사가 합치된 경우에는 의사에 따라 계약이 성립한 것으로 해석하여야 한다(대판 2018.7.26, 2016다242334).

15) Ermam/Brox. BGB, Rdnr. 18; BGH NJW 1981. 2296.

16) Larenz, Allg. Teil, § 20 Ⅱ.

17) Larenz, Allg. Teil, § 20 Ⅱ.

사로 그러한 표시를 하였는지 의문이 보이 확인할 의무를 지는데, 그러한 확인절차를 거치지 않고 호텔 측이 임의로 "3개의 침대가 갖추어진 방 2개"를 준비하였다면, 이로써 표의자가 실제로 의도한 의사와 서로 달라지는 것에 따른 위험은 호텔 측에게 있다. 경우에 따라서는 표의자의 실제적 의사에 따라 "침대 1개의 1인실과 침대 2개의 2인실"인 것으로 확정된다.

결국 의사표시를 수령한 상대방에게는 신의칙상 표의자의 진정한 의도를 파악하기 위한 주의의무가 부여되어 있다. 그럼에도 불구하고 상대방이 이러한 주의의무를 태만히 하여 표의자의 실제적 의사를 알지 못했다면, 자신에게 요구되는 주의의무를 다 하지 않은 가치적인 평가에 의해서 그의 신뢰는 보호를 받지 못하게 된다.[18] 따라서 이러한 경우 표의자의 실제적 의사가 의사표시의 해석의 기준으로 되는 자연적 해석을 하게 된다.

2. 규범적 해석

(1) 의 의

상대방이 있는 의사표시는 수령할 상대방의 관점에서 객관적이고도 규범적인 척도에 의하여 해석되어야 한다.[19] 그러므로 상대방이 적절한 주의를 기울여 표의자의 (의사)표시를 이해하였지만 그 이해한 결과가 표의자의 실제적 의사와 다르더라도, 그 의사표시의 내용에 대하여는 「상대방의 이해가능성」이 해석의 기준으로 된다. 이러한 해석방법을 의사표시의 규범적 해석이라 한다. 이 규범적인 해석에서는 표의자가 자신의 진의와 다른 표시에 대한 불일치에 따른 위험을 부담하게 된다. 그러므로 표의자도 자신의 실제적 의사가 오해 없이 상대방에게 전달되도록 표시를 명확히 하여야 한다.

(2) 규범적 해석의 수정론

상대방있는 의사표시에 대한 규범적 해석에서는 의사표시를 수령하는 상대방의 시점[20]에서 객관적으로 '상대방이 이해할 수 있었던 의미나 이해하여야만 했던 의미대로'

---

18) BGH NJW 1981, 2296.

19) 당사자들이 공통적으로 의사표시를 명확하게 인식하고 있다면, 그것이 당사자가 표시한 문언과 다르더라도 당사자들의 공통적인 인식에 따라 의사표시를 해석하여야 한다. 그러나 의사표시를 한 사람이 생각한 의미가 상대방이 생각한 의미와 다른 경우에는 의사표시를 수령한 상대방이 합리적인 사람이라면 표시된 내용을 어떻게 이해하였다고 볼 수 있는지를 고려하여 의사표시를 객관적·규범적으로 해석하여야 한다(대판 2017.2.15, 2014다19776, 19783).

20) Larenz. Allg. Teil, § 19 Ⅱ a; Erman/Brox. BGB, Rdnr. 19; BGHZ 36, 33; BGHZ 47, 78; BGH NJW 1984, 721; BGH NJW 1896, 1683.

그 의사표시의 내용이 결정된다. 그렇지만 이러한 상대방 시점에 의한 해석이 예외 없이 모든 상대방 있는 의사표시의 규범적 해석에 일관되게 적용되는 것은 아니다. 규범적 해석이라도 표의자와 상대방이 전혀 예상할 수 없는 사정이 개입하여 의사표시의 왜곡이 발생하게 되는 경우, 이에 따른 의사표시 해석의 내용이 양 당사자 모두가 의욕한 내용과는 달리 결정되게 된다. 예를 들어, 후술하는 메뉴판 사례에서 누군가 몰래 과거의 옛 메뉴판을 현재의 새 메뉴판에 섞어 놓음으로써, 관련당사자들이 한 의사표시의 내용이 당사자들 모두가 의욕하지 않았던 내용으로 결정되게 된다. 이처럼 당사자들과 전혀 관계없는 사정이 개입됨에 따라 의사표시가 왜곡될 수 밖에 없는 상황에서는 상대방 있는 의사표시를 일관되게 상대방의 관점에서 규범적으로 해석할 수는 없다.

특히 후불적 거래에서, 급부의 이행이 계약의 체결 여부의 심사에 앞서 선행되는 경우에 청약과 승낙을 상대방의 이해가능성을 기준으로 규범적으로 해석하면 그 내용상의 불합치가 발생하는 문제가 생긴다. 예컨대, 고객이 주문한 음식을 취식한 후 가격에 대한 오해가 있어 따져보니 불합의로 인하여 계약 자체가 체결되지 않은 것으로 되는 경우이다. 이러한 경우에는 급부이행이 먼저 실행되었으나 이를 뒷받침 할 법적 원인으로서 계약은 체결되어 있지 않아, 이들 사이에는 부당이득반환이 문제된다. 그런데 부당이득에 의한 반환청구의 범위는 수익자가 선의인 경우에는 현존이익의 한도로 제한되는데(제748조 제1항), 이로 인하여 손실자에게는 부당하게 현존이익의 존부에 따른 위험을 부담하는 문제가 생긴다. 마찬가지로 메뉴판의 사례에서 식사를 다 마친 고객이 선의인 경우, 그에게는 현존한 이익이 존재하고 있지 않으므로 레스토랑 주인에게 반환할 이익이 없어 레스토랑 주인에게 일방적으로 불리한 결과를 야기한다. 이러한 부당한 결과는 당사자 양측에게 아무런 잘못도 없이 제3자의 부당한 개입에 의해서 의사표시의 왜곡이 일어났는데, 이는 이들 사이에 행하여진 의사표시를 상대방 있는 의사표시인 점에 따라 이를 획일적으로 규범적 해석을 했기 때문이다. 이러한 사례에서 규범적 해석에 따른 결과는 모순을 나타내게 되며, 이러한 모순을 제거하기 위하여는 상대방의 수령을 요하는 의사표시라도 규범적 해석은 수정되어야만 한다.[21] 이것이 「규범적 해석의 수정론」이다. 이에 의하면, 상대방 있는 의사표시에 대한 규범적 해석은 일정한 경우에 「표의자의 주관적 인격」이 함께 고려된다.[22] 왜냐하면 의사표시의 해석에 따른 의미는 현실적으로 표의자가 의도했던 의사표시로서 인정될 수 있을 때 비로소 표의자에게 귀속시킬 수 있기 때문이다.[23]

---

21) Medicus, Allg. Teil, Rdnr. 325.

22) Medicus, Allg. Teil, Rdnr. 326.

가. 왜곡에 대한 귀책사유의 유무 우선 의사표시의 왜곡에 오해를 불러일으키게 한 정황에 대하여 표의자나 상대방 어느 쪽도 주의의무의 위반이 없었는가를 판단한다. 그에 따라 의사표시의 해석에서 오해를 야기하는 데에 책임있는 당사자에 대해서는 그의 신뢰를 보호해 주지 않는다.

나. 위험부담의 법리 적용 그러나 의사표시의 왜곡에 대하여 어느 쪽에게도 그 귀책적 사유를 물을 수 없는 경우에는 의사표시의 오해를 야기한 원인에 대한 위험을 당사자 일방에게 부담시켜 문제를 해결할 수 밖에 없다. 여기서 이러한 위험부담의 구체적 원리로서 「비례의 원칙」이 적용된다. 이 비례의 원칙에 따라 '의사표시의 해석에서 오해를 초래한 정황이 그 누구의 통제 내지는 제어범위에 속하는 것인가'를 판단하여, 그 제어범위의 지배자에게 그 왜곡에 따른 위험을 부담시킨다.[24] 따라서 의사표시의 혼동을 초래한 원인이 그 지배공간적 측면에서 볼 때 표의자에게 근접해 있는 경우에는 표의자에게 의사표시의 왜곡에 대한 위험을 부담지우고, 그 반대의 경우에는 상대방이 부담하게 된다. 이에 따라 위험을 부담하는 측의 신뢰보호는 무시되고 그 반대 측의 의사가 보호를 받게 되어, 의사표시는 위험부담 없는 자의 실제적 의사에 따른 해석을 하게 된다. 따라서 메뉴판 사건의 경우처럼 계약당사자 어느 누구에게도 귀책사유가 없는 경우에 옛 메뉴판으로 발생된 의사의 왜곡에 대해서는 그 통제범위에 인접한 레스토랑 주인이 위험을 부담하고, 고객의 실제적 의사에 따라 주문의 의사표시 내용이 결정된다.

〈사례〉 메뉴판 사건

법학을 공부하는 학생이 레스토랑에서 외식을 하는데, 그 곳 레스토랑에서 사용하는 메뉴판의 겉표지에는 용이 여의주를 물고 승천하는 그림이 그려져 있었다. 그 법학도는 이 메뉴판을 꼭 갖고 싶었다. 그리하여 그 법학도는 음식을 주문한 후 그 메뉴판을 반납하지 않고 몰래 가방에 넣어 집으로 가지고 왔다. 그 후 법학도는 그 메뉴판을 벽에 걸어 놓고 용이 승천하듯이 자신도 큰 인물이 될 것을 결심하면서 열심히 노력한 결과 검사가 되었다. 그렇지만 그는 자신이 과거에 메뉴판을 훔쳤다는 양심의 가책을 느껴 검사로서의 직무를 수행하기가 어려웠다. 이에 검사는 자신이 훔쳐온 메뉴판을 그 레스토랑에 돌려주기로 결심하였다. 그렇지만 그 검사는 자신이 과거에 그 메뉴판을 훔쳤다는 사실이 밝혀지는 것을 대단히 두려워 한 나머지, 어느 누구도 모르게

23) Flume, Allg. Teil, § 16 3.

24) Medicus, Allg. Teil, Rdnr. 326.

그 메뉴판을 반납해야만 했다. 그 검사는 그 레스토랑에 가서 음식을 주문하면서 현재 사용되고 있는 메뉴판에 몰래 10년 전에 자신이 훔친 메뉴판을 겹쳐서 반납하였다.

이러한 사실을 모르는 레스토랑 종업원(丙)은 손님에게 음식주문을 받기 위해서 메뉴판을 갖다 주었는데, 이 메뉴판은 검사가 몰래 반납한 옛 메뉴판이었다. 이 메뉴판을 본 손님(乙)은 메뉴판에 적힌 음식값이 예상보다 무척 싸기 때문에 비싼 고급요리를 많이 주문하였다. 丙은 손님이 요구하는 대로 주문을 받아 들였고, 손님에게 주문한대로 요리를 제공하였다.

손님(乙)은 식사가 끝난 뒤 계산하려고 한다. 이때 손님(乙)은 자신이 본 메뉴판에 적힌 가격대로 30만원을 지불하려고 한다. 이에 레스토랑 주인(甲)은 현재의 음식가격인 65만원을 지불해야 한다고 요구하고 있다. 이러한 불상사는 옛 메뉴판이 반납된 사실을 모르는 丙이 옛 메뉴판을 손님(乙)에게 제시한 것에 기인하고 있다. 옛 메뉴판과 현행 메뉴판의 차이는 제공되는 음식의 종류에서는 차이가 없고 오로지 가격만이 바뀌어 있는 것으로 판명되었다.

乙은 甲에게 얼마의 음식 값을 지불해야만 할까?

〈해 결〉 --

I. 甲의 乙에 대한 음식물 매매대금으로서 65만원에 대한 청구권

만일 위 사례에서 주문한 음식에 대한 매매계약이 체결되었다면, 甲은 乙에 대해서 매매대금을 청구할 수 있다. 甲과 乙 사이에 음식에 대한 매매계약이 체결되기 위해서는 주문한 음식에 대한 청약과 이에 대한 승낙이 합치되어야만 한다.

1. 청약의 의사표시

(1) 의사표시의 존재

레스토랑의 종업원(丙)이 손님에게 메뉴판을 제시하는 것이 의사표시인가의 여부이다. 일반적으로 거래의 관행상 레스토랑 측에서 제시하는 메뉴판은 레스토랑 측이 이에 적혀져 있는 내용 그대로 팔겠다는 의사를 상대방에게 표시한 법적 구속력 있는 의사표시가 아니다. 왜냐하면 레스토랑은 경우에 따라서는 주방에 음식재료가 준비되어 있지 않아 주문받은 음식을 조리하여 제공할 수 없는 경우도 있으므로, 확고한 법적 효과의 발생을 목적으로 한 의사를 표시하지 않은 채 주문한 음식에 대하여 계약체결 여부를 결정할 수 있는 지위를 보유해야만 하기 때문이다. 이러한 점에서 丙이 메뉴판의 제시는 법적 구속의사가 뒷받침된 의사표시가 아니다. 다만 메뉴판을 보고 손님으로 하여금 청약을 하도록 유도하는 「청약의 유인」에 불과하다.

따라서 丙은 청약의 유인으로서 메뉴판을 제시하였고, 이를 보고 손님 乙이 음식을 주문하는 행위를 하였으므로, 청약은 손님 乙이 음식을 주문하는 행위를 통해서 이루어졌다.

(2) 청약의 도달

가. 대화자 사이에서의 청약의 도달

청약은 상대방 있는 의사표시로서 그 효력이 발생하기 위해서는 청약이 이를 수령할 상대방에게 도달되어야 한다(제111조). 그러나 甲과 丙은 의사소통이 현장성을 갖는 대화자의 관계에 있다. 즉 표의자와 이를 수령하는 상대방이 음성을 통해서 서로의 의사를 전달하는 대화자 관계에 있는 경우에는 의사의 표백과 발송 그리고 이것의 상대방에게의 도달과 요지라는 의사표시의 전달 체제가 문제도 되지 않는다. 민법 제111조는 상대방 있는 의사표시의 효력발생시기를 정하는 규정이지만, 이때의 의사표시는 서면에 의한 격지자의 관계를 전제로 하고 있으므로, 본 사안처럼 표의자와 상대방이 대화자인 경우에는 제111조는 적용되지 않는다. 따라서 대화자 간에는 표의자의 의사표시가 음성을 통해서 상대방에게 요지되었을 때, 이를 기준으로 하여 그 효력이 발생된다.

본 사안에서, 손님 乙이 한 음식주문의 청약은 음성을 통해서 丙에게 정확히 요지되었고 이로써 乙의 청약은 효력을 발생한다.

나. 사자(使者)에 의한 의사표시의 수령

그런데 丙은 계약의 상대방이 아니다. 丙은 레스토랑에 고용되어 있는 종업원이므로 손님이 주문한 음식에 대한 계약을 체결할 당사자의 지위에 있지 않다. 그렇지만 丙에 의하여 음식에 대한 계약은 유효하게 체결되고 있으므로, 이에 대한 丙의 법적 지위는 다음의 두 가지일 수 있다.

1) 丙은 甲의 대리인인가의 여부

丙은 손님 乙과의 계약체결에 있어 甲의 대리인일 수 있다. 丙은 甲에 의하여 고용된 자로서, 만일 이러한 고용의 내부적 기초관계를 근거로 丙이 甲으로부터 외부적으로 제3자와 계약체결을 위한 수권을 부여받았다면 甲의 대리인의 지위를 취득한다. 본 사안에서는 丙이 甲으로부터의 대리행위를 하기 위한 수권을 받았다는 사실은 적시되어 있지 않다. 그런데 丙이 甲의 피용자로서 그의 직분이 손님의 음식의 주문을 받는 업무에 한정되어 있다는 사실에 미루어 볼 때, 甲의 대리인이 되기 위한 수권이 丙에 대하여 있었다고 보기 어렵다. 왜냐하면 대리인은 본인의 의사를 대신하는 지위에 있는 것이 아니라 본인을 위하여 법률행위를 대신하여 주는 지위에 있으므로, 丙이 甲의 대리인으로 인정받기 위해서는 丙으로서는 손님과의 음식계약의 체결 여부 및 그 내용 결정에 관하여 자기결정권을 행사할 수 있어야 한다. 그런데 丙은 손님과 음식에 관한 매매를 하기 위한 일체의 결정권을 가지고 있지 않으며, 단지 메뉴판에 적혀져 있는 내용대로 손님이 주문을 하면, 이에 대한 주문내용을 甲에게 전달하는 위치에 있다고 보아야 할 것이다. 결국 丙은 거래상대방의 완성된 의사표시를 수령하여 본인인 甲에게 전달하는 역할을 할 뿐이다.

2) 甲의 사자로서의 丙

丙은 완성된 의사를 전달하는 자로서 甲의 대리인이 아니라 사자이다. 특히 상대방으로부터 의사표시를 본인 甲에게 전달하는 사자이므로 丙은 전달기관으로서의 사자인 것이다. 그런데 전달기관으로서의 사자에 의한 의사표시는 다시 사자가 이를 본인에게의 전달하여야 비로소 상대방에게 의사표시가 도달된 것으로 되어 의사표시로서의 효과를 발생시킨다. 그러나 사자와 본인이 특정된 장소에서 함께 거주하는 경우에는 사자에게 통지된 의사표시는 곧바로 본인에게 도달된 효과를 발생하는 것으로 해석된다. 즉 丙은 甲에게 고용된 종업원으로서 甲의 레스토랑이라는 특정 장소에서 함께 일을 하므로 동일한 영업장에서 거주하고 있다. 이러한 경우, 丙에게 요지된 의사표시는 곧바로 甲에게 전달되었다고 본다. 만일 이러한 상황 속에서 丙이 자신이 수령한 의사표시를 본인인 甲에게 전달하지 않았다면, 이에 대한 불이익은 甲이 부담해야 할 위험인 것이다. 왜냐하면 사자란 본인에게는 자신이 수령할 의사표시를 전달받기 위한 인적 도구인 것이므로 의사표시의 효력발생과 관련하여 그들 사이에는 동일체성이 인정되기 때문이다. 이로써 손님 乙의 주문하는 음성을 丙이 요지하고, 丙이 요지한 의사표시는 곧바로 甲에게도 전달된 것으로 해석되어, 손님 乙의 청약은 甲과의 사이에 그 효력을 발생시킨다.

(3) 청약의 내용

손님 乙은 丙이 제시한 옛 메뉴판을 보고 그 내용을 근거로 음식을 주문하였다. 그러나 손님의 주문행위를 통해서 행하여진 청약은 상대방의 수령을 요하는 의사표시이므로, 이에 대한 해석과 관련하여 상대방의 신뢰를 고려한 규범적 해석의 대상으로 된다. 이에 따라 손님 乙이 한 청약의 의사표시는 이를 수령한 상대방인 레스토랑 주인 甲의 시점에서 해석하여야 한다. 이에 따라 손님 乙이 행한 의사표시는 이를 수령한 상대방인 甲의 시점에서 객관적으로 해석되어져야만 한다. 이로써 손님 乙이 한 청약은 상대방인 甲의 시점에서 객관적으로 해석되므로 현행 메뉴판의 내용에 의한 것으로 해석된다.

가. 매매의 대상

옛 메뉴판이나 현행 메뉴판이나 레스토랑에서 제공하는 음식의 종류에서는 차이가 없으므로, 손님 乙이 주문한 음식이 매매계약의 대상으로 특정되었다.

나. 매매대금의 특정

문제는 음식 값에 관한 것이다. 손님 乙의 청약이 상대방인 레스토랑 주인 甲의 시점에서 해석되어야 하므로, 손님 乙이 주문한 음식에 대한 가격에 대해서도 레스토랑 주인 甲의 시점에 따라 해석되게 된다. 이에 따라 손님 乙이 주문한 음식에 대한 가격은 레스토랑 주인 甲의 시점인 현행메뉴판의 내용을 기준으로 결정되고, 이에 따라 손님 乙이 한 청약에서 주문한 음식의 가격은 '현재의 가격'인 65만원으로 해석되어 특정된다.

2. 승 낙

(1) 의사표시의 존재

승낙의 의사표시는 청약에 대하여 일체의 변경을 가할 수 없고(제534조), 청약에 대한 완전한 동의의 표시로서 성립된다. 그러므로 청약에 대하여 오로지 "예!"라는 전면적인 동의를 보내는 표시를 그 대표적인 예로 들 수 있다.

이때 레스토랑 주인 甲의 의사표시는 종업원인 丙을 통해서 표시하고 있다. 이때 丙은 甲의 표시기관으로서의 사자의 지위에 있으므로, 丙이 한 주문에 대한 동의의 의사표시로서 이에 응하는 "예!"를 표시했을 때, 甲은 乙의 청약에 승낙의 표시를 한 것이다.

(2) 승낙의 도달

乙과 丙은 대화자 관계이므로, 乙의 주문에 대해서 丙이 "예!"라고 하는 음성을 乙이 요지하였을 때 비로소 승낙은 상대방에게 도달한 것으로서 효력이 발생한다.

(3) 승낙의 내용

레스토랑 주인 甲은 청약인 손님 乙의 주문행위에 대하여 표시사자인 丙을 통하여 동의를 하는 승낙을 함으로써 계약을 체결하였다. 그러나 승낙도 상대방 있는 의사표시로서 이를 수령하는 상대방의 시점에 따라 객관적으로 해석되어야 한다. 즉 레스토랑 주인 甲의 승낙은 이를 수령하는 상대방으로서의 손님 乙의 시점에서 객관적으로 해석되어져야만 한다.

가. 매매의 대상

옛 메뉴판과 현행 메뉴판에서 제시된 음식의 종류에서는 차이가 없으므로 승낙에서도 乙이 주문한 음식이 매매계약의 대상으로 특정되었다.

나. 매매대금의 특정

매매대금에 대한 승낙은 甲이 사자인 丙을 통해서 표시한 것이므로, 상대방 乙의 관점에서 객관적으로 해석되어야 한다. 따라서 甲이 승낙한 음식의 가격은 乙의 관점에서 '과거의 가격'을 기준으로 결정된다. 따라서 음식 값에 관하여는 30만원의 가격으로 승낙의 의사표시를 한 것으로 된다.

3. 청약과 승낙의 합치 여부

손님이 주문한 음식에 대한 매매계약을 구성하고 있는 청약과 승낙이 합치되어야만 계약은 체결되고 이에 따라 레스토랑 주인은 손님에게 음식값을 청구할 수 있다. 그런데 음식에 대한 매매계약을 구성하고 있는 청약과 승낙은 상대방 있는 의사표시로서 오표시 무해의 원칙(falsa demonstratio non nocet)과도 같은 예외상황이 존재하지 않는 한 상대방의 신뢰보호를 위하여 상대방의 시점에서 객관적으로 해석되어진다. 이처럼 청약과 승낙에 대하여 규범적 해석을 하면, 손님 乙의 청약 내용은 상대방인 甲의 시점에서 객관적으로 해석되는데, 甲으로서는 현행의 메뉴판을 생각하면서 주문에 응했을 것이므로, 손님의 청약내용은 레스토랑 주인의 시점인 '현행 메뉴판'의 내용대로 확정될 것이다(65만원). 그리고 레스토랑 주인의 승낙은 옛 메뉴판을 보고 주문한 손님의 시점에서 해석되므로 '옛 메뉴판'의 내용대로 확정될 것이다(30만원).

이 경우 청약과 승낙을 대비하여 보면, 매매목적물의 특정에서는 합치되지만, 이에 대한 매매대금의 특정에서는 서로 합치되고 있지 않다. 따라서 가격의 면에서 청약과 승낙은 서로 합치되지 않았음으로, 불합의로 인하여 주문한 음식에 대한 매매계약은 체결되지 않았다.

따라서 레스토랑 주인 甲은 매수인의 지위를 취득하지 못하였으므로 손님 乙에 대하여 음식물의 가격을 청구할 수 없다.

Ⅱ. 甲의 乙에 대한 음식물의 취식에 대한 부당이득반환청구권

乙은 매매계약이 성립되지 않은 채 甲 소유의 음식을 취식하였으므로 부당한 이득을 얻은 것으로서 이에 대한 반환이 고려된다.

1. 이득의 발생

乙은 주문한 음식의 소유권을 취득한 이득을 얻었다. 물권변동의 형식주의를 취하는 우리 민법에서는 어떤 물건의 소유권 이전이 있기 위해서는 우선 소유권이전의 형식을 갖추었는가를 심사한 후 물권적 합의를 검토해야 한다. 왜냐하면 물권변동에 필요한 형식이 갖추어지지 않았다면, 물권적 합의만으로 아무런 물권의 변동도 일어나지 않기 때문이다.

(1) 목적 동산인 음식의 인도

음식은 동산에 속하므로 인도(引渡)의 형식을 갖추어야만 소유권이 이전된다(제188조 제1항). 종업원 丙이 甲의 점유보조자로서 乙이 주문한 음식을 乙이 앉은 탁자 위에 놓을 때 음식에 대한 사실상의 지배가 甲에게서 乙에게 이전되었다. 이로써 주문한 음식의 현실의 인도가 있었다.

(2) 물권적 합의

가. 인도의 의사

종업원 丙이 음식물을 乙의 탁자에 놓는 행위를 통해서 甲은 丙을 통해 음식물 소유권양도의 의사표시를 하였다. 즉 추단적 행위를 통해서 양도의 의사표시를 한 것이다.

나. 양수의 의사

종업원 丙이 음식물을 乙의 탁자에 놓는 행위에 대하여 乙은 거부하지 않고 이를 승인하는 태도를 통해서 소유권양수의 의사표시를 하였다. 즉 추단적 행위를 통해서 양수의 의사표시를 한 것이다.

(3) 주문한 음식의 소유권이전

甲 소유의 음식에 대한 인도 및 소유권이전의 물권적 합의가 이루어짐에 따라, 이로써 甲은 주문한 음식에 대한 기존의 소유권을 잃고, 乙은 주문한 음식에 새로운 소유권을 취득하였다. 이로써 乙은 주문한 음식에 대한 소유권을 취득하는 이익을 취득하였다.

2. 손실의 발생

甲은 주문한 음식의 소유권이 乙에게 양도됨으로써 이에 상응하는 손실을 입었다.

3. 인과관계의 성립

乙의 주문한 음식의 소유권취득은 甲의 음식 소유권의 양도에서 비롯된 것이므로, 乙의 음식에 대한 소유권취득과 이에 따른 甲의 소유권상실은 서로 상당한 인과적 관계에 있다.

4. 법적 원인의 부존재

乙이 주문한 음식물의 소유권 취득에 대해서는 甲과 체결한 매매계약이 그 정당성을 뒷받침해 주고 있다. 그런데 그 매매계약이 불합의로 인하여 체결되지 않았으므로 乙의 음식에 관한 소유권 취득을 정당화해 줄 수 있는 법적 원인이 존재하고 있지 않다.

5. 부당이득의 반환청구

乙은 정당한 법적 원인 없이 음식에 대한 소유권을 취득함으로써 부당한 이득을 취한 것이다. 그리고 이에 반해서 甲은 정당한 법적 원인 없이 음식에 대한 소유권을 상실하였으므로 부당이득의 손실자로서 乙에 대해서 부당이득의 반환을 청구할 수 있다(제741조).

부당이득은 원물반환을 원칙으로 한다(제747조 제1항). 그런데 乙은 음식을 섭취하여, 그 음식은 이미 그의 뱃속에서 소화상태에 돌입하였으므로, 부당이득대상으로서의 원물로서의 반환이 불가능하게 되었다.

甲은 자신이 이행한 원물의 반환이 불가능해짐에 따라, 이에 대한 가액을 반환 청구할 수 밖에 없다(동조 제1항).

6. 부당이득반환청구의 범위

수익자가 부당이득한 이익을 반환하여야 할 범위는 그의 선의·악의에 따라 각기 달라진다. 이를 규정하고 있는 민법 제748조는 수익자가 선의인 경우에는 현존한 이익의 범위로 반환하고(동조 제1항), 악의인 경우에는 받은 이익, 이에 대한 이자를 반환하고 만일 손해가 있을 때에는 손해배상까지 하여야 하는 것으로(동조 제2항) 규정하고 있다.

乙은 자신이 부당이득하고 있음을 알고 있지 않았다. 왜냐하면 어느 누구도 그 레스토랑에 옛 메뉴판이 몰래 반환되어 손님에게 제시되고 이로써 음식에 대한 매매에 매개체로 쓰이고 있는 사실을 전혀 알지 못했기 때문이다. 이러한 점을 고려할 때, 乙은 선의의 수익자로서 그가 반환해야만 할 수익의 범위는 현존이익의 한도로 그치나(동조 제1항).

그런데 乙이 이미 음식을 취식한 후에는 乙에게 현존하는 이익은 없다. 왜냐하면 음식에 대한 현물의 반환은 불가능한 것이고, 이에 대치된 이익이 어떤 형태로든 乙에게 존속해 있어야 하는데 그렇지 않기 때문이다. 현존의 이익을 반환해야 할 의무를 부담하고 있는 乙로서는 甲에게 아무 것도 반환하여 줄 이익을 갖고 있지 않다.

따라서 甲은 乙에게 반환 청구할 것이 전혀 없다.

Ⅲ. 규범적 해석의 수정

1. 단순한 규범적 해석의 결과에 대한 부당성

청약과 승낙에 대한 규범적 해석에 따른 결과가 레스토랑 주인 甲에게 아무런 정당한 이유도 없이 일방적으로 불리한 결과로 이끈다. 왜냐하면 손실자 甲으로서는 부당이득으로서 수익자 乙에게 청구할 것이 전혀 없기 때문이다.

또한 본 사안의 경우 규범적 해석에 따른 결과로서 해석된 의사표시의 내용도 통상 거래의 관점에서 볼 때 아무런 현실성도 없다. 왜냐하면 의사표시의 규범적 해석의 결과가 어느 누구도 수긍할 수 있는 설득력을 갖추고 있지 않기 때문이다. 이를 테면, 매수인인 손님의 의사표시는 현행의 메뉴판의 가격대로(65만원) 비싸게 지불하기를 바라는 것으로 되었고, 그 반대로 매도인인 레스토랑 주인은 10년 전의 낮은 가격으로(30만원) 음식을 제공하기를 의욕한 것으로 해석되는데, 이는 매수인은 비싸게 사려고 하였고, 매도인은 싸게 팔려고 한 것으로 되어 거래현실에 반하기 때문이다. 이러한 결과는 상대방 있는 의사표시인 경우 오로지 의사표시를 수령하는 상대방의 시점을 기준으로 하는 규범적 해석을 단편적으로 적용하는 것에서 기인된다. 즉 규범적 해석을 아무런 제한 없이 상대방 있는 의사표시에 적용하면, 이때의 상대방 있는 의사표시는 일방적으로 상대방의 관점에서 상대방이 이해한대로 해석하게 되고, 이로써 그 의사표시에는 표의자가 주관적으로 전혀 의도하지 않았던 의미가 부여되는 모순을 발생시키게 된다. 이러한 모순을 제거하기 위하여는 상대방의 수령을 요하는 의사표시라 하더라도 무조건 이에 대한 해석이 상대방의 관점에서 행하여져야만 한다는 규범적 해석의 원칙은 일정 범위에서 수정되어야만 한다.

2. 귀책적 사유의 존재 여부

상대방 있는 의사표시에 대한 규범적 해석에서 해석의 결과가 정당하지 않은 경우에는 「표의자와 상대방의 주관적인 인격요소」를 함께 고려하여야만 한다.

의사표시가 왜곡되있을 경우, 우선 의사표시에 오해를 불러일으키게 한 정황에 대하여 표의자가 기울여야 할 주의를 적절히 지키지 않았는가의 여부가 심사되어져야만 한다. 즉 표의자로서는 의사표시를 할 때 신의성실의 원칙에 따라 상대방에게 자신의 의사표시에 대한 오해의 소지가 생기지 않도록 의사표시를 왜곡시킬 요소를 제거해야 할 주의를 기울어야만 한다. 이러한 점에서 우선 표의자에게 이러한 내용의 주의의무의 위반이 없었는가가 심사되어져야만 한다. 만일 표의자의 귀책사유로 인하여 상대방이 자신의 의사표시를 오해하게 되었다면, 표의자로서는 자신의 의사를 주장하지 못하고 상대방의 신뢰를 존중하여야만 한다. 그리고 상대방에게는 신의성실의 원칙상 표의자의 실제적 의사를 제대로 인식하기 위한 주의를 기울여야만 한다. 만일 상대방이 이러한 주의를 다 하지 않아 표의자가 한 의사표시의 내용에 대한 오해를 하였다면, 이러한 상대방에 대하여는 주의의무를 다하지 않은 과실이 있다. 이처럼 귀책적 사유를 범한 상대방의 신뢰는 정당하지 못한 것으로서 보호받을 수 없다.

이러한 절차에 따라 심사하면 다음과 같다.

(1) 레스토랑 주인 甲의 귀책적 사유의 유무

의사표시의 오해를 야기한 것은 옛 메뉴판이 제시되어 이에 기초하여 계약이 체결된 것에 있다. 그런데 이 옛 메뉴판은 검사가 몰래 반납한 것으로서 아무도 이 사실을 알지 못했다. 이와 관련하여 레스토랑의 주인 甲에게 이를 방지하기 위한 주의의무를 요구한다면, 甲으로서는 매일같이 개업하기 전에 모든 메뉴판을 검사함은 물론, 혹시 영업시간 중에도 때때로 혹시 옛 메뉴판이 몰래 섞일 것을 염려하여 모든 손님이 음식주문을 마친 후에는 반드시 그 당시 사용하는 메뉴판 모두를 일일이 검사해 보아야 할 것이다. 이러한 내용의 메뉴판의 검사의무는 거래의 관념상 레스토랑의 주인에게 통상적으로 요구될 수 있는 정도의 주의로서 기대될 수 없다. 따라서 甲은 옛 메뉴판으로 인한 오해의 소지를 예방할 주의의무를 위반하였다고 인정하기 어렵다.

(2) 손님 乙의 귀책적 사유의 유무

거래의 일반에 비추어 볼 때, 메뉴판에는 유효기간이 적혀져 있지 않는 것이 일반적인 것이고, 또 레스토랑을 방문한 손님에게 메뉴판의 시효와 관련된 유효성 여부에 대하여 레스토랑 측에 질문하거나 현행의 것인지 여부에 관한 조사를 부탁할 의무를 부과할 수도 없다. 비록 메뉴판에 제시된 금액이 손님의 예상보다 싸다고 하더라도 손님으로서는 자신에게 제시된 메뉴판의 내용에 관하여 그 유효성을 레스토랑 측에 문의해야 할 의무가 있다고 인정하여 이를 손님에게 요구할 수도 없다. 따라서 손님 乙은 의사표시를 왜곡시킨 원인인 옛 메뉴판의 유효성에 대해 의심하고 이를 사용되지 않도록 방지할 주의의무를 해태하였다고 볼 수 없다.

3. 위험부담의 법리에 따른 해결

(1) 의사표시의 오해에 대한 위험의 부담

만일 의사표시를 왜곡시키는 상황이 어느 누구의 귀책사유에 의한 것도 아니라면, 의사표시의 오해를 야기한 원인에 대한 불이익을 누구에게 부담시켜서 문제를 해결할 것인가가 결정되어야 한다. 이를 위험부담의 원리라 한다. 이에는 '의사표시의 해석에 있어서 오해를 초래한 정황이 그 누구의 통제 내지는 제어범위에 속하는 것인가'를 판단하여, 이에 따라 그 제어범위를 지배하고 있는 자에게 그 왜곡에 따른 위험을 부담시킬 수밖에 없다.

(2) 비례의 원칙

귀책사유 없는 당사자 중 의사표시의 왜곡에 따른 위험을 부담할 주체를 결정하는 구체적 원리로서 「비례의 원칙」이 적용된다. 이에 의하면, 의사와 표시의 불일치를 야기한 정황에 대하여 당사자 중에서 그 어느 누구의 통제 내지는 제어의 가능성이 보다 상대적으로 근접해 있는 것인가를 기준으로 삼는다. 이에 따라 상대적으로 보다 그 원인에 근접한 사람이 그 왜곡에 따른 불이익에 대하여 부담을 지는 것이다. 이러한 비례적 원근에 따른 위험부담의 원칙에 비추어 볼 때, 의사표시 해석의 혼동을 초래한 옛 메뉴판의 개입에 대하여는 그 지배공간적 측면에서 볼 때 손님보다는 레스토랑 주인이 보다 근접해 있으므로 이에 대한 위험은 레스토랑 주인이 부담하여야 한다.

4. 레스토랑 주인 甲의 위험부담에 따른 계약의 해석

레스토랑 주인 甲이 위험을 부담함에 따라 오해로부터 발생한 불이익을 스스로 부담하게 된다. 그리하여 의사표시의 해석에서 레스토랑 주인 甲의 신뢰는 보호받지 못하게 된다. 이로써 그의 관점에서 해석된 손님 乙의 청약의 의사표시는 이를 수령한 상대방인 甲의 신뢰를 보호하기 위한 甲의 시점에 의한 해석은 무시되고, 손님 乙의 실제적 의사를 해석의 기준으로 삼게 된다. 즉 규범적 해석은 포기되고 자연적 해석의 원칙으로 돌아가 손님 乙의 실제적 의사에 따라 해석된다. 그러므로 청약한 손님 乙의 의사표시의 내용은 그 상대방인 甲의 시점에 따르지 않고 표의자 乙의 실제적 의사에 따라 결정된다. 이에 따라 손님 乙이 한 청약에서 한 음식 값은 '옛 메뉴판'의 가격인 30만원으로 해석되고 결정된다. 이로써 손님 乙이 주문한 청약의 내용에서 음식 값은 30만원으로 결정되었다.

그렇지만 레스토랑 주인 甲의 승낙의 의사표시의 내용은 규범적 해석을 하게 됨에 따라 상대방의 시점에서 객관적으로 해석되므로 손님 乙의 시점인 옛 메뉴판에 적힌 대로의 가격인 30만원을 의미하는 것으로 된다.

5. 결 과

손님 乙의 청약은 30만원이고, 레스토랑 주인 甲의 승낙은 30만원으로 해석되므로, 이로써 주문한 음식에 대하여 30만원의 가격으로 甲과 乙은 합의하였다. 이로써 甲은 乙에 대하여 옛 메뉴판의 내용에 따른 가격, 30만원을 청구할 수 있다.

Ⅳ. 레스토랑 주인 甲의 취소

레스토랑 주인인 甲은 음식대금 65만원을 받기 위해서 30만원으로 행하여진 자신의 승낙의 의사표시를 취소할 수 있다(제109조 제1항). 이에 따라 甲이 법률행위의 내용의 중요부분에 대한 의사와 표시의 불일치와 중과실이 없음을 이유로 자신의 승낙의 의사표시를 취소하면, 다시 乙과 급부에 관한 부당이득의 반환관계로 전개된다. 그러면 乙은 선의자로서 이미 소비한 음식에 대하여 현존이익을 가지지 않은 것으로 된다(제748조 제1항). 결국 甲에게는 착오를 이유로 취소할 실익이 없다.

제 4 관 의사와 표시의 불일치

I. 의사와 표시의 불일치에 대한 민법상 규율체계

A. 표의자의 의사결정이 자유로운 상태
- 의식적인 의사와 표시와의 불일치
  - 상대방과 통정없이 : 진의 아닌 의사표시(제107조)
  - 상대방과 통정하여 : 통정한 허위의 의사표시(제108조)
- 무의식적인 의사와 표시와의 불일치
  - 착오로 인한 의사표시(제109조)

B. 표의자의 의사결정이 자유롭지 못한 상태
- 사기·강박에 의한 의사표시(제110조)

C. 선의의 제3자 보호 : 상대적 무효

1. 의 의

법률행위는 사적 자치를 달성하기 위한 법률요건이므로, 법률행위의 내용은 당사자가 원하는 내용을 포함하고 있어야 한다. 이처럼 당사자가 원하는 법률효과가 발생되기 위해서는 법률행위를 구성하고 있는 의사표시가 표의자가 원하는 효과를 포함하고 있어야 한다. 그러므로 의사와 표시가 일치하는 것이 의사표시의 가장 자연스러운 모습이며, 대부분의 정상적인 의사표시는 표의자의 의사를 완벽하게 외부로 표시하고 있다. 그런데 현실에서는 여러 가지의 사정으로 인하여 표의자의 내심의 의사를 그대로 외부로 전달하지 못하는 경우도 발생한다. 이러한 경우에는 표의자의 내심적 효과의사(진의)와 그 표시로부터 추단되는 내용(표시상의 효과의사)이 서로 일치하지 않게 되며, 이러한 의사표시는 법률행위를 성립시켜 사적 자치를 실현하는 기능을 다 하지 못한다. 이와 같이 의사와 표시, 즉 내심적 효과의사와 표시상의 효과의사가 일치하지 않는 경우를 통틀어서 「의사와 표시의 불일치」라고 한다.

2. 의사와 표시의 불일치의 개요

(1) 의사결정의 자유가 침해된 상태 하에서의 의사와 표시의 불일치

표의자의 의사결정의 자유는 사적 자치의 전제인 것이므로, 의사표시는 표의자에게 의사결정의 자유가 확보되어 있는 상태 하에서 행하여져야 한다. 만일 표의자에게 의사결정의 자유가 확보되어 있지 않다면 표의자로서는 정당한 판단을 내릴 수 없는 상태에서 의사표시를 한 것이므로, 그 의사표시는 의사와 표시의 불일치의 원인에 앞서 이미 그 자체로서 흠을 갖게 된다. 이를 테면, 표의자가 타인의 기망행위에 의해 착오에 빠져 부적절한 판단에 기초하여 의사표시를 한 경우(사기에 의한 의사표시의 경우)나 외부의 강박행위로 인하여 표의자가 자신의 진의와는 다른 표시를 한 경우(강박에 의한 의사표시의 경우)에는 표의자에게 자유로워야 할 의사결정이 외부로부터의 부당한 간섭으로 인하여 왜곡되게 된다. 이러한 상황 하에서 행하여진 의사표시는 표시된 대로 효력을 발생시켜서는 안된다. 이에 대해서 민법은 표의자에게 사기·강박에 의한 의사표시를 취소할 수 있게 하여 준다(제110조).

(2) 의사결정의 자유로운 상태 하에서의 의사와 표시의 불일치

표의자에게 의사결정의 자유가 보장되어 있는 경우에도 표의자는 의사와 다른 내용의 표시를 할 때가 있다. 여기에는 표의자가 의식적으로 의사와 표시를 불일치시키는 경우와 표의자가 무의식적으로 의사와 다른 의미를 나타내는 표시를 하는 경우로 나눌 수 있다.

가. 의식적 불일치 표의자가 의도적으로 의사와 표시를 불일치시키는 경우는 다시 의사표시를 받는 상대방과 통정함이 없이 불일치시키거나 또는 통정하여 불일치시키는 경우로 나눌 수 있다.

1) 상대방과 통정이 없는 경우 표의자가 상대방과 통정하지 않고 의도적으로 자신의 의사와는 다른 표시를 하는 의사표시를 「진의 아닌 의사표시」라고 한다(제107조).

2) 상대방과 통정이 있는 경우 표의자가 상대방과 통정하여 의도적으로 의사와 표시를 불일치시키는 의사표시를 「통정한 허위의 의사표시」라고 한다(제108조).

나. 무의식적 불일치 표의자가 의사와 표시의 불일치를 인식하지 못한 채, 의사와 다른 내용의 표시를 하는 경우가 있는데, 이러한 의사표시는 표의자가 착오에 빠져서 한 경우이다. 이를 「착오에 의한 의사표시」라 한다(제109조).

(3) 선의의 제3자 보호

제107조부터 제110조에서의 무효와 취소는 선의의 제3자에게 대항하지 못하게 함으로써 거래의 안전을 도모하고 있다. 이로써 의사표시의 무효와 취소에 따른 무효는 상대적으로 무효인 것이다.

Ⅱ. 진의 아닌 의사표시

1. 의 의

진의 아닌 의사표시는 「표의자가 자신이 하는 표시가 진의에서 비롯된 것이 아님을 알고 한 의사표시」를 말한다. 이는 표의자가 자신이 외부로 행한 표시행위가 자신의 진의와 다른 의미로 이해된다는 것을 스스로 알면서 하는 의사표시로서, 이에는 표의자가 표시된 내용을 원하지 않는다는 표의자의 정신적 유보(심리유보)가 내재되어 있다.

그렇지만 표의자가 의도적으로 진의와 다른 의사표시를 행한 경우에도 원칙적으로 표시된 대로 효력이 발생한다(제107조 제1항 본문). 그 이유는 이 의사표시를 받는 상대방의 신뢰를 보호하여야 하기 때문이다.[1] 다만 진의 아닌 의사표시로부터 상대방의 신뢰를 보호할 필요가 없는 경우에는 표의자의 의도에 따라 그 의사표시는 무효로 된다. 이를 테면 진의와 다른 의사표시가 행하여진 경우라도 상대방이 표시와 진의가 다름을 알았거나(악의로서 표시에 대한 신뢰가 형성되지 않은 경우) 또는 몰랐지만 알 수 있었을 경우(선의이지만 과실 있는 신뢰로서 보호받을 가치가 적은 경우)에는 사적 자치의 기본원칙으로 돌아와 표의자의 진의와 다른 표시는 무효로 된다(동조항 단서). 따라서 진의 아닌 의사표시는 일단 표시된 대로 유효하고(동조항 본문), 다만 그 의사표시를 받는 상대방이 표의자의 진의 아님을 알았거나 알 수 있었을 경우에 한하여 그 의사표시는 무효로 된다(동조항 단서).

---

1) Musielak, Grundkurs BGB, Rdnr. 278.

2. 요　건

(1) 의사표시의 존재

진의 아닌 의사표시가 성립되기 위해서는 우선 일정한 효과의사를 인정할만한 가치 있는 「의사의 표시」가 있어야 한다. 판례는 여기에서 표의자의 진의는 특정한 내용의 의사표시를 하고자 하는 의사표시자의 생각을 말하는 것이지, 표의자가 진정으로 마음 속에서 바라는 사항을 뜻하는 것은 아니라고 한다.[2] 그러므로 표의자가 마음 속에서는 원하지 않았던 내용이라고 하더라도 표의자의 내심에 잠재되어 있었다면 이는 진의가 될 수 있다.

한편, 표의자가 상대방이 법적 의미 있는 의사표시로서 받아들이지 않기를 기대하면서도 이를 표출하지 않은 채 진의와 다른 표시를 하는 경우가 있다. 예컨대, 사교적 농담, 배우가 무대 위에서 하는 대사, 교실에서 학습용으로 어음·수표를 교부하는 행위 등의 경우에는 명백히 법률효과의 발생을 목적으로 하는 의사가 없으므로, 이때 외관상 행하여진 의사표시는 법적 구속의사가 뒷받침되지 않은 것으로서 의사표시 자체가 존재하지 않는다.

그런데 희언에 의한 의사표시라도 외부적으로 의사표시의 외관을 형성하고 있는 경우가 있다. 이때 희언을 하나의 진의 아닌 의사표시로 인정하여 상대방이 알았거나 알 수 있었을 경우에 한하여 무효로 할 것인지, 아니면 진의 아닌 의사표시에 관한 규정의 적용 이전에 이미 의사표시의 존재 자체가 인정되지 않아야 할 것인지(무효)가 문제된다.[3] 이에 관하여 우리 민법은 명시적으로 규정을 두고 있지 않으나, 다수의 견해는 희언도 일단 하나의 의사표시로서 인정하고,[4] 상대방이 표의자의 진의 아님을 알았거나 알 수 있었을 경우에 무효로 된다고 본다(제107조 제1항 단서). 이때 희언에 의한 의사표시는 객관적으로 표의자의 진의에 기초하고 있지 않음이 명백히 드러나는 경우가 대부분일 것이므

---

2) 대판 2002.12.27, 2000다47361 등.

3) 의사표시의 법률효과를 의욕하지 않는다는 것을 '상대방 모르게 유보하는 경우'와 '상대방이 알 것이라고 기대하고 유보하는 경우'가 있다. 독일민법은 양자를 구별하여 상대방 모르게 유보하는 것을 「심리유보」(Willensvorbehalt)라 하고, 상대방이 알 것이라고 기대하고 있는 비진의표시를 「희언표시」(Scherzerklärung)라고 한다. 독일민법상 이른바 심리유보는 의사표시의 상대방을 속인다고 하는 '기망의 의도'(Täuschungsabsicht)를 요건으로 하는데 반하여, 이른바 희언은 이를 요건으로 하지 않는다. 효과에 있어서도 심리유보는 원칙적으로 표시된 대로 효력이 발생하고 상대방이 안 경우에만 무효로 됨에 반하여, 희언은 상대방이 알았는지 여부를 묻지 않고 언제나 무효로 된다(이영준, 366면).

4) 곽윤직·김재형, 300면; 김상용, 440면; 송덕수, 민법주해[Ⅲ], 302면; 이영준, 367면.

로 상대방이 알았거나 알 수 있었을 경우에 해당될 수 있어 무효로 처리될 것이다.

(2) 진의와 표시의 불일치

진의 아닌 의사표시에서는 표의자의 내심적 효과의사인 진의와 표시상의 효과의사가 서로 부합하지 않는다. 그러므로 의사와 표시가 일치하지 않는가의 여부를 확정짓기 위해서는 우선 표의자의 진의를 파악하여야 하는데, 이는 의사표시의 자연적 해석에 의하여 확정한다. 그리고 자연적 해석에 의해서 확정된 진의와 규범적 해석에 의한 표시의 객관적 의미가 서로 일치하지 않는 경우에 진의 아닌 의사표시는 성립하게 된다.[5]

이와 관련하여 판례의 내용을 살펴보면 다음과 같다.

1) 영수증에 총완결의 기재 대법원은 채권자가 채권의 총액(57만원)을 변제받지 못하고 일부(36만원)만을 영수하면서 영수증에 "총완결"이라는 문언을 부기해 준 경우, 그 "총완결"은 모든 결제가 다 끝났다는 것을 표시하는 의사표시인 것으로 해석되므로 진의 아닌 의사표시라고 본다. 판례는 비록 그 영수증의 작성경위가 그렇게 적지 않으면 돈을 주지 않겠다고 하기에 궁박한 사정 아래에서 우선 돈을 받기 위하여 거짓 기재한 것이라 하여도, 그것 자체만으로는 "총완결"이라는 의사표시가 당연무효로 되지 않는다고 본다.[6] 물론 총완결의 의사표시를 받는 상대방이 그러한 의사표시가 진의 아님을 알았거나 알 수 있었을 경우에 무효이나, 상대방이 진의 아님을 알지 못했다면 표시된 그대로 효력이 있다.

2) 학교를 위하여 교직원이 명의를 빌려준 경우 학교법인이 사립학교법상의 제한규정을 피하기 위하여 그 학교의 교직원이 자신들의 명의로 금원을 차용하도록 하여 실제로는 학교가 그 금원을 차용한 경우에 교직원들은 단순히 명의만을 빌려준 것이므로 차용의사는 진의 아닌 의사표시로서 무효로 될 것인가가 문제된다. 이때 판례는 주채무자로서 채무를 부담하겠다는 의사를 가지고 있었다고 보아, 이를 진의 아닌 의사표시라고 볼 수 없다고 한다.[7] 이 경우 판례에 의하면, 의사와 표시의 불일치는 존재하지 않는다.

3) 사직서의 일괄제출 판례는 대체로 '근로자들이 일괄하여 사표를 제출한 사안'에서 그와 같은 사직서의 제출은 진의 아닌 의사표시로 본다. 왜냐하면 근로자 전부가 일괄하여 사표를 제출하는데 자신만이 사표제출을 거부하기 어려울 것이 예상되기

5) 대판 2003.4.25, 2002다11458.
6) 대판 1969.7.8, 69다563.
7) 대판 1980.7.8, 80다639.

때문이다. 즉 일괄사직의 대부분의 경우에서는 피용자는 주변의 동료들이 모두 미 일괄해서 사직서를 제출하는데 혼자서 사직서를 제출하지 않고 버틸 수 없는 상황에서 자신의 진의에 반해서 어쩔 수 없이 사직서를 제출한 것으로 인정되고, 또한 사용자도 이러한 근로자의 사정을 잘 알면서 사직서를 수리하는 것이 일반적이다. 그리하여 일괄적으로 사직서를 제출하는 것은 진의 아닌 의사표시로서 의원면직의 효과가 생기지 않는 것으로 본다(제107조 제1항 단서).[8] 그러나 주변의 상황 등을 고려하여 최소한 표의자에게 사직의 의사를 인정할 수 있다면 비진의 의사표시를 인정하지 않고 진정한 의사에 기초한 표시로 본다.[9] 예를 들어, 회사의 근로자들이 자의에 의해 사직서를 제출하고 퇴직금을 수령하였다면. 이로써 사직의 의사는 근로자의 내심에 존재하는 것이고, 이와 달리 사직의 의사가 없었다는 주장은 정당한 것으로 볼 수 없을 것이다.

그리고 공무원에게는 공법이 적용되므로, 공무원이 일괄하여 사표를 제출하여 선별적으로 수리된 경우에 민법 제107조가 적용되지 않는다. 따라서 공무원에게는 사직서가 제출된 대로, 즉 표시된 대로 효력이 발생한다.[10] 그러므로 공무원의 사직의 의사가 외부에 객관적으로 표시된 이상 공법관계의 적용에 따라 그 표시된 대로 유효하고, 상대방이 표의자의 진의와 다름을 알고 있었는지의 여부는 고려되지 않는다.

(3) 표의자 스스로가 이러한 불일치를 알고 있어야 한다.

표의자가 스스로 의사와 표시가 일치하지 않는다는 것을 알고 있어야 한다. 그렇지 않다면 표의자의 의사표시는 착오나 사기에 의한 의사표시로 될 수 있을 뿐 진의 아닌 의사표시로는 되지 않는다.

(4) 표의자가 비진의의 표시를 하게 된 이유나 동기는 이를 묻지 않는다.

표의자가 상대방이나 제3자를 속이려고 하는 경우이든 또는 그들이 표의자의 진의를 당연히 이해하리라는 기대 하에 한 것이든, 그 진의 아닌 의사표시를 하게 된 동기는 묻지 않는다.

---

8) 대판 1988.5.10, 87다카2578; 피용자가 일괄 사직서를 작성하여 제출하면서 혹시 자신이 이에 기하여 의원면직될지도 모른다는 점을 인식하였다 하더라도, 이것만으로 그의 내심에 사직의 의사가 있었다 할 수 없다(대판 1991.7.12, 90다11554); 대판 2003.4.25, 2002다11458.

9) 대판 1996.12.20, 95누16059.

10) 공무원이 사직의 의사표시를 하여 의원면직처분을 하는 경우 그 사직의 의사표시는 그 법률관계의 특수성에 비추어 외부적·객관적으로 표시된 바를 존중해야 하므로 비록 사직원 제출자의 내심의 의사가 사직할 뜻이 아니었더라도 제107조는 그 성질상 사직의 의사표시와 같은 사인의 공법행위에는 준용되지 않으므로 사직의 의사가 외부에 표시된 이상 그 의사는 표시된 대로 효력을 발생한다(대판 1997.12.12, 97누13962); 대판 1992.8.14, 92누909.

3. 효 과

제107조 ─┬ 제1항 ─┬ 본문 : 유효
　　　　│　　　　└ 단서 : 상대방이 알았거나 알 수 있었을 경우 – 무효
　　　　└ 제2항 : 무효의 효과는 선의의 제3자에게 대항하지 못한다.

(1) 원 칙

진의 아닌 의사표시는 원칙적으로 의사표시의 효력에 영향을 미치지 않는다(제107조 제1항 본문). 즉 표의자의 진의가 어떠한 것이든 표시된 대로의 효력을 생기게 한다.

(2) 예 외

「상대방이 표의자의 진의 아님을 알았거나 이를 알 수 있었을 경우」에는 그 비진의 의사표시는 무효이다(제107조 제1항 단서). 여기서 「알 수 있었을 경우」라 함은 과실에 의한 부지(不知)를 말한다.11)

(3) 판단의 기준

「알았거나 알 수 있었는가」의 여부를 판단하는 기준시점에 관하여, 학설상의 대립이 있다. 진의아님이라는 사실의 지(知)·부지(不知)나 과실의 유무는 상대방이 표시를 '요지한 때'를 표준으로 하여 결정하여야 한다는 견해12)와 표시가 상대방에게 '도달한 때'를 기준으로 하여야 한다는 견해13)가 있다. 물론 진의 아님을 알았거나 알 수 있었는지의 여부는 상대방의 요지 여부와 관련이 있는 것이나, 상대방이 요지했는지의 여부는 지극히 상대방의 주관적 사정에 달린 것이므로 이를 기준으로 삼아 판단하기에는 불명확하다. 이러한 점에서 표의자의 진의 아님을 알았거나 알 수 있었는가의 판단시점은 의사표시의 효력발생의 일반원칙에 따라 진의 아닌 의사표시가 상대방에게 도달한 때를

---

11) 대법원은 채무자가 금융기관에 대한 개인대출한도가 초과되어 채무자 명의로 대출이 되지 않자 그 금융기관의 감사의 권유로 제3자의 명의로 대출신청을 하고 그 대출금은 제3자가 아니라 채무자가 사용하기로 하였다고 하여도 금융기관이 제3자의 내심의 의사를 알았거나 알 수 있었다고 보지 않는다(대판 1997.7.25, 97다8403).

12) 고상용, 400면; 김용한, 284면; 김주수·김상용, 342면; 김형배·김규완·김명숙, 197면; 송덕수, 민법주해[Ⅲ], 312면.

13) 김상용, 442면; 김형배, 125면; 이영준, 376면; 이은영, 477면.

[illegible] 예외적 무효이므로 상대방의 악의 또는 과실의 유무는 무효를 주장하는 자가 이를 입증하여야 한다.14)

4. 손해배상

진의 아닌 의사표시가 무효로 되는 경우에 표의자는 신뢰배상의 책임을 지는가에 대하여 학설상의 대립이 있다. 우선 진의 아닌 의사표시의 상대방이 악의인 경우에는 신뢰가 문제로 되지 않으므로 신뢰침해에 따른 배상에 대하여는 문제가 없다. 다만 문제로 되는 것은 '상대방이 선의이지만 과실이 있는 때'이다. 즉 상대방이 알 수 있었음에도 불구하고 몰랐던 경우이다. 이에 대하여 학설은 긍정과 부정으로 대립하고 있다.

(1) 부정설

손해배상책임을 부정하는 견해는 우리 민법이 상대방이 안 경우뿐만 아니라 '알 수 있었을 경우'에도 이를 귀책사유로 하여 진의 아닌 의사표시를 무효로 하고 있는 점에 미루어 보아, 표의자는 과실 있는 상대방에게 손해배상책임이 없다고 한다.15)

(2) 긍정설

긍정설16)은 진의 아닌 의사표시는 상대방이 표의자의 의사표시가 진의가 아니라는 것을 알 수 있었으면 족하고 진의 아닌 의사표시가 무효인 것까지 알 수 있었어야 하는 것은 아니므로, 상대방이 진의로 믿은 선의에 대하여는 신뢰침해에 따른 배상책임을 인정하여야 한다고 한다.17) 그리하여 표의자의 진의 아닌 의사표시에 대하여 상대방이 과실로 비진의임을 알지 못하고 그 의사표시가 유효한 것을 신뢰하였는데 그 의사표시가 무효로 됨으로써 손해를 입었다면, 표의자는 상대방의 신뢰이익의 침해에 따른 배상책임을 져야만 한다는 것이다. 이때 표의자는 계약체결상의 과실책임(제535조의 유추적용)에 기하여 신뢰이익을 배상하여야 하고, 다만 상대방도 진의 아님을 알 수 있었던 점은 과실로 인한 것이므로 배상액을 결정할 때에는 쌍방과실의 요건에 따른 과실상계(제396조)를 하여야 하는 것으로 본다.

---

14) 고상용, 400면; 곽윤직·김재형, 301면; 김상용, 443면; 김주수·김상용, 342면; 이영준, 376면; 대판 1992.5.22, 92다2295.

15) 곽윤직, 232면; 송덕수, 민법주해[Ⅲ], 312면; 지원림, 193면.

16) 김상용, 462면; 김용한, 284면; 김주수·김상용, 343면; 김형배·김규완·김명숙, 197면; 이영준, 377면; 이은영, 480면.

17) 이영준, 377면.

생각건대, 진의 아닌 의사표시를 한 표의자가 상대방의 선의에 대한 침해를 하였으므로 이에 대하여 신뢰이익의 배상책임을 지는 것을 인정하는 것이 타당한 결론이라고 볼 수 있다. 그러나 긍정설이 이 경우에 신뢰이익의 배상책임의 근거로 삼고 있는 '계약체결상의 과실'에 관한 규정인 제535조는 제2항에서 '상대방이 알았거나 알 수 있었을 경우'에는 신뢰이익의 배상청구를 할 수 없는 것으로 규정하고 있다. 이 규정의 내용은 진의 아닌 의사표시에서 상대방이 자신의 과실로 인하여 표의자의 비진의임을 알지 못한 경우와(제107조 제1항 단서) 규율목적상 합치되는 것으로서, 이에 의하면 과실 있는 선의의 상대방에게 신뢰침해에 따른 배상청구권을 인정해 줄 수 없게 된다. 이러한 점에 비추어 볼 때, 우리 민법은 과실 있는 신뢰에 대하여는 그 침해에 따른 배상청구를 부정하고 있다고 보아야 할 것이므로 부정설이 타당하다고 생각된다.

5. 무효의 제한

비진의표시가 제107조 제1항 단서에 해당하여 무효로 되는 경우에도 거래의 안전을 보호하기 위하여 그 무효는 선의의 제3자에게 대항하지 못한다(제107조 제2항).

6. 적용범위

(1) 단독행위

제107조는 상대방 있는 의사표시뿐만 아니라 「상대방이 없는 의사표시」에도 적용된다고 본다. 상대방이 없는 단독행위에 대하여 동조 제1항 본문이 적용되는 것에는 문제가 없으나, 동조 제1항 단서의 적용에 관하여는 학설의 대립이 있다. 부정설은 동조항의 단서는 상대방이 알았거나 알 수 있었을 경우를 예상하고 있으므로, 상대방 없는 의사표시에는 동조가 적용될 여지가 없고 따라서 무효로 되지 않는다고 한다.[18] 반면에 긍정설은 상대방이 없는 의사표시에 대하여 특정인(수익자)이 구체적인 권리·의무를 취득하는 경우에 그 자가 악의 또는 과실이 있는 때에는 그 의사표시를 유효로 할 필요는 없으므로 동조항 단서가 적용되어 무효로 되어야 한다고 본다.[19] 만일 예를 들어, 유언자가 사후에 상속인들 사이에 상속재산을 가지고 다툴 것이 예상되어, 제3자에게 상속재산에 대하여 유증할 진의가 없음에도 불구하고 형식상 제3자에게 유증을 한 후 아울러 상속인들 사이가 원만하게 되었을 때 상속재산을 분배 해 줄 것을 부탁한 경우, 부

18) 곽윤직·김재형, 301면; 김준호, 271면; 김증한·김학동, 331면; 이은영, 472면; 지원림, 180면.

19) 고상용, 403면; 김용한, 285면; 김주수·김상용, 344면; 김형배·김규완·김명숙, 199면; 백태승, 397면.

정설에 따르면 상대방 없는 의사표시에는 동조항 단서가 적용될 여지가 없으므로 유증이 그대로 효력을 발생하게 된다. 그러나 부정설에 따르면 수증자로서는 유언자의 진의를 알고 있으므로 그 유증의 효력은 무효로 된다. 생각건대 수증자가 유언자의 비진의임을 알았거나 알 수 있었을 경우 그 비진의에 기한 유증이 무효로 되기 위해서는 수익자를 진의 아닌 의사표시의 상대방에 준해서 다루어야 할 필요가 있다고 본다. 따라서 동조항 단서는 상대방 없는 단독행위에 대하여도 적용되어야 할 것이다.

(2) 신분행위

가족법상의 법률행위는 당사자의 진의를 절대적으로 존중하여야 하는 신분행위이므로 이에 대하여는 본조가 적용되지 않으며 언제나 무효이다. 혼인·입양에 관하여는 이를 명문으로 규정하고 있다(제815조 제1호, 제883조 제1호).

(3) 상법규정과의 관계

어음행위 등과 같은 엄격한 요식행위의 경우에는 본조 제1항 단서의 규정은 적용되지 않고, 언제나 유효하다. 예컨대 상법 제302조 제3항은 「주식인수의 청약」에 관하여 제107조의 적용을 배제하고 있다. 따라서 주식인수의 청약은 비록 그것이 비진의표시라 하더라도 언제나 유효하다.

(4) 준법률행위에 대하여

예컨대, 채권양도의 통지(관념의 통지(제450조))와 같이 본래의 의사표시가 아닌 준법률행위에 대하여서도 제107조가 유추적용되는 경우가 있다.

(5) 공법행위

사인의 공법상의 법률행위에 대하여는 본조의 적용이 없다.[20]

Ⅲ. 통정의 허위표시

1. 의 의

(1) 개 념

통정의 허위표시는 「표의자가 상대방과 통정하여 자신의 진의와 다른 표시를 하는

20) 대판 1997.12.12, 97누13962(공무원의 사직서 제출 사례).

것」을 말한다. 여기에서 「통정(通情)」이라 함은 표의자와 의사표시를 받는 상대방 모두가 자신의 진의와는 다른 표시를 하는데 관하여 상호 양해 내지 합의가 되어 있는 것을 말한다. 통정의 허위표시와 진의 아닌 의사표시는 표의자가 진의와 다른 표시를 의식적으로 한다는 점에서는 동일하다. 다만 통정의 허위표시는 표의자와 상대방 사이에 사전적 합의로서 통정이 있었다는 점에서 진의 아닌 의사표시와 구별된다.[21]

통정의 허위표시는 반드시 상대방이 존재하여야 하기 때문에 「상대방 있는 의사표시」이다. 그리고 통정의 허위표시에서는 표의자와 상대방이 서로 통정 내지는 합의를 통하여 표시된 것에 따른 효력발생을 원하고 있지 않으므로 그 허위의 의사표시는 당사자들 사이에서는 효력을 발생하지 않게 된다. 사적 자치의 원칙 하에서 상대방의 신뢰가 침해받지 않는 한, 당사자들이 합의를 통하여 결정된 내용이 그 표시된 것의 객관적 의미보다 우선적 효력을 갖는다. 판례도 이러한 입장을 취하고 있다.[22] 그러므로 통정의 허위표시에서 당사자들이 합의로써 실제로 의욕한 것은 「의사표시가 표시된 대로 효력을 가져서는 안 된다」는 것이므로 통정의 허위표시는 그 표시된 내용으로서는 무효일 수밖에 없다.[23]

(2) 가장행위와 은닉행위

통정의 허위표시는 흔히 다른 법률행위를 은폐하기 위한 데에 그 목적이 있다. 예컨대 부(父)가 자기 부동산을 자(子)에게 증여하면서 증여세를 면탈하기 위하여 허위로 매매의 계약을 체결하고 이를 근거로 하여 소유권이전등기를 경료하는 경우가 있다. 여기서 외관상 행하여진 매매는 허위표시로서 「가장행위」이고, 당사자들이 실제로 의욕한 증여는 은폐된 행위로서 「은닉행위」가 된다. 여기에서 제108조의 규율대상이 되는 것은 가장행위이다. 따라서 위의 사례에서 매매계약과 이에 근거한 소유권이전등기에 대하여는 동조 제1항이 적용되어 무효이다. 그렇지만 가장행위 배후에 숨어 있는 은닉행위는 실제로 당사자가 의욕한 법률행위로서 허위표시가 아니다. 은닉행위에는 당사자의 의사의 합치가 있으므로 이에 법상 요구되는 유효요건을 갖추면 법률행위로서 완전한 효력을 발생하게 된다.

---

21) Musielak, Grundkurs BGB, Rdnr. 279.
22) 대판 1993.10.26, 93다2629·2636.
23) Larenz, Allg. Teil, § 20 I.

2. 요 건

(1) 의사표시의 존재

통정의 허위표시는 의사표시가 있어야 성립한다. 서로 합의 하의 단순한 사실의 부실기재 등은 통정의 허위표시가 아니다.[24]

(2) 의사와 표시의 불일치

통정의 허위표시에는 의사와 표시의 불일치에 관하여 미리 표의자와 상대방이 합의하는 과정이 존재한다. 따라서 표시로부터 추단되는 효과의사와 당사자의 내심적 효과의사는 서로 부합하지 않는다. 이때 판단되어야 할 '의사와 표시의 불일치'는 법률효과에 관한 것이지, 당사자들이 실제로 추구하는 경제적 목적에 관한 것은 아니다.[25] 그러므로 당사자들이 의욕하는 효과의사와 이에 의하여 달성하려는 경제적 목적이 서로 상위(相違)하는 경우에도 법적 의미 있는 표시와 의사가 불일치하는 것은 아니므로, 경제적인 목적을 넘는 권리를 이전하는 신탁행위는 허위표시가 아니다.

(3) 상대방과의 통정

가. 사전적 양해 내지 합의 통정의 허위표시에는 의사와 표시의 불일치를 표의자가 스스로 알고 있는 것만 가지고는 부족하고, 표의자와 상대방이 「통정」할 것이 요구된다. 즉 당사자 쌍방이 당해 계약을 가장행위로서 한다는 점에 관하여 사전에 합의가 있어야 한다.

그러나 일반적으로 허위표시를 하기 전에 행하여지는 사전적 합의로서 통정은 당사자들 사이에서만 은밀하게 이루어지는 것이므로, 이를 입증하여 의사표시를 무효로 하는 것은 실제로 대단히 어렵다. 이에 따라 판례는 경험칙에 비추어 당사자들 사이에 정당한 거래가 이루어 질 수 없는 관계에 대하여는 진정한 거래가 행하여졌다는 특별한 사정이 없는 한 가장행위로 추정한다.

1) 가장행위를 인정한 경우

① 미성년자인 아들과 아내에게 동시에 대가없이 매매형식으로 부동산소유권이전등기를 경료한 경우[26]나 특별한 사정없이 동거하는 부부간에 토지를 매도하고

---

24) 이영준, 380면.

25) 대판 2003.6.24, 2003다7357; 대판 2008.6.12, 2008다7772·7789.

26) 대판 1963.11.28, 63다493.

소유권이전등기까지 경료한 경우[27]에는 객관적으로 이들 사이에는 이해관계가 대립된 거래가 일어날 수 있는 관계가 아니므로 그 매매계약은 가장매매로 인정된다.

② 근로자가 실제로는 동일한 사업주를 위하여 계속 근무하면서 일정기간 동안 특별히 고액의 임금이 지급되는 업무를 담당하기 위하여 형식상 일단 퇴직한 것으로 하고 다시 임용되는 형식을 취하였다 하더라도 그 퇴직의 의사표시는 통정한 허위표시로서 무효라 할 것이다.[28]

③ 동일인에 대한 대출액 한도를 제한하는 법령이나 금융기관 내부규정의 적용을 회피하기 위해 금융기관의 양해 하에 실질적인 주채무자가 형식상 제3자 명의를 빌려 대출약정을 체결하는 행위는 통정의 허위표시에 해당하여 무효이다.[29]

2) 가장행위를 인정하지 않은 경우

① 원고(乙) 건물의 전소유자인 소외인(甲)이 전세입주자 등을 상대로 가옥명도소송을 제기하였다가 전세금반환채무를 인수한 사실이 판명되어 무조건 승소가 어렵게 되자 타인명의로 소송하면 무조건 승소할 수 있다는 말을 듣고서 위 명도소송을 취하하는 한편, 원고(乙) 앞으로 소유권이전등기를 하였다고 하여 그것만으로 곧바로 원고(乙)와 소외인(甲)과의 매매를 가장매매라고 단정할 수 없다.[30]

② 갑(甲) 회사가 을(乙) 회사를 흡수·합병함에 있어 을(乙) 회사의 직원들이 을 회사를 퇴직하고 갑(甲) 회사에 입사한 것은, 을(乙) 회사 직원들이 을(乙) 회사를 퇴직하여 그 근로관계를 단절하려는 의사가 있었다 할 것이므로 허위표시가 아니다.[31] 또한 모(母)회사의 기능직원이 자(子)회사의 사무직으로 가겠다 하여 모(母) 회사로부터 퇴직하고 자(子)회사로 입사하는 절차를 밟았다하여 이 퇴직이 허위표시라 할 수 없다.[32]

③ 공동으로 매수하고 공유자에게 명의신탁한 부동산에 대하여 공유자에 의하여 임의로 처분되는 것을 막기 위하여 근저당권설정등기를 경료한 경우 위 명의신탁등기를 허위표시라 할 수 없다.[33]

---

27) 대판 1978.4.25, 78다226.
28) 대판 1988.4.25, 86다카1124.
29) 대판 2001.5.29, 2001다11765; 대판 2001.2.23, 2000다65864; 대판 2002.10.11, 2001다7445.
30) 대판 1983.12.13, 83다316, 83다카1002.
31) 대판 1991.12.10, 91다12035.
32) 대판 1993.6.11, 92다19316.
33) 대판 1993.5.25, 93다6362.

④ 형사사건에서 이중매매로 인하여 배임죄로 처벌받았다 하여 민사사건에서 매매계약이 허위표시라 할 수 있다.[34]

⑤ 금융기관이 실질적으로는 신용협동조합의 이사장에게 대출을 하여 주면서 기업대출금지규정 위반을 피하기 위하여 제3자를 주채무자로 한 경우에 통정의 허위표시는 성립되지 않는다.[35]

나. 통정의 미수 표의자로서는 상대방이 허위표시로 받아들일 것으로 기대하고 진의 아닌 의사표시를 하였으나 상대방이 이를 진실한 의사표시로 받아들인 경우가 있을 수 있다. 이러한 경우에는 진의 아닌 표시에 관한 합의가 성립되지 않았으므로 통정에 의한 허위표시로는 되지 않는다. 다만 이 경우 당사자들 사이에서는 표시된 대로 효과가 발생할 것인데, 이에 대하여 표의자로서는 진의 아닌 의사표시의 원칙에 따라 상대방이 진의 아님을 알 수 있었던 경우를 주장하여 제107조 제1항 단서에 따른 무효를 주장할 수 있다.[36]

(4) 허위표시의 동기나 목적

표의자가 의사와 표시를 서로 달리하는 허위표시를 하는 데 있어서 상대방과 통정하는 목적이나 동기는 고려하지 않는다.

3. 효 과

(1) 무 효

가. 기장행위의 무효

1) 의 의 통정의 허위표시가 무효임(제108조 제1항)은 가장행위가 무효임을 의미한다. 여기에서 무효는 가장행위만을 의미하므로 이와는 별개로 통정의 배후에 존재하는

---

34) 대판 1993.4.27, 92다51747.

35) 이 경우에 제3자가 금융기관을 직접 방문하여 금전소비대차약정서에 주채무자로서 서명 날인하였다면 제3자는 자신이 당해 소비대차계약의 주채무자가 될 의사가 있음을 금융기관에 대하여 표시한 셈이고, 제3자가 금융기관이 정한 대출규정의 제한을 회피하여 타인으로 하여금 제3자 명의로 대출을 받아 이를 사용하도록 할 의도가 있었다거나 그 원리금을 타인의 부담으로 상환할 의사였다 하더라도 특별한 사정이 없는 한 이는 소비대차계약에 따른 경제적 효과를 타인에게 귀속시키려는 의사에 불과할 뿐 그 법률상의 효과까지도 타인에게 귀속시키고 제3자 자신은 이를 부담하지 아니할 의사로는 볼 수 없으므로, 제3자의 의사표시가 허위표시라고 보기는 어렵다(대판 1998.9.4, 98다17909; 대판 2003.4.8, 2002다38675).

36) 김형배·김규완·김명숙, 202면; 이영준, 382면.

은닉행위는 그 성립요건과 유효요건을 구비하는 한 유효하다. 통정의 허위표시는 이를 구성요건으로 하는 법률행위가 성립한 때로부터 무효인 것이므로, 이로부터 발생된 법률효과에 따르지 않더라도 채무불이행이 성립되지 않는다. 또한 통정의 허위표시에 따른 법률행위로부터 발생된 법률효과를 침해하더라도 위법행위에 따른 책임을 지지 않는다. 예를 들어, 갑(甲)과 을(乙)은 부동산에 관하여 가장매매계약을 체결하고, 외관상 존재하는 소유권이전등기청구권을 보전하기 위하여 처분금지가처분신청사무를 법무사(丙)에게 위임하였는데, 법무사(丙)의 과실로 인하여 지번 등이 잘못 기재되어 위 등기신청행위가 등기공무원에 의하여 각하되었다. 그 사이에 위 부동산에 대해 공매처분이 행하여진 결과 매도인(甲)은 그 소유권을 상실하였다. 이러한 경우에 통정의 허위표시를 한 자는 법무사(丙)에 대하여 손해배상을 청구할 수 없다.[37)]

2) **무효를 주장할 수 있는 사람** 통정의 허위표시는 무효이고, 이 무효는 허위표시의 당사자와 포괄승계인을 제외한 누구든지 주장할 수 있다. 이에 있어 무효를 주장하는 제3자와 통정의 허위표시의 무효에 대하여 대항할 수 있는 제3자와는 서로 다르다. 위 사례에서 법무사(丙)는 통정의 허위표시에 기초하여 새로운 법률관계를 맺은 자가 아니므로 통정의 허위표시의 무효를 대항할 수 있는 제3자(제108조 제2항)는 아니다. 그렇지만 그는 자신의 책임을 면하기 위하여 통정의 허위표시가 무효임을 주장할 수 있는 제3자의 지위에는 있다.

나. 부당이득반환청구

1) **이행 전** 통정의 허위표시는 무효이므로 이에 기한 권리와 의무가 발생되지 않는다. 그러므로 통정의 허위표시에 기초하여 채권을 행사할 수 없으며 채무를 이행할 필요도 없다.

2) **이행 후** 허위표시에 기한 가장행위에 기초하여 이미 채무가 이행된 후라면, 가장행위에 기하여 급부를 이행한 당사자는 이행된 급부에 대하여 부당이득 또는 소유권에 기한 반환청구를 할 수 있다. 왜냐하면 허위표시로 채권행위·물권행위 모두가 이루어졌기 때문이다. 따라서 가장행위에 기하여 소유권을 이전한 자는 채권행위의 무효를 주장하여 부당이득반환청구권을 청구하거나, 허위표시에 의한 물권적 합의가 무효임을 이유로 소유권에 기한 반환청구를 행사할 수 있다. 그렇지만 통정의 허위표시 그

---

37) 대판 2003.3.28, 2002다72125; 또한 목적 부동산의 소유권을 취득하지 못한 매수인(乙)은 법무사(丙)에게 위임계약상 선관주의의무 위반을 이유로 위 부동산의 시가 상당액의 손해배상을 청구할 수도 없다.

자체는 선량한 풍속 기타 사회질서에 위배되는 불법은 아니므로, 허위표시를 이유로 채권행위가 무효가 되어 이행한 급부에 대하여 부당이득의 반환이 문제될 때, 불법원인의 급여에 따른 부당이득반환청구권의 문제(제746조)는 발생하지 않는다.38)

다. 통정의 허위표시에 대한 취소 통정의 허위표시는 무효이므로 이에 해당되는 가장행위는 무효이다. 만일 가장행위에 또 다시 취소사유가 존재한다면, 무효인 가장행위를 다시 취소할 수 있는가가 문제이다. 무효인 법률행위라 하더라도 법률적으로 부존재하는 것은 아니므로 취소할 수 있는 사유가 존재하는 때는 취소를 허용하는 것이 타당하다. 따라서 무효인 법률행위라도 취소할 수 있다.39) 그러므로 통정의 허위표시가 제406조의 채권자취소권의 요건을 갖춘 때에는 허위표시를 한 채무자의 채권자는 채권자취소권을 행사할 수 있다. 판례도 채권자 취소권의 대상이 되는 법률행위가 유효이어야 함을 요구하고 있지는 않으므로, 무효인 허위표시에 기한 가장행위를 취소할 수 있다고 본다.40)

(2) 무효의 제3자에 대한 효력

가. 의 의 통정의 허위표시의 무효는 이를 알지 못하는 선의의 제3자에게는 주장하지 못한다(제108조 제2항).

나. 제108조 제2항의 제3자 통정의 허위표시의 무효와 관련된 「제3자」라 함은 당사자와 그의 포괄승계인 이외의 자 중에서 통정의 허위표시를 기초로 하여 별개의 법률원인에 의하여 새로운 법률상의 이해관계를 맺은 자41)를 말한다. 그리하여 ① 가장매매의 매수인으로부터 매수한 자나 저당권을 설정받은 자, ② 가장저당권설정행위에 기한 저당권의 실행으로 부동산을 경락받은 자,42) ③ 가장매매의 매수인으로부터 가등기를 취득한 자,43) ④ 통정의 허위표시에 의한 채권을 가압류한 자,44) ⑤ 파산관재인,45) ⑥ 가장으로 성립된 전세권에 저당권을 설정받은 자,46) ⑦ 전세권부채권의 가압

38) 곽윤직·김재형, 303면; 김상용, 447면.

39) 이영준, 383면.

40) 대판 1984.7.24, 84다카68.

41) 대판 1983.1.18, 82다594.

42) 대판 1957.3.23, 56다580; 대판 2004.5.28, 2003다70041.

43) 대판 1970.9.29, 70다466.

44) 대판 2004.5.28, 2003다70041.

45) 판례는 가장소비대차의 대주가 파산선고를 받은 경우에 그 파산관재인이 제108조 제2항에서 정한 「제3자」에 해당한다고 판단한다(대판 2003.6.24, 2002다48214). 파산관재인은 파산선고에 따라 파

류권자[47] 등이다. 그러나 ㉠ 가장매매에 기한 손해배상청구권의 양수인, ㉡ 채권의 가장양도에 있어서의 채무자,[48] ㉢ 실질적으로 새로운 법률원인에 의하지 않은 제3자[49] 등은 가장행위에 기초하여 새로운 법률관계를 맺은 제3자에 해당하지 않는다.

다. 제3자의 선의 선의라 함은 그 의사표시가 허위표시임을 모르는 것이다. 선의이면 족하고 무과실을 요하지 않는다.[50] 선의·악의를 결정하는 표준시기는 「법률상의 이해관계가 생겼을 때」이다. 선의의 제3자로부터 다시 전득한 자가 전득시에 악의이더라도 선의의 제3자의 권리를 승계하고 있으므로 허위표시의 무효로 대항하지 못한다.[51] 제3자는 선의로 추정되므로 제3자가 악의라는 사실의 주장·입증책임은 그 무효를 주장하는 자에게 있다.[52] 대리의 경우에 대리행위에 의하여 이해관계를 맺은 제3자에 대한 선의·악의는 대리인을 기준으로 정하여야 한다(제116조 제1항).

라. 「대항하지 못한다」의 의미

1) 상대적 무효 '대항하지 못한다'고 함은 허위표시의 무효를 주장할 수 없다는 것이다. 통정한 허위표시의 무효는 선의의 제3자를 제외한 누구에게나 무효이고 또 누구든지 무효를 주장할 수 있다.[53] 따라서 그 허위표시는 그 당사자 간에는 무효이지만 선의의 제3자에 대한 관계에서는 유효로 된다. 이를 「상대적 무효」라 한다.

산자와는 독립된 지위에서 파산채권자 전체의 공동이익을 위하여 직무를 행하는 자로서 파산선고시 압류채권자와 동일시 할 수 있으므로 가장행위를 기초로 하여 별개의 법률원인에 의하여 고유한 법률상의 이익을 갖는 법률관계를 맺은 제3자이다(양창수, "2003년 민사판례 관견", 인권과 정의(2004. 4), 57면).

46) 대판 2008.3.13, 2006다29372·29389.

47) 대판 2010.3.25, 2009다35743

48) 원채권자인 甲이 乙에게 퇴직금채권을 양도하였다. 그런데 그 퇴직금을 양수인에게 지급하지 않고 있는 동안에 위 양도계약이 허위표시인 것이 밝혀진 경우에 채무자는 위 허위표시의 선의의 제3자는 아니다. 그러나 변제를 한 후에는 제3자가 될 수 있다. 따라서 지급 전에 선의의 제3자임을 내세워 퇴직금전부채권자에게 그 지급을 거절할 수 없다. 그렇지만 채권양도 통지 후에는 채무자는 그것이 가장양도임을 주장하여 양수인의 변제청구를 거절할 수 있다(대판 1983.1.18, 82다594).

49) 甲이 부동산의 매수자금을 丙으로부터 차용하고 담보조로 가등기를 경료하기로 약정한 후 채권자들의 강제집행을 우려하여 乙에게 가장양도를 한 후 丙앞으로 가등기를 경료케 한 경우에는 丙은 형식상으로는 가장양수인으로부터 가등기를 경료받은 것으로 되어 있으나 실질적으로는 새로운 법률원인에 의한 것이 아니므로 제3자로 볼 수 없다(대판 1982.5.25, 80다1403).

50) 대판 2004.5.28, 2003다70041; 대판 2006.3.10, 2002다1321.

51) 김용한, 292면; 김준호, 278면.

52) 대판 1970.9.29, 70다466; 대판 2006.3.10, 2002다1321.

53) 대판 2003.3.28, 2002다72125.

d) **선의의 제3자의 무효주장** 통정의 허위표시의 당사자들은 선의의 제3자에 대하여 무효를 주장할 수 없다. 그러나 반대로 '선의의 제3자가 허위표시의 무효를 주장할 수 있는가'에 대하여는 학설상 논란이 있다.

① **긍정설** 긍정설은 법률행위가 무효인 경우에 무효를 주장할 이익이 있는 사람은 누구라도 이를 주장할 수 있다는 것으로부터 출발한다. 다만 제108조 제2항의 예외규정은 선의의 제3자를 보호하기 위하여 허위표시의 당사자 및 그 채권자로 하여금 그 무효를 주장할 수 없도록 규정하고 있으므로, 선의의 제3자 측에서 허위표시의 무효를 주장하는 것까지 민법이 막고 있는 것이 아니라고 해석한다. 또한 가치적인 관점에서 허위표시의 당사자는 착오로 인한 의사표시의 당사자와는 달리 특별히 보호할 필요는 없다고 한다.[54]

② **부정설** 부정설은 선의의 제3자가 무효임을 주장하는 것은 과도한 보호이익을 주는 것이라고 한다. 원래 무효인 허위표시를 기초로 법률행위를 한 선의의 제3자는 무권리자로부터 권리취득을 할 수 없어야만 할 것인데, 제108조 제2항에 의하여 원래 기도하였던 대로 그 법률행위의 효과를 향유하게 되었으므로 이로써 충분한 만족을 얻는 것이고 더 이상의 보호는 의미가 없다고 한다.[55]

또한 선의의 제3자라고 해서 자신이 한 법률행위의 결과가 불리하면 허위표시의 무효를 주장하고, 유리하면 유효를 주장할 수 있게 하는 것은 불공평할 뿐만 아니라 거래의 안전을 해치게 되므로 선의의 제3자가 무효를 주장할 수 있게 하는 것은 거래의 안전을 보호하려는 본조 제2항의 취지에도 반한다는 것이다. 요컨대 제108조 제2항은 거래의 안전을 도모하려는 규정이지, 허위표시의 당사자에게 불이익을 가하여 징계하려는 규정이 아니므로, 선의의 제3자가 허위표시의 무효를 주장하는 것은 허용되지 않는다고 해석하는 것이 타당하다고 한다.[56]

4. 적용범위

(1) 공법상의 법률행위

본조는 공법상의 법률행위에 관하여는 적용되지 않는다. 예컨대 토지의 사정(査定)에 관하여는 제108조 제2항이 적용되지 않는다. 예를 들어, 갑(甲)이 을(乙)에 대하여 허

54) 고상용, 414면; 곽윤직·김재형, 305면; 김상용, 440면; 송덕수, 민법주해[II], 377면; 이은영, 504면.
55) 김주수·김상용, 350면; 이영준, 389면.
56) 김형배·김규완·김명숙, 211면; 이영준, 389면.

위의 의사표시로써 토지를 양도하고 을 자신이 토지사정을 받아 병(丙)에게 양도한 경우에는 병은 갑·을간의 양도가 허위표시임을 알았다 하더라도 완전히 소유권을 취득한다.

(2) 계약 · 단독행위

본조는 계약에 관하여 가장 많이 적용된다. 채권계약뿐만 아니라 물권계약(물권적 합의)에 관하여도 그 적용이 있다.[57] 그리고 단독행위도 '상대방이 있는 단독행위'에 관하여는 그 적용이 있다(취소, 추인, 계약해제, 채무면제, 공유지분포기 등).

유언과 같은 '상대방이 없는 단독행위'에 관하여도 본조가 적용되는가에 대하여는 긍정과 부정하는 견해의 대립이 있다. 물론 통정의 허위표시는 '상대방 있는 의사표시'를 원칙으로 하므로 형식적으로는 상대방 없는 단독행위에 적용될 여지가 없다고 볼 수 있다. 그러나 만일 상대방 없는 의사표시에 관하여 본조의 적용을 부정하면 유증과 같은 상대방 없는 의사표시에 의하여 통정한 특정인이 직접 수익하는 경우에 이 수익을 원상으로 복구할 수 없게 되므로 상대방 없는 단독행위에 관하여도 본조의 적용을 긍정하여야 할 것이다.[58]

사단법인의 정관작성과 같은 이른바 「합동행위」에 관하여도 원칙적으로 의사표시의 규정이 적용되므로 본조의 원칙적인 적용을 긍정할 것이다.[59] 특히 합명회사 등 인적회사의 설립행위에 관하여는 본조의 적용을 제한할 필요가 없다. 그러나 정관작성의 특수성과 무효의 소급효의 합목적적 제한에 의하여 반사적으로 본조의 적용이 제한되는 경우가 있다.

(3) 신분행위

신분행위에 관하여는 본인의 진의를 존중하여야 하므로 그 허위표시는 언제나 무효이며, 제3자에 대하여도 무효이다. 원칙적으로 본조의 적용이 없다. 따라서 혼인·입양에 관한 허위표시는 당사자 간에서 뿐만 아니라 제3자에 대한 관계에 있어서도 언제나 무효라고 할 것이다(제815조 제1호, 제883조 제1호). 그러나 재산관계와 밀접한 관계가 있는 신분행위, 예컨대 상속재산분할의 협의(제1013조), 재산상속의 포기(제1041조) 등에 관하여는 본조의 적용을 긍

57) 판례는 어음행위에 민법 제108조가 적용됨을 전제로, 실제로 어음상의 권리를 취득하게 할 의사는 없이 단지 채권자들에 의한 채권의 추심이나 강제집행을 피하기 위한 약속어음 발행행위가 통정허위표시로서 무효라고 판시하였다(대판 2005.4.15, 2004다70024).

58) 김상용, 450면; 이영준, 389면; 이은영, 496면: 이에 대해 상대방 없는 행위에는 제108조가 적용될 여지가 없고 따라서 정관작성행위와 같은 상대방 없는 합동행위에 관해서는 적용이 없다는 견해는 곽윤직·김재형, 305면.

59) 김주수·김상용, 351면.

것이어야 할 것이다.60)

5 허위표시와 구별하여야 할 개념

(1) 신탁행위

일반적으로 신탁행위는 신탁법상의 신탁(trust), 민법 해석상의 신탁 그리고 명의신탁을 그 예로 든다. 「신탁법상의 신탁」에 대해서는 특별법인 신탁법이 적용된다. 이는 신탁자(신탁설정자)가 법률행위에 의하여 수탁자(신탁인수자)에게 재산권을 이전하는 동시에 그 재산권을 일정한 목적에 따라서 수익자(신탁자 또는 제3자)를 위하여 관리·처분케 하는 법률관계이다.61) 「민법의 해석상의 신탁」은 당사자의 일방이 상대방에게 경제상의 목적을 넘는 권리를 주면서, 경제상의 목적을 넘어서 권리를 행사하지 않는다는 의무를 과하는 법률행위를 말한다. 이는 법률적 형식과 경제적 목적이 어긋나는 것에 불과할 뿐 재산권 이전에 대한 의사가 당사자들 사이에 존재하므로 통정의 허위표시에 해당하지 않는다. 그러나 부동산 명의신탁의 경우 「부동산 실권리자 명의등기에 관한 법률」이 제정됨에 따라 부동산의 명의신탁은 원칙적으로 무효이다. 다만 종중 및 배우자간의 명의신탁에 관하여만 예외적으로 유효로 인정해 주고 있다.62)

(2) 간접대리

간접대리는 「대리인이 본인을 위하여 법률행위를 한다는 현명(顯名)을 하지 않고 대리행위를 하는 것」을 말한다. 우리 민법은 현명주의를 원칙으로 삼고 있으므로, 현명하지 않는 한 대리의 효과는 본인에게 직접 발생하지는 않는다. 그리하여 현명하지 않는 대리행위에서 그 대리의 효과는 법률상 일단 대리인에게 발생하고, 그 대리인이 취득한 대리행위의 효과를 다시 본인에게 이전하여 대리의 목적을 달성하는 것을 말한다.

---

60) 김주수·김상용, 351면.

61) 김상용, 453면; 신탁법상의 신탁재산은 수탁자에게 절대적으로 이전하고 신탁설정자는 신탁계약에 따라 이익교부의 채권을 가진다. 이에 대하여 민법상의 신탁은 소유권이 외부적으로만 수탁자에게 이전되고 내부적으로는 여전히 신탁자가 소유자인 것이다. 이러한 본질적인 차이로부터 기능상 신탁법상의 신탁은 능동신탁인데 대하여, 민법상의 신탁, 특히 명의신탁은 수동신탁이라고 한다.

62) 「부동산 실권리자 명의등기에 관한 법률」과 관련하여 종중 및 부부간의 명의신탁을 예외로서 인정할 필요가 없다는 견해가 있다. 왜냐하면 종중재산에 대하여도 「부동산등기법」 제26조에 의하여 등기능력을 인정하고 있기 때문이다. 또한 부부간의 명의신탁의 경우도 유효로 인정해야 할 필요성이 없다고 본다. 이는 부부가 정상적으로 혼인생활 중일 때에는 그것이 누구의 명의로 되어 있든 별 상관이 없고, 다만 제3자가 부부재산에 대해 강제집행을 하는 경우에만 문제로 될 것인데, 명의신탁을 인정하면 오히려 제3자에게 불리하게 작용하기 때문이라는 것이다(김주수·김상용, 353면).

이를 간접대리라고 한다. 이 경우 대리의 효과가 일단 대리인에게 발생하였다가 이전하는 절차를 거쳐서 본인에게 대리의 효과가 귀속된다. 이 간접대리에는 간접대리인이라는 허수아비를 내세워 대리가 이루어지기 때문에 실제의 거래 당사자(간접본인)를 은닉하고 가장의 당사자가 나서서 법률행위를 하는 것이다.[63] 이처럼 간접대리는 허위표시와 외견상 유사한 면을 가지고 있으나, 이에 기한 법률관계는 당사자가 정으로 의욕한 효과이므로 허위표시가 아니다.

Ⅳ. 착오로 인한 의사표시

1. 착오로 인한 의사표시 일반

(1) 의 의

착오로 인한 의사표시는 「의사와 표시가 불일치하고, 이러한 불일치를 표의자가 인식하지 못한 채 행하여진 의사표시」를 말한다. 이렇게 착오로 의사와 다른 표시를 한 경우에 그 의사표시는 표의자의 의사를 반영하지 못하므로 제대로 사적 자치의 수단으로 기능할 수 없다. 왜냐하면 사적 자치의 기본원칙에 의하면 그 주체로서의 당사자가 스스로 원하지 않는 법률효과에 구속되지 않아야 하기 때문이다. 이에 따라 착오를 일으킨 표의자에게는 그 의사표시를 취소할 수 있는 권리를 부여해 줌으로써 그 효력으로부터 해방될 수 있는 가능성을 보유할 수 있고, 또 그 효력 유지의 여부에 대하여 선택의 자유를 갖는다.[64] 다만 취소할 수 있기 위해서는 표의자가 일으킨 착오가 '법률행위의 내용의 중요부분'에 해당되어야 하며 또한 표의자에게 착오를 일으킨 것에 대하여 '중과실'이 없어야 한다(제109조).

(2) 착오로 인한 의사표시의 분류

의사표시는 표의자의 내심에 의사가 형성되고 그 의사가 외부로 표시되는 것이다. 그러므로 의사가 표시되는 절차는 「의사의 형성과정」과 「의사의 표시과정」으로 구분된다. 이때 의사의 형성 과정에서 발생된 착오는 「동기의 착오」이고, 의사의 표시 과정에서 발생된 착오는 「표시의 착오」와 「내용의 착오」이다.

63) 이은영, 492면.

64) 당사자의 합의로 착오로 인한 의사표시 취소에 관한 민법 제109조 제1항의 적용을 배제할 수 있다(대판 2014.11.27, 2013다49794; 대판 2016.4.15, 2013다97694).

2. 착오의 정의

(1) 학설의 소개

가. 다수설 다수설은 착오에 의한 의사표시를 「표시로부터 추단되는 의사(표시상의 효과의사)와 진의(내심적 효과의사)가 일치하지 않는 의사표시로서 표의자가 이러한 불일치를 알지 못한 경우」라고 정의한다.65) 이러한 다수의 견해는 의미 있는 착오의 모습을 표시로부터 추단되는 의사와 표의자의 진의가 서로 일치하지 않는 경우로 한정함에 따라, 오로지 의사가 표시되는 과정에서 발생한 착오만이 취소의 그 대상으로 되고,66) 따라서 의사형성과정에서 의미있는 동기는 의사표시의 구성요소로 되지 않는다. 다만 다수설은 「동기가 표시되어 상대방이 그 표시된 동기의 내용을 안 경우」에는 이러한 동기는 법률행위 내용과 관련을 맺게 됨으로써 이에 관한 착오에 한해서 취소할 수 있다고 한다. 판례도 「동기의 착오를 이유로 법률행위를 취소하려면 그 동기를 당해 의사표시의 내용으로 삼을 것을 상대방에게 표시하여 의사표시의 해석상 법률행위의 내용으로 되었다고 인정될 수 있는 경우이어야 한다」고 판시하고 있다.67) 그러나 판례는 당사자들 사이에 별도로 그 동기를 의사표시의 내용으로 삼기로 하는 합의까지는 필요 없다고 본다.68)

나. 소수설 소수설은 착오에 의한 의사표시를 「표의자가 의사표시에 이르는 과정 또는 의사가 표시되는 과정에서 무의식적으로 실제의 사실과 다른 인식을 하여 하는 의사표시」라고 정의한다.69) 따라서 소수설에 의하면, 표의자가 의사를 표시하는 과정에서 발생한 의사와 표시의 불일치는 물론, '의사형성에 이르는 과정'에서 스스로 자각하지 못하고 실제의 사실과 일치하지 않는 인식 또는 판단을 하여 의사표시를 한 경우 모두를 착오로서 인정한다. 다만 소수설은 착오의 내용이 '법률행위 내용의 중요부분'인가에 해당하는가에 따라 취소할 수 있는지의 여부가 결정되므로, 표의자의 의사형성과정에서의 판단의 착오라도 이와 관련된 동기사실이 외부로 표시되었는지의 여부

65) 고상용, 423면; 김기선, 272면; 김증한·김학동, 339면; 백태승, 410면; 이은영, 506-507면.

66) 곽윤직 교수는 착오를 「진의와 표시의 불일치」라고 하여 다수설과 소수설의 절충적인 입장을 취함으로써 동기의 착오를 법률상 의미 있는 착오에 포함시키고 있다(308면). 그러나 이러한 정의는 "진의와 일치하지 않는 표시"에서의 「표시」란 곧 표시상의 효과의사를 나타나게 되므로 다수설의 입장과 근본적으로는 견해를 같이 한다(이영준, 398면).

67) 대판 1998.2.10, 97다44737; 대판 2000.5.12, 2000다12259; 대판 2016.4.15, 2013다97694..

68) 대판 2012.9.27, 2011다106976, 106983.

69) 김용한, 295면; 김형배·김규완·김명숙, 216면; 장경학, 483면.

에 관계없이 그 착오가 '법률행위 내용의 중요부분'이 된다면 취소할 수 있는 것으로 된다.[70)]

(2) 학설의 검토 - 동기의 착오를 중심으로 -

가. 다수설에 대한 비판 다수설은 거래의 안전이라는 가치적 보호원리를 채택함으로써 동기에 관한 착오에 취소권을 부여하지 않으려고 한다. 이에 의하면, 동기는 표의자의 순수한 개인적인 것으로서 이는 지극히 다양하고 외부에서는 알 수도 없으므로 이를 취소할 수 있는 대상으로 인정하면 거래의 안전을 위태롭게 할 것이라는 우려를 갖고 있다. 그렇지만 동기가 일단 외부로 표시되어 상대방도 알 수 있게 되었다면, 이에 대한 착오를 이유로 표의자가 취소하더라도 상대방은 불측의 손해를 입을 염려가 없게 되므로 거래의 안전을 지킬 수 있다고 본다. 이러한 관점에서 표시된 동기만이 취소의 대상으로 될 수 있는 것이다.

1) 표시된 동기도 단순동기에 불과하다 다수설은 취소가능성을 '그 동기가 표시되었는가'의 여부에 의존하여 판단한다. 이 견해에 의하면, 「모든 동기는 일단 표시되기만 하면 어떠한 경우라도 의사표시의 내용으로 된다」는 명제를 전제로 삼고 있다. 그렇지만 '모든 동기는 표시됨에 따라 법률행위의 내용이 표시된 동기만큼 확대되는 것이 당연한데, 현실 거래에서 동기가 표시되었다는 사실만으로 표시된 동기의 내용이 반드시 의사표시의 내용의 일부를 이루거나 법률행위의 조건으로 되지 않는다.[71)] 따라서 동기는 표시되었는가의 여부에 따라 의사표시의 취소 여부에 결정적인 영향을 미치는 것이 아니라, 그 동기내용이 법률행위에 중요한 비중을 차지함으로써 표의자의 사적 자치에 영향을 미치고 있는가에 따라 취소 여부를 결정하여야 한다. 그러므로 착오를 일으킨 동기사실이 내용상 표의자의 순수한 개인적 사정이거나 객관적으로 너무 사소한 것이어서 의사표시를 하게 된 단순 정황에 불과한 경우에는 표의자가 이를 외부에로 표시하였더라도 이는 단순한 '표의자의 주관적 사정'을 표출한 것에 불과한 것일 뿐이므로 법률행위의 내용으로 될 수는 없다. 예컨대, 매수인이 "가구"를 구입하면서 단순히 매매계약을 체결하는 것이 아니라, 가구점 주인에게 "약혼한 딸의 결혼할 때 혼수용"임을 명시하여 매매계약을 체결한 경우, 이는 표의자의 지극히 개인적인 기대사실을 상대방에게 알려 준 것에 불과하기 때문에, 이러한 동기가 표시됨으로써 법적 구속력 있는 의사표시의 내용으로 되지는 못한다. 그러므로 만일 딸의 결혼이 파혼되어 혼수용의 목

70) 송덕수, 민법주해[Ⅱ], 428-429면.

71) 이영준, 407면.

식이 발생할 수 없이 표의자로서는 [illegible] 의미를 [illegible] 있었더라도, 이에 관하여는 착오를 이유로 취소할 수 없다. 결국 「표시된 동기는 반드시 법률행위의 내용으로 된다」는 의제가 일관되게 성립하지 않는 한 다수설의 주장에 따르기 어렵다.

2) 거래의 안전에 관하여 　　다수설이 동기의 착오를 취소할 수 있는 착오의 범위에서 제외시키려는 이유는 거래의 안전을 보호하려는 데에 있다. 그렇지만 표시·내용의 착오도 그 법률효과가 취소권의 부여에 있는 점에 비추어 볼 때, 동기의 착오만이 거래의 안전을 해친다는 논리는 정당한 것으로 볼 수 없다. 본래 취소권의 행사에 따른 법률효과는 이미 이루어진 법률행위를 소급해서 무효화하므로(제141조), 의사표시를 취소할 수 있는 것은 그 자체로 거래의 안전을 해치는 것이다. 이러한 점에서 표의자가 표시나 내용의 착오를 이유로 취소할 수 있게 하는 것은 동기의 착오에서와 마찬가지로 거래의 안전을 해치게 되는 결과를 가져 온다. 그런데 표시나 내용의 착오에서 표의자가 취소할 수 있기 위하여 착오와 관련된 사실이 표시되었는가의 여부를 묻지 않으면서, 오로지 동기의 착오에서는 그 동기가 반드시 표시되어야만 취소할 수 있다는 또 하나의 구성요건을 요구하는 것은 그 논리적 일관성이 없다고 하겠다. 그리고 표시된 동기를 취소할 수 있는 것으로 인정할 때 표의자의 개인적인 사소한 동기도 표시되기만 하면 취소대상으로 됨에 따라 오히려 거래 안전이 더 보호되지 못하는 결과로 된다.

나. 소수설에 대한 비판 　　소수설은 표의자의 내적인 의사결정이 이루어지는 의사형성과정이나 결정된 의사가 표시되는 과정 중 어디라도 표의자의 잘못된 인식 또는 판단이 개입하여 표의자가 모르게 의사표시의 왜곡이 발생하고 있으면, 비록 그 왜곡이 의사표시를 하게 된 동기로서만 의미 있는 것이라 할지라도 그 표시 여부에 상관없이 착오를 이유로 원칙적으로 취소할 수 있다고 한다. 다만 동기 중에서 취소할 수 있는 것은 「법률행위의 내용의 중요부분」에 해당하는 것으로 한정함으로써 이를 통하여 일정한 범위로 적절히 제한할 수 있고, 다른 취소할 수 있는 착오와 비교하여 볼 때 거래의 안전을 지나치게 해치는 것은 아니라고 한다.

1) 거래의 안전에 관하여 　　소수설은 동기의 착오를 표시의 착오나 내용의 착오와 동일하게 다룸으로써 착오에 대한 일관된 구성요건과 그 법적 효과를 실현하였다고 볼 수 있다. 그러나 소수설의 견해대로 「법률행위의 내용의 중요부분」이라는 내용적 제한을 통하여 취소의 범위를 적절히 조절할 수 있다고 하더라도, 소수설이 표의자의 다양하고 지극히 개인적인 동기까지 일단 취소할 수 있는 착오의 대상으로 인정하는 것은 상대방의 신뢰보호와 거래의 안전이라는 관점에서 볼 때 따르기 어렵다. 예컨대 가구를 구입하면서,

표의자로서는 여러 가지 예상을 하게 되는데, 예를 들어, “자기가 직접 사용하기 위하여, 딸의 혼수용으로 준비하기 위하여, 애인에게 선물할 목적 등”이다. 이러한 모든 사유는 법적으로 의미 없는 사소한 개인적인 것으로서, 거래의 안전을 논하기 앞서 처음부터 착오의 고려대상에서 제외되어야 할 것이다. 그런데 소수설은 이러한 개인적 사유도 일단 동기의 착오에 포함시키고 있다.

2) 법률행위 내용의 중요부분에 관하여　　소수설은 동기의 착오라도 취소할 수 있기 위해서는 법률행위 내용의 중요부분이어야 하므로 이로써 취소될 수 있는 동기의 범위가 합리적으로 제한될 수 있고, 이에 따라 거래의 안전은 유지될 수 있다고 본다. 그런데 일반적으로 착오가 법률행위 내용의 중요부분에 해당되는 것인가의 판단은 인과관계에 의하여 결정된다. 즉 법률행위 내용의 중요부분에 해당되는 착오로 인정되기 위해서는, 「표의자가 착오가 있다는 사실을 알았고 또 이 사실을 합리적으로 판단하였더라면 그 의사표시를 하지 않았을 것으로 인정되는 경우」이어야만 한다.[72] 이에 의할 때, 착오가 법률행위의 내용의 중요부분인가의 여부는 적극적으로 착오를 일으킨 내용이 전체의 법률행위 내용 속에서 얼마나 중요한 것인가에 대하여 심사하여야 할 것이다. 그런데 소수의 견해는 '표의자나 평균인이 표의자가 착오를 일으킨 사실을 알았더라면 표의자는 과연 의사표시를 하였을 것인가'라는 인과관계를 기준으로 소극적으로 판단한다. 그런데 이에 대한 판단은 궁극적으로는 표의자의 주관적 사정에 얽매일 수밖에 없다. 예컨대, 객관적으로 땅투기를 직업으로 가진 사람이 특정지역의 토지가격의 상승을 목적으로 그 지역의 일정토지를 매입하였는데, 자신이 매입한 토지만이 가격상승을 하지 않은 경우에 소수설에 의하면 취소할 수 있어야 한다. 왜냐하면 땅투기꾼이 토지를 거래하는 경우 이에 관하여 법률행위의 중요부분을 단순히 인과적 관련성에 기초하여 파악할 때, 토지가격의 상승은 법률행위 내용의 중요부분이 될 수도 있기 때문이다. 이 경우, 주관적으로 땅투기꾼인 표의자에게는 토지가격이 하락하거나 현상대로 그대로 유지되는 것은 표의자로서 그가 한 의사표시의 전체를 의미 없게 만들게 되므로, 그는 그 일정토지의 매수의 의사표시를 하지 않았을 것이 인과적으로 인정되어 주관적 현저성이 인정된다. 또한 객관적으로도 어느 평균인도 “땅투기꾼”이라는 직업을 가진 표의자의 위치라면 토지가격이 상승하지 않았다면 그 토지를 매수하겠다는 의사표시를 하지 않았을 것이 인과적으로 상당한 것으로 인정될 수 있기 때문에 객관적 현저성도 인정된다. 그러면 땅투기꾼인 표의자에게 토지가격의 급등이나 상승은 토지매수의 내용상 중요부분이 되는 것이고, 이에 따라 가격상승이 이루어지지 않았다면 법률행위의 중

72) 대판 1985.4.23, 84다카890.

요부분에 대한 착오로써 취소할 수 있어야 하나 이는 거래의 안전을 해하여 [illegible] 부당한 결론인 것이다.

(3) 취소할 수 있는 동기의 착오를 판단하기 위한 기준

동기의 착오와 관련하여, 학설은 착오를 일으킨 동기의 내용만 파악하고 이를 사적 자치의 원칙과 관련하여 심사하지 않는 데에 그 논리적 난점을 가지고 있다고 생각된다.73)

가. 동기의 착오의 특징 동기의 착오는 '의사가 형성되는 과정에서' 의사결정에 영향을 미치는 사실에 대하여 실제와 다르게 표의자가 인식함으로써 발생하는 착오이다. 예컨대 도시계획에 포함된 토지인 줄 알고 구입하였는데 실제로는 아닌 경우 등을 들 수 있다. 그런데 이러한 동기의 착오는 신이 아닌 유한의 존재에 불과한 인간의 본질에서 기인하고 있다. 본래 인간은 유한의 판단능력을 가지고 있으므로, 의사결정을 할 당시에 외부 세계에 대하여 가졌던 기대나 예상이 이에 대응되는 현실의 사실과 일치하지 않을 위험(Risiko) 속에서 살고 있다. 이로써 표의자의 의사결정에 동인(動因)으로 작용했던 판단사실과 이에 대응된 실제 사이의 불일치에 대한 위험은 원칙적으로 표의자 스스로가 감내하여야 할 숙명에 불과하다. 이러한 판단의 착오에 대하여 판단자로서 표의자가 자신의 이익보호를 위한 법적 구제를 요구하는 것은 원칙적으로 타당하지 않다. 이러한 점에서 동기의 착오란 표의자 자신의 몫인 것이다.

나. 동기의 착오와 사적 자치 동기의 착오라도 경우에 따라서는 단순히 표의자의 판단위험에 따른 것으로 취급하여 이를 무시할 때, 그 내용의 중대성으로 인하여 표의자의 자기결정 전체를 본질적으로 의미 없게 만드는 경우가 있다. 예컨내, 금반

---

73) 이영준 교수는 법률행위의 해석에 의하여 동기가 법률행위의 내용으로 되었다고 인정되는 경우에는 동기착오는 법률행위의 내용의 착오이고, 법률행위의 내용으로 인정되지 않는 경우에는 독일 민법 제119조 제2항, 즉 「거래에 있어서 중요한 사람 또는 물건의 성질에 관한 착오」가 있는 때에 동기의 착오를 일정한 범위 내에서 법률행위 내용의 착오와 동일하게 취급하는 규정이 우리 민법에는 없으며 취소의 대상이 되는 착오를 「법률행위의 내용」의 착오에 국한하고 있기 때문에 동기의 착오는 민법 제109조의 적용이 부인되는 데, 다만 「거래에 있어서 중요한 사람 또는 물건의 성질에 관한 착오」의 경우에는 제109조를 유추적용하여 이 경우에 취소를 인정함이 타당하다고 한다(407면); 백태승 교수도 이영준 교수와 견해를 같이하여 거래상 중요한 의미를 가지는 사람 또는 물건의 성질에 관한 착오를 취소할 수 있는 동기의 착오로 본다(415면); 그러나 이렇게 제109조를 유추적용하는 견해에 대하여는 어떠한 근거에서 제109조의 유추적용을 하는지 불분명하며, 만약 설득력 있는 유추적용의 근거가 없다면 이는 서로 모순된 것이라는 비판을 하는 견해도 있다(김학동, "동기의 착오", 고시계(1992. 6), 88면 참조).

지인 줄 알고 "저 반지를 주세요!"라고 의사표시를 하였는데 실제로는 "구리반지"였던 경우에 반지의 구성부분은 동기사실에 불과하므로 구리반지를 사야만 하는가의 문제가 발생한다. 이러한 경우에 발생된 동기의 착오는 단순히 의사표시의 외부에 존재하는 사실에 대한 오인에 그치는 것이 아니라 의사표시와 내용적인 관련성을 갖고 있으므로 사적 자치의 실현이라는 관점에서 볼 때 단순히 무시될 수 없는 요소이다. 이러한 경우에는 예외적으로 표의자로 하여금 동기의 착오로 인한 것이지만 그 의사표시를 취소할 수 있게 해 주어야 한다. 따라서 동기의 착오라도 그 착오내용이 사적 자치와 관련하여 중대하다면 취소할 수 있어야 한다. 사적 자치는 당사자가 의욕한 바를 실현할 수 있도록 적극적으로 조력하는 방법에 의하여도 그 목적을 달성할 수 있지만, 소극적으로 당사자로 하여금 자기가 원하지 않는 법률효과를 강요당하지 않도록 해줌으로써도 최소한 달성할 수 있다. 따라서 사적 자치를 최소한 실현하기 위해서는, 표의자의 의사적 결단에 결정적인 요소로 작용하는 외부정황에 대한 착오에 대해서는 표의자에게 취소권을 부여함으로써 자신이 원하지 않는 법률효과의 발생으로부터 벗어날 수 있게 된다. 이로써 사적 자치는 최소한으로 유지될 수 있다.

다. 취소할 수 있는 동기의 착오에 관한 이론적 시도 의사형성과정에서의 동기의 착오에 대한 유형은 다음과 같다.[74)]

1) 목적관련성 있는 착오 목적관련성 있는 착오는 표의자의 결단을 내리는데 결정적인 계기가 된 사실에 대한 착오로서 일반적으로 법률행위의 대상이 갖추고 있는 「구성요소」에 대하여 착오가 있는 경우이다. 예컨대, 구리반지를 금반지로 생각하고 "저 반지"에 대하여 매수의 의사표시를 한 경우나 경리사원을 모집하는데 사기·절도의 전과가 있는 줄 모르고 말쑥한 외모 의 청년을 채용한 경우에는 의사와 표시는 완벽하게 일치되어 있으나, 착오는 의사가 결정되는 과정에서 법률행위나 의사표시의 목적과 직접적인 관련을 맺고 있는 사실에 관한 잘못된 판단에서 비롯된 것이다.

2) 의사표시의 「주변 정황」에 대한 착오 착오가 거래대상과는 직접적 관련성은 없으나, 표의자가 거래하기로 결단을 내리는 데 영향을 미친 「의사표시의 주변을 형성하고 있는 정황」에 대하여 착오가 발생하는 경우가 있다. 이러한 거래대상의 주변정황에 대한 착오는 대체로 해당 법률행위가 행하여지는데 원인이 된 표의자의 경제적 욕구를 반영하고 있다. 예를 들면, A미개발지역을 구입하면서 인접한 B상가지역과의 사이에 고가도로가 설치된다는 도시계획을 믿고 A미개발지역에 대한 매매계약을 체결하

74) Larenz, Allg. Teil, § 20 Ⅱ.

었는데, 실제로 도시계획에는 어떠한 고가도로의 건설 계획도 수립되어 있지 않은 경우를 들 수 있다.

3) 미래의 발전가능성에 대한 착오 표의자가 자신이 하는 거래와 관련하여, 「장차 사물이나 일의 발전가능성」을 기대하면서 결단을 내리고 법률행위를 하였는데 실은 표의자가 예상한대로 일이 전개되지 않은 경우에 표의자는 장차 거래의 진행과정에 대한 착오를 일으키고 있다. 예컨대, 약혼자의 결혼반지를 구입하는 계약을 체결하였는데, 그 후 어떠한 사정으로 인하여 파혼을 한 경우 등을 들 수 있다.

4) 결 어

위에서 살펴본 바와 같이, 동기의 착오는 의사가 형성되는 과정에서 「의사표시의 목적과 관련이 있는 사실에 관한 판단」·「의사표시의 주변 정황과 관련이 있는 정황의 기대」·「미래의 발전가능성에 대한 예측」으로 나눌 수 있다. 이러한 동기의 착오는 단계적으로 표의자의 내심적 효과의사의 형성에 영향력을 미치는 관련성에 있어 원근적 관계를 이루고 있다. 즉 '의사표시의 목적과 관련이 있는 사실 판단'이 의사결정에 가장 근접하고, 그 다음의 단계로서 '의사표시의 주변에 존재하는 정황에 대한 기대'가 가깝고 그리고 '어떤 사정의 미래 발전가능성에 대한 예측'은 의사의 형성과 가장 소원한 상태의 정황을 구성하고 있다. 그런데 의사표시는 그 표시된 언어나 표현에 구애받지 말고 그 목적에 좇아 해석하여야 하므로, 의사표시에서 반드시 고려하여야 할 대상은 표의자가 의사표시를 통하여 추구하려는 법률행위의 목적인 것이다. 결국 동기의 착오 중 법률행위의 목적과 관련된 동기의 착오는 의사표시의 내용과 관련된 것으로서 취소할 수 있어야 한다. 그렇지만 의사표시의 주변정황에 대한 착오나 미래의 발전가능성에 대한 착오는 사적 자치의 실현과 직접적 관련이 없는 만큼, 설령 그것이 명시되어 외부로 표시되었다 하더라도 단순한 표의자의 원망(願望)을 표시한 것으로서 취소될 수 있는 착오의 대상에 속하지 않는 것으로 해석하여야 한다.[75] 그러므로 동기의 착오는 객관적으로 법률행위의 목적과 관련 있는 동기인가에 따라서 취소의 여부가 인정되어야 한다. 이러한 관점에서, 착오에 의한 의사표시의 취소가능성의 기준이 되는 제109조의 「법률행위의 내용의 중요부분」은 객관적으로 의사표시의 「목적관련성」을 의미하는 것으로 해석하여야 한다.[76]

75) 매매계약 당시 장차 도시계획이 변경되어 공동주택, 호텔 등의 신축에 대한 인·허가를 받을 수 있을 것이라고 생각하였으나 그 후 생각대로 되지 않은 경우, 이는 법률행위 당시를 기준으로 장래의 미필적 사실의 발생에 대한 기대나 예상이 빗나간 것에 불과할 뿐 착오라고 할 수는 없다(대판 2007.8.23, 2006다15755).

3. 착오의 종류

(1) 의사의 표시과정에서의 착오

의사가 표시되는 과정에서 발생하는 착오는 우선 표의자의 진정한 의사로서의 진의와 이를 외부로 나타내는 표시와의 대비를 통해서 밝혀진다. 이러한 불일치는 다음의 두 가지 이유에서 비롯된다. 첫째로, 표의자가 자신의 의도를 반영할 표시수단을 잘못 선택하여 표시한 경우로서, 표의자가 선택한 표시수단이 자신의 의사를 적절히 반영하지 못함으로써 진의와 다른 내용의 표시를 한 경우가 있을 수 있다. 둘째로, 표의자로서는 자신의 의사를 제대로 의미하는 표시수단을 사용하여 표시행위를 하였으나, 표시수단이 주는 객관적 의미가 표의자의 의도를 반영하지 못하는 경우가 발생할 수 있다. 전자를 「표시의 착오」라 하고, 후자를 「내용의 착오」라 한다.

가. 표시의 착오

1) 표의자에 의한 표시의 착오　　표시의 착오는 「표의자가 자신의 의사를 외부로 표출시키는 심리적 과정에서 의사의 왜곡이 발생하는 것」을 말한다.[77] 이는 표의자가 잘못 말하거나 계약서에 잘못 기재함으로써 표의자 자신이 표시하기를 원했던 것과 다른 표시를 하는 경우를 말한다. 예를 들면, 표의자가 "700,000원"으로 표기해야 할 것을 "70,000원"으로 오기하는 경우이다. 그리하여 표의자가 자신의 의사를 그대로 반영할 수 있는 "700,000원"이라는 표시수단을 사용하여야 함에도 불구하고 실수로 표의자가 의욕하지 않았던 "70,000원"의 표시수단을 잘못 선택하여 표시함으로써 의사와 표시가 일치하지 않게 된 경우를 말한다. 이와 같이 표시의 착오는 착오가 표의자의 내적 심리과정에서 의사가 표시로서 전환되는 과정에서 그 왜곡이 발생하는 것에 기인한다.

2) 사자(使者)에 의한 전달의 착오　　전달의 착오는 표의자가 표시사자를 통하여 의사를 상대방에게 전달하는 경우에 사자의 실수로 표의자의 의사와는 다르게 표시된 경우에 발생하는 착오를 말한다. 이러한 전달의 착오는 사자가 개입하여 상대방에게 의사와 표시가 다르게 전달된 점을 제외하고는, 표시의 착오와 그 본질을 같이 한다. 양자 모두 표의자가 착오에 빠져서 표시하고자 하는 내용과 다른 내용이 상대방에게 통지되는 결과를 초래하였다는 점에서 동일성이 있다.[78] 이때에는 일단 의사표시는 표시

---

76) Larenz, Allg. Teil, § 20 Ⅱ.

77) MüKo/Kramer, BGB § 119 Rdnr. 35.

78) 김상용, "착오의 의의와 유형", 월간고시(1991. 10), 54-55면.

된 내용 효력을 갖는다. 왜냐하면 의사와 표시의 불일치에 대한 원인은 사자에 의한 것이지만 그가 속해있는 표의자의 책임영역 내에서 발생한 것이기 때문에, 그 불일치에 대한 위험은 표의사가 부담하여야만 한다. 다만 표의자는 표시의 착오에 따른 취소를 통하여 사자가 표시한 내용의 효과로부터 벗어날 수 있다(독일민법 제120조 참고).

그리고 사자가 표시를 잘못하여 상대방에게 의사표시가 표의자의 의도와 다르게 전달된 경우에서 이때의 와전은 사자의 무의식적인 착오에 의한 것이어야지 의식적인 것이어서는 안된다. 사자의 의식적인 와전의 경우에는 표의자에 의하여 완성된 의사표시가 사자를 통하여 전달된 것이 아니므로 전달의 착오가 성립되지 않는다. 이처럼 사자가 의식적으로 표의자의 의사표시를 달리 전달한 경우에, 착오의 문제가 성립할 수 없다는 점에서 착오에 관한 규정을 유추적용할 수는 없고 무권대리의 규정인 제135조를 유추적용하여야 한다.[79] 이로써 사자가 의도적으로 와전한 표시를 받은 상대방은 사자인 전달자에 대하여 이행의 청구 또는 손해배상을 청구할 수 있다.

나. 내용의 착오　표의자가 자신이 표시하고자 하는 것을 외부로 표시하였으나 그 표시가 나타내는 의미에 대하여 착오를 일으킨 경우에 이를 「내용의 착오」라고 한다. 이 내용의 착오에서 표의자는 「표시하고자 하는 것」을 그대로 외부에 「표시한 것」으로서 내심적 효과의사가 표시로 전환되는 표의자의 주관적 심리과정에서는 어떠한 왜곡도 발생하지 않았다. 다만 의사표시에 대하여 규범적 해석을 함에 따라, 표시가 주는 객관적 의미가 그 의사표시의 내용으로 결정됨으로써 의사표시의 내용상의 차이가 발생하게 된 것이다. 이로써 의사표시의 해석된 결과와 표의자가 의도한 내용과의 상위가 발생하게 됨으로써 착오가 생기게 된다. 결국 내용의 착오는 자연적 해석에 의한 경우에는 발생할 수 없고 규범적 해석에 따른 결과이다.[80] 그러므로 내용의 착오가 성립하는 경우에는 표의자는 자신이 한 의사표시를 통하여 「자신이 무엇을 말하였는지」에 대하여서는 잘 알고 있으나, 「그것으로써 무엇을 말하게 되었는가」를 모르고 있는 것이다. 결국 내용의 착오는 표의자가 의사표시를 함에 있어서 표시수단을 잘못 선택한 것이 아니라 표시수단의 의미를 잘못 이해한 결과이다.[81] 예를 들어, "5만 미국달러"를 "5만 홍콩달러"로 표시한 경우에, 표의자가 표시를 결정하는 심리적 과정에서 "5만 미국달러"를 선택하지 않고 "5만 홍콩달러"를 수단으로 선택하여 표시한 경우에는 표시의 착오이다. 그러나 "5만 달러"라고 표시한 경우에 표의자로서는 5만 달러는 "5만 미국달

79) 이영준, 410면.

80) Larenz, Allg. Teil, § 20 Ⅱ; Musielak, Grundkurs BGB, Rdnr. 286.

81) 이영준, 401면.

러"라고 생각하고 표시하였는데, 그 표시가 행하여진 장소가 홍콩이므로 이로써 "5만 홍콩달러"가 된 경우에는 심리적 왜곡은 없으나 규범적 해석의 결과로 의사와 표시의 불일치가 발생하였으므로 이러한 경우에는 내용의 착오가 발생한 것이다.

(2) 의사형성과정에서의 착오

의사형성과정에서 발생하는 동기의 착오는 표의자가 의사를 결정하게 하는 동인사실에 대하여 적절한 판단을 하지 못한 것으로서, 「의사」와 「표시」는 해석절차에서 완전히 일치하고 있다. 다만 예외적으로 일정한 동기의 착오에 대하여 표의자로서는 취소할 수 있다는 점에 관하여는 이론이 없다. 다만 사견에 의하면, 동기의 착오가 「법률행위의 내용상 중요부분」과 관련을 맺고 있다면 객관적으로 법률행위의 목적과 관련 있는 동기로서 취소할 수 있어야 한다.[82] 동기착오에 의한 의사표시의 취소가능성은 동기의 내용이 의사표시의 「목적관련성」을 갖는가의 여부에 따라 결정되어야 한다고 생각한다.

4. 구체적인 착오의 예

(1) 동일성의 착오

동일성의 착오는 표의자의 의사표시가 특정인이나 특정물과 관련된 정보를 내용으로 포함하고 있어 특정인 내지는 특정물을 목적으로 의사표시를 하였는데, 그 동일성에서 착오가 발생한 경우이다.[83] 결국 특정인·특정물을 지향하는 의사표시의 객관적인 표시가 표의자가 의욕한 특정한 그 사람·특정한 그 물건에 대한 정보내용과 다르게 이해됨으로써 의사와 표시의 불일치가 발생하게 된다.

다음의 경우에는 특정인의 동일성에 대한 착오(error in persona)가 문제로 된다.

> 甲은 평소에 단골로 자기 집의 도배일을 하여 주던 '김철수'에게 집단장의 도배일을 맡기려 한다. 전화번호책에서 김철수라는 다수의 이름 중 과거에 그가 살던 집주소에

---

82) 독일민법 제119조는 표시의 착오·내용의 착오 그리고 동기의 착오를 각각 항을 달리하여 규정하고 있다. 동조 제1항에서는 의사표시를 함에 있어서 그 내용에 대하여 착오에 빠지거나 또는 그러한 내용의 표시를 결코 표백하고자 하지 않았을 자는 그러한 사실관계를 알았고, 이러한 경우를 이해깊은 합리적인 판단을 하였더라면 표백하지 않았을 것이 인정되는 경우에 (자신이 한) 표시를 취소할 수 있다고 규정하고 있다. 그리고 동조 제2항에서는 거래에 본질적인 것으로 보이는, 사람 또는 물건의 특성(Eigenschaft)에 대한 착오도 표시 내용에 대한 착오로서 간주한다고 규정하고 있다. 이로써 독일민법은 착오를 의사표시과정에서의 착오와 의사결정과정에서의 착오를 본질적으로 준별하고, 전자의 경우에는 의사와 표시의 불일치로서 취소할 수 있게 하여 주고, 후자의 경우에 한하여 거래의 본질성을 기준으로 취소 여부를 다루게 된다.

83) Musielak, Grundkurs BGB, Rdnr. 291.

> 해야하는 김철수를 찾아내어 새하루 도배일을 부탁하였다. 이를 승낙한 김철수가 그 다음날 甲의 집에 도배일을 하러 찾아 왔으나, 甲의 집에 나타난 김철수는 甲이 평소 도배일을 시키던 김철수가 아니었다. 즉 甲은 자신이 도배를 맡기려는 김철수와 다른 동명이인인 김철수에게 도배에 관한 도급의 청약을 한 것이었다.

다음의 경우에는 특정물건에 대한 동일성의 착오(error in objecto)를 일으킨 것이다.[84]

> 골동품상 甲은 각 미술품에 대한 번호를 매겨 진열해 놓고 있다. 따라서 손님이 몇 번의 물건에 대하여 문의하여 오면 물품목록에서 그 번호에 해당하는 물건의 카탈로그를 찾아 이를 근거로 매매의 내용을 결정하였다. 그런데 甲이 물품목록에서 진열한 미술품에 대한 번호를 뒤바뀌게 함에 따라, 甲은 카탈로그대로 60만원의 값을 제시하였다. 이에 대하여 손님은 쾌히 승낙하여 계약이 체결되었다. 그런데 甲은 미술품을 포장하여 주던 중 전시된 미술품의 번호와 물품목록에서의 번호가 달라, 포장하고 있는 미술품의 가격이 100만원임을 알게 되었다.

동일성의 착오는 계약의 목적과 관련 있는 착오로서 일종의 내용의 착오인 것이다.[85] 따라서 취소할 수 있다. 예컨대 갑(甲)이 채무자란이 백지로 된 근저당권설정계약서를 제시받고 을(乙)이 그 채무자일 것으로 예상하여 근저당권자로 서명·날인하였는데, 그 후 채무자가 병(丙)으로 기재되어 근저당권설정등기가 경료되었다면, 갑은 근저당권설정계약상의 채무를 병이 아닌 을로 오인한 나머지 근저당권설정의 의사표시를 한 것이으로서 이 같은 채무자의 동일성에 관한 착오는 법률행위의 내용의 중요부분에 관한 착오에 해당한다.[86] 그러나 혼인 등과 같이 신분관계와 관련하여 사람의 동일성에 관한 인적 착오가 발생한 경우에는 이는 가족법의 영역에 속한 것으로서 당사자의 진의가 절대적으로 존중되어야만 하므로 제109조의 적용에 앞서 이미 무효이다(제815조 참조). 따라서 신분행위와 관련하여서는 제109조의 착오에 의한 취소가 적용되지 않는다.

또한 「동일성의 착오」와 구별하여야 할 착오로서 (후술하는) 「특성의 착오」가 있다. 특정 사람이나 물건의 동일성의 착오는 표시내용에 대한 착오이지만, 특성의 착오는 원칙적으로 단순동기의 착오로서 양자는 엄격히 구별되어야 한다.

84) Musielak, Grundkurs BGB, Rdnr. 291.

85) 김상용, 466면; 김증한·김학동, 352면; 송덕수, 민법주해[Ⅲ], 459면; 이영준 교수는 동일성의 착오를 성질의 착오에 포함시키고, 제109조 제1항을 유추적용하여 취소의 대상이 된다고 한다(410-411면).

86) 대판 1995.12.22, 95다37087.

(2) 법률의 착오

일반적으로 법률의 착오를 '의사표시에 의하여 발생된 법률효과에 대한 착오'라고 이해한다. 이에 의하면, 법률에 의한 착오로 인한 의사표시에는 항상 법률적 규율의 효과가 표의자의 의도와는 다른 결과를 낳는 것이므로, 이렇게 되면 모든 착오는 자동적으로 법률효과에 대한 착오로 귀결될 것이다.[87] 그러므로 법률의 착오는 표의자가 '법률에 정하여진 입법내용에 관한 착오'를 일으킨 것을 의미하는 것이 아니다.[88] 표의자의 착오가 법률의 착오로 인정될 수 있기 위해서는 「직접적으로 법률상의 규율이 의사표시의 내용을 형성하고 있는 경우」에 인정될 수 있다.[89] 예를 들어, 매도인이 중고차를 매각하면서, 중고차란 어차피 노후되어 결함을 가질 수밖에 없으므로 자신의 중고차에 대해서는 하자담보책임을 지지 않을 것을 예상하고 이를 간과하여 매우 낮은 가격으로 매매계약을 체결한 경우에 당사자 사이에 하자담보책임에 관한 민법의 규정을 적용하지 않기로 하는 특약이 없는 한 중고차의 매매에도 민법상 하자담보책임의 규정은 적용된다. 이때 만일 매도인이 중고차에도 하자담보책임을 져야 하는 규율을 알았더라면 그렇게 싼 가격으로 팔지 않았을 경우에 매도인은 하자담보책임에 대한 민법 규정에 대한 착오를 일으킨 것으로서, 이는 단순 동기의 착오에 해당되어 취소할 수 없다.[90] 왜냐하면 이 경우 매도인은 매매계약상 표시하고자 하는 내용을 표시하였고, 자신이 표시자체의 의미를 잘못 이해하고 있는 것도 아니며, 오로지 표시의 대상과 직접적으로 관

87) Flume, Allg. Teil, § 23 4d.

88) 이영준 교수는 법률의 착오(Rechtsirrtum)와 법률효과의 착오(Rechtsfolgeirrtum)를 동일한 것으로 파악하면서, ① 법률의 규정이 의사표시에 관하여 적용됨으로써 일정한 법률효과가 발생하는 경우에는 표의자가 이러한 법률효과에 관하여 착오에 빠졌다 하더라도 의사와 표시의 불일치는 존재하지 아니하고 단순한 동기의 착오만이 존재하는 것이고, ② 이와는 달리 법률효과가 표시행위의 내용을 이루는 경우에는 표의자가 그렇지 아니한 것으로 착오하면 이 표의자의 표시행위는 표의자가 생각한 의미와 다른 의미를 갖게 되므로 표의자의 의사와 일치하지 않게 되고, 따라서 이 경우의 법률의 착오는 내용의 착오로 된다고 한다(411면); 김상용 교수는 법률의 착오는 법률에 관한 착오로서, 법률의 규정 유무 또는 그 규정의 의의에 관하여 잘못 이해하는 것이며, 법률의 착오는 역시 제109조에 의해 고려되는 착오로 본다("착오의 의의와 유형", 월간고시(1992. 10), 58면); 김증한·김학동 교수는 법률의 착오와 법률효과의 착오는, 그 법률효과가 법률의 규정에 기한 것인 때에는 구별이 쉽지 않은데, 그러한 법률효과의 내용을 표의자가 의사표시의 내용으로 삼은 때에는 법률효과의 착오가 되고, 표의자가 – 내심으로 법률규정상의 법률효과와 다른 법률효과를 원하였을지라도 – 이를 의사표시의 내용으로 삼지 않은 때에는 법률의 착오로 된다고 본다(353면).

89) Musielak, Grundkurs BGB, Rdnr. 293.

90) 착오가 법률에 의해서(ex lege) 또는 보충적 해석을 통하여 법률행위에 부여되는 법률효과와 관련되어 있다면, 이는 내용의 착오로 될 수 없고 따라서 취소할 수 없다(MüKo/Kramer, BGB, § 119, Rdnr. 69).

[illegible] 이 경우 표의자는 법률효과에 관하여 착오를 일으킨 것으로서 의사표시 자체에는 착오가 발생되지 않았으나, 현재 규율되어 있는 법적 규율에 대한 표의자의 착오가 있는 경우이다. 이로써 표의자는 착오로서 취소할 수 없다.

그러나 이와는 달리, 만일 표의자가 착오를 일으키고 있는 법률효과가 직접적으로 의사표시의 내용을 구성하고 있다면, 이는 소위 "표명상의 착오"(Verlautbarungsirrtum)[91]로서 일종의 내용의 착오로 된다. 예컨대, 갑(甲)이 을(乙)에게 물건을 빌려주면서 "사용대차"라고 표시하였는데, 실은 갑으로서는 물건을 대여해 주고 차임을 받을 목적으로 의사표시를 한 경우이다. 갑은 "사용대차"라는 계약이 그 사용대가를 받을 수 있는 유상적 계약이라고 생각하였다. 이는 표의자가 "임대차"를 "사용대차"로 오해한 경우로서, 의사표시와 관련된 법률효과가 의사표시의 내용으로 된 경우이다. 이는 법률상 입법되어 있는 내용에 대한 착오가 아니라 법적 개념의 상위에서 오는 착오가 발생하고 있다. 이는 일종의 내용의 착오로서, 표의자는 취소할 수 있어야 한다.[92]

(3) 서명의 착오

가. 구두상의 합의의 우선적 효력 서명의 착오는 표의자가 문서에 서명하는 과정에서 발생하는 착오로서, 서명한 내용이 서명자의 예상과 상이한 경우에 발생한다. 계약당사자들은 서면으로 체결될 계약의 내용에 대하여 미리 구두로 협상을 하여 체결될 계약 내용에 합의하는 것으로 계약체결의 준비를 완료한다. 그런데 협상의 과정에서 당사자들이 합의한 사항이 계약서를 작성하는 과정에서 작성자의 실수로 계약서에 그대로 전사(轉寫)되지 않았고, 계약당사자들도 그 실수를 모른 채 서명할 수도 있다. 이러한 경우에는 사적 자치의 원칙에 따라 당사자들 사이에 체결된 계약의 효력은 서면상으로 표시된 것이 아니라 구두상의 합의대로 발생한다.[93] 구두상의 합의가 서면의 내용에 앞서서 우선적으로 효력을 발생한다. 이러한 서명의 착오가 발생하는 사실관계에는 '오표시의 무효력의 법리'에 따라서, 서면상의 그릇된 표시에 앞서서 당사자들이 진정으로 합의한 내용이 우선적인 효력을 갖는다.[94] 이처럼 '당사자들의 구두상의 주관적 합

---

91) 용어적 이해의 관점에서, "법률효과에 대한 착오"라고 명명함은 적절하지 아니하다(Musielak, Grundkurs BGB, Rdnr. 293).

92) 판례는 '매도인이 자신에게 부과될 양도소득세를 회피할 목적으로 매수인이 설립한 주식회사에 현물출자로 투자하는 형식을 취하여 매매한 경우 이 또한 자산의 양도에 해당되어 양도로 발생되는 소득세를 물게 되었다면 착오를 이유로 취소할 수 있다'고 본다(대판 1981.11.10, 80다2475).

93) 이영준, 415면.

의가 서면상의 객관적 내용보다 우선적 효력이 있다'는 원칙은 심지어 당사자들이 계약서면에 명시적으로 구두상의 합의와 서면상의 표시가 서로 일치하지 않는 경우에 서면의 내용이 우선적 효력을 갖는다는 내용을 명기한 경우에도 적용된다. 이를 테면, 약관에 '구두에 의하여 이루어진 합의가 서면의 작성내용과 일치하지 않을 때에 구두상의 합의는 계약내용으로서 고려하지 않기로 한다'는 특약이 있는 경우에도 구두상의 합의사항이 우선적 효력을 갖는다(약관의 규제에 관한 법률 제4조 참조).[95] 일반적으로 계약당사자들은 계약을 체결하기까지 계약 준비를 진행하면서 협상을 통하여 얻어진 결과를 계약내용으로서 계약문서에 정확히 전사되었으리라고 신뢰하여 계약서에 서명한다. 이때 계약문서상의 기록된 내용은 구두상 합의내용과 별개의 독립된 것이 아니라 합의한 내용의 효력을 서면으로 보증해 주기 위한 수단에 불과한 것이기 때문에, 구두상 실제로 합의한 것과 이를 기록한 계약문언상의 불일치가 발생하는 경우 구두상의 합의내용이 우선적 효력을 가지는 것이다.

나. 읽어보지도 않고 서명한 경우 어떤 사람이 자기에게 제시된 문서를 읽어보지도 않고 문서에 서명함으로써 착오가 발생할 수 있다. 이는 다음의 두 가지로 나눌 수 있다.

1) 서명자가 어떠한 예상도 하지 않은 채 문서의 내용에 서명한 경우 서명자가 표시의 내용에 어떠한 예상도 하지 않은 경우에는 표의자의 예상과 현실의 실제가 서로 어긋날 수 없으며, 따라서 착오가 문제조차 될 수 없다. 이에 따라 문서의 내용이 자신이 의도한 바와 다르다 하더라도 취소할 수 없다.[96]

반면에 계약서를 읽어보지도 않고 서명한 경우에는 서명자는 자신이 법률행위로서 의미 있는 표시행위로 서명하고 있음을 전혀 인식하지 못하는 경우도 있다. 예를 들어, 축하연하장인줄 알고 서명하였는데 실제로는 물품구입계약서에 서명한 경우에는 표의자에게 법률효과의 발생을 목적으로 하는 의사가 없으므로 표시의사가 결여되어 있다. 이처럼 표시의사가 없는 경우에는 착오로 인한 취소와 동일하게 취급할 것이다.

2) 서명자가 문서에 서명하면서, 그 문서 내용에 대하여 잘못된 예상을 하고 있는 경우 예를 들어, 임대차계약으로 생각하고 서명하였는데 실은 매매계약인 경우 또는 임대차의 해지에 대하여 서명하였는데 차임 증액의 합의에 서명한 경우 등은

---

94) MüKo/Kramer, BGB, § 119, Rdnr. 37.

95) Musielak, Grundkurs BGB, Rdnr. 294.

96) Musielak, Grundkurs BGB, Rdnr. 294; MüKo/Kramer. BGB, § 119, Rdnr. 39.

표의자가 원하는 것을 표시하지 않았으므로, 표시의 착오로서 취소할 수 있다. 판례도 신용보증서류에 서명날인한다고 생각하고 연대보증의 서면에 서명날인한 경우에 표시의 착오를 인정하고 있다.[97] 또한 이러한 경우 의사표시를 받는 상대방이 표의자가 어떤 의사로 표시하고 있음을 알고 있는 경우에는 '오표시의 무효력의 법리'에 따라 의사표시는 표의자가 의도한대로 효력이 있다.[98] 만약 위의 예에서, 임대하려는 것이지 매각하려는 것이 아니라는 것을 상대방도 알고 있었나면, 상대방의 신뢰가 문제되지 않으므로 잘못된 표시인 매매는 아무런 효력도 발생할 수 없다.

그러나 누군가 문서의 작성을 타인에게 맡기고 이에 서명하였는데 자신의 의도와는 다르게 계약서의 내용이 구성되어 있는 경우에는 작성자가 누구인지에 따라 취소의 가능성이 달리 판단된다.

첫째, 서면의 작성을 거래의 상대방에게 맡긴 경우에는 계약체결을 위한 협의과정에서 합의된 내용이 문서의 내용보다 우선적 효력을 갖는다. 그러므로 합의한 대로 계약내용은 확정된다.

둘째, 서명자가 자기편의 사람에게 계약문서의 작성을 위탁하고, 이 계약문서에 서명한 경우에는 서명자는 문서의 내용이 자신의 의도와 다르다는 것을 내세워 취소할 수 없다. 여기에는 대리권수여와 마찬가지로, 공평의 관점에서 서명자는 서면상의 표시내용의 결정권을 타인에게 위탁하였으므로 이로써 발생할 수 있는 서면작성의 권한 남용에 따른 문제에 대하여 담보적 책임을 져야만 한다. 즉 서명자가 자신이 신뢰하는 타인에게 계약서 작성을 지시하였는데, 그 타인이 자신과의 신뢰를 배반하여 자신의 의도와 다르게 계약서를 작성한 경우에는 작성자는 상대방의 신뢰보호를 위하여 계약내용에 대하여 기속되어야만 한다. 계약서 작성을 타인에게 위탁한 서명자는 그 위임받은 작성자가 계약서를 부당하게 작성할 수 있는 가능성에 따른 위험을 스스로 부담하여야 한다.[99]

다. 백지식 서명 표의자가 계약서 등에 서명하는 경우에 일정한 사항이 확정되지 않은 경우에는 보충의 여지를 남기고 백지로 둔 채 서명하는 수도 있다. 이 경우 백지의 부분에 대하여는 상대방이나 제3자에 의하여 보충을 필요로 한다. 그런데 그 보충의 내용이 문서작성시에 당사자의 합의대로 보충되지 않고, 합의와는 다른 내용으

---

97) 대판 2005.5.27, 2004다43824(제3자의 기망행위에 의하여 신용보증서류라고 속여 연대보증서류에 기명날인한 경우에는 표시의 착오가 성립하므로, 표의자로서는 제3자의 기망행위 사실을 알았거나 알 수 있었을 경우(제110조 제2항)와 관계없이 제109조 제1항에 따라 취소할 수 있다).

98) Musielak, Grundkurs BGB, Rdnr. 294.

99) MüKo/Kramer, BGB, § 119, Rdnr. 42.

로 보충된 경우에는 문제로 된다.

> 甲은 乙에게 100만원 상당의 물품을 매입하고, 그 매매대금의 지급에 대해서는 금전소비대차의 방식을 통하여 지급하기로 계약을 체결하였다. 이에 따라 甲은 갚아야 할 금액란을 백지식으로 비워둔 채, 100만원의 금액소비대차계약서에 서명하였다. 이때 甲은 乙과 100만원과 이에 따른 이자(10만원)를 합산한 금액을 보충하기로 약속하였는데, 乙은 이를 어기고 150만원을 써넣었다.

일단 백지식 서명에서 그 백지에 보충된 내용이 당사자의 합의와 다르다 하더라도, 이로부터 발생되는 법적 분쟁이 계약당사자사이의 내부적 관계로 한정되는 한 문제가 없다. 왜냐하면 사적 자치의 원칙상 구두로 한 약속이 서면상의 표시된 것보다 우선적 효력을 갖기 때문이다. 그러므로 위의 사례에서 을은 갑에 대하여 150만원은 '오표시'로서 효력이 없고, 실제로 합의한 110만원만을 청구할 수 있다.

그러나 백지식 보충이 제3자와 관련이 있는 경우에는 제3자의 신뢰보호가 문제로 되므로, 위의 결과와 다르다. 만일 갑(甲)이 을(乙)에게 채권의 양도를 허락하여 주었을 경우에 을이 갑과 약속한 내용과는 다르게 150만원으로 보충하여 채권을 병(丙)에게 양도한 경우에는, 병의 신뢰보호를 위하여 갑의 표시는 을에게 150만원을 금전소비대차계약에 따른 채무를 부담하고 있는 것으로 된다. 그리하여 백지식으로 서명한 자는 이해관계있는 제3자에 대해서 비록 그 표시가 처음의 보충약속과는 다르게 행하여졌다 하더라도 보충된 내용에 기속되게 된다. 따라서 백지식 서명자는 그 보충의 오용가능성을 스스로 야기한 것이므로 자신에 의하여 발생된 법적 구속력있는 외관에 복종하여야 하며, 착오를 이유로 취소할 수 없다. 보충에 따른 제3자의 신뢰가 우선적으로 보호되어야만 한다.[100]

(4) 계산의 착오

가. 의 의 표의자가 일정한 양이나 어떤 가격의 계산을 근거로 하여 의사표시를 한 경우에 그 양이나 또는 가격을 산정(算定)하는 과정에서 착오가 발생하는 것을 계산의 착오라고 한다. 숫자가 표의자가 의도한 대로 표시되지 않은 계산의 착오는 '숫자를 잘못 표기한 경우'와 '산출과정에서의 실수가 있는 경우'로 나눌 수 있다.[101]

---

100) Musielak, Grundkurs BGB, Rdnr. 294; 김상용, "착오의 의의와 유형", 61면.

101) 학설은 계산의 착오에 관하여, 산출기초 내지 계산기초가 법률행위의 해석에 의하여 법률행위의 내용으로 되었다고 인정하는 경우에는 내용의 착오이고, 그렇지 아니한 경우에는 단순한 동기의 착오에 불과하다. 그러나 계산의 명백한 잘못, 예컨대 계산기초의 잘못이나 계산의 잘못이 명백한 경

나. 유 형

1) 숫자의 오기(誤記) 숫자의 오기는 표시의 착오로서 취소할 수 있다.

2) 계산의 근거(Kalkulationsgrundlage)에 대한 착오 계산이 이루어지는 산출과정에서 발생한 착오는 원칙적으로 단순한 동기의 착오이다. 왜냐하면 이러한 경우에 의사와 표시가 합치되어 있고, 다만 착오가 표의자의 의사결정에 영향을 미치고 있기 때문이다.

> 옷가게 주인인 甲은 매입가격에 30%의 이윤을 붙여서 판매 가격을 정하고 있다. 그런데 甲에게 고용된 매장의 종업원이 판매 가격을 잘못 계산하여 20%의 이윤을 붙여 판매 가격을 책정한 경우에, 이를 보고 물건을 구입한 손님에 대하여 甲은 30%의 이윤날 붙인 가격을 요구하거나, 이것이 받아들여지지 않은 경우에 매매계약 자체를 취소하고자 한다.
>
> 이처럼 계산의 근거와 관련하여 표의자가 착오를 일으킨 경우에는 단순한 동기의 착오로서 취소할 수 없다.

그러나 계산의 산출근거에 관한 착오와 관련하여, 과거 독일제국법원(RG)은 '산출근거를 상대방이 인식하고 있는가'의 여부에 따라 취소의 여부를 결정하였다. 이에 의하면, 계산의 산출근거를 계약체결 준비하는 과정에서 표의자가 상대방에게 산정의 내역을 밝혀서 상대방이 산출근거를 알고 있는 경우와 상대방에게 이를 알려주지 않아 산출근거를 전혀 알지 못한 경우로 나눌 수 있다고 한다. 전자의 경우에는 계산의 근거가 상대방에게 알려져 있으므로 법률행위의 내용으로 되어 이에 대한 착오는 내용의 착오로서 취소할 수 있으나, 후자의 경우에는 상대방으로서는 산출과정을 알 수 없으므로 단순히 표의자의 "내적인" 계산과정의 착오에 불과한 것으로서 동기의 착오가 있을 뿐이라고 한다.102) 이와 입장을 같이하는 견해도 있다.103) 이에 의하면, 계산이 계약체결의 준비과정에서 결정적으로 협상의 주된 내용으로 되었고, 이에 따라 계약체결단계에서 상대방에게 제시된 산출내역을 통하여 상대방이 정확히 계산의 근거를 알았다면, 이때의 계산은 단순한 동기가 아니라 의사표시의 내용으로 되어, 이때의 계산의 착오는「내용의 착오」로서 취소할 수 있다고 한다. 그러나 이 견해에 대하여는 비판이 제기 되고

우에는 이를 기초로 한 총액은 오기(誤記)이고, 정당한 계산기초와 계산에 의한 정당한 총액이 약정된 총액이라고 본다(이영준, 414면; 김상용, "착오의 의의와 유형", 59면).

102) RGZ 64, 266.

103) 계산근거에 대한 착오는 소위 확대된 내용의 착오로 된다는 견해가 있다(Flume, Allg. Teil, § 234e).

있다. 왜냐하면 표의자가 가격의 산출과정에 관한 근거를 상대방에게 알려 주어 이로써 상대방이 이를 알고 있는 경우라도, 실제로 그 산출근거는 법률행위의 내용에 포섭되지 않고 단순히 표의자의 주관적 사정에 불과하기 때문이다.[104] 예컨대, 표의자가 계약체결을 위한 흥정이나 협상과정에서 가격 산정의 내용을 상대방에게 알려 주는 경우가 있는데, 이는 자신이 제시한 가격의 계산이 적절한 금액 내지는 아주 싼 금액임을 알려주는 것에 불과하기 때문이다. 이러한 의도는 청약처럼 법률효과의 발생을 목적으로 한 법적 구속력 있는 의사표시가 아니라, 청약을 유도하기 위한 비법률행위로서 청약의 유인이나 체결될 계약의 주변 정황을 구성하는 것에 불과하다.[105] 이로써 산출의 근거는 순수한 동인의 사실로서 이에 대한 착오는 동기에 관한 것으로 취소할 수 없다.

또한 계산에 따른 진정한 산출절차를 표의자 이외에 상대방도 같이 인식하고 있다면, 계산의 실수에 따른 내용의 착오는 발생하지 않게 되는데,[106] 계산절차가 의사표시의 내용으로 되어(소위 「공연한」 계산의 착오) 상대방은 표의자의 실수 없는 계산 내용을 알고 있으므로 합의한 산출근거와 다른 계산의 결과는 아무런 효력도 갖지 못한다(오표시 무효력의 원칙). 따라서 이러한 경우 표의자의 진정한 의사가 표시된 것이고, 이때 의사와 표시는 완전히 일치하고 있으므로 착오 자체가 발생되지 않는다.[107] 예를 들어, 외국화폐에 대해 임대차계약을 체결하는 표의자와 상대방이 그 계약체결 당시의 환율을 산출의 근거로 삼아 외국화폐를 임대차하는 경우에 이때 결정되어야 하는 외국화폐의 금액은 잘못 알고 있는 당사자들이 합의한 환율이 아니라, 그 계약체결 당시의 환율에 의하여 결정되어야만 한다.[108]

3) 계산의 근거는 정당한데 계산 자체의 실수(Rechensfehler)가 있는 경우

① **표시행위 자체가 이미 착오에 기인된 것이 확실하지만 그 착오가 어디에 존재하는 것인지에 대하여 알 수 없는 경우** 객관적으로 표시행위 자체에 착오가 있지만, 그 착오의 원인이 어디에 존재하는지를 확정할 수 없는 경우에는 그 표시행위는 그 자체의 치유될 수 없는 「내부적 모순」으로 인하여 무효이다.[109] 이와 같은 경우에는 모순된 요소가 치유되지 않는 한, 어느 것이 법적 의미 있는 확정적 표시가치를 가진 요소인지를 구별해 낼 수 없기 때문이다.

---

104) Larenz. Allg. Teil, § 20 Ⅱ.

105) Larenz, Allg. Teil, § 20 Ⅱ.

106) MüKo/Kramer, BGB § 119, Rdnr. 74.

107) Medicus, BR, Rdnr. 134; Musielak, Grundkurs BGB, Rdnr. 295.

108) RGZ 105,406.

109) Larenz, Allg. Teil, § 20 Ⅱ.

⑪ 양당사자가 모두 계산근거에 착오를 일으킨 경우 양당사자가 계산을 하는데 있어서 계산의 근거가 되고 있는 특정된 사실관계를 잘못 이해하고, 또 그것이 의사표시의 해석에 의하여도 교정되지 않는다면 이는 쌍방적 착오로서 법률행위의 기초이론에 의하여 그 해결을 시도해 볼 수밖에 없다.110)

(5) 특성의 착오(Eigenschaftsirrtum)111)

가. 특성의 착오에 대한 의의 일반적으로 우리는 어떤 물건에 대하여 그 물건에 내재되어 있는 특성을 통하여서만 그 물건에 대한 개별성을 부여하여 거래하는 경우가 있다. 즉 그 물건의 일반적 구성이나 기능에 의존하지 않고, 그 물건만의 고유한 특성만을 집중하여 거래의 대상으로 삼아 거래를 하기도 한다. 예를 들면, 어떤 고려자기가 진품이라고 생각하고 "그 고려자기!"를 구입하였는데, 실제로는 고려자기 모조품인 경우에 거래의 목적을 개별화한 특성에 관한 착오가 발생하게 된다. 이렇듯 표의자가 자신이 예상한 특징적 성능이나 능력을 잘못 인식하고 있는 때에는, '표의자가 객관적으로 표시한 대상'과 '표의자가 주관적으로 표시하고자 한 대상'이 서로 다르게 되어 표의자에게 「특성의 착오」가 발생하게 된다.112) 원래 특성이란 표의자가 결단을 내리기 위해서만 의미 있는 특별한 것으로서, 이에 대한 착오는 표의자의 동인사실(動因事實)에 해당하여 원칙적으로 취소할 수 없다. 그러나 경우에 따라서는 그 특성 없이는 그 대상을 거래의 목적으로 삼을 수 없는 경우가 있다. 이러한 대상의 개별화와 관련된 특성들이란 법률행위의 내용에 관한 것이고, 또 이러한 특성이 그 대상으로 된 사람이나 물건의 특별한 능력이나 성능에 기여하고 있기 때문에 거래가 이루어진 것이다. 따라서 표의자가 예상한 특성이 실제로 거래의 대상에 내재되어 있지 않는다면, 이러한 불일치는 거래 자체를 무의미하게 만들게 될 것이다. 이러한 특성에 대한 착오는 그 본질상 동기의 착오이지만, 예외적으로 사적 자치의 실현을 위하여 표의자에게는 취소권이 부여되어야 한다.113)

---

110) Medicus, BR, Rdnr, 134; Musielak, Grundkurs BGB, Rdnr. 295.

111) 우리나라의 지배적인 견해는 독일말 "Eigenschaft"에 대하여 "성질(性質)"로 해석하고 있는데 필자는 이를 적절한 용어적 표현이라고 생각하지 않는다. 즉 사람의 "성질"이란 일반적으로 그 사람의 인격이나 성품을 뜻하기 때문에, 이는 계약의 대상으로서 사람이 갖추어야 할 계약상의 능력과는 거리가 있다고 생각된다. 또한 물건의 성질이란 표현도 어감상 적절하지 않다고 생각된다. 그리하여 필자는 Eigenschaft를 사람이나 물건이 계약의 목적 대상으로 되었을 경우에 그 거래와 관련된 독특한 능력이라고 보아 "특성"이란 표현이 더 적합하다고 생각하여 이 용어를 사용하기로 한다.

112) Larenz, Allg. Teil, § 20 Ⅱ.

113) 이영준 교수는 성질이 거래에 있어서 중요한 의미를 갖는 법률행위에 있어서는 이에 관한 착오

나. "특성"의 개념 어떤 대상이 갖고 있는 특성에는 그 대상이 자연적인 구성요소(natürliche Beschaffenheit) 모두가 포함될 수 있다. 예컨대, 사람의 경우에는 연령, 성별, 건강상태 등이 이에 속하고, 물건에 있어서는 형태, 색상, 맛, 냄새 등이 이에 속한다. 이외에도 대상이 갖추고 있는 가치나 사용가능성 그리고 사실상·법률상의 관련성을 가지는 주위환경은 물론, 사람의 특성으로 신용도·지불능력·전과사실 등도 이에 속한다.[114)]

이러한 특성 중에서 민법상 착오와 관련된 특성으로 되는 것은 어떤 대상이 가지고 있는 단순한 자연적 구성요소 모두가 아니고, 그 특성으로 인하여 그 대상의 가치를 증가시키는 요소이어야만 한다. 예컨대, 고용계약에서 계약의 대상으로 된 피용자의 운전면허의 소지·전과사실의 부존재 등은 면허가 없는 사람이나 전과사실이 있는 사람보다 임금결정에서 그 사람의 가치를 증가시켜서 계약상 보다 나은 조건을 형성하는 데에 영향을 줄 수 있는 특징인 것이다. 또한 물건과 관련된 특징, 가령 진품 여부라든지 동종의 다른 물건이 갖고 있지 않은 신기술적 성능을 내포하고 있는 특징은 가치를 증가시키는 물건의 특성으로서 의미가 있다. 이러한 의미에서 착오의 대상으로 되는 특성은 순수한 자연적 구성요소가 아니라, 그 객체의 가치를 파악하는데 평가요인으로 작용하는 요소인 것이다. 그렇지만 객체의 가치형성적 요소들의 산술적 집합으로서의 가격은 특성에 속하지 않는다. 왜냐하면 시세파악을 잘못하여 가격에 대한 잘못된 평가를 내리는 것은 각 당사자 스스로가 부담하여야 할 위험으로서 자신의 불이익으로 되어야 할 것이기 때문이다. 이에 대한 착오는 단순한 동기의 착오에 불과하다. 예를 들어, 동일제품이 일반 시장에서는 2만원, 백화점에서는 5만원에 팔리고 있다 하더라도 백화점에서 5만원에 그 상품을 구입한 것은 그 상품의 가치를 잘못 평가한 것이므로 특성의 착오를 일으킨 것이 아니다. 그러므로 특성의 가치형성적 기능이란 단순히 가격으로 나타나는 것이 아니라, 법률행위의 당사자들이 계약체결과정에서 서로 값을 깎고 올리는 등의 이익의 대립상태에서 파악되는 요소로서, 당사자들이 계약내용으로 합의·결정하는데 영향을 주는 요소를 말한다. 그리고 민법상 '타인의 권리의 매매'에 관한 규정인 제569조의 입법취지를 고려해 볼 때, 물건의 소유관계도 가치를 구성하는 특성에는 속하지

는 법률행위내용의 착오로 되는 경우가 많다고 한다(343면); 김학동 교수는 성질의 착오가 내용의 착오로 되는 경우는 우선 표의자가 물건(혹은 사람)이 일정한 성질을 가진 것이라고 하는 점을 표시한 경우에, 그 성질은 의사표시의 내용이 되고, 다음으로 행위의 유형에 의하여 그 법률행위가 일정한 성질을 가진 물건을 목적물로 삼고 있다고 거래상 여겨지는 경우에 역시 그러한 성질은 의사표시의 내용이 된다고 한다("성질의 착오", 고시계(1994. 7), 160-161면).

114) 김학동, "성질의 착오", 151면.

없으나 왜냐하면 물건의 소유자체는 물건의 가치와 용도에 아무런 영향을 미치지 않기 때문이다.[115]

다. 특성의 착오를 내용의 착오로 구성 표의자가 의사를 표시할 때 의욕하고 있는 특성을 명시적으로 외부로 표현하지는 않았지만, 의도적으로 거래의 대상으로 삼은 사람이나 물건의 일정한 특성과 결부시킬 수 있다. 예를 들면, 고가구와 함께 옛날 가구를 모조한 현대식 가구를 취급하는 가구상에서 손님(매수인)은 고려시대의 진품으로 생각하고 매수의 의사표시를 하였다. 그런데 실제로는 옛것으로 보이는 현대식 책상에 대하여 구매의 의사표시를 한 것이다. 이때 매수인은 "그 가구"라고 표시함으로써 자신이 지적한 '현대식' 가구를 사겠다고 표시하였지만 진심은 고려시대의 진품을 원하였으므로, 여기에는 「표시한 것」과 「의욕한 것」이 서로 일치하지 않는다. 일단 매수인으로서는 본인이 사고자 하는 가구를 "그 가구"라고 구매대상을 명시적으로 지적하였으므로 계약의 목적에 대한 동일성의 착오는 성립하지 않는다. 다만 그 '현대의 가구'가 고려시대의 고가구로서의 진품이라는 특성이 표의자가 거래를 통하여 달성하고자 원하는 법률행위의 내용의 중요부분으로 되었는가가 문제로 된다. 이를테면 고가구상에서 고려시대의 진품을 원하여 일반가구의 몇 배에 달하는 매매대금으로 구매의 의사표시를 하였다면 객관적으로 계약대상은 고려시대의 진품으로서의 가구이어야 한다. 만일 그 가구가 진품이 아니라면, 이는 해석상 내용의 착오로 보아야 한다.

라. 취소할 수 있는 특성의 착오 특성의 착오로 인한 의사표시를 취소할 수 있게 하는 이유는 표의자의 특성에 대한 오해가 동기의 착오이지만 "법률행위 내용의 중요부분"을 이루고 있기 때문이다. 그러므로 표시에서 명시되지 않은 특성의 착오가 표의자가 의욕한 법률행위의 내용의 중요부분이어야 하고, 이 특성의 결여가 사적자치의 측면에서 볼 때 법률행위의 목적을 실현시킬 수 없는 정도의 것이어야 한다. 이처럼 특성의 착오를 이유로 한 취소가능성은 특성의 결여로 인하여 법률행위의 목적을 달성할 수 없다는 데에 있으므로, 우선 당사자들이 특성을 중심으로 달성하고자 한 법률행위의 목적을 확정지어야 한다. 그런데 법률행위 목적확정을 위해서는 일차적으로 법률행위의 내용이 확정되어야 하므로, 이를 위해서는 구체적으로 당사자가 행한 법률행위의 내용이 파악되어야 한다(주관적 판단). 그러나 법률행위가 추구하는 목적이 모두 의사표시의 합치에 의해서만 포섭될 수 있는 것이 아니므로 이를 둘러싼 정황도 함께 고려하여야 한다(객관적 판단). 그러므로 일차적으로는 주관설에 따라 당사자가 합의한

115) BGHZ 34, 32, 41f.; 이에 반대 MüKo/Kramer, BGB, §119, Rdnr. 116.

내용에 따라 법률행위의 내용의 중요부분을 이루는 특성인가를 파악하고, 계약을 해석한 결과 특성을 확정지을 수 없는 경우에는 보충적으로 객관적인 관점에서 거래의 통상적인 내용을 고려하여 이에 따라 취소할 수 있는 특성의 여부를 결정하여야 한다. 이를 소위 '주관적 객관설'이라 하겠다.

5. 취소할 수 있는 착오의 요건

착오를 이유로 법률행위를 취소하기 위해서는 착오가 「법률행위의 내용의 중요부분」에 관한 것이어야 하고, 또한 「표의자에게 중과실이 없어야 한다」.

(1) 법률행위의 내용의 중요부분

가. 중요부분의 의의

1) 착오와 법률행위와의 인과관계 「법률행위의 중요부분의 착오」는 의사표시에 의하여 달성하려고 한 법률효과의 중요한 부분에 관한 것을 말한다. 법률효과의 중요한 부분인가의 여부는 그 착오를 일으킨 법률효과가 없었다 하더라도 표의자가 그 의사표시를 하였을 것인가의 여부에 의하여 결정한다. 따라서 중요부분에 관한 착오의 여부는 착오와 (의사의) 표시 간에 원인·결과의 관계인 인과관계의 문제에 귀착한다.[116)]

2) 주관·객관의 표준 법률행위 내용의 중요부분에 착오가 있는지의 여부는 표의자가 착오를 일으킨 내용과 관련하여 이를 무시하더라도 사적 자치가 침해되지 않았을 정도의 것인가의 여부를 표의자뿐만 아니라 이성적인 제3자의 입장에서 판단하여 결정될 문제이다. 그러므로 「표의자가 착오가 있다는 사실을 알았고 이 사실을 합리적으로 판단하였더라면, 그 의사표시를 하지 않았을 것으로 인정되는 경우」에 한하여 착오에 의한 취소를 인정한다(독일민법 제119조 제1항 참조). 여기서 착오가 있다는 사실을 안 경우가 착오의 「주관적 현저성」이고, 그 사실을 합리적으로 판단할 경우가 착오의 「객관적 현저성」이다. 따라서 법률행위의 내용의 중요부분인가의 여부를 판단하는 기준은 '표의자가 그러한 착오가 있었다는 것을 알았더라면 그 의사표시를 하지 않았으리라고 인정되는 경우'(주관적 현저성)와 '보통 일반인이 표의자라 하더라도 그러한 착오가 있었다는 것을 알았더라면 그 의사표시를 하지 않았을 것으로 인정되는 경우'(객관적 현저성)로 나타난다.[117)] 이처럼 주관적 요건과 객관적 요건을 요구함으로써 표의자의 보호와 거래의 안전의 보호를 함께 유지할 수 있다.

---

116) 이영준, 416-417면.

117) Medicus, BR, Rdnr. 773.

판례는 "보통 일반인이 표의자의 입장에 섰더라면 그와 같은 의사표시를 하지 아니하였으리라고 여겨질 정도"를 법률행위 내용의 중요한 부분에 관한 판단기준으로 제시하고 있는데 이는 객관적 현저성만을 요건으로 하고 있는 것으로 보인다.[118)]

나. 중요부분의 인부

1) 긍정되는 경우

① **토지의 현황·경계에 관한 착오**   토지의 현황·경계는 지적부에 의하여 결정된다(공간정보의 구축 및 관리 등에 관한 법률 제64조 이하 참조). 그런데 토지 1,389평을 전부 경작할 수 있는 농지인 줄 알고 매수하고 소유권이전등기를 하였으나, 측량결과 약 600평이 하천을 이루고 있는 경우[119)]에 중요부분에 대한 착오가 인정된다. 또한 인접 대지의 경계선이 자신의 대지의 경계와 일치하는 것으로 알고 있고, 그 경계에 담장을 설치하기로 합의한 경우[120)]에도 중요부분을 인정할 수 있다.

② **공사보증보험계약**   공사도급계약을 위한 이행(계약)보증보험계약이나 지급계약보증보험에서 그 보험사고에 해당하는 수급인의 채무불이행이 있는지 여부는 그 보험계약의 대상으로 약정된 도급공사와 공사금액, 공사내용 및 공사기간과 지급된 선급금 등을 기준으로 판정하여야 하므로, 이러한 보증보험계약에 있어 공사계약 체결일이나 실제 착공일, 공사기간도 공사대금 등과 함께 그 계약상 중요한 사항으로서, 수급인 측에서 이를 허위로 고지함으로 말미암아 보험자가 그 실제 공사의 진행상황을 알지 못한 채 보증보험계약을 체결한 경우에는 이는 법률행위의 중요한 부분에 관한 착오로 인한 것으로서 보험자가 그 보험계약을 취소할 수 있다.[121)]

③ **특정 직업의 자격 유무**   재건축조합이 재건축아파트 설계용역계약을 체결함에 있어서 상대방의 건축사 자격 유무에 관한 착오는 법률행위의 중요부분에 관한 착오에 해당한다.[122)]

---

118) 대판 1997.9.30, 97다26210; 대판 1998.2.10, 97다44737; 대판 2000.5.12, 2000다12259; 대판 2008.2.1. 2006다71724.

119) 대판 1968.3.26, 67다2160.

120) 대판 1989.7.25, 88다카9364.

121) 대판 2002.7.26, 2001다36450.

122) 법률행위 내용의 중요부분에 착오가 있다고 하기 위하여는 표의자에 의하여 추구된 목적을 고려하여 합리적으로 판단하여 볼 때, 표시와 의사의 불일치가 객관적으로 현저하여야 한다. 재건축아파트 설계용역에서 건축사 자격이 가지는 중요성에 비추어 볼 때, 재건축조합이 건축사 자격이 없이 건축연구소를 개설한 건축학 교수에게 건축사 자격이 없다는 것을 알았더라면 재건축조합만이 아니라 객관적으로 볼 때 일반인으로서도 이와 같은 설계용역계약을 체결하지 않았을 것으로 보이

④ **상대방에 의한 동기유발** 상린관계에서 자신의 토지가 타인의 토지의 경계선을 침범하였다는 상대방의 강력한 주장에 의하여 착오로 그간의 경계 침범에 대한 보상금 내지 위로금 명목으로 금원을 지급한 경우에, 진정한 경계선에 관한 착오는 위의 금원 지급 약정을 하게 된 동기의 착오이지만, 그와 같은 동기의 착오는 상대방의 강력한 주장에 의하여 생긴 것으로서 표의자가 그 동기를 의사표시의 내용으로 표시하였다고 보아야 하므로, 위 금원 지급 의사표시는 그 내용의 중요부분에 착오가 있는 것이 되어 이를 취소할 수 있다.[123] 또한, 금융기관이 신용보증기금에게 연체가 발생하여 신용보증 제한 대상이 되는 기업에 대한 거래상황확인서를 발급함에 있어서 아무런 연체가 없는 것처럼 기재함으로써 위 기금이 신용보증을 하게 된 경우 신용보증행위의 중요부분에 관한 동기의 착오로 된다.[124]

2) 부정되는 경우[125]

① **지적(地積)의 부족에 관한 착오** 특정한 지번의 토지 전부를 매수하였는데 그 지적이 실제 면적보다 적은 경우에는 그 매매계약이 법률행위의 중요부분에 대한 착오가 아니다.[126]

② **법률행위의 목적물의 소유관계에 관한 착오** 토지를 기부채납한 사람에게 기부채납자의 관리권이 계속 보장된다면 기부채납자에게 어떠한 경제적 불이익이 없으므로 소유권의 귀속에 대한 착오가 기부채납의 중요부분에 관한 착오라고 볼 수 없다.[127]

③ **매매목적물의 시가(時價)에 관한 착오** 부동산매매에서 시가에 관한 착오는 그 부동산을 매매하려는 의사를 결정함에 있어 그 동기의 착오에 불과할 뿐 법률행위의 중요부분에 관한 착오라 할 수 없다.[128]

(2) 표의자의 중과실의 부존재

가. 의 의 법률행위 내용의 중요부분에 착오가 있다 하더라도 표의자에게

므로, 재건축조합측의 착오는 중요부분의 착오에 해당한다(대판 2003.4.11, 2002다70884).

123) 대판 1997.8.26, 97다6063.

124) 대판 1992.2.25, 91다38419.

125) 착오로 인하여 표의자가 무슨 경제적인 불이익을 입은 것이 아니라면 이를 법률행위의 내용의 중요부분의 착오라고 할 수 없다(대판 2006.12.7, 2006다411457).

126) 대판 1969.5.13, 69다196.

127) 대판 1999.2.23, 98다47924.

128) 대판 1992.10.23, 92다29337.

중대한 과실이 있으면 취소할 수 없다(동항 단서). 이때 제109조에서 말하는 중대한 과실이란 "표의자의 직업, 행위의 종류, 목적 등에 비추어 보통 요구되는 주의를 현저히 결여한 상태"를 의미한다.129) 판례는 노동조합과 수많은 단체협약체결 등을 해 본 대기업이 퇴직근로자들과 퇴직금지급규정의 적용에 관하여 합의약정을 체결하면서, 퇴직금규정을 개정하면서 신퇴직금규정에 대하여 근로자집단의 동의를 받은 사실이 있는지의 여부를 제대로 확인하지 않은 것은 중대한 과실에 해당된다고 본다. 그러나 고려청자로 알고 매수한 도자기가 진품이 아닌 것으로 밝혀진 경우, 매수인이 도자기를 매수하면서 그 출처의 조회나 전문감정인의 감정 없이 매수한 점만으로는 매수인이 매매계약 체결시 요구되는 통상의 주의의무를 현저하게 결여했다고 볼 수 없으므로 착오를 이유로 매매계약을 취소할 수 있다고 한다.130) 그리고 전문건설공제조합이 계약보증서를 발급함에 앞서 조합원으로부터 입찰결과통보서 등을 제출받거나 도급인에게 도급금액 등을 조회하여 도급금액이 조합원의 도급한도액 범위 내인지 여부를 확인하는 것을 게을리 하여 조합원이 제출한 계약보증신청서만 믿고서 계약보증서를 발급한 것은 중대한 과실에 해당되지 않는다고 보았다.131)

나. 상대방이 악의인 경우 상대방이 표의자의 착오를 알면서 이를 이용한 경우에는 제109조 제1항 단서의 규정을 적용할 수 없고, 따라서 표의자에게 중대한 과실이 있다고 하더라도 표의자는 그 의사표시를 취소할 수 있는 것으로 해석하여야 한다.132) 표의자의 착오를 알고 이를 이용하려는 상대방은 신의성실의 원칙에 따라 보호받을 수 없기 때문이다.133)

다. 입증책임 표의자에게 중대한 과실이 있음에 관한 입증책임은 표의자의 취소권 행사를 저지하기 위한 것이므로, 의사표시의 상대방이 부담하여야 한다.

---

129) 대판 2000.5.12, 2000다12259; 대판 2003.4.11, 2002다70884; 대판 2013.7.11, 2013다17049; 김상용, 494면; 김형배·김규완·김명숙, 225면.

130) 대판 1997.8.22, 96다26657; 공장을 경영하는 자가 새로운 공장을 설립할 목적으로 토지를 매수함에 있어 토지상에 공장을 건축할 수 있는지 여부를 관할 관청에 알아보지 아니한 경우에 중과실을 인정하였다(대판 1993.6.29, 92다38881).

131) 대판 1997.8.22, 97다13023.

132) 민법 제109조 제1항 단서 규정은 표의자의 상대방의 이익을 보호하기 위한 것이므로, 상대방이 표의자의 착오를 알고 이를 이용한 경우에는 착오가 표의자의 중대한 과실로 인한 것이라고 하더라도 표의자는 의사표시를 취소할 수 있다(대판 2014.11.27, 2013다49794); 이영준, 425면.

133) 이영준, 425면.

(3) 상대방의 예견가능성의 문제

가. 의 의 동기의 착오를 원칙적으로 취소할 수 있다는 소수설은 표의자가 그릇 판단 내지 인식을 하고 그로 인하여 의사표시를 한 경우에 「상대방이 의사표시 당시에 이를 알았거나 알 수 있었을 것」을 착오로 인한 취소의 요건으로 부가하여야 한다고 한다.134) 이러한 소수설은, 만일 상대방의 예견가능성이라는 요건이 부가되지 않으면, 표의자가 그릇 판단 내지 인식을 하고 그로 인하여 의사표시를 한 모두를 착오로서 취소할 수 있게 되어 상대방으로서는 대단히 불리한 위치에 놓이게 된다고 본다. 특히 동기의 착오에 대한 취소를 상대방의 예견가능성이라고 하는 엄격한 요건 하에 인정함으로써 취소가능성을 적절한 범위로 조절할 수 있다고 한다. 비교법적으로 볼 때, 독일민법 제122조는 취소에 따른 상대방의 신뢰이익의 침해에 따른 손해배상을 인정하고 있다. 이에 반해 우리 민법은 착오에 의한 취소로 인하여 상대방이 입은 신뢰이익의 배상책임을 표의자에게 부과하는 명문의 규정을 두고 있지 않다. 이러한 우리 민법의 입법상의 불비를 상대방의 예견가능성을 통하여 보충할 수 있다고 본다.

나. 검 토

1) 구성요건의 추가 문제 소수설의 주장은 일단 법문에 규정화되어 있지 않은 예견가능성을 또 하나의 구성요건으로 추가하고자 한다는 점에서 입법정책적인 고려의 대상으로 될지는 몰라도, 현행민법 하에서 해석론의 기준으로 삼기에는 타당하지 않다.

2) 상대방 보호의 문제 현행민법의 해석을 통해서도 상대방은 적절히 보호받고 있다. 즉 우리 민법은 취소에 따른 표의자의 신뢰이익배상의 책임을 명시적으로 규정하고 있지는 않지만, 해석을 통해서 상대방의 신뢰를 다음과 같이 보호하고 있다.135)

① **표의자에게 중과실이 있는 경우** 표의자에게 착오를 일으킨 원인에 '중대한 과실'이 있는 때에는 의사표시를 취소할 수 없게 하여 상대방은 표시에 대한 자신의 신뢰를 보호받을 수 있다(제109조 제1항 단서).

② **표의자에게 경과실이 있는 경우** 표의자에게 착오와 관련하여 경과실이 있는 경우에는 취소할 수는 있으나, 계약체결상의 과실책임에 관한 규정인 제535조를 유추적용함으로써 표의자에게 손해배상책임을 인정할 수 있다.

---

134) 김용한, 300면; 김주수·김상용, 362면.
135) 이영준, 424, 427면.

0) 결 론 취소하기 위한 요건으로 인정하기 위해서 법문에도 없는 상대방의 예견가능성을 요건으로 추가하는 것은 이미 법문의 가능한 의미를 벗어난 해석으로서 입법론적으로는 고려될 수 있을 것이다. 따라서 착오에 의한 취소를 인정함에 있어서 상대방의 예견가능성을 요건으로 요구하지 않는 것이 타당하다.136) 판례도 착오에 의한 취소가능성에 대하여 상대방의 예견가능성을 요구하지 않는다.137)

6. 의사표시의 취소

(1) 취소의 의사표시

의사표시의 취소는 취소의 의사를 상대방에게 통지함으로써 행하여진다. 그러므로 취소는 상대방 있는 단독행위로서 도달을 필요로 하는 의사표시에 준한다(제111조 제1항). 또한 취소의 의사표시는 반드시 「취소」라는 용어로 표현되지 않아도, 표의자가 특정한 법률행위의 효력을 처음부터 무효인 것으로 하려는 효과의 발생을 원하는 취지의 의사가 표현되는 것으로 족하고, 또한 취소원인을 진술하여 취소할 필요도 없다.138)

(2) 표의자의 취소

취소의 의사표시는 취소권자가 상대방에 대하여 행하여야 한다.

가. 표의자 취소의 효과가 규율과 관련이 있다는 점을 감안할 때, 취소권자는 규율의 당사자이다. 대리에서 착오에 의한 의사표시를 한 자는 대리인이지만 이를 취소할 수 있는 취소권자는 본인이다.

나. 상대방 상대방 있는 의사표시에서 취소의 상대방은 취소의 의사표시가 도달되어야 할 자이다. 상대방이 없는 단독행위의 경우에는 의사표시의 상대방이 존재하지 아니하므로 그 법률행위로 인하여 직접적으로 법률상의 이익을 취득하게 되는 수익자에 대하여 취소의 의사표시를 하여야 한다. 예컨대, 갑이 A책을 버리려고 하였는데 잘못 집어 B책을 버리게 되었는데, B책을 을이 주워 가졌다면 갑은 표시의 착오를 이유로 하여 그 소유권포기의 의사표시를 취소할 수 있다. 이때 소유권의 포기는 상대방 없는 단독행위이므로 B책을 선점하여 소유권을 취득한 수익자인 을에 대하여 취소의 의사표시를 하여야 한다.

---

136) 김형배·김규완·김명숙, 227면; 이영준, 427면; 이은영, 524-525면.

137) 대판 1954.12.9, 53다149.

138) 대판 2005.5.27, 2004다43824.

(3) 취소의 효과

가. 소급적 무효 착오를 이유로 하여 법률행위가 취소되면 그 법률행위는 처음부터 무효인 것으로 본다(제141조 본문). 원래 취소에 의하여 무효로 되는 것은 착오 있는 의사표시다. 즉 착오로 인한 청약 또는 승낙이 취소의 대상이 되고, 이에 의하여 성립하는 계약 자체는 아니다. 다만 청약 또는 승낙이 취소에 의하여 무효로 되면, 이에 의하여 성립된 계약도 소급하여 효력을 잃게 된다.

그리고 계약이 해제된 경우에도 취소할 실익이 있다. 판례는 "매도인이 매수인의 중도금 지급채무 불이행을 이유로 매매계약을 적법하게 해제한 후라도 매수인으로서는 상대방이 한 계약해제의 효과로서 발생하는 손해배상책임을 지거나 매매계약에 따른 계약금의 반환을 받을 수 없는 불이익을 면하기 위하여 착오를 이유로 한 취소권을 행사하여 매매계약 전체를 무효로 할 수 있다"[139]고 한다.

나. 일부의 착오 법률행위의 일부에 관하여 착오가 있는 경우에 일부무효의 법리에 따른다. 이에 따라 원칙적으로 일부착오에 의한 무효는 의사표시 전체를 무효로 하므로 법률행위 전체가 무효로 된다. 다만 그 무효부분이 없었더라도 그 법률행위를 하였을 것으로 인정되는 경우에는 나머지 부분은 유효로 된다(제137조). 즉 하나의 법률행위 일부분에만 취소사유가 있는 경우 그 법률행위가 가분적이거나 그 목적물의 일부가 특정될 수 있다면, 그 나머지 부분이라도 이를 유지하려는 당사자의 가정적 의사가 인정되는 경우 그 일부만의 취소는 인정된다.[140]

다. 소급효의 제한 취소는 소급효를 갖는다. 즉 착오 있는 의사표시가 취소되면 취소의 시점으로부터가 아니라 의사표시 성립시까지 소급하여 처음부터 무효로 된다. 이 점에서 철회와 다르다. 그러나 계속적 법률관계에는 취소가 행하여지더라도 소급하여 무효로 할 수는 없다. 예컨대, 근로계약, 임대차계약이나 조합계약과 같이 일정기간 계속하여 급부가 행하여지는 법률행위에는 취소의 소급효를 인정하여 이미 행하여진 급부의 현실을 원상으로 회복하는 것이 불가능하다. 따라서 계속적 법률관계에서 계약당사자 일방이 취소하더라도 취소의 시점으로부터 장래를 향하여만 무효로 된다고 해석하여야 한다.[141]

---

139) 대판 1996.12.6, 95다24982·24999.

140) 대판 1998.2.10, 97다44737.

141) Medicus, BR, Rdnr. 782; Larenz, SR AT, § 20 Ⅱ d.

(4) 제3자에 대한 관계

착오로 인한 의사표시의 취소는 선의의 제3자에게 대항하지 못한다(제109조 제2항). 이때 「제3자」·「선의」·「대항할 수 없다」 등은 모두 통정한 허위의 의사표시(제108조)에서와 동일하다.

(5) 신뢰이익의 배상책임

가. 책임의 근거 독일민법은 착오를 이유로 취소하는 자는 과실이 없어도 언제나 상대방에 대하여 신뢰이익을 배상하도록 규정하고 있다(독일민법 제122조). 그런데 우리 민법은 이와 같은 규정을 두고 있지 않다. 그렇지만 우리 민법의 해석론은 착오로 자신의 의사표시를 취소한 경우에 표의자는 상대방에게 신뢰이익의 침해에 따른 배상책임을 인정한다.142)

이러한 책임의 근거는 제535조에 의한 계약체결상의 과실 책임이다. 즉 급부가 처음부터 원시적 불능으로 인하여 이를 목적으로 한 계약이 무효인 경우에 그 불능을 알았거나 알 수 있었던 자가 상대방에게 신뢰이익을 배상하는 것처럼(제535조 제1항 본문), 착오를 이유로 취소되어 소급하여 무효로 되는 경우는 법률적인 원시불능이 발생한 것으로 보아 그 착오에 빠진 것을 과실로 알지 못한 자는 상대방에게 신뢰이익을 배상할 의무가 있다고 해석한다.143)

나. 책임의 범위 손해배상의 범위는 이행이익이 아니고 신뢰이익이다. 따라서 배상액의 범위는 「의사표시의 유효를 믿었음으로 인하여 받은 손해」(제535조 제1항 제1문)를 기준으로 결정된다. 즉 신뢰배상은 「(취소의) 의사표시가 없었더라면 있게 되었을 상태」를 기준으로 결정되어야 하는 것이고, 「의사표시가 이행되었더라면 있었을 상태」는 이행이익에 관한 것이므로 배상범위에서 제외된다.144)

7. 적용범위

착오에 의한 의사표시의 취소제도는 쌍무적 재산법상의 행위를 규율하기 위하여 고안된 것이므로 이에 해당되지 않는 행위에 관하여는 그 적용이 제한되어야 한다.

---

142) 이영준 교수는 이러한 책임의 근거를 사적자치의 원칙에서 비롯된 자기책임이라고 한다(437면).
143) 김상용, 480면; 김주수·김상용, 365면; 김형배·김규완·김명숙, 230면; 이은영, 534면.
144) 이영준, 438면.

(1) 가족법상의 신분행위

착오에 의한 의사표시의 규정(제109조)은 가족법상의 행위(신분행위)에 관하여는 적용되지 않는다. 가족법상의 행위에는 당사자의 의사가 절대적인 의의를 가지기 때문이다.145) 이 신분행위에 대해서는 취소 이전에 무효로서 그 효력발생이 없어야 한다. 착오에 의한 혼인행위와 입양행위가 무효임에 관하여는 명문의 규정이 있다(제815조, 제883조 참조).

(2) 공법행위

공법상의 행위에 관하여도 착오에 의한 의사표시의 규정은 적용되지 않는다.146)

(3) 상법상의 주식인수행위

거래의 안전을 위하여 본조의 적용이 제한되는 경우도 있다. 예컨대, 상법은 회사성립 후에 주식을 인수한 자는 착오를 이유로 하여 그 인수를 취소하지 못하는 것으로 규정한다(상법 제320조 제1항).

8. 다른 제도와의 경합

(1) 사기와 착오

착오가 타인의 기망행위에 기하여 발생한 때에는 착오(제109조)·사기(제110조)의 경합이 있게 된다. 이 경우에는 그 요건을 입증하여 선택적으로 사기 또는 착오를 주장할 수 있다고 하는 것이 통설과 판례이다.147)

기망행위에 의한 착오가 법률행위의 내용의 중요부분의 착오에 해당하지 아니하는 때, 또는 기망행위로 인하여 단순한 동기의 착오를 일으킨 때, 또는 표의자에게 중대한 과실이 있어서 착오를 이유로 하여 그 의사표시를 취소할 수 없는 때에는 사기에 의한 의사표시로서 취소할 수 있다.148)

다만 착오에 의한 취소에 있어서는 중요부분의 착오임을 주장·입증하여야 하고, 사

---

145) 곽윤직·김재형, 314면.

146) 대판 1962.11.22, 62다655; 민법상의 법률행위에 관한 규정은 민사소송법상의 소송행위에는 특별한 규정 또는 특별한 사정이 없는 한 적용이 없으므로 착오를 원인으로 하여 소취하 등 소송행위를 취소할 수 없다(대판 1964.9.15, 64다92; 대판 1997.10.24, 95다11740 등).

147) 곽윤직, 346면; 김상용, 503면; 김용한, 302면; 김주수·김상용, 369면; 김형배·김규완·김명숙, 230면; 송덕수, 민법주해[Ⅱ], 520면; 대판 1969.6.24, 68다1749.

148) 이영준, 439-440면.

시에 의한 취소에 있어서는 상대방의 신뢰를 보상·배상하여야 한다

(2) 착오와 하자담보책임

특성의 착오는 특성의 결여에서 비롯된다. 이러한 특성의 결여가 계약상 내용으로 된 성능이나 구성요소의 흠결로 나타나는 경우에는 급부이행과 관련하여 하자로 되는 경우도 있다. 이러한 경우에 착오에 의한 취소(제109조)와 하자담보책임(제570조 이하 및 제580조)이 경합된다.

우선 채무자가 급부를 이행하기 전에는 특성의 착오로서 취소의 여부가 고려되어야 한다. 그런데 급부가 이행된 후에는 특성의 결여에 따른 착오와 매도인의 하자담보책임이 경합관계에 놓이게 되는 경우가 있다. 이러한 경우에는 하자담보책임이 우선적으로 적용되어야 한다. 왜냐하면 특성의 결여가 하자로 평가되어 착오에 의한 취소와 하자담보책임이 경합하는 경우란 일정한 특성을 예정하고 취득한 물건이나 사람에게 그 특성이 갖추어지지 않은 경우로서, 이러한 특성의 결여가 가치형성적 요소의 결함 내지는 부족으로 나타나게 된다. 이는 곧 쌍무계약에서의 유상적 대가관계인 급부와 반대급부의 가치적 차이로 나타나게 되므로, 이에 대하여는 주장자의 중과실 여부를 고려할 필요 없이 등가성 유지의 차원에서 하자담보책임이 성립하여야만 한다. 또한 하자담보책임은 등가성유지에만 목적이 있으므로 하자가 법률행위의 내용의 중요부분에 해당하는지의 여부를 고려할 필요가 없다. 그러므로 하자담보책임이 선행적으로 성립하고, 그 하자가 법률행위 내용의 중요부분인 경우에 한해서 착오를 이유로 취소할 수 있다고 체계화하여야 한다. 또한 민법상 권리의 행사기간인 제척기간의 관점에서 볼 때에도, 하자담보책임을 주장할 수 있는 기간은 하자의 사실을 안 때로부터 6개월인데 반하여(제582조), 의사표시의 취소는 추인할 수 있는 날로부터 3년, 법률행위를 한 때로부터 10년까지의 권리행사기간(제146조)을 갖는다. 따라서 일반적으로 하자를 알았을 때 이는 곧 취소 여부에 대한 추인가능한 시점도 되므로, 하자담보에 대한 권리행사가 착오로 인한 취소권에 비해서 상대적으로 단기성을 띠므로 특별법의 지위에 있다고 보아야 한다. 따라서 계약상 특성이 결여된 경우에는 하자담보책임에 관한 규정을 우선적으로 적용하고, 부차적으로 착오로 인한 취소권의 행사가 가능하게 된다. 그러므로 하자담보책임에 관한 규정은 착오에 관한 규정의 특별규정으로서, 매도인의 담보책임이 성립하는 범위 내에서는 착오에 의한 취소는 허용되지 않는다고 해석하여야 한다.[149]

149) 이영준, 440면; 판례는 "착오로 인한 취소 제도와 매도인의 하자담보책임 제도는 취지가 서로 다르고, 요건과 효과도 구별된다. 따라서 매매계약 내용의 중요 부분에 착오가 있는 경우 매수인은

(3) 착오와 화해계약

일방이 권리의 전부를 주장하고 상대방이 의무의 전부를 주장할 때, 어느 누구도 자신의 권리와 의무를 모두 입증할 수 없는 경우에 화해는 당사자가 서로 양보하여 타협하고 이러한 내용을 합의함으로써 당사자 간의 분쟁을 종지할 것을 약정하는 계약이다. 따라서 화해계약은 제3의 창설적 효력[150]을 갖는 계약이다. 원래 화해의 당사자는 근원적으로 합의사항이 실제사실과 완전히 합치되지는 않는다는 점을 인식하고 있다. 이 점에서 화해계약은 착오를 이유로 하여 이를 취소하지 못한다(제733조 본문). 이 범위 내에서 착오에 의한 의사표시의 규정(제109조)은 적용이 배제된다.

그러나 화해당사자의 자격이나 또는 화해의 목적인 분쟁 이외의 사항에 착오가 있는 때에는 착오를 이유로 취소할 수 있다(제733조 단서).[151] 예컨대, 채권액에 관하여 다툼이 있어 화해하였으나 그 채권이 이미 소멸하였던 경우에는 착오로 인한 의사표시의 규정(제109조)의 적용이 있다. 이 경우에도 착오의 요건이 갖추어져야 하므로 당사자의 자격이나 또는 화해의 목적인 분쟁이외의 사항에 관하여 착오가 있더라도 그것이 동기의 착오라면 취소할 수 없음은 물론이다.[152]

Ⅴ. 사기·강박에 의한 의사표시

1. 의 의

표의자는 사기나 강박에 의하여 한 의사표시를 취소할 수 있다(제110조). 이를 '하자있는 의사표시'라고도 한다.[153] 「사기」라 함은 고의로 사람을 기망하여 착오에 빠지게 하는 위법행위를 말하며, 「강박」은 고의로 해악을 주겠다고 위협하여 공포심을 일으키게 하는 위법행위이다. 이러한 사기·강박에 의한 의사표시는 의사와 표시가 불일치하게 된 원인이 상대방이나 제3자의 부당한 간섭에 의한 것으로서 표의자의 의사결정의 자유가

매도인의 하자담보책임이 성립하는지와 상관없이 착오를 이유로 매매계약을 취소할 수 있다"고 한다(대판 2018.9.13, 2015다78703).

150) 김준호, 292면.

151) 대판 1989.8.8, 88다카15413.

152) 대판 1960.8.25, 4293민상101.

153) 그러나 비진의 의사표시(제107조), 통정의 허위표시(제108조) 그리고 착오에 의한 의사표시(제109조)도 그 의사의 표시에 있어서 표의자에게 하자가 있다는 점에서 사기·강박에 의한 의사표시를 하자있는 의사표시로 명명함은 용어상 적절치 못하다.

침해되고 있다. 이에 대하여 민법은 그 의사표시를 무효로 규정하지 않고, 표의자에게 취소할 수 있도록 함으로써 자신이 한 의사표시의 효력을 계속 유지할 것인가에 대하여 선택의 결정을 할 수 있도록 하고 있다. 그러므로 사기·강박에 의한 의사표시를 한 표의자는 자신의 의사표시를 취소할 수 있고, 또한 외부로부터 사기·강박을 당한 피해자로서 사기나 강박을 행한 상대방이나 제3자에게 불법행위에 따른 손해배상청구권(제750조)을 행사할 수 있다.[154)]

2. 사기에 의한 의사표시

(1) 사기에 의한 의사표시의 의의

표의자가 타인(상대방 또는 제3자)의 기망행위로 말미암아 착오에 빠지고, 그 결과로서 한 의사표시가 「사기에 의한 의사표시」이다. 사기에 의한 의사표시는 취소할 수 있다(제110조).

사기에 의한 의사표시는 표의자가 타인의 기망행위로 인하여 착오에 빠져서 행한 의사표시로 본질적으로 착오에 의한 의사표시와 다르지 않다. 그러나 사기에 의한 의사표시는 타인의 기망행위에 의하여 표의자의 의사결정의 자유가 침해된 것으로서, 민법은 이를 보호하는 데에 그 목적이 있다. 그러므로 사기에 의한 의사표시에서는 표의자의 착오가 법률행위내용의 중요부분에 관한 것이 아닌 단순 동기에 관한 사항이라도 취소할 수 있다.

(2) 사기에 의한 의사표시의 요건

가. 사기자에게 고의가 있을 것 사기가 성립하기 위해서는 기망행위가 고의로 인한 것이어야 하고, 과실로 인한 경우에는 사기에 의한 의사표시를 성립시키지 않는다. 사기에 의한 고의가 인정되기 위해서는 3단의 고의[155)]가 있어야 하는데, 사기자에게 기망행위의 고의, 기망에 따른 착오를 야기하려는 고의 그리고 이러한 착오상태에서의 의사표시를 하게 하려는 고의가 있어야 한다.

---

154) 사기의 경우에는 거래의 상대방이 최소한 제3자의 사기를 알았거나 알 수 있었을 경우에 한하여 상대방 있는 의사표시의 취소가 허용된다. 그러나 위법한 강박의 경우에는 강박행위를 통하여 표의자의 의사에 위법한 영향을 미치는 것이므로, 이에 대해서는 법률도 그 강박행위에 대해서는 엄중한 반가치판단을 하게 되고, 표의자의 보호가 거래상대방의 보호보다 앞서야 된다. 따라서 민법은 거래의 상대방이 강박사실을 알았거나 알 수 있었을 경우가 아니더라도 취소할 수 있도록 허용하여야 할 것이다. 그러나 현행민법은 이에 대한 구별을 하고 있지 않다.

155) 이영준, 446면.

나. 기망행위의 존재

1) 기망행위의 의의　기망행위는 '타인으로 하여금 그릇된 표상 내지 판단을 하게 만드는 행위'를 말한다. 기망행위는 표의자로 하여금 실제와 다른 관념을 야기하게 하거나 이를 강화·유지하게 하는 일체의 행위를 말한다. 그러므로 적극적으로 허위의 진술·고지를 하는 것은 물론, 소극적으로 진실을 은폐하는 것도 기망행위이다.[156]

2) 부작위에 의한 기망행위　「침묵」에 의한 사기는 「언급할 의무」가 존재할 때에만 성립할 수 있다. 신의성실의 원칙은 거래관념에 따라 당사자 일방이 상대방에게 설명이나 정보의 제공을 요구할 수 있는 경우[157]에 한하여 언급할 의무를 인정할 수 있고, 만일 상대방이나 제3자가 이러한 언급의무를 위반하여 침묵하였다면 부작위에 의한 기망행위가 성립된다.

다. 인과관계　사기에 의한 의사표시가 인정되기 위해서는 기망행위와 착오를 일으킨 행위 그리고 의사표시 간에 인과관계가 있어야 한다.

1) 착오의 유발　사기에 의한 의사표시가 성립되기 위해서는 기망행위에 의해서 표의자에게 착오가 발생하여야 한다. 사기에 의한 의사표시를 한 표의자에게 취소권을 부여하는 입법취지는 표의자의 의사결정의 자유를 보호하기 위한 것이므로, 사기에 의하여 착오에 빠지기만 하면 단순한 동기에 관한 착오라도 무방하다.[158]

2) 기망행위와 착오간의 인과관계　표의자의 착오가 기망행위에 기인한 것이어야 한다. 타인으로부터 기망행위가 행하여졌으나, 표의자가 진실한 사실관계를 안 경우에는 기망행위와 착오 사이에 인과관계는 존재하지 않는다. 그리고 표의자가 착오에 빠진 것으로 족하다. 사기에 의한 의사표시는 타인의 기망행위에 의하여 표의자가 착오에 빠지는 것이므로, 표의자에게 적절한 주의를 기울일 것을 요구할 수 없다. 따라서 표의자에게 거래상 요구되는 주의를 해태하여 이를 알지 못했다는 과실이 있는 경우에도 기망행위와 착오와의 인과관계는 인정된다. 또한 사기에 의한 의사표시의 취소는 표의자의 자기결정의 자유를 보호하기 위한 것이므로, 기망행위와 착오 사이의 인과관계는 표의자를 중심으로 주관적으로 판단하며, 보통 일반인을 기준으로 하여 객관적으로 판단할 필요는 없다.[159]

---

156) 곽윤직·김재형, 316면; 김주수·김상용, 370면; 이영준, 447면.

157) 대판 2002.9.4, 2000다54406·54413.

158) 이영준, 449면.

159) 곽윤직·김재형, 307면; 이영준, 450면.

3) 착오와 의사표시간의 인과관계　사기에 의한 의사표시로 인정되어 취소할 수 있기 위해서는 착오와 의사표시 간에도 인과관계가 인정되어야 한다. 표의자가 착오에는 빠졌지만, 착오에 기초하여 의사표시를 한 것이 아니라면 인과관계는 부정된다.

라. 기망행위의 위법성　모든 기망행위가 언제나 사기의 요건을 갖추는 것은 아니다. 사회생활에 있어서 타인의 부지나 착오를 이용하는 것은 어느 정도 허용되어야 하므로, 신의칙 또는 일반거래의 관념에 비추어 위법성이 인정되어야만 기망행위로 볼 수 있다.

1) 기망행위의 위법성을 인정한 사례

① 타인의 권리에 대한 매매는 유효하지만(제569조), 매수인이 매도인의 기망에 의하여 타인의 물건을 매도인의 것으로 잘못 알고 매수의 의사표시를 하고, 만일 타인의 물건인 줄 알았더라면 매수하지 아니하였을 사정이 있는 경우에는 매수인은 제110조에 의해 매수의 의사표시를 취소할 수 있다.[160)]

② 임차권양도계약에 있어서 그 존속기간·임대기간의 종료 후의 재계약 여부·임대인의 동의 여부는 임차권양도계약의 중요한 요소가 되므로, 임차권을 양도할 양도인으로서는 이에 관계되는 모든 사정을 양수인에게 알려 주어야 할 신의칙상의 설명의무가 있음에도 불구하고, 그 설명 없이 임차권을 양도한 것은 기망행위에 해당한다.[161)]

③ 백화점이 상품의 판매가격을 실제보다 높이 책정한 후 이 가격을 기준으로 할인가격을 정하여 실제는 상품의 정상가격으로 판매하는 변칙세일을 하였다면, 이는 물품구매동기에 있어서 중요한 요소인 가격조건에 관하여 기망이 이루어진 것으로서 그 사기의 정도가 사회적으로 용인될 수 있는 상술의 정도를 넘어선 것으로서 위법하다.[162)]

2) 기망행위의 위법성을 인정하지 않은 사례

① 교환계약의 일방당사자가 자기가 소유하는 목적물의 시가를 묵비하여 상대방에게 고지하지 아니하거나 혹은 허위로 시가보다 높은 가액을 시가라고 고지하였다 하더라도 이는 상대방의 의사결정에 불법적인 간섭을 한 것이라고 볼 수 없다.[163)]

---

160) 대판 1973.10.23, 73다268.

161) 대판 1996.6.14, 94다41003.

162) 대판 1993.8.13, 92다52665.

163) 일반적으로 교환계약을 체결하려는 당사자는 서로 자기가 소유하는 교환목적물은 고가로 평가하

② 상가를 분양하면서 그 운영방법 및 수익보장에 대하여 다소의 과장·허위광고가 수반되었다 하더라도 이것만으로 기망행위에 해당하지 않는다.[164)]

③ 환매권양도계약 체결 당시 국가가 본건 부동산을 원소유자(양도인)에게 환매하기로 결정하여 환매수속상신 중에 있다는 사실을 양수인이 알고 있었다 하더라도, 양수인이 그 사실을 양도인인 환매권자에게 고지하여 주었어야만 할 의무는 없다. 따라서 이를 고지하지 않았다 하여 기망행위가 있었다고 볼 수 없다.[165)]

3. 강박에 의한 의사표시

(1) 강박에 의한 의사표시의 의의

표의자가 타인(상대방 또는 제3자)의 강박행위에 의하여 공포심을 가지게 되고, 그 해악을 피하기 위하여 자신의 진의와 달리 한 의사표시가 「강박에 의한 의사표시」이다.

(2) 강박에 의한 의사표시의 요건

가. 강박자에게 고의가 있을 것 강박자에게 3단의 고의가 요구되는데,[166)] 강박행위의 고의, 상대방으로 하여금 공포심을 일으키려는 고의 그리고 공포심에 의하여 일정한 의사표시를 하게 하려는 고의가 있어야 한다.

고 상대방이 소유하는 목적물은 염가로 평가하여 보다 유리한 조건으로 교환계약을 체결하기를 희망하는 이해상반의 지위에 있고 각자가 자신의 지식과 경험을 이용하여 최대한으로 자신의 이익을 도모할 것이 예상되기 때문에, 당사자 일방이 알고 있는 정보를 상대방에게 사실대로 고지하여야 할 신의칙상 주의의무가 인정된다고 볼 만한 특별한 사정이 없는 한, 어느 일방이 교환목적물의 시가나 그 가액 결정의 기초가 되는 사항에 관하여 상대방에게 설명 내지 고지를 할 주의의무를 부담한다고 할 수 없다(대판 2002.9.4, 2000다54406·54413); 일반적으로 매매계약에 있어서 매수인은 목적물을 염가로 구입할 것을 희망하고 있고 매도인은 목적물을 고가로 처분하기를 희망하는 이해상반의 지위에 있으며, 각자가 자신의 지식과 경험을 이용하여 최대한으로 자신의 이익을 도모할 것으로 예상되기 때문에, 당사자 일방이 알고 있는 정보를 상대방에게 사실대로 고지하여야 할 신의칙상 의무가 인정된다고 볼만한 특별한 사정이 없는 한, 매수인이 목적물의 시가를 묵비하여 매도인에게 고지하지 아니하거나 혹은 시가보다 낮은 가액을 시가라고 고지하였다 하더라도, 상대방의 의사결정에 불법적인 간섭을 하였다고 볼 수 없으므로 불법행위가 성립한다고 볼 수 없다(대판 2001.7.13, 99다38583; 대판 2014.4.10, 2012다54997).

164) 대판 2001.5.29, 99다55601·55618; 대판 2012.6.14, 2012다15060(상품의 선전·광고에서 거래의 중요한 사항에 관하여 구체적 사실을 신의성실의 의무에 비추어 비난받을 정도의 방법으로 허위로 고지한 경우에는 기망행위에 해당하지만, 그 선전·광고에 다소의 과장이나 허위가 수반되는 것은 그것이 일반 상거래의 관행과 신의칙에 비추어 시인될 수 있는 한 기망성이 결여된다).

165) 대판 1984.4.10, 81다239.

166) 이영준, 451면; 이은영, 547면.

나. 강박행위의 존재

1) 강박행위의 의의 강박행위는 '상대방에게 영향력을 행사할 수 있는 해악을 고지하는 행위'이다. 강박행위의 방법이나 해악의 종류는 그것이 공포심을 생기게 하는 것이면 무엇이든지 이를 묻지 않는다. 그렇지만 표의자에게 구체적인 해악의 고지 없이 단지 각서에 대한 서명·날인을 강력히 요구한 사실만으로는 강박행위로 볼 수 없다.[167]

2) 의사능력의 상실 여부 공포의 정도는 표의자가 완전히 자유를 잃을 정도로 강한 것이 아니어야 한다. 만일 강박의 정도가 극심하여 표의자의 의사결정의 자유가 완전히 박탈되는 정도라면 그 강박에 의한 의사표시는 의사능력이 없는 것으로서 무효이다. 판례도 강박의 정도가 단순한 불법적 해악의 고지를 통하여 의사표시자로 하여금 공포를 느끼도록 하는 정도를 넘어 스스로 의사결정을 할 수 있는 여지를 완전히 박탈한 상태에 이르도록 한 경우에는 이러한 상태에서 한 의사표시는 무효라고 판시하고 있다.[168]

다. 인과관계 강박에 의한 의사표시에는 강박행위, 공포심의 야기 그리고 공포심에 의한 의사표시 사이에 인과관계가 인정되어야 한다.

1) 공포심의 유발 강박에 의한 의사표시가 성립되기 위해서는 강박행위에 의해서 표의자에게 공포심이 발생하여야 한다.

2) 강박행위와 공포심간의 인과관계 표의자의 공포심이 강박행위에 기인한 것이어야 한다. 타인으로부터 강박행위가 행하여졌으나, 표의자가 공포심을 갖지 않은 경우에는 강박행위와 공포심 사이에 인과관계는 존재하지 않는다. 강박에 의한 의사표시의 취소를 인정하는 것은 표의자의 의사결정의 자유를 보호하기 위한 것이므로, 이러한 인과관계는 주관적인 것으로 족하다. 따라서 강박에 의한 표의자가 공포심을 느꼈는가의 여부는 합리적인 보통인의 관점에 의하여 인정할 것이 아니라 피강박자인 표의자의 주관적 심리상태를 기준으로 하여 판단하여야 한다.

3) 공포심과 의사표시간의 인과관계 강박에 의한 의사표시로 인정되기 위해서는 공포심과 의사표시 사이에도 인과관계가 인정되어야 한다. 표의자가 공포심에 빠졌지만, 공포심에 기초하여 의사표시를 한 것이 아니라면 인과관계는 부정된다.

라. 강박행위의 위법성 표의자에게 가한 강박행위는 위법해야 한다. 다만

---

167) 대판 1979.1.16, 78다1968.

168) 대판 2002.12.10, 2002다56031; 대판 2003.5.13, 2002다73708·73715.

정당한 권리실현을 위하여 의무자에게 가하는 다소의 위해(危害)의 고지는 인정될 수 있으므로, 강박행위는 신의칙상 인정될 수 없는 정도의 위법한 것이어야 한다. 위법성의 인정 여부는 해악의 수단이나 결과 자체로부터 또는 수단과 결과사이의 상관관계로부터 결정된다.[169]

1) 강박행위를 인정한 경우

① 집권당의 후보를 당선시킬 목적으로 발간한 서적을 관계 공무원에게 정치적 압력을 가하여 구입토록 한 경우[170]에 강박행위가 인정된다.

② 변호사의 잘못으로 패소하였다는 이유로 그 사무실에서 농성을 하고 그 비행을 관계기관에 진정하겠다는 등의 공갈과 협박에 시달린 나머지 그 변호사가 손해배상금 조로 약속어음을 발행한 경우[171]에 강박행위가 인정된다.

2) 강박행위를 인정하지 않은 경우

① 끈질긴 수사를 받다가 형사고소 취하를 조건으로 부동산 등기서류를 교부하였더라도, 상대방이 표의자로 하여금 외포심을 생기게 하고 그로 인하여 의사표시를 하게 할 고의로써 불법으로 장래의 해악을 통고한 경우가 아니면 강박행위라 할 수 없다.[172]

② 甲이 자신이 최대주주이던 A금융회사로 하여금 실질적으로 자기 소유인 B회사에 부실대출을 하도록 개입하였다고 판단한 A금융회사의 새로운 경영진이 甲에게 위 대출금 채무를 연대보증하지 않으면 甲 소유의 C회사에 대한 어음대출금을 회수하여 부도를 내겠다고 위협하여 甲이 법적 책임 없는 위 대출금채무를 연대보증한 경우는 강박에 의한 의사표시에 해당하지 않는다.[173]

4. 사기·강박에 의한 의사표시의 효과

(1) 상대방의 사기·강박의 경우

의사표시를 받는 상대방의 사기나 강박에 의하여 표의자가 의사표시를 한 경우에 표의자로서는 자신의 의사표시를 취소할 수 있다(제110조 제1항). 취소권의 본질상, 표의자가 자

169) 이영준 교수는 강박에 대한 위법성을 수단·목적·수단과 목적에 의한 위법성으로 체계적 분류를 하고 있다(457면 이하).

170) 대판 1962.2.28, 4294민상1295.

171) 대판 1972.1.31, 71다1688.

172) 대판 1975.3.25, 73다1048.

173) 대판 2000.3.23, 99다64049.

자의 사기·강박에 의한 의사표시를 취소하지 않는 한, 그 의사표시는 유효하다.

또한 제110조는 재산권을 보호하려는 데 법목적이 있는 것이 아니라 의사결정의 자유를 보호하려는 데 있기 때문에, 형법상 사기죄(형법 제347조)나 공갈죄(형법 제350조)와는 달리, 사기·강박의 행위를 한 자가 이로써 재산적 이익을 취하려고 하는 고의(불법이득의사)를 갖고 있어야 하는 것도 아니다.

(2) 제3자의 사기·강박의 경우

제3자의 사기·강박의 규정(제110조 제2항)은 의사표시를 받는 상대방이 아닌 외부의 제3자에 의해서 사기·강박이 행하여지고 이로써 표의자가 의사표시를 한 경우를 규율하고 있다. 따라서 제110조 제1항과는 달리, 의사표시를 수령하는 상대방의 신뢰를 보호해 주어야 한다. 따라서 제3자의 사기·강박에 의한 상대방 있는 의사표시에 관하여 상대방이 알았거나(고의) 알 수 있었을 경우(과실로 인한 부지)에 한하여 표의자는 취소할 수 있다(제110조 제2항).[174] 이때 상대방이 악의인가 과실로 인한 부지인가의 유무는 표의자가 의사표시를 할 당시를 기준으로 하여 결정하여야 한다.[175] 반면에, 표의자가 제3자의 사기·강박에 의해서 한 상대방 없는 의사표시를 한 경우에는 언제든지 이를 취소할 수 있다. 이 경우에는 보호할 상대방이 존재하지 않기 때문이다. 예컨대, 현상광고나 소유권의 포기에 관하여는 언제든지 취소할 수 있다.

(3) 제3자에 대한 관계

사기·강박에 의하여 의사표시를 한 표의자는 취소의 효과를 선의의 제3자에게 대항하지 못한다(제110조 제3항)

5. 적용범위

(1) 가족법상의 신분행위

신분행위에 대하여는 가족법에 따로 규정을 두고 있으므로 제110조는 신분행위에는 적용되지 않는다(제816조, 제838조, 제861조, 제884조).

---

174) 제3자에 의한 사기행위로 계약을 체결할 경우, 그 계약을 취소하지 않고 제3자에 대하여 불법행위로 인한 손해배상을 청구할 수 있다(대판 1998.3.10, 97다55829; 대판 2006.10.12, 2004다48515 참조).

175) 김상용, 489면; 이영준, 462면.

(2) 공법행위

소송행위와 행정행위에 관하여 본조는 적용되지 않는다.[176)]

6. 다른 규정과의 관계

(1) 착오와의 관계

착오에 의한 취소와 사기·강박에 의한 취소는 본질적으로 다르다. 착오에 의한 의사표시에서의 표의자는 자신의 잘못으로 의사와 표시가 왜곡되었으므로, 사적 자치의 최소한을 보장하기 위하여 표의자에게 취소권을 주는 반면에, 사기·강박에 의한 의사표시에서의 표의자는 사적 자치 이전에 의사를 자유로이 결정할 자유 자체가 침해받고 있다. 이러한 점에서 사기·강박에 의한 의사표시의 취소는 표의자를 위하여 광범위하게 인정된다.

1) 동기의 착오에 대해서는 표의자가 원칙적으로 취소할 수 없으나, 사기에 의한 경우에는 단순 동기의 착오라도 취소할 수 있다. 이와 마찬가지로 착오에 의한 의사표시에서는 착오가 법률행위 내용의 중요부분에 관한 것이어야만 취소할 수 있으나, 사기에 의한 경우에는 이와 관계없이 취소할 수 있다.

2) 표의자가 착오를 일으킨 사정에 중과실이 있는 경우에는 취소할 수 없으나, 사기의 경우에는 취소할 수 있다.

3) 경과실로 착오에 빠져서 한 의사표시에서 이를 취소한 표의자는 상대방에게 신뢰침해에 대한 손해를 배상하여야 하나(계약체결상의 과실책임), 사기에 의한 의사표시에서는 반대로 취소한 표의자가 기망행위를 한 자에 대하여 손해배상을 청구할 수 있다(불법행위로 인한 손해배상책임).

4) 법률행위 내용의 중요부분에 착오에 빠져 의사표시를 한 경우에는 표의자는 착오에 의한 의사표시도 취소할 수 있고, 사기에 의한 의사표시도 취소할 수 있다.

(2) 하자담보책임과의 관계

물건의 특성에 대한 기망행위에 의하여 어떤 물건을 매수한 경우, 그 물건에 특성이 결여되어 있는 경우에는 하자담보책임의 규정(제570조 이하)과 사기에 의한 의사표시의 취소 규정(제110조)이 경합한다. 이때에는 매수인은 하자담보청구권과 취소권을 선택적으로 행사할 수 있다. 왜냐하면 사기·강박에 의한 의사표시의 취소는 표의자의 의사결정의 자유

---

176) 대판 1997.10.10, 96다35484; 소송행위가 강박에 의해 이루어졌을지라도 취소할 수 없다.

는 [illegible] 하기 때문이다. 이 점이 착오에 의한 의사표시에서 하자담보청구권만을 행사할 수 있는 [illegible] 다르다.

(3) 불법행위와의 관계

사기·강박에 의한 의사표시를 한 표의자는 자신의 의사표시를 취소할 수 있을 뿐만 아니라, 사기나 강박행위는 위법한 것이기 때문에 불법행위에 기한 손해배상청구권도 행사할 수 있다.[177] 또한 취소로 인하여 법률행위가 처음부터 무효로 되었으므로, 급부로 이행한 것이 있으면 이에 대한 부당이득반환청구권도 행사할 수 있다(제741조). 이 경우 표의자(채권자)는 손해배상청구권과 부당이득반환청구권을 선택하여 행사할 수 있고, 나만 중첩적으로는 행사할 수 없다.[178]

제 5 관 법률행위의 성립

제 1 항 의사표시와 법률행위

법률행위는 당사자의 의사표시에 의해서 구성된다. 그러므로 법률사실인 의사표시가 법률요건인 법률행위를 구성함으로써 당사자들 사이의 자치적 법률관계가 형성된다.

제 2 항 법률행위의 종류

I. 단독행위

1. 단독행위의 개념

단독행위는 일방행위로서 하나의 의사표시에 의하여 성립하는 법률행위다. 단독행

---

177) 기망에 의한 손해배상책임이 성립하기 위해서는 거래당사자 중 일방에 의한 고의적인 기망행위가 있고 이로 말미암아 상대방이 착오에 빠져 그러한 기망행위가 없었더라면 사회통념상 하지 않았을 것이라고 인정되는 법률행위를 하여야 한다(대판 2018.6.15, 2016다212272).

178) 대판 1993.4.27, 92다56087.

위를 할 권한이 표의자에게만 전속되어 있어 그 권리행사가 단독행위자에게 전적으로 맡겨져 있는 경우의 법률행위가 단독행위이다.

2. 단독행위의 종류

단독행위는 행위자 자신에게만 법률효과가 발생되는 것인지, 타인과의 관계 속에서 법률효과가 발생되는 것인지에 따라 상대방 없는 단독행위와 상대방 있는 단독행위로 나뉜다.

(1) 상대방 없는 단독행위

상대방 없는 단독행위는 행위자 자신이 독자적으로 권리를 행사하고, 그 효과가 표의자 이외에 그 어느 누구에게 대하여도 영향을 미치지 않는 단독적 행위이다. 이를 구성하는 의사표시가 상대방 없는 의사표시이다. 그러므로 표의자가 독자적으로 의사표시를 완성시킴으로써 단독행위는 성립하고, 이에 관계되는 법률의 규정에 따라 법률효과가 발생한다. 상대방 없는 단독행위를 구성하는 의사표시는 상대방이 없으므로 의사표시의 도달이 문제되지 않는다.

가. 권리의 포기 권리는 의무가 아니므로 반드시 행사하여야 하는 것은 아니다. 따라서 권리자는 자기의 권리를 임의로 포기할 수 있고, 권리의 포기는 상대방 없는 단독행위이다. 특히 채권의 포기를 면제라고 한다(제506조).

나. 유 언 유언(제1060조 이하)은 유언자가 누구의 동의나 합의를 요하지 않고 독자적으로 할 수 있는 단독행위이다. 유언자가 유언을 통하여 자기 재산을 사망 후에 처분하는 것을 유증이라 하는데, 유증을 받을 수증자는 의사표시의 상대방이 아니라 유증에 따른 효과를 향유할 수 있는 수익자에 해당하므로 수증자로서는 유증을 포기하거나 또는 승인할 수 있다(제1074조 제1항). 이러한 포기 또는 승인행위도 단독행위이다.

다. 재단법인의 설립행위 재단법인은 설립자 혼자서도 설립할 수 있으므로, 상대방 없는 단독행위이다.

라. 기 타 적절한 의사표시의 수취자를 상정할 수 없기 때문에 상대방 없는 단독행위로 되는 것이 있다. 관청에 대하여 하는 의사표시, 예컨대 가정법원에 신고를 요하는 상속포기(제1041조)·채권자의 공탁소에 대한 공탁의 승인(제489조) 등은 그 의사표시를 수취할 적절한 사람이 존재하지 않으므로 상대방 없는 단독행위이다.[1)]

(2) 상대방 있는 단독행위

상대방 있는 단독행위에서 권리의 행사는 단독행위자에게 일임되어 있으나, 그 효력은 타인과의 관계 속에서 법률효과가 발생하는 법률행위이다. 그러므로 상대방 있는 단독행위를 구성하는 의사표시는 표의자가 일방적으로 통지하지만, 그 의사표시는 상대방의 수령을 요하는 것으로서 그 효력발생을 위해서는 상대방에게 도달할 것을 필요로 한다(제111조). 상대방 있는 단독행위는 주로 형성권의 행사로 나타난다. 예컨대 최고·상계·취소·추인·철회·해제·해지·채무면제 등이 상대방 있는 단독행위에 속한다.

3. 단독행위의 특수한 법리

(1) 법정주의

단독행위는 행위자가 단독으로 유효하게 효력을 발생시킬 수 있는 법률행위이므로, 민법 기타 법률에 특별한 규정이 있는 경우에 한하여 허용된다. 따라서 당사자들이 약정에 의하여 새로운 단독행위를 창설할 수 없다.[2] 그리고 상대방 없는 단독행위는 당사자 일방의 의사표시로서 완성되므로 그 내용의 다툼을 방지하기 위하여 일정한 경우에는 반드시 형식을 요구하는 요식행위로 되어 있다.[3]

(2) 단독행위와 조건 및 기한

민법은 단독행위인 상계의 의사표시에 관하여 조건 또는 기한을 붙일 수 없다고 규정하고 있다(제493조 제1항 단서). 단독행위는 당사자 일방이 자신의 의사표시만으로 법률관계를 형성하게 되는데, 이것에 다시 조건이나 기한을 붙이게 되면 상대방의 법률상 지위가 너무나 불안정하게 되기 때문이다. 다만 일정한 경우에 단독행위에 정지조건을 붙일 수는 있다(제1073조 제2항).

Ⅱ. 계 약

계약은 쌍방적 행위로서 「2인 이상의 당사자가 청약과 승낙의 합치에 의하거나, 다수의 사람이 일정한 규율내용에 대하여 공동적으로 합의함으로써 성립하는 법률행위」이

1) 이영준, 178면.
2) 이영준, 179면.
3) 곽윤직·김재형, 254면.

다. 권리발생의 근거로서의 계약은 「행위」로서의 면과 「규율」로서의 면을 가지고 있다.[4] 따라서 계약은 우선 2인 이상의 당사자들이 자신들의 의사표시의 합치를 이루는 체결의 「행위」가 있어야 한다. 이처럼 2인 이상 당사자들의 합의(Konsens)에 따라 체결된 계약의 내용이 당사자들의 권리·의무의 관계를 규율할 수 있는 능력을 갖춘 경우에 비로소 계약은 「성립」한다. 그리고 그 성립된 규율이 법적으로 실현되기 위해서는 그 자체에 효력발생을 제한할 만한 장애사유들이 내포되어 있지 않아야 한다. 이를 무효·취소의 사유라 하는데, 이것이 존재하지 않을 때 계약은 「유효」한 것이다.

(1) 계약의 체결

다수 당사자들의 사적 자치의 실현을 위해서는 당사자들 사이에 합의를 기초로 한 계약이 유효하게 성립하여야 한다. 「유효하게 성립하고 있는 계약」이 당사자가 원하는 권리와 의무를 발생시키는 정당한 근거가 된다. 그런데 계약이 '규율'로서 유효하게 성립되기 위해서는, 이에 대한 전제로서 '행위'로서의 「계약체결」이 우선해서 이루어져야만 한다. 계약의 체결에는 청약과 승낙에 의한 방식(제527조 이하), 의사실현에 의한 계약의 성립(제532조), 교차청약에 의한 방식(제533조), 경매에 의한 체결방식 그리고 법에 규정되어 있지 않은 공동적 동의방식에 의한 계약의 체결[5]이 있다.

(2) 계약의 성립

계약의 「성립」은 「계약자의 의사표시를 통하여 (경우에 따라서는 객관적인 법규정과 더불어) 계약으로서의 규율가치를 갖춘 규율상태」[6]를 말한다. 이러한 계약의 성립은 계약의 「규율로서의 면」을 파악하는 것으로서, 규율로서의 최소한의 구성요건을 구비하고 있어야만 한다. 그렇지 않다면 체결된 계약은 규율능력을 갖추지 못한 것으로서 규율가치를 갖지 못하게 된다. 예를 들어, 계약자들이 매매계약의 체결을 원하면서 어떤 물건에 대해서 계약할 것인지에 대한 매매목적물의 특정에 대해서만 합의하고 매매대금에는 대하여 합의하고 있지 않다면, 행위로서 계약의 체결은 존재하지만, 그 계약은 '규율로서 요구되는 본질적 구성부분'을 결하고 있으므로 규율로서의 능력과 가치를 갖고 있지

---

4) Flume, Allg. Teil, § 6.

5) 공동적 동의에 의한 계약체결은 다수의 계약자들이 우선 계약을 체결하기 앞서 협상과정을 거치고 그 협상의 결과 자신들의 법률관계를 형성할 내용에 대하여 결정하고, 그 결정된 내용에 법적 구속력 있는 동의의 의사표시를 공동적으로 함으로써 계약은 체결된다. 예를 들어, 조합계약의 체결이 이에 속한다(윤형열, "불합의 종류와 그 법적 취급", 민사법학 제62호(2013.3.30.), 37면 이하.

6) Detlef Leenen, "Abschluß, Zustandekommen und Wirksamkeit des Vertrages", AcP 188(1988), 381, 368.

못한다. 따라서 체결된 계약은 존재하나, 그 계약이 규율로서는 실현될 수 없다.

(3) 계약의 유효

계약의 「유효」는 계약이 성립한 내용대로 계약당사자의 관계에서 관철되는 것을 말한다. 즉 이는 법률의 적용에 따른 심사로서, 성립된 계약이 법률이 제한하는 어떠한 흠도 갖고 있지 않아야 하는 것을 의미한다. 예를 들어, 성립한 계약내용이 선량한 풍속 기타 사회질서에 위반되지 않는 것(제103조)과 같이 효력발생을 제한하는 사유가 존재하지 않아야 그 계약은 유효한 것이다. 이는 법률행위의 무효나 취소와 관련된 것으로서, 계약이 「유효」한가의 여부는 계약의 구성요건은 아니다.7) 다만 사인들 사이에 자치적으로 형성된 법률행위에 법이 적용되어 법에 의한 옳고 그름의 가치평가가 내려지게 됨으로써, 법률행위에 대한 규율로서의 실현가능성 여부를 판단하는 것이다.

제 3 항 법률행위의 보충적 해석

Ⅰ. 보충적 해석의 의의와 적용범위

1. 보충적 해석의 개념

(1) 의사표시의 해석과 법률행위의 해석

사인들 사이의 사적 자치의 내용을 확정짓는 절차로서 해석에는 '의사표시의 해석'과 '법률행위의 해석'이 있다. 그리고 이에 대한 해석의 기본원칙은 의사표시 또는 법률행위에서 표의자가 사용한 단어적 의미에 얽매이지 말고 당사자가 의도한 목적에 좇아 그 내용을 확정하도록 하는 것이다(독일민법 제133조, 제157조 참조). 그렇지만 의사표시와 법률행위는 법률사실과 법률요건으로서 각각의 해석의 기본방향에는 차이가 있을 수밖에 없다. 의사표시는 법률행위를 구성하는 법률사실이므로, 의사표시 해석의 본질은 사실의 확정에 있다. 이에 반해서 법률행위는 효력을 발생시키는 전제로서 법률요건이므로 이를 해석하는 데에는 가치판단을 통한 내용결정이 이루어져야 한다. 즉 전자는 사실의 확정으로서 가치판단이 자제되는 반면에, 후자는 규범의 내용결정으로서 가치판단이 기초로 되고 있다. 여기서 보충적 해석은 사적 자치적 규율의 흠결을 보충하는 것이므로 법률효과의 발생을 전제로 하는 법률행위의 해석에서만 가능한 절차이다. 한편, 의사표시가 제3자의

7) Leenen, AcP 188(1988), 381, 386.

객관적인 관점에서 보아 의사표시의 내용이 표의자가 추구한 사적 자치의 실현을 위하여는 허술하고 미진하더라도 표의자로서는 자신이 의도한 주관적 의사를 전부 표시한 것이므로, 의사표시는 그 자체로서 완벽한 것이며 더 이상 해석의 과정에서 보충이 개입될 여지가 없다. 따라서 보충적 해석은 법률행위에만 해당되고 의사표시에는 해당되지 않는다.

(2) 보충적 해석의 대상으로서의 계약

보충적 해석은 의사표시의 해석과는 달리 있는 그대로의 의미를 확정하는 것에 그치는 것이 아니라 '보충을 통한 해석'이라는 특별한 방식이다. 그러므로 당사자들이 불완전하게 체결한 법률행위의 규율내용을 그들의 사적 자치의 실현을 위하여 필요한 부분을 보충함으로써 완성시키는 해석이다.

의사표시의 해석도 신의성실의 원칙에 따라 규범적 해석을 함으로써 의사표시를 수령하는 상대방의 이해가능성을 함께 고려하게 되고, 이러한 점에서 의사표시도 해석을 통해서 일정 부분 수정됨에 따라 보충되는 효과를 발생시키고 있다. 그렇지만 의사표시의 해석은 본질적으로 표의자의 주관적 의사가 기준이 됨으로써 표의자의 의사 확정의 범주를 벗어날 수 없어 법률행위 내용을 보충하지는 못한다.[1)]

그러므로 보충적 해석은 법률행위의 해석과 관계있다. 그런데 법률행위는 단독행위와 계약으로 구성되어 있으므로, 양자의 모두에서 보충적 해석이 가능하다고 생각될 수 있다. 그렇지만 단독행위는 1개의 의사표시로 구성되는 것이므로, 단독행위의 해석내용은 이를 구성하고 있는 의사표시의 해석내용과 동일한 것이다. 따라서 보충적 해석은 법률행위 중 주로 계약을 대상으로 하여 행하여진다.[2)]

(3) 보충적 해석의 전제로서 계약의 성립

보충적 해석은 계약의 성립을 전제로 한다. 왜냐하면 의사표시의 불합치로 인하여 계약의 성립 자체를 인정할 수 없다면, 계약해석의 한 방법으로서 보충적 해석은 행하여질 여지가 없기 때문이다. 그러므로 개별적 의사표시에 대한 해석을 통해서 계약의 체결이 인정된 후에야 비로소 행하여 질 수 있다.[3)] 즉 보충적 해석은 성립하고 있는 계

1) BGHZ 21, 319, 328.
2) Werner Flume, Allgemeiner Teil des Bürgerlichen Rechts Zweiter Band Das Rechtsgeschäft Dritte ergänzende Auflage(Springer Verlag, Berlin Heidelberg New York, 1979), § 16 4 S. 321.
3) Erman/Brox, BGB 1 Bd 8. Aufl.,(Aschendorffsche Verlagsbuchhandlung Münster, 1989) § 133 RdNr. 20.

약내용이 부수적 요소가 부족한 경우에 이를 메꾸어 주는 최후의 해석절차인 것이다. 이런 점에서, 계약의 보충이 이루어지기 위해서는 계약자들 사이에 합의를 통해서 그들이 구속받기를 원하는 법률행위의 본질적 내용(essentialia negotii)을 포함하고 있어야 한다. 요컨대 계약의 보충적 해석은 계약의 성립을 전제로 한다.4)

(4) 보충적 해석의 본질 – 해석인가 보충인가

보충적 해석은 계약의 내용을 보충하는 것이므로, 과연 이를 해석으로서의 본질을 가지는 것인가 아니면 단순한 규율의 보충인지에 관하여 견해의 대립이 있다. 이에 관하여 다수의 견해는 보충적 해석도 해석의 본질을 갖는 것으로 본다. 왜냐하면 보충적 해석의 목표가 개별적인 계약에 계약당사자들이 추구하려는 특별하고도 고유한 효력상의 의미를 부여하는 것을 목표로 하고 있기 때문이다. 이때 보충되는 내용은 당해 법률행위의 개별적 특징에 따라 계약 당사자에게만 인정될 수 있는 구체적인 의미부여인 것으로서, 보충적인 해석의 결과는 어느 누구에게나 다 의미 있는 일반원칙을 형성하는 것이 아니다. 그리하여 보충적 해석의 과제는 계약자들이 예상하지 않아 규율화하지 않고 방치되어 있는 미비점에 관하여 그 규율화가 필요한 경우 현재 체결되어 있는 계약의 내용을 바탕으로 당사자의 입장에서 '계속해서 끝까지 생각해 주는 것'(zu Ende zu denken)이다.

여기에서 법률행위의 '해석대상'과 '해석수단'의 개념을 구별해야 한다. 법률행위를 해석하는 데에는 우선 법률행위상 표시된 것을 해석대상으로서 삼게 된다. 그런데 법률행위의 의미를 정확히 파악하기 위해서는 단순히 표시된 것 만에 한정하여 해석할 수는 없고, 표시와 관련된 행위의 전체를 파악하게 된다. 따라서 해석의 대상으로 되는 것은 법률행위에서 표시된 것과 이와 직접적으로 관련있는 행위도 포함되게 된다. 예를 들어, 계약당사자들이 법적 구속력 있는 의사표시를 하기에 앞서 행한 협상과정에서의 합의사항이나 특수한 사정이 발생할 것에 대비한 개별적인 약속 등은 법률행위에서 나타난 표시와 직접적으로 관련된 행위로서 해석의 대상으로 될 수 있다. 이에 반하여 해석수단은 법률행위에서 표시행위를 구성하는 것은 아니므로 해석 대상은 아니나, 의사표시의 주변에 존재하는 정황으로서 표시된 것에 대한 의미를 확정할 수 있도록 도와주는 보조적 사실을 말한다. 따라서 해석수단은 간접적으로 법률행위를 체결하게 된 동기나 경위에 관한 내용을 구성하거나, 계약체결을 준비하는 과정에서 관련 당사자들이 사용한 용어의 독특한 의미에 관한 상호적 이해나 과거부터 거래의 축적을 통하여 형성된 관행

4) Wolfram Henckel, "Die ergänzende Vertragsauslegung", AcP 159(1960), 106, 107; 이영준, 305면.

등의 내용을 의미하고 있다. 따라서 해석의 대상은 법률행위를 해석함에 반드시 포함되어야 하는 반면에, 해석수단은 참고수단으로 작용할 뿐이다.[5] 그렇지만 보충적 해석에서는 해석수단이 그 보충될 내용의 기준이 된다.

계약의 보충적 해석은 '계약에 대한 고유한 해석방법으로서는 사적 자치의 실현을 이룰 수 없는 한계'를 전제로 한다. 즉 계약의 보충적 해석은 해석대상을 모두 해석해 본 결과 이를 통해서는 해결될 수 없는 계약내용의 흠결이 발견되어 더 이상 그 해석대상을 가지고는 해결할 수 없는 난점이 발생되어야 비로소 고려되게 된다. 이에 대해서는 법률행위의 주변을 형성하는 해석수단이 참작되어 보충될 내용을 결정하게 된다. 이처럼 보충적 해석은 계약의 고유한 해석과는 달리 해석의 영역을 계약대상을 넘어 계약당사자들의 주관적 사유에 까지 확대시키고 있지만, 그렇다고 하여 사적 자치의 영역을 넘지는 않는다. 이러한 의미에서 보충적이기는 하지만 해석의 범위를 넘지 않는 의미에서 보충적 해석이라는 표현을 쓰고 있다.[6]

그런데 계약의 보충적 해석은 '의사표시의 확장적 해석의 절차'와 '법률행위 내용의 보충의 절차'로 이루어져 있다.[7] 이러한 확대해석의 요소와 보충의 요소라는 단계적 절차는 계약당사자들이 추구한 계약목적에 보다 충실하기 위하여 선후의 순위로 적용된다. 전자는 실제로 체결된 계약을 근거로 행하여지는 보충의 해석이며, 후자는 계약내용을 근거로 하지 않는 계약내용의 보충인 것이다.

2. 보충적 해석의 전제로서 계약의 흠결

(1) 계약흠결의 존재

보충적 해석은 의사표시의 해석의 방법과는 달리, 당사자들이 추구한 사적자치를 실현할 수 있도록 계약의 흠결을 보충하여 주는 것이다. 따라서 보충적 해석은 본질상 흠결이 존재하여야만 비로소 가능하다.[8]

---

5) Theo Mayer-Maly/Jan Busche, Münchener Kommentar Bürgerliches Gesetzbuch Allgemeiner Teil §§ 142-240 AGB-Gesetz 4. Aufl.(Verlag C.H Beck, München, 2001) § 133, Rdnr. 57: 해석은 법적인 가치평가이므로 최종의 궁극적인 의사표시의 해석자로서의 법관은 직권으로 해석을 관철시켜야만 하며 단순히 당사자의 자료제출(Vorbringung)에만 의존할 수 없다.

6) Karl Larenz, "Ergänzende Vertragsauslegung und dispositves Recht", NJW 1963, 738.

7) Ulrich Ehricke, "Zur Bedeutung der Privatautonomie bei der Vertragsauslegung", RabelsZ 60 (1996), 676; 윤진수교수는 계약의 보충적 해석을 '법과 계약의 중간단계'라고 본다("계약해석의 방법에 관한 국제적 동향과 한국법", 비교사법 제12권 제4호(한국비교사법학회, 2005), 84면).

8) BGHZ 40, 103; BGHZ 77, 304.

그런데 흠결이 있는가의 여부를 결정하는 데에 관하여서, 학설은 견해의 차이를 보이고 있다. 보충적 해석을 '법률행위의 해석'으로 보는 견해는 흠결을 인정함에 있어 계약당사자들이 계약을 체결하면서 체결된 계약내용 중 어떤 문제를 규율하지 않음으로써 이로부터 계약의 흠결은 발생한다고 본다. 이 견해는 민법상 입법되어 있는 사정이나 현실을 고려하지 않은 채, 법률행위의 해석절차에서만 흠결의 존재 여부를 판단한다. 이에 대해서 보충적 해석을 '법의 적용'이라고 보는 견해는 계약의 흠결을 인정하기 위해서는 계약상 체결해 놓은 규율의 부족 외에도 추가적으로 '당사자들이 규율하지 않고 방치한 미비점에 적용될 임의법규가 민법에 존재하지 않거나 동일 목적을 규율하고 있는 임의법(das dispositive Recht)으로부터 어떠한 규율도 도출해 낼 수 없어야 한다'는 점도 함께 포함시켜 고려하여야 한다고 주장한다.[9] 이 후자의 견해는 계약의 흠결을 메꾸기 위한 보충은 해석에 의한 보충을 하기에 앞서서 임의법규의 적용이 우선되어야 한다고 전제하고, 계약의 흠결을 인정하기 위해서는 계약내용의 부족뿐만 아니라 이에 적용될 법률에 입법상의 흠결이 동시에 존재하여야 한다고 본다. 따라서 이에 의하면, 계약상 규율의 부족함이 있는 경우에는 임의법규의 적용을 통해서 해결할 수 있으므로, 흠결에 적용될 임의법규가 완비되어 있다면 더 이상 계약을 보충해서 해석할 여지는 없는 것이고 따라서 흠결이 존재하지 않는다고 본다. 이렇듯 이 견해는 계약의 흠결을 법률흠결의 문제에 결부시키고 있다.

아울러, 임의적 성격의 규범은 법학방법론상 특별법과 일반법의 관계 속에서 끝없이 존재하므로, 계약의 흠결이 있을 때, 1차적으로는 흠결을 보충할 계약을 대상으로 특별법의 위치에 있는 임의법규를 적용한다. 즉 흠결 있는 계약의 전형을 기준으로 한 계약각칙의 적용이 시도된다. 그런데 흠결이 있는 계약에 전문화된 임의법규가 법률로서 입법되어 있지 않다면, 법학방법론상 2차적으로 유추적용을 통해 입법의 흠결을 메꿀 수 있다. 그러므로 관련된 임의법규가 추구하는 목적인 임의적인 법(das dispositive Recht)이 적용됨으로써 그 보충이 시도되어야 한다. 그리고 이것도 불가능한 경우에는 3차적으로 민법의 일반규범으로서 계약당사자 모두가 지켜야 할 행위규범인 신의성실의 규정(제2조 제1항)에 따라 궁극적으로는 흠결은 보충되게 된다. 그리하여 계약의 흠결은 모두 임의적 규범에 의하여 해결될 수 있다고 본다.[10]

---

9) Henckel, AcP 159(1960), 107, 117; Wolfgang Mangold, "Eigentliche und ergänzende Vertragsauslegung", NJW 1962, 2284; 백태승, 373면.

10) 이은영 교수는 제1조 법원(法源)의 규정에 따라 임의법규가 없으면 궁극에 가서는 '조리'에 의해서 해결할 수 있다고 본다(431면).

그러나 법률의 흠결까지를 포함하여 흠결의 여부를 판단하는 후자의 견해는 방법론상 적절하지 않다. 왜냐하면 계약흠결의 확정 문제를 임의법규의 적용 여부와 함께 파악하게 되면, 이로부터 보충적 계약의 해석과 임의법규의 적용과의 관계가 혼동되기 때문이다. 계약의 보충은 계약의 해석으로서 민사의 확정에 관한 문제이고, 임의법규의 적용 문제는 현재의 입법사항과 관련된 것으로서 법적용의 문제이므로 계약의 해석절차에서 개입될 사항이 아니다. 결국 민사의 확정 뒤에 비로소 법률은 적용되어야 하는 것이므로, 양자를 동일 평면에서 함께 파악하는 것은 검증체계상 타당하지 않다. 그러므로 계약흠결의 존재 여부는 계약에 의한 사적인 규율의 구성요소로 한정하여 판단하고, 그 다음 단계에서 확정된 흠결이 보충적 해석을 통하여 충족시키고, 이로써 충분하지 않은 경우에는 임의법의 적용을 통한 해결로 체계화하여야 할 것이다.[11)]

(2) 계약흠결의 발생원인

계약의 규율내용이 계약이 실행되는 과정에서 문제로 된 미비점에 관하여 이를 해결할 규율을 포함하고 있지 않은 경우에, 무조건 계약의 흠결이 발생하는 것이 아니라 이에 관한 규율화가 필요한 경우에 한하여 계약의 흠결은 존재한다. 그러므로 계약의 흠결을 파악하기 위해서는 우선 계약자가 실제로 합의를 통하여 창설한 법률관계를 확정짓고, 이와 대비될 완벽한 규율구조를 상정하게 된다. 그리하여 완벽한 규율구조와 당사자들이 실제로 합의한 규율내용을 대비하여 차이가 있으면 그것은 규율계획에 충분하지 못한 것으로서 흠결인 것이다. 이러한 흠결은 첫째, 계약체결 당시에는 흠결과 관련하여 미비점이 존재하였으나 계약자들이 이를 인식하지 못하여 규율화를 간과한 경우나, 둘째, 계약자들은 계약체결시에 어떤 특정 사실관계를 기초로 하여 계약내용의 구성에 합의하였는데, 그 후에 계약자들이 함께 받아들인 기초사실관계가 바뀌는 경우에 발생할 수 있다.[12)] 전자를 원시적 흠결, 후자를 후발적 흠결이라 한다.[13)] 원시적 흠결은 계약체결 당시에 계약자들은 일정한 사항에 관하여 규율화가 필요함에도 불구하고 이 미비점에 관하여 생각조차 하지 않은 결과, 규율의 공백상태가 존재하게 됨으로써 발생하게 된다. 또 후발적 흠결은 사정변경의 원칙과 관련이 있다. 이 후발적 흠결이 발생한 경우, 보충적 해석은 흠결의 보충을 통하여 계약당사자들의 규율계획의 실현을 가능하게 하는 것이므로 사정변경에 따른 법률행위 기초이론의 적용에 앞서 우선하여 적용된다.[14)]

---

11) MüKo/Mayer-Maly/Busche, § 157 Rdnr. 28; 명순구, 360면.

12) Flume Allg. Teil Ⅱ, § 16 4 a).

13) Erman/Brox BGB 1Bd 8. Aufl.(Aschendorffsche Verlagsbuchhandlung, Münster, 1989) Rdnr. 20; 백태승, 373면; 김진우, "계약의 공백보충", 비교사법 제8권 2호(한국비교사법학회, 2001), 416면,

그리고 이러한 규율의 흠결은 계약규정의 일부가 무효로 됨에 따라 발생할 수 있다. 예를 들어, 임대차계약에서 임대인을 위한 차임에 관한 보장규정이 무효인 경우 보충적인 계약해석의 방법으로 법적으로 허용된 차임증액규정을 확정시킬 수 있다. 또한 건축계약에서 건축비를 외환관리법상 요구되는 허가 절차를 거치지 않고 외화로 지급하기로 약정하여 건축비지급에 관한 계약규정이 무효로 됨에 따라 계약의 흠결이 발생한 경우 보충적인 계약의 해석을 통하여 건축비를 국내 화폐로 지급하는 해법을 찾을 수도 있다.

(3) 결여된 규율의 보충필요성

보충적 해석은 계약에서 필요로 하는 규율이 부존재한 경우에 이를 메꾸는 해석절차이다. 그러므로 계약에 흠결이 있다 하더라도 그 흠결이 보충을 필요하지 않는 경우에는 보충적 해석은 필요없다. 그러므로 계약의 보충적 해석이 가능하기 위해서는 계약상의 흠결이 「보충능력」을 갖추고 있어야만 한다. 물론 계약을 체결하는 사람들이 계약과 관련된 모든 문제를 다 계약에 포함시켜 합의할 수는 없는 것이 현실이다. 이러한 점에서 어떠한 계약도 체결된 이후에 어떠한 사정의 변화가 일어나도 그 해법을 계약에서 다 찾을 수 있을 정도로 완벽한 규율내용을 갖출 수는 없으므로, 논리적으로 모든 계약은 필연적으로 흠결을 내포하고 있기 마련이다. 그렇지만 모든 계약이 어느 경우에나 보충적 해석의 절차를 거쳐서 계약의 내용을 확정짓지는 않는다. 왜냐하면 규율화를 하지 않은 사항이 보충을 필요로 하지 않는 경우에는 사실로서의 흠결은 존재할지 모르나 보충을 필요로 하는 흠결은 존재하지 않기 때문이다. 결국 보충적 해석은 어떤 계약상 발생한 미비점에 관한 규율화가 당사자들이 사적 자치의 실현을 위하여 반드시 필수불가결한 경우에 한하여 인정된다.[15)]

이처럼 흠결의 보충능력은 '그 흠결을 보충하지 않고는 계약의 목적달성이 불가능한가의 여부'를 척도로 하여 판단하게 된다. 이러한 흠결보충을 통한 사적 자치의 실현이 가능한가의 여부는 계약자들이 계약체결시에 가졌던 계약의 규율계획을 기준으로 하여 판단하게 된다. 이러한 관점에서, 흠결 보충의 필요성은 흠결을 충족시킴이 없이는 계약의 목적달성이 불가능하다는 것에서 비롯된 것으로서, 당사자들이 의식적으로 어떤 무규율의 상태를 계약에 포함시키는 결단을 내렸다면, 보충을 필요로 하는 흠결은 존재하지 않는다. 이러한 경우까지 흠결을 보충하는 해석을 하게 되면, 사적 자치적 결정을

---

14) BGHZ 81, 135, 143; BGHZ 90, 69, 74.

15) Henckel, AcP 159(1960), 107.

유월(逾越)하여 제3자가 계약을 타율적으로 생각해 주는 것으로 되어 해석의 범주를 넘기 때문이다.

(4) 의식적 흠결의 문제

계약당사자들이 특정한 법률관계의 창설에 관하여 종국적인 합의를 하였으나 이와 관련된 특정한 미비점에 대하여 아무런 규율도 하지 않을 수 있다. 그렇지만 규율되지 않은 관점이 있다고 해서 모두가 곧 바로 법적 의미 있는 흠결로 되지는 않는다. 보충적 해석에서 계약당사자의 의사에 반하는 보충을 할 수는 없기 때문에, 보충을 필요로 하는 흠결사항이 당사자들이 계약체결 전에 구상하고 있던 계약계획에 포함되어 있었다면 계약의 흠결은 존재하지 않는다.[16] 계약당사자들이 계약상의 규율계획에서 미래에 발생할 수도 있는 계약당사자들의 권리관계의 예상과 기대 및 이에 따른 미래의 추상적인 위험에 대한 구체적인 분배가 포함되어 있어 의도적으로 규율하지 않았다면, 이러한 의식적 흠결에 따른 부족내용은 계약의 계획에 합치되고 있다.[17] 따라서 다음의 경우에는 보충적 해석의 전제로 되는 흠결이 존재하지 않는다.

가. 당사자들이 어떤 사항에 관하여 장차 합의할 것이라는 기대 하에 특정한 관점에 대하여 의식적으로 규율하지 않고 개방시켜 놓은 경우 이는 계약당사자들이 흠결을 인식하였지만 그 흠결이 실제로 현실화되지 않을 것이라고 기대하고 혹시 발생하더라도 공정하게 자율적으로 해결할 수 있을 것이라고 기대하여 특정 사안에 관하여 구체적으로 규율화하지 않은 경우이다. 실제로 계약당사자는 계약을 체결할 때 계약의 주된 요소가 계약내용에 포함되는 것에 관심을 가질 뿐 나머지의 관점들을 방치하는 것이 흔히 있는 일이다. 특히 이는 법경제적인 측면에서 '계약비용'과 관련이 있다. 이를 테면, 완벽한 계약을 체결하기 위하여는 계약당사자가 체결될 계약과 관련하여 완벽한 정보상태에 이르는 것이 필요한데, 이를 위하여 전문가의 조력을 받아 발생 확률이 희귀한 예외적 사정까지도 고려하여 이에 대한 규율을 계약의 내용에 모두 포함시킨다면, 보충이 전혀 필요 없는 완벽한 계약이 성립할 수 있다. 예를 들어, 빨래건조기의 거

---

16) Flume, Allg. Teil Ⅱ, § 26, 3.

17) 우리나의 다수설은 흠결의 인정과 관련하여 계약당사자의 흠결에 대한 인식 여부가 문제되지 않는다고 본다. 특히 이영준 교수는 '계약 당시에 당사자가 그 흠결을 알았으나 필요가 없다고 판단하여 이에 관한 규정을 두지 않았는데 후에 당해 사항이 문제로 된 경우'를 추가적으로 인정하고 있다(305면); 김증한·김학동, 292면 등; 그러나 이는 계약당사자들이 인식한 사실로서 의도적으로 규율화를 유보한 것으로서, 규율하지 않은 것이 계약자의 계약계획에 포함되는 것이므로, 흠결로 보기 어렵다.

래에서 "목욕시킨 고양이를 건조기에 넣어 말리지 않는다. 만일 이로 인하여 고양이가 죽는 경우에는 매도인은 책임지지 않는다"는 희귀한 조항까지 계약내용에 포함시킨다면, 거의 완전한 계약이 만들어짐으로써 보충이 필요하지 않을 지도 모른다. 그러나 이처럼 희귀한 사례까지 염두에 두고 체결할 계약의 내용을 완벽하게 준비하는 데에는 엄청난 비용이 들기 때문에, 차라리 계약당사자들은 발생개연성이 희박한 사태에 대하여는 규율하지 않고 방치하였다가, 만일 계약이행과정에서 이에 따른 문제가 발생하면 체결상 방치하였던 무규율의 위험을 어느 일방 당사자에게 부담시켜 그 손해를 배상해 주는 것이 훨씬 비용상 저렴한 경우가 될 수 있다. 우리는 통상적으로 이러한 해법을 감안하여 계약을 체결하는데, 이것이 전체적으로 보아 손해배상액(예: 고양이 1마리 값)이 완벽한 계약을 준비하는 비용(예: 계약준비를 위임한 변호사에게 지불할 비용)보다 적어서 비용절감의 효과로 이끌기 때문이다.[18] 이러한 계약당사자들의 의도에서 발생된 '흠결'은 실제로 당사자들이 간과한 흠결이 아니라 사적 자치에 의한 당사자들의 결단인 것이고, 이는 다른 적극적으로 규율된 계약의 내용과 마찬가지로 계약의 규율계획에 속하는 것이다.[19] 계약자들이 자신들이 체결한 계약상의 규율을 의식적으로 궁극적인 것으로 확정시킨 경우에는 그 계약내용에 객관적으로는 규율화의 미진함이 있을 지라도 흠결은 존재하지 않는다.[20] 그리하여 이러한 경우에는 '계획에 반하는' 흠결이 없으므로, 보충적인 계약 해석이 개입할 여지가 없다.

나. 당사자들이 어떤 미비점에 관하여 추후에 적절한 규율을 발견할 것을 희망하고 의식적으로 규율하지 않은 경우[21] 여기에서는 규율되지 않고 개방되어 있는 미비점에 관하여 계약당사자들은 '미리 어떠한 규율도 체결하지 않을 것'에 대하여 합의하고 있다. 이는 계약계획에 따른 것으로서 계약당사자들이 어떤 문제 발생에 대하여 추후에 합의를 하려는 것이 도출된다. 위험분배의 관점에서 볼 때, 이미 계약계획의 범주 내에서 특정된 결단이 내려져 있는 것이다. 다만 당사자들은 구체적인 위험분배를 오직 미래에 미루고 있을 뿐이다. 이 경우 계약당사자들은 추후에 규율할 수 있다는 기대 속에서 규율하지 않은 것이다. 이는 합의로써 추후 협상의 방법으로 흠결을 해결할 것인데, 이를 테면 계약당사자중 일방이 결정하는 내용대로, 또는 법률이나 관습에 의하

18) 윤진수, "법률행위의 보충적 해석에 관한 독일의 학설과 판례", 재판자료 59집(1992. 12), 외국사법연수논집(10), 105면.

19) BGHZ 20, 3.

20) BGHZ 2, 385.

21) BGHZ 13, 7; BGHZ 19, 3; BGHZ 28, 6.

는 방법으로 합의를 도출하여 해결할 것이므로, 이는 규율의 흠결을 자치적으로 충족시킬 의사가 있는 것으로서, 이 경우 보충되어져야 할 흠결은 존재하지 않는다.

다. 계약조항이 추후에 무효로 되는 경우 계약을 체결할 때에는 계약에 어떠한 흠결도 없지만, 특정한 계약규정이 무효로 되기 때문에 사후에 계약흠결이 발생되기도 하는데, 이때 과연 당사자들에게 계획에 반하는 규율흠결이 잠재되어 있는 것으로 볼 수 있는가의 여부가 문제된다. 만일 일부 계약규정이 무효로 된 경우에 계약내용이 자동적으로 효력을 유지하면서 무효만큼 축소가 이루어 질 수 있다면(예: 일부유효의 약관(Salvatorische Klausel)이 있는 경우), 흠결의 문제가 아니라 일부무효의 법리가 적용될 것이다. 이 경우 계약계획에 의하면 당사자들은 계약을 완벽하게 체결한 것이므로, 이로써 의미 있는 흠결이 존재하지 않는다. 그러나 일부 계약조항이 무효로 됨에 따라 민법의 기본원칙에 따라 계약 전체가 무효로 될 경우(제137조 본문)에는 계약의 흠결이 존재하고 또 보충이 필요하다고 볼 것이다.

Ⅱ. 계약의 해석을 통한 보충

1. 계약의 목적이나 동기를 고려한 해석

계약의 보충적 해석은 무규율이라는 부존재 상태를 그 대상으로 삼고 있으므로, 그 보충의 방법은 이미 체결된 계약에서 행하여진 표시와 관련 있는 정황에서 계약당사자들이 계약을 통해서 추구하려고 했던 목적을 탐지하여 보충하게 된다.22) 이러한 계약의 보충적 해석은 당사자들이 추구한 계약의 목적이나 계약체결을 하게 된 동기를 기초로 하여, 만약 계약당사자들이 흠결이 있음을 알았을 경우 이를 메꾸기 위하여 하였었을 가치판단을 끝까지 생각해 줌으로써 흠결에 보충할 규율내용을 탐지한다. 여기에서 보충적 해석의 규준이 되는 것은 계약당사자들의 계약체결의 의도인 것이다. 결국 단순히 계약자가 외부로 나타낸 「표시된 것」만으로는 계약당사자들이 실제적 의사에 다가갈 수 없고, 외부로 표시된 것과 관련된 정황을 배제하고는 그 계약자의 의도를 알 수 없는 경우에는 이러한 표시와 직접적으로 관련되어 있는 정황도 해석절차에 포함되게 된다.

22) 송덕수, "법률행위의 해석", 경찰대 논문집 제6집(경찰대학, 1987), 259면,

〈사 례〉

매도인 갑과 매수인 을은 78번지의 부동산에 관하여 매매대금 5억에 매매하기로 계약을 체결한 후 그 매매계약서를 공증하여 두었다. 그런데 78번지에는 지번 30, 31, 32가 있고 이 모두를 매매하기로 계약을 체결하였으나 계약서에는 지번이 31과 32의 토지만이 매매되는 것으로 표기되고 이 계약서가 공증되었다. 그리하여 공증된 78번지 부동산의 매매계약증서의 문언에 의하면 지번 31과 32만이 매매의 대상인 것으로 표기되고 그 외의 다른 표시는 언급되어 있지 않다. 그렇지만 매도인과 매수인은 실제로 당사자들은 지번 30의 토지도 함께 매매하기로 계약을 체결하였고, 다만 실수로 지번 30의 토지를 계약증서에 포함시키는 것을 누락한 것이다.

위 사례에서 매수인 갑은 매도인 을에 대하여 계약증서상 나타나지 않은 지번 30의 토지에 대하여도 소유권이전을 청구할 수 있는데, 이러한 보충은 계약체결의 주변을 형성하고 있는 정황에서, 즉 지번 30, 31, 32의 합한 가격이 5억이라는 사실로부터 계약당사자들이 지번 30, 31, 32의 모두를 매매하는 것으로 계획하였고, 이를 매매계약의 목적으로 하고 있음을 추단해 낼 수 있다.[23] 그리고 거래되고 있는 주변토지의 부동산 시장에서의 시가는 당해 개별 토지거래에서 고려될 해석대상은 아니나, 해석을 도와 줄 수 있는 수단에 해당된다. 이처럼 계약체결의 주변을 형성하고 있는 정황으로부터 계약자들이 계약을 통해서 추구하려는 목적이나 동기를 파악하여 이를 기준으로 삼아 흠결을 보충하게 되는데, 이를 계약내용의 보충과 대비하여 「계약의 고유한(단순한) 해석」이라고 한다.

2. 소위 암시이론(Andeutungstheorie)

(1) 암시이론의 의의

암시이론은 「형식과 결부된 의사표시」의 해석에서 문제된다. 이 이론은 표의자의 실제 의사가 표의자가 행한 표시에 대한 해석의 절차를 통해서는 도출되지 않지만, 최소한 다른 정황들과 함께 탐지될 수 있어 이를 통해서 표의자의 실제 의사가 해석에 반영될 수 있는 것으로 본다. 그러므로 표의자의 의사가 그가 외부로 행한 (의사의) 표시에서 '어떤 불완전한 표현이라도' 남겼다면, 이 의사를 반영할 수 있는 해석의 내용으로

23) 이 경우 Wieling은 계약의 주변을 형성하고 있는 정황으로부터 계약해석을 통해서 해결될 수 있으므로 오표시 무해의 원칙도 적용될 여지가 없다고 본다(Josef Wieling, Die Bedeutung der "falsa demonstratio non nocet" im Vertragsrecht, AcP 172(1972), 297).

되어야만 한다.[24] 이로써 계약당사자가 남긴 흠결을 계약의 주변을 형성하고 있는 정황에서 이를 보충할 내용을 암시하고 있는 경우에 그 암시된 사항을 가지고 법률행위의 내용을 보충할 수 있게 된다.

(2) 암시이론에 의한 해석

암시이론의 발단은 일단 의사표시 해석의 필요성 여부와 관련되어 있다. 과거의 학설은 「해석될, 즉 해석의 대상으로 되는 의사표시는 반드시 해석을 필요로 하는 것이어야 한다」것을 해석의 전제로 하여, 「의문의 여지없이 명백한 의사의 표시는 해석을 필요로 하지 않는다」고 보았다. (의사)표시에서 그 표현이 명백하고 일의적인 단어적 의미를 나타내고 있는 경우에는 표시의 의미가 명확하여 아무도 외부로 나타난 표시를 이해하는 데에 아무런 의문도 생기지 않으므로 의사표시의 내용적 의미를 확정짓는 절차로서 해석도 필요 없다는 것이었다.

그런데 문제는 특히 엄격한 방식을 요구하고 있는 유언의 해석과 관련하여 위의 견해는 의심을 받게 된다. 왜냐하면 법률이 법률행위를 함에 있어 형식에 의할 것을 요구하는 이유는 증서나 서면에 의하여 의사표시를 하게 함으로써 표의자의 의사에 관하여 명확한 입증을 확보할 수 있고, 이로써 추후에 이에 관한 다툼의 발생이나 소송의 제기를 미연에 방지하는 데에 있기 때문이다.[25] 그런데 이러한 입법취지에 의할 때, 유언은 서면의 내용에 의해서만 해석할 수밖에 없고 더 이상의 해석의 여지를 인정하지 않게 된다. 이로부터 '법에 의한 형식명령은 사적 자치를 해칠 수밖에 없다'는 문제가 제기된다. 이 명제에 의하면, 서면에 의한 형식을 요구하는 법률행위에서는 표의자가 의욕한 것이 법률상 규정된 형식을 갖추어서 표시되어야만 하므로 증서로부터 도출되는 의사만이 해석에서 고려될 수밖에 없고, 이것이 진정한 표의자의 의사가 아닌 경우라도 형식요구의 엄격성으로 인하여 표의자로서는 자신의 의도와 다른 법률효과에 얽매이게 된다는 것이다. 이는 사적 자치의 중대한 침해로 이끌고 있다.

---

24) Hans Brox, "Der Bundesrerichtshof and die Andeutungstheorie", JA 1984, 549.

25) 민법이 형식절차를 요구하는 이유는 다음과 같다. 첫째, 계약당사자로 하여금 경솔하고 서두르는 계약체결로부터 보호하려는 목적이 있다. 이를 형식규정의 경고적 기능이라고 한다. 둘째, 법적 의미 있는 법률행위의 체결을 법적 의미를 갖지 못하는 협상과정에서의 합의의 도달과 명확히 구분지으려는 목적이 있다. 이를 법률행위체결의 명확화 기능이라고 한다. 셋째, 의사표시의 내용에 관한 다툼을 미연에 방지함으로써 법적 안정성에 기여하는데 있다(Wieling, AcP 172, 309).

〈사 례〉

甲은 결혼도 하지 않았고 자식도 없다. 그는 사후에 지금까지 자기와 동거동락을 같이 하며 농장을 함께 운영해 온 A에게 자신의 농장을 주려고 한다. 그리고 그 밖의 재산적 가치가 별로 없는 예금채권이나 동산은 교류가 없는 조카에게 주려고 한다. 甲은 이러한 내용을 유언장에 작성한 후 이를 공증하였다. 그런데 이 유언장을 작성한 후 A에게 유증될 농장이 국가에 의해서 수용됨에 따라 그 농장의 수용보상금이 甲이 개설한 은행의 예금구좌에 입금되었다. 甲은 유언장을 변경하지 않고 사망하였다. 甲이 사망하자 그의 유언장에 적힌 내용대로 甲 재산의 대부분을 차지하는 예금채권은 조카에게 유증이 되고, A에게는 유증될 재산이 별로 남아 있지 않다.[26]

위 사례에서의 결과는 유언자의 실제의사와는 배치된다. 유언처럼 상대방이 없는 의사표시를 해석함에는 표의자(유언자)가 어떠한 의미를 갖는 표현을 썼다 할지라도 표의자의 실제의사가 실현될 수 있도록 해석하여야 하는 것이 유언 해석의 기본원칙이므로, 위의 결과는 유언자의 사적 자치를 중대하게 침해한 것으로 된다. 그러면 형식을 요하는 법률행위에서 형식인 문서의 내용에 포함되지도 않은 내용인데 이를 표의자의 실제적 의사를 반영한다고 하여 법률행위의 해석에 함께 포함시켜 해석내용에 반영하는 것은 서면화를 요구하는 법률행위의 입법목적에 배치되게 된다. 즉 원칙적으로 서면의 형식을 요구하는 법률행위에서는 형식을 제대로 갖추어 표시된 법률행위만이 효력을 발생할 수 있어야만 한다(독일민법 제125조 참조). 그러나 표의자의 의사가 문서에 완전히 포함되지 않아 문서로부터는 도출되지 않는 해석의 결과이지만 당사자의 사적 자치의 달성이라는 측면에서 반드시 존중되어야만 하는 의사의 내용이 형식미비로 인하여 법률행위의 해석에서 고려되지 못하고 제외되게 되는 것도 역시 타당한 결과가 아닌 것이다. 결국 '법률행위의 형식과 사적 자치의 해석과의 갈등관계'가 발생한다. 여기에서 형식에 의하여 행하여진 법률행위를 해석함에는 표의자가 법률행위를 통해서 달성하고자 의욕한 것을 실현할 수 있게 하기 위해서 그 의사표시가 형식에 맞게 행하여졌는가의 여부에 대한 판단에 일정한 한계를 설정하게 된다.

(3) 암시이론과 형식

의사표시의 해석과 형식이 서로 충돌하는 경우에 이를 해결하기 위해서는 우선 의사표시에 대한 '해석의 문제'와 '형식의 문제'가 준별되어져야만 한다. 그리고 일단 준

26) Brox, JA 1984, 549.

별된 해석과 형식에 관한 문제는 그 심사 절차를 법목적에 따라 결정하게 된다. 즉 사적 자치를 실현하기 위해서는 해석과 형식 중에서 형식 검증 후 의사표시를 해석하는 것이 아니라, 표의자의 실제 의사를 확정한 이후에야 비로소 형식을 검증하는 절차로 진행되어야만 한다. 이를테면, 형식을 요하는 유언에서 그 유언의 의사표시를 해석하는 데에는 형식의 적합성을 먼저 검증하여 처음부터 유언의 형식에 포함되지 않은 어떠한 사정도 형식미비로 무효로 판단하여 해석의 범주에서 배제될 것이 아니라, 해석을 통한 유언자의 의사가 먼저 확정되고, 이처럼 확정된 의사가 법률상 유언에서 요구하는 형식 갖추기를 하였는지가 판단되어야만 하는 것이다. 그리고 이때 유언자의 의사를 해석함에 있어 유언장에서 표시된 것은 물론 유언자가 유언장에서 단지 '암시'만 하고 있더라도 이를 유언자의 의사로서 포함시켜서 유언자의 실제 의사를 확정짓게 된다. 다시 말해서, 형식을 엄격하게 요구하는 의사표시임에도 불구하고 형식심사가 먼저 이루어짐으로써 유언증서에 포함되지 않은 유언자의 의사를 해석절차에서 완전히 배제시킬 것이 아니라, 의사표시의 해석이 먼저 이루어져서 유언자의 실제 의사를 확정하고 그 다음 단계로서 그 의사의 표시가 형식을 갖추었는지를 심사하여야 한다. 이때 비록 형식인 유언증서 밖에 존재하는 정황이라도 유언자의 실제의사를 암시하고 있는 정황이라면 그 정황을 분석하여 유언자의 의사인지의 여부를 탐지하고 이 탐지된 의사가 표의자의 실제의사를 반영하는 것이라면 이 암시로부터 확정된 의사도 형식에 맞는 의사표시로서 인정하여 그 유언의 내용에 포함시켜 유언자의 실제 의사를 실현시켜야 한다는 것이다.[27] 따라서 위의 사례에서 공증된 유언장을 준비하기 위하여 작성한 유언장 초안에서 甲은 농장을 A에게 유증시키려고 한다는 내용이 있어 농장이 A에게 유증되어야만 된다는 암시가 있는 경우에는 이를 기초로 유언자의 의사가 확정된 후 이 의사표시는 유언장에 포함되는 것으로 유언증서의 형식을 갖추고 있는 것으로 해석하여야 한다. 그리하여 유언자의 유언의 취지는 농장의 수용보상금은 농장이 변형된 재산으로서의 대상(代償)이므로 그 수용보상금은 A에게 유증이 되어야 하는 것이며, 이러한 유언자의 의사는 공증에 의한 유언을 한 것으로 된다.

이러한 암시이론은 사적 자치의 진정한 실현을 위해서 형식 요건을 완화시킴으로써, 의사표시의 주변을 구성하는 정황이라도 표의자의 실제 의사를 암시하고 있다면 이를 해석에 반영함으로써 표의자의 사적 자치를 실현시키고자 한다. 이로써 형식을 갖춘 증서에 표시된 내용만을 해석하는 것으로는 도저히 도출될 수 없는 내용이라도, 암시에 따라 탐지된 의사가 표의자의 실제 의사로 판명된 경우, 이에 따른 효력을 발생시킬 수

27) Brox, JA 1984, 550.

있게 된다. 암시이론은 형식의 엄격성과 표의자의 사적 자치의 실현이라는 긴장관계 속에서의 누구라도 납득할 수 있는 절충점을 제공해 주고 있다.[28] 결국 법률행위를 해석하는 문제와 법률행위에서 일정한 형식을 요구하는 입법취지는 구분되어야만 하고, 이러한 양자를 구분하는 체계를 기초로 하여 암시이론은 전개되고 있다.

(4) 암시이론의 보충적 해석에의 도입

암시이론을 법률행위의 해석에 도입함으로써 법률행위 해석의 대상으로 포섭될 수 없는 주변 정황을 탐지하여 표의자의 진정한 의사가 파악될 수 있다면, 이를 법률행위의 해석 내용에 포함시켜 표의자의 실제 의사를 실현시킴으로써 사적 자치를 실현시키게 된다. 그러므로 형식강제의 한계를 극복하기 위하여 도입된 암시이론은 계약당사자들이 계약에서 표시한 내용의 언어적·문법적 의미로서는 한계를 가지는 흠결을 그 표시의 배후에 숨어있는 실제 의사를 밝혀냄으로써 계약의 해석을 통해서 흠결을 보충할 수 있게 된다. 물론 이러한 해석방법은 계약당사자 이외의 제3자가 계약과 관련되어 있는 경우에는 그의 신뢰보호가 문제로 되므로 이러한 경우에는 적용될 수 없다. 따라서 오로지 표의자인 계약당사자의 실제 의사가 결정적이어야 하는 경우에 한해서, 암시이론은 계약당사자의 실제적 의사를 추구하여 사적 자치의 내용적 실현을 가능하게 해 준다.

3. 거래의 관습

(1) 거래관습에 관한 의의

우리 민법은 계약의 흠결이 존재하는 경우에 당사자의 의사가 명확하지 않은 경우에는 임의법규의 적용에 앞서 관습에 의하여 보충하도록 규정하고 있다(제106조). 거래의 관습은 "일정한 거래권에서 사실상 지배하는 관행"을 말한다.

이와 구별되는 것으로서 관습법이 있다. 관습법은 사실인 관습이 성립되어 있는 거래권의 구성원들이 법적 확신이 부가될 것을 요소로 한다. 이러한 의미에서 사실상의 관습과는 법적용에서 차이가 있게 된다.[29] 관습법은 민사에 관하여 법률이 존재하지 않는 경우에 보충적인 적용을 갖는 객관적인 법원(法源)으로서, 이는 불문의 법률로서 확정된 민사에 관하여 적용될 법률이 없는 경우에 적용되게 된다.[30] 이에 반해서 사실인

---

28) Brox, JA 1984, 553.

29) Erman/Hefermehl, § 157 Rdnr. 5.

30) Erman/Hefermehl, § 157 Rdnr. 5; 송덕수 교수는 법률행위에의 해석에서 관습법과 사실인 관습은 모두 임의법규에 우선하며, 양자는 법원(法源)으로서만 구별된다고 본다("법률행위의 해석", 263, 264면).

관습은 법적 효력에 대한 확신이 결여된 상태 하에서 반복되는 관행으로서 법의 뒷받침 속에서(예: 제106조) 그 법적 의미를 갖게 된다. 사실인 관습 그 자체가 법규범은 아니지만, 반복된 관행을 그 내용으로 하고 있으므로, 계약내용의 해석을 결정해 주는 사실적인 계기가 된다.

이처럼 사실인 관습은 해석을 통한 법률행위의 내용 결정의 기준으로 작용함으로써 그 소속 거래권에서 법적 확신을 얻지 못하여 법규범의 형식을 갖추지는 못하였지만, 법률행위의 당사자들 사이의 법률관계를 해석하는 기준으로 평가됨으로써 그 내용은 본질적으로 당사자들의 질서관계를 규율하여 효력발생의 존재방식(Seinweise der Geltung)을 갖추고 있다. 이러한 점에서 사실인 관습은 효력발생의 근거는 되지만, 법규범은 아니므로 이를 위반했을 경우에 강제가 뒷받침되는 제재는 있을 수 없다.

(2) 거래관습의 종류

사실상 거래관습의 모습은 표시의 관습(특정 거래의 전문용어로서 예를 들어 cif, fob 등), 급부결정의 관습(예: '과연 임차인은 임차한 건물의 외벽에 선전간판을 부착하여도 좋은지 여부'[31] 또는 '과연 매매가격에 부가가치세가 포함되어 있는지 여부'[32] 등) 그리고 특정한 계약에서 반복된 관행에 관하여 계약당사자가 이를 체결될 계약의 내용으로 받아들이는 것을 당연히 합의하고 있는 경우(계약의 관습)[33]로 나누어 질 수 있다.

(3) 거래관습의 생성

① 거래의 관습은 특정 거래분야(Geschäftszweige)에 참여한 모든 거래권에 속한 사람들이 통일적인 관념을 형성하는 경우에만 성립될 수 있다. 이것은 일정한 관행이 오랜 기간 동안 동일한 의미를 가지는 사건에 대하여 반복적으로 일어날 때 비로소 가능할 수 있다. 그러므로 일정한 관행이 특정되어 한정된 어떤 이익집단에만 반복적으로 일어난다면, 이는 거래의 관습이라고 볼 수 없다. 그러므로 거래의 당사자 모두가 동일

---

31) BGH LM(B) Nr.1 in MüKo/Mayer-Maly/Busche, § 157 Rdnr. 18.

32) BGHZ 60, 199, 203.

33) '일반거래약관'은 빈번하게 합의되고 통용되는 계약규정들로서 통상적으로 계약내용으로 되지만, 그 효력발생을 위해서는 약관적용의 명시에 따른 당사자들의 합의가 요구된다(약관의 규제에 관한 법률, 제3조 제2항). 이에 비하여, 거래의 사실상 관습은 이러한 명시나 설명절차를 요하지 않는다. 다만 특정된 관행이 특정계약의 당사자들 사이에서만 잘 통용되고 일반거래에서는 통용되지 않는다면, 이는 그러한 종류의 계약에서 사실상의 관습이 될 수 없고, 단지 특정된 계약자들 사이에서만 형성된 개인적 관계에 불과하다. 따라서 이는 계약의 관습이 아니라, 그 특정 계약당사자들 사이의 고유한 계약해석의 기준일 뿐이다(MüKo/Mayer-Maly/Busche, § 157 Rdnr. 19).

한 거래권에 속하고 있어야 하며, 이로써 동일한 시장영역에서 공동의 이익추구상태를 형성하고 있는 경우에 거래관습이 성립할 수 있다.

② 거래관습의 규범은 일반적이어야 하고 예외가 존재하지 않아야 한다. 어떤 거래의 관행이 대체적으로 인정되더라도 여기에 인정되지 않는 예외도 함께 존재한다면, 이는 거래관습으로 인정될 수 없다. 다만 양당사자들이 이를 수용하기로 합의하였다면, 이는 해석의 대상으로 될 수 있을 뿐이다.

③ 거래관습은 장소적 제한을 받는다. 거래관습은 장소에 따라 달라질 수 있고, 이러한 경우에 계약의 해석을 위해서는 계약체결의 장소가 기준이 되며, 이로써 거래관습은 장소를 기준으로 내용의 차이를 보일 수 있다.34) 거래관습은 당사자들이 이것의 존재를 알지 못한 경우에도 해석의 근거가 된다. 계약자들은 자신의 의사표시가 계약체결시에 그 장소를 지배하고 있는 거래관습에 따라 이해된 내용에 따라야만 한다.35)

만일 지역적으로 차이가 나는 거래관습이 계약의 해석에서 고려되어진다면, 표시의 발송 장소에서 효력이 있는 거래관습이 우선한다.36) 다만 의사표시를 수령하는 상대방의 이해가능성을 기준으로 거래의 관습을 결정하여야 하므로,37) 거래관습의 수령자의 입장에서 시행되는 거래관습이 그 보충의 내용으로 된다. 물론 장소적으로 서로 다른 두 계약자에게 공통적인 경우에는 문제될 것이 없다.

④ 강행법규를 위반한 거래관습은 존립할 수 없다. 거래관습은 임의법규에 대해서 우선권을 갖는다. 그러므로 권리의 남용으로 되는 거래관습의 내용은 권리와 의무의 정당한 형평에 반하는 것이므로 해석의 기준으로 되지 못한다.38)

⑤ 거래관습이 당사자의 표시된 의사에 반하는 때에는 해석에서 고려되지 않는다. 당사자들은 자신들이 법률관계를 거래관습의 내용과 달리 구성할 자유와 권한을 갖고 있으며 이로써 거래관습을 배제시킬 수 있다. 다만 거래관습을 부정하는 계약의 일방 당사자만이 이에 대한 입증의 책임을 부담하게 된다.

(3) 소송에서의 거래의 관습에 관한 판단

단순한 해석에서 거래관습은 보충적 해석을 함에 있어 규율되지 않은 의문에 대한

---

34) Erman/Hefermehl, § 157 Rdnr. 6.

35) MüKo/Mayer-Maly/Busche, § 157 Rdnr. 20.

36) BGHZ 6, 127.

37) Larenz/Wolf, Allgemeiner Teil des Büregrlichen Rechts 8. Aufl.,(C.H.Beckische Verlagsbuchhandlung, München, 1997), § 28 Rdnr. 65.

38) Erman/Hefermehl, § 157 Rdnr. 9.

규율을 도출해 내기 위한 기준이 된다. 다만 거래관습은 보충적 해석의 영역에서 가정적인 당사자의 의사를 구체화하는데 기여할 뿐이다.[39] 그렇지만 거래관습은 결코 계약체결자들의 의사와 분리된 강제적인 해석의 기초가 될 수 없는데, 거래의 관습은 법규범은 아니므로 강제적일 수는 없기 때문이다. 그리하여 만일 거래관습을 반대하는 의사가 확정된다면, 보충적 해석에서 거래의 관습이 보충적인 기능을 더 이상 할 수 없다. 그리고 거래의 관습은 소송에서 당사자에 의하여 주장되어야 심리에 포함시킬 수 있다. 이에 관하여 다툼이 있는 경우에 입증책임은 이를 주장하는 자에게 있다.[40] 이러한 관점에서 볼 때, 거래관습의 존재와 효력에 관한 판단은 법관의 사실확정인 것이다.[41] 따라서 널리 퍼져있는 거래의 관습이 전형적인 의사표시의 해석에 근거가 되고 있다면, 이는 상고심의 대상이 아니라 그 거래의 관습을 확정짓는 절차에서 완료되어져야만 한다. 또한 거래관습은 법규범은 아니므로 동일한 종류에 속하는 구성요건에 관한 통일된 판단을 확고하게 유지하여야 하는 상고심의 과제에도 해당되지 않는다.

Ⅲ. 계약내용의 보충

1. 보충의 절차

계약의 해석을 통해서도 계약흠결이 보충되지 않는 때에는 그 계약의 내용이 보충되어야만 한다. 여기에서 방법론상 가정적 의사에 의한 보충을 먼저 할 것인가 아니면 임의법규의 적용이 우선되어야 할 것인가가 문제된다. 이는 계약의 보충적 해석의 여부를 결정하는 학설과 밀접한 관련이 있다. 사견은 계약해석에 의한 보충이 우선되어야 한다고 보고 여기에 당사자의 가정적 의사를 확정하여 보충하는 방법에 의한다.

2. 가정적 의사에 의한 계약내용의 보충

가. 가정적 의사에 의한 보충 가정적인 의사(der hypothetische Wille)는 표의자의 추정적 의사(der mutmassliche Wille)가 아니므로 본질상 사적 자치에 결부되어 있는 의사가 아니다. 추정적인 의사는 정황을 통하여 당사자의 주관적인 실제 의사를 추구하여 판단되는 의사이지만, 이에 반해서 가정적인 의사는 객관적인 민법의 기본원리에 의

39) MüKo/Mayer-Maly/Busche, § 157 Rdnr. 44.

40) 대판 1983.6.14, 80다3231.

41) BGHZ 40, 332, 333.

해서 결정되므로 당사자의 실제 의사와 관련이 없다.42)

일반적으로 우리는 보충적인 해석에서 가정적 의사를 '만일 계약당사자들이 규율하지 않고 방치된 비비점을 계약체결시에 생각하였더라면, 어떻게 관련당사자들은 방치된 비비점을 규율했었을 것인가'의 공식에 비추어 검증하고 있다. 그런데 계약은 계약당사자들의 극한 대립상태 하에서 체결되는 것이 일반적이다. 그리하여 계약자들은 서로 융화하는 의사를 공유하는 것이 아니라 이익추구에 있어 서로 대립하는 관계에서 오로지 자기 이익에 유리하게 판단하는 의사만을 독립적으로 가지고 있다. 그러므로 가정적인 의사는 어느 계약당사자의 의사에 기초하여 도출해 낼 수 없다. 결국 대립관계의 계약당사자들 사이에 계약정의의 실현을 위하여 탐구되는 의사가 가정적 의사인 것이고, 그 내용은 이성적인 계약자들이 체결된 계약의 목적에 적합하게 신의와 성실에 좇아 공평한 관점에서 얻어낸 의사인 것이다. 즉 가정적 의사는 '심리적으로 가정적인 의사'가 아니라 '규범적으로 가정적인 의사'인 것이다.43) 결국 가정적 의사는 당사자들의 '의사의 연장'이 아니라 계약적인 이익균형을 추구하는 규율내용인 것이고 이는 제3의 의사로써 계약당사자들 사이에 「규범설정」의 효과를 가져오게 된다.44) 판례도 토지의 새로운 소유주가 건물에 대한 양수인에게 무단점거한 건물을 철거하라는 사안에서 당사자들의 가정적 의사는 건물철거의 특약이 없는 이상 공평의 원칙에 따라 지상권도 함께 양도하기로 하는 내용인 것으로 이해될 수 있다고 본다. 이로써 건물매매계약에 지상권이전의 합의를 보충함으로써 건물양도인은 건물양수인에 대하여 건물소유를 위한 지상권이전의 등기를 이행하여 줄 의무를 부담하고 이에 따라 건물양수인은 이를 청구할 수 있는 것으로 판단된다.45)

---

42) 엄동섭, "법률행위의 보충적 해석", 87면.

43) Soergel/Wolf, BGB § 157 Rdnr. 131; 이처럼 보충될 계약당사자의 가정적인 의사는 당사자들이 실제적으로 의욕하였던 것 또는 의욕하였을 것에 초점을 맞추어 확정되지 않는다. Flume는 가정적인 당사자의 의사를 결정하는 것은 사실(das Faktum)이 아니라 가치평가(die Wertung)의 문제라고 본다(Allg. Teil Ⅱ, S. 580). Larenz도 가정적 의사를 확정함에 있어서는 계약의 해석이 문제로 되는 것도 아니고 심리적 사실의 확정이 문제로 되는 것도 아니며, 당사자들 사이의 이익의 확정과 이에 따른 이익형량적 평가가 기준으로 된다고 본다(Allg. Teil, S. 406). 이러한 견해는 가정적 의사를 계약당사자들이 계약체결시에 인식가능한 가치평가의 규준에 따라 객관적으로 확정하는 것으로서 계약당사자들이 주관적으로 의욕했었을 내용에 따라 결정되는 것이 아니다.

44) Ehricke, RabelsZ 60(1996), 664; 이영준 교수는 가정적 의사는 흠결과 이에 관한 규정의 필요를 알았더라면 당사자들이 규정하였을 것을 내용으로 하는 것으로서 내심적 효과의사의 연장이라고 본다(309면).

45) 대판 1981.9.8, 80다2873; 윤진수, "법정지상권 성립 후 건물을 취득한 자의 지위", 민사재판의 제문제 제5권(한국사법행정학회, 1985), 95면.

다만 계약당사자의 실제 의사는 가정적인 의사의 내용 결정에 순수하게 부정적인 기능을 한다. 왜냐하면 보충적 해석의 결과가 계약당사자가 실제적으로 의욕한 내용과 반대로 설정되어서는 안되기 때문이다.46) 이러한 당사자의 의사에 모순되는 보충적인 해석의 금지는 보충적 해석이 계약대상의 확대로 이끌어서는 안된다는 원칙과도 맥을 같이 하고 있다. 그리하여 당사자의 실제적인 의사는 가정적인 의사에 대한 부정에 의미를 두고 있다.47)

나. 가정적 의사의 판단 시점 보충적인 해석은 계약자가 계약체결시에 합의하지 않은 사항을 보충하는 것이므로 그러므로 계약체결시를 기준으로 하여서는 계약자가 예상하지 않은 흠결 발생에 관한 의사를 도출해 낼 수 없다. 48) 따라서 보충적 해석은 사후적인 「해석시점」이 기준으로 된다.49) 결국 계약자들이 흠결과 관련된 미비점에 대하여 인지하였더라면 어떠한 의사를 가졌을 것인가의 내용은 사후에 흠결을 메꾸는 내용으로 결정된다.

Ⅳ. 보충적 해석의 한계

1. 의 의

보충적 해석은 계약의 흠결을 메꾸는 것이기 때문에 필연적으로 계약당사자가 실제로 합의한 사항 외에 계약적 규율이 추가되게 된다. 결국 계약내용의 권리의 확대형성(Rechtsfortbildung)50)이 되는 것이다. 물론 계약흠결의 보충적 해석에는 계약내용의 확장이 이루어지는 만큼 사적 자치의 간섭 내지는 침해할 위험이 내재되어 있다. 따라서 보충적 해석은 계약당사자의 사적 자치를 침해할 정도로 간섭이 되어서는 안된다.

---

46) BGHZ 9, 273, 278.

47) 가정적인 의사가 "표시된 또는 추측되는 의사에 반하는" 순수하게 객관적인 관점에 따라 해석하는 것은 불가한 것으로 본다(BGHZ 19, 269, 272).

48) 예를 들어, 독일에서 나치정권 하에서 고위급 간부로 채용된 사람이 나치정권이 무너짐에 따라 해고를 당하는 경우, 이 경우 해고사유를 근로계약에서 찾기 위한 보충적 해석을 하기 위해서는 나치정권 시절의 근로계약체결시점을 기준으로 삼아서는 근로계약의 단절에 대한 당사자들의 가정적 의사를 도출해 낼 수 없다. 나치정권이 무너져 그 사람이 나치당원이었던 전력에 관한 부정적 평가가 이루어진 시점에서 비로소 해고에 관한 보충적 해석이 가능한 것이다(Flume, Allg. Teil, Ⅱ § 16, 4 b); 윤진수, "법률행위의 보충적 해석에 관한 독일의 학설과 판례", 105면.

49) Soergel/Wolf BGB § 157 Rdnr. 132.

50) BGHZ 92, 363, 369ff.

2. 보충적 해석의 한계

(1) 모순의 회피

보충적 해석의 결과가 실제적인 당사자의 의사와 서로 모순되지 않아야 한다. 이는 당사자들에 의하여 의욕되지 않은 임의적 법규가 보충의 방법으로 적용되거나, 의도적으로 거부된 법률행위시 규율이 추후에 보충적 해석을 통해서 효력을 발생시켜서도 안 된다는 것을 의미한다.51) 그리하여 보충되는 규율의 내용이 당사자가 체결한 계약내용과 서로 상충되는 것이어서는 안되며, 만일 해석된 결과가 계약전체와 서로 모순되거나 의미의 전도를 가져오지 않아야 한다.

(2) 정당한 이익의 균형

신의성실의 원칙에서 성실은 상대방의 정당한 이익을 고려하고 배려하는 것을 의미하므로 이에 의하여 비롯된 보충적인 계약의 해석은 계약 당사자 중에서 일방 당사자의 이익이 관철되는 것이 아니라 상대방의 이익도 함께 고려됨으로써 균형잡힌 이익상태를 이룰 수 있도록 해석되어야 한다.52)

(3) 계약대상의 확대 방지

보충적 해석은 당사자가 규율하지 않은 내용을 보충하게 됨으로 필연적으로 기존에 체결된 계약의 내용을 확대시키게 되는데, 그 한계로서 계약당사자의 사적 자치를 침해하는 내용으로 계약이 확대되어서는 안된다. 그러므로 보충적 해석은 규율되지 않아도 체결된 계약에 당연히 동반할 수 있는 것(cum grano salis)만을 보충해 주는 것이다. 예를 들어, 영업의 매매계약에서 매도인은 새로 영업을 시작하는 매수인에게 그동안 자신이 관리해 왔던 고객의 명단을 넘겨주어야 하는지에 관하여 양 당사자 사이에 다툼이 생긴 경우, 이에 관한 명시적인 합의가 없는 경우에 매수인이 매도인에게 지금껏 관리해 온 고객명단을 인도해 줄 것을 청구하는 것은 매도인 측에게 불리한 계약대상의 확대인 것으로서 허용될 수 없는 것이다.53) 영업양도계약의 목적에 비추어 볼 때 영업상의 이익을 가지지 않는 서류 등의 인도는 계약상의 주고받을 급부와의 등가성의 관점에서도 매매대상으로 된 영업의 가치에 포함되지 않을 것이기 때문이다.

---

51) BGHZ 90, 69, 77.

52) Flume, Allg. Teil Ⅱ, § 16 4 c).

53) Flume, Allg. Teil Ⅱ, § 16 4 c).

(4) 계약내용의 변경 금지

보충적 해석의 처음과 끝은 당사자들이 계약을 통해서 체결한 자치적 규율이 그들의 사적 자치로서 존중받아야 한다. 계약당사자들이 실제로 체결한 계약내용이 객관적으로 '어리석다거나' 또는 '불공정하다'고 하여, 그 계약에 대한 보충적 해석을 하여 '이성적이고' 또 '공정한' 계약으로 새로이 태어나게 할 수 없다.[54] 왜냐하면 이는 계약내용이 변경되는 것으로서 계약당사자의 또 다른 합의가 요구되는 것이기 때문이다. 결국 보충적 해석은 계약당사자들이 체결한 자치적 규율을 존중하는 것으로서 미비점을 내포하고 있는 계약내용을 계약당사자의 입장에서 끝까지 생각해 주는 것이다.[55] 그리하여 보충적 해석은 불완전한 계약을 보충함으로써 사적 자치의 장애요인을 제거하는 것에 그쳐야지, 보충적 해석의 결과가 계약내용이 변경되는 결과로 이끌어서는 안된다. 이러한 점에서 보충적 해석이 결과적으로 당사자들이 체결한 계약상의 규율내용이 새로이 확장되어 어느 계약당사자 일방에게 새로운 내용의 채권이 부여되고 그 상대방에게 새로운 채무가 부담되는 결과로 이끌어서는 안된다.[56]

(5) 계약의 효력 유지

보충적 해석은 계약당사자들의 사적 자치의 실현을 적극적으로 도와주려는 데에 그 목적이 있으므로, 보충적 해석을 통하여 계약을 무효화시킬 수는 없다.

V. 보충적 해석의 소송상 취급

1. 문제의 제기

계약의 보충적 해석의 결과에 관하여 다툼이 발생한 경우에 이를 상고하여 대법원의 판단을 받아낼 수 있을 것인가가 문제로 된다. 우리 사법제도는 1심, 항소심 그리고 상고심의 3심급제도로 구성되어 있다. 1심과 항소심에서는 사실문제의 다툼이 가능하지만, 상고심에서는 법률 적용의 문제만을 판단하기 때문에 보충적 해석의 다툼과 관련하여 그 본질이 무엇인가가 문제된다. 즉 보충적 해석이 단순한 사실의 확정 문제라면 상

---

54) Flume, Allg. Teil Ⅱ, § 16 4 c).

55) MüKo/Mayer-Maly/Busche, § 157 Rdnr. 26.

56) 흠결에 보충될 내용은 계약당사자의 개인적인 의사의 확정에서 얻어진 결과가 아니라, 신의와 성실에 따른 공정성에 기초하여 얻어진 이익형량(Interessenabwägung)의 규범적 척도에 의거하여 특정된다(Henckel, AcP 159(1960/61), 106, 121).

고의 대상으로 될 수 없지만, 법적인 판단이라면 상고의 대상으로 될 수 있다.

2. 학설의 소개

(1) 부정설

부정하는 학설은 계약의 보충적 해석을 '단순한' 계약 해석의 하위사례로 보고, 사실확정의 문제에 소속시킴으로써 상고가능성을 부정한다.[57]

(2) 긍정설

긍정하는 학설은 '해석이론'을 기본으로 유지하면서 보충적인 계약해석에서 법률행위 해석의 기본원칙들이 적용된다는 점을 강조한다.[58] 이에 따라 상고심 법원은 다시 과연 보충적인 해석이 법적으로 가능한가의 여부, 과연 보충적인 해석이 경험칙이나 사고법칙에 위반되는가의 여부 또는 본질적인 정황이 고려되지 않고 빠졌는가의 여부에 관하여 심사할 수 있다. 이를 넘어 비록 보충적인 계약해석을 위한 사실적인 요건들의 확정이 객관적인 계약목적의 도출하는 것에로 이끌고 있고, 이로써 가정적인 당사자 의사에 관한 표명의 표준(Richtschnur)으로 까지 된 경우에는 단순히 사실확정 뿐만 아니라 법적인 가치판단도 포함되므로 이 경우도 상고심의 대상으로 된다고 보아야 한다. 또한 보충적 해석은 법논리적으로 권리확장으로 평가되는 것이므로 상고가능성이 있다고 본다.[59] 이로써 상고심의 판단이 가능해지고 이를 통해서 하급법원을 통하여 이루어지는 계약의 의미에 반하는 장애요소의 불완전한 제거에 비해 사적 자치의 광범위한 보호가 확보될 수 있다는 실익이 있다.

(3) 보충적 해석의 상고가능성: 사견

계약의 보충적 해석은 일반적인 해석과는 달리 해석대상이 존재하지 않고, 무규율의 흠결을 보충하는 것에 목적이 있다. 이에는 계약의 흠결을 신의와 성실에 의존하여 보충하는 것이므로 그 내용이 법적 평가인 것이다. 이처럼 보충적 해석에서는 계약당사자들이 규율하지 않고 방치한 점을 성실한 방법으로 정리하였더라면 그 내용이 무엇이었을 것인가가 탐지되어야만 하고, 이러는 한 '계약 당사자들 사이에서 성실한 협력의 명령'[60]이 보충적인 계약 해석의 중심에 서게 된다. 따라서 보충적 해석에서는 의사표

---

57) 이영준, 303면.

58) BGHZ 11, 110, 115.

59) MüKo/Mayer-Maly/Busche, § 157 Rdnr. 26; 이은영, 431면.

시의 구성요건의 확정과 표시에 대한 가치를 평가하는 판단이 이루어지는 경우에는 통일적인 사고체계가 일어나는 것으로서 단순한 사실확정이 문제로 되는 것이 아니므로 법의 적용문제인 것이다. 그리고 상고심의 관할법원으로서 대법원은 법적 안정성을 위해서 법체계운영의 통일성을 유지해야 할 의무가 있다. 따라서 계약의 보충적 해석에 대하여 상고심의 판단을 받을 수 있게 함으로써 통일된 보충의 모습을 확보할 수 있다. 즉 계약의 보충적 해석을 통해서 계약보충에 따른 권리의 확대가 발생하는데, 그 내용의 통일화된 원칙을 유지하기 위해서 이에 대한 상고심의 판단을 받게 할 필요가 있다. 그리고 계약의 보충적 해석에서는 최종의 해석자로서 법관이 보충될 내용을 결정하게 된다. 이러한 계약에 개입할 수 있는 법관의 재량권을 통제할 심급이 필요하다는 의미에서도 보충적 해석은 상고심의 대상으로 인정되어야 한다.[61]

제6관 대 리

제1항 총 설

Ⅰ. 대리의 개념 및 기능

1. 의 의

대리는 「대리인이 본인의 이름으로 법률행위를 하고 그 법률효과가 직접 본인에게 발생하게 하는 제도」를 말한다.

2. 대리가 허용되는 범위

(1) 법률행위

가. 대리와 친하지 않은 법률행위 대리는 '법률행위'를 대리하는 것으로서, 일반적으로 모든 법률행위에는 대리가 허용된다. 그러나 대리를 금지하는 법률의 규정이 있거나 법률행위의 성질이 대리에 적합하지 아니한 때에는 대리는 허용되지 않는다. 이처럼 대리가 허용되지 않는 법률행위를 「대리와 친하지 않은 법률행위」라 한다.

---

60) MüKo/Mayer-Maly/Busche, § 157 Rdnr. 41.

61) Ericke, RabelZ 60(1996), 672; Henckel, AcP 159(1960), 126.

대리와 친하지 않은 법률행위는 주로 친족법이나 상속법에서의 이른바 '일신전속적 행위'에 많다. 예컨대 혼인·인지·유언 등이 그러하다.

대리인이 대리와 친하지 않은 법률행위를 하면 그 법률효과는 무효이며 추인·추완에 의하여도 유효로 되지 않는다.

나. 약정에 의한 대리금지 사적 자치의 원칙상, 당사자들은 법률행위의 대리를 하지 않기로 서로 약정할 수 있다. 이러한 대리금지의 약정이 있는 경우에 당사자들은 법률행위를 직접 상대방과 하여야 한다. 다만 대리금지에 관한 약정은 법률의 규정에 반하여 효력을 발할 수는 없으므로, 예컨대 지배인의 포괄대리권을 제한할 수 없다는 상법 제11조의 규정을 위반하여 지배인의 포괄대리권을 제한하는 약정은 그 효력이 없다.

(2) 법률행위 이외의 행위

가. 준법률행위 준법률행위는 법률행위가 아니므로 이에 대하여는 원칙적으로 대리가 허용되지 않는다. 그러나 준법률행위라도 의사표시를 요소로 하는 것에 대하여는 의사표시에 관한 규정이 이에 유추적용되므로 대리에 관한 규정이 유추적용된다.[1)]

나. 사실행위 사실행위에 대하여도 대리가 허용되지 않는다. 예컨대, 가공 등에 관하여 제3자의 협력이 있더라도 그것은 '사실상의 보조행위'에 불과할 뿐 대리는 아니다. 또한 동산점유의 이전 중에서 현실의 인도는 사실상의 점유를 이전하는 사실행위이므로 대리가 허용되지 않는다. 그러나 '간이인도·점유개정·목적물반환청구권의 양도에 의한 인도'(제196조 제2항, 제188조 제2항, 제189조, 제190조)에서 발생하는 점유의 이전은 당사자의 의사표시의 합치인 계약에 의하여 그 효력이 발생하는 것이므로, 이러한 방식의 점유의 이전은 대리인에 의하여 할 수 있다.[2)] 이러한 점유의 이전에서는 대리인은 동산의 현실적인 점유상태의 이전을 대리하는 것이 아니라, 점유의 이전의 효과가 생기기 위한 점유이전의 합의인 법률행위를 대리한 것이다. 그러므로 순수한 사실행위에는 대리가 성립되지 않는다.

---

1) 채권양도의 통지는 양도인이 채무자에 대하여 당해 채권을 양수인에게 양도하였다는 사실을 알리는 관념의 통지이고, 법률행위의 대리에 관한 규정은 관념의 통지에도 유추적용된다고 할 것이어서, 채권양도의 통지도 양도인이 직접 하지 아니하고 사자를 통하여 하거나 나아가서 대리인으로 하여금 하게 하여도 무방하고, 그와 같은 경우에 양수인이 양도인의 사자 또는 대리인으로서 채권양도 통지를 하였다 하여 민법 제450조의 규정에 어긋난다고 할 수 없다(대판 1997.6.27, 95다40977·40984).

2) 이영준, 488면.

다. 불법행위 불법행위는 법률행위가 아니므로, 이에 관하여는 대리가 허용되지 않는다. 다만 대리인의 불법행위에 대하여 본인이 책임질 수 있는데, 이는 본인이 대리인의 사용자인 경우에 사용자로서 책임을 지는 것이지(제756조) 불법행위의 대리에 따른 효과가 아니다. 또한 법인의 이사 기타 대표자의 불법행위에 대하여 법인은 그 손해를 배상할 책임이 있으나(제35조 제1항), 이것 역시 불법행위에 대리를 인정하는 것은 아니고, 피해자 보호를 위하여 법률의 규정에 의하여 책임주체를 법인에까지 확대한 효과에 기인한 결과일 뿐이다.

3. 대리에서의 3면관계

대리관계는 ① 본인과 대리인 사이에 법률의 규정이나 법원의 선임에 의하여 대리권이 성립되거나(법정대리), 본인이 자치적으로 대리인에게 대리권을 수여하고(임의대리), ② 대리인이 이러한 대리권에 기하여 상대방과 법률행위를 하면, ③ 그 법률행위의 효과는 본인과 상대방 사이에 발생한다. 위의 ① 본인과 대리인간의 관계는 '대리권의 관계'이다. ② 대리인과 상대방간의 관계는 '대리행위의 관계'로서 그 본질은 통상의 법률행위다. 그리고 ③ 상대방과 본인 간의 관계는 '대리에 의한 법률효과의 발생관계'이다. 위와 같은 「본인과 대리인·대리인과 상대방·상대방과 본인」의 법률관계를 대리의 3면관계라고 한다.

Ⅱ. 대리와 구별할 제도

1. 간접대리

(1) 간접대리의 의의

오늘날 대부분의 많은 거래가 인간의 용역을 이용하여 행하여지고 있다. 특히 특정의 전문 분야의 거래를 하려는 문외한으로서는 전문가의 전문지식을 바탕으로 한 거래경험이나 시장 지식을 이용할 필요가 크므로 그 거래의 전문가를 찾아 중간매개의 역할을 맡김으로써 전문적 거래를 통하여 얻고자 하는 목적을 달성할 수 있다. 그런데 이러한 중간매개의 전문가들은 일반적으로 자신에게 위임을 준 거래주를 위하여 실질적으로는 대리행위를 하면서 대외적으로는 자신의 이름을 직접 사용하여 거래주의 자금으로 활동하게 된다. 이러한 전문분야의 거래에서는 실제적 거래주체가 누구인가는 별로 중요하지도 않고 또 이러한 거래에서는 협상과정에서부터 거래주는 계속해서 바뀌는 경우도 많기 때문에 본인의 이름을 밝히는 것은 오히려 거래의 안전을 해치게 된다. 차라리 중간매개인이 자신의 이름으로 거래를 완성한 후 그 거래에 따른 경제적 효과는 실질적 거래주체인 본인에게 이전시키는 방법이 신분거래의 편의와 거래의 안전을 위하여 적합한 것이다. 이처럼 중간매개인이 자신의 이름으로 타인을 위하여 대리하는 관계를 간접대리라 한다. 이러한 간접대리에서는 대리인이 본인을 위한다는 것을 밝히지 않는 것이므로, 민법상 대리의 기본원칙으로서 현명주의(顯名主義)가 지켜지지 않은 대리로서, 간접대리인이 그 법률행위의 당사자이며 그 효과의 주체로 된다(제114조 제1항 반대해석).3) 간접대리에서는 행위자인 간접대리인이 명의만 자신의 이름으로, 실질적으로는 '타인의 계산 내지 이익을 위하여' 법률행위를 한 것으로서 일단 그 법률효과는 간접대리인에게 발생하며, 다만 간접본인과의 내부적 관계에 따라 간접대리인이 취득한 효과를 간접본인에게 이전하게 된다. 이로써 간접본인은 자신이 추구했던 거래의 목적을 달성할 수 있다. 이러한 간접대리의 전형적인 것으로서 위탁매매(상법 제101조)·운송주선(동법 제114조)을 들 수 있다.

(2) 민법상의 직접대리와 다른 점

간접대리는 일반적으로 거래주가 법률행위의 전면에 나서지 않으려고 할 때 행하여진다. 예를 들어, 어떤 사람(본인)이 아주 고가의 미술품을 구입하는 경우에 민법의 일반적인 대리로서 현명을 통한 직접대리의 제도를 인정하게 되면 대리인은 본인을 위하여 행위한다는 사실을 외부로 밝혀서 거래하게 되므로, 거래주의 이름이 명백히 외부에 밝혀지게 된다. 이를 원하지 않는 거래주로서는 거래의 전면에 나서지 않고 다른 사람을 내세워 그 사람으로 하여금 거래하도록 하고 나중에 내부관계에 따라 그 고가의 미술품을 양도받게 되면 거래주로서는 자신이 의욕했던 거래의 목적을 달성할 수 있고 동시에 외부로 자신이 밝혀짐에 따라 입게 될 불편한 사정을 회피할 수 있다. 이러한 점에서 간접대리를 '숨은 대리'라고도 한다. 즉 간접대리에서는 법률행위의 당사자는 간접대리인이므로 법률행위의 효과도 일단 간접대리인에게 발생한다. 이처럼 간접대리에서는 대리에서의 행위 및 규율의 당사자로서의 지위가 모두 간접대리인에게 집중되어 있다. 이러한 점에서 「행위로서의 법률행위」는 대리인이 하고 「규율로서의 법률행위」의

---

3) 민법은 간접대리에 관하여 규율하고 있지 않다. 이에는 간접대리에 관하여는 상법에서 위탁거래와 운송거래를 통하여 충분한 규율을 할 수 있다고 믿기 때문이다. 그런데 민법상의 직접대리에서 대리인의 의사에는 타인을 위함이라는 내부적 의사만을 요구할 뿐 대리인 자신을 위하여 행위하려는 의사가 있었는지는 고려하지 않는다. 현명하지 않은 이상, 또한 타인을 위하여 행위한다는 사정을 알 수 없는 이상 간접대리로 되는 것이다. 그러나 이에 관한 규정인 제114조 제1항은 현명하여야 직접대리가 된다는 경계의 설정뿐이지, 현명하지 않고 그 효과가 본인에게 발생시키려는 대리에 관하여는 규율로서 무력하다.

효과는 본인에게 발생하는 민법의 직접대리와는 구분된다.

(3) 간접대리의 법률관계

가. 외부관계 간접대리에서는 간접대리행위로 인하여 발생된 법률관계가 모두 간접대리인에게 발생하며, 간접본인은 권리의무의 주체로 되지 않는다. 그러므로 법률행위의 성립뿐 아니라 법률행위의 효력(제103조, 제104조)도 모두 간접대리인을 기준으로 판단한다. 이를 테면 직접대리의 경우에 불공정한 법률행위(제104조)의 여부를 판단하는 데에 경솔·무경험은 대리인을 기준으로 하고 궁박은 본인을 기준으로 하지만, 간접대리의 경우에는 경솔·무경험은 물론 궁박도 간접대리인을 기준으로 하여 결정한다.[4]

문제는 간접대리인이 법률행위의 주체로 됨으로써 간접본인의 계산으로 법률행위를 하여 취득한 법률효과도 간접대리인에게 발생하고, 이에 따른 재산취득의 효과도 간접대리인에게 발생하므로, 그 취득한 재산이 내부적으로 간접본인에게 이전되기 전까지는 간접대리인의 것으로 된다. 이때 간접대리인의 채권자가 간접대리인 명의의 재산을 강제집행하면, 이에 대하여 간접본인은 대항할 수 없게 된다. 이러한 간접본인의 보호문제를 해결하기 위하여 상법에서는 간접대리의 효과가 직접 본인에게 발생하도록 규정하고 있다.

1) 상법의 간접대리에 관한 특칙 상법의 위탁매매에서 위탁매매인이 위탁자로부터 받은 물건(또는 유가증권)이나, 위탁매매로 인하여 취득한 물건(유가증권이나 채권)은 위탁자와 위탁매매인의 채권자간의 관계에 있어서는 위탁자의 소유로 간주된다(상법 제103조). 즉 위탁매매로 인하여 취득한 물건(또는 채권)은 위탁매매인의 이전행위 없이 위탁자에게 「귀속」된다. 따라서 위탁매매인의 채권자가 위탁물에 대하여 강제집행을 하는 경우에 이에 대하여 위탁자는 '제3자 이의의 소'를 제기할 수 있고(민사집행법 제48조), 위탁매매인이 파산한 경우에 '환취권'을 행사할 수 있다(채무자 회생 및 파산에 관한 법률 제407조). 이 규정은 운송주선인에 대하여도 준용된다(상법 제123조).

2) 일반 민사거래에서의 간접대리

① **민사대리에서의 현명주의** 상사대리에서와는 달리, 민법의 대리에서는 현명의 원칙이 대리효과 발생의 요건으로 되어 있다. 타인을 시켜서 거래하는 대리에서 진정한 거래주가 누구인지를 밝히는 공시의 원칙이 현명주의인 것이다. 민법이 현명주의를 채택하고 있는 이상 행위자가 법률행위를 할 당시에 본인을 밝혀서 행위한 경우에만

---

4) 이영준, 490면.

본인(거래주)이 대리인이 행한 법률행위로부터 발생한 권리·의무의 직접적인 주체로 되는 효과가 발생한다. 이에 반해서 행위자가 자신의 이름으로 거래상대방과 법률행위를 한 경우에는 일반적으로 「자기의 법률행위는 자신이 직접 행한다」는 원칙에 따라 행위한 당사자가 그 법률행위의 효과의 당사자로 된다. 이러한 결과는 행위자가 거래주와 내부적인 관계에서 자기를 위해서가 아니라 거래주를 위해서 그의 계산으로 법률행위를 하는 사실이 밝혀진다 하더라도 이로써 간접대리인이 법률상 주체로 되는 효과발생에 대하여는 아무런 영향을 받지 않는다. 즉 명목상 행위자가 자기의 이름으로 거래를 하고 내용적으로는 타인의 사무를 처리하기 위한 것이었다 하더라도 행위의 타인성이 밝혀지지 않음으로써 자신의 이름으로 행위한 대리인만이 대리행위로부터 발생한 권리와 의무의 법률적 보유자가 된다.5)

② **간접대리의 문제점** 우리 민법은 – 영미법 체계와는 달리 – 현명주의의 원칙에 따라 대리인의 법률행위에서 타인관련성을 외부로 나타낼 것을 요구하고 있다. 그런데 현명주의를 지키지 않는 간접대리에서는 그 대리행위의 법률효과가 간접대리인에게 발생하게 되므로 이로부터 간접본인을 보호하기 위한 조치가 필요하게 된다. 이에 관하여는 다음의 사례가 제시된다. 가사도우미(가정부)를 고용하고 있는 집주인이 가사도우미에게 고가의 은수저세트를 대신 구입하여 줄 것을 부탁하여 가사도우미는 집주인의 돈으로 그 집주인을 위하여 고급식기점에 가서 값비싼 고급 은수저세트를 구입하여 자기 집으로 갔다. 그런데 가사도우미가 그 은수저세트를 집주인에게 인도하기 전에 가사도우미의 수중에 있는 상태에서 그의 채권자들이 그 은수저세트를 압류하여 강제집행하기에 이르렀다. 이로써 가사도우미로서는 은수저세트를 더 이상 집주인에게 인도해 줄 수 없게 되었다. 이는 부당한 결과로서, 비록 가사도우미의 수중에 있는 은수저라 하더라도 이는 실질적으로 집주인 소유의 것이므로 가사도우미의 채권자에 의하여 압류되어 처분되는 것이 정당하다고 수긍할 수 없다. 즉 간접대리에서는 간접대리인의 재산취득행위의 효과가 그 행위의 실질적 소유관계 있는 간접본인에게 직접 발생하여야 할 필요가 있다.

③ **동산의 취득을 목적으로 하는 간접대리** 간접대리의 대상이 동산인 경우에는 사전에 간접본인과 간접대리인(예: 위탁매수인 등)이 그 동산의 소유권이전에 관한 합

5) 이러한 규율체계에 극단적으로 대립되는 형태의 입법주의로서 영미법에서는 외부로 드러나지 않은 대리인(the undisclosed agency)의 경우에도 거래주(the principal)는 간접대리인의 위탁사무처리행위로부터 발생한 권리를 주장할 수 있다(Hager, Die Prinzipien der mittelbaren Stellvertretung, AcP 180(1980), 239).

의를 하고 또 간접대리인이 그 동산의 점유를 취득하는 순간 동시에 점유개정에 의한 방법으로 간접본인에게 그 동산이 양도된 것으로 약정하는 방법이 있다.[6] 이러한 방법을 통해서 간접대리인이 목적 동산의 소유권을 취득하는 「법적인 순간」(juristische Sekunde)을 배제시킴에 따라 양도인으로부터 간접본인에게 직접 양도의 효과가 발생되게 함으로써, 간접대리인의 채권자가 간접대리인이 간접대리행위를 통하여 취득한 동산을 압류 등 강제집행할 수 없도록 할 수 있다.[7] 또한 간접본인(위탁매수인)과 거래의 상대방(매도인)이 직접 물권적 합의를 하고, 간접대리인을 점유보조자로 보는 법리를 구성할 수도 있다. 그러나 이러한 법리 구성은 동산에 한정하여 인정될 수는 있으나, 부동산의 경우 등기와 같이 그 거래대상이 소유권이전을 위하여 엄격한 공시를 요구하고 있는 경우에는 적용할 수 없다.

④ **「실질 관련자를 위한 거래」 이론** 간접대리에서 간접본인을 보호하기 위하여 독일에서는 '귀속행위이론'이 전개되고 있다. 이 귀속행위이론은 거래행위의 법적 당사자가 중요한 것이 아니라 거래의 실제적 당사자가 중요한 경우에, 그 법률행위의 효과를 바로 직접 관련 당사자인 간접본인에게 귀속시키는 이론이다. 간접대리에서 간접본인과 간접대리인 사이의 내부적 관계에 따라 대리행위의 효과가 간접본인에게 이전하는 절차가 생략되고 이에 따라 그 법률행위의 효과가 실질 관계있는 당사자에게 바로 귀속하는 것이다. 이러한 거래의 특징은 계약상대방에게는 급부하는 사람이 누가되었든지 간에 그 거래주체의 확정이 별로 중요하지 않고 또 계약상대방으로서도 실질적으로 계약체결에 따른 합의된 급부가 이행되는 것만이 의미가 있지 계약 체결의 법적 주체는 누가되었든지 관심이 없다는 점에 있다. 이러한 경우에는 그 법률행위의 효과는 상대방과 실질당사자 사이에 직접 발생하도록 하는 것이 타당한 결과로 된다. 예컨대, 대리를 통한 일상생활의 채권법적 금전거래에서 대리행위임을 밝히는 현명은 아무런 의미가 없고, 시장에서 물건을 파는 상인은 자신으로부터 직접 물건을 사는 사람이 그 자신을 위한 것이 아니라 타인을 위한 것이라든지 하는 것에 관하여는 아무런 관심이 없다. 이러한 거래는 법적으로 의미 있는 주체를 위한 것이 아니라 그 효과의 「실질 관련자를 위한 거래」(das Geschäft für den, den es angeht)이며, 간접대리의 상대방은 현명 여부과 관계없이 그 거래에 실질적으로 관련되어 있는 당사자와 계약체결(die Kontrahierung mit wem es angeht)을 원하고 있는 것이다.[8] 이러한 귀속행위이론에 의하면, 현명 없이 한 대리의

---

6) 손지열, 민법주해[Ⅲ], 12면.

7) Medicus, Allg. Teil, Rdnr. 921.

8) Medicus, Allg. Teil, Rdnr. 920.

효과도 본인에게 직접 발생하게 된다.

그러나 이러한 귀속행위이론을 우리 민법에 전면적으로 수용하는 것은 자칫하면 직접대리와 간접대리의 본질적 차이를 무시하는 결과를 가져 올 수 있다. 우리 민법은 양자를 준별하고 있으므로 귀속행위이론은 우리의 민법체계와는 합치되지 않을 수 있다. 또한 계약주체가 누구이든 문제되지 않는 거래인가의 여부가 과연 처음부터 확정될 수 있을 지도 의문이다. 왜냐하면 체결된 법률행위에 하자가 있을 경우에 그 효력발생의 당사시를 확정하여야만 하는데 법률행위가 실제로 누구와의 사이에 전개되어야만 하는지를 결정짓기 위해서는 당사자로서의 주체가 사전에 확정되는 것이 매우 중요하기 때문이다. 그러므로 귀속행위이론의 수용에는 신중을 기하여야 한다.[9)]

나. 내부관계 간접대리인이 취득한 권리를 간접본인에게 이전하는 방법은 양자 간의 내부관계에 의하여 결정된다. 이 내부관계의 법률적 성질은 일반적으로 위임의 관계로 보아야 한다. 따라서 간접대리의 내부관계는 위임에 관한 규정(제680조 이하)에 의하여 규율된다.[10)] 이로써 간접대리인이 취득한 권리는 제684조[위임인의 취득물건인도·이전의무]에 의하여 간접본인에게 이전되고, 간접대리인의 보수청구권은 제686조[위임인의 보수청구권]에 의하여 규율된다.

2. 사자(使者)

(1) 개 념

사자는 「완성된 본인의 의사표시를 상대방에게 도달하게 하는 자」이다. 다수의 견해는 사자를 '본인이 결정한 내심적 효과의사를 표시하거나 또는 전달함으로써 표시행위의 완성에 협력하는 자'라고 정의하고, 「전달기관으로서의 사자」와 「표시기관으로서의 사자」를 구별한다.[11)] 즉 「전달기관으로서의 사자」는 본인이 완성한 의사표시를 그대로 상대방에게 전달하는 것을 말하고, 「표시기관으로서의 사자」는 본인이 결정한 의사를 상대방에게 표시하여 그 의사표시를 완성하는 것을 말한다.

그러나 사자는 의사표시를 완성하는 자가 아니라 완성된 의사표시를 전달하는 자이다.[12)] 그런데 효과의사의 내용을 본인이 결정하였으나 그 표시행위를 다른 사람이 하였다면, 그는 대리인이지 사자가 아니다.[13)] 즉 본인이 결정한 의사를 전달만 하는 것이

---

9) 이영준, 581면.

10) 이영준, 580면.

11) 곽윤직·김재형, 331면; 김용한, 321면; 김주수·김상용, 386면; 김증한·김학동, 387면.

12) 이영준, 502면.

아니라 상대방에게 표시를 하였다면, 이는 이미 의사표시의 완성 자체에 관여하는 것으로서 사자가 아닌 대리인으로 보아야 한다. 이러한 점에서 '표시기관으로서의 사자'는 완성된 의사표시를 상대방에게 전달하는 사실행위만을 하는 사람은 아니므로 대리인으로 파악하는 것이 타당하다.[14)]

(2) 대리인과 사자의 구별

가. 대리인과 사자의 차이 대리인은 자신의 효과의사에 기해서 상대방에게 의사표시를 하는 자이고, 사자는 본인의 효과의사를 상대방에게 의사표시로서 전달하는 자이다. 이 점에서 다음과 같은 차이가 있다.[15)]

1) 대리인과 사자의 행위능력·의사능력 대리인은 행위능력이 없어도 되지만(제117조), 의사능력은 있어야 한다. 사자는 타인의 의사표시를 전달할 수만 있으면 족하므로 의사능력이 없어도 무방하다.[16)]

2) 본인의 능력 본인은 권리능력이 있어야 한다. 대리의 경우에 본인은 행위능력이 없어도 되지만, 사자의 경우에는 본인이 의사를 완벽하게 형성·표시하여야 하기 때문에 본인의 권리능력, 의사능력 및 행위능력이 요구된다.

3) 의사표시의 하자 의사표시의 하자와 관련하여, 대리에서는 대리인이 표준으로 된다(제116조). 그러나 사자는 본인의 완성된 의사표시를 상대방에게 전달하는 자이므로 의사표시의 하자는 본인을 표준으로 하여 결정한다. 만일 사자가 본인이 한 의사표시를 전달하지 아니한 경우에는 본인의 의사표시가 상대방에게 도달하지 아니하였으므로 효력이 발생하지 않는다. 또한 사자가 본인의 의사를 잘못 전달한 경우에는 표시의 착오가 되어 본인은 이를 취소할 수 있다(제109조 제1항).

4) 어떤 사실에 대한 지(知)·부지(不知) 대리에서는 행위의 주체는 대리인이므로 어떤 사실을 알았는가 또는 알 수 있었는데 몰랐는가에 관하여는 대리인을 기준으로 하여 판단한다(제116조 제1항). 다만 대리인이 '본인의 지시에 좇아 법률행위를 한 경우'에는 본인이 어떤 사실을 알았다면, 이로써 대리인의 부지를 주장하지 못한다(동조 제2항). 그러나 사자의 경우에는 법률행위의 행위 및 규범의 주체는 본인이므로 어떤 사실에 대한 지·부지는 본인을 기준으로 하여 판단한다.

---

13) 김상용, 518면; 손지열, 민법주해[Ⅲ], 13면.

14) 손지열, 민법주해[Ⅲ], 13면.

15) 손지열, 민법주해[Ⅲ], 13면.

16) 장경학, 524면.

5) 요식행위 법률행위가 방식을 요구하는 경우에 대리의 경우에는 대리행위가 형식을 갖추어야 한다. 사자의 경우에는 본인이 형식을 갖추어 의사표시를 완성시켜야 한다.

나. 대리인과 사자를 구별하는 표준 타인을 위하여 의사표시를 한 경우에 대리인과 사자의 구별에 관하여 학설의 대립이 있다.

1) 주관설 주관설은 본인과 대리인 간의 내부관계를 기준으로 대리인과 사자를 구분한다. 즉 본인이 대신 행위를 하는 자에게 대리권을 준 경우에는 대리인이고, 사자권(使者權)을 준 경우에는 사자가 된다.[17] 이에 따라 행위자가 스스로 의사를 결정할 자유가 있으면 대리인이고 그렇지 않으면 사자인 것이다. 그러므로 효과의사를 행위자 스스로가 결정하는 것을 대리인, 본인이 결정하는 것을 사자라고 한다.[18]

2) 객관설 객관설은 행위자와 상대방간의 관계를 기준으로 할 것이라고 한다. 이에 의하면, 행위자가 상대방에게 대리인이라고 표시하였으면 대리인이고 사자라고 표시하였으면 사자라는 것이다.[19] 그리고 이를 판단함에 있어서는 행위자의 행위 및 상대방과의 관계 등 모든 상황을 고려할 것이라고 한다.

3) 학설의 검토 주관설은 본인과 행위자 사이의 내부관계에 따라 대리인과 사자를 구별한다. 그러나 본인을 대신하여 의사표시를 하는 행위자와 거래하는 상대방으로서는 본인과 행위자 사이의 내부관계에 관하여 잘 알 수가 없다. 그러므로 본인과 행위자의 내부관계에 따라서 대리인인지 사자인지를 구분하는 것은 적절하지 않다.[20]

결국 법률행위는 상대방과의 관계 속에서 행하는 것이므로, 사자와 대리인의 구별은 객관적으로 행위자와 상대방간의 관계에 의하여 결정되어야 한다. 그리고 널리 다른 사람을 위한 법률행위임을 표시하여 의사표시를 한 경우에 그 행위자가 사자인지 대리인인지가 불분명하다면, 원칙적으로 이를 대리로 취급하여야 한다.[21] 왜냐하면 이에 관하여 대리의 규정을 적용함으로써, 특히 표현대리·무권대리의 규정을 적용하게 되어 상대방의 보호에 충실할 수 있기 때문이다.[22]

---

17) 손지열, 민법주해[Ⅲ], 14면.

18) 곽윤직·김재형, 331면; 김상용, 519면.

19) 김용한, 322면; 손지열, 민법주해[Ⅲ], 14면; 이영준, 504면.

20) 손지열, 민법주해[Ⅲ], 14면.

21) 손지열, 민법주해[Ⅲ], 14면.

22) 이영준, 505면.

(3) 대리규정의 유추적용

사자는 본인의 의사표시를 전달하는 자이고, 대리인은 본인을 대리하여 의사표시를 하는 자이다. 물론 사자의 지위와 대리인의 지위는 본질적으로 차이가 나는 것이지만, '본인을 위하여 행위를 할 수 있는 어떤 지위'라고 하는 점에서는 동일한 것이다. 그러나 민법은 사자에 관하여 특별히 규정을 두고 있지 않다. 그러므로 사자에 관하여 그 성질에 반하지 않는 한 대리에 관한 규정을 유추적용하여야 하는데, 왜냐하면 표현대리와 무권대리 규정을 유추적용함으로써 거래의 안전을 보호할 수 있기 때문이다.[23] 이를테면, 권한 없는 자가 사자임을 표방하여 본인의 의사표시를 전달한 경우에는 의사의 '표시' 자체가 없는 것이므로, 본인에 대하여 그 의사표시는 효력을 발할 수 없다(제130조의 유추적용). 다만 본인이 이러한 사자권을 수여한 것과 같은 외관을 창출한 것에 대하여 개입한 경우에는 표현대리에 관한 규정이 유추적용됨으로써 본인이 책임을 지게 된다(제125조의 유추적용). 또한 권한없이 사자로 행세한 자가 자기의 사자권을 증명하지 못하거나 본인의 추인을 얻지 못한 경우에는 상대방의 선택에 좇아 계약의 이행 또는 손해배상의 책임을 진다(제135조 제1항 유추적용). 그렇지만 이처럼 사자에 관하여 대리에 관한 규정의 유추적용을 긍정하는 견해에 반대하는 견해[24]도 있다. 이에 의하면, 사자가 의사표시를 전달하는 행위는 사실행위인데, 이러한 사실행위에 대하여 대리규정을 유추적용할 수 없다고 한다.

(4) 수동사자

수동사자는 본인을 위하여 상대방의 의사표시를 수령하는 자를 말한다. 그런데 타인을 위하여 의사표시를 수령하는 경우에 수령자가 수동사자인지 수동대리인(제114조 제2항)인지에 대한 구별은 대단히 어렵다. 왜냐하면 수동사자와 수동대리인 모두 본인에 대하여 행하여진 의사표시를 대신해서 수령하지만, 일반적으로 의사표시를 수령하면서 자기가 대리인 또는 사자임을 밝히지 않고 또 상대방도 이를 지정하여 표시하지도 않기 때문이다. 일단 법정대리인 또는 능동대리권이 있는 자에 의한 수령의 경우에는 본인을 위한 대리권자에 의한 수령으로 보아 수동대리를 인정하여야 한다.[25]

또한 본인의 주소지에서의 의사표시의 수령은 수동사자이건 수동대리인이건 간에 의사표시의 도달 및 효력발생시기에 있어서 차이가 없다. 본인의 주소지 밖에서 교부된

---

23) 김형배·김규완·김명숙, 249면; 이영준, 505면.

24) 김상용, 520면.

25) 김상용, 521면; 손지열, 민법주해[Ⅲ], 15면; 이영준, 507면.

경우에는 대리인에 대한 교부라면 교부 즉시 도달의 효력이 생기고, 사자에 대한 교부라면 본인이 실제로 요지할 수 있는 상태에 이르게 되었을 때에 비로소 도달의 효력이 생긴다.[26] 심지어 상대방 영역에의 진입을 의사표시의 효력발생의 요건으로 보는 견해에 의하면, 수령권한 있는 사자에게 교부한 즉시 도달의 효과가 생긴다.[27]

3. 신 탁

민법상의 신탁은 신탁자가 자신의 권리를 수탁자에게 이전하되, 이를 양수한 수탁자는 내부적 관계에 따라서 그 권리를 일정한 범위 내에서만 행사할 수 있는 의무를 부담하는 관계를 말한다. 즉 신탁자는 목적 달성을 위하여 필요로 한 권리보다 많은 권리를 이전하고, 수탁자는 신탁자와의 내부적 약정에 따라 그 목적 달성을 위한 범위 내에서만 권리를 행사하는 것이다. 그러나 수탁자가 이를 위반하여 약정한 범위를 넘어 신탁된 권리를 행사하더라도, 내부적으로 채무불이행에 따른 책임을 질 것이지만, 거래한 제3자와의 관계에서는 완전히 유효한 법률행위로 된다.

이와 같이 수탁자는 내부적으로는 권리행사의 범위에 제한을 받으나, 대외적으로는 완전한 권리자로서 자기의 이름으로 유효한 관리·처분을 할 수 있으므로, 이 점에서 대리와는 본질적으로 다르다.[28]

4. 권한부여

(1) 의 의

권한부여는「권리의 보유자가 타인에게 권리 자체를 이전함이 없이 처분의 권한만을 부여하는 것」이다.[29] 권한부여를 통하여 권한을 부여받은 자는 법률행위를 통하여 법력(정당성(Legitimaton), 위임(Autorisation), 담당권한(Zuständigkeit))을 취득하게 되며 이로써 자신의 이름으로 법률행위 또는 법률적 행위(Rechtshandlung)를 하여 이로부터 발생된 일정한 법적 효력을 권한을 부여한 자에게 직접 발생시킬 수 있는 것이다.[30] 따라서 권한부여의 본질은 동의인 것이며, 이 동의는 효력발생과 관련이 있고, 특히 무권리자의 처분에 대하여 사후에 추인함으로써 그 처분행위의 효력을 유효하게 만들 수 있다(독일민법 제185조

26) 김상용, 521면; 손지열, 민법주해[Ⅲ], 15면.
27) 이영준, 478면.
28) 김상용, 524면.
29) 손지열, 민법주해[Ⅲ], 17면.
30) MüKo/Thiele, BGB, vor § 164 Rdnr. 38.

제1항 참조).

무권리자의 처분에 대한 권한부여의 특징은 무권리자가 자신의 이름으로 법률행위를 하고, 비록 처분한 무권리자에게는 어떠한 경우라도 그 처분행위의 대상에 관한 권리(예: 소유권)가 주어지지는 않지만, 오로지 무권리자가 한 처분행위에 대하여 처분권한(예: 소유권을 양도할 수 있는 권한)을 사후적으로 부여해 줌으로써 그 처분행위가 유효로 되는 점에 있다.[31] 예를 들어, 자전거를 빌려 주었는데, 자전거를 빌린 사람이 자전거를 자신의 소유인 것처럼 하여 제3자에게 매각 처분한 경우에, 자전거의 가치는 5만원인데 매매대금을 10만원으로 하여 처분하였다면, 자전거의 소유자인 대주(貸主)로서는 자전거를 되찾기보다는 10만원의 대금을 취득하고 싶을 수도 있다. 이러한 경우에 자전거 주인은 무권리자인 차주(借主)에게 자전거 자체의 소유권을 이전해 주지는 않지만, 자전거와 관련하여 이를 처분한 행위에 대하여 권한을 부여해 주고 대금 10만원에 대한 청구권을 취득하는 것이다.

(2) 권한부여의 내용

처분행위가 유효이기 위해서는 처분행위자가 처분에 관한 권한을 가지고 있어야 한다. 그렇지만 경우에 따라서는 권리보유자에게 처분권한이 박탈될 수도 있는데, 법률에 의해서나 또는 법원·관청의 명령에 의하여 양도가 금지가 되어 있는 경우에는 권리보유자라도 처분할 권한을 상실하게 된다. 이와 달리, 처분권한은 권리보유자 이외의 자에게도 귀속될 수 있는데, 예를 들어 파산관재인이나 재산관리인 등이 이러한 예에 속한다. 이러한 경우에는 법적으로 완성된 「권리보유상태와 처분권능의 분리」의 현상이 발생하고, 이러한 분리는 대리를 너머, 법률행위에 의한 거래를 하는 데에 업무의 분담을 가능하게 해 주고 있다. 왜냐하면 권리의 보유자 또는 법률의 규정에 의한 처분권한 있는 자는 타인(무권한자)에게 자신의 권리에 대하여 무권한자의 이름으로 처분할 수 있는 권한을 부여해 줄 수 있기 때문이다. 이는 권리자가 무권한자의 처분에 대한 사전적·사후적 동의를 하는 것으로 나타나며, 이로써 그의 권리로부터 도출되는 처분권능을 그 무권한자에게 부여하는 것이다.

(3) 대리와 권한부여의 구별

처분에 대한 사전적 동의는 체계적으로 그리고 기능적으로 대리와 유사하다. 특히 처분행위에 대하여 대리권이 수여된 경우에는 대리인지 권한부여인지 구분하기가 쉽지

31) Flume, Allg. Teil, § 57 1a.

않다. 결론적으로 권한부여는 대리의 유사한 제도로 보이지만, 대리는 인적 관련성을 갖는데 반하여, 권한부여는 대상에 대한 관련성을 갖는다.[32] 즉 대리에서는 대리인이 타인(본인)의 이름으로 법률행위를 함으로써 본인을 대리하고, 그 법률행위를 통한 거래는 본인의 거래이며, 그 효과는 인적 요소로서의 본인에게 발생된다. 이에 반해서 권한부여는 해당 처분행위의 대상으로 된 것에 한하여 정당성을 부여받는 것이다.

대리와 권한부여는 현명주의의 차별적 적용으로 구분된다. 즉 자신의 이름으로 행위하는가 아니면 타인의 이름으로 행위하는가에 의하여 대리와 권한부여는 형식적으로 구분된다. 사전에 처분에 대한 권한을 부여받은 자는 자신의 이름으로 법률행위를 하며, 이는 처분권자의 법률행위이다. 그러나 처분권한도 없는 자가 처분행위를 한 경우에 권한 있는 자는 권한부여를 통해서 그에게 주어져 있지 않은 권리에 대하여 처분할 수 있는 힘을 부여해 주고 있다.

한편, 대리와 권한부여는 거래상대방과의 관계를 고려한 객관적인 관점에서 구분되어야 한다. 처분하는 자신이 아니라, 법률행위의 대상에 대한 처분권자가 따로 있어 그가 거래당사자가 되어야 한다는 점이 외부로 드러나는 경우에는 권한부여가 된다.[33] 그리하여 권한을 부여받은 자가 법률행위로 인하여 대상과 관련하여 발생된 효력을 자기가 아닌 타인에게 발생시킨다는 표시를 한 경우에는 타인을 위한 법률행위를 한 것으로서 대리가 성립되고, 처분하는 자가 자신은 처분권한이 없다는 점을 밝힌 경우에는 대리로 되지 않고 권한부여로 된다. 판례도 타인의 권리를 자기의 이름으로 처분하거나 또는 자기의 권리로 처분하는 경우에 본인이 후일 그 처분행위를 인정하면 특별한 사유가 없는 한 그 처분행위의 효력이 본인에게 미친다고 판시하여[34] 권한부여를 인정하고 있다.[35]

(4) 양제도의 유사성

대리는 타인의 이름으로 행위하는 반면에 권한을 부여받은 자는 자신의 이름으로 행위를 한다는 점을 제외하고는, 법률효과가 행위자 이외의 거래주에게 발생한다는 점에서 대리와 권한부여는 유사한 점이 있다. 양자의 경우에 모두 본인 또는 권한부여자만이 거래당사자로서 법률행위의 효력을 받는다. 이러한 관점에서 권한부여에 대한 특

32) Flume, Allg. Teil, § 57 1 b; MüKo/Thiele, BGB, vor § 164 Rdnr. 39.

33) MüKo/Thiele, BGB, vor § 164 Rdnr. 42.

34) 대판 1992.9.8, 92다15550.

35) 양창수, "무권리자의 처분과 권리자에 의한 추인", 민사판례연구[Ⅹ](민사판례연구회; 박영사, 1988), 28면.

별한 규정이 없는 우리 민법에서는 대리에 관한 규정이 권한부여에 유추적용되어야 한다. 우리 판례도 무권리자의 처분행위에 대하여 권리자가 이를 인정한 경우에는 무권대리에서 본인의 추인의 법리를 유추적용할 수 있음을 판시하고 있다.[36)]

제 2 항 대리권

Ⅰ. 대리권의 의의

대리권은 「본인의 이름으로 의사표시를 교부하거나 수령하고 그 법률효과가 본인에게 직접 발생하게 하는 법률상의 지위」를 말한다. 대리권은 「행위」로서의 법률행위를 대리인이 하고 「규율」로서의 법률행위를 본인의 것으로 만들 수 있는 「법률상의 자격」인 것이다.

Ⅱ. 대리권의 발생원인

대리권의 발생원인은 법정대리와 임의대리에 따라서 다르다.

1. 법정대리권의 발생원인

법정대리권은 본인이나 대리인이 될 자의 의사와 관계없이 '법률의 규정'이나 '법원에 의한 지정 또는 선임행위'에 의하여 발생한다. 이러한 법정대리권의 발생 원인으로 다음 세 가지를 들 수 있다.[1)]

1) 본인이나 대리인의 의사가 전혀 고려되지 않는 경우 법률의 규정에 의하여 본인과 일정한 관계에 있는 자가 당연히 대리인으로 된다. 일상가사대리권의 부부(제827조), 친권자(제911조, 제920조) 등이 이에 속한다.

2) 법원의 지정에 의한 경우 법원이 일정한 자를 지정함으로써 법정대리인이 되는 경우이다. 지정유언집행자(제1093조, 제1094조) 등이 이에 속한다.

3) 법원이 선임하는 경우 법원이 일정한 자를 법정대리인으로 선임하는 경

---

36) 김대정, 970면; 대판 1981.1.13, 79다2151; 대판 1988.10.11, 87다카2238.

1) 김증한·김학동, 397면; 김형배·김규완·김명숙, 253면; 손지열, 민법주해[Ⅲ], 29면; 이은영, 597면.

우이다. 부재자의 재산관리인(제22조, 제24조), 상속재산관리인(제1023조, 제1040조, 제1044조, 제1047조, 제1053조), 법원에 의한 유언집행자(제1096조) 등이 이에 속한다.

2. 임의대리권의 발생원인

임의대리권은 본인이 대리에 의하여 법률행위를 하려는 자기 결정에 근거를 둔 것으로서, 본인이 대리인에게 대리권을 수여하는 행위인 「수권행위」(제128조)에 의하여 발생한다. 실제로 본인이 자기와 아무런 관계가 없는 타인을 대리인으로 하여 수권을 통하여 대리권만을 주는 경우란 별로 없다. 일반적으로 본인과 대리인 사이에 내부적 법률관계가 성립되어 있어 이를 대외적으로 실현하기 위하여 본인은 대리권을 수여한다. 이처럼 임의대리권의 발생원인으로서의 수권은 일반적으로 본인과 대리인 사이에 위임으로 대표되는 내부관계가 존재하기 때문에 행하여지는 것이며, 이를 대리의 「내부적 기초법률관계」라고 한다. 따라서 우선 수권행위는 일단 내부적 기초법률관계와는 별개의 개념인지가 확정되어야 한다. 그리고 수권행위와 내부적 기초법률관계는 실질적으로 원인과 결과라는 인과관계에 있는데, 양자의 행위가 독립성을 갖고 또 서로 그 효력의 하자가 영향을 미치는지가 고찰되어야 한다.

(1) 수권행위의 개념

수권행위는 「본인이 타인에게 대리권을 수여하여 자신을 위하여 법률행위를 할 수 있는 자격을 부여하는 행위」이다.[2)]

가. 수권행위의 개념을 부정하는 견해 수권행위의 개념을 부정하는 견해는 이른바 「융합계약설」[3)]을 취하고 있다. 이에 의하면, 대리권은 위임 기타의 내부적 계약관계에 의하여 직접 발생하므로, 내부관계를 발생하는 계약과 별개의 독자적인 수권행위라는 관념을 인정할 필요가 없다고 한다.

나. 수권행위의 개념을 인정하는 견해 수권행위의 개념을 인정하는 견해는 임의대리권은 내부적 기초관계와는 독립하여 법률행위에 의하여 수여된다고 본다. 이 견해는 민법 제128조 제1문이 「법률행위에 의하여 수여된 대리권은 … 그 원인된

---

2) 대리권을 수여하는 수권행위는 불요식의 행위로서 명시적인 의사표시에 의함이 없이 묵시적인 의사표시에 의하여 할 수도 있으며, 어떤 사람이 대리인의 외양을 가지고 행위하는 것을 본인이 알면서도 이의를 하지 아니하고 방임하는 등 사실상의 용태에 의하여 대리권의 수여가 추단되는 경우도 있다(대판 2016.5.26, 2016다203315).

3) 김용한, 341면.

법률관계의 종료에 의하여 소멸한다」고 규정하고 있으므로, 이를 근거로 대리권과 그 내부적 기초관계를 개념상 수권행위와 구별하여야 한다고 본다.4) 이에 따라 대리권을 발생시키는 행위인 수권행위는 그 수권행위에 원인이 된 법률관계인 기초적 법률관계와는 개념상 독립하여 파악되지만, 그렇다고 하여 이로부터 수권행위의 본질이 파악되는 것은 아니라고 한다. 여기서 수권행위가 계약인가 단독행위인가에 관하여 다시 견해가 나뉜다.

1) 무명계약설 무명계약설5)은 본인과 대리인 사이에 대리권의 발생에 관한 합의가 있어야 수권행위가 성립되는 것으로 본다. 이 학설에 의하면, 본인과 대리인 사이에 위임과 같은 기초적 내부관계와는 별도로, 이 두 사람 사이에 대리관계가 성립되기 위해서는 따로이 본인과 대리인 사이에 대리권 수여에 관한 계약이 체결되어야만 한다고 본다. 그리하여 이 견해는 대리권수여계약을 수권행위인 것으로 본다. 그리고 이 수권계약은 채권법상 열거된 전형계약에 해당하지 않으므로 무명계약이라고 한다.

2) 단독행위설 단독행위설6)은 수권행위를 '상대방의 수령을 요하는 단독행위'라고 본다. 그 논지는 다음과 같다.

첫째, 단독행위설은 거래의 안전을 위하여 수권행위를 단독행위로 보아야 한다고 주장한다. 만일 계약설을 취하게 되면, 수권계약에서 대리인의 능력의 제한이나 사기나 강박 등이 있을 때에는 수권계약은 취소될 수 있고, 이렇게 되면 수권행위는 소급하여 그 효력을 잃게 되어, 대리인의 대리행위는 무권대리가 되므로 거래한 상대방은 불측의 손해를 입게 된다는 것이다. 단독행위설은 이러한 난점을 방지하기 위하여 수권행위를 본인의 일방적인 단독행위로 파악한다. 이에 따르면 대리인의 제한능력 등으로 효력을 제한하는 사정이 있어도 이에 의하여 수권행위는 아무런 영향을 받지 않으므로, 이로써 대리인 측에게 제한능력 등의 하자가 있더라도 수권행위는 이에 영향을 받지 않아 대리는 유권대리로 존속하게 되므로, 무권대리로 인한 상대방이 입을 불측의 손해에 따른 위험은 없어지게 된다. 따라서 수권행위를 단독행위로 파악할 때, 거래의 안전을 꾀할 수 있다.7)

---

4) 김상용, 534면; 김주수·김상용, 393면; 손지열, 민법주해[Ⅲ], 30면; 이영준, 524면; 이은영, 599면.

5) 김기선, 287면.

6) 고상용, 496면; 곽윤직·김재형, 335면; 김대정, 992면; 김상용, 531면; 김주수·김상용, 393면; 김형배·김규완·김명숙, 253면; 백태승, 462면; 손지열, 민법주해[Ⅲ], 30면; 이영준, 525면; 이은영, 601면; 장경학, 536면.

7) 곽윤직·김재형, 335면; 손지열, 민법주해[Ⅲ], 30면; 단독행위설을 취하면서도 그 논거로 거래의 안전을 드는 것에 대하여는 비판하는 견해가 있다. 즉 개인의 무능력·의사의 흠결을 무시하면서까지

둘째, 단독행위설을 지지하는 학설 중에는 그 근거로서 수권행위는 대리인이 대리인으로 제3자와 행한 법률행위의 효과가 본인에게 발생하게 할 수 있는 자격을 대리인에게 부여하는 것을 내용으로 하므로, 이는 성질상 본인의 단독행위일 수밖에 없다고 보는 견해도 있다.[8)]

이에 의하면, 수권행위를 단독행위로 이해하더라도 대리인에게는 아무런 불이익이 발생하지 않는데, 대리행위의 효과는 본인에게 전적으로 발생하기 때문이라는 것이다.[9)] 만일 본인의 수권에 대하여 대리인이 되기 싫은 경우에는 본인이 주는 수권행위에 대하여 거절하면 된다. 이로써 대리인은 충분히 보호되므로 수권행위를 단독행위로 파악하더라도 대리인에게 불리할 것은 없다고 한다.

셋째, 단독행위설은 민법의 명시적 규정을 그 근거로 든다. 민법이 수권행위에 관하여는 대리권의 "부여"(제120조)·"수여"(제128조 제1문)라고 명시적으로 규정하고 있고, 또한 본인으로 하여금 수권행위의 일방적인 "철회"(제128조 후문)를 허용하고 있으므로, 이로부터 수권행위가 대리권수여에 대한 본인의 단독행위임을 도출해 낼 수 있다고 본다.[10)] 뿐만 아니라 제117조가 대리인의 행위능력을 요구하지 않는 점도 수권행위에 관하여 대리인으로부터 승낙의 의사표시를 필요로 하지 않는다는 것을 추단케 한다고 한다.[11)] 이러한 입법의 내용을 종합해 볼 때, 수권행위는 단독행위로 보아야 한다는 것이다.

다. 수권행위를 내부적인 것과 외부적인 것으로 구분하는 견해 수권행위를 「내부적 수권행위」와 「외부적 수권행위」로 구분하는 견해[12)]가 있다. 이 견해는 수권행위가 이중성을 가진다고 보아, 본인이 대리인에게 하는 수권행위와 외부적으로 거래상대방에게 표시하는 수권행위를 구분한다. 전자를 '내부적 수권행위'라고 하고 후자를 '외부적 수권행위'라고 한다. 이 견해는 표현대리(제125조, 제126조, 제129조)가 성립하면 본인이 책임을 지는 점을 근거로 표현대리는 외부적 수권행위에 의한 진정한 대리권의 수여가 존재하는 것으로 본다.

그러나 이에 대하여는 근본적으로 우리나라의 민법의 체계가 수권행위를 내부적·

거래의 안전을 보호한다는 것은 민법의 기본원리인 사적자치의 원칙에 반한다는 것이다(이영준, 525면).

8) 이영준, 526면.

9) 김증한·김학동, 393면; 손지열, 민법주해[Ⅲ], 30면.

10) 김상용, 532면; 손지열, 민법주해[Ⅲ], 31면; 이영준, 526면.

11) 고상용, 493면; 곽윤직·김재형, 335면; 김상용, 532면; 김주수·김상용, 393면; 김증한·김학동, 392면; 김형배·김규완·김명숙, 253면; 손지열, 민법주해[Ⅲ], 31면; 이영준, 527면; 이은영, 600면.

12) 이영준, 527면.

외부적으로 구분하는 것을 인정하고 있는지의 여부에 관한 의문이 제기된다. 또한 수권행위를 내부적 수권과 외부적 수권으로 구분할 때, 과연 외부적 수권이 대리의 본질을 구성하는 것인가에 대하여도 강한 의구심이 제기된다. 왜냐하면 제3자에 대한 외부적 수권이 없더라도 본인이 대리인에 대하여 내부적으로 대리권 수여의 수권행위를 하였다면 완벽한 대리의 효과가 발생되기 때문이다. 이러한 점에서 볼 때, 오히려 내부적 수권이 외부적 수권보다 대리의 본질에 속하는 것으로 보아야 한다.13) 그리하여 다수의 견해는 수권행위를 대내외로 구분하는 해석은 타당하지 않다고 본다. 특히 수권을 대내외로 구분하는 견해는 표현대리에 의하여 본인이 책임을 지는 것을 외부적 수권에 의한 유권대리의 일종으로 보는 데, 다수의 견해는 표현대리를 무권대리의 본질을 가진 것으로 이해하고, 다만 표현대리 발생에 본인이 기여한 경우에 이에 대하여 책임을 지는 것으로 파악한다.

결론적으로 수권행위는 대리인으로 활동할 자에게 그 자격을 수여하기 위한 본인의 일방적인 의사표시로서 단독행위의 본질을 갖는 것으로 본다.

Ⅲ. 수권행위의 독자성 · 무인성

1. 수권행위의 독자성

수권행위의 독자성은 대리관계의 원인인 수권행위가 그 요건 및 효과에서 기초적 내부법률관계와 관념상 독립된 법률행위임을 인정하는 것이다. 그러나 일반적으로 본인이 대리인에게 수권을 하는 이유는 본인과 대리인 사이에 위임과 같은 내부관계가 성립되어 있어 이를 원인으로 하여 대외적으로 제3자와 본인을 위한 대리활동을 할 수 있게 하기 위함이다. 이러한 점에서 대리관계에 기초가 되는 내부적 관계에 수권행위가 포함되는 것으로 이해할 수도 있다. 그렇지만 개념상 대리권이란 대리인이 대외적으로 제3자와 법률행위를 하면서 그 효과가 본인을 위하여 발생할 수 있도록 하기 위한 지위이므로, 이를 발생시키는 수권행위는 내부적 기초법률관계와는 그 요건과 효과의 측면에서 별개의 것으로 보아야 한다. 그리고 법률행위의 해석의 관점에서 대리권의 근거가 되는 수권행위가 기초적 내부관계와 별개로 독자적으로 행하여지는 것으로 이해하는 것이 본인의 사적 자치에도 합치된다. 왜냐하면 본인이 대리인과 위임을 내용으로 하는 내부적 관계를 형성하는 것과 대외적으로 자신을 위하여 제3자와 거래를 할 수 있는 자

13) 손지열, 민법주해[Ⅲ], 31면.

권을 부여하는 것은 서로 별개의 내용으로서 이를 하나의 통일한 의사표시로 함께 하였다고 해석할 수 없기 때문이다. 예컨대, 내부적 법률관계를 성립시키는 중개업(상법 제93조)·위탁매매업(동법 제101조) 등에서는 위임을 내용으로 하는 법률관계이지만 대리를 반드시 수반하지 않으며, 한편 위임이 아닌 고용(제655조)·도급(제664조)·조합(제703조) 등의 계약이나 심지어 부부관계의 성립도 대리와 결합되는 수가 많다.14) 이를 근거로, 위임 등의 내부적 법률관계의 체결에서 대리의 수권행위가 함께 포함되어 수권행위의 독자성이 부인되는 관계로 볼 수 없다.

2. 수권행위의 유인성 · 무인성

(1) 학설의 소개

수권행위의 독자성이 인정되면, 수권행위는 내부적 기초관계와는 별개의 행위로 행하여진다. 그러면 수권행위가 그 기초가 되고 있는 내부적 법률관계의 효력 여하에 따라 영향을 받는지가 문제된다.

가. 유인설 기초적 내부관계의 효력이 수권행위에도 직접적으로 미친다고 본다. 제128조 제1문이 "그 원인이 된 법률관계의 종료에 의하여 대리권은 소멸한다"고 규정한 것을 그 논거로 한다. 또한 내부적 기초법률관계가 소멸하였는데 대리권만이 존속한다는 것도 본인의 의사에도 맞지 않는다고 본다. 따라서 이 견해는 내부적 기초법률관계가 무효·취소·해제되면, 소급하여 수권행위도 효력을 상실하는 것으로 파악하므로, 이와 유인의 관계에 있는 대리권도 함께 소멸하게 되는 것으로 본다. 이로써 이미 행하여진 대리행위는 무권대리행위로 된다.15)

나. 무인설 수권행위의 무인설에 의하면, 기초적 내부관계가 실효되더라도 대리권은 장래에 향하여 소멸할 뿐(제128조), 소급적으로 대리권이 소멸하지는 않는다고 한다. 그러므로 이미 행하여진 대리행위는 유효하게 됨으로 거래의 안전을 기할 수 있다. 무인설은 제3자의 보호 내지 거래의 안전을 위해서는 양자의 관계를 무인의 관계로 보아야 한다고 한다.16)

---

14) 이영준, 521면.

15) 고상용, 498면; 곽윤직·김재형, 336면; 김대정, 994면; 김준호, 315면; 이은영, 602면.

16) 김주수·김상용, 394면; 김증한·김학동, 393면; 김상용 교수는 독자성을 취하면서, 수권행위와 기초적 법률관계를 결부시켜서 파악해야 하는 경우에는 수권행위는 유인적이라고 본다(535면); 양형우, 244면; 장경학, 537면.

다. 내부적·외부적 수권설 내부적 수권은 본인이 대리인에 대하여 대리권을 수여하는 것이므로 내부적 기초관계와 인과적 관계에 있으나, 외부적 수권은 대리의 상대방에 대한 관계와 관련되어 있으므로 내부적 기초법률관계로부터 독립되어 있어 무인적 관계에 있다고 본다.17) 이 견해는 제128조의 「원인된 법률관계의 종료에 의하여서 소멸한다」는 임의대리권의 소멸에 관한 규정을 내부적 수권의 유인성에 관한 것으로 해석하고, 외부적 수권은 이에 해당되지 않는 것으로 본다. 왜냐하면 내부적 수권은 내부적 기초관계에 의하여서만 그 의미를 갖는 것이므로 그 내부적 기초관계와 그 효력을 같이 하지만, 이와는 별개로 외부적 수권은 대외적으로 상대방과 관련이 있으므로 내부적 기초관계의 효력상실에 영향을 받지 않기 때문이다.

(2) 학설의 검토

수권을 외부적·내부적으로 구분하는 학설에 대하여는 그 전제로서 대리권의 수여를 내부적·외부적 수권으로 구분하여 파악할 수 있는지의 여부가 우선 해결되어야 할 것이다. 그리고 다수의 학설은 수권의 본질을 본인이 대리인에게 대리권을 부여하는 내부적 수권으로 파악하고, 외부적 수권이란 외부적으로 수권이 있는 것과 같은 외관에 불과한 것으로 이해한다. 그리하여 외부적 수권을 본인의 수권의 한 내용으로 인정하려는 것은 정당하지 않다고 한다.

유인설도 내부적 기초법률관계의 효력 상실에 따른 대리권 소멸의 효과는 거래의 안전을 보호하기 위하여 제129조의 표현대리의 규정을 유추적용하여 선의·무과실의 제3자에 대하여는 주장할 수 없다고 하면 무인설과 별 차이가 없다.

생각건대 본인과 대리인 사이의 내부적 기초법률관계의 소멸은 외부에서 알 수도 없는 것이므로, 내부적 기초관계의 상실이 대리권을 소급하여 무효로 만들어서는 안 된다. 그러므로 거래의 안전을 보호하기 위하여 제128조를 무인설에 따라 내부적 기초관계의 소멸은 대리권을 장래에 향하여서 그 효력을 소멸시키는 것으로 해석하여야 한다.

Ⅳ. 수권행위의 하자

1. 우리 민법의 규율체계

대리인은 대리행위의 행위자이므로 대리행위에서 의사의 흠결은 「대리인」을 기준

---

17) 이영준, 531면.

으로 한다(제116조 제1항). 따라서 대리행위의 행위적 요소는 대리인을 기준으로 규율하고, 대리행위의 규율적 요소는 본인을 기준으로 규율하는데, 이에는 의사표시의 일반규정(제107조 이하)에 의하게 된다.

2. 수권행위의 하자

(1) 본인과 대리인의 내부관계

본인과 대리인 사이에는 수권행위가 중심이고, 수권행위에는 대리권 수여의 의사표시가 중요하다. 그러므로 의사표시의 일반규정이 그대로 적용되어야 한다(이설 없음). 그러므로 본인이 대리인에게 대리권을 수여할 의사가 없음에도 대리권수여의 표시를 하였는데 대리인이 비진의의 수권행위임을 알았거나 알 수 있었을 경우에 수권행위는 무효이고(제107조 제1항 단서), 본인과 대리인이 수권행위를 허위로 한다는 것에 관하여 통정하여 대리권수여의 표시를 한 경우에 그 수권행위는 무효이다(제108조 제1항). 또한 본인이 대리권수여의 중요부분에 착오를 일으켰으나 중대한 과실은 없는 경우와 본인이 대리인 또는 제3자의 사기·강박에 의하여 대리권 수여의 표시를 한 경우에 수권행위를 취소할 수 있다(제109조 제1항, 제110조 제1항, 제2항).

(2) 상대방과의 관계

수권행위에 의사표시의 흠이 있어 수권이 무효·취소가 되면, 이에 따라 대리행위도 무권대리가 되어 상대방은 불측의 손해를 입게 된다. 그런데 수권행위의 흠에 관하여는 상대방으로서는 알 수도 없는 것이므로 상대방을 보호할 필요가 있다. 이에 관하여는 견해의 차이가 있다.

가. 취소불가의 견해 이 견해는 표현대리와의 형평상 수권행위의 흠을 이유로는 대리행위를 취소할 수 없다고 한다.18) 무권대리의 본질을 갖는 표현대리에서도 본인이 책임을 지는데, 대리인의 대리권 있는 대리행위가 있은 후 본인이 수권행위의 하자를 이유로 취소하여 대리행위의 효과로부터 벗어나고 이로써 대리인이 책임을 지게 된다면, 이는 상대방의 신뢰보호의 관점에서 볼 때 공평한 법적 효과라고 할 수 없다고 한다. 따라서 수권행위의 하자가 대리행위에도 직접 영향을 미칠 때(예: 본인의 착오가 대리행위의 착오로도 될 수 있는 경우)를 제외하고는 대리행위 이후에 수권행위의 하자를 이유로 취소할 수 없다고 본다.

---

18) 백태승, 465면.

나. 의사표시의 일반원칙에 따른 해결 수권행위에 대해서 대리행위의 상대방은 제3자의 위치에 있으므로 상대방에 대하여는 의사표시의 무효·취소의 효력으로 선의의 제3자에게 대항하지 못하는 규정(제107조 제2항, 제108조 제2항, 제109조 제2항, 제110조 제3항)을 적용하여, 수권행위가 무효 또는 취소되더라도 선의의 상대방에 대하여 무권대리를 주장하지 못한다고 해석한다.19)

다. 표현대리의 유추적용의 견해 수권을 2원적으로 파악하는 견해는 내부적·외부적 수권으로 구분하여, 수권행위의 효력상실로 아울러 대리행위의 효력상실로 이끄는 것은 내부적 수권이고, 이와 독립하여 외부적 수권은 존속하므로, 이에는 대리권 소멸후의 표현대리(제129조)가 유추적용되어야 한다고 본다. 그리하여 상대방이 수권행위의 무효·취소를 알았거나 알 수 있었을 경우에 한하여 무효를 주장하거나 취소의 효과를 주장할 수 있다고 본다.20)

라. 검 토

취소를 허용하지 않는 견해는 대리행위 전과 대리행위 후를 구분하여 각기 달리 취소의 허용 여부를 결정하려고 한다. 이에 의하면, 수권행위에 행위당시부터 취소사유가 있음에도 대리인이 대리행위를 한 후에는 본인으로서는 더 이상 취소할 수 없다고 본다. 그렇지만 수권행위의 하자에는 대리행위 전과 대리행위 후를 통하여 어떠한 변화가 생긴 것도 아닌데, 상대방 보호를 위하여 취소권 행사 여부를 달리 허용하는 것은 일관성이 없어 보인다. 또한 표현대리의 유추적용의 견해는 그 전제로서 수권을 내부적·외부적으로 구분하지 않는 한 따르기 어렵다. 또한 수권행위가 효력을 잃게 되는 경우에 대리인 자신의 책임에 대하여는 일정 범위 보호할 필요가 있으나, 대리인이 알았거나 알 수 있었을 경우로 한정하는 것은 입법의 근거가 없는 것으로서 따르기 어렵다. 따라서 수권행위에 의사표시의 일반규정을 적용하여 선의의 제3자에게는 수권행위의 효력상실을 대항하지 못한다고 보아야 한다.21)

3. 수권행위와 형식

(1) 수권행위의 태양

수권행위는 형식을 요하지 않는다. 그러므로 일반적으로 수권행위는 위임장의 수여

19) 김상용, 536면; 손지열, 민법주해[Ⅲ], 37, 28면.

20) 이영준, 537면.

21) 손지열, 민법주해[Ⅲ], 37면.

를 통하여 행하거나, 서면이나 구두로도 대리권 수여의 표시는 가능하다.

(2) 위임장에 의한 수권행위

대리행위에 형식을 요구하더라도, 수권행위는 불요식의 법률행위이므로 구두에 의하여도 충분히 할 수 있다. 그러나 거래계에서는 대리권 수여의 증거로서 위임장을 작성하여 교부함으로써 수권행위를 하는 것이 일반적이다. 다만 이 경우 수권행위가 무효·취소로 되는 경우에는 제125조의 표현대리가 문제로 된다.22)

백지위임장에 의하여 수권행위가 이루어지는 경우, 백지위임장은 대리인의 성명이나 대리권의 범위를 공란으로 하여 발행되면 추후에 그 공란으로 된 백지부분이 보충되어 위임장으로서 완성된다. 이때 백지위임장이 전전유통되다가 대리인이 되고자 하는 자가 대리인의 성명란에 자신의 이름을 보충하고 또한 대리권의 범위도 그 공란으로 된 백지부분에 대리권란을 보충함으로써 결정된다.23) 그런데 이러한 대리권의 보충은 원래 본인이 예상했던 대리권수여의 범위를 이탈할 수가 있지만, 백지로 위임장을 작성한 본인은 그러한 위험을 예상하고 하였으므로 착오로 인한 취소를 주장할 수 없어 수권행위를 취소할 수 없다. 다만 보충권 행사가 대리권 남용에 해당되는 경우에는 이에 따라 본인은 대리행위를 무효로 주장할 수 있다고 본다.24)

또한 상대방과의 다툼이 발생할 경우를 예상하여 상대방으로부터 미리 백지위임장을 받는 경우가 있다. 예를 들어 제소 전 화해(提訴 前 和解)에 사용하기 위하여 상대방에게 백지위임장을 쓰게 하여 다툼이 생기는 경우에 이를 임의로 보충하여 사용하는 경우이다. 이는 상대방에게 부당하게 불리한 경우로서 제103조와 제104조를 적용하여 수권행위를 무효로 하여야 한다.25)

---

22) 고상용, 498면.

23) 이은영 교수는 우선 수권의 내용을 살펴야 한다고 본다. 따라서 본인이 대리인에게 수여한 대리권의 내용을 파악하여야 하고 포괄적 대리권의 수여가 있는지를 살펴야 한다고 한다. 그런데 일반적으로 포괄적 대리권의 본질상 포괄적 수권이 있는 이상 대리권의 범위를 넘어서는 월권이 성립되기는 어렵게 보인다. 그럼에도 불구하고 포괄적 대리권을 넘어선 경우에는 제126조의 표현대리에 의하여 해결하여야 한다고 본다(606면).

24) 이영준, 538면; 동지 김증한·김학동, 396면; 이은영, 606면; 고상용 교수는 제126조의 표현대리를 통하여 상대방의 이익은 보호된다고 본다(450면).

25) 이영준 교수는 제124조(자기계약·쌍방대리)를 적용하여 무효로 하여야 한다고 본다(538면). 그러나 대부분 본인의 허락이 있는 경우에 해당되어 무효로 되지 않을 것으로 생각된다.

V. 대리권의 범위

1. 법정대리권

법정대리권의 범위는 법률의 규정에 의하여 정하여진다. 이러한 법률은 강행법규이다. 법률은 법정대리권을 개개의 법률행위와 관련하여 다음의 방법으로 제한하고 있다.

① **법정대리인이 전혀 특정한 법률행위를 할 수 없는 경우** 법정대리인과 제한능력자인 본인 사이에 이익이 상반되는 경우에는 원래의 법정대리인은 그 법률행위를 할 수 없고 특별대리인에 의하여 제한능력자의 법률행위를 대리하도록 하고 있다(제921조). 물론 후견감독인이 선임되어 있는 경우에는 그에 의하여 행하여질 수 있다(제949조의3 참조, 제940조의6 제3항).

② **법정대리인이 법률행위를 함에 있어 법원의 사전 또는 사후동의를 받아야 하는 경우** 이는 법정대리권이 제한되는 경우로서, 예를 들어 부재자의 재산관리인은 부재자의 재산을 처분함에 있어 법원의 동의를 얻어야 한다(제25조, 제1040조 제2항, 제1047조 제2항, 제1053조 제2항).

③ **공동대리의 방식을 통하여 대리권행사를 제한하는 경우** 예컨대, 부모는 미성년자에 대하여 친권을 공동으로 행사하여야 한다(제909조 제2항 본문).

④ **대표권의 제한** 민법상의 법인의 대표자의 대표권은 정관에 의하여 제한될 수 있고(제41조) 이를 등기하면 제3자에게 대항할 수 있다(제60조). 상사법인의 경우에는 대표기관의 대표권을 제한하는 것은 불가능하다.

2. 임의대리권

임의대리인의 대리권의 범위는 수권행위의 해석에 의하여 결정된다.[26] 판례는 대리권의 범위와 관련하여 다음과 같이 판시하고 있다.

① 부동산의 소유자로부터 매매계약을 체결할 대리권을 수여받은 대리인은 특별한 사정이 없는 한 그 매매계약에서 약정한 바에 따라 중도금이나 잔금을 수령할 수도 있고, 매매계약의 체결과 이행에 관하여 포괄적으로 대리권을 수여받은 대리인은 특별한 다른 사정이 없는 한 상대방에 대하여 약정된 매매대금 지급

26) 임의대리권은 그것을 수여하는 본인의 행이, 즉 수권행위에 의하여 발생하는 것이므로 어느 행위가 대리권 범위 내의 행위인지 여부는 개별적인 수권행위의 내용이나 그 해석에 의하여 판단하여야 할 것이다(대판 1997.9.30, 97다23372).

기일을 연기하여 줄 권한도 가진다.27)

② 금융기관에 대한 예금계약의 체결을 위임받은 자가 가지는 대리권에 당연히 그 예금을 담보로 하여 대출을 받거나 기타 이를 처분할 수 있는 대리권이 포함되어 있는 것은 아니다.28)

③ 본인을 대리하여 금전소비대차 내지 그를 위한 담보권설정계약을 체결할 권한을 수여받은 대리인에게 본래의 계약관계를 해제할 대리권까지 있지 않다.29)

④ 매니저의 대리권의 범위는 연수자의 연주활동의 주선이나 연주에 관하여 공연장 확보, 공연비용 또는 출연료결정, 연주일정의 확정 등에만 미칠 뿐 공연계약에 관하여는 대리권을 가진다고 볼 수 없다.30)

⑤ 계약이 적법한 대리인에 의하여 체결되었는데 상대방 당사자가 계약상 채무불이행을 이유로 계약을 해제한 경우, 본인이 해제로 인한 원상회복의무를 부담한다.31)

3. 임의대리권의 범위에 관한 민법규정

(1) 의 의

임의대리권의 범위는 본인의 수권행위에 의하여 정하여지므로, 제118조는 대리권의 범위가 수권행위에 의하여 정하여져 있지 않거나 명료하지 아니한 때에는 대리인이 할 수 있는 대리권의 범위를 정하는 기준이 된다. 본조는 수권행위의 해석에 관한 규정으로서 임의규정이다. 따라서 본 규정은 대리권의 범위가 명료하거나 표현대리가 성립하는 경우에는 적용되지 않는다.

---

27) 대판 1992.4.14, 91다43107.

28) 대판 1992.6.23, 91다14987.

29) 대판 1993.1.15, 92다39365.

30) 대판 1993.5.14, 93다4618·4625.

31) 계약이 적법한 대리인에 의하여 체결된 경우에 대리인은 다른 특별한 사정이 없는 한 본인을 위하여 계약상 급부를 변제로서 수령할 권한도 가진다. 그리고 대리인이 그 권한에 기하여 계약상 급부를 수령한 경우에, 그 법률효과는 계약 자체에서와 마찬가지로 직접 본인에게 귀속되고 대리인에게 돌아가지 아니한다. 따라서 계약상 채무의 불이행을 이유로 계약이 상대방 당사자에 의하여 유효하게 해제되었다면, 해제로 인한 원상회복의무는 대리인이 아니라 계약의 당사자인 본인이 부담한다. 이는 본인이 대리인으로부터 그 수령한 급부를 현실적으로 인도받지 못하였다거나 해제의 원인이 된 계약상 채무의 불이행에 관하여 대리인에게 책임 있는 사유가 있다고 하여도 다른 특별한 사정이 없는 한 마찬가지라고 할 것이다(대판 2011.08.18, 2011다30871).

(2) 대리권에 관한 제118조의 내용

가. 보존행위 보존행위는 대리행위의 목적인 물건이나 권리의 사용가치 또는 교환가치를 현상대로 유지하여 그 가치의 감소를 방지하는 행위이다. 예컨대, 대리의 목적인 물건의 수리행위, 대리의 목적인 권리의 소멸시효의 중단행위, 미등기부동산의 등기 등을 들 수 있다. 보존행위는 임의대리권의 최소한의 내용으로서, 대리인은 이를 무제한으로 행사할 수 있다(제118조 제1호).

나. 이용행위와 개량행위 이용행위와 개량행위는 대리의 목적인 '물건이나 권리의 성질을 변하지 않는 범위 내'에서만 할 수 있다(제118조 제2호). 이용행위란 대리의 목적인 물건이나 권리를 사용·수익하는 행위를 말한다. 예를 들면 대리의 목적인 물건을 임대하거나 대리의 목적인 권리를 대가를 받고 타인에게 수익케 하는 행위 등을 들 수 있다. 그리고 개량행위란 대리의 목적인 물건이나 권리의 사용가치 또는 교환가치를 증가시키는 행위이다. 이자 없는 채권을 이자부 채권으로 하는 것이 그 예이다.

이러한 이용행위나 개량행위는 '대리의 목적인 물건이나 권리의 성질을 변하지 않는 범위 내'에서만 할 수 있다. 따라서 예금을 주식으로 바꾸는 행위는 이용행위이기는 하나 권리의 성질이 변하는 경우에 해당하므로 권한을 넘는 대리행위로 된다. 그러나 이런 경우에는 제126조의 표현대리가 성립하게 되므로 상대방에 대한 관계에 있어서는 효력이 발생한다.[32] 다만 본인은 대리인에 대하여 위임 등의 기초법률관계에 기한 의무의 위반을 이유로 하여 손해배상을 청구할 수 있다.

Ⅵ. 대리권의 제한

민법상 대리권의 제한은 자기계약 및 쌍방대리의 금지(제124조)와 공동대리(제119조)이다.

1. 자기계약 및 쌍방대리의 금지

(1) 의의 및 특질

자기계약은 어떤 사람(甲)이 본인의 이름으로 본인(乙)을 대리하면서 동시에 자기 이름으로 본인(乙)과 자기 자신(甲)간의 법률행위를 하는 것을 말한다(제124조 제1문 전단). 또한 쌍

32) 고상용, 502면; 곽윤직·김재형, 338면; 김상용, 542면; 김용한, 347면; 김주수·김상용, 398면; 이영준, 546면; 이은영, 608면; 장경학, 543면.

방대리는 어떤 사람(甲)이 본인의 이름으로 본인(乙)을 대리하고 동시에 상대방(丙)을 대리하여 본인(乙)과 상대방(丙)간의 법률행위를 하는 것을 말한다(제124조 제1문 후단). 자기계약과 쌍방대리를 합쳐서 「자기행위」라고 한다.

자기계약과 쌍방대리에서는 대리인이 혼자서 본인과 상대방을 대리하여 의사표시를 교부하고 수령함으로써 본인에게 또는 상대방에게 현저하게 불리한 법률행위를 대리할 우려가 있다. 그리하여 민법은 원칙적으로 자기계약과 쌍방대리를 금하고 있다.[33] 다만 예외적으로 '본인의 허락이 있거나' 또는 '본인의 채무를 이행하는 때'에는 이를 허용한다(제124조 단서).

(2) 자기행위의 허용

대리에서 3면의 관계는 3인의 주체가 필요하다는 것이지 3인의 인격체가 필요하다는 것은 아니다. 그러므로 대리제도에서 자기계약이나 쌍방대리가 불가능한 것은 아니다. 다만 1인이 본인과 상대방을 함께 대리함에 따라 본인이나 상대방에게 현저하게 불이익을 가져다 줄 위험이 있기 때문에, 제124조는 이를 금지한 것이다. 그러므로 본인에게 위험을 가져다 줄 염려가 없는 「본인의 허락」이 있는 경우와 「채무의 이행」에 관하여는 자기행위가 허용되어야 한다.

가. 본인의 허락(제124조 본문) 본인이 자기행위를 허용한 경우에는 대리인은 유효하게 자기계약·쌍방대리의 행위를 할 수 있다. 예를 들어, 부동산중개인에게 부동산의 매매를 의뢰한 경우에 대부분 본인의 허락이 묵시적으로 있는 것이므로 중개인은 자기계약·쌍방대리를 유효하게 할 수 있다.

나. 채무의 이행(제124조 단서) 채무의 이행은 본인으로서는 어차피 이행하여야 할 의무이고 자기계약에 의하든 쌍방대리에 의하든 아무런 불이익을 입을 염려가 없고 따라서 자기행위가 허용된다.

그런데 동조 단서의 "채무의 이행"이 기존에 성립하고 있는 채무의 이행에 한정하는 것인가에 대하여는 견해의 대립이 있다. 다수의 견해는 새로운 이해관계가 형성되는 것이 아닌 기존의 채무의 이행에 대해서는 본인에게 불리할 것이 없으므로 자기행위가 허용된다고 본다.[34] 이에 대하여 소수의 견해는 「본인을 해할 것인가」의 여부에 따라 허용 여부를 판단하여야 한다고 본다.[35] 이를 테면 대물변제(제466조)·경개(제500조)의 경우에

---

33) 대결 2004.2.13, 2003마44.

34) 고상용, 504면; 곽윤직·김재형, 339면; 김기선, 290면; 김상용, 549면; 김주수·김상용, 400면; 김증한·김학동, 404면; 김형배·김규완·김명숙, 258면; 백태승, 470면; 장경학, 544면.

다수설에 의하면 변제의 효과가 생기는 채무이행의 한 내용이지만 새로운 이해관계를 발생시키게 되므로 제124조 단서의「채무의 이행」에 해당하지 않는 것으로 본다. 그러나 소수설에 의하면, 대물변제·경개에 의하여 새로운 이해관계를 형성시키지만 본인에게 해가 되지 않으므로 허용되는 것으로 해석된다. 예를 들어 대리인이 본인에게 재산을 증여하는 내용의 자기계약을 하는 경우에 다수설에 의하면 허용되지 않으나, 소수설에 의하면 이를 허용할 수 있으므로[36] 본인의 의사에 반하지 않는 한 새로운 법률행위를 창설하는 것은 무방하다고 해석하여야 한다. 따라서 본조 단서의 채무의 이행은 '본인에게 해가 되는가'의 여부에 따라서 허용 여부를 결정하는 것이 타당하다.

(3) 적용범위

본조는 임의대리와 법정대리 모두에 적용된다. 법정대리의 경우에는 본인인 제한능력자를 보호하기 위하여 특별한 규정을 두고 있다.

가. 친권자의 이해상반행위 친권자와 자(子) 사이 또는 친권에 복종하는 수인의 자(子) 사이에 친권자가 이해상반되는 행위를 함에는 친권자는 법원에 그 자의 특별대리인의 선임을 청구하여야 한다(제921조 제1항, 제2항).[37] 이때에도 친권자와 자(子) 사이의 이해관계는 실질적 이해의 충돌 여부로 판단하여야 한다.[38] 그러므로 형식적으로는 자기행위일지라도 친권자의 행위가 자(子)에게 불이익하지 않는 경우(예: 친권자가 자의 대리인으로서 재산을 증여하는 경우)에는 자기행위의 금지(제124조)에 해당되지 않는다고 본다.[39]

35) 김용한, 352면; 손지열, 민법주해[Ⅲ], 84면.

36) 손지열, 민법주해[Ⅲ], 82면; 이영준 교수도 친권자가 子에게 증여하는 것은 묵시적 허락이 있다고 볼 것이 아니라, 거래관행이나 사실인 관습에 의하여 자기행위가 허용되는 것으로 이론구성하는 것이 타당하다고 본다(563면).

37) 민법 제921조의 "이해상반행위"란 객관적 성질상 친권자와 자 사이 또는 친권에 복종하는 수인의 자 사이에 이행의 대립이 생길 우려가 있는 행위를 가리키는 것으로서 친권자의 의도나 그 행위의 결과 실제로 이행의 대립이 생겼는가는 묻지 않는다. 공동상속인인 친권자와 미성년인 수인의 자 사이에 공동상속재산분할협의를 하는 경우에 미성년 각자마다 특별대리인을 선임하여 각 특별대리인이 각 미성년자인 자를 대리하여 상속재산분할의 협의를 하여야 한다. 친권자가 수인의 미성년자의 법정대리인으로서 상속재산분할협의를 한 것이라면 이는 민법 제921조에 위반된 것으로서 이러한 대리행위에 의하여 성립된 상속재산분할협의는 피대리자 전원에 의한 추인이 없는 한 무효이다(대판 1993.4.13, 92다54524; 대판 1987.3.10, 85므80).

38) 김증한·김학동, 407면; 김주수·김상용, 401-402면.

39) 다수설에 의할 경우 제124조와 제921조의 특칙관계가 문제로 되나, 소수설에 의할 경우에는 제124조는 적용되지 않는다(손지열, 민법주해[Ⅲ], 86면); 법정대리인인 친권자가 부동산을 미성년자인 자에게 명의신탁하는 행위는 친권자와 사이에 이해상반되는 행위에 속한다고 볼 수 없으므로, 이를 특별대리인에 의하여 하지 아니하였다고 하여 무료라고 볼 수 없다(대판 1984.4.10, 97다4005).

나. 법인대표의 이해상반행위 법인과 이사의 이익이 서로 상반하는 경우에는 이사는 대표권이 없고, 법원이 선임하는 특별대리인이 법인을 대표하게 된다(제64조). 그러므로 제64조[특별대리인의 선임]는 제124조에 특칙으로서 우선하여 적용된다.40) 상법에서도 이사 또는 사원과 회사와의 사이에 행하여지는 이른바 자기거래를 제한하는 규정을 두고 있다(상법 제199조, 제269조, 제398조, 제564조 제3항).

(4) 제124조의 위반행위의 효과

본조를 위반하여 자기행위를 한 대리행위는 무권대리행위가 된다.41) 또한 무권대리가 인정되더라도 표현대리는 성립되지 않는다고 본다. 왜냐하면 본조는 본인을 보호하려는 취지가 있는데, 다시 표현대리를 적용하여 본인에게 책임이 발생하도록 하는 것은 본조와 모순되기 때문이다.42) 따라서 무권대리행위만이 성립된다고 본다. 그리하여 본인의 추인이 있는 경우에 한해서 대리의 효과가 생긴다.43) 이때 자기계약의 경우 대리행위의 상대방은 대리인 자신이고, 쌍방대리의 경우 대리권을 수여한 상대방이 본인의 지위에 있을 것이므로, 무권대리인의 책임(제135조)은 성립되지 않는다.44)

2. 공동대리

(1) 의 의

대리인이 수인인 때에는 각자대리가 원칙이므로, 각자가 본인을 대리할 권한을 갖는다(제119조 본문). 그러나 법률 또는 수권행위에 다른 정함이 있는 때에는 공동대리인은 공동으로만 본인을 대리한다(동조 단서). 이처럼 공동대리란 각자대리와 다른 정함이 있는 경우에 다수인이 공동하여야만 대리권을 행사할 수 있는 것으로서, 대리권 제한의 한 모습이다.

(2) 「공동」의 의미

다수의 대리인이 공동으로 대리행위를 하여야 한다는 것에 관하여는 그것이 의사

40) 고상용, 506면; 김용한, 355면; 김주수·김상용, 402면.

41) 판례는 "부동산 입찰절차에서 동일물건에 관하여 이해관계가 다른 2인 이상의 대리인이 된 경우에는 그 대리인이 한 입찰은 무효이라"라고 한다(대판 2004.2.13, 2003마44).

42) 김증한·김학동, 407조; 손지열 판사는 제126조의 표현대리가 성립 가능하지만 별 실익이 없다고 본다(민법주해[Ⅲ], 86면).

43) 김상용, 549면; 김주수·김상용, 401면; 김증한·김학동, 407면; 백태승, 470면; 장경학, 545면.

44) 손지열, 민법주해[Ⅲ], 86면.

결정의 공동인가 또는 의사표시행위의 공동을 의미하는 것인가가 문제된다. 공동대리의 본래의 취지는 다수의 대리인이 상호견제 하에 의사결정을 신중하게 하려는 데에 있으므로[45) 의사결정의 공동이 필요한 것으로 보아야 한다.[46) 그리하여 공동의 의미를 다수의 대리인 전원이 함께 의사를 결정하였으면 족하고 의사표시행위를 공동으로 해야 한다는 의미는 아닌 것으로 본다(다수설). 이에 대하여 공동대리는 대리인 간의 내부적으로 의사결정의 문제가 아니라 상대방에 대한 대리행위의 공동성을 요구하는 것이므로, 공동대리인은 표시행위를 공동으로 해야 한다고 보는 견해도 있다.[47)

(3) 공동대리인 중의 1인이 단독으로 대리행위를 한 경우

공동대리는 의사결정이 공동으로 되어야 하는 것이므로, 공동대리인의 의사결정이 공동으로 이루어진 경우 그 공동대리인 중 1인이 단독으로 대리행위를 할 수 있다. 그런데 공동대리인 전부가 합의로써 공동대리인 중 1인에게 대리권을 포괄적으로 위임할 수 있는가에 관해서는 공동대리의 본연의 취지에 반하므로 허용되지 않는다고 본다.[48)

그런데 공동대리인의 의사결정의 합의가 없음에도 공동대리인 1인이 단독으로 대리행위를 하면서 또 이에 대한 수권이 없는 경우에는 무권대리로 된다. 이와 관련하여 공동대리인으로서 행위한다고 표시한 경우에는 다른 공동대리인의 의사표시에 의하여 보완되는 경우에는 유권대리로 될 수 있다. 그러나 단독대리인으로서 행위한다고 표시한 경우에는 이에 관한 수권이 없는 한 일단 무권대리로 되고, 표현대리의 성립 여부를 검증해 볼 수 밖에 없다. 그러므로 수권 없이 단독으로 대리하여 무권대리가 되는 경우에 본인이나 나머지 공동대리인이 추인하면 유권대리로 되지만(제133조), 그렇지 않은 경우에는 무권대리로 된다.[49)

(4) 수동대리에서 공동대리의 문제

수동대리도 공동으로 하여야 하는가에 관하여 통설은 각 대리인이 단독으로 수령할 권한이 있다고 해석한다. 즉 수동대리에서는 공동대리인 상호간의 의사결정이 없으므로 공동을 요구할 수 없다고 본다.[50) 생각건대, 수동의 공동대리에서는 공동대리인

45) 김증한·김학동, 402면; 손지열, 민법주해[Ⅲ], 61면.

46) 고상용, 507면; 김상용, 551면; 김주수·김상용, 399면; 김증한·김학동, 403면; 손지열, 민법주해[Ⅲ], 61면; 장경학, 547면.

47) 이은영, 617면.

48) 손지열, 민법주해[Ⅲ], 62면.

49) 김증한·김학동, 402면; 손지열, 민법주해[Ⅲ], 61면.

50) 고상용, 508면; 곽윤직·김재형, 340면; 김상용, 551-552면; 김용한, 350면; 김주수·김상용, 399면;

중 1인에게 표시하였더라도 본인에게 큰 불이익이 발생할 위험이 없으며, 표의자가 일일이 공동대리인 모두에게 개별적으로 통지해야 한다는 것은 지극히 번거로운 일일 것이므로 공동대리인 1인에게 의사표시가 전달되었으면 이로써 본인에게 효력이 발생하는 것으로 보아야 한다.

Ⅶ. 대리권의 남용

1. 대리권 남용의 의의

대리인이 본인을 위하여 법률행위를 하고, 그 대리행위가 대리권의 범위 내에서 행하여진 경우에는 유권대리로서 대리의 효과가 본인에게 발생하나, 이때 대리인이 대리행위를 하면서 현명하는 '본인을 위함'이란 그 대리행위를 통해서 본인에게 경제적으로 이익이 된다는 것이 아니라 대리행위의 규율의 주체가 본인임을 밝히는 것에 불과한 것이므로, 대리의 효과는 그 내용이 본인에게 불리한 것이라도 대리권의 범위 내에서는 유권대리로서 본인에게 발생된다.

그런데 대리권의 범위 내에서 대리인이 자신이나 제3자의 이익을 추구하기 위하여 본인에게 불리하도록 대리행위를 하는 경우도 있다. 이 경우 대리행위가 대리권의 범위 내이므로, 그 대리의 효과는 본인에게 발생한다. 그런데 대리인은 대리행위를 함에 있어 자신에게 수권을 준 본인에 대하여 선량한 관리자의 주의의무를 다 하여야 한다. 그렇지만 거래의 안전을 위하여 대리권은 수권행위로부터 독립되어 있는 결과, 대리인이 선관주의의무를 위반하여 본인에게 불이익한 배임적 대리행위를 하였더라도 대리권의 범위 내인 이상 이 배임적 대리행위의 효과는 본인에게 발생한다. 그러나 이러한 결과는 본인으로서는 그 위험으로 인하여 더 이상 대리제도를 사적 자치의 수단으로 활용하지 않을 것이다. 여기에서 거래의 안전을 위하여 상대방을 보호하고, 또 배임적 대리행위의 경우 본인을 보호하기 위한 절충적 기준이 요구되고 있다. 이 절충적 기준이 대리권남용이론인 것이다.

백태승, 472면; 손지열, 민법주해[Ⅲ], 63면; 양형우, 148면; 이영준, 567면; 이은영, 618면; 장경학, 548면.

2. 대리권 남용의 요건

(1) 객관적 요건

대리권남용의 객관적 요건으로 일단 배임적 대리행위가 있어야 한다. 대리인과 본인사이에는 위임유사의 관계가 성립하므로 대리인은 선량한 관리자의 주의로 대리권을 행사하여야 한다. 그런데 대리인이 이 의무를 위반하여 본인에게 불이익한 대리행위를 한 경우에 배임적 대리행위가 성립된다.

(2) 주관적 요건

대리권남용의 주관적 요건으로서는 대리인과 거래한 상대방이 대리인이 대리권을 자신이나 제3자의 이익을 위하여 행사하고 있는 사실을 알고 있어 대리행위가 무효로 되더라도 이로써 보호받을 정당한 이익이 없어야 한다. 이러한 상대방의 주관적 사정에 관하여는 견해의 대립이 있다.

가. 신의칙설 신의칙설[51)]은 대리권남용의 문제를 본인과 상대방 중 누구에게 위험을 부담시킬 것인가를 통해서 해결하려고 한다. 위험의 분배의 관점에서 볼 때, 대리인은 본인의 지배권 내지는 이익권에 속하여 상대방에게 대리인의 권한 남용의 진의를 조사할 것을 기대할 수 없기 때문에 원칙적으로 본인이 대리권남용에 따른 위험을 부담해야 한다. 다만 상대방이 이를 알고 있거나(악의) 또는 중과실로 인하여 알지 못한 경우에는 이러한 상대방이 대리행위에 따른 권리를 행사하는 것이 신의칙에 반하여 무효로 된다고 본다(제103조 참조).

한편, 신의칙설을 따르는 학설 중에는 상대방으로서는 대리인의 효과의사도 아닌 단순한 의도(동기)에 대하여는 조사의무가 없기 때문에 상대방이 선의인 한 중과실이 있더라도 상대방은 보호되어야 한다는 견해도 있다.[52)]

그런데 신의칙설에 대한 비판적인 견해는, 상대방이 배임행위를 안 경우인 악의나 이에 준한 중과실로 한정하여 무효로 할 수 있다면, 악의나 중과실은 상대방의 주관적 사실로서 입증이 곤란하여 실제로 배임적 대리권행사의 폐해를 줄일 수 없게 된다고 한다.[53)]

---

51) 고상용, 511-512면; 하경효, “대리권 남용시의 대리효과 부인의 근거와 요건”, 한국민법이론의 발전(Ⅰ), 129면 이하.

52) 송덕수, 356면.

53) 이영준, 552면; 하경효 교수는 중대한 과실이 아니라 “남용의 명백성”이 기준되어야 한다고 본다

나. 제107조 제1항 단서의 유추적용이론 이 견해는 대리권남용의 요건으로서 상대방의 악의·중과실의 요건이 너무 협소한 점을 극복하기 위하여 그 요건을 제107조 제1항 단서의 취지에 따라야 한다고 본다. 그리하여 대리인의 「배임적 의사를 상대방이 알았거나 또는 알 수 있었을 때」에는 제107조 제1항 단서를 유추적용하여 대리행위의 효력을 부정하여야 한다고 본다.[54] 대리인이 배임적 대리행위를 한 경우에 상대방이 자기와 거래하는 대리인이 배임적 대리행위를 하고 있음을 알았거나 또는 알 수 있었을 경우에는 그 대리행위의 효력은 무효가 된다는 것이다. 따라서 배임적 대리행위라도 일단 유효하고, 그 효과를 원하지 않는 본인으로서는 배임적 대리행위에 상대방도 알았거나 알 수 있었다는 사실을 입증하여 그 대리행위의 효력을 무효로 주장할 수 있으므로 일정범위에서 본인이 보호를 받을 수 있다는 것이다. 판례도[55] 상대방의 악의·과실 여부의 판단 기준에 대해서 상대방이 대리인의 표시의사가 진의 아님을 알았거나 알 수 있었는지는 표의자인 대리인과 상대방 사이에 있었던 의사표시 형성 과정과 내용 및 그로 인하여 나타나는 효과 등을 객관적인 사정에 따라 합리적으로 판단하여야 한다는 태도를 취하고 있다.

다. 대리권부인설(월권대리설) 이 견해[56]는 우선 배임적 대리행위에 관하여 제107조 제1항 단서를 유추적용하는 것을 비판한다.[57] 유추적용의 전제로서 법목적의 동일성이 요구되는데, 비진의 의사표시의 제107조 제1항 단서의 규율취지와 대리행위의 배임성의 여부와는 법목적의 동일성이 없기 때문이다. 이에 의하면 제107조 제1항 단서에서 규정되어 있는 상대방이 알았거나 알 수 있었을 '표의자의 의사'란 법률행위의 효과의사를 말하는 것인데, 대리인의 배임적 의사는 효과의사가 아닌 것이다.[58] 또한 상대방이 배임적 대리행위임을 「알 수 있었으나 몰랐을 때」에도 제107조 제1항 단서가 유추적용되어 대리권남용에 따른 대리행위가 무효로 된다면, 대리행위의 상대방으로서

("대리권남용시의 대리효과 부인의 근거와 요건", 한국민법이론의 발전 – 무암 이영준박사 화갑기념논문집 – (박영사, 1999), 146면).

54) 곽윤직·김재형, 341면; 김용한, 330면; 장경학, 554면.

55) 대판 1999.1.15, 98다39602; 판례는 제107조 제1항 단서에 의하여 상대방이 알았거나 알 수 있었을 경우에 대리권을 주장하는 것이 신의칙에 반한다고 한다(대판 1990.3.13, 89다카24360; 대판 2007.4.12, 2004다51542); 대판 2011.12.22, 2011다64669.

56) 김상용, 570면; 이영준, 479면.

57) 하경효, "대리권남용시의 대리효과 부인의 근거와 요건", 143면.

58) 손지열, "대표권남용" 민사판례연구[XI](민사판례연구회; 박영사, 1989), 10면; 만일 「대리의사」가 효과의사라면, 우리 대법원판례의 견해와 같이 「대리적 효과의사」를 「배임적 의사」에 의하여 배제함으로써 대리에 관한 규정의 적용을 거부하는 것이 논리적이다(이영준, 551면).

는 대리행위가 무효로 되는 불이익을 면하기 위하여 대리권 남용의 여부에 관한 조사를 하여야 할 의무를 부담하게 된다. 이는 상대방에게 지나친 요구인 것이다.

이러한 비판을 기초로 대리권부인설은 대리권 남용문제를 본인의 사적 자치의 실현에서 찾는다. 본인이 대리제도를 활용하면서 불안한 것은 대리행위가 대리권의 범위에만 들어오는 한 배임적인 것이라도 유효라는 것이다. 이로써 본인은 대리의 제도를 통해서 자신의 사적 자치의 확보와 상대방 보호라는 거래의 안전을 유지하는 두 가지의 가치를 조절하는 기준으로 제126조[권한을 넘은 표현대리]의 「정당한 이유」를 들 수 있다고 한다. 그리하여 상대방에게 「정당한 이유」가 있는 때에는 배임적 대리행위가 표현대리를 매개로 하여 유권대리로 되고, 「정당한 이유」가 없는 때에는 유권대리가 대리권의 남용이론을 매개로 하여 무권대리로 된다고 한다.[59]

라. 학설의 검토 학설과 판례는 일치하여 상대방이 배임적 대리행위를 알았을 경우에는 대리권의 남용을 인정하여 대리의 효과가 본인에게 발생하지 않는다고 본다.

문제는 상대방이 배임적 대리행위임을 알지 못한 경우이다. 이에 관하여 대리권부인설은 제126조를 유추적용하여 상대방이 대리인의 대리행위가 대리권의 정당한 행사를 신뢰할 만한 정당한 이유가 없다면 대리권남용을 인정하여 대리행위의 효과는 무효로 된다고 한다. 그러나 대리권이 남용된 경우에도 대리행위는 '대리권의 범위 내에서' 이루어지는 것이므로 대리권의 범위를 벗어난 월권대리를 규율하는 제126조의 표현대리와는 제도상 동일한 대리행위를 규율대상으로 삼고 있다고 볼 수 없다. 따라서 법목적이 동일하지 않은 이상, 제126조의 유추적용은 방법론상 타당하지 않다.

따라서 대리권이 남용되는 경우는 본인을 위한다는 대리의사가 없는 경우로서 진의 아닌 의사표시와 동일한 법목적을 갖는다고 보아, 제107조 제1항 단서를 유추적용하는 것이 타당하다.[60] 판례도 종래에는 '대표권 남용'에 관해서 신의칙에 근거를 두는 판례도 있었으나,[61] 현재는 대리권 남용과 마찬가지로 제107조 제1항 단서 유추적용에 의해

59) 이영준, 554면.

60) 이 학설에 대한 비판으로는 첫째, 상대방이 이미 대리권 남용 사실을 안 경우에도 대리인이 본인에 대해 효과발생을 의욕하고 있다는 점에서 대리인에게 대리의사가 있는 것이므로 진의와 표시의 불일치가 있지 않다는 점이다. 둘째로는 상대방이 경과실인 경우에 대리권남용에 따른 대리행위가 무효로 된다면, 이를 회피하기 위한 상대방으로서는 배임적 대리행위의 여부를 조사해야 할 의무가 부과되는데, 이는 현실적으로 대리제도에 도입하기 어려운 구성요건이라는 점이다. 그러나 대리권 남용에서 심사되는 주관적 요건은 보호받을 상대방의 범위를 정하는 데에 주안점이 있는 것이므로, 선의의 상대방 중 배임적 대리행위임을 알 수 있었던 경우에까지 보호하는 것은 정당하지 않다고 생각되어, 보호범위를 정하는 기준으로서 제107조 제1항 단서는 의미있는 것으로 보인다.

61) 대판 1987.10.13, 86다카1522.

해결하고 있다.62) 대리권의 남용은 임의대리뿐 아니라 법정대리의 경우에도 성립한다.

3. 대리권 남용의 효과

대리권의 남용이 인정되면, 그 대리행위는 무권대리로서 그 대리행위의 효과는 본인에게 발생하지 않는다. 그렇지만 민법상 무권대리의 규정(제130조~제135조)은 적용되지 않는다고 보아야 한다. 왜냐하면 본인으로서는 대리권이 남용되어 발생된 효과를 원하지 않을 것이므로 무권대리의 본인과 상대방과의 관계에 관한 규정(제130조~제134조)은 적용될 실익이 없고, 또한 상대방은 대리권 남용의 악의 또는 과실 있는 자이므로 대리인에 대하여 이행책임 또는 손해배상책임을 물을 수 없기 때문이다(제135조 제2항). 한편 이러한 대리권 남용의 경우에 표현대리에 관한 규정이 결합적으로 적용될 수 있는지에 관하여 학설은 대리권의 범위 내에서 형식상 유권대리인 것이므로, 대리권이 뒷받침되지 않은 표현대리에 관한 규정(제126조)도 적용되지 않는다고 본다.63) 이에 대해서 판례는 무권대리행위를 하였으나 상대방에게 대리권이 있다고 믿을 만한 정당한 사유가 있어 제126조의 표현대리가 성립하는 경우에 다시 대리인이 자신이나 제3자의 사리를 도모하기 위한 대리행위를 한 것을 이유로 대리권남용이론을 적용하여 그 대리행위의 효력을 배제하는 것을 인정한다.64) 이 경우 표현대리가 성립되기 위해서는 대리권의 존재 여부에 대해서 상대방에게 정당한 사유가 있어야 하나(판례는 선의, 무과실로 본다), 대리권남용에 대해서는 상대방이 대리인에게 자신이나 제3자의 사리를 도모한다는 배임적 의사가 있음을 알았거나 알 수 있었는지의 여부를 문제삼는 것이므로, 표현대리의 경우와 대리권 남용의 경우 상대방의 선의·무과실은 판단에서 그 내용이 다르다.65)

그리고 대리권을 남용한 대리인은 배임행위를 한 것으로서 상대방에 대하여 불법행위에 대한 책임을 져야만 한다. 그리하여 배임행위를 한 대리인은 대리행위가 무효로 됨에 따라 손해를 입은 상대방에 대하여 불법행위에 따른 손해배상의 책임을 진다(제750조).

---

62) 대리인이 본인의 이익이나 의사에 반하여 자기 또는 제3자의 이익을 위한 배임적 대리행위를 한 경우에, 그 상대방이 그 사정을 알았거나 알 수 있었을 경우에는 제107조 제1항 단서를 유추하여 그 대리인의 행위는 본인의 행위로 성립할 수 없다(대판 1996.4.26, 94다29850; 대판 2004.3.26, 2003다34045).

63) 월권의 표현대리의 규정인 제126조의 유추적용을 주장하는 대리권부인설에 의하면, 두 번의 중복 심사가 이루어지게 되므로 당연히 표현대리(제126조)에 대한 적용은 고려되지 않아야 한다(이영준, 555면).

64) 대판 1987.7.7, 86다카1004.

65) 권순한, 민법요해[Ⅰ], 669면.

이때 본인과 대리인 사이에 피용자와 사용자 관계가 성립된다면, 본인도 사용자로서 선임·감독상의 과실이 있는 경우에 상대방에 대하여 손해배상책임을 져야만 한다(제756조 제1항). 다만 상대방도 악의나 중과실이 있는 경우에는 사용자에 대하여 손해배상책임을 물을 수 없으므로, 경과실이 있는 상대방은 불법행위에 대한 손해배상의 책임을 물을 수 있으나 손해배상의 범위를 결정함에서 과실상계의 법리가 적용되어야 한다.

Ⅷ. 대리권의 소멸

1. 민법의 규정

민법은 제127조와 제128조에서 대리권의 소멸사유를 규정하고 있다. 제127조는 대리(법정대리와 임의대리)에 공통된 소멸사유를 규정하고, 제128조는 임의대리권의 고유한 소멸사유를 규정하고 있다. 또한 법정대리권의 고유한 소멸사유는 가족법에서 개별적으로 규정하고 있다.

2. 대리권의 공통된 소멸사유

임의대리와 법정대리에 공통되는 소멸사유는 다음과 같다.

(1) 본인의 사망

가. 원 칙 본인이 사망하면 본인의 지위를 상속하더라도 대리권은 상속되지 않으므로 소멸한다(제127조 제1호). 임의대리에서는 본인과 대리인 사이에 특별한 인적 신뢰관계를 내용으로 하여 수권이 이루어지는데, 그러한 신뢰관계는 본인의 상속인과 대리인의 관계에서는 성립할 수 없기 때문이다. 법정대리에서는 제한능력자인 본인의 사망으로 대리가 필요 없게 되었기 때문에 법정대리권도 소멸한다.

나. 예 외

1) 긴급사무처리의 필요 본인의 사망으로 위임은 종료한다(제690조). 그러나 위임의 종료에도 불구하고 이에 따른 사무의 처리가 급박한 사정으로 계속되어야 할 것이 인정될 수 있는 경우에는, 수임인으로서의 대리인은 위임인인 본인의 상속인 또는 법정대리인이 위임사무를 처리할 수 있을 때까지 그 사무처리를 계속하여야 한다(제691조). 따라서 본인이 사망한 경우에도 위임이 존속하는 것으로 간주되는 범위 내에서 임의대리권은 존속한다고 해석한다.[66]

법정대리의 경우에는 본인의 사망 후에는 상속인을 위하여 별도의 새로운 조치가 필요하므로 제691조의 유추적용은 필요 없는 것으로 보인다.[67]

2) 대리권존속의 약정이 있는 경우 제127조 제1호는 강행규정이 아니므로 본인의 사망 후에도 대리권이 계속하는 것으로 약정하는 것은 가능하다. 한편, 이 합의가 본인의 상속인의 「의사결정의 자유」를 박탈하는 결과로 되는 경우에는 허용되지 않는다고 본다.[68] 그러나 상속인이 대리권의 존속을 원하지 않는 경우 스스로 대리권을 소멸시킬 수 있으므로 사망한 본인과 대리인 사이의 대리권 존속의 약정이 단순히 무효라고 해석할 필요가 없다는 견해[69]도 있다.

3) 특별법에 의한 예외 상행위의 위임에 의한 대리권은 본인의 사망에 의하여 소멸하지 않는다(상법 제50조). 그리하여 본인의 상속인과 대리인 사이에는 상사대리권이 본인의 사망 후에도 계속해서 존속한다. 상행위의 대리는 본인과 대리인 사이의 특별한 신뢰관계를 기초로 하지 않고 기업 중심의 신임관계가 중심을 이루기 때문이다.

소송대리권도 당사자의 사망에 의하여 소멸하지 않는다(민사소송법 제95조). 그리고 당사자가 사망하더라도 소송대리인이 있는 동안은 소송절차는 중단되지 않는다(동법 제238조).

(2) 대리인의 사망

대리인이 사망하면 임의대리권은 소멸한다(제127조 제2호). 대리인의 상속인을 본인의 대리인으로 활동하게 하는 것은 부당하다. 다만 대리인이 사망한 경우에도 긴급사무처리의 사정이 있는 경우에는 위임인이 위임사무를 처리할 수 있을 때까지 대리인의 상속인이나 법정대리인이 그 사무처리를 계속하여야만 한다는 견해[70]가 있다(제691조의 유추적용). 그러나 대리인의 상속인이 본인의 대리인으로서 대리행위를 계속하여야 한다는 것은 대리제도에 반하므로 제691조의 유추적용에 반대하는 견해[71]가 타당하다.

법정대리의 경우에도 법정대리인이 사망하면 법정대리권은 소멸하는 것으로 보아야 한다.

---

66) 곽윤직·김재형, 342면; 김주수·김상용, 404-405면; 김형배·김규완·김명숙, 263면; 장경학, 549면.

67) 김증한·김학동, 410면; 이에 대해서 제691조는 친권자·후견인·유언집행자(제919조·제959조·제1103조)에게 준용되므로, 이 경우에 내부적 관계가 존속되는 한에서는 법정대리인이 존속하는 것으로 보아야 한다는 반대견해가 있다(손지열, 민법주해[Ⅲ], 185면).

68) 고상용, 517면; 김상용, 553면; 이영준, 568면.

69) 손지열, 민법주해[Ⅲ], 185면.

70) 김용한, 359면; 김주수·김상용, 406면; 손지열, 민법주해[Ⅲ], 187면.

71) 이영준, 569면.

(3) 대리인의 성년후견의 개시 또는 파산

대리인에게는 행위능력을 요구하지 않으므로(제117조), 대리권을 수여할 당시에 대리인이 의사능력만 있으면 되고, 피성년후견인도 대리인으로 될 수 있다. 또한 대리인이 되는 것에 대해 파산자를 제외하고 있지 않으므로 파산자도 대리인이 될 수 있다. 그러나 대리인이 된 이후에 성년후견의 개시결정을 받거나 파산선고를 받은 경우에는 본인과의 대리인 사이의 신임관계가 파괴된 것으로 보아야 하므로 대리권은 소멸한다(제127조 제2호).

3. 임의대리권의 고유한 소멸사유

임의대리권 고유의 소멸사유로서 민법은 「원인된 법률관계의 종료」와 「수권행위의 철회」를 규정하고 있다(제128조).

(1) 기초법률관계의 종료에 의한 대리권의 소멸

임의대리권은 그 기초적 법률관계가 종료하면 소멸한다. 이에 관하여는 양자를 무인·유인의 관계로 보느냐에 따라 달라진다. 무인으로 보는 견해에 의하면 기초적 법률관계가 소멸하였다고 하여 대리권이 당연히 소멸하는 것은 아니지만, 위임 등의 기초적 법률관계가 소멸한 경우에 더 이상 대리권만을 존속시킬 이유는 없다고 보아 임의대리권은 그 대리권수여의 원인이 된 법률관계의 종료에 의하여 소멸한다(제128조 전단). 다만 임의대리권은 거래의 안전을 위하여 장래에 향하여 소멸하는 것으로 해석한다.72) 이에 반하여 유인으로 보는 견해에 의하면, 기초법률관계가 종료되면 내부적 법률관계 없는 대리권을 존속시킬 이유가 없게 되어 소멸한다. 이에 따라 무권대리행위가 되지만 거래의 안전을 위하여 제129조의 표현대리의 규정을 유추적용하여 선의·무과실의 제3자에 대하여는 주장할 수 없다고 한다.

(2) 수권행위의 철회에 의한 대리권의 소멸

기초법률관계가 종료되지 않았더라도 본인이 수권행위를 철회하면 임의대리권은 소멸한다(제128조 후단). 철회의 의사표시는 대리인 또는 대리행위의 상대방에 대하여 할 수 있다. 다만 제128조 후문은 임의규정이므로 기초적 법률관계의 종료 전에는 수권을 철회하지 않는다는 특약은 유효하다. 또한 임의대리권은 대리인의 대리권 포기에 의해서도 소멸한다.

---

72) 김상용, 556면; 김증한·김학동, 412면; 이영준, 570면.

(3) 본인의 파산

민법은 본인의 파산으로 임의대리권이 소멸하는가에 관하여 직접적인 규정을 두고 있지 않으므로 이에 대한 견해의 대립이 있다.

가. 소멸긍정설 긍정하는 견해는 수권행위가 본인·대리인 간의 신뢰관계를 기초로 하는 점에서 위임과 유사하므로, 이에 관하여 제690조를 유추적용하여야 한다고 본다.[73] 또한 「채무자 회생 및 파산에 관한 법률」도 본인의 파산에 의하여 당연히 대리권이 소멸하는 것을 전제로 하고 있으므로, 본인의 파산으로 임의대리권은 소멸한다고 본다(동법 제342조, 제473조 제6호).[74]

나. 소멸부정설 부정설은 본인이 파산하는 경우에는 일반적으로 원인된 법률관계가 종료할 것이므로 제128조 제1문에 의한 일반원칙에 따라 해결하면 되고, 따로 본인의 파산을 당연한 대리권의 소멸원인으로 볼 필요가 없다고 본다.[75] 따라서 본인의 파산으로 원인된 법률관계가 종료된 후에도 대리권은 그대로 존속시킬 수 있다고 본다.

다. 학설의 검토 기초적 법률관계가 위임인 경우에 본인이 파산하면 위임관계가 종료되고(제690조), 조합인 경우에는 파산조합원은 당연탈퇴가 이루어지므로(제717조), 위임과 조합의 경우에는 본인의 파산으로 기초적 법률관계가 종료되어 대리권이 소멸하게 된다(제128조 전문). 그러나 기초적 법률관계가 고용이나 도급인 경우에는 해지(제663조)·해제(제674조 제1항)의 사유로 되므로, 이때에는 대리인이 해지·해제권을 행사하지 않는 한, 기초적 법률관계가 존속하므로 대리권은 소멸하지 않는다. 따라서 기초적 내부관계가 고용이나 도급일 경우에 해지권이나 해제권이 행사되고 있지 않는 경우에 본인의 파산으로 인하여 당연히 대리권이 소멸하는가가 문제로 된다. 그런데 본인이 파산선고를 받으면 법원으로부터 법정대리인인 파산관재인이 선임되므로 파산관재인과 임의대리인이 병존하게 된다. 이때 임의대리인과 법정대리인인 파산관재인의 대리권의 충돌을 방지하기 위하여 본인이 파산하면 임의대리권은 소멸한다고 해석하여야 한다.[76]

---

73) 고상용, 521면; 김용한, 362면; 김주수·김상용, 407면; 백태승, 479면; 이은영, 612면; 장경학, 552면.

74) 이은영, 612면; 이영준, 571면; 이에 대하여는 채무자회생 및 파산에 관한 법률의 규정을 원용하여 본인의 파산의 경우에 임의대리권이 소멸한다는 것은 적절치 못하다는 비판이 있다. 왜냐하면 채무자회생 및 파산에 관한 법률상 위의 규정은 대리권의 소멸을 전제로 한 규정이 아니라 수임인의 수임사무의 처리에 관한 규정이기 때문이다(김상용, 584면).

75) 곽윤직·김재형, 344면; 김증한·김학동, 412면; 손지열, 민법주해[Ⅲ], 186면.

76) 김상용, 557면.

4. 법정대리권의 고유한 소멸사유

법정대리권의 소멸사유에 관하여는 개별적으로 규정되어 있다.

- 부재자재산관리인의 선임의 취소 또는 해임(제22조, 제23조)
- 친권자의 친권의 상실 또는 일부정지의 선고(제924조 이하)
- 친권자의 대리권의 상실선고(제925조)
- 친권자의 대리권의 사퇴(제927조)
- 후견인의 결격사유의 발생(제937조)
- 후견인의 사임(제939조)
- 후견사무의 종료(제957조) 등

대리권이 소멸된 후 참칭대리인이 행한 대리행위는 무권대리행위가 된다. 그러나 상대방이 선의이며 무과실인 때에는 대리권 소멸 후의 표현대리가 된다(제129조).

제 3 항 대리행위

Ⅰ. 현명주의

1. 현명주의의 의의

어떤 사람이 타인을 위하여 대리인으로 행위하였다면, 그 법률행위의 효과는 대리인이 아닌 본인에게 발생하는데, 이러한 대리행위의 효과가 본인에게 발생하는 것은 대리권이 이를 뒷받침하고 있기 때문이다. 이러한 점에서 대리권이 대리효과의 원인이지 현명(顯名)이 대리의 본질적 요소는 아니다. 그리하여 영미법은 대리인이 현명하지 않고도 타인을 위한 대리행위를 할 수도 있도록 입법하고 있다. 그러나 대리인이 '본인을 위함'의 표시를 하지 않고 본인을 위한 대리행위를 한 경우, 그 대리행위의 상대방은 자신과 거래한 대리인을 법률행위의 당사자라고 신뢰하여 거래를 하였는데 나중에 대리인으로 밝혀짐으로써 상대방으로서는 예상하지 않았던 본인과 대리행위에 따른 법률관계에 서게 된다. 이는 법률관계의 명료와 이에 따른 거래의 안전을 해하게 된다.[1] 이러한 관점에서 대리행위를 할 때에는 진정한 거래주로서의 본인이 누구인지를 명시할 것이 요

1) 이영준, 572면.

구되고, 이로써 대리인이 대리행위를 할 때에 법률효과 주체의 타인성을 외관으로 나타내도록 공시할 필요가 있다. 이처럼 행위자 이외의 법률효과의 주체를 공시하는 것을 「현명」이라 한다. 그리고 대리인이 대리행위를 할 당시에 법률효과의 주체로서 본인(거래주)을 밝혀서 행위한 경우에만 대리인이 행한 법률행위로부터 발생한 효과가 직접적으로 본인에게 발생하게 하는 원칙을 「현명주의」라고 한다. 우리 법은 민법에 현명주의(顯名主義)를 채택함으로써 대리인은 대리행위를 할 때에 반드시 '그 행위가 본인을 위한 것임'을 표시하여야 한다(제114조 제1항).[2] 그러나 상법에는 현명주의가 채택되어 있지 않으므로 본인을 위한 것임을 표시하지 않더라도 대리가 성립된다.

2. 현명의 본질

(1) 의사표시라는 견해

현명을 의사표시로 보는 학설[3]은 대리행위의 효과가 본인에게 발생하는 이유를 대리인의 「대리적 효과의사」에서 찾고 있고, 현명은 바로 이 「대리적 효과의사」를 상대방에게 표시하는 의사표시라고 본다. 이에 의하면, 대리인이 「본인을 위한 것임을 표시」함으로써 그 행위의 법률적 효과를 본인에게 귀속시키려고 하는 대리적 효과의사를 표시한 것으로 된다. 결국 의사표시설은 대리행위의 법률효과가 직접 본인에게 귀속하는 대리의 효과는 대리적 효과의사에서 기인한 것이라고 본다.

(2) 의사의 통지라는 견해

현명을 의사의 통지로 보는 학설[4]은 현명을 본인에게 대리행위의 효과를 발생케 하는 근거가 아니라 대리행위의 규율로서의 주체가 본인임을 상대방에게 알리는 의사의 통지로 본다.[5] 본래 의사표시는 법률행위에 관한 효과의사(매도인으로부터 물건을 매수한다는 의사)의 표시인 것이므로, 현명은 의사표시가 될 수 없다는 것이다. 결국 본인을 위

---

2) 민법 제114조 제1항은 "대리인이 그 권한 내에서 본인을 위한 것임을 표시한 의사표시는 직접 본인에게 대하여 효력이 생긴다"라고 규정하고 있으므로, 원칙적으로 대리행위는 본인을 위한 것임을 표시하여야 직접 본인에 대하여 효력이 생기는 것이다(대판 2009.01.30, 2008다79340).

3) 곽윤직·김재형, 344면; 김주수·김상용, 408면; 이은영, 582면; 장경학 교수는 대리행위에서 대리인이 현명을 하지 않으면 누구에게 대리행위의 효력을 귀속시키려는 것인지 알 수 없으므로 대리인은 반드시 현명을 해야 한다고 한다. 즉 이에 의하면, 현명은 대리인이 대리행위의 효력을 본인에게 발생시키려고 하는 법률행위적 의사표시로 이해하고 있다(553면).

4) 김상용, 560면; 백태승, 480면; 이영준, 574면.

5) 김증한·김학동 교수는 현명을 대리행위의 주체가 본인이라는 사실을 알리는 것으로 파악하여 관념의 통지로 본다(413면).

한다는 의사로서의 「대리의 의사」는 효과의사가 아닌 것으로서 의사표시가 아닌 것이다. 이로써 현명은 효과의사의 표시가 아니라, 단지 본인을 위하여 법률행위를 한다는 의사를 상대방에게 알리는 '의사의 통지'로서 이해하여야 한다.

3. 현명의 방법

(1) 「본인을 위한 것임」을 표시

일반적으로 「자기의 법률행위는 자신이 직접 행한다」는 원칙에 따라 행위한 당사자가 그 법률행위의 효과의 당사자로 된다. 그러므로 예외적으로 누군가가 타인을 위하여 법률행위를 할 경우에는 행위자로서는 자신이 거래주가 아님을 밝혀야만 한다. 이처럼 민사대리에서는 대리인이 하는 법률행위의 효과의 주체가 행위자인 대리인 자신이 아니라 거래주로서의 본인이 따로 있음을 알리는 것이 현명인데, 이 현명은 대리인이 대리행위를 할 당시에 법률효과의 주체의 타인성이 외관으로 나타낼 수 있는 것으로 족하다. 이러한 공시의 목적을 달성할 수 있는 한 현명의 방법에는 제한이 없으며, 현명이 반드시 명시적이어야만 할 필요는 없고 서면에 의하거나 구두로도 할 수 있다.[6] 이 현명은 대리적 의사의 통지이지만, 이에 관하여는 의사표시에 관한 규정이 유추적용될 수 있다. 따라서 상대방에게 현명이 행하여졌는가의 여부는 상대방 있는 의사표시의 해석원리가 적용되어 규범적 해석에 따르게 된다.[7]

(2) 주변사정에 의한 현명

현명은 대리행위 효과의 귀속주체가 타인임을 공시함으로써 거래의 명료와 안전을 기하는 법기술적 방법이다. 그러므로 대리행위에 따른 법률효과의 타인관련성이 행위자체로부터 밝혀지지 않더라도, 그 대리행위의 주변사정으로부터 현명을 인정할 수 있다면 그 목적을 달성한 것으로 된다. 그러므로 대리인이 한 법률행위가 행하여지는 정황으로부터 '상대방이 대리인으로서 한 것임을 알았거나 알 수 있었을 경우'에는 현명은 있게 된다(제115조 단서).[8]

(3) 현명하지 아니한 대리행위의 법률효과

대리인이 본인을 위한 것임을 표시하지 아니하였고 또 상대방이 주변정황을 통하

---

6) 대판 2008.5.15, 2007다14759.

7) 이영준, 575면.

8) 이은영 교수는 제115조 단서의 규정을 묵시적 현명을 규정한 것이라고 해석한다(583면).

어 자신과 거래한 당사자가 대리인의 지위에서 법률행위를 하였음을 몰랐고 알 수도 없었다면(제115조 후단), 그 의사표시는 대리인 자신을 위한 것으로 본다(동조 전단). 일반적으로 거래상 사자들은 자신과 거래하는 상대방이 그 행위에 따른 법률효과의 직접당사자로 생각할 것이므로, 상대방으로서는 대리인을 법률행위의 당사자로 간주하게 된다. 이 경우 법률행위를 한 당사자인 대리인이 대리할 의사를 가지고 대리행위를 하면서 현명을 하지 않았다면, 상대방의 신뢰보호를 위하여 대리인이 법률행위의 주체로 된다. 이로써 대리인은 자신을 위하여 행위할 의사가 없었음을 이유로 착오의 주장도 할 수 없다.

4. 민법 제115조의 적용범위

현명이 요구는 능동대리에만 적용될 뿐 수동대리에는 적용되지 않는다. 왜냐하면 수동대리의 경우 상대방이 의사표시를 수령하는 대리인에 대하여 자신의 의사표시가 본인에 대한 것임을 표시하여야 하므로, 대리인으로서는 상대방에게 본인을 위한 것임을 표시할 수 없기 때문이다. 이러한 점에서 수동대리에는 현명주의가 원칙적으로 적용되지 않는다(제114조 제2항 참조). 따라서 본인에 대한 의사표시인데도 상대방이 이를 표시하지 아니하고 대리인에게 의사표시를 한 경우에는 의사표시의 도달의 문제가 발생한다.[9]

5. 대리인이 본인 자신인 것처럼 행위하는 경우와 현명주의

(1) 문제의 소재

대리인이 본인 자신인 것처럼 행세하여 법률행위를 하는 경우에 대리의 법리를 적용할 수 있는지가 문제된다. 예컨대 대리인(乙)이 본인(甲)의 부동산을 상대방(丙)에게 매도하면서 계약서에 「매도인 갑의 대리인 을」이라고 표시하는 것이 아니라, 을이 자기가 마치 갑인 것처럼 행세하여 매매계약을 하고 「매도인 갑」이라고 표시한 후 대리인이 직접 갑의 도장을 찍은 경우가 문제이다. 이러한 경우에는 현명이 존재하지 않으므로 대리행위로서 성립되기도 어렵고, 또 행위자는 자신의 명의를 제시하지 않았으므로 자신의 법률행위로 되기도 어렵다.

(2) 학설과 판례

가. 학설의 소개

1) 다수설 다수의 견해는 대리의 효과발생의 근거를 대리인의 대리의사에서

---

9) 손지열, 민법주해[Ⅲ], 50면.

찾으므로 대리인이 본인인 것처럼 행위한 경우에도 대리의사가 존재하는 한 대리가 가능하다고 본다.[10] 대리인이 자기의 이름을 표시하지 않고서 마치 본인인 것과 같은 외관으로 행위하는 경우에 대리인에게 대리의사가 있는 것으로 인정되는 한 유효한 대리행위로 본다.

2) **소수설** 소수의 견해는 대리의 효과발생의 근거를 본인의 수권에서 찾으므로,[11] 어떤 사람이 타인의 명의로 법률행위를 한 경우에 명의신탁의 법리와 대리의 규정이 함께 적용될 수 있다고 본다. 여기에서 행위자와 명의자 사이에 명의신탁의 약정이 존재하여 명의신탁이 성립되는 경우에는 수탁자가 법률상 거래의 주체로 되므로 문제될 것이 없다.[12] 그러나 명의신탁의 약정이 없이 타인의 명의를 사용하여 법률행위를 한 경우에 대리의 본질을 현명이 아니라 대리권에서 찾으므로, 대리인이 본인 행세를 하여 대리행위를 한 경우 본인이 수여한 수권에 기초하여 대리권의 범위 내에서 행하여 졌다면 그 대리행위의 효과는 본인에게 발생한다고 한다. 다만 이 경우 상대방은 법률행위를 할 당시에 예상치 않았던 본인을 거래의 주체로서 상대하여야 하므로 본인이 대리인에게 준 수권의 해석에 따라 결정하여야 할 것이라고 본다.[13] 이에 대해서는 수권의 내용에 따라 다음의 해법이 제시되고 있다.

① **거래 당사자의 이름이 단순한 부호에 불과한 경우** 일단 대리인이 본인의 명의를 사용하여 법률행위를 하였더라도 그 행위의 효과가 행위자에게 발생한다면 대리의 성립 여부는 고려할 필요도 없다. 거래의 특성상 당사자의 특성이나 인격이 중요하지 않고 이름은 단지 부호에 불과한 경우에는 행위자 자신이 법률행위의 당사자로 된다.[14] 예를 들어, 호텔에 투숙한 사람이 다른 사람의 이름으로 투숙한 경우에 투숙계약은 명의에 관계없이 투숙한 사람에 대하여 효력을 발생시킨다.

② **상대방이 대리행위임을 알았거나 알 수 있었을 경우** 대리인이 본인의 명의로 법률행위를 하였는데, 이에 대하여 상대방이 대리행위임을 알았을 경우에는 '오

10) 고상용, 523면; 곽윤직·김재형, 345면; 김용한, 329면; 김주수·김상용, 410면.

11) 송덕수, "타인의 명의를 사용하여 행한 법률행위", 사법연구 제2집(청헌법률문화재단: 한학문화, 1994), 347면; 이영준 교수는 현명은 행위자(대리인)가 법률행위를 하면서 그 법률행위의 효과가 타인에게 발생하는 것을 밝혀주는 기술적 제도에 불과하므로, 본인의 수권행위가 있고 그 수권행위에 기한 대리인의 법률행위가 있으면 대리인은 본인으로 행세하였다 하더라도 당연히 그 법률행위의 효과는 본인에게 발생한다고 본다(508면).

12) 송덕수, "타인의 명의를 사용하여 행한 법률행위", 337면; 윤진수, "계약 당사자의 확정에 관한 고찰-특히 예금계약을 중심으로-", 법조 제46권 제11호, 통권 제494호(1997. 11), 7면.

13) 송덕수, "타인의 명의를 사용하여 행한 법률행위", 354면.

14) 손지열, 민법주해[Ⅲ], 27면.

표시 무효력의 법리'에 따라서 명의인이 거래 당사자로 되고, 대리가 성립한다(제114조). 이는 상대방이 대리인의 대리행위임을 알 수 있었을 경우에도 대리가 성립한다(제115조 단서).15)

그리하여 명의사용인에게 대리권이 있는 경우에는 명의인에게 법률행위의 효과가 발생된다. 그러나 대리권이 없는 경우에는 무권대리가 되어 명의인에게 효과가 발생되지는 않는다. 그러면 이에 관하여 표현대리의 성립 여부를 검증하여 볼 수 있다. 표현대리가 성립하는 경우에는 본인에게 책임을 물을 수 있다. 그런데 표현대리가 성립하지 않으면, 무권대리로 되어, 명의인은 이에 대하여 추인할 수 있고(제130조), 추인을 거절하는 경우에는 명의사용인이 상대방에 대하여 무권대리인으로서의 책임을 져야만 한다(제135조). 이때의 책임은 계약체결상 과실책임(제535조) 또는 불법행위에 따른 책임(제750조)이 된다.

③ 상대방이 대리행위임을 알 수도 없었던 경우 대리인 자신이 마치 타인인 것처럼 행세하여 타인의 명의로 법률행위를 한 경우에 거래 상대방은 거래당사자의 명의에 관계없이 오로지 행위자를 당사자로 생각하여 법률행위를 체결할 것이다. 그런데 대리행위임이 밝혀져서 예상하지 않았던 본인이 등장하게 되면 상대방은 불측의 손해를 입을 염려가 있으므로, 이 경우 대리행위의 성립을 부정하여야 한다. 따라서 행위자만이 법률행위의 당사자가 되고, 설령 행위자에게 대리권이 있는 경우에도 유권대리로 되지 않는다. 이에는 고용계약과 같은 소위 인적 색채가 강한 계약이 속할 수 있다.16) 이 경우 명의인의 표시는 단지 이름의 잘못된 표시에 불과한 것으로 보아야 한다.17) 따라서 명의인에게는 아무런 효과도 발생하지 않고, 명의자가 추인을 하여도 행위자의 법률행위의 효과가 본인(명의인)에게 발생되지 않는다.18)

3) 판례의 태도 기존의 판례는 다수의 견해대로 대리인의 대리의사를 대리의 효력요소로 보았다. 그리하여 "대리인은 대리의사만 있다면 대리인임을 표시하여야만 하는 것은 아니고 본인 명의로도 대리행위를 할 수 있다"고 함으로써 본인행세에 의한 대리행위를 인정하였다.19) 그러나 그 후 대법원은 타인의 이름을 임의로 사용하여

---

15) 송덕수, "타인의 명의를 사용하여 행한 법률행위", 347, 352면; 윤진수, "계약 당사자의 확정에 관한 고찰-특히 예금계약을 중심으로-". 29면.

16) 이영준 교수는 인적 색채가 없는 계약에서는 대리인이 본인인 것처럼 계약을 체결하더라도 상대방에게는 아무런 불이익이 없으므로 대리권이 존재하는 한 유권대리로 되지만, 이에 반해서 상대방이 대리인을 거래 주체로 생각하여 계약을 체결하였는데 대리행위임이 밝혀져서 예상치 않았던 본인이 거래주체로 되는 경우에는 상대방으로서는 계약을 체결하지 않을 정당한 이유가 있으므로 이에 대하여는 대리권이 있다 하더라도 그 대리행위는 무권대리로 되어야만 한다고 한다(제514면).

17) 송덕수, "타인의 명의를 사용하여 행한 법률행위", 351면.

18) 송덕수, "타인의 명의를 사용하여 행한 법률행위", 351면.

계약을 체결한 경우에는 누가 그 계약의 당사자인가를 먼저 확정하여야 한다고 본다. 즉 행위자와 상대방이 일치하여 행위자나 명의자 중에서 어느 사람을 당사자로 정한 경우에는 이에 따르고, 이에 관하여 의사의 일치를 볼 수 없는 경우에는 상대방이 제반 사정을 고려하여 합리적인 인간이라면 판단하였을 계약 당사자를 행위자나 명의자 중에서 결정한다.[20)]

Ⅱ. 대리행위에서의 능력과 하자

1. 판단기준

대리에서는 「행위」로서의 주체는 대리인이고, 「규율」로서의 주체는 본인이다. 따라서 「행위」로서의 법률행위에 관하여는 대리인을 기준으로 판단하여야 한다(제116조 제1항). 그러므로 대리인의 행위능력, 대리행위에서의 의사의 합치, 법률행위의 해석 및 대리행위의 하자, 불공정한 법률행위에서 경솔·무경험 등은 모두 대리인을 기준으로 판단하여야 한다.[21)]

19) 대판 1963.5.9, 63다67; 종전의 판례는 일단 대리인이 본인의 이름으로 본인으로 행세하여 법률행위를 한 경우에 '대리권의 범위 내'인 경우에는 유권대리를 인정하여 본인에게 그 효과가 발생하는 것으로 보았다. 그러나 '대리권의 범위 밖'에서 이와 같은 행위를 한 경우에는 대리인이 사술을 써서 본인의 성명을 모용하여 마치 자기가 본인인 것처럼 기망하였는가에 따라 대리의사의 존부를 달리 판단하였다. 즉 제126조의 표현대리는 대리인이 본인을 위한다는 의사를 명시적 혹은 묵시적으로 표시하거나 대리의사를 가지고 권한 외의 행위를 하여야 하는데, 특히 사술을 사용한 경우에는 현명과 대리가 인정되지 않으므로, 표현대리가 적용될 수 없다고 보았다. 이러한 경우에는 무권대리로서 본인에게 효과가 발생되지 않는다(대판 1988.2.9, 87다카273; 대판 1974.6.11, 74다165; 대판 1978.3.28, 77다1669). 그러나 사술 등이 개입되지 않아 대리의사가 인정될 수 있는 경우에는 표현대리의 법리를 유추적용할 수 있다고 본다. 예를 들어, 본인으로부터 아파트에 관한 일체의 관리권한을 위임받아 본인으로 가장하여 아파트를 임대한 바 있는 대리인이 다시 본인으로 가장하여 임차인에게 아파트를 매도하였다면, 이에 대해서는 권한을 넘은 표현대리의 법리를 유추적용할 수 있다고 판시한다(대판 1993.2.23, 92다52436); 대판 2007.9.6, 2007다31990.

20) 대판 1995.9.29, 94다4912; 甲이 타인(乙)의 이름을 모용하여 체결한 보증보험계약은 계약당사자는 보험회사와 계약상의 명의인인 乙인데, 乙은 이에 대하여 甲에게 수권하지 않았다면, 보험회사와 乙 사이에 계약의 효력이 발생할 수 없으므로, 그 지급보증보험은 계약 내용대로 효력을 발생할 수 없다고 판시하였다(대판 1995.10.13, 94다55385; 대판 1996.7.30, 95다1019; 대판 1996.11.26, 96다32003).

21) 대판 1972.4.25, 71다2255.

2. 대리인의 능력

(1) 임의대리의 경우

제117조는 「대리인은 행위능력자임을 요하지 아니한다」고 규정하고 있으므로 미성년자나 피성년후견인[22]도 대리인이 될 수 있다. 대리인은 대리행위를 통하여 권리를 취득하거나 의무를 부담하지 않으므로 제한능력자도 법정대리인의 동의 없이 대리인으로 활동할 수 있다. 그러므로 본인이 제한능력자를 대리인으로 선임한 경우에는 그에 따른 위험을 스스로 부담하려는 것이므로 이로 인한 불이익은 본인의 위험으로 된다. 그러므로 본인은 대리인이 제한능력자임을 이유로 하여 그가 한 대리행위를 취소하지 못한다. 그렇지만 대리인은 법률행위의 「행위자」로서, 법률행위를 할 수 있는 의사능력을 갖고 있어야 한다. 대리인이 행위능력을 요하지 않는 제117조의 규정은 능동대리는 물론 수동대리에 관하여도 적용된다.

(2) 법정대리의 경우

법정대리제도는 제한능력자인 본인을 보호하기 위한 제도로서, 법정대리인은 본인에 의하여 임의로 선임되는 자가 아니라 법률이나 법원에 의하여 선임되는 자이다. 그러므로 민법은 본인을 보호하기 위하여 제한능력자가 법정대리인으로 되는 것을 금하는 특별규정을 두고 있다. 예컨대 제한능력자는 모두 후견인이 될 수 없으며(제937조), 미성년자는 친권자가 되지 못하며(제910조, 제948조), 제한능력자와 파산선고받은 자는 유언집행자가 될 수 없다(제1098조). 문제는 이러한 특별규정이 없는 경우에 제117조를 적용할 수 있는가의 여부이다.

가. 제117조 적용부정설 부정설은 법정대리에서는 본인 보호가 우선되어야 하므로 제한능력자로 하여금 법정대리인이 될 수 없도록 하는 명시적 규정이 입법되어 있지 않은 경우에도, 제한능력자인 본인 보호를 위하여 법정대리인은 능력자이어야 한다고 해석한다.[23] 또한 법정대리의 경우에는 제한능력자 본인의 행위에 대하여 포괄적으로 대리권이 부여되는 것이므로, 법정대리인은 별도의 규정이 없더라도 행위능력자이어야 한다고 해석한다.[24]

22) 성년후견제 도입 이전에 본인이 원하여 금치산자를 대리인으로 하였다 하더라도 그 결과는 본인에게 너무 가혹하므로, 금치산자가 대리인인 때에는 언제나 후견인이 대리행위를 하여야 한다고 보는 견해도 있었다(이영준, 589-590면).

23) 백태승, 485면; 장경학, 565면.

나. 제117조 적용긍정설 긍정설은 제한능력자는 법정대리인이 될 수 없다는 명시적 규정이 없는 한 제한능력자도 법정대리인이 될 수 있다고 본다. 논거는 다음과 같다. 즉 제한능력자 모두는 후견인이나 유언집행자가 될 수 없고(제937조, 제1098조), 미성년자는 자신의 자(子)의 친권자가 될 수 없다(제910조, 제948조 제1항). 그런데 문제는 '피성년후견인이 부모로서 자신의 자의 친권자인 경우'에 관하여 민법은 명시적으로 규정하고 있지 않다는 점이다. 다만 민법은 이와 관련하여 제925조에서 '친권의 상실 또는 일시정지의 선고'를 규정하고 있을 뿐이다. 이 가족법의 체계 하에서 피성년후견인이 대리권상실선고 전에 친권자로서 법정대리인의 지위에서 행한 법률행위가 자에게 심히 부당한 경우에는 친권자에게 의사능력이 없음을 이유로 그 법률행위를 무효로 하고, 그렇지 않은 경우에는 대리권의 남용이론을 통하여 그 부당한 효과를 규제하면 족하므로, 특별히 제한규정이 없는 경우에는 법정대리에 관하여 원칙적으로 제117조를 적용하더라도 부당한 결과가 발생하지 않는다고 본다.[25] 이러한 긍정설에 따라 피성년후견인은 자신의 자(子)의 친권자로 될 수 있는 것으로 본다(제925조의3, 제926조 참조).

(3) 본인과 대리인간의 관계

제117조는 본인(또는 대리인)·상대방간의 관계를 규율하는 것이고 본인·대리인간의 관계에는 적용이 없다. 따라서 본인(또는 대리인)은 대리인의 무능력을 이유로 하여 대리행위를 취소할 수는 없으나, 본인·대리인간의 내부적 기초관계(위임)나 수권행위는 일반적인 행위무능력의 법리에 따라 규율된다.

수권행위는 본인이 하는 단독행위이므로 대리인의 제한능력에 의하여 아무런 영향을 받지 않는다. 문제는 기초적 내부관계가 제한능력을 이유로 취소된 경우, 수권행위의 효력은 어떻게 되느냐이다. 이는 수권과 기초적 법률관계의 관계를 무인·유인의 관계로 볼 것인가에 달려 있다. 그리하여 수권행위의 무인설은 제128조의 해석을 기초적 내부관계의 실효에 따른 대리권의 소멸을 소급하지 않고 장래에 향해서만 소멸하는 것으로 본다. 이로써 대리인과 거래한 상대방은 보호를 받게 된다. 이에 대하여 수권행위의 유인설은 기초적 내부관계의 실효에 따른 수권행위의 소급적 소멸을 인정하지만 이미 행하여진 대리행위에 대하여는 제129조의 표현대리에 관한 규정을 유추적용하여 상대방이 대리인이 행위제한능력자임을 알지 못하고 알지 못하는 데 대하여 과실이 없는 경우에 한하여 유효하다고 해석한다.[26] 한편 수권행위를 내부적 수권과 외부적 수권으로 분

---

24) 장경학, 565면; 김상용, 565면.

25) 곽윤직·김재형, 348면; 이영준, 590면; 이은영, 594면; 손지열, 민법주해[Ⅲ], 56면.

리하는 견해에 의하면, 수권행위의 원인이 된 내부적 기초법률관계가 실효되더라도 내부적 수권행위만 소멸하고 외부적 수권행위는 이에 영향을 받지 않는 것으로 보므로, 상대방이 선의, 무과실인 경우에 한하여 외부적 수권에 따른 대리행위는 유효하다고 본다(제129조의 유추적용).27)

3. 대리행위의 하자

(1) 의의 및 적용범위

대리행위의 흠(진의 아닌 의사표시, 통정한 허위의 의사표시, 착오로 인한 의사표시, 사기·강박에 의한 의사표시) 또는 어느 사정을 알았거나 과실로 알지 못한 것은 행위와 관련이 있으므로 대리인을 표준으로 하여 결정한다(제116조). 이는 임의대리뿐 아니라 법정대리에 관하여도 적용된다.

(2) 진의 아닌 의사표시에 의한 대리행위의 경우

대리인이 진의 아닌 의사표시를 한 경우에는 그 의사표시는 표시된 대로 효력을 발생한다(제107조 제1항 본문). 다만 상대방이 진의 아님을 알았거나 알 수 있었을 경우에는 진의 아닌 의사표시는 무효로 된다(동조항 단서). 이때 이 진의 아닌 의사표시의 무효는 선의의 제3자에게 대항하지 못하는데, 본인은 여기의 제3자에 해당하지 않는 것으로 본다. 한편, 반대로 상대방이 진의 아닌 의사표시를 한 경우에, 진의 아님을 알았거나 알 수 있었는지의 여부는 대리인을 표준으로 하여 결정한다(동조항 단서). 그러나 대리인이 선의·무과실이라도, 본인이 악의이면 대리인의 선의를 주장하지 못하는 경우가 있다(제116조 제2항).

(3) 통정의 허위표시에 의한 대리행위의 경우

가. 본인·상대방간에 통정의 허위표시가 행하여진 경우 본인과 상대방이 대리행위의 효력을 발생하지 않기로 하는 데에 관하여 사전에 의사의 합치(통정)가 있었으나, 이를 모르는 대리인이 상대방과 대리행위를 한 경우에는 대리인으로서는 본인과 상대방의 통정을 알지 못하였고 알 수 없었으므로 대리행위는 유효한 것으로 된다(제116조). 그렇지만 이러한 대리행위를 유효로 하더라도 대리행위의 효과가 이를 원치 않는 본인과 상대방 사이에 발생하지는 않을 것이므로 이 경우에는 제116조가 적용되지 아니

26) 이은영 교수는 제129조를 유추적용하여 표현대리의 성립을 인정하고, 이에 따라 본인에게 대리의 효과가 발생하는 것으로 본다(594면).

27) 이영준, 591면.

하고 일반규정인 제108조가 적용된다고 해석할 것이다.[28] 따라서 수권행위가 상대방의 동의하에 가장행위로써 행하여진 경우에는 대리인이 이를 알았느냐의 여부를 묻지 않고 대리행위는 무효라고 할 것이다. 다만 수권행위가 대리인의 이익을 위하여 행해진 경우에 대리인의 대리행위는 효력을 발생한다.[29]

나. 대리인·상대방간에 통정의 허위표시가 행하여진 경우 대리인이 상대방과 통정하여 가장행위를 한 경우, 그 대리행위는 그들 사이에서는 무효이고, 이러한 무효인 대리행위에 의하여 대리의 효과도 발생되지 않으므로 본인과의 관계에서도 무효이다. 또한 본인은 대리인과의 친밀성을 고려할 때 제3자의 지위에 있다고 볼 수 없다.[30] 따라서 본인은 선의인 경우라도 통정한 허위표시에 의한 대리행위의 유효를 주장할 수 없다고 해석하여야 할 것이다(제108조 제2항).[31] 이에 대하여 대리인이 상대방과 통정하여 본인을 기망할 목적으로 가장행위를 한 경우에는 본인 보호의 필요성이 있으므로 이 경우 허위표시는 본인과의 관계에서는 유효하다고 하는 견해[32]와 본인은 통정허위표시의 무효를 주장할 수 있으나, 상대방은 신의칙상 본인에 대하여 법률행위의 무효를 주장할 수 없다고 보는 견해도 있다.[33]

(4) 착오에 의한 대리행위의 경우

착오에 의한 의사표시는 착오가 법률행위의 중요부분이어야 하고, 표의자에게는 착오를 일으킨 것이 중대한 과실에 의한 것이 아니어야 한다(제109조 제1항). 여기에서 착오로 대리행위를 한 경우 착오가 있는가의 여부와 이에 대한 표의자의 중대한 과실(동조항 단서)이 있는가의 여부는 대리인을 기준으로 하여 판단한다(제116조 제1항). 다만 착오가 법률행위의 내용의 중요부분과 관련이 있는가의 여부는 본인을 기준으로 하여 판단하는데, 이는 대리에 따른 효과와 관련이 있는 것이기 때문이다.[34] 그리고 착오에 따른 취소는 규율과 관련이 있으므로, 대리인이 대리행위에 착오를 일으킨 경우에 그 대리행위의 취소 여부는 본인이 결정한다.

---

28) 이영준, 592면.

29) 손지열, 민법주해[Ⅲ], 52면.

30) 이영준, 592면; 손지열, 민법주해[Ⅲ], 52면.

31) 이영준, 592면.

32) 김용한, 333면; 이에 대하여 본인을 기망하기 위한 의사표시는 본인과의 관계에 있어서는 무효라는 견해도 있다(장경학, 561면).

33) 고상용, 561면; 김상용, 567면.

34) 이영준, 593면.

(5) 사기·강박에 의한 대리행위의 경우

가. 상대방의 사기·강박 대리인이 상대방의 사기·강박에 의하여 의사표시를 한 경우에 본인은 그 의사표시를 취소할 수 있다(제110조 제1항) 그런데 사기·강박을 당했는가의 유무는 행위적 요소로서 대리인을 기준으로 판단한다(제116조 제1항). 그러므로 본인이 상대방이나 제3자로부터 사기 또는 강박을 받았다 하더라도 대리인이 사기 또는 강박을 받지 않은 이상 본인은 대리행위를 취소할 수 없다.[35)]

나. 대리인의 사기·강박 상대방이 대리인의 사기·강박에 의하여 의사표시를 한 경우에, 상대방은 그 의사표시를 취소할 수 있다(제110조 제1항). 사기·강박에 의한 의사표시를 한 자는 대리인이 아니라 상대방이므로 제116조 제1항이 적용되지 아니한다. 한편, 대리에서 본인은 제110조 제2항의 제3자로 취급되지 않는다.[36)] 그러므로 본인이 대리인의 사기·강박을 알았는가의 여부를 묻지 아니하고 상대방은 언제나 대리인에 의한 법률행위를 취소할 수 있다.

다. 제3자의 사기·강박 대리행위에서 제3자가 거래상대방을 사기·강박한 경우에는 대리인이 사기·강박행위를 알았거나 알 수 있었을 때에 한하여 본인이 법률행위를 취소할 수 있다(제110조 제2항). 한편, 제3자가 대리인을 사기·강박한 경우에는 상대방이 이를 알았거나 알 수 있었을 때에 한하여 본인은 취소할 수 있다(제110조 제2항, 제116조 제1항).

(6) 불공정한 법률행위의 궁박·경솔·무경험의 판단

대리행위가 불공정한 법률행위에 해당되는가의 여부를 판단하는데, 행위적 요소인 경솔·무경험은 대리인을 기준으로 판단하고, 규율적 요소인 궁박의 여부는 본인을 기준으로 판단한다.[37)]

(7) 어느 사정의 지·부지에 관한 판단

대리행위에서 어느 사정을 알았거나 과실로 알지 못한 사실로 인하여 의사표시의 효력이 영향을 받는 경우에는 이는 행위적 요소이므로 대리인을 표준으로 하여 결정한다(제116조 제1항).

가. 임의대리 임의대리인이 '본인의 지시에 좇아 그 행위를 한 때'에는 본인

35) 김형배·김규완·김명숙, 270면; 손지열, 민법주해[Ⅲ], 53면.
36) 이영준, 594면; 이은영, 593면.
37) 대판 1972.4.25, 71다2255.

은 자기가 안 사정 또는 과실로 인하여 알지 못한 사정에 관하여 대리인의 부시 또는 과실로 인한 부지를 주장할 수 없다(제116조 제2항). 따라서 어떤 사정에 관하여 임의대리인이 선의·무과실이더라도 본인이 악의이면, 그 본인은 선의의 보호를 받을 수 없다.[38]

나. 법정대리 법정대리에 관하여도 제116조 제2항의 적용과 관련하여 학설의 대립이 있다. 이를 긍정하는 견해도 있으나,[39] 다수의 견해는 부정한다.[40] 왜냐하면 동조항에서 "특정한 법률행위를 위임"한 경우를 명시하고 있어, 이는 동조항의 적용범위를 임의대리에 한정하고 있음을 명시한 것으로 보아야 하기 때문이다. 또한 법정대리에서는 제한능력자인 본인의 보호가 관건이 되는데, 어떠한 사정에 관하여 본인이 알았거나 심지어는 알 수 있었을 때까지 그 본인에게 책임을 지게 하는 것은 제한능력자제도의 취지에 반하게 된다. 다만 제한능력자가 단독으로 유효하게 법률행위를 할 수 있는 경우에 한해서 동조항은 적용될 수 있다고 본다.

제 4 항 대리의 효과

Ⅰ. 대리행위의 효과

대리인이 한 대리행위에 의한 법률효과는 본인에게 발생한다. 그리고 본인은 경우에 따라 불법행위에 따른 책임 그리고 계약체결상의 과실책임도 지게 된다.

1. 대리행위의 효과

대리행위는 「직접 본인에 대하여 효력이 생긴다」(제114조). 즉 대리인은 「행위」로서의 법률행위의 주체이고, 본인은 「규율」로서의 법률행위의 주체이므로 대리인이 행한 법률행위의 효과는 '직접' 본인에게 발생한다.[1] 그러므로 대리인이 행한 대리행위에 의하여 발생된 법률효과로서 본래 급부에 대한 채권과 채무는 모두 본인에게 발생한다. 그리하여 본인에게 발생된 채무에 대한 불이행의 책임과 이와 관련한 부수의무의 위반에 따른 계약적 책임도 모두 본인에게 발생한다.

---

38) 이는 공평의 견지에서 인정된 제116조 제1항에 대한 예외규정이라고 한다(김상용, 569면).

39) 손지열, 민법주해[Ⅲ], 55면.

40) 고상용, 530면; 김증한·김학동, 421면.

1) 이영준, 597면.

2. 불법행위에 의한 책임

대리는 법률행위에 관한 것이어야 하므로 불법행위와 사실행위에 대한 대리는 인정되지 않는다. 따라서 대리인이 한 불법행위에 대하여는 본인이 손해배상책임을 지지 않는다. 다만 본인이 대리인의 불법행위에 대하여 사용자로서 책임을 질 수 있다(제756조 제1항). 그리고 대리인의 사실행위의 효과는 본인에게 귀속하지 않는다. 예를 들어, 대리인이 물건에 관하여 가공(제259조)하거나 매장물을 발견(제254조)한 때에는 대리가 아니라 고용·기타의 원인된 법률관계에 기하여 본인에게 그 소유권이 귀속된다.2)

3. 계약체결상의 과실책임

대리인이 계약의 체결을 준비하는 과정에서 부수의무를 위반한 경우에 일반적으로 대리인은 계약보조자의 지위에 있으므로(제391조 참조) 이에 대하여는 본인이 계약법에 따른 책임을 지게 된다. 따라서 대리인이 계약체결과 관련하여 부수의무를 위반한 경우에 이는 본인이 한 것으로 되어 본인은 상대방에 대하여 계약체결상의 과실책임을 진다. 다만 대리인이 자발적으로 노력하여 계약상대방으로 하여금 특별한 신뢰를 갖게 하였거나, 대리행위로부터 본인뿐만 아니라 대리인 자신도 고유한 경제적인 이익을 갖는 경우에는 대리인 자신도 본인과 병행하여 계약체결상의 과실책임을 진다고 해석하여야 할 것이다.3)

또한 제391조에서 법정대리인을 포함하고 있으므로, 법정대리인이 제한능력자인 본인을 위하여 계약체결을 준비하는 과정에서 요구되는 부수의무에 위반하여 상대방에게 손해를 가한 경우에 본인은 비록 제한능력자라 하더라도 계약체결상의 과실책임을 져야 한다.

Ⅱ. 본인의 능력

본인은 대리행위의 규율의 당사자이므로 권리능력을 가져야 하나, 의사능력 및 행위능력을 갖고 있을 필요는 없다.

본인은 수권행위나 그 원인이 된 법률행위(기초적 내부관계)를 하기 위해서는 행위

---

2) 장경학, 569면.

3) 이영준, 599면.

능력을 필요로 한다. 그러므로 본인은 기초적 내부관계의 설정 및 수권행위에서는 행위능력자이어야 하고, 만일 제한능력자인 경우에는 이를 취소할 수 있다.

Ⅲ. 복대리

1. 개 념

(1) 의 의

복대리는 「대리인의 수권행위에 의한 대리」를 말한다. 복대리인은 대리인이 자신의 이름으로 선임한 대리인으로서 자기의 권한 내의 행위를 하도록 한 하위의 대리인을 말한다. 이로써 '계층적 대리'[4]가 발생한다. 이렇게 선임된 복대리인은 우리 민법상 본인의 대리인이다(제123조 제1항). 그리하여 복대리인은 「대리인이 자신의 이름으로 선임한 본인의 대리인」이다. 이 복대리의 제도는 임의대리와 법정대리 모두에게 인정된다.

(2) 복수권행위

대리인이 복대리인을 선임하는 행위를 「복수권행위」라 한다. 대리인은 복대리인을 선임하여도 여전히 대리권을 보유하고, 이는 본인이 대리인을 선임하여도 그 고유한 처분권 등 일체의 권리를 제한받지 않는 것과 같다. 따라서 복임행위는 '대리권의 양도'가 아니므로,[5] 복수권행위는 대리권의 병존적 설정행위로 보아야 한다.[6]

(3) 「복임권」의 법적 성질

복임권은 대리인이 복대리인을 선임할 수 있는 권리를 말한다. 복임권의 권리성에 관하여는 견해의 차이를 보이고 있다. 복임권을 권리로 보는 견해는 복임권을 본인·대리인 사이의 내부관계로부터 발생하는 대리인의 법률상 권능이라고 설명한다(권리설).[7] 그리고 이 대리인의 권능을 제120조[임의대리인의 복임권], 제122조[법정대리인의 복임권과 그 책임]의 규정을 통하여 뒷받침하고 있다고 한다. 이에 대하여, 복임권에 대하여 권리성을 부정하는 견해[8]도 있다. 이에 의하면 복임권을 대리권의 내용 자체로 보아 특

---

4) 이영준, 601면.
5) 이영준, 523면.
6) 손지열, 민법주해[Ⅲ], 65면; 이영준, 603면; 이은영, 624면.
7) 곽윤직·김재형, 351면.
8) 이영준, 604면.

별한 규정이 없더라도 대리인은 언제나 복대리인을 선임할 수 있다고 한다. 이는 임의대리와 법정대리 모두에게 적용되므로 대리인은 아무 제한 없이 복대리인을 선임할 수 있으나, 다만 임의대리의 경우 임의대리인과 본인에 대한 인적 신뢰관계로 인하여 '본인의 허락이 있거나' 기타 '부득이한 사유가 있는 때'에 한하여 복대리를 허용하고 있을 뿐이다(제120조).

그러나 본인이 대리인을 선임할 수 있는 것과 대리인이 복대리인을 선임할 수 있는 것은 그 본질에 있어 다르다. 본인은 스스로의 법률행위를 사적 자치의 원칙에 따라 대리인으로 하여금 대리하게 할 수 있으나, 대리인은 본인의 수권행위 또는 법률의 규정에 의하여 본인을 위해 자신이 스스로 법률행위를 하여야 할 법적 지위에 있으므로 스스로가 대리행위를 하여야 함이 원칙이다. 그러므로 대리인이 복대리인을 선임하여 그로 하여금 본인을 대리하도록 할 수 있는 것은 제120조와 제122조에 의하여 예외적으로 대리인에게 복임행위를 할 수 있는 권능을 부여해 준 효과이므로 권리설이 타당하다.[9)]

2. 대리인의 복대리인에 대한 선임 · 감독의 책임

(1) 임의대리에서의 복임권과 책임

가. 임의대리인의 복임권 임의대리인은 본인의 신임에 기하여 선임된 대리인이므로 원칙적으로 복임권이 인정되지 않지만, 예외적으로 「본인의 승낙」[10)]이 있거나 「부득이한 사유」가 있는 때에 한하여 예외적으로 복임권이 인정된다(제120조). 여기에서 '부득이한 사유'라 함은 대리인이 스스로 대리행위를 하기 어려운 사정이 있는 것만으로는 부족하고, 본인의 소재불명 등으로 본인의 승낙을 얻을 수 없거나 또는 사임할 수도 없는 사유가 있음을 뜻한다.[11)]

나. 복임권없이 복대리인을 선임한 경우 임의대리인이 본인의 승낙이나 부득이한 사정이 존재하지도 않음에도 불구하고 복대리인을 선임한 경우에 그 선임행위는 무효이다. 따라서 이 경우 복대리인의 대리행위는 무권대리행위가 된다. 그런데 이 경우 복대리인의 대리권 자체가 존재하지 아니하므로, 상대방이 선의·무과실이라도 표

---

9) 김상용, 575면; 손지열, 민법주해[Ⅲ], 66면.

10) 판례는 본인의 복대리인 선임에 대한 승낙을 묵시적으로 하여도 좋다고 보는데(대판 1993.8.27, 93다21156), 유독 아파트분양업무에 대해서만은 본인의 명시적인 승낙을 요하는 것으로 본다(대판 1999.9.3, 97다56099). 후자의 경우 아파트 분양업무는 분양 위임을 받은 수임인의 능력에 따라 그 분양사업의 성공 여부가 결정되기 때문이라는 것이다.

11) 곽윤직·김재형, 352면; 김용한, 389면; 김증한·김학동, 427면.

현대리가 성립하지 않고, 복대리인은 제135조에 의한 책임을 진다.[12)]

다. 임의대리인의 선임·감독의 책임 경감 임의대리인은 본인의 승낙이 있거나 부득이한 사유가 있는 때에 한하여 복대리인을 선임할 수 있음에 따라 임의대리인의 복대리인에 대한 선임·감독의 책임은 경감된다.

1) 본인의 복대리인에 대한 지명이 없는 경우 임의대리인이 본인의 지명에 의하지 않고 복대리인을 선임한 경우에 원칙적으로 본인은 복대리인의 행위에 관하여 아무런 책임을 지지 아니한다. 다만 그 복대리인의 선임·감독에 관하여 과실이 있는 때에 한하여 책임이 있다(제121조 제1항).

2) 본인의 복대리인에 대한 지명이 있는 경우 임의대리인이 「본인의 지명에 의하여」 복대리인을 선임한 경우에는 그 부적임 또는 불성실함을 알고 본인에 대한 통지나 그 해임을 해태한 경우에 한하여 책임을 진다(제121조 제2항).

(2) 법정대리에서의 복임권과 책임

가. 법정대리에서의 복임권 법정대리인은 자신의 의사와 관계없이 법률의 규정에 의하여 대리인으로 되었고 또한 법정대리행위의 범위가 포괄적이고 광범위하기 때문에 임의대리인과는 달리 언제나 복대리인을 선임할 수 있다.

나. 법률의 규정에 의한 복임권의 발생 법정대리인의 복대리인 선임에 관하여 법원의 허가를 요하는 경우가 있다. 이는 채무자 회생 및 파산에 관한 법률에서 규정되어 있는데, 파산관재인이 필요한 경우 임시로 그 직무를 수행하게 하기 위하여 대리인을 선임하는 경우(채무자 회생 및 파산에 관한 법률 제362조)와 정리절차의 관리인이 관리인대리를 선임할 경우(동법 제76조)가 있다.

다. 법정대리인의 선임·감독의 책임 가중 법정대리인은 언제나 복대리인을 자유로이 선임할 수 있음에 따라 그 책임은 강화된다.

1) 무과실책임 법정대리인은 복대리인의 행위에 관하여 선임·감독에서 과실 유무를 묻지 않고 모든 책임을 진다(제122조 본문).

2) 부득이한 사유가 있는 경우 법정대리인이 부득이한 사유로 복대리인을 선임한 경우에는 임의대리인과 동일한 책임을 진다(제122조 단서, 제121조 제1항). 그러므로 이 경우 법정대리인은 복대리인의 선임·감독에 대해서만 책임을 진다.

---

12) 김상용, 577면.

3. 복대리의 3면의 법률관계

민법은 복대리와 관련하여 「복대리인은 본인이나 제3자에 대하여 대리인과 동일한 권리·의무가 있다」고 규정하고 있다(제123조 제2항). 본 규정은 우리 민법에서 복대리에 관한 유일한 규정으로서, 이를 통해서 복대리인과 본인간의 내부적 기초법률관계, 복대리인과 상대방간의 복대리관계와 무권복대리관계, 그리고 복대리인과 대리인간의 감독관계 모두가 규율되는 것으로 본다.

(1) 복대리인의 본인에 대한 관계

복대리인과 본인과의 사이에는 아무런 내부관계가 생길 수 없는데, 왜냐하면 복대리인은 본인의 대리인이기는 하지만, 본인의 수권에 의해서가 아니라 대리인이 자신의 이름으로 선임한 자이기 때문이다. 그렇지만 복대리인의 대리행위의 효과는 본인에게 발생하고, 복대리인과 본인과의 내부관계는 복대리인으로 활동할 수 있는 근거가 되므로 그들 사이의 내부적 법률관계에 관하여 민법은 「복대리인은 본인에 대하여 대리인과 동일한 권리·의무」를 규정함으로써(제123조 제2항), 본인·대리인간의 내부적 기초법률관계는 본인·복대리인간의 내부적 기초법률관계로 의제된다.[13] 따라서 복대리인도 본인에 대하여 선량한 관리자의 주의를 가지고 대리행위를 할 의무(제681조)와 수령한 수취물 등의 인도의무(제684조) 등을 부담하며, 한편 권리로서 비용의 상환청구권(제688조), 대리인과 정한 보수청구권(제686조) 등을 가지게 된다.

(2) 복대리인의 상대방에 대한 관계

가. 복대리행위 복대리인은 내부적으로 그 권한 내에서 본인을 대리하며, 외부적으로 상대방과의 관계에서는 대리인과 같다(제123조 제1항). 따라서 이에 관하여는 대리의 일반원칙이 적용되어, 복대리인은 복대리행위를 할 때에 '본인을 위한 것임'을 표시하여야 한다(제114조 제1항). 만일 본인을 위한 것임을 표시하지 아니한 경우에 상대방이 복대리인의 지위에서 한 것임을 알았거나 알 수 있었을 때에는 그 의사표시는 본인에 대하여 효력을 발생하고(제115조), 그렇지 않은 경우에는 복대리인 자신을 위한 것으로 간주된다. 그리고 복대리행위의 하자에 관하여도 대리행위의 하자에 관한 규정(제116조)이 그대로 적용된다. 또한 복대리인은 행위능력자임을 요하지 않지만(제117조), 대리인이 제한능력자를 복대

13) 곽윤직·김재형, 353면; 김주수·김상용, 420면; 김형배·김규완·김명숙, 275면; 이영준, 607면.

리인으로 선임한 경우에는 그 선임·감독에 관한 책임을 지는 경우가 있다(제121조, 제122조).

복대리인의 대리권의 범위는 대리인의 수권행위에 의하여 정하여지나, 복대리권의 성질상 대리권의 범위를 넘을 수 없다. 또한 대리인의 수권행위에 의하여 대리권의 범위를 정할 수 없거나 대리권의 범위를 정하지 않은 경우에는 대리인의 대리권의 범위에 관한 규정(제118조)이 적용된다. 또한 복대리인이 수인인 때에는 법률 또는 수권행위에 다른 규정이 없는 한 각자가 본인을 대리한다(제119조).

나. 표현대리 표현대리의 규정(제125조, 제126조, 제129조)도 복임권 없는 대리인에 의하여 선임된 복대리인의 대리행위에 관하여도 적용된다.[14]

다. 무권대리행위

1) 대리인이 복대리인을 선임할 수 없음에도 불구하고 복대리인을 선임한 경우

이 경우에 복대리인이 한 법률행위는 무권대리행위로 됨에 따라(제130조 이하). 본인은 이를 추인하거나 또는 추인을 거절할 수 있다(제130조, 제132조, 제133조). 이때 대리인이 대리권은 있으나 복대리인을 선임할 수 없는 경우에는 본인뿐만 아니라 대리인도 복대리인의 무권대리행위를 추인할 수 있다고 해석하는 견해[15]도 있다. 그러나 이에 대하여 대리인이 복대리인의 무권대리행위를 추인하면 본인에게 효과가 발생하는데, 대리인이 수권행위에 위반하여 복임행위를 하였음에도 불구하고 이를 추인하여 본인에게 그 효과를 귀속시킬 수 있도록 하는 것은 신의칙에 반하는 것으로 보아 대리인의 추인권 인정을 반대하는 견해[16]도 있다. 이에 의하면 본인만이 추인 할 수 있다. 한편, 복대리행위가 무권대리행위인 경우에 상대방은 본인에 대하여 최고권(제131조)·철회권(제134조)을 갖는다.

2) 대리인이 복대리인을 선임하였으나 대리권을 갖고 있지 않는 경우 복대리인이 대리인으로부터 복대리권은 수여받았으나, 대리인이 대리권을 갖고 있지 않아 무권대리로 되는 경우에 복대리인의 책임이 문제된다. 이에 관하여 복대리인은 책임을 지지 아니하고 대리인만 책임을 진다는 견해[17]가 있다. 왜냐하면 대리인이 대리권을 갖고 있지 않는 문제에 대해서까지 복대리인에게 책임을 물을 수 있다면, 이는 외관책임에 따른 것으로 복대리인에게 부당한 결과를 가져오기 때문이다. 이와는 달리, 복대리인이 상대방에 대하여 복대리임을 밝힌 경우에 복대리권의 존재에 대해서만 책임을 지고, 복대리권에 기한 행위임을 표시하지 않는 경우에는 대리인의 대리권의 부존재에 대해서

14) 김상용, 579면; 이영준, 607면.
15) 이영준, 608면.
16) 김상용, 580면.
17) 김상용, 580면.

까지 책임을 진다고 보는 견해[18]도 있다.

그렇지만 복대리인이 대리인으로부터 복대리권을 수여받지 않았음에도 불구하고 복대리행위를 한 경우에는 복대리인만이 제135조에 의하여 상대방에 대하여 책임을 져야 함은 물론이다.

(3) 복대리인의 대리인에 대한 관계

복대리인은 본인의 대리인이지만 대리인에 의하여 선임된 자이므로 대리인의 감독을 받는다. 또한 복대리인의 대리권은 그 범위 및 존속에서 대리인의 대리권에 의존한다. 따라서 복대리인의 대리권은 대리인의 대리권을 초과할 수 없으며 대리인의 대리권이 소멸하면 복대리인의 대리권도 소멸한다. 법정대리의 복대리인은 법정대리인의 수권행위에 의하여 선임되는 것이므로 임의대리인의 지위에 있다.[19]

대리인과 복대리인 간의 내부적 관계는 복임행위의 기초적 법률관계에 의하여 결정된다. 그러므로 우선 대리인과 복대리인 사이에 복임행위에 기초가 된 법률행위의 내용에 따라 결정된다. 만일 이들 사이의 내부관계에 관한 구체적 법률행위가 없는 경우에는 원칙적으로 위임에 관한 규정이 적용된다. 이로써 대리인과 복대리인의 내부적 관계는 특별한 사정이 없는 한 위임에 준하여 규율된다.[20]

4. 복대리권의 소멸

복대리권은 대리권의 일반적인 소멸원인(본인의 사망, 복대리인의 사망·성년후견의 개시·파산(제127조)) 및 본인·대리인간의 기초법률관계의 종료 또는 대리인·복대리인 간의 기초법률관계의 종료(제128조 제1문) 또는 본인이나 대리인의 수권행위의 철회(동조 제2문)에 의하여 소멸한다. 그리고 대리인의 대리권이 소멸하면 복대리권도 아울러 소멸한다.

Ⅳ. 무권대리와 표현대리 - 대리권의 체계를 중심으로 -

1. 무권대리와 표현대리의 의의

무권대리는 「대리인이라고 칭하는 자(자칭대리인)가 대리권 없이 행한 대리행위」를 말한다. 대리인이 행한 대리행위의 법률효과가 본인에게 발생하는 것은 본인의 수권행

18) 이영준, 608면.

19) 김상용, 581면.

20) 김상용, 582면; 손지열, 민법주해[Ⅲ], 79면.

위에 의한 대리권에 기초하고 있으므로, 자칭대리인이 대리권 없이 대리행위를 한 경우 그 대리행위의 효과는 본인에게 발생하지 않는다.

그러나 대리인의 무권대리행위에 대하여, 민법은 본인이 대리권의 외관발생과 일정한 관련성을 갖는 경우에 한하여 본인에게 책임을 지우고 있는데, 이를 「표현대리」라 한다. 민법은 ① 대리권수여표시에 의한 표현대리(제125조), ② 권한을 넘은 표현대리(제126조), ③ 대리권소멸 후의 표현대리(제129조)를 표현대리로서 규정하고 있다.

2. 무권대리와 표현대리와의 관계

(1) 표현대리를 무권대리로 파악하는 설

가. 다수설 다수설[21]은 표현대리의 본질을 무권대리라고 보고, 무권대리 중 유권대리와 같은 외관이 있는 무권대리를 표현대리라 한다. 그러므로 이러한 외관이 없는 무권대리는 「협의의 무권대리」(제130조 이하)인 것이다. 그러므로 다수설은 표현대리와 협의의 무권대리를 합쳐서 「광의의 무권대리」로 인정하여 무권대리의 상위에 존치시키고 있다. 이처럼 표현대리는 광의의 무권대리이지만 협의의 무권대리의 성질을 갖고 있으므로 「협의의 무권대리」의 규정(제130조 이하)이 표현대리에 관하여 적용이 되고, 다만 표현대리가 성립하는 경우에는 본인에게 책임을 물을 수 있으므로 제135조[무권대리인의 상대방에 대한 책임]만 적용이 없다고 한다.[22]

나. 소수설 소수설은 다수설이 인정하는 '광의의 무권대리'를 인정하지 않고, 다수설에서 말하는 협의의 무권대리가 무권대리 일반이고, 표현대리는 협의의 무권대리의 특수한 경우라고 본다.[23] 따라서 이에 의하면, 표현대리도 무권대리의 성질을 갖고 있으므로, 무권대리의 일반적 효과인 제130조 이하의 규정이 적용된다고 본다. 그리하여 표현대리가 성립하는 경우에도 제135조가 적용된다고 한다. 이로써 상대방 보호를 위하여, 표현대리가 성립하면 상대방으로서는 본인에 대하여 이행책임을 묻든지(제125조, 제126조, 제129조) 아니면 표현대리인에게 제135조에 의한 이행 또는 손해배상책임을 묻든지 선택적으로 행사할 수 있다고 한다.

---

21) 고상용, 565면; 김상용, 587면; 김증한·김학동, 436면; 이에 대하여 이은영 교수는 표현대리를 「유권대리와 무권대리의 중간에 존재하는 독자적인 대리의 유형」으로 파악한다(631면).

22) 김상용, 616면; 김준호, 341면; 백태승, 509면; 송덕수, 385면; 장경학, 599면.

23) 고상용, 545면; 김용한, 385-386면; 김대정, 1041면.

다. 다수설과 소수설의 대비

1) 소수설의 논거　　　소수설은 상대방의 보호에 철저를 기하기 위하여 표현대리의 경우에도 제135조를 적용하여야 한다고 주장한다. 그 논거는 다음과 같다.

① 표현대리가 성립하더라도 본인이 무자력이어서 그 이행이나 배상을 받을 가능성이 없는 때에 표현대리인에게 자력이 있다면, 상대방은 제135조에 의하여 표현대리인에게 책임을 물을 수 있어, 표현대리의 상대방 보호에 철저할 수 있다.

② 표현대리를 무권대리로 보는 한, 무권대리의 다른 규정과 마찬가지로 제135조도 표현대리에 적용된다고 함이 타당하다.

③ 표현대리의 성립은 소송확정 전에는 불확실하고, 또한 표현대리에 제135조의 적용이 배제된다면 본인이 추인을 할 경우에 상대방은 더 이상 표현대리인에게 책임을 물을 수 없게 될 위험에 처할 수 있다. 그러므로 상대방은 표현대리에 의한 본인의 책임과 제135조에 의한 무권대리인의 책임을 선택적으로 주장할 수 있게 됨으로써 두텁게 보호받을 수 있다.

④ 법문상으로 표현대리에 제135조의 적용을 배제하고 있지 않다.

2) 다수설의 논거　　　다수설은 표현대리가 성립되면 본인이 책임을 지게 되는데, 계속해서 무권대리인에 대하여 계약책임을 물어야 한다는 소수설의 법리구성은 상당성을 잃은 주장이라고 비판한다. 그리하여 다수설은 다음의 논거를 제시한다.

① 일반적으로 변제자력을 가지는 것은 대리인이 아니라 본인이다. 그러므로 표현대리인의 자력을 통해서 본인이 보호받는 경우란 실제로 존재하지 않는다.

② 표현대리의 성립으로 상대방이 유권대리와 동일한 보호를 받게 되면 상대방은 소기의 목적을 달성하게 되므로, 다시 표현대리인에게 계약의 이행 또는 손해배상의 책임(제135조)을 물을 필요는 없게 된다.

③ 본래의 유권대리에서도 대리행위의 효과는 본인과 상대방 사이에서만 생기는데, 유권대리보다도 대리권에 흠이 있는 표현대리의 경우에 상대방이 본인의 책임과 무권대리인의 책임을 선택적으로 추궁할 수 있다면, 이는 상대방보호에 치우쳐 법률효과의 면에서 공평을 잃게 된다.

④ 제135조 제1항은 무권대리인이 "대리권을 증명하지 못하고 또 본인의 추인을 받지 못한 때"에 한하여 상대방으로 하여금 무권대리인에게 책임을 물을 수 있도록 규정하고 있는데, 이로써 본인이 표현대리의 성립으로 인하여 확정적으로 책임을 져야 할 때에는 본조항에 의한 무권대리인의 책임은 발생하지 않는 것으로 해석된다.

라. 표현대리에는 표현대리의 규정만 적용하자는 견해[24] 이 견해는 표현대리의 법률효과는 오로지 표현대리에 관한 규정만이 적용되고, 협의의 무권대리에 관한 규정은 전혀 적용될 여지가 없다고 한다. 만일 표현대리의 경우에 제135조의 규정을 적용한다면, 상대방은 본인 및 표현대리인에게도 책임을 물을 수 있게 되어 상대방에게 과도한 이익을 주는 것이고, 또 상대방에게 철회권을 인정하고 본인에게 추인권을 인정하면, 양자 중 어느 것이 먼저 행사되느냐에 따라서 표현대리행위의 효과가 달라지게 되므로 이 결과는 타당하지 못하다고 본다. 그리하여 표현대리에는 오로지 본인의 이행책임만이 생기고, 제130조 이하의 '협의의 무권대리'에 관한 규정은 일체 적용되지 않아야 한다는 것이다.

(2) 표현대리를 유권대리로 파악하는 설(유권대리설)

가. 표현대리의 본질과 그 효과 유권대리설은 표현대리의 효과로서 본인이 이행책임을 지는 이유를 설명하기 위해서는 표현대리는 유권대리이어야 한다고 본다. 만일 표현대리를 본인이 상대방에게 유권대리와 같은 외관형성에 기여한 것에 따른 책임이라고 본다면, 그 책임의 내용은 신뢰이익에 따른 손해배상에 한정되어야만 한다는 것이다. 그러므로 본인에게 이행책임을 부과할 수 있는 정당성은 본인의 수권에서 찾아야 한다고 본다.

나. 표현대리의 유권대리적 구성 유권대리설은 본인의 대리권 수여를 '본인과 대리인 사이의 내부적 수권'과 '본인과 상대방 사이의 외부적 수권'으로 구분한다. 그런 다음 표현대리에는 본인과 대리인 사이의 내부적 수권은 존재하지 않으나, 대리인과 상대방 사이의 외부적 수권은 존재하는 것으로 보아 표현대리는 본인의 외부적 수권에 따른 '유권대리의 일종'이 된다.[25] 표현대리에서, ①「대리권수여표시에 의한 표현대리(제125조)」에서는 본인이 대리인에게 대리권을 수여하지 않아 내부적 수권은 없지만 상대방에 대하여는 대리권수여의 표시를 하였으므로 상대방에 대해서 외부적 수권은 존재한다고 본다. ②「권한을 넘은 표현대리(제126조)」에서는 대리인이 기본대리권의 권한을 넘어 대리행위를 한 경우에 내부적 수권은 존재하지 않지만 이 월권대리를 상대방이 유권대리라고 믿을 만한 정당한 이유가 있는 때에는 상대방에 대해서 외부적 수권은 존재한다고 본다. ③「대리권소멸 후의 표현대리(제129조)」에서는 기존의 대리권이 소멸하여 내부적

---

24) 김증한·김학동, 455면.

25) 이영준, 671면.

수권을 소멸하였으나 상대방이 계속해서 대리권이 존재하는 것으로 믿고 또 믿는 데 과실이 없다면 이러한 상대방에 대해서 외부적 수권은 존속하고 있다고 본다.[26]

이에 따라 유권대리에서는 내부적 수권과 외부적 수권이 모두 존재하고, 무권대리에서는 양자가 모두 존재하지 않으며 또한 표현대리에서는 내부적 수권은 존재하지 않고 외부적 수권만이 존재한다고 본다. 따라서 표현대리는 외부적 수권에 의한 유권대리로서 이에 대해서는 제114조가 적용되고, 제130조 이하의 무권대리 규정은 적용될 수 없다고 본다.[27]

(3) 학설의 검토

가. 유권대리설에 관하여

1) 수권의 2원적 분석에 관하여 유권대리설의 전제로서 수권행위를 내부적 수권과 외부적 수권으로 분류하는 분석이 우선 민법의 대리체계에 수용될 수 있는 것인가가 문제된다. 왜냐하면 본인이 대리인에게 대리권을 수여하면 대리인은 제3자와 대리행위를 할 수 있고, 또 내부적 수권행위에 의하여 발생된 대리권의 존재는 제3자에 대하여도 효력을 갖게 되기 때문이다.[28] 즉 본인과 대리인 사이에 행하여지는 내부적 수권이 전체 대리권 발생의 근본이 되고 이로써 외부적 수권도 아울러 포함되는 것이다. 근본적으로 대리권 발생의 효력요소는 본인과 대리인 사이의 내부적인 대리권의 수여인 것이다.

2) 외부적 수권이 과연 대리권의 수여인가? 대리권을 내부적 대리권과 외부적 대리권으로 나눌 경우에, 본인이 대리인에게 수여하는 내부적 대리권은 문제될 것이 없으니, 외부적 대리권은 본인이나 대리인이 상대방에게 수권함으로써 발생한다고 본다. 그런데 어떻게 대리인이 본인의 대리권을 상대방에게 수여할 수 있는지가 의문이다.[29] 대리인이 위임장을 상대방에게 제시하여 법률행위를 하였더라도(외부적 수권), 내부적 수권이 없으면 무권대리에 그치는 것이다. 결국 내부적 수권이 존재하지 않으면 대리권없는 대리행위가 되어 무권대리행위로 될 뿐, 외부적으로 수권이 존재하는 것으로 파악하는 것은 일종의 의제에 불과하다.[30]

---

26) 이영준, 616면; 이 세 가지 표현대리 중 125조의 표현대리만이 외부적 수권에 의한 유권대리로 보아야 한다는 견해가 있다(김대정, 1041면).

27) 이영준, 616면.

28) 김상용, 586면; 백태승, 494면.

29) 김상용, 586면.

30) 김상용, 586면.

3) 상대방의 선의·무과실, 정당한 이유의 필요성 여부　유권대리설은 표현대리의 「대리권 없음」을 단지 본인과 표현대리인 사이에 내부적 수권이 없음을 의미하는 것으로 이해한다. 그리고, 상대방에 대한 외부적 수권은 이와는 별도로 존재하는 것으로 본다. 그렇다면 표현대리는 외부적 수권에 의한 완벽한 유권대리로서 성립하는데(제114조의 적용), 상대방에게 내부적 수권에 대한 선의·무과실이나(제125조, 제129조) 또는 내부적 수권이 있다고 믿을 만한 정당한 이유(제126조)는 요구될 필요가 없어야 한다. 이 점에서 상대방이 내부적 수권에 기한 대리권의 부존재를 알았거나 과실로 알지 못하였을 때(제125조 단서, 제129조 본문과 단서), 또는 내부적 수권에 기한 대리권이 있다고 믿을 만한 정당한 이유가 없는 때(제126조의 내용)에 본인이 책임을 지지 않게 되는 이유에 대하여 논리적으로 설명하기가 곤란하다.[31]

나. 다수설에 관하여　다수설이 표현대리를 본질적으로는 「무권대리」로 보면서 무권대리인의 책임을 규정하고 있는 제135조의 적용을 부정하는 것은 논리적으로 정당하지 않다.[32]

다. 소수설에 관하여　소수설은 표현대리를 무권대리로 보는 이상 무권대리인의 책임의 규정(제135조)도 함께 표현대리에 적용된다고 본다.[33] 논리적으로는 표현대리의 본질을 무권대리로 보는 이상 이에 해당되는 무권대리인의 책임 규정(제135조)가 적용되지 않을 이유가 없다. 그러나 표현대리인이 책임을 인정하게 되면, 상대방은 ① 표현대리를 주장하여 본인의 책임을 묻거나, ② 무권대리를 주장하여 무권대리인의 책임을 묻거나 또는 ③ 무권대리행위를 철회하여 그 법률관계로부터 이탈할 수 있는 방법 중 하나를 선택할 수 있게 된다. 그러나 이는 지나친 상대방의 보호인 결과로서, 특히 유권대리에서 상대방으로서는 본인에 대하여 오로지 계약에 따른 이행을 청구할 수 있는 효과가 발생하는 것에 비추어 볼 때 형평에 어긋난다.

라. 표현대리에는 표현대리의 규정만 적용하자는 견해에 관하여　이 견해는 표현대리가 무권대리임을 인정하고 있다. 물론 본인의 추인·추인거절권, 상대방의 최고권·철회권의 행사가 부적절한 결과를 가져오고, 상대방이 표현대리인에게 이행의 책임을 묻는 것이 지나친 상대방보호로서 정당하지 않다. 다만 표현대리를 무권대리로 보면서, 표현대리에 무권대리에 관한 규정(제130조) 이하는 적용되지 않고, 오직 표현대리의 규정만 적용해야 하는 이유는 무엇인가에 관하여 표현대리와 무권대리와의 관계를 규명

---

31) 김상용, 586면.

32) 이영준, 612면.

33) 김용한, 386면; 고상용, 545면.

하여야 할 것이다.

(4) 사 견

표현대리는 본인의 수권에 따른 대리권이 완벽히 뒷받침되지 않은 무권대리의 본질을 갖는다. 그런데 무권대리의 본질을 가지는 표현대리가 성립하면 본인은 이행책임을 져야만 하는 근거가 문제된다.

우선 효과면에서 표현대리에서 본인에게 추인과 추인거절권의 부여는 의미 없다고 보인다. 표현대리가 성립하면 상대방은 본인에 대하여 대리행위에 따른 이행을 청구할 수 있는데, 이에 대하여 본인이 추인을 한다든지 추인을 거절하더라도 이로써 상대방의 이행청구를 저지할 수 없으므로 아무런 의미가 없다. 또한 상대방도 표현대리에 따라 본인에 대하여 이행을 청구할 수 있으면 소기의 목적을 달성하여 충분한 만족을 얻게 되므로 상대방의 계약 철회권은 불필요한 권한인 것이다. 그리고 상대방의 최고권도 상대방은 본인에 대하여 대리행위에 따른 이행을 청구할 수 있는데, 이에 대하여 본인에게 추인 여부를 최고하는 것도 의미 없어 보인다. 나아가 표현대리가 성립하면 본인이 상대방에 대해 이행책임을 짐으로써 실질적으로 유권대리와 동일한 효과가 발생되어 상대방은 법률행위의 목적을 달성할 수 있게 되는데, 이에 더하여 표현대리인에게 이행책임을 물을 수 있게 하는 것도 과도한 보호인 것이다. 따라서 표현대리가 성립하면 무권대리에 관한 규정(제130조 내지 제135조) 모두가 적용되지 않아야 하고, 표현대리에 관한 규정(제125조, 제126, 제129조)만이 적용되어야 한다.[34)]

다음에 무권대리의 본질을 갖는 표현대리가 성립하면 본인이 이행책임을 지는 정당성에 관하여 학설[35)]은 본인이 책임질 요소를 추가적으로 고려해야 한다고 본다. 즉 본인이 대리권 수여의 표시를 상대방에 대하여 한 사실, 기본대리권을 수여하면서 월권을 방지하지 아니한 사실, 대리권의 소멸 후에는 이에 대하여 상대방에게 알리지 않은 사실에 대하여 책임을 져야만 하는 것이다. 이처럼 표현대리제도는 본인으로 하여금 대리인이 당해 대리행위에 대하여 대리권이 없거나 소멸되었음에도 대리행위를 할 수 있도록 야기한 것에 대하여 엄격한 책임을 지도록 함으로써 대리제도의 신용을 확보하기 위한 일종의 법정책임이라는 것이다.[36)]

---

34) 김증한·김학동, 455면.

35) 이은영, 629면.

36) 본인이 무권대리행위에 따른 이행책임을 지는 것이 반드시 본인 자신의 수권에만 근거할 수 있는 것은 아니라고 본다면, 경우에 따라서는 법에 의하여 엄격한 책임을 성립시킬 수도 있고, 이로써 법정책적으로 이에 대한 법률의 규정에 의하여 법률행위의 이행을 내용으로 한 엄격책임은 성립될

이에 대해서 종래의 학설과 판례가 보여준 객관적인 권리외관과 제3자의 신뢰만으로는 부족하고 본인의 엄격한 책임의 성립을 위하여 본인의 귀책사유를 요구하는 견해[37]는 표현대리를 규정하고 있는 조문에도 없는 구성요건을 해석을 통하여 추가적으로 요구하는 것으로 정당하지 않다고 본다. 그리하여 학설은 본인의 표현대리에 따른 이행책임을 지는 것은 권리외관의 출현에 본인의 주의의무 위반에 따른 과실까지 요구할 필요는 없고, 본인에게도 이러한 엄한 책임을 정당화할 수 있는 귀책적 요소를 요구하는 것으로 족하다고 본다. 즉 본인이 대리권 수여의 표시를 함으로써 유권대리와 같은 외관을 창출하였다는 사실, 기본대리권을 수여함으로써 월권대리에까지 유권대리와 같은 외관을 창출하였다는 사실, 그리고 대리권이 소멸하였음에도 이에 따른 조치로서 거래상대방에게 소멸통고 등을 하지 않고 방치하여 대리권 존속의 외관을 창출하였다는 사실에서 본인의 책임요소를 찾아야 한다고 본다. 이러한 관점에서 유권대리와 같은 외관이 본인의 지배영역에서 출현한 것으로 족하고,[38] 본인에게 일반 책임법리에 따른 귀책사유를 요구할 수는 없다고 본다.

생각건대, 본인의 귀책사유를 요구하는 견해에는 표현대리의 규정에 명시되어 있지도 않은 본인의 의무를 부과하는 것이 과연 해석으로 가능한 것인지에 관하여 의구심이 생긴다. 본인의 이행책임의 정당성으로 본인에게 대리인으로 하여금 표현대리행위를 하지 못하도록 저지하여야 할 의무를 부과하고 이를 해태한 책임으로 대리행위에 따른 이행책임을 부과하는 것은 입법정책적인 관점에서 다루어질 문제이고 해석론으로서는 지나친 것으로 보인다. 또한 본인의 표현대리에 따른 이행책임을 귀책적 요소로서 본인의 지배영역권으로부터 출현을 근거로 삼는 것은 위험부담의 원리에 기초한 것으로, 대리행위가 본인의 지배영역권으로부터 출현하기 때문에 모든 대리의 일반적 현상이기도 하다. 그러므로 이를 본인에게 책임을 강화시키는 요소로 보기 어렵다.

표현대리는 본질상 무권대리이지만 특별한 형태이기 때문에 무권대리에 관한 특별규정이 마련되어 있어 표현대리에는 이에 관한 규정만이 적용되어야 하고, 민법의 무권대리에 관한 규정(제130조 내지 제135조)은 적용되지 않아야 한다. 그리고 표현대리가 성립하는 경우 본인이 표현대리행위에 대하여 이행책임을 지는 것은 법규정에 따른 효과로 법정책임으로 보아야 한다. 즉 제125조가 대리권수여를 표시한 본인으로 하여금 이를 믿은 선의·무과실의 제3자에게 대리행위의 책임을 지도록 규정하고 있기 때문에 본인은 표현대리

수 있다고 본다(이은영, 629면).

37) 김증한·김학동, 436면.

38) 김상용, 588면.

행위에 대하여 책임을 진다. 또 제126조는 대리인의 월권대리행위에 대해 상대방을 보호하기 위하여 상대방이 유권대리라고 믿을 만한 정당한 이유를 갖는 경우에 본인이 이에 대하여 책임을 지도록 규정함으로써 본인이 책임을 지는 것이니. 그리고 제129조에서는 대리권소멸의 내부적 사정을 본인은 선의·무과실의 상대방에 대하여 대항하지 못하게 함으로써 표현대리행위에 대하여 본인의 책임을 규정하고 있다. 현행 표현대리의 규정이 표현대리에 대한 본인의 책임을 내용상 유권대리와 동일하게 부과한 것이고, 이러한 임격책임을 정당화할 요소로서 해석에서 부과하는 것은 근거 없는 것으로서 타당하지 않다.

V. 표현대리

1. 표현대리의 본질

(1) 의 의

표현대리는 「대리인에게 대리권이 없음에도 불구하고, 대리권이 있는 것과 같은 외관의 발생에 관하여, 본인이 어느 정도의 원인을 제공하였다는 점에 근거하여 그 무권대리행위에 따른 법률효과를 본인에 대하여 발생시키는 제도」이다.[39] 이에 따라 표현대리인과 거래한 상대방을 보호함으로써 거래의 안전과 대리제도의 신용을 유지하기 위하여, 표현대리가 성립하면 유권대리에 준하여 본인이 책임지는 것으로 한다.[40]

(2) 표현대리의 종류

민법은 1) 대리권수여표시에 의한 표현대리(제125조), 2) 권한을 넘은 표현대리(제126조), 3) 대리권소멸 후의 표현대리(제129조)의 세 가지를 표현대리로서 규정하고 있고, 이에 따라 본인으로 하여금 표현대리행위에 대하여 책임지도록 하고 있다.

2. 대리권수여의 표시에 의한 표현대리

(1) 대리권수여의 표시에 의한 표현대리의 의의

가. 제125조의 의미 제125조는 「제3자에 대하여 타인에게 대리권을 수여함을 표시한 자는 그 대리권의 범위 내에서 행한 그 타인과 제3자간의 법률행위에 대하

39) 김상용, 588면.

40) 대판(전원합의체) 1983.12.13, 83다카1489 참조.

여 책임이 있다. 그러나 제3자가 대리권 없음을 알았거나 알 수 있었을 때에는 그러하지 아니하다」고 규정한다. 이는 대리권 수여의 표시에 의한 표현대리로서, 본인이 대리인에게 내부적으로 대리권을 수여하지 않았으나, 외부적으로 제3자에 대하여 그 대리인(자칭대리인)에게 대리권을 수여하였음을 통지하고, 그 자칭대리인이 통지를 받은 상대방과 대리행위를 하는 것을 말한다. 이때 대리권의 수여는 오로지 본인이 대리인에게 하여야 하나 대리인이 아닌 상대방에게만 한 경우에 아직 대리인은 대리권을 갖고 있지 않아 그 대리인이 한 행위는 무권대리행위이지만 이에 본인이 상대방에게 대리권 수여의 표시를 한 원인을 제공하고 있으므로, 본인은 상대방에 대하여 그 대리인의 무권대리행위에 따른 이행책임을 지는 것이다(제125조).[41)]

나. 명의대여 명의대여는 어떤 사람이 타인에게 자기의 성명 또는 상호를 사용하여 영업할 것을 허락하는 것을 말한다. 이에 대하여 상법 제24조는 타인에게 자기의 성명 또는 상호를 사용하여 영업할 것을 허락한 자는 자기를 영업자로 오인하여 거래한 제3자에 대하여 그 타인과 연대하여 변제할 책임이 있음을 규정하고 있다. 명의대여는 명의차용자가 명의대여자의 승낙을 받아 자기의 영업을 하는 것이므로 기업주체로서 명의차용자의 행위에 대해서는 명의차용자가 책임을 지는 것이 원칙이지만, 외관을 신뢰한 제3자를 보호하기 위하여 명의대여자의 책임을 인정하고 있다.[42)] 즉 자기의 성명 또는 상호를 사용하여 영업을 할 것을 허락한 자(명의대여자)는 자기를 영업주로 오인하여 거래한 자에 대하여 그 거래에서 생긴 채무에 대하여 그 타인(명의차용자)과 연대하여 변제의 책임을 진다.

상법상의 명의대여와 민법상 표현대리의 유사점은 본인이 외부에 대하여 타인이 대리권을 가지고 있다고 믿을 만한 외관을 발생시켰다는 것이다. 또한 양 규정(민법 제125조와 상법 제24조)은 거래의 안전을 위한다는 점에서 그 취지를 같이 한다. 그러나 표현대리는 대리권의 부존재의 문제인데 반해서, 명의대여에서는 영업주의 오인이 문제로 된다.[43)] 또한 효과의 면에서도 명의대여자는 명의차용자가 상대방과의 거래에서 발생한 채무에 대해서만 책임을 부담하는 반면에, 표현대리에서 본인은 표현대리행위로부터 발생한 권리·의무 일체를 취득하는 점에서 차이가 있다.[44)] 명의대여관계에 대해서는 특별법으로서의 상법 제24조가 우선적용 됨에 따라 민법 제125조는 그 적용이 없는 영역에서 적용된다.

---

41) 김상용, 592면.
42) 김상용, 593면; 차한성, 민법주해[Ⅲ], 119면.
43) 차한성, 민법주해[Ⅲ], 119면; 이은영, 632면.
44) 차한성, 민법주해[Ⅲ], 120면; 이은영, 632면.

(2) 대리권수여의 표시에 의한 표현대리의 요건

가. 대리권수여의 표시

1) 의 의　　대리권수여의 표시에 의한 표현대리가 성립하기 위해서는 본인이 제3자(상대방)에 대하여 타인(표현대리인)에게 대리권을 수여함을 표시하여야 한다(제125조).[45] 대리권 수여의 표시는 서면이나 구두로 할 수 있으며, 그 상대방도 특정인이나 불특정인에 대하여 할 수 있다. 또한 본인은 대리권수여의 표시를 명시적으로 할 수 있음은 물론, 사회통념상 대리권을 추단할 수 있는 직함 등의 사용을 승낙 또는 묵인함으로써 대리권수여의 표시를 상대방에게 할 수 있다.[46]

2) 표시의 법적 성질　　대리권수여의 표시에 대한 법적 성질에 관하여 견해의 차이가 있다.

① **관념의 통지로 보는 견해**　　다수의 견해는 제125조 소정의 「표시」를 준법률행위로서의 「관념의 통지」라고 본다.[47] 즉 대리권수여의 표시는 수권행위가 아니라 수권행위가 있었다는 사실을 상대방에게 통지하는 것이므로 '관념의 통지'라고 본다.

② **외부적 수권으로 보는 견해**　　외부적 수권설은 제125조의 「표시」는 의사표시로서 상대방에 대하여 하는 수권행위라고 이해한다.[48] 이에 의하면, 제125조는 상대방에 대하여 한 표시에 따른 외부적 수권에 의한 유권대리를 규정하고 있는 것으로 된다.

③ **의사의 통지로 보는 견해**　　이 견해는 제125조의 대리권수여의 표시는 본인이 아직 대리권을 대리인에게 수여하지 않은 상태를 전제로 함으로써 과거의 상태를 전달하는 관념의 통지로 볼 수 없다고 본다. 이를 테면, 본인이 아직 내부적으로 특정대리인에게 대리권을 수여하지 않은 채, 신문광고 등을 통하여 거래상대방에 대하여 대리권수여의 표시를 한 경우에, 이는 본인이 장차 특정인에게 장래에 대리권을 수여할 것을 미리 표시한 것이다. 따라서 제125조의 「표시」를 본인이 추후에 특정인에게 대리권을

---

45) 즉, 본인과 대리행위를 한 자 사이에 기본적인 법률관계의 성질이나 그 효력의 유무와는 관계없이 어떤 자가 본인을 대리하여 제3자와 법률해위를 함에 있어 본인이 그 자에게 대리권을 수여하였다는 표시를 제3자에게 한 경우에 성립한다(대판 2007.8.23, 2007다23425).

46) 대판 1998.6.12, 97다53762; 토지매매에서 매도인이 매수인에게 무인 또는 날인한 매매계약서를 교부한 사실만으로는 대리권 수여를 표시한 행위가 있었다고 볼 수는 없다(대판 2001.8.21, 2001다31264).

47) 곽윤직·김재형, 356면; 김용한, 373면; 김증한·김학동, 439면; 김주수·김상용, 440면; 이은영, 633면; 장경학, 582면.

48) 이영준, 620면.

수여함으로써 그를 통해서 법률행위를 할 의사를 거래상대방에게 미리 알려주고 있는 것으로 보아, 「의사의 통지」로 본다.[49)]

생각건대, 대리권수여의 표시를 기존사실의 존재를 통지하는 관념의 통지로 보기 위해서는, 본인이 대리인에게 대리권을 수여한 사실이 존재하여야만 할 것이다. 그리고 만일 이러한 대리권수여의 사실이 있는 경우, 이는 이미 유권대리인 것이다. 이러한 점에서, 제125조의 표현대리의 성립을 위한 대리권 수여의 「표시」는 본인이 대리인에게 아직 대리권수여를 하지 않은 채 대외적으로 장차 행하여질 대리권수여의 의사를 외부에 알린 것이다. 따라서 본조의 대리권수여의 표시는 「의사의 통지」로 보아야 한다. 또한 이것은 의사표시가 아닌 준법률행위이지만 이에 관해서도 의사표시에 관한 규정이 유추적용된다.

3) 표시의 철회 대리권수여의 표시도 본인은 철회할 수 있고, 이에는 수권행위의 철회의 표시가 적용된다. 따라서 본인은 대리인이 표현대리행위를 하기 전까지 자신이 이미 한 대리권수여의 표시를 철회할 수 있으며, 이 철회는 표시와 동일한 방법으로 상대방에게 알려야 한다. 예컨대, 본인이 대리권을 수여하였음을 신문광고에 게재한 경우에 신문의 광고를 통하여 대리권 수여의 철회 통지를 해야 한다. 이처럼 본인이 표시의 철회를 상대방에게 알리지 않는 한, 이를 가지고 상대방에게 주장할 수 없다.

나. 표시된 대리권의 범위 내의 행위 제125조의 표현대리가 성립하기 위해서는 표현대리인이 '표시된 대리권의 범위 내에서' 대리행위를 하여야 한다. 표현대리인이 표시된 대리권의 범위를 넘는 행위를 한 때에는 '권한을 넘는 표현대리'(제126조)가 된다.

다. 상대방의 선의·무과실 대리권 수여의 표시를 받은 제3자가 표현대리인에게 대리권이 수여되지 않았음을 알았거나 알 수 있었을 경우에는 본인의 책임이 성립되지 않는다(제125조 단서). 따라서 상대방이 본인에게 본조의 표현대리에 따른 책임을 묻기 위해서는 선의·무과실이어야 한다. 여기에서 본인은 상대방(제3자)이 (자칭)대리인에게 대리권 없음에 대한 악의나 과실 있음에 대한 주장 및 입증책임을 진다.[50)]

(3) 적용범위

제125조가 임의대리에 적용된다는 데에는 이설이 없다. 그러나 법정대리, 복대리, 공법상의 행위에 적용될 수 있는가와 관련하여 학설의 대립이 있다.

---

49) 김상용, 594면.

50) 곽윤직·김재형, 357면; 김상용, 595면; 김주수·김상용, 443면; 이영준, 624면.

가. 법정대리

1) 적용부정설 적용부정설은 법정대리에서는 본인이 법정대리인을 선임하는 것이 아니므로 본인이 제3자에게 법정대리권을 수여했다는 뜻을 통지한다는 것은 무의미하다고 한다.[51] 따라서 법정대리에는 제125조가 적용되지 않는다고 본다.

2) 적용긍정설 적용긍정설은 제125조에 의한 표현대리가 성립하기 위해서는 상대방의 선의·무과실을 요구하기 때문에 이를 법정대리에 적용하더라도 본인의 보호에 별 문제가 없을 것이라고 본다.[52] 그리고 일정 범위의 거래의 안전을 보호하기 위하여 제125조가 법정대리에 적용될 수 있다고 본다. 이를 테면, 허위의 혼인신고를 함으로써 가족관계등록부(혼인관계증명서)에 부부로서 기재되고 이로써 외부에 대한 대리권수여의 통지에 준한 실태가 발생한 경우에, 부부간의 일상가사대리권(제827조)에 관하여 적용함으로써 혼인관계를 믿고 거래한 상대방을 보호하고 이로써 거래의 안전을 보호할 수 있다고 본다.

생각건대, 학설 모두는 법정대리에 제125조를 적용하여 제한능력자가 본인으로서 책임지도록 해서는 안된다고 보므로. 법정대리에는 제125조의 적용이 없다고 본다(이설 없음).

나. 복대리 복대리에도 본조가 적용된다. 판례도 본조의 적용을 인정하고 있다.[53]

다. 공법상의 행위 공법상의 행위에는 국가 또는 지방자치단체가 사경제주체로서 법률행위를 한 경우를 제외하고는[54] 표현대리의 규정을 적용할 수 없다.[55]

3. 권한을 넘은 표현대리

(1) 권한을 넘은 표현대리의 의의

권한을 넘은 표현대리는 「대리인이 그 권한 외의 법률행위를 한 경우」에 상대방이

---

51) 고상용, 571면; 곽윤직·김재형, 357면; 김증한·김학동, 441면.

52) 김용한, 375면; 차한성, 민법주해[Ⅲ], 136면; 장경학, 586면; 이에 대하여 제한능력자의 보호는 거래안전의 보호에 우선하는 민법의 근본이념으로서 개인의 존엄과 가치(헌법 제9조)에 직결되는 것이기 때문에, 제한능력자의 법정대리에 관하여는 본조의 적용을 부정하여야 한다는 견해도 있다(이영준, 624면).

53) 대판 1979.11.27, 79다1193.

54) 대판 1961.12.28, 61다204.

55) 대판 1983.2.8, 81다카621; 대판 1984.6.26, 82다카1758.

이를 유권대리라고 믿을 만한 「정당한 이유가 있는 때」에 본인이 이에 대하여 책임을 지는 것을 말한다(제126조). 권한을 넘은 표현대리는 (표현)대리인이 기본대리권을 가지고 있다. 그런데 대리인이 그 기본대리권의 범위를 넘어서 법률행위를 한 경우에 상대방이 그 표현대리인의 월권적 대리행위를 대리권의 범위 내인 것으로 신뢰하고 그 신뢰를 가지게 된 것에 대하여 정당한 이유가 있으면 본인이 책임을 지는 것이다.

(2) 권한을 넘은 표현대리의 요건

가. 기본대리권의 존재 권한을 넘은 표현대리는 기본대리권의 존재를 요건으로 한다.[56] 임의대리에서 기본대리권은 본인의 수권행위에 의하여 결정되므로 이 기본대리권의 범위는 수권행위를 한 본인이 한 의사표시의 해석에 의하여 결정된다. 법정대리에서는 법률의 규정에 의해서 언제나 기본대리권이 존재한다.

나. 권한을 넘은 대리행위 대리인의 대리행위가 기본대리권의 범위를 유월(逾越)하여야 한다. 기본대리권의 유월은 진정한 대리권의 범위를 넘는 모든 대리행위를 말한다.

문제는 「기본대리권 유월행위와 기본대리권의 관계」이다. 판례는 권한을 넘는 대리행위가 기본대리권과 동종이거나 유사함을 요하지 않는다고 판시한다.[57] 그리하여 판례는 시익사회개발권제시큐에 사용하라고 인장을 인치하였는데, 이와 전혀 관련이 없는 양곡교환신청서상환각서 등에 인장을 사용한 경우에도 권한을 넘은 표현대리의 성립을 인정한다.[58] 심지어는 월권행위가 범죄를 구성하는 경우에도 권한을 넘은 표현대리를 인정한다.[59] 따라서 이에 의하면 기본대리권과 대리인의 월권대리행위가 관련성이 없는 경우에도 제126조에 의한 표현대리는 성립될 수 있다. 한편, 판례는 기본대리권과 전혀 다른 행위를 하였을 때에는 권한을 넘은 표현대리의 성립을 부인하고 있다. 예컨대, 담보권설정의 대리권을 수여받은 자가 그 부동산을 자신의 명의로 소유권이전등기를 하여 자신의 이름으로 담보권을 설정한 경우에 제126조의 권한을 넘은 표현대리를 인정하지 않고 있다.[60] 이에 따를 때 제126조의 표현대리의 성립을 인정하기 위한 기본대리권과 그 유월한 대리행위와의 관련성은 상대방 신뢰의 '정당한 이유'의 인정여부에 따라서

---

56) 대판 1984.10.10, 84다카780.

57) 대판 1963.8.31, 63다326; 대판 1969.7.22, 69다548.

58) 대판 1969.7.22, 69다548.

59) 대판 1963.8.31, 63다325; 대판 1966.6.28, 66다845.

60) 대판 1981.12.22, 80다1475.

결정되는 것으로 보인다.

다. 정당한 이유 제126조에 의한 표현대리가 성립하기 위해서 거래의 상대방인 제3자는 표현대리인의 대리행위가 대리권의 범위 내인 것으로 믿을 만한 정당한 이유가 있어야 한다. 여기에서의 제3자는 당해 표현대리행위의 직접 상대방만을 말한다.61)

1) 정당한 이유에 관한 해석

① **다수설** 다수의 견해는 '정당한 이유가 있는 때'를 제125조와 제129조에서 요구하는 선의·무과실과 동일하게 파악한다. 그리하여 거래상대방이 표현대리인에게 대리권 있음을 믿는 데 선의·무과실일 것을 의미하는 것으로 본다.62)

② **소위 객관적 판단설** 객관적 판단설63)은 제126조에 의한 표현대리를 나머지 제125조와 제129조의 표현대리제도와 본질적인 차이가 있는 것으로 이해한다. 이에 의하면, 제126조가 상대방(제3자)에게 정당한 이유를 규정한 것은 객관적 기준에 따른 요건으로서 과실보다 좁은 개념이라는 것이다.64) 그리하여 정당한 이유의 판단기준이 주관적으로 거래 상대방의 부주의에 따른 과실 여부를 판단할 것이 아니라, 이성인을 기준으로 객관적으로 판단해야 한다고 한다. 또한 정당한 이유의 판단시점은 표현대리행위시를 기준으로 그때까지 있었던 일체의 사정을 고려하여야 하므로 「사실심의 변론종결시」가 그 기준이 된다고 본다.65) 이로써 제126조의 표현대리의 성립을 위하여 요구되는 정당한 이유는 표현대리가 행하여지기까지 존재하는 제반자료 및 사정을 종합하여 객관적으로 정상적인 사람이라면 누구라도 대리권이 있다고 믿을 수밖에 없는 것을 말한다. 그러므로 대리행위가 대리권의 범위를 넘어 선 것으로 의심을 가질 만한 경우에

61) 약속어음의 보증부분이 위조된 경우, 동 약속어음을 배서·양도받은 제3취득자는, 위 보증행위가 제126조 소정의 표현대리행위에 해당하는 행위로서 보증인에게 그 효력이 미친다고 주장할 수 있는 제3자에 해당하지 않는다. 왜냐하면 약속어음의 보증이란 보증인이 발행인을 위하여 그 어음금채무를 담보할 목적으로 하는 단독행위이므로, 그 약속어음 보증행위의 구체적·실질적인 상대방은 어음의 제3취득자가 아니라 발행인이기 때문이다(대판 2002.12.10, 2001다58443).

62) 고상용, 580면; 김용한, 377면; 김증한·김학동, 445면; 차한성, 민법주해[Ⅲ], 155면.

63) 곽윤직·김재형, 361면; 이영준, 633면; 이은영, 641면.

64) 이영준, 633면.

65) 고상용, 587면: 이영준 교수는 (635면); 이에 대해서 판례는 정당한 이유의 존부는 자칭 대리인의 대리행위가 행하여질 때에 존재하는 제반사정을 객관적으로 관찰하여 판단하여야 한다고 판시하고 있다(대판 2001.3.9, 2000다67884). 같은 취지로, 제126조 표현대리의 성립을 위한 정당한 이유의 판단은 거래당시를 기준으로 하고 거래 후의 사정이 고려되어서는 안된다는 견해도 있다(차한성, 민법주해[Ⅲ], 156면).

는 정당한 이유는 부정된다고 본다.66)

생각건대, 제126조의 표현대리에서는 제125조와 제129조에서 제3자의 선의·무과실을 요건으로 하지 않고, 상대방(제3자)이 대리의 권한이 있다고 믿을 만한 "정당한 이유"를 명정(明正)하고 있다. 이는 본조의 정당한 이유를 선의·무과실과는 다른 구성요건으로 보아야 하므로,67) 정당한 이유 여부는 정상적인 이성인을 기준으로 객관적으로 판단하여야 할 것이다.

2) 정당한 이유에 대한 판례의 태도

① 정당한 이유가 인정된 사례

i) 인감이나 관련 서류의 소지　　제126조의 표현대리가 인정되는 정당한 이유로서 대리인이 본인의 인장이나 대리행위와 관련된 서류를 소지한 경우 등을 들 수 있다.

㉠ 제3자를 위한 행사

- 토지의 매각을 부탁받은 대리인이 본인의 인장도장을 소지하고, 이를 이용하여 위임장·인감증명 등 관계서류를 작성하여 제3자와 저당권설정계약을 한 경우68)
- 은행융자를 받기 위하여 저당권설정에 사용하기 위하여 등기필증·인감도장·인감증명서를 교부받았음을 기화로 다른 사람의 제3자에 대한 차용금채무의 대체담보자로 저당권설정계약을 체결한 경우69)
- 본인으로부터 구상금채무에 관한 연대보증을 위하여 보증용 인감증명서와 인감도장을 교부받은 대리인이 제3자의 구상금채무를 위하여 본인을 연대보증인으로 하는 보증계약을 체결한 경우70)

---

66) 이영준 교수는 변론종결시점까지 모든 사정을 고려하여 판단하여야 한다고 본다(635면).

67) 이영준, 634면.

68) 대판 1975.4.8, 74다2224; 대판 1978.1.17, 77다2157; 부동산 매도를 위임받은 대리인이 자신의 채무 지급을 담보하기 위하여 그 부동산에 관하여 양도담보계약을 체결한 사안에서, 대리인이 소유권이전등기에 필요한 서류와 인감도장을 모두 교부받아 이를 상대방에게 제시하며 부동산을 처분할 대리권이 있음을 표명하였다면 상대방으로서는 대리권이 있다고 믿는 데에 정당한 이유가 있었다고 볼 수 있고, 더 나아가 본인에 대해 직접 대리권 수여 유무를 확인해보아야만 하는 것은 아니라고 판단하였으나 부동산 매도를 위임받은 대리인이 자신의 채무 지급에 갈음하여 그 부동산에 관하여 대물변제계약을 체결한 사안에서, 그 계약 체결 이후에 비로소 본인으로부터 소유권이전등기에 필요한 서류와 인감도장을 교부받았다면 상대방이 대리인에게 위 부동산을 대물변제로 제공할 대리권이 있다고 믿은 데에 정당한 이유가 있다고 할 수 없다고 판단하였다(대판 2009.11.12. 2009다46828).

69) 대판 1987.5.26, 86다카1821.

70) 대판 1991.4.23, 90다16009.

- 본인으로부터 부동산 담보설정을 위하여 담보설정에 필요한 서류를 교부받은 대리인이 제3자의 채무를 위하여 본인을 물상보증인으로 하여 본인의 부동산에 근저당을 설정한 경우[71]
- 대리인이 본인에게 자신을 위하여 연대보증인이 되어 달라고 하여 공란으로 되어 있는 보험계약자란의 보증보험약정서에 연대보증인으로서 서명하여 주었는데, 대리인의 동업자 명의로 보험계약이 체결된 경우[72] 등

㉡ 자기를 위한 권한남용

- 본인으로부터 보증용으로 사용할 수 있도록 인감 등을 넘겨받은 대리인이 그 권한을 남용하여 제3자와 금전소비대차계약을 체결한 경우[73]
- 갑이 협의이혼 후에도 함께 거주하고 있던 을에게서 주차관리원으로 취직하는 데 필요한 신원보증을 해 달라는 부탁을 받고 자신의 인감증명서와 주민등록등본을 직접 발급받아 놓았는데, 을이 차용증의 연대보증인란에 갑의 인적사항을 기재한 후 소지하고 있던 갑의 도장을 날인하여 병에게 교부하면서 갑 명의의 위임장을 작성하여 갑의 인감증명서, 주민등록등본 등과 함께 교부한 경우[74]

㉢ 위임받은 행위와 동종의 행위

판례는 특정된 사항에 관하여 위임받은 대리권과 유사한 행위라고 하여 대리권에 속한다거나 본인이 책임을 져야 한다고 할 수 없고 대리인이 그 행위에 대한 대리권을 가졌을 것이라고 믿을 만한 정당한 사유가 있어야 본인의 책임이 인정된다고 한다.[75]

- 과거에 여러 차례 어음을 배서하여 양도해 준 경우에 결제가 잘 되어 있는데, 본인 몰래 그의 인장을 사용하여 약속어음에 본인 명의로 배서해 준 경우[76]
- 처(妻)가 부(夫)의 부동산을 부를 대리하여 매도한 사실이 있는 경우에 부의 인장을 소지한 처가 부의 부동산을 매각한 경우[77]

---

71) 대판 1987.9.8, 86다카754.

72) 대판 2001.2.9, 2000다54918.

73) 대리인의 권한남용이 본인의 책임 있는 사유로 유발되었다는 점에서 본인의 책임요소를 판단한 내용의 판결(대판 2003.4.11, 2003다7173).

74) 대판 2012.07.26, 2012다27001.

75) 김학동, "월권표현대리에서의 「정당한 이유」에 관한 판례분석(상)", 사법행정 제34권 12호(1993. 12), 65면.

76) 대판 1989.5.23, 88다카22626.

77) 대판 1960.9.15, 4292민상1007·1008.

ii) 대리인과 본인이 일정한 신분관계에 있는 경우　　대리인과 본인 간에 친자·부부·형제자매처럼 일정한 권한이나 신분관계에 따라 대리행위를 정당한 범위 내로 인정할 수 있는 경우에도 제126조의 표현대리가 성립된다.

- 제일교포의 가사일을 그의 부재중에 돌보아 주던 자가 본건 건물의 다른 부분을 월세로 임대하여 오던 중 그 건물의 일부에 전세계약을 체결한 경우[78)]
- 남편이 정신병으로 장기간 병원에 입원함에 있어서, 입원비, 생활비, 자녀교육비 등을 준비하여 두지 않은 경우에 그 아내에게 가사대리권이 있었고 남편 소유의 가대(家垈)를 적정가격으로 매도하여 그로서 위 비용에 충당하고 나머지로서 대신 들어가 살 집을 매수한 경우[79)]

② 정당한 사유가 부정된 사례

i) 인감증명서의 소지　　인감과 필요한 서류의 소지는 정당한 이유가 있다고 일반적으로 인정된다. 그러나 인감증명서는 인장사용과 분리해서 그것만으로는 어떤 증명방법으로 사용되는 것이 아니므로 인감증명서만의 교부는 일반적으로 어떤 대리권을 부여하기 위한 행위라고 볼 수 없다.[80)]

ii) 대리권과 소원한 이례적 행위　　금전차용 또는 부동산매도행위와 같은 중요한 처분행위에 관해서는 부(夫)가 처(妻)에게 처분의 대리권을 수여하는 것은 이례적인 것으로서 정당한 이유가 부인된다.[81)] 또한 부동산의 소유자가 아닌 제3자가 근저당권을 설정해 주는 것도 이례적인 것이므로 근저당권을 취득하려는 자로서는 근저당권설정계약을 함에 있어 그 소유자에게 과연 담보제공의 의사가 있는지 여부 및 그 제3자가 소유자로부터 담보제공에 관한 위임을 받았는지 여부를 서류상 또는 기타의 방법으로 소유자에게 확인하여 보는 것이 보통일 것이다. 그러므로 이러한 조사를 하지 않은 상대방에게는 그 제3자가 소유자를 대리할 권한이 있다고 믿은 것에 대하여 정당한 이유가 인정되지 않는다.[82)]

iii) 이익상반행위　　거래행위의 내용이 대리인만을 위하고 본인에 대해 이익상반행위이거나, 고액채무에 대하여 담보를 제공하는 행위와 같이 정상적이지 않은 거래인 경우에는 특별한 사정이 없는 한 정당한 이유가 부정된다.[83)]

---

78) 대판 1989.4.25, 87다카2672.
79) 대판 1970.10.30, 70다1812.
80) 대판 1992.2.25, 91다490.
81) 대판 1981.8.5, 80다3204.
82) 대판 1994.11.8, 94다29560.
83) 대판 1980.8.12, 80다901; 대판 1987.12.8, 85다카2340; 대판 1989.9.12, 88다카28228.

iv) 적절한 절차의 불이행　　조사·확인의무를 이행하지 않은 경우에도 정당한 이유가 부정된다. 그리하여 수표이면에 하등의 무언표시도 없이 점원이 사용자의 인장을 단순히 날인한 경우84)나 규정에 위반하여 이루어진 금융기관의 담보권설정행위에는 정당한 이유가 인정되지 않는다.85) 또한 학교법인을 대표하는 이사장이라 하더라도 이사회의 심의·결정을 거쳐야 하는 재산의 처분행위 등에 관하여 상대방으로서는 법률상 이사장의 권한이 제한되어 이사회의 심의·결정 없이는 이를 내리하여 결정할 권한이 없는 것을 알 수 있으므로 이사장이 적절한 절차를 거치지 않고 학교법인의 기본재산을 처분한 행위에 관하여는 상대방으로서는 믿을 만한 정당한 이유가 있었다고 볼 수 없다.86)

3) 정당한 이유의 입증책임　　제126조의 정당한 이유는 표현대리에 따른 본인의 책임구성에 직접적인 요건사실(제126조 표현대리 성립의 구성요건)로 규정하고 있으므로, 표현대리를 주장하는 상대방이 자신에게 정당한 이유가 있었음을 입증하여야 한다.87) 이 점에서 제125조와 제129조의 표현대리에서 상대방의 악의·유과실에 관한 입증책임이 본인에게 있는 것과 다르다.88)

(3) 제126조의 적용범위

가. 제126조의 법정대리에의 적용 여부

1) 긍정설89)　　제126조의 표현대리가 성립하기 위해서는 기본대리권이 존재하여야 하는데, 법정대리에서는 언제나 법정대리권이 기본대리권으로 존재하고 있으므로 권한을 넘는 표현대리가 성립될 수 있는 가능성이 있다. 그런데 법정대리에서 표현대리가 성립하면 이에 대하여 본인이 책임을 지게 되므로 이는 보호받아야 할 제한능력자인 본인에게 불리한 결과를 야기할 수도 있다. 그리하여 제126조의 법정대리에 적용을 긍

84) 대판 1972.6.27, 72다657.

85) 대판 1982.7.13, 82다카19.

86) 대판 1983.12.27, 83다548.

87) 대판 1968.18, 68다694; 이영준, 639면; 이은영, 642면; 고상용 교수는 제126조는 상대방이 표현대리인에게 대리권이 있었다고 믿었을 것을 요건으로 하고 있으므로, 상대방이 입증책임을 진다고 한다(588면).

88) 제126조의 정당한 이유에 대한 입증책임도 제125조와 제126조의 경우와 마찬가지로 본인에게 있다는 견해도 있다(김주수·김상용, 448면).

89) 곽윤직·김재형, 361면; 김상용, 607면; 김용한, 379면; 김주수·김상용, 449면; 김형배·김규완·김명숙, 305면; 민법 제126조 소정의 권한을 넘은 표현대리 규정은 거래의 안전을 도모하여 거래상대방의 이익을 보호하려는 데에 그 취지가 있으므로 법정대리라고 하여 임의대리와는 달리 그 적용이 없다고 할 수 없다(대판 1997.6.27, 97다3828).

정하는 견해는 본조의 구성요건인 정당한 이유를 엄격히 해석함으로써 제한능력자인 본인을 충분히 보호할 수 있다고 본다.

2) **부정설**[90] 부정하는 견해는 제한능력자의 법정대리인에 관하여도 제126조의 표현대리를 인정하여 본인인 제한능력자에게 책임을 묻게 하는 것은 제한능력자제도에 반하므로 제126조의 표현대리의 규정을 법정대리에는 적용하지 말아야 한다고 본다. 그리하여 법정대리인의 권한이 후견인감독인의 동의를 요하는 경우(제950조, 제912조)에 법정대리인이 그 동의 없이 대리행위를 한 때에는 제126조를 적용할 수 없다고 본다.

생각건대, 법정대리는 대리권의 범위가 법률이나 법원에 의하여 정하여지므로 원칙적으로 이에 대하여 월권대리행위가 정당화될 수 없다. 그러나 제126조의 표현대리에서 상대방에게 법정대리인의 대리행위가 대리권에 속한다는 것을 신뢰할 만한 정당한 이유를 엄격하게 요구한다면 충분히 제한능력자를 보호할 수 있으므로, 이를 법정대리에도 적용할 수 있다고 본다. 판례[91]도 법정대리에서 제126조의 표현대리의 성립을 인정한다.

나. 친권의 행사 친권은 부모가 공동으로 행사하여야 한다(제909조 제2항 본문). 따라서 공동으로 행사하여야 할 친권을 부모의 일방이 단독으로 행사하면 월권대리가 되어 제126조가 적용될 수 있다. 그런데 부모의 일방이 공동명의로 자(子)를 대리한 때에는, 다른 일방의 의사에 반하는 때에도 그 효력이 있다. 다만 상대방이 이에 대하여 악의인 때에는 효력이 없다(제920조의2). 그러므로 상대방이 선의인 경우에는 친권의 행사에 따른 효력이 발생되므로(제920조의2), 제126조는 적용될 여지가 없다. 결국 친권과 관련하여 제920조의2[공동친권자의 일방이 공동명의로 한 행위의 효력]는 제126조의 특별규정이다.[92]

다. 일상가사대리

1) **일상가사의 의의** 「일상가사」는 혼인생활의 유지에 필요한 통상의 가사로서, 이는 부부의 사회적 지위·직업·자산수입 등에 비추어 객관적으로 정하여야 진다. 예컨대, 부부공동생활에 필요한 의식주에 관한 사무, 가족의 보건과 자녀의 양육·교육에 관한 사무는 일상가사의 범위에 속한다.[93] 일상가사대리(제827조)는 현명을 요하는 것이 아

---

90) 이영준, 640면; 이은영, 642면.

91) 대판 1968.8.30, 68다1051; 한정치산자의 후견인이 친족회의 동의를 얻지 않고 피후견인의 부동산을 처분하는 행위를 한 경우에도 상대방이 친족회의 동의가 있다고 믿은 데에 정당한 사유가 있는 때에는 본인인 한정치산자에게 그 효력이 미친다고 한다(대판 1997.6.27, 97다3828).

92) 김상용, 607면; 차한성, 민법주해[Ⅲ], 153면.

93) 김주수·김상용, 452면.

니고 부부라는 신분으로부터 당연히 발생하는 가사에 관한 것이고서 일종의 법정대리이다. 제126조의 적용을 위한 기본대리권으로서 일상가사대리권은 일상가사의 범위를 획정함으로써 결정된다.

2) 일상가사를 넘는 대리행위에서의 정당한 이유　　부부 사이에 성립하고 있는 일상가사대리권을 기본대리권으로 해서 제126조의 적용이 가능하다. 이로써 현명주의의 예외현상이 발생한다.[94] 그렇지만 제126조에 의한 표현대리가 성립하기 위해서는 부부 일방이 가사대리권을 가지고 상대방이 그 일방의 행위가 일상가사의 대리에 속한다는 것을 신뢰할 만한 정당한 이유가 있어야 한다. 일상가사를 기본대리권으로 한 제126조의 표현대리의 성립과 관련하여 다음의 사례가 대비된다.

① 남편이 정신병으로 장기간 병원에 입원하였는데, 입원비, 생활비, 지녀교육비 등을 준비하여 두지 않은 경우에 가사대리권을 가진 아내가 남편 소유의 부동산을 적정가격으로 매도하여 그로서 위 비용에 충당하고 나머지로 대신 들어가 살 집을 매수하였다면, 매수인이 이러한 사유를 알았건 몰랐건 간에 객관적으로 보아서 그 아내에게 남편의 대리권이 있다고 믿을 만한 정당한 사유가 있다고 본다.[95]

② 처가 특별한 수권 없이 남편 소유의 부동산에 관하여 처분행위를 하였을 경우에 상대방으로서는 처가 대리권이 있다고 믿을 만한 정당한 이유가 없다. 왜냐하면 일반사회의 통념상 남편이 처에게 자기 소유의 부동산을 타인에게 담보로 제공 또는 그 권리 명의이전절차를 이행케 하거나 그 원인되는 법률행위를 함에 필요한 대리권을 수여한다는 것은 이례에 속하는 것이기 때문이다. 그리하여 처가 남편 몰래 임의로 갖고 나온 남편의 인장, 권리문서 및 유효기간이 지난 인감증명서를 소지하고 있었다는 사실만으로 남편이 자신에게 속한 부동산의 매도행위에 대한 대리권을 수여하였으리라고 믿을만한 정당한 객관적 사정이 있었다고 인정할 수 없다.[96]

이처럼 정당한 이유는 단순히 상대방의 선의·무과실을 내용으로 하는 것이 아니라 상대방이 객관적으로 대리권 있음을 의심할 여지없이 믿을 수 있었는가에 의하여 판단하게 된다. 따라서 전자의 사례에는 남편이 입원하여 처가 부동산을 처분해야만 할 정당한 이유가 인정되지만(소위 비상가사대리권), 후자의 사례에서는 처가 남편의 부동산을

94) 김상용, 607면; 이영준, 640면; 이은영, 643면.

95) 대판 1970.10.30, 70다1812.

96) 대판 1981.8.25, 80다3204; 동일한 맥락에서, 처(妻)가 부(夫)의 임지관계로 남편과 별거 중 보관하고 있는 부의 인장과 권리문서를 사용하여 부소유의 부동산을 담보로 제공한 경우 사회통념상 부가 처에게 그러한 담보제공에 관한 대리권을 수여하는 것은 이례에 속하는 것이므로 정당한 이유가 없다고 본다(대판 1970.3.10, 69다2218).

대리하여 처분한다는 것은 이례적인 것이므로 정당한 이유가 인정되지 않는다. 그리고 판례는 사실혼관계에 있는 부부간에도 제126조의 표현대리를 인정하고 있다.[97] 따라서 유사한 사안이라도 정당한 이유를 객관적으로 판단함으로써 결과가 달라질 수 있다.

라. 공법상의 행위와 월권대리 공권력의 주체인 국가나 공공단체의 행위에 대하여 사법규정인 제126조는 적용될 수 없으므로, 공법상의 행위가 권한을 유월하였다 하더라도 월권대리에 관한 규정이 적용될 수 없다. 그러나 국가 또는 공공단체의 행위가 사경제적 행위일 때에는 데126조가 적용된다고 할 것이다.[98]

4. 대리권소멸 후의 표현대리

(1) 대리권소멸 후의 표현대리의 의의

대리권 소멸후의 표현대리는 대리인에게 기존에는 대리권이 있었으나 어떤 사정으로 인하여 대리권이 소멸한 경우에, 기존의 대리권을 신뢰하여 대리인과 거래한 제3자를 보호하기 위하여 대리권의 소멸은 제3자에게 대항하지 못하게 하고, 다만 제3자가 선의·무과실의 경우에 한하여 대항할 수 있도록 하고 있다(제129조). 거래의 일반에 따라, 기존의 대리인과 거래하는 상대방은 본인과 대리인 사이의 내부적 관계를 알 수 없으므로 대리권이 소멸된 사실에 관하여도 알 수 없다. 그리하여 대리권이 소멸된 후에도 상대방은 기존의 대리권이 존속하는 것으로 오신하여 대리인과 거래를 계속할 것이다. 이 경우에 상대방으로서는 대리권 있음을 오신한 것에 과실이 없다고 보아야 하며, 이러한 선의이자 무과실의 상대방에게 본인이 대리권 소멸을 이유로 대항하지 못하게 함으로써 책임을 지게 하는 것이다. 이때 '대항하지 못한다'는 것은 기존대리권에 의한 유권대리의 효과가 발생되는 것을 의미하며, 이에 따라 본인은 이행의 책임을 진다.

(2) 대리권소멸 후의 표현대리의 요건

가. 대리권의 소멸 대리권소멸 후의 표현대리가 성립하기 위해서는 대리인이 과거에는 대리권을 가지고 있었지만, 대리행위 당시에는 대리권이 소멸하여 대리권을 갖고 있지 않아야 한다. 그러므로 처음부터 대리권이 없었던 경우에는 제129조를 적용할 여지가 없다. 대리권 소멸에는 수권행위가 철회·취소된 경우 뿐 아니라 기초적 내부관계가 소멸한 경우도 포함된다. 한편, 대리행위 당시에는 소멸하였으나 전에 가지고

---

97) 대판 1980.12.23, 80다2077.

98) 대판 1961.12.28, 4294민상204.

있었던 대리권의 범위를 넘어서 대리행위를 한 경우에는 제129조가 아니라 제126조가 적용된다.[99]

나. 상대방의 선의·무과실 상대방은 기존의 대리권이 소멸하였음을 알지 못하였고(선의) 알지 못한 데 과실이 없어야 한다. 그런데 제129조는 "대리권의 소멸은 선의의 제3자에게 대항하지 못한다. 그러나 제3자가 과실로 인하여 그 사실을 알지 못한 때에는 그러하지 아니하다"고 규정하고 있으므로, 상대방이 본인에게 책임을 성립시키는 요건으로서 자신이 선의임을 입증하여야만 하고, 이에 대하여 본인이 상대방에게 과실이 있음을 입증함으로써 면책될 수 있다.[100] 이로써 상대방은 선의에 대하여 그리고 본인은 상대방의 과실에 대하여 입증책임을 진다.

(3) 제129조의 적용범위

제129조는 임의대리뿐 아니라 법정대리에도 그 적용이 있다.[101] 그러나 제한능력자의 법정대리에 관하여 제129조에 의한 표현대리를 인정한 결과 제한능력자가 보호받지 못하게 되는 때에는, 이는 우리 민법이 기본원칙으로 삼고 있는 제한능력자 보호제도에 어긋나기 때문에 제129조의 적용을 부정하여야 할 것이다.[102]

5. 표현대리의 효과

표현대리의 요건이 충족되면, 본인은 표현대리인이 한 법률행위의 효과가 자신에게 발생됨을 부정하지 못한다. 표현대리가 성립하는 경우에 본인은 표현대리행위에 대하여 전적인 책임을 져야만 한다.[103] 그리고 이 표현대리의 효과는 상대방만이 주장할 수 있다.

---

99) 이영준, 643면; 대판 1970.2.10, 69다2149; 대판 1979.3.27, 79다234; 대판 2008.1.31, 2007다74713.

100) 김상용, 612면; 김증한·김학동, 453면; 이영준, 643면; 이은영, 645면; 상대방의 악의·유과실 모두에 대한 입증책임이 본인에게 있다고 보는 견해도 있다(곽윤직·김재형, 362면; 김용한, 378면).

101) 김상용, 613면; 대판 1975.1.28, 74다1199.

102) 이영준, 644면.

103) 표현대리행위가 성립하는 경우에 그 본인은 표현대리행위에 의하여 전적인 책임을 져야 하고, 상대방에게 과실이 있다고 하더라도 과실상계의 법리를 유추적용하여 본인의 책임을 경감할 수 없다(대판 1996.7.12, 95다49554)

Ⅵ. 무권대리

1. 의 의

무권대리는 「대리인이 대리권 없이 타인의 이름으로 의사표시를 하거나 의사표시를 수령하는 것」을 말한다. 이처럼 대리권 없는 자칭대리인이 타인(본인)의 이름으로 대리행위를 하거나 상대방으로부터 의사표시를 수령하는 행위는 대리권이 뒷받침되고 있지 않은 무권대리로서 그 대리행위에 따른 효과를 현명된 타인에게 발생시킬 수 없다. 한편 무권대리인은 타인의 이름으로 행위하였으므로 무권대리행위는 대리인 자신을 위한 행위로 보기도 어렵다.

2. 무권대리의 태양

무권대리는 의사표시 당시에 대리권이 객관적으로 결여되어 있으면 족하고, 대리권의 결여가 대리인의 과실에 의한 것이어야 할 필요는 없다.

(1) 대리권의 부존재

대리권의 부존재는 원시적으로 대리권이 없는 경우뿐 아니라, 대리권이 있었으나 후발적으로 소멸한 경우도 포함한다. 다만 후발적인 무권대리는 대리권소멸 후의 표현대리(제129조)가 성립될 수 있다.

대리권의 존부는 능동대리의 경우에는 대리인이 '의사표시의 통지를 발한 때'를 기준으로 판단하고, 수동대리의 경우에는 대리인이 의사표시를 수령하는 시점인 '의사표시의 도달시'를 기준으로 판단한다.[104]

(2) 공동대리

공동대리인이 공동하여서만 대리행위를 할 수 있는 경우(제119조 단서)에 그 중의 1인이 다른 공동대리인의 동의를 받지 아니하고 단독으로 대리행위를 하면 역시 무권대리행위로 된다. 그렇지만 이 경우 권한을 넘은 표현대리(제126조)가 성립될 수도 있다.[105]

---

104) 이영준, 649면.
105) 차한성, 민법주해[Ⅲ], 153면.

(3) 복대리

복대리의 경우에 대리인과 복대리인 모두 대리권을 갖고 있지 않다면 무권대리가 성립된다. 다만 본인은 무권대리행위를 추인하여(제132조, 제133조), 무권대리행위의 효과를 자신에게 발생시킬 수 있다. 만일 본인이 이에 대해서 추인하지 않으면 무권대리로 되고, 무권대리인의 책임 문제가 발생한다(제135조). 이에 대리인과 복대리인은 각자 자신의 대리권의 부존재에 대하여 책임을 지므로, 대리인은 대리권의 부존재에 대하여 그리고 복대리인은 복대리권의 존재 여부에 대하여 책임을 진다. 대리인과 복대리인 모두에게 대리권이 없는 경우에 대리인과 복대리인은 연대하여 상대방에 대하여 무권대리인으로서 책임을 진다(제135조). 또한 대리인은 대리권을 갖고 있으나 복대리인이 대리권을 갖고 있지 않은 경우에는 본인이 추인하지 않거나 대리인도 본인의 이름으로 복대리인이 행한 무권대리행위를 추인하지 않는 이상,[106] 복대리행위는 무효로 되고 이에 따라 복대리인이 무권대리인으로서의 책임을 진다(제135조). 대리인이 대리권이 없는 상태에서 복대리인을 선임한 경우에는 복대리인이 복수권에 기하여 행한 복대리행위는 상위 대리권의 부존재로 인하여 무권대리행위가 된다. 이러한 경우에 추인권은 본인에게 있으며 따라서 본인이 추인하지 않으면 무권대리행위가 된다. 다만 이 경우에 복대리인이 무조건 대리인의 대리권의 부존재에 대해서까지 책임지는 것은 정당하지 않으므로, 복대리인이 복대리행위를 하면서 복대리권에 기한 행위임을 밝힌 경우에 한해서 대리인만 책임을 지고 복대리인은 책임을 지지 않고, 복대리인이 상대방에 대하여 복대리권에 기한 행위임을 밝히지 않은 경우에 상대방 보호를 위하여 복대리인도 대리인과 함께 책임을 지는 것으로 해석한다. 이때 대리인과 복대리인은 상대방에 대하여 부진정연대책임을 지는 것으로 본다.[107]

3. 무권대리의 효과

민법은 무권대리의 법률효과를 계약(제130조 내지 제135조)과 단독행위(제136조)로 나누고 있다.

(1) 계약의 경우

무권대리에 의한 계약과 관련하여 그 효력을 대리의 3면관계에 따라 분설하면 다음과 같다.

---

106) 이영준, 652면.

107) 이영준, 666면.

가. 본인과 상대방과의 관계 무권대리행위는 대리권이 없는 행위이므로 본인에게 대리행위에 따른 효력이 발생하지 않는다. 그러나 대리권은 없지만 본인의 이름으로 행하여진 것이므로, 본인이 원하는 경우 이를 추인하여 자기의 법률행위로 하여 효력을 발생할 수 있어야 한다. 본인이 무권대리행위를 추인하는 경우에는 자칭대리인에게 대리권이 있음을 믿고 거래한 상대방으로서는 원래 추구했던 거래의 목적을 달성할 수 있어 이로써 상대방은 보호받을 수 있다. 따라서 민법은 무권대리행위의 효력을 처음부터 확정적 무효로 규정하지 않고, 본인의 의사에 따라 유효로 될 수 있는 여지를 남겨 두고 있다. 이 경우 본인이 추인하느냐 거절하느냐의 여부에 따라 무권대리행위의 효력이 유효·무효로 되므로, 상대방의 법적 지위는 본인의 추인여부에 따라 결정되는 불확정한 상태에 놓이게 된다. 이러한 무효를 「유동적 무효」라고 한다.

1) 본인의 추인권

① 성 질 추인은 무권대리행위가 있음을 알고 그 행위의 효과를 자기에게 귀속시키도록 하는 단독행위로서,[108] 본인이 추인하면 처음부터 소급하여 대리권이 있었던 것과 같은 효과가 발생한다(제133조). 추인은 불확정한 법률행위의 효력을 확정적으로 유효인 것으로 만든다.

② 추인의 방법과 상대방 추인은 의사의 통지로서 명시적·묵시적으로도 할 수 있다.[109] 그러나 묵시적 추인을 인정하기 위해서는 본인이 그 행위로 처하게 된 법적 지위를 충분히 이해하고 그럼에도 불구하고 진의에 기하여 그 행위의 결과가 자기에게 귀속된다는 것을 승인한 것으로 볼 만한 사정이 있어야 할 것이다.[110]

본인의 추인의 의사표시는 상대방 또는 무권대리인 어느 쪽에 대하여서도 할 수 있다.[111] 그리고 여기에서 상대방이라 함은 무권대리행위의 직접 상대 당사자뿐만이 아니라 그 무권대리행위로 인한 권리 또는 법률관계의 승계인도 포함된다고 해석된다.[112] 다만 본인이 무권대리인에 대하여 추인한 때에는 상대방이 추인의 사실을 알기까지 상대방에 대하여 추인의 효력을 주장할 수 없으므로(제132조 단서), 이 상태에서 상대방으로서는 철회를 할 수도 있다. 다만 상대방이 본인으로부터 무권대리인에게 추인이 있었음을 알

---

108) 대판 1995.11.14, 95다28090; 대판 2000.9.8, 99다58471; 대판 2002.10.11, 2001다59217; 대판 2009.11.12, 2009다46828.

109) 대판 2001.11.9, 2001다44291.

110) 대판 2010.12.23, 2009다37718.

111) 대판 2001.11.9, 2001다44291; 대판 2009.11.12, 2009다46828.

112) 대판 1981.4.14, 90다2314.

않은 경우에는 이를 추인할 수도 있다.[113]

③ 추인의 효과

i) 소급효의 원칙 추인이 있으면 무권대리행위는 처음부터 유권대리행위였던 것과 동일한 법률효과를 발생한다(제133조 본문). 따라서 추인시로부터가 아니라 계약시에 소급하여 계약의 효력이 발생한다.[114]

ii) 소급효의 예외 본인과 상대방 사이에 「다른 의사표시」가 있는 때에는 추인의 소급효는 배제된다(제133조 본문). 여기서 다른 의사표시라 함은 '본인·상대방간의 계약'을 의미한다.[115] 왜냐하면 상대방으로서는 본인의 추인이 있으면 처음부터 소급해서 유권대리로서 효력이 발생할 것을 신뢰하였을 것이기 때문이다. 이에 따라 본인이 무권대리행위를 추인은 하지만 그 효력발생의 소급효를 제한하고자 할 때에는 본인의 의사표시만으로는 성립할 수 없고 상대방과 합의하여야 하고 이로써 계약을 체결하여야만 한다.

이 때 무권대리행위의 추인의 소급효는 제3자의 권리를 해하지 못한다(제133조 단서). 이 규정의 내용은 무권대리가 행하여진 후 추인시까지 제3자가 취득한 권리와 상대방의 권리가 서로 충돌하는 경우를 대비하기 위함이다. 그런데 이러한 충돌은 본인의 권리와 제3자의 권리 모두가 '배타적 효력을 갖는 권리'에 관하여만 일어날 수 있다.[116] 그리하여 어느 누구의 권리가 우선적 효력을 갖는 경우에는 제3자의 권리를 해하는 법적 상태가 발생되지 않는다. 이를 테면 제3자는 물권적 합의에서 등기·인도를 하거나 기타 채권양도에서는 통지나 승낙을 갖춘 경우에 제3자에게 대항할 수 있는 배타적 효력을 취득한다. 따라서 갑(甲)이 병(丙)에 대하여 갖고 있는 매매대금채권을 갑으로부터 대리인을 받지 않은 을(乙)이 변제받은 후에 갑의 채권자 정(丁)이 위 대금채권을 병에게서 압류한 후에는 갑이 을의 무권대리행위를 추인하여도 이로써 제3자인 정의 압류의 효력을 해하지 못하므로 정이 우선하게 된다.

2) 본인의 추인거절

① 의 의 본인이 추인을 거절한다는 것은 본인이 추인할 의사가 없음을 적극적으로 표시함으로써, 무권대리행위를 확정적으로 무효로 만드는 것을 의미한다. 따라서 본인의 추인거절이 있으면 본인은 더 이상 추인할 수 없으며 상대방도 최고권이나 철회권을 행사할 수 없게 된다. 추인거절의 상대방과 방법은 추인에서와 같다(제132조).

---

113) 대판 1981.4.14, 80다2314.

114) 대판 2017.6.8, 2017다3499.

115) 곽윤직·김재형, 364면; 김상용, 616면; 김용한, 366면; 이영준, 658면.

116) 대판 1963.4.18, 62다223.

② **상속에서 추인거절이 신의칙에 반하는 경우** 예컨대, 자(子)가 부(父)의 대리인이라 사칭하여 부의 재산을 처분한 후, 부의 사망으로 상속이 개시되면 자는 무권대리인으로서 상대방에 대하여 「이행 또는 손해배상」의 의무를 지는 지위(제135조)와 부의 상속인으로서 무권대리행위를 추인하거나 거절할 수 있는 지위를 동시에 갖게 된다. 이러한 경우에 무권대리행위는 본인과 대리인의 지위의 혼동으로 유효하게 되는지, 아니면 본인의 추인거절권을 승계하여 행사할 수 있는지의 여부가 문제로 된다.

다수설117)은 자가 부의 상속인의 지위에서 자신의 무권대리행위의 추인을 거절하는 것은 신의칙에 반한 것으로 본다. 자는 상속에 의하여 무권대리인의 지위와 본인의 지위를 함께 승계하게 되어 이는 혼동으로써 마치 부가 스스로 계약을 체결한 것과 동일한 결과가 되므로 자의 무권대리행위는 부에 대하여 당연히 유효한 대리행위로 된다고 한다.

이에 대하여 소수설118)은 다수설의 주장은 단독상속의 경우에만 해당하는 해석의 한계를 갖는다고 비판한다. 공동상속의 경우에는 부가 가지고 있던 추인·추인거절권이 공동상속인 전원에게 승계되므로 전원의 추인 없이는 무권대리행위는 유효로 되지 않을 것이므로, 공동상속인 중 무권대리행위를 한 1인에 한하여 추인권 행사를 박탈하는 것은 아무런 의미가 없다고 본다. 그러므로 양자의 지위는 혼동되지 않고 각 분리되어 병존한다고 이해하는 것이 타당하다고 본다. 다만 무권대리인이 본인을 상속한 경우 본인의 자격에서 추인을 거절하는 것이 권리남용에 해당하여 신의칙에 반하므로 그 효력을 인정하지 말아야 한다고 본다.119)

3) 상대방의 최고권 무권대리행위의 상대방은 불확정적인 무권대리행위를 조속히 종식시킬 수 있게 하기 위하여, 상당한 기간을 정하여 본인에게 그 추인여부의 확답을 최고할 수 있다(제131조 전문). 본인이 그 기간 내에 확답을 발하지 아니한 때에는 추인을 거절한 것으로 본다(동조 후문). 이 후문의 규정은 도달주의(제111조 제1항)의 예외로서 '발신주의'를 취하고 있다.

4) 상대방의 철회권 무권대리행위의 상대방은 본인의 추인이 있기 전까지 그 무권대리행위를 철회할 수 있다. 본인의 추인거절과 함께, 상대방은 철회권을 행사함에 따라 무권대리행위를 확정적으로 무효로 만들 수 있다. 상대방의 철회권은 본인이나

117) 곽윤직·김재형, 366면; 김용한, 368면; 김증한·김학동, 460면.

118) 이영준, 659면.

119) 대판 1994.9.27, 94다20617.

고 무권대리인에게 행하여져야 하나(제134조 본문), 다만 철회권은 선의의 상대방만이 행사할 수 있으므로, 계약 당시에 무권대리행위임을 안 상대방은 철회할 수 없다(동조 단서). 상대방이 알았느냐 여부에 관한 입증의 책임은 본인에게 있다.120)

5) 본인의 상대방에 대한 손해배상책임 무권대리가 성립하면 본인은 상대방에 대하여 아무런 책임을 지지 않는다. 그러나 민법의 책임법상의 일반원칙에 따라 본인이 상대방에 대하여 책임질 경우도 있다. 그리하여 무권대리인이 본인의 이행보조자로서 무권대리행위를 한 경우에는 본인은 상대방에 대하여 계약법상에 따른 계약체결상의 과실책임을 부담하고(제391조), 또 무권대리인의 불법행위를 한 것에 대해서는 사용자배상책임도 지게 된다(제756조 제1항).

나. 무권대리인의 상대방에 대한 책임 무권대리인은 '상대방에 대하여 그 대리권을 증명하지 못하고' 또 '본인의 추인을 얻지 못한 때'에는 상대방의 선택에 좇아 계약의 이행 또는 손해배상의 책임을 진다(제135조 제1항).

1) 책임의 본질 무권대리인은 상대방에 대하여 무권대리행위의 계약적 효과에 대하여 책임을 진다. 이는 무권대리인이 자신이 한 무권대리계약의 이행이익에 대하여 책임을 지는 것으로서 엄격한 책임이다. 이처럼 책임을 구성하는 근거와 관련하여 무권대리인의 상대방에 대한 책임의 본질을 규명하는 것이 문제된다.

① 법정책임설 제135조 소정의 대리인의 책임은 상대방을 보호하고 대리제도의 신용을 유지하기 위하여 법률이 무권대리인에게 과한 '법정의 무과실책임'이라고 한다.121)

② 표시책임설 제135조에 의한 무권대리인의 책임의 근거를 무권대리인이 유권대리인이라고 「표시」 내지 「주장」한 것에 따른 책임이라고 본다.122) 대리권 없는 자칭대리인이 타인을 현명하여 대리행위를 하면서 이에 필요한 대리권을 갖고 있다고 주장을 하였는데 무권대리로 밝혀진 경우, 무권대리인이 상대방에게 한 대리권존재의

---

120) 민법 제134조에서 정한 상대방의 철회권은, 무권대리행위가 본인의 추인에 따라 효력이 좌우되어 상대방의 불안정한 지위에 놓이게 됨을 고려하여 대리권이 없었음을 알지 못한 상대방을 보호하기 위하여 상대방에게 부여된 권리로서, 상대방이 유효한 철회를 하면 무권대리행위는 확정적으로 무효가 되어 그 후에는 본인이 무권대리행위를 추인할 수 없다. 한편 상대방이 대리인에게 대리권이 없음을 알았다는 점에 대한 주장·입증책임은 철회의 효과를 다투는 본인에게 있다(대판 2017.6.29, 2017다213838).

121) 고상용, 561면; 곽윤직·김재형, 367면; 김용한, 369면; 김주수·김상용, 432면.

122) 이영준, 663면; 이은영, 658면.

주장에 따른 책임인 것이다. 이로써 그 책임의 내용은 대리권이 있었더라면 상대방이 얻을 이행이익을 기준으로 하여야 하며, 무권대리인은 상대방에 대하여 무권대리행위로 체결된 계약의 효과에 따른 이행책임을 져야만 한다. 이러한 무권대리인의 책임은 대리권있음의 주장 내지는 표시에 따른 책임으로서 법에 의하여 인정되는 무과실책임이다.[123)]

법정책임설은 무권대리인의 상대방에 대한 책임의 근거를 상대방의 보호와 대리제도의 신용유지에서 찾는다. 그렇다면 그 책임의 내용은 상대방의 신뢰보호이어야 하므로, 무권대리인의 책임내용은 상대방의 신뢰이익을 중심으로 한 신뢰이익의 배상이어야 한다. 그런데 제135조가 무권대리인의 책임을 상대방의 신뢰이익을 넘어 무권대리행위의 「이행 또는 손해배상」으로 규정하고 있으므로, 제135조와 법정책임설은 합치되지 않는다.[124)] 이러한 의미에서 제135조의 무권대리인의 책임은 무권대리인의 상대방에 대한 대리권 존재에 대한 주장책임으로 파악하는 것이 타당하다.

2) 무권대리인 책임 성립의 요건

① **무권대리인의 대리행위** 무권대리인의 책임 성립을 위하여는 본인을 위한 현명을 한 대리행위를 하여야 하고 이를 뒷받침할 대리권 없어야 한다.

② **대리인이 대리권을 증명하지 못할 것** 상대방이 무권대리인의 책임을 묻기 위해서는 무권대리인이 대리권 있음을 증명하지 못하여야 한다. 이에 대한 입증과 관련하여 상대방이 자칭대리인에게 대리권이 없다는 사실을 입증할 필요는 없고, 면책되려는 무권대리인이 대리권이 존재한다는 것을 입증하여야 한다.[125)]

③ **본인의 추인거절** 상대방이 무권대리인에게 책임을 묻기 위해서는 본인의 추인거절이 있어야 한다. 왜냐하면 본인이 추인을 한 때에는 유권대리로 되어 상대방으로서는 의욕한 대로의 효과를 거둘 수 있기 때문이다. 이렇게 되면 상대방은 무권대리인에게 책임을 추궁할 필요가 없다. 추인을 거절하지 아니하고 있는 동안은 무권대리행위의 유동적 상태이므로, 무효로 확정되기 전까지는 제135조에 의한 대리인의 책임은 발생하지 않는다.[126)]

또한 본인이 무권대리행위의 일부에 대해서만 추인한 경우 대리행위가 가분적이고 상대방도 일부 만에 대해서도 법률행위를 할 것을 원하였다고 인정되는 경우에 한하여

123) 대판 1962.4.12, 4294민상1021.

124) 이영준, 662면.

125) 장경학, 606면; 대판 1962.4.12, 4294민상1021.

126) 이영준, 668면.

일부추인에 따른 일부의 대리행위가 유효한 것으로 된다. 이처럼 본인의 일부추인이 있는 경우에는 무효로 되는 부분에 대해서만 제135조에 의한 무권대리인의 책임이 발생한다고 본다.127)

④ **다른 무효사유의 부존재** 대리권 부존재 이외의 다른 사유로 대리행위가 무효로 되는 경우에는 무권대리인의 책임은 인정되지 않는다. 대리인은 제135조에 의하여 대리권의 존재에 대하여만 책임을 부담하는 것이고 당해 법률행위의 그 밖의 하자에까지 책임을 지는 것은 아니다. 그러므로 무권대리인이 행한 당해 법률행위가 대리권이 존재하였다 하더라도 다른 사유로 인하여 무효로 되는 경우(예: 행위의 선량한 풍속 위반, 목적의 원시적 불능, 주무관청의 허가의 부존재 등)에는 무권대리인은 본조에 의한 책임을 지지 아니한다.128)

⑤ **표현대리의 불성립** 표현대리가 성립하는 경우에는 상대방은 본인에게 책임을 물어 표현대리인과 거래한 소기의 목적을 달성하게 되므로 굳이 무권대리인에 대해서까지 계약이행의 책임을 물을 필요가 없다(다수의 견해). 따라서 제135조의 적용은 표현대리가 성립하는 것을 법률상의 조건으로 하며, 이 조건이 성취되지 않는 경우에 한하여 상대방으로서는 무권대리인에게 무권대리행위로 인한 계약의 이행 또는 이에 준하는 손해배상을 청구할 수 있다. 이러한 의미에서, 본인이 추인을 거절하고 표현대리도 성립하지 않아야 상대방은 자칭대리인에 대하여 무권대리의 책임을 물을 수 있다(제135조).

3) 무권대리인의 지위

상대방에 대한 무권대리인의 책임은 다음의 특징을 갖는다.

① **이행책임**

i) **엄격책임** 무권대리인은 상대방의 선택에 따라 이행 또는 손해배상의무를 부담한다(제135조 제1항). 무권대리인은 자신의 과실 여부와 관계없이 상대방이 대리권의 결여를 알지 못하였거나 알 수도 없었을 때에는 계약의 이행 또는 손해배상책임을 진다.129)

상대방은 채권자로서 계약의 이행 또는 손해배상 중 어느 하나를 선택하여 무권대리인에게 청구할 수 있다. 이는 선택채권으로서 제380조 내지 제386조의 규정이 적용된다. 상대방은 선택권자로서 계약의 이행 또는 손해배상 중 어느 것을 청구할 것인지에

---

127) 강용현, 민법주해[Ⅲ], 247면.

128) 이은영, 661면.

129) 무권대리인의 상대방에 대한 책임은 무과실책임으로서 대리권의 흠결에 관하여 대리인에게 과실 등의 귀책사유가 있어야만 인정되는 것이 아니고, 무권대리행위가 제3자의 기망이나 문서위조 등 위법행위로 야기되었다고 하더라도 책임은 부정되지 아니한다(대판 2014.2.27, 2013다213038).

대하여 무권대리인에 대하여 선택의 의사표시를 할 수 있다(제135조 제1항, 제380조). 이로써 무권대리인의 책임은 선택된 채무로 특정되므로, 만일 상대방이 이행청구권을 선택하면 손해배상청구권은 배제된다. 또한 상대방이 최고기간 내에 선택권을 행사하지 않으면 선택권은 대리인에게 이전된다(제381조 제1항). 상대방의 선택이 있으면 무권대리인의 책임은 처음에 소급하여 그 선택된 채무로 특정된다(제386조).

ii) 무권대리인의 이행의무의 부담 상대방이 무권대리행위로 체결된 계약의 이행을 선택하여 청구하면, 무권대리인은 본인이 상대방에 대하여 부담하게 될 채무를 이행하여야 한다. 이때 이행청구권은 대리인이 스스로 이행하여야 하므로, 본인이 상대방에 대하여 부담해야 했던 채무가 일신전속적 급부인 경우에 이행청구권은 인정될 수 없고 오직 손해배상만 청구할 수 있다.[130]

② **무권대리인의 손해배상책임** 상대방이 무권대리인에게 손해배상을 선택하여 청구한 경우에 손해배상의 범위는 계약의 유효로 인한 이행과 동등한 범위로서 이행이익을 내용으로 한다(이설 없음).[131]

③ **무권대리인의 권리**

i) 반대급부청구권 쌍무계약의 무권대리인은 상대방의 선택에 따라 계약의 이행 또는 손해배상 중 선택된 급부를 이행한 후에는 반대급부를 청구할 수 있다.

ii) 본인의 계약당사자의 지위로부터 나오는 권리 행사 등 제135조에 의한 무권대리인은 대리권이 존재하였더라면 본인이 부담하였을 이상의 채무를 부담하여서는 안 되므로, 대리권이 있었더라면 본인이 가졌었을 쌍무계약상의 동시이행의 항변권 등은 이를 대리인이 행사할 수 있다. 그리고 대리인은 상대방이 반대급부를 이행하지 않는 때에는 채무불이행을 원인으로 하는 손해배상청구권이나 계약해제권을 행사할 수 있다. 또한 상대방이 이행한 급부에 하자가 있는 때에는 무권대리인은 하자담보책임도 물을 수 있다(제569조 이하 참조).[132]

iii) 상대방의 본인에 대한 부당이득반환청구권 무권대리인이 한 대리행위에 의

---

130) 고상용, 562면.

131) 고상용, 562면; 곽윤직·김재형, 369면; 김용한, 370면; 장경학, 608면; 무권대리인은 마치 자신이 계약의 당사자가 된 것처럼 계약에서 정한 채무를 이행할 책임을 지는 것이다. 무권대리인이 계약에서 정한 채무를 이행하지 않으면 상대방에게 채무불이행에 따른 손해를 배상할 책임을 진다. 위 계약에서 채무불이행에 대비하여 손해배상액의 예정에 관한 조항을 둔 때에는 특별한 사정이 없는 한 무권대리인은 조항에서 정한 바에 따라 산정한 손해액을 지급하여야 한다. 이 경우에도 손해배상액의 예정에 관한 민법 제398조가 적용됨은 물론이다(대판 2018.6.26, 2018다210775).

132) 김상용, 625면; 이영준, 674면.

하여 상대방이 본인과의 법률행위가 성립하였다고 믿고 본인에게 자기의 급부의무를 이행한 경우에, 상대방은 무권대리인에 대하여 제135조에 의한 급부청구권을 갖는 동시에 본인에 대하여 부당이득반환청구권을 갖게 된다. 이러한 상태에서 무권대리인이 제135조의 급부의무를 이행하면 상대방의 본인에 대한 부당이득반환청구권은 무권대리인에게 이전된다고 할 것이다.

iv) 본인의 무자력을 이유로 하는 대리인의 이행거절의 항변 본인이 무자력인 경우 본인이 상대방에 대하여 이행할 수 없게 되는 것은 대리권의 존부가 문제되는 것이 아니라 본인의 자력이 문제되므로, 무권대리인은 상대방의 청구에 대하여 이를 이유로 하여 이행거절의 항변권을 갖는다고 보아야 한다는 견해[133]가 있다. 이에 의하면, 원래 무권대리인에 대한 청구권은 상대방이 계약이 유효하였더라면 본인으로부터 얻을 수 있었던 급부로 한정되는 것이므로, 본인이 무자력하여 상대방이 본인으로부터 이행이나 손해배상을 받을 수 없는 경우에는 대리인에 대한 청구권도 존재하지 않는다고 하는 것이 타당하다고 한다.

4) 책임의 배제

① 상대방이 대리권 없음을 알았거나 알 수 있었을 경우(제135조 제2항 전단)

i) 「알 수 있었던 때」의 의미 제135조 제1항의 무권대리인의 책임은 상대방이 대리권의 결여를 알았거나 또는 알 수 있었던 때에는 발생하지 아니한다(동조 제2항 전단). 다수의 견해는 「알 수 있었던 때」를 「과실로 알지 못한 때」와 동일한 것으로 보고 있다.[134]

그리고 손해배상의 범위 결정에서 채권자인 상대방의 과실이 참작되는 과실상계는 본조 제2항 전단에서는 적용될 여지가 없다고 할 것이다.[135]

ii) 기준시점 상대방이 대리권 없음을 알았거나 또는 알 수 있었느냐의 여부는 '대리행위가 행하여진 당시'를 표준으로 하여 판단한다. 따라서 대리행위 후에 알았거나 또는 대리행위 후에 이른바 과실이 있는 경우에는 그때까지 발생한 손해배상책임은 이에 의하여 아무런 영향을 받지 않는다. 다만 사후에 알았거나 알 수 있었던 때에 어떤 조치를 취하였더라면 손해가 확대되지 아니하였을 터인데 상대방이 아무런 조치를 취하지 아니함으로써 손해가 확대된 경우에는, 대리인은 이러한 확대된 손해에 대하여 배상책임을 지지 않는다고 해석한다.[136]

---

133) 이영준, 675면.

134) 김기선, 323면; 김주수·김상용, 433면; 장경학, 606면.

135) 이영준, 681면.

136) 이영준, 681면.

② **무권대리인이 제한능력자인 경우**(제135조 제2항 후단) 무권대리인이 제한능력자인 경우에는 제135조에 의한 책임을 지지 아니한다. 이는 제한능력자인 대리인을 보호하려는 데 있으므로, 제한능력자인 대리인이 법정대리인의 동의를 얻지 않고 무권대리행위를 한 때에는 제135조 제1항 소정의 책임을 지지 않는다.

5) 입증책임

① **상대방의 주장·입증책임** 무권대리인에 대하여 이행 또는 손해배상을 청구하는 상대방은 타인의 이름으로 행위하였다는 사실, 대리인에게 부여하였던 대리권이 소멸하였다는 사실, 본인이 추인을 거절한다는 사실을 주장·입증하여야 한다(제135조 제1항 참조).

② **무권대리인의 주장·입증책임** 제135조 제2항은 동조 제1항의 예외적인 규정이므로, 무권대리인은 제135조 제1항의 책임을 면하기 위하여 상대방이 대리권의 부존재에 대하여 상대방의 악의 또는 과실을 주장·입증하여야 한다고 본다.[137]

다. 본인과 무권대리인 사이의 법률관계 본인과 대리인 사이에는 일반적인 법률관계에 따라 규율된다. 무권대리에 있어서는 내부적 기초법률관계가 없으므로 단지 일반원칙에 따라 사무관리(제734조)·불법행위(제750조)·부당이득(제741조)이 성립하는 수가 있을 것이다.

(2) 단독행위의 경우

민법은 단독행위의 무권대리를 원칙적으로 무효로 하고 다만 상당한 예외를 인정하고 있을 뿐이다(제136조). 이 규정은 성질상 소송행위에 관하여는 그 적용이 없다고 할 것이다.

가. 상대방 없는 단독행위 상대방 없는 단독행위(예: 유언, 권리의 포기, 재단법인 설립행위 등)에서는 능동·수동대리인 여부를 묻지 않고서 언제나 무권대리행위의 효력은 무효이고, 본인의 추인이 있더라도 마찬가지이다. 만일 본인의 추인권을 인정한다면 본인의 자의에 따라 무권대리행위의 효과가 좌우되는 불합리가 생길 수 있기 때문이다.[138] 또한 상대방이 없으므로 무권대리인의 상대방에 대한 책임(제135조)이 문제로 되지 않는다.

나. 상대방 있는 단독행위 상대방 있는 단독행위(예: 채무의 면제, 상계)는 원칙적으로 무효이지만 예외적으로 다음과 같은 경우에 유효로 된다.

---

137) 대판 1962.4.12, 4294민상1021; 대판 2018.6.28, 2018다210775.

138) 강용현, 민법주해[Ⅲ], 255면; 이영준, 684면.

1) 능동대리　　능동대리의 경우에는 상대방이 「대리권 없이 대리행위를 하는 데 동의하거나」 또는 「그 대리권을 다투지 아니하는 때」에는 계약에서와 동일한 효과가 발생하므로(제136조 전단), 이에 관하여는 제130조 내지 제135조가 적용된다. 통설은 단독행위를 할 당시에 상대방이 이의를 제기하거나 또는 단독행위를 수령한 후에 지체 없이 이의를 제기하면 다툰 것으로 본다.[139] 그러나 상대방이 무권대리인에 대하여 대리권의 증명을 요구한 것만 가지고는 다툰 것으로 볼 수 없다.[140] 상대방이 대리권 없음을 알지 못하여 다투지 아니한 경우에도 「대리권을 다투지 아니한 때」에 해당하는 것으로 볼 것이다.

2) 수동대리　　수동대리의 경우에는 상대방이 무권대리인의 「동의를 얻어」 행위를 할 때에만 계약과 동일한 효과가 발생한다(제136조 후단). 따라서 본인이 추인을 거절하면, 무권대리인은 상대방에 대하여 제135조 제1항에 따른 이행책임은 질 수 없고 단지 손해배상의무를 질 뿐이다.

제 7 관 무효와 취소

I. 불완전한 법률행위

1. 불완전한 법률행위의 의의

법률행위는 당사자가 의욕한 대로 법률효과를 발생시켜야 한다. 그러나 법률행위에 어떤 흠이 내재하여 있는 때에는 그 법률행위는 당사자가 의욕한 대로 효력을 발생시키지 못하게 되어 당사자의 사적 자치를 실현할 수 없게 된다. 이 경우를 법률행위의 「효력불발생」(Unwirksamkeit)이라고 하고,[1] 이에는 「무효」와 「취소」가 있다.

2. 무효와 취소의 차이

(1) 법률행위의 무효와 취소의 개념

「무효」는 법률행위가 행위시부터 효력을 갖지 못하는 것을 의미하고, 「취소」는 일단 법률행위가 유효하게 효력이 발생하였지만, 취소권자가 취소권을 행사하면 법률행위

139) 곽윤직·김재형, 370면; 김상용, 628면; 김주수·김상용, 436면; 김증한·김학동, 465면.

140) 이영준, 685면.

1) 김상용, 629면.

시에까지 소급하여 그 효력을 상실하는 것을 말한다. 양자는 다음에서 구별된다.

1) 무효는 누구나 무효를 주장할 수 있다. 이에 대하여 취소는 오로지 취소권자만이 취소할 수 있다.

2) 무효의 효과는 무효의 주장을 기다리지 않고 처음부터 아무런 효과가 발생하지 않는다. 그렇지만 취소의 효과는 취소권자의 취소권의 행사로 발생한다.

3) 무효는 원칙적으로 처음부터 무효이고 유효로 될 가능성이 없다. 이에 반해서 취소는 일단 유효하고, 다만 취소권의 행사가 있을 경우에 소급하여 그 효력을 상실하게 되는데, 이 취소권은 형성권으로서 그 행사기간(제척기간)이 정하여져 있고 이를 경과하면 취소권이 소멸되어 더 이상 취소할 수 없게 됨에 따라 그 법률행위는 유효로 확정된다.

4) 법률행위의 무효는 일정한 경우에 당사자가 추인하게 되면, 이때로부터 새로운 법률행위를 한 것으로 된다(제139조 단서). 그렇지만 취소할 수 있는 법률행위를 취소권자가 추인하면 처음부터 유효한 법률행위로 되어 소급적으로 유효로 된다.

5) 법률행위의 무효나 취소사유가 있음에도 이를 믿고 당사자가 급부를 이행한 경우에 부당이득에서는 반환범위에서 동일한 기준이 적용된다. 다만 제한능력을 이유로 취소한 경우에는 현존이익의 범위 내에서 반환책임을 진다는 특칙이 있다(제141조 단서).

(2) 유동적 유효로서의 취소

취소는 유효한 법률행위를 전제로 하여 그 효력을 소급하여 무효화시키므로 그 본질은 「유동적 유효」이다. 이는 일단 법률행위의 효력이 유효하나 나중에 취소사유에 의하여 효력이 부인될 수 있는 잠재성이 있는 경우를 말한다. 이에는 취소할 수 있는 법률행위 이외에도 해제조건부나 종기부의 법률행위가 있다.

(3) 무효·취소의 구별기준

무효·취소의 구별기준에 대해서는 일원적 기준설과 다원적 기준설이 대립하고 있다. 일원적 기준설은 하나의 기준에 의하여 법률행위를 무효 또는 취소로 구별하여, 「법질서 전체의 이상에 비추어 보아서 개개인의 의사를 묻지 않고 당연히 효력을 인정할 수 없다고 할 만한 객관적인 이유가 있는 때에는 무효이고, 법률행위 효력의 부인을 특정인의 의사에 의하여 좌우하게 하여도 무방하다고 할 수 있는 경우에는 취소할 수 있는 경우」로 보는 견해[2)]나, 「법률행위의 흠이 중대하고 명백한 경우에는 무효이고, 그렇

2) 곽윤직·김재형, 372면; 김증한·김학동, 466면; 장경학, 617면.

지 않은 경우에는 취소」로 보려는 견해3)가 있다. 이에 대하여, 다원적 기준설은 당해 법률행위를 무효로 하는 근거를 다원적으로 설명하는데, 「허위표시는 당사자가 그 법률행위의 무효를 의욕하고 있으므로 무효로 되는 경우이고, 의사무능력자의 법률행위는 자기결정을 할 능력이 없는 자기 한 법률행위에 기속케 하는 것은 인간의 존엄과 가치에 반하므로 무효로 되는 경우이고, 선량한 풍속 기타 사회질서에 반하는 법률행위는 당사자가 의욕한대로 법률효과를 인정하는 것은 법질서의 정신에 반하므로 무효로 되는 경우」로 열거하는 견해4)이다. 일원적 기준설을 따를 경우 그 기준의 추상성으로 인하여 실용적이 못하며,5) 다원적 기준설에 따를 경우 민법상 전체적인 체계를 구할 수 없다.

3. 계약의 해제·해지

해제와 해지는 의사표시가 아니라 유효하게 성립한 계약의 효력을 제한하는 권리이다. 해제는 계약을 처음부터 효력불발생의 상태로 만드는 소급효가 있는 점에서 취소와 같다. 그렇지만 해제는 법률행위인 계약에 대한 효력에 관한 것인데 반해서, 취소는 법률요건인 의사표시에 관한 것이다(채권자취소권의 예외 있음). 해지는 계약을 소급효 없이 장래에 향하여만 효력을 상실케 한다.

Ⅱ. 법률행위의 무효

1. 무효 일반

(1) 무효의 의의

법률행위의 무효는 표의자가 의욕한 내용의 법률효과가 처음부터 발생하지 않는 것을 말한다.

가. 표의자가 의욕한 법률효과의 부인 법률행위가 무효인 것은 그 법률행위가 표의자의 의도대로 그 효과가 발생하지 않는 것일 뿐 법률행위가 부존재하는 것은 아니다. 그러므로 법률행위의 규율적 요소만이 무효로 현존하고 있다.6) 그러므로 표의자는 무효인 법률행위를 행한 것이므로 이에 대하여는 책임을 진다. 예를 들면, 목적이

3) 대판 1991.6.28, 89다카28133.

4) 이영준, 686면.

5) 이영준, 686면.

6) 이영준, 690면.

처음부터 불능한 계약은 무효이지만 표의자에게 「제535조에 의한 계약체결상의 과실책임」은 발생한다.

나. 무효의 시간적 영속성 무효는 과거·현재·미래에서 그 법률효과가 부인된다.

다. 직권조사사항 법률행위의 무효는 법률에 의하여 확정적으로 그 효과의 발생이 부인되는 것이므로, 소송상 법원의 직권조사사항에 해당된다.

(2) 무효사유

민법이 법률행위의 효과를 무효로 하는 사유는 가치질서의 실현에 있다. 따라서 그 가치질서의 위반에 따른 무효의 사유는 다음과 같다.

1) 당사자의 의욕에 따라 법률행위가 무효인 경우
- 허위표시(제108조 제1항)
- 상대방이 표의자의 진의 아님을 알았거나 알 수 있었을 경우(제107조 제1항 단서)

2) 법률행위를 할 수 있는 지위와 관련하여 무효인 경우
- 대리권 없는 자의 대리행위(제130조)

3) 방식의 위반에 따라 무효인 경우
- 농지소재지관서의 농지취득자격증명이 없는 농지매매(농지법 제8조)

4) 법률행위의 내용이 부당하여 무효인 경우
- 선량한 풍속 기타 사회질서에 반하는 법률행위(제103조)
- 불공정한 법률행위(제104조)

5) 법질서가 정한 법률행위의 유형에 해당하지 않음으로써 무효인 경우
- 민법이 규정하고 있지 않은 물권의 발생을 목적으로 하는 법률행위(제185조)
- 제450조 이하의 규정과 다른 방법에 의하여 하기로 한 채권양도

6) 법률효과를 부여하면 개인의 존엄과 가치에 반하게 되는 경우
- 의사무능력자가 한 법률행위

7) 급부가 불능이어서 효력을 발생시킬 수 없는 경우
- 원시적 불능인 급부를 목적으로 하는 법률행위(제535조)

(3) 무효의 종류

가. 원시적 무효·후발적 무효 「원시적 무효」는 법률행위가 성립한 당시부터 무효이고, 「후발적 무효」는 법률행위가 일단 성립한 후에 무효로 되는 것을 말한다. 이를 테면, 법률행위가 행하여진 이후에 새로 제정된 강행법규에 위배되어 무효로는 경우가 후발적 무효에 속한다.

나. 절대적 무효·상대적 무효 「절대적 무효」는 법률행위를 한 당사자들 사이에서 뿐만 아니라 제3자에 대하여도 무효인 것을 말한다. 이를 테면, 법률행위의 내용이 선량한 풍속 기타 사회질서에 위반하는 경우에는 무효가 절대적인 효과를 갖기 때문에 당사자뿐 아니라 제3자에 대해서도 무효로 된다(제103조). 이에 대하여 「상대적 무효」는 법률행위가 당사자들 사이에서만 무효이고 그 무효가 상대적인 효과를 갖기 때문에 일정한 제3자에 대하여는 유효로 된다. 이를 테면, 무효의 효과가 법률행위를 한 당사자들 사이에서는 무효이지만, 그 무효의 효력을 선의의 제3자에게 대항하지 못함에 따라 유효로 되는 경우이다(제108조 제1항, 제107조 제1항 단서).

다. 당연무효·재판상 무효 당연무효는 원칙적으로 법률상 당연히 무효이고, 무효로 하기 위하여 별도의 행위 또는 절차를 요하지 않는다. 이에 대하여 재판상 무효는 무효의 효력을 재판상으로만 주장할 수 있고, 따라서 무효를 구하는 소(訴)를 제기하여야만 한다. 예컨대, 회사설립의 무효(상법 제184조, 제328조, 제552조), 회사합병의 무효(동법 제236조, 제529조, 제603조), 신주발행의 무효(동법 제429조), 감자무효(동법 제445조) 등의 경우가 이에 속한다. 이 재판상 무효의 경우에 소를 제기할 수 있는 자는 한정되고, 제소기간도 제한되고 있으며, 재판상 무효를 확정하는 재판은 대세적 효력을 가지고 소급효는 제한된다(동법 제190조).[7)]

라. 확정적 무효·유동적 무효

1) 확정적 무효 「확정적 무효」는 과거·현재·미래에서 의욕된 법률효과가 확정적으로 부인되고, 당사자의 추인에 의해서도 유효로 되지 않는다.

2) 유동적 무효 「유동적 무효」는 법률행위의 효력이 원래 무효이나 나중에 제3자의 행위 또는 조건의 성취에 의하여 유효로 될 수도 있고 또 그렇게 되지 않을 경우 확정적으로 무효로도 될 수 있는 법적 상태이다. 예컨대 무권대리인의 대리행위는 무효이지만 본인이 추인을 한 때에는 소급해서 유효한 대리의 법률행위가 되므로 유동

---

7) 김상용, 637면.

적 무효이며(제130조), 사찰소유의 재산을 양도한 행위[8]도 관할청의 허가를 받기까지는 유동적 무효이다. 또한 「부동산 거래신고 등에 관한 법률」에 의하여, 토지거래허가에 속하는 토지에 관하여 당사자들이 사전에 주무관청으로부터 사전에 허가를 받고 거래행위를 하여야 함에도 불구하고 허가를 받지 않고 해당 토지에 관하여 거래행위를 한 경우에 유동적 무효의 효과가 발생한다. 특히 이에 관하여 판례는 다음과 같은 법리를 제시하고 있다.

① 토지거래허가에 속하는 토지에 관하여 주무관청으로부터 허가를 받지 않고 거래한 경우에 당사자들이 처음부터 허가를 배제하거나 잠탈하는 내용으로 해당 토지에 관한 거래계약을 체결한 경우에는 그 계약은 확정적 무효이다.[9] 이때의 무효는 채권적 효력뿐만 아니라 물권적 효력도 무효이다. 다만 장차 동법률에 따라 허가받을 것을 전제로 하여 체결된 계약은 확정적으로 무효가 아니라, 허가를 받기 전까지 유동적 무효의 상태에 있다.

② 허가는 유동적 무효인 법률행위의 효력을 완성시켜 주는 '인가적 성질'을 띤 것으로 본다.[10]

③ 허가는 반드시 거래행위 전에 받아야 하는 것은 아니고, 양도 후에라도 허가를 받으면 그 거래계약은 소급하여 유효로 된다. '소급효'가 있으므로 그 거래에 관하여 다시 새로운 계약을 체결할 필요가 없다.

④ 허가를 전제로 한 거래계약을 체결한 경우에는, 비록 유동적 무효의 상태에 있다 하더라도 이미 지급한 계약금 등을 무효를 이유로 부당이득반환청구를 할 수는 없다.[11] 따라서 유동적 무효상태가 확정적으로 무효로 되었을 때 비로소

---

8) 대판 2001.2.9, 99다26979; 사찰 소유의 일정한 재산을 대여, 양도 또는 담보에 제공하는 때에는 관할청의 허가를 받아야 한다. 이는 구 불교재산관리법(전통사찰보존법 부칙 제2조에 의하여 폐지) 제11조 제1항 제2호 및 전통사찰보존법 제6조의 규정에 의한 것이다. 그런데 본 규정은 強行法規로서 이에 위반한 양도계약은 무효이다. 그러나 사찰재산의 양도에 필요한 위와 같은 허가는 반드시 그 양도 전에 미리 받아야 하는 것은 아니고 양도 후에라도 허가를 받으면 그 양도계약은 소급하여 유효한 것으로 된다. 그러나 양도계약이 처음부터 허가를 배제·잠탈하는 내용의 것이거나 또는 양도계약 후 당사자 쌍방이 허가받지 않기로 하는 의사표시를 명백히 한 때에는 그 양도계약은 그로써 확정적으로 무효로 되어 더 이상 관할청의 허가를 받아 유효한 것으로 될 여지가 없다.

9) 대판(전원합의체) 1991.12.24, 90다12243.

10) 국토이용관리법 제21조의3 제1항 소정의 허가가 규제지역 내의 모든 국민에게 전반적으로 토지거래의 자유를 금지하고 일정한 요건을 갖춘 경우에만 금지를 해제하여 계약체결의 자유를 회복시켜 주는 성질의 것이라고 보는 것은 위 법의 입법취지를 넘어선 지나친 해석이다. 물론 규제지역 내에서도 토지거래의 자유가 인정되나, 다만 허가는 허가 전의 유동적 무효 상태에 있는 법률행위의 효력을 완성시켜 주는 인가적 성질을 띤 것이다(대판(전원합의체) 1991.12.24, 90다12243).

11) 대판 1993.6.22, 91다21435.

부당이득으로 그 반환을 구할 수 있다.12) 또한 허가를 받기 전까지 유동적 무효의 상태에서는 그 유동적인 기간 동안은 어디까지나 무효이기 때문에, 당사자는 계약에 기한 이행청구를 할 수 없다. 다만 유동적 무효상태에 있는 매매계약에서도 특별한 사정이 없는 한 매도인이 계약금의 배액을 상환하고 계약을 해제할 수 있다.13)

⑤ 허가를 전제로 한 거래계약을 체결한 당사자는 그 계약이 효력 있는 것으로 완성될 수 있도록 서로 '협력할 의무'가 있고, 따라서 당사자는 공동으로 관할 관청의 허가를 신청할 의무가 있다. 이에 따라 토지매수인은 매도인에 대하여 허가를 신청하는 데 협력을 구할 수 있는 권리를 가지고, 그 권리는 채권자대위권 또는 처분금지가처분에서의 피보전권리가 된다.14)

⑥ 당사자 사이에 당사자 일방이 토지거래허가를 받기 위한 협력 자체를 이행하지 아니하거나 허가신청에 이르기 전에 매매계약을 철회하는 경우에 상대방에게 일정한 손해액을 배상하기로 하는 약정을 유효하게 체결할 수 있다.15)

⑦ 관할 관청의 불허가 처분이 있을 때와 양쪽 당사자가 허가신청협력의무의 이행거절의사를 명백히 표시하거나 허가신청을 하지 않기로 의사표시를 명백히 한 때에는 확정적 무효가 된다.16)

⑧ 동법률에 의하여 토지거래허가구역으로 지정된 토지에 대한 거래계약이 유동적 무효인 상태에서 그 토지에 대한 토지거래허가구역 지정이 해제되거나 허가구역 지정기간이 만료되었음에도 허가구역 재지정을 하지 아니한 경우에는 유동적 무효상태가 종료되어,17) 그 거래계약은 별도의 허가를 받을 필요가 없게 되어 확정적 유효로 된다.

(4) 무효의 효과

가. 무효의 효과에 대한 의의 무효의 효과는 무효인 법률행위의 규율내용이 원래 당사자가 의도한 대로 효력을 발생하지 않는 것을 의미한다. 그러므로 무효인 법률행위에 기한 채권이나 채무가 발생하지 않고, 이에 위반한 법적 효과의 침해가 성

12) 대판 1993.9.14, 91다41316; 대판 1997.7.25, 97다4357·4364.
13) 대판 1997.6.27, 97다9369.
14) 대판 1996.10.25, 96다23825; 대판 199812.2, 98다44376.
15) 대판 1998.3.27, 97다36996; 대판 2007.11.30, 2007다30393..
16) 대판 2008.3.13, 2007다76603.
17) 대판(전원합의체) 1999.6.17, 98다40459.

립될 수 없어 채무불이행에 따른 손해배상을 청구할 수는 없다.[18] 다만 계약체결상의 과실에 대한 책임은 성립한다(제535조의 유추적용). 한편, 법률행위에 기한 이행이 있은 후에 무효의 사유가 밝혀진 경우에는 이미 이행한 급부에 대해서는 부당이득반환청구권이 성립된다(제741조 이하). 이에는 불법원인급여의 문제가 제기될 수도 있다(제746조).

나. 무효의 소급효와 그 제한 무효는 처음부터 당연히 무효이다. 따라서 당사자의 주장 등에 의하여 무효임이 판명되면 법률행위는 처음부터 소급하여 무효로 된다. 그러나 무효의 소급적 효과를 무제한으로 인정하는 것이 정당하지 않은 경우가 있다. 예를 들어, 계속적 계약(예: 조합이나 사단을 형성한 법률행위 또는 임대차계약이나 고용계약, 근로계약 등)에서는 법률행위가 소급적으로 무효가 됨에 따라 원상회복이 불가능한 경우가 발생한다. 따라서 무효사유에 따른 소급효를 제한하여, 무효임이 판명된 때로부터 장래를 향하여만 무효로 된다고 해석할 것이다.[19]

다. 무효의 치유의 인정 문제 원칙적으로 무효인 법률행위는 후에 무효사유가 소멸하더라도 유효로 되지 아니한다. 무효사유가 나중에 소멸하여 그 무효였던 법률행위가 당연히 유효로 된다고 하면 그것은 법률관계를 불명료하게 할 뿐 아니라 법적 안정성을 심히 해할 것이므로, 무효의 치유는 인정되지 않아야 한다.[20]

2. 법률행위의 일부무효

(1) 법률행위의 일부무효에 관한 의의

무효사유가 법률행위의 전반에 미치기보다는 일부에 미치는 경우에 과연 법률행위 전체의 효력은 어떻게 처리되어야 하는가가 문제된다. 이에 대한 해법은 다음의 두 가지 방식으로 제시될 수 있다. 이에는 일부무효의 법률행위 전체를 무효로 하여 당사자들로 하여금 새로운 법률행위를 하게 하거나, 법률행위의 무효부분을 제외하고 나머지 부분만으로 효력을 발생케 할 수 있다. 우리 민법은 이 두 가지 해법을 모두 포섭하여 원칙으로는 '법률행위의 일부무효는 법률행위 전부를 무효로 하지만', 예외로서 '당사자가 그 무효부분이 없었더라도 법률행위를 하였으리라고 인정될 때'에 한하여 나머지 부분만으로 법률행위는 유효하게 존속시키고 있다(제137조 단서). 이처럼 원칙으로 법률행위의 일부가 무효일 때 그 법률행위 전부를 무효로 하는 것은 그 법률행위에 의하여 단일적인

---

18) 대판 2003.3.28, 2002다72125.

19) 이영준, 696면; 이은영, 680면.

20) 김용담, 민법주해[Ⅲ], 265면; 이영준, 697면; 이은영, 691면.

법률효과를 의욕한 당사자에게 그 일부의 법률행위로써 만족하도록 강요하는 것이 그의 사적 자치에 배치되기 때문이다.[21] 다만 당사자들이 법률행위의 무효부분이 없었더라도 나머지 부분만으로 그 법률행위를 하였을 것이 인정된다면, 그 법률행위의 나머지 부분에 대한 효력을 인정하더라도 당사자의 사적 자치에도 합치된다.[22]

(2) 일부무효의 요건

가. 법률행위의 단일성(Geschäftseinheit)

1) 법률행위 성립에서의 단일성 법률행위의 일부 무효는 무효의 원인이 일부에만 있는 것으로서, 논리적으로 일부는 전체를 전제로 하므로 법률행위의 전체를 단일한 것으로 파악하는 것이 선행되어야 한다. 이에는 법률행위 성립의 단일성이 그 기준이 된다. 이 거래의 단위를 판단하기 위해서는 '당사자들이 무엇을 하나의 거래로서 단일하게 합의하였는가'를 결정하여야 한다. 또한 당사자가 법률행위의 여러 규율내용을 「하나의 전체」로서 의욕한 경우 그 법률행위는 일체성을 갖는다.[23]

2) 당사자들의 법률행위 단일화에 대한 의사 법률행위 성립의 단일성은 당사자들의 의사에 의하여 결정된다.[24] 그러므로 하나의 법률행위에 다수의 당사자가 존재하는 경우나, 다수의 대상이 그 목적으로 되어 있는 경우나 또는 여러 개의 법률행위가 시간적 격차를 가지고 행하여진 경우에도 외형에 구애받지 않고 단일한 법률행위로 성립될 수 있다. 다음의 경우를 예상해 볼 수 있다.

① 당사자가 다수인 경우 매수인 갑은 매도인 을로부터 계속해서 물품을 외상으로 공급받기 위하여, 물상보증인 병의 토지 위에 저당권을 설정해 준 경우에 갑·을·병은 서로 다른 별개의 매매계약과 저당권설정의 물권행위를 하였지만, 갑과 을 사

---

21) 고상용, 608면; 김상용, 640면; 이영준, 703면.

22) 이영준, 709면; 판례는 불하한 국유임야 중의 일부분이 처분할 수 없는 행정재산인 경우 잔여부분을 국유재산으로 불하하였을 것임이 窺知(규지)되고 매수인도 잔여부분만이라도 매수할 의사가 있다면 행정재산을 제외한 나머지 국유재산의 불하는 유효하다고 한다(대판 1967.12.26, 67다2045); 대판 1970.9.17, 70다1250.

23) 이영준, 705면.

24) 복수의 당사자 사이에 어떠한 합의를 한 경우 그 합의는 전체로서 일체성을 가지는 것이므로, 그 중 한 당사자의 의사표시가 무효인 것으로 판명된 경우 나머지 당사자 사이의 합의가 유효한지 여부는 민법 제137조에 정한 바에 따라 당사자가 그 무효 부분이 없더라도 법률행위를 하였을 것이라고 인정되는지의 여부에 의하여 판정되어야 하고, 그 당사자의 의사는 실재하는 의사가 아니라 법률해위의 일부분이 무효임을 법률행위 당시에 알았다면 당사자 쌍방이 이에 대비하여 의욕하였을 가정적 의사를 말한다(대판 2013.3.25, 2009다41465).

이의 물품공급계약과 을을 위한 병의 토지위의 저당권 설정계약은 하나의 단일한 법률행위를 구성하고 있다. 여기에서 병의 토지에 대한 저당권설정계약이 불공정한 경우에 (제104조), 법률행위의 일부가 무효로 됨에 따라 그 전체의 법률행위의 효력이 무효로 되어야 하는가가 문제될 수 있다.

② **계약대상이 다수인 경우** 주식투자의 경우, 주식투자가와 증권회사 사이에 '주식매매거래계좌설정약정 및 투자수익보장약정, 일임매매약정'이 일체로서 체결되는 경우에 이 중에서 '투자수익보장약정'이 강행법규의 위반에 따라 무효로 될 때 전체의 주식투자거래약정이 무효로 되어야 하는가가 문제될 수 있다.[25)]

③ **다수의 계약이 시간적 차이를 가지는 경우** 내과의사인 A는 다양한 진료분야를 집중하여 환자치료를 하기 위하여 종합크리닉병원을 설립하려고 한다. 이를 위하여 A는 외과의사인 B와 종합크리닉병원설립계약을 체결하였고, 그 후 산부인과의사인 C와, 그리고 정신과의사인 D와 종합크리닉병원설립계약을 차례로 체결하였다. 이 경우 A·B·C·D는 모두 단일한 종합크리닉병원설립을 의도하였으므로 이를 위한 단일한 계약을 체결한 것으로 보아야 한다. 만일 A가 D가 의사무능력의 상태에서 그와 위의 계약을 체결한 경우 종합크리닉병원설립계약 전체가 무효가 되어야 하는가가 문제될 수 있다.

이처럼 당사자들이 객관적으로는 복수의 법률행위로 파악될 수 있는 거래를 체결한 경우에 '거래의 객관적 의미에 따른 단위'를 배제하고, 사적 자치로서 다수의 법률행위의 내용에 관한 연결가능성을 부여하여 하나의 거래로서 그 단일화를 꾀함에 따라 하나의 법률행위로서 성립시킬 수 있는 것이다.[26)] 이로써 객관적으로는 다수의 법률행위가 개별적·독자적으로 성립할 지라도, 당사자들이 그 다수의 법률행위 사이에 내부적인 관련성을 부여함으로써 하나의 단위로 법률행위로 묶어서 성립시킬 때 하나의 단위로서

25) 대판 1996.8.23, 94다38199; 신주의 매각에 따른 손실을 전액 보전받기로 하는 약정을 체결하고 신주를 인수한 경우에 손실보전약정은 강행법규의 성질을 가지는 주주평등의 원칙에 위반되어 무효이다. 그러나 신주를 인수한 행위는 무효가 아니다. 만일 신주인수까지 무효로 보아 그 인수대금에 해당하는 금원을 부당이득으로 반환받을 수 있게 한다면, 이는 사실상 다른 주주들과는 달리 특정 투자자(원고)에게만 투하자본의 회수를 보장하여 주는 셈이 되어 강행법규로 손실보전약정을 금지하는 취지에 반하게 된다(대판 2005.6.10, 2002다63671). 이 경우 투자수익보장약정이 무효라 하더라도 나머지 주식매매거래계좌설정약정이나 일임매매약정은 유효이다. 왜냐하면 투자가는 투자수익보장약정이 무효임을 알았거나 알 수 있었음에도 계속해서 주식매매거래계좌설정약정 및 일임매매약정에 기하여 주식거래를 계속하여 왔으므로, 위 약정의 당사자들은 투자수익보장약정이 없더라도 나머지 법률행위를 의욕하였을 것이 인정되기 때문이다.

26) Medicus, Allg. Teil, Rdnr. 502.

의 법률행위가 성립하게 된다. 결국 법률행위의 단일성 여부는 당사자의 의사표시에 의존하게 되고, 이는 곧 의사표시의 해석문제인 것이다.

나. 법률행위의 분리가능성 법률행위의 일부 무효는 법률행위의 전체에서 그 일부분을 떼어 낼 수 있는 분리가능성을 전제로 한다. 법률행위 전체 중에서 일부가 분리가능한 것은 그 일부가 법률행위의 단위를 이루는 구성부분이 아니어야 한다.27) 만일 그 일부가 법률행위를 구성하는 요소라면, 구성요건의 무효는 법률행위 자체를 성립시키지 않거나 무효행위의 전환문제(제138조)로 된다. 이를 테면, 계약체결을 위하여 청약과 승낙의 합치가 요구되는데, 청약과 승낙은 각개의 의사표시로서 존재하는 것이지만, 법률행위를 구성하는 요소이므로 일부와 나머지로 분리하여 파악되지 않는다. 또한 쌍무계약에서 급부와 반대급부를 분리할 수 없으며, 따라서 이에 따른 효력도 분리하여 판단할 수 없다. 이 점에서, 전체의 법률행위에서 무효인 부분이 분리되어 배제되어도 나머지의 유효부분이 한 단위의 법률행위로서 성립하여 잔존할 수 있어야 한다. 이것이 법률행위의 분리가능성의 여부에 대한 판단이다.28)

다. 법률행위의 분할가능성 일부무효의 법리는 법률행위의 분할가능성을 전제로 한다. 법률행위의 분할가능성이란 독립된 법률행위로서의 성립가능성을 의미하는 것으로서 분리가능성과는 구분된다. 법률행위의 일부가 무효인 경우에 당사자들이 의욕했던 전체의 법률행위가 무효인 부분을 제외하고 유효인 부분만으로 분리가능한 경우에 다시 분리된 유효부분만이 분할하여 독립된 법률행위로서 성립이 가능한 것이다. 법률행위의 일부분이 구성부분이 아니어서 분리가 가능한 법률행위의 일부가 될 수 있다는 것은 법률행위의 분리가능성이며, 분리된 법률행위가 독자적인 규율능력을 갖추고 있는지가 그 일부의 법률행위의 분할가능성인 것이다. 예컨대, 토지임대차 계약을 체결하면서 임대인이 임차인에게 토지 매각시 선매권을 준 경우에 선매권합의가 무효라 하더라도 토지임대차계약이 독립해서 하나의 법률행위로서 성립할 수 있다면, 선매권을 제외한 임대차계약은 분리될 수 있고 또 독자적인 법률행위로 분할가능하므로 임대인과 임차인은 임대차에 대해서만 유효인 법률행위로 성립시킬 수 있다.

라. 다른 법률상의 규정의 부존재 제137조[법률행위의 일부무효]는 임의규정으로서 법률에 법률행위의 일부무효와 관련하여 명시적인 규정이 없는 경우에 한하여 적용된다.29) 그러므로 법률이 무효사유를 규정하면서 동시에 일부무효의 효과를 명시적

27) Medicus, Allg. Teil, Rdnr. 505.

28) Brox, Allg. Teil, Rdnr. 307; Medicus, Allg. Teil, Rdnr. 505.

으로 규정하고 있는 경우(예컨대 제385조, 제591조 제1항, 제651조 제1항 등), 또는 법률이 약정의 내용을 스스로 수정하는 경우(예컨대 제584조 참조)에는 본조가 적용되지 않는다.

(3) 일부무효의 효과

가. 원 칙 다수의 독립된 내용이 하나의 법률행위를 이루고 있는 경우에 그 내용의 일부가 무효인 경우에 이에 대한 원칙은 일체를 이루고 있는 법률행위 전체가 무효로 된다(제137조 본문).

나. 예 외 법률행위의 당사자가 「그 무효부분이 없더라도 법률행위를 하였으리라고 인정」되는 경우에 한하여 그 유효한 나머지의 법률행위로서 효력이 발생한다(제137조 단서). 당사자들이 법률행위의 무효부분을 알았더라면 그 무효부분을 빼고 나머지 법률행위를 다시 하였을 것이라고 인정되는 경우에 나머지 부분만으로 그 효력이 있다. 본조에 의한 나머지 법률행위의 유효에 따른 당사자들의 실행은 당사자들의 사적 자치에 밀리게 된다. 그러므로 당사자들은 일부무효에 관한 의사를 가지고 있지 않아야 하며, 이를 위해 당사자들의 의사를 우선적으로 확정지어야 한다. 그러므로 당사자들에게 일부무효에 대비한 실제적 의사가 존재하는 경우에는 이에 따르게 된다. 만일 당사자들이 일부 무효를 미리 인지하여 계약의 일부가 효력을 발생하지 않게 되면 나머지 부분만으로 계약을 실현시킬 것을 합의하였더라면, 당사자들이 자신들이 합의한 내용 중 일부가 효력을 발생하지 않을 것을 인식하였고 이를 대비하는 의사를 가지고 계약을 체결하였으므로, 제137조[법률행위의 일부무효]는 적용될 여지가 없다. 이는 당사자들이 무효의 법률행위 부분에 대하여는 효력불발생에 대한 인식을 하여 이에 대한 법적구속의사를 가지고 있지 않으므로, 당사자들이 무효 부분을 법률행위의 전체에 포함시켰더라도 그들은 나머지 부분만을 원했던 것으로 되어, 나머지의 유효한 합의내용만이 법률행위만으로 성립될 수 있다.[30] 다만 당사자들이 무효 부분의 실현을 원했을 경우, 무효 부분의 법률행위에 대한 이행 여부를 법률행위의 유효부분의 효력발생에 대한 정지조건으

---

29) 대판 2007.6.28, 2006다38161·38178; 대판 2010.07.22, 2010다23425(민법 제137조는 임의규정으로서 의사자치의 원칙이 지배하는 영역에서 적용된다고 할 것이므로, 법률행위의 일부가 강행법규인 효력규정에 위반되어 무효가 되는 경우 그 부분의 무효가 나머지 부분의 유효·무효에 영향을 미치는가의 여부를 판단함에 있어서는 개별 법령이 일부무효의 효력에 관한 규정을 두고 있는 경우에는 그에 따라야 하고, 그러한 규정이 없다면 원칙적으로 민법 제137조가 적용될 것이나 당해 효력규정 및 그 효력규정을 둔 법의 입법 취지를 고려하여 볼 때 나머지 부분을 무효로 한다면 당해 효력규정 및 그 법의 취지에 명백히 반하는 결과가 초래되는 경우에는 나머지 부분까지 무효가 된다고 할 수는 없다).

30) Brox, Allg. Teil, Rdnr. 309; Medicus, Allg. Teil, Rdnr. 507.

로 설정하는 것은 일부무효의 법리와는 별개의 문제이다.[31]

다. 입증책임 법률행위의 일부가 무효인 경우에 그 무효부분이 없더라도 나머지 법률행위를 하였으리라는 사실은 누가 입증하여야 하는가가 문제된다. 이 경우 제137조의 입법내용상 나머지 부분의 유효를 주장하는 자가 그 입증책임을 부담한다고 할 것이다.

3. 무효행위의 전환

(1) 무효행위 전환의 의의

가. 개 념 어떤 법률행위가 무효이지만, 「다른」 법률행위의 요건을 갖추고 있는 경우, 당사자들이 다른 법률행위에 따른 사적 규율을 원하고 있다면, 당사자들은 무효의 요소를 제외시키고 그 나머지 유효한 내용만으로 다시 그 법률행위를 할 것으로 예상된다. 이 경우에 무효행위의 전환을 인정하여 다른 법률행위로서의 효력을 발생하도록 하는데, 이를 위해서는 '당사자가 그 무효를 알았더라면 그 다른 법률행위를 의욕하였을 것'이 전제로 된다(제138조).

이 무효행위의 전환을 규정하고 있는 제138조는 임의규정이므로 「무효행위 전환약관」이 있는 경우나 계약당사자의 일방이 계약을 체결함에 있어서 「다른」 법률행위의 성립가능성을 명시적으로 거절한 때에는 전환은 허용되지 않으며 따라서 본조가 적용되지 않는다.

나. 본 질

1) 전환될 법률행위의 무효의 의미 무효행위의 전환(제138조)에서 전환의 대상으로 되고 있는 원래의 법률행위는 완전히 무효가 아니라 당사자가 의욕한 내용대로 효력을 발생하지 않는 점에서만 무효일 뿐이다. 결국 무효행위의 전환은 「일부무효의 하부적 경우」에 불과한 것으로서,[32] 제137조는 「양적 일부무효」를 규정함에 대하여, 제138조는 「질적 일부무효」를 규정하고 있다.[33] 이로써 양자 사이에는 사적 자치의 실현인 것으로서 본질적인 차이를 구할 수 없다.

2) 효력발생 장애요소를 제외한 유효요소에 의한 효력의 지속 제138조[무효행위의 전환]는 '무효인 법률행위가 다른 법률행위의 요건을 구비하고 당사자가 그

---

31) Medicus, Allg. Teil, Rdnr. 507.

32) Flume, Allg. Teil, § 32 9a.

33) 김용담, 민법주해[Ⅲ], 276면; 이영준, 714-715면; Flume, Allg. Teil, § 32 9a.

무효를 알았더라면 다른 법률행위를 하는 것을 의욕하였으리라고 인정될 때'에 적용된다. 본조에서의 "무효행위의 전환"은 엄밀히 말해서 무효인 법률행위의 새로운 법률행위에로의 전환을 의미하는 것이 아니다. 다만 법률행위에 내재하여 있는 무효요소를 제거하였더니 다른 법률행위의 요건을 구비한 것으로 되어 당사자가 이를 원하는 경우 새로운 법률행위를 할 필요 없이 이를 존속시키는 것에 불과하다(제138조).[34]

(2) 무효행위 전환의 요건

가. 무효행위의 확정 무효행위의 전환을 위해서는 「전환」되는 다른 법률행위는 당사자가 행한 법률행위를 구성하는 요건 중에서 무효의 구성요건을 제외한 나머지의 구성요건으로서 성립된다. 이때 전환의 절차로는 본래의 법률행위가 무효로 확정되어야 하고, 이 무효인 법률행위가 전형을 달리하는 법률행위로서 그 효력을 지속하여야 할 것인가가 결정되어야 한다. 전자가 당사자의 실체적 의사를 중심으로 한 사실의 확정이고, 후자는 전환을 위한 평가의 절차이다.[35]

나. 무효인 법률행위 내의 「다른 법률행위」의 내포성 무효행위의 전환에서 당사자들이 처음에 체결한 법률행위에 의하여 발생된 사적 규율에서 무효요소를 제외한 나머지의 규율내용이 그 효력을 지속하는 것이므로, 전환되는 결과가 당사자가 의욕한 법률효과를 초과하는 규율내용을 가진 법률행위로 될 수 없다.[36] 법률행위의 전환은 본래의 법률행위에서 무효요소가 제거된 상태로 나머지의 효력요소들에 의하여 그 효력을 지속하는 것에 불과하므로, 본래의 무효의 법률행위가 전환되는 법률행위보다 큰 것일 수밖에 없고 전환될 「다른 법률행위」는 그 법률효과에서 원래의 법률행위에 내포될 수 있어야 한다.

다. 「다른 법률행위」의 의욕 무효인 법률행위가 다른 법률행위로의 전환이 허용될 수 있는가의 허용 여부는 평가에 의존하게 된다. 이때 전환은 사적 자치에 근거하고 있어, 그 내용은 당사자들이 원래 체결한 법률행위가 무효임을 알았더라면, 다른 법률행위의 효력발생을 의욕하였어야 한다.[37] 그러므로 당사자들이 원래 체결한 법률행

---

34) Flume, Allg. Teil, § 32 9c.

35) Flume, Allg. Teil, § 32 9c.

36) Flume, Allg. Teil, § 32 9c.

37) 임금은 법령 또는 단체협약에 특별한 규정이 있는 경우를 제외하고는 통화로 직접 근로자에게 전액을 지급하여야 한다(근로기준법 제43조 제1항). 따라서 사용자가 근로자의 임금 지급에 갈음하여 사용자가 제3자에 대하여 가지는 채권을 근로자에게 양도하기로 하는 약정은 전부 무효임이 원칙이다. 다만 당사자 쌍방이 위와 같은 무효를 알았더라면 임금의 지급에 갈음하는 것이 아니라 지급

위에 의한 사적 규율의 전체만을 의욕했다면, 법률행위의 전환은 허용될 수 없다.38)

당사자들이 전환되는 다른 법률행위를 의욕하였을 것인가는 일반적으로 '가정적 의사'에 의존한다. 당사자의 다른 법률행위로의 전환 의사는 무효인 법률행위를 체결할 당시에는 내심에 형성되지 않으므로, 전환되는 다른 법률행위로의 의욕에 관한 내용은 가정적 의사에 의존하게 된다.39) 그러나 이에 대해서 반대하는 견해는 무효행위 전환의 절차에서 파악되어야 될 당사자들의 의사는 '실제적 의사'라고 한다.40) 왜냐하면 무효행위 전환의 허용 여부는 당사자들이 전환되는 법률행위를 의욕하였는가의 여부에 의하여 판단할 것이 아니라, 당사자들이 실제적으로 본래의 법률행위가 다른 법률행위로 전환되는 것을 거부하고 있는지가 파악되어야 하고, 이 명백한 거부의사가 없다면 무효행위는 전환될 수 있기 때문이다. 따라서 무효행위의 전환을 위해서 파악되어야 할 의사는 당사자의 전환의 거부에 관한 실제적 의사이어야 하며,41) 결국 무효행위의 전환이 사적 자치의 원칙에 기초하고 있는 만큼, 어떠한 경우에도 계약당사자 일방이나 모두에게 그들의 법률행위 체결 당시에 가졌던 실제적 의사에 반하는 내용으로 강요될 수 없다는 것이다.42) 따라서 당사자들이 법률행위를 체결할 당시에 무효를 예상하였고, 이에 따라 본래 체결한 법률행위의 전환에 대한 의식적인 거부의사를 밝혀 법률행위를 하였다면, 이에 한하여 당사자들의 실제적 의사는 무효행위 전환의 부정적 요소로서 작용할 수 있으므로, 무효행위 전환에서 반드시 확정되어야 할 의사이다.

라. 유효전환 규정(die salvatorische Klausel)의 부존재 당사자들이 법률행위를 하면서 그 법률행위가 어떠한 사유로 무효로 될 경우에 이를 대비하기 위하여 다른 법률행위로서 효력을 발생하는 것에 합의해 놓을 수도 있다. 제138조[무효행위의

을 위하여 채권을 양도하는 것을 의욕하였으리라고 인정될 때에는 무효행위의 전환의 법리(민법 제138조)에 따라 그 채권양도 약정은 '임금의 지급을 위하여 한 것'으로서 효력을 가질 수 있다(대판 2012.3.29, 2011다101308).

38) Flume, Allg. Teil, § 32 9 c.

39) Medicus, Allg. Teil, Rdnr. 519, 520; 여기서 가정적 의사란 '당사자들이 법률행위의 무효를 알았더라면'이라는 가정 상태 하에서 파악되는 '당사자들을 중심으로 한 의사'이어야 한다. 이로써 당사자들의 가정적 의사로서 파악된 의사표시의 내용이 제3자의 입장에서 보아 합리적이지도 않고 이성적이지도 않더라도 이에 의하여야 한다. 왜냐하면 가정적 의사가 합리적이고 이성적인 제3자의 입장에서 파악되면, 그 확정된 의사표시의 내용은 법률행위를 한 당사자들의 후견적 입장에서 구성된 것으로서 당사자들의 사적자치와 배치되는 결과를 가져오기 때문이다.

40) Flume, Allg. Teil, § 32 9c.

41) Flume, Allg. Teil, § 32 9d.

42) Flume, Allg. Teil, § 32 9d.

전환]는 임의규정이므로 당사자들이 사적 자치를 통하여 자신들이 체결한 법률행위가 무효일 경우에 이에 대한 대비책으로서 전환될 법률행위에 관하여 합의해 놓았다면, 무효행위의 전환은 개입할 여지가 없다.[43] 따라서 무효행위의 전환은 당사자들의 유효전환에 관한 합의가 없는 경우에 적용될 수 있다.

마. 규범목적에 반하지 않는 전환 무효행위의 전환은 본래의 법률행위가 강행법규나 금지법규에 위반되어 무효로 되었지만 당사자들의 사적 자치의 실현을 위하여 그 법률행위의 효력 발생을 지속시키기 위한 무효요소의 삭감에 불과하다. 그러므로 전환되는 법률행위는 본래의 법률행위를 무효로 이끌었던 강행법규와 효력규정에 위반되지 않는 내용으로 전환되어야 한다.

(3) 무효행위 전환의 효과

가. 「다른 법률행위」의 효력 전환되는 무효인 법률행위는 본래 체결되었던 '행위로서의 법률행위'와는 다르지 않으나, 이 법률행위의 구성요소 중 무효의 부분이 삭제되고 나머지 유효부분에 의한 법률행위로서 성립하여 효력을 지속하게 되므로, '법률행위의 전형'은 달라진다.[44]

나. 단독행위의 전환 단독행위에서도 그 전환을 인정할 수 있는가가 문제된다. 이에 대해서는 단독행위의 전환을 인정할 수 없다는 부정설이 주장되고 있다.[45] 그러나 민법 자체가 무효인 단독행위의 전환을 규정하고 있는 경우가 있다. 예컨대 민법은 비밀증서에 의한 유언이 그 방식을 결여하여 무효이더라도 자필증서의 방식을 갖춘 경우에는 자필증서에 의한 유언으로서 효력을 인정하고 있으며(제1071조), 연착한 승낙(제530조)과 변경을 가한 승낙(제534조)을 각 새로운 청약으로 보고 있다. 한편 혼인 외의 출생자를 혼인중의 출생자로 출생신고를 한 경우에는 그 신고는 '친생자출생신고'로서는 무효이지만 '인지신고'로서는 그 효력이 있다고 해석되며[46] 타인의 자(子)를 자기의 자(子)로서 출생신고한 경우에도 그 신고는 '입양'의 효력이 있다고 해석된다.[47]

---

43) Flume, Allg. Teil, § 32 9d; Medicus, Allg. Teil, Rdnr. 520.

44) 상속재산을 공동상속인 1인에게 상속시킬 방편으로 나머지 상속인들이 한 상속포기 선고가 민법 제1019조 제1항 소정의 기간을 초과한 후에 선고된 것이어서 상속포기로서의 효력이 없다고 하더라도 공동상속인들 사이에서는 1인이 고유의 상속분을 초과하여 상속재산 전부를 취득하고 나머지 상속인들은 이를 전혀 취득하지 않기로 하는 내용의 상속재산에 관한 협의분할이 이루어진 것으로 보아야 한다(대판 1996.3.26, 95다45545·45552·45569).

45) 곽윤직·김재형, 380면.

46) 대판 1971.11.15, 71다1983; 대판 1976.10.26, 76다2189.

4. 무효인 법률행위의 추인

무효인 법률행위의 추인은 무효인 법률행위를 유효로 인정하는 당사자의 의사표시를 말한다. 민법은 무효인 법률행위의 추인에 대하여 비소급적 추인을 규정하고 있다. 그러나 당사자의 약정으로 소급효를 갖는 추인을 하는 것은 가능하다.

(1) 민법상의 추인

가. 무효인 법률행위에 대한 추인의 의의 민법은 당사자가 그 행위가 무효임을 알고서 이를 추인한 때에는 '새로운 법률행위'를 한 것으로 간주된다(제139조 단서). 따라서 무효였던 법률행위는 장래를 향하여 유효로 되며 소급효는 없다. 예를 들어, 무효인 가등기를 유효한 등기로 전용하기로 약정하더라도 가등기가 소급하여 유효한 등기로 되지 않는다.48)

나. 무효인 법률행위의 추인의 요건 당사자가 무효인 법률행위를 추인할 수 있기 위해서는 다음의 요건을 갖추어야 한다.

1) 추인할 당시에는 무효인 법률행위 내에 유효로 될 수 있는 요건이 존재하여야 한다. 그러므로 법률행위가 선량한 풍속 기타 사회질서에 반하여 절대적인 무효로 된 경우에는 당사자가 추인하여도 유효로 되지 않아 무효행위의 전환을 인정할 수 없다. 그러나 절대적 무효의 사유 이외의 경우에는 당사자는 무효행위를 추인하여 새로운 법률행위를 한 것으로 할 수 있다. 예를 들어, 가장매매의 당사자가 추인하면 그때로부터 그 매매는 가장이 아닌 진정한 매매로서 유효한 것으로 된다.

2) 추인하는 자는 그 법률행위가 무효임을 알고 추인하여야 한다.

(2) 약정에 의한 무효인 법률행위의 소급적 추인

민법상의 추인은 소급효가 없으나, 당사자의 약정에 의하여 소급효를 갖는 추인을 하는 것도 가능하다. 여기에서 추인할 법률행위가 대세적 효력을 갖는가에 따라 제3자의 권리를 해하는 문제가 생길 수 있다. 우선 채권행위에서는 소급적 추인을 인정한다 하더라도 제3자의 권리를 해할 염려가 없기 때문에 무효인 채권행위를 추인하는 것은 원칙적으로 소급효를 갖는다고 해석할 것이다. 그러나 처분행위 특히 물권행위의 추인에 따른 효력은 대세적으로 절대적이므로 제3자의 권리를 해할 가능성이 있다. 따라서

---

47) 대판(전원합의체) 1977.7.26, 77다492; 대판 2001.8.21, 99므2230.

48) 대판 1992.5.12, 91다26546.

물권행위의 추인의 경우 제3자의 절대적 권리를 침해하지 않는 경우에 한하여 소급효를 인정하여야 한다. 특히 정당한 권한없이 행한 물권행위에 대하여 권리자가 하는 소급적 추인의 법적 성질을 「권한부여」라고 한다.

Ⅲ. 취 소

1. 취소의 의의

(1) 취소의 개념

취소할 수 있는 법률행위는 취소권의 행사가 있을 때까지는 유효한 법률행위이지만, 취소권자에 의해서 취소되면 그 법률행위는 처음부터 무효로 된다(제141조).

민법상 취소의 개념은 그 광의와 협의에 따라 달리한다.[49] '협의의 취소'는 의사표시에 관한 것이다. 이 협의의 취소의 법적 성질은 일단 유효하게 성립한 의사표시를 이를 한 때로부터 소급하여 효력을 소멸하게 하는 의사의 통지이다. 이에는 민법상 법률행위에 관한 규정이 유추적용되므로 취소의 규정(제140조 내지 제146조)도 적용된다. 그리고 '광의의 취소'로서 민법이 의사표시 이외에 취소를 하는 것을 말한다. 이는 재판이나 형정처분의 취소의 경우를 말하며, 예를 들어, 실종선고의 취소(제29조)·부재자재산관리에 관한 명령의 취소(제22조)·법인설립 허가의 취소(제38조)·채권자취소권 등이 있다. 이에는 민법상 취소의 규정(제140조 내지 제146조)이 적용되지 않는다.

(2) 취소의 성질

취소는 법률행위와 이에 기초하여 형성된 법률관계를 무효화하는 것을 내용으로 하는 의사의 통지이다. 취소는 준법률행위로서 이에 관하여는 본질에 반하지 않는 한 법률행위에 관한 규정을 준용하므로, 취소에 관하여는 의사표시의 규정(제107조 이하)이 준용된다.

2. 취소권자

취소권자는 취소의 의사표시를 할 수 있는 자를 말한다. 취소권자로는 민법상 취소사유와 관련하여 「제한능력자, 착오에 의한 의사표시를 한 자, 사기·강박에 의한 의사표시를 한 자」를 말하고 그리고 이들의 「대리인과 승계인」도 경우에 따라서는 취소할 수

---

49) 김상용, 647면; 김형배·김규완·김명숙, 346면.

있는 지위를 갖는다.

(1) 제한능력자

제한능력자는 자기가 한 법률행위를 단독으로 취소할 수 있다. 제한능력자가 취소하는 경우에 법정대리인의 동의가 없었음을 이유로 그 취소를 다시 취소할 수 없다.

(2) 착오, 사기·강박의 의사표시를 한 자

착오로 인한 표의자뿐만 아니라 사기·강박에 의한 표의자도 취소할 수 있다(제109조와 제140조).[50)]

(3) 대리인

대리인 중 법정대리인은 취소권자이다. 법정대리인은 제한능력자가 자신이 동의를 받지 않고 한 행위에 대하여 취소할 수 있다. 그러나 임의대리인은 행위의 당사자이므로 당연히 취소권을 갖는 것은 아니고, 규율의 당사자인 본인만이 취소권을 갖는다. 그러므로 임의대리인이 취소권을 행사하려면, 본인으로부터 취소에 관한 대리권을 수여받아야 한다.

(4) 승계인

포괄승계인과 특정승계인 모두 취소권을 승계한다. 다만 특정승계인의 경우에는 취소할 수 있는 법률행위에 의하여 취득한 권리를 특정승계한 경우에 한하여 취소권이 승계된다. 취소권만을 독립하여 특정승계하는 것은 불가능하다.

3. 취소의 방법

취소는 취소권의 행사로서 행하여지고, 이 취소권의 행사는 의사의 통지이다. 그렇지만 이에는 법률행위에 관한 규정이 유추적용되므로 원칙적으로 취소권은 무방식의 일방적 의사표시이다.[51)] 취소의 대상이 되는 법률행위가 요식행위인 경우에도 취소권 행사 자체는 방식을 필요로 하지 않는다. 다만 당사자의 약정에 의하여 취소의 의사표시를 요식행위로 할 수는 있다. 취소의 의사표시에는 법률행위의 효력을 소급적으로 배제한다고 하는 취지가 표시되어 있어야 한다. 그러나 취소사유는 표시되지 않더라도 무방하다. 다만 여러 가지의 취소사유가 경합되어 있는 경우에는 당해 취소의 의사표시가

---

50) 고상용, 618면; 곽윤직·김재형, 380면; 김기선, 340면; 김상용, 650면; 김용한, 404면; 김주수·김상용, 476면; 김증한·김학동, 480면; 백태승, 532면; 이영준, 723면; 이은영, 696면; 장경학, 637면.

51) 대판 1993.9.14, 93다13162.

그 중 어떤 취소사유를 이유로 하는 것인지가 상대방에게 인식가능하여야 한다.52)

협의의 취소는 통상의 의사표시에 의하므로 재판의 절차를 거쳐서 행사되어야 하는 것은 아니다. 그러나 광의의 취소 가운데에는 취소권을 재판상으로만 행사하여야 하는 경우가 있다. 예를 들어, 사해행위에 대한 채권자의 취소(제406조)·혼인이나 입양의 취소(제816조, 제884조)·회사설립의 취소(상법 제184조, 제269조 등)·주주총회결의의 취소(동법 제376조) 등은 재판상으로 취소를 청구하여야 한다.

4. 취소의 상대방

원칙적으로 법률행위의 상대방이 취소의 상대방이다.

(1) 계약에서의 취소의 상대방

계약의 경우 취소의 상대방은 계약당사자이다.

(2) 단독행위에서의 취소의 상대방

단독행위에 대한 취소의 경우는 상대방이 있느냐의 여부에 따라 그 상대방이 달라진다. 「상대방 있는 단독행위」는 그 상대방에 대하여 취소의 의사표시를 하여야 한다. 이에 반해서, 「상대방 없는 단독행위」는 상대방이 없으므로 이에 대한 취소의 의사표시는 적당한 방법으로 외부에 객관화하면 된다.53)

(3) 상대방이 수인(數人)인 경우

「취소의 불가분 원칙」에 따라, 법률행위의 일방 당사자가 수인인 경우 모두에 대하여 법률행위를 무효로 하려면 모두에 대하여 취소의 의사표시를 하여야 한다. 일부의 상대방에게 한 취소의 효력에 관하여는 일부무효의 법리에 따라 해결하여야 한다.

5. 취소의 효과

(1) 소급적 무효

의사표시가 취소되면 그 법률행위는 처음부터 무효인 것으로 간주된다(제141조 본문).54) 이

---

52) 김상용, 651-652면; 김주수·김상용. 479면; 이영준, 724면.

53) 곽윤직·김재형, 384면.

54) 취소한 법률행위는 처음부터 무효인 것으로 간주되므로 취소할 수 있는 법률행위가 일단 취소된 이상 그 후에는 취소할 수 있는 법률행위의 추인에 의하여 이미 취소되어 무효인 것으로 간주된

취소의 법률효과는 취소권을 행사하여야 비로소 발생하므로 취소권자가 취소권을 행사하지 않는 한 취소사유가 있다는 것만으로 무효로 되지 않는다. 다만 보증인은 주채무자가 채권자에 대하여 취소권을 가지고 있는 한 이러한 취소가능성을 이유로 채권자에 대하여 채무의 이행을 거절할 수 있는 항변권을 가지게 된다(제435조).

(2) 소급적 무효의 효과

의사표시가 취소되면 소급하여 그 의사표시가 무효로 되므로 이를 구성요건으로 하는 법률행위도 무효로 된다. 이에 따라 그 법률행위를 원인으로 하는 채권·채무도 성립하지 않는다. 그런데 채무가 이행된 이후에 법률행위가 취소된 경우에는 이행된 채무는 원상으로 회복되어야 한다. 이와 관련해서는 물권행위의 무인성·유인성에 따라 부당이득반환청구권이나 물권적 복귀의 효과 발생이 문제가 된다.

(3) 부당이득반환에 있어 제한능력자에 관한 특칙

의사표시가 취소되면 이에 따라 법률행위 전체가 소급하여 무효로 된다. 따라서 물권행위 무인론에 의할 경우에, 법률행위의 당사자들은 기존에 이행한 것에 대하여 부당이득의 반환을 청구할 수 있다(제741조 이하). 그 반환의 범위는 수익자의 선의 또는 악의에 따라 달라진(제748조). 그런데 민법은 제한능력자 보호를 위해서 제한능력자에게는 취소된 법률행위에 의하여 받은 이익이 현존하는 한도 내에서 상환할 책임을 부여하고 있다(제141조 단서). 그런데 이 제한능력자의 부당이득반환범위에 관한 규정은 제한능력자의 선의·악의의 구별에 따른 것이 아니므로 일반 부당이득반환범위에 관한 특칙으로 보아야 한다. 이 경우 이익의 현존에 관한 입증책임을 누가 부담하는가에 대하여 학설이 대립된다. 다수설은 제한능력자가 취득한 이익은 현존하는 것으로 추정하여야 할 것이므로 제한능력자가 현존이익이 없음을 입증하여야 한다고 한다.[55] 이에 대해서 소수설은 제한능력자제도는 제한능력자 보호를 목적으로 하고 있으므로 제한능력자에게 책임을 경감하려는 데에 제141조 단서의 취지가 있으며, 이에 따라 반환청구권자가 제한능력자에게 현존이익이 존재함을 입증하여야 한다고 주장한다.[56] 판례는 금전상의 이득에 관하여는 제한능력자(미성년자)에게 현존한 것으로 추정한다.[57]

당초의 의사표시를 다시 확정적으로 유효하게 할 수는 없고, 다만 무효인 법률행위의 추인의 요건과 효력으로서 추인할 수는 있다(대판 1997.12.12, 95다38240).

55) 고상용, 621면; 곽윤직·김재형, 385면; 김상용, 655면; 김형배·김규완·김명숙, 352면; 이은영, 709면.

56) 김용한, 402면.

57) 대판 2005.4.15, 2003다60297·60303·60310·60327 참조.

6. 일부취소

(1) 의 의

가. 일부취소의 개념 일부취소는 법률행위의 일부만을 소급하여 무효화하고 나머지를 유효하게 존속시키는 것을 말한다.[58] 일정한 요건 하에서 취소되지 않은 법률행위의 잔여부분에 대한 효력유지를 위하여 일부취소가 가능하다. 판례도 "하나의 계약이라 할지라도 가분성을 가지거나 그 목적물의 일부가 특정될 수 있다면, 그 일부만의 취소도 가능하고 그 일부의 취소는 계약의 일부에 관하여 효력이 생긴다"[59]고 하여 계약의 가분성 또는 목적물의 일부 특정가능성을 전제로 일부취소를 허용한다. 나아가 "그 나머지 부분만이라도 이를 유지하려는 당사자의 가정적 의사가 인정되는 경우"라고 하여 잔여부분 효력유지의 가정적 의사가 뒷받침되어 일부취소를 인정하고 있다.[60]

나. 일부취소에 관한 민법 규정의 부재 민법은 법률행위의 일부취소에 관하여 규정하고 있지 않다. 그러나 학설은 이에 대하여 일부무효의 법리를 유추적용하는 것으로 해석한다(제137조 유추적용).[61] 따라서 일부취소를 통하여 법률행위의 일부가 무효로 되는 경우에 법률행위 전체가 무효로 되는 것이 원칙이나, 당사자들이 일부취소에 따른 무효부분이 없었더라도 나머지의 법률행위를 하였을 것이 인정될 때에는 나머지 부분이 유효하게 존속한다고 본다. 이러한 해석에 대하여 일부무효의 법리(제137조)를 유추적용을 할 것이 아니라 법률행위의 해석에 따라야 한다는 견해[62]도 있다. 이에 의하면, 일부취소에 따른 효과에 대하여 제137조[법률행위의 일부무효]를 형식적으로 적용하여 나머지 부분이 원칙적으로 무효가 되는 것이 아니라, 법률행위의 해석, 특히 보충적 해석을 통하여 무효인 부분에도 불구하고 나머지 부분이 과연 효력을 유지하는가를 탐지한 후 특별한 사정이 발견되지 않는 경우에 마지막으로 제137조의 적용을 고려하여야 한다고 한다. 이러한 해석에는 법률행위의 일부무효에 대한 당사자들의 결정은 제137조의 적용 이후에나 보충적으로 작용할 뿐이다.

생각건대, 법률행위의 일부취소와 일부무효는 당사자의 나머지 유효부분에 관한 자기결정권에서 차이가 난다. 일부취소는 취소의 사유가 있어 법률행위를 전부 취소할 수

58) 김천수, "의사표시의 일부취소", 저스티스 제31권 제4호(1998. 12), 23면; 이영준, 731면.

59) 대판 1992.2.14, 91다36062.

60) 대판 1998.2.10, 97다44737; 대판 2002.9.10, 2002다21509.

61) 김상용, 653면; 김용담, 민법주해[Ⅲ], 304면; 이영준, 731면.

62) 백태승, 534면.

있음에는 취소권자가 일부에 대해서만 취소하는 것이므로 이에는 법률행위의 나머지 부분에 대한 효력지속을 의욕한 자기결정이 뒷받침되어야 한다. 이에 반해서 법률행위의 일부무효인 경우에는 제137조가 적용됨에 따라 일단 법률행위가 전부무효로 된 다음에 법률행위의 분할가능성이 있어 나머지 법률행위의 효력 지속에 관하여 당사자의 의사에 의하여 결정되는 것이다. 그렇지만 법률행위의 일부취소에서는 '법률행위의 취소부분만이 소급하여 무효로 되고 나머지 법률행위는 유효하게 효력을 발생할 것'이 우선하여 고려되어져야만 하므로 이에 따른 효력이 일부무효의 법리에 의존하여 결정될 수는 없다.

(2) 일부취소의 허용 요건

법률행위의 일부취소의 행사요건은 일부무효에서와 동일한 것으로 본다.[63] 그리하여 ① 일체적인 법률행위가 존재할 것, ② 법률행위가 분할가능할 것, ③ 나머지 부분을 유지시키려는 당사자의 의사가 있었을 것을 요한다.

(3) 일부취소의 효과

법률행위의 일부취소에 따른 법률효과에 전부무효의 원칙(제137조 본문)이 적용되지 않음에 따라 취소권자가 법률행위의 일부분만을 취소하는 경우에 취소부분은 소급하여 무효가 되며 잔여부분은 유효하게 존속한다.[64] 즉 취소되지 않은 잔여부분의 유효 여부가 원칙으로 된다.

7. 취소할 수 있는 법률행위의 추인

(1) 추인의 의의

추인이란 취소할 수 있는 법률행위에 대해서 향후 취소하지 않겠다고 하는 취소권자의 의사표시로서 실질적으로는 취소권의 포기인 것을 말한다. 이처럼 취소할 수 있는 법률행위에 대한 추인은 일단 효력이 발생한 법률행위를 유효로 확정시키는 것이므로, 처음부터 효력이 발생하지 않는 법률행위를 유효하게 만드는 것과는 다르다. 예를 들어, '무효행위의 추인'은 처음부터 무효인 법률행위를 추인하여 새로운 법률행위를 발생시

---

63) 백태승, 534면.

64) 김천수 교수는 취소권자는 일부취소의 사유로써 법률행위 전부를 무효화하는 결과를 선택할 수는 없고, 오로지 일부취소를 하여 일부무효의 효과를 가져오거나 취소권의 불행사 또는 추인으로 법률행위 전부의 유효를 선택할 수 있을 뿐이라고 한다("의사표시의 일부취소", 36면).

키는 것이다. 또한 '무권대리행위에서 본인의 추인'은 무권대리인의 한 법률행위가 효력 발생 여부가 불확정한 상태에서 그 효력이 확정적으로 발생되도록 하는 효과를 가져 온다.[65] 이러한 점에서 일단 유효한 법률행위에서 그 취소가능성을 포기하는 추인과는 다르다.

(2) 추인의 요건

가. 취소권자 추인한 수 있는 자는 취소할 수 있는 취소권자이다(제143조, 제140조). 취소권자가 수인인 경우(제한능력자 및 그 법정대리인인 경우)에는 1인이 추인하면 다른 취소권자는 취소할 수 없게 된다.[66]

나. 취소원인의 종료 추인은 취소권자가 취소할 수 있는 법률행위임을 알고서 추인을 선택하는 결정을 내릴 수 있는 상태에서 행하여져야 한다. 그러므로 추인은 「취소의 원인이 종료한 후」에나 가능한다(제144조 제1항). 그러므로 추인은 착오, 사기·강박으로 의사표시를 한 자는 이 착오나 사기·강박의 상태에서 벗어난 뒤에 할 수 있다.[67] 따라서 취소원인이 종료되기 전에 한 추인은 효력이 없다. 그렇지만 법정대리인은 언제나 추인할 수 있다(제144조). 한편 미성년자는 법정대리인의 동의를 얻어 능력자가 되기 전에라도 유효하게 추인할 수 있다(제5조 참조). 피한정후견인은 행위능력이 원칙적으로 인정된다. 그렇지만 피한정후견인에 관하여는 한정후견인의 동의를 받아야 하는 행위의 범위를 정할 수 있고 이 동의유보된 법률행위에 관하여 한정후견인의 동의도 받지 않고 한 피한정후견인의 행위에 대하여 한정후견종료의 심판이 있기 전이라도 한정후견인의 동의를 얻어 피한정후견인은 추인할 수 있다고 보아야 한다(제10조, 제13조 제4항, 제14조 참조). 또한 피성년후견인은 성년후견인의 동의를 얻더라도 유효한 행위를 할 수 없으므로 성년후견인의 동의가 있더라도 추인할 수 없다(제10조 참조).

(3) 추인의 방법

추인은 형식을 요하지 않는다(제143조 제2항, 제142조 참조). 비록 취소할 수 있는 법률행위가 요식행위라 하더라도 추인은 이러한 방식을 요하지 않는다. 추인은 상대방 있는 의사표시로서,[68] 취소권자가 취소할 수 있는 법률행위의 상대방에 대하여 하여야 한다. 이로써 상

---

65) 이영준, 732면.

66) 김상용, 656면.

67) 대판 1982.6.8, 81다107.

68) 이영준, 734면; 김형배·김규완·김명숙, 354면; 추인이 언제나 상대방 있는 의사표시는 아니라고 하는 견해는 김상용, 657면.

대방은 추인의 사실을 알 수 있게 된다.

(4) 추인의 효과

추인하면 취소할 수 있는 법률행위는 더 이상 취소할 수 없는 유효한 법률행위로 된다. 일부추인의 경우에는 일부취소의 법률효과에 따른다. 한편 '의사표시를 취소한 후 다시 추인할 수 있는가'에 관하여 판례[69]는 취소한 법률행위는 처음부터 무효인 것으로 간주되므로 취소할 수 있는 법률행위가 일단 취소된 이상 그 후에는 이미 취소되어 무효인 것으로 간주된 당초의 의사표시를 다시 확정적으로 유효하게 할 수는 없다고 본다. 그리고 일부의 이행이나 청구의 경우에는 일부의 법정추인이 있을 수 있다.

8. 법정추인

(1) 법정추인의 의의

법정추인은 취소할 수 있는 법률행위에 관하여 민법 소정의 일정한 사유가 있는 경우에 법률상 당연히 추인한 것으로 간주된다(제145조). 원래 추인이란 취소권자가 임의로 의사에 의한 취소권포기이므로, 법정추인은 당사자의 추인이기 보다는 법률의 규정에 의한 '취소권의 배제'라고 보아야 한다.[70] 따라서 법정추인은 취소권자의 추인의사 유무를 묻지 않고 일정한 사유가 있으면 당연히 취소권을 배제시키고 있다.

(2) 법정추인의 요건

가. 법정추인의 사유(제145조)

1) 전부나 일부의 이행　　취소권자가 상대방에게 취소할 수 있는 법률행위로부터 생긴 채무를 전부 또는 일부 이행한 경우뿐만 아니라, 상대방으로부터 위 행위로부터 생긴 채권의 이행을 수령한 경우에도 취소권이 배제된다.[71]

2) 이행의 청구　　취소권자가 상대방의 채무이행을 청구하는 경우만을 말한다. 반대로 상대방으로부터 이행의 청구를 받은 경우는 이에 포함되지 않는다.

3) 경　개　　경개는 기존의 취소할 수 있는 법률행위에 의하여 발생한 채권 또는 채무를 소멸시키고 이에 갈음하여 새로운 채권이나 채무를 발생하게 하는 계약을 말

---

69) 대판 1997.12.12, 95다38240.

70) 이영준, 735면.

71) 이영준, 736면.

하므로(제500조 이하), 이는 기존의 취소할 수 있는 법률행위의 효력을 인정한 것이다. 그러므로 취소권자는 경개계약을 체결하면 더 이상 취소할 수 없다.

4) 담보의 제공 담보의 제공은 취소권자가 채무자로서 담보를 제공하는 경우뿐만 아니라, 채권자로서 담보의 제공을 받는 경우도 포함한다. 여기서 담보라고 함은 물적 담보·인적 담보 모두를 포함한다.

5) 취소할 수 있는 행위로 취득한 권리의 전부나 일부의 양도 권리의 양도는 취소권자만이 하는 권리의 양도를 의미하는 것으로서, 취소할 수 있는 행위로 취득한 권리 위에 제한적 권리(제한물권, 임차권)를 설정하는 것도 포함한다. 그러나 취소함으로써 비로소 생길 장래의 채권을 양도하는 경우는 이에 포함되지 않는다.

6) 강제집행 취소권자가 채권자로서 집행한 경우는 물론, 채무자로서 집행을 받은 경우도 포함된다고 할 것이다.

나. 취소원인의 종료 법정추인을 인정하게 하는 사유는 취소의 원인이 종료한 후에 발생하여야 한다(제145조 본문). 그러나 법정대리인은 취소의 원인인이 종료하기 전이라 하더라도 추인할 수 있고, 제한능력자(피성년후견인 제외)로서는 법정대리인의 동의를 얻어 위와 같은 사유에 해당하는 행위를 한 경우에는 법정추인으로 된다.

다. 이의의 보류 법정추인의 사유가 있어도 「이의를 보류」한 때에는 법정추인으로 되지 않는다(제145조 단서). 여기서 「이의를 보류」한다는 것은 취소권자가 제145조에서 열거하는 법정추인사유에 해당되는 행위를 하면서 추가적으로 자신의 행위가 추인하는 것이 아님을 명시하는 것이다. 이로써 취소권자가 법률상 추인으로 간주되는 법률효과를 배제하는 의사를 표시한 것이다.[72] 예를 들면, 취소할 수 있는 행위로 부담한 채무로 인하여 강제집행 당할 것을 모면하기 위하여 일단 변제는 하지만 그것이 추인은 아니라고 보류한다면, 이는 법정추인으로 되지 않아야 한다. 그런데 제145조 단서의 규정은 입법론적으로 문제가 있다는 견해[73]가 있다. 이에 의하면, 취소권자가 법정추인사유를 행사하면서 이의를 보류하더라도 이는 추인하는 선행행위에 서로 모순되므로 이의에 대한 효력은 발생하지 않는다고 볼 것이라고 한다.

---

72) 곽윤직·김재형, 388면.

73) 이영준 교수는 "청구"라고 하는 사실 속에 취소할 수 있는 법률행위를 추인한다는 표시가치를 내포하는 의사를 표시한 것이고, 이에 대해서 이러한 표시가치를 배제하기 위하여 취소권자가 청구를 하면서 추인하지 않는다는 이의를 보류한다는 것은 선행된 청구행위에 모순된 것으로 아무런 효력이 없어야 한다고 본다(737면).

라. 추인의 의사 법정추인에서는 통상의 추인에서와는 달리, 취소권자가 취소할 수 있는 것임을 알아야 할 필요는 없고 또한 추인의 의사가 있어야 하는 것은 아니다.

(3) 법정추인에 따른 효과

법정추인에 해당되는 사유가 있으면 취소권을 행사할 수 없다.

9. 취소권의 제척기간

취소권은 포기·추인·법정추인 이외에도 일정한 기간의 경과에 의하여서도 소멸한다. 이를 제척기간이라 한다.[74)]

(1) 민법 제146조의 입법취지

취소권은 「추인할 수 있는 날로부터 3년 내에」 또는 「법률행위를 한 날로부터 10년 내에」 행사하여야 한다(제146조). 여기에서 '추인할 수 있는 날'이란 취소의 원인이 종료되어 취소권자가 취소의 대상인 법률행위를 추인할 수도 또 취소할 수도 있는 상태가 된 때를 말한다.[75)] 이는 취소할 수 있는 법률행위에 의한 법률관계를 빨리 확정함으로써 상대방을 불안정한 상태로부터 벗어나게 하여 거래의 안전을 도모하려는 것이다.

제146조 소정의 취소권의 단기행사기간의 성질에 대해서 통설[76)]과 판례는 제척기간으로 보고 있다. 유동적 상태의 법률관계를 조기에 확정하려는 입법취지와 취소권이 형성권인 점 등을 고려할 때 제척기간으로 봄이 타당하다. 판례는 위 기간은 제척기간이지만 제척기간 내에 소를 제기하여야 하는 것은 아니고 재판 외에서 의사표시를 하는 방법으로도 권리를 행사할 수 있다고 한다.[77)]

다수설[78)]은 제146조의 기간은 취소권행사뿐만 아니라 이에 의하여 발생하는 원상

---

74) 민법 제146조는 취소권은 추인할 수 있는 날로부터 3년 내에 행사하여야 한다고 규정하고 있는바, 이 때의 3년이라는 기간은 일반 소멸시효기간이 아니라 제척기간으로서 제척기간이 도과하였는지 여부는 당사자의 주장에 관계없이 법원이 당연히 조사하여 고려하여야 할 사항이다(대판 1996.9.20, 96다25371).

75) 대판 1998.11.27, 98다7421; 대판 2008.9.11, 2008다27301·27318.

76) 고상용, 629면; 곽윤직·김재형, 389면; 김기선, 353면; 김상용, 660면; 김용한, 416면; 김주수·김상용, 492면; 김증한·김학동, 486면; 김형배·김규완·김명숙, 357면; 백태승, 537면; 이영준, 738-739면; 이은영, 714면; 장경학, 656면.

77) 대판 1993.7.27, 92다52795.

78) 곽윤직·김재형, 417면; 김상용, 693면; 김용담, 민법주해[Ⅲ], 314면; 이영준, 643면; 이에 대하여

회복청구권이나 현존이익의 반환청구권의 행사도 위 제척기간 내에 하여야 한다고 해석한다. 이렇게 해석함으로써 이러한 청구권이 취소시로부터 다시 소멸시효기간이 만료될 때까지 행사될 수 있는 결과는 제146조의 조기에 확정지으려는 목적에 반하여 부당하다고 한다. 그러나 취소에 따른 원상회복청구권이나 반환청구권은 취소권과는 별도의 독립한 청구권이므로, 독자적인 소멸시효의 대상이 되어야 할 것이다. 따라서 위 제척기간 내에 취소권의 행사가 있으면, 이로부터 발생되는 원상회복청구권이나 반환청구권은 10년의 소멸시효에 걸린다고 해석하여야 할 것이다.

(2) 선도래시기(先到來時期)에 의한 소멸

「추인할 수 있는 날로부터 3년」과 「법률행위를 한 날로부터 10년」의 두 기간 중 어느 것이든 먼저 만료하는 것이 있으면 이에 따라 취소권은 소멸한다. 여기서 「추인할 수 있는 날로부터」라 함은 「취소의 원인이 종료한 때로부터」라는 뜻이다(제144조).

제 8 관 법률행위의 부관

Ⅰ. 부관의 의의

일반적으로 법률행위가 성립하면 즉각 그 법률행위의 효력이 발생한다. 그러나 당사자는 법률행위를 하면서 그 법률행위의 효력의 「발생과 소멸」을 '장래의 일정한 사실'에 의존케 할 수도 있다. 이러한 약정이 「조건」과 「기한」이다. 조건(제147조 내지 제151조)은 장래의 일정한 사실이 발생하는 것이 불확실한 경우이고, 기한(제152조 내지 제154조)은 일정한 사실이 발생하는 것이 확실한 경우이며, 조건과 기한을 합쳐서 「법률행위의 부관」이라 한다.[1)]

이은영 교수는 취소에 의하여 발생하는 부당이득반환청구권은 취소한 때로부터 일반적 소멸시효기간인 10년의 소멸시효에 걸린다고 해석한다(714면).

1) 흔히 부관을 넓은 의미에 있어서의 부관과 좁은 의미에 있어서의 부관으로 나눈다(곽윤직·김재형, 389-390면). 넓은 의미의 부관은 환매계약처럼 「법률행위의 효력에 관하여 당해 법률행위의 내용으로 부가된 약관」을 의미한다고 하고, 좁은 의미의 부관은 조건이나 기한과 같이 「효과의사의 내용으로서 부가된 약관」이라고 한다. 이러한 분류에 대하여 이영준 교수는 방법론상 실익이 없다는 이유로 반대하고 있다(742면).

Ⅱ. 조 건

1 의 의

(1) 개 념

조건은 「그 성부가 불확실한 장래의 사실」을 의미하고, 「조건부 법률행위」는 법률행위 효력의 '발생' 또는 '소멸'을 그 장래의 불확실한 사정에 의존케 하는 것을 말한다. 예컨대, 운전면허를 취득하면 자동차를 사 주겠다고 약정하는 경우에 증여계약은 성립하지만, 그 계약의 효력으로서 자동차의 인도를 청구하려면 그 조건인 운전면허를 취득하여야만 한다. 이는 법률행위의 효력 발생에 관한 조건이 된다. 한편 토지를 매매하면서 그 토지 중 공장부지 및 도로부지에 편입되지 아니한 부분은 원가로 매도인에게 반환한다고 약정을 한 경우, 일단은 그 토지 전체에 대해 매매계약이 성립하지만 후에 그 편입되지 아니한 부분이 확정된 때에는 그 부분에 대해서는 매매계약의 효력이 발생하지 않고 매도인의 소유로 환원되게 된다.[2] 이는 법률행위의 효력 소멸에 관한 조건이 된다.

1) 법률행위의 조건은 법률행위의 효력의 발생 또는 소멸에 관한 것이며, 법률행위의 성립에 관한 것이 아니므로 조건성취는 법률행위의 성립요건이 아니라 효력요건이다.

2) 조건은 장래의 불확실한 사실이어야 한다. 그러므로 조건은 성취될 사실의 「불확실성」과 「시간성(장래성)」 그리고 「사적 자치에 의한 약관」임을 그 본질적 요소로 한다.

① 불확실성　　조건이 되는 사실은 그 실현 여부가 객관적으로 불확실한 것이어야 한다. 이 불확실성은 조건과 기한을 구별하는 기준이 된다. 판례[3]는 부관이 붙은 법률행위에서 부관이 정지조건인지 불확정기한인지를 판단하는 기준에 대하여 다음과 같이 판시하고 있다. 즉 부관이 붙은 법률행위에서 부관에 표시된 사실이 발생하지 아니하면 채무를 이행하지 아니하여도 된다고 봄이 상당한 경우에는 조건으로 보아야 하고, 표시된 사실이 발생한 때에는 물론이고 반대로 발생하지 아니하는 것이 확정된 때에도 그 채무를 이행하여야 봄이 상당한 경우에는 표시된 사실의 발생 여부가 확정되는

2) 조건부환매계약이 아닌 해제조건부매매로 본다(대판 1981.6.9, 80다3195).

3) 대판 2003.8.19, 2003다24215.

것을 불확정기한으로 본다.[4] 그리고 조건은 불확실한 사실이지만, 그 불확실한 원인에 의한 것인지의 여부는 묻지 아니한다.

② **장래성** 조건은 시간적으로 장래에 발생할 (불확실한) 사실이어야 한다. 따라서 현재 및 과거의 사실은 당사자가 이를 모르고 있더라도 이미 발생한 사실로서 장래성이 없음으로 조건이 아니다.

③ **사적 자치에 의한 약관** 조건은 당사자가 사적 자치에 의하여 부가된 것이어야 한다. 따라서 당사자의 의사에 의하여서가 아니라 법률의 규정에 의하여 정하여지는 '법정조건'은 조건이 아니다. 그러나 법정조건을 해제조건으로 하는 것은 가능하며 법정조건에 관하여도 성질에 반하지 않는 범위 내에서 민법의 조건에 관한 규정을 유추적용하여야 한다.[5]

그리고 조건부 법률행위에서 조건은 법률행위의 내용을 제한하는 것으로서 법률행위의 일부로 된다. 조건은 법률행위에서의 효과의사와 일체적인 내용을 이루는 의사표시이므로 조건의사가 법률행위의 내용으로 외부에 표시되어야 한다.[6] 그리고 조건에 해당하는지의 여부도 법률행위의 해석을 통하여 결정된다.[7]

---

4) 이미 부담하고 있는 채무의 변제에 관하여 일정한 사실이 붙여진 경우에는 특별한 사정이 없는 한 그것은 변제기를 유예한 것으로서 '그 사실이 발생한 때 또는 발생하지 아니하는 것으로 확정된 때'에 기한이 도래한다(대판 2003.8.19, 2003다24215). 한편 대법원은 아파트 신축·분양 사업의 부양수입금 인출배분에 관하여 공사도급변경약정에서 시행사의 선투입비 및 일반관리비 채권을 2순위로 지급하기로 하면서, 위 선투입비는 아파트 분양 실계약률에 따라 계약률 50%시 45억 원, 최초 계약일로부터 6개월 이내에 계약률 75%시 35억 원, 12개월 이내에 계약률 95%시 10억 원을 각각 지급하기로 한 사안에서, 선투입비는 위 사업이 실패하게 되면 시행사가 위험을 부담하여야 하는 것이었던 점 등에 비추어 위 시행사의 선투입비 채권은 일정 기간 내에 일정 분양률이 충족되는 것을 정지조건으로 최대 90억 원까지 2순위로 지급받기로 약정된 것으로 보아야 한다고 판단하였다(대판 2011.04.28, 2010다89036).

5) 고상용, 650면; 판례 역시 농지매매에 있어서의 소재지관서증명은 당사자가 임으로 정하는 법률행위의 부관이 아니므로 민법이 정한 바 조건에 해당한다고는 할 수 없으나 본법이 농지매매 효력발생요건으로 정하여 조건에 관한 민법의 규정이 본법에 배치되지 않는 한 유추적용되어야 할 법정조건이라고 해석하고 있다(대판 1962.4.18, 61다1603).

6) 조건은 법률행위의 효력의 발생 또는 소멸을 장래의 불확실한 사실의 성부에 의존케 하는 법률행위의 부관알소 당해 법률행위를 구성하는 의사표시의 일체적인 내용을 이루는 것이므로, 의사표시의 일반원칙에 따라 조건을 붙이고자 하는 의사 즉 조건의사와 그 표시가 필요하며, 조건의사가 있더라도 그것이 외부에 표시되지 않으면 법률행위의 동기에 불과할 뿐이고 그것만으로는 법률행위의 부관으로서의 조건이 되는 것은 아니다(대판 2003.5.13, 2003다10797).

7) 토지매도인이 토지대금의 지급을 담보하기 위하여 토지매수인이 그 토지상에 신축한 연립주택에 관하여 소유권보존등기를 하친 후 그 일부세대에 대하여 토지매수인 명의로 소유권이전등기를 마쳐주면 이를 담보로 대출을 받아 토지대금을 지급하겠다는 토지매수인의 제의에 따라 소유권이전등기를 마쳐준 경우, 그 소유권이전의 합의는 토지매수인이 그 일부세대를 담보로 대출을 받아 토

3) 입증책임

조건은 법률행위의 당사자가 그 의사표시에 의하여 그 법률행위와 동시에 그 법률행위의 내용으로 부가함으로써 그 법률행위의 효력을 제한하는 것이므로, 구체적인 사실관계가 어느 법률행위에 붙은 조건의 성취에 해당하는지 여부는 의사표시의 해석에 속할 수도 있지만, 이에 어떤 조건이 붙어 있었는지 여부는 사실인정의 문제로서 그 조건의 존재를 주장하는 자가 이를 입증하여야 한다.[8)]

4) 법률행위의 효력판단

조건부 법률행위는 조건적이기는 하나 성립되어 있는 것이므로, 법률행위의 효력판단시점은 원칙적으로 이에 의하여 그 법률행위의 성립시기를 표준으로 판단하며 조건의 성취시기를 표준으로 하지 않는다.

2. 조건의 종류

(1) 정지조건·해제조건

법률행위의 효력의 발생과 소멸을 장래의 불확실한 사실에 의존하게 하는 것이 조건이며, 효력을 발생시키는 것이 「정지조건」이고, 효력을 소멸시키는 것이 「해제조건」이다.

가. 정지조건부 법률행위에 대한 사례

1) 동산의 매매계약을 체결하면서, 매도인이 대금을 모두 지급받기 전에 목적물을

지대금을 지급하는 것을 정지조건으로 한 법률행위가 아니라 토지매도인이 소유권이전등기를 마쳐 주는 선이행채무를 부담하고 이에 대하여 토지매수인이 토지대금을 지급하는 반대채무를 부담하는 것을 내용으로 하는 무조건의 쌍무계약이다(대판 2000.10.27, 2000다30349); 갑은 A회사의 경리직원으로 근무하였는데 그 공금을 횡령한 혐의로 조사를 받게 되자, 갑의 오빠 을이 A에게 횡령금의 일부를 변제해 주기로 하면서 선처를 받기로 A와 약정하였다. 그런데 A가 맡아 둔 갑의 여권을 갑이 분실신고한 사실을 A가 알게 되자, 약정금을 변제하지 않고 해외로 도주하려 한다고 판단하여, 위 약정에서 정한 변제기일 전에 A는 갑을 정식으로 고소하게 되었고, 갑의 형이 확정되었다. A는 을을 상대로 위 약정에 따른 금원의 지급을 청구하였다. 이 사안에서 대법원은 위 약정은 을이 갑의 오빠로서 갑이 A에 대해 부담하는 부당이득반환 또는 손해배상채무 중 일부를 대신 변제한다는 취지인데, 위 약정 자체의 효력이 A의 정식고소나 갑의 처벌이라는 사실의 발생만으로 당연히 소멸한다는 의미의 조건이 쌍방의 합의에 따라 위 약정에 붙어 있다고 볼 수 없으며, 오히려 위 약정 중 '변제하고 선처를 받기로 한다'는 문구는 갑과 을이 위 약정을 예정대로 이행하면 갑이 선처를 받을 수 있도록 A가 협조한다는 취지에 불과한 것이라고 하여, 조건으로 인정하지 않았다(대판 2003.5.13, 2003다10797).

8) 대판 2006.11.24, 2006다35766.

매수인에게 인도하지만 대금이 모두 지급될 때까지는 목적물의 소유권은 매도인에게 유보되며 대금이 모두 지급된 때에 그 소유권이 매수인에게 이전된다는 내용의 이른바 소유권유보의 특약을 한 경우, 목적물의 소유권을 이전한다는 당사자 사이의 물권적 합의는 매매계약을 체결하고 목적물을 인도한 때 이미 성립하지만 대금이 모두 지급되는 것을 정지조건으로 한다[9].

2) 귀속재산을 장래 불하받을 것을 조건으로 하여 이를 제3자에게 매매하기로 하는 계약[10]의 체결은 장래 귀속재산을 불하받을 것을 정지조건으로 한다.

3) 주무관청의 처분허가를 조건으로 하는 사찰소유재산의 매매[11]나 관할청의 허가를 받는 것을 조건으로 한 사찰 소유 부동산임대계약[12]은 주무관청의 허가가 정지조건으로 된다.

4) 임대차계약에서 임대인이 제소 전 화해 신청을 하고 임차인은 반드시 이 화해에 응하여야 하며 제소 전 화해조서가 작성됨으로써 그 효력이 발생하기로 약정한 경우에는, 그 임대차계약은 제소 전 화해조서가 작성됨을 조건으로 하는 정지조건부 계약이라고 해야 하고 해제조건부 계약이라고 할 수는 없다.[13]

5) 대지화를 조건으로 하는 농지의 매매[14]나 상환완료를 조건으로 하는 농지의 매매[15]는 대지화나 상환완료를 정지조건부로 한 매매계약이다.

나. 해제조건부 법률행위에 대한 사례

1) 토지를 매매하면서 그 매매토지중 공장부지 및 진입도로부지에 편입되지 아니할 부분 토지를 매도인에게 원가로 반환한다는 약정은, 공장부지 및 진입도로부지로 사용되지 아니하기로 확정된 때에는 그 부분 토지에 관한 매매는 해제되어 원상대로 돌아간다는 일종의 해제조건부 매매라고 봄이 상당하고, 그 환원에 당사자의 의사표시를 필요로 하는 조건부 환매계약이라고 볼 수 없다.[16]

---

9) 대판 1999.9.7, 99다30534; 대판 2010.2.11, 2009다93671.

10) 대판 1960.10.6, 4292민상824.

11) 대판 1967.12.26, 67다1112 이것은 법정조건임.

12) 대판 1981.9.22, 80다2586.

13) 대판 1990.11.13, 90다카24713.

14) 대판 1966.4.6, 66다329.

15) 대판 1966.9.20, 66다1145.

16) 대판 1981.6.9, 80다3195; 참고로, 부동산매매에서 환매의 약정을 한 경우, 매도인은 5년 내에 환매대금을 매수인에게 반환하고 환매의 의사표시를 하여 두 번째의 매매계약을 성립시키고, 그에 기초하여 소유권이전등기를 함으로써 매도한 부동산의 소유권을 취득한다(제186조, 제590조, 제591조). 이에 대해 해제조건부 매매계약을 맺은 경우에는 조건의 성취만으로 별도의 의사표시 없

2) 주택건설을 위한 토지매매계약에 앞서 당사자의 협의에 의하여 건축허가를 필할 때 매매계약이 성립하고 건축허가신청이 불허되었을 때에는 이를 무효로 한다는 약정 아래 이루어진 계약은 건축허가신청의 불허가를 해제조건으로 하는 매매계약이다.[17]

3) 약혼예물의 수수는 혼인의 불성립을 해제조건으로 하는 증여이다.[18]

4) 회사채권자가 회사의 경영 정상화를 위한 투자약정을 한 후 자신의 그 회사에 대한 대여금채권에 대해 연대보증을 해주지 않으면 투자하지 않겠다고 하여 그 회사의 대표이사가 연대보증을 한 경우, 그 연대보증계약은 회사채권자가 약정 투자금을 투자하지 않을 것을 해제조건으로 하는 조건부 계약이다.[19]

(2) 적극조건·소극조건

장래의 불확실한 사실이 현상의 변경을 내용으로 하는 때에는 이를 「적극조건」이라 하고(예: 내가 취직을 한다면), 현상의 불변경이면 「소극조건」이라고 한다(예: 내가 취직을 하지 않는다면).

(3) 수의조건·비수의조건

조건이 되는 사실이 당사자의 의사와 어떤 관계에 있는가에 따른 분류이다. 조건의 성부가 당사자의 의사에만 전적으로 의존하는 조건이 「수의조건」(隨意條件)이고, 그 의사에 의존하지 않는 조건이 「비수의조건」(非隨意條件)이다(제147조 참조).

가. 수의조건 수의조건은 당사자 일방의 임의의 의사와 관계가 있는 조건을 말한다. 수의조건에는 '순수수의조건'과 '단순수의조건' 두 가지가 있다.

1) **순수수의조건** 순수수의조건은 법률행위의 효력을 당사자 일방의 임의의 의사에 의존하게 하는 조건으로서, 예컨대 「내 마음이 바뀌면 이것을 주겠다」는 식이다.[20] 이것을 조건으로서 인정할 수 있는가에 관하여는 학설상의 다툼이 있다.

이도 그 때부터 매도한 부동산의 소유권은 당연히 매도인에게 복귀한다(제147조, 제187조).

17) 대판 1983.8.23, 83다카552.

18) 대판 1976.12.28, 76므41; 대판 1996.5.14, 96다5506.

19) 대판 1996.2.9, 95다47756.

20) 판례는 제작물공급계약의 당사자들이 보수의 지급시기에 관하여 "수급인이 공급한 목적물을 도급인이 검사하여 합격하면, 도급인은 수급인에게 그 보수를 지급한다"는 내용으로 한 약정에 대하여 도급인의 수급인에 대한 보수지급의무와 동시이행관계에 있는 수급인의 목적물 인도의무를 확인한 것에 불과하여, 법률행위의 일반적인 효과를 제한하기 위하여 법률행위의 효력 발생을 장래의 불확실한 사실의 성부에 의존하게 하는 법률행위의 부관인 조건에 해당하지 않는다고 보았다. 한편 그 약정이 조건에 해당한다 하더라도 검사에의 합격 여부는 도급인의 일방적인 의사에만 의존하지 않

① **부정설** 순수수의조건은 당사자의 일방의 의사에만 의존하는 조건을 말하는 것으로서 이러한 조건은 당사자에게 법률적 구속력을 생기게 하려는 의사가 있다고 할 수 없으므로 언제나 무효이다.[21)]

② **절충설1** '순수수의 정지조건부 법률행위'는 무효이나, '순수수의 해제조건부 법률행위'는 유효하다고 한다.[22)] 예컨대 '계약에 의하여 채무는 발생하지만 채무자가 그 부담을 원치 않는다면 그 계약은 실효한다는 약정'은 유효하다고 한다.

③ **절충설2** 정지조건부 법률행위에서 그 조건이 채무자의 의사에만 의존하는 경우에는 무효이나, 나머지의 경우는 모두 유효하다는 견해[23)]이다 따라서 해제조건의 성취를 당사자 일방의 의사에 의존케하는 경우, 예컨대 임차인이 차임의 증액에 동의하지 않는 것을 해제조건으로 하여 임대차계약을 체결하거나, 또 정지조건이라도 그 조건의 성취를 채권자의 의사에 의존케 하는 경우, 예컨대 매수인의 마음에 드는 것을 조건으로 하여 매매계약을 체결하는 시험매매 등의 경우에는, 법적 구속을 받으려는 의사를 인정할 수 있으므로 유효한 조건으로 보아야 한다.

④ **인정설** 순수수의조건을 무효라고 하여 부정하거나 제한적으로 인정하는 견해는 타당하지 않으며, 사적 자치의 원칙상 일방적이나 쌍방적으로 당사자가 원하는 경우에 한하여 효력을 발생하도록 약정하는 것은 유효하다고 한다. 예컨대 매매계약을 체결하면서 매도인이 환매권을 유보하였다가 자기가 원하는 때에 환매권을 행사할 수 있도록 하는 것은 얼마든지 가능하므로, 순수수의조건은 민법의 전체 질서에 합치되는 제도라고 이해한다.[24)]

2) 단순수의조건 단순수의조건은 법률행위의 효력을 상대방의 임의적 의사에 기한 작위 또는 부작위에 의존케 하는 조건을 말한다. 이 단순수의조건에는 조건을 성취시키려는 의사 외에 의사결정에 의한 사실상태도 함께 성립하여야 한다. 예를 들면, 「내가 미국에 여행하면 사진기를 사 주겠다」라는 조건에서 「나의 일방적 의사」 외에 「미국에의 여행」이라고 하는 작위가 함께 단순수의조건의 요건으로 되는 것이다. 단순수의조건은 법률행위의 효력이 당사자의 일방의 의사에 의존된다고 하는 점에서 순

고 그 목적물이 계약내용대로 제작된 것인지 여부에 따라 객관적으로 결정되는 것이므로 순수 수의조건에 해당하지는 않는다고 보았다.

21) 곽윤직·김재형, 392면; 민형기, 민법주해[Ⅲ], 325면.

22) 고상용, 636면.

23) 민형기, 민법주해(Ⅲ), 325-326면.

24) 이영준, 755면.

수수의조건과 동일하지만, 당해 법률행위와 무관한 당사자 일방의 기위 또는 부작위를 요건으로 한다는 점에서 다르다. 이는 조건으로서 유효하다.

나. 비수의조건 비수의조건은 조건사실의 실현 여부가 당사자의 일방적 의사에만 의존하지는 않는 조건을 말한다. 이에는 우성조건(偶成條件)과 혼성조건(混成條件)의 두 가지가 있다.

1) **우성조건** 우성조건은 조건의 실현 여부가 당사자의 의사와는 전혀 관계없는 자연적인 사실이나 제3자의 의사나 행위에 의존하는 것을 말한다. 예를 들어 「내일 비가 온다면」과 같이 자연의 사실과 「선순위상속인이 상속을 포기하면」과 같이 제3자의 의사나 행위에 의존하는 조건을 말한다. 이는 유효한 조건이다.

2) **혼성조건** 혼성조건은 조건의 성부가 당사자 일방의 의사뿐만 아니라 제3자의 의사에 의해 결정되는 것을 말한다. 「네가 갑과 동업하면」과 같이 조건의 성부가 당사자의 의사 및 제3자의 의사에 의하여 결정되는 조건을 혼성조건이라고 한다. 이것은 유효한 조건이다.

(4) 가장조건

가장조건(假裝條件)은 외견상으로는 조건과 유사하지만 실질적 의미에서는 민법상의 조건으로서 인정되지 못하는 것을 말한다.

가. 법정조건 법정조건(法定條件)은 법률행위가 효력을 발생하기 위해 법률이 요구하는 요건을 말한다. 이 법정조건은 당사자가 사적 자치에 의하지 않고 법률에 의하여 부가된 것으로서 조건은 아니다. 그러나 법정조건을 해제조건으로 하는 것은 가능하며, 법정조건에 관하여도 성질에 반하지 않는 범위 내에서 민법의 조건에 관한 규정을 유추적용하여야 한다.[25] 법정조건은 대체로 법률행위의 유효요건에 해당하므로(성립요건인 경우도 있음), 법률행위의 효력이 확정되지 않은 동안의 법률관계에는 조건규정을 유추적용하여야 한다.[26]

나. 불법조건 선량한 풍속 기타 사회질서에 위반하는 조건을 「불법조건」

25) 고상용, 650면, 곽윤직·김재형, 393면, 김준호, 397면, 백태승, 563면, 민형기, 민법주해(Ⅲ), 328면; 판례 역시 농지매매에 있어서의 소재지관서증명은 당사자가 임으로 정하는 법률행위의 부관이 아니므로 민법이 정한 바 조건에 해당한다고는 할 수 없으나 본법(농지개혁법)이 농지매매 효력발생요건으로 정하여 조건에 관한 민법의 규정이 본법에 배치되지 않는 한 유추적용되어야 할 법정조건이라고 해석하고 있다(대판 1962.4.18, 61다1603).

26) 송덕수, 459면.

(不法條件)이라 한다. 민법은 정지조건이나 해제조건을 묻지 않고 불법조건이 붙어 있는 법률행위는 전체로서 무효라고 규정하고 있다(제151조 제1항). 불법조건만 무효가 아니라 법률행위 자체가 무효이다.[27] 예컨대 부부생활의 종료를 해제조건으로 하는 증여계약은 무효이다.[28]

다. 기성조건 기성조건은 조건사실이 법률행위 당시에 이미 성립하고 있는 경우로서, 본래 조건은 성립 여부가 객관적으로 불확실한 장래의 사실에 의존하는 것인데, 과거에(과거조건) 또는 현재에(현재조건)에 조건사실이 실현되어 있으므로 이 기성조건은 조건에 해당되지 않는다. 기성조건이 정지조건이면 조건 없는 법률행위로 되고, 해제조건이면 그 법률행위는 무효로 된다(제151조 제2항). 한편, 기성조건에 대하여 당사자가 조건이 이미 성립한 사실을 모르는 경우에는 이에 관하여 조건의 규정을 유추적용하자는 견해[29]가 있으나, 이는 제151조 제2항에 반하는 해석으로 유추적용을 부정하여야 한다.[30]

〈판 례〉

갑이 장차 경계측량을 하여 갑의 건물이 을의 토지를 침범한 사실이 확인되면 갑이 건물철거 및 대지인도를 하겠다고 한 경우 갑의 건물이 을의 토지를 침범한 사실이 확인된다는 장래의 사실을 조건으로 한 것이라면 위 조건이 기성조건이어서 무조건의 철거의무를 승인한 것이라 할 수 없고, 정지조건이 있는 법률행위는 조건이 성취된 때로부터 효력이 발생하는 것이므로 위와 같은 조건부의 철거 의사표시만으로 그 때에 갑이 을에 대하여 철거의무를 승인한 것이라고 할 수 없다.[31]

---

27) 대결 2005.11.8, 2005마541.

28) 대판 1966.6.21, 66다530: 조건부 법률행위에 있어 조건의 내용 자체가 불법적인 것이어서 무효일 경우 또는 조건을 붙이는 것이 허용되지 아니하는 법률행위에 조건을 붙인 경우 그 조건만을 분리하여 무효로 할 수는 없고 그 법률행위 전부가 무효로 된다고 보아야 한다(대판 2005.11.8, 2005다541). 대법원은 채무자의 대표이사가 채권자에게 청약의 의사표시를 하면서 부가한 조건의 내용 자체가 무효이거나 조건을 부가하여 청약의 의사표시를 하는 것이 무효라면 그 조건뿐만 아니라 청약의 의사표시 전체가 무효로 되는 것이므로, 이에 대하여 채권자가 승낙의 의사표시를 하였다 하더라도 (감사임용)계약은 성립된 것으로 볼 수 없다라고 판단한 원심을 인정하였다(대판 2005.11.8, 2005마541).

29) 이영준, 758-759면.

30) 김증한·김학동, 490면.

31) 대판 1993.11.9, 93다25790.

다. 불능조건   실현이 불가능한 사실을 내용으로 하는 조건을 불능조건이라 한다. 정지조건이 불능조건이면 그 법률행위는 무효이고, 해제조건이 불능조건이면 조건 없는 법률행위로 된다(제151조 제3항).

3. 조건을 붙일 수 없는 법률행위

(1) 의 의

법률행위에 조건을 붙이면 법률관계의 발생·소멸은 불확정적인 것으로 된다. 따라서 성질상 법률관계가 확정적이어야 하는 법률행위에는 조건을 붙일 수 없다. 조건을 붙일 수 없는 법률행위를 「조건과 친하지 아니한 법률행위」라고 한다.

(2) 조건과 친하지 않은 법률행위의 모습

가. 단독행위

1) 원 칙   행위자의 일방적 의사에 따라 효력이 발생하는 단독행위에 조건을 붙인다면 상대방의 지위가 현저하게 불확정한 것으로 되어 부당하기 때문에 단독행위에는 원칙적으로 조건을 붙일 수 없다. 특히 상계에 관하여는 조건을 붙일 수 없다는 명문의 규정(제493조 제1항)이 있다. 이러한 규정이 없는 취소·해제·해지·철회·선택채권에서의 선택·환매권에 관하여도 조건을 붙일 수 없다고 할 것이다.

2) 예 외   단독행위에 조건을 붙이는 것이 금지되는 이유는 ① 그 효과가 확정적으로 발생될 것이 요구되는데 조건을 붙임으로써 효력발생이 불안정하게 되고(예: 어음 및 수표행위와 혼인·입양·인지·상속의 승인 및 포기 등과 같은 신분행위), ② 조건을 붙이면 상대방의 지위가 현저하게 불안정·불리하게 되기(예: 단독행위 중에서 상계·취소·철회 등) 때문이다. 그러므로 단독행위라도 채무면제, 유증에는 조건을 붙이더라도 상대방에게 이익만을 주는 경우이므로 조건을 붙일 수 있다.[32] 또한 상대방이 조건의 성취를 아는 데 필요한 상당한 시간이 경과한 후에 해지의 효력이 발생하도록 해지의 효력발생 시기를 정하는 경우에는 '조건부 해지'로서 허용된다.[33]

'소급효가 있는 해제'에 관하여 정지조건부 해제의 의사표시로 볼 것인지 또는 실권약관부 계약해제의 의사표시로 볼 것인지가 논의된다. '정지조건부 해제의 의사표시'

---

32) 현상광고(제675조)는 광고자가 어느 행위를 한 자에게 일정한 보수를 지급할 의사를 표시하고 이에 응한 자가 그 광고에 정한 행위를 완료함으로써 그 효력이 생기는 것으로서, 그 광고에 정한 행위의 완료에 조건이나 기한을 붙일 수 있다(대판 2000.8.22, 2000다3675).

33) 이영준, 760면.

로 보면, 계약당사자의 일방이 상대방에 대하여 일정한 기간을 정하여 채무이행을 최고함과 동시에 그 기간 내에 이행이 없을 때에는 계약을 해제하겠다는 의사표시를 한 경우로 되어 위의 기간경과로 인하여 그 계약은 해제된다.[34] 이에 대하여 '실권약관부 계약해제의 의사표시'로 보면, 계약당사자의 일방이 상대방에 대하여 일정한 기간에 채무이행을 하지 않으면 계약이 자동적으로 해제된 것으로 하는 특약을 한 것으로 보게된다. 이 모두 조건으로 허용될 수 있다.[35]

나. 신분행위·증권행위

1) 신분행위 　신분행위에 조건을 붙이면 상대방의 법적 지위가 불확정한 것으로 되며, 이 또한 선량한 풍속 기타 사회질서에 반하게 되는 수가 많아 무효로 된다. 그러므로 신분행위(예: 혼인·이혼·입양·인지·상속의 승인 또는 포기 등)에는 원칙적으로 조건을 붙일 수 없다. 다만 신분행위에 조건을 붙이더라도 상대방의 불이익을 증가시키지 않는 경우나 선량한 풍속 기타 사회질서에 반하지 않는 경우에는 조건을 붙일 수 있다고 해석할 것이다. 예를 들면, 유언에는 조건을 붙일 수 있다(제1073조 제2항).

2) 증권행위 　어음·수표행위는 객관적 획일성이 요구되므로 조건을 붙이는 것이 허용되지 않는다. 다만 '어음보증'에 조건을 붙이는 것은 어음거래의 안정성을 해하지 않는 것이므로 허용된다.[36]

다. 법률의 목적에 반하는 조건 　조건을 금한다는 취지가 명문으로 규정되어 있지는 않지만 이것을 허용하는 것이 법의 목적에 근본적으로 배치되는 경우에는 조건을 붙일 수 없다고 할 것이다. 예를 들면, 물권의 처분금지를 내용으로 하는 조건은 법의 목적에 배치되어 허용되지 않는다.

(3) 효　과

조건과 친하지 아니한 법률행위에 조건을 붙이는 경우에 특별한 규정이나 약정이 없는 한 '일부무효의 법리'가 적용되어 조건이 붙은 법률행위는 그 자체가 전부무효로

---

34) 대판 1970.9.29, 70다1508; 대판 1981.4.14, 80다2381.

35) 대판 1980.2.12, 79다2035. 다만 해제자도 자기 급부의 이행의 제공을 하여야 한다.

36) 어음법상의 보증의 경우에는, 발행 및 배서의 경우와 같이 단순성을 요구하는 명문의 규정이 없을 뿐만 아니라 부수적 채무부담행위인 점에서 보증과 유사한 환어음 인수에 부단순인수(不單純引受)를 인정하고 있음에 비추어, 어음보증에 대하여 환어음 인수의 경우보다 더 엄격하게 단순성을 요구함은 균형을 잃은 해석이고 또 조건부 보증을 유효로 본다고 하여 어음거래의 안전성이 저해되는 것도 아니므로, 조건을 붙인 부단순보증은 그 조건부 보증 문언대로 보증인의 책임이 발생한다고 보는 것이 마땅하다(대판 1986.9.9, 84다카2310).

된다.[37] 그러나 조건을 붙일 수 없는 행위에 조건을 붙인 경우에 그 효과에 관하여 법이 규정하고 있는 경우에는 이 법에 따른다. 예를 들면, 어음법과 수표법은 배서에 붙인 조건은 기재하지 아니한 것으로 보는 것으로 규정하고 있다(어음법 제12조 제1항, 제77조 제1항 제1호, 수표법 제15조 제1항).

4. 조건의 성취와 불성취

(1) 조건 성취·불성취의 의의

가. 개 념 「조건의 성취」는 조건이 성립하는 것을 말하며, 「조건의 불성취」는 조건이 성립하지 않는 것을 말한다. 이러한 조건 있는 법률행위의 효력은 조건의 성취 또는 불성취에 따라 발생 또는 불발생으로 확정된다.

조건의 성취 여부와 관련 있는 조건이 적극조건·소극조건이다. 적극조건은 현상의 변경이 확정되면 조건의 성취로 되고, 현상의 불변경이 확정되면 조건의 불성취로 된다. 이에 대하여 소극조건은 현상의 불변경이 확정되면 조건의 성취로 되고, 현상의 변경이 확정되면 조건의 불성취로 된다. 판례는 갑이 자기 소유 토지 위에 동사무소를 신축하는 것을 조건으로 을에게 증여하였는데 을이 다른 토지 위에 동사무소를 준공하였다면 그 조건의 불성취가 사실상 확정되었고 그 증여계약은 무효라고 판시하였다.[38]

나. 조건의 성취 여부의 판단시기 조건의 성취·불성취는 사실심의 변론종결시를 기준으로 하여야 한다.

다. 입증책임 법률행위가 조건부라는 사실은 그로 인한 법률효과의 발생을 다투려는 자가 입증하여야 한다.[39] 그리고 조건의 성취는 조건이 성취되었다는 사실에 의하여 권리를 취득하는 자가 입증하여야 하며, 조건의 불성취는 조건이 불성취되었다는 사실에 의하여 의무를 면하는 자가 입증하여야 한다.[40]

(2) 반신의행위에 의한 조건의 성취·불성취

가. 민법의 규정 조건의 성취·불성취로 이익을 얻는 자가 신의성실에 반하는 방법으로 조건이 성취되는 것을 방해하면 조건은 성취된 것으로 간주하고, 신의성실에 반하는 방법으로 조건을 성취시키면 조건은 성취되지 않은 것으로 간주한다(제150조).

37) 조건을 붙이는 것이 허용되지 아니하는 법률행위에 조건을 붙인 경우 그 조건만을 분리하여 무효로 할 수는 없고 그 법률행위 전부가 무효로 된다(대판 2005.11.8, 2005마541).

38) 서울지법 1988.2.12, 87가단2052.

39) 대판 1993.9.28, 93다20832.

40) 대판 1983.4.12, 81다카692; 대판 1984.9.25, 84다카967; 이영준, 766면.

나. 요 건

1) 당사자의 행위 조건의 성취·불성취로 불이익을 받을 당사자의 행위로 조건이 불성취되거나 또는 성취되었어야 한다. 여기서 「당사자」는 조건성취나 조건불성취로 직접 불이익을 받게 되는 자를 의미한다.

2) 조건의 성취·불성취 당사자의 방해행위에 의하여 조건이 성취 또는 불성취되어야 하고, 이로써 방해행위와 조건의 성취 또는 불성취와는 인과관계가 성립되어야 한다.

3) 신의칙 위반 조건성취를 못하도록 방해하거나 또는 조건성취가 되도록 조장하는 것이 신의칙에 반하여야 한다.

다. 효 과

1) 조건성취 또는 불성취의 의제 민법은 신의칙에 반하여 조건의 성취·불성취를 방해한 자에게 상대방은 그 조건이 성취된 것으로 또는 성취되지 아니한 것으로 「주장할 수 있다」고 규정한다. 학설은 이를 실체법상 「주장」할 수 있는 권리를 「형성권」의 일종으로 본다.[41]

2) 성취·불성취로 의제되는 시점 제150조[조건성취, 불성취에 대한 반신의 행위]에 의하여 조건의 성취·불성취로 의제되는 시점에 대하여 학설의 대립이 있다. '조건성취를 주장한 시점'이라는 견해[42]와 신의성실에 반하는 행위가 없었더라면 '조건이 성취되었을 시점'이라는 견해[43]이다. 판례는 신의성실에 반하는 행위가 없었더라면 조건이 성취되었을 시점이라고 보아 후설에 따르고 있다.[44] 그러나 이 시점이 확정불가능한 경우에는 '조건의 성취가 방해된 시점'이라고 해석하여야 할 것이다.[45]

3) 손해배상청구권 조건성취를 방해하는 행위나 조장하는 행위는 불법행위나 채무불이행이 될 수도 있다. 따라서 상대방은 이를 원인으로 하는 손해배상청구권을 행사할 수 있다.

---

41) 곽윤직·김재형, 395면; 이에 대하여 이영준 교수는 우리 민법은 「주장할 수 있다」고 규정하고 있지만, 이는 신의성실에 반하는 조건성취의 방해 또는 조건성취의 조장이 있는 때에는 이러한 방해·조장이 없었더라면 발생하였을 법률효과가 발생하는 것으로 의제된 것으로 해석하고 있다(671면).

42) 김상용, 706면.

43) 김주수·김상용, 503면; 민형기, 민법주해[Ⅲ], 363면; 이영준, 769면.

44) 대판 1998.12.22, 98다42356.

45) 이영준, 770면; 김증한·김학동, 496면.

5. 조건부 법률행위의 효력

(1) 조건 성취 여부 확정 전의 법률효과

가. 조건부 권리 조건의 성취 또는 불성취가 확정되지 않고 있는 동안 조건부 법률행위의 효력은 '부동적 상태'이다. 이 경우 당사자 일방은 조건이 성취되면 일정한 이익을 향수하게 될 기대를 가진다. 이 기대를 권리의 일종으로 보아 조건부 권리라고 한다. 조건성취로 이익을 받을 자는 조건성취 여부가 미정인 동안에도 일종의 기대권을 갖는다.46)

조건부 권리자는 조건이 성취될 때까지 채무의 이행이나 물권의 이전 등을 청구할 수 없고, 청구하더라도 조건부로 할 수 밖에 없다. 조건부 권리에 대하여 미리 청구할 필요가 있는 때에 한해 '장래이행청구의 소'를 제기할 수 있지만(민사소송법 제251조), 그 판결에 대하여는 채권자가 그 조건의 성취를 증명한 때에 한해 집행문이 부여된다(민사집행법 제30조 제2항). 조건부 채권자도 파산채권자로서 파산절차에 참가할 수 있지만, 그 조건성취 전에는 파산관재인은 그 배당액을 임치하여야 한다(채무자 회생 및 파산에 관한 법률 제519 제4호). 한편 조건의 성취가 미정인 상태에서 조건부 의무자가 이행을 하고 권리자가 이를 수령하면 부당이득이 성립한다(제741조). 다만 의무자가 조건이 성취되지 않은 것을 알면서 변제를 한 경우에는 비채변제로서 반환청구를 할 수 없다(제742조).47)

나. 조건부 권리의 보호

1) 침해의 금지 조건부 권리자는 조건성취가 미정인 동안에도 조건부 권리를 갖는다. 그러므로 이를 침해한 때에는 친해한 상대방에 대하여 손해배상청구를 할 수 있다. 즉 조건부 권리에 대하여 침해하지 말아야 하는 의무를 위반한 것으로서, 재산권을 침해 한 것으로 되어 불법행위를 성립시킨다.48) 이에 대하여 조건부 권리침해를 채무자의 충실의무 및 보호의무를 이행하지 않은 데 기인하는 채무불이행책임으로 보는 견해49)가 있다. 그러나 법률에 명시되어 있는 의무는 방법론상 신의칙에 기한 부수의무에 포함시킬 수 없고 또 조건부 권리에 대한 보호의무위반이 급부의무가 아닌 점에서 채무불이행의 책임으로 보기 어렵다.

---

46) 지원림, 308면.

47) 김준호, 400면.

48) 곽윤직·김재형, 396-397면; 김주수·김상용, 507면; 민형기, 민법주해[Ⅲ], 348면.

49) 김형배·김규완·김명숙, 323면; 이영준, 772면; 이은영, 732면; 김상용 교수는 기대권의 침해로 인한 손해배상청구권의 본질을 어느 하나로만 설명하는 것은 타당하지 않다고 본다(674면).

2) 조건부 권리를 침해하는 처분행위 조건부 법률행위의 당사자는 조건의 성취미정(成就未定)인 동안에 조건의 성취로 인하여 생긴 상대방의 이익을 해하지 못한다(제148조). 그러므로 조건부 권리를 침해하는 처분행위의 효력은 조건부 권리를 침해하는 범위 내에서 무효로 된다.50)

① **조건부 채권행위 후에 의무자가 처분행위를 한 경우** 예컨대 조건부 증여계약을 맺은 상태에서 증여가자 제3자에게 증여의 목적물을 양도하여 제3자 앞으로 소유권이전등기가 마쳐진 경우에는 제3자의 물권이 우선한다. 조건부 권리자는 조건의 성취 후에 증여자를 상대로 이행불능에 의한 손해배상을 청구할 수 있을 뿐이다. 그러므로 조건부 권리자가 조건의 성취를 가지고 제3자에게 대항하기 위해서는 그 정지조건을 가등기하여야 한다(부동산등기법 제88조 후문).

② **조건부 처분행위 후에 의무자가 처분행위를 한 경우** 예컨대 해제조건부 매매로 인한 부동산소유권이전등기를 한 후 조건 성취 전에 매수인이 제3자에게 목적물을 양도하여 제3자 앞으로 소유권이전등기가 된 경우에는 해제조건이 성취되더라도 그것은 조건이 성취된 때로부터 그 효력을 잃는 것으로 되므로(제147조 제2항), 그 전에 물권을 취득한 제3자는 유효하게 소유권을 취득한다. 다만 해제조건의 경우에는 권리소멸의 약정으로서 이를 등기할 수 있으며(부동산등기법 제54조), 이를 등기한 때에 한해 제3자에게 그 조건의 성취를 주장하여 제3자가 취득한 물권의 무효를 주장할 수 있다.51) 그러한 등기를 하지 않은 경우 매도인은 조건의 성취를 전제로 매수인을 상대로 무효에 의한 부당이득의 반환을 청구할 수 있다.

3) 제3자가 침해한 경우 제3자가 조건부 권리를 침해한 경우에는 장래 조건의 성취를 전제로 불법행위(제750조)가 성립할 수 있으나, 제3자가 조건부 권리의 존재를 과실 없이 모른 경우에는 그 성립이 부정된다.52)

다. 조건부 권리의 처분 등 조건부 권리는 일반규정에 준하여 처분·상속·보존·담보로 할 수 있다(제149조).

(2) 조건 성취 여부 확정 후의 법률효과

가. 법률행위 효력의 확정 조건의 성취 또는 불성취에 의하여 법률행위의

50) 대판 1992.5.22, 92다5584.

51) 대판 1992.5.22, 92다5584.

52) 김준호, 401면.

효력이 확정된다. 조건부 법률행위에서 정지조건이 성취되면, 그 법률행위는 이제 확정적으로 효력을 발생한다.53) 해제조건이 성취되면 조건부 법률행위의 효과는 확정적으로 소멸한다.

나. 비소급적 효력 조건성취의 법률효과는 원칙적으로 소급효를 갖지 않고 '조건이 성취된 때로부터' 그 효력이 발생한다(제147조 제1항, 제2항). 그러나 당사자가 조건성취의 효력을 그 성취 전에 소급하게 할 의사표시를 한 때에는 조건성취의 효력은 소급효를 갖는다(제147조 제3항). 다만 조건이 등기되어 있는 경우를 제외하고, 당사자의 이러한 채권적 약정에 의하여 제3자의 권리를 해할 수는 없다고 할 것이다.54) 판례55)는 해제조건부증여로 인한 소유권이전등기를 마친 경우에 조건성취 전에 수증자가 한 처분행위의 효력에 대하여 그 해제조건이 성취되면 그 소유권은 증여자에게 복귀하고, 이 경우 당사자 간에 별단의 의사표시가 없는 한 그 조건성취의 효과는 소급하지 아니하나, 조건성취 전에 수증자가 한 처분행위는 조건성취의 효과를 제한하는 한도 내에서는 무효라고 한다. 다만 그 조건이 등기되어 있지 않는 한 그 처분행위로 인하여 권리를 취득한 제3자에게는 그 무효를 대항할 수 없다고 판시하고 있다.

Ⅲ. 기 한

1. 기한의 의의

기한은 「법률행위의 효력의 발생·소멸을 장래에 발생하는 것이 확실한 사실에 의존케 하는 법률행위의 부관」이다.56) 법률행위의 효력을 발생시키는 기한을 시기 그리고 효력을 소멸시키는 기한을 종기라 한다. 예컨대 「2004년 1월 1일부터 임대한다」는 것은 시기부 법률행위이고 「2004년 11월 30일까지 임대한다」는 것은 종기부 법률행위이다. 준법률행위(예: 변제)에도 기한을 붙일 수 있다.

시기나 종기가 도래하는 것은 장래의 사실이지만 그것이 도래하는 것이 확정적이

---

53) 당사자 사이에 어떠한 조건부 법률행위가 이루어진 경우, 그 법률행위는 당해 조건이 성취되어야만 유효하고 당해 조건이 성취되지 아니하면 그 법률행위 역시 무효로 확정되는 것이다(대판 2006. 12.7, 2004도3319).

54) Medicus, Allg. Teil, Rdnr. 839.

55) 대판 1992.5.22, 92다5584.

56) 조건은 법률행위의 효력의 발생 또는 소멸을 장래의 불확실한 사실의 성부에 의존하게 하는 법률행위의 부관이다. 반면 장래의 사실이더라도 그것이 장래 반드시 실현되는 사실이면 실현되는 시기가 비록 확정되지 않더라도 이는 기한으로 보아야 한다(대판 2018.6.28, 2018다201702).

라는 점에서 조건과 다르다. 기한도 법률행위의 내용으로서 당사자가 임의로 정한 것이므로, 따라서 법정기한은 여기서 말하는 기한이 아니다.

2. 기한의 종류

(1) 시기(始期)·종기(終期)

법률행위의 효력발생시기를 정하는 기한을 「시기」라고 하고, 법률행위의 효력의 소멸시기를 정하는 기한을 「종기」라고 한다.

(2) 확정기한·불확정기한

시기가 확정되어 있는 기한을 「확정기한」이라고 한다. 이에 대하여 시기가 확정되어 있지 아니한 기한을 「불확정기한」이라고 한다. 예를 들어 '앞으로 3개월 후'는 확정기한이고 '갑(甲)이 사망하였을 때'는 불확정기한이다. 판례는 신축중인 건물의 분양계약에 따른 중도금지급기일을 '1층 골조공사 완료시'로 정한 경우, 그 중도금지급의무는 불확정기한으로 이행기를 정한 것으로 본다.[57)]

3. 기한을 붙일 수 없는 법률행위

조건과 친하지 않은 법률행위는 대체로 기한과도 친하지 아니하다. 행위시에 바로 효력이 발생하여야 하는 법률행위(예: 혼인·입양·상속의 승인 등)에는 시기를 붙일 수 없다. 또한 상계와 같이 소급효가 있는 행위에 시기를 붙이는 것은 허용되지 않는다(제493조 제1항 참조). 그러나 시기는 효력의 발생을 불확실하게 하는 것이 아니므로 조건과 친하지 아니한 어음행위나 수표행위에 시기를 붙이는 것은 허용된다.[58)] 종기를 붙일 수 없는 법률행위에 관하여는 해제조건에서와 대체로 같다.

4. 기한부 법률행위의 효력

(1) 기한의 도래

기한이 기일 또는 기간에 의하여 정하여져 있는 경우에는 기일의 도래 또는 기간의 경과로써 기한은 도래(到來)한다.[59)] 그러나 일정한 사실의 발생을 기한으로 한 경우

---

57) 대판 2005.10.7, 2005다38546.

58) 고상용, 652면; 김주수·김상용, 510면; 김형배·김규완·김명숙, 325면.

59) 당사자가 불화정한 사실이 발생한 때를 이행기한으로 정한 경우, 그 사실이 발생한 때는 물론 그

에는 그 사실이 발생한 때에 기한이 도래하는 것은 물론이지만 기한부 부심상 반드시 도래하여야 하는 것이므로 그 사실이 불발생으로 확정된 때에도 기한이 도래한 것으로 보아야 한다.[60] 또한 기한이익을 포기하거나 상실한 때에도 기한은 도래하게 된다.

(2) 기한도래 전의 효력

가. 시 기 기한부 권리 역시 조건부권리와 마찬가지로 기대권으로서 보호된다. 특히 시기부 권리의 경우 종기가 도래할 때까지 반드시 일정한 시간이 경과하여야 하는 것이므로 그 동안에도 보호할 필요가 있게 된다. 민법은 이를 위해 기한부 권리는 조건부 권리와 유사하므로 제148조[조건부 권리의 침해금지] 및 제149조[조건부 권리의 처분]를 기한부 법률행위에 관하여 준용하고 있다(제154조).

나. 이행에 기한이 붙은 법률행위 '시기부 법률행위'와 '이행에 기한이 붙은 법률행위'는 그 효력에 있어서 서로 다르다. 시기부 법률행위에 있어서는 채권이 아직 발생하지 아니하였는데 반하여, 이행에 기한이 붙은 법률행위에 있어서는 채권이 발생하였으나 아직 이행기가 도래하지 않은 것이다. 따라서 기한부 권리로서의 보호는 문제되지 않고 변제기 전의 채권의 효력이 문제될 뿐이다.

(3) 기한도래 후의 효력

시기부 법률행위는 기한이 도래하면 효력을 발생한다(제152조 제1항). 종기부 법률행위는 기한이 도래한 때로부터 그 효력이 소멸한다(동조 제2항). 기한의 효력에는 성질상 소급효가 있을 수 없다. 또한 기한도래의 법률효과는 절대적이므로 당사자의 특약으로 소급효를 발생시킬 수 없다.

5. 기한의 이익

(1) 기한 이익의 의의

기한의 이익은 「시기 또는 종기가 도래하지 아니함으로써 당사자가 받는 이익」을 말한다. 시기부 법률행위에서는 법률행위의 효력이 아직 발생하지 않는데서 받는 이익을 말하고 종기부 법률행위에 있어서는 법률행위의 효력이 소멸하지 않는 데에서 받는 이익이다.

사실의 발생이 불가능하게 된 때에도 그 이행기한은 도래한 것으로 보아야 한다(대판 2007.5.10, 2005다67353).

60) 고상용, 652면; 김주수·김상용, 512면; 김형배·김규완·김명숙, 327면.

기한의 이익은 채권자만이 가지는 경우(예: 무상임치(제693조 참조)), 채권자·채무자 쌍방이 가지는 경우(예: 이자있는 정기예금) 등이 있으나 채무자만이 기한의 이익을 가지는 경우가 일반적이므로 제153조 제1항은 기한은 채무자의 이익을 위한 것으로 추정한다. 그러므로 기한의 이익이 채권자를 위하여 정하여졌다거나 또는 쌍방을 위하여 정하여졌다는 것을 주장하는 자는 이를 입증할 책임을 진다.[61]

(2) 기한 이익의 포기

채무자는 기한의 이익은 포기할 수 있으나 이에 의하여 상대방의 이익을 해하지 못한다(제153조 제2항). 기한의 이익의 포기는 소급효가 없으므로 장래를 향하여만 효력이 있다.

가. 일방적 기한이익 기한의 이익이 당사자의 일방에게만 있는 경우에는 상대방에 대한 일방적 의사표시에 의하여 임의로 이를 포기할 수 있다. 예컨대 무이자부 소비대차의 차주는 언제든지 반환할 수 있고 무상임치인은 언제든지 반환을 청구할 수 있다.

나. 쌍방적 기한이익 기한의 이익이 상대방을 위하여서도 존재하는 경우에는 상대방의 손해를 배상하고 포기할 수 있다고 할 것이다.[62] 따라서 대금지급으로 받는 어음이 부도될 것으로 예상되더라도 이행기 전에 이행지체를 원인으로 한 계약해제는 상대방의 기한이익을 침해하는 것으로 되어 허용되지 않는다 할 것이다.[63]

(3) 기한 이익의 상실

다음의 경우에는 채무자가 경제적 신용을 잃게 되었으므로 채권자는 기한의 도래까지 기다릴 수 없고 이에 따라 채무자는 기한의 이익을 상실한다. 따라서 채무자로서는 채권자의 기한 전의 이행청구를 거절할 수 없다.

① 채무자가 담보를 손상하거나 감소 또는 멸실하게 한 때(제388조 제1호)

② 채무자가 담보제공의 의무를 이행하지 아니한 때(제388조 제2호)

③ 채무자의 파산(채무자 회생 및 파산에 관한 법률 제425조)

61) 이영준, 778면.

62) 곽윤직·김재형, 401면; 김주수, 527면.

63) 대판 1982.12.14, 82다카861.

제 4 절 기 간

Ⅰ. 기간의 의의

기간은 「어느 시점에서 다른 시점까지 사이의 시간의 양」을 말한다. 시간은 사건으로서 다른 법률사실과 결합하여 법률요건으로 되는 수가 많다. 이를 테면, 성년·최고기간·실종기간·기한·시효 등이다.

민법은 기간의 계산방법에 관하여 규정하고 있다(제155조). 그러나 이것은 보충적 규정이므로 법령이나 재판상의 처분 또는 법률행위에 의하여 정한 것이 있으면 제155조가 적용되지 않는다.[1] 한편 기간에 관한 본조의 규정은 사법관계뿐만 아니라 공법관계에도 적용된다.

Ⅱ. 기간의 계산방법

(1) 자연적 계산방법

자연적 계산방법은 실제 그대로 시간을 계산하기 때문에 정확하지만 불편하다. 민법은 시·분·초를 단위로 하는 기간의 계산을 자연적 계산방법에 의한다. 이에 의하면 즉시로부터 기산하여 종료된 시·분·초에 만료한다(제156조).

(2) 역법적 계산방법

역법적 계산방법은 역에 따라서 일·주·월·년을 단위로 하는 기간에 따라 계산한다. 민법은 역법적 계산방법에 의한다.

가. 기산점 기간의 초일은 원칙적으로 이를 산입하지 않는다.[2] 그러나 기간이 오전 0시로부터 시작하는 경우(제157조 단서)와 연령계산의 경우에는 초일을 산입한다(제158조).

---

1) 곽윤직·김재형, 402면; 김상용, 682면.

2) 대판 2007.8.23, 2006다62942.

나. 만료점 기간 말일의 종료로 기간은 만료된다(제159조).[3] 예를 들어 어떤 행위를 하여야 하는 종기 또는 유효기간이 만료되는 시점을 「일」로 정하였다면 그 기간의 만료점은 그날 오후 12시가 된다. 기간을 주·월·년으로 정한 때에는 이를 일로 환산하지 않고 역에 따라 계산한다(제160조 제1항). 이 경우 처음부터 계산하지 않을 때에는 최후의 주·월·년에서 기산점에 해당하는 날의 전일(前日)로 기간은 만료한다(동조 제2항). 그리고 윤년의 경우에는 해당일이 없는 경우가 있을 수 있다 이 경우 그 월의 말일로써 기간의 말일로 한다(동조 제3항). 기간의 말일이 공휴일에 해당하는 때에는 그 기간은 그 익일(다음날)로 만료한다(제161조). 이 규정은 기간기산의 초일이 공휴일인 때에는 그 적용이 없다.[4]

[기간계산의 구체적인 예]

① 4월 1일 오전 9시부터 10시간이라고 하는 경우에는 만료점은 4월 1일 오후 7시가 종료한 때이다(제156조).

② 2004년 4월 15일 오전 10시부터 7일간이라고 하는 경우에는 기산점은 4월 16일이고 만료점은 4월 22일 오후 12시가 된다(제157조, 제159조).

③ 1984년 4월 20일 오전 10시에 출생한 자는 2004년 4월 20일 오전 0시에 성년이 된다(제158조, 제159조).

④ 2월 20일 오후 2시부터 1개월이라고 하는 경우에는 기산점은 3월 1일이고 만료점은 4월 1일의 전일인 3월 31일이다(제160조 제2항).

⑤ 2004년 1월 30일부터 1개월이라고 하는 경우에는 기산점은 1월 31일이고 만료점은 2월 29일 오후 12시가 된다.

Ⅲ. 기간 역산의 계산방법

기간계산방법은 일정한 기산일로부터 소급하여 거꾸로 계산하는 경우에 관하여도 유추 적용된다.[5] 예를 들어 사단법인의 사원총회를 1주일 전에 통지한다고 할 때에, 사

---

3) 정년이 53세라 함은 만 53세에 도달하는 날을 말하는 것이라고 보는 것이 상당하다(대판 1973.6.12, 71다2669).

4) 민법 제161조가 정하는 기간의 말일이 공휴일에 해당한 때에는 기간은 그 익일로 만료한다는 규정의 취지는 명문이 정하는 바와 같이 기간의 말일이 공휴일인 경우를 정하는 것이고, 이는 기간의 만료일이 공휴일에 해당함으로써 발생할 불이익을 막자고 함에 그 뜻이 있는 것이므로 기간 기산의 초일은 이의 적용이 없다(대판 1982.2.23, 81누204).

5) 고상용, 658면; 김상용, 682면; 김주수·김상용, 516면; 김형배·김규완·김명숙, 330면; 민형기, 민법주해[Ⅲ], 378면.

원총회일이 3월 15일이라고 한다면, 14일이 기산점이 되어 그 날부터 역으로 7일을 계산한 날의 말일인 8일의 오전 0시에 만료하기 때문에, 7일중으로 총회소집통지가 발송되어야 한다.6)

---

6) 판례는 "선거일 전 3년간이라 함은 선거일 전날 24:00을 기산점으로 하고 소급적으로 계산한 3년 사이를 의미한다"고 한다(대판 1979.3.27, 79슈1).

제 5 절 소멸시효

제1관 소멸시효에 관한 총설

Ⅰ. 소멸시효의 존재이유

1. 의의 및 성질

(1) 시효의 의의

시효는 「일정기간 동안 사실상태가 계속된 경우에 그 사실상태가 진실한 권리관계에 합치되는가와 상관없이 그 사실상태 대로 권리관계를 인정하려는 제도」이다. 이 시효에는 권리를 행사하고 있는 상태가 일정한 기간 계속한 경우에 권리의 취득을 인정하는 것이 「취득시효」이고, 권리를 행사하지 않고 있는 상태가 일정한 기간 계속된 경우에 권리의 소멸을 인정하는 것이 「소멸시효」이다. 민법은 소멸시효만을 총칙편에 규정하고, 취득시효는 물권의 취득에 한정되기 때문에 물권편에 규정하고 있다.

(2) 시효의 성질

시효는 일정한 기간의 계속을 전제로 권리취득 또는 권리소멸이라는 법률효과를 가져오는 「법률요건」이다. 시효에 관한 규정은 강행규정이다. 또한 시효는 「재산권」에 관한 것이며, 가족관계에 관해서는 그 적용이 없다.

2. 시효제도의 존재이유

시효제도를 통하여 진정한 권리자가 보호받는 반면에 희생되는 경우도 발생할 수 있다. 이 시효제도의 존재이유를 법률생활의 안정과 평화의 달성, 증거보전의 곤란으로부터의 구제, 권리 위에 잠자는 자의 보호불필요에서 찾는 것이 일반적이다.[1)]

---

1) 곽윤직·김재형, 406-407면; 김상용, 684-685면; 이밖에 법질서의 법적 안정성의 요구와 증거보존의

판례는 시효제도를 일정기간 계속된 사회질서를 유지하고, 시간의 경과로 인하여 곤란하게 되는 증거보전으로부터의 구제, 그리고 자기 권리를 행사하지 않고 소위 권리 위에 잠자는 자를 법적 보호에서 제외하기 위하여 제정된 제도[2]로 이해한다. 따라서 판례에 의하면, 시효제도의 존재이유는 영속된 사실상태를 존중하고 권리 위에 잠자는 자를 보호하지 않는다는데 있다.[3]

Ⅱ. 제척기간과 소멸시효

제척기간과 실효의 원칙은 일정한 기간의 경과로 권리가 소멸 내지 실효하는 점에서 소멸시효와 유사한 제도이나 실효의 원칙에 대하여는 앞에서 이미 살펴보았으므로 여기에서는 제척기간만을 살펴본다.

1. 의 의

제척기간은 법률이 규정하는 '권리의 존속기간'이다. 따라서 그 기간 내에 권리를 행사하지 않으면 제척기간이 만료되어 그 권리는 당연히 소멸하게 된다. 제척기간을 두는 이유는 그 권리를 중심으로 법률관계를 조속히 확정지으려는 데 있고, 이것은 특히 형성권의 행사에서 강하게 요청된다.[4]

제척기간이 정해져 있는 권리에 관하여, 그 권리는 어떤 방법으로 그 권리를 행사해야 보전되는가에 대하여 견해의 대립이 있다. 통설은 제척기간 내에 소의 제기가 있어야 권리가 보전되는 것으로 해석한다. 이에 의하면, 제척기간은 권리를 재판상 행사하여야(예: 소의 제기) 하는 「출소기간」으로 해석된다.[5] 이 견해는 재판외의 행사만으로도

곤란과 보호가치의 부존재에서 찾는 견해(이영준, 671-672면) 거래의 신속한 결제, 증거보존 기간의 제한, 이익형량, 규범목적의 조화에서 찾는 견해(이은영, 782-783면) 또한 소멸시효과 취득시효를 구분하여 소멸시효의 존재이유는 입증곤란의 구제와 의무자의 신뢰에서 찾고, 취득시효는 이를 다시 구분하여 점유취득시효의 경우는 입증곤란의 구제와 재화효용의 근대화, 등기부취득시효의 경우에는 재화효용의 근대화와 선의·무과실의 점유자의 신뢰보호에서 찾는 견해(윤진수, 민법주해[Ⅲ], 391면)도 있다.

2) 대판(전원합의체) 1976.11.6, 76다148.

3) 대판(전원합의체) 1992.3.31, 91다32053; 대판 2014.4.24, 2012다105314; 취득시효와 소멸시효는 그 성립요건을 달리하므로 피고들이 소록과 같이 취득시효를 주장하였다고 하여 소멸시효의 주장까지 포함된 취지라고 볼 수는 없다(대판 1982.2.29, 81다534).

4) 김상용, 689면; 장경학, 700면.

5) 고상용, 666면; 김상용, 689면; 김용한, 495면; 김주수·김상용, 521면.

권리가 보존된다고 하면 권리관계를 조속히 확정지으려는 취지가 달성되지 못한다는 점을 근거로 든다. 이에 대하여 소수설은 그러한 제한은 법률의 근거없는 제한으로서 법률이 특히 재판상의 권리행사를 요구(예: 제406조 제2항)하지 않는 한 원칙적으로 재판외의 행사만으로도 족하다고 한다.[6] 다만 청구권에 관한 권리행사기간이 제척기간으로 해석되는 경우에는 법률의 취지를 고려하여 재판상의 권리행사를 해야 한다고 한다.

판례는 제척기간을 재판상 또는 재판외의 권리행사기간으로 이해한다. 이에 의하면, 제척기간 내에 재판상 또는 재판외의 권리행사가 있으면 권리는 보전된다고 한다.[7] 그러나 일정한 경우에는 예외적으로 출소기간으로 이해하고 있다.[8] 따라서 제척기간은 출소기간과 재판외의 행사기간의 두 가지로 나뉜다.[9]

2. 소멸시효와의 차이점

소멸시효가 완성되면 권리가 소멸하므로 제척기간은 소멸시효와 같은 면이 있다. 그러나 제척기간은 소멸시효와 차이가 있다.

(1) 소급효의 부인

제척기간에 의한 권리의 소멸은 소급효가 없는 데 대하여, 소멸시효에 의한 권리의 소멸은 소급효가 있다. 소멸시효는 그 기산일에 소급하여 권리소멸의 효력이 생기지만(제167조), 제척기간은 기간이 경과한 때로부터 장래에 향해 그 권리가 소멸한다.

---

6) 김증한·김학동, 515면; 김형배·김규완·김명숙, 316면.

7) 대판 1985.11.12, 84다카2344; 대판 1990.3.9, 88다카31866; 대판(전원합의체) 2012.03.22, 2010다28840은 채권양도의 통지는 양도인이 채권이 양도되었다는 사실을 채무자에게 알리는 것에 그치는 행위이므로, 그것만으로 제척기간 준수에 필요한 권리의 재판외 행사에 해당한다고 할 수 없다고 판시하고 있다.

8) 제204조 제3항과 제205조 제2항에 의하면 점유를 침탈 당하거나 방해를 받은 자의 침탈자 또는 방해자에 대한 청구권은 그 점유를 침탈 당한 날 또는 점유의 방해행위가 종료된 날로부터 1년 내에 행사하여야 하는 것으로 규정되어 있는데, 여기에서 제척기간의 대상이 되는 권리는 형성권이 아니라 통상의 청구권인 점과 점유의 침탈 또는 방해의 상태가 일정한 기간을 지나게 되면 그대로 사회의 평온한 상태가 되고 이를 복구하는 것이 오히려 평화질서의 교란으로 볼 수 있게 되므로 일정한 기간을 지난 후에는 원상회복을 허용하지 않는 것이 점유제도의 이상에 맞고 여기에 점유의 회수 또는 방해제거 등 청구권에 단기의 제척기간을 두는 이유가 있는 점 등에 비추어 볼 때, 위의 제척기간은 재판외에서 권리행사하는 것으로 족한 기간이 아니라 반드시 그 기간 내에 소를 제기하여야 하는 이른바 출소기간으로 해석함이 상당하다(대판 2002.4.26, 2001다8097).

9) 윤진수, 민법주해[Ⅲ], 402면.

(2) 중단의 여부

소멸시효에는 권리자의 청구나 압류 등 또는 채무자의 승인의 사유로 인하여 시효진행의 중단이라는 것이 있는데 반하여(제168조, 제178조) 제척기간에는 제척기간의 중단이라고 하는 것이 없다.[10] 제척기간에서는 권리자의 권리의 주장이 있으면 그대로 효과가 발생하는 것이고, 이 기간 내에 권리행사가 없으면 그 권리는 소멸한다. 따라서 제척기간은 권리행사기간으로서 그 기간의 경과로 권리는 소멸한다.

(3) 시효정지에 관한 규정의 유추적용의 여부

소멸시효의 정지규정(제182조)을 제척기간에 유추적용할 것인가에 관하여 학설의 대립이 있다.

가. 부정설 제척기간은 본래 권리의 존속 그 자체를 제한하고 권리를 박탈하는 것이 목적이고 제182조를 제척기간에 준용한다는 명문의 규정이 없기 때문에 해석에 의한 유추적용은 할 수 없다고 한다.[11]

나. 한정적 긍정설 제척기간 만료 전에 천재 기타 사변이 발생하여 권리를 행사할 수 없는 때에도 그 유예기간을 주지 않는다면 권리자에게 가혹하며, 또한 유예기간은 비교적 짧게 한정되어 있으므로 제척기간의 정지를 인정하더라도 권리관계를 조속히 확정하려고 하는 제척기간의 제도적 취지에 반하지 않는다고 한다.[12] 따라서 천재 기타 사변으로 인한 소멸시효의 정지를 규정하고 있는 경우에 한해서만 제182조[천재 기타 사변과 시효정지]의 유추적용을 허용해야 한다는 견해이다.

다. 전면적 적용설 본 학설은 제척기간에 제182조만을 유추적용할 것이 아니라 소멸시효의 정지에 관한 모든 규정을 유추적용함이 타당하다고 보는 견해이다.[13]

(4) 포기의 여부

시효의 이익은 시효기간이 완성된 후에 이를 포기할 수 있으나(제184조 제1항), 제척기간의 경과로 권리는 당연히 소멸하게 되므로 제척기간에는 포기가 인정되지 않는다.

---

10) 대판 2003.1.10, 2000다26425.

11) 김용한, 497면; 윤진수, 민법주해[Ⅲ], 402면; 대판 2004.7.22, 2004두2509.

12) 곽윤직·김재형, 411면; 고상용, 667면; 김주수·김상용, 522면; 장경학, 702면.

13) 김상용, 691면.

(5) 원용의 여부

제척기간은 일정한 기간의 경과로 당연히 권리가 소멸한다. 그러므로 소멸시효의 완성으로 당연히 권리가 소멸한다는 절대적 소멸설에 따르면 제척기간은 소멸시효와 같으나, 상대적 소멸설에 의하면 원용을 필요로 하므로 제척기간과 다르다.

(6) 소송상의 주장

제척기간에 의한 권리의 소멸은 당사자의 주장을 기다리지 않고 법원이 할 '직권조사사항'인 데 대하여, 소멸시효는 직권조사사항이 아니다. 소멸시효의 주장은 변론주의에 의존하고 있다.

3. 제척기간 · 소멸시효기간의 구별 기준

현재 법률규정의 문구에 의하여 소멸시효와 제척기간을 구분하는 것이 일반적이다. 즉 조문에 「시효로 인하여」라고 규정되어 있는 것은 소멸시효기간이고 그렇지 않은 것은 제척기간이라고 할 것이다. 그러나 이에 대해서는 권리의 성질·규정의 취지 등을 고려하여 실질적으로 판단하여야 한다는 지적이 제기되고 있다.[14)]

제 2 관 소멸시효의 요건

Ⅰ. 총 설

소멸시효제도는 다음의 요건을 충족하여야 한다.

① 권리가 그 성질상 권리가 시효로 소멸할 수 있는 것이어야 한다.

② 권리자가 법률상 그의 권리를 행사할 수 있어야 한다.

③ 권리자가 일정한 기간 계속하여 권리를 행사하지 않아야 한다.

위의 요건 중에서 소멸시효를 주장하는 자는 소멸시효기간이 시작되어 만료되었다는 것만을 입증하면 족하고 나머지 요건은 권리가 시효로 소멸하지 않았다고 주장하는

---

14) 고상용, 669면; 판례는 담보책임에 기한 손해배상청구권의 경우 제척기간과 소멸시효의 양립을 인정한다(대판 2011.10.13, 2011다10266).

상대방이 주장·입증할 사항이다.[1] 그리고 시효의 중단과 시효의 정지는 상대방이 그 원인된 사실을 주장·입증하여야 하는 것이다.[2]

Ⅱ. 소멸시효의 대상

소멸시효의 목적이 되는 권리는 재산권뿐이다. 비재산권으로서 가족권·인격권 등은 소멸시효의 대상이 아니다.

1. 재산권

소유권은 권리의 항구성으로 인하여 시효로 소멸하지 않으며, 소유권에 기한 물권적 청구권도 소멸시효에 해당하지 않는다(통설).

2. 채　권

(1) 통상의 채권

채권은 10년의 소멸시효에 걸린다(제162조 제1항).

(2) 소유권이전등기청구권

물권변동의 형식주의를 취하고 있는 민법의 체계 하에서는 부동산의 매매계약에 따른 매도인의 소유권이전의무는 소유권이전의 물권적 합의와 등기이전의 의무로 구성된다(제186조). 이로부터 부동산의 매수인은 소유권이전등기청구권을 취득하게 되는데, 이는 채권적 청구권으로서 10년의 소멸시효에 걸린다(제162조 제1항).

그러나 판례는 다음의 경우에는 부동산의 소유권이전등기청구권은 소멸시효에 걸리지 않는다고 본다.

가. 목적물을 인도받아 사용·수익하는 경우

1) 판　례　　판례는 소유권이전등기청구권의 소멸시효의 완성 여부를 부동산매수인의 실질적 점유여부에 따라 결정한다.

① 판례는 부동산의 매매에서 매수인이 매도인으로부터 목적물을 인도받아 사용·수익하고 있으면 매수인이 매도인에 대하여 가지는 소유권이전등기청구권은 소멸시효에

---

1) 이영준, 798면.

2) 김상용, 694면.

걸리지 않는다고 한다. 즉 부동산매수인이 목적부동산을 인도받아 사용·수익하고 있으면, 사용·수익을 통하여 소유권이전청구권을 계속해서 행사하고 있다고 본다.[3)]

② 부동산등기이전청구권이 소멸시효에 걸리지 않기 위해서는 매수인이 부동산을 사용·수익을 위하여 점유하고 있어야 한다. 그러므로 종래의 판례는 "매수인은 목적물을 매도하고 그 점유를 상실하여 더 이상 사용·수익하고 있는 상태가 아닌 경우에는 점유상실시점으로부터 매수인의 등기청구권에 관한 소멸시효가 진행한다"[4)]고 판시하고 있었다.

그러나 대법원은 종전의 태도를 변경하여, 부동산의 매수인이 그 부동산을 인도받은 이상 이를 사용·수익하다가 처분하여 점유를 상실한 경우에도 그 처분행위가 그 부동산에 대한 사용·수익의 행위 보다 더 적극적인 권리행사의 일환으로 파악되는 경우에는 부동산의 소유권이전청구권은 시효로 소멸되지 않는다고 판시하였다. 이에 따라 부동산의 매수인이 부동산을 사용·수익하다가 제3자에게 그 부동산을 처분하고 점유를 승계하여 준 경우에도 이전등기청구권의 소멸시효는 진행되지 않는다고 본다.[5)] 다만 다음의 경우에는 예외로 하였는데,[6)] 그 중 하나는 '점유를 침탈'한 경우에는 그 점유 상실시점으로부터 소멸시효가 진행하는 것으로 보았고,[7)] 나머지 하나는 취득시효가 완성된 점유자가 점유를 상실한 경우에 그때로부터 10년간 등기청구권을 행사하지 아니하면 소멸시효가 완성된다고 보았다.[8)]

2) 학 설 　위와 같은 판례의 태도에 대하여 학설은 나누어져 있다.

① **판례 입장에 반대하는 견해** 　판례의 입장에 반대하는 견해는 부동산의 매

3) 대판(전원합의체) 1976.11.6, 76다148; 대판 1999.3.18, 98다32175; 대판 2010.1.28, 2009다73011 등.

4) 대판 1997.7.22, 95다17298.

5) 대판(전원합의체) 1999.3.18, 98다32175, 반대의견은 다음과 같다. "부동산의 매수인이 매매목적물을 인도받아 이를 사용·수익하고 있는 상태가 아니라면, 매도인에 대한 관계에서 권리의 주장 내지 행사가 계속되고 있다고 볼 만한 사정이 없고, 비록 매수인이 그 부동산을 다른 사람에게 처분하고 인도하여 준 경우라고 하더라도 그 처분은 타인의 권리를 전매한 것에 불과할 뿐이고 그 소유권을 처분 내지 행사하였다고 볼 수는 없으며, 그 인도 또한 매수인이 새로운 매매계약에 따른 자신의 의무를 이행한 것에 지나지 아니할 뿐만 아니라, 오히려 그 점유를 이전함으로써 목적물에 대한 사용·수익의 상태에서 벗어나게 된 것이어서 위 처분 내지 인도를 가리켜 매도인에 대한 관계에서 권리행사라고 볼 수도 없는 것이므로, 점유의 상실원인이 무엇이든지 간에 점유상실시점으로부터 그 이전등기청구권의 소멸시효가 진행한다."

6) 박병대, "90년대 민법총칙 판례 회고", 민사판례연구[XXII] (민사판례연구회; 박영사, 2000), 629-630면.

7) 대판 1992.7.24, 91다40924.

8) 대판 1996.3.8, 95다34866·34873.

도인이 부담하는 것은 목적물의 소유권을 이전할 의무와 점유를 이전할 인도의무인데, 「목적물을 인도받아 사용·수익하는 것은 등기청구권의 행사에 해당한다」는 판례의 논거는 매수인이 목적물을 인도받아 현재 점유하고 있다 하여도 목적부동산인도청구권을 행사하고 있는 상태일 뿐이지 등기청구권을 행사하고 있는 것으로는 인정할 수 없어 부당하다고 한다. 결국 부동산매수인의 채권적 등기청구권은 목적부동산에 대한 인도의 유무를 묻지 않고 언제나 소멸시효에 걸린다고 주장한다.9)

② **판례 입장에 찬성하는 견해** 판례의 입장에 찬성하는 견해로는 우선 물권적 기대권의 이론을 원용하는 견해가 있다. 이에 의하면, 부동산매매로 물권적 합의가 있는 경우에는 이로써 물권적 기대권이 생기고 이에 근거하여 등기청구권이 생기는 것이므로 등기청구권은 그 성질이 소멸시효에 걸리지 않는 「물권적인 것」이라 한다.10)

또한 매수인이 목적물을 사용·수익하는 경우에는 매도인의 채무승인이 있는 것으로 보아 등기청구권의 소멸시효가 중단된다는 견해11)도 있다.

③ **소멸시효제도의 목적에 따른 해결** 부동산의 매수인이 목적물을 인도받아 사용·수익하고 있다는 것은 점유사실을 공시하는 것이므로 진실한 사실상태에 반하는 다른 법률관계가 발생할 우려가 없을 뿐만 아니라 매도인의 등기를 신뢰하여 소유권이전등기를 한 제3자가 우선하므로 거래의 안전을 해할 우려가 없다고 본다. 그러므로 법적 안정성이라는 소멸시효제도의 목적에 따라 매수인이 목적물을 인도받아 사용·수익하고 있는 경우에는 매수인의 소유권이전등기청구권은 소멸시효에 걸리지 않는다고 하는 것이 타당하다고 한다.12)

④ **권리남용에 의한 해결** 매수인으로서는 매도인이 인도까지 해 준 이상 언제든지 등기절차를 이행해 줄 것으로 믿고 있었을 것인데, 매도인이 나중에 소멸시효를 주장하는 것은 부동산의 인도라는 선행행위에 모순되는 행위로서 신의칙상 허용될 수 없다고 본다.13) 판례도 채무이행의 거절을 인정함이 현저히 부당하거나 불공평하게 되는 등의 특별한 사정이 있는 경우에 한하여, 채무자가 소멸시효의 완성을 주장하는 것이 신의성실의 원칙에 반하여 권리남용으로서 허용될 수 없다고 하여 시효주장을 배척하고 있다.14)

---

9) 장경학, 706면.
10) 김주수·김상용, 528면.
11) 고상용, 674면.
12) 이영준, 801면.
13) 윤진수, 민법주해[Ⅲ], 416면.

나. 신탁계약해지의 경우 부동산에 관한 신탁계약의 경우에 「부동산 실권리자명의의 등기에 관한 법률」에 따라 채권계약 및 물권행위까지 모두 무효로 하고 있다(동법 제4조 제1항과 제2항 본문). 다만 물권행위에서 수탁자가 어느 한쪽 당사자가 되고 상대방이 명의신탁약정이 있다는 사실을 알지 못한 경우에는 부동산의 물권변동이 유효로 된다(동법 제4조 제2항 단서, 소위 명의신탁계약). 한편 종중, 배우자 및 종교단체에 대한 특례로서 조세포탈, 강제집행의 면탈 또는 법령상 제한의 회피를 목적으로 하지 않는 한 종중, 배우자 및 종교단체의 명의로 신탁하는 경우를 유효한 것으로 보고 있다(동법 제8조).

부동산의 명의신탁에서 신탁자가 수탁자에게 소유권이전등기청구권을 행사할 수 있어야 이에 관한 소멸시효에 해당 여부를 판단할 수 있다. 판례는 부동산 명의신탁계약이 무효인 경우에는 이를 기초로 해지할 수 없도록 하고 있다. 그러므로 신탁자가 명의신탁계약을 해지하고 수탁자에 대하여 갖는 소유권이전등기청구권이 소멸시효에 걸리기 위해서는 소위 계약명의신탁이거나 종중, 배우자 및 종교단체의 명의로 신탁하는 경우에 해당된다. 그렇지만 소위 계약명의신탁의 해지로 인한 부당이득반환청구권의 행사기간은 신탁계약 해지시로부터 10년이라고 할 것이다.[15] 그러나 종중 등의 명의신탁계약의 해지로 인하여 신탁자가 소유권이전등기말소를 구하는 것은 원래부터 수탁자와의 내부관계에서 가지고 있던 소유권에 기한 물권적 청구권이라 할 것이므로 소멸시효의 대상이 될 수 없다.[16]

(3) 구상권

타인의 채무를 대위변제함으로써 취득하는 채무자에 대한 구상권은 그들 사이의 내부적 법률관계와 무관하게 민법에 의하여 인정된 별개의 독립한 권리이므로 그 소멸시효에서는 민법상 일반채권에 관한 규정이 적용되어 10년의 소멸시효에 해당된다(제162조 제1항 참조).[17]

14) 대판 1997.12.12, 95다29895; 대판 1999.12.7, 98다42929.

15) 대판 1975.8.19, 75다273; 이영준, 802면.

16) 부동산의 소유자 명의를 신탁한 자는 특별한 사정이 없는 한 언제든지 명의신탁을 해지하고 소유권에 기하여 신탁해지를 원인으로 한 소유권이전등기절차의 이행을 청구할 수 있는 것으로서, 이와 같은 등기청구권은 소멸시효의 대상이 되지 않는다(대판 1991.11.26, 91다34387); 대판 1993.12.21, 91다34387.

17) 대판 2001.4.24, 2001다6237, 본 판결은 물상보증인의 채무자에 대한 구상권에 관한 판결임.

3. 형성권의 문제

(1) 형성권의 행사기간이 정하여져 있는 경우

형성권행사에서는 권리자의 의사표시가 있으면 그것만으로 법률효과가 생기므로 권리불행사라고 하는 소멸시효의 요건이 성취될 여지가 없다. 또한 소멸시효에서의 중단이라는 문제도 형성권에서는 발생할 여지가 없다. 따라서 형성권에 관하여 권리행사의 기간이 정하여져 있는 경우에는 이를 '제척기간'이라고 해석하여야 할 것이다.[18]

(2) 형성권의 행사기간이 정하여져 있지 않은 경우

민법상 형성권의 행사기간이 정하여져 있지 않은 경우에 형성권을 얼마동안 행사할 수 있는지에 대해서는 학설의 대립이 있다.

먼저 10년 이내에 행사하여야 한다는 견해가 있다.[19] 이 견해는 형성권은 채권과 소유권을 제외한 재산권으로서 원래 제162조 제2항에 의하여 20년 내에 행사하여야 한다고 할 것이나, 그렇게 되면 형성권의 행사 결과로 발생하는 채권적 권리, 예컨대 해제권의 행사에 의하여 발생하는 원상회복청구권은 10년으로 시효소멸하는 것과 균형이 맞지 않는다고 본다. 판례는 매매의 일방예약에서 매매계약의 완결권은 일종의 형성권으로서 행사기간을 약정하지 않은 경우에는 그 예약이 성립한 때로부터 10년 내에 행사하여야 한다고 판시함으로써 10년의 소멸시효에 해당하는 견해에 따르고 있다.[20]

이 외에도 20년 내에 행사하여야 한다는 견해[21], 그 권리에 관하여는 행사기간의 제한이 없으나 다만 형성권이 일정한 채권관계의 존재를 전제로 하는 경우에는 그 채권관계가 소멸시효로 소멸하면 형성권도 소멸한다는 견해[22], 형성권을 발생시킨 기초적 법률관계에 의하여 정하고 그것이 불가능한 경우 신의칙 내지 실효의 원칙에 의하여 해결하여야 한다는 견해[23] 등이 주장되고 있다.

---

18) 고상용, 677면; 김상용, 696면; 김주수·김상용, 529면; 김형배·김규완·김명숙, 366면.

19) 고상용, 677면; 곽윤직·김재형, 416면; 김상용, 696면; 김용한, 460면; 김주수·김상용, 530면; 김형배·김규완·김명숙, 367면.

20) 대판 2003.1.10, 2000다26425.

21) 이영준, 788면.

22) 김증한·김학동, 515면.

23) 이은영, 785면; 이영준, 788면.

(3) 형성권행사의 효과로서 발생하는 채권적 권리의 행사기간

형성권 행사의 효과로서 발생하는 채권적 권리의 행사기간에 관해 통설은 제척기간을 정한 취지가 법률관계를 속히 확정시키려는 데 있으므로, 형성권 행사의 결과로서 발생하는 청구권도 그 제척기간 내에 행사되어야 한다고 한다.24)

그러나 이들 권리의 시효기간은 형성권이 행사되어 그 권리가 행사될 수 있을 때로부터 새로이 진행한다는 견해25)가 있다. 그리고 판례는 「징발재산정리에 관한 특별조치법」 제20조 소정의 환매권행사로 발생한 소유권이전등기청구권의 소멸시효기간에 대하여 위 환매권의 행사로 발생한 소유권이전등기청구권은 환매권을 행사한 때로부터 일반채권과 같이 제162조 제1항 소정의 10년의 소멸시효기간이 진행된다고 판시하여, 그 채권적 권리는 형성권을 행사한 때로부터 따로 소멸시효가 진행한다고 해석한다.26)

4. 기타의 재산권

채권과 소유권을 제외한 그 밖의 재산권도 소멸시효에 해당한다(제162조 제2항). 다만 다음과 같은 권리는 성질상 소멸시효에 해당하지 않는다.

① 친족법상 청구권(비재산권)은 성질상 원칙적으로 소멸시효에 해당하지 않는다.27)

② 점유권과 유치권은 점유라는 사실상태에 기하여 인정되는 권리이므로 점유가 계속되는 한 이들 권리는 존재하고 점유를 상실하면 그에 따라 소멸한다. 따라서 점유를 기초로 한 권리는 별도로 소멸시효에 걸리지 않는다.

③ 공유물분할청구권, 상린권(제215조 이하)은 성질상 공유물이나 상린관계가 존재하는 한 독립하여 소멸시효에 해당하지 않는다고 할 것이다.

---

24) 김상용, 696면; 김증한·김학동, 516면.

25) 곽윤직·김재형, 417면; 송덕수, 492면; 윤진수, 민법주해[Ⅲ], 제428면.

26) 대판 1992.10.13, 92다4666.

27) 대결 2011.08.16, 2010스85는 "당사자의 협의 또는 가정법원의 심판에 의하여 구체적인 지급청구권으로 성립하기 전의 과거 양육비에 관한 권리에 대하여 소멸시효가 진행하는지 여부에 대해서 미성년의 자녀를 양육한 자가 공동 양육의무자인 다른 쪽 상대방에 대하여 과거 양육비의 지급을 구하는 권리는 당초에는 기본적으로 친족관계를 바탕으로 하여 인정되는 하나의 추상적인 법적 지위이었던 것이 당사자의 협의 또는 당해 양육비의 내용 등을 재량적·형성적으로 정하는 가정법원의 심판에 의하여 구체적인 청구권으로 전환됨으로써 비로소 보다 뚜렷하게 독립한 재산적 권리로서의 성질을 가지게 되는 것으로서, 당사자의 협의 또는 가정법원의 심판에 의하여 구체적인 지급청구권으로 성립하기 전에는 과거 양육비에 관한 권리는 양육자가 그 권리를 행사할 수 있는 재산권에 해당한다고 할 수 없으므로 그 상태에서는 소멸시효가 진행할 여지가 없다고 보아야 한다"고 판시하였다.

④ 현행법상 항변권도 시효로 소멸하지 않으나, 쌍무계약에서 동시이행의 항변권(제536조), 보증채무에서 보증인의 최고·검색의 항변권(제437조) 등은 그 기초가 되는 쌍무계약이나 보증채무에 종속되어 있는 것이므로, 이러한 항변권은 독자적으로 시효소멸하지 않고 그것이 부착한 채무와 함께 소멸한다.

⑤ 질권이나 저당권같은 담보물권도 피담보채권이 존속하는 한 담보물권만 독립하여 소멸시효에 걸리지 않는다고 하는 것이 담보물권의 성질(부종성)에 부합된다.

⑥ 소유권 이외의 제한물권에 기한 물권적 청구권도 시효로 소멸하는가에 대하여는 학설의 대립이 있다. 소유권이외의 물권은 소멸시효에 걸리기 때문에 그로부터 나오는 물권적 청구권도 시효로 소멸한다고 하는 견해[28]와 물권적 청구권은 소유권에 기한 것이든 기타 물권에 기한 것이든 시효로 소멸하지 않는다는 견해[29]가 있다.

5. 법률관계 무효의 확인

법률관계의 무효의 확인을 청구하는 것은 처음부터 무효이었음을 확인하는 데 지나지 아니하므로, 따라서 소멸시효의 대상이 되지 않는다.[30] 다만 법률관계 무효의 확인의 청구가 권리남용으로 되는 경우에는 실효의 대상으로 된다.

6. 공법상의 권리

공법상의 권리도 소멸시효의 대상이 된다. 예를 들어 국세의 부과권과 징수권은 모두 특별한 다른 규정이 없는 한 소멸시효의 대상이 된다.

Ⅲ. 권리의 불행사

1. 권리불행사의 의의

채권은 '권리를 행사할 수 있는 때'로부터 진행하여 10년간 권리를 행사하지 않으면 시효로 소멸한다(제166조 제1항). 즉 소멸시효는 권리를 행사할 수 있음에도 불구하고 권리를 행사하지 않은 때로부터 기간이 기산된다. 그러므로 권리행사를 할 수 없는 때에는 소

28) 곽윤직·김재형, 415면; 고상용, 677면; 김용한, 459면.

29) 김상용, 697면; 장경학, 706면.

30) 대판 1989.4.11, 87다카131.

멸시효가 진행될 수 없다. 여기서 '권리를 행사할 수 없는 때'라 함은 권리를 행사하는 데 법률상의 장애사유가 있어 권리의 행사가 불가능한 것을 의미한다. 이에는 '법률상 행사할 수 없는 때'(예: 이행기의 미도래, 정지조건의 미성취 등)만을 말하고 사실상 행사할 수 없는 때는 포함되지 않는다.[31] 그러므로 채권에 동시이행의 항변권이 부착되어 있다 하더라도, 채권자는 이행기 이후에 자신의 급부를 제공하면 언제라도 상대방의 급부를 청구할 수 있는 권리를 행사할 수 있으므로 '이행기로부터' 소멸시효가 진행한다.[32]

이처럼 권리를 행사할 수 없는가의 여부는 객관적으로 법률상의 장애로 한정하여 판단하므로, 원칙적으로 권리자의 개인적 사정이나 법률지식의 부족, 권리존재의 부지 또는 채무자의 부재 등의 사유는 권리자의 주관적인 것으로서 사실상의 장애에 속하고 이에 따라 시효의 개시를 막지는 못한다.[33] 그러나 대법원은 사실상의 장애가 있는 경우에도 소멸시효가 진행됨에 따라 사회정의와 공평에 반하는 결과가 도출되는 경우에는 소멸시효의 진행이 개시되지 않는 것으로 본다. 예를 들어, 보험금청구권은 보험사고가 발생한 때로부터 진행하여야 하지만, 보험사고의 발생 여부가 객관적으로 분명하지 아니하여 그 청구권자가 과실 없이 보험사고의 발생을 알 수 없었던 경우에는 보험금청구권자가 보험사고의 발생을 알았거나 알 수 있었던 때로부터 소멸시효가 진행한다.[34]

2. 기산점

소멸시효의 기산시점인 언제부터 권리행사가 불가능하였는가는 변론주의원칙상 당사자가 주장한 시점에 따라 판단하여야 한다. 판례[35]도 소멸시효의 기산일은 채무의 소

31) 대판 2006.4.27, 2006다1381; 건물에 관한 소유권이전등기청구권에 있어서 그 목적물인 건물이 완공되지 아니하여 이를 행사할 수 없었다는 사유는 법률상의 장애사유에 해당한다(대판 2007.8.23, 2007다28024·28031).

32) 대판 1991.3.22, 90다9797; 당연무효인 변상금부과처분에 의하여 납부한 오납금반환청구권은 납부 또는 징수시부터 소멸시효가 진행한다(대판 전원합의체 1992.3.31, 91다32053).

33) 대판 1982.1.19, 80다2626; 판례는 당연무효인 과세처분에 기하여 납부한 세금에 대한 부당이득반환청구권의 기산점은 오납이 있은 때이며, 과세처분의 하자가 중대하고 명백하여 당연무효에 해당하는지 여부를 당사자로서는 현실적으로 판단하기 어렵다거나 하는 사정 등은 사실상의 장애에 지나지 않는다고 보았다(대판 전원합의체 1992.3.31, 91다32053).

34) 대판 1993.7.13, 92다39822; 법인의 이사회결의의 부존재로 인하여 발생하는 제3자의 부당이득반환청구권처럼 법인이나 회사의 내부적인 법률관계가 개입되어 있는 결과, 제3자인 청구권자가 권리의 발생 여부를 객관적으로 알기 어려운 상황에 있고 또한 알지 못한 데에 대한 과실이 없다면 소멸시효는 진행되지 않는다. 이 경우에는 이사회결의부존재확인판결의 확정과 같이 객관적으로 청구권의 발생을 알 수 있게 된 때로부터 소멸시효가 진행된다(대판 2003.2.11, 99다66427); 대판 2003.4.8, 2002다64957.

35) 대판 1995.8.25, 94다35886.

일이라는 법률효과 발생에 대한 요건인 소멸시효의 기산 계산의 시발점이 되는 것으로서 소멸시효 항변의 법률요건을 구성하는 구체적인 사실에 해당하므로, 이는 변론주의의 적용대상이 되는 것으로 본다. 그리하여 판례는 본래의 소멸시효 기산일과 당사자가 주장하는 기산일이 서로 다른 경우에는 변론주의의 원칙상 법원은 당사자가 주장하는 기산일을 기준으로 소멸시효를 계산하여야 하는데, 이는 당사자가 본래의 기산일보다 뒤의 날짜를 기산일로 하여 주장하는 경우는 물론이고 특별한 사정이 없는 한 그 반대의 경우에서도 마찬가지라고 판시하고 있다.

3. 개별적 권리에 관한 기산점

(1) 채무불이행에 의한 손해배상청구권

채무불이행으로 인한 손해배상청구권의 기산점에 대해서는 손해배상청구권은 본래의 채권의 변형물에 불과하기 때문에 '본래의 채권을 행사할 수 있는 때'부터 기산한다는 견해[36], 손해배상청구권은 채무불이행이 있어야 비로소 성립하는 것이므로 손해배상채권의 소멸시효는 본래의 채권과는 별개로 독립하여 '채무불이행시'부터 기산한다는 견해[37]가 있다. 그리고 이행불능과 이행지체를 구분하여 '이행불능의 경우에는 이행불능시'부터 기산하고, '이행지체의 경우는 본래의 채권을 행사할 수 있는 때'부터 기산한다는 견해가 있는데, 이에 의하면 이행불능으로 인한 손해배상채권은 본래의 채권과 동일성이 유지되기는 하지만, 그 채권의 종류가 다르므로 이행불능시에 소멸시효가 진행되고, 이행지체의 경우에는 지체배상청구권은 본래의 채권의 확장이므로 본래 채권의 소멸시효의 기산점과 동일하기 때문이라고 한다.[38]

판례[39]는 소유권이전등기의무의 이행불능으로 인한 전보배상청구권의 소멸시효는 이전등기의무가 이행불능 상태에 돌아간 때로부터 진행된다고 판시하고 있다.

(2) 구상권

보증인의 주채무자에 대한 사후구상권과 사전구상권은 그 발생원인을 서로 달리하는 별개의 독립된 권리라 할 것이므로 그 소멸시효는 각각 그 권리가 발생되어 이를 행

---

36) 장경학, 713면; 김학동, "소멸시효의 기산점에 관한 판례분석" 민법의 과제와 현대법의 조명－경암홍천용박사화갑기념－(21세기국제정경연구원, 1997), 85면; 김주수·김상용, 535면.

37) 고상용, 681면; 곽윤직·김재형, 420면; 이은영, 759면; 백태승, 565면; 대판 1990.11.9, 90다카22513.

38) 김상용, 701면.

39) 대판 2002.12.27, 2000다47361.

사할 수 있는 때부터 각별로 진행한다.[40]

공동불법행위자 중 1인의 다른 공동불법행위자에 대한 구상채권은 구상권자가 현실로 피해자에게 손해금을 지급한 때로부터 기산한다.[41]

(3) 기한부 권리

가. 확정기한부 채권 채권에 확정기한이 부착되어 있는 경우에는 그 기한이 도래한 때로부터 소멸시효가 진행된다.

나. 불확정기한부 채권 채권에 불확정기한이 부착되어 있는 경우에는 기한이 객관적으로 도래한 때로부터 소멸시효가 진행된다. 물론 불확정기한부 채권에 대하여 채무자는 그 '기한의 도래함을 안 때로부터' 이행지체의 책임을 지지만(제387조 제1항 후단), 이는 소멸시효의 기산점인 '권리를 행사할 수 있는 때'와는 다르게 판단된다. 불확정기한이라도 기한이 도래한 이상 이때로부터 권리자는 권리행사를 할 수 있으므로, 불확정기한부 채권의 소멸시효는 기한 도래에 대한 채권자의 지·부지 또는 과실 유무와 관계없이 객관적으로 기한이 도래된 때로부터 진행한다.

다. 기한을 정하지 않은 채권 기한을 정하지 않은 권리는 그 권리가 발생한 때로부터 소멸시효가 진행한다. 기한을 정하지 않은 채권의 이행지체책임은 채무자가 이행청구를 받은 때로부터 생기지만(제387조 제2항), 이와는 달리 소멸시효는 권리를 행사할 수 있는 때로부터 진행한다. 따라서 기한의 정함이 없는 채권은 그 발생과 동시에 채권자로서는 권리행사를 할 수 있으므로, 채권이 발생한 때로부터 소멸시효가 진행한다.

(4) 선택채권 또는 정지조건부 권리

선택채권은 채권을 행사할 수 있는 때, 정지조건부 권리는 조건이 성취한 때로부터 시효가 진행된다.

(5) 청구 또는 해지통고를 요하는 권리

청구 또는 해지통고를 한 후 일정한 기한이나 상당한 기간이 경과한 후에 비로소 청구할 수 있는 권리(예컨대, 제603조 제2항, 제635조, 제659조, 제660조 등)에서의 소멸시효의 기산점은 청구나 해지통고를 할 수 있는 때로부터 그 규정된 일정기간(유예기간)이 경과한 때라 할 것이다.

---

40) 대판 1981.10.6, 80다2699.

41) 대판 1998.12.22, 98다40466.

(6) 계속적인 거래관계로부터 발생한 채권

판례는 계속적 거래관계의 경우에 특별한 사정이 없는 한 각 채권이 발생한 때부터 개별적으로 진행한다고 본다.[42] 그리고 실권약관부 채권의 경우, 예컨대 할부금채무에서 1회 불불입시(不拂入時) 잔금전액을 일시에 청구할 수 있다는 기한이익 상실의 약관이 있는 경우에 전액채권의 소멸시효의 기산점은 1회 불불입시라고 할 것이다.[43] 이 경우에 위 기한이익상실의 특약이 '정지조건부 기한이익상실의 특약'으로 해석된다면, 1회의 할부대금을 지급하지 않은 경우 매도인의 즉시변제청구권의 행사 여부에 관계없이 매수인의 매도인에 대한 채무 전액 모두가 변제기에 도달하고 그때로부터 모든 할부대금에 대해 소멸시효가 진행된다. 그런데 위 특약을 '형성권적 기한이익상실의 특약'으로 해석한다면, 매수인이 1회분의 할부대금을 지급하지 않은 경우에 매도인이 즉시변제청구권을 행사할 것인가는 매도인의 재량에 속한다. 만일 매도인이 즉시변제청구권을 행사하지 않은 경우에 매월 말 발생하는 할부대금채권은 독자적으로 소멸시효를 진행시킨다. 만일 매도인이 즉시변제청구권을 행사한 경우에는 할부대금은 모두 소멸시효를 진행한다. 이러한 기한이익상실의 특약이 있는 경우에 당사자의 합의가 불분명하다면 형성권적 기한이익상실의 특약이 있는 것으로 추정한다.[44]

(7) 부작위채권

부작위채무의 위반행위가 있은 때로부터 소멸시효가 진행한다(제166조 제2항).

---

42) 대판 2007.1.25, 2006다68940.

43) 기한이익 상실의 특약은 그 내용에 의하여 일정한 사유가 발생하면 채권자의 청구 등을 요함이 없이 당연히 기한의 이익이 상실되어 이행기가 도래하는 것으로 하는 것(정지조건부 기한이익 상실의 특약)과 일정한 사유가 발생한 후 채권자의 통지나 청구 등 채권자의 의사행위를 기다려 비로소 이행기가 도래하는 것으로 하는 것(형성권적 기한이익 상실의 특약)의 두 가지로 대별할 수 있다. 이른바 형성권적 기한이익 상실의 특약이 있는 경우에는 그 특약은 채권자의 이익을 위한 것으로서 기한이익의 상실사유가 발생하였다고 하더라도 채권자가 나머지 전액을 일시에 청구할 것인가 또는 종래대로 할부변제를 청구할 것인가를 자유로이 선택할 수 있다. 그러므로 이와 같은 기한이익 상실의 특약이 있는 할부채무에 있어서는 1회의 불이행이 있더라도 각 할부금에 대해 그 각 변제기의 도래시마다 그때부터 순차로 소멸시효가 진행하고, 채권자가 특히 잔존 채무 전액의 변제를 구하는 취지의 의사를 표시한 경우에 한하여 전액에 대하여 그 때부터 소멸시효가 진행한다(대판 1997.8.29, 97다12990).

44) 기한이익의 상실이 정지조건부인지 형성권적인 것인지의 여부는 당사자의 의사표시 해석의 문제이지만, 일반적으로 기한이익의 상실의 특약이 채권자를 위하여 둔 점에 비추어 명백히 정지조건부 기한이익상실의 특약이라고 볼 만한 특별한 사정이 없는 이상 형성권적 기한이익상실의 특약으로 추정하는 것이 타당하다(대판 2002.9.4, 2002다28340).

(8) 불법행위로 인한 손해배상청구권

불법행위로 인한 손해배상청구권의 소멸시효 기산점은 객관적·구체적으로 손해가 발생한 때이다. 제766조는 '피해자나 그 법정대리인이 그 손해 및 가해자를 안 날로부터 3년'과 '불법행위를 한 날로부터 10년'의 소멸시효를 규정하고 있다.

불법행위로 인한 손해배상청구권의 단기소멸시효의 기산점이 되는 "손해 및 가해자를 안 날"이라 함은 손해의 발생, 위법한 가해행위의 존재, 가해행위와 손해의 발생 사이에 상당인과관계가 있다는 사실 등 불법행위의 요건사실에 대하여 현실적이고도 구체적으로 인식했을 때를 의미한다.[45)]

(10) 대상청구권

대상청구권은 특별한 사정이 없는 한 매매 목적물의 수용 또는 국유화로 인하여 매도인의 소유권이전등기의무가 이행불능 되었을 때 매수인이 그 권리를 행사할 수 있다고 보아야 할 것이고 따라서 그때부터 소멸시효가 진행하는 것이 원칙이다. 그런데 국유화가 된 사유의 특수성과 법규의 미비 등으로 그 보상금의 지급을 구할 수 있는 방법이나 절차가 없다가 상당한 기간이 지난 뒤에야 보상금청구의 방법과 절차가 마련된 경우도 있을 수 있다. 그런데 이 경우에도 대상청구권자가 보상금을 청구할 길이 없는 상태에서 추상적인 대상청구권이 발생하였다는 사유만으로 소멸시효가 진행한다고 해석한다면 이는 대상청구권자에게 너무 가혹하여 사회정의와 형평의 이념에 반하게 된다. 따라서 판례는 보상금이 발생되는 시점에 지급의 청구절차가 확정되어 있지 않은 경우에는 보상금을 청구할 수 있는 방법이 마련된 시점부터 대상청구권에 대한 소멸시효가 진행하는 것으로 본다.[46)]

Ⅳ. 소멸시효기간

통상의 채권은 10년이고 기타의 재산권은 20년이다. 채권 가운데에도 3년, 1년의 단기소멸시효가 적용되는 채권이 있다. 소멸시효기간에 관하여 관습법이 있으면 보충적

---

45) 대판 2002.6.28, 2000다22249.

46) 대판 2002.2.8, 99다23901; 대판 2011.3.10, 2010다13282; 불법행위가 계속적으로 행하여지는 결과 손해도 역시 계속적으로 발생하는 경우에는 특별한 사정이 없는 한 그 손해는 날마다 새로운 불법행위에 기하여 발생하는 손해로서 각 손해를 안 때부터 각별로 소멸시효가 진행된다(대판 1999.3.23, 98다30285).

므로 적용되나(제1조) 한편 특별법으로서 상사채무에 관하여는 상법 제64조 소정의 5년의 소멸시효기간이 적용된다.

1. 채권의 소멸시효기간

(1) 보통의 채권

보통의 채권의 소멸시효기간은 10년이다(제162조 제1항). 그러나 상행위로 생긴 채권의 소멸시효기간은 5년이다(상법 제64조).[47] 그런데 상행위로 인한 본래의 계약이 무효로 된 경우에 이미 지급한 대금에 대한 부당이득반환청구권은 상행위에 해당되는 것이 아니라 민법에 의하여 인정되는 권리이므로, 그 소멸시효기간은 상법 제64조가 적용되지 아니하고 민법상 일반 채권의 소멸시효기간이 적용된다. 따라서 이 경우 부당이득반환청구권의 소멸시효기간은 10년이다(제162조 제1항).[48] 또한 불법행위로 인한 손해배상청구권의 소멸시효에 관하여는 특별한 규정이 있다(제766조). 그런데 상법 제401조에 기한 이사의 제3자에 대한 손해배상책임은 제3자를 보호하기 위하여 상법이 인정한 특수한 책임이므로, 이에 대하여는 일반불법행위책임의 단기소멸시효를 규정한 제766조 제1항이 적용되는 것이 아니라 일반채권으로서 제162조 제1항이 적용되어 그 소멸시효기간은 10년이다.[49]

(2) 3년의 소멸시효에 해당하는 채권(제163조)

① 이자·부양료·급료·사용료·기타 1년 이내의 기간으로 정한 금전 또는 물건의 지급을 목적으로 한 채권(제1호) 여기서 「1년 이내의 기간으로 정한 채권」은 '1년 이내의 정기에 지급되는 채권'을 의미하는 것이지 변제기가 1년 이내의 채권을 말하는 것이 아니다.[50] 이자채권이라고 하더라도 1년 이내의 정기에 지급하기로 한 것이 아닌 이상

---

47) 당사자 쌍방에 대하여 모두 상행위가 되는 행위로 인한 채권뿐만 아니라 당사자 일방에 대하여만 상행위에 해당하는 행위로 인한 채권도 상법 제64조 소정의 5년의 소멸시효기간이 적용되는 상사채권에 해당하는 것이고, 그 상행위에는 상법 제46조 각호에 해당하는 기본적 상행위뿐만 아니라 상인이 영업을 위하여 하는 보조적 상행위도 포함되며, 상인이 영업을 위하여 하는 행위는 상행위로 보되 상인의 영업을 위하여 하는 것으로 추정되는 것이다(대판 2002.9.24, 2002다6760·6777).

48) 주식회사인 부동산 매수인이 의료법인 매도인과의 부동산매매계약의 이행으로서 그 매매대금을 매도인에게 지급하였다. 그런데 매도인 법인을 대표하여 위 매매계약을 체결한 대표자의 선임에 관한 이사회결의가 부존재하는 것으로 확정됨에 따라 위 매매계약이 무효로 되었음을 이유로 매도인에게 이미 지급하였던 매매대금 상당의 부당이득반환청구권은 민법의 규정에 따른 것이므로 민법 제162조 제1항이 적용된다. 이 부당이득반환청구권은 상거래 관계와 같은 정도로 신속하게 해결할 필요성이 없으므로 상법 제64조가 적용되지 않는다(대판 2003.4.8, 2002다64957).

49) 대판 2006.12.22, 2004다63354.

위 규정 소정의 3년의 단기소멸시효에 걸리는 것이 아니다.[51] 판례는 금전채무의 이행지체로 인하여 발생하는 지연손해금채권은 그 성질이 손해배상금이지 이자가 아니며 제163조 제1호의 1년 이내의 기간으로 정한 채권도 아니므로 3년의 단기소멸시효의 대상이 아니라고 한다.[52] 그러나 1개월 단위로 지급되는 집합건물의 관리비채권은 이에 해당한다고 본다.[53]

급료 가운데 노역인과 연예인의 임금채권은 1년의 단기소멸시효 대상이며(제164조 제3호), 근로기준법상의 임금채권의 소멸시효는 3년이다(근로기준법 제49조).

② 의사·조산사·간호사 및 약사의 치료·근로 및 조제에 관한 채권(제2호) 이에는 무자격자의 채권도 포함된다. 판례는 '의사의 치료에 관한 채권'의 경우 특약이 없는 한 그 개개의 진료가 종료될 때마다 각각의 당해 진료에 필요한 비용의 이행기가 도래하여 그에 대한 소멸시효가 진행된다고 해석하고, 장기간 입원 치료를 받는 경우에도 다른 특약이 없는 한 입원 치료 중에 환자에 대하여 치료비를 청구함에 아무런 장애가 없으므로, 퇴원시부터 소멸시효가 진행된다고 볼 수는 없다고 본다.[54]

③ 도급받은 자·기사 기타 공사의 설계 또는 감독에 종사하는 자의 공사에 관한 채권(제3호)[55]

④ 변호사·변리사·공증인·공인회계사 및 법무사에 대한 직무상 보관한 서류의 반환을 청구하는 채권(제4호)

⑤ 변호사·변리사·공증인·공인회계사및 법무사의 직무에 관한 채권(제5호)

⑥ 생산자 및 상인이 판매한 생산물 및 상품의 대가(제6호)

⑦ 수공업자 및 제조자의 업무에 관한 채권(제7호)[56]

---

50) 민법 제163조 제1호는 이자, 부양료, 급료, 사용료 기타 1년 이내의 기간으로 정한 금전 또는 물건의 지급을 목적으로 한 채권은 3년간 행사하지 아니하면 소멸시효가 완성한다고 규정하고 있다. 이는 기본 권리인 정기금채권에 기하여 발생하는 지분적 채권의 소멸시효를 정한 것으로서(대판 1993.9.10, 93다21705; 대판 2001.6.12, 99다1949 등), 여기서 '1년 이내의 기간으로 정한 채권'이란 1년 이내의 정기로 지급되는 채권을 말한다(대판 1996.9.20, 96다25302; 대판 2013.7.12, 2013다20571; 대판 2018.2.28, 2016다45779).

51) 대판 1996.9.20, 96다25302.

52) 대판 1998.11.10, 98다42141.

53) 대판 2007.2.22, 2005다65821.

54) 대판 2001.11.9, 2001다52568.

55) 민법 제163조 제3호에서는 3년의 단기소멸시효의 적용 대상으로 '도급받은 자의 공사에 관한 채권'을 규정하고 있는데, 여기서 '도급받은 자의 공사에 관한 채권'이라 함은 공사채권뿐만 아니라 그 공사에 부수되는 채권도 포함한다(대판 2010.11.25, 2010다56685)

56) 리스료채권은 그 채권관계가 일시에 발생하여 확정되고 다만 그 변제방법만이 일정기간 마다 분

(3) 1년의 소멸시효에 해당하는 채권(제164조)57)

① 여관·음식점·대석·오락장의 숙박료·음식료·대석료·입장료·소비물의 대가 및 체당금의 채권(제1호)58)

② 의복·침구·장구(葬具) 기타 동산의 사용료의 채권(제2호)

③ 노역인·연예인의 임금 및 그에 공급한 물건의 대금채권(제3호)

④ 학생 및 수업자의 교육·의식 및 유숙에 관한 교주(校主)·숙주(塾主)·교사의 채권(제4호)

(4) 판결 등으로 확정된 채권

판결에 의하여 확정된 채권의 소멸시효기간은 10년이다(제165조). 만일 단기의 소멸시효에 걸리는 채권이지만 일단 확정판결에 의하여 권리관계가 확정된 경우에는 그 단기 소멸시효가 아니라 10년의 소멸시효가 적용된다(동조 제1항). 확정판결이 난 이상 또 다시 단기 소멸시효에 따라 권리의 보존을 위하여 여러 번 시효중단의 절차를 다시 거쳐야 하는 것은 타당하지 않기 때문이다. 그렇지만 본조는 단기의 소멸시효에 걸리는 것이라도 확정판결을 받은 권리의 소멸시효는 10년으로 한다는 뜻일 뿐, 10년보다 장기의 소멸시효를 10년으로 단축한다는 의미도 아니고 본래 소멸시효의 대상이 아닌 권리가 확정판결을 받음으로써 10년의 소멸시효에 걸린다는 뜻도 아니다.59)

확정판결뿐 아니라 이와 동일한 효력이 있는 화해·인낙·확정된 지급명령·재판상의 조정 등에 의하여 확정된 채권 역시 10년의 시효에 걸린다(동조 제2항). 그러나 기한부 채권에 있어 아직 기한이 도래하기 전에 확정판결을 받은 경우처럼 판결확정 당시에 아직 변제기가 도래하지 아니한 채권은 그러하지 아니하다(동조 제3항).

할변제로 정하여진 것에 불과하기 때문에 3년의 단기소멸시효가 적용되는 채권이 아니다(대판 2001.6.12, 99다1949).

57) 일정한 채권의 소멸시효기간에 관하여 이를 특별히 1년의 단기로 정하는 민법 제164조는 그 각 호에서 개별적으로 정하여진 채권의 채권자가 그 채권의 발생원인이 된 계약에 기하여 상대방에 대하여 부담하는 반대채무에 대하여는 적용되지 아니한다. 따라서 그 채권의 상대방이 그 계약에 기하여 가지는 반대채권은 원칙으로 돌아가, 다른 특별한 사정이 없는 한 민법 제162조 제1항에서 정하는 10년의 일반소멸시효기간의 적용을 받는다(대판 2013.11.14, 2013다65178).

58) 상행위로 인한 채권의 소멸시효에 관하여도 다른 법령에 상사시효보다 단기의 시효의 규정이 있는 때에는 그 규정에 의하는 것이므로(상법 제64조) 본건 채권이 1년 단기시효에 의하여 소멸되는 것이라면 상사시효에 관한 규정을 적용할 것이 아니라 민법상 1년의 단기시효의 규정을 적용하여야 한다(대판 1966.6.28, 66다790).

59) 대판 1981.3.24, 80다1888·1889.

그리고 제165조 제2항에서 말하는 "판결과 동일한 효력이 있는 것"이란 기판력(실제적 확정력)을 가지는 것을 의미하는 것으로 해석된다.

2. 기타 재산권의 소멸시효기간

소유권 이외의 재산권의 소멸시효기간은 20년이다(제162조 제2항).

제 3 관 소멸시효의 중단

Ⅰ. 소멸시효 중단의 의의

원래 시효는 법률이 권리 위에 잠자는 자의 보호를 거부하고 사회생활상 영속되는 사실상태를 존중하여 여기에 일정한 법적 효과를 부여하는 제도이므로, 어떤 사실상의 상태가 계속 중 그 사실상의 상태와 병존할 수 없는 사정이 발생할 때는 그 사실상의 상태를 존중할 이유를 잃게 된다고 할 것이니 이미 진행한 시효기간의 효력을 상실케 하는 것이 「시효중단」이다.[1] 즉 소멸시효의 중단은 소멸시효가 진행하는 도중에 권리자가 권리를 행사함으로써 권리의 불행사라는 소멸시효의 기초가 되는 사실을 깨뜨리는 사정이 발생한 경우에 이미 진행한 시효기간의 효력을 상실케 하는 제도를 말한다.

권리의 불행사를 중단케 하는 권리자 또는 의무자의 일정한 행위가 있어 소멸시효가 중단되면, 그때까지 경과한 시효기간은 산입하지 않게 되고 중단사유가 종료한 때로부터 다시 소멸시효는 진행한다(제178조). 민법은 제168조 이하에서 소멸시효의 중단을 규정한다. 이 규정들은 다시 취득시효에 준용되고 있다(제247조 제2항).

Ⅱ. 시효중단의 사유

민법상 시효중단의 사유에는 권리자가 자기의 권리를 주장하는 것으로서 「청구와 압류·가압류·가처분」이 있고, 의무자가 진실한 권리를 인정하는 것으로서 「승인」이 있다(제168조).

---

1) 대판 1979.7.10, 79다569.

1. 청 구(제168조 제1호)

청구는 권리를 행사하는 것이다. 민법은 다음과 같은 것을 특히 시효중단의 사유로 규정한다.

(1) 재판상의 청구(제170조)

가. 소의 제기

1) 민사소송이기만 하면, 그것이 본소이든 반소이든, 또 이행소송·확인소송·형성소송이든 불문한다. 그러나 주장한 권리가 존재하지 않는다는 이유로 패소한 경우에는 시효중단의 효력이 인정되지 않는다.

2) 민사소송이외의 소송으로서 형사소송이나 행정소송의 제기가 문제로 된다. 형사소송은 피고인에 대한 국가형벌권의 행사를 그 목적으로 하는 것이므로 피해자가 형사소송에서 「소송촉진 등에 관한 특례법」에서 정한 배상명령을 신청하는 경우를 제외하고는 단지 피해자가 가해자를 상대로 고소하거나 그 고소에 기하여 형사재판이 개시되어도 이를 가지고 소멸시효의 중단사유인 재판상의 청구로 볼 수는 없다.2)

또한 위법한 행정처분의 취소·변경을 구하는 행정소송은 사권(私權)을 행사하는 것으로 볼 수 없으므로 사권에 대한 시효중단사유가 되지 못한다. 다만 오납한 조세에 대한 부당이득반환청구권을 실현하기 위한 전제로서 「과세처분의 취소 또는 무효확인을 구하는 소」는 비록 행정소송일지라도 이 행정소송의 내용은 조세환급을 구하는 부당이득반환청구권을 구하는 것이므로, 소멸시효 중단사유인 재판상 청구에 해당한다.3)

3) 시효완성을 주장하는 자가 원고가 되어 소를 제기한 것(예: 채무자가 제기한 채무부존재확인소송)에 대하여 권리자가 「응소(應訴)」를 하여 그 소송에서 적극적으로 권리주장을 하여 승소한 경우도 재판상 청구에 해당하는 것으로 본다.4) 다만 응소행위만으로 바로 시효중단의 효과가 발생하지는 않고, 시효중단의 효과를 원하는 피고는 변론주의의 원칙상 시효가 중단된 사실을 주장해야만 하며, 응소행위로 인한 시효중단의 주장은 취득시효가 완성된 후라도 사실심변론종결 전에는 언제든지 할 수 있다.5)

---

2) 대판 1999.3.12, 98다18124.

3) 대판(전원합의체) 1992.3.31, 91다32053.

4) 대판(전원합의체) 1993.12.21, 92다47861; 대판 2003.6.13, 2003다17927·17934; 대판 2006.6.16, 2005다25632.

5) 대판 2003.6.13, 2003다17927.

점유자가 소유자를 상대로 소유권이전등기 청구소송을 제기하면서 그 청구원인으로 '취득시효완성'이 아닌 '매매'를 주장함에 대하여 소유자가 이에 응소하여 원고청구기각의 판결을 구하면서 원고의 주장 사실을 부인하는 경우에 이는 원고 주장의 매매사실을 부인하여 원고에게 그 매매로 인한 소유권이전등기청구권이 없음을 주장함에 불과한 것이고 소유자가 자신의 소유권을 적극적으로 주장한 것이라 볼 수 없으므로 시효중단사유의 하나인 재판상의 청구에 해당하지 않는다.6)

또한 물상보증인이 제기한 저당권의 말소등기절차이행청구소송에서 채권자 겸 저당권자가 응소하는 행위는 소멸시효 중단사유인 "청구"에 해당하지 않는다. 왜냐하면 물상보증인은 채권자에 대해서는 물적 유한책임만 지고 있을 뿐 아무런 채무도 부담하고 있지 않으므로 채권자 겸 저당권자가 물상보증인이 제기한 저당권의 말소등기절차이행청구에 대하여 청구기각의 판결을 구하고 피담보채권의 존재를 주장하였더라도 이로써 직접 채무자에 대하여 재판상 청구를 한 것은 아니기 때문이다.7)

4) 보조참가는 채권의 중단사유가 되지 못한다. 민사소송에서의 보조참가는 피참가인을 보조하여 피참가인의 상대방과의 소송에서 승소를 목적으로 하는 소송행위로서 특단의 사정이 없는 한 보조참가인과 그 상대방과의 사이에서는 그 소송물에 관하여 어떠한 효력이 직접 발생할 수 없으므로 보조참가인과 그 상대방간의 채권의 소멸시효가 중단된다고 볼 수 없다.8)

5) 지급명령은 종국판결을 받기 위한 소의 제기는 아니지만, 채권자로 하여금 간이, 신속하게 집행권원을 취득하도록 하기 위하여 법이 마련한 특별소송절차로 볼 수 있으므로 제170조 제1항 소정의 '재판상의 청구'에 포함된다는 것이 판례의 태도이다.9)

---

6) 대판 1997.12.12, 97다30288.

7) 대판 2004.1.16, 2003다30890.

8) 대판 2003.1.24, 2002다58747.

9) 지급명령이란 금전 그 밖에 대체물이나 유가증권의 일정한 수량의 지급을 목적으로 하는 청구에 대하여 법원이 보통의 소송절차에 의함이 없이 채권자의 신청에 의하여 간이, 신속하게 발하는 이행에 관한 명령으로 지급명령에 관한 절차는 종국판결을 받기 위한 소의 제기는 아니지만, 채권자로 하여금 간이, 신속하게 집행권원을 취득하도록 하기 위하여 이행의 소를 대신하여 법이 마련한 특별소송절차로 볼 수 있다. 그런데 재판상 청구에 시효중단의 효력을 인정하는 근거는 권리자가 재판상 그 권리를 주장하여 권리 위에 잠자는 것이 아님을 표명하고 이로써 시효제도의 기초인 영속되는 사실상태와 상용할 수 없는 다른 사정이 발생하였다는 점에 기인하는 것인데, 그와 같은 점에서 보면 지급명령 신청은 권리자가 권리의 존재를 주장하면서 재판상 그 실현을 요구하는 것이므로 본질적으로 소의 제기와 다르지 않다. 따라서 민법 제170조 제1항에 규정하고 있는 '재판상의 청구'란 종국판결을 받기 위한 '소의 제기'에 한정되지 않고, 권리자가 이행의 소를 대신하여 재판기관의 공권적인 법률판단을 구하는 지급명령 신청도 포함된다고 보는 것이 타당하다. 그리고 민법 제170조의 재판상 청구에 지급명령 신청이 포함되는 것으로 보는 이상 특별한 사정이 없는 한, 지

나. 시효중단의 범위 재판상의 청구를 소송에서 심판의 대상이 되는 소송물에 국한(권리확정설)할 것인지 여부가 문제되는데, 청구가 시효중단사유가 되는 것은 권리자가 권리를 주장함으로써 시효의 기초인 사실상태(권리불행사의 상태)를 깨뜨리는 데 그 이유가 있으므로, 그 권리행사가 재판에서 어떠한 형태로 또는 어떠한 방식으로 행하여지는가에 구애될 필요는 없는 것이다(권리행사설). 판례도 권리행사설의 입장에서 '재판상 청구'를 기판력이 미치는 범위에 제한하지 않는다는 태도를 확고하게 취하고 있다.10) 이것은 결국 당해 소송에서 다투어지고 있는 법률관계와 시효완성 여부가 문제되고 있는 권리와의 관련성을 개별적으로 판단하여 정할 수밖에 없는데, 그 구체적인 내용은 다음과 같다.

1) 개개의 권리가 그로부터 유출되는 기본적 법률관계에 관한 확인청구소송의 제기는 그 개개의 권리에 대한 소멸시효의 중단사유가 된다. 예컨대, 파면된 직원이 제기한 파면처분 무효확인청구의 소는 그 파면 후의 보수금채권에 대하여 시효중단의 효력이 있다.11) 반대로 소유권의 취득시효를 중단시키는 재판상의 청구에는 소유권확인청구는 물론, 소유권의 존재를 요건으로 하여 발생하는 각종의 권리주장(예: 소유물반환청구·등기말소청구·손해배상청구·부당이득반환청구 등)도 포함한다.12) 그러나 이러한 관계가 없는 것, 이를테면 청구권의 경합처럼 대등한 권리가 동일한 사실관계로부터 발생한 경우에, 그 중 하나의 권리에 기한 소의 제기는 다른 권리에 대하여 시효중단의 효력을 미치지 못한다.

2) 원인채권의 지급을 확보하기 위한 방법으로 어음이 수수된 경우에 어음상 채권에 관하여 재판상 청구가 있는 경우에는 어음상 채권이 원인채권의 실현수단이라는 점을 고려할 때, 원인채권에 대하여도 시효중단의 효력이 미친다.13) 그러나 반대로 원인채권에 관한 재판상 청구를 한 것만으로는 어음채권 그 자체를 행사한 것으로 볼 수 없으므로 어음채권의 소멸시효를 중단시키지 못한다.14)

그런데 근저당권설정등기청구권의 행사는 피담보채권의 존재에 대한 주장이 당연

급명령 신청이 각하된 경우라도 6개월 이내 다시 소를 제기한 경우라면 민법 제170조 제2항에 의하여 시효는 당초 지급명령 신청이 있었던 때에 중단되었다고 보아야 한다(대판 2011.11.10, 2011다54686).

10) 대판 1979.7.10, 79다569.

11) 대판 1978.4.11, 77다2509.

12) 대판 1979.7.10, 79다569.

13) 대판 1961.11.9, 4293민상748; 대판 2002.2.26, 2000다25484.

14) 대판 1999.6.11, 99다16378.

히 포함되므로, 근저당권설정등기청구의 소의 제기는 그 피담보채권의 재판상의 청구에 준하는 것으로서 피담보채권에 대한 소멸시효 중단의 효력을 생기게 한다.15)

3) 원고가 한 개의 채권 중 일부만을 청구한 경우에 일부청구임을 명백히 하여 소송을 제기한 경우에는 소제기에 의한 소멸시효 중단의 효력이 그 일부에 관하여만 발생하고, 나머지 부분에는 발생하지 않지만 비록 일부만을 청구한 경우에도 그 취지로 보아 채권 전부에 관하여 판결을 구하는 것으로 해석되는 경우에는 그 전부에 관하여 시효중단의 효력이 발생한다.16)

4) 채권자가 동일한 목적을 달성하기 위하여 복수의 채권을 가지고 있는 경우에는 어느 하나의 청구권을 행사하면 다른 채권에 대하여는 소멸시효중단의 효력이 생기지 않는다. 즉 채권자가 동일한 목적을 달성하기 위하여 복수의 채권을 갖고 있는 경우에 채권자로서는 그 선택에 따라 권리를 행사할 수 있되, 그 중 어느 하나의 청구를 한 것만으로는 다른 채권 그 자체를 행사한 것으로 볼 수는 없으므로, 특별한 사정이 없는 한 그 다른 채권에 대한 소멸시효중단의 효력은 없다.17) 그러므로 채권자가 채무자를 상대로 공동불법행위자에 대한 구상금청구의 소를 제기하였다고 하여 이로써 채권자의 사무관리로 인한 비용상환청구권의 소멸시효가 중단될 수는 없다.18)

다. 재판상 청구에 의한 시효중단의 효과

1) 재판상 청구에 의한 시효중단의 효과는 소를 제기한 때, 즉 소장을 법원에 제출한 때에 발생한다(민사소송법 제265조).

2) 재판상의 청구가 있더라도 소의 각하·기각 또는 취하되면 시효중단의 효력이 없다(제170조 제1항). 다만 6개월 내에 재판상의 청구, 파산절차 참가, 압류 또는 가압류·가처분을 한 때에는 시효는 최초의 재판상의 청구로 인하여 중단된 것으로 간주된다(동조 제2항).

3) 판결에 의하여 확정된 채권은 단기의 소멸시효에 해당한 것이라도 그 소멸시효는 10년으로 연장된다(제165조 제1항). 그러나 채권자가 채무자를 상대로 재판상 청구를 하여 승소판결이 확정된 경우에는 보증인에 대한 채권이 단기시효에 해당하는 것인 때에 10년으로 연장되지 않는다. 왜냐하면 판결에 의해 시효기간의 연장의 효과는 소송의 당사자 사이에서만 적용되기 때문이다.19)

---

15) 대판 2004.2.13, 2002다7213.
16) 대판 1992.4.10, 91다43695.
17) 대판 2002.6.14, 2002다11441.
18) 대판 2001.3.23, 2001다6145.
19) 대판 1986.11.25, 86다카1569.

(2) 파산절차 참가(제171조)

① 채권자가 파산재단의 배당에 참가하기 위하여 그의 채권을 신고하는 것이 파산절차의 참가이다(채무자 회생 및 파산에 관한 법률 제447조). 이 참가신청이 있으면 시효중단의 효력이 생긴다.

그러나 채권자가 위의 신고를 취소하거나 또는 그 청구가 각하된 때에는 그 중단의 효력이 없다(제171조). 그러나 채권조사기일에서 파산관재인이 신고채권에 대하여 이의를 제기하는 것과 채권자가 법정기간 내에 파산채권 확정의 소를 제기하지 않아 배당에서 제척된 것은 본조의 '그 청구가 각하된 때'에 해당하지 않는다.[20]

② 파산선고 신청이나 또는 강제집행절차에서 배당요구를 하는 것도 파산절차 참가에 준하여 시효중단의 사유로 된다고 할 것이다.[21]

③ 「채무자 회생 및 파산에 관한 법률」에 의한 개인회생절차의 참가는 시효중단의 효력이 있다(동법 제32조).

(3) 지급명령(제172조)

① 금전 기타 대체물이나 유가증권의 일정한 수량의 지급을 목적으로 하는 청구에 대하여는 법원은 채권자의 신청에 의하여 지급명령을 할 수 있다(민사소송법 제462조).

지급명령은 보통의 소송절차에 의하지 아니하고 독촉절차에 의하여 권리를 행사하는 간이절차이다(동법 제462조 이하). 지급명령신청서를 관할법원에 제출하였을 때에 시효중단의 효력이 생긴다(동법 제464조).[22]

② 지급명령에 대하여 적법한 이의신청을 하면 지급명령을 신청한 때에 소를 제기한 것으로 보므로(민사소송법 제472조 제2항), 시효중단의 효력은 계속된다.

(4) 화해를 위한 소환(제173조 전단)

화해(민사소송법 제385조)를 신청하면 소멸시효는 중단된다. 그러나 이 신청을 받은 법원이 화해를 권고하기 위하여 상대방을 소환하였으나, 상대방이 화해기일에 출석하지 않거나

20) 대판 2005.10.28, 2005다28273.

21) 김상용, 708면; 김주수·김상용, 564면; 김형배·김규완·김명숙, 385면; 이은영, 769면; 대판 2002.2.26, 2000다25484.

22) 민사소송법 제472조 제2항은 "채무자가 지급명령에 대하여 적법한 이의신청을 한 경우에는 지급명령을 신청한 때에 이의신청된 청구목적의 값에 관하여 소가 제기된 것으로 본다"라고 규정하고 있는바, 지급명령 사건이 채무자의 이의신청으로 소송으로 이행되는 경우에 지급명령에 의한 시효중단의 효과는 소송으로 이행된 때가 아니라 지급명령을 신청한 때에 발생한다(대판 2015.2.12, 2014다228440).

또는 출석하더라도 화해가 성립하지 않을 경우에 화해신청인이 1개월 내에 소를 제기하지 않으면 시효중단의 효력은 생기지 않는다(제173조 제1문 전단). 적법한 소제기 신청이 있으면 화해신청을 한 때에 소가 제기된 것으로 본다(민사소송법 제388조 제2항).

조정은 재판상의 화해와 동일한 효력이 있으므로(민사조정법 제29조) 조정신청도 화해신청과 동일하게 시효중단의 효력이 있다(동법 제35조 제1항). 다만 조정신청이 취하된 경우에는 1개월 이내에 소를 제기하지 아니하면 시효중단의 효력이 없다(동법 제35조 제2항).

(5) 임의출석(제173조 후단)

'소액사건'에 한해서는 「소액사건심판법」에 의해 임의출석에 의한 소의 제기가 인정된다(동법 제5조). 임의출석은 당사자 쌍방이 임의로 법원에 출석하여 소송에 관하여 구두변론을 함으로써 제소 및 화해신청을 하도록 허용하는 제도를 말한다. 임의출석에 의하여서도 시효가 중단되나 화해가 성립하지 않을 경우에는 시효중단의 효과는 발생하지 아니하고, 1개월 내에 소를 제기함으로써 출석한 시점을 기준으로 하여 시효중단의 효력이 인정된다(제173조 후단).

(6) 최 고(제174조)

최고는 「채권자가 채무자에 대하여 이행을 청구하는 채권자의 의사의 통지」이다.[23] 민법은 재판 외의 최고를 독립된 시효중단의 사유로 보고 있다(제174조). 소송고지의 요건이 갖추어진 경우에 그 소송고지서에 고지자가 피고지자에 대하여 채무의 이행을 청구하는 의사가 표명되어 있으면 시효중단사유로서의 최고의 효력이 인정되며,[24] 채권자가 확정판결에 기한 채권의 실현을 위하여 채무자에 대하여 민사집행법상 재산명시신청을 하고 그 결정이 채무자에게 송달되었다면 거기에 최고로서의 효력을 인정할 수 있다는 것이 판례의 태도이다.[25]

최고 후 6개월 이내에 재판상의 청구·파산절차의 참가·화해를 위한 소환·임의출석·압류·가압류·가처분의 방법을 취하지 않으면 중단의 효력이 생기지 않는다(제174조). 최

---

23) 최고는 채권자의 채무이행을 구한다는 의사의 통지로서 행위 당시 당사자가 시효중단의 효과를 발생시킨다는 점을 알거나 의욕하지 않았다 하더라도 이로써 권리행사의 주장을 하는 취지임이 명백하다면 최고에 해당된다. 채권자가 확정판결에 기한 채권의 실현을 위하여 채무자의 제3채무자에 대한 채권에 관하여 압류 및 추심명령을 받아 그 결정이 제3채무자에게 송달이 되었다면 소멸시효 중단사유인 최고로서의 효력이 발생한다(대판 2003.5.13, 2003다16238).

24) 대판 2009.7.9, 2009다14340.

25) 대판 2012.1.12, 2011다78606.

고가 있은 후 6개월 내에 다시 최고를 되풀이하여도 중단의 효력은 생기지 않는다. 다만 최고를 여러 번 거듭하다가 재판상 청구를 하면 재판상 청구를 한 시점을 기준으로 하여 이로부터 소급하여 6월 이내에 한 최고시에 시효중단의 효력이 발생한다.[26] 한편 재판상의 청구가 취하된 경우에는 최고로서의 효력만이 있게 된다(제170조 참조).[27]

2. 압류·가압류·가처분(제168조 제2호)

(1) 의 의

압류는 「확정판결 기타의 집행권원(채무명의)에 기하여 행하는 강제집행」이다(민사집행법 제83조, 제188조, 제223조). 이에 반해서 가압류·가처분은 강제집행을 보전하는 절차로서, 다시 말해서 장차 채권자가 채무자를 상대로 확정판결을 받아 강제집행을 하려고 할 때 채무자의 책임재산이 일탈되어 채권의 실현을 기대할 수 없게 되는 문제를 해결하기 위하여 확정판결 전까지 채무자의 재산을 보전하는 절차이다. 가압류는 금전채권이나 금전으로 환산할 수 있는 채권에 관하여 채무자의 일반재산에 대하여 강제집행을 보전하기 위하여 현재 상태로 유지하는 것을 목적으로 하는 보전처분이다(동법 제276조). 가처분은 일종의 조치를 취하는 것으로서 '계쟁물에 관한 가처분'과 '임시의 지위를 정하는 가처분'으로 나뉘어진다(동법 제300조). 계쟁물에 관한 가처분은 매수물건 인도청구권이나 소유물 반환청구권 등과 같이 채권자가 계쟁물에 관하여 청구권을 가지고 있을 때 계쟁물의 변경이 생기는 것을 방지함으로써 청구권의 집행이 가능하도록 그 계쟁물의 현상을 보전하는 재판이다(예: 처분금지가처분, 점유이전금지가처분 등). 그리고 임시의 지위를 정하는 가처분은 당사자 간에 현재 다툼이 있는 권리 또는 법률관계에 대해 확정판결이 있을 때까지 현상대로 그대로 방치하면 권리자가 현저한 손해를 입거나 목적을 달성하기 어려운 경우에 잠정적으로 임시의 지위를 정하기 위하여 필요한 조치를 하는 보전제도이다(예: 해고 무효를 주장하는 근로자에게 임금을 계속 지급하라고 명하는 것 등). 이처럼 가압류·가처분은 확정판결 전에 채무자의 일반재산이나 다투고 있는 목적물을 현재 상태대로 이동 못하도

---

26) 대판 1987.12.22, 87다카2337; 소송고지의 요건이 갖추어진 경우에 소송고지서에 고지자가 피고지자에 대하여 채무의 이행을 청구하는 의사가 표명되어 있으면 민법 제174조에 정한 시효중단사유로서의 최고의 효력이 인정된다. 소송고지에 의한 최고의 경우에는 민사소송법 제265조를 유추 적용하여 당사자가 소송고지서를 법원에 제출한 때에 시효중단의 효력이 발생한다(대판 2015.5.14, 2014다16494).

27) 민법 제170조의 해석상, 재판상의 청구는 그 소송이 취하된 경우에는 그로부터 6월내에 다시 재판상의 청구를 하지 않는 한 시효중단의 효력이 없고 다만 재판외의 최고의 효력만 있다(대판 1987.12.22, 87다카2337).

록 임시의 조치를 취하여 나중에 판결의 강제집행을 용이하게 하기 위한 보전절차이므로, 본래 소송을 제기하기 전에 신청할 수 있고 소송이 진행 중에도 판결이 확정되기 전까지 신청할 수 있다.

이러한 압류·가압류·가처분이 시효중단사유로 되는 것은 이러한 절차를 통하여 채권자가 권리를 행사하였다고 볼 수 있기 때문이며, 통설은 위 압류 등의 집행을 신청한 때에 시효중단의 효력을 발생한다고 본다.[28] 그렇지만 압류·가압류·가처분은 반드시 재판상의 청구를 전제로 하지 않을 뿐만 아니라 또 판결이 있는 경우라도 그 후 새로이 시효가 진행하는 것이므로 재판상의 청구와는 별개의 시효중단사유로 된다.

(2) 시효중단의 효력

채권자가 채무자의 제3채무자에 대한 채권을 압류 또는 가압류한 경우에 채무자에 대한 채권자의 채권에 관하여 시효중단의 효력이 생기는 것은 분명하다(제168조 제2호). 그러나 압류 또는 가압류된 채무자의 제3채무자에 대한 채권에 대하여는 확정적인 시효중단의 효력이 생긴다고 할 수 없다.[29] 즉 채권자가 채무자의 제3채무자에 대한 채권을 압류 또는 가압류한 경우에 채무자에 대한 채권자의 채권에 관하여 시효중단의 효력이 생기지만, 압류 또는 가압류된 채무자의 제3채무자에 대한 채권에 대하여는 소멸시효의 중단에 준하는 효력이 생기지 않는다.

또한 판례는 제168조에서 가압류와 재판상의 청구를 별도의 시효중단사유로 규정하고 있으므로, 가압류의 피보전채권에 관하여 본안의 승소판결이 확정되었다고 하더라도 가압류에 의한 시효중단의 효력이 이에 흡수되어 소멸된다고 할 수 없다고 본다.[30] 그리하여 가압류에 의한 집행보전의 효력이 존속하는 동안은 가압류채권자에 의한 권리행사가 계속되고 있다고 보아 가압류에 의한 시효중단의 효력은 별도로 존속된다.

(3) 압류·가압류·가처분의 취소

압류·가압류·가처분의 명령이 권리자의 청구에 의하여 취소되거나 또는 법률의 규정에 따르지 아니함으로 인하여 취소된 때에는 시효중단의 효력이 없다(제175조). 그러나 압류할 물건이 없어서 집행불능으로 그치더라도 시효중단의 효력은 생긴다고 할 것이

---

28) 가압류를 시효중단사유로 규정한 이유는 가압류에 의하여 채권자가 권리를 행사하였다고 할 수 있기 때문이다. 가압류채권자의 권리행사는 가압류를 신청한 때에 시작되므로, 이 점에서도 가압류에 의한 시효중단의 효력은 가압류신청을 한 때에 소급한다(대판 2017.4.7, 2016다35451).

29) 대판 2003.5.13, 2003다16238.

30) 대판 2000.4.25, 2000다11102; 대판 2006.7.4, 2006다32781.

다.[31] 이 경우 집행절차가 종료된 때로부터 시효가 새로이 진행된다.[32]

(4) 시효의 이익을 받은 자에 대한 통지

압류·가압류·가처분의 집행행위가 시효의 이익을 받을 자 이외의 자에 대하여 행하여진 경우에는 이러한 사실을 그 자에게 통지한 때에 시효중단의 효력이 생긴다(제176조). 예컨대, 채권자가 물상보증인이나 저당부동산의 제3취득자에 대하여 피담보채권의 실행으로서 경매를 신청하여, 경매법원이 경매개시결정을 하고 경매절차의 이해관계인인 채무자에게 그 결정이 송달된 경우에는, 채무자는 위 규정에 의하여 소멸시효 중단의 효과를 받는다고 한다.[33] 이때 제176조[압류, 가압류, 가처분과 시효중단]의 규정에 따라 압류사실이 통지된 것으로 볼 수 있기 위하여는, 압류사실을 채무자가 알 수 있도록 경매개시결정이나 경매기일통지서가 교부송달의 방법으로 채무자에게 송달되어야만 한다. 예컨대, 물상보증인 소유 부동산에 임의경매신청을 하여 압류의 효력이 발생한 경우에 시효중단의 효력이 이해관계인인 주채무자에게도 미치게 하려면 경매개시결정이 주채무자에 송달되거나 경매기일이 통지되어야 하며, 이때 통지는 우편송달(발송송달)이나 공시송달이 아닌 '교부송달'되어야만 하고, 이것이 우편송달(발송송달)이나 공시송달의 방법에 의하여 채무자에게 송달됨으로써 채무자가 압류사실을 알 수 없었던 경우까지도 압류사실이 채무자에게 통지되었다고 볼 수는 없다.[34]

또한 채권자가 채무자의 제3채무자에 대한 채권을 압류 또는 가압류한 경우에 이로써 압류 또는 가압류된 채무자의 제3채무자에 대한 채권에 대하여는 제168조 제2호 소정의 소멸시효 중단사유에 준하는 시효중단의 효력이 생기지는 않지만, 채권자가 확정판결에 기한 채권의 실현을 위하여 채무자의 제3채무자에 대한 채권에 관하여 압류 및 추심명령을 받아 그 결정이 제3채무자에게 송달이 되었다면 최고로서의 효력이 발생함으로써 소멸시효 중단의 효력이 발생한다.[35] 따라서 집행법원이 제3채무자에게 채권의 압류 및 추심명령의 결정을 송달한 후 채권자가 6월내에 추심의 소를 제기하였다면 소멸시효의 진행은 중단된 것이다.

집행권원을 가진 채권자가 다른 채권자에 의해 개시된 경매절차에서 배당요구를

---

31) 곽윤직·김재형, 432면; 김상용, 712면; 김주수·김상용, 549면; 김형배·김규완·김명숙, 388면; 이영준, 827면.

32) 대판 2011.5.13, 2011다10044.

33) 대판 1990.6.26, 89다카32606.

34) 대판 1994.11.25, 94다26097.

35) 대판 2003.5.13, 2003다16238.

신청하였다면 이 또한 권리의 실현을 구하는 것이므로 그 배당요구에 의해 소멸시효중단의 효력이 생긴다.36)

3. 승 인(제168조 제3호)

(1) 의 의

승인은「시효의 이익을 받을 당사자(채무자)가 시효의 완성으로 말미암아 권리를 잃을 자 또는 그 대리인에 대하여 그 권리의 존재를 인정한다고 하는 관념의 통지」이다.37) 그렇지만 현존하지 않는 장래의 채권에 대하여는 채무자가 미리 승인할 수 없다.38) 왜냐하면 장래의 채권에 대하여 미리 승인하는 것은 채무자가 그 권리의 존재를 인식하고 그 권리의 존재를 인정하는 것이 아니기 때문이다.

(2) 승인의 방법

승인은 특별한 방식을 필요로 하지 않으며 묵시적으로도 할 수 있다.39) 따라서 이자를 지급하거나 일부변제 내지 담보의 제공은 묵시적 승인이 있는 것으로 된다.40) 승인은 명시적으로 또 묵시적으로 할 수 있으나, 그 표시는 반드시 상대방(채권자)에 대하여 채무자가 그 채무를 인식하고 있음을 알게 하여야 한다.41)

(3) 승인을 할 수 있는 자

소멸시효이익을 받을 자인 채무자 또는 그의 대리인이다. 그 외의 제3자가 승인을 하더라도 시효이익을 받을 자에 대한 관계에서 시효중단의 효력이 생기지 않는다. 다시 말해서, 보증인이나 물상보증인이 한 승인은 채무자에 대해 시효중단의 효과가 생기지 않는다. 또한 대리인이 아닌 단순한 피용자들은 승인할 권한이 없다. 예컨대, 회사의 경리과장이나 총무과장은 회사가 부담하고 있는 채무에 관하여 승인할 권한이 없다.42)

---

36) 대판 2002.2.26, 2000다25484.

37) 대판 1992.4.14, 92다947; 대판 2000.4.25, 98다63193; 대판 2001.2.23, 2000다65864.

38) 대판 2001.11.9, 2001다52568.

39) 대판 2000.4.25, 98다63193; 묵시적 승인의 표시는 적어도 채무자가 그 채무의 존재 및 액수에 대하여 인식하고 있음을 전제로 하여 그 표시를 대하는 상대방으로 하여금 채무자가 그 채무를 인식하고 있음을 그 표시를 통해 추단하게 할 수 있는 방법으로 행하여져야 한다(대판 2005.2.17, 2004다59959).

40) 대판 1996.1.23, 95다39854; 대판 2018.4.24, 2017다205127.

41) 대판 2000.4.25, 98다63193.

42) 윤진수, 민법주해[Ⅲ], 533면; 대판 1965.12.28, 65다2133.

시효중단의 효력이 있는 승인에는 상대방의 권리에 관한 처분의 능력이나 권한이 있음을 요하지 않는다(제177조). 승인은 권리의 존재를 인정하는 것에 불과하기 때문이다. 그러나 위 규정의 반대해석상 관리권한은 가지고 있어야 한다(통설).[43] 따라서 부재자의 재산관리인은 본인을 대리하여 승인할 수 있으나, 행위제한능력자는 법정대리인의 동의가 없는 한 단독으로 유효하게 승인할 수 없다.

판례는 면책적 채무인수를 소멸시효의 중단사유인 채무의 승인으로 보며, 인수채무의 소멸시효기간은 채무인수와 동시에 이루어진 소멸시효 중단사유, 즉 채무승인에 따른 채무인수일로부터 새로이 진행된다고 한다.[44]

(4) 승인기간

승인은 소멸시효의 진행이 개시된 이후에 가능하고 시효의 완성 전에만 할 수 있다. 완성 후에는 시효이익의 포기만이 가능하다.

(5) 제척기간에 대한 승인

매매의 일방예약에서 예약자의 상대방은 매매예약의 완결권을 가진다(제564조). 이 매매예약의 완결권은 일종의 형성권으로서 당사자 사이에 그 행사기간이 약정되어 있지 않은 경우에는 그 예약이 성립한 때로부터 10년 내에 이를 행사하여야 한다. 그리고 그 기간은 제척기간이다. 그런데 그 제척기간은 소멸시효와는 달리 기간의 중단이 없다.[45] 따라서 부동산에 관하여 매매예약을 체결하고 10년이 지나면, 그 중간에 매수인의 소유권을 확인하는 합의각서를 작성해 주어 소멸시효의 중단인 "승인"에 해당되는 행위를 하였다 하더라도, 제척기간은 기간의 중단이 없으므로 기간의 도과로 예약완결권을 행사할 수 없다.

(6) 승인의 효력 발생

승인으로 인한 시효중단의 효력은 그 승인의 통지가 상대방에게 도달하는 때에 발생한다.[46]

---

43) 고상용, 698면; 곽윤직·김재형, 433면; 김용한, 474면; 김주수·김상용, 551면; 김준호, 440면; 김형배·김규완·김명숙, 390면; 국가의 채무승인은 이를 할 권한있는 자가 적법한 절차에 의하여 하는 것이 아니면 효력이 없다(대판 1970.3.10, 69다401).

44) 대판 1999.7.9, 99다12376.

45) 대판 2003.1.10, 2000다26425.

46) 대판 1995.9.29, 95다30178.

(7) 승인에 대한 입증책임

승인은 채권의 소멸시효의 중단사유이므로, 채권자가 채무자에 의한 채무승인이 있었음을 입증하여야 한다.[47)]

Ⅲ. 소멸시효중단의 효력

1. 기본적 효과

시효가 중단되면 그때까지 경과한 시효기간은 이를 산입하지 않는다(제178조 제1항 전단).[48)] 이 시효중단은 당사자 및 승계인 간에 있어서만 효력이 있다(제169조). 여기서 당사자는 시효중단행위에 관여한 자를 말한다. 그리고 승계인은 시효중단에 관여한 당사자로부터 중단의 효과를 받는 권리를 그 중단효과 발생 이후에 승계한 자를 말한다.[49)] 승계인은 포괄승계인과 특정승계인 모두가 포함된다.[50)] 이처럼 중단의 효력은 상대적이므로 제3자에 대하여는 그 효력이 미치지 않는다. 예컨대, 甲의 토지를 A와 B가 공동으로 시효취득하려고 하여 甲이 A를 상대로 재판상 청구를 한 경우에, B에게는 취득시효 중단의 효력이 미치지 않는다. 따라서 공동점유자 1인에 대하여 청구를 하여도 다른 공동점유자에 대하여는 중단의 효력이 미치지 않는다. 그리고 공유자 1인이 보존행위로서 한 재판상 청구는 타공유자에 대하여 시효중단의 효력이 없다. 또한 보증인의 재산에 대한 압류는 주채무자에 대하여는 중단의 효력이 미치지 않는다. 그러나 주채무자에 대한 시효중단은 보증인에 대하여 그 효력이 있다고 할 것이다. 그리고 어느 연대채무자에 대한 이행청구는 다른 연대채무자에게도 효력이 있다(제416조). 그밖에 지역권에 관해서도 특칙이 있다(제295조 제2항, 제296조).

소멸시효가 완성된 경우 그 채무자에 대한 다른 일반 채권자는 자기의 채권을 보전하기 위하여 필요한 한도 내에서 채무자를 대위하여 소멸시효의 완성을 주장할 수 있을 뿐 채권자의 지위에서 독자적으로 소멸시효의 완성을 주장할 수 없다.[51)]

---

47) 대판 2005.2.17, 2004다59959.

48) 시효가 중단된 때에는 중단까지에 경과한 시효기간은 이를 산입하지 아니하고 중단사유가 종료한 때로부터 새로이 진행하는데, 소멸시효의 중단사유 중 '압류'에 의한 시효중단의 효력은 압류가 해제되거나 집행절차가 종료될 때 중단사유가 종료한 것으로 볼 수 있다(대판 2017.4.28, 2016다239840).

49) 대판 1994.6.24, 94다7737.

50) 대판 1997.4.25, 96다46484.

2. 중단 후의 시효진행

시효가 중단된 후에 권리의 불행사가 다시 계속되면 그때로부터 새로이 시효기간이 진행한다(제178조 제1항 후단). 즉 청구로 중단되면 재판이 확정된 때로부터(동조 제2항), 압류·가압류·가처분으로 중단되면 이들 절차가 끝났을 때부터,[52] 승인으로 중단되면 승인이 상대방에게 도달한 때로부터 새로운 시효기간이 계산된다.

제 4 관　소멸시효의 정지

Ⅰ. 소멸시효 정지의 의의

소멸시효의 정지는 「시효가 완성할 무렵에 이르러 권리자가 시효를 중단시키는 것이 불가능하거나 또는 대단히 곤란한 사유가 있는 경우에, 그 사정이 소멸한 후 일정한 유예기간 동안만 시효기간의 진행을 멈추게 하였다가 계속하여 나머지 기간을 진행하게 하는 제도」를 말한다.

시효의 정지에서는 정지사유가 그친 뒤에 일정한 유예기간이 경과하면 시효는 완성하는 것이며, 소멸시효의 정지는 이처럼 이미 경과한 기간이 무(無)로 돌아가지 않는다는 점에서 소멸시효의 중단과 다르다. 소멸시효 정지의 규정도 취득시효에 관하여 유추적용 된다.

Ⅱ. 소멸시효정지의 사유

1. 제한능력자를 위한 정지

소멸시효의 기간만료 전 6개월 내에 제한능력자의 법정대리인이 없는 때에는 그가 능력자가 되거나 또는 법정대리인이 취임한 때로부터 6개월 내에는 시효가 완성하지 않는다(제179조). 그리고 재산을 관리하는 부·모 또는 후견인에 대한 제한능력자의 권리는 그가 능력자가 되거나 또는 후임의 법정대리인이 취임한 때로부터 6개월 내에는 소멸시효

51) 대판 1997.12.26, 97다22676.

52) 대판 2006.7.4, 2006다32781.

가 완성하지 않는다(제180조 제1항).

제179조[제한능력자와 시효정지]는 제한능력자를 보호하기 위한 규정이므로 시효의 완성으로 제한능력자에게 불이익이 되는 경우에만 적용되며 이익을 받게 되는 경우에는 본조의 적용이 없다. 또한 미성년자가 법정대리인으로부터 영업의 허락을 받은 경우에는 그 영업에 관해 성년자와 동일한 행위능력을 인정하므로(제8조) 이 경우에도 역시 본조가 적용되지 않는다.[1]

2. 혼인관계의 종료에 의한 정지

부부의 일방이 타방에 대하여 갖는 권리는 혼인관계가 종료한 때로부터 6개월 내에는 소멸시효가 완성하지 않는다(제180조 제2호). 여기서 혼인관계의 종료는 부부일방의 사망, 혼인의 취소 및 이혼, 실종선고를 말한다.

3. 상속재산에 관한 정지

상속재산에 속하는 권리나 상속재산에 대한 권리는 상속인의 확정, 관리인의 선임 또는 파산선고가 있는 때로부터 6개월 내에는 소멸시효가 완성하지 않는다(제181조).

4. 사변에 의한 정지

천재 기타 사변으로 말미암아 소멸시효를 중단할 수 없는 때에는 그 사유가 종료한 때로부터 1개월 내에는 시효가 완성하지 않는다(제182조).

제 5 관 소멸시효의 효력

I. 소멸시효 완성의 효과

1. 학 설

민법은 소멸시효의 효과에 관하여 단지 "소멸시효가 완성한다"고 규정할 뿐(제162조, 제163조, 제164조 등) 구체적으로 그 완성의 효과가 무엇인가에 관하여는 아무런 규정을 두고 있지 않다. 따라서 소멸시효가 완성되면 권리가 당연히 소멸한다고 하는 이른바 절대적 소멸

---

1) 윤진수, 민법주해[Ⅲ], 545-546면.

실과 소멸시효가 완성되면 원용권(권리소멸을 주장할 수 있는 권리)이 생기고 그 권리를 행사할 때 비로소 권리가 소멸한다고 하는 이른바 상대적 소멸설이 대립되고 있다.

2. 학설의 비교

(1) 절대적 소멸설[1)]

이 견해는 소멸시효의 완성의 의미에 관하여 권리가 당연히 소멸한다고 본다. 그 이유는 다음과 같다.

① 현행민법이 구민법과 달리 시효의 원용에 관한 규정을 두고 있지 않다.

② 시효로 소멸한다고 표현한 민법 제369조, 제766조, 부칙 제8조 1항은 "본법에 의하여 소멸한 것으로 본다"고 규정하고 있다는 것이다.

(2) 상대적 소멸설[2)]

이 견해는 다음과 같은 이유에서 시효의 완성으로 권리가 소멸하는 것이 아니라 상대방이 권리의 소멸을 주장할 권리인 원용권이 생길 뿐이라고 본다. 논거는 다음과 같다.

① 절대적 소멸설을 취하게 되면, 당사자가 소멸시효의 이익을 받기를 원치 않는 경우에도 그 의사를 존중하지 않는 결과로 되어 부당하다.

② 소멸시효 완성 후에 채권자가 시효완성의 사실을 모르고 변제한 때에는 비채변제(제742조)로서 그 반환을 청구할 수 있는 것으로 되어 부당하다.

③ 시효이익의 포기에 대한 법률적 성질을 규명하기 곤란하다.

(3) 판 례

판례는 절대적 소멸설[3)]에 의하여 소멸시효기간 만료에 인한 권리소멸은 그 시효의 이익을 받는 자가 시효완성의 항변을 하지 않으면 그 의사에 반하여 재판할 수 없다고 판시한다. 그러나 판례는 채무자가 소멸시효의 완성을 주장하는 것이 신의성실의 원칙에 반하여 권리남용으로 허용될 수 없는 경우를 인정한다. 판례는 채무자의 소멸시효에 기한 항변권의 행사도 민법의 대원칙인 신의성실의 원칙과 권리남용금지의 원칙의 지배

---

1) 곽윤직·김재형, 438면; 김주수·김상용, 555면; 송덕수, 533면; 이영준, 834면.

2) 김대정, 1285면; 김상용, 722면; 김용한, 489면.

3) 대판 1980.1.29, 79다1863; 대판 1991.7.26, 91다5631; 주채무에 대한 소멸시효가 완성된 경우에는 시효완성 사실로써 주채무가 당연히 소멸되므로 보증채무의 부종성에 따라 보증채무 역시 당연히 소멸된다(대판 2012.7.12, 2010다51192).

를 받는다고 보아, 다음의 경우에는 채무자로서는 시효를 주장할 수 없다고 본다. 즉 채무자가 시효완성 전에 채권자의 권리행사나 시효중단을 불가능 또는 현저히 곤란하게 하거나 그러한 조치가 불필요하다고 믿게 하는 행동을 하였거나, 객관적으로 채권자가 권리를 행사할 수 없는 장애사유가 있었거나, 일단 시효완성 후에 채무자가 시효를 원용하지 아니할 것 같은 태도를 보여 채권자로 하여금 그와 같이 신뢰하게 하였거나, 또는 채권자를 보호할 필요성이 크고 같은 조건의 그 채권자들 중 일부가 이미 채무의 변제를 수령하는 등 채무이행의 거절을 인정함이 현저히 부당하거나 불공평하게 되는 등의 특별한 사정이 있는 경우를 말한다.4)

3. 학설의 검토

(1) 직권조사사항인가의 여부

상대적 소멸설은 당사자의 원용이 없는 한 법원은 직권으로 시효를 고려하지 못한다고 한다. 절대적 소멸설은 원용을 요하지 아니하고 권리가 절대적으로 소멸한다고 하나, 민사소송법이 변론주의를 취하고 있으므로 시효의 이익을 받기 위하여는 소송상 이를 항변하여야 한다고 설명한다. 결국 절대적 소멸설에 의하더라도 당사자가 소멸시효의 이익을 받기를 원치 않는 경우에는 소멸시효의 항변을 하지 아니함으로써 「시효를 원용」하는 것과 동일한 결과에 도달하게 된다. 변론주의를 취하는 이상, 절대적 소멸설과 상대적 소멸설의 결론에서 차이가 없다.

(2) 채무자의 소멸시효 완성 후의 변제에 관하여

상대적 소멸설은 채무자가 시효완성의 사실을 알았거나 또는 알지 못하였거나 원용이 없는 동안은 채권은 소멸하지 않은 것이 되므로 유효한 채무의 변제가 된다고 한다. 이에 대해 절대적 소멸설에서도 채무자가 시효완성의 사실을 알고 변제를 하면 시효이익의 포기(제184조)가 되며, 또한 부당이득법상으로도 비채변제(제742조)가 되어 결국 그 반환을 청구하지 못한다고 한다. 그리고 채무자가 시효완성의 사실을 모르고 변제한 것은 도의관념에 적합한 비채변제(제744조)로서 또 그 반환을 청구할 수 없다고 하므로 결과에 있어서 상대적 소멸설과 다를 바 없다.

(3) 소멸시효이익의 포기

상대적 소멸설은 소멸시효 이익의 포기를 원용권의 포기로 이해하므로 권리는 시

---

4) 대판 2010.06.10, 2010다8266; 대판 2011.01.13, 2010다53419; 대판 2011.01.13, 2009다103950 참조.

효로 소멸하지 않는 것으로 의제된다고 한다. 이에 대해 절대적 소멸설에 있어서는 소멸시효 이익의 포기도 소멸시효완성의 이익을 받지 않는다는 의사표시로 보고, 이에 의하여 포기의 법률효과가 발생하는 것으로 파악한다. 절대적 소멸설을 관철하게 되면, 이미 권리는 시효로 절대적으로 소멸하였으므로 포기할 대상이 존재하지 않는다는 이론상의 난점이 있다.

(4) 판례의 태도

판례는 당사자의 원용이 없어도 시효완성의 사실로써 채무는 당연히 소멸되는 것이고, 다만 변론주의 원칙상 소멸시효의 이익을 받을 자가 그것을 포기하지 않고 실제 소송에서 시효소멸의 이익을 받겠다고 주장하지 않은 이상 그 의사에 반하여 재판할 수 없을 뿐이라고 한다.[5] 즉 시효가 완성하면 당사자의 주장이 없어도 채무는 당연히 소멸하지만, 다만 시효완성 후에 시효이익을 포기할 수 있는 것이므로, 따라서 소송에서는 당사자가 시효소멸의 이익을 받겠다고 주장한 때에 비로소 이를 고려한다는 것이다.[6]

한편, 그러한 주장을 할 수 있는 자는 권리의 소멸에 의하여 직접 이익을 받는 자에 한정된다고 하면서, 채무자가 일반적으로 그러한 자에 해당하지만 가등기담보가 설정된 부동산을 매수한 자도 가등기담보권의 피담보채권이 시효소멸한 경우에는 그 사실을 독자적으로 주장할 수 있다고 한다.[7] 또한 채무자에 대한 일반 채권자도 자기의 채권을 보전하기 위하여 필요한 한도 내에서는 채무자를 대위하여 소멸시효 완성의 주장을 할 수 있다고 한다.[8]

Ⅱ. 소멸시효의 소급효

소멸시효는 그 기산점에 소급하여 효력이 생긴다(제167조). 원래 시효제도는 그 시효기간 동안 계속한 사실상태를 권리상태로 끌어올리는 것이므로 이와 같이 소급효를 인정하는 것이 타당하기 때문이다. 따라서 소멸시효로 채무를 면하는 자는 기산점 이후의 이자를 지급할 필요가 없다. 다만 시효로 소멸하는 채권이 소멸시효 완성 전에 상계할

5) 대판 1979.2.13, 78다2157.
6) 김준호, 448면.
7) 대판 1995.7.11, 95다12446.
8) 소멸시효가 완성된 경우 채무자에 대한 일반 채권자는 채권자의 지위에서 독자적으로 소멸시효의 주장을 할 수는 없지만 자기의 채권을 보전하기 위하여 필요한 한도 내에서 채무자를 대위하여 소멸시효 주장을 할 수 있다(대판 2012.05.10, 2011다109500).

수 있었던 것이면 채권자는 상계할 수 있다(제495조).

Ⅲ. 소멸시효의 이익의 포기

1. 시효기간 완성 전의 포기

소멸시효의 이익은 시효기간이 완성하기 전에 미리 포기할 수 없다(제184조). 시효제도는 법질서의 안정을 위한 공익적 제도라는 점에서 도출되는 효과이다. 또한 소멸시효의 완성을 곤란하게 하는 특약, 즉 소멸시효를 배제·연장·가중하는 특약은 무효이다. 그러나 반대로 이를 단축 또는 경감하는 특약은 유효하다(동조 제2항).[9)]

2. 시효기간 완성 후의 포기

소멸시효가 완성한 후에는 시효이익을 포기하는 것은 허용된다(제184조 제1항 반대해석). 시효이익의 포기는 처분행위이므로 포기자에게 처분능력과 처분권한이 있어야 한다.[10)] 한편 시효이익의 포기는 상대적 효과를 발생시키므로 포기한 자 이외의 자에게 영향을 미치지 않는다.[11)] 예컨대, 주채무자의 시효이익의 포기는 보증인에게 효력이 없다. 한편 시효이이 포기를 인정한 판례를 살펴보면, 채무자가 시효완성 후에 채무를 승인한 경우에는 시효완성의 사실을 알고 그 이익을 포기한 것으로 추정하며,[12)] 소멸시효가 완성된 채무를 피담보채무로 하는 근저당권의 실행시 채무자가 아무런 이의를 제기하지 않는다면, 이는 시효의 이익의 포기로 보아야 한다.[13)] 또한 갑의 을에 대한 대여금채무의 시효기간이 도과하여 을의 대여금반환채권이 시효로 소멸되었음에도 채무자 갑이 을의 갑에 대한 채권을 병에게 양도한다는 내용의 채권양도서에 입회인으로 서명날인까지 하였다

---

9) 특정한 채무의 이행을 청구할 수 있는 기간을 제한하고 그 기간을 도과할 경우 채무가 소멸하도록 하는 약정은 민법 또는 상법에 의한 소멸시효기간을 단축하는 약정으로서 특별한 사정이 없는 한 민법 제184조 제2항에 의하여 유효하다(대판 2006.4.14, 2004다70253).

10) 곽윤직·김재형, 441면; 김용한, 494면; 김주수·김상용, 560면; 김형배·김규완·김명숙, 401면.

11) 소멸시효 이익의 포기는 상대적 효과가 있을 뿐이어서 다른 사람에게는 영향을 미치지 아니함이 원칙이나, 소멸시효 이익의 포기 당시에는 권리의 소멸에 의하여 직접 이익을 받을 수 있는 이해관계를 맺은 적이 없다가 나중에 시효이익을 이미 포기한 자와의 법률관계를 통하여 비로소 시효이익을 원용할 이해관계를 형성한 자는 이미 이루어진 시효이익 포기의 효력을 부정할 수 없다(대판 2015.6.11, 2015다200227).

12) 대판 1967.2.7, 66다2173.

13) 대판 2001.6.12, 2001다3580.

면, 갑은 소멸시효 완성 후에 을에 대한 채무를 승인한 것이고 시효완성 후 채무를 승인한 채무자는 시효완성의 사실을 알고 그 이익을 포기한 것으로 추정할 수 있다고 본다.[14] 그리고 채무자가 소멸시효 완성 후 채무를 일부변제한 때에는 그 액수에 관하여 다툼이 없는 한 그 채무 전체를 묵시적으로 승인한 것으로 보아야 하고, 이 경우 시효완성의 사실을 알고 그 이익을 포기한 것으로 추정된다.[15]

3. 종속된 권리에 대한 소멸시효의 효력

주된 권리의 소멸시효가 완성한 때에는 종속된 권리도 그 효력이 미친다(제183조). 예컨대, 원본채권이 시효로 소멸하면 이자채권도 역시 시효로 소멸하게 된다. 이 규정의 실익은 주된 권리의 소멸시효는 완성되었으나 종된 권리의 소멸시효가 아직 완성하지 않은 경우에 나타난다.[16]

---

14) 대판 1992.5.22, 92다4796.

15) 대판 2010.05.13, 2010다6345.

16) 김준호, 452면; 김형배·김규완·김명숙, 404면; 윤진수, 민법주해[Ⅲ], 552면.

사 항 색 인

【ㄱ】

【ㄷ】

【ㅁ】

【ㅅ】

【ㅇ】

【ㅊ】

【ㅎ】

[저자 약력]

연세대학교 법과대학 법학과 졸업(법학학사)
연세대학교 대학원 석사 수료(법학석사)
독일 베를린 자유대학 민법 수학
연세대학교 대학원 박사 수료(법학박사)
사법시험, 행정고시, 변리사, 입법고시, 외무고시, 5급승진 시험위원
연세대학교, 충남대학교 강사
현재, 배재대학교 법학과 교수

〔저 서〕

사례 중심 법과 생활(법문사, 6인공저)

〔주요 논문〕

"채권법상 부수의무의 체계적 지위"(「민사법학」 제13·14호 : 한국민사법학회, 1996)
"계약의 체결과 불합의"(「현대법학의 이론」-우제 이명구박사 화갑기념-(고시연구사, 1996)
"계약체결상 과실책임의 책임체계적 위상"(「연세법학연구」, 1999)
"사용자배상책임"(「한국민법이론의 전개」-무암 이영준박사 화갑기념 : 박영사, 1999)
"불법행위책임의 기본구조"(「민사법학」 제18호 : 한국민사법학회, 2000)
"독일불법행위법의 이론적 개관"(「연세법학연구」 제7집 제1권, 2000)
"민법 제391조와 제756조와의 비교"(「민사법의 실천적 과제」-한도 정환담교수 화갑기념 : 법문사, 2000)
"호혜관계와 채무관계의 구분"(「신세기의 민사법관계」-인제 임정평교수 화갑기념 : 법원사, 2001)
"불법행위법상 보호이익의 협소성과 계약체결상 과실책임"(「민사법학」 제20호 : 한국민사법학회, 2001)
"뉴밀레니엄시대의 음악저작권"-MP3의 문제점과 그 해결방향 (3인공저; 「인터넷법률」 : 법무부, 2001)
"제3자의 채권침해와 불법행위"(「현대 민사법학의 과제」-관원 정조근교수 화갑기념 : 동남기획, 2001)
"호혜관계의 계약적 구성"-비판을 중심으로-(연세법학연구, 제9집 제2권, 연세법학회, 2003)
"일방적 동기의 착오"(법학연구 제13권 제1호[통권 제18호], 연세대학교 법학연구소, 2003)
"침묵에 의한 의사표시"(「비교사법」 : 한국비교사법연구회, 2004)
"계약의 보충적 해석"(「비교사법」 제15권 제2호 : 한국비교사법연구회, 2008)
"독일 불법행위법에서의 위법성"(「재산법연구」 제29권 3호 : 한국재산법학회, 2012)
"불합의의 종류와 그 법적 취급"(「민사법학」 : 한국민사법학회, 2013)
"민사책임에서 인과관계와 이에 대한 입증책임(대법원 : 사법발전재단, 2013)
"계약의 제3자 보호효에 관한 법적 책임(「민사법학」 : 한국민사법학회, 2015) 등 다수

제 5 판 민법총칙

2005년 3월 10일 초 판 발행
2006년 3월 10일 제2판 발행
2009년 3월 10일 제3판 발행
2013년 9월 10일 제4판 발행
2020년 9월 10일 제5판 발행

저 자 윤 형 열
발행인 고 호 균
발행처 **법 영 사**

저자와의 협의 하에 인지첨부를 생략함

06302 서울시 강남구 논현로 130
전화 (501)8898(대) Fax (501)8895
등록 1987. 5. 11. 제3-125호(윤)
Homepage : www.bubyoungsa.co.kr
E-mail : bys1986@hanmail.net

※ 파본은 교환해 드립니다. **정가 36,000원**

ISBN 978-89-7032-326-8